精算学引论

（第二版）

李晓林　编著

中国财经出版传媒集团
中国财政经济出版社

图书在版编目（CIP）数据

精算学引论 / 李晓林编著. --北京：中国财政经济出版社，2020.4

ISBN 978-7-5095-9603-6

Ⅰ.①精… Ⅱ.①李… Ⅲ.①保险精算-高等学校-教材 Ⅳ.①F840.48

中国版本图书馆 CIP 数据核字（2020）第 031601 号

责任编辑：叶　彤　　　　责任校对：李　丽

封面设计：锦麒麟文化

中国财政经济出版社出版

URL：http：//www.cfeph.cn

E-mail：cfeph @ cfeph.cn

社址：北京市海淀区阜成路甲 28 号　邮政编码：100142

营销中心电话：010-88191537

北京时捷印刷有限公司印刷　各地新华书店经销

787×1092 毫米　16 开　51 印张　1 200 000 字

2020 年 9 月第 1 版　2020 年 9 月北京第 1 次印刷

定价：198.00 元

ISBN 978-7-5095-9603-6

（图书出现印装问题，本社负责调换）

本社质量投诉电话：010-88190744

打击盗版举报热线：010-88191661　QQ：2242791300

目录

第二部分　风险统计模型

第三部分　一元生命保险与年金

第四部分　复合生命状态模型

精算的主要内容

第一节 精算的概念

早在20世纪，世界上的那些老牌的保险公司就已经把精算师摆在非常权威的位置上。他们在强调自己的雄厚实力时常常说：“本公司拥有××名精算师”，而不去说有多少资金。因为经营者们已经清楚，对不确定性风险的分析水平和管理方略直接决定着保险业的信誉；任何涉及不确定性的保险、社会保障、福利、投资等方面的分析报告，如果没有扎实的精算为基础，一定是不可靠的。从那时起，拥有多少精算师，就一直是衡量一个保险公司实力的重要标志了。

精算工作可以界定为对未来的、不确定的、涉及财务的事件提出数量化意见。

这里，“不确定的未来事件”表明的，是一种同不确定性打交道的能力，正是这种能力标志着精算师行业成为一个具有重要作用的独立的行业。

精算工作面对的是“财务或金融”问题。从非常简单的问题，如确定一次性支付与在未来10年中按月支付的关系，到非常复杂的问题，如管理一项大的养老或医护基金。这些问题，都可以通过精算中的一个很重要的内容——利息理论——找到答案。

精算工作的对象是“不确定性”。说明财务行为不确定性的一个很好的例子就是保险合同。在投保医疗费用保险时，一个健康的运动员，与一个身体相对较弱的中老年人，应分别交多少保费呢？哪一位将生病是不确定的，但是研究一下这两种人的相关指标和过去的情况，精算师就可以为每人确定一个合适的保费。解决这种问题的主要工具是数学的一个分支，叫作概率论。

精算工作是针对“未来的”不确定性。例如，个人养老基金问题，这是一笔很大的资产基金，它为特定的一些人提供将来的养老金，也许要为那些现在还很年轻的人提供退休养老金。这些养老金也许在未来40年中都没有开始，于是，领取者在有生之年要继续支付40年。所以，养老基金的管理者们必须考查下面两种情况：一是这些资产在40年或更长的时间里的价值是多少，二是养老金领取者活着并领取养老金的时间有多长。精算师的工作，就是把这些不确定事件的可能性数量化。

精算师工作存在于对于不确定性事物做财务分析的诸多领域中，最普遍地，就是在既能盈利又有风险的企业。例如保险公司，它保障着人们的风险，作为回报，它收取保费。所以它要管理大额的资金。重要的不是这资金的大小，而是怎样依靠专家来经营和管理这笔资金，这就是它需要精算师的原因。精算师受雇于保险公司后，处理人寿保险、年金及其他诸如汽车保险等各类非寿险的有关量化分析问题，其工作包括设计和评估保单以及公司的各类投资。也有部分精算师是在专业的顾问公司或咨询公司工作，他们为一些小型的保险公司提供参谋和咨询。

精算师还工作于政府部门。政府的养老保障、医疗保障、失业保障等各种社会保障方案都是在精算师对社会各种政治、经济因素分析和预测的基础上制定的。政府还通过精算师来监管保险公司等行业。

此外，在证券、投资机构、大型企业及人口统计等部门，精算师都发挥了不可替代的作用。

第二节　预测未来

精算师常常必须对将来要发生的事件做出估计（预测）。例如：

——估计一笔养老基金作为特殊的资产在未来的 10 年中的利率；

——估计每 100 000 套同一类型的房屋在下一年将被火灾毁坏的房屋数；

——估计已经到具体的保险公司参加了人身保险的人中有多少将在未来 10 年中死亡；

——估计未来 10 年的通货膨胀率，进而估计一个具体的正在营运的公司在支出方面受到的影响；

——就一笔对政府发行的 10 年债券的投资而言，估计它的可兑现的现金流量的增值情况；

——就一项由一家大公司发行的权益股，估计它的可兑现的现金流量的增值；

……

很明显，第一个问题就是要弄清“过去告诉了我们什么”。如果我们肯去研究过去 40 年的通货膨胀率，或是研究过去 10 年中被火灾毁坏的房屋的比例或者一系列类似的数据，那就可以把未来的基本情况准确地勾画出来。例如，如果我们发现在过去的每一年里，在年初的所有房屋的 9‰将在这一年底前被烧掉，我们就可以预言出在保险公司投保的这类房屋将有 9‰会在这一年中被烧掉，就能对责任的成本做出确定的预告。

然而，更多的情况是，我们不能确切地知道在给定的那一年中会有 9‰的房屋被烧，但是能知道整个比例在年复一年地上下波动，它可能在 6‰～12‰的范围内变化。于是，通过对过去资料的分析和计算之后，也许我们可以说，平均起来，投保的房屋在未来一年中将有 9‰的房屋被烧毁，但可能高出 3‰或低出 3‰。根据不同的情况，在计算之后可能会得到不同的平均值。

针对这种情况，通过对过去的研究，我们可以做出两个对未来的报告：

——按你的预期，平均会有千分之几的房屋被烧？

——实际的结果与预期的平均数的偏差幅度有多少？

这两个报告都很重要。第一个报告——预期的平均值——肯定是关于未来事件的报告，但正是第二个报告——对不确定性的预测——是关于不确定的未来事件的报告，对于准确地勾画未来的基本情况显得更为重要，也正是精算师的工作之一。这涉及怎样更科学地使用概率论与数理统计理论。

同样地，我们可以研究通货膨胀率在过去的情况，做一份报告，不仅说明在未来最可能发生的情况，而且说明实际的结果可能会有多大的不同。

我们再考虑精算师工作的一个例子，这是针对某一个已知年龄的人在未来有生之年中获得具体保险金的不确定性。一个典型的人寿保险合同是在死亡之前——比如说 20 年内——支付一笔钱。于是这笔钱要支付的概率就是这个人在 20 年内死亡的概率。

不同的人会死于不同的年龄，但是通过对大量的人死亡的年龄做过研究之后，精算师就能估计出同样年龄的一大群人中有多少会在 20 年之内死亡，或者在另一个期间内死亡。对于给定了年龄的一组人，计算他们的生命平均起来将在多少年内结束是能够做到的，这就是“生命的平均期望值”。这些数据对决策工作是至关重要的。

同样，通过研究过去通货膨胀率变动的方式，你可以判断未来最可能发生的情况以及实际情况可能和预期有多大偏差。

第三节　未来风险的货币表达

实践中的许多风险是经济或财务方面的，或者说是可以用货币衡量的，例如支付汽车维修费用的风险。如果一个司机向一家保险公司支付了保费，那么他就将这种财务方面的风险转移给了该公司，于是将不再面临该项风险有关费用的不确定性，其成本就是支付给保险人的保费；于是情况改变为保险公司面临着这个司机将撞车的风险，无法提前确定其费用支出情况。

当然，没有保险公司会承保无法用货币衡量的风险。保险人可以支付司机的汽车修理费用（虽然如果他的身体受伤了，钱无法减轻他身体上的痛苦）。精算师讨论的风险通常是指财务方面的风险。

保险公司之所以能够承担起这种经济方面的风险，是因为它承担了大量的相似风险。显然，会有一部分司机在明天发生车祸，不可能所有人都不发生车祸，也不可能所有的人都在明天发生车祸。

如果投保司机的数量很大，保险公司就能有一定把握估计出它的成本，比如可以从过去的经验中推出每年发生车祸的司机的比例不会小于 35‰也不会大于 95‰，那么投保的司机之中会发生车祸的人数就可以在这些界限中估计出来。保险公司就能够把所有这些车祸的预期费用平均分摊在投保的所有司机身上。

一般来说，保险公司承保的风险个体数量越大，发生事故并且索赔的人的比例就会越确定。在随后的章节中我们将更精确地得出这个重要的结论。

一个司机投保车险所支付的保费看上去可能很高，但至少他是有能力支付的。但一旦他的车发生严重车祸而他又必须自己支付损失的话，那支付起来就困难多了。慎重考虑之后，一个司机可能更愿意支付一个确定的数量不大的费用，而不愿支付一个不确定的但可能是毁灭性的费用。

在这个过程中，精算师的工作就是在保险公司接受了大量司机投保时，估计出公司所承担的风险，并由过去的经验推定费用多少。对过去了解越多，也就能够更好地测算将来的费用，可能费用仍是不确定的，但能够降低不确定性的程度。

在健康险、寿险、养老金和投资中，精算师的工作是将过去的风险的不确定性进行量化，以估计出与将来相似风险有关的不确定性。精算师们还研究类似股市崩溃险之类的金融风险。

精算师不仅是量化风险，还能设计方法经营或控制风险。例如，精算师可以：

测算寿险公司应该采用的保费水平，以确保身体状况良好的人和身体状况不好的人都能支付合适的寿险保费；

建议最好的投资方式，以保护保险公司不受通货膨胀的影响；

建议保险合同中应采用的有关条款，以保证保险人或养老金提供人免于承担本身并不愿承担的风险……

其他专业也会对涉及风险保障服务的商业成功经验做出重要贡献，但精算师将估测未来整体蓝图所必需的数学技能和经济知识结合起来，做出了更扎实、更具有实操性的具体结论，因此，精算师是保险等行业所不可或缺的。许多国家在立法上明确，对寿险公司及养老金基金进行监管的过程中必须有精算师的参与。

一般来讲，服务于保险业的精算师的主要职能包括以下几个方面：

- 收集整理和研究保险事故的发生率和损失分布相关的各类数据，其中寿险业务相关的数据信息以保险事故发生率为主，包括人的出生、死亡、婚姻、就业、退休、意外事故、自然灾害等一系列事件发生频率的一些经验统计资料，研究利率、保单失效率、费用率以及竞争环境等动态因素，以制定各险种的费率；财产保险业务需要研究的相关数据种类则更丰富一些。

- 根据收集的资料编制全国的及地区性的不同行业、不同类别的生命表、病伤频率表、人均收入增长率等，甚至是标准保险合同的全国性费率。

- 计算法定责任准备金、支付准备金和各种累积金。

- 根据经济环境的变化趋势，为保险投资决策提供各种数量化预测指标，如投资的回报率、资产的增长率。

- 分析保险公司年度利润及其来源，提供有效保单按盈余分配红利的数据。

• 根据保险环境的变化和要求，以及地区性特点，参与研究和设计新险种。

• 参与保险公司的计划、销售、投资、财务等经营管理决策，参与公司各种年度报表的编制，例如：财务状况报表、所得税报告、经营状况报告、呈送保险监管部门的其他定期报表等。

• 协助其他职能部门根据经验统计资料研究各险种的效益与费率的调整，以适应竞争环境的要求，并编制内部使用的各种报告。

第四节 长期的风险与不确定性

在保险合同中，涉及的风险和不确定性往往要持续很长的时间，精算师常常要研究一个较长时期内的种种变化。例如：

——寿险合约可能有 10 年、20 年、30 年或更长的保险期间，精算师关心的是在这期间中被保险人死亡的风险。

——养老保险可能将对一个现年 20 岁的青年支付其退休后几十年的养老金。它要确保将收到的资金进行安全的投资，并在需要的时候立即供款。但是投资所能获得的未来利息收入是不确定的。在决定养老金的金额时，精算师必须对较长时间内的这种不确定的利息做出估计。

——一个设计未来几十年人口模型的人口学工作者必须考虑到以后 30 ~ 40 年间出生、死亡、结婚、离婚等的变化，包括随着社会的发展这些变量变化的规律。

这种长期性的概念在精算工作中是十分重要的。

首先，当精算师用各种方法对未来做预测时采用的是长期性变化信息而不仅仅是短期的。例如，投资分析家最感兴趣的是下个月某公司股票的价格，希望能够迅速获利；而精算师可能更注意股票在较长时期内的价格变动，看看它能不能作为养老金基金的投资对象以应付多年后养老金的支付。

其次，精算师总是跨越近期的形势，测算出任何特定的经济行为的最终结果。例如当寿险公司欲发行某种长期性储蓄类保单时，精算师一定会警告有关的长期风险。精算师会看到在近期效果有利的情况下也可能会出现不利的长期效果。公司也许最关心的是现在该做什么决定，而精算师考虑的是这些决定在遥远的未来意味着什么。

最后，精算师调查过去时必须考虑过去很长一段时间的经验信息以预测未来的长期趋势。如果只观测股市过去一年的回报率用以预测未来 40 年的情况，是没有意义的。

精算师还要密切注意表面现象可能会产生的误导。例如，假设在过去 30 年我国人口以某个稳定的增长率增长。很容易据此想象未来 30 年中人口的增长模型。然而，这其中有一个陷阱，因为你所观察的人口过去的增长正是某些人口基本特征的末期效果。例如，某人口群体可能有如下特征：

——40 ~ 60 岁年龄段中的人口数量大。这些人会加大未来老龄人口的数量，但他们不太会再有更多孩子。

——婚龄人口增长，结婚数量增多，但多年以后才会生育，因而这一代人对出生率的全部影响在一段时间内不能表现出来。

——夫妇生育率降低，可能因为经济因素。

这些因素综合起来将导致人口下降，而且会因为中年人变老和较高的死亡率，使人口下降得相当快。因此，就人口过去增长而得出未来将增长的简单结论可能是错误的。

还有很多类似的因素会使得表面现象推出错误的结论。为了设计人口模型，必须分别调查作为基础的出生率、死亡率、婚姻状况等。

面对寿险公司的承保实例，只有理解了寿险保单涉及的人口状况是不断变化的，才能够不觉得太惊奇。如果仅仅以过去数年寿险公司基金的变化图像为基础，画一条线来预测未来数年该公司所需要的基金，是大错特错的。保险公司在各个时间点上对基金的需要取决于寿险保单的具体情况，而针对不同的保单、不同的承保人口，在不同的时期其资金需求是截然不同的。因此，为了预测基金在未来各个时间点上应有的数额，就必须首先考查包括承保人口的变化状况在内的更多因素。

第五节　数学模型

精算工作离不开数学模型。数学模型是把现实生活中的某个过程用数学公式和方程进行描述或刻画。通过解方程得到数学答案，可以更透彻地理解被模型化的各种行为。

例如，考虑一个年龄为30岁的人的未来生存时间的问题。

这个问题可以通过建立个人未来生存时间的数学模型得到解决，模型的最终答案是一系列等式，它告诉我们一个人在一年内死亡的概率是多少，在两年内死亡的概率是多少，等等。精算师可以运用这些概率计算出具体保险单的实际支出。

数学模型是解决问题的一个非常有用的方法。尤其是数学的概率理论在解决保险和投资中的不确定性和风险问题上起着重要作用。因而它对精算师也同样至关重要。它为精算师用正确的方式解决问题提供了思路，并且常常是更为有效地解决问题。

运用数学模型时应当注意以下几点：

一是一个有效的模型总是要在过去经验的基础上建立起来。例如，设计一个未来死亡率的模型的第一步是找到过去死亡率的模型。这一步总是要求过去的数量化数据，这些数据通常不会完全符合我们的期望，因此模型设计者必须确保模型不会由于使用了低质量数据而产生误导性结论。

二是所有的数学模型都在某种程度上抽象和简化了实际情况。这样做是因为复杂的模型常常无法求解，而一个简单模型同样能对一种复杂情况产生有价值的洞察效果。了解到这些简化过程会对模型产生什么影响，以及了解设计模型的具体技术对这些假定的依赖程度是很重要的。

模型的选择取决于要解决的问题、建立模型所要用的数据以及所要得到答案的性质。有时一个简单模型就足够了，有时需要一个复杂模型。事先说哪种模型最好是不可能的，但大体上我们可以说：

如果一个简单模型能够给一个复杂问题提供非常有用的结论，那么简单模型的潜在部分应该被忽略掉。

但是当复杂过程是源于一些根本性的具有重要影响的基本因素（例如前面例子中的总人口），一个简单模型就无法考虑到这些基本因素而显得过于肤浅。

模型的选择取决于我们对基本因素的理解。当理解深入时，模型也会深入。

精算师必须把模型中的结果向众人解释，并不是大家都会对模型有相同的理解。因此一个精算师用清晰的术语阐释他们的结论、讲清楚他们得出的结果是很重要的。沟通是一种非常重要的能力，随着我们对精算工作的深入就会发现，它将是我们的最主要的技能之一，在我们的职业生涯中会不断地深刻体会到这一点。

在建立数学模型进行预测的过程中，我们总在不断地检验预测的结果和实际情况有多大距离，并且在必要时用新信息来调整模型。这就是通常所说的“反馈”。

例如回到上述人口模型中，精算师或人口工作者首先建立了研究未来每年的死亡率、结婚率、出生率和迁移状况的模型。这些模型是根据过去收集到的数据建立的。

这些包含基本因素的模型将被运用到当前人口，用来预测未来每年的出生人口、死亡人口等的数量。可能的话，这个模型将会非常复杂，例如预测那些现在还未出生的人口 30 年后的出生率。其最终结果是预测出未来几年的总人口状况。

几年后，我们就会具体知道在预测工作完成后的几年中实际的出生人口和死亡人口等数据，因此我们可以把这些数据与用模型预测出的结果进行比较。具体来说，我们可以把实际死亡人口与用模型预测的死亡人口相比较，把实际结婚人口与用模型预测的结婚人口相比较，等等。于是我们就可运用这些新信息来改进模型，进而改进对其余各年的总人口的预测结果。

这是一个运用新信息改进模型的例子。精算师在他们所使用的任何一个模型中都会遵循相同的步骤，使用新的经验数据来检验模型是否可以改进或维持。

第六节　随机与博弈中的均衡与优化

世界上的事物都存在内在规律，事物之间也存在着内在联系，存在着一定的逻辑相关关系，因此，并不存在绝对独立的事物。包括一些人为的假设，也会影响一定的逻辑关系而形成新的均衡。

但是因为人类认知的有限性，我们的能力有限，我们掌握的信息也是有限的，难以了解万物的规律，于是，我们对未知的部分，对相对未知的世界退求其次，在一定的条件下，假设其独立性和随机性，或者说一定程度的独立随机性。

因此，认为事物是否独立随机，并无对错，关键在于我们在什么范围运用、如何运用独立随机的假设，以及对有关假设要素的敏感性，通过客观、科学的研究并予以客观的报告，进而在相关事物发展中予以把握。

事实上，独立随机性的假设，是一个了不起的假设。它给我们在未知的世界面前开启了一扇重要的窗户。诸如概率论等科学，通过对独立与非独立、随机与非随机的刻画，让我们可以对一些过去未知的世界，不断深入地进行考查和认识。精算与保险，正是这一科学的实践者、运用者，进而服务了社会，成为当今的重要贡献者，是科学的典型践行者。

作为科学的践行者，保险是现实中最执着地以大数法则的应用为目标，以随机性为理想的机制，试图构建典型意义的具有随机性的被保险群体，力图实现独立随机下的风险分散、风险转移。因此，构建典型的具有随机性的被保险人群体，成为保险业者的理想。该理想，可称为随机性理想，是保险思想的核心，是保险业务的前提。

在保险活动中，涉及多个方面的主体，包括投保方（投保人、被保险人、受益人）、保险人、保险市场中介、医院等保险相关服务方以及保险市场监管者等等。一方面，各个主体都有不同的追求目标，一般希望自己的利益最大化，于是主体之间存在着博弈——为了自己的利益而违反约定和公共原则，例如个别保险中介为了扩大业务规模、收取更多的中介费用，故意隐瞒被保险人的某些风险以促成保险合同的签订，等等；另一方面，这些主体之间存在着典型的信息不对称问题，加剧了这些博弈行为带来的成本。

于是，随机性在一定程度上成为理想化的设计；而精致的利己主义者的存在，同样也在现实中推动了保险活动各方主体的博弈升级。

因此，精算师必须关注到，自己设计的保险产品所产生的风险保障机制，是否对风险本身产生了影响；同时，保险机制对原有的博弈均衡是否有较大的改变，是否由于相关主体的博弈行为，使风险事故发生的可能性，或者说索赔的可能性变得更大了；还要考虑对于一类具体的被保险人，多大的保险金额是合理的保险需求，不足以使某些被保险人铤而走险。也就是说，随机理想与博弈现实的冲突中，如何优化风险管控，至少保持风险的相对客观性和稳定性，让我们所测算的保险保费能够覆盖相应的赔付或给付成本。

第一部分　利息理论

利息是货币在一定时期内的使用费，利息水平通常用利率来表示。

利率是经济社会中，在不同的代际、不同的人口群体、不同的经济板块之间等各方面分割或分配财富、资产的工具。像社会保障的养老保险个人账户，其记账利率就是调节代际之间财富转移程度的工具，是平抑总收支正负缺口的工具。

事实上，利率是流动性资产与非流动性资产之间、生产性资产与资源性资产之间的分割与转移工具。

精算学引论

第一章 利息与现金流量

第一节 利 息

一、利息与利率

利息指借用某种资本的代价或借出某种资本的报酬。即借债人除偿还出借人（放款人）原来出借的资本外，还要支付一个附加的补偿，这个补偿就是利息。

资本和利息需要以同种商品来计量。在用货币计量时，资本也常被称作本金。

影响利率的因素有很多。例如，如果存在违约风险（指损失资本或利息），放款者会期望获得比其他情况下更高的利率；交易中采用的货币可能发生的升值或贬值也影响交易中的利息。很明显，在高通货膨胀时期，这个因素十分重要。

我们通过在现实生活中常见的银行业务来描述利息的运动。例如，一个投资者开立了一个账户并存入初始存款1 000元，之后他没有向这个账户存取过款项。一年后他要结清这个账户，期望支取到超过1 000元的款项，假设结清账户时他得到了1 060元。这个数目可以被看作是本金1 000元以及60元利息，这个利息就是该账户存在期间，银行使用投资者的资本而支付的报酬。

单位本金在单位时间（一个计息期）所获得的利息即效用利率（effective rate of interest），又称实际利率①，简称为利率。利率常用百分比表示。根据单位时间的长短不同，有年利率、季利率、月利率、日利率。若无特别声明，我们提到的利率均为年利率。

二、单利

假定投资一个单位本金，在每一个单位时间所得的利息是相等的，而利息并不用于再

① 本书中的实际利率和名义利率，是沿用近年来精算工作者采用的说法。它不同于货币银行学中所说的实际利率和名义利率。在货币银行学中，实际利率是指排除了通货膨胀因素之后的利率，而未排除通货膨胀因素的利率被称为名义利率，即实际利率等于名义利率减通货膨胀率。

投资，按这种形式增长的利息称为单利。例如，一个投资者在银行开了一个存款账户并存入了100元，该账户按每年单利率8%支付利息，那么每年他将得到8元的利息。如果一年以后结算这个账户，他可以得到108元；如果两年后结算，他可得到116元。

一般地，如果一位投资者把总额为 C 的本金存入单利为 i 的账户——这期间没有其他存款和提款——那么，n 年以后可得的利息为：

$$I = niC$$

若用 S_n 表示第 n 年末的本利和，则：

$$S_n = C + I = C(1 + ni)$$

到此为止，在以上的讨论中我们已隐含地假定在前面两个表达式中，n 是一个整数。然而，在通常的商业惯例中，对于小于一年的部分时段，要按比例支付利息，于是可以认为上述表达式适用于所有的 n 为非负的情况。

上述表达式反映了单利的基本特征，即利息本身不再获得利息。如果一个投资者的初始存款为100元，一年后获得8元的利息，即本利和为108元，若按单利计息，第二年末的本利和为116元，第三年末的本利和为124元……也就是说，第一年中100元产生了8元的利息，第二年108元产生了8元的利息，第三年116元产生了8元的利息……而这会使投资者认为利息收益水平在下降。这种情况应用复利理论可以避免。

三、复利

我们看到，在以单利计息时，利息不能作为本金来赚取利息。例如，考虑100元的投资，以单利8%投资2年。在单利的情况下，每年可获利息8元。实际上，在第二年初，投资者已拥有108元，显然用108元在8%的利率下投资是更有利的，可以在下一年中获得8.64元利息，而不是8元。

复利就是假定每个计息期所得的利息可以自动地转成投资（本金），并在下一个计息期赚取利息，如此便可以解决上面的问题。在以复利计息的过程中，本利和总处于投资状态。

假如一个投资者在银行开了一个账户并存入了100元，该账户按8%的年利率以复利计息。那么，一年以后，该账户的本利和为108元，这108元又作为第二年的本金，到第二年末的本利和为：

本利和 $= 108 \times (1 + 0.08) = 100(1 + 0.08)^2 = 116.64$（元）

一般来讲，如果将本金 C 存入复利为 i 的账户，我们假定之后没有对该账户的存款和提款，设 S_n 表示第 n 年末的本利和，那么，第 $n+1$ 年的利息为：

$$I_{n+1} = iS_n$$

$S_0 = C$，则第 $n+1$ 年末的本利和为：

$$S_{n+1} = S_n + iS_n = C(1 + i)^{n+1}$$

以下如无特别的说明，书中的利息均为复利。很显然，在一个计息期内，单利、复利产生同样的结果。而在多于一个计息期时，复利下的本利和要大于单利的本利和。

单利、复利的另一个不同点与增长方式有关。当利率不变时，在单利下，每个相等计息期利息增长的绝对数额相等，而在复利下，在相等计息期内，利息增长的相对比率为常数。

复利几乎用于所有的金融活动中，单利偶尔用于短期交易和作为不足一个计息期复利的近似值。

第二节 现金流量

精算师在实际工作中经常涉及对各种现金流量的管理。现金流量就是在不同时期支出或收入的资金金额。从保险公司的角度，我们把保费和投资收入看作是具有正值的现金流量（指获得的资金），而理赔和管理费用的支出看作是负值的现金流量（指支出的资金）。从理论上，我们还可以设计出持续的可支付的现金流量。

在此，我们举出几个例子，说明怎样用现金流量模型清楚地描述它们。

一、偿债抵押

假设一个人为了买一所房子，想从某家银行借一笔钱。银行可能会与他签订一份贷款合同，根据合同，借款者在每月月末支付一系列款项，一直到偿还完全部贷款为止。获准用贷款购买的房地产通常作为该项贷款的抵押物。我们通常称之为房屋抵押贷款。

在实际情况下，许多时候为了反映贷款存续期间普遍的利率水平的变动，银行将保留有时变动每月偿还款项的金额的权利。

例如，假设一家银行准备发放一笔 80 万元的贷款，贷款分次偿还，在 20 年内每月偿还 6 000 元。从借款者的角度看，这项交易的现金流量如表 1 – 1 所示：

表 1 – 1　　80 万元贷款按月偿还

时间（月份）	现金流量（元）
0	+800 000
1	–6 000
2	–6 000
3	–6 000
…	…
239	–6 000
240	–6 000

注：表中时间是从贷款之日起按月计量的。

每年偿还的总金额是 72 000 元（即 12 ×6 000 元）。在 20 年里借款者偿付的总金额为 1 440 000 元。

应当重视的是当借款者分期偿还货款时，每次支付分为“利息”和“本金”两部分，每次还款时利息与本金所占的比例在整个贷款期内变化极大。首次还款几乎都是还利息，只有很少一部分是偿还本金。相反，末次还款几乎都是还本金，只有一小部分是偿还利息。

二、无息债券

“无息债券”（zero – coupon bond）是指这样一种证券，它没有固定的利息支付，而只是在未来的某一特定日期支付一笔约定的金额。例如，某种债券承诺在 2010 年 10 月 1 日支付给持有者 70 000 元，此外没有其他支付，这种债券就是一种无息债券，假定在 1998 年 10 月 1 日这种债券的价格是 35 160 元，对于一个在这一天购买该债券的投资者来说，其现金流量如表 1 – 2 所示：

表 1 – 2　　无息债券的现金流量

日期	时间（年）	现金流量（元）
1998 年 10 月 1 日	0	– 35 160
2010 年 10 月 1 日	12	+ 70 000

三、固定利息债券

政府或公司常常会通过发行债券的方式筹措资金，在许多情况下这种筹措资金以固定利息债券的形式出现，这种债券以某一个确定的名义金额的债券形式发行。最简单的是：债券持有者在未来某些特定时间将得到约定金额的一次总付款以及一系列约定的利息报酬。

通常来讲，政府发行的固定利息债券被称为“金边债券”或“金边证券”。

例如，一个票息为 7.6%、2016 年到期的财政债券，持有一张这种面额为 1 000 元的债券的人有以下权利：每年获得 76 元的利息，利息在每年 9 月 30 日支付，直到 2016 年 9 月 30 日（包括这一天也支付利息），并且在这一天偿还本金 1 000 元。设想一名投资者在 1998 年 9 月 30 日以 P 元的价格购买了这样一张债券（刚好在当时到期的利息被支付以后）。如果该投资者不必纳税并且持有该债券直至最后偿付日（而不是在早一些时候卖出），他这项交易的现金流量如表 1 – 3 所示：

表 1 – 3　　某财政债券的现金流量（年付息）

日期	时间（年）	现金流量（元）
1998 年 9 月 30 日	0	– P
1999 年 9 月 30 日	1	76
2000 年 9 月 30 日	2	76
2001 年 9 月 30 日	3	76
…	…	…
2014 年 9 月 30 日	16	76
2015 年 9 月 30 日	17	76
2016 年 9 月 30 日	18	1 076

注：表中的时间是从购买日开始按年计算的。

如果在上例中，利息改为分期支付，每半年支付一次（每次金额为 38 元），利息在每年 3 月 31 日和 9 月 30 日支付，直到 2016 年 9 月 30 日（包括这一天也支付利息），则他这项交易的现金流量如表 1 –4 所示：

表 1 –4　　某财政债券的现金流量（半年付息）

日期	时间（年）	现金流量（元）
1998 年 9 月 30 日	0	– P
1999 年 3 月 31 日	0. 5	38
1999 年 9 月 30 日	1	38
2000 年 3 月 31 日	1. 5	38
2000 年 9 月 30 日	2	38
…	…	…
2015 年 9 月 30 日	17	38
2016 年 3 月 31 日	17. 5	38
2016 年 9 月 30 日	18	1 038

注：表中的时间是从购买日开始按年计算的。

四、指数关联证券

传统的固定利息债券每期的利息支付都是同样的金额。如果经济活动中的通货膨胀得不到控制，随着时间的流逝，一定金额的货币的购买力会减少，尤其当通货膨胀率较高时会更为明显。因此，一些投资人更喜欢另一种证券，这种证券的利息支付和最终本金返还的实际金额是与一种反映通货膨胀影响的指数相关联的。

最典型的这种指数是零售物价指数（retail prices index，简称为 RPI）。该指数每月公布，有时要调整基准。中国的各种物价指数可以从国家统计局找到。英国、德国、日本、美国、法国、意大利、加拿大等国的物价指数可以分别从英国中央统计局（零售物价指数、生产者物价指数）、德国联邦统计局（生活费指数、生产者物价指数）、日本总务厅统计局（消费物价指数）、日本银行（国内批发物价指数）、美国劳工部（消费物价指数、生产者物价指数）、法国国家统计经济研究所（消费物价指数、生产者物价指数中间产品）、意大利国家统计局（消费物价指数、批发物价指数）、加拿大统计局（消费物价指数、批发物价指数）等处找到。

例如，英国政府于 1975 年 6 月发行了指数关联国民储蓄存单（index – linked national savings certificates），并于 1981 年 3 月首次发行了指数关联债券。

政府指数关联债券的确切细节有些复杂。然而，下列的一个假想的例子说明了构成指数关联债券的基本思想。

假设 A 国政府 6% 的 2020 年到期指数关联债券在 1995 年 5 月 1 日发行。持有一张面额为 100 元的人在购买该债券后于 5 月 1 日获得按面额的 6% 计算出的 6 元的利息支付，并且在以后每次 5 月 1 日都获得该金额，直至 2010 年（包括该年）；此外，在 2010 年 5

月1日，该债券会按面额100元的方式被赎回（返还）。然而，实际的利息和资本的现金支付会与它们的面额不同，并且取决于A国零售物价指数，如下所示：

（1）在日历年份第 n 年5月1日支付利息的现金量将是：

$$6\text{元}\times\frac{\text{第 }n\text{ 年1月的 }RPI\text{ 值}}{1995\text{ 年1月的 }RPI\text{ 值}}$$

（2）在2010年5月1日返还本金的现金量将是：

$$100\text{元}\times\frac{2010\text{ 年1月的 }RPI\text{ 值}}{1995\text{ 年1月的 }RPI\text{ 值}}$$

注意：尽管利息支付是在每年5月发生，用于指数化计算的RPI值是1月份的（而不是5月份的）。这反映出这种状况，由于需要一些时间来计算每月的RPI值（以月份某一特定的日子当时的物价为基础计算），在支付利息的时候人们还不知道5月的指数值。

因此，如果A国1995年1月的RPI值为184.5，2010年1月的RPI值是332.1，最后的利息支付（在2010年5月1日）将是6元×332.1/184.5＝10.80元，本金返还的数额（在这一天）将是100元×332.1/184.5＝180元。

注意，直至2010年1月的RPI值被公布（也许在下个月的某个时候，这取决于进行必需的计算所用的时间），人们才能知道最后的利息支付和返还本金的现金量。由于类似的评价适用于更普遍的情况，购买指数关联证券的任何投资人都面临一定程度的不确定性，即对他将会获得的现金流量的确切金额的不确定性。

从理论的角度看，在任何一项特定交易中，尽管指数关联的做法中，其支出和收入都是很简单的，但实际上指数关联的金边债券其精确细节比上述假想的例子更复杂一些。

五、人寿保险

（一）定期寿险保单

定期寿险保单是这样一种合同，当被保险人在保单规定期限内死亡时，寿险公司一次性给付一笔保险金，这种保单的期限可能会很长（例如20年），也可能会较短（例如1年甚至更短）。

定期寿险保单通常以每年支付一定保费的方式购买，保费通常（但不是必需）是固定金额。年保费通常在保单期限内的每年年初支付，直到被保险人死亡终止或期满，但是，偶尔保费也可能在较短一些的时期里付清或者可以用单独一笔保费购买保单（称为趸交保费）。

例如，考虑如下这个期限为15年的定期寿险保单，保险金额为1 000 000元，每年初支付保费2 000元，保险金在被保险人死亡之年年末给付（在保单期限内）。这里的保费金额相对较小，它反映出被保险人的年龄较小以及相应的死亡风险费低。

如果被保险人在投保第9年死亡，那么从人寿保险公司的角度看，该保单能够提供9次数额为正值的现金流量，分别在0，1，2，…，8时刻（从开始投保起按年计），每次金额为2 000元，该保单在时刻9发生一次负值的现金流量（金额为－1 000 000元）。但是，如果被保险人在保单期限内没有死亡，人寿保险公司将获得每次金额为2 000元的15次数额为正值的现金流量，并且不必返还任何款项。

（二）两全保险保单

两全保险保单是这样一种合同：当被保险人在保险期内死亡时，或在保险期满时还活着，寿险公司一次性给付一笔保险金。这种保单经常以每年预付一定水平的保费的方式购买，在被保险人死亡时或在保单期满时终止。

考虑如下这个期限为15年的两全保险保单，投保金额为1 000 000元，每年初支付保费58 000元，应付死亡保险金在死亡之年年末支付。对于该保单来说，如果被保险人在投保第9年死亡，那么从人寿保险公司的角度看，该保单能够提供9次数额为正值的现金流量，分别在0，1，2，…，8时刻；以及在时刻9的一次数额为负值的现金流量（金额为－1 000 000元）。如果被保险人在保单期限内没有死亡，人寿保险公司将获得15次每次金额为58 000元的数额为正值的现金流量（在0，1，2，…，9时刻）以及在时刻10的一次数额为负值的现金流量（金额为－1 000 000元）。

（三）年金保单

两全保险金是一次性地给付一笔保险金。年金保单是给付一系列有规律的返还款项作为保险金，年金给付的确切条件有明确的规定。

最简单的年金可能是这样：在被保险人生存期间，每年年末给付一定水平的款项，假如，设想现在发行一种为年龄60岁的女性准备的保单，人寿保险公司一次性收取100 000元的保费，在被保险人生存期间每年年末付9 400元。

如果被保险人在保单第t年死亡（即在6和7时刻之间死亡，时间是从发行保单之日起按年计算），人寿保险公司的该合同的现金流量将包括在时刻0的一笔数额为正值的现金流量（100 000元）和以后的在1，2，3，…，6时刻的数额为负值的现金流量（每次－9 400元），但是如果被保险人在保单生效后1年内死亡，人寿保险公司无论怎样都不会发生数额为负值的现金流量。

还存在其他种类的年金保险合同，例如，保单条款可能会规定在被保险人生存期间每年年末给付年金，但是给付次数有一个总的上限。这种保单被称为定期生命年金。

另外，保单条款可能会规定在被保险人生存期间每年年末给付年金，但是有一个保证的给付次数的下限。例如，如果保证的给付次数的下限是5次，而被保险人在保单的前5年内死亡，那么年金给付要继续直至（并且包括）时刻5的给付。这种年金被称为最低保证年金保险。

六、汽车保险

汽车保险是非寿险一种特例。非寿险指除了人寿保险外的其他所有保险。典型的汽车保险保单提供为期1年的损失赔偿。保险公司在年初收到一笔保费，由此将承担与被保险人的汽车驾驶有关的经济风险。

对于这种保险，从保险公司的角度来看，尽管收到的为正值的现金流量（即保费）

的金额和时间是确切已知的，但所有为负值的现金流量的金额和时间是不确定的，例如：

（1）司机在一年里没出事故，因此没有理赔支付。

（2）司机在一年里发生一次事故，导致 8 个月之后的一次金额为 9 680 元的理赔支付。

（3）司机在一年里发生两次事故，导致两次金额分别为 355 元和 7 350 元的理赔支付，分别在 4 个月和 10 个月之后。

（4）司机对一次重大事故有责任，这导致了一场旷日持久的官司，它发生在事故发生两年以后。判决司机赔偿 360 000 元的损失，保险公司（在事故发生时提供损失赔偿）不得不支付约定金额的款项。

注意，在最后一种情况中，理赔发生在保险期结束后的某个时间，这是一些非寿险保单的共同特色，这些保险的理赔可能会花上好几年时间。

第二章

利率与利息力

第一节　利率、终值与现值

一、实际利率与名义利率的含义

（一）实际利率

我们考虑一种投资，其本金和利息在固定期限的期末支付，没有期中支付的任何数额的利息和本金。

在利息问题的讨论中，时间单位是个重要的概念，它可能是1个月或1年，在实践中较常用的是1年，然而，在某些情况下，选择一个其他的时间单位（例如6个月）也可能会简化问题。

设想一个从t时刻开始，期限为1时间单位的金额为1元的投资，假设在$t+1$时刻返还$1+i(t)$，$i(t)$即前面提到的该时期的实际利率，称为实际利率是为了把它同下面将讨论的名义利率或表面利率区分开来。如果假定利率不取决于投资的金额，那么在t时刻的投资C在$t+1$时刻返还的现金是$C[1+i(t)]$。容易看出，C从时刻0到时刻n（n是整个正整数）的本利总和为：

$$C[1+i(0)][1+i(1)]\cdots[1+i(n-1)] \qquad (2-1)$$

因为在时刻1的本利和$C[1+i(0)]$可以作为本金投资以生成时刻2的本利和，依次类推。

利率常以百分比表示，例如，可以说实际利率（对某一给定的时期）为$12\frac{3}{4}\%$，这意味着这段时期的实际利率为0.1275。

如果每期的利率水平不随投资的时刻t发生变化，即对于任意的t，$i(t)=i$。在这种情况下，根据公式（2-1），金额为C的投资在n个时间单位后的本利和为：

$$C(1+i)^n \qquad (2-2)$$

并且这个公式即使是在n不是整数时也成立。

（二）名义利率

名义利率是相对于实际利率而言的。我们通过一个例子来说明名义利率的概念。

在实际中常常会有一年中利息结算多次的情况——这里的结算是指把利息结转成本金——即计息期小于一年的情况，例如，一笔金额为 S 元的款项，年利率为 10%，每半年结算一次（每年结算两次），也就相当于这笔款项每半年的利息为 5%。在复利情况下，经过 2 个半年，即 1 年后的本利和为 $S(1+0.05)^2=S\times1.1025$，这就相当于在这一年的实际利率为 0.1025，即 10.25%。这就由于利息的结算次数不同，产生了利率的名不副实，与之相应的实际利率不再是 10% 了。于是，我们把这个 10% 称为名义利率①。

一般地，考虑期限为 h 时间单位的交易，$h>0$ 并且不一定是整数，我们用这种方式定义从时刻 t 开始的期限为 h 时间单位的每单位时间的名义利率 $i_h(t)$，即从时刻 t 开始期限为 h 时间单位的利率为 $hi_h(t)$。因此，如果在时间 t 投资金额 C，期限为 h，根据定义，在 $t+h$ 时间收到本利和（终值）将是：

$$C[1+hi_h(t)] \tag{2-3}$$

如果 $h=1$，从 t 到 $t+1$ 时期的名义利率与实际利率相等，因此，

$$I_1(t)=i(t) \tag{2-4}$$

在实际中很多情形下，$i_h(t)$ 不取决于 t。在这种情况下我们可以说：

$$I_1(t)=i_h \tag{2-5}$$

如果在这种情况下，当 $h=1/m$，m 是一个正整数（即 h 是时间单位的某一部分），通常情况下写作 $i^{(m)}$，而不是 $i_{1/m}$，因此，作为定义，我们有：

$$i^{(m)}=i_{1/m} \tag{2-6}$$

在这种情况下，可以得出：期限为 $1/m$ 的投资 1 将生成的本利和为：

$$1+\frac{i^{(m)}}{m} \tag{2-7}$$

注意：$i^{(m)}$ 通常称为每单位时间的计息 m 次的名义利率，或称为每单位时间结转利息为本金（convertible）m 次的名义利率。

二、终值

在一定的利率情况下，一笔款项 A 经过 K 个时间单位后，其本利和成为 B，我们称 B 为 A 经过 K 个时间单位后的终值，A 为 B 在 K 个时间单位前的现值。

以计息期为一年的情况来说，假定各年的利率水平是不变的，初始时的 1 元到了 1 年后变成了 $(1+i)$ 元，2 年后变成了 $(1+i)^2$，我们称 $(1+i)$ 为 1 元钱在 1 年后的终值，称 $(1+i)^2$ 为 1 元钱在 2 年后的终值。例如，年利率为 5% 时，1 元钱在 1 年后的终值为 1.05 元，如图 2－1 所示，12 年后的终值为 $(1+0.05)^{12}=1.79586$ 元，如图 2－2 所示。

---

① 参阅第一章第一节“利息与利率”部分的注释。

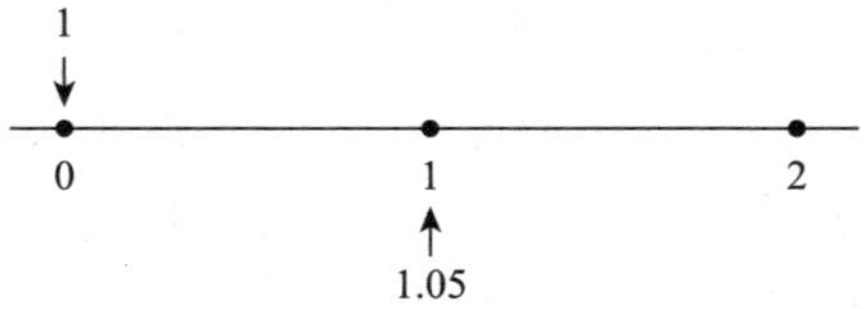

图2-1　1元钱在1年后的终值

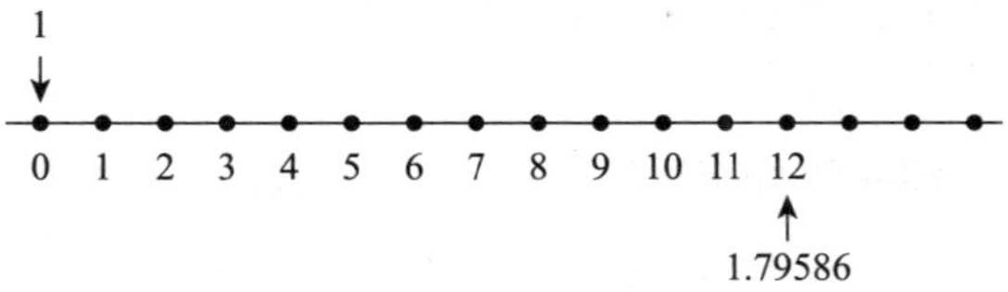

图2-2　1元钱在12年后的终值

一般来讲，1元经过 n 年后变成了 $(1+i)^n$，C 元经过 n 年后变成了 $C(1+i)^n$ 元，我们称 $(1+i)^n$ 为1元钱在 n 年后的终值，称 $C(1+i)^n$ 为 C 元钱在 n 年后的终值。

一般地，对于适当的时间单位，对于 $t_1 \leqslant t_2$，我们定义 $a(t_1, t_2)$ 为 t_1 时刻每单位投资额经过期限为 (t_2-t_1) 的时间在 t_2 时间的终值，我们称之为终值函数。由 $i_h(t)$ 的定义得到，对于所有的 t 及所有的 $h>0$，有：

$$a(t, t+h)=1+hi_h(t) \tag{2-8}$$

因此，

$$i_h(t)=\frac{a(t, t+h)-1}{h} \qquad h>0 \tag{2-9}$$

同时定义对于所有 t，有 $a(t, t)=1$，$a(t_1, t_2)$ 经常被称为单位累积函数，或称单位终值函数，简称累积函数或终值函数，因为在 t_1 时刻金额为 C 的本金在 t_2 时刻的终值将是：

$$Ca(t_1, t_2) \tag{2-10}$$

现在令 $t_0 \leqslant t_1 \leqslant t_2$ 并设想在 t_0 时刻投资1，如果在 t_0 时刻投资期限为 t_2-t_0，在 t_2 时刻终值将是 $a(t_0, t_2)$；如果在 t_0 时刻投资期限为 t_1-t_0，并且到了 t_1 时刻，把所得的终值再投资，其期限为 t_2-t_1，则在 t_2 时刻的终值将是 $a(t_0, t_1)a(t_1, t_2)$，在一个统一的市场上，终值不应当取决于投资者采取的行动步骤，因此我们说根据连续性原理（principle of consistency）：

$$a(t_0, t_n)=a(t_0, t_1)a(t_1, t_2)\cdots a(t_{n-1}, t_n) \tag{2-11}$$

当利率水平不变时，即对于任意的 t，$i(t)=i$，则终值函数为：

$$a(t_0, t_n)=(1+i)^{t_n-t_0}$$

特别地，我们称 $a(0, 1)=(1+i)$ 为终值因子。

三、现值

前面讲过，假定各年的利率水平是不变的，1元经过 n 年后变成了 $(1+i)^n$，C 元经

过 n 年后变成了 $C(1+i)^n$ 元。反过来，在一定的利率下，多少钱经过 n 年后成为 1 元钱呢？显然，$1/(1+i)$ 经过 1 年后成为 1 元，$1/(1+i)^n$ 经过 n 年后即成为 1 元。即 $1/(1+i)$ 为 1 元钱在 1 年前的现值，$1/(1+i)^n$ 为 1 元钱在 n 年前的现值。即，当利率为 5% 时，1 元钱在 1 年前的现值为 $1/(1+0.05)=0.95238$ 元。

一般来讲，对于 $t_1 \leqslant t_2$，在 t_1 时刻投资 $1/a(t_1, t_2)$ 即能在 t_2 时刻产生 1 元的收益；在 t_1 时刻投资 $C/a(t_1, t_2)$ 即能在 t_2 时刻产生收益 C，因此我们说在 t_2 时刻到期的 C 在 t_1 时刻的现值为 $C/a(t_1, t_2)$。记 $v(t_1, t_2)=1/a(t_1, t_2)$，称之为现值函数或贴现函数。

当利率水平不变时，即对于任意的 t，$i(t)=i$，则现值函数为：

$$v(t_1, t_2)=1/(1+i)^{t_2-t_1}$$

特别地，记：

$$v(t)=v(0, t)=\frac{1}{(1+i)^t} \tag{2-12}$$

当 $t=1$ 时，称 $v=1/(1+i)$ 为现值因子或贴现因子。于是，1 元钱在 n 年前的现值为 v^n。

当利率为 5% 时，现值因子 $v=0.95238$。

由 $0.95238^{12}=0.55684$ 可知，当利率为 5% 时，1 元钱在 12 年以前的现值为 0.55684 元。

第二节 利息力

一、利息力[①]与终值函数

假设对于 t 的每一个取值，都有一个函数 $\delta(t)$，使得：

$$\lim_{h\to 0^+} i_h(t)=\delta(t) \tag{2-13}$$

通常把 $\delta(t)$ 叫作 t 时刻每单位时间的利息力（force of interest）。根据公式（2-13），$\delta(t)$ 有时被称作可瞬时转换的在 t 时刻每单位时间的利息力。

把等式（2-9）与等式（2-13）综合起来，可直接用终值函数 $a(t_1, t_2)$ 定义 $\delta(t)$ 如下：

$$\delta(t)=\lim_{h\to 0^+}\left[\frac{a(t, t+h)-1}{h}\right] \tag{2-14}$$

这里，利息力函数 $\delta(t)$ 被用终值函数表示。我们还可以根据连续函数的性质，在很普遍的情况下用利息力来表述终值函数。

如果 $\delta(t)$ 和 $a(t_0, t)$ 是在 $t \geqslant t_0$ 上对 t 的连续函数，并且连续性原理成立，那么，对于 $t_0 \leqslant t_1 \leqslant t_2$，有：

$$a(t_1, t_2) = \exp\left[\int_{t_1}^{t_2}\delta(t)dt\right] \text{②} \tag{2-15}$$

---

① 有关利息力的进一步探讨，详见附录。

② 推导过程，参见附录。

于是，一旦确定了每单位时间的利息力 $\delta(t)$ 就可以根据公式（2－15）确定终值函数。也可以通过公式（2－15）和公式（2－14）得出 $i_h(t)$，因此，

$$i_h(t) = \frac{\exp\left[\int_t^{t+h}\delta(s)ds\right] - 1}{h} \tag{2-16}$$

如果对于所有 t，$\delta(t)=\delta$，这种情形在实践中十分重要。很显然，在这种情况下，有：

$$a(t_0,\ t_0+n)=e^{\delta n} \tag{2-17}$$

对于所有 t_0 和 $n\geqslant 0$，根据公式(2－17)每单位时间的实际利率为：

$$i=e^{\delta}-1 \tag{2-18}$$

因此，

$$e^{\delta}=1+i \tag{2-19}$$

终值函数 $a(t_0,\ t_0+n)$ 因此可以另一种方式表达：

$$a(t_0,\ t_0+n)=(1+i)^n \tag{2-20}$$

这与我们在前面讲过的性质相吻合。

现在我们定义：

$$F(t)=a(t_0,\ t) \tag{2-21}$$

其中，t_0 是一个固定的值，且 $t_0\leqslant t$，因此 $F(t)$ 是在 t_0 时刻单位投资在 t 时刻的终值，根据公式（2－15），有：

$$\log F(t) = \int_{t_0}^{t}\delta(s)ds \tag{2-22}$$

因此，对于 $t>t_0$，有：

$$\delta(t)=\frac{d}{dt}\log F(t)=\frac{F'(t)}{F(t)} \tag{2-23}$$

二、利息力与现值函数

我们知道，对 $t_1\leqslant t_2$，在 t_2 时刻到期的 C 在 t_1 时刻的现值为：

$$\frac{C}{a(t_1,\ t_2)}$$

即：

$$C\exp\left[-\int_{t_1}^{t_2}\delta(t)dt\right] \tag{2-24}$$

也就是说一笔数额为 $C\exp\left[-\int_{t_1}^{t_2}\delta(t)dt\right]$ 的资金如果在 t_1 时刻投资，在 t_2 时刻即能收回 C，特别地，在 t（$t\geqslant 0$）时刻到期的一笔数额为 C 的资金在 0 时刻（当前时刻）的现值等于：

$$C\exp\left[-\int_0^{t}\delta(s)ds\right] \tag{2-25}$$

我们现在定义函数：

$$v(t) = \exp[-\int_0^t \delta(s)ds] \tag{2-26}$$

当 $t \geqslant 0$ 时，$v(t)$ 是在 t 时刻到期的单位资金的（贴现后）的现值。

当 $t<0$ 时，式子 $\int_0^t \delta(s)ds = -\int_0^t \delta(s)ds$ 说明 $v(t)$ 是从时刻 t 到时刻 0 的终值。由公式（2-25）和公式（2-26）得出，在一个非负时刻 t 到期的数额为 C 的资金在今天的现值为：

$$Cv(t) \tag{2-27}$$

在现实生活中最普遍的情况是对于所有 t，有 $\delta(t) = \delta$，也就是说 $\delta(t)$ 为常数，我们可以说，对于所有 t：

$$v(t) = v^t \tag{2-28}$$

在这里，

$$v = v(1) = \frac{1}{1+i} = e^{-\delta} \tag{2-29}$$

第三节　现金流量的现值

在许多复利问题中，必须计算出未来的现金流量的现值。其中，我们对离散的现金流量和连续的现金流量采用不同的计算方式。

一、离散的现金流量

根据公式（2-27），在 t_1、t_2、…、t_n（$0 \leqslant t_1 < t_2 < \cdots < t_n$）时刻到期的金额为 c_{t_1}、c_{t_2}、…、c_{t_n}的现金流量其现值是：

$$c_{t_1}v(t_1) + c_{t_2}v(t_2) + \cdots + c_{t_n}v(t_n) = \sum_{j=1}^{n} c_{t_j}v(t_j) \tag{2-30}$$

如果支付的次数是无限的，现值被定义为：

$$\sum_{j=1}^{\infty} c_{t_j}v(t_j) \tag{2-31}$$

（注：按实际中的通常情况，我们假设该级数是收敛的。）

二、连续的现金流量

我们考虑这样一种情况：假设在 0 时刻与 t 时刻之间投资者连续地支付款项，其中 $t>0$。在 t 时刻的付款率为每单位时间 $\rho(t)$ 元，这个现金流量的现值是多少？

要回答这个问题，必须理解在 t 时刻现金流量的付款率意味着什么。如果 $M(t)$ 代表从时刻 0 到时刻 t 的支付总额，那么根据定义，对于所有 t，有：

$$\rho(t) = M'(t) \tag{2-32}$$

那么，如果 $0 \leqslant \alpha < \beta \leqslant T$，在 α 时刻和 β 时刻之间收到的总支付是：

$$M(\beta) - M(\alpha) = \int_{\alpha}^{\beta} M'(t)\,dt = \int_{\alpha}^{\beta} \rho(t)\,dt \tag{2-33}$$

这样一来，在任一时刻的付款率就是到那个时刻为止的支付总额的导数，而在任意两个时刻之间的支付总额就是在适当的时间间隔的付款率的积分。

在 t 时刻与 $t+\Delta t$ 时刻之间所收到的总支付为 $M(t+\Delta t) - M(t)$。当 Δt 趋近于 0 时，$M(t+\Delta t) - M(t)$ 近似等于 $M'(t)dt$ 或 $\rho(t)\ dt$。因此，理论上可以把 t 时刻和 $t+dt$ 时刻之间收到的资金总额的现值看作 $v(t)p(t)dt$，通过积分得到的整个现金流量的现值为：

$$\int_{0}^{T} v(t)\rho(t)\,dt \tag{2-34}$$

如果 T 为无限，我们依据类似的理由得出现值：

$$\int_{0}^{\infty} v(t)\rho(t)\,dt \tag{2-35}$$

我们把离散的现金流量和连续的现金流量的结果综合起来，可以得出计算一般现金流量的公式：

$$\sum c_t v(t) + \int_{0}^{\infty} v(t)\rho(t)\,dt \tag{2-36}$$

其中，求和部分是针对时刻 t 对所有非零的离散现金流量 c_t 求和。

到此为止，我们假定所有的支付，不论是离散的，还是连续的，都是正值，如果某人有一系列的收入款项（可以把它看作是正值）以及一系列的支出款项（可以看作是负值），则它们的净现值（net present value）被定义为数额为正值的现金流量总和与数额为负值的现金流量总和的差。

三、现金流量的估值

考虑 t_1 和 t_2 时刻的情况，这里 t_2 不一定大于 t_1。在 t_2 时刻的金额为 C 的款项在 t_1 时刻的值被定义为：

（a）如果 $t_1 \geqslant t_2$，等于从 t_2 时刻的款项 C 到 t_1 时刻的终值；

或者，

（b）如果 $t_1 < t_2$，等于 t_2 到期的款项 C 在 t_1 时刻的现值。

由公式（2－17）和公式（2－24）得出，在上述两种情况中，在 t_2 时刻到期的 C 在 t_1 时刻的值为：

$$C\exp\left[-\int_{t_1}^{t_2} \delta(t)\,dt\right] \tag{2-37}$$

注意公式：如果 $t_1 > t_2$，则：

$$\int_{t_2}^{t_1} \delta(t)\,dt = -\int_{t_1}^{t_2} \delta(t)\,dt$$

由于：

$$\int_{t_1}^{t_2} \delta(t)\,dt = \int_{0}^{t_2} \delta(t)\,dt - \int_{0}^{t_1} \delta(t)\,dt$$

由等式（2－26）和公式（2－37）立即推出在 t_2 时刻到期的 C 在 t_1 时刻的值为：

$$C\frac{v(t_2)}{v(t_1)} \tag{2-38}$$

通过前面一节给出的方法，可以算出在 t 时刻（对于 t 的各种取值）离散的现金流量在一个一般的 t_1 时刻的值以及每时间单位付款为 $\rho(t)$ 的连续的现金流量的值。如下所示，等于：

$$\sum c_t \frac{v(t)}{v(t_1)} + \int_{-\infty}^{\infty} \rho(t) \frac{v(t)}{v(t_1)} dt \tag{2-39}$$

这里的求和号是对那些使 $C_t \neq 0$ 的所有 t 的值求和。

我们注意到，在 $t_1=0$（当前时刻）这个特例中，现金流量的值是：

$$\sum c_t v(t) + \int_{-\infty}^{\infty} \rho(t) v(t)\, dt \tag{2-40}$$

这里的求和号是对那些使 $C_t \neq 0$ 的所有 t 的值求和，这是对公式（2－36）的推广。它既适用于过去的也适用于未来的支付。如果有收入和支出的两方面的支付行为，相应的净值（net value）可以像前面一节一样被定义为数额为正值和负值的现金流量的差。如果所有的支付都在 t_1 时刻或者之后到期，它们在 t_1 时刻的值也可以被称作它的现值；如果所有的支付都在 t_1 时刻或者之前到期，它们在 t_1 时刻的值可以被称为它们的终值。由此可知，任何一个时间点上的任何金额的款项都可以被表达为之前或之后某一点上的现值或终值。此外，如果 $t_1=0$ 并且所有的支付都是在当前时刻或之后到期，则它们的价值可以像公式（2－36）中定义的那样也被表述为它们在 0 时刻的现值。

由公式（2－39）可以得出，在任一时刻 t_1 的现金流量的值可通过应用它在另一个时刻 t_2 的值和因子 $\frac{v(t_2)}{v(t_1)}$ 求出，即：

$$\begin{bmatrix}\text{现金流量}\\ \text{在 } t_1 \text{ 时刻的值}\end{bmatrix} = \begin{bmatrix}\text{现金流量}\\ \text{在 } t_2 \text{ 时刻的值}\end{bmatrix}\left[\frac{v(t_2)}{v(t_1)}\right] \tag{2-41}$$

或者

$$\begin{bmatrix}\text{现金流量}\\ \text{在 } t_1 \text{ 时刻的值}\end{bmatrix}[v(t_1)] = \begin{bmatrix}\text{现金流量}\\ \text{在 } t_2 \text{ 时刻的值}\end{bmatrix}[v(t_2)] \tag{2-42}$$

等式（2－42）的两边都是现金流量在当前时刻的值（时刻 0）。

特别地，把 t_2 作为当前值并让 $t_1=t$，我们得出如下结果：

$$\begin{bmatrix}\text{现金流量}\\ \text{在 } t \text{ 时刻的值}\end{bmatrix} = \begin{bmatrix}\text{现金流量}\\ \text{在当前时刻的值}\end{bmatrix}\left[\frac{1}{v(t)}\right] \tag{2-43}$$

第四节　利息收入

考虑这样一位投资者，他不希望扩大本金，但是想获得一种收入，同时保持他的本金

固定在数额 C 上，如果利率固定为每单位时间 i，并且投资者希望在每单位时间末端获得利息收入，很显然，他的收入将是在每个单位时间末端的 iC，直至他提取了本金。

一般地，设 $t>t_0$，投资者希望在 t_0 时刻存入 C，在 t 时刻提取。进一步假设 $n>1$，并且投资者希望在 n 个等距的时间点 t_0+h，t_0+2h，…，t_0+nh 收到他的存款利息，这里 $h=\dfrac{(t-t_0)}{n}$。考虑时刻 t_0+jh 到 $t_0+(j+1)h$，在时刻 $t_0+(j+1)h$ 的应付利息等于：

$$Chi_h(t_0+jh)$$

因此，在 t_0 时刻到 t 时刻之间的全部应付利息等于：

$$C\sum_{j=0}^{n-1}hi_h(t_0+jh) \tag{2-44}$$

由于根据假定，当 h 趋近于 0 时，$i_h(t)$ 趋近于 $\delta(t)$，很容易说明［假定 $\delta(t)$ 是连续的］随着 n 的增大（因此 h 趋近于 0）在 t_0 时刻和 t 时刻之间收到的全部利息，收敛于：

$$I(t)=\int_{t_0}^{t}\delta(s)ds \tag{2-45}$$

因此，求极限之后可知，在 t 时刻每单位时间的利息收入的支付率（rate of payment of interest income）$I'(t)$ 等于：

$$C\delta(t) \tag{2-46}$$

如果投资者在 T 时刻提取本金，根据公式（2-26）和公式（2-32），他的收入和本金的现值分别是：

$$C\int_0^T\delta(t)v(t)dt \tag{2-47}$$

和

$$Cv(T) \tag{2-48}$$

由于：

$$\begin{aligned}\int_0^T\delta(s)v(t)dt &= \int_0^T\delta(t)\exp\left[-\int_0^t\delta(s)ds\right]dt\\ &= \left[-\exp\left(-\int_0^t\delta(s)ds\right)\right]_0^T\\ &= 1-v(T)\end{aligned}$$

得：

$$C=C\int_0^T\delta(t)v(t)dt+Cv(T) \tag{2-49}$$

当 $T=\infty$ 时（在这种情况下投资者永远不提取本金），类似的推论得出这样的结果：

$$C=C\int_0^{\infty}\delta(t)v(t)dt \tag{2-50}$$

上式右边表示的是利息收入的现值。

第三章 精算学引论

复利函数基础

第一节 固定利率

在实践中，最常见的情况是在 t 时刻的单位时间利息力 $\delta(t)$ 是一个常量，不随 t 的变化而变化。在这种情况下可假设对所有 t，有：

$$\delta(t)=\delta \tag{3-1}$$

其中，δ 为常量。

$s+t$ 时刻到期的 1 单位货币在 S 的值：

$$\exp\left[-\int_s^{s+t}\delta(r)dr\right]=\exp\left[-\int_s^{s+t}\delta dr\right]=\exp(-\delta t)$$

显然与 S 无关。因此在任意时刻后经历时间 t 到期的单位资金在该时刻的现值均为：

$$v(t)=e^{-\delta t} \tag{3-2}$$

$$=v^t \tag{3-3}$$

$$=(1-d)^t \tag{3-4}$$

其中，v 和 d 可用 δ 表示为：

$$v=e^{-\delta} \tag{3-5}$$

及

$$1-d=e^{-\delta} \tag{3-6}$$

这样，为了在时间 1 能够得到 1 元的返还，投资者必须在时间 0 投入（$1-d$）元资金。这就相当于 1 单位时间后到期的 1 元钱，在单位时间里产生的利息为 d。因此 d 被称为单位时间贴现率。为了避免与名义贴现率混淆，d 有时被称为单位时间实际贴现率。

我们举例来说明贴现率的概念。如果 A 有一张一年后到期的面额为 100 元的票据，他想立即到银行兑现，银行只给他兑现了 90 元，也就是说银行扣去了 10%，我们称 10% 为实际贴现率，简称贴现率。

例如，某人以 8% 的实际贴现率向银行贷款 100 元，银行将先收取 8 元的利息而只给

92 元，一年后，他向银行偿还贷款 100 元。

显然，实际贴现率是在一年内的利息量（或称贴现量）与期末资金总额的比率。

假设以同样的利率进行贴现，则与利率 i 等价的贴现率为：

$$d=\frac{i}{1+i}=1-v \tag{3-7}$$

而，

$$v=\frac{1}{1+i}$$

因此，又称 v 为贴现因子。与之相似，根据公式（2－21），在 s 时刻投资的 1 单位货币在 $s+t$ 时刻的终值与 S 无关。

$$F(t)=e^{\delta t}=(1+i)^t \tag{3-8}$$

其中，i 由方程：

$$1+i=e^{\delta} \tag{3-9}$$

决定。因此投资者为了在时刻 1 得到（$1+i$）元返还，必须在时刻 0 投入 1 元资金。据此 i 被称为单位时间利息率（或实际利率）。

因此，δ、i、v 和 d 之间有如表 3－1 所示：

表 3－1　　δ、i、v、d 之间的关系

自变量＼因变量	δ	i	v	d
δ		$e^{\delta}-1$	$e^{-\delta}$	$1-e^{-\delta}$
i	$\log(1+i)$		$(1+i)^{-1}$	$i(1+i)^{-1}$
v	$-\log v$	$v^{-1}-1$		$1-v$
d	$-\log(1-d)$	$(1-d)^{-1}-1$	$1-d$	

当 i 很小的时候，d 和 δ 关于 i 的近似公式可以通过保留无穷级数的前面几项而舍掉后面各项得到。例如，因为：

$$\begin{aligned}\delta&=\log(1+i)\\&=i-\frac{i^2}{2}+\frac{i^3}{3}-\frac{i^4}{4}+\cdots\qquad(\text{如果}|i|<1)\end{aligned}$$

对于一个较小的 i 值：

$$\delta\approx i-\frac{i^2}{2}$$

而对于一个较小的 δ 值：

$$i=\delta+\frac{\delta^2}{2}$$

与之相似，

$$\begin{aligned}d&=i(1+i)^{-1}\\&=i(1-i+i^2-i^3+\cdots)\qquad(\text{如果}|i|<1)\end{aligned}$$

$$=i-i^2+i^3-i^4+\cdots$$

因此，如果 i 很小，有：

$$d\approx i-i^2$$

而对于较小的 d 值，有：

$$d\approx\delta-\frac{\delta^2}{2}$$

第二节　名义利率与名义贴现率

现在，我们开始考虑在每个单位时间里计息 m 次的情况——分 p 次支付利息。

设想一个借款者，其在时刻 0 借入 1 元而在时刻 1 偿还，假设把 0 到 1 的这个期间分成 m 个相等的间隔并在每个间隔末（如在 $1/m$，$2/m$，$3/m$，…，1 这些时刻）支付相同的利息。按过去提到的符号，我们记 $i^{(m)}$ 为全部的利息总额，称之为名义利率，即在每个间隔末支付的利息额为 $\frac{i^{(m)}}{m}$，我们可以很容易地以 i 来表达 $i^{(m)}$。

考虑 1 元资金在一个单位时间里的利息总额。若单位时间计息 m 次，则每次利息为 $\frac{i^{(m)}}{m}$，于是：

$$\sum_{t=1}^{m}\frac{i^{(m)}}{m}(1+i)^{(m-t)/m}=i \tag{3-10}$$

如果 $i\neq 0$，有：

$$\frac{i^{(m)}}{m}\frac{i}{(1+i)^{1/m}-1}=i$$

因此，

$$i^{(m)}=m\{(1+i)^{1/m}-1\} \tag{3-11}$$

与

$$\left(1+\frac{i^{(m)}}{m}\right)^m=1+i \tag{3-12}$$

事实上，考虑 1 元资金在一个单位时间后的终值，若计息 m 次，每个时间间隔的长度为 $1/m$ 且利率为 $\frac{i^{(m)}}{m}$，则一个单位时间后的终值为 $\left(1+\frac{i^{(m)}}{m}\right)^m$，于是，有：

$$\left(1+\frac{i^{(m)}}{m}\right)^m=1+i$$

类似地，考虑这样的情况：债权人借出 1 元，在一年中按月息 2.5% 于每月初收取利息，并于最后一个月末收回 1 元。这里的利息是先支付的。12 个月的利息总额为 2.5% × 12 = 25%，25% 即一年计息 12 次的名义贴现率，记为 $d^{(12)}$。我们把名义贴现率 $d^{(p)}$ 定义为在单位时间里支付的利息总额，这里的支付是在 0 到 1 的这个期间分成的 p 个相等间隔的间隔初（如在0、$1/p$、$2/p\cdots$（$p-1$）$/p$ 这些时刻）按相同的数额进行的，即每次支付的金额为$\frac{d^{(p)}}{p}$。

同样，可以得出：

$$d^{(p)}=p\{1-(1-d)^{1/p}\} \tag{3-13}$$

与

$$\left(1-\frac{d^{(p)}}{p}\right)^{p}=1-d \tag{3-14}$$

图3－1所显示的五种支付方式，在每个单位时间内利息力为 δ 的情况下，它们的支付全部具有相同的价值，这一点是十分重要的。

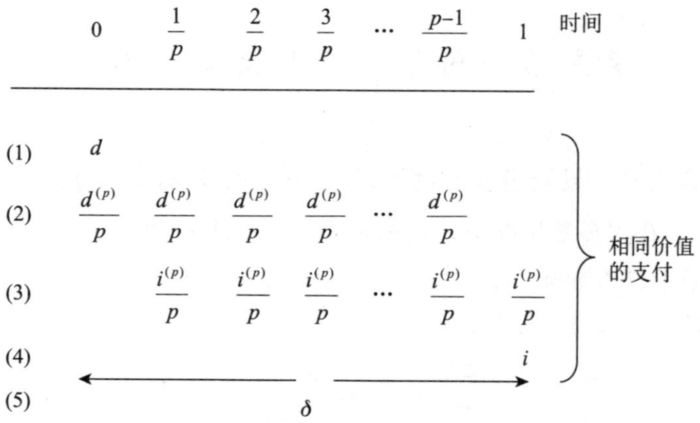

图3－1　五种支付方式

涉及名义利率（名义贴现率）问题的处理往往可以通过时间单元的适当选择而简化。例如，$i^{(4)}=12\%$，即名义利率为12%每年分4次支付（计息）的情况下，t 年后到期的1元现金的现值为：

$$\begin{aligned}(1+i)^{-t}&=[1+i^{(4)}/4]^{-4t}\\&=[1+0.12/4]^{-4t}\qquad \text{因为 } i^{(4)}=0.12\\&=1.03^{-4t}\end{aligned}$$

因此，如果采用一个1/4年作为基础时间单位，并且使用3%作为实际利率，则我们可以简单地估计未来的支付。

也就是说，选择与名义利率计息（转换）频率相符的期间为基本的时间单元，使用$i^{(p)}$作为每单元时间的实际利率。例如，对于按月计息的年名义利率18%，我们便可以将一个月作为时间单位且1.5%作为每个时间单位的利率。

注意 $i^{(p)}$ 以及 $d^{(p)}$ 可以由利息力 δ 直接给出：

$$i^{(p)}=p(e^{(\delta/p)}-1) \tag{3-15}$$

以及

$$d^{(p)}=p(1-e^{(-\delta/p)}) \tag{3-16}$$

根据公式（3－16），有：

$$\lim_{p\to\infty^+} i^{(p)} = \lim_{p\to\infty^+} d^{(p)} = \delta \tag{3-17}$$

这是我们从定义中可以直觉出的结果，因为，一个连续的支付可以被认为在每一个间隔为 $1/p$ 进行支付的一系列支付的当 $p\to\infty$ 时的极限。

很容易地，可以建立：

$$i > i^{(2)} > i^{(3)} > \cdots \tag{3-18}$$

以及

$$d < d^{(2)} < d^{(3)} < \cdots \tag{3-19}$$

因此，$\{i^{(p)}\}$ 与 $\{d^{(p)}\}$ 分别从上和从下单调地趋向于共同的极限 δ。

第三节　价值方程和交易收益率

考察这样一笔交易：投资者在时间 t_1，t_2，…，t_n 分别支出 a_{t_1}，a_{t_2}，…，a_{t_n}，收入 b_{t_1}，b_{t_2}，…，b_{t_n}。（在大多数情况下，a_{t_i}和 b_{t_i}中只有一个不为 0）。当利息力或利率为何值时，支出额恰好等于收入额呢？

设利息力 δ 时，收入支出相等，即：

$$\sum_{r=1}^{n} a_{t_r} e^{-\delta t_r} = \sum_{r=1}^{n} b_{t_r} e^{-\delta t_r} \tag{3-20}$$

将此方程写成：

$$\sum_{r=1}^{n} c_{t_r} e^{-\delta t_r} = 0 \tag{3-21}$$

其中，

$$c_{t_r} = b_{t_r} - a_{t_r}$$

是时间 t_r 的净现金流量。此处，我们采用如下惯例：数额为负的现金流量对应于投资者的支出，数额为正的现金流量则代表投资者的收入。

方程（3－21）用代数方法表示了利息力为 δ 时，净现金流量总额为 0 的条件。该方程被称为关于此交易的利息力的价值方程。

由：

$$e^{\delta} = 1 + i$$

该方程可以写成：

$$\sum_{r=1}^{n} c_{t_r} (1+i)^{-t_r} = 0 \tag{3-22}$$

此形式被称为关于利率的价值方程或收益率方程。方程（3－22）的左端还可以被写成：

$$\sum_{r=1}^{n} c_{t_r} v^{t_r}$$

注意在上述方程中，n 可能是无穷大。

对于连续支付流，令 $\rho_1(t)$ 和 $\rho_2(t)$ 分别表示 t 时刻支付和接受货币的速度，我们称：

$$\rho(t)=\rho_2(t)-\rho_1(t)$$

为 t 时刻的净现金流率。则对应于方程（3－21），关于利息力的价值方程为：

$$\int_0^{\infty}\rho(t)e^{-\delta t}dt=0 \tag{3-23}$$

当间断和连续现金流量都存在时，价值方程为：

$$\sum_{r=1}^{n}c_{t_r}e^{-\delta t_r}+\int_0^{\infty}\rho(t)e^{-\delta_t}dt=0 \tag{3-24}$$

与其等价的收益率方程为：

$$\sum_{r=1}^{n}c_{t_r}(1+i)^{-t_r}+\int_0^{\infty}\rho(t)(1+i)^{-t_r}dt=0 \tag{3-25}$$

对于某一交易，方程（3－24）可能无解、一解或几个解。如果只存在一解，比如 δ_0，那么该解就被称为该交易的利息力，与其对应的利率 $i_0=e^{\delta_0}-1$ 则被称为单位时间收益率（该收益率也被称为该交易的内在收益率或资金加权收益率）。当且仅当方程（3－25）只有一个大于－1 的根时（如果这样一个根存在的话），那么它就被定义为收益率。

关于给定交易，价值方程的分析可能有一点复杂。但当 f 为单调函数时，对方程 $f(i)=0$ 的分析就变得相当简单。此时，只要我们能够找到 i_1 和 i_2，使 $f(i_1)$ 与 $f(i_2)$ 符号相反，那么该方程就有一个根。在这种情况下，该根是唯一的并且介于 i_1 和 i_2 之间。选择足够接近的 i_1 和 i_2，我们就可以求得满足想要精确程度的收益率。

应当注意的是，在两边同乘以 $(1+i)^{t_0}$ 后，方程（3－22）的左端变成如下等价形式：

$$\sum_{r=1}^{n}c_{t_r}(1+i)^{t_0-t_r}=0 \tag{3-26}$$

这个更为普遍的形式被称为 t_0 时刻的价值方程，它与原来的方程（现在看来是 0 时刻的价值方程）完全等价。在某些问题中选择一个合适的 t_0 可以使计算简化。

例 3－1：

为得到 10 000 元的贷款借款人同意在 7 个月后偿还 11 000 元，求：

（1）年利率；

（2）年贴现率；

（3）该交易的年利息力。

借款人在取得贷款后请求在原定清偿日偿还 5 000 元，而余额则在原定清偿日后 6 个月偿还。假定贷款人同意该请求，请在原利率基础上求得变动后交易的第二次偿还金额。

解：

为了说明方便，我们用基本原理求 i，d 和 δ。

（1）根据方程：

$10\,000(1+i)^{7/12}=11\,000$

求得年利率 $i=0.17749$ 或 17.749%。

（2）根据方程：

$10\ 000 = 11\ 000(1-d)^{7/12}$

求得年贴现率 d =0. 15074 或 15. 749%。

（3）根据方程：

$10\ 000e^{(7/12)\delta} - 11\ 000 = 0$

求得年利息力 $\delta = 0.16339$ 或 16. 339%

设变动后交易的第二次支付额为 X 元，然后，运用最后清偿日（借款后 13 个月）的价值方程，得到：

$10\ 000e^{(13/12)\delta} - 5\ 000e^{(1/2)\delta} - X = 0$

因此，

$X = 10\ 000e^{(13/12)\delta} - 5\ 000e^{(1/2)\delta}$

因为假定使用原来的利息力水平，$\delta = 0.16339$（上面求得），求得上面方程的解 X = 6 510. 7566。

还可以用另一种方法求得 X 值。借款人愿意在原清偿日仅仅还 5 000 元，希望将到期的另外 6 000 再推迟 6 个月偿还。推迟偿还（金额 X 元）必须与它所取代的 6 000 等值。在最终清偿日将这些值列入方程，得到：

$6\ 000e^{(1/2)\delta} = X$

求得 X =65. 107566，与前面所求相等。

第四章

基本确定年金

第一节　年金的概念

在相同间隔的时间上进行的一系列支付称为年金。例如，在未来的十年中每年年末支付 1 000 元或从 1998 年至 2015 年每年年初 3 800 元。年金包括每年支付一次的年金，和每半年、每个季度、每月支付一次及支付更频繁的年金。在现实生活中，年金的例子很普遍，如购买房屋、汽车等固定资产时的抵押分期付款。

相邻的两个支付日期之间的间隔称为支付周期，相邻的两个计息日期之间的间隔称为计息周期。这里的计息是指将到期得到的利息结转为本金。

年金的支付分为确定的和不确定的。这里的确定是针对在相应的时间点的支付与否和数额是否确定来说的。

确定年金是指一定的时期内在相同间隔的时间上，按既定的数额进行的一系列支付。例如前面提到的用分期付款购买一个价值 82 万元的房屋，在约定的时间点上支付与否和支付的金额都是确定的，可能是先付 24 万元，然后在之后的 10 年中每月末付款 5 500 元。

不确定年金又叫作或有年金，是指在未来相应的时间点上的支付是否发生是不确定的。这种年金的一个最常见的类型是，在未来的某些年内在一个人的生存期间于每月月初支付一定数额的年金。这种年金在相应时间点上的支付与否是由其那时的生命状态决定的，是事先无法确定的。这种年金叫作生命年金，我们将在本书的第三卷探讨这种年金。

每个支付周期末支付的年金称作期末支付的年金，例如每年年末支付的年金、每月月末支付的年金；每个支付周期初支付的年金称作期初支付或期首支付的年金，例如每年年初支付的年金、每个季度初支付的年金。

在不至于发生混淆时，年金一词一般指期末支付的确定年金。

第二节　确定年金的终值和现值

一、期末支付年金的终值和现值

我们考虑在0时刻开始的 n 年中每年年末支付1元的年金，如图4－1所示。

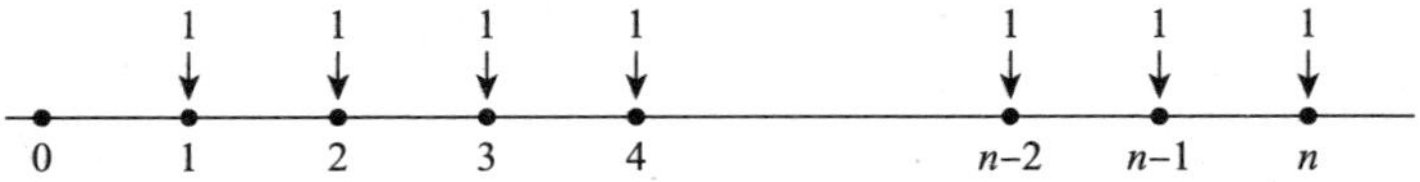

图4－1　在0时刻开始的 n 年中每年年末支付1元的年金

为了方便，我们把每年末支付1元、共支付 n 年的确定年金在第 n 年末（n 时刻）的终值记为 $S_{\overline{n}|}$。

容易看出，如果 $i=0$，则 $S_{\overline{n}|}=n$；否则，第1年末（时刻1）支付的1元在第 n 年末（时刻 n）的终值为$(1+i)^{n-1}$，第2年年末（时刻2）支付的1元在第 n 年末的终值为$(1+i)^{n-2}$，…，第 $n-2$ 年年末（时刻 $n-2$）支付的1元在第 n 年末的终值为$(1+i)^2$，第 $n-1$ 年末（时刻 $n-1$）支付的1元在第 n 年末的终值为$(1+i)$，第 n 年末（时刻 n）支付的1元在第 n 年末的终值为1，即：

$$
\begin{aligned}
S_{\overline{n}|} &= (1+i)^{n-1}+(1+i)^{n-2}+(1+i)^{n-3}+\cdots+(1+i)^2+(1+i)+1 \\
&= \frac{(1+i)^n-1}{(1+i)-1} \\
&= \frac{(1+i)^n-1}{i} \qquad (4-1)
\end{aligned}
$$

这里的推导过程用到了几何级数前 n 项和的公式。类似地，我们把每年末支付1元、共支付 n 年的确定年金在第1年初（0时刻）的现值记为 $a_{\overline{n}|}$。于是，如果 $i=0$，则 $a_{\overline{n}|}=n$；否则，第1年末（时刻1）支付的1元在第1年初（时刻0）的现值为 v，第2年末（时刻2）支付的1元在第1年初的现值为 v^2，第3年末（时刻3）支付的1元在第1年初的现值为 v^3，…，第 $n-1$ 年末（时刻 $n-1$）支付的1元在第1年初的现值为 v^{n-1}，第 n 年末（时刻 n）支付的1元在第1年初的现值为 v^n，即：

$$
\begin{aligned}
a_{\overline{n}|} &= v+v^2+v^3+\cdots+v^n \\
&= \frac{v(1-v^n)}{1-v} \\
&= \frac{1-v^n}{v^{-1}-1} \\
&= \frac{1-v^n}{i} \qquad (4-2)
\end{aligned}
$$

例如，当利率 $i=8\%$ 时，$S_{\overline{10}|}=14.4866$，即表示在未来10年里，每年年末1元的确定年金在该10年期末的终值是14.4866元；$a_{\overline{10}|}=6.7101$，即表示在未来10年里，每年

年末 1 元的确定年金在该 10 年期初的现值是 6.7101 元。在未来 10 年里每年年末 6 500 元的确定年金的现值即 $6\,500 \times a_{\overline{10}|} = 6\,500 \times 6.7101 = 43\,615.65$ 元。由 $S_{\overline{n}|}$ 和 $a_{\overline{n}|}$ 的意义及计算公式可以得出它们之间的关系式：

$$S_{\overline{n}|} = a_{\overline{n}|}(1+i)^n \tag{4-3}$$

显然，$S_{\overline{n}|}$ 是 $a_{\overline{n}|}$ 在 n 年后的终值。$S_{\overline{n}|}$ 与 $a_{\overline{n}|}$ 的另一个关系式为：

$$\frac{1}{a_{\overline{n}|}} = \frac{1}{S_{\overline{n}|}} + i \tag{4-4}$$

事实上

$$\begin{aligned}\frac{1}{S_{\overline{n}|}} + i &= \frac{i}{(1+i)^n - 1} + i \\ &= \frac{i + i(1+i)^n - i}{(1+i)^n - 1} \\ &= \frac{i}{1 - v^n} \\ &= \frac{1}{a_{\overline{n}|}}\end{aligned}$$

公式（4－4）可以给出直观的解释：一笔数额为 1 元的贷款用每年年末支付年金的形式偿还，假定每年偿还的数额相同。在年利率为 i 的情况下，每年偿还额 x 应满足：

$$x a_{\overline{n}|} = 1$$

即：

$$x = \frac{1}{a_{\overline{n}|}}$$

债权人在每年年末收到 x 的时候提取出数额为 i 的款项作为他当年 1 元钱投资的利息收入，而将余额 $\frac{1}{a_{\overline{n}|}} - i$ 存入利率为 i 的账户。到第 n 年末他将到 $(\frac{1}{a_{\overline{n}|}} - i)S_{\overline{n}|}$。而作为一个投资了 1 元且在每年年末收回利息的人，n 年后在利息之外将只能再收回本金 1 元。于是，

$$\left(\frac{1}{a_{\overline{n}|}} - i\right) S_{\overline{n}|} = 1$$

即：

$$\frac{1}{a_{\overline{n}|}} - i = \frac{1}{S_{\overline{n}|}}$$

例 4－1

假设贷款利率为 9%，比较为期 10 年的 1 000 元贷款在以下 3 种方式偿还贷款的情况下将支付的利息总额。

（1）全部贷款及利息累积额在第 10 年末一次性还清；

（2）利息每年末支付，本金第 10 年末还清；

（3）贷款在 10 年内的各年末平均偿还。

解：

（1）10 年末贷款的终值是：

$1\ 000 \times (1.09)^{10} = 2\ 367.36$

支付的利息总额为：

$2\ 367.36 - 1\ 000 = 1\ 367.36$（元）

（2）每年贷款所赚利息：

$1\ 000 \times 0.09 = 90$

10 年的利息总额为：

$10 \times 90 = 900$（元）

（3）设平均量为 R，则：

$$Ra_{\overline{10|}} = 1\ 000$$

于是：

$$\begin{aligned} R &= \frac{1\ 000}{a_{\overline{10|}}} \\ &= \frac{1\ 000}{6.417658} \\ &= 155.82 \end{aligned}$$

支付的利息总量：

$10\ (155.82) - 1\ 000 = 558.20$（元）

由此可以看出，偿还贷款越晚，要支付的利息额就越高；相反，偿还得越早，要支付的利息量越少。但是，尽管三种情况下支付的利息总量是不同的，它们的现值都是 1 000 元。

二、期初支付年金的终值和现值

考虑在 0 时刻开始的 n 年中每年年初支付 1 元的年金，如图 4－2 所示：

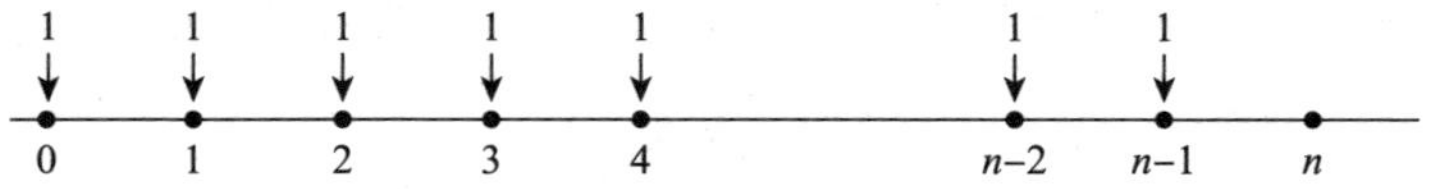

图 4－2　在 0 时刻开始的 n 年中每年年初支付 1 元的年金

我们把每年初支付 1 元、共支付 n 年的确定年金在第 n 年末（n 时刻）的终值记为 $\ddot{s}_{\overline{n|}}$。容易看出，如果 $i = 0$，则 $\ddot{s}_{\overline{n|}} = n$；否则，第 1 年初（时刻 0）支付的 1 元在第 n 年末（时刻 n）的终值为 $(1+i)^n$，第 2 年初（时刻 1）支付的 1 元在第 n 年末的终值为 $(1+i)^{n-1}$，…，第 $n-1$ 年初（时刻 $n-2$）支付的 1 元在第 n 年末的终值为 $(1+i)^2$，第 n 年初（时刻 $n-1$）支付的 1 元在第 n 年末的终值为 $(1+i)$，即：

$$\begin{aligned} \ddot{s}_{\overline{n|}} &= (1+i)^n + (1+i)^{n-1} + (1+i)^{n-2} + \cdots + (1+i)^2 + (1+i) \\ &= (1+i)\frac{(1+i)^n - 1}{(1+i) - 1} \end{aligned}$$

$$=\frac{(1+i)^n-1}{d} \tag{4-5}$$

类似地，把每年初支付 1 元、共支付 n 年的确定年金在第 1 年初（0 时刻）的现值记为 $\ddot{a}_{\overline{n}|}$。于是，如果 $i=0$，则：

$$\ddot{a}_{\overline{n}|}=n;$$

否则，第 1 年初（时刻 0）支付的 1 元在第 1 年初（时刻 0）的现值为 1，第 2 年初（时刻 1）支付的 1 元在第 1 年初的现值为 v，第 3 年初（时刻 2）支付的 1 元在第 1 年初的现值为 v^2，…，第 $n-1$ 年初（时刻 $n-2$）支付的 1 元在第 1 年初的现值为 v^{n-2}，第 n 年初（时刻 $n-1$）支付的 1 元在第 1 年初的现值为 v^{n-1}，即：

$$\begin{aligned}\ddot{a}_{\overline{n}|}&=1+v+v^2+v^3+\cdots+v^{n-1}\\&=\frac{1-v^n}{1-v}\\&=\frac{1-v^n}{d}\end{aligned} \tag{4-6}$$

例如，当利率 $i=8\%$ 时，$\ddot{s}_{\overline{10}|}=15.6455$，即表示在未来 10 年里，每年年初 1 元的确定年金在该 10 年期末的终值是 15.6455 元；$\ddot{a}_{\overline{10}|}=7.2469$，即表示在未来 10 年里，每年年初 1 元的确定年金在该 10 年期初的现值是 7.2469 元。在未来 10 年里每年年初 6 500 元的确定年金的现值即：

$6\,500\times\ddot{a}_{\overline{10}|}=6\,500\times7.2469=47\,104.85$（元）

很容易观察到 $\ddot{s}_{\overline{n}|}$ 和 $\ddot{a}_{\overline{n}|}$ 之间类似公式（4－3）和公式（4－4）的关系式：

$$\ddot{s}_{\overline{n}|}=(1+i)^n\ddot{a}_{\overline{n}|} \tag{4-7}$$

$$\frac{1}{\ddot{a}_{\overline{n}|}}=\frac{1}{\ddot{s}_{\overline{n}|}}+d \tag{4-8}$$

由公式（4－1）和公式（4－5）容易得出：

$$\ddot{s}_{\overline{n}|}=(1+i)s_{\overline{n}|} \tag{4-9}$$

和

$$s_{\overline{n+1}|}=1+\ddot{s}_{\overline{n}|}$$

或

$$\ddot{s}_{\overline{n}|}=s_{\overline{n+1}|}-1 \tag{4-10}$$

同样，由公式（4－2）和公式（4－6）可得：

$$\ddot{a}_{\overline{n}|}=(1+i)a_{\overline{n}|} \tag{4-11}$$

和

$$\ddot{a}_{\overline{n}|}=1+a_{\overline{n-1}|} \tag{4-12}$$

此外，公式（4－1）、公式（4－2）、公式（4－5）、公式（4－6）可以写成如下形式：

$$(1+i)^n=is_{\overline{n}|}+1 \tag{4-1}'$$

$$1=ia_{\overline{n}|}+v^n \tag{4-2}'$$

$$(1+i)^n = d\ddot{s}_{\overline{n}|} + 1 \qquad (4-5)'$$

$$1 = d\ddot{a}_{\overline{n}|} + v^n \qquad (4-6)'$$

这样可以很直观地给出这些公式的解释。以第二个公式（4－2）为例：在 0 时刻投资 1 元，之后的 n 年中每年年末提取数额为 i 的利息，直到第 n 年末（n 时刻）不仅提取数额为 i 的利息，还要收回 1 元的本金。这样，他投入资金在 0 时刻的现值为 1，即等式的左边；收入的利息现值为 $ia_{\overline{n}|}$，在 n 时刻收回的本金 1 元在 0 时刻的现值为 v^n，此即等式的右边。

其余三个公式也有类似的解释。

当 n 的值从 1 到 60 时，在几个利率下 $s_{\overline{n}|}$、$a_{\overline{n}|}$、$\ddot{s}_{\overline{n}|}$ 和 $\ddot{a}_{\overline{n}|}$ 的值列在附录中的复利年金表中。

有的复利年金表仅仅列出了 $s_{\overline{n}|}$ 和 $a_{\overline{n}|}$ 的值，未列出 $\ddot{s}_{\overline{n}|}$ 和 $\ddot{a}_{\overline{n}|}$ 的值，需要通过公式（4－9）和公式（4－11）或者公式（4－10）和公式（4－12）进行简单的计算得出 $\ddot{s}_{\overline{n}|}$ 和 $\ddot{a}_{\overline{n}|}$ 的值。

例如，当利率 $i=8\%$ 时：

$$\begin{aligned}\ddot{a}_{\overline{7}|} &= (1+i)a_{\overline{7}|} \\ &= 7.2469\end{aligned}$$

表示在未来 7 年的每年年初 1 元的确定年金在这 7 年期初时的现值是 7.2469 元；可以很容易地理解：

$$\begin{aligned}2\,000s_{\overline{15}|} &= 2\,000(1+i)^{15}a_{\overline{15}|} \\ &= 2\,000 \times 27.1521 \\ &= 54\,304.2\end{aligned}$$

即表示在未来 15 年，每年年末 2 000 元的确定年金在第 15 年年末的终值为 54 304.20 元。

三、永久年金

对于一个固定的利率 i，$s_{\overline{n}|}$、$a_{\overline{n}|}$、$\ddot{s}_{\overline{n}|}$ 和 $\ddot{a}_{\overline{n}|}$ 都是 n 的增函数，即随着 n 的增长而增长。当 n 趋于∞时，即年金的支付永远持续下去，我们称这种永远持续下去而不终止的年金为永久年金或称永续年金。期末支付和期初支付永久年金的现值分别用 $a_{\overline{\infty}|}$ 和 $\ddot{a}_{\overline{\infty}|}$ 表示。这样，如果 $i>0$，有：

$$\begin{aligned}a_{\overline{\infty}|} &= \lim_{n\to\infty} a_{\overline{n}|} \\ &= \frac{1}{i}\end{aligned} \qquad (4-13)$$

和

$$\begin{aligned}\ddot{a}_{\overline{\infty}|} &= \lim_{n\to+\infty} \ddot{a}_{\overline{n}|} \\ &= \frac{1}{d}\end{aligned} \qquad (4-14)$$

如果 $i\leqslant 0$，则 $a_{\overline{\infty}|}$ 和 $\ddot{a}_{\overline{\infty}|}$ 均为无穷大。

四、延期年金

假定 m 和 n 为非负整数。每笔金额为 1，分别发生在时刻 $(m+1)$，$(m+2)$，…，$(m+n)$ 的 n 次数额为 1 的支付在时刻 0 的值表示为 ${}_{m|}a_{\overline{n}|}$，如图 4－3 所示。

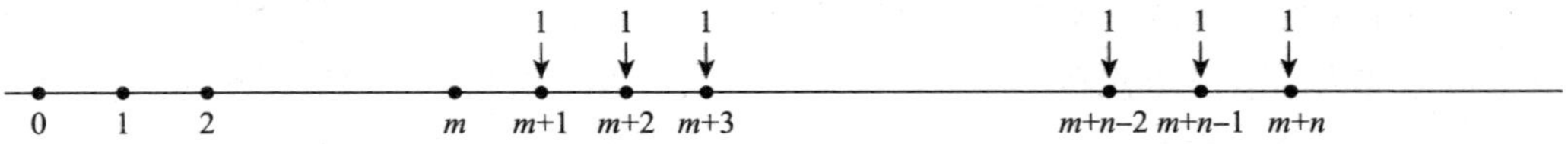

图 4－3　延期年金

这样一系列支付可以看成是一份推迟了 m 个时间单位的期末发生的年金。当 $n>0$，

$${}_{m|}a_{\overline{n}|}=v^{m+1}+v^{m+2}+v^{m+3}+\cdots+v^{m+n}$$

显然有：

$${}_{m|}a_{\overline{n}|}=(v+v^2+v^3+\cdots+v^{m+n})-(v+v^2+v^3+\cdots+v^m)$$

和

$${}_{m|}a_{\overline{n}|}=v^m(v+v^2+v^3+\cdots+v^n)$$

上面两个方程表明：

$${}_{m|}a_{\overline{n}|}=a_{\overline{m+n}|}-a_{\overline{m}|} \tag{4-15}$$

和

$${}_{m|}a_{\overline{n}|}=v^m a_{\overline{n}|} \tag{4-16}$$

这两个方程中任意一个都可用来计算延期期末支付年金的值。公式（4－15）还可表示为

$$a_{\overline{m+n}|}=a_{\overline{m}|}+v^m a_{\overline{n}|} \tag{4-17}$$

我们也可定义相应的延期期首支付生命年金：

$${}_{m|}\ddot{a}_{\overline{n}|}=v^m\ddot{a}_{\overline{n}|} \tag{4-18}$$

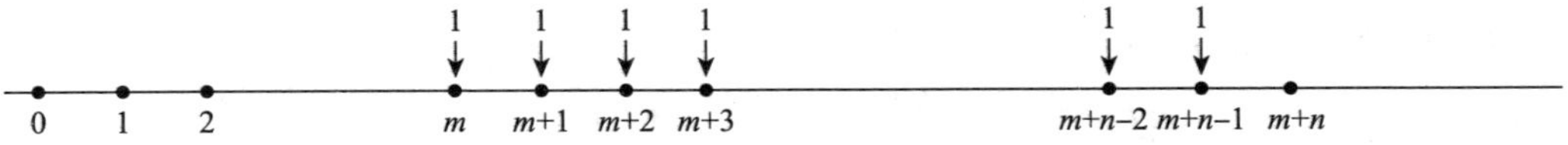

第三节　通用摊销表

假定一个投资者在时刻 0 借出 L，并得到 n 次偿还，其中第 r 次金额为 xr，到期时间为 $r(1\leqslant r\leqslant n)$。假定借款在第 r 年的实际利率为 $i_r(1\leqslant r\leqslant n)$。在许多情况下 i_r 并不依赖于 r，但是这样会有利于考察更一般的情况。

显然，借款额不过是偿还额在给定利率水平下的现值。这样：

$$
\begin{aligned}
L = & X_1(1+i_1)^{-1} + X_2(1+i_1)^{-1}(1+i_2)^{-1} \\
& + X_3(1+i_1)^{-1}(1+i_2)^{-1}(1+i_3)^{-1} \\
& + \cdots \\
& + X_n(1+i_1)^{-1}(1+i_2)^{-1}(1+i_3)^{-1}\cdots(1+i_n)^{-1}
\end{aligned} \tag{4-19}
$$

投资者可能会把每笔偿还额的一部分看作是未偿还贷款的利息（最近一期的），而将余额看作是本金偿还以减少未偿还贷款的金额。如果偿还额少于未清偿贷款的利息，不足部分则被追加为未清偿贷款额。在这种情况下，投资者可以画一张表表示出每次偿还中所包含的利息额以及在收到每次偿还后的未清偿贷款金额。详细考察这张表是必要的。在课税中，也经常将每次的每笔偿还额分为利息和本金。进一步，当借款人不能改造还款义务时，贷款人有必要知道此时的未清偿贷款额。

令 $F_0 = L$，对于 $t = 1, 2, \cdots, n$，令 F_t 为在时刻 t 到期的偿还额收到后的未清偿贷款金额。时刻 t 偿还的贷款额即为此时收到的偿还额 X_t 超过到期利息 $i_t F_{t-1}$ 的部分。在第 t 次偿还发生后的未清偿贷款额也等于前一次偿还发生的未清偿贷款额与时刻 t 偿还的贷款在金额的差。因此，

$$
F_t = F_{t-1} - (X_t - i_t F_{t-1}) \qquad 1 \leqslant t \leqslant n \tag{4-20}
$$

因为已经定义 $F_0 = L_0$，则该方程在 $t = 1$ 时也成立。这样：

$$
F_t = (1+i_t)F_{t-1} - X_t \qquad t \geqslant 1 \tag{4-21}
$$

因此，

$$
\begin{aligned}
F_1 & = (1+i)F_0 - X_1 \\
& = (1+i_1)L - X_1
\end{aligned}
$$

然后，

$$
\begin{aligned}
F_2 & = (1+i_2)F_1 - X_2 \\
& = (1+i_2)\{(1+i_1)L - X_1\} - X_2 \\
& = (1+i_1)(1+i_2)L - (1+i_2)X_1 - X_2 \\
& \cdots\cdots
\end{aligned}
$$

更一般地，容易看出：

$$
\begin{aligned}
F_t & = (1+i_1)(1+i_2)\cdots(1+i_t)L \\
& - (1+i_2)(1+i_3)\cdots(1+i_t)X_1 \\
& - (1+i_3)(1+i_4)\cdots(1+i_t)X_2 - \cdots \\
& - (1+i_t)X_{t-1} - X_t
\end{aligned} \tag{4-22}
$$

这样，F_t 就是在相应的利率下借出额在时刻 t 的终值与在时刻 t 及以前所收到的偿还额在时间 t 的终值的差。

在公式（4－19）两边各乘以 $(1+i_1)(1+i_2)\cdots(1+i_t)$，得：

$$
\begin{aligned}
& L(1+i_1)(1+i_2)\cdots(1+i_t) \\
& = (1+i_2)(1+i_3)\cdots(1+i_t)X_1 \\
& \quad + (1+i_3)(1+i_4)\cdots(1+i_t)X_2 + \cdots + X_t
\end{aligned}
$$

$$+(1+i_{t+1})^{-1}X_{t+1}+\cdots$$
$$+(1+i_{t+1})^{-1}(1+i_{t+2})^{-1}\cdots(1+i_{t+n})^{-1}X_n$$

与公式（4－22）相结合，得：

$$\begin{aligned}F_t=&(1+i_{t+1})^{-1}X_{t+1}\\&+(1+i_{t+1})^{-1}(1+i_{t+2})^{-1}X_{t+2}+\cdots\\&+(1+i_{t+1})^{-1}(1+i_{t+2})^{-1}\cdots(1+i_{t+n})^{-1}X_n\end{aligned}\tag{4-23}$$

这表明 F_t 即未偿还金额在时间 t 的值。

由公式（4－21）可得：

$$F_{t+1}=(1+i_{t+1})F_t-X_{t+1}$$

如果：

$$i_t=i_{t+1}$$

上述二式相减得：

$$F_t-F_{t+1}=(1+i)(F_{t-1}-F_t)+X_{t+1}-X_t\tag{4-24}$$

其中，$i=i_t=i_{t+1}$。

令：

$$R_t=F_{t-1}-F_t$$

表示时间 t 所偿还的贷款额，方程（4－24）可以写成：

$$R_{t+1}=(1+i)R_t+X_{t+1}-X_t\tag{4-25}$$

注意只有在第 t 和 $t+1$ 年利率相同时，公式（4－25）才成立。特别地，当利率在整个交易中保持恒定并且所有偿还金额相等时，各次贷款偿还金额构成一个公比为 $1+i$ 的等比数列。在第六节中我们将简要考察这种情形。

第四节 用年金偿还贷款

考虑在单位时间利率为 i 的情况下，一笔在时刻 0 发生的数额为 $a_{\overline{n}|}$ 的贷款，分 n 次偿还，每次还款金额为 1，偿还时间分别为 1，2，…，n。贷款人可以建立一张表表示每次收到的偿还额中利息和本金的构成。

在第 t 次偿还发生后尚有 $(n-t)$ 笔未偿还金额，公式（4－23）表明未偿还的贷款为：

$$a_{\overline{n-t}|}$$

这样，用第三节中的符号：

$$F_t=a_{\overline{n-t}|}\tag{4-26}$$

因此，时刻 t 的贷款偿还额为：

$$\begin{aligned}R_t&=F_{t-1}-F_t\\&=a_{\overline{n-t+1}|}-a_{\overline{n-t}|}\\&=v^{n-t+1}\end{aligned}\tag{4-27}$$

贷款人的摊销表形式如表 4－1 所示。

表 4－1　　贷款偿还（贷款额 $a_{\overline{n}|}$）摊销表

偿还	偿还额中的利息部分	本金偿还	偿还后未偿还贷款额
1	$ia_{\overline{n}\|}=1-v^n$	v^n	$a_{\overline{n}\|}-v^n=a_{\overline{n-1}\|}$
2	$ia_{\overline{n-1}\|}=1-v^{n-1}$	v^{n-1}	$a_{\overline{n-1}\|}-v^{n-1}=a_{\overline{n-2}\|}$
t	$ia_{\overline{n-t+1}\|}=1-v^{n-t+1}$	v^{n-t+1}	$a_{\overline{n-t+1}\|}-v^{n-t+1}=a_{\overline{n-t}\|}$
$n-1$	$ia_{\overline{2}\|}=1-v^2$	v^2	$a_{\overline{2}\|}-v^2=a_{\overline{1}\|}$
n	$ia_{\overline{1}\|}=1-v$	v	$a_{\overline{1}\|}-v=0$

更一般地，如果借款额为 L，分 n 次偿还，每次偿还额为 $L/a_{\overline{n}|}$，贷款人摊销表中的数字将为表 4－1 中所列各数的 $L/a_{\overline{n}|}$ 倍。

第五章

精算学引论

一般确定年金

这里的一般确定年金是指支付频率高于或低于计息频率的确定年金。例如，当每年计息一次，而每年支付 2 次、4 次或 12 次等等，还有每 2 年、3 年支付一次的情况。

第一节　支付频率高于每单位时间 1 次的年金（每年支付多次）

对于正整数 m 和 n，以 $a_{\overline{n}|}^{(m)}$ 表示在未来 n 年中每年支付 1 元、而这 1 元钱在 1 年中分 m 次支付、并且在每一个支付间隔的间隔末［时刻 $1/m$，$2/m$，$3/m$，…，$(nm-1)/n$］支付的确定年金在第 1 年年初（即 0 时刻）的现值。这里的每 1 元钱分 m 次支付，即每次支付 $1/m$ 元。通常称 $a_{\overline{n}|}^{(m)}$ 为每年支付 m 次的期末支付的年金现值例如，$a_{\overline{n}|}^{(12)}$ 表示在未来 n 年中每年分 12 次支付 1 元钱，即每月月末支付 1/12 元的确定年金在这 n 年期初的现值；$a_{\overline{20}|}^{(4)}$ 表示在未来 20 年中每季度末支付 1/4 元的确定年金在这 20 年期初的现值。

根据名义利率的含义，在任何一个单位时间里的 m 个小间隔的间隔末支付 $i^{(m)}/m$，与在整个单位时间间隔的末端单独支付 i 的价值是相等的。根据比例，在单位时间里的 m 个间隔的末端分别支付 $1/m$ 与在单位时间末单独支付 $i/i^{(m)}$ 的价值也是相等的。

于是，对于现值为 $a_{\overline{n}|}^{(m)}$ 的年金，在时刻 $r-1$ 与 r 之间的 m 次数额为 $1/m$ 的支付与在 r 时一次支付 $i/i^{(m)}$ 的价值是相等的，这里，$r=1$，2，…，n。因此，这个年金与支付期为 n 年、每年末支付额为 $i/i^{(m)}$ 年金具有相同的价值。这意味着：

$$a_{\overline{n}|}^{(m)}=\frac{i}{i^{(m)}}a_{\overline{n}|} \tag{5-1}$$

事实上：

$$\begin{aligned}a_{\overline{n}|}^{(m)}&=\frac{1}{m}v^{1/m}+\frac{1}{m}v^{2/m}+\frac{1}{m}v^{3/m}+\cdots+\frac{1}{m}v^{mn/m}\\&=\frac{1}{m}\frac{v^{1/m}(1-v^{n})}{1-v^{1/m}}\\&=\frac{1-v^{n}}{i^{(m)}}\end{aligned} \tag{5-2}$$

此即公式（5 -1）。

类似地，以 $\ddot{a}_{\overline{n}|}^{(m)}$ 表示在未来 n 年中每年支付 1 元，而这 1 元钱在 1 年中分 m 次支付，并且在每一个支付间隔的间隔初［时刻 0，$1/m$，$2/m$，…，$n-(1/m)$］支付 $1/m$ 元的确定年金在第 1 年年初（即 0 时刻）的现值。通常称 $\ddot{a}_{\overline{n}|}^{(m)}$ 为每年支付 m 次的期初支付的年金现值。例如，$\ddot{a}_{\overline{n}|}^{(12)}$ 表示在未来 n 年中每月月初支付 1/12 元的确定年金在这 n 年期初的现值；$\ddot{a}_{\overline{20}|}^{(4)}$ 表示在未来 20 年中每季度初支付 1/4 元的确定年金在这 20 年期初的现值。

类似地，根据名义贴现率的含义，在任何一个单位时间里的 m 个小间隔的间隔初支付 $d^{(m)}/m$，与在整个单位时间间隔的末端单独支付 i 的价值是相等的。根据比例，在单位时间里的 m 个间隔的初始时刻分别支付 $1/m$ 与在单位时间末单独支付 $i/d^{(m)}$ 的价值也是相等的。

于是，现值为 $\ddot{a}_{\overline{n}|}^{(m)}$ 与支付期为 n 年、每年末支付额为 $i/d^{(m)}$ 年金具有相同的价值。这意味着：

$$\ddot{a}_{\overline{n}|}^{(m)} = \frac{i}{d^{(m)}} a_{\overline{n}|} \tag{5-3}$$

与公式（5 -2）类似，可得：

$$\begin{aligned}\ddot{a}_{\overline{n}|}^{(m)} &= \frac{1}{m} + \frac{1}{m}v^{1/m} + \frac{1}{m}v^{2/m} + \cdots + \frac{1}{m}v^{(mn-1)/m} \\ &= \frac{1-v^n}{d^{(m)}} \end{aligned} \tag{5-4}$$

此即公式（5 -3）。

容易看出：

$$a_{\overline{n}|}^{(m)} = v^{1/m}\ddot{a}_{\overline{n}|}^{(m)}$$

或

$$\ddot{a}_{\overline{n}|}^{(m)} = (1+i)^{1/m} a_{\overline{n}|}^{(m)} \tag{5-5}$$

类似地，可以定义每年支付 m 次的期末支付的年金终值 $s_{\overline{n}|}^{(m)}$ 和每年支付 m 次的期初支付的年金终值 $\ddot{s}_{\overline{n}|}^{(m)}$。

$s_{\overline{n}|}^{(m)}$ 表示在未来 n 年中每年支付 1 元，而这 1 元钱在 1 年中分 m 次支付，并且在每一个支付间隔的间隔末支付 $1/m$ 元的确定年金在第 n 年年末（即 n 时刻）的终值。例如，$s_{\overline{n}|}^{(12)}$ 表示在未来 n 年中每月月末支付 1/12 元的确定年金在这 n 年期末的终值；$s_{\overline{20}|}^{(4)}$ 表示在未来 20 年中每季度末支付 1/4 元的确定年金在这 20 年期末的终值。

$\ddot{s}_{\overline{n}|}^{(m)}$ 表示在未来 n 年中每年支付 1 元，而这 1 元钱在 1 年中分 m 次支付，并且在每一个支付间隔的间隔初支付 $1/m$ 元的确定年金在第 n 年年末（即 n 时刻）的终值。例如，$\ddot{s}_{\overline{n}|}^{(12)}$ 表示在未来 n 年中每月月初支付 1/12 元的确定年金在这 n 年期末的终值；$\ddot{s}_{\overline{n}|}^{(4)}$ 表示在未来 20 年中每季度初支付 1/4 元的确定年金在这 20 年期末的终值。

事实上，$s_{\overline{n}|}^{(m)}$ 和 $\ddot{s}_{\overline{n}|}^{(m)}$ 为 $a_{\overline{n}|}^{(m)}$ 与 $\ddot{a}_{\overline{n}|}^{(m)}$ 在 n 年后的终值，因此，

$$s_{\overline{n}|}^{(m)} = (1+i)^n a_{\overline{n}|}^{(m)}$$

$$= (1+i)^n a_{\overline{n}|}^{(m)}$$

$$= (1+i)^n \frac{i}{i^{(m)}} a_{\overline{n}|}$$

$$= \frac{i}{i^{(m)}} s_{\overline{n}|} \tag{5-6}$$

$$\ddot{s}_{\overline{n}|}^{(m)} = (1+i)^n \ddot{a}_{\overline{n}|}^{(m)}$$

$$= (1+i)^n \frac{i}{d^{(m)}} a_{\overline{n}|}$$

$$= \frac{i}{d^{(m)}} s_{\overline{n}|} \tag{5-7}$$

以上有关每年支付 m 次的年金和每年支付 1 次的年金之间的比例关系可以推广到一些其他的支付方式。例如，一份年金在 n 年中的每年末支付，在第 t 年时支付 x_t，很明显，这份年金的现值为：

$$a = \sum_{t=1}^{n} x_t v^t \tag{5-8}$$

现在试想第二份年金，同样支付 n 年，在第 t 年支付金额为 x_t，而在 t 这一年分相等的 m 次进行 m 个数额相同的支付。如果 $a^{(m)}$ 表示第二份年金的现值，而用在年末一次性支付金额 $x_t[i/i^{(m)}]$ 的方式代替在第 t 年支付 m 次（每次金额为 x_t/m）的方式，我们即可得到：

$$a^{(m)} = \frac{i}{i^{(m)}} a \tag{5-9}$$

在这里的 a 由等式（5－8）给出。

一份年金在期末支付，一个单位时间支付 m 次，同时支付一直持续而不终止，我们称之为每单位时间支付 m 次的永久年金，当支付的金额恒等时，且一个单位时间支付 1 元，我们记这种永久年金的现值为 $a_{\overline{\infty}|}^{(m)}$，如果是在期初支付，则相应地，现值可以表示为 $\ddot{a}_{\overline{\infty}|}^{(m)}$。

明显地，有：

$$\ddot{a}_{\overline{\infty}|}^{(m)} = \frac{1}{m} + a_{\overline{\infty}|}^{(m)}$$

在公式(5－1)和公式(5－2)中令 n 趋于无穷,可以得到(如果 $i>0$)：

$$a_{\overline{\infty}|}^{(m)} = 1/i^{(m)} \tag{5-10}$$

和

$$\ddot{a}_{\overline{\infty}|}^{(m)} = 1/d^{(m)} \tag{5-11}$$

延期 m 时间单位，每个单位时间支付 1，分 P 次支付，相应地期末支付与期初支付对应的年金现值可表示为：

$${}_{m|}a_{\overline{n}|}^{(p)} = v^m a_{\overline{n}|}^{(p)}$$

$${}_{m|}\ddot{a}_{\overline{n}|}^{(p)} = v^m \ddot{a}_{\overline{n}|}^{(p)} \tag{5-12}$$

第二节　支付频率低于每单位时间 1 次的年金（多年支付 1 次）

对于 $a_{\overline{n}|}$ ，到目前，我们直觉地认为 m 是一个大于 1 的正整数，并且认为 nm 的结果也是一个整数。当然，n 一般是一个整数，不过也有例外的情况，如 $m=4$，$n=5.75$ 所以 $nm=23$）。$a_{\overline{n}|}$ 表示 nm 次支付在 0 点时的现值，每次支付额为 $1/m$，支付时间时点为 $1/m$，$2/m$，…，$(nm)/m$。我们应该注意到，当 m 为一个整数的倒数，而 nm 也是一个整数时（如当 $m=0.25$，$n=40$ 时）。例如，10 次支付，每次支付额 4，在时点 4，8，12，…，40 支付，这份年金在 0 点的价值可以表示为 $a_{\overline{40}|}^{(0.25)}$。由公式（3－11）和公式（5－2）可得：

$$a_{\overline{40}|}^{(0.25)}=\frac{1-v^{40}}{0.25\left[(1+i)^{4}-1\right]}$$

此式可表述为：

$$\frac{4}{\dfrac{(1+i)^{4}-1}{i}}\,\frac{1-v^{40}}{i}=\frac{4}{s_{\overline{n}|}}a_{\overline{40}|}$$

一般来讲，当 k、r 为大于 1 的整数，考虑在时刻 r，$2r$，$3r$，…，kr 支付数额为 X 的年金。这是一笔每 r 个时间单位支付一次的年金，也就是支付频率低于每单位时间 1 次的年金。我们可以把这种情况表述为，在 0 到 kr 之间发生在 $1,2,3,\cdots,r,r+1,r+2,\cdots,2r,2r+1,2r+2,\cdots 3r,\cdots kr-1,kr$ 的 kr 次支付，每次支付的数额为 Y，其中，选取 Y 的值使之满足：

$$Y\,S_{\overline{r}|}=X$$

或

$$Y=\frac{X}{s_{\overline{r}|}} \qquad (5-13)$$

即 r 次支付、每次支付额为 Y 的期末支付的年金终值为 X，而后一种表述的年金其现值为：

$$Y\,a_{\overline{kr}|}$$

于是，要考虑的这笔支付频率低于每单位时间 1 次的年金的现值为：

$$\frac{X}{s_{\overline{r}|}}a_{\overline{kr}|} \qquad (5-14)$$

第三节　连续年金

设 n 为一非负数。假设单位时间内支付额恒为 1，在时间 0 和 n 之间的连续支付年金在 0 时刻的现值记为 $\bar{a}_{\overline{n}|}$ 。显然，当利息力 δ 为常量时，有：

$$\begin{aligned}\bar{a}_{\overline{n}|} &= \int_0^n e^{-\delta t}dt \\ &= \frac{1-e^{-\delta n}}{\delta} \\ &= \frac{1-v^n}{\delta} \quad （如果\ \delta \neq 0）\end{aligned} \qquad (5-15)$$

注意在$\bar{a}_{\overline{n}|}$的定义中，n 不一定是整数。如果 $\delta=0$（或等价地，$i=0$），$\bar{a}_{\overline{n}|}$ 等于 n。

如果 m 为非负数，我们用符号$_{m|}\bar{a}_{\overline{n}|}$ 表示一笔延期 m 个时间单位、在 n 个时间单位内每单位时间的支付金额为 1 的连续支付年金的现值。这样：

$$_{m|}\bar{a}_{\overline{n}|} = \int_m^{m+n} e^{-\delta t}dt$$

即：

$$_{m|}\bar{a}_{\overline{n}|} = \int_0^{m+n} e^{-\delta t}dt - \int_0^m e^{-\delta t}dt$$

或

$$_{m|}\bar{a}_{\overline{n}|} = e^{-\delta m} - \int_0^n e^{-\delta t}dt$$

因此，

$$_{m|}\bar{a}_{\overline{n}|} = \bar{a}^{\overline{m+n}|} - \bar{a}_{\overline{m}|} \qquad (5-16)$$

或

$$_{m|}\bar{a}_{\overline{n}|} = v^m\,\bar{a}_{\overline{n}|} \qquad (5-17)$$

公式（5-15）可以写为：

$$\bar{a}_{\overline{n}|} = \frac{i}{\delta}\,\frac{1-v^n}{i}$$

据此，如果 n 为整数，则：

$$\bar{a}_{\overline{n}|} = \frac{i}{\delta}a_{\overline{n}|} \quad （如果\ \delta \neq 0） \qquad (5-18)$$

该年金在支付停止时的终值记为 $\bar{s}_{\overline{n}|}$。

根据定义，$\bar{s}_{\overline{n}|} = \int_0^n e^{\delta(n-t)}dt$

因此，

$$\bar{s}_{\overline{n}|} = (1+i)^n\,\bar{a}_{\overline{n}|}$$

如果利率不为 0，则：

$$\bar{s}_{\overline{n}|} = \frac{(1+i)^n-1}{\delta} = \frac{i}{\delta}\,s_{\overline{n}|} \quad （如果\ \delta \neq 0） \qquad (5-19)$$

第四节　变动年金

在现实生活中，我们常常会涉及各年的支付数额不同的年金，例如，一笔在未来 12 年中每年年末的支付额分别为 5 500、6 000、6 500、7 000、7 500……10 500、12 000（元）的年金。根据基本原理，我们可以求得每次支付金额不完全相等的年金的现值（或终值）。例如，在未来 n 年中的时刻 t_i 的支付额为 X_i 的年金在第 1 年初（时刻 0）的现值为：

$$\sum_{i=1}^{n} X_j v^{t_i}$$

其在第 n 年末的终值为：

$$\sum_{i=1}^{n} X_j (1+i)^{t_i}$$

如果 $X_i = t_i = i$，则该年金称为递增年金，如图 5－1 所示，其在第 1 年初（时刻 0）的现值记为 $(Ia)_{\overline{n}|}$，这样：

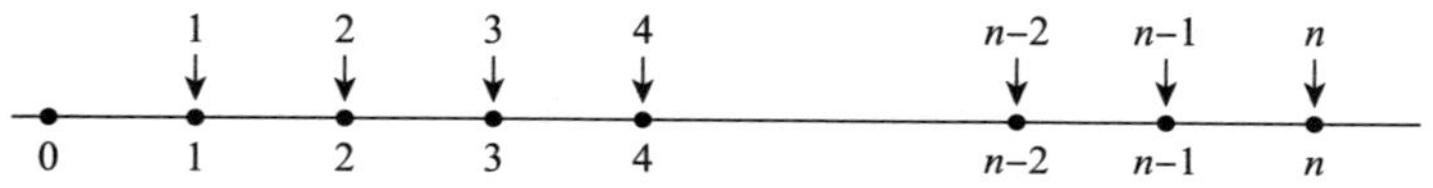

图 5－1　递增年金

$$(Ia)_{\overline{n}|} = v + 2v^2 + 3v^3 + \cdots + nv^n \qquad (5-20)$$

从而：

$$(1+i)(Ia)_{\overline{n}|} = 1 + 2v + 3v^2 + \cdots + nv^{n-1}$$

上两式相减，得：

$$i(Ia)_{\overline{n}|} = 1 + v + v^2 + v^3 + \cdots + v^n - nv^n = \ddot{a}_{\overline{n}|} - nv^n$$

因此，

$$(Ia)_{\overline{n}|} = \frac{\ddot{a}_{\overline{n}|} - nv^n}{i} \qquad (5-21)$$

类似地，也可以将上式写成：

$$\ddot{a}_{\overline{n}|} = i(Ia)_{\overline{n}|} + nv^n$$

对于任意在 n 个时间单位的期末支付的、其支付金额构成一个等差级数的年金现值均可用 $a_{\overline{n}|}$ 和 $(Ia)_{\overline{n}|}$ 表示。如果这样一笔年金在每年末支付的金额分别为 P、$(P+Q)$、$(P+2Q)$、…、$P+(n-1)Q$，即第 r 笔支付额为 $(P-Q)+Qt$，那么该年金的现值为：

$$(P-Q)a_{\overline{n}|} + Q(Ia)_{\overline{n}|} \qquad (5-22)$$

年初支付的递增年金现值同样可根据基本原理推导得出，如图 5－2 所示。

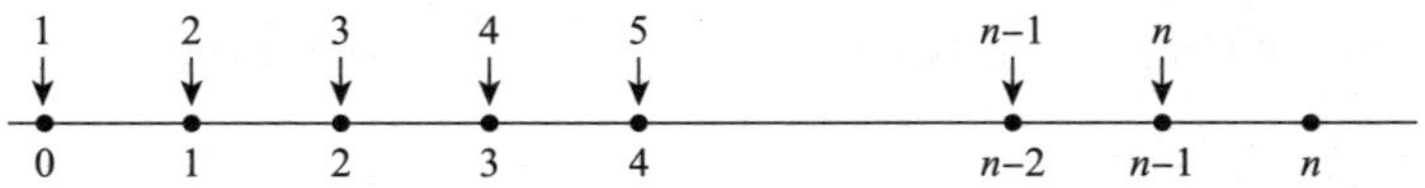

图 5－2　年初支付的递增年金

符号$(I\ddot{a})_{\overline{n}|}$用来表示在 n 个时间单位内期初支付的递增年金的现值，其第 t 次支付（金额为 t）发生于时刻 $t-1$。即：

$$
\begin{aligned}
(I\ddot{a})_{\overline{n}|} &= 1+2v+3v^2+\cdots+nv^{n-1} \\
&= (1+i)(Ia)_{\overline{n}|} \\
&= 1+a_{\overline{n-1}|} + (Ia)_{\overline{n-1}|} \qquad (5-23)
\end{aligned}
$$

对于连续支付的递增年金，区分如下两种年金是必要的：在第 r 期（第 r 个单位时间）内支付速率恒为 r 的年金和在 t 时刻支付速率为 t 的年金。前者支付速率为取间断值 1，2…的阶梯函数，后者支付速率则不断增加。如果这些年金在 n 个时间单位内支付，则它们的现值分别由 $(I\bar{a})_{\overline{n}|}$ 和 $(\bar{I}\bar{a})_{\overline{n}|}$ 表示。显然：

$$(I\bar{a})_{\overline{n}|} = \sum_{r=1}^{n}\int_{r-1}^{r} rv^t dt$$

及

$$(\bar{I}\bar{a})_{\overline{n}|} = \int_0^n tv^t dt$$

上面两式可以表示为：

$$(I\bar{a})_{\overline{n}|} = \frac{\ddot{a}_{\overline{n}|} - nv^n}{\delta} \qquad (5-24)$$

及

$$(\bar{I}\bar{a})_{\overline{n}|} = \frac{\bar{a}_{\overline{n}|} - nv^n}{\delta} \qquad (5-25)$$

对应于现值$(Ia)_{\overline{n}|}$、$(I\ddot{a})_{\overline{n}|}$、$(I\bar{a})_{\overline{n}|}$和$(\bar{I}\bar{a})_{\overline{n}|}$的是这些支付系列在时间 n 的终值。这些终值分别由$(Is)_{\overline{n}|}$、$(I\ddot{s})_{\overline{n}|}$、$(Is)_{\overline{n}|}$和$(\overline{Is})_{\overline{n}|}$表示。因为这些符号是前面各支付系列在 n 时间单位后的终值，所以：

$$(Is)_{\overline{n}|} = (1+i)^n (Ia)_{\overline{n}|} \qquad (5-26)$$

$$(I\ddot{s})_{\overline{n}|} = (1+i)^n (I\ddot{a})_{\overline{n}|} \qquad (5-27)$$

$$(\bar{I}\bar{s})_{\overline{n}|} = (1+i)^n (I\bar{a})_{\overline{n}|} \qquad (5-28)$$

$$(\bar{I}\bar{s})_{\overline{n}|} = (1+i)^n (\bar{I}\bar{a})_{\overline{n}|} \qquad (5-29)$$

延期递增年金现值的定义方法显而易见，例如：

$${}_{m|}(Ia)_{\overline{n}|} = v^m (Ia)_{\overline{n}|} \qquad (5-30)$$

符号$(Da)_{\overline{n}|}$用于表示相对在 n 单位时间内期末支付的递减年金的现值。该年金依次支付的金额为 $n,(n-1),(n-2),\cdots,1$。因为第 r 次支付的金额为$(n+1-t)$，所以：

$$(Da)_{\overline{n}|} = (n+1)a_{\overline{n}|} - (Ia)_{\overline{n}|}$$

该方程可由一般推理得出，它反映了 $P=n$，$Q=-1$ 时的特殊情形。

第五节　n 不是整数时，$a_{\overline{n}|}^{(m)}$ 的定义

到目前，对于符号 $a_{\overline{n}|}^{(m)}$，我们所涉及的 n 一直是正整数，对于特定的不为整数的 n，虽然符号 $a_{\overline{n}|}$ 还没有一个明确的解释，也就是说，对如 $a_{\overline{9.5}|}$ 没有明确的含义，但是符号 $a_{\overline{9.5}|}^{(4)}$ 代表这样的年金：每年支付 1 元并且等分为 4 次于期末支付，共支付 9.5 年（也就是每次支付 0.25 元，共支付 38 次）。然而，符号 $a_{\overline{1/6}|}^{(4)}$ 并没有明确的含义。于是，对于特定的不为整数的 n，符号 $a_{\overline{n}|}^{(m)}$ 有其具体的含义。考虑 n 为 $1/m$ 的整数倍，即 $n=r/m$，r 为一个整数。在这个例子里，我们定义 $a_{\overline{n}|}^{(m)}$ 为 r 次支付，每次支付额为 $1/m$，支付发生于时刻 $1/m$，$2/m$，$3/m$，…，$r/m=n$ 的年金在时刻 0 的现值。如果 $i=0$，则很明显地 $a_{\overline{n}|}^{(m)}=n$，如果 $i\neq 0$，那么：

$$
\begin{aligned}
a_{\overline{n}|}^{(m)} &= \frac{1}{m}\left(v^{1/m}+v^{2/m}+v^{3/m}+\cdots\cdots+v^{r/m}\right)\\
&= \frac{1}{m}v^{1/m}\frac{1-v^{r/m}}{1-v^{1/m}}\\
&= \frac{1}{m}\,\frac{1-v^{1/m}}{(1+i)^{1/m}-1}
\end{aligned}
\tag{5-31}
$$

则：

$$
\begin{aligned}
a_{\overline{n}|}^{(m)} &= \frac{1-v^{n}}{i^{(m)}} \qquad \text{如果 } i\neq 0\\
&= n \qquad\qquad \text{如果 } i=0
\end{aligned}
\tag{5-32}
$$

注意，我们可以把原来的时间单位与 $1/m$ 的乘积作为一个新的时间单位，因此这个新的时间单位的实际利率为 $\frac{i^{(m)}}{m}$（每一个新的时间单位）。于是：

$$
a_{\overline{n}|\,\text{利率为}i}^{(m)} = \frac{1}{m}a_{\overline{nm}|\,\text{利率为}\frac{i^{(m)}}{m}} \tag{5-33}
$$

这是一个很有用的公式。等式（5-32）给出的 $a_{\overline{n}|}^{(m)}$（对于所有 n 为非整数时）是富于明显的数学含义的。因此，采用等式（5-32）作为 $a_{\overline{n}|}^{(m)}$ 的定义是很方便的。例如，如果 $n=n_1+f$，而且为 $1/m$ 的整数倍$(0<f<1/m)$。一些精算工作者把 $a_{\overline{n}|}^{(m)}$ 定义为：

$$
a_{\overline{n_1}|}^{(m)}+fv^{n}
$$

由此：

$$
a_{\overline{9.75}|}^{(2)} = a_{\overline{9.5}|}^{(2)}+0.25v^{9.75}
$$

以上为每年 1 元在 9.5 年内每半年支付一次，期末支付的年金与 9.75 年末，支付 0.25 两者的现值。注意这与按照等式（5-32）得出的价值不完全相等（见下面例题）。

如果 $i\neq 0$，对于所有非整数 n，我们定义：

$$\ddot{a}_{\overline{n}|}^{(m)} = (1+i)^{\frac{1}{m}} a_{\overline{n}|}^{(m)} = \frac{1-v^n}{d^{(m)}} \tag{5-34}$$

$$s_{\overline{n}|}^{(m)} = (1+i)^n a_{\overline{n}|}^{(m)} = \frac{(1+i)^n - 1}{i^{(m)}} \tag{5-35}$$

$$\ddot{s}_{\overline{n}|}^{(m)} = (1+i)^n \ddot{a}_{\overline{n}|}^{(m)} = \frac{(1+i)^n - 1}{d^{(m)}} \tag{5-36}$$

在这里，$i^{(m)}$、$d^{(m)}$分别由公式（3－11）、公式（3－13）给定。如果$i=0$，则这3个式子都等于n。

无论何时，n为$1/m$的整数倍，$n=r/m$，那么，$\ddot{a}_{\overline{n}|}^{(m)}$、$s_{\overline{n}|}^{(m)}$、$\ddot{s}_{\overline{n}|}^{(m)}$都可以用$r$次间隔为$1/m$的支付，每次支付$1/m$的年金相应地表示出来。

目前，使用$a_{\overline{n}|}$、$\ddot{a}_{\overline{n}|}$、$s_{\overline{n}|}$和$\ddot{s}_{\overline{n}|}$相应地表示$a_{\overline{n}|}^{(m)}$、$\ddot{a}_{\overline{n}|}^{(m)}$、$s_{\overline{n}|}^{(m)}$和$\ddot{s}_{\overline{n}|}^{(m)}$，因此，将第三章基本确定年金的有关定义推广之后，对任意的整数或非整数n，当$i\neq0$，有：

$$a_{\overline{n}|}^{(m)} = \frac{i}{i^{(m)}} a_{\overline{n}|} \tag{5-37}$$

$$\ddot{a}_{\overline{n}|}^{(m)} = \frac{i}{d^{(m)}} a_{\overline{n}|} \tag{5-38}$$

$$s_{\overline{n}|}^{(m)} = \frac{i}{i^{(m)}} s_{\overline{n}|} \tag{5-39}$$

$$\ddot{s}_{\overline{n}|}^{(m)} = \frac{i}{d^{(m)}} s_{\overline{n}|} \tag{5-40}$$

也可以把${}_{m|}a_{\overline{n}|}^{(m)}$、${}_{m|}\ddot{a}_{\overline{n}|}^{(m)}$的定义推广到对所有的$n$都成立。即对任意的$n$，有：

$${}_{m|}a_{\overline{n}|}^{(m)} = v^m a_{\overline{n}|}^{(m)} \tag{5-41}$$

$${}_{m|}\ddot{a}_{\overline{n}|}^{(m)} = v^m \ddot{a}_{\overline{n}|}^{(m)} \tag{5-42}$$

并且：

$${}_{m|}a_{\overline{n}|}^{(m)} = a_{\overline{n+m}|}^{(m)} - a_{\overline{m}|}^{(m)} \tag{5-43}$$

$${}_{m|}\ddot{a}_{\overline{n}|}^{(m)} = \ddot{a}_{\overline{n+m}|}^{(m)} - \ddot{a}_{\overline{m}|}^{(m)} \tag{5-44}$$

例 5－1

计算下列各项年金：

（1）$\ddot{s}_{\overline{15}|}^{(4)}$，$i^{(4)}=10\%$

（2）$s_{\overline{10}|}^{(0.5)}$，$i=1\%$

（3）$a_{\overline{15.5}|}^{(4)}$，$i=4\%$

（4）$\ddot{a}_{\overline{15.75}|}^{(4)}$，$i=4\%$

（5）${}_{2.5|}a_{\overline{15.5}|}^{(4)}$，$i=4\%$

解：

（1）$\ddot{s}_{\overline{15}|}^{(4)}=\frac{1}{4}\ddot{s}_{\overline{60}|\ @2.5\%}$

$$=\frac{1}{4}(1+i)\ s_{\overline{60}|}$$

$$=\frac{1}{4}\times 1.025\times 135.9916=35.848$$

（2）$s_{\overline{10}|}^{(0.5)}=\frac{i}{i^{(0.5)}}s_{\overline{10}|}$

$$=\frac{0.01}{0.5\ (1.01^{2}-1)}\times 10.4622=10.410$$

或

$s_{\overline{10}|\ @1\%}^{(0.5)}=2s_{\overline{5}|\ @2.01\%}$

$$=2\left[\frac{(1+i)^{5}-1}{i}\right]=2\times\frac{1.0201^{2}-1}{0.0201}=10.410$$

或

$s_{\overline{10}|}^{(0.5)}=2[1+(1+i)^{2}+(1+i)^{4}+(1+i)^{6}+(1+i)^{8}]$

$$=2[1+1.02010+1.04060+1.06152+1.08286]$$

$$=10.410$$

（3）$a_{\overline{15.5}|}^{(4)}=\frac{1-v^{(15.5)}}{i^{(4)}}$

$$=\frac{1-1.04^{(15.5)}}{0.039414}=11.005$$

（4）$\ddot{a}_{\overline{15.75}|}^{(4)}=\frac{1}{4}+a_{\overline{15.5}|}^{(4)}=11.255$

（5）${}_{2.5|}a_{\overline{15.5}|}^{(4)}=v^{(2.5)}a_{\overline{15.5}|}^{(4)}=9.9772$

第六章

精算学引论

收益分析

第一节　净现金流量

本章涉及的内容主要是运用复利理论处理投资等商业行为中的财务估值问题。不仅精算师在研究这些问题，会计、经济学家和其他一些人也在研究这些问题。一个投资人要评估一项投资或商业项目，显然，现金流量是主要的评估指标。现金流量在投资人做项目选择的时候起着重要作用。我们通过下面的例子来说明投资人遇到的一个典型的问题。

例 6－1

一个公司应客户要求建立内部管理信息系统。公司面临两个可选择的项目：

项目 A：全部委托外公司来完成，预计现金流量为：

第一年初	－7 500 000 元	（合同费）
第二年初	－1 250 000 元	（合同费）
第三年初	－1 250 000 元	（合同费）
第三年末	＋50 000 000 元	（销售收入）

项目 B：需要购买必要的设备并使用本公司员工在公司来完成一切工作。

预测现金流量为：

第一年初	－16 250 000 元	（新设备）
第一年	－3 750 000 元	（员工工资）
第二年	－4 500 000 元	（员工工资）
第三年	－6 000 000 元	（员工工资）
第三年末	＋50 000 000 元	（销售收入）

（假设员工工资在一年中是均匀发放的）

前面探讨过，在时刻 t（取恰当的时间单位）时的现金流量 C_t 等于：

C_t = 时刻 t 现金流量入量 － 时刻 t 现金流量出量　　　　（6－1）

如果考虑连续支付的情况，则 $\rho(t)$ ——即时刻 t 每单位时间的净现金流量率，被定义成：

$$\rho(t) = \rho_1(t) - \rho_2(t) \tag{6-2}$$

这里的$\rho_1(t)$和$\rho_2(t)$分别指时刻t的流入率与流出率。

例 6－2

考虑一项投资计划，包括建造厂房。预计这项投资需要 1 000 000 元的开办费和 1 年后 500 000 元的额外支出。预计在开始 3 年后的 10 年时间里，流入量是每年 200 000 元，流出量为每年 50 000 元，在第 13 年结束时流入量为 300 000 元。若以年为计量的时间单位，试计算该项目的净现金流量并作图 6－1 表示。

解：净现金流量为：

$C_0 = -1\ 000\ 000$

$C_1 = -500\ 000$

$C_{13} = +300\ 000$

$\rho(t) = +200\ 000 - 50\ 000$

$\quad = +150\ 000 \qquad (3 \leqslant t \leqslant 13)$

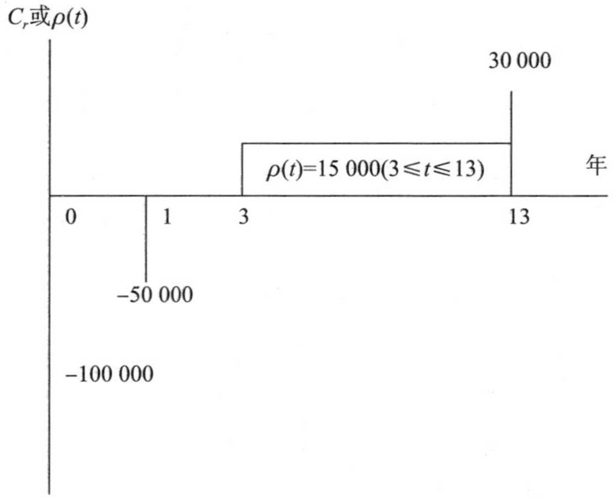

图 6－1　项目现金流量

与现金流量相关的问题是要搞清投资或商业风险是确定的（就像指定到期的担保固定利息债券），还是不确定并且需预测的。这种相关的现金流入量和流出量的预测通常需要丰富的经验与判断能力，还要考虑到所有的相关因素（如税收等因素）。通常的预测是非常谨慎的，并在几个假设基础上进行，如：在“乐观的”“平均的”“悲观的”的假设基础上进行预测。通常利用复杂的数理技巧来处理各种不确定性。由于很多的现金流量预测达不到很精确，因此在计算中不要求极端的精确。

第二节　净现值和收益率

一、净现值

在对投资某项目的净现金流量确定或做出了预测之后，投资者希望测出返还率是否高于某些项目。尤其希望确定通过贷款来融资是否是合算的。

假设投资者在贷款时的固定利率为 i，在专门的账户中按上述固定利率计算净现金流量。则到项目结束时（时刻 T），账户中的余额即净现金流量的终值，其数额为：

$$\sum c_t(1+i)^{T-t} + \int_0^T \rho(t)(1+i)^{T-1}dt \tag{6-3}$$

其中，求和是对所有使 $C_t \neq 0$ 的 t 而言的。在给定利率 i 下净现金流量的现值称为“净现值”，记为 $NPV(i)$，因此，

$$NPV(i) = \sum c_t(1+i)^{-t} + \int_0^T \rho(t)(1+i)^{-t}dt \tag{6-4}$$

通常的给定利率 i，往往采用风险贴现利率。事实上，在任何时期，针对面临的许多种投资方式和各种项目（包括存入银行获取利息），投资收益率有很多的可能值，根据这些可能值的数学期望值确定一个相对保守的利率①，称之为风险贴现利率。

在给定利率下，净现金流量的终值也是用来评估投资项目的标准之一。

净现金流量的终值又称累积利润（accumulated profit）：是指按风险贴现利率计算出来的投资项目净现金流量在最后一次支出时累积数额。

一个项目累积利润的直观意义是：当该项目所有的支付都通过某一银行账户进行，银行对该账户以风险贴现利率计算利息，项目结束时该账户的剩余额即是累积利润。但是，累积利润计算法有一定的局限性，只能用来评估有固定时间期限的项目，在固定时间期限（即最后一次支付日期）之后无限期或支付时间不确定的情况下，该方法就不适用。

例如，假定一投资人考虑购买一不返还债券。为了确定累积利润值，投资人只能任意选择一个日期并假定在该日出售债券（否则，累积利润值是不确定的），这就使得计算出来的累积利润值由选择的时间来决定。再如，假定一个健康退休工人考虑用一大笔钱购买年金用来支付他以后的生活费，因为他不知道确切的死亡日期，他就不能确定哪一天作为计算累积利润的时间标准。

使用累积利润法存在的另一个问题是：两个不同时间标准的投资项目计算出的累积利润值不能相互比较，因为累积利润随时间标准不同而变化。当然，这一问题也可以通过都以期限较长的项目的最后一次支付日期作为标准来计算累积利润来避免，但这可能会增加

① 这里的相对保守，常常是考虑到未来利润的不确定性，而采用的相对高一些的利率。以便避免过高地测算了未来利润。

计算的复杂性。

上面这些问题在采用净现值方法时就可以避免。

例 6－3

用每年 20% 的风险贴现利率计算例 6－1 中项目 A 和项目 B 的净现值，并分析哪一个项目更好。

解：

项目 A 的净现值为（以 1 000 元为单位）：

$$NPV_A = -7\,500 - 12\,500v - 12\,500v^2 + 50\,000v^3$$
$$= -7\,500 - 12\,500(0.83333) - 12500(0.69444) + 50000\ (0.57870)$$
$$= 2\,340$$

项目 B 的净现值为（为 1 000 元为单位）：

$$NPV_B = -16\,250 - 3\,750\,\bar{a}_{\overline{1|}} - 4\,500v\,\bar{a}_{\overline{1|}} - 6\,000v^2\,\bar{a}_{\overline{1|}} + 50\,000v^3$$
$$= -16\,250 - (3\,750 + 4\,500v + 6\,000v^2)\frac{d}{\delta}$$
$$= -16\,250 - (3\,750 + 4\,500 \times 0.83333 + 6\,000 \times 0.69444)\ \frac{0.166667}{0.182322}$$
$$= 2\,020$$

项目 A 和项目 B 的净现值分别为 2 340 000 元和 2 020 000 元。因此，在 20% 风险贴现利率下，项目 A 显得更好（注意：净现值的计算依赖于所使用的风险贴现利率）。

如果项目是无限期的，则公式（6－3）中的终值不这么定义，但净现值都可定义成等式（6－4），只是这时 $T = \infty$。

二、收益率

如果 $P(t) = 0$，我们得到一条简单公式：

$$NPV(i) = \sum c_t v^t \qquad (6-5)$$

等式：

$$NPV(i) = 0 \qquad (6-6)$$

称为该项目在当前的价值方程，也就是说，净现金流量的现值等于 0 即价值方程，或者说，收入的现金流量现值等于支出的现金流量现值即为价值方程。

广义地讲，价值方程是指收入的现金流量在某一时刻的价值等于支出的现金流量在该时刻的价值。意思是说，我们可以把现金流量计算为在任何时刻的现值、终值或二者组合。如果选择项目结束以后的某个时刻，则可计算其终值，若选择项目的持续期中间的某一时刻，则需计算该时刻之前的现金流量的终值和之后的现金流量的现值并求和。收入与支出的这些现值、终值或其组合也可以形成价值方程。

如果方程存在唯一解，则该解即该项目的收益率。即：一个项目的收益率是指使净现金流量现值为 0 的利率。

容易观察出利率 i 对于 $NPV(i)$ 的影响：当 $i \to \infty$ 时，$NPV(i) \to C_0$。

在经济学和会计工作中，每年的收益通常看作“内在收益率（IRR）”或“返还率”。这种表达法常用于处理固定利息债券中“连续收益率”问题。

例 6－4

求出例 6－2 中净现值 $NPV(i)$，并画出坐标图。（$0 \leqslant i \leqslant 0.05$）

解：根据等式（6－4）：

$$NPV(i) = -1\,000\,000 - 500\,000v + 150\,000(\overline{a}_{\overline{13|}} - \overline{a}_{\overline{3|}}) + 300\,000v^{13}$$

坐标图如图 6－2 所示（$0 \leqslant i \leqslant 0.05$）。

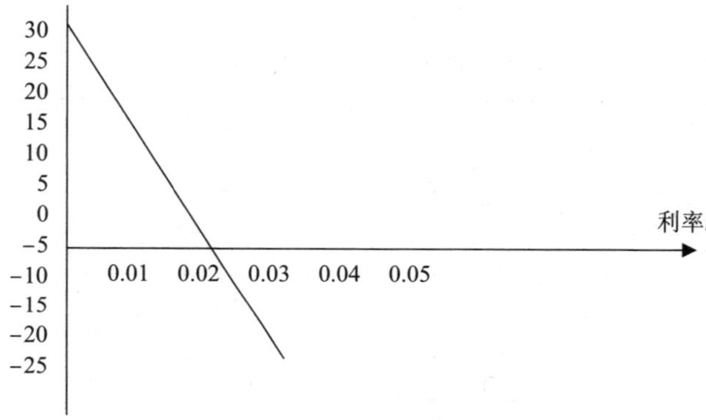

图 6－2　坐标图（$0 \leqslant i \leqslant 0.05$）

由图 6－2 可知：由于净现金流量仅仅改变一次符号，因此，收益率 i 一定存在，其值超过 2%，介于 2%～5% 的利率，我们得出 $i \approx 2.2\%$。更精确一点为 2.197%，但这个精确度通常不要求。

净现值 $NPV(i)$ 和收益率的实际解释如下：

假设投资者贷款的固定利率为 i_1，由于等式（6－4）中，$NPV(i)$ 是在利率 i_1 下的净现金流量的现值，我们判断，当且仅当：

$$NPV(i_1) > 0 \tag{6-7}$$

时，这个项目有盈利。

另外，如果项目截止到时刻 T，根据等式（6－3），如果忽略损失，那么利润就等于

$$NPV(i)(1+i_1)^T \tag{6-8}$$

假定存在 i_0 使 $NPV(i)$ 在 i_0 点由正值变为负值。在这种情况下，当且仅当：

$$i_1 < i_0$$

时，该项目有盈利。即收益率要大于利率时投资人发放此贷款。

例 6－5

假设例 6－2 和例 6－4 中贷款利率为年利率 2%。判断例 6－4 中的业务是否有盈利，并求项目在 13 年后的利润和损失。

解：净现金流量仅变动了一次，因此收益率 i_0 存在。很显然，$NPV(i)$ 在 i 时由负转

正。由于 $i_0 \approx 2.2\%$，大于 $i_1 = 2\%$，所以项目是有盈利的。根据公式（6－8），则13年后的期望利润为：

$$NPV(0.02)(1+0.2)^{13} = 2\,405\ (1+0.2)^{13}$$
$$= 3\,110\ (元)$$

收益率是实际工作中的重要指标。在考察业务的利润情况时，我们常常用收益率来描述。

如果不考虑死亡保险金索赔的人数变动，在对未来利率、支出等各种假设的基础上，大批寿险保单的净现金流量可以很容易地被估计出来。

例如：假设某保险公司承保一定数量的十年期两全保险①，预测的净现金流量如表6－1所示。

表6－1　　　　十年期两全保险预测净现金流量

时刻 t（年）	在 t 时刻的净现金流量（元）
0	2 176
1	2 303
2	2 218
3	2 128
4	2 030
5	1 926
6	1 816
7	1 699
8	1 576
9	1 447
10	－24 493

对于 $0 \leqslant t \leqslant 9$，时刻 t 数额为正值的现金流量表示在时刻 t 保费收入大于同一时刻的保险赔付支出。当 $t=10$ 时，有相对较高的负流量，是因为公司必须把保额支付给所有到期生存的保户。人寿公司希望确定能取得盈利的最小的年利率，其目的在于十年后能从本业务获得预期利润。这是通过计算内在返还率（internal rate of return）实现的。或者更具体地说，通过求出在年利率 i 下，10年后得到的资金终值实现的。很容易得出这里的 i 等于0.04，而10年后的资金终值如表6－2所示。

表6－2　　　　10年后的资金终值

时刻 t（年）	资金终值（元）
0	2 176
1	4 566
2	6 967
3	9 372

① 十年期两全保险是指这样一种保险，当被保险人在十年内死亡则在死亡时支付其死亡保险金，当被保险人生存至期满则在期满时支付其生存保险金。

续表

时刻 t（年）	资金终值（元）
4	11 778
5	14 176
6	16 559
7	18 921
8	21 253
9	23 551
10	0

类似的计算也可通过电脑来完成，用来确定在各种假设基础上某项业务的获利能力。本书将在第三部分对相关内容做进一步的探讨。

第三节　两个投资项目的比较

假定投资者现在正考虑两个可能的投资或经营项目（分别称为 A 和 B 项目）的优劣。我们假设投资者的借款能力是无限的。

用 $NPV_A(i)$ 和 $NPV_B(i)$ 表示相应的净现值函数，用 i_A 和 i_B 表示收益率（假设它们存在）。人们也许会说，投资者将选择收益率较高的利润（时间 T 是指较晚结束的那个项目的结束时间），或者说，对于按投资者的借贷利率 i_1 计算的净现值，若：

$$NPV_A(i_1) > NPV_B(i_1) \tag{6-9}$$

则项目 A 更加有利可图。

如图 6－3 所示，$i_A > i_B$ 并不意味着 $NPV_A(i_1) > NPV_B(i_1)$。尽管 $i_A > i_B$，但 $NPV(i)$ 函数在 i' 点相交。对于所有的 $i_1 < i'$，$NPV_B(i_1) > NPV_A(i_1)$，在这里，i' 表示相交的利率水平。甚至还有可能存在多个交点，在这种情况下，使得项目 A 比项目 B 更为盈利的利率范围会更加复杂。

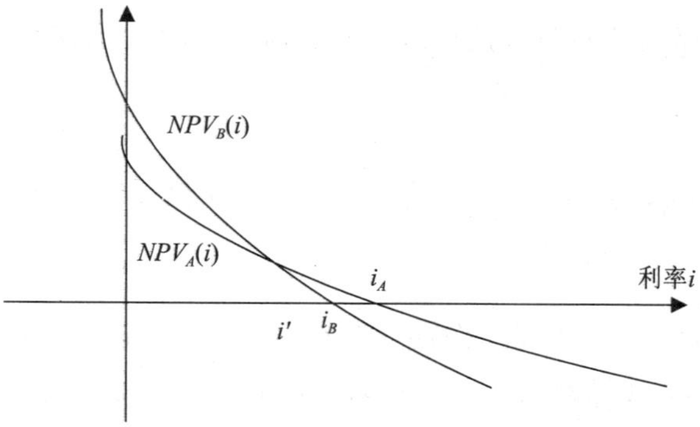

图 6－3　项目 A 与项目 B 的净现值函数

例 6－6

一个投资者正面对以下两项贷款（放款）：

贷款 A：

贷出款项 50 000 元，投资者可在未来的 15 年中于每季度末收到全年总计为 5 000 元的收入。

贷款 B：

贷出款项为 55 000 元，投资者将于每年末获得 3 025 元的收入，为期 18 年，并于期末时收回本金。

假定借贷的年利率为 4%，请针对他应选择的投资项目提出你的建议，并说明哪项投资的利润更大。

解：首先考虑贷款：

$$NPV_A(i) = -50\ 000 + 5\ 000\ddot{a}_{\overline{15}|}^{(4)}$$

通过解方程：

$$NPV_A(i) = 0$$

或者

$$\ddot{a}_{\overline{15}|}^{(4)} = 10$$

求得收益率：

$$i_A \approx 6.88\%$$

对于 B 贷款，我们有：

$$NPV_B(i) = -55\ 000 + 3\ 025a_{\overline{18}|} + 11\ 000v^{18}$$

解方程 $NPV_B(i) = 0$ 得收益率 $i_B = 6.5\%$。投资者的借款利率是年率 4%，小于 i_A 和 i_B，这样我们就比较 $NPV_A(0.04)$ 和 $NPV_B(0.04)$。因为 $NPV_A(0.04) = 6.42$，$NPV_B(0.04) = 10.445$，所以尽管 B 贷款的收益率低于 A 贷款，投资者却能从 B 贷款上获得更大的利润。我们因此向他建议，投资于两项贷款都有利可图，但如果二者只能择其一的话，那么 B 贷款能带来更高的利润。

以上例子表明，投资项目的选择在很大程度上依赖于投资者的借款利率 i_1。比如，如果该利率是 $5\frac{3}{4}\%$，那么 B 贷款会使投资者蒙受损失，而 A 贷款会带来利润。

第四节　不同的贷款和借款利率

至此为止，我们都假定投资者的借款和贷款利率同为 i_1。但实际上，他的借款利率（比如说是 j_1）要高于他从投资中获取的利率（比如说 j_2）两者的差异 $(j_1 - j_2)$ 有赖于多种因素，例如投资人的融资费用。在这种情况下，净现值和收益率的概念就有很大的局限性了。我们必须从第一笔本金开始计算净现金流量的终值。

例6－7

项目C的现金流量如表6－3所示：

表6－3　　项目C的现金流量

支出	收入
100 000元（期初）	140 000元（第五年末）

项目E的现金流量如表6－4所示：

表6－4　　项目E的现金流量

支出	收入
80 000元（期初）	10 000元（第一年末）
20 000元（第二年初）	30 000元（第二年末）
5 000元（第三年初）	87 000元（第三年末）

两个项目都能得到贷款，该贷款要求在项目结束时偿还。一个公司必须在项目C与项目E之间进行选择，该公司对借款每年必须支付6.25%的利息，但存款时只能得到4%的利息，计算两个项目各自在第五年末时的积累利润。

解：

项目C：

由于项目C在5年当中并不产生收益，该公司将自始至终依靠贷款，累积利润为

$140\ 000-100\ 000\times1.0625^5=4\ 592$（元）

项目E：

由于项目E在过程中产生收益，我们需要在每年末考虑该公司的净资产以判定是否有额外的增加来投资。

在第一年末，将有10 000元的收益，同时需要支出20 000元以及支付利息。

$80\ 000\times0.625=5\ 000$（元）

因此，需要再借款15 000元。则此时总借款额95 000元。

在第二年末，将有30 000元的收益，同时需支出5 000元及利息。

$95\ 000\times0.0625=5\ 937$（元）

这样剩下：

$30\ 000-5\ 937-5\ 000\ =19\ 063$（元）

可用来投资。

在第三年末，公司得到87 000元的收益，同时要支付利息：

$95\ 000\times0.0625=5\ 937$（元）

剩余81 063元，加上第二年的收入盈余（加利息）将用来偿还贷款。结余的5 126.50元用来在项目之后的两年进行投资。

因此，在第五年末累积利润为：

$$(19\ 063 \times 1.04 + 87\ 000 - 95\ 000 \times 1.0625) \times 1.04^2 = 63\ 689 \text{（元）}$$

通常来讲，一个投资项目早期的账户余额（即累积的净现金流量）将会是负的，然后是正的，即在某个时间 t_1 之前一直为负，此后变为正值，直到项目结束。为了确定这个 t_1，我们要求解一个或多个方程，就像下面的这个例子。

例 6－8

一个矿业公司正在考虑一个煤矿开发项目，预计该项目将会每年产出 10 000 吨煤，连续 10 年保持在这个水平上，在这 10 年后公司将要用 900 000 元的费用来恢复这片土地。采矿权的卖价为 3 000 000 元，采矿运作又将每年花费 600 000 元，并且按年连续支付。

这个公司没有足够的资金承担这项商业冒险，但是它可以从银行贷未来支付最初 3 000 000 元的支出，贷款利率为年实际利率 12%。这笔贷款没有固定的偿还期限，只通过在任意时刻上公司的偿还款项数目来逐步减少。如果这个矿业公司有资金投资，它就会收到年利率为 10% 的利息。

在假设中，煤的价格就是使这个项目不盈不亏时的价格，并且它决定了矿业公司将花多长时间来偿还银行的欠款（最短的时间），为此，我们计算煤的最低价格。

解： 设 P 为使每吨煤不盈亏的价格，矿业公司开发项目的净现金流量如下所示：

$$C_0 = -3\ 000\ 000 \text{（元）}$$

$$C_{10} = -900\ 000 \text{（元）}$$

$$\rho(t) = k$$
$$= 10\ 000P - 600\ 000 \qquad (0 \leqslant t \leqslant 10)$$

因为借款与贷款的利率（年利率分别为 12% 和 10%）是不同的，我们必须求出矿业公司偿付完银行贷款的那个时刻 t_1。这个 t_1 将满足方程：

$$3\ 000\ 000(1.12)^{t_1} = k\bar{s}_{\overline{t_1}|}, \quad i = 12\%$$

或

$$3\ 000\ 000 = k\,\bar{a}_{\overline{t_1}|}, \quad i = 12\% \qquad (1)$$

在时刻 t_1 之后的净现金流量在其后的时间里以年利率 10% 继续增值。因为在项目结束时的余额为零，所以，有：

$$k\bar{s}_{\overline{10-t_1}|} - 900\ 000 = 0, \quad i = 10\% \qquad (2)$$

下面解出方程（1）和方程（2）中的两个未知数 t_1 和 k，以便得出 P。从两个方程中消去 k，得：

$$0.3\bar{a}_{\overline{t_1}|0.12} = \bar{s}_{\overline{10-t_1}|0.10}$$

通过验证和线性插值法求得：

$$t_1 = 8.841$$

及

$$k = 550\ 545$$

由此，得：

$$P=\frac{600\ 000+k}{10\ 000}=115.05\ （元）$$

这是每吨煤的最低价格，若低于此，就不能使这个项目盈利。

在某些情形下，投资者必须通过发放无提前偿还选择权的固定条件的贷款或债券来为投资或经营项目融资。在这种情况下，他不能利用正的现金流量来逐步偿还借款而只能以贷款利率即 j_2 贷出这部分钱使其增值。在这种情况下，我们重新考虑例 6－8 中的煤矿业的风险。

例 6－9

在例 6－8 中，假定 3 000 000 元的银行贷款是一笔定期 10 年偿还的并且没有提早偿还的自由选择权的贷款。利息是连续支付的，那么使得这个项目具有可行性的每吨煤的最低价格是什么呢？

解：让 P' 代表在此条件下的每吨煤不盈不亏的价格，注意贷款利息的年支付额是 $3\ 000\ 000\delta_{0.12}$ 即 339 987，因此，在支付贷款利息后，矿业公司将有一个连续的现金流量入量，其额度为：

$$\begin{aligned} k' &= 10\ 000P' - 600\ 000 - 339\ 987 \\ &= 10\ 000P' - 939\ 987 \qquad (1) \end{aligned}$$

持续 10 年，在这段期间它还必须偿还银行贷款和支付恢复土地的费用，因此每年在年利率 10% 上积累现金流量入量，我们就必须有：

$$k'\bar{s}_{\overline{10|}} = 3\ 900\ 000 \quad i=10\%$$

从这个式子中得到：

$$k' = 233\ 232$$

从方程（1）中得到：

$$P' = 117.32$$

于是，可行的最低煤矿价格为每吨 117.32 元。

通常银行提出的贷款新条件（即它不能被提早偿还）是不利于矿业公司的，因为它只能在较低的（10%）收益率上去投资来积累资产而不能偿还对银行的（年利率为 12% 的）债务。

前面计算的 t_1，称为贴现回收期。一个项目的贴现回收期是指在项目开始后，在贷款利率的基础上，累积价值（净现金流量的终值）大于或等于零的最早时间。这里的累积价值即：

$$A(t) = \sum_{s\leqslant t} C_s(1+j_1)^{t-s} + \int_0^t \rho(s)(1+j_1)^{t-s}ds \qquad (6-10)$$

在许多实际问题中，净现金流量只改变一次符号，即从负变为正。在这种情况下，投资者的账户余额在某一特定时间 t_1，从负值变为正值。如果（1）项目是非盈利的（累积值永远不会为正值），或者（2）最初的净现金流量已经为正值，那么贴现回收期在此便没有意义（或者它的值可被认为是零）。

请注意，t_1 不依赖于 j_2，而只依赖于 j_1，即投资者的借款利率。假定项目在时间 T 结束。如果 $A(T)<0$ ［或者说，如果 $NPV(j_1)<0$］，那么该项目就没有贴现回收期，从而没有利润。如果项目可行的话（即存在贴现回收期 t_1），那项目在时间 T 结束时的累计利润为：

$$P = A(t)(1+j_2)^{T-t_1} + \sum_{t>t_1} C_t(1+j_2)^{T-t} + \int_{t_1}^{T} \rho(s)(1+j_2)^{T-t} dt \qquad (6-11)$$

这是因为在贴现回收期过后，现金净流量以利率 j_2 进行累计。

如果在公式（6－4）中，利息忽略不计（亦即使 $j_1=0$），所得的期限被称作回收期。然而，使用回收期而不是贴现回收期通常导致错误结果，因而，在这里并不推荐使用它。

考虑单项投资 C，在其后的 n 年里每年回报为 R，这时通常要使用贴现回收期。很明显，贴现回收期 t_1 年是使用 $A(t)\geqslant 0$ 的最小整数 t，在这里：

$$A^*(t) = C(1+j_1)^t + Rs_{\overline{t|}} \qquad （利率为 j_1） \qquad (6-12)$$

亦即，找到一个最小整数 t，使得：

$$Ra_{\overline{t|}} \geqslant C \qquad （利率为 j_1） \qquad (6-13)$$

如果 $t_1 \leqslant n$，项目就可行。很明显，在这种情况下，n 年后的累积利润为：

$$P = A^*(t_1)\quad(1+j_2)^{n-t_1} + Rs_{\overline{n-t_1|}} \quad 利率为 j_2 \qquad (6-14)$$

例 6－10

一笔 100 000 元的投资每年将产生 10 500 元的年金，支付 25 年，求借款利率为年 9% 时的贴现回收期，再求如果资金在年利率 7% 的水平上被投资，其 25 年后利润终值。

解：由条件式（6－13），贴现回收期为最小的整数 t：

$$10\,500a_{\overline{t|}} \geqslant 100\,000 \qquad （利率 9\%）$$

从复利表中我们查到贴现回收期是 23 年，23 年后的积累收益是（从式（6－12）和式（6－14）中得出）：

$$P = [-100\,000\,(1.09)^{23} + 10\,500s_{\overline{23|}\,0.07}]$$
$$= 26\,656$$

注意：如果利息被忽视，回收期（根据公式（6－12）和 $j_1=0$ 计算得出）是 10 年，这比真正的贴现期要少得多，同样地，$25\times 10\,500-100\,000$，即 162 500 元，要比最终收益的预计数高得多。

如果在借款或放款时的利率或利息力被假定为随时间的变化而变化，那么通过我们探讨的技巧就会得出净现金流量的终值。净现金流量及其在将来任何时刻的终值都可以通过计算机被很容易地得到，其分析结果对于做投资决策的人来说是很重要的。

第五节　通货膨胀的影响

考虑一种最简单情形：投资者可以同一利率 i_1 进行借款和贷款。在某些经济情形下，投资者可能会假定未来现金流量的某些或全部要素都应考虑到通货膨胀（即价格和工资的增长）的影响。不同项目的现金流量受通货膨胀影响的程度不一。比如，工资的上涨快于某些物品的价格，或者相反；而有些项目则可能完全不上涨，即便是在高通货膨胀时期。

通常受到特别关注的情形是现金流量的所有项目在每时间单位里有同一上涨比率 e。在这种情况下，我们用下列公式来找到或估计 C_t^e 和 $\rho^e(t)$，即考虑到单位时间上涨比率 e 的现金净流量和现金流量净速率：

$$C_t^e = (1+e)^t C_t \tag{6-15}$$

$$\rho^e(t) = (1+e)^t \rho(t) \tag{6-16}$$

在这里，C_t 和 $\rho(t)$ 分别为时刻 t 不考虑通货膨胀时的净现金流量和现金流量净速率的估计值。由以上公式，考虑到每单位时间的通货膨胀率 e，利率为 i 时的投资或经营项目的净现值为：

$$\begin{aligned} NPV_e(i) &= \sum C_t(1+e)^t(1+i)^{-t} + \int_0^{\infty}\rho(t)(1+e)^t(1+i)^{-t}dt \\ &= \sum C_t(1+j)^{-t} + \int_0^{\infty}\rho(t)(1+j)^{-t}dt \end{aligned} \tag{6-17}$$

其中，

$$1+j = \frac{1+i}{1+e}$$

或是

$$j = \frac{i-e}{1+e} \tag{6-18}$$

如果 e 值不是太大，有时可以用近似值：

$$j \approx i - e$$

合并等式（6－17）和等式（6－18），我们有：

$$NPV_e(i) = NPV_0\left(\frac{i-e}{1+e}\right) \tag{6-19}$$

这里，NPV_0 是不考虑到通货膨胀时的净现值函数。

由此可得，每单位时间通货膨胀率补贴率为 e 时，项目的收益率（或内部收益率）i_0^e 满足：

$$\frac{i_0^e - e}{1+e} = i_0 \tag{6-20}$$

在这里，i_0 是在不存在通货膨胀时的相应的收益率。这意味着：

$$i_0^e = i_0(1+e) + e \tag{6-21}$$

或者，如果 e 很小，

$$i_0^e \approx i_0 + e \tag{6-22}$$

这些结果在实践中非常重要。因为在高利率下明显无利可图的项目，由于通货膨胀导致的升值，有可能变得盈利丰厚。然而，许多项目早期产生的净现金流入量却不足以偿付银行利息，只得进一步求助于借款（除非投资者有足够的自有资金）。这本身并不妨碍项目的盈利，但投资者想得到进一步的贷款，就必须得到贷款机构的支持，而这在实践中可能会困难重重。

例 6－11

一个养羊的农场主计划把羊从 3 000 只增加到 4 500 只。根据计算，如果只增加羊的数量而不改变（增加）羊的成本，可以得到额外的年收益：40.11 元/只，增加的羊的最初成本为：

1 500 只羊的买价：90 132 元

篱笆：38 850 元

播种 400 亩：168 000 元

总计：296 982 元

而每年播种所需肥料费用为 68.67 元/亩，即 27 468 元/年。篱笆可使用 20 年，不计算新增的羊在 20 年后的卖价。

（1）假设每年的净收益在年末实现，并且不考虑通货膨胀因素，求此项目的收益率。

（2）如果农场主借入贷款和投资的年利率都是 10%，问：当均衡的年通货膨胀率为多少时该项目盈利？

解：

（1）在无通货膨胀的情况下，此项目每年的纯收入为：

$40.11 \times 1\ 500 - 27\ 468 = 32\ 697$（元）

所以相应的纯现金流量为：

$$C_0 = -296\ 982$$
$$C_1 = C_2 = \cdots = C_{20} = 32\ 697$$

则：

$$NPV_0(i) = -296\ 982 + 32\ 697 a_{\overline{20|}}$$

由此得：

$$i_0 \approx 9.07\%$$

（2）现假定牧场能以 10% 的固定年利率进行借贷或投资，且现有的价格、成本均以复利 e 计算，则：

$$NPV_2(i) = NPV_0\left(\frac{i-e}{1+e}\right)$$

且每年的收益率为（见公式（6－21））：

$$i_0^e = 0.0907(1+e) + e$$

当 $e > 0.0085$ 时：

$$i_0^e > 0.1$$

也就是说，如果年通货膨胀率大于 0.85%，则 $i_0^e > 10\%$，且这种风险将更有利。

本例中，头一年 296 982 元的最初贷款的利息是 29 698. 20 元。因为少了 32 697(1 + e)元，所以农场主避免借更多的钱，但这并非常例，比如下面这个例子。

例 6－12

基于最近的高利率，某房产基金决定向借款者提供“先低后高”偿还计划。某借方最初的借款总额为 L_0，在 $t(t=1,2,\cdots,n)$ 年末将偿还 $P(1+e)^{t-1}$，n 为借贷的期限，e 是渐增的比率，每年偿还的款项将被用于支付高额贷款的利率为 i 的贷款利息，如果有剩余，将用于偿还贷款，即减少贷款，如果每年偿还的款项总低于贷款的利息，不足之差额则加在贷款额上。房产基金未设立消费、税款津贴。

(1) 已知：在时刻 t，高额贷款额为 L_t，

$$L_t = L_0(1+i^t) - P(1+i)^{t-1}$$

其中，$j=\dfrac{i-e}{1+e}$，试证：

$$P=\frac{(1+i)L_0}{\ddot{a}_{\overline{n}|j}}$$

(2) 已知 $i=0.12$，$l=0.1$，最初贷款 1 000 元，20 年后支付，求：

(Ⅰ) 第一年末的支付额。

(Ⅱ) 贷款期间贷款额的最大值及其在哪一年开始减少。

解：(1) 因为：

一年末的贷款＝贷款的累积值（利率 i）－支付款的累积值

所以：

$$\begin{aligned}
L_t &= L_0(1+i)^t - \sum_{r=1}^{t} P(1+e)^{r-1}(1+i)^{t-r}\\
&= L_0(1+i)^t - P(1+i)^{t-1}\sum_{r=1}^{t}\frac{(1+i)^{-(r-1)}}{(1+e)}\\
&= L_0(1+i)^t - P(1+i)^{t-1}\sum_{r=1}^{t}(1+j)^{-(r-1)}\\
&= L_0(1+i)^t - P(1+i)^{t-1}\ddot{a}_{\overline{n}|j}
\end{aligned}$$

贷款期限为 n 年，$L_n=0$，即：

$$L_0(1-i)^t - P(1-i)^{t-1}\ddot{a}_{\overline{n}|j}=0$$

则

$$P=\frac{(1+i)L_0}{\ddot{a}_{\overline{n}|j}}$$

(2)（Ⅰ）由（1）得出：

$$P=\frac{100\ 000\times 1.12}{\ddot{a}_{\overline{20}|j}}\qquad \left(j=\frac{0.02}{1.1}\right)$$

(Ⅱ) 为得到高额贷款的最大值，先求 $L_t(t=1,2,\cdots,20)$

如表 6－5 所示，$L_0=10\ 000$，表中数据显示了每年末的支付款。

所以当 $t=10$，L_t 达到最大值＝14 134（元）

即当 $t=10$ 时，高额资本达到最大值，并从第 11 年开始减少。

表 6-5　　项目支付款与支付余留贷款

时间 t（年）	时刻 t 支付款（元）	支付余留贷款（元）
1	660. 98	10 539. 02
2	727. 08	11 076. 63
3	799. 78	11 606. 04
4	879. 76	12 119. 00
5	967. 74	12 606. 55
6	1 064. 51	13 953. 70
7	1 170. 96	13 449. 18
8	1 288. 06	13 775. 02
9	1 416. 87	14 011. 16
10	1 558. 55	14 133. 95
11	1 714. 41	14 116. 61
12	1 886. 85	13 923. 64
13	2 074. 43	13 520. 04
14	2 281. 88	12 860. 57
15	2 510. 06	11 893. 77
16	2 761. 07	10 559. 96
17	3 037. 18	8 789. 98
18	3 340. 89	6 503. 88
19	3 674. 98	3 609. 36
20	4 042. 48	0. 00

第六节　测度投资绩效

一、市场价值的构成

对于负责投资的人，如一笔养老金的受托人，重要的是控制资金的运作状况，即找出该项投资的收益率并将之与其他投资的绩效加以比较。

这里，我们将讨论投资绩效的三个衡量尺度。

在多数情况下，我们的计算将立足于一笔资金的市场价值这个概念上，所谓的市场价值是指如果该项资金于某日售出，其资产的实现价值，这里的某日，是指问题中市场价值的所在日，这是一个重要的概念，即一笔资金的市场价值的上涨或下跌是下列因素变动的结果。

首先明确以下几个概念：

资金产生的收入：包括由资金、资产赚得的利息、租金等。

已实现收益（和损失）：一般地，当持有的有价证券售出后，收到的金额将不同于最初购入时的价格，因此，将产生已实现的收益或损失。

未实现收益（和损失）：当一笔持有的特定的有价证券和市场价值（即“时价”）高于（或低于）资金账目中所列对应价值时，这笔持有如果出售，将产生一个收益（或损失），这就是所谓的未实现的收益（或损失）。

“追加款”：它包括所有的不是由资金自身产生的“额外”款项注入。从资金中的返回相当于负的“追加款”。

在投资绩效的计算中，区分资金自身产生的金额（上述概念的前三项）和“追加款”是关键的，否则会有重复计算或计算遗漏的危险。本节中的现金流量均只限于“追加款”。

二、金额加权收益率

假定某基金在时刻 $t_k(k=1,2,\cdots,n)$ 的净现金流量的数量是 C_k，那么从时刻 0 到时刻 T 这段时期的金额加权收益率（Money - weighted rate of return，MWRR）是满足下述方程的 i 值：

$$F(0)\times(1+i)^T+\sum_{k=1}^{n}c_k(1+i)^{T-t_k}=F(T)$$

其中，$F(0)$ 和 $F(T)$ 分别是这笔资金的初始值和最终价值。

注意在计算 MWRR 时所用的价值方程里只考虑“追加款”。任何由基金自身产生的现金流量不能再计入。

例 6 - 13

一笔养老金在 1998 年 1 月 1 日的市场价值是 2 700 万元，在 1998 年 12 月 31 日的市场价值是 3 100 万元，1998 年期间的现金流量如下：

——银行利息和股利一共 139 万元，于 6 月 30 日收入。

——专业股票于 8 月 1 日收到现金，给付 720 万元。

——5 月 1 日支付总额为 75 万元的退休获益。

——12 月 31 日收到由公司支付的 50 万元的捐赠。

验证金额加权收益率是 16.0%。

解：只有最后两项支付表示“追加款”，于是价值方程为：

$$2\ 700\times(1+i)-75(1+i)^{8/12}+50=3\ 100$$

在 16.0% 利率水平的两侧，分别测算等式的左边，有：

当 $i=15.95\%$ 时，左边 $=3\ 097.9<3\ 100$；

当 $i=16.05\%$ 时，左边 $=3\ 100.5<3\ 100$；

因此，金额加权收益率位于（15.95%，16.05%）这个范围，即 MURR 等于 16.0%（仅最近的 0.1% 水平）。

三、时间加权收益率

在金额加权收益率最大资金所在的那些期间被 MWRR 赋予最重的权数，正如其名所示，由这个特点得知，如果使用金额加权收益率作为比较拥有不同规模资金投资收益水平的尺度，从而判定投资经理们的技能，这是不公平的，这是因为通常资金的大小和现金流量的过程并不在投资经理的控制中。能消除这种影响的另一个测量尺度是时间加权收益率(Time - weighted rate of return，TWRR)。其理论基础是计算增长因子以反映连续的现金流量所在的时间之间的资金价值的变化（这里的“连续的现金流量所在的时间”指未发生什么新的现金流量的期间），然后把这些增长因子联合起来产生一个整个期间的全部收益率。

假定某基金在时刻 $t_k(k=1,2,\cdots,n)$ 的净现金流量的数量是 C_k，那么从时刻 0 到时刻 T 这段时间的 TWRR 是满足下述方程的值：

$$\frac{F(t_1)}{F(0)}\times\frac{F(t_2)}{F(t_1)+C_1}\times\frac{F(t_3)}{F(t_2)+C_2}\times\cdots\times\frac{F(T)}{F(t_n)+C_n}=(1+i)^T$$

其中，$F(0)$ 和 $F(T)$ 分别是这笔资金的初始价值和最终价值，$F(t_k)$ 是时刻 t_k 上恰在该时刻现金流量发生之前的最终价值。

我们重申，计算 TWRR 的公式中的现金流量均只含与“追加款”有关的项，任何由资金、自身产生的现金流量都必须被考虑到资金价值的数值当中。

例 6 - 14

假定例 6 - 13 中 1998 年 4 月 30 日的基金为 3 000 万元，求此基金的时间加权收益率(TWRR)。

解：此基金在该年中的流量如表 6 - 6 所示。

表 6 - 6　　1998 年基金流量

1 月 1 日 ~4 月 30 日	由 2 700 万元→3 000 万元
5 月 1 日	减 75 万元
5 月 1 日 ~12 月 30 日	由 2 925 万元→3 050 万元
12 月 31 日	加 50 万元，达到 3 100 万元

所以，从 1 月 1 日到 4 月 30 日没有资金流动，资金的增长因子为：

$$\frac{3\ 000}{2\ 700}=1.111$$

从 5 月 1 日到 12 月 30 日　资金累积因子为：

$$\frac{3\ 000-50}{3\ 000-75}=1.043$$

所以全年的累积因子为 $1.111\times1.043=1.159$，即时间加权收益率为 159%。

四、几何收益率

几何收益率［Linked（internal）rate of return，LIRR］又称固有收益率（internal rate of return），它提供了一种将相连子区间的收益率结合起来的方法，以近似求得整个区间的收益率。

假设时间区间$[0,T]$被$0,t_1,t_2\cdots t_{n-1}$，T时刻分成几个子区间，则称满足：

$$(1+i_1)^{t_1}\times(1+i_2)^{t_2}\cdots(1+i_n)^{T-t_{n-1}}=(1+i)^T$$

的i为在时间$[0,T]$上的几何收益率，其中i_k为第k个子时间区间上的实际年收益率。

计算 LIRR 的方法与计算时间加权收益率的方法相近，只是两者在基金活动的子区间不相对应。

一般来讲，当一位投资经理从计算机输出资料中得到各个季度的收益率时，便能够将其组合计算以求得更长时段的几何收益率。各季度收益率可以采用金额加权收益率 MWRR 或在近似的基础上求得的值。

例 6－15

某寿险公司发行一种基金。这种基金的 1998 年季度金额加权收益率为 4.1%、2.8%、1.7%及 2.1%，求 1998 年的 LIRR。

解：全年的积累因子为：

$$1.041\times1.028\times1.017\times1.021=1.111$$

所以 1998 年的 LIRR 为 11.1%。

精算学引论

第七章 资本赎回保单

第一节 资本赎回保单

一、保费的计算

资本赎回保单是这样一种合同：投资人向保险公司等机构一次或多次支付一定数额的款项，作为交换，将在一定时期的期末得到一定数额的款项。投资人所做的支付被看作“保费”，而固定时期期末应得到的款项被称为“保险金额”，或“给付”。保险金额支付的日期被称为“保险金给付期”或“到期日”。

投资人支付的保费被保险公司用来投资以提供到期日的给付，在计算应收保费时，公司会

（1）根据投资能力做出关于利率（及税率）的合理假设；

（2）对保单有关的费用进行合理的预测并扣除。

这两个假设显然是至关重要的。例如，一张保单，保险期限较长，保险公司可能会审慎地设想，利率可能会在保单有效期内下降。在保险期限内利率发生变化的情况下，支付费用津贴有多种可能的方法。

最基本的要求是截至到期日时收到的所有保费的终值减去发生的全部费用之后，应足以支付保险金给付。

有时保单会设计明确的利润，但更通常的做法是发行者通过对利息和费用做出相当保守的假设而获到隐含的利润。如果没有明确的利润，保单的价值方程就是

$$\begin{bmatrix}\text{公司收到的}\\\text{保费的价值}\end{bmatrix}=\begin{bmatrix}\text{公司应付的}\\\text{保险金的价值}\end{bmatrix}+\begin{bmatrix}\text{公司发生的与保单}\\\text{有关的费用的价值}\end{bmatrix}\tag{7-1}$$

当然可以列出在任何时间点上的价值方程，但是最方便的日期通常或者是保单的发行日，或者是到期日。把等式（7－1）写成下列形式通常比较方便：

$$\text{保费的价值}-\text{费用的价值}=\text{给付的价值}\tag{7-2}$$

一般费用可分为初始费用和续期费用。初始费用只在发行日发生，续期费用在第一次

保费支付后（或者在某些情况下包括第一次）伴随着保费的支付而发生。

例 7 – 1

一张资本赎回保单，给付为 10 000 元，期限 15 年，采用均衡年保费，并在保单持续期间内期初支付。发行保单的公司在每年利率 8% 的基础上计算年保费，扣除

初始费用即 100 元加上第一次年保费的 10%，以及续期费用即第二次和以后每次保费的 4%。

求保单的年保费。

解：设 P' 为年保费。支付了它的各项费用后，公司从第一次保费中得（$0.9P'-100$）和以后各项保费中得 $0.96P'$ 用来投资，这样，为了能在第 15 年年末提供给付，我们必须有：

$$(0.9P'-100)(1+i)^{15}+\sum_{t=1}^{14}0.96P'(1+i)^{15-t}=10\,000 \qquad (\text{利率 } 8\%)$$

这个等式可以通过几种标准函数以多种方式来表达。例如，可以写成：

$$0.9P'(1+i)^{15}+0.96P'\ddot{s}_{\overline{14|}}=10\,000+100(1+i)^{15}$$

$$0.9P'\ddot{s}_{\overline{15|}}+0.06P'\ddot{s}_{\overline{14|}}=10\,000+100(1+i)^{15}$$

或

$$0.96P'\ddot{s}_{\overline{15|}}-0.06P'(1+i)^{15}=10\,000+100(1+i)^{15}$$

利用：

$$\ddot{s}_{\overline{15|}}=s_{\overline{16|}}-1$$

得出保费：

$$P'=\frac{10\,000+100(1+i)^{15}}{0.96(s_{\overline{16|}}-1)-0.06(1+i)^{15}}=368.99 \qquad (\text{利率 } 8\%)$$

下一个例子将探讨如何解决续加费用的变化问题。

例 7 – 2

仍用例 7 – 1 为例，假定允许费用在保险期间内增加，保险公司计算每年应交保险费用时，年利率和初始费用与例 7 – 1 相同，但续期费用（伴随第二次和之后每年支付的保险费产生的）为：

（1）5 元

加上

（2）由第二期保险费到最后一期保险费，其增加的百分比由 $2\frac{1}{2}\%$ 按线性函数关系递增到 5%。

求每年应交保险费。

解：令 $t=1, 2, \cdots 14$，以及 λ_t 代表时刻 t 保险费中期间费用增加的部分。则：

$$\lambda_t-2.5=\frac{5-2.5}{14-1}(t-1)$$

或

$$\lambda_t = 2.3077 + 0.1923t$$

令 P' 为每年应交保险费，保单的价值等式为：

$$(0.9P' - 100)(1+i)^{15} + \sum_{t=1}^{14}\left(P' - 5 - \frac{2.3077 + 0.1923t}{100}P'\right)(1+i)^{15-t} = 10\ 000$$

因此，

$$0.9P'(1+i)^{15} + 0.976923P'\ddot{s}_{\overline{14}|} - 0.001923P'\sum_{t=1}^{14} t(1+i)^{15-t}$$

$$= 10\ 000 + 5\ddot{s}_{\overline{14}|} + 100\ (1+i)^{15}$$

上式左边最后一项可概括为 $(I\ddot{s})_{\overline{14}|}$，等于：

$$\frac{\ddot{s}_{\overline{14}|} - 14}{d}$$

因此，关于 P' 的等式写作：

$$P'\left[0.9(1+i)^{15} + 0.976923\ddot{s}_{\overline{14}|} - 0.001923\frac{\ddot{s}_{\overline{14}|} - 14}{d}\right]$$

$$= 10\ 000 + 5\ddot{s}_{\overline{14}|} + 100\ (1+i)^{15}$$

从而求出：

$$P' = \frac{10\ 447.997}{28.0881} = 371.97\text{（元）}$$

这个保险费比例 7 - 1 的保险费略多。与第一个例子中续期费用水平为 14.76 元相比较，续期费用由 14.30 元增至 23.60 元。

二、保单价值

既然这样，期限为 n 年，给付为 1 的资本赎回保单的趸交保费和年均衡保费（期初支付）分别被记为 $A_{\overline{n}|}$ 和 $P_{\overline{n}|}$，这些保费称为净保费（因为它不考虑费用），并且在适当的利率下可从如下的价值方程中得出：

$$\text{净保费的价值} = \text{给付的价值} \tag{7-3}$$

所以：

$$A_{\overline{n}|} = v^n = 1 - d\ddot{a}_{\overline{n}|} \tag{7-4}$$

和

$$P_{\overline{n}|} = \frac{1}{\ddot{s}_{\overline{n}|}} = \frac{1}{\ddot{a}_{\overline{n}|}} - d \tag{7-5}$$

如果在年净保费和年毛保费（或考虑费用的年营业保费）之间有任何混淆的可能的话，通常用符号 P 表示年净保费，用 P' 或 P'' 表示年毛保费。即使给付不足 1，符号 P、P' 和 P'' 仍可使用，但 $P_{\overline{n}|}$、$P'_{\overline{n}|}$ 和 $P''_{\overline{n}|}$ 总是指给付为 1 的情况。

任何发行资本赎回保单的保险公司都须积累它收到的保费以支付到期日的给付。对于一个有年均衡保费，期限为 n，给付为 1 的保单，符号 ${}_tV_{\overline{n}|}$ $(0 \leqslant t \leqslant n)$ 用于表示 t 时刻在此之前支付的保费的累积额。通常称 ${}_tV_{\overline{n}|}$ 为持续期间 t 的保单价值或准备金。应该注意任何

在 t 时刻应付的保费的价值都不计算在${}_tV_{\overline{n}|}$ 里。

${}_tV_{\overline{n}|}$ 的定义可显示，对 t 时刻全部价值。

$$\begin{aligned}{}_tV_{\overline{n}|} &= P_{\overline{n}|}\ddot{s}_{\overline{t}|} \\ &= \ddot{s}_{\overline{t}|}/\ddot{s}_{\overline{n}|} \qquad (7-6) \\ &= \frac{(1+i)^t-1}{(1+i)^n-1} \qquad (7-7)\end{aligned}$$

等式（7－7）的分子、分母同时乘以 v^n，我们得到：

$$\begin{aligned}{}_tV_{\overline{n}|} &= \frac{v^{n-t}-v^n}{1-v^n} \\ &= 1-\frac{1-v^{n-t}}{1-v^n} \\ &= 1-\frac{\ddot{a}_{\overline{n-t}|}}{\ddot{a}_{\overline{n}|}} \qquad (7-8)\end{aligned}$$

或者也可以把等式（7－7）写成：

$$\begin{aligned}{}_tV_{\overline{n}|} &= v^{n-t}-\frac{1-v^{n-t}}{(1+i)^n-1} \\ &= v^{n-t}-\frac{\ddot{a}_{\overline{n-t}|}}{\ddot{s}_{\overline{n}|}} \\ &= v^{n-t}-P_{\overline{n}|}\ddot{a}_{\overline{n-t}|} \qquad (7-9)\end{aligned}$$

等式（7－9）显示${}_tV_{\overline{n}|}$ 就是给付（在时刻 n 时支付）在 t 时刻的价值减去在时刻 t 时或之后的应计保费在 t 时刻的价值。等式（7－6）和等式（7－9）给出 t 时刻的保单价值的两种表达式，前者是用追溯法推出的（即通过累积已收到的保费），后者是用预期法（给付的价值减去剩下的保费的价值）得出的。

如果 t 不是一个整数，我们可以写成 $t=r+f$，其中 $r(0<r<n)$是一个整数，$0<f<1$。根据定义，在 r 时刻应付的保费的价值不算在${}_rV_{\overline{n}|}$ 中。对到 $r+f$ 时刻的累积，我们有：

$$_{t+f}V_{\overline{n}|} = ({}_rv_{\overline{n}|}+P_{\overline{n}|})(1+i)^f \qquad (7-10)$$

其中，${}_rV_{\overline{n}|}$ 是在整个合同期内准备金的公式给出的。

既然这样，准备金预期法的表达式是：

$$\begin{aligned}{}_{t+f}V_{\overline{n}|} &= v^{n-r-f}-(P_{\overline{n}|}\cdot {}_{1-f}|\ddot{a}_{\overline{n-r-1}|}) \\ &= v^{n-r-f}-v^{1-f}P_{\overline{n}|}\ddot{a}_{\overline{n-r-1}|} \qquad (7-11)\end{aligned}$$

可以证明等式（7－10）与等式（7－11）的结果是相等的。

例 7－3

（利率的改变对准备金的影响）设整数 t 和 n，其中 $0<t<n$，证明${}_tV_{\overline{n}|}$ 在利率 $i(i\geqslant 0)$ 下是递减函数。

证明：从等式（7－6）可得：

$$\begin{aligned}{}_1V_{\overline{k}|} &= \ddot{s}_{\overline{1}|}/\ddot{s}_{\overline{k}|} \\ &= s_{\overline{1}|}/s_{\overline{k}|}\end{aligned}$$

$$=1/s_{\overline{k}|}$$

当 i 上升时 $s_{\overline{k}|}$ 也上升，于是，对于任何整数 K，在利率 i 下 ${}_1V_{\overline{k}|}$ 是减函数。

同样，从等式（7－8）可得：

$$1-{}_tV_{\overline{k}|}=\frac{\ddot{a}_{\overline{n-t}|}}{\ddot{a}_{\overline{n}|}}$$

$$=\frac{\ddot{a}_{\overline{n-t}|}}{\ddot{a}_{\overline{n-t-1}|}}\frac{\ddot{a}_{\overline{n-t+1}|}}{\ddot{a}_{\overline{n-t+2}|}}\cdots\frac{\ddot{a}_{\overline{n-1}|}}{\ddot{a}_{\overline{n}|}}$$

$$=(1-{}_1V_{\overline{n-t+1}|})(1-{}_1V_{\overline{n-t+2}|})\cdots(1-{}_1V_{\overline{n}|})$$

终于证明，利率上升，公式 ${}_1V_{\overline{n-t+1}|}$，${}_1V_{\overline{n-t+2}|}$，…，${}_1V_{\overline{n}|}$ 中任意一个递减，右式的最后一个式子递增。由此可见，当 i 上升，$1-{}_tV_{\overline{k}|}$ 跟着上升，而 ${}_tV_{\overline{k}|}$ 却是下降的。

三、Zillmer 准备金

假定，对于一个给付为 1 并采用年交保费的 n 年期资本赎回保单，计算营业保费要考虑，与每次保费（包括第一次）的支付相关的年均衡费用 e 和附加初始费用 I。注意 I 和 e 可以被定义为（或可以包括）营业保费或净保费的一定比例。

对于年营业保费 $P'_{\overline{n}|}$：

$$P'_{\overline{n}|}\ddot{a}_{\overline{n}|}=v^n+I+e\ddot{a}_{\overline{n}|}$$

所以：

$$P'_{\overline{n}|}=\frac{I}{\ddot{s}_{\overline{n}|}}+\frac{I}{\ddot{a}_{\overline{n}|}}+e$$

或者

$$P'_{\overline{n}|}=P_{\overline{n}|}+\frac{I}{\ddot{a}_{\overline{n}|}}+e \tag{7－12}$$

持续期间 t（t 是一个整数，小于或等于 n）的准备金可用预期法获得，即给付和仍将导致发生费用的价值减去将来营业保费价值。这样如果用 ${}_tV_{\overline{n}|}$ 表示准备金，那么：

$${}_tV^*_{\overline{n}|}=v^{n-t}+e\ddot{a}_{\overline{n-t}|}-P'_{\overline{n}|}\ddot{a}_{\overline{n-t}|}$$

$$=v^{n-t}+e\ddot{a}_{\overline{n-t}|}-\left(P_{\overline{n}|}+\frac{I}{\ddot{a}_{\overline{n}|}}+e\right)\ddot{a}_{\overline{n-t}|}$$

利用等式（7－12），上式即：

$${}_tV^*_{\overline{n}|}=v^{n-t}-P_{\overline{n}|}\ddot{a}_{\overline{n-t}|}-I\frac{\ddot{a}_{\overline{n-t}|}}{\ddot{a}_{\overline{n}|}}$$

$$={}_tV_{\overline{n}|}-I\frac{\ddot{a}_{\overline{n-t}|}}{\ddot{a}_{\overline{n}|}} \tag{7－13}$$

$$=(1+I){}_tV_{\overline{n}|}-I \tag{7－14}$$

称 ${}_tV^*_{\overline{n}|}$ 为 Zillmer 准备金［以德国精算师 August Zillmer（1831～1892 年）的名字命名］。

注意：

$${}_0V_{\overline{n}|}^{*} = -I$$

这是由于假定0时刻的准备金是在费用I发生之后而第一笔保费收到之前提取的。

Zillmer准备金的作用就是精确地考虑了初始费用，并在保单续期逐步收回初始费用。

此外，价值${}_tV_{\overline{n}|}^{*}$还可用追溯法求出，即保险公司已收到的保费的累积值减去已发生的费用的累积值。即：

$${}_tV_{\overline{n}|}^{*} = P'_{\overline{n}|}\ddot{s}_{\overline{t}|} - I\ (1+i)^t - e\ddot{s}_{\overline{t}|}$$

很容易看到，替换了$P'_{\overline{n}|}$（从等式（7－13）），追溯法的表达式${}_tV_{\overline{n}|}^{*}$等于预期法的等式（7－13）或等式（7－14）中的任何一个。

四、当保费分P次支付时保单价值

当保费每年分P次支付时，持续期间t（对期限为n年，给付为1的保单），年净保费和保单价值，或准备金的相应符号分别为$P_{\overline{n}|}^{(p)}$和${}_tV_{\overline{n}|}^{(p)}$。很明显。

$$P_{\overline{n}|}^{(p)}\ddot{s}_{\overline{n}|}^{(p)} = 1$$

所以：

$$P_{\overline{n}|}^{(p)} = \frac{1}{\ddot{s}_{\overline{n}|}^{(p)}}$$

$$= \frac{1}{\ddot{a}_{\overline{n}|}^{(p)}} - d^{(p)} \qquad (7-15)$$

并且，如果t是一个整数：

$$
\begin{aligned}
{}_tV_{\overline{n}|}^{(p)} &= P_{\overline{n}|}^{(p)}\ddot{s}_{\overline{t}|}^{(p)} \\
&= \ddot{s}_{\overline{t}|}^{(p)}/\ddot{s}_{\overline{n}|}^{(p)} \\
&= \ddot{s}_{\overline{t}|}/\ddot{s}_{\overline{n}|} \\
&= {}_tV_{\overline{n}|} \qquad (7-16)
\end{aligned}
$$

如果t不是一个整数，则可以写成：

（1）$t=r+(k/P)$，并有整数$r(0\leq r<n)$和$K(0<k<P)$

（2）$t=r+(k/P)+f$，其中r和P同上，并且$0<f<\frac{1}{P}$。

则有：

$${}_{r+(k/p)}V_{\overline{n}|}^{(p)} = P_{\overline{n}|}^{(p)}\ddot{s}_{\overline{r+k/p}|}^{(p)} \qquad (7-17)$$

和

$${}_{r+(k/p)+f}V_{\overline{n}|}^{(p)} = [{}_{r+(k/p)}V_{\overline{n}|}^{(p)} + P_{\overline{n}|}^{(p)}/p](1+i)^f \qquad (7-18)$$

五、退保金额，交清保单价值和保单转变

在不考虑费用，且在所有计算中都使用相同的利率的情况下，我们已定义过偿还资本保单的保单价值这一概念。例如，${}_tV_{\overline{n}|}$表示每年支付保费保单，支付n年，保单最终累积价值为1，保费在年初支付，在这些条件下，在t时刻支付保费从前的保单价值。如果在

考虑费用的条件下，我们可以得到一个包括费用的保单价值，例如在前面给出的 Zillmerized 保单价值${}_tV^*_{\overline{n}|}$（为了与在不同假设下计算的保单的价值相区别，${}_tV_{\overline{n}|}$ 被看作为净保费的保单价值）。

假设投保人希望退保。这意味着他想通过终止合同而取得已形成的保单价值，即退保金额。在一般情况下，保险公司将提供给投保人大约相当于 Zillmerized 准备金的保单价值或者其他还包含费用的保单价值，虽然这工作是非常复杂的。

如果在 t 时刻投保人并不希望退保，而仅希望对保单作一些变动（比如在未来保费的支付及到期日上做一些变动），这种计算必须通过一个价值方程来完成，在这等式中，投保人提供这所得的原保单的保单价值作为针对新保单的特殊的一次性支付的保费。既然投保人仍想在原保险公司投保，原公司所提供的保单价值也许要比其不在原公司投保可能得到的退保金丰厚得多。然而，公司需要征收一定的在保单变化中所发生的成本费。下面的式子就是此价值平衡式：

$$\begin{bmatrix}\text{现有保单}\\\text{的准备金}\end{bmatrix}+\begin{bmatrix}\text{变动后保单的}\\\text{未来保费现值}\end{bmatrix}=\begin{bmatrix}\text{变动后保单的}\\\text{保险给付的现值}\end{bmatrix}+\begin{bmatrix}\text{包含转化费在}\\\text{内的费用现值}\end{bmatrix}\quad(7-19)$$

在保单转换日，使用这个等式最方便。例如，假定一个期限为 n 年、保险给付为 1 元、年初交保费的被保险人。在 t 时刻应付的保费交纳之前，要求将来的保费均变为 P^*。如果在整个过程中忽略费用，那么，修正后的保险给付 S^* 由下面价值方程给出：

$$S^*v^{n-t}={}_tV_{\overline{n}|}+P^*\ddot{a}_{\overline{n-t}|}\quad(7-20)$$

由此，可以得到：

$$S^*={}_tV_{\overline{n}|}(1+i)^{n-t}+P^*\ddot{s}_{\overline{n-t}|}$$

如果考虑到费用，其计算将会更为复杂。

在 $P^*=0$ 的特殊例子中，就在时期 t 的应付保费交纳之前的所有将来的保费都不再继续支付，保单就成为交清保单。当没有费用时，一个最初期限为 n 年年交保费的保单修正后的给付被看作交清保单价值，表示为${}_tW_{\overline{n}|}$。从等式（7－20）（$P^*=0$），我们得到公式：

$$\begin{aligned}{}_tW_{\overline{n}|}&={}_tV_{\overline{n}|}(1+i)^{n-t}\\&=\frac{\ddot{s}_{\overline{t}|}}{\ddot{s}_{\overline{n}|}}(1+i)^{n-t}\ (\text{利用等式}(7-6))\\&=\frac{\ddot{s}_{\overline{t}|}\ (1+i)^{-t}}{\ddot{s}_{\overline{n}|}\ (1+i)^{-n}}\\&=\frac{\ddot{a}_{\overline{t}|}}{\ddot{a}_{\overline{n}|}}\end{aligned}\quad(7-21)$$

在更一般的情况下，当考虑了费用的扣除时，由保险公司认定的给付被称为交清给付。这可以通过解价值方程（7－19）得到，既然这样，“转换后保单的保费值”当然为 0，所以我们得出等式

$$\text{现有保单准备金价值}=\text{缴清给付的价值}+\text{转换费用的价值}\quad(7-22)$$

在实践中用于计算交清给付的规则有时就是一个比例规则，即：

$$交清给付=\frac{t}{n}\times最初设定的给付 \tag{7-23}$$

其中，t 是已支付保费的次数，利率为正时，${}_tW_{\overline{n|}}>t/n$，这样在持续期间 t 交清保单价值要大于按比例规则得出的价值。但是，要注意交清保单价值${}_tW_{\overline{n|}}$不考虑费用，并且实际中认定的交清给付通常比${}_tW_{\overline{n|}}$低得多。

交清给付、转换后的保费等的计算，可能也会由于计算最初设定保费时利率和费用假设的偏离而受到影响。这里，不对此做过多的讨论。

例 7-4

在 1964 年 1 月 1 日，一张资本赎回保单生效，它的给付为 100 000 元，期限 30 年。保单有均衡保费，在每季度期初支付，即每年的 1 月 1 日、4 月 1 日、7 月 1 日和 10 月 1 日。

1979 年 9 月 30 日，所有将来季度的保费被减至 100 元，为此修正未来的给付。1983 年 5 月 1 日，投保人要求保险公司报出退保价值和交清保单价值。

假定所有的计算都以 8% 的年利率在净保费的基础上进行，求出：

（1）在 1979 年 9 月 30 日报出的减少的给付。

（2）1983 年 5 月 1 日报出的退保价值和交清保单价值。

解：

（1）保单原来的年净保费为：

$$100\ 000P_{\overline{30|}}^{(4)}=100\ 000/\left(\frac{i}{d^{(4)}}s_{\overline{30|}}\right)\ （利率 8\%）$$

$$=841.09\ （元）$$

在 1979 年 9 月 30 日（持续期间为 15.75 年）准备金为：

$$100\ 000_{15.75}V_{\overline{30|}}^{(4)}=841.09\ddot{s}_{\overline{15.75|}}^{(4)}$$

$$=26\ 048.18\ （元）$$

因为从 1979 年 10 月 1 日起修正的年保费为 400，那么报出的修正的给付为：

$$26\ 048.18(1+i)^{14.25}+400\ddot{s}_{\overline{14.25|}}^{(4)}=88\ 459.88\ （元）$$

注意：为了方便进一步的计算，我们算出转换日的准备金。计算修正给付的一个更简单的方法是将它作为最初的给付减去作为转换后未来保费现值的差。这就直接给出修正的给付：

$$100\ 000-(841.09-400)\ddot{s}_{\overline{14.25|}}^{(4)}=88\ 459\ （元）$$

结果与前面的相同。

（2）1983 年 4 月 1 日（就在应计的保费支付之前）的准备金可通过第一次转换后的准备金加上以后收到的保费的累积额得到，这样 1983 年 4 月 1 日的准备金就是：

$$26\ 048.18(1+i)^{3.5}+400\ddot{s}_{\overline{3.5|}}^{(4)}=34\ 100.48+1\ 622.19$$

$$=35\ 722.67\ （元）$$

1983 年 5 月 1 日报出的退保价值就是当时的准备金额，即：

$$(35\ 722.67+100)(1+i)^{1/12}=36\ 053.15\text{（元）（即 36 053 元）}$$

因为在这一天发行在外的期限为 $10\dfrac{2}{3}$ 年，报出的交清保单价值为：

$$36\ 063(1+i)^{32/3}=81\ 933\text{（元）}$$

六、变动利率（逐段固定利率 i）情况下的估值

我们可能会在考虑一个长期资本赎回保单时，希望在持续期间内允许利率变化，通常采用的方法是假设在以后期间的几个时段分别使用不同的固定利率。

假如，对于一个 n 年的资本赎回保单，如果我们假定第一个 n_1 年利率为 i_1，另一个 n_2 年为 i_2，然后是 $i_3(n_1+n_2<n)$。保费在这个基础上从一年累积到另一年，那么每单位给付的年净保费 P^* 由下列等式给出：

$$P^*[\ddot{s}_{\overline{n_1}|i_1}(1+i_2)^{n_2}(1+i_3)^{n-n_1-n_2}+\ddot{s}_{\overline{n_2}|i_2}(1+i_3)^{n-n_1-n_2}+\ddot{s}_{\overline{n-n_1-n_2}|i_3}]=1 \quad (7-24)$$

例 7－5

1993 年 4 月 1 日，保险公司发行了一个 30 年期的资本赎回保单，此保单为年交保费，且总保额为 60 000 元。保费按如下利率计算，即前 5 年的利率为 8%，接下来 10 年的利率为 7%，以后的利率均为 6%。初始费用为保费的 50%，续期费用为保费的 2%，并且公司所收保费均投资于一年期的有价证券。

在此基础上：

（1）求年保费；

（2）2005 年 4 月 1 日，在当期保费支付之前，投保人要求转为交清保险单，该交清保单的保额为以下两者中的较大者：

（Ⅰ）原定保额乘以 t/n，n 为保单的原定期限，t 为已付保费的时间。

（Ⅱ）保单退保金额按年利率 5.5% 计算至期满时的终值，其中保单退保金额是初始年保费的一半和所有续期保费的 97%，按年利率 5.5% 计算至退保时的终值。

计算该交清保险单的保额，并求出在 2003 年 4 月 1 日保险公司的利润或损失，其中公司的业务按保费设计的基础假设执行，并假设投保人不会退保其交清保单，且忽略维持保单的成本。

解：

（1）令公司年保费为 P'，那么：

$$60\ 000=0.98P'\ [\ddot{s}_{\overline{5}|0.08}\ (1.07)^{10}\ (1.06)^{15}+\ddot{s}_{\overline{10}|}\ \ (1.06)^{15}+\ddot{s}_{\overline{15}|0.06}]$$
$$-0.48P'\ (1.08)^5\ (1.07)^{10}\ (1.06)^{15}$$

故：

$$P'=60\ 000/[(0.98\times 89.9723)-(0.48\times 6.9270)]$$
$$=707.15\text{（元）}$$

（2）已知已付保费 12 元，付清总累积价值是下面两个中较大的。

（Ⅰ）$\dfrac{12}{30}\times 600\ 000=24\ 000$（元）

（Ⅱ） $1.055^{18}[0.5P'(1.055)^{12}+0.97P'\ddot{s}_{\overline{11}|0.055}]=29\ 427.82$ （元）

因此，付清的总累积价值为 29 427.82 元（不必对退保金额的价值估价）。

如果公司的业务在保单有效期内被证明是允许的，并且在所收保费基础上和付清保单没有费用发生的情况下，2003 年 4 月 1 日，公司累积价值为：

$$P'\{0.98[\ddot{s}_{\overline{5}|0.08}(1.07)^{10}(1.06)^{15}+[\ddot{s}_{\overline{7}|0.07}(1.07)^{3}(1.06)^{15}+\ddot{s}_{\overline{15}|0.06}]$$
$$-0.48(1.08)^{5}(1.07)^{10}(1.06)^{15}\}=37\ 188.53\ (\text{元})$$

因此，在 2003 年 4 月 1 日，公司收益为：

$$37\ 188.53-29\ 427.82=7\ 760.71\ (\text{元})$$

逐段固定利率的使用，在某一特定环境下是不合适的。相应地，我们就得考虑在变动利率下的其他方法。这些可供选择的方法是在有许多不同的假设条件下的未来投资。这第一种方法是上面所描述的方法的详细说明，而且利用连续数学的性质塑造一个未来的利息力。第二种方法与第一种方法有着根本的不同，这是严格遵循再投资率的思路（见下一部分）。

七、Stoodley 的利息力模型

在前面章节中讲过的逐段固定的利息力模式，是比较简单的。用连续函数来制定变动利息率的模型才是比较现实的方法。

假设在 t 时刻的利息力 $\delta(t)$ ［尤其当 $\delta(t)$ 是一个减函数］有一个单一的形式，通过 logistic 函数可以制定利率趋势的模型。

假设：

$$\delta(t)=p+\frac{s}{1+re^{st}} \tag{7-25}$$

由：

$$v(t)=\exp\left[-\int_0^t\delta(y)dy\right]$$

可以算出（计算过程略）：

$$v(t)=\frac{1}{1+r}e^{-(p+s)t}+\frac{r}{1+r}e^{-pt} \tag{7-26}$$

$$=\frac{1}{1+r}v_1^t+\frac{r}{1+r}v_2^t \tag{7-27}$$

其中，v_1、v_2 分别以利息力为$(p+s)$和 p 计算。

在给出的模型中，如果用 $a_{\overline{n}|}^{*}$ 表示 n 年的即期年金，从方程式（7－27）可直接得出：

$$a_{\overline{n}|}^{*}=\frac{1}{1+r}a'_{\overline{n}|}+\frac{r}{1+r}a''_{\overline{n}|} \tag{7-28}$$

其中，$a'_{\overline{n}|}$ 和 $a''_{\overline{n}|}$ 分别以利息为$(p+s)$和 p 来计算连续支付延期年金和一年支付 n 次年金都可以得出类似于等式（7－28）的公式。

等式（7－27）和等式（7－28）表明了这个模型的有实用价值的优点，在变动的利

息力情况下，求出利息力为$(p+s)$和p时价值的加权平均数，便可以得到模型所代表的函数$v(t)$和年金价值。特别是，如果能根据具有p、s值的等式（7－25），制定一个未来利率趋向模型，使$(p+s)$和p等价于利率表中的利息力，那么年金价值的计算将会特别简单。

例 7－6

假设要制定一个年利率从目前的约11%下降到8%的长期水平的模型。用从现在起4年内10%的利率所得到价值来考虑这个模型是比较恰当的。

注解：利率为11%、10%和8%所对应的利息力分别是 $\log 1.11\approx 0.104$，$\log 1.1\approx 0.095$，$\log 1.08\approx 0.077$。

解：第一步先考虑等式（7－25），假设$\delta(0)=0.104$，$\delta(4)=0.095$，$\delta(\infty)=0.077$，得出$p=0.077$，$r=3.57888$，$s=0.123630$，这些数值只是初步计算所得，在此基础上，经过简短的实验，我们把模型建立在新的参数上：

$$p=\log(1.08)=0.76961,r=4$$

$$s=\log(1.25)-\log(1.08)=0.146183$$

由这些新的参数可推出$\delta(0)=0.1062$，$\delta(4)=0.0948$，$\delta(\infty)=0.0770$，而且p和$(p+s)$分别是利率为8%和25%时的利息力。

利用这些参数，由等式（7－27）得：

$$v(t)=\frac{1}{5}v_{0.25}^{t}+\frac{4}{5}v_{0.08}^{t}$$

同理：

$$a_{\overline{n|}}^{*}=\frac{1}{5}a_{\overline{n|}\,0.25}+\frac{4}{5}a_{\overline{n|}\,0.08}$$

在实际应用中这些方程式用起来很简单。

例 7－7

在 stoddley 模型基础上，利用上例中参数的值（即$p=0.076961$，$r=4$，$s=0.146183$），求每年纯保费，已知支付时间为每季度初，偿还资本总额100 000元，偿还期为25年。然后，在纯保费的基础上，求在20年末的保单准备金和交清保单价值。

解：等式（7－27）已给出了$v(t)$的简单表达式，利用这个现值公式比用终值要方便。

设P为每季度支付的年保费，用$\ddot{a}_{\overline{25|}}^{(4)\,*}$代表下降利率的年金价值。

$$P\ddot{a}_{\overline{25|}}^{(4)\,*}=100\ 000V(25)$$

即：

$$P\left[\frac{1}{5}\ddot{a}_{\overline{25|}\,0.25}^{(4)}+\frac{4}{5}\ddot{a}_{\overline{25|}\,0.08}^{(4)}\right]=100\ 000\left(\frac{1}{5}V_{0.25}^{25}+\frac{4}{5}V_{0.08}^{25}\right)$$

因此，$P=\dfrac{11\ 757.20}{9.8808}=1\ 189.90$

设V、W分别为20年期的储备价值和已偿还的保单价值。利用现值公式：

$$P\ddot{a}_{\overline{25}|}^{(4)*}=V[v(20)]=W[v(25)]$$

即：

$$P\left[\frac{1}{5}\ddot{a}_{\overline{25}|0.25}^{(4)}+\frac{4}{5}\ddot{a}_{\overline{25}|0.08}^{(4)}\right]=V\left(\frac{1}{5}V_{0.25}^{25}+\frac{4}{5}V_{0.08}^{25}\right)=W\left(\frac{1}{5}V_{0.25}^{25}+\frac{4}{5}V_{0.08}^{25}\right)$$

因此，

$$V=P\left(\frac{9.1542}{0.17395}\right)=62\ 619.72\text{，或者 }62\ 620$$

$$W=P\left(\frac{9.1542}{0.1757}\right)=92\ 648.65\text{，或者 }92\ 648$$

第二节　资本赎回保单利润的实现

一个发行资本赎回保单的公司为了支付到期日的给付，必须积累它收到的保费（减去发生的费用）。精算师必须计算出保险公司在保单的持续期间内每年年末应持有的准备金。计算出的准备金是在与用于计算保费的不同的基础上定出的。

因为必须提存适当的准备金，那么发行部门收到的现金流量自身并不是该部门的利润。在保单持续期间内出现的盈利（或损失）是在每年年末保险公司累积的资金超过（或少于）要求的准备金的数额中反映出来的。在每年年初保险公司必须拥有适当的准备金。然后它收到保费，减去费用（很可能不同于保费基础上假定的费用），并积累它的资金到年底。实际获得的利率可能也很不同于在保费基础上假设的。如果在这年年末积累的资金超过要求的准备金，超出额（大于准备金）可被保险公司作为利润。

但是，如果在某一年年末，累积的资金小于要求的保单准备金，保险公司必须“补足”资金（用它的自由准备金中的资金）以确保它确实拥有必要的准备金，任何这种“补足”的数额代表着这年剩余资金的损失。

在一个典型的合同中，保险公司可能在保单的第一年（并且也可能在以后几年）发生损失。但是这种损失将会被在以后几年出现的利润所抵销。因此对一个新发行的保单，保险公司从它自由准备金的角度看，很可能最初会出现负的现金流量，紧接着会有一系列正的现金流量。这一系列的现金流量被称为保单的利润向量。

上述讨论可以数学方法总结如下。考虑一个期限为 n 年、给付为 S 的资本赎回保单。对于 $0\leqslant t\leqslant n-1$，设 P_t 为在时刻 t 收到的保费的数额（从保单开始起以年为单位衡量），并设 e_t 是在此时期实际发生的费用。给付 S 在时刻 n 支付，对 $1\leqslant t\leqslant n$ 设 i_t 为第 t 年（即时刻 $t-1$ 与时刻 t 之间）实际获得的利率。令 ${}_0V=0$ 和 ${}_nV=S$，对于 $1\leqslant t\leqslant n-1$。令 ${}_tV$ 为保单在那时应计的保费收到之前 t 时刻时要求的准备金。

考虑时间间隔（$t-1$，t）。在这个时期的开始保险公司持有准备金 ${}_{t-1}V$。然后它将收到保费 P_{t-1} 减去费用 e_{t-1}。这样在这年年末积累的资金就是：

$$({}_{t-1}V+P_{t-1}-e_{t-1})\cdot(1+i_t)$$

既然要求的年末的准备金是${}_tV$，那么在年末（即时刻 t）实现的利润为：

$$PRO_t=({}_{t-1}V+P_{t-1}-e_{t-1})\cdot(1+i_t)-{}_tV \qquad (7-29)$$

发生的价值组（PRO_1，PRO_2，…，PRO_n）定义了合同的利润向量。完全的利润向量（PRO_1，PRO_2，…，PRO_n）当然只有在保单到期时才会知道。

但是，如果对实际获得利率和发生的费用做出现实的假设，就可以在保单发行时对可能的利润向量做出估计。

注意，利润向量依赖于：

（1）实际发生的费用；

（2）实际获得的利率；

（3）准备金基础。

上述的讨论由下例来说明。

一个营业机构发行期限为 4 年、给付为 100 000 元的资本赎回保单，采用均衡年保费，在每年年初支付。

保费基础如下：

利息：每年 8%

费用：每次保费的 6% 外加附加起始费用 200 元。这样，年保费 P 由下列等式决定。

$$0.94P\ddot{a}_{\overline{4|}}=100\,000v^4+200 \qquad (\text{利率 }8\%)$$

从而得出：

$$P=21\,919.29$$

假定对于这种保单，营业机构维持在每年 4% 的利率基础上决定的净保费准备金。这意味着，对于 $1\leqslant t\leqslant 3$：

$${}_tV=\pi\cdot S_{\overline{t|}} \qquad (\text{利率 }4\%)$$

其中，

$$\pi=\frac{100\,000}{\ddot{s}_{\overline{n|}}} \qquad (\text{利率 }4\%)$$

即：

$${}_tV=100\,000\frac{\ddot{s}_{\overline{t|}}}{\ddot{s}_{\overline{4|}}} \qquad (\text{利率 }4\%)$$

这些准备金在表 7－1 中显示：

表 7－1　　4%的净保费准备金

t	${}_tV$
0	0
1	23 549.00
2	48 039.97
3	73 510.57
4	100 000.00

假定在合同头3年的每一年中保险公司的资金实际获得的利率为每年9%，但是在最后一年，利率降至7%。

再假定保险公司，在发行日实际发生的费用就像保费基础中许可的那样，即200元加上第一次保费的6%，但是第二次和以后各次保费的$6\frac{1}{4}$（而不是6%）被作为费用耗费中，这导致下列价值（见表7－2）。

表7－2 保费与费用耗费后的价值

t	P_t（保费）	e_t（费用）	P_t-e_t
0	21 919.29	1 515.16	20 404.13
1	21 919.29	1 369.96	20 549.33
2	21 919.29	1 369.96	20 549.33
3	21 919.29	1 369.96	20 549.33

利润向量的计算包括在表7－3中：

表7－3 利润向量的计算

t	${}_{t-1}V$	$P_{t-1}-e_{t-1}$	i_t	F_t	${}_tV$	PRO_t
0	0	20 404.13	0.09	22 240.50	23 549.00	－1 308.50
1	23 549.00	2 549.33	0.09	48 067.18	48 039.97	27.21
2	48 039.97	2 549.33	0.09	74 767.354	73 510.57	1 251.77
3	73 510.57	2 549.33	0.07	100 644.00	100 000.00	644.09

注意：$F_t=(1+i_t)\cdot({}_{t-1}V+P_{t-1}-e_{t-1})$是在时刻$t$的终值（考虑实际获得的利率和实际发生的费用），并且$PRO_t=F_t-{}_tV$。

这样，在实际经历的利率和费用4%的净保费准备金条件下，保单的利润向量是：－1 308.50，27.21，1 251.77，644.09。

从保险公司的“自由准备金”的角度看，保单提供了1个负的现金流量，紧接着是3个正的现金流量，这些现金流量中所暗含的内在收益率为每年18.22%。

一个应了解的很重要的一点是保单不同的准备金基础将导致不同的利润向量。

如果采用不同的准备金基础，导致的利润向量仍可稳定地采用上面描述的方法计算。但是仍值得注意一个相应的计算方法，当考虑由一系列不同的准备金基础得出的利润向量时，它是很有用的。描述如下

从上面的等式（7－29）紧接着得出：

$$\begin{aligned}PRO_t&=(1+i_t)\cdot[P_{t-1}-e_{t-1}+i_t\cdot{}_{t-1}V-({}_tV-{}_{t-1}V)]\\&=CF_t+i_t\cdot{}_{t-1}V-IR_t\end{aligned}\qquad(7-30)$$

这里：

$$CF_t = (1+i) \cdot (P_{t-1} - e_{t-1}) \qquad (7-31)$$

是第 t 年的现金流量（累积到该年年末），$i_t \cdot {}_{t-1}V$ 是该年年初的准备金获得的利息，并且，

$$IR_t = {}_tV - {}_{t-1}V$$

是经过这一年准备金的增加。

例如，假定对资本赎回保单，营业机构在每年5%（不是像前面假设的4%）的利率基础上维持其净保费准备金。导致的准备金和相应的利润向量的计算在表7－4中显示：

表7－4　　准备金和相应的利润向量

t	V					
1	22 240.50	23 201.18	0.09	0	23 201.18	－960.68
2	22 398.77	47 562.43	0.09	2 088.11	4 361.25	125.63
3	22 398.77	73 141.73	0.09	4 280.62	25 579.30	1 100.09
4	21 987.78	100 000	0.07	5 119.92	26 858.27	249.43

注意：${}_0V=0$，CF_t 的价值可利用前面算出的（$P_{t-1}-e_{t-1}$）的价值从上面的等式（7－31）中求出。

这样，有了5%的净保费准备金，保单的利润向量就成为（－960.68，125.63，1 100.60，249.43）。

与用4%的净保费准备金时每年18.22%的内在收益率 t_s 相对比，修正后的向量相应的内在收益率为每年23.17%。

CF_t 的价值并不依赖于准备金计算基础。从算术的观点来看，当要求决定来自准备金基础之一的利润向量时第二种计算方法要方便些。

第三节　用资本赎回保单偿还借入资本

假定 B 从 A 处以每年利率 i 期限 n 年借入一笔款项 X。偿还的一种方式是 B 于 n 年中的每年年末向 A 偿还金额为 P 的款项。价值方程为：

$$X = Pa_{\overline{n|}} \qquad (\text{利率为 } i)$$

得出：

$$P = \frac{X}{a_{\overline{n|}}} \qquad (\text{利率为 } i)$$

我们现在考虑的另一种方式：B 从第1年到第 n 年每年年末支付利息 iX 给 A，在时刻 n 一次性全部偿还资本 X。这等价于：B 每年初支付 P' 到资本赎回保单，还在每年年末支付 A 数额为 iX 的利息，忽略费用，其中，

$$P' = \frac{X}{\ddot{s}_{\overline{n}|j}}（即 X = P'\ddot{s}_{\overline{n}|j}）$$

这里 $\ddot{s}_{\overline{n}|j}$ 是指以利率 j 计算的终值 $\ddot{s}_{\overline{n}|}$。即每年的全部偿还为：

$$P''_t = \begin{cases} P' & t=0 \text{ 时} \\ iX + P' & t = 1,2,\cdots,n-1 \text{ 时} \\ iX & t = n \text{ 时} \end{cases}$$

计算收益 i' 的价值方程为：

$$X = P'\ddot{a}_{\overline{n}|i'} + iXa_{\overline{n}|i'}$$

代入 P' 并化简后得：

$$1 = \frac{1}{\ddot{s}_{\overline{n}|j}}\ddot{a}_{\overline{n}|i'} + ia_{\overline{n}|i'}$$

现在，如果 i 和 j 相等，并且如果我们试着令 $i' = i = j$，那么：

$$\frac{1}{\ddot{s}_{\overline{n}|j}}\ddot{a}_{\overline{n}|i'} + ia_{\overline{n}|i'} = v^n + (1 - v^n) = 1$$

这就是说，借款人 B 的收益就是 i。

假设换成 $j > i$，我们要解：

$$f(i') = \frac{1}{\ddot{s}_{\overline{n}|j}}\ddot{a}_{\overline{n}|i'} + ia_{\overline{n}|i'} - 1 = 0$$

为此，我们再定义一个函数：

$$g(i') = \frac{1}{\ddot{s}_{\overline{n}|i}}\ddot{a}_{\overline{n}|i'} + ia_{\overline{n}|i'} - 1$$

因为 $j > i$，则有 $\ddot{s}_{\overline{n}|j} > \ddot{s}_{\overline{n}|i'}$，从而得出对所有的 $i' > -1$ 有 $f(i') < g(i')$。

现在我们从上面知道在 $i = j$ 的情况下 $g(i) = 0$，所以 $f(i) < 0$。既然 $f(i')$ 是 i' 的减函数，这就意味着如果 $f(i') = 0$，那么 $i' < i$。类似地，$j < i$ 暗示着 $i' < i$。

显然，如果借出的资金（即投入到资本赎回保单）的利率升高，那么全部的年偿还额就会下降，除了在时刻 n 它保持不变外，较低的偿还总与较低的收益保持一致。

如果费用被包括在资本赎回保单的保费定价基础中，那么这个简单的分析在某种程度上就变得没那么清晰了。正像我们将在下例中看到的那样。

例 7-8

住房基金会向 B 出借 200 000 元用于购买房屋，每年年末收取 11% 的利息，B 将会在每年年末支付贷款利息，并在 20 年后用资本赎回保单偿还贷款，资本赎回保单在 20 年内都是在每年年末支付并在以下定价基础上计算：

利息：每年 12%

费用：初始：600 元加上第一次保费的 40%

　　　续期：以后每次支付保费时 40 元

（1）计算该资本赎回保单的年保费。

（2）计算借款人的收益。

解：

（1）设 P 为资本赎回保单的年保费：

$$P\ddot{a}_{\overline{20}|}=200\ 000v^{20}+600+0.4P+40a_{\overline{19}|}\qquad（利率12\%）$$

$$P=2\ 715.12$$

注意：在资本赎回保单本身上所得收益率大约为 11.3%（它是由 $2\ 715.12\ddot{a}_{\overline{20}|}=200\ 000v^{20}$ 解出的）。

（2）价值方程为：

$$\begin{aligned}200\ 000&=0.11\times200\ 000a_{\overline{20}|}+2\ 715.12\ddot{a}_{\overline{20}|}\\&=[22\ 000+2\ 715.12(1+i)]a_{\overline{20}|}\\&=(24\ 715.12+2715.12i)a_{\overline{20}|}\end{aligned}$$

解得：

$$i'=10.9\%$$

我们能够证实收益应该小于 11%。因为投资人在资本赎回保单上的收益是 11.3%。这就使得我们可以通过上述的简单分析得出结论。

如果资本赎回保单的费用使得投资人在保单本身上的收益低于 11%，那么整个贷款交易的收益就会大于 11%。

最后，我们简单地探讨一下确定年金的准备金。

计算确定年金保险的准备金与计算资本赎回保单的方式相同。因此追溯准备金就是过去的保费收入减去过去的费用支出和年金支付的差的终值，而预期准备金就是将来年金支付和将来费用支出的现值（但是不减去将来保费的现值，因为所有的保费都在年金支付开始前支付）。就像资本赎回保单的那样，如果都在保费定价假设基础上计算，那么追溯准备金和预期准备金相等。

例 7－9

人寿保险公司卖出一个 10 年的在每年年末支付 5 000 元的年金保险，该保险单的趸交保费是在年利率 5% 且没有费用的定价基础上计算的。计算该保单的保费，并证明追溯和预期准备金在保费的定价基础上是相等的。

解：设 S 为要求的趸交保费：

$$S=5\ 000a_{\overline{10}|}=38\ 609$$

t 时刻的追溯准备金：

$$\begin{aligned}{}_tV'&=S(1+i)^t-5\ 000s_{\overline{t}|}\\&=(1+i)^t(S-5\ 000a_{\overline{t}|})\\&=(1+i)^t5\ 000\ (a_{\overline{10}|}-a_{\overline{t}|})\\&=5\ 000(1+i)^t{}_t|\ a_{\overline{10-t}|}\\&=5\ 000a_{\overline{10-t}|}\end{aligned}$$

此即预期准备金。

第八章

债券的估价

第一节　债券估价概述

利息理论在实际运用中的一个重要内容是确定债券市场上债券的价值及其收益。为了更详细地分析这个内容，我们首先梳理一下债券的相关术语，特别是与固定利率的债券有关的术语。

一、固定利息债券

通常，政府、地方机构、私营公司或其他团体可以在债券市场发行债券筹集资金。他们制定出发行债券筹集资金的计划，邀请投资人以一个给定的价格（称为发行价格）认购债券。或者，以投标方式认购，邀请投资人提出他们所愿意支付的价格，然后根据一定的分布规则将债券发行给报价最高者。

固定利息债券通常在它们的名称中包含了支付的利息率。例如2.5%统一公债，这是在西方国家常见的一种公债，由政府发行。支付给债券持有人的利息经常是每半年支付一次，但也常常有例外的情况。年利息的计算可以通过将持有的名义数额 N 乘以通常被称为票息的年利率 D 来进行（例如，就2.5%统一公债而言，$D=0.025$）。如果一个投资人承担的利息收入所得税税率为 t_1，则他每年的税后收入为$(1-t_1)DN$。

偿还时支付的金额通过所持有的名义数额 N 乘以每单位面值赎回价格 R（通常在实践中按百分比报价）来计算。如果 $R=1$，则称该债券按面值赎回；如果 $R>1$，则称该债券超面值赎回或溢价赎回；如果 $R<1$，则称该债券低于面值赎回或折价赎回。偿还日是预先约定好的日期。有些债券有若干个不同的偿还日，在这种情况下，借款人（或贷款人）可以从某个时期内或在某给定日期或该日期以后的利息支付日中选择偿还日。在后一种情况下，债券被称为没有最后支付日或未注明期限。下面我们通过以下的英国政府债券来做说明。

（1）1994 年到期的9%的国库券。这种债券于1969 年发行，每年9%利率，半年支付一次，分别在5月17日和12月17日支付，这种证券于1994年12月17日以票面价格返还。

（2）1990年5月到期的3%的英国天然气债券。该债券伴随着英国天然气行业国有化于1949年发行，利率为3%，每年支付两次，分别在5月1日和12月1日支付，在1990年5月1日到1995年12月1日之间任何一个利率周期以票面价格返还。由政府选择确定日期。因为返还期无法事先确定，但可以由借入者在一定范围内选择，这种债券被称为返还期可选择的债券。

（3）3.5%战争贷款，1932年发行这种债券作为早期债券的转换（早期债券于1914～1918年战争期间发行），每年3.5%利率，半年支付一次，分别在6月1日和12月1日支付，这种债券目前可在由政府确定的以票面价格返还的任何一个返还期来返还，没有最后返还期限。这种债券被认为是有选择返还期的债券。

上述三个例子中$R=1$且每年支付利息的频率为2次。所有英国政府债券均以票面价格返还。除了2.5%的统一债券之外所有利息均是每半年支付1次，2.5%的统一债券是每季度支付一次，分别在1月5日、4月5日、7月5日、10月5日。

债券的发行价格和随后的市场价格通常按一定的面值报价。例如面值100元或1元。我们可以认为，一笔面值为10 000 000元的债券，由100 000张债券组成，每张面值100元。说一个投资者拥有面值为100元的债券通常并不意味着他持有的债券价值100元。例如，如果它值105元，则被称为超面值或溢价；如果它值90元，它就被称为低于面值或折价；如果它值100元，就被称为平价。我们用符号P代表每单位面值的价格，符号A代表名义数量为N的债券的价格，因此，

$$A=NP$$

在实践中，债券通常按百分比报价，即按每100元面值报价。我们也使用符号C，在这里：

$$C=NR$$

用于表示名义数额为N的债券在偿还时所能得到的现金。

固定利息债券的票息利率、赎回价格和偿期决定了一个免税投资人按购买价格投资于该债券所应得到的现金。如果投资人要交税，当然要从现金流量中做适当的扣除。

固定利息债券如下分类：

（1）中央政府债券，或被称为金边债券。这类债券相对于购买者来说是十分安全稳定的，不会出现拖欠返还的情况，买卖只需交纳相应的很少的手续费用。金边债券可根据返还期分为短期、中期、长期和无限期。近几年来，几乎所有固定利息债券不仅考虑市场价格还考虑自然增长的利息。

（2）由地方政府、公共部门和国有企业发行的证券。这些证券只有很小的拖欠风险，尽管近些年部分发生过问题的类似债券提醒我们在考虑债券稳定性时要谨慎。

（3）由外国中央政府发行的债券：购买这种债券，投资人要考虑货币的增值和贬值，税收及拖欠的可能性。

（4）由外国的地方政府、市政当局等发行的债券。这些债券要比本国债券被更严格地考察。例如，在美国，在19世纪30年代许多地方政府债券被拖欠。

（5）公司债券和浮动的股票。这些是由国内和海外多家公司发行的证券。一种很稳定的公司债券比起相同期限的政府债券来要缺乏市场性，并需要较大的费用。相应地，投资人得到的收益会比相应的政府债券收益要高。在美国，人们根据这种债券的资信度对其分类。收益的计算要考虑拖欠的可能性，但一般来说，在债券价值方面我们忽略这种可能性。

同样有些票息率随标准利率变化而变动的债券，严格意义上讲，这些债券和如上所述的环比指数证券，并不是固定利息债券，但比起普通债券，它们与固定利息债券有许多相同之处。

二、普通股

除了交易固定利息债券，一些普通股股票或表示产权的股票也可以采用相关的方式定价。

普通股或表示产权的股票由商业企业或其他团体发行。这种股票赋予其持有者获得公司在支付债券利息和定息股票的股息之后的全部净利润的权利。每年支付的现金称为股利，剩下的利润（如果有的话）留存下来作为准备金或用于支付公司活动的资金。

普通股股东是所有人，不是贷款人，他们在年度股东大会上有选举权。尽管无投票权的股票近几年已在一些国家开始发行。

优先股是指这样的一种由商务公司发行的固定利息债券，利息仅在银行贷款和公司债券利息被支付后再支付，但在利息支付给普通股股东之前。

例8－1

假设一笔免税的养老金，投资于普通股票。股票当时市场价值为14 700 000元。红利支付是每年620 000元。保险公司希望以年6%的实际利率来估价所持有的股票价值，这里假设：（1）来自于股票的红利和其市场价值会以年利率2%持续增长。（2）30年后股票被卖掉。

解：所持有股票价值为：

$$620\ 000\int_0^{30}(1.02v)^t dt + 14\ 700\ 000\,(1.02v)^{30}$$

$$=620\ 000\left[\frac{1-(1.02v)^{30}}{-\log(1.02v)}\right]+14\ 700\ 000\,(1.02v)^{30}$$

$$=620\ 000\times 17.798+4\ 636\ 000$$

$$=15\ 670\ 760$$

三、价格和收益率

考察固定利息债券时，像考虑其他的复利问题一样，可能会涉及下面两个问题：

（1）为了保证每年为 i 的净收益率，投资人应该支付的价格 A 或每单位面值的价格 P 是多少？

（2）给定投资人支付的价格 A，或者每单位面值的价格 P，他将获得的每年净收益是多少？

对于问题（1），我们让 A 等于在年利率 i 下，利息和本金减去投资人全部应付税额的现值。也就是：

$$A=[\text{年利率 } i \text{ 下,纯利息支付的现值}]+[\text{年利率 } i \text{ 下,本金支付的现值}] \quad (8-1)$$

当然，每单位面值的价格是 $P=A/N$，这里 N 是与支付相关的证券的名义数额。

对于问题（2），我们让方程（8－1）中的 A 等于购买价格，解出净收益率 i。如果投资人不交税，收益率 i 被称为毛收益率。

在报告中对于固定利息债券的收益率，通常指每年总名义收益率，每半年可转化一次。如果投资人在债券到期赎回之前卖掉他所持债券，或者如果他要赋税，那么他的实际收益通常将与上述所引用的 i 不同。

债券的收益率有时被称为到期收益率或赎回收益率，以区别于票息率，定义为 D/P，债券息票利率对每单位面值价格的比率。

例 8－2

某债券（即由某个商业公司发行的固定利息的债券）在 1995 年 10 月 1 日按面值偿还。债券红利为每年 6%，每半年付一次，分别在 4 月 1 日和 10 月 1 日支付。

（1）为了保证一个免税的投资者能获得 5% 的年收益率，1973 年 8 月 1 日，该债券的价格（百分比）应为多少？

（2）如果一个免税的投资人在 1973 年 8 月 1 日以 117% 的价格买了该债券，求该债券的年收益率是多少？

解：

（1）在本例中 $R=1$，$N=100$，$D=0.06$，$P=2$，为了保证年收益为 5%，1973 年 8 月 1 日的价格 A 应为：

$$\begin{aligned}A &= [\text{收益率为 5\% 时,红利支付现值}]+[\text{收益率为 5\% 时,本金支付的现值}]\\ &= v^{\frac{1}{6}}[3+6a_{\overline{22}|}^{(2)}+100v^{22}]\\ &= 116.19 \quad (\text{收益率 5\% 时})\end{aligned}$$

（2）现在我们解价值方程：

$$117=v^{\frac{1}{6}}[3+6a_{\overline{22}|}^{(2)}+100v^{22}]$$

求利率 i。根据（1），当 $i=5\%$，方程 1 的右边是 116.19，因此收益率应低于每年 5%，进一步的试算和插值得到年收益率 $i=4.94\%$。

注意：也可以每半年为一期间来计算；对应的价值方程为：

$$117=v^{\frac{1}{3}}[3+3a_{\overline{44}|}+100v^{44}] \quad \text{收益率为 } i'$$

这个方程的近似解为：

$$i' \approx 0.024$$

因此，有效年收益率为：

$$i \approx (1.0244)^2 - 1 \text{ 或 } 4.94\%$$

我们通过线性插值很容易求解价值方程（求收益率）。

考虑一笔经过若干年对每单位面值债券按价格 R 偿还的债券，假设其红利以年票息率 D 于年初支付，一个按税率 t_1 交纳收入所得税的投资人以每单位面值债券价格 P 购买了这笔债券，那么，投资人每年净收益 i 是多少？

作为支付价格 P 的收益，投资人每年收到红利和最终返还的总额现值为：

$$D(1-t_1)a_{\overline{n}|} + Rv^n \tag{8-2}$$

所以，收益率即为使方程：

$$P = D(1-t_1)a_{\overline{n}|} + Rv^n$$

成立的 i。

如果 $R=P$，那么很明显：

$$P(1-v^n) = D(1-t_1)\frac{1-v^n}{i}$$

$$i = \frac{D(1-t_1)}{P}$$

如果 $R>P$，那么债券在到期赎回时有收益，因此，

$$P(1-v^n) > D(1-t_1)\frac{1-v^n}{i}$$

$$i > \frac{D(1-t_1)}{P}$$

在这种情况下，到期时收益是 $R-P$，如果投资者将要在 n 年中通过等值分期付款的方式收到这笔收益，而不是在 n 年后一次获得，显然他将更有利。在这种情况下，他将每年收入为：

$$D(1-t_1) + (R-P)/n$$

他的年净收益将是：

$$[D(1-t_1) + (R-P)/n]/P$$

通过这个公式计算出的值超过了 i，因此，

$$\frac{D(1-t_1)}{P} < i < \frac{D(1-t_1) + (R-P)/n}{P}$$

如果 $R<P$，到期时就有损失，因此，

$$i < \frac{D(1-t_1)}{P}$$

到期时的损失是 $P-R$，如果投资人不得不在 n 年中等值分期承担损失而不是在 n 年后一次承担，显然他将更不利。在这种情况下，他每年的收入为：

$$D(1-t_1) - (P-R)/n$$

他的年净收益将是：

$$[D(1-t_1)-(P-R)/n]/P$$

通过这个公式计算出的值小于 i，因此，

$$\frac{D(1-t_1)}{P}>i>\frac{D(1-t_1)-(P-R)/n}{P}$$

$$=\frac{D(1-t_1)+(R-P)/n}{P}$$

因此，在所有情况下，i 处于$\frac{D(1-t_1)}{P}$和$\frac{D(1-t_1)+(R-P)/n}{P}$之间。在实际应用中，这个范围是很有意义的。

例 8－3

某债券的分红为 $7\frac{1}{2}\%$，年末支付，20 年后按面值返还。假定购买者按面值的 80% 购买了一定量的债券，并且红利收入的税率为 $33\frac{1}{3}\%$，那么，这个投资人每年的净收益是多少？

解：注意：由于按 80 元购买的每年纯利息支付是 5 元，并且债券是按 100 元返还，所以净收益每年当然超过 $6\frac{1}{4}\%$。到期时的收益是每 100 元面值的资本增值为 20 元，如果这个增值是以每年分期付款（每年 1 元）来支付，购买 80 元将每年提供 6% 或 $7\frac{1}{2}\%$ 的净收入。这将是一种更有利的投资。每年净收益率因此低于 $7\frac{1}{2}\%$，我们设息票率 $D=0.075$，每单位票面价格以 $P=0.8$ 支付，到期时，按 $R=1$ 的价格返还，收入所得税率是 $t_1=\frac{1}{3}$，债券期限是 $n=20$，这个价值公式是：

$$P=D(1-t_1)a_{\overline{n}|}+Rv^n \quad (\text{利率为 } i)$$

即：

$$0.8=0.05a_{\overline{20}|}+v^{20}$$

以上的论述表明 i 是在 0.0625～0.075 之间变化的。当 $i=0.0665$ 时，最后一个方程式的右边等于 0.8347，当 $i=0.07$ 时，价值是 0.7881。通过线性插值我们估计 i 为 0.0687 或 0.8686，因此线性插值法在这种情况下非常准确。

在等式（8－2）中一种求利率的近似解法来求其步骤如下：令 $g=D/R$，所以 $g(1-t_1)$是每单位偿还价格在每年中的纯利息。等式（8－2）现在可以按下面形式写出：

$$P=D(1-t_1)a_{\overline{n}|}+Rv^n=R[g(1-t_1)a_{\overline{n}|}+(1-ia_{\overline{n}|})] \quad (\text{利率为 } i)$$

从中我们得到：

$$g(1-t_1)-i-\frac{K}{a_{\overline{n}|}}=0 \tag{8-3}$$

其中，$a_{\overline{n}|}$ 是以利率 i 计算的，且：

$$K=(P-R)/R \tag{8-4}$$

许多方法已经被用于求等式（8－3）的近似解法中，这里我们仅考虑建立在 $1/a$ 基础上的近似，也就是：

$$\frac{1}{a_{\overline{n}|}}=\frac{i}{1-(1+i)^{-n}}=\frac{1}{n}+\frac{(n+1)}{2n}i+\frac{(n^2-1)}{12n}i^2+\cdots \tag{8-5}$$

忽略不计等式（8－5）中 i 的作用，并将 $\frac{1}{a_{\overline{n}|}}$ 用等式（8－3）所确定的值取代，于是我们得到：

$$i=\frac{g(1-t_1)-K/n}{1+\frac{n+1}{2n}K} \tag{8-6}$$

这个公式在 n 和 i 不很大时，通常很精确。如果把 i 当作 i^2，就可以获得更精确的值，通过方程式（8－3）和方程式（8－5）可以推出一个二次方程式：

$$\frac{K(n^2-1)}{12n}i^2+\left[1+\frac{K(n+1)}{2n}\right]i-\left[g(1-t_1)-\frac{K}{n}\right]=0 \tag{8-7}$$

在实际应用中，这个方程式中仅仅有一根是准确的。其他的是从公式（8－6）所推出的价值，应用公式（8－6）和公式（8－7）来求解式（8－2），其中 $K=0.2$，$n=20$，$g(1-t_1)=0.05$，我们得到近似收益率相应为 6.70% 和 6.80%。

四、永久债券（年金）

某些债券，尤其是那些与购买或租赁土地相关的债券，可能会无限期地持续下去，或者期限太长（例如 999 年）而在实践中被认为是无限期的，这些债务被称为永久年金或无限期贷款。

如果一个债券或贷款没有期限（即没有偿还日），在某些情况下也被当作永久年金来估价。

假设某债券下一次利息支付在从现在起的第 t 年末，每单位面值年利息率为 D，每年支付 p 次，应纳所得税率为 t_1。可以看出，与每年净收益率为 i 相对应的单位面值的价格 P，满足下面的方程：

$$P=D(1-t_1)v^t\ddot{a}^{(p)}_{\overline{\infty}|} \quad \text{利率为 } i$$

即：

$$P=\frac{D(1-t_1)v^t}{d^{(p)}} \quad \text{利率为 } i \tag{8-8}$$

第二节　梅克汉姆公式

考虑一种债券，名义数量为 N，n 年后以每单位面值价格 R 支付，并且使 $C=NR$，这

样 C 就是偿还时支付的现金。让息票利率（即每单位面值年利率）为 D，假设应付利息分 p 次支付，因此，每次利息支付的金额为 $DN/p=gC/p$，其中：

$$g=\frac{DN}{C} \tag{8-9}$$

$$=\frac{D}{R} \tag{8-10}$$

注意 g 是每单位赎回价格的年利息率。

设想有一位投资人，承担的个人所得税税率为 t_1，希望以一定价格购债券以获得每年为 i 的有效净收益率。让他必须支付的价格为 A（我们假设 n 是 $1/P$ 的整倍数，购买者尚未收到现在所有到期的利息），因此，

$$\begin{aligned} A &= NRv^n+(1-t_1)DNa_{\overline{n}|}^{(p)} \\ &= Cv^n+(1-t_1)gCa_{\overline{n}|}^{(p)} \\ &= Cv^n+(1-t_1)gC\frac{1-v^n}{i^{(p)}} \\ &= Cv^n+\frac{g(1-t_1)}{i^{(p)}}(C-Cv^n) \end{aligned}$$

因此，

$$A=K+\frac{g(1-t_1)}{i^{(p)}}(C-K) \tag{8-11}$$

其中，

$$K=Cv^n(\text{收益率为 } i \text{ 时})$$

是资本偿还的现值，而，

$$\frac{g(1-t_1)}{i^{(p)}}(C-K)$$

是纯利息支付的现值。

公式（8-11）称为梅克汉姆公式，这个公式非常重要。注意 $g(1-t_1)$ 是每单位赎回价格的净年利息率或每单位“负债率”。公式（8-11）仅仅在下列条件成立时有效：

（1）g、t_1 和 R 在债券的整个期限内固定不变；

（2）n 是 $1/p$ 的整倍数。

梅克汉姆公式可以推广到分期偿还的情况。对于分期偿还的债券，只要息票利息 D，所得税率 t_1 和每单位面值赎回价格 R 保持不变，梅克汉姆公式仍然成立。

为了显示这一点，我们设想一笔名义数量为 $N=N_1+N_2+\cdots+N_m$ 的债券，在时刻 n_j 偿还的名义数量为 $N_j(j=1,2,\cdots,m)$。

在时刻 n_j 所收到的偿还的部分债券的现金为 $C_j=RN_j$。公式（8-11）暗示着与第 j 次偿还的债券份额相关的资本金和纯利息支付的价值为：

$$A_j=K_j+\frac{g(1-t_1)}{i^{(p)}}(C_j-K_j)$$

其中，

$$K_j = C_j v^{n_j}$$

很清楚，整个债券的价值就是：

$$\begin{aligned} A &= \sum_{j=1}^{m} A_j \\ &= \sum_{j=1}^{m} K_j + \frac{g(1-t_1)}{i^{(p)}}(C_j - K_j) \\ &= K + \frac{g(1-t_1)}{i^{(p)}}(C - K) \end{aligned}$$

其中，

$$K = \sum_{j=1}^{m} K_j = \sum_{j=1}^{m} C_j v^{n_j}$$

是资本偿还的价值，并且：

$$C = \sum_{j=1}^{m} C_j = \sum_{j=1}^{m} RN_j = R\sum_{j=1}^{m} N_j = RN$$

正如公式（8-11）。

因此梅克汉姆公式在这种情况下仍然成立。

如果一个人购买了全部的债券，每单位面值的现值或价格当然就是 $P = A/N$。梅克汉姆公式吸引人之处在于它使得证券的纯利息支付的价值和总价值可以很快通过资本的价值 K 得到，即使证券是分期偿还的。

梅克汉姆公式也可以通过以下的一般推理得出。设想有一笔和上面所描述的债券有同样的总名义数量 N 的债券。同前面的假设一样，每年利息分 p 次支付，在时刻 $n_j(1 \leqslant j \leqslant m)$ 按每单位面值价格 R 偿还名义数量为 N_j 的这种债券（因此，这第二种债券的资本偿还支付同前一种债券的资本偿还支付是相同的）。然而，假设第二种债券每单位赎回价格的纯年利率为 $i^{(p)}$，两种债券的约定偿还额都是 $C = NR$，也就是负债都为 C。由于按照假设，第二种债券的单位负债的纯利息支付为 $i^{(p)}$，很清楚，在利率 i 下，该债券的价值为 C。令 K 为这第二种债券的资本支付价值（当然，K 也是第一种债券的资本支付价值）。于是，第二种债券的纯利息支付的价值肯定是 $C - K$。两种债券的不同之处仅在于净利率。前一种债券的每单位赎回价格的纯年利率为 $g(1-t_1)$，第二种债券则为 $i^{(p)}$。因此，按比例，第一笔债券的纯利息支付的值很显然是 $g(1-t_1)/i^{(p)}$ 乘上第二笔债券的净利息支付，即：

$$\frac{g(1-t_1)}{i^{(p)}}(C - K)$$

第一笔债券的价值是资本的价值加上纯利息的价值，因此是：

$$K + \frac{g(1-t_1)}{i^{(p)}}(C - K)$$

正如公式（8-11）所示。

对上面的“比例”推导方法的清楚理解能使许多问题的求解变得简单。

注意梅克汉姆公式既可用于一定利率 i 下证券的估价，也可用于当价格 A 给定时求解收益率。很显然，当 h 上升时，A 下降，因为 A 是一系列正现金流量的现值。相等地，当对应的收益率 i 下降时，A 上升。直接从梅克汉姆公式还可以得出：

（1）$A=C$，如果 $g(1-t_1)=i^{(p)}$

（2）$A>C$，如果 $g(1-t_1)>i^{(p)}$

（3）$A<C$，如果 $g(1-t_1)<i^{(p)}$　　　　(8-12)

例 8-4

发行一笔 75 000 元的债券，每年红利为 8%，每季度支付一次。债券按面值在 15 个相等的偿还期每年分期偿还，第一次偿还在发行 5 年以后。

如果购买了全部债券的投资者希望获得：

（1）10% 的有效年收益率；

（2）每年名义收益率为 10%，每半年结算一次。忽略税收，找出发行日要支付的价格。

解：每次资本偿还支付的金额为 5 000 元，第一次支付是 5 年之后，最后一次支付是 19 年之后。

（1）选择 1 年作为基本的时间单位。要求的每单位时间的收益率是 10%，因此 $i=0.10$。运用上面的已知条件，我们有 $C=75\ 000$（因为是按面值偿还），资本偿还支付的价值是

$$K=5\ 000(a_{\overline{19|}}-a_{\overline{4|}})\quad \text{利率 }10\%$$
$$=25\ 975.27$$

注意，既然是按面值偿还，$g=0.08$，红利每季度支付一次（即每单位时间支付 4 次），因此 $P=4$，根据梅克汉姆公式，我们得到要求的价格为

$$25\ 975.27+\frac{0.08}{0.01^{(4)}}(75\ 000-25\ 975.27)=66\ 636.60$$

既然 66 636.60/75 000 = 0.8885，价格应为 88.85%。

（2）选择 6 个月作为基本的时间单位，每单位时间要求的收益率为 5%，因此 $i=0.05$。注意现在利息每单位时间支付 2 次，因此，上标中 $p=2$。并且，每单位时间，应付利息的金额是未偿还债券的 4%，因此现在我们有 $g=0.04$。资本偿还发生在时间 10，12，14，…，38，因此，

$$K=\frac{5\ 000}{a_{\overline{2|}}}(a_{\overline{40|}}-a_{\overline{10|}})\quad \text{利率 }10\%$$
$$=25\ 377.27$$

因此，全部债权的价值是：

$$25\ 377.27+\frac{0.04}{0.05^{(2)}}(75\ 000-25\ 377.27)=65\ 565.63\text{ 或 }87.42\%$$

注意，这个价格比（1）中的价格低。

例 8－5

同上例所述的债券，如果购买全部债券的投资人应交所得税率为 40%，并希望实现 7% 的净实际年收益率，求出发行日应支付的价格。

解：资本偿还支付的价值：

$$K = 5\ 000(a_{\overline{19}|} - a_{\overline{4}|}) \quad 利率 7\%$$
$$= 34\ 741.92$$

因此，能提供 7% 的净实际收益率的价格为：

$$34\ 741.92 + \frac{0.08(100 \times 0.4)}{0.07^2}(75\ 000 - 34\ 741.92) = 63\ 061.89$$

例 8－6

面值 80 000 元的债券在 4 个相等的偿还期第 5、10、15、20 年末按 105% 偿还。债券每年红利 10%，每半年支付一次。

某投资人应交所得税率为 30%，按某一价格在发行日购买全部债券以获得 8% 的净有效年收益率计算，他支付的价格是多少？

解：注意总负债 C 为 $80\ 000 \times 1.05$，即 84 000 元。每年总的应付利息是未偿还债券面值的 10%。因此每年应付利息是 g 乘以未偿还的负债，这里 $g = 0.1/1.05$。

选 1 年作为时间单位，那么 $i = 0.08$，在发行日的资本偿还支付的价值：

$$K = 20\ 000 \times 1.05(v^5 + v^{10} + v^{15} + v^{20})$$
$$= 21\ 000\frac{a_{\overline{20}|}}{s_{\overline{5}|}}$$
$$= 35\ 144.90 \quad 利率为 8\%$$

运用上面所述 g 的值，我们得到投资者支付的价格为：

$$35\ 144.90 + \frac{0.1}{1.05}\ \frac{(1-0.3)}{0.08^{(2)}}(84\ 000 - 35\ 144.90) = 76\ 656.07$$

注意“百分比”价格是每 100 面值的债券价格，即：

$$(76\ 656.07/80\ 000) \times 100 = 95.52$$

例 8－7

发行面值为 1 200 000 元的债券，每年红利为 11%，每半年付息一次。每年年末部分债券按 105% 偿还。第一年年末偿还的债券面值为 10 000 元，以后每年偿还的面值增长 10 000 元，直到债券全部偿还。每 100 面值债券的发行价格是 98.80 元。

某投资者应交所得税率为 40%，在发行日购买了全部债券，求他的净有效年收益率。

解：债券的期限是 n 年，这里：

$$1\ 200\ 000 = 10\ 000(1 + 2 + \cdots + n) = 5\ 000n(n+1)$$

从上式得 $n = 15$。

注意，既然赎回价格是 105%，总负债 C 为：

$$1\ 200\ 000 \times 105\% = 1\ 260\ 000$$

并且：

$$g=\frac{0.11}{1.05} \qquad ①$$

我们的时间单位为 1 年，$p=2$

在利率 i 下，资本偿还的价值：

$$\begin{aligned} K &= 10\ 000\times 1.05\times (Ia)_{\overline{15|}} \\ &= 10\ 500\ (Ia)_{\overline{15|}} \quad \text{利率为 } i \end{aligned} \qquad ②$$

因此，能提供给投资者净收益率 i 的债券价格是（根据方程①）：

$$A=K+\frac{0.11}{1.05}\frac{(1-0.4)}{i^{(2)}}(1\ 260\ 000-K) \qquad ③$$

此处，K 由方程②给出。

既然发行价格是每 100 元面值 98.80 元，投资者支付的价格是 0.988 ×1 200 000，即 1 185 600 元。我们要求找出 i 的值使 A（由方程②和③给出）等于这个数。

注意每投资 98.80 产生净年收入 6.60，并且按 105 被偿还。因此净收益要比 6.60/98.80 =0.0668 或 6.68% 大一些。因此，作为第一步，我们按 7% 给债券定价。可以证明，当 $i=0.07$ 时，$A=1\ 206\ 860$ 或 100.5%，因此净收益大于每年 7%。当 $i=0.08$ 时，$A=1\ 127\ 286$ 或 93.94。用线性插值法，我们估计净收益为

$$0.97+\frac{1\ 206\ 860-1\ 185\ 600}{1\ 206\ 860-1\ 127\ 286}\times 0.01=0.0727 \text{ 或 } 7.27\%$$

例 8 -8

10 年前发行了一笔债券，每年红利按年单利 8% 计算，债券将在 25 年内以每年 1 000 元的等额年金偿还。

刚刚支付过一次年金，一个投资者考虑购买剩余偿还期的债券。投资者承担的对每次支付的红利部分（根据原始的债券摊销表）征交的所得税税率为 40%。要获得 10% 的有效净收益率，投资者应该支付的价格是多少？

解：我们考虑 4 种可供选择的解法，每种都是正确的，但应注意到这些解法相对的优点。最后一种解法使用了一种被称为“资本间接定价”的技巧，这种技巧在某些问题中非常有用。

（1）不使用梅克汉姆公式，根据最初的原理的解法。

利率 8% 下，原始债券的金额 $1\ 000a_{\overline{15|}}$，第 r 次年金支付包括资本偿还支付 $1\ 000v_{0.08}^{26-r}$ 和利息支付 $1\ 000(1-v_{0.08}^{26-r})$。

还要进行 15 次支付，其中的第 t 次支付是整个支付的第 $10+t$ 次。因此，剩下的第 t 次支付包括资本 $1\ 000v_{0.08}^{26-r}$ 和利息 $1\ 000(1-v_{0.08}^{26-r})$。

在交纳以后，收资者仅仅收到每次支付利息部分的 60%，因此，要获得 10% 的净收益率，应该支付：

$$\sum_{t=1}^{15}(1.1)^{-t}[1\,000v_{0.08}^{16-t}+(1-0.4)1\,000(1-v_{0.08}^{16-t})]$$

$$=\sum_{t=1}^{15}(1.1)^{-t}[600+v_{0.08}^{16}400v_{0.08}^{-t}]$$

$$=600a_{\overline{15}|0.1}+1.08^{-15}\times 400\frac{1-\left(\frac{1.08}{1.1}\right)^{15}}{1.1-1.08}$$

$$=6\,080.64$$

（2）使用梅克汉姆公式的解法。

注意偿还价格和支付的利息率是固定不变的，因此运用梅克汉姆公式，计算未偿还的债券很简单，就是剩余偿还期应偿还的价值（在原有的利息的基础上）。因此，在利率为8%时，

$$C=1\,000a_{\overline{15}|}$$
$$=8\,559.48$$

收益率为10%时，剩余的资本偿还支付的价格是：

$$K=\sum_{t=1}^{15}(1.1)^{-t}1\,000v_{0.08}^{16-t}$$

$$=1\,000v_{0.08}^{15}\frac{1-\left(\frac{1.08}{1.1}\right)^{15}}{1.1-1.08}$$

$$=3\,792.48$$

因此，根据梅克汉姆公式（$g=0.08$ 时），为10%的净收益支付的价格为：

$$3\,792.48+\frac{0.08(1-0.4)}{0.1}(8\,559.48-3\,792.48)=6\,080.64\text{（元）}$$

（3）使用资本的价值，但并不要求梅克汉姆公式的解法。

整个未偿还债券的价值（没有税收）是：

$$A=1\,500a_{\overline{15}|}\quad\text{收益率为}10\%$$
$$=7\,606.08$$

上面求得资本偿还支付的价值是3 792.48元。毛利息支付的价值 I 就是整个债券的价值减去资本偿还支付的价值。因此：

$$I=A-K$$
$$=3\,813.60$$

纯利息支付的价值是 $0.6I$，因此投资者支付的价格是：

$$K+0.6I-3\,792.48+(0.6\times 3\,813.60)=6\,080.64\text{（元）}$$

这与前面的结果一样。

（4）使用资本间按定价的解法。

不计税收，我们可以简单地将债券的价值认为是剩余偿还期的价值。因此，要给予一

个免税投资 10% 的年收益，债券的价格是：

$$A = 11\ 000 a_{\overline{15|}} \quad 利率为 10\%$$
$$= 7\ 606.08 \qquad ①$$

与（3）中一样。

然而，如果 K 表示收益率 10% 时剩余的资本支付的价值，根据梅克汉姆公式，对一个免税的投资人而言，债券的价值是：

$$K + \frac{0.08}{0.1}(8\ 559.48 - K) \qquad ②$$

既然未偿还债券的价值是 =7 606.08 即（$1\ 000 a_{\overline{15|}\,0.08}$），通过这两个价值的表达形式相等，得到：

$$7\ 606.08 = K + \frac{0.08}{0.1}(8\ 559.48 - K)$$

从而可得到：

$$K = 3\ 792.48$$

注意不交纳所得税的投资人得到的资本支付的价值等于仅交纳所得税的投资人得到的资本支付的价值。

找到了 K 的值，我们可以使用梅克汉姆公式找到交纳所得税的投资人支付的价格为：

$$3\ 792 + \frac{0.08}{0.1}(8\ 559.48 - 3\ 792.48) = 6\ 080.64 \text{（元）}$$

这种解法在算术上十分简单，间接定价避免了需要求几何级数的和来确定 K 的计算。

第三节　偿还期与收益

一、偿还期对收益的影响

考虑一笔名义数量为 N 的债券，应付利息每年分 P 次支付，每单位面值年利率为 D。假设这笔债券 n 年后按每单位面值价格 R 偿还。一名投资者，应交所得税税率为 t_1，希望以一定价格购买该债券以获得净有效年收益率 i。

像前面一样，让 $g = D/R$，$C = NR$，因此 $gC = DN$。

投资者要支付的价格为：

$$A(n,i) = \begin{cases} (1-t_1)DNa_{\overline{n|}}^{(p)} + Cv^n \\ (1-t_1)gCa_{\overline{n|}}^{(p)} + C[1 - t(p)a_{\overline{n|}}^{(p)}] \qquad 利率为 i \\ C + [(1-t_1)g - i^{(p)}]Ca_{\overline{n|}}^{(p)} \end{cases} \qquad (8-13)$$

最后一个等式很显然是通过一般推理得到的。如果每单位负债的纯年利率是 $i^{(p)}$，债券的价值是 C。实际上，每单位负债的纯年利率是 $(1-t_1)g$，并且最后一个方程右边的第二项是超过利率 $i^{(p)}$ 的净利息的价值。

根据方程（8－13）马上可以得到下面的结论：

$$\left.\begin{array}{l}\text{(a) 如果 } i^{(p)}=(1-t_1)g\text{，对于任何 } n \text{ 的值，} A(n,i)=C\text{；}\\ \text{(b) 如果 } i^{(p)}<(1-t_1)g\text{，那么，作为 } n \text{ 的函数，} A(n,i)\text{ 是一个增函数}\\ \quad[\text{即如果 } n_2>n_1\text{，那么 } A(n_2,i)>A(n_1,i)]\text{；}\\ \text{(c) 如果 } i^{(p)}>(1-t_1)g\text{，那么，作为 } n \text{ 的函数，} A(n,i)\text{ 是一个减函数；}\\ \text{(d) 对任何固定的 } n\text{，} A(n,i)\text{ 是 } i \text{ 的减函数。}\end{array}\right\} \quad (8-14)$$

以上简单观察并非无足轻重，一个重要应用就是用来考察、选择偿还期。我们先讨论一些相关问题。

考虑两笔债券，每笔债券都如本节第一段所述，除了第一笔债券在第 n_1 年的偿还和第二笔债券在第 n_2 年后偿还，这里 $n_1<n_2$。假设一名投资者，应交所得税税率为一个固定的税率，希望以价格 B 购买其中的一种债券。那么：

$$\left.\begin{array}{l}\text{(a) 如果 } B<C\text{（这里 } C=NR\text{），投资者购买第一笔债券}\\ \quad\text{（即先被偿还的那笔债券）能获得更高的收益；}\\ \text{(b) 如果 } B>C\text{，投资者购买第二笔债券（即后被偿还的那笔债券）}\\ \quad\text{能获得更高的收益；}\\ \text{(c) 如果 } B=C\text{，两笔债券的净收益是相等的。}\end{array}\right\} \quad (8-15)$$

这可以很容易地从下面看出来。如果 $B=C$，那么方程（8－14）（a）显示出，两笔债券的净收益率都是 i，这里 $i^{(p)}=(1-t_1)g$，这得出了方程（8－15）（c）。假设现在 $B<C$，让 i_1 为从第一笔债券获得的净收益率，很明显 $i_1^{(p)}>(1-t_1)g$。让 B^* 为要从第二笔债券获得 i_1 的净收益率应支付的价格，那么：

$$B^*\begin{cases}=A(n_2,t_1) & \text{（根据 } B^* \text{ 的定义）}\\ <A(n_1,t_1) & [\text{根据方程}(8-14)(\text{c})\text{，因为 } i_1^{(p)}>(1-t_1)g,n_2>n_1]\\ =B & \text{（根据 } i_1 \text{ 的定义）}\end{cases}$$

这样购买第二笔债券以获得 i_1 的净收益率的人所应支付的价格小于 B。如果他实际支付了 B，那么很显然［或者根据方程（8－14）（d）］他的净收益应小于 i_1，这就得到了方程（8－15）（a）。方程（8－15）的证明与此相似。

上面的结论从直觉上看也是很明显的。如果 $B<C$，当任一笔债券被偿还时，投资者都会获得资本利得。从投资者的角度，越早获得这笔资本利得越好，因此他能从先偿还的那笔债券上获得更大的收益。另一方面，如果 $B>C$，当任何一笔债券被偿还时，都会有资本损失。投资者希望尽可能地推迟这笔损失，因此他能从后偿还的那笔债券上获得更大的收益。

当投资者的购买分期偿还债券的一部分时，他能获得的收益取决于他所持有的那部分债券被选中的实际偿还日（或几个偿还日）。有这样一笔债券，每张债券以相等的面值发行，假设在时刻 $n_r(r=1,2,\cdots k)$，这里 $n_1<n_2<\cdots<n_k$，可偿还名义数量 N_r。假设（对每张债券来说）每单位面值购买价格和每单位面值赎回价格分别是 P 和 R。考虑购买一张

债券，应缴所得税率为 t_1。如果债券在时刻 n_r 偿还，让他所能获得的净收益率用 i_r 表示（$r=1, 2, \cdots, k$）。根据方程（8－15）的结论，如果 P 小于 R，i_r 随 r（或 i_r）增加而减小。相似地，如果 P 大于 R，i_r 随 r（或 i_r）增加而增加。如果债券何时被偿还由抽签决定，获得特定的收益 i_r 的可能性当然就等于：

$$p_r = \frac{N_r}{\sum_{r=1}^{k} N_r}$$

因此，根据概率论的知识，收益率的期望值就为：

$$\begin{aligned} i^* &= \sum_{r=1}^{k} p_r i_r \\ &= \frac{\sum_{r=1}^{k} N_r i_r}{\sum_{r=1}^{k} N_r} \end{aligned} \tag{8－16}$$

应当注意到这个值通常并不等于整个债券获得的净收益，但在实际的大多数情况中，i^* 和 i 非常相近，而且很清楚 i^* 和 i 都会在 i_1 和 i_k 之间。根据收益 i_k 随期限增加或减少的事实很容易就能找到购买一张债券的投资者获得超过特定值 i_1 的收益率的概率。

例 8－9

考虑例 8－7 所述的债券。假设有一投资人，应缴所得税率为 30%，在发行日以 95.82 的价格购买了一张面值 100 的债券。假设债券在 5 年、10 年、15 年和 20 年后偿还，求他所获得的净收益；求净收益超过每年 9% 的概率；求这个收益的期望值，并且证明如果他以相等的价格购买全部的债券，所获得的净收益与此并不相等。

解：如果债券的偿还发生在时刻 $5r(r=1,2,3,4)$，让净收益率为 i_r，用于找到 i_r 的价值方程是：

$$95.82 = K + \frac{0.1(0.1)}{1.05 i_r^{(2)}}(1.5 - K)$$

这里 $K = 105v^{5r}$，收益率为 i_r 时。

方程的解（以百分比表示，精确到小数点后三位）如下所示：

$$i_1 = 9.066\%, i_2 = 8.109\%, i_3 = 7.803\%, i_4 = 7.660\%$$

因此，他能获得超过 9% 收益的概率为 0.25。他收益的期望值是 $i^* = (i_1 + i_2 + i_3 + i_4)/4 = 8.16\%$，而投资者购买全部债券所获得的净收益只为每年 8%（见例 8－7）。

例 8－10

一笔面值 100 000 元的债券，按每张面值 100 元发行。年利率 6%，应付利息每半年支付一次。债券在 20 年内偿还，每年年末有 50 张债券按 120% 的价格偿还。每年偿还的债券由抽签决定。债券的发行价格是 94.32%。

一名投资者，应缴所得税税率为 25%，考虑购买全部或部分的债券。

（1）证明如果他购买了全部的债券，这笔交易他所能获得的净收益率为 7%。

（2）证明如果他仅仅只购买了一张债券，他的净收益率可能高达32.36%，也可能低到5.61%，求他获得（Ⅰ）至少8%净收益率；（Ⅱ）净收益率在6%～8%的概率。

解：

（1）注意每年有面值5 000元的债券按120%的价格偿还。在我们通常的表示中有 $g=0.06/1.2=0.05$，$p=2$，$t_1=0.25$ 和 $c=120\ 000$（指所有的债券）。因此，根据梅克汉姆公式，提供净收益率 i 的整个债券的价值是：

$$A=K+\frac{(1-0.25)0.05}{i^{(2)}}(120\ 000-K)$$

这里：

$$K=6\ 000a_{\overline{20|}}\quad \text{利率为}\ i\ \text{时}$$

当 $i=0.07$ 时，A 的值94 318元，从实践的角度，这等同于94 320元，是整笔债券的发行价格。因此，如果投资者购买了整笔债券，他将获得7%的净收益率。

（2）现在假设投资者以94.32元购买了一单张债券。这个购买价格低于债券的偿还价格120元。我们上面的结论指出债券越早被偿还，投资者获得的收益越大。如果债券在 n 年后偿还，净收益率是符合下面方程的利率：

$$94.32=(1-0.25)6a_{\overline{n|}}^{(2)}+120$$

与 $n=1$ 和 $n=20$ 对应的 i 的值分别是0.3236和0.0561。这就得到了要求的结果。

（Ⅰ）上面的讨论显示出有一个“临界”的期限 t，使得当且仅当投资者的债券在 t 年内偿还，投资者的净收益率至少为8%。为了决定 t，我们考虑方程：

$$94.32=(1-0.25)6a_{\overline{t|}}^{(2)}+120v^t\quad \text{利率为}\ 8\% \tag{①}$$

因为在收益率为8%时，

$$a_{\overline{t|}}^{(2)}=\frac{1-v^t}{0.08^{(2)}}$$

方程①等同于：

$$94.32=0.75\times6\times\frac{1-v^t}{0.08^{(2)}}+120v^t\quad \text{利率为}\ 8\%$$

从中可得：

$$v^t=0.5901\qquad \text{收益率为}\ 8\%$$

当收益率为8%时，

$$v^6>0.5901>v^7$$

当且仅当投资者的债券在6年内偿还，投资者的净收益率至少为8%。因此，要求的概率为 $6/20=0.3$。

如果债券在第6年末偿还，净收益率为8.53%，如果它在第7年末偿还，净收益率为7.92%。

（Ⅱ）运用同样的方法，当且仅当债券在15年内偿还，净收益率至少为6%。这意味着当且仅当债券在第7，8，…，14或15年末偿还，净收益率在6%～8%，有9个可能的偿还日，因此要求的概率为 $9/20=0.45$。

注意：本题的详细分析表明单位登记券的年净收益率是9.05，标准差为6.07。

二、可选择偿还日

有时候债券发行并没有一个固定的偿还日，在这种情况下，发行条件规定借款人可以选择在某特定日期或该日期以后的任何一个付息日偿还该债券。另一种选择是，发行条件允许借款人在两个特定的日期或这两个日期之间任选一个付息日（或可能在两个特定日期之间的一系列日期的一天）偿还债券。

就任意利息日购买证券举一例。有一笔利率为2.5%的英国统一公债，当其被发行时，政府保留了按票面价格兑付的权利，兑付期在1923年4月5日或以后任意一个利息日。因此，政府可以选择在任意一个利息日偿还。一种被给定兑付期范围的例子是利率为12%的国库债券，兑付期在2013年至2017年。按票面价格兑付时，可以在6月12日兑付，也可以在2013年12月12日至2017年12月12日间兑付。

最后一个可能的偿还日被称为该债券的最后偿还日。如果没有这样的一个日期，那么这个债券就被称为未注明期限。也有可能由贷款人选择在两个特定的付息日之间，或在某特定付息日或该日期之后偿还债券，但这种偿还安排不如借款人选择偿还日的普遍。

购买由借款人选择偿还日的债券的投资者在购买时并不知道市场将来的走向，也不知道借款人何时会偿还债券，因此他不知道他将获得的收益。但通过方程（8－14）或方程（8－15），他可以得出以下两点之一。

（1）如果他的净收益达到至少某一个特定的值，能支付的最高价格是多少，或者；

（2）如果价格是某特定的值，他能获得的最少的净收益是多少。

假设借款人选择债券的偿还期为 n 年，并限定 $n_1 \leqslant n \leqslant n_2$。我们假设 n_1 是 $1/P$ 的整倍数，n_2 是 $1/P$ 的整倍数或是无穷的。如果债券在时刻 n 被偿还，我们让 $A(n,i)$ 表示能提供净收益率 i 的价格。

假设投资者希望获得至少为 i 的净收益率。根据方程（8－14）有：

（1）如果 $i^{(p)} < (1-t_1)g$，那么对任何满足 $n_1 < n \leqslant n_2$ 的 n 的值，$A(n_1,i) < A(n,i)$。因此，在这种情况下投资人对债券估价时，应该基于偿还将尽可能早的假定。如果这种假定确实发生了，他的净收益为 i。如果偿还发生在更晚的日期，净收益率将超过 i。

（2）如果 $i^{(p)} > (1-t_1)g$，那么对任何满足 $n_1 \leqslant n < n_2$ 的 n 值，$A(n_2,i) < A(n,i)$。因此，在这种情况下投资人对债券估价时，应该基于偿还将尽可能晚的假定（如果 $n_2 = \infty$ 债券应作为终身年金估价）。这种策略将保证他的净收益率至少为 i。

（3）如果 $i^{(p)} = (1-t_1)g$，无论实际的偿还日选择在哪一天，净收益率都是 i。

假设另一种情况，债券的价格给定，投资者将获得什么样的收益呢？和前面一样，让 P 和 R 分别为每单位面值购买价格和每单位面值赎回价格。通过解适当的价格方程可以求得最小的净收益率。从等式（8－15）马上可以得到下述结论：

（1）如果 $P < R$，投资者应该基于债券在最晚的可能日期偿还的假定决定净收益率。如果这种假定确定发生了，他的净收益率正如计算所得。如果偿还发生在早一些的日期，

净收益要比那样计算的值要大。

（2）如果 $P>R$，投资者应该基于债券在最早的可能日期偿还的假定决定净收益率，真正获得的收益至少是按该基础计算所得的值。

（3）如果 $P=R$，无论真正的偿还日选择在哪一天，净收益率为 i，这里 $i^{(p)}=(1-t_1)$。

例 8－11

一种固定利息债券，年利率7%，每半年付息一次。在从现在起开始的 n 年后的付息日按105%的价格偿还，这里 $10 \leqslant n \leqslant 15$，并且 n 由借款人决定。对这种债券应支付的价格（百分比）应为多少，如果：

（1）一个免税的投资者要求至少5%的净收益率；

（2）投资者应缴所得税率为40%，也希望获得至少5%的净收益率。

解：

（1）我们有：

$$g=\frac{0.07}{1.05}=0.06667$$

$$t_1=0$$

$$i^{(p)}=0.05^{(2)}=0.04939$$

因此，

$$g(1-t_1)>i^{(p)}$$

并且假设尽早偿还，即在第10年偿还。根据梅克汉姆公式，要求的每单位面值价格是：

$$K+\frac{g}{i^{(p)}}(C-K)=1.05v^{10}+\frac{0.06607}{0.4939}(1.05-1.05v^{10})$$

$$=1.1918$$

因此，最高的价格为119.18%。

如果投资者支付了这个价格，并且债券在15年后偿还，他的净收益为5.42%。

（2）我们现在有：

$$t_1=0.4 \text{ 和 } g(1-t_1)=0.04$$

则：

$$g(1-t_1)<i^{(2)}$$

因此，我们假设15年后偿还（尽可能晚一些偿还）。根据梅克汉姆公式，要求的每单位面值价格为：

$$1.05v^{15}+\frac{0.04}{0.4939}(1.05-1.05v^{15})=0.9464 \quad \text{收益率为 } 5\%$$

则最高价格为94.64%。

如果投资者支付了这个价格，并且债券在10年后偿还，他的净收益率为5.35%。

例 8 -12

一种债券，年利率 12%，每季度付息一次，以 92% 的价格发行。全部债券按面值偿还。偿还日由借款人选定，可以在从发行日起 20 到 25 年之间（含第 20 年和第 25 年）的任何一个付息日。一投资者应缴所得税率为 30%，购买了部分债券。

求他能获得的最低的净收益率。

解：因为发行价格低于赎回价格，我们上面的结论指出投资者应基于债券在最迟的可能日期偿还的假定对债券估价。每年纯利息是每 100 面值 8.40，因此合适的价值方程是：

$$92 = 8.40a_{\overline{25}|}^{(4)} + 100v^{25} \quad \text{收益率为 } i \text{ 时}$$

很显然收益率略大于 9%。根据插值法，我们求得 $i = 0.09546$；因此净收益率至少为 9.546%。如果债券实际上在 20 年后偿还，净收益率将为 9.61%。

注意：如果证券在两次付息日之间（或在发行日与第一次付息日之间）估价，上述关于价格与收益的规律可能并不正确。因为 n_1 是 $1/P$ 的整数倍和 n_2 是 $1/P$ 的整数倍或无穷的假设前提不存在了。在给出最大期或最小期后，价格或利润将通过快速分析或数字计算来确定。

第四节　在两个利息日间的价值

在上一节，我们假定一种固定利息债券，其价值是在发行日或刚好在利息日支付。如果在接受利息支付前购买一种证券即利息有价证券，投资者将支付所得税率为 t_1 的价值。

$$A^* = A + (1 - t_1)DN/p = A + (1 - t_1)gC/p \tag{8-17}$$

在此 A 相当于“无股息”价值，这一点是在梅克汉姆公式中被发现并推广的。

在两个利息日之间或在发行日与第一个利息日间的价值用（a）和（b）两种方法得到，让估值日 m 为一年中的一小部分（$0 < m < 1/p$），而后确定是利息日在先还是发行日在先，这样 $m'(m' = 1/p - m)$ 就从下一个利息日开始。

方法（a）：让 A 表示证券价值，年利率为 i。除非不支付利息，否则就要在最后利息日或发行日支付利息，A 可以通过梅克汉姆公式或其他方法得到。在一年中 m 时期的价值为：

$$A' = (1 + i)^m A$$

方法（b）：将上述利息日（或发行日）用第二利息日来代替。

用 A^* 表示证券价值，年利率为 i。在第二利息日支付前计算，A^* 由公式（8 -17）来确定，其现值为：

$$A' = (1 + i)^{-m} A^*$$

在第一个例子中，我们将两种方法结合起来运用。

在以后的例子中，我们将给出在考虑了兑付价格后，息票率（coupon rate）和所得税率不变的情况下，如何处理证券价值的问题。在一些实例中，用第一条原则获得收益是最简单的。而梅克汉姆其他公式或他人的其他方法习惯被用于计算债券的部分价值。最后一例，其解决方法较前者有一定难度。其过程显示了如何更明了掌握梅克汉姆公式的基本原则，大大缩短了计算资本间接价值的过程。

例 8－13

伦敦证券交易所在 1976 年 12 月 15 日对年息为 6%、1981 年到期的某公债的市场中间价（即买入价和卖出价的平均价格）的报价为 66 元。此公债分别于 3 月 1 日和 10 月 1 日付息，在 1981 年 9 月底按票面价格偿还，求以上述价格购入时总的年收益。

解：

方法（a）：通过梅克汉姆公式，每 100 元面额的公债在 1976 年 10 月 1 日付息后的价值为：

$$A = K + \frac{0.06}{i^{(2)}}(100 - K)$$

这里在利率 i（即总的年收益）下 $K = 100v^5$，故其在 1976 年 12 月 15 日的价值为：

$$A' = (1 + i)^{75/365}A$$

解得：

$$A' = 66$$

从而得出：

$$i \approx 0.1776$$

即总的年收益为 17.76%。

方法（b）：通过梅克汉姆公式，每 100 元面额的公债在 1977 年 3 月 1 日收到利息后的价值为：

$$A = K + \frac{0.06}{i^{(2)}}(100 - K)$$

此处在年利率 i（即总的年收益）时 $K = 100v^{4.5}$，收到利息前的价值为 $(A + 3)$，且在 1976 年 12 月 15 日的价值为：

$$A' = (1 + i)^{-107/365}(A + 3)$$

解 $A' = 66$，我们发现总的年收益 $i \approx 0.1776$ 正如前解：

例 8－14

（变动还本价格）发行 1 000 股债券，每股面值 100 元，年利 $1\frac{1}{2}\%$，逐年支付，其还本情况如下：

250 股 30 年后以 110% 还本；

250 股 40 年后以 120% 还本；

250 股 50 年后以 130% 还本；

250 股 60 年后以 140% 还本。

若一投资者需要 $2\frac{1}{2}\%$ 的年收益，求其发行价格（忽略利息）。

解：若债券 60% 还本，总值将为 60 000 元（既然以此价格偿还，每 60 元均有 1.5 元的年息），偿还时额外的价值为：

$$250(50v^{30}+60v^{40}+70v^{50}+80v^{60})$$

在年收益为 $2\frac{1}{2}\%$ 时，上式计算结果为 21 183 元，故总的支付价格为 81 183 元。

在涉及变动偿还价格的更为更杂的问题中运用下列方法往往有助于解决问题。

方法（a）研究一个固定的偿还价格，运用梅克汉姆公式求出价值，然后调整结果处理偿还金额账目的盈方。

方法（b）将债券分成几部分，每部分彼此间的还本价格是连续的，通过梅克汉姆公式求出每部分的价值。

在偿还价格 R 仅有两种或三种时，方法（b）通常更为适用，反之，在偿还价格有多种时，方法（a）可能更为适用。

在票面利息率 D 或所得税 t_1 变动时，也可采用类似的方法，可运用第一种原理或下列方法，方法（a）研究连续的利率，通过梅克汉姆公式求出其价值，且依据实际的纯利息率予以调整。方法（b）将其分成几部分，假设每部分的纯利率都是连续的，通过梅克汉姆公式求出每部分的价值［提示：但是既然一些部分的纯利率不可能是连续的，这种调整通常必须人为做出（见例 8-18）］。

在某些更加复杂的例子中，偿还价格与纯利息率都可能变动，对于此类问题可综合上述方法解决。

例 8-15

（变动票息）一笔 1 000 000 元的名义债券以 110% 还本，分为 10 个相同的年期分期偿还，首期在 1 年后，利息每半年支付，年利率在 10 年时为 $(4.5+t)\%$ $(t=1,2,\cdots,10)$，若使年收益为 8%，每半年转换一次，求此债券的价格。

解：以半年期计算资本偿还的价值为：

$$\begin{aligned}K &= 110\ 000(v^2+v^4+\cdots+v^{20}) \quad \text{利率为 }4\% \\ &= \frac{110\ 000a_{\overline{20}|}}{s_{\overline{2}|}} \quad \text{利率为 }4\% \\ &= 732\ 810\end{aligned}$$

首先设利息为连续每年 5%，或每期 2.75%，通过梅克汉姆公式，债券价值为：

$$K+\frac{0.0275}{1.1\times 0.04}(1\ 100\ 000-K)=962\ 300\text{（元）}$$

必须要加上额外支付的利息的价值，其为：

$$\frac{1}{2}[9\ 000(v^3+v^4)+2\times 8\ 000(v^5+v^6)+3\times 7\ 000(v^7+v^8)+\cdots+9\times 1\ 000(v^5+v^6)]$$

$$=\frac{1\ 000}{2}(v^3+v^4)[9(1+v^{16})+16(v^2+v^{14})+21(v^4+v^{12})+24(v^6+v^{10})+25v^8]$$

$$=106\ 680\text{（元）}$$

故此，总的价值是 106 680 元。

例 8－16

（变动的偿还价格和所得税率）发行名义价值为 1 000 元的债券，每股 100 元，年名义利率 9%，第一个 10 年，每年末偿还 5 股，偿还价格为 112.5 元；第二个 10 年，每年末偿还 10 股，偿还价格为 120 元。

一投资人对所有债券报价 10 190 元，目前投资者的所得税率为 40%，但某一日期后将为 30%。

已给出投资者的净实际收益为 7%，求有多少利息要付高税率。

解：首先设偿还价为 112.5%，资本的偿付价值是：

$$K = 562.5a_{\overline{10|}} + 1\ 125v^{10}a_{\overline{5|}}$$
$$= 6\ 295.63 \quad 利率为\ 7\%$$

假设所得税为 30%，发行价值为：

$$K + \frac{0.08 \times 0.07}{0.07}(11\ 250 - K) = 10\ 259\ （元）$$

后 5 年中较高还本价值的债券的附加价值为：

$$1\ 000 \times 0.075(a_{\overline{15|}} + a_{\overline{10|}}) = 156 \quad 利率为\ 7\%$$

因此，假设所得税是连续的，为 30%，总的价值是 10 415 元，必须从中扣除早先所得税款的附加所得税的价值 n，此处 n 为债券中除去 10 190 元外的那部分的价值，我们列表 8－1 如下：

表 8－1　　债券的实际价值（变动的偿还价格和所得税率）

(1)	(2)	(3)	(4)	(5)
年（t）	第 t 年初名义数量	在时间 t 的总利息 0.09×2	时间 t 的总利息的 10% 的价值 $0.1 \times (3) \times v_{0.01}^{t}$	(4) 的累积总量
1	10 000	900	84.1	84.1
2	9 500	855	74.7	158.8
3	9 000	810	66.1	224.9
4	8 500	765	58.4	

既然实际价值为 225 元低于 10 415 元，得 $n = 3$，即头 3 年中所获利息的所得税率为 40%，以后则不是。

例 8－17

（变动票息率）一笔名义价值 3 000 000 元的债券，每半年付红利一次，头 10 年年息为 $3\frac{1}{2}\%$，随后的年息为 4%，在 30 年内以相同的年期偿还，以平价还本。一所得税率为 37.5% 的财务机构按平价购入，求其年净收益。

解：我们将债券分为两部分：第一部分，名义价值 1 000 000 元，为头 10 年还本的债券，第二部分，名义价值 2 000 000 元，为余下的债券。可用梅克汉姆公式求出每部分的价值。但鉴于头 10 年内第二部分中不为 4%，而为 $3\frac{1}{2}\%$ 的利息，必须予以人为修正，让未知的收益为 i，则有（用一种明显的记法）：

$$K_1 = 100\ 000 a_{\overline{10|}} \quad \text{利率为 } i$$

$$K_2 = 100\ 000(a_{\overline{30|}} - a_{\overline{10|}}) \quad \text{利率为 } i$$

第一部分的价值为：

$$A_1 = K_1 + \frac{0.035 \times 0.625}{i^{(2)}}(1\ 000\ 000 - K_1)$$

现在求第二部分的价值，若此部分的利息总是 4%，其价值应为：

$$A_2 = K_2 + \frac{0.04 \times 0.625}{i^{(2)}}(2\ 000\ 000 - K_2)$$

头 10 年内利息为 $3\frac{1}{2}\%$，故必须扣除超额纯利息的价值，即：

$$2\ 000\ 000 \times 0.005 \times 0.625 \times a_{\overline{10|}}^{(2)} \quad \text{在利息 } i \text{ 时}$$

所以我们解方程：

$$3\ 000\ 000 = A_1 + A_2 - 6\ 250 a_{\overline{10|}}^{(2)}$$

得到一个粗略的解为：

$$3.75\% \times 0.625 \approx 2.3\%$$

给 $A_1 + A_2 - 6\ 250 a_{\overline{10|}}^{(2)}$ 赋值表明结果正确（近似到 0.1%）。

例 8－18

一笔 1 000 000 元的债券以 40 年内每月末支付均衡年金的形式返还，给付数量按年实际利率为 8% 的基础利率进行计算。

一位投资者，应缴所得税为各年利息收入的 40%，他在债券发行时购入全部份额，以获得净收益率 6%，假设每半年转息为本金一次，问他应付的价格是多少。

解：首先提示每年偿还年金数量为 X 元，这里：

$$X a_{\overline{40|}}^{(12)} = 1\ 000\ 000$$

它给出 $X = 80\ 933.82$。

所需年净收益为 6%，半年转化一次。选择半年为一个时段，提示每年时段所需净收益为 3%，每半年的年金数额为 $X/2 = 40\ 466.91$，既然年金每半年支付 6 次，其所有价值（忽略税收）为：

$$A = 40\ 466.91 a_{\overline{80|}}^{(6)}$$

在利率为 3% 时，

$$A = 123\ 720 \qquad ①$$

（提示：$0.03^{(6)} = 0.029632$）让 K 为资本支付的价值（在每半年 3% 时），每月所付利息为年金总额的 $0.08^{(12)}/12$，事实上，若每月所付利息为总额的 $0.03^{(6)}/6$，则年金总值为 1 000 000 元。故用梅克汉姆公式，得：

$$1\ 237\ 320 = K + \frac{0.08^{(12)}/12}{0.03^{(6)}/6}(1\ 000\ 000 - K)$$

由此立即得出：

$$K = 123\ 720 \qquad ②$$

显然，$(A-K)$ 为所付总利息的价值。考虑到利息，此投资者应付：

$$K + (1-0.4)(A-K) = A - 0.4(A-K) = 0.6A + 0.4K$$

由等式①和等式②，易算出它为 828 875 元（或税 82.89% 元）。

提示：K 值可理所当然地直接得出如下结果：

$$K = \left[\frac{80\ 933.82}{12} - 1\ 000\ 000 \times \frac{0.08^{(12)}}{12}\right]\sum_{t=1}^{480} 1.08^{(t-1)/12}(1.03)^{-t/6}$$

但是，这种表示法有点冗长，比起上述间接的方法来说更易出错。

第九章

精算学引论

资本利得税

第一节 资本利得税的概念

资本利得税是对股票（或其他资产）的出售或偿还价格高出其购买价格部分征收的税。与所得税不同，这种税只在出售或偿还日进行交易时才征收一次。

资本利得税在许多国家已非常普遍。某些资产，包括一些固定利率的债券，可免于征收此税；另外，在某一种资产被持有一段时期后，也可免征此税。在某种情况下，资本损失可能被其他资本的获益所抵销。在通货膨胀时期，资本利得税被看作是不公平的，因为它不考虑货币贬值因素的影响；既征收实际收益，又征收名义收益。于是，一些国家采用某种指数进行修正。1981 年，英国采用了资本利得指数对利得税体系加以调整，而后又进行了修改。一般认为，资本持有一年以后，任何资本利得税的计算都应考虑零售价格指数的变化。

本章只涉及资本利得税对固定利率债券价格和收益的影响。一般地，假设讨论的股票将一直由投资人持有直至到期日得到偿还。如果股票在最后到期日前出售，应纳资本利得税将会不同，因为它将参照出售所得资金而不是相应偿还资金计算。为了简化，我们可能会忽视计算可能出现的参数。在理论上考虑参数是相对简单的，但是在实务中，会使资本利得税的计算变得十分复杂。

例 9 – 1

一笔面额为 100 000 元的债券将于 15 年后按面额的 110% 偿还。此间，年利息率为 9%，每年支付 1 次。假设在发行日一名投资人以 80 000 元将债券买走，他的应纳所得税率为 40%，应纳资本利得税率为 30%。

求该投资者每年实际净收益率。

解：根据资本利得税的原理。因为偿还价格为 110%，80 000 元的购买价格可收到 110 000 元的偿还资金。因此偿还时有 30 000 元的资本利得。应纳资本利得税为 9 000 元（即 30 000 元的 30%），从而纳税后投资人保留偿还资金的 101 000 元。

每年税前应付利息为 9 000 元。因而投资人每年的纯利息收入为 5 400 元（征收了 40% 的所得税后）。

因此，投资人的年净收益率是满足下式的利率：

$$80\ 000 = 5\ 400a_{\overline{15}|} + 101\ 000v^{15}$$

解得年利率为 0.07737，即年净收益率为 7.74%。

第二节　资本利得税的情况下债券估价

一、统一赎回价格和统一税率

考虑一笔利率固定且可分期偿还的债券。假设某一时点上未偿债券面额总额为 $N = (N_1 + N_2 + \cdots + N_R)$，$n_j$ 年（$1 \leqslant j \leqslant r$）后偿还面额 N_j，其中 n_1，$n_2 \cdots$ 是 $1/p$ 的整数倍。再假设每一单位面额的偿还价格固定等于 R。

考虑其纳税义务，投资者为了获得年收益率 i 而购买未偿债券需支付多少钱？假设每年对未偿债券支付利息的利率为 g 且利息每年分 p 次支付。设 $C = RN$，如果没有纳税义务，投资人应付的价格当然是：

$$A = K + \frac{g}{i^{(p)}}(C - K) \tag{9-1}$$

或

$$A = K + I$$

其中，K、I 分别表示毛资本和利息收入。

如果投资人应纳所得税，税率为 t_1，但不缴资本利得税，那么必须从方程（9-1）的价格中减去应纳税额。这样应付的价格为 A'，其中：

$$A' = K + \frac{g(1 - t_1)}{i^{(p)}}(C - K) \tag{9-2}$$

最后，考虑除了以 t_1 的税率缴纳所得税外还要以 t_2 的税率缴纳资本利得税时投资人应付的价格。如果：

$$g(1 - t_1) \geqslant i^{(p)} \tag{9-3}$$

那么 $A' \geqslant C$。因此，只考虑所得税的价格并不比总的应收偿还价格小。如果以这个价格购买，偿还时就会有资本损失。如果是这样，应付的价格就是 A'（由方程（9-2）给出），而且实际上没有应付资本利得税（假设不允许以其他资本损失抵减资本利得，见例 9-10）。

然而，如果：

$$g(1 - t_1) < i^{(p)} \tag{9-4}$$

那么 A'，只考虑所得税的价格就比总偿还价格小，另外考虑资本利得税的价格明显也是如此。这种情况下令 A'' 代表扣去了所得税和资本利得税的应付价格。在时点 n_j 上，

当面额 N_j 被偿还时，偿还所获资金为 N_jR。如果购买全部未偿债券的价格为 A''，在目前英国的做法中时点 n_j 上偿还的部分（为了税务目的）被认为成本为$(N_jR-N_j/N)A''$，应付资本利得税总额为：

$$\sum_{j=1}^{r} t_2\left(N_jR-\frac{N_j}{N}A''\right)v^{n_j} = t_2\,\frac{NR-A''}{NR}\sum_{j=1}^{r}N_jRv^{n_j}$$

$$= t_2\,\frac{C-A''}{C}K \tag{9-5}$$

$$= t_2\,\frac{P-P''}{R}K \tag{9-6}$$

其中，P''为每单位面额的价格。

理解最后一个表达式的推导是很关键的。它可以由以下论证简单地予以证明，这一论证要基于这样一种事实，即每一笔借款偿还的一个固定部分被资本利得税吸收去了。总的资本偿还额（即实际支付的偿还价格）为 C，而这部分为 K。应付资本利得税总额为 $t_2(C-A'')(K/C)$。正如式（9-5）所给出的那样。

价格 A''是减去了所有纳税义务后的净资金价值。这意味着：

$$A''=K+\frac{g(1-t_1)}{i^{(p)}}(C-K)-t_2\,\frac{C-A''}{C}K \tag{9-7}$$

从这个式子可立即得到：

$$A''=\frac{(1-t_2)K+(1-t_1)(g/i^{(p)})(C-K)}{1-t_2K/C} \tag{9-8}$$

如果完全理解了式（9-5）和式（9-6）的原理，考虑减除资本利得税的股票估价比不考虑时的估价也麻烦不了多少。

为了应用的方便，可以将以上结论总结如下：

如果 $A''(i)$代表提供年净收益为 i 的价格，K、I 分别表示（利率为 i 时的）毛资本和利息收入，我们有：

$$A''(i)=\begin{cases} K+(1-t_1)I & 若\ i^{(p)}\leqslant g(1-t_1) \\ \dfrac{(1-t_2)K+(1-t_1)I}{1-t_2K/C} & 若\ i^{(p)}<g(1-t_1) \end{cases} \tag{9-9}$$

其中，

$$I=(g/i^{(p)})(C-K)$$

这里：

$$i^{(p)}>g(1-t_1)$$

其条件等同于：

$$i>\left[1+\frac{g(1-t_1)}{p}\right]^p-1$$

当 i 上升时 $A''(i)$下降。（K 和 I 都是 i 的减函数，而 $1-t_2K/C$ 是 i 的增函数。）当 $i^{(p)}=g(1-t_1)$时，式（9-9）右边的每一表达式都等于 C。

例 9－2

发行面额为 500 000 元的债券，年率 8%，每季支付一次利息。债券将按面额的 105%，分 20 年偿还，每年偿还面额上 25 000 元的债券，首期于发行日后 10 年偿还。

一名负有所得税和资本利得税义务的投资人在发行日以获得年实际收益率 6% 的价格购买了全部债券。给定以下所得税和资本利得税税率，求应付价格：

（1）分别为 40% 和 30%；

（2）分别为 20% 和 30%。

解：注意：

$$C = 500\ 000 \times 1.05 = 525\ 000$$

而且，

$$K = 25\ 000 \times 1.05(a_{\overline{29|}} - a_{\overline{9|}}) = 178\ 211 \quad i = 6\%$$

$$I = \frac{0.08}{1.05} \times \frac{1}{0.06^{(4)}}(C - K) = 450\ 158$$

没有纳税义务时的应付价格为：

$$A = K + I = 628\ 368$$

（1）$t_1 = 0.4$，$t_2 = 0.3$

这种情况下只考虑所得税的价格为：

$$A - t_1(A - K) = K + (1 - t_1)I = 448\ 306$$

小于 525 000（即 C）。因此应缴纳资本利得税，按公式（9－7）计算的投资人实际支付的价格为：

$$A'' = 448\ 306 - t_2 \frac{C - A''}{C} K$$

从而，

$$A'' = 448\ 306 - 0.3 \times \left(1 - \frac{A''}{525\ 000}\right) \times 178\ 211$$

因此，

$$A'' = \frac{448\ 306 - (0.3\% \times 178\ 211)}{1 - (0.3 \times 178\ 211/525\ 000)} = 439\ 610$$

应付价格为 439 610 元，或 87.922%。

（2）$t_1 = 0.2$，$t_2 = 0.3$

这种情况下只考虑所得税的价格为

$$178\ 211 + (1 - 0.2) \times 450\ 158 = 538\ 337$$

因为它超出了 525 000 元，投资人支付的价格为 538 337 元，而且实际上没有资本利得税义务。

二、债券赎回价格和税率变动情况下的资本利得税

在债券分期偿还的情况下，如果赎回价格或者资本利得税税率是不固定的，则对估算

资本利得税来说重要的是遵循估价的原理。我们知道债券是资金的重要增值手段，对于税收来说，至关重要的是要清楚，在不同时刻偿还的债券期应付价格应按期面值的比例以总价格计算。

假设债券成交时的名义价值总额为 $N=(N_1+N_2+\cdots+N_R)$。进一步假设名义价值 N_j 在 n_j 年后赎回，此时赎回价格为每单位面值 R_j，资本利得税为 t_j^*。

如果整个债券的价格为 A''，在 n_j 时刻赎回，对数额为 N_jR_j 的赎回值被认为其成本为 $(N_j/N)A''$。这意味着资本利得税的现金价值总数为：

$$\sum_{j=1}^{r} t_j^*\left(N_jR_j-\frac{N_j}{N}A''\right)v^{n_j} \tag{9-10}$$

$$=\sum_{j=1}^{r} t_j^*\left(\frac{P_j-P''}{P_j}\right)K_j \tag{9-11}$$

此处：

$$K_j=N_jR_jv^{n_j}$$

是在第 j 次赎回的资金现金价值，P''是单位面值的价格。

例 9-3

15 年前的一笔面值为 300 000 元的债券，每年的分红利率为 8%，年末支付。债券期限为 30 年。每年未返还（赎回）面值为 10 000 元的债券，第一个 10 年按票面价值返还，下一个 10 年按 105% 返还，剩下的 10 年按面值的 110% 支付。

在第 15 年的返还刚刚支付之后，一个投资人购买了剩余的债券，投资人不需要缴纳收入所得税，但需缴纳资本利得税，在下一个 10 年按 35% 的税率纳税，然后在剩下的时间里按 30% 纳税，如果投资人希望得到 10% 的年收益率，他应支付什么样的价格？

解：该债券尚有 15 年的期限，这期间有 3 种不同的情况：

（1）第一个 5 年　返还（赎回）价格为 105%，资本利得税率为 35%；

（2）第二个 5 年　返还价格为 110%，资本利得税率为 35%；

（3）第三个 5 年　返还价格为 110%，资本利得税率为 30%。

不计其他费用，投资人要估算债券将来的各项返还，即 $(K_1+K_2+K_3)$，这里：

$$K_1=10\ 000a_{\overline{5|}}$$

$$K_2=10\ 000_5|a_{\overline{5|}}$$

$$K_3=10\ 000_{10}|a_{\overline{5|}}\text{（利率 10\%）}$$

得出：

$$K_1=37\ 907.87$$

$$K_2=23\ 537.80$$

$$K_3=14\ 615.12$$

则：

$$K_1+K_2+K_3=76\ 060.79$$

此时，未返还的债券名义上是 150 000 元。所以该债券的现金价值（不包含税，包含返还的额外费用支出）是：

$$76\ 060.79+\frac{0.08}{0.10}(150\ 000-76\ 060.79)+(0.05\times 37\ 907.87)+$$

$$0.1(23\ 537.80+14\ 615.12)=140\ 922.84$$

下面计算资本利得税，A''作为投资人支付的价格，由于每年的返还是等额的，我们认为每年的返还其成本为$A''/15$。所以资本利得税为：

$$0.35\sum_{t=1}^{5}\left[(10\ 000\times 1.05)-\frac{A''}{15}\right]v^t$$

$$+0.35\sum_{t=6}^{10}\left[(10\ 000\times 1.1)-\frac{A''}{15}\right]v^t$$

$$+0.35\sum_{t=11}^{15}\left[(10\ 000\times 1.1)-\frac{A''}{15}\right]v^t$$

或者

$$(0.35\times 1.05\times K_1)+(0.35\times 1.1\times K_2)+(0.3\times 1.1\times K_3)-\frac{A''}{15}(0.35a_{\overline{10|}}+0.3_{10}\mid a_{\overline{5|}})$$

等于：

$$27\ 816.18-0.172603A''$$

所以，

$$A''=140\ 922.84-(27\ 816.18-0.172603A'')$$

从而：

$$A''=136\ 701.80$$

注：按面值，债券得返还为150 000元，这相当于总数的91.13%。

第三节 在有资本利得税的情况下求收益率

需缴纳资本利得税的投资人希望确定其以给定价格购买债券的净收益率。

既然已知购买价格，就已知资本利得税额，也就知道了投资的净收入。如下例所示，在这种情况下我们可以很容易地写出价值方程，为线性插值提供简便一些的基础。

例9－4

一笔1 000元的债券，年分红利率为6%，每年支付一次，10年后按面值返还。一投资人以800元购买了债券，其应纳所得税和应纳资本利得税税率分别为40%和30%。其年净收益率为多少？

解：注意到每年净收入1 000×6%（1－40%）=36元，占购买价格800的4.5%。因为返还时还有收益，所以净收益率明显大于4.5%。

返还时的收益为200元，所以应付资本利得税为60元，返还时资金所得为940元。而实际收益率是满足下式的i值：

$$800 = 36a_{\overline{10}|} + 940v^{10}$$

如果偿还时的净收益（即140元）在债券的10年持续期间等额支付而不是一次总额支付，每年净收入将为50（即36+14）元。因为50是800的6.25%，实际净收益率小于6.25%。当$i=0.055$时，上式右边的值为821.66，当$i=0.06$时，值为789.85。使用线性插值法估计净收益率：

$$i = 0.055 + \frac{821.66 - 800}{821.66 - 789.85}0.055 = 0.0584$$

因而，年净收益率为5.84%。

或者，可以使用式（9-7）或式（9-8）求得年净收益率为5.5%和6%的价格。它们分别为826.27元和787.81元。然后可用线性插值法求得收益率。然而，这种可选择的方法比前一种要慢一些。

例9-5

假设例9-2中投资人的所得税和资本利得税税率分别为40%和30%，他在发行日以能获得年实际净收益率6%的价格购买了全部债券。再假设购买债券8年后（在刚刚获得应收利息后）投资者将全部债券卖给了另一负有相同所得税和资本利得税税率的投资者。第二个投资人支付的价格可以为他提供6%的年实际净收益率，原先的购买者为出售所得资金纳资本利得税。

求第一个投资人所完成的交易中获得的实际收益率。

解：第一个投资人支付的价格为439 610元（见例9-2的解答），他卖掉债券时债券还有21年的未偿还期，首期资本支付将在2年后发生。第二个投资者估价资本支出为：

$$K = (25\,000 \times 1.05)(a_{\overline{21}|} + a_{\overline{1}|}) = 284\,043 \quad i = 6\%$$

毛收入支付为：

$$I = \frac{0.08}{1.05} \times \frac{1}{0.06^{(4)}}(C - K) = 312\,778 \text{（其中 } C = 525\,000\text{）}$$

对于第二个投资者而言，毛收入减所得税（只减所得税）为：

$$K + (1 - 0.4)I = 471\,710$$

小于525 000。因此第二个投资者缴纳资本利得税，他实际支付的价格为A''，其中：

$$A'' = 471\,710 - \frac{0.3(525\,000 - A'')}{525\,000}284\,043$$

从上式可得$A'' = 461\,384$。

因而，每一个投资者从出售中实现的资本利得为21 774（即461 384-439 610）元。因此应付资本利得税为6 532.20元，净出售获得资金为454 851.80元。第一个投资者的年净收益率是满足下式的i值：

$$439\,610 = (1 - 0.4)40\,000a_{\overline{8}|}^{(4)} + 454\,851.80v^{8}$$

所以，

$$i = 0.0593, \text{或 } 5.93\%。$$

注意：由于资本利得税提前发生，净收益率小于6%，虽然这一利率是两个购买者的净收益率基础。这与只考虑所得税的情况正好相反。

例 9－6

在年利息 $5\frac{1}{2}\%$ 的第一笔债券和股票用来生息，按季支付，分别于 3 月 31 日、6 月 30 日、9 月 30 日、12 月 31 日。在确定年的 8 月 31 日，一个投资者按实际价格的 49.50% 买进了一笔股票，他在一年后按实际价格的 57.71% 卖出。

投资者有责任按 30% 和 40% 分别交纳收益税和所得税，求他每年的纯收益。

解：假设股票价格为每股 100 元，花费 49.50 元买进，纯收入为 3.30 元，以现行价格卖出，然后缴纳资金的所得税。

$$57.71-0.3(57.71-49.50)=55.25\ (\text{元})$$

纯收益率是：

$$49.50=3.3v^{30/365}a_{\overline{1}|}+55.25v$$

最后结果是：

$$i\approx\frac{3.3+55.25-49.50}{49.50}=0.183$$

除去附加费可以得到：

$$i=0.1895\ 或\ 18.95\%$$

第四节　可选择的偿还日期

在前一章我们考察了借款人可以选择偿还日期时，对只缴纳所得税的贷款人的影响。实际上，即使加上了资本利得税，贷款者在评估借款人可选择偿还日期的债券时也应采取同样的策略。在后一种情况下，论证这一结果需更加小心。

假设一个负有所得税和资本利得税义务的人希望实现给定债券的至少为 i 的年净收益率。进一步假设在特定条件下借款人可选择何时偿还债券。

为实现至少为 i 的年净收益率，贷款人应支付多少？

像以前一样，我们假设利息以年率 g 每年对未偿还的资本进行 p 次支付。首先注意，如果 $i^{(p)}=g(1-t_1)$，贷款人应支付 C。在这种情况下，无论何时偿还贷款，贷款人将实现 i 年净收益率。

如果 $i^{(p)}<g(1-t_1)$，由式（9－9）可得提供 i 的净收益率的价格为：

$$\begin{aligned}A^*&=K+(1-t_1)I\\&=K+\frac{g(1-t_1)}{i^{(p)}}(C-K)\\&=\frac{g(1-t_1)C}{i^{(p)}}-\left[\frac{g(1-t_1)}{i^{(p)}}-1\right]K\end{aligned}$$

由假设 $i^{(p)}<g(1-t_1)$ 可得 K 值最大时 A^* 值最小。从而贷款人可基于借款人在资本支

付有最大可能值时选择偿还的考虑评估债券（特别地，当全部债券都必须一次还清时，贷款人应当假设债券将会尽快还清）。如果这一选择真的实现了，贷款人的净收益率将为 i，否则它会超过 i。

如果 $i^{(p)} > g(1-t_1)$，提供 i 的净收益率的价格为 $f(K)$（见式（9-9）），其中 K 是利率为 i 时的毛资支付，且：

$$f'(x) = \frac{(1-t_2)x + [g(1-t_1)/i^{(p)}](C-x)}{1-t_2x/C} \tag{9-12}$$

可从上式直接证明：

$$f'(x) = (1-t_2)\left[1-\frac{g(1-t_1)}{i^{(p)}}\right]\Big/\left(\frac{x}{C}\right)^2$$

或

$$f'(x) = \left[1-\frac{g(1-t_1)}{i^{(p)}}\right]\Big/\left[(1-t_2)\frac{x}{C}\right]^2$$

由假设：

$$i^{(p)} > g(1-t_1)$$

可得：

$$f'(x) > 0$$

因此，f 是增函数。因而 K 值越小，$f(K)$ 值越小。从而，如果 $i^{(p)} > g(1-t_1)$，贷款人应该基于借款人在资本支出达到最小可能值时选择偿还的考虑评估债券（特别地，当全部债券必须一次还清时，贷款人应当假设债券将会尽量推迟偿还）。这一策略将保证借款人的实际净收益率至少为 i。

例 9-7

一笔面额 100 000 元的债券，年率 8%，半年付息一次。发行条款规定借款人将在连续 10 年内偿还债券（以面额），每次面额为 10 000 元，首期支付于发行后 10～25 年内任意时间（由借款人选择）发生。

一名投资人，其应纳所得税税率为 40%，应纳资本利得税税率为 30%，希望在发行日以保证其获得与净收益率至少 7% 的价格购买全部债券。

（1）他应该支付的价格？

（2）假设他支付了上面确定的价格，首期资本偿还实际上在 14 年后发生，求这笔交易中贷款人实现的净收益率。

解：

（1）使用标准的表达式，则 $C = 100\ 000$，$p = 2$，$g = 0.08$，$t_1 = 0.4$，$t_2 = 0.3$，$i = 0.07$。因为 $g(1-t_1) = 0.08$，明显小于 $0.07^{(2)}$，贷款人应该假设资本偿还有最小可能值。既然偿还于连续 10 年内进行，贷款人应该假设偿还会尽量迟地发生，即首期偿还在 25 年后。

在此基础上，

$$K = 10\ 000_{24|}a_{\overline{10|}} = 10\ 000\ (a_{\overline{34|}} - a_{\overline{24|}}) = 1\ 384\ 675$$

其中，$i = 7\%$。

纯利息支付值为（依梅克汉姆公式）：

$$\frac{0.08(1-0.4)}{0.07^{(2)}}(100\ 000 - 13\ 846.75) = 60\ 092.87$$

因此，应付价格为A''，其中，

$$A'' = 13\ 846.75 + 60\ 092.87 - \frac{0.3(100\ 000 - A'')}{100\ 000} \times 13\ 846.75$$

从上式可得：

$$A'' = 72\ 810.14$$

因此他应该为债券支付 72 810. 14 元。如果借款人推迟偿还债券至允许的最后期限，贷款人的年净收益率为 7%。如果偿还在此之前发生，贷款人的年净收益率将超过 7%。

（2）现在假设为全部债券支付的价格为 2 810. 14 元，首期资本偿还于 14 年后发生。每一部分债券可视为成本为 7 281. 01 元，所以每次偿还时的应付资本利得税为 0. 3(10 000 − 7 281. 01)即 815. 70 元。从而每次偿还的净资金收入为 9 814. 30 元。注意偿还资金在发行日的价值为：

$$10\ 000(a_{\overline{23|}} - a_{\overline{13|}}) \quad 利率为\ i$$

因此，用梅克汉姆公式，可得到作为贷款人净收益率的满足下式的利率：

$$72\ 810.14 = 9\ 184.30(a_{\overline{23|}} - a_{\overline{13|}}) + \frac{0.08\ (1-0.4)}{i^{(2)}}\ [100\ 000 - (a_{\overline{23|}} - a_{\overline{13|}})]$$

收益率为 7. 44%。

第五节　以资本损失抵减资本利得

目前为止，我们考察资本利得税影响的基础是不允许资本损失抵减资本利得。而在某些情况下，也许允许这样做。这意味着，一名投资者在任何一年计算其资本利得税义务时可以从其资本利得中减去当年的资本损失（如果有的话）。如果总资本损失超过了总资本利得，不会给予总的净损失以“信用”，但也不会有应付资本利得税。

这一主题的更细致地处理超出了本书的范围。但下面的例题将阐明可能会发生的这种情况。

例 9 −8

假设某一纳税年度，一名投资人出售了几年前购买的两种资产：

资产 A　以 1 865 元出售（购买价格 1 300 元）

资产 B　以 500 元出售（购买价格 900 元）

资产 A 的出售产生了 565 元的资本利得，而对于资产 B，有 400 元的资本损失。

由于缺乏以损失抵减利得和指数化的权利，两种资产的出售产生了 565 元的资本利得。(400 元的损失被视为 0 资本利得。)

如果允许以损失抵减利得，两种资产的出售产生 165（即 565 – 400）元的资本利得。

例 9 – 9

现有两种政府股票，都有 4 年的未付款期。两种股票将以同等水平偿还。未付款的利息每年支付。第一种债券年利 15%，第二种年利 8%。利息刚支付，债券价格分别为 105.80% 和 85.34%。

（1）证明：一个投资人，承担所得税和资本利得税的义务，利率分别为 35% 和 50%。购买任一种债券（但不能同时购买）都能使他在交易中取得 8% 的年净收益。

（2）现在假设允许投资者用资本损失抵销资本收益。证明如果他用可用资金的一部分投资于年利为 8% 的股票，全部资本收益为零。他将在综合交易中取得 8.46% 的年净收益。

解:

（1）由第三节的内容，可以很容易地得出这一问题的结果。在此，我们略去该问题题解。

（2）假设投资人把其资金中比例为 λ 的一部分投入购买 8% 的债券（比例为 $1-\lambda$ 的购买年利为 15% 的债券）。在总股资额为 1 000 元的基础上计算此题。因而，购买两种债券的名义数量分别为：

$$\frac{1\,000\lambda}{85.34}100 \quad \text{年利为 8\% 的股票}$$

$$\frac{1\,000(1-\lambda)}{105.80}100 \quad \text{年利为 15\% 的股票}$$

每年的净收入为：

$$0.65\left[\frac{1\,000\lambda}{85.34}100+\frac{1\,000(1-\lambda)}{105.80}15\right]=92.16-31.22\lambda$$

偿还总额为：

$$\frac{1\,000\lambda}{85.34}100+\frac{1\,000(1-\lambda)}{105.80}100=945.18+226.60\lambda$$

若 $\lambda=(1\,000-945.18)/226.60$（即 0.2419），偿还总额为 1 000 元。在此例中年利为 15% 的债券的损失抵销了年利为 8% 的债券收益，在这种情况下不交所得税。偿还总额为 1 000 元（即原始投资数量），因此，在此 λ 值下，两种股票的综合年净收入为：

$$92.16-(31.22\times0.2419)=84.61$$

这正是所求的综合交易的收益 8.461%。

以上的例子表明了如何利用资本损失抵销资本收益，取得大于投资于任何一种股票上的年净收益。

第十章

精算学引论

累积偿债基金

第一节　概　　述

当一笔固定数额的款项被用于分期偿还一笔贷款或赎回一笔债券，例如用于以年为偿还间隔分期偿还，通常：

（1）对于每一年初未到期的一笔贷款，利息要按规定的利率支付。这一利息可在年末支付，也可在一年中按一定的时间间隔有规律地支付，即按年金支付。

（2）在每一年末，当这一年的利息被支付后，这笔固定数额款项的余额用来在规定的价格水平上买回部分未偿还的贷款。

那么，这笔贷款可以说是可用累积偿债基金偿付的。在任一年末偿付的贷款的一部分，这一部分通常是随机选择的（通常一笔通过累积偿债基金偿还的贷款，是由一系列有编号的债券组成，这些债券的兑现是按一定的节奏进行的，比如每年兑现一部分债券）。这笔固定数额的、每年支付的款项可被称为贷款的服务收益。在某些情况下，利率或赎回价格并不固定，我们应该考虑到可能有一些因素引起的变化所导致的复杂情况。

注意，分期偿还的节奏未必一定是按每年偿还一次，也可以按更频繁或不频繁的节奏偿还，我们这里用年为单位是为了描述上的方便。

很明显，如果利率为常数，每年支付的利息会随着越来越多的贷款被偿还而逐渐减少。所以，服务收益的另一部分逐年增长并用来在每一年末偿还贷款。我们将在下一节中进一步考虑这一点，并给出例子，讨论贷款的偿还价格不是常数的情况。

因为任一债券的偿还日是不确定的，所以，对于通过累积偿债基金偿还的那部分借款，我们无法精确地确定其价值。然而，如果一个投资人买下了全部未偿还贷款，那么整个贷款的价值就可以精确地计算了。总地来说，由一个投资人买下所有贷款是不常见的，但如果他买下了其中的相当一部分，他就有理由假定，他买的那部分在未来偿还的时候，其价值与总的贷款大体上是相当的。在对用累积偿债基金偿还的贷款进行估价时，做出这种假定无疑是很重要的。在西方国家，这种用累积偿债基金偿还的贷款是相当普遍的，很多这种贷款仍未完成全部的偿还。

这种贷款（用累积偿债基金偿还的）由一种相当优惠的固定利息保障，同时可用在第八、九章介绍的办法对其进行重新估计。

第二节 相邻的资金支付额之间的关系

假定一笔借款的票面总价值为 N，以固定的年利率计息，每单位票面额的利息为 D。这笔借款由累积偿债基金偿还，通过每年年底提存来运用。假定这笔借款的年服务受益为 S，利息每年分 p 次于期末支付。

在每年末，支付完当年利息后，服务受益的余额用来偿还未偿还的部分债款。R_t 用来表示在 t 时刻每单位票面的偿还价格（从发行之日起计算，在实际中，偿还价格常常是常数，所以 R_t 并不随 t 变化而变化。但考虑更一般的情况是，用 R_t 方便些）。

用 n_t 表示在时刻 t 时被偿还的票面贷款量。

N_t 表示在时刻 t 后，未偿还的票面贷款量。

考虑时间段（$t-1$，t），在 $t-1$ 时刻，未偿付贷款为 N_{t-1}，所以这一时间要支付的利息是 DN_{t-1}。如果 $p=1$，利息将在时刻 t 被支付；否则将在这一时段（$t-1$，t）内分 p 次支付。服务受益的余额可以在时刻 t 提存，值为 $S-DN_{t-1}$。因为票面的每单位偿还价格是 R_t，所以可得下式：

$$n_tR_t=S-DN_{t-1}$$

或者

$$S=DN_{t-1}+n_tR_t \tag{10-1}$$

类似地，考虑时段（t，$t+1$）可以得到：

$$S=DN_t+n_{t+1}R_{t+1}$$

由上面两个关于 S 的算式，得：

$$n_{t+1}R_{t+1}=D(N_{t-1}-N_t)+n_tR_t$$

因为：

$$N_{t-1}-N_t=n_t$$

则：

$$n_{t+1}R_{t+1}=n_t(D+R_t)$$

或者

$$n_{t+1}R_{t+1}=n_tR_t\left(\frac{D}{R_t}+1\right) \tag{10-2}$$

现在，我们用 x_t 表示时刻 t 时，用来偿还的资金（本金）总量。那么：

$$x_t=n_tR_t$$

这样，等式（10-2）可以被写成：

$$x_{t+1}=\left(1+\frac{D}{R_t}\right)x_t \qquad (10-3)$$

对于上面的讨论，一个清楚的解释是解决许多关于累积偿债基金问题的基础。特别地，应该注明，上面的结果并不依赖于 p。所以无论利息按年支付，还是更频繁地支付，累计偿债基金的提存都是有效的。

例 10－1

一笔面值为 500 000 元的借款，其利息按每年 5% 计算，每年支付两次，期末支付。这笔借款将用累计偿债基金按年提存的办法，45 年还清。在第一个 5 年，返还价格为 115%；接下来的 10 年，返还价格为 110%；之后 30 年，按面值返还。

这笔款项的年服务收益是常数，该偿债基金的最后一次提取的金额足以支付那时未偿还的借款。借款被一投资人全部买下，买价为 105%。他要负担的所得税税率为 40%。

（1）求贷款的每年服务收益数额。

（2）假定这个投资人直到最后才还清借款，求他在整笔交易中获得的年金收益率。

解：

（1）第一年要付的利息为 25 000 元，假定 R_t 表示在第 t 年底单位票面价值的返还价格，x_t 表示在第 t 年底用于提取偿债基金的金额，其中，$1\leqslant t\leqslant 45$。

注：第一年的服务收益为（$25\,000+x_1$）。

由等式（10－3）得：

$$x_{t-1}=\left(1+\frac{0.05}{R_t}\right)x_t \qquad 1\leqslant t\leqslant 45 \qquad ①$$

$$\text{因为 } R_t=\begin{cases}1.15 & 1\leqslant t\leqslant 5\\ 1.10 \text{ 当} & 6\leqslant t\leqslant 15\\ 1.00 & 11\leqslant t\leqslant 45\end{cases}$$

由等式①知，如果规定：

$$g_1=\frac{0.05}{1.15}$$

$$g_2=\frac{0.05}{1.10}$$

$$g_3=0.05$$

则：

$$x_t=\begin{cases}x_1(1-g_1)^{t-1} & 1\leqslant t\leqslant 5\\ x_1(1+g_1)^5(1+g_2)^{t-6} & 6\leqslant t\leqslant 15\\ x_1(1+g_1)^5(1+g_2)^{10}(1+g_3)^{t-16} & 11\leqslant t\leqslant 45\end{cases} \qquad ②$$

在最后一年，偿还是按面值计算的，这就是说，x_{45}一定等于倒数第二年提存偿债基金后未付的贷款面值量。在最后一年。收益量（包括支付本金和利息）是$(1+g_3)x_{45}$。我们已经知道贷款的年利是（$25\,000+x_1$），因此：

$$(1+g_3)x_{45}=25\ 000+x_1$$

结合等式②，可以得出：

$$x_1(1+g_1)^5(1+g_2)^{10}(1+g_3)^{30}=25\ 000+x_1$$

答：这笔贷款的年收益为340. 16元。

(2) 从发行之日起，如果利息按年支付（年末支付）。在利率 i 时的价值（不考虑投资人的税务负担）可表示为：

$$28\ 406.16a_{\overline{45}|i}$$

同时，资金支付的价值为：

$$K=\sum_{t=1}^{45}x_t v^t$$

根据等式①，可以把它表示为：

$$K(i)=x_1\Big[\sum_{t=1}^{5}v^t(1+g_1)^{t-1}+(1+g_1)^5\sum_{t=6}^{15}v^t(1+g_2)^{t-6}+$$
$$(1+g_1)^5(1+g_2)^{10}\sum_{t=16}^{45}v^t(1+g_3)^{t-16}\Big]$$

简化上式得：

$$K(i)=x_1\left[\frac{1-\left(\frac{1+g_1}{1+i}\right)^5}{i-g_1}+\left(\frac{1+g_1}{1+i}\right)^5\cdot\frac{1-\left(\frac{1+g_2}{1+i}\right)^{10}}{i-g_2}+\left(\frac{1+g_1}{1+i}\right)^5\left(\frac{1+g_2}{1+i}\right)^{10}\frac{1-\left(\frac{1+g_3}{1+i}\right)^{30}}{i-g_3}\right]$$

当我们进一步考虑利息一年支付两次，从发行之日起，投资要负担40%的所得税时，这笔贷款的价值为：

$$A(i)=K(i)+0.6\frac{i}{i^{(2)}}[28\ 406.16a_{\overline{45}|i}-K(i)]$$

由于支付全部贷款的价格为525 000元，可以求得利率值。根据 $A_i=525\ 000$，通过试验和线性插值法，求得 $i=0.02824$，所以投资人每年净收益为2. 82%。

上述思想可以应用到某些其他问题上，把投资期分成有间隔的几段，并且每段的利率是常数。这种情况是非常可能的。可以在每一个这样的间隔应用这个结果，同时要注意，在推导公式（10 - 3）时，用到了这样的一个事实，贷款收益与利率在两个相邻的区间（$t-1$，t）和（t，$t+1$）是相同的。在解决一些利率和收益随时间改变而变动的问题时，这一性质同样适用。

第三节　价格不变时的偿还贷款期限

在大多数实际情形中，贷款定期的偿还量是确定的。因此，对贷款期限的决定便成为投资人首先必须进行的计算之一，然而，在这种情况下，计算最后期限会稍有些麻烦。为此，先考虑一个与此等价的问题——求出在特定期限内足以偿还贷款的偿还量。采用前一节的符号。

假设偿还价格不变，那么对于任意的 t，$R_t = R$。让 $C = NR$，$g = D/R$，则根据方程（10－3），有：

$$x_{t+1} = (1+g)x_t \tag{10-4}$$

由此可得：

$$x_t = (1+g)^{t-1}x_1 \quad t \geqslant 1$$

并且，若 m 未超出贷款期限，则：

$$\sum_{t=1}^{m} x_t = x_1 s_{\overline{m|}} \text{（利率为 } g\text{）} \tag{10-5}$$

注意，因为第一年所付利息为：

$$DN = gC$$

则：

$$x_1 = S - gC \tag{10-6}$$

设贷款期限为 n 年，因为当提取的资金累积到 $RN = C$ 时，这笔贷款也就偿还了，由方程（10－5）与方程（10－6）得：

$$(S - gC)s_{\overline{n|}} = C \quad \text{（利率为 } g\text{）} \tag{10-7}$$

所以，

$$S = tC + \frac{C}{s_{\overline{n|}}} \tag{10-8}$$

$$\begin{aligned} &= gC + C\left(\frac{1}{a_{\overline{n|}}} - g\right) \\ &= \frac{C}{a_{\overline{n|}}} \quad \text{（利率为 } g\text{）} \end{aligned} \tag{10-9}$$

方程（10－8）和方程（10－9）都给出了年偿还量。方程（10－9）可写作：

$$C = Sa_{\overline{n|}} \quad \text{（利率为 } g\text{）} \tag{10-10}$$

这个式子表明总“债务”C（实际偿还金额，而非名义的）是利率为 g 时，在整个期限内每年未支付的服务收益在期初的现值。注意方程（10－10）与利息支付频率 p 无关。

我们可以把偿债基金初始利率定义为一年后偿还的名义贷款量与总的名义贷款量的比，由此，可得另一种方法。既然第一年的资本支付为（$S - gC$）（见方程（10－6）），定义：

$$\begin{aligned} Z &= \frac{(S - gC)}{R} \cdot \frac{1}{r} \\ &= \frac{S - gC}{C} \end{aligned} \tag{10-11}$$

则：

$$S = (g + Z)C \tag{10-12}$$

所以，

$$x_1 = S - gC = ZC \quad (依方程(10-12))$$

由上述可得：

$$x_t = ZC(1+g)^{t-1}$$

并且第 t 年末偿还的贷款的名义量为：

$$n_t = ZN(1+g)^{t-1} \tag{10-13}$$

最后注意，既然$(S-gC)=ZC$，方程（10-7）可写成如下形式：

$$Zs_{\overline{n}|} = 1 \quad (利率为\ g) \tag{10-14}$$

该方程决定了足以在 n 年里偿还贷款的偿债基金的初始利率。

上述内容说明了如何求得偿还给定期限的贷款所要求的相等的年偿还量。然而，在实际中，偿还量经常是确定的，贷款期限才是必须求得的量。这样，重新考虑方程（10-10），既然 C、S 与 g 是已知的，我们以它来确定 n 的值。

通常，没有整数 n 满足方程（10-10）。因此，一般说来，假定 n 是唯一的整数，对 n 来说，

$$Sa_{\overline{n-1}|} < C \leqslant Sa_{\overline{n}|} \quad (利率为\ g)$$

或等价地：

$$(S-gC)s_{\overline{n-1}|} < C \leqslant (S-gC)s_{\overline{n}|} \quad (利率为\ g) \tag{10-15}$$

再由方程（10-5）与方程（10-6）可知，利率为 g 时，$n-1$ 年后清偿的总的现金债务为：

$$(S-gC)s_{\overline{n-1}|}$$

且在第 n 年，贷款将全部清偿。于是贷款期限是 n 年，最后一年所需的偿还金额为：

$$C-(S-gC)s_{\overline{n-1}|} \quad (利率为\ g) \tag{10-16}$$

再加上利息（由未偿还的现金债务乘以 g 求得），最后一年的偿还额为：

$$(1+g)[C-(S-gC)s_{\overline{n-1}|}] \quad (利率为\ g) \tag{10-17}$$

显而易见，除非利率为 g 时，$(S-gC)\ s_1 = C$（此时最后一年的偿还量为 S），这个量要比名义偿还量 S 小。上述讨论可用例（10-3）说明。我们还要指出，不等式（10-15）等价于：

$$Zs_{\overline{n-1}|} < 1 \leqslant Zs_{\overline{n}|} \quad (利率为\ g) \tag{10-18}$$

最后，还有一点重要内容要注意，贷款一般以具有确定的面额（如 100 元、10 元或 1 元）的债券形式发行。偿还一张债券的一部分是不可能的。所以提存偿债基金时，可用于偿债的基金便有一小部分未能使用。处理这种未用资金的精确的方式将在贷款条件下确定。它可能被简单地忽略了，或者计息，或不计息地推到了下一年存款中。在实际应用中，这种影响事实上并不重要，在评价一笔贷款时，投资人可忽略它。

例 10-2

一笔面额为 1 000 000 元的贷款将以年 6% 的利率发行。贷款在 15 年后将以 120% 的价格通过累积偿债基金的方式偿还。该基金以年提存的方式运作。每年以适当的数额偿还，以便在最后一次提存时偿债基金的资金恰好足够偿还当时的未偿贷款。

一个应纳30%所得税的投资人，希望以一定的价格在发行日购买全部债券，以此获取8%的年净收益。如果贷款的利息：

（1）每年度末支付；

（2）每季度末支付。

那么他应付什么价格？

解：采用前面的记号，注意到 $R=1.2$，$g=0.006/1.2=0.05$，$C=100\ 000\times 1.2=120\ 000$，$n=15$。设年偿还量为 S，那么，依方程（10－9）：

$$S=\frac{120\ 000}{a_{\overline{15}|}}\qquad \text{利率为 }5\%$$
$$=11\ 561.07 \text{ 或 } 11\ 561$$

注意：这个 S 的值不论利息支付频率是多少都是适用的。

（1）假设利息每年年末支付。该投资人仅仅在购买一个15年期的平衡年金，每年要对年金的利息交税，该投资人的总收入的值为 $11\ 561a_{\overline{15}|}$（利率为8%），也就是98 956元。

第一年的利息为6 000元，所以第一年年初的资本支付为5 561元，利率为8%时的资本支付的值为：

$$K=\sum_{t=1}^{15}5\ 561(1.05)^{t-1}1.08^{-t}=5\ 561\frac{1-(1.05/1.08)^{15}}{0.03}=63\ 883$$

因此总的利息支付的值为（98 956－63 883），即35 073元，所以提供8%年净收益的贷款的值是 A，这里：

$$A=63\ 883+(1-0.3)35\ 073=884\ 334$$

注意：若已求得总支付的值为98 956元，我们能依据公式间接地求得资本的值（依据梅克汉姆公式）：

$$98\ 956=K+\frac{0.05}{0.08}(12\ 000-K)$$

与前相同，这里给出 $K=63\ 883$，这种方法避开了上面求几何函数的和。

（2）假设利息每季度末支付一次。此时资本支付与（1）中的资本支付系列相同。每年相同量的利息支付，与（1）一样，但现在利息每年等额地支付4次。因此，纯利息的值为（1）中的 $0.08/0.08^{(4)}$ 倍。因此，投资人应付价格为：

$$A=63\ 883+(1-0.3)\frac{0.08}{0.08^{(4)}}35\ 073=89\ 159$$

所以投资人应付89 159元购买此贷款。

注意：读者应仔细体会解（2）的过程中，在以解出的（1）中因利息按季支付为基础稍作调整，便可立即得出。这说明了重要的一点，在利息支付频率高于偿债基金提款频率的问题中，首先考虑相应的利息支付频率与偿债基金提款的频率相同，这是十分有用的。

例 10－3

一笔贷款名义价值为 500 000 元，利率为 11%，每年分两次并在期末支付。偿还这笔贷款是以 110% 的价格累积偿债基金，每年支付一次。这笔贷款每年的服务收益是 65 000 元，在偿债基金的第 6 次提取之后，一个投资人要买下未偿还的全部贷款。已知他应付的所得税税率为 40%，资本利得税税率为 25%，如果他希望得到的年收益率为 9%，而所有的贷款按统一的价格成交，他应当以什么价格来买下这笔贷款？

解：先求出这笔贷款的期限，注意：

$R=1.1$，$g=0.11/1.1=0.1$，$C=550\ 000$（对于全部的贷款）和 $S=65\ 000$

为获得这个期限，考虑方程（见方程式（10－10））：

$$550\ 000=65\ 000a_{\overline{n|}} \quad \text{利率为 } 10\%$$

因此，

$$a_{\overline{19|}}<\frac{550\ 000}{65\ 000}\leqslant a_{\overline{20|}}$$

若这笔贷款的期限为 20 年，每一年的利息支付为 55 000 元，则在第一年年末资本支付为 10 000 元。这样这笔钱在最初的 19 年总计是 $10\ 000s_{\overline{19|}\,i=10\%}$，也就是 511 591 元。这未偿还的债款在最后一年的年初为 38 409 元，因此，最后一年的服务收益为：

$$38\ 409\times 1.1=42\ 250$$

现在我们考虑一下，一个投资人买下已发行 6 年之后的这种债券，其价值如何？

我们知道每年都有利息支付，如果是每年支付一次利息的话，那么投资人就愿意购买为期 13 年、年支付额为 65 000 元的年金，并且随后一年年末支付 42 250 元，于是，在 9% 的利息下他将收到的总额为：

$$65\ 000a_{\overline{13|}}+42\ 250v^{14}{}_{i=9\%}=499\ 292$$

注意，前 6 次提取的总额是 $10\ 000s_{\overline{6|}\,0.1}$，即 77 156，于是，在 6 次之后，未偿还的贷款额是 472 844，因此资本余额价值 K 满足公式：

$$499\ 292=K+\frac{0.1}{0.09}(472\ 844-K)$$

从上式可以得出 $K=234\ 812$。

这里，K 的价值也可以从下面这个公式得出：

$$K=\sum_{t=1}^{13}(100\ 000\times 1.1^{5+t}\times 1.09^{-t})+(38\ 047\times 1.09^{-14})$$

这就是总的利息价值的支付，如果每年支付一次，就会是（499 292－234 812）＝264 480。

既然利息实际是半年支付一次，投资人有义务纳税，他所要支付的税款的价格为 A，公式：

$$A=234\ 812+\left[(1-0.4)\frac{0.07}{0.09^{(2)}264\ 480}\right]-\left[0.25(472\ 884-A)\frac{234\ 812}{472\ 884}\right]$$

得：

$$A = 386\ 242$$

从而投资人将要支付的这笔贷款为 386 242 元。

注意一下购买的时间和名义上的贷款的价值是 472 844/1.1 = 429 858 这个价格的百分比（名义上），投资人将会支付的是：

$$\frac{386\ 242}{429\ 858} \times 100 = 89.85\text{（元）}$$

第四节　综合应用

例 10－4

一笔面额为 300 000 元的贷款，其利息每年支付 4 次，每季度末支付。前 10 年的年利率为 6%，之后的年利率为 8.4%。这笔贷款用累计偿债基金偿还，该累积偿债基金每年以 120% 的价格提取。每年的服务收益为 28 000 元，假定一个投资人应缴所得税税率为 35%，以 95% 的价格买了全部贷款，求他的收益率。

解： 先求出贷款的期限，注意 $R = 1.2$，$C = 360\ 000$，$S = 28\ 000$，在最初的 10 年中利率为 6%，所以在这个时期 $g = 0.06/1.2 = 0.05$，令 x_t 表示第 t 年末提存的金额，显然，当 $x_t = 1\ 000$ 时，因此（从公式（10－5））：

$$\sum_{t=1}^{10} x_t = 10\ 000 a_{\overline{10|}} = 125\ 779 \qquad \text{利率} = 5\%$$

这笔贷款在第 11 年年初的未偿还额为 234 221 元。10 年后贷款的利率变为 8.4%。所以在第 11 年和随后的几年里 $g = 0.084/1.2 = 0.07$。这 11 年利率支付的价值是 $0.07 \times 234\ 221 = 16\ 395$（元），于是在第 11 年年末提存的数额为 11 605 元。

当 $t \geqslant 11$，相邻的本金偿还额之间的关系（除去在最后的一年）为：

$$x_{t+1} = 1.07 x_t$$

于是在第 11 年、第 12 年、…、第 10 + r 年提存的偿还总额为 $11\ 605 s_{\overline{n|}0.07}$。

通过求解下面的方程求出贷款的期限：

$$11\ 605 s_{\overline{r|}} = 234\ 221$$

或

$$s_{\overline{r|}} = 20.183 \qquad \text{利率为 } 7\%$$

则当利率为 7% 时，

$$s_{\overline{13|}} < 20.183 < s_{\overline{14|}}$$

所以，这笔贷款的期限为 24 年，最后 1 年的服务收益会低一些。

在最初的 23 年里提存的偿付总额为：

$$125\ 779 + 11\ 605 s_{\overline{13|}} = 359\ 511 \quad \text{利率为 } 7\%$$

也就是说，在第 24 年年末用于最后一笔提存偿债基金的金额为 489 元。最后一年的服务收益为：

$$1.07\times489=523\ (元)$$

投资人为全部贷款支付的金额为285 000元，我们应找到一个适当的利率，使这个金额即为投资人净收款项的价值。

首先，在忽略税收的情况下，我们在利息于每年年末支付的基础上对这笔贷款估值。显然，在此假设基础上，该贷款的价值为：

$$A(i)=28\ 000a_{\overline{23|}}+523v^{24}\qquad 利率为\ i$$

偿还（资本）本金的支付为：

$$K(i)=\sum_{t=1}^{10}10\ 000(1.05)t-(1+i)^{-t}+\sum_{t=11}^{23}11\ 605(1.07)^{t-11}(1+i)^{-t}+489(1+i)^{-24}$$

这样：

$$K(i)=1\ 000\frac{1-[1.05/(1+i)]^{10}}{i-0.05}+1\ 160S\frac{1-[1.0/(1+i)]^{13}}{(1+i)^{10}(i-0.07)}+489(1+i)^{-24}$$

其中，假设 $i\neq0.05$ 或 0.07。

在利息按季度支付的情况下能够使年净收益率为 i 的价格为：

$$A'(i)=K(i)+(1-0.35)\frac{i}{i^{(4)}}[A(i)-K(i)]$$

而且我们必须找到 i 的值，使上式等于285 000。为了采用线性插值法，我们试算

i	$A(i)$	$K(i)$	$A'(i)$
0.06	344 624	174 686	287 601
0.065	329 679	165 899	274 917

于是，

$$0.06+\frac{287\ 601-285\ 000}{287\ 601-274\ 917}\times0.005=0.0610\ 或\ 6.10\%$$

例10－5

一笔面额为1 000 000元的债券，利率为 $5\frac{1}{2}\%$。每年支付2次，期末支付。每年的收益支付为165 000元。收益支付首先用于支付利息，然后用于在每年年末按132%的价格偿还当时未偿还债券的5%。收益支付的余额按110%的价格尽可能多地偿还余下的债券。求：

（1）按132%偿还的债券占全部债权的比例是多少？

（2）作为一个所得税税率为37.5%的投资人，要在发行日买下全部债权，他希望每年的净收益率为6%，试求其应当支付的价格。

解：

（1）先求出贷款的期限。令 $F(t)$ 表示第 t 年末（$t\geqslant1$）支付完偿还额之后未偿还债券的面额，且 $F(0)=1\ 000\ 000$。

考虑第 t 年的收益支付。用于支付利息的数额为 $0.055F(t-1)$，年末按 132% 偿还的贷款面值为 $0.05F(t-1)$ 回收，这需要的金额为 $0.066F(t-1)$。

收益支付的余额按 110% 的价格继续偿还未偿还贷款，这就意味着除了最后一年，其服务收益较低。

$$F(t)=F(t-1)-0.05F(t-1)-\frac{165\,000-0.055F(t-1)-0.066F(t-1)}{1.1}$$

于是：

$$F(t)=1.06F(t-1)-150\,000 \tag{10-19}$$

而，

$$F(0)=1\,000\,000$$

故公式（10－19）表明：

$$F(t)=1.06^t\times1\,000\,000-150\,000s_{\overline{t|}6\%}=2\,500\,000-1\,500\,000\times1.06^t$$

由于：

$$1.06^8<\frac{2.5}{1.5}<1.06^9$$

所以这笔贷款的期限为 9 年，8 年后该贷款的未偿还额为 $F(8)$，即 109 288 元。

按 132% 偿还的全部贷款的面值为：

$$\begin{aligned}\sum_{t=0}^{8}0.05F(t)&=0.05\sum_{t=0}^{8}[2\,500\,000-1\,500\,000\times1.06^t]=1\,125\,000-75\,000s_{\overline{9|}}\\&=263\,151(\text{元})\qquad\text{利率为}6\%\end{aligned}$$

所以，按 132% 的价格偿还的债券占全部债权的比例是 0.263151。

（2）最后一年的服务收益包含的利息额为：

$$0.055\times109\,228=6\,008\ (\text{元})$$

该年收益支付用于偿还本金（资本）的数额为：

$$(0.05\times1.32)+(0.95\times1.1)109\,288=121\,352\ (\text{元})$$

因此，最后一年的收益支付总额为 127 360 元。

如果每年支付一次利息，利率为 6% 的情况下，该项债券的价值（忽略税收）为：

$$A=165\,000a_{\overline{8|}}+127\,360=1\,100\,000\ (\text{元})\qquad\text{利率为}6\%$$

在 $1\leqslant t\leqslant8$ 时，在时刻 t 时本金的偿还额为：

$$165\,000-0.0557F(t-1)=27\,500+82\,500\times1.06^{t-1}$$

于是本金支付总额为：

$$\begin{aligned}K&=\sum_{t=1}^{8}27\,500+82\,500\times1.06^{t-1}1.06^{-t}+121\,352\times1.06^{-9}\\&=27\,500a_{\overline{8|}}+(8\times82\,500\times1.06^{-1})+(121\,352\times1.06^{-9})\\&=865\,239(\text{元})\qquad\text{利率为}6\%\end{aligned}$$

因此，针对半年支付一次的利息和收入所得税，投资人应付的数额为：

$$A' = K + \frac{0.06}{0.06^{(2)}}(1-0.375)(A-K)$$

$$= 865\ 239 + 148\ 894 = 1\ 014\ 133 \text{ 或 } 101.41\%$$

例 10－6

几年前一笔面值为 100 000 元的债券，年利率为 $5\frac{1}{2}\%$，每年支付 4 次，期末支付。每年的收益支付为 8 000 元。每年的收益先用于支付利息，然后在每年年末尽可能多地用来偿还未偿还债务，前 15 年按面值偿还，之后按面值的 110% 偿还。一笔偿还款项刚刚支付，未偿还的债权面值为 67.812 元。

一个投资人，其所得税税率为 50%，资本利得税为 40%。他现在希望要买下这笔未还清的全部贷款，他希望获得 7% 的年净收益率。试求每百元面值债券他应付的价格是多少？

解：我们现在要处理的债券数额单位是 100（不是 100 000）。因此，除了最后一年之外，债券每年的收益支付是 8。

注意：

$$D = 0.055,$$

且

$$R_t = \begin{cases} 1 & 1 \leqslant t \leqslant 15 \\ 1.1 & t \geqslant 16 \end{cases}$$

像以往一样，令 x_t 代表第 t 年年底时的债券偿还额，它满足前面的方程（10－3），因此：

$$x_{t-1} = \begin{cases} 1.055x_t & 1 \leqslant t \leqslant 15 \\ 1.05x_t & t \geqslant 15 \quad \text{除了最后一年} \end{cases} \qquad ①$$

在第一年，收益支付中的 5.5 元需用于支付利息，所以，第一年年底的偿还本金的金额为 2.5 元。即 $x_1 = 2.5$，它满足方程①，所以：

$$\sum_{t=1}^{15} x_t = 2.5a_{\overline{15|}} = 56.02166 \text{ 元} \qquad \text{利率为 } 5.5\%$$

并且得出：

$$x_{16} = 2.5 \times (1.055)^{15} = 5.58119$$

因为前 15 年是按面值偿还债券。56.02166 是这笔债券在这一时期的偿付款。在第 15 年年末，这笔债券还有面值为 43.98734 元尚未偿付。由于 15 年后的偿还价格以债券的 110% 计算，因此，这笔债券在第 16 年和以后各年中最后将以总额为 $1.1 \times 43.97834 = 48.37617$（元）的款项偿还。所以，如果这笔债券在（$15+n$）年后偿还，则满足方程①（已得出 $x_{16} = 5.58119$）。所以：

$$5.58119 s_{\overline{n-1|}} < 48.37617 \leqslant 5.58119\ s_{\overline{n|}} \qquad \text{利率 } 5\%$$

其中，包含 $n = 8$ 的情况，并且这笔债券的期限为 23 年。

前22年，每年的收益支付为8，从第16年到第22年的债券偿还总额共计$5.58119s_{\overline{7|}}$（利率为5%），即45.44210，这样在这一时期偿还的面值为45.44210/1.1，即41.31100。因此，在最后一年初，未偿还债券的面值为：

$$43.97834-41.31100=2.66734$$

并且最后一年所需收益支付是：

$$\begin{aligned}2.66734\times(1.1+0.055)&=2.93407+0.14670\\&=3.08077\end{aligned}$$

注意，最后一次债券偿还额为2.93407元。

既然一个投资人要买下这笔未还清的债券，我们必须确定现在已经偿还的债券。很明显，已经偿还的少于15年应偿还的债券，而且最近的偿还额是第t年支付的，即：

$$100-2.5s_{\overline{t|}}=67.812 \qquad \text{利率是} 5\frac{1}{2}\%$$

由此，得：

$$t=10$$

为了确定净收入额和债券偿还总额，我们在每年计息一次的基础上先估算一下最初的未偿还债券额。直接计算出本金偿还额后，就能得出每个季度应付的利息额，最后计算出应付的资本所得税（依据购买价格），我们从求出的价格中得到一个方程。

在每年计息一次的基础上，购买时的未偿还资金总额为：

$$8a_{\overline{12|}}+3.08077v^{13}=64.81990 \quad \text{利率为} 7\% \qquad ②$$

而总的未偿还额是：

$$K=K_0+K_1$$

这里K_0表示按面值偿还的债券，K_1表示以110%偿还的债券。

现在：

$$\begin{aligned}K_0&=\sum_{t=1}^{5}2.5\times(1.055)^{9+t}(1.07)^{-t}\\&=2.5\times(1.055)^{10}\left[\frac{1-\left(\frac{1.055}{1.07}\right)^5}{1.07-1.055}\right]=19.40328\end{aligned} \qquad ③$$

$$\begin{aligned}K_1&=\sum_{t=6}^{12}5.58119(1.05)^{t-6}(1.07)^{-t}+2.93407(1.07)^{-13}\\&=5.58119(1.07)^{-5}\left[\frac{1-\left(\frac{1.05}{1.07}\right)^7}{1.07-1.055}\right]+1.21754=24.617713+1.21754=25.83527\end{aligned} \qquad ④$$

则：

$$K=45.23855 \qquad ⑤$$

从方程②和⑤我们看到，如果每年计息一次，则利息总额为（64.81990－45.23855），即19.58135元，这是通过将所有的未来支付减去将用于债券偿还的数额而得出的。

所以，每个季度应付的净利息额是：

$$(1-0.5)\frac{0.07}{0.07^{(4)}}\times 19.58135=10.04406 \qquad ⑥$$

现在令 A 代表（面值为 100 元的贷款中）所有未偿还贷款的价格。我们应求出应付的资本利得税。出于计税的考虑，可将购买时成交的价格按每年年末偿还的面值数额的比例来分摊。

第 t 年年末所偿还贷款的面值额为：

$$\begin{cases} x_t, & 1\leqslant t\leqslant 15 \\ x_t/1.1, & t\geqslant 16 \end{cases}$$

购买时未偿还贷款部分的面值为 67.812 元，所以，此时应付的资本利得税（以 40% 为税率）为：

$$\begin{aligned} & 0.4\left[\sum_{t=11}^{15}\left(x_t-\frac{x_t}{67.812}A\right)v^{t-10}+\sum_{t=16}^{23}\left(x_t-\frac{x_t/1.1}{67.812}A\right)v^{t-10}\right] \\ &= 0.4\left[\left(1-\frac{A}{67.812}\right)\sum_{t=11}^{15}x_tv^{t-10}+\left(1-\frac{A}{1.1\times 67.812}\right)\sum_{t=16}^{23}x_tv^{t-10}\right] \qquad ⑦ \\ &= 0.4\left[\left(1-\frac{A}{67.812}\right)\times 19.40328+\left(1-\frac{A}{74.593}\right)25.83527\right] \\ &= 18.0954-0.25299A\text{（根据方程 ③ 和 ④）} \end{aligned}$$

由于购买价格仅是净收入额，联立等式⑤、⑥、⑦得到：

$$A=45.23855+10.04406-(18.0954-0.25299A)$$

所以：

$$\begin{aligned} A &= (45.23855+10.04406-18.0954)/(1-0.25299) \\ &= 49.781\ \text{（元）} \end{aligned}$$

该投资人为了购买全部的未偿还债券，应付金额为 49 781 元。由于未偿还债券面值为 67 812 元，投资人每百元所付的价格是：

$$\frac{49\ 781}{67\ 812}\times 100=73.41\ \text{（元）}$$

第十一章　随机利率模型简介

财务合同通常是长期性的，相应地，许多合同在其生效的整个期间都面对着相当大的不确定性。因此，如果要在固定利率的基础上确定费率的话，一般在计算中要采用一个较为保守的利率。

在实际中处理不确定性的利率问题时，常常采用另一种方法，这就要用随机利率模型来测算。在这些模型中使用的不是单一的固定利率，而是通过概率理论来描述变动中的利率。例如，在一个简单的模型中，每年的利率与以前各年的利率无关，它的值为某一组有限个数值中的一个。这组数中的每一个值与该年度的实际发生利率相同的概率为一常数。换一句话说，利率为一个随机变量，它的取值范围是特定的，其值由某一给定的概率密度函数所决定。

从理论上讲，通过随机利率模型的计算，取得完全精确的结果是困难的，然而，这并不是一个不可逾越的障碍，我们采用模拟等技巧，可以把处理多种合同中的复杂的经济风险转化成我们的模型。

第一节　引　　例

在这一部分，我们将简略地考虑一个基础性的例子。这个例子尽管是人为设定的，但它能简洁地引导我们去理解随机利率模型的基本思想。

假定一家公司要发行一批期限为15年的趸交保费的资本赎回保单。保费将用于投资一项基金，该项基金在保单生效期限内以固定的复利率增长。这个固定的利率也就是收益率现在尚不知道，但保单一旦发行，就可以马上确定。假定基金的实际收益率将会是2%、4%或6%，取每个值的概率（可能性）相同。按概率理论，基金年收益率的期望值为：

$$\begin{aligned} E(i) &= (1/3 \times 0.02) + (1/3 \times 0.04) + (1/3 \times 0.06) \\ &= 0.04 \end{aligned} \tag{11-1}$$

或者说，等于4%。

现在考虑一份单位给付（给付额为1元）的保单。设 P 为收取的趸交保费。如果 i 代表保费投资的收益率，那么累计利润终值，即保单到期时公司的利润为：

$$P(1+i)^{15}-1 \tag{11-2}$$

该式可能等于：

$$[P(1.02)^{15}-1]、[P(1.04)^{15}-1]或[P(1.06)^{15}-1]$$

由于取每个值的概率都相同，累计利润终值的期望值为：

$$\begin{aligned} E(累计利润终值) &= 1/3[P(1.02)^{15}-1]+1/3[P(1.04)^{15}-1]+1/3[P(1.06)^{15}-1] \\ &= 1.84779P-1 \end{aligned} \tag{11-3}$$

既然年收益率的期望值为4%，那么公司将以此来确定 P 值，在此例中：

$$\begin{aligned} P &= v^{15} \\ &= 0.55526,\ i=4\%。\end{aligned}$$

因此，由等式（11-3），累计利润终值的期望值为：

$$E(累计利润终值)=0.02601$$

我们注意到，在这个例子中，用平均利率来计算保费并没有使得累计利润终值的期望值为零。可以证明，公司的累计利润终值有可能为0.33072、0或-0.25269，取每个值的概率都相同。虽然公司有可能亏损，但也有同样的可能获得较大的利润。

另一种观点是考虑保单生效时的净现值，也就是公司合同的给付责任在保单生效时的现值减去趸交保费的值。如果 i 是基金的年收益率，则净现值为：

$$(1+i)^{-15}-P \tag{11-4}$$

该式可能等于：

$$(1.02^{-15}-P)、(1.04^{-15}-P)或(1.06^{-15}-P)$$

在此取每个值的概率都相同。因此净现值的期望值为：

$$\begin{aligned} E(净现值) &= \frac{1}{3}(1.02^{-15}-P)+\frac{1}{3}(1.04^{-15}-P)+\frac{1}{3}(1.06^{-15}-P) \\ &= 0.57188-P \end{aligned} \tag{11-5}$$

同前，如果用平均利率4%确定出 P 为0.55526，则有：

$$E(净现值)=0.01662$$

注意，这个值也不为零。

还要注意一点，使得累计利润终值的期望值为零的 P 值不等于使得净现值的期望值为零的 P 值。

第二节 相互独立的年收益率

在前例中，保单有效期间的实际年利率为2%、4%或6%，每个取值的可能性都相同。一个更加灵活的模型假定，每一单个年份，投资基金的年收益率为一组特定数值中的一个或者处于一特定数值范围之间；任何年份的收益率都独立于前一年份的收益率，并由一给定的概率分布决定。例如，我们可以假定每年收益率的可能值为2%、4%或6%，每个值的可能性都相同。我们还可以假定每年收益率处于2%～6%之间并且是按相同的概率分布在2%～6%之间的各处（在这种情况下，i 服从区间［0.02，0.06］上的均匀分布）。

以年为衡量时间的单位。考虑把时间区间［0，n］细分为相连的区间［0，1］、［1，2］、…、［$n-1$，n］。设 i_t 为第 t 年，即期间［$t-1$，t］所获取的收益率，$t=1$，2，…，n。假定资金只在每年年初进行投资。设 F_t 为时间 t 以前所投入的全部款项在时间 t 的终值，设 P_t 为时间 t 投资的金额，则，对于 $t=1$，2，3，…

$$F_t=(1+i_t)(F_{t-1}+P_{t-1}) \tag{11-6}$$

由此等式得出，时间0的每单位投资在时间 n 将增长为：

$$S_n=(1+i_1)(1+i_2)\cdots(1+i_n) \tag{11-7}$$

同样地，在时间0，1，2，…，$n-1$，每年的每单位投资，到时间 n 累积为：

$$\begin{aligned}A_n=&(1+i_1)(1+i_2)(1+i_3)\cdots(1+i_n)\\&+(1+i_2)(1+i_3)\cdots(1+i_n)\\&+\cdots\\&+(1+i_{n-1})(1+i_n)\\&+(1+i_n)\end{aligned} \tag{11-8}$$

注意，A_n 和 S_n 都是随机变量，有着各自的概率分布。例如，如果每年收益为0.02、0.04或0.06，并且每个值的可能性都相同，那么，S_n 的值将位于 1.02^n 和 1.06^n 之间，每个值发生的概率均为 $\left(\frac{1}{3}\right)^n$。

总地说来，对 A_n 和 S_n 的分布函数进行理论上的分析有一定的难度。在研究实际问题时，更为经常采用的是模拟技术。然而，值得注意的是，随机变量 A_n 和 S_n 的矩能够较为简便地用每年收益率的矩表达出来。在下面的内容中将看到这一点。

我们先研究 S_n 的矩。

由等式（11－7），可得：

$$(S_n)^k=\prod_{t=1}^{n}(1+i_t)^k$$

因而，有：

$$\begin{aligned}E[(S_n)^k]&=E[\prod_{t=1}^{n}(1+i_t)^k]\\&=\prod_{t=1}^{n}E[(1+i_t)^k]\end{aligned} \tag{11-9}$$

因为（由假设）i_1、i_2……i_n 是相互独立的，采用后一个表达式，如果已给出年收益率分布的矩，我们就能够很容易地求出 S_n 的矩。

例如，假定年收益率的均值为 j，方差为 s^2，在等式（11－9）中令 $k=1$，有：

$$E[S_n] = \prod_{t=1}^{n} E[1+i_t]$$
$$= \prod_{t=1}^{n} (1+E[i_t])$$
$$= (1+j)^n \tag{11-10}$$

此处，对于每一个 t 值，$E[i_t]=j$。

在等式（11－9）中，令 $k=2$，有：

$$E[(S_n)^2] = \prod_{t=1}^{n} E[1+2i_t+i_t{}^2]$$
$$= \prod_{t=1}^{n} (1+2E[i_t]+E[i_t^2])$$
$$= (1+2j+j^2+s^2)^n \tag{11-11}$$

并且，对于每一个 t 值：

$$E[i_t{}^2] = (E[i_t])^2 + Var[i_t]$$
$$= j^2 + s^2$$

由等式（11－10）和等式（11－11），S_n 的方差等于：

$$Var[S_n] = E[S_n{}^2] - (E[S_n])^2$$
$$= (1+2j+j^2+s^2)^n - (1+j)^{2n} \tag{11-12}$$

推广上面的做法，可以利用年利率的高阶矩推导出 S_n 的高阶矩。

类似地，A_n 的矩也有相应的结果。

由等式（11－8）或等式（11－6）可得，对于 $n \geqslant 2$：

$$A_n = (1+i_n)(1+A_{n-1}) \tag{11-13}$$

使用这个等式是因为 A_{n-1} 只依赖于 i_1，i_2，…，i_{n-1}，从而随机变量 i_n 和 A_{n-1} 是相互独立的（根据每年的收益率相互独立的假设）。相应地，等式（11－13）使得有可能推导出一种循环关系，从中求得 A_n 的矩。我们通过求 A_n 的均值和方差来说明这种方法。

设：

$$\mu_n = E[A_n]$$
$$m_n = E[A_N^2]$$

因为：

$$A_1 = 1 + i_1$$

可得：

$$\mu_1 = 1 + j \tag{11-14}$$

以及

$$m_1 = 1 + 2j + j^2 + s^2 \tag{11-15}$$

同前，这里的 j 和 s^2 是每年收益率的均值和方差。

取等式（11－13）的期望，由于 i_n 和 A_{n-1} 相互独立，我们得到：

$$\mu_n = (1+j)(1+\mu_{n-1}) \quad n \geqslant 2 \tag{11-16}$$

与初始值 μ_1 合在一起，这个等式表示，对于所有的 n 值：

$$\mu_n = \ddot{s}_{\overline{n}|} \qquad \text{利率为 } j \tag{11-17}$$

因此，A_n 的期望值就是等于用利率的均值计算出来的 $\ddot{s}_{\overline{n}|}$。

又因为：

$$A_n^2 = (1+2i_n+i_n^2)(1+2A_{n-1}+A_{n-1}^2)$$

取其期望，对于 $n \geqslant 2$，得到：

$$m_n = (1+j+j^2+s^2)(1+2\mu_{n-1}+m_{n-1}) \tag{11-18}$$

通过等式（11－17），则 μ_{n-1} 的值是已知的。等式（11－18）为连续计算 m_2，m_3，m_4，…提供了一种循环关系。A_n 的方差可求得为：

$$\begin{aligned} Var[A_n] &= E[{A_n}^2] - (E[A_n])^2 \\ &= m_n - {\mu_n}^2 \end{aligned} \tag{11-19}$$

也可以推广上面的做法，利用年利率的高阶矩推导出 A_n 的高阶矩。对计算机来说，这一系列的计算过程是十分平常的。然而，仅仅对最初的几个时刻的分析，并没有明确表明它的分布。运用模拟的方法取得对实际问题的进一步理解，这才是更有实际意义的，这一方法我们将在第四节中讲述。

例 11－1

一家公司认为，平均起来看，它的基金年收益率为4%。然而，投资政策使得任何一年公司的基金在2%～6%之间均匀地取值。

针对趸交保费和按年交保费两种形式，当期限分别为5年、10年、15年、20年和25年时，计算每单位保费的资本赎回保单在到期日的终值的均值和标准差（计算中忽略费用）。

解：由题意可知，年利率服从区间［0.02，0.06］上的均匀分布。相应的概率密度函数为一常数：

$$1/(0.06-0.02) = 25$$

显然，年利率的均值为：

$$j = 0.04$$

方差为：

$$s^2 = \int_{0.02}^{0.06} 25(x-0.04)^2 dx = \frac{4}{3} \times 10^{-4}$$

我们要求的是当 $n=5$、10、15、20 和 25 时，$E[A_n]$、$(Var[A_n])^{\frac{1}{2}}$、$E[S_n]$、$(Var[S_n])^{\frac{1}{2}}$ 的值。

把上面的 j 和 s^2 代入等式（11－10）和等式（11－12），即可得出趸交保费保单的结果。对于年保费保单，要用到循环关系式（11－18），即 $\mu_{n-1} = \ddot{s}_{\overline{n-1}|}$（利率为4%），以及等式（11－19）。计算结果总结在表 11－1 中。要注意到，对于年保费保单和趸交保费保单，终值的标准差都随期限的增加而加速增加。

表 11-1　　例 11-1 中的终值

期限（年）	趸交保费 1 元		年交保费 1 元	
	终值均值（元）	标准差（元）	终值均值（元）	标准差（元）
5	1.21665	0.03021	5.63298	0.09443
10	1.48024	0.05198	12.48635	0.28353
15	1.80094	0.07748	20.82453	0.57899
20	2.19112	0.10886	30.96920	1.00476
25	2.66584	0.14810	43.31174	1.59392

本节的最后，我们分析一下（$1+i_t$）服从对数正态分布的情况。

总的来讲，对 A_n 和 S_n 的分布函数做理论上的分析有一定的难度，即便是在每年的收益率服从独立均匀分布这样较为简单的情况下。然而，在一特殊情况下，对 S_n 的分布函数做出准确的分析会变得特别简单。假定随机变量 $\log(1+i_t)$ 服从正态分布，均值为 μ，方差为 σ^2。在这种情况下，我们称变量（$1+i_t$）服从参数为 μ 和 σ^2 的对数正态分布。等式（11-7）等同于

$$\log S_n = \sum_{t=1}^{n} \log(1+i_t)$$

一组独立正态分布的随机变量本身也是一个正态分布的随机变量。因此，当随机变量 $(1+i_t)(t\geqslant 1)$ 相互独立且每个值都服从参数为 μ 和 σ^2 的对数正态分布，随机变量将服从参数为 $n\mu$ 和 $n\sigma^2$ 的对数正态分布。

因为对数正态分布变量的分布函数可以很容易地用它的两个参数表达出来，当每年收益率的分布函数是对数正态分布函数时，我们就可以把 S_n 的分布函数用简单的形式表达出来。

第三节　模拟方法

所有的计算机都能产生“随机数”。从严格意义上说，计算机产生的这些数是“伪随机”，它们是通过一定的方式定义出来的，是不能和纯粹决定于偶然的真正随机数相提并论的。必须指出的是，虽然有效的随机数发生器产生的数值序列具有上述局限性，但从统计学观点上说，它与真正的随机过程产生的数值序列是没有区别的。因而实践上，计算机产生的伪随机数实际上被假定为真正意义上的随机数。

例 11-2

这是一个关于模拟方法的简单例子。假设年收益率独立的前提下，一笔基金的年收益率等可能在 2%、4% 或 6% 这 3 个值中任取一个，并且假设每年年初存入账户 1。问第 15 年年终时该账户里有多少钱？

解：对于这个问题，在 15 年的最初，能够确定的仅仅是未来的终值肯定在 17.6393（即 $\ddot{s}_{\overline{15|}}$ 其中 $i=2\%$）到 24.6725（即 $\ddot{s}_{\overline{15|}}$ 其中 $i=6\%$）之间。当且仅当每年的收益率为 2% 时，终值取最小值。同理，当且仅当每年的收益率为 6% 时终值取最大值。由于每年

收益率为 2% 的概率都是 1/3，各年收益率互相独立（假设），那么所有各年的收益率为 2% 的概率为 $(1/3)^{15}$，它小于 10^{-7}，这表明该终值不可能为最小值。

每年收益率期望值：

$$\begin{aligned} j &= E[i_t] \\ &= \frac{1}{3}(0.02+0.04+0.06) \\ &= 0.04 \end{aligned} \tag{11-20}$$

由公式（11－17）可得基金的终值（15 年后）：

$$\mu_{15} = E[A_{15}] = \ddot{s}_{\overline{15}|}\text{，其中 } i = 4\% \tag{11-21}$$

年收益率的方差为：

$$\begin{aligned} s^2 &= E[(i_t - j)^2] \\ &= \frac{1}{3}[(-0.02)^2 + (0)^2 + (0.02)^2] \\ &= \frac{8}{3}\times 10^{-4} \end{aligned} \tag{11-22}$$

终值的方差可由方程（11－15）、方程（11－18）（运用 $\mu_{n-1} = \ddot{s}_{\overline{n-1}|}$，其中 $i = 4\%$）和方程（11－19）得到：

$$Var[A_{15}] = 0.67076 \tag{11-23}$$

同时，终值的标准偏差 σ_{15} 为：

$$\begin{aligned} \sigma_{15} &= (Var[A_{15}])^{1/2} \\ &= 0.81900 \end{aligned} \tag{11-24}$$

基金的终值（15 年后）小于 19 或大于 22.50 的可能性是多少？实际上，这答案和其问题一样重要。从理论上说，确切的答案是难以获得的，但通过模拟的方法，将会获得很多有价值的信息。举例如下：

假设我们从区间［0，1］中抽取 15 个随机数，记作 $\{x_i : i = 1, 2, \cdots, 15\}$。$x_t$ 的值习惯上记为 i_t，第 t 年基金收益率服从如下规律：

$$i = \begin{cases} 0.02 & 0 \leqslant x_t < 1/3 \\ 0.04 & 1/3 \leqslant x_t < 2/3 \quad \text{其中 } 1 \leqslant t \leqslant 15 \\ 0.06 & 2/3 \leqslant x_t < 1 \end{cases} \tag{11-25}$$

由于 x_t 是从区间［0，1］上随机抽取的，等式（11－25）保证 t 年中每一个收益率的可能值的概率为 1/3，与序列 $\{x_i : i = 1, 2, \cdots, 15\}$ 相对应的终值 A_{15}（由等式（11－8）计算）对 15 年期的基金来说是一个很好的感性认识。

多次重复从区间［0，1］产生的 15 个随机数序列的每一次模拟试验中，都可用等式（11－25）和等式（11－8）来计算 15 年后基金的终值，通过大量结果的研究，我们获得了有价值的启发。

举个例子，对终值 A_{15} 的分布做 10 000 次模拟试验，这个样本的均值为 20.82207，样本的标准方差为0.81597（比较μ_{15}和σ_{15}，它们分别已由等式（11－21）和等式（11－24）给出），这些值的分布如表11－2所示。

表11－2　　10 000次模拟试验中关于$\frac{A_{15}-\mu_{15}}{\sigma_{15}}$的分布

范围	范围内的值的个数
<－3	2
－3到－2.5	22
－2.5到－2.0	165
－2.0到－1.5	462
－1.5到－1.0	930
－1.0到－0.5	1 592
－0.5到0	1 914
0到0.5	1 877
0.5到1.0	1 463
1.0到1.5	880
1.5到2.0	446
2.0到2.5	171
2.5到3.0	59
≥3	18

以上每个区间的左区间都为闭区间，如：－3至－2.5包括－3，但不包括－2.5。

10 000次模拟试验中，共计1 877次分布于μ_{15}和$\mu_{15}+0.5\sigma_{15}$之间，18次大于等于$\mu_{15}+3\sigma_{15}$，只有一次小于$\mu_{15}-3\sigma_{15}$，5 086次小于μ_{15}，最小值为18.1394，最大值为23.9657，80次小于19 227次大于22.5，这些数字表明任何一个15年期的终值小于19的概率约为0.008，精确的估计是一个统计学推论，置信度约为95%的置信区间是（0.0063，0.0097），它由公式$\bar{p}\pm 19.6\sqrt{\bar{p}(1-\bar{p})/n}$得出，其中$\bar{p}=0.008$，$n=10\ 000$。同理，基金终值超过22.50的概率约为0.0227，置信度为95%的置信区间为（0.0198，0.0256）。以上讨论只是一个特殊的例子，但其基本思想十分接近于更一般的情况。另外更复杂的模拟方法已成为可能。例如，很多计算机能从一个普遍服从常用对数分布的人口分布或其他众所周知的分布中产生随机样本。

此处，我们只能从区间［0，1］中产生随机数。也许怎样才能模拟更一般的随机变量值得我们仔细考虑，假设随机变量x在区间［a，b］上取值（如果$a=-\infty$或$b=+\infty$，区间相应为开或半开半闭区间），关于区间内正数X的密度函数$f(x)$，令F表示X的分布函数，那么当$a\leqslant x\leqslant b$时：

$$f(x)\ =P\ \{X\leqslant x\} \tag{11-26}$$

显然，$F(a)=0,F(b)=1$，由假设可知X存在一个严格意义上的正的密度函数，F是区间［a，b］上的一个严格递增函数。这种情况如图11－1所示。

如t是区间［0，1］中的任一实数，且在区间［a，b］中有唯一实数与之对应，那么$Z(t)$就可表示成$F[Z(t)]=t$，如图11－2所示。

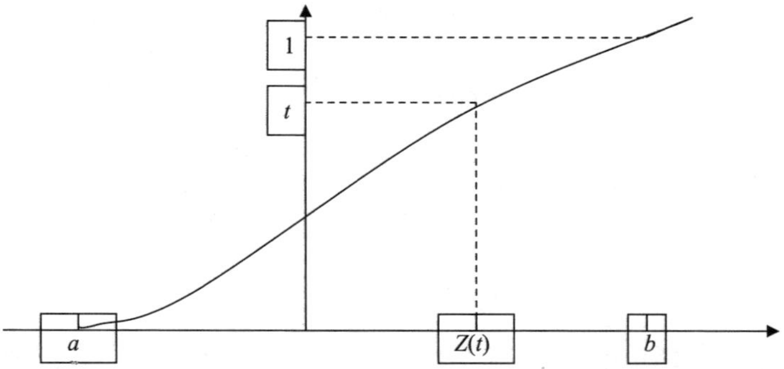

图 11－1　$F(x)$ 分布函数

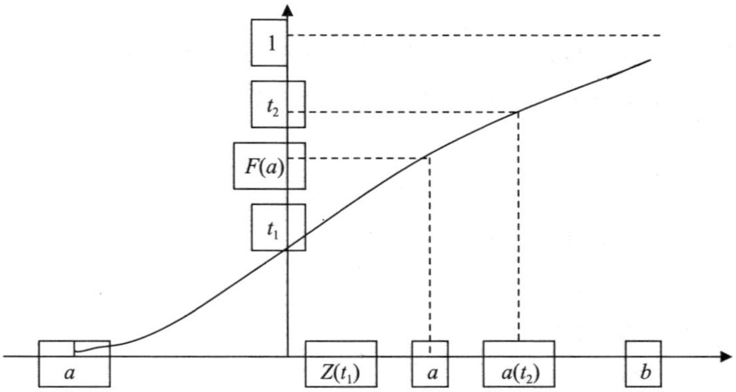

图 11－2　$F[Z(t)]$ 函数

假定 α 是区间 $[a, b]$ 内一个定值，从 $[0, 1]$ 内随机取出 t，那么 $Z(t) \geqslant \alpha$ 概率为多少呢？

观察图 11－2，当且仅当 $0 \leqslant t \leqslant F_1(x)$ 时，$Z(t) \leqslant \alpha$，则在 t 是区间 $[0, 1]$ 内随机数的前提下，可以列出：

$$P\{Z(t) \leqslant \alpha\} = F(\alpha) = P\{x \leqslant \alpha\} \tag{11-27}$$

这个等式表明，可把 $Z(t)$ 看成是随机变量 X 的合理体现。因此，倘使我们用 $[0, 1]$ 内产生的随机数来代替分布函数 F ［即解等式 $F(x) = t$］，就可以模拟分布函数 $F(x)$ 的随机变量。

例 11－3

在指数概率密度下观察一非负随机变量：

$$f(x) = 2e^{-2x} \quad x \geqslant 0$$

在此分布下说明如何模拟出随机样本。

解：由于：

$$\begin{aligned} f(x) &= \int_0^x f(r)\,dr \\ &= \int_0^x 2e^{-2r}\,dr \\ &= 1 - e^{-2x} \end{aligned}$$

如果：

$$F[Z(t)]=t$$

则：

$$1-e^{-2z(t)}=t$$

所以：

$$Z(t)=-\frac{1}{2}\log(1-t)$$

从［0，1］中产生随机变量 t，并用最后一个等式求出 $Z(t)$，我们就能很容易地模拟抽样程序了。

例 11－4

一家公司采取一项特殊投资策略，期望达到8%的平均收益率，然而这项投资计算伴随着较高的风险，预期年收益率的标准差将达到0.07，这里我们假设不同年份的收益情况是独立的。

（1）求在下列情况下15年后终值的期望值和标准差：（Ⅰ）一次性投资1 000元；（Ⅱ）连续投资15年，每年1 000元。

我们再假定每年的 $1+i$（此处 i 是公司基金的年收益）服从对数正态分布。

（2）计算一次性投资情况下，其终值将：

（Ⅰ）少于期望值的60%的概率；

（Ⅱ）超出期望值150%的概率。

（3）运用模拟方法，估计每年投资情况下其终值的分布情况（概率）。

解：

（1）运用前面学过的字符，可得：

$$j=E[i]=0.08$$

和

$$\begin{aligned}S&=(Var[i])^{1/2}\\&=0.07\end{aligned}$$

（Ⅰ）一次性投资情况下其终值的期望值：

$$1\,000E[S_{15}]=1\,000(1.08)^{15}=3\,173.17$$

标准差为：

$$1\,000(Var[S_{15}])^{\frac{1}{2}}=808.14$$

这些值分别用等式（11－10）和等式（11－12）求出。

（Ⅱ）每年投资情况下其终值的期望值：

$$1\,000E[A_{15}]=1\,000\ddot{s}_{\overline{15|}}=2\,924.28\quad 利率为8\%$$

标准差为：

$$1\,000(Var[A_{15}])^{\frac{1}{2}}=5\,808.29$$

上式值可用式（11－19）中的等式求得。

这些比较重要的值应记住。例如，在一次性投资累积的情况下，标准差是期望值的25%，这反映了每年可能收益的最大限度和可能积累量的近似范围。

（2）现假定每年的 $\log(1+i_t)$ 服从正态分布。已知 $E[i_t]=0.08$ 和 $Var[i_t]=0.07^2$，就容易得出在 $\log(1+i_t)$ 服从正态分布下的均值：

$$\mu=0.074865$$

和标准差：

$$\sigma=0.064747$$

在上一节的最后，我们已知道，$\log(S_{15})$ 服从正态分布，则均值：

$$\mu'=15\mu$$
$$=1.122975$$

标准差：

$$\sigma'=\sigma\sqrt{15}$$
$$=0.250764$$

（Ⅰ）让 Φ 表示服从标准正态分布随机变量的分布函数，注意：

$$0.6E[S_{15}]=1.9030$$

由于当且仅当：

$$\log(S_{15})<0.643589$$

时，

$$S_{15}<1.90330$$

故：

$$P(S_{15}<0.6E[S_{15}])=\Phi\left(\frac{0.643589-\mu'}{\sigma'}\right)$$
$$=\Phi(-1.91170)$$
$$=0.28$$

（Ⅱ）同样地，由于：

$$\log(1.5E[S_{15}])=\log(4.75825)$$
$$=1.559880$$

则有：

$$P(S_{15}>1.5E[S_{15}])=1-\Phi\left(\frac{1.559880-\mu'}{\sigma'}\right)$$
$$=1-\Phi(1.74229)$$
$$=0.041$$

（3）我们运用模拟来估计每年投资情况下其终值的近似分布情况。已知 μ 和 σ，就能很容易地模拟终值。第 t 年的收益率取决于一个价值量 X_t，它是在均值为 μ，标准差为 σ 的正态分布中随机取出的，且令：

$$\log(1+i_t)=X_t$$

或

$$1+i_t=e^{X_t}$$

表 11－3 总结了每年投资情况下其终值的模拟结果，我们分别用 μ_{15} 和 σ_{15} 表示终值的期望值和标准差。

表 11－3　　每年投资 1 000 的情况下其终值 $\frac{A_{15}-\mu_{15}}{\sigma_{15}}$ 的分布

范围	范围内的值的个数
<-3	0
－3 到 －2.5	4
－2.5 到 －2.0	77
－2.0 到 －1.5	401
－1.5 到 －1.0	1 058
－1.0 到 －0.5	1 839
－0.5 到 0	2 000
0 到 0.5	1 779
0.5 到 1.0	1 223
1.0 到 1.5	833
1.5 到 2.0	424
2.0 到 2.5	203
2.5 到 3.0	82
$\geqslant 3$	59

分布的范围应当注意。5 379 个终值的和小于期望值，反映了这样一个事实：一半以上的对数正态分布低于其平均值，因此每年的收益将更有可能少于 8%，而不是多于 8%，终值的最小值为 16.0604，最大值为 54.1707，最小终值近于 15 年内的有效收益率仅达到 0.85%，而最大值则达到 14.89%。

注意 $0.6E[A_{15}]=17.5946$，$1.5E[A_{15}]=43.9864$。在 10 000 个模拟中，15 个满足 $A_{15}<17.5946$，69 个满足 $A_{15}>43.9864$。估计其终值少于期望值的 60% 的概率近似为 0.0015。类似地，我们估计终值超过期望值 50% 的概率近似为 0.0069。

第四节　非独立的年收益率

到目前为止，我们已经讨论了在不同年份中收益独立的随机利率模型。上一节中使用了模拟，对于这个模型给予了说明，在其他范围这种模拟技巧尤为有用，那就是在不同年份中收益并不独立的模型。在这样的模型中，虽然我们所述的收益是“任意”一年的，但是，与此前年份中的收益有着清晰的依赖关系。

有些模型提供了不同年份的相互依赖的收益率的度量，这涉及的内容很广，超出了这一章的范围。但由于某些结果对财务过程非常重要，所以，我们来探讨一下简要的、基本的例子。

大多数简单的非独立的随机利率模型中，任意一年的收益率限定在：

（1）在此前的年份中的收益率；

（2）随机组成。

例如，用模型可以预期，如果在一个特殊年份中收益率较高，那么（因为与之相关的经济和市场因素将会继续作用），以后年份中的收益率有可能比其他情况下复杂。

在第二节中探讨过"独立的对数正态分布"模型，假设对任意的 t，$\log(1+i_t)$（i_t 是第 t 年的收益）服从均值为 μ、方差为 σ^2 的正态分布。我们可以继续采用对数正态分布模型，假定 $\log(1+i_t)$服从正态分布，并且具有常数的方差 σ^2 和如下的均值：

$$\mu_t=\mu+k[\log(1+i_{t-1})-\mu] \qquad k\text{ 为固定的值} \tag{11-28}$$

变动 k 的值，并允许在相连年份中的收益率有不同程度的相互联系，若 $k=0$，模型完全独立，若 $k=1$，那么 $\mu_t=\log(1+i_{t-1})$，且 $\log(1+i_t)$服从正态分布并集中于 $\log(1+i_{t-1})$，若 $0<k<1$，模型反映为一个中间状态，k 值越大，对于要用后来年份中的收益率来确定的某一年的收益率的影响就越大。

在"独立均匀"模型中，假定每年收益服从［$\mu-d$，$\mu+d$］上的均匀分布

$$\mu_t=\mu+k(i_{t-1}-\mu) \tag{11-29}$$

上式中，μ、d 为常数，$(0\leqslant k\leqslant 1)$。

模型中的常数 k 很容易解释，每年的收益服从长度为 $2d$ 的区间上的均匀分布，i_t 的均值由 i_{t-1}和 μ 之间的线性插值法来确定（用 k 值表示）。例如，若 $k=0.5$，i_t 就分布在集中于 i_{t-1}和 μ 之间的中点的区间上。当 $k>0$ 时，模型表明，若 $i_{t-1}>\mu$，则更多的可能是大于 μ 而不是小于 μ；若 $i_{t-1}<\mu$，那么，i_t 很可能小于 μ。

由于在这个"非独立的均匀分布"模型中，k 从 0 增至 1，在相连年份中收益率更具非独立性。不论是以年为单位还是以每次款项为单位的计算都说明了这一点，下面的例子也将说明这一点。

例 11－5

为了评估"特别增值基金"储蓄政策中的某一最小保证所隐含的成本，一家公司希望考虑按假定的收益率情况下其投资额在未来的终值，假定第 t 年的收益率 i_t 服从区间［$\mu_t-0.03$，$\mu_t+0.03$］上的均匀分布，那么：

$$\mu_t=0.06+k(i_{t-1}-0.06) \tag{①}$$

其中，k 为常数，年末这笔特别资金收益为6%。

通过模拟分别估计，若 $k=0$、0.2、0.4、0.6、0.8 和 1，由 15 年中每年年初 1 元保费构成的特别增值基金（第一笔保费现在就支付）的终值的均值和标准差，并估计上下浮动范围为5%～20%时，计算相应收益的终值。计算中不计费用。

解：注意，由于年末特别增值基金的收益为6%(0.06)，由①式，第一年的收益率均匀地分布在区间［0.03，0.09］上；第二年的收益率取决于 i_1 和 k。若 $k=0$，则每年的收益率服从区间［0.03，0.09］上的均匀分布。我们可以用第二节的结果确认，终值的均值是 24.673，标准差是 1.040。

定于任意给定的 k 值，它是从区间［0，1］上随机抽取的15个随机数中的一个，记为［x_i：$i=1$，2，…，15］。每年收益率的分布是均匀分布在长度为0.06的区间上。第一年收益率为 i_1：

$$i_1=0.03+0.06x_t$$

对于 $t\geqslant 2$，我们由两个步骤确定 i_t：

（1）由等式①计算 μ_t；

（2）定义 $i_t=\mu_t-0.03+0.06x_t$。

用这种办法由随机数 x_i 得出的结果可确定期限内每年的收益，最终的终值 S_{15} 可从等式（11－8）中算出，由 k 的任一个给定值，可得出1万个模拟值，表11－4对此结果做了概述。表中给出了最终终值的均值和标准差，还有提高、下降5%和10%的幅度时的最终分布。

表11－4　　　　非独立性的统一模型

相关常数	终值的均值	终值的标准差	终值的下限		终值的上限	
			5%	10%	10%	5%
0.2	24.673	1.264	22.669	23.078	26.320	26.828
0.4	24.724	1.667	22.040	22.622	26.905	27.579
0.6	24.794	2.373	21.077	21.809	27.908	28.901
0.8	24.990	4.205	18.712	19.929	30.634	32.432
1.0	27.044	11.549	12.587	14.502	42.366	49.237

注：$\mu=0.06$，$d=0.03$，$i_0=0.06$，期限15年，每年保费1。

举例来讲，当 $k=0.6$，终值的均值为24.774，标准差为2.373，终值小于21.077的占5%，小于21.80的占10%；终值大于27.908的占10%，大于28.901的占5%。同样，我们可以说，终值的均值对应于每年有效交易的6.05%的实际收益，有5%的终值对应于每年小于4.14%的有效交易的实际收益，终值的5%可得出至少7.83%的每年实际收益率。

其总体的实际年收益如表11－5所示。

表11－5　　　　总体的实际年收益（对应于表11－4所给的值）

相关常数	终值均值的收益	期末收益的下降		期末收益的提高	
		5%	10%	10%	5%
0.0	6.00	5.18	5.36	6.63	6.79
0.2	6.00	5.01	5.22	6.75	6.79
0.4	6.02	4.67	4.98	7.01	7.29
0.6	6.05	4.14	4.55	7.43	7.83
0.8	6.15	2.72	3.47	8.30	9.15
1.0	7.67	－2.23	－0.42	12.16	13.83

对于 k 的每个值，表 11－5 给出了按终值均值计算的整个交易的年实际收益率和按表 11－4 给出的收益上限和下限计算的收益率。对于小于 0.6 的 k，其终值的均值很相似。然而，k 的值若更大一些，均值就会有显著提高。在这里，当 $k=1$，终值的均值大约比独立的情况（$k=0$）多 9.6%，要注意的是，由于 k 的增大，终值的均值范围也增大了。当 $k=0$，大约 90% 的值在 23.000 到 26.412 之间，相对差异是 14.8%，当 $k=0.06$，取值范围在 21.077 到 28.901 之间，相对于差异是 37.1%。

假设那笔特别增值基金的条款约定，投保人至少按 4% 的收益率收到他所交纳保费的终值。我们可以按这个假定来估算该保证的成本。这个结果说明，当 $k=0.6$ 时，对于每年交纳的 1 元保费，该保证基金将支付的预期金额为 1.5 分。这个数字相对较小，这是由于一张保单可能要求追加保证金的概率为 0.01，在 10 000 个模拟值的情况下，有 114 个产生的终值小于返还率为 4% 时的 $\ddot{s}_{\overline{15|}}$。对于这 114 份保单，最终终值的平均落差为每单位年保费 1.36 元。

第五节 布朗运动的应用

最早的布朗运动的应用之一是财务发生额的规律问题。在这部分中，将简单地探讨小步骤的一维随机移动的理论，以及如何帮助我们描述一次性投资的进展。在其他一些情况中，这个理论不是总能解决实际问题，但是对于进一步的讨论，它给了我们一个起点。

在开始时考虑一个随机移动，始于初始点，并且按每年 r 步、每一步相互独立并且长度为 δ 的节奏，进行移动。在每一个时刻，0，$\frac{1}{r}$，$\frac{2}{r}$，…（以年为单位）向上移动的概率为 p，向下移动的概率为 $1-p$。

当 δ 在某一方面变小，$(\alpha p-1)\delta r$ 接近一个常数 μ，$\delta^2 r$ 接近一个常数 σ^2 时，考虑随机移动在 t 时间位置的分布。（注意这意味着 p 趋近于 $\frac{1}{2}$，r 趋近于 ∞）。$X(t)$ 可以被认为是用均值 μ 和方差 σ^2 来描述的一项布朗运动，$X(t)$ 的分布可以近似地看作均值为 μt、方差为 $\sigma^2 t$ 的正态分布。此外，在前 n 年的某些时候，$X(t)$ 落在 $-\xi$ 之下的概率（其中 $\xi>0$），可以近似地等于：

$$P_n = \frac{\xi}{\sigma\sqrt{2\pi}}\int_0^n \exp\left[-\frac{(\mu t+\xi)^2}{2\sigma^2 t}\right]t^{-3/2}dt$$

$$= \Phi\left(\frac{-\xi-\mu n}{\sigma\sqrt{n}}\right)+\exp\left(\frac{2\mu\xi}{\sigma^2}\right)\Phi\left(\frac{-\xi+\mu n}{\sigma\sqrt{\mu}}\right) \quad (11-30)$$

而 $\Phi(x)$ 指的是标准正态分布函数，因此，$X(t)$ 将降低至 $-\xi$ 的概率为：

$$1-P_\infty = \begin{cases} 0 & 如果\ \mu\leqslant 0 \\ 1-\exp\left(\frac{-2\xi\mu}{\sigma^2}\right) & 如果\ \mu>0 \end{cases} \quad (11-31)$$

上述理论的结论可应用如下，用 $X(t)$ 表示按单利计算在 0 年投资 1 元钱，在 t 的收益的对数，在理想的条件下，$X(t)$ 可以被认为是按趋势为 μ 和方差为 r^2 的布朗运动。而 μ 和 r 都分别各自表示在给定年度各增长率的对数的平均值和差异。另外，增长率的对数在 1 年、2 年、n 年中各自都是独立同分布的，共同发布为正态分布。因此，可用第二节（相互独立的年收益率）中获得的数学模型来描述，然而，等式（11－30）允许我们估计，在第一个 n 年的某一时间投资收益将会降低至一个特殊水平的概率。对寿险公司发行的保单，承诺其投资收益不会低于某个确切的数字是很重要的。而且，布朗运动模型还可以用来帮助估测将来确定股票价格时的风险。

例 11－6

我们可以运用布朗运动，推测在期初支付 1 元钱，在 t 时刻的收益对数。已知 $\mu=0.045$，$\sigma=0.10$，求一次性投资的 10 000 元，在下一个 15 年中的某一个时刻，其收益小于 8 000 元的概率。

解：设：

$$X(t)=\log\left[\frac{t\text{ 时刻的投资收益}}{10\ 000}\right]$$

注意到当且仅当：

$$X(t)<\log(0.8)=-0.22314$$

时，t 时刻的收益小于 8 000 元。

我们需要找出在下一个 15 年中某一时刻 $X(t)<-0.22314$ 的概率。

根据公式（11－30），此概率为：

$$P_{15}=\Phi\left[\frac{-0.22314-(0.045\times15)}{0.1\sqrt{15}}\right]+0.13422\Phi\left[\frac{-0.22314+(0.045\times15)}{0.1\sqrt{15}}\right]$$

$$=\Phi(-2.319)+0.13422\Phi(1.167)=0.0102+0.1179=0.1281$$

注意，$1-P_\infty$ 投资收益不会下降低于 8 000 元的概率（用公式（11－31））：

$$1-\exp\left(\frac{-2\times0.22314\times0.045}{(0.1)^2}\right)=0.8568$$

例 11－7

我们可以运用布朗运动，推测在期初支付 1 元钱，在 t 时刻的收益对数。已知 $\mu=0.07$，$\sigma=0.1395$，找出在下一个 10 年中的某一时间点 t 的收益将低于（0.75）$(1.04)^t$ 的概率。

解：计算每年按复利增长 4% 的单位货币，在 t 时刻收益的对数 $X(t)$。由布朗运动趋势为 $0.07-\log(1.04)=0.03078$，方差为 0.1395^2，我们需要找出在下一个 10 年中的某一点 $X(t)$ 低于 $\log(0.75)=-0.28768$ 的概率。

由公式（11－30）：

$$P_{10}=\Phi\left[\frac{-0.28768-0.3078}{0.1395\sqrt{10}}\right]+\exp\left[\frac{-2\times0.3078\times0.28768}{(0.1395)^2}\right]\times\Phi\left[\frac{0.28768+0.3078}{0.1395\sqrt{10}}\right]$$

$$=\Phi(-1.3507)+0.4025\Phi(0.0456)=0.2971$$

则概率为 0.2971。

第二部分 风险统计模型

风险统计模型又称风险模型，旨在为不确定事件的财务后果提供数量化意见。它包括多种模型，以概率统计为基础，刻画了多种损失变量的规律及其影响。本部分内容包括数据的整理、损失分布、概率母函数和矩母函数、风险模型、破产分析理论、贝叶斯统计推断、置信度理论、无赔款优待、递推三角形等；涵盖了非寿险精算中主要的风险统计模型。

第十二章
精算学引论

数据的整理

在实际中，一个完整的统计调查一般包括以下几个步骤：收集数据、数据的整理、统计推断和结果报告。其中，数据的整理是统计调查的基础。本章将从数据的描述开始，探讨数据的整理方法。

第一节　数据的描述

我们先来明确几个概念。

批数据（batch data），是一组相关的观察数据，例如：当前世界各国的通货膨胀、中国各省的年度预算、某校各班级的学生数。

样本数据（sample data），是一组从总体中抽出的，同时代表那个总体的数据，例如：从某保险公司人身意外伤害险保单中抽出的100份保单的保额组成的样本、从某保险公司汽车险索赔案中抽出的300个案例组成的样本、某养老金计划中180个被保险人的年龄组成的样本。

批数据的分析是为了按数据的重要特征为指标来进行分类整理。涉及样本数据的分析，除了为按数据的重要特征进行分类整理之外，还有一个重要的目的就是要做出关于样本总体的推断。本书的主要内容将与样本数据和推断有关。

数据涉及有关变量的值，我们把变量分为如下几种类型：

1. 数值性（Numerical）数据

（1）离散型数据，产生于计数（如精算师的人数、索赔的件数）；

（2）连续型数据，产生于测量（如比率、数额、年龄）。

2. 范畴性（categorical）数据

（1）属性数据，只有两个类型（如是与否、男与女、索赔与不索赔）；

（2）名义性数据，有好几种不规则的类型（如保单的类型、索赔的性质）；

（3）序列性数据，有多种不同程度的类型（如调查表显示诸如“大力支持，……，强烈反对”）。

下面将通过例子来做说明，大部分例子涉及数值性数据。

一、频数分布和条形图

例 12－1

假设某保险公司的80份家庭储蓄保单组成的样本，其家庭中16岁以下儿童的人数如下：

2	1	3	1	1	4	5	2	2	1	4	5	4	2	2	0
3	2	2	2	2	2	2	1	2	3	3	1	1	4	3	2
1	3	0	3	0	0	3	2	3	2	2	2	2	3	4	3
3	1	6	2	2	1	3	0	2	3	1	7	4	0	0	5
2	2	4	3	1	3	3	2	0	3	2	2	2	5	2	2

试用简明的方式描述这些数据，并用恰当的图表表示出来。

解： 这是一个典型的离散型变量，其可能值为0、1、2、3…。很明显，通过计算出0、1、2等的个数可以很好地描述这些数据的特征。通常，我们把这些数字的个数或者说出现的次数称为频数，把这种描述方式称为频数分布。在此用 m 来表示频数，可将频数列表如表12－1所示。

表12－1　　例12－1中的儿童人数频数

16岁以下的儿童人数，x	样本中的家庭数，m
0	8
1	12
2	28
3	19
4	7
5	4
6	1
7	1
8或8以上	0

显然，频数列表可以清晰地表述这些数据在其可能值上的分布。

条形图常常比表格能更好地表明数据的离散属性，如图12－1所示。

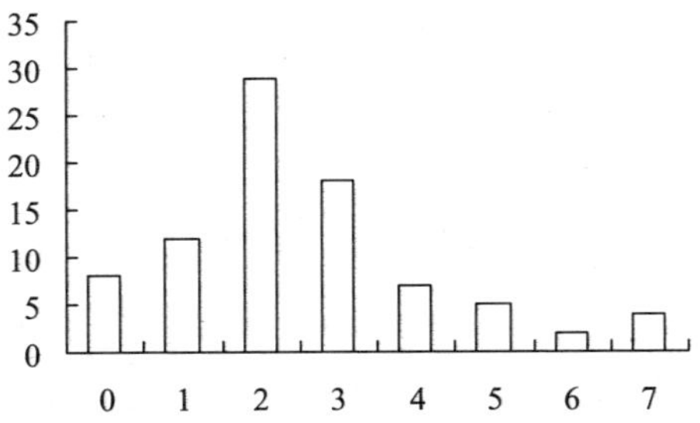

图12－1　例12－1中的儿童人数频数

通过以上描述，对于这些数据是如何分布在其可能值上，我们已经有了一个的清晰的印象，从而初步建立了该保险公司家庭储蓄保单中16岁以下儿童个数分布情况的概念。

二、群频数和直方图

群频数又称分组频数或组频数，我们通过实例来说明群频数和直方图的概念。实例中的数据是用最接近100元的方式分类的现金额如用精确到角或分的方式给出，将是真正离散的，但在这里鉴于数额如此之大，我们可以认为它们是连续的。实际中，由于数据都只能以特定的精确度近似测量，而没有数据能以无限小的精度测量，所以所有数据都是离散的。

例 12－2

保险公司家庭财产保单中某100件由于渗漏引起的索赔组成的样本，索赔金额如下（单位100元）：

243	306	271	396	287	399	466	269	295	330
425	324	228	113	226	176	320	230	404	487
127	74	523	164	366	343	330	436	141	388
293	464	200	392	265	403	372	259	426	262
221	355	324	374	347	261	278	113	135	291
176	342	443	239	302	483	231	292	373	346
293	23	223	371	287	400	314	468	337	308
359	352	273	267	277	184	286	214	351	270
330	238	248	419	330	319	440	427	314	414
219	299	165	318	415	372	238	323	411	494

试用简明的方式描述这些数据，并用恰当的图表表示出来。

解：如果考虑频数分布，可能值太多了，因此我们将它们分组，并计算每组中的件数。数值从74到523，所以一个合理的分组是50～99、100～149、150～199、…500～549，等等，这样我们将得到10组数据，具体如表12－2所示。

表 12－2　　例 12－2 中的索赔额频数

组别	频数
50～99	1
100～149	5
150～199	4
200～249	14
250～299	22
300～349	20
350～399	14
400～449	13
450～499	6
500～549	1

这就是有相同间距的群频数分布，我们称之为组容相同，由此可以对数据分布在各组上的情况有一个的清晰的印象。

直方图能更好地表明现金额的几乎所有连续属性，如图 12 –2 所示。

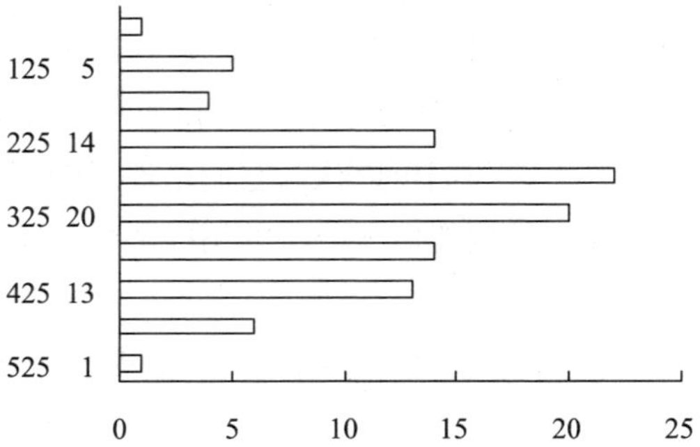

图 12 –2　例 12 –2 中的索赔额频数

如此可以对这些数据的分布情况有清晰的了解，进而掌握公司此类业务的索赔额分布。

在例 12 –2 中我们把数据分成了 10 组，这是舍弃细枝末节和获得清晰认识之间的妥协。如果分成 5 组，会失去太多的细节，而分成 20 组，将不会对数据有一个如此清晰的概括。

上述的群频数分布和直方图的组容相等。在某情况下，在两端分一个或两个更宽的组可能会更方便。在这些情况下必须注明长方形的面积（而不是高度）更与频数成比例，原因在于直觉上的比较用的是面积。例如两个边长之比为 1∶2 的正方形，它们的面积之比为 1∶4，眼睛很自然地判断它们之比为 1∶4。

三、枝叶图

常用的另一种直方图为枝叶图。它的视觉印象与直方图相似，但是没有丢失组中数据的变化细节。图 12 –3 是例 12 –2 中数据的枝叶图。

0	7
1	11344
1	6888
2	0122333344444
2	5666777777788999999999
3	00011222222233334444
3	55556677777799
4	000001122333444
4	677899
5	2

图 12 –3　例 12 –1 数据的枝叶图

图中左边的枝单位是100，右边的叶单位是10。由此单位数据能被表达出来，虽然是以最接近10的数额近似表述出来。

构造一个枝叶图可以用与直方图相同的组容。图12－3的枝叶图我们称为半枝图，因为100、200、300等数据的两个半部分是分别描述的。图12－4的枝叶图称为全枝图。相比之下，半枝图的描述更清晰一些。

0	7
1	113446888
2	0122333344444566677777778899999999
3	000111222222333344444555566677777799
4	0000011223334444677899
5	2

图12－4　例12－2数据的枝叶图

四、点图

对于更小的数据组，常常用点图（dotplot）或线图（lineplot）来描述。其做法是把数据沿着一条有刻度的直线用点或叉号表示出来。

五、其他描述方式

1. 相对频数

即发生的频数或群频数与观察的次数的比值。它给出了数额为某值或属于某组的数据所占的比例。

例如，例12－1中的儿童人数的相对频数分布如表12－3所示。

表12－3　例12－1中的儿童人数的相对频数分布

16岁以下的儿童人数	相对频数
0	0.1
1	0.15
2	0.35
3	0.2375
4	0.0875
5	0.05
6	0.0125
7	0.0125

在第十三章我们将看到，这是一个等价于随机变量概率的数据，它被看作是从数据中得到的经验概率。

2. 累积频数

即把数据小于和等于某值或某数据组的频数累加后的和（包括取其自身和比其更小

值的频数或群频数)。

对分组的数据来说，我们很自然把累积频数与各组的上界联系起来。例如，例 12 - 2 中的索赔额分布，其累积频数如表 12 - 4 所示。

表 12 - 4　　　　例 12 - 2 中的索赔额的累积频数分布

各组上限	累积频数
100	1
150	6
200	10
250	24
300	46
350	66
400	80
450	93
500	99
550	100

累积频数也能用图形表示出来。

我们也可以用相对形式来研究累积频数，在第十三章我们将会看到数据的相对累积频数分布相似于随机变量的分布函数。

还有其他描述数据的方式，如饼分图、象形图等，本书就不一一叙说了。但是必须指出的是一种图示中的危险倾向：一种特定的图能引起误导。我们可能在传媒上看过这样的图片，如瓶的图形被用来对不同时期某种酒的销量进行比较，视觉上的比较是被察觉出来的体积引起的，但是这类图片往往错误地用高度来代表频数。这与前面讲的正方形面积与长度的问题是类似的。

六、精确度

在描述数据时，我们需要考虑它的精确度。数据并非在所有的情况下都越精确越好，例如，在例 12 - 2 的索赔额中，用角和分来记录数据是没有意义的。当然，如果不考虑其他因素，知道索赔额是 796. 33 元，比知道其是 796 元要好。

读者可能对“4 位小数”或“3 位有效数字”的概念，已经非常熟悉。在风险统计中，我们更需要“重要数字”的概念。

例如，一个数集可能牵涉到计算的比率问题，该数集由以下数据组成：

1. 0581　　1. 0366　　1. 0120　　1. 0404　　1. 0321

1. 0156　　1. 0632　　1. 0026　　1. 0589　　1. 0333

由于所有数据都以 1. 0…开头，出于比较的目的，主要考察第三和第四两位数字。实际上，把它们表示成超过 1 的百分数更好比较。于是，我们往往考察下列数据：

5. 8　　3. 7　　1. 2　　4. 0　　3. 2　　1. 6　　6. 3　　0. 2　　5. 9　　3. 3

在另一个有如下数据的例子里：

33 232 元　　7 677 元　　65 652 元　　86 675 元　　98 329 元

40 020 元　　65 526 元　　4 484 元　　85 113 元　　52 886 元

用 1 000 元为单位进行比较会更清晰，即考察数据：

33　8　66　87　98　40　66　4　85　53

在报告中表达数据时，应避免过于精确，数字越简单，读者越容易理解和使用从数据中得到的信息。在实际中，一般用 2 或 3 个重要数字就足够了。

第二节　数据分布位置的度量

通常，人们对数据分布情况关心的主要是数据分布的位置、密集或分散程度、偏斜情况等等。本节将探讨数据分布位置情况的各种度量。例如，观察例 12－2 的直方图，我们会发现索赔额集中在 300 元附近。第二节、第三节将探讨数据分布的密集或分散程度、偏斜情况。

一、均值

描述数据分布的最普通的度量是均值（mean），严格来说应叫作算术平均值，因为还有其他“均值”，如调和均值和几何均值。但通常，我们还是把它简单地称为均值。

对一个有 n 个数据的数列：

$$x_1, x_2, \cdots, x_n$$

或

$$x_i,\ i=1,\ 2,\ \cdots,\ n$$

其均值是：

$$\bar{x} = \frac{1}{n}\sum_{i=1}^{n} x_i$$

读作“$x-bar$”。

实际上均值与大多数人常常称用的平均数是相同的概念。

对一个有可能值 $x_1, x_2, \cdots, x_k$ 的频数分布，其对应频数为 $m_1, m_2, \cdots, m_k$，其中 $\sum m_i = n$，其均值为：

$$\bar{x} = \frac{1}{n}\sum_{i=1}^{k} m_i x_i$$

对一个群频数分布来讲，其均值计算如上，不过这里的数值是各组的中点（中间值）。①

① 在一般的统计著作中把它定义为样本均值，而且把它当作总体均值的估计值。如果这些数据是样本数据，则这是很明显的。如果这些数据是批数据，那么将没有相应的总体均值。然而，由于大部分是样本数据，本书将一般地将其称为样本均值。

例 12－3

计算例 12－1 中的均值。

解：

$$\bar{x}=\frac{1}{80}\sum m_i x_i=\frac{186}{80}=2.325$$

由于三位小数太多了，我们取 $\bar{x}=2.3$。

例 12－4

以全部的数据和分组数据两种形式计算例 12－2 的均值。

解：用全部的数据计算：

$$\bar{x}=\frac{1}{100}\sum x_i=\frac{31\ 353}{100}=313.53$$

我们取 $\bar{x}=313.5$。

用分组数据计算：我们取各组中间值 75，125，…

$$\bar{x}=\frac{1}{100}\sum m_i x_i=\frac{31\ 750}{100}=317.5$$

严格来讲，组中值应是 74.5，124.5…，得出均值为 312.0，但注意到分组的误差，简单的选择是足够的。

由于分组的误差为 313.53－312.0＝1.53，其相对误差为 0.5%。这个误差是由于分成群频数分布时丢失的细节造成的。

注意：上例中涉及了“过于精确”的概念。考虑到由于分组的误差或丢失的细节，用更高的精确度没有什么意义。

一般地，我们取比原始数据多一位小数作为均值。如果是一个较大的数列，我们可以考虑再多取二位小数，但不要取得更多。

二、中位数

另一个有用的度量是中位数。把 n 个数据按大小排列，中位数是把这个数列分成两半的那个数，一半小于它，一半大于它，如果 n 是奇数，中位数就是中间的那个，如果 n 是偶数，中位数则是中间两数的中点（或平均值），可以表示成是第（$n+1$）/2 个数[①]。

中位数与均值是两个不同的概念。例如，有 5 个观测值：

1.1　　1.5　　1.6　　1.8　　2.2

均值为 1.64，中位数是 1.6，相当接近。然而，对于另外一组观测值：

1.1　　1.5　　1.6　　1.8　　202.2

均值为 41.64，中位数仍是 1.6，差距非常大。显然 202.2 对均值影响很大，而对中位数没有影响，这里中位数对考察某些数列的潜在优势之一，即它对极端数据的影响能在一定程度上抵消。

① 没有一个标准的符号表示中位数，一些书用 M，另一些书用 $\tilde{x}$。

中位数有时也被认为对数据分布高度偏斜的数列能够更好地描述——见第四节。

中位数另一个有用的地方是，端点数据不能被确切地知道，只是简单地知道它大于或小于某些数据。

例 12－5

计算例 12－1 的中位数。

解：查看频数分布，你将看到第 40 位和第 41 位都是 2，所以中位数是 2。

注意：累积频数对确定中位数是有用的。中位数就是累积频数 50% 所对应的那个数，而这能从累积频数分布图中看出来。

例 12－6

利用下列方式计算例 12－2 的中位数：（1）按枝叶图计算；（2）按群频数分布计算，采用简单的插值法。

解：

（1）参见枝叶图，得到第 50 和 51 位数分别为 310 和 320，所以中位数为 315。[①]

（2）中位数位于 300～349 这一组中，因为在这一组之前有 46 个数据，这一组中有 20 个数据，我们可以合理地假定这 20 个数据均匀地分布在 300～349 之间。因此用简单插值法来得到第 50.5 个数，得中位数为：

$$300+\left(\frac{50.5-46}{20}\right)\times 50=311.3$$

注意：对这个数列来讲，均值和中位数很接近，这是由于数据分布相当匀称。

三、众数

第三个度量是众数，它被定义为：出现频数最多或最典型的数。它在实际中的应用是有限的，但偶尔用到，如保险公司对最典型的投保人感兴趣。

例如，在例 12－1 中，由频数分布，我们会看到出现频数最多的数值是 2，因此众数为 2（注意：中位数也为 2，均值为 2.3）。而在例 12－2 中，我们发现，250～299 这一组的频数为 22，接着是 300～349 的组，频数为 20，于是，我们可以大概地判断出，其众数约为 300。

第三节　数据分布密集与分散程度的度量

本节将探讨数据在均值附近分布的密集与分散程度。

一、标准差

最常用的度量是标准差，它是反映数据离均值远近程度的度量。

---

① 实际上，从全部数据来看，第 50 和 51 位数分别为 314 和 318，中位数为 316。

考虑一个均值为 $\bar{x}$ 的数列 x_i，$i=1,2,\cdots,n$，对于数值 x_i，$(x_i-\bar{x})$ 是 x_i 到均值的距离，即 x_i 与均值的偏差。现在考虑这些偏差的均值：

$$\frac{1}{n}\sum_{i=1}^{n}(x_i-\bar{x})$$

很容易证明它等于0，因为正的和负的相互抵消了。

例 12－7

证明任何数列与均值的偏差之和为0，即：

$$\frac{1}{n}\sum_{i=1}^{n}(x_i-\bar{x})=0$$

证明：

$$\frac{1}{n}\sum_{i=1}^{n}(x_i-\bar{x})=\sum x_i-\sum\bar{x}=\sum x_i-n\bar{x}$$

而，

$$\bar{x}=\frac{1}{n}\sum x_i$$

因此：

$$\sum(x_i-\bar{x})=0$$

显然，数列与均值的偏差之和无法度量数据的密集或分散程度。为此，我们取绝对值：

$$\frac{1}{n}\sum|x_i-\bar{x}|$$

上式叫作“均值绝对偏差”，这是一个明显的对密集或分散程度的度量，然而，它在计量上很困难，因此，也是没有意义的。

所以，我们不取绝对值，而用平方，取偏差平方的均值，然后开方，这又回到了度量的初始维数。

于是，采用：

$$\sqrt{\frac{1}{n}\sum_{i=1}^{n}(x_i-\bar{x})^2}$$

即“偏差平方均值的根”，称为样本标准差或样本均方差。

由于统计推断的技术原因（见第十六章），用（$n-1$）来代替 n，得到：

$$\sqrt{\frac{1}{n-1}\sum_{i=1}^{n}(x_i-\bar{x})^2}$$

称作样本修正标准差，或称样本修正均方差，记为 s，而：

$$s^2=\frac{1}{n-1}\sum_{i=1}^{n}(x_i-\bar{x})^2$$

称作样本修正方差。

在不至于发生混淆的情况下，有时将样本修正方差也称为样本方差，样本修正标准差也称为样本标准差。

上述公式用手工计算很不方便，这牵涉到采用合适的精确度计算均值，再用所有的 x_j 减去它，平方后求和等。为此，我们采用一个更适合手工计算的公式：

$$s^2 = \frac{1}{n-1}\sum_{i=1}^{n}(x_j^2 - n\bar{x}^2)$$

或者

$$\frac{1}{n-1}\sum_{i=1}^{n}\left(x_j^2 - \frac{1}{n}\left[\sum_{i=1}^{n}x_i\right]^2\right)$$

我们只需要计算出 x 的和及其平方和就可以了。

$$\begin{aligned}(n-1)s^2 &= \sum_{i=1}^{n}(x_j - \bar{x})^2 \\ &= \sum_{i=1}^{n}(x_j^2 - 2x_j\bar{x} + \bar{x}^2) \\ &= \sum_{i=1}^{n}x_j^2 - 2\bar{x}\sum_{i=1}^{n}x_j + n\bar{x}^2 \\ &= \sum_{i=1}^{n}x_j^2 - 2n\bar{x}^2 + n\bar{x}^2 \text{（由于} \sum_{i=1}^{n}x_i = n\bar{x}\text{）} \\ &= \sum_{i=1}^{n}x_j^2 - n\bar{x}^2\end{aligned}$$

所以，上式成立。

在例 12－1 中，由频数分布可得：

$$\sum m_i x_i = 186$$

$$\sum m_i x_i^2 = 592$$

$$s^2 = \frac{1}{79}\left(592 - \frac{1}{80}\times 186^2\right) = 2.02$$

$s = 1.4$（取我们计算均值时所用的相同的精度）

而在例 12－2 中，可用全部的详细数据或分组后的群频数分布分别计算标准差。

采用全部数据计算，可得：

$$\sum x_j = 31\ 353$$

$$\sum x_j^2 = 10\ 687\ 041$$

$$s^2 = \frac{1}{99}\left(10\ 687\ 041 - \frac{1}{100}\times 31\ 353^2\right) = 8\ 655.91$$

$s = 93.0$（取与均值一样的精度）

对分组数据，像以前一样用 75、125 等组中值：

$$\sum m_i x_i = 31.250$$

$$\sum m_i x_i^2 = 10\ 687\ 500$$

$$s^2 = \frac{1}{99}\left(10\ 637\ 500 - \frac{1}{100} \times 31\ 250^2\right) = 8\ 866.82$$

$$s = 93.8$$

由分组导致的误差为：93.8－93.0＝0.8，相对误差为0.99。

作为分别描述数据分布的位置及密集（或分散）程度的指标，均值和标准差常常联合使用，下面的例子就是这样。

例 12－8

对于数集 x_i：$i=1, 2, 3, \cdots, n$，如果 $y_i = \alpha + \beta x_i$，可说明 y 的均值和标准差与 x 之间的关系。

解：

$$\bar{y} = \frac{1}{n}\sum y_i = \frac{1}{n}\sum(\alpha + \beta x_i) = \frac{1}{n}\{n\alpha + \beta \sum x_i\} = \alpha + \beta \bar{x}$$

$$y_i - \bar{y} = (\alpha + \beta x_i) - (\alpha + \beta)\bar{x} = \beta(x_i - \bar{x})$$

因此，显然有：

$$s_y^2 = \beta^2 s^2, s_y = \beta s_x$$

注意：α 只影响数据分布的位置而不影响密集或分散程度，这是一个在其他场合有用的重要观点。

我们有了用 $\sum x_i$ 和 $\sum x_i^2$ 表示 $\bar{x}$ 和 s^2 的公式，反过来，也可以用 $\bar{x}$ 和 s^2 来表示 $\sum x_i$ 和 $\sum x_i^2$。

显然，

$$\bar{x} = \frac{1}{n}\sum x_i \Rightarrow \sum x_i = n\bar{x}$$

$$(n-1)s^2 = \sum x_i^2 - n\bar{x}^2 \Rightarrow \sum x_i^2 = (n-1)s^2 + n\bar{x}^2$$

例 12－9

在例 12－2 中，$\bar{x}=313.5$ 元，$s=93.0$ 元，假设另外一例 50 个索赔案的索赔额均值、标准差分别为 $\bar{x}=327.4$ 元，$s=105.1$ 元。计算上述 150 个索赔案合并在一起的均值和标准差。

解：第一例 100 个索赔案：

$$\sum x = 100 \times 313.5 = 31\ 350$$

$$\sum x^2 = 99 \times (93.0)^2 + 100 \times (313.5)^2 = 10\ 687\ 476$$

（注意：相应的精确值为 31 353 和 10 687 041。）

第二例 50 个索赔案：

$$\sum x = 50 \times 327.4 = 16\ 370$$

$$\sum x^2 = 49 \times (105.1)^2 + 50 \times (327.4)^2 = 5\ 900\ 792.5$$

上述两例合并：

$$\sum x = 31\ 350 + 16\ 370 = 47\ 720$$

∴
$$\bar{x} = \frac{47\ 710}{150} = 318.1$$

$$\sum x^2 = 10\ 684\ 476 + 5\ 900\ 792.5 = 16\ 585\ 268.5$$

∴
$$s^2 = \frac{1}{199}\left(1\ 658\ 526.5 - \frac{47\ 720^2}{150}\right) = 4\ 422.45$$

∴
$$s = 97.1$$

所以，合并后的均值为 318.1 元，标准差为 97.1 元。

二、极差

极差是关于数据密集或分散的一个非常简单的度量，如它的名字所示，被定义为最大值和最小值之间的差，即：

$$R = \max(x_i) - \min(x_i)$$

显然，极差越小，数据越密集。

然而由于它完全依赖于端点，极差的用处很有限。但有一个应用领域是要普遍用到极差的，那就是，在统计过程控制中，用统计方法来控制产品质量。

在例 12－1 中，极差为：$R = 7 - 0 = 7$。

在例 12－2 中，极差为：$R = 523 - 74 = 449$。

三、四分位间距

像极差一样，四分位间距也是用来度量数据的密集或分散程度的。但它不受端点的影响。

首先我们定义四分位数：

像求中位数一样，将数据分成两半，四分位数将数据分成四段，分别标为 Q_1、Q_2、和 Q_3，第一段小于 Q_1，第二段介于 Q_1 和 Q_2 之间，第三段介于 Q_2 和 Q_3 之间，最后一段大于 Q_3，Q_2 即为中位数，Q_1 为低四分位数，Q_3 为高四分位数。

我们规定中位数为第（$n+1$）/2 个数据，同样，我们规定 Q_1 为从小排起的第（$n+1$）/4 个数据，Q_3 为从大排起的第（$n+1$）/4 个数据，必要时可能需要插值法。

四分位间距定义为：

$$Q_3 - Q_1$$

例如，假设某商店的 8 款球鞋的售价（元）分别为 250、270、275、350、380、395、420、480，则：

$$\begin{array}{c}250, 270, \vdots 275, 350, \vdots 380, 395, \vdots 420, 480 \\ \quad\quad\quad Q_1 \quad\quad\quad Q_2 \quad\quad\quad Q_3\end{array}$$

$$Q_1 = \frac{207 + 275}{2} = 272.5$$

$$Q_3 = \frac{395 + 420}{2} = 407.5$$

所以，四分位间距为：

$$Q_3 - Q_1 = 407.5 - 272.5 = 135$$

注意：像中位数一样，四分位数可以用累积频数分布得到，也可从图上得到。

例 12－10

分别由枝叶图和全部数据计算例 12－2 中的四分位间距。

解：由枝叶图：第 25 位和第 26 位均为 260，$Q_1 = 260$；

在另一端，第 25 位和第 26 位均为 370，$Q_3 = 370$。

所以，四分位间距为：

$$370 - 260 = 110 \text{（元）}$$

由全部数据：第 25 位是 259，第 26 位是 261，$Q_1 = 259.5$；

从另一端，第 25 位是 374，第 26 位是 373，$Q_3 = 373.25$。

所以，四分位间距为：

$$373.25 - 259.5 = 113.8 \text{（元）}$$

注意：误差是由枝叶图引起的。

考察数据分布位置的度量，多数情况下（如分布是相当匀称的）在数字上是相近的，而考察数据密集或分散程度的度量却不同，用不同的方法度量时，不能指望它们在数字上相近。在前面探讨索赔额的案例中，均值 $\bar{x} = 313.5$，中位数为 316.0，众数为 300，标准差 s 为 93.0，极差 R 为 449，四分位间距为 114.9。

第四节　对称与偏斜度

在考虑了数据分布的位置、密集或分散程度之后，我们关注的是分布的形状，即是对称的还是偏向某一边。

一、偏斜度的度量

偏斜度的度量，可以通过四分位数或以后将涉及的三阶矩来进行，在这里就不详细探讨了。我们将依靠对直方图、枝叶图、点图的视觉检查来评价数集的形状。我们把形状分为三种类型：相当匀称的、正偏斜的、负偏斜的，分别如图 12－5、图 12－6、图 12－7 所示。

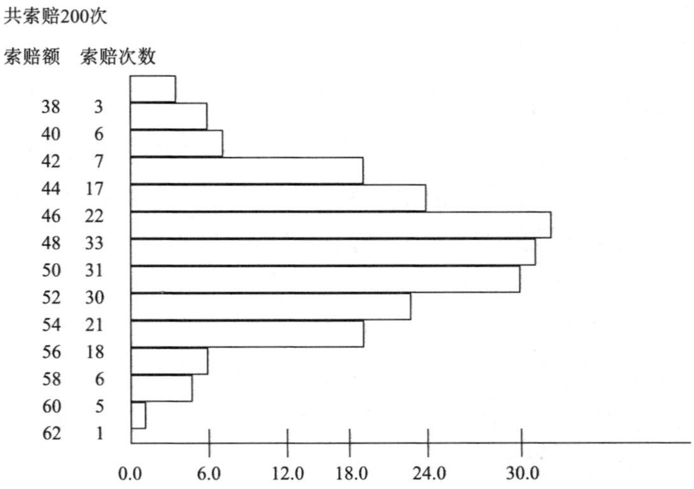

图 12－5　对称

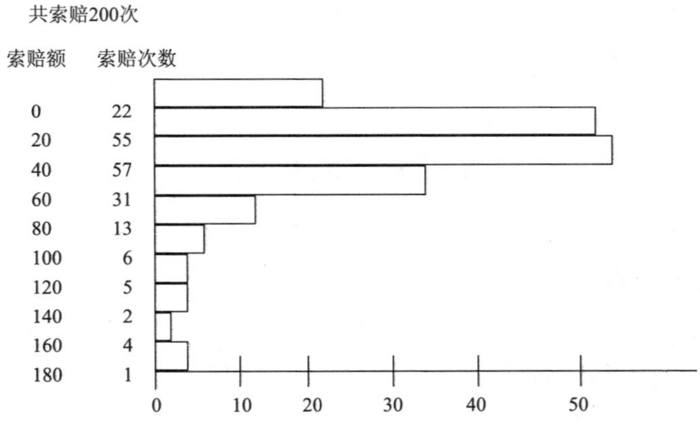

图 12－6　正偏斜

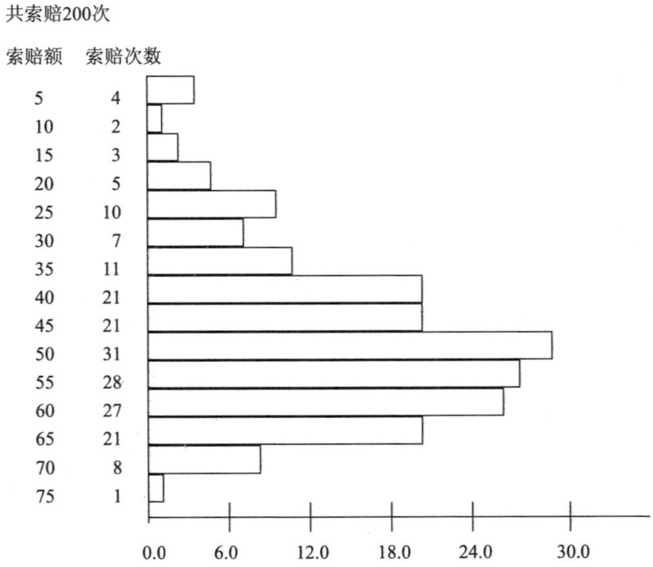

图 12－7　负偏斜

二、均值、众数和中位数的相对位置

另一个显示偏斜度的是均值、众数、中位数的相对位置。

如果一个数列是相当匀称的，上述三者将在数字上是相近的；如果是正偏斜的，一般地，均值大于中位数大于众数；如果是负偏斜的，一般地，均值小于中位数小于众数。

在实际中，均值与中位数的相对位置是偏斜度的最好指南。

三、盒图

四分位数和端点结合起来提供了一种展示数列的有用方法，被称为盒图（boxplot）。

它由一个长方形组成，长方形的两端是 Q_1 和 Q_3，中间被中位数 Q_2 分开，然后直线从端点到 Q_1 和从 Q_3 到另一端点。

图 12－8 是例 12－2 中索赔额数据的盒图。

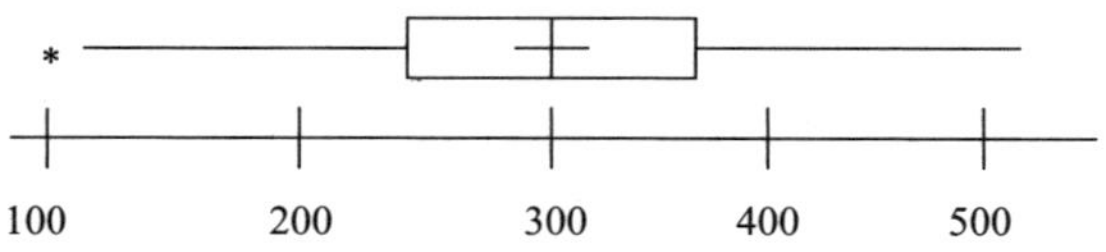

图 12－8　索赔额的盒图

你能很快看出中位数作为一个位置的度量，四分位间距（和极差）作为密集或分散程度的度量，也能看出在这例中数据是相对匀称的。

在以后特定的统计方法中你将看到，它们应用于对称的形状是最好的，因此，有时把一个数列变换成对称的形式，这能通过取对数或平方根的方法达到。不同的变换能改变不同程度的偏斜度。

第十三章　随机变量与随机向量

第一节　随机事件与概率

一、随机事件

（一）随机试验与随机事件

为研究随机现象的统计规律性而进行的各种科学试验或对事物某种特征进行的观测都称为试验。一般用字母 E 表示：

E_1：抛掷一枚硬币，观察它自由下落后正、反两面出现的情况。

E_2：在相同条件下不断地向同一个目标射击，直到击中为止，记录射击次数。

E_3：在一批同型号的灯泡中，任意抽取一只，测试它的使用寿命。

E_4：记录某班的数学考试成绩。

上述试验都可以在相同条件下重复进行。试验 E_1 只有两种可能结果：出现正面或出现反面，但是在抛掷之前不知道究竟会出现哪一面。试验 E_2 射击次数可以为 1，2，…，因此试验的所有可能结果是全体正自然数，在击中目标前，究竟需要射多少次不能事先肯定。试验 E_3 灯泡的寿命（以小时计）是一个非负的实数，在测试前不能确定它的寿命有多长。这些试验都具有下列特性：

（1）试验可以在相同的条件下重复进行；

（2）每次试验的可能结果不止一个，并且能在试验之前明确知道所有的可能结果；

（3）每次试验之前不能肯定这次试验会出现哪个结果，但可以肯定每次试验总会出现这些可能结果中的一个。

具有上述 3 个特性的试验称为随机试验，简称试验。随机试验总是在一定条件下进行的，如果条件不同，则认为是不同的试验。在概率论中，总是通过随机试验来研究随机现象的统计规律性。

在随机试验 E 中，每个可能出现的不能再分解的最简单的结果称为随机试验 E 的基本事件，用ω表示。全体基本事件的集合称为基本事件空间或样本空间，记为$\Omega=\{\omega\}$。Ω中的基本事件ω，又称为样本点。样本空间的样本点也是明确的。样本空间Ω中的任一子集称为随机事件，常用字母A、B、C等表示。随机事件发生当且仅当子集中的一个基本事件发生，基本事件也是随机事件。因此，我们也可以把随机试验E的结果称为随机事件，简称事件。

（二）事件之间的关系及运算

任何一个随机试验中总有许多随机事件。事件间的关系及运算主要包括以下几种。

1. 事件的包含

若事件A发生必然导致事件B发生，即A中的每一个样本点都包含在B中，则称事件B包含事件A，或称事件A含于事件B，记作$B\supset A$或$A\subset B$。

对任一事件A，有：

$$\Phi\subset A\subset\Omega$$

2. 事件相等

若事件A包含事件B，且事件B包含事件A，即$A\subset B$且$B\supset A$则称事件A与B相等，即A与B所含的样本点完全相同，记作$A=B$。

3. 事件的和

“事件A和事件B中至少有一个发生”的事件称为事件A与B的和（或并），它是由事件A与B的所有样本点构成的集合，记为$A+B$或$A\cup B$。

显然，$A\subset A+B, B\subset A+B$。

对任一事件A有：

$$A+A=A\quad A+\phi=A\quad A+\Omega=\Omega$$

若$A\subset B$，则$A+B=B$。

事件和的概念可以推广到有限个或可列无穷多个事件。

“事件A_1，A_2，…，A_n中至少有一个发生”的事件A称为这n个事件A_i（$i=1$，2，…，n）的和（或并），记作：

$$A=A_1+A_2+\cdots+A_n=\sum_{i=1}^{n}A_i(\text{或}A=\bigcup_{i=1}^{n}A_i)$$

“事件A_1，A_2，…，A_n中至少有一个发生”的事件A称为A_i（$i=1$，2…）的和（或并），记作：

$$A=A_1+A_2+\cdots+A_n=\sum_{i=1}^{\infty}A_i(\text{或}A=\bigcup_{i=1}^{\infty}A_i)$$

4. 事件的差

“事件A发生而事件B不发生”的事件称为事件A与B的差，它是由属于A但不属于B的那些样本点构成的集合，记作$A-B$。

5. 事件的积

“事件A与事件B同时发生”的事件称为事件A与B的积（或交），它是由事件A与

B 的所有公共样本点构成的集合，记作 AB 或 $A\cap B$。容易理解：

$$AB\subset A,\ AB\subset B$$

对任一事件 A，有：

$$A\,A=A \quad A\phi=\phi \quad A\Omega=A$$

若 $A\subset A$，则 $AB=A$。

事件之积的概念可以推广到有限个或可列无穷多个事件的情形。

"事件 A_1，A_2，…，A_n 同时发生"的事件 A 称为事件 A_i（$i=1$，2，…，n）的积，记为：

$$A=\prod_{i=1}^{n}A_i(\text{或}A=\bigcap_{i=1}^{n}A_i)$$

"事件 A_1，A_2，…，A_n 同时发生"的事件 A 称为事件 A_i（$i=1$，2，…）的积，记为：

$$A=\prod_{i=1}^{n}A_i(\text{或}A=\bigcap_{i=1}^{\infty}A_i)$$

6. 互不相容事件

若事件 A 与 B 不能同时发生，则称 A、B 互不相容，也称 A、B 互斥，记为 $AB=\Phi$。互不相容事件 A 与 B 没有公共的样本点。

互斥的概念可以推广到两个事件以上的情形：若 $A_iA_j=\Phi$（$i\neq j$；i，$j=1$，2，…，n，…），称 A_1，A_2，…，A_n 两两互斥。任何随机试验中的基本事件都是两两互斥的。

7. 对立事件

"事件 A 不发生"（或者事件"非 A"）称为 A 的对立事件，也称为逆事件，它是由样本空间 Ω 中所有不属于 A 的那些样本点组成的集合，记作 $\overline{A}$。

$\overline{A}$ 是 A 的对立事件，则 A 也是 $\overline{A}$ 的对立事件，故 A 与 $\overline{A}$ 互为对立事件。A 与 $\overline{A}$ 必须同时满足：$A+\overline{A}=\Omega$ 且 $A\,\overline{A}=\phi$。两事件若相互对立，它们一定是互斥事件，但两互斥事件却不一定是对立事件。如掷一颗骰子，"出 2 点"与"出 3 点"是互斥事件，但并不是对立事件。

显然：$\overline{A}=\Omega-A$；$\overline{\overline{A}}=A$；$\overline{\Omega}=\phi$；$\overline{\phi}=\Omega$　$A-B=A\overline{B}$。

由事件的差及对立事件的概念，可直观地得 $A-B=A\overline{B}$。

事件的运算规律和集合的运算规律完全相同，现列举如下：

1. 交换律

$$A+B=B+A \qquad AB=BA$$

2. 结合律

$$A+(B+C)=(A+B)+C \qquad A(BC)=(AB)C$$

3. 分配律

$$A(B+C)=AB+AC \qquad A+(BC)=(A+B)(A+C)$$

4. 对于有限个事件，恒有：

$$\overline{\sum_{i=1}^{n} A_i} = \prod_{i=1}^{n} \overline{A_i}, \overline{\prod_{i=1}^{n} A_i} = \sum_{i=1}^{n} \overline{A_i}$$

特别地，

$$\overline{A+B} = \overline{A}\ \overline{B},\ \overline{AB} = \overline{A} + \overline{B}$$

事件及其相互关系，与样本空间 Ω 中的元素所组成的各种子集及其相互关系相对应。我们将概率论与集合论的对应关系汇总于表 13 - 1。

表 13 - 1　　概率论与集合论的对应关系

符号	事件及其相互关系	集合及其相互关系
Ω	样本空间，必然事件	空间 全集
ϕ	不可能事件	空集
ω	样本点，基本事件	Ω 中的元素
A	事件	Ω 的子集
$\overline{A}$	A 的对立事件	集合 A 的余集
$A \subset B$	事件 A 包含于事件 B	A 是 B 的子集
$A = B$	事件 A 与事件 B 相等	集合 B 与集合 B 相等
$A + B$	事件 A、B 中至少有一个发生	集合 A 与集合 B 的和集（并集）
$A - B$	事件 A 发生而 B 不发生	集合 A 与集合 B 的差集
AB	事件 A 与事件 B 同时发生	集合 A 与集合 B 的交集
$AB = \phi$	事件 A 和事件 B 互不相容	A 集合与 B 集合没有公共元素

二、随机事件的概率

在相同条件 S 下，重复 n 次试验 E，随机事件 A 在 n 次试验中出现的次数 m 称为频数，比值 $\frac{m}{n}$ 称为事件 A 的频率，记作 $f_n(A)$。即：

$$f_n(A) \doteq \frac{m}{n} \tag{13-1}$$

显然，

$$f(\Omega) = 1, f(\phi) = 0,\ 0 \leqslant f_n(A) \leqslant 1$$

在每次重复试验中，同一事件频率有波动，带有随机性。但在多次重复试验中，频率却常常稳定在某一个数值附近。通常把这一规律称为频率具有稳定性，它对事件发生的可能性的大小提供了可比较的依据。由此，可以给出概率的统计定义：

在相同的条件 S 下，重复进行 n 次试验，事件 A 发生的频率 $f_n(A)$ 在某个常数 p 附近摆动。一般来说，n 越大，摆动幅度越小，则称频率的稳定值 p 为事件 A 发生的概率，简称为事件 A 的概率，记为 $P(A)$，即 $P(A) = p$。

显然，

$$0 \leqslant P(A) \leqslant 1; \tag{13-2}$$

且

$$P(\Omega)=1, P(\phi)=0。 \tag{13-3}$$

虽然事件的频率和概率都是来度量事件发生的可能性大小的，但是频率是试验值，依赖于试验次数具有随机性。概率是先于试验而存在的理论值，它是一个确定的常数，其大小取决于事件本身固有的规律性。上述概率的概念是描述性定义，不能直接用来计算事件 A 的概率，在实际应用时，常常通过做大量重复试验，得到事件 A 发生的频率，且以它作为 $P(A)$ 的“近似值”或“估计值”。

三、概率的基本性质及运算法则

（一）概率的基本性质

由概率的定义，除了式（13-2）、式（13-3）之外，还可以得到如下的性质，我们称之为概率的可加性：

若 A_1、$A_2 \cdots A_n$ 两两互斥，则：

$$P\left(\sum_{i=1}^{n} A_i\right)=\sum_{i=1}^{n} P(A_i) \quad \text{（有限可加性）} \tag{13-4}$$

$$P\left(\sum_{i=1}^{\infty} A_i\right)=\sum_{i=1}^{\infty} P(A_i) \quad \text{（可列可加性）} \tag{13-5}$$

（二）概率的运算法则

1. 概率的加法法则

（1）特殊加法定理：由概率的有限可加性，可以直接得到两个互斥事件和概率的运算法则，这就是下面的特殊加法定理：

两个互斥事件 A、B 之和的概率等于这两个事件概率的和，即：

若 $AB=\Phi$，则：

$$P(A+B)=P(A)+P(B) \tag{13-6}$$

由此可以得出以下推论：

①对立事件的概率之和等于 1。

即：

$$P(A)+P(\bar{A})=1 \tag{13-7}$$

或写成：

$$P(\bar{A})=1-P(A)$$

证明：因为：

$$A+\bar{A}=\Omega$$

所以：

$$P(A+\bar{A})=P(\Omega)=1$$

又因为：
$$A\overline{A}=\phi$$
所以：
$$P(A+\overline{A})=P(A)+P(\overline{A})=1$$
即：
$$P(\overline{A})=1-P(A)$$
②设 A、B 是任意两个随机事件，且 $A\subset B$，则：
$$P(B-A)=P(B)-P(A) \tag{13-8}$$
证明：因 $A\subset B$ 时 $B=A+(B-A)$ 而 A 与 $(B-A)$ 互不相容，由式（13-6）得：
$$P(B)=P(A)+P(B-A)$$
移项即得：
$$P(B-A)=P(B)-P(A)$$
由式（13-8）可知，若 $A\subset B$，则 $P(B)\geqslant P(A)$ 成立。

（2）广义加法定理

公式（13-6）仅适用于求互不相容事件之和的概率，对于两个相容事件 A 与 B 之和的概率不能用式（13-6），但有下面的广义加法定理：

设 A、B 是两个任意事件，则：
$$P(A+B)=P(A)+P(B)-P(AB) \tag{13-9}$$
证明：因为 $A+B=A+(B-AB)$，且 A 与 $(B-AB)$ 互斥，则有：
$$P(A+B)=P(A)+P(B-AB)$$
又因为：
$$B\supset AB$$
由式（13-8）得：
$$P(B-AB)=P(B)-P(AB)$$
所以，
$$P(A+B)=P(A)+P(B)-P(AB)$$
类似地，对于 3 个任意事件之和的概率，则有：
$$P(A+B+C)=P(A)+P(B)+P(C)-P(AB)-P(BC)-P(AC)+P(ABC) \tag{13-10}$$
2. 条件概率

在实际问题中，有时需要考虑在“事件 A 已发生”的条件下，事件 B 发生概率，为了不至于发生混淆，称之为条件概率，记作 $P(B|A)$，读作在事件 A 发生的条件下事件 B 的概率。相应地，$P(B)$ 是无附加条件的概率，简单称为无条件概率。正式地，我们给出如下形式的概念：

设 A、B 为随机试验 E 的两个事件，且 $P(A)>0$[或 $P(B)>0$]，则称：
$$P(B|A)=\frac{P(AB)}{P(A)}\quad [P(A)>0] \tag{13-11}$$
为事件 A 发生条件下事件 B 的条件概率；
$$P(A|B)=\frac{P(AB)}{P(B)}\quad [P(B)>0] \tag{13-12}$$

为事件 B 发生条件下事件 A 的条件概率。

3. 概率的乘法公式

由式（13－11）和式（13－12）可以得到概率的乘法公式：

$$P(AB)=P(A)P(B|A) \tag{13-13}$$

$$P(AB)=P(B)P(A|B) \tag{13-14}$$

概率的乘法公式可以推广到有限多个事件的情形：

设有 n 个事件 A_1，A_2，…，A_n 满足 $P(A_1, A_2, \cdots, A_n)>0$，则：

$$P(A_1,A_2,\cdots,A_n)=P(A_1)P(A_2 \mid A_1)P(A_3 \mid A_1A_2)\cdots P(A_n \mid A_1\,A_1\cdots A_{n-1}) \tag{13-15}$$

当 $n=3$ 时，

$$P(A_1A_2A_3)=P(A_1)P(A_2 \mid A_1)P(A_3 \mid A_1A_2) \tag{13-16}$$

（三）事件的独立性

1. 两个事件相互独立的概念

在一般情况下 $P(A|B)\neq P(A)$；$P(B|A)\neq P(B)$，即事件 A、B 中某一事件的发生对另一事件发生的概率是有影响的。在实际问题中，常遇到这样的两个事件，它们中任何一个事件的发生对另一个事件发生的可能性没有影响，这就引出了相互独立的概念：

若 $P(A)>0$，事件 B 发生的概率不受事件 A 发生与否的影响，即：

$$P(B|A)=P(B) \tag{13-17}$$

则称事件 B 对事件 A 是独立的，简称 B 独立于 A。

事实上，如果：　$P(B|A)=P(B)$

则由乘法公式：　$P(AB)=P(B)P(A|B)=P(A)P(B|A)$

得：

$$P(A|B)=P(A)$$

即事件 A 对事件 B 独立。

于是，若事件 B 对事件 A 是独立的，且 $P(A)>0$，$P(B)>0$，则事件 A 对事件 B 也是独立的。由此可见，随机事件 A 与 B 的独立性是相互的，即若 B 独立于 A，则 A 也一定独立于 B，称事件 A、B 相互独立，简称 A 与 B 独立。

2. 独立的充分必要条件

事件 A 与 B 独立的充分必要条件是：

$$P(AB)=P(A)P(B) \tag{13-18}$$

事实上，若 A 与 B 独立，将式（13－17）代入乘法公式 $P(AB)=P(A)P(B|A)$ 中，即得：

$$P(AB)=P(A)P(B)$$

另一方面，若 $P(AB)=P(A)P(B)$，由乘法公式：

$$P(AB)=P(A)P(B|A)\,(P(A)>0),$$

这两式的右端相等，即：

$$P(A)P(B)=P(A)P(B|A)$$

所以，

$$P(B)=P(B|A) \qquad [P(A)>0]$$

即 A 与 B 独立。

当 $P(A)$ 或 $P(B)$ 等于零时（13－18）式仍成立。例如，$P(A)=0$，由于：

$$AB\subset A,\ 0\leqslant P(AB)\leqslant P(A)=0$$

所以，
$$P(AB)=0=P(A)P(B)$$

在实际问题中，往往对两个事件 A、B 按其实际意义，直观地判定彼此是否有影响，从而确定它们是否独立。若两个事件独立，就可以由两个事件概率的乘积计算事件乘积的概率。例如，连续两次抛掷硬币，事件“第一次出现正面 A”与“第二次出现正面 B”是相互独立的。

3. n 个事件的相互独立

两个事件相互独立的概念可以推广到任意有限个事件的情形：

设 A_1，A_2，$\cdots A_n$ 是 n 个事件，若对其中任意 m 个事件 A_{i_1}，A_{i_2}，$\cdots A_{i_m}$，有：

$$P(A_{i_1},A_{i_2},\cdots A_{i_m})=P(A_{i_1})P(A_{i_2})\cdots P(A_{i_m}) \qquad (13-19)$$

成立，其中 $1\leqslant i_1<i_2<\cdots<i_m\leqslant n$，$2\leqslant m\leqslant n$，则称 A_1，A_2，$\cdots A_n$ 相互独立。

在式（13－19）中有 2^n-n-1 个等式，当 $n=3$ 时，有 4 个等式：

① $$P(A_1A_2)=P(A_1)P(A_2)$$

② $$P(A_2A_3)=P(A_2)P(A_3)$$

③ $$P(A_1A_3)=P(A_1)P(A_3)$$

④ $$P(A_1A_2A_3)=P(A_1)P(A_2)P(A_3)$$

当这 4 个等式都成立时，称 A_1、A_2、A_3 这三个事件相互独立，若仅①、②、③这 3 个等式成立，只表示 A_1、A_2、A_3 三个事件两两独立。

需要注意的是：若事件 A_1，A_2，$\cdots A_n$ 两两独立（即其中每两个都独立）并不能导出它们相互独立。

例如：设 $\Omega=\{\omega_1,\ \omega_2,\ \omega_3,\ \omega_4\}$，且 $P(\omega_i)=\dfrac{1}{4}$ $(i=1,\ 2,\ 3,\ 4)$

令：

$$A=\{\omega_1,\ \omega_2\},\ B=\{\omega_1,\ \omega_3\},\ C=\{\omega_1,\ \omega_4\}$$

则：

$$P(A)=P(B)=P(C)=\frac{1}{2}$$

$$P(AB)=P(AC)=P(BC)=\frac{1}{4}$$

且，

$$P(AB)=P(A)P(B)$$
$$P(AC)=P(A)P(C)$$
$$P(BC)=P(B)P(C)$$

因而事件 A、B、C 两两独立。但：

$$P(ABC)=P(\{\omega_1\})=\frac{1}{4},\ P(A)P(B)P(C)=\frac{1}{8}$$

$$P(ABC)\neq P(A)P(B)P(C)$$

可见事件 A、B、C 不相互独立。

n 个事件相互独立有如下性质：

（1）若 A_1，A_2，$\cdots A_n$ 相互独立，则：

$$P(A_1,A_2,\cdots A_n)=\prod_{i=1}^{n}P(A_i) \tag{13-20}$$

（2）若 A_1，A_2，$\cdots A_n$ 相互独立，则：

$$P(\sum_{i=1}^{n}A_i)=1-\prod_{i=1}^{n}P(\overline{A}_i)$$

四、全概率公式与逆概率公式

（一）完备事件组

设 Ω 为随机试验 E 的样本空间，A_1，A_2，$\cdots A_n$ 为 E 的一组事件，若它们满足：

（1）A_1，A_2，$\cdots A_n$ 互不相容，且 $P(A_i)>0$　　$(i=1,\ 2,\ \cdots,\ n)$

（2）$A_1+A_2+\cdots+A_n=\Omega$

则称 A_1，A_2，$\cdots A_n$ 构成一个完备事件组。

（二）全概率公式

设试验 E 的样本空间为 Ω，B 为 E 的事件，A_1，A_2，$\cdots A_n$ 为一个完备事件组，则：

$$P(B)=\sum_{i=1}^{n}P(A_i)P(B\mid A_i) \tag{13-21}$$

这就是全概率公式。

事实上，因为 A_1，A_2，$\cdots A_n$ 是完备事件组，即：

$$\sum_{i=1}^{n}A_i=\Omega$$

且，　　$A_iA_j=\phi\quad(i\neq j;\ i,\ j=1,\ 2,\ \cdots,\ n)$，

按照加法公式有：

$$P(B)=\sum_{i=1}^{n}P(BA_i)$$

再由乘法公式便得：

$$P(B)=\sum_{i=1}^{n}P(A_i)P(B\mid A_i)$$

在概率计算中，为了计算复杂事件的概率，常将复杂事件分解成一些概率已知的简单事件，然后利用全概率公式推算出复杂事件的概率。为了计算事件 B 的概率，先将 B 分解为一些不相容的简单事件的和，即 $B=BA_1+BA_2+\cdots+BA_n$，而且 $A_1+A_2+\cdots+A_n=\Omega$。

然后求出整个 B 的一组条件概率 $P(B|A_i)$（$i=1, 2, \cdots, n$），这就可以得到事件 B 的概率。运用全概率公式的关键在于找出完备事件组。

（三）逆概率公式

设 A_1，A_2，$\cdots A_n$ 是随机试验 E 的一个完备事件组，B 是一个事件，且 $P(B)>0$，则在事件 B 已发生的条件下事件 A_i 发生的概率为：

$$P(A_i|B)=\frac{P(A_i)P(B|A_i)}{\sum_{i=1}^{n}P(A_i)P(B|A_i)} \tag{13-22}$$

这就是逆概率公式，也称为贝叶斯（Bayes）公式。

事实上，对任一事件 A_i（$1\leqslant i\leqslant n$）由乘法公式和全概率公式可得：

$$P(A_i|B)=\frac{P(A_iB)}{P(B)}=\frac{P(A_i)P(B|A_i)}{\sum_{i=1}^{n}P(A_i)P(B|A_i)}$$

贝叶斯公式在概率统计中有多方面的应用，比如，已知某事件 B 已经发生，引起 B 发生的可能原因有 A_1，A_2，$\cdots A_n$ 共 n 个，且这 n 个事件两两互斥，需要判断 B 是伴随着 A_1，A_2，$\cdots A_n$ 中的哪一个事件发生的情况而发生，这就要求出 B 发生的条件下某个原因 A_i 发生的概率，即条件概率 $P(A_i|B)$，所以公式（13－22）又称为原因概率。实际应用中，往往是求出每一个 $P(A_i|B)$（$i=1, 2\cdots, n$），然后找出其中最大的一个 $P(A_i|B)$，这时第 i 个事件 A_i 则表示是引起事件 B 发生的最可能的原因。这种方法，在统计推断中发展成为贝叶斯方法，有其实用价值。

第二节 随机变量的分布和数字特征

一、随机变量及其分布

（一）随机变量的概率

在研究随机试验时，我们已看到有些随机试验的结果直接表现为数量形式，例如，某电话交换台在 1 分钟内接到的“呼唤次数”：0，1，2，…；在任意取出的 3 件产品中“含次品的件数”：0，1，2，3 等等。这些试验的结果都与数值有关。但对每一个随机试验来说，每次试验的可能结果不止一个，因此不能用一个固定不变的数值表示，而是用能取若干个数值的量来表示，即随机试验的结果可以变量表示。在试验之前，这种变量将取什么值是不能确定的，它的取值依赖于试验的结果，由于在一次试验中出现什么结果是随机的，因此变量取什么值也是随机的。我们称这种取值随着试验结果而变的量为随机变量。

下面给出随机变量的定义：

在条件 S 下，随机试验的每一个可能结果 ω 都可用一个单值实函数 $\xi(\omega)$ 来表示，

且 ξ 满足：

（1）ξ 是由随机试验的结果 ω 唯一确定；

（2）ξ 的取值是随机的；

（3）对于任意给定的实数 x，事件 $\{\xi \leqslant x\}$ 具有确定的概率，则称 ξ 为一随机变量。一般用小写的希腊字母 ξ、η、ζ 或大写的拉丁文字母 X、Y、Z 等表示它们所取的值。为书写方便，有时用“随机变量”的英文字头“R. V.”表示随机变量。

（二）离散型随机变量及其分布

按一定概率取有限个或可列无穷多个数值的随机变量称为离散型随机变量。为了全面掌握某离散型随机变量的统计规律，应知道：

（1）该随机变量的所有可能取的值；

（2）该随机变量取每个可能值的概率。

一般来讲，设离散型随机变量 ξ 的所有可能取的值为 x_1，x_2，$\cdots x_k$，$\cdots$，ξ 取各可能值的概率，即事件 $\{\xi = x_k\}$ 的概率为：

$$P\{\xi = x_k\} = P_k \quad (k = 1, 2, 3, \cdots) \tag{13-23}$$

则称（13－23）为离散型随机变量 ξ 的概率分布或分布率。分布率可以用表格表示，具体如表 13－2 所示。

表 13－2　　分布率

ξ	x_1	x_2	$\cdots$	x_k	$\cdots$
P	P_1	P_2	$\cdots$	P_k	$\cdots$

显然，离散型随机变量有以下两条基本性质：

（1）离散型随机变量取任何值时，其概率都不会是负数，即：

$$P_k \geqslant 0 \quad (k = 1, 2, \cdots)$$

（2）离散型随机变量取遍所有可能值时，其概率之和等于 1，即：

$$\sum_k P_k = 1$$

反之，任意一个满足上述两条性质的数列 $\{P_k\}$，必是某个离散型随机变量的分布律。

设随机变量的分布律如表 13－3 所示。

表 13－3　　随机变量的分布率

ξ	0	1
P	$1-P$	P

（三）连续型随机变量及其概率密度

连续型随机变量的特点是它可能取某一区间内所有的值，例如，弹着点与目标的距离可以是区间 $[0, +\infty)$ 中的任一个值。对于连续型随机变量，列举它的取值及其相应的概率是不可能也是没有意义的，事实上对于一切实数 a，事件 $\{\xi=a\}$ 的概率都是零。因此通常对连续型随机变量 ξ 只考虑事件 $\{a<\xi\leqslant b\}$ 的概率。为此引定义：

对于随机变量 ξ，若存在非负可积函数 $f(x)$（$-\infty<x<+\infty$），使得对于任意实数 a，b（$a<b$），都有：

$$P\{a<\xi\leqslant b\}=\int_a^b f(x)dx \tag{13-24}$$

则称 ξ 为连续型随机变量，且称 $f(x)$ 为 ξ 的概率密度函数，简称概率密度或密度函数。由定积分的几何意义可知，连续型随机变量在某区间上取值的概率等于该区间上密度函数曲线 $f(x)$ 下的曲边梯形的面积，如图 13－1 所示。对任意实数 a，ξ 取 a 值的概率即 $P\{\xi=a\}$ 可如下直观地得到：将区间的右端点 b 向左移动，这样该区间上的曲边梯形（图 13－1 中阴影部分）的面积就跟着逐渐变小，最后在 a 点的“曲边梯形”（即一条直线）的面积为零，呈是 $P\{\xi=a\}=0$。即连续型随机变量 ξ 在任一点处取值的概率为零，因此，对连续型随机变量来说，它在任一区间上取值的概率与是否包含区间端点无关，所以下面的等式成立：

$$P\{x_1<\xi\leqslant x_2\}=P\{x_1\leqslant\xi<x_2\}=P\{x_1<\xi<x_2\}=P\{x_1\leqslant\xi\leqslant x_2\}=\int_{x_2}^{x_1}f(x)dx$$

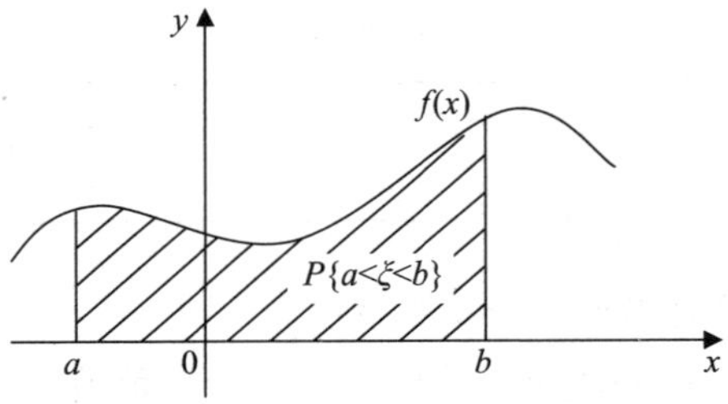

图 13－1　概率密度函数 $f(x)$

由此可知，概率为零的事件未必是不可能事件，概率为 1 的事件未必是必然事件。

由密度函数的定义，我们得到它的两个性质：

①密度函数是非负的，即 $f(x)\geqslant 0$（$-\infty<x<+\infty$）。

②
$$\int_{-\infty}^{+\infty}f(x)dx=1 \tag{13-25}$$

性质①是显然的，对于性质②，由于：

$$\int_{-\infty}^{+\infty}f(x)dx=P\{-\infty<\xi<+\infty\}=P\{\Omega\}=1$$

反之，如果一个函数满足上述两条性质，则它一定是某个连续型随机变量的概率密度。

这两条性质的几何意义是：

密度函数曲线 $y=f(x)$ 不在 x 轴的下方；

密度函数曲线下与 x 轴所形成的曲边梯形的面积为 1。

图 13－1 概率密度函数$f(x)$在某点x处的值表示连续型随机变量ξ在该点x处概率分布的密集程度，而不是ξ取值x的概率。对于连续型随机变量来说，它的概率的分布规律可以用密度函数$f(x)$来全面地描述。

（四）随机变量的分布函数

前面我们用分布律描述了离散型随机变量的概率分布；用概率密度函数讨论了连续型随机变量的概率分布。为了从数学上对离散型随机变量与连续型随机变量进行统一的研究，下面引入分布函数的概念。

设ξ是一随机变量，x是任意实数，则称函数：

$$f(x)=P\{\xi\leqslant x\} \qquad (-\infty<x<+\infty) \tag{13-26}$$

为ξ的分布函数，也称为累积分布函数。

分布函数是一个以全体实数为定义域，以事件$\{\xi\leqslant x\}$的概率为函数值的实值函数。

分布函数$f(x)$具有以下的基本性质：

（1）$0\leqslant f(x)\leqslant 1$；

（2）$f(x)$是不减函数，即当$x_1<x_2$时，$F(x_1)\leqslant F(x_1)$；

（3）$F(+\infty)=\lim\limits_{x\to+\infty}f(x)=1$，$F(-\infty)=\lim\limits_{x\to-\infty}f(x)=0$

（4）$f(x)$在任一点x_0处至少右连续。对于离散型随机变量ξ，$f(x)$右连续，即：

$$\lim_{x\to x_0^+}f(x)=F(x_0)$$

对连续型随机变量ξ，$f(x)$是连续函数，即：

$$\lim_{x\to x_0}f(x)=F(x_0)$$

反之，若一个函数具有上述性质（1）至（4），则它可作为某个随机变量的分布函数。

由分布函数的定义，可以进一步分析随机变量ξ在区间$(x_1,x_2]$取值的概率，因为事件：

$$\{x_1<\xi\leqslant x_2\}=\{\xi\leqslant x_2\}-\{\xi\leqslant x_1\}$$

所以：

$$P\{x_1<\xi\leqslant x_2\}=P\{\xi\leqslant x_2\}-P\{\xi\leqslant x_1\}=F(x_2)-F(x_1) \tag{13-27}$$

这就是说，随机变量ξ在左开右闭区间内取值的概率等于它的分布函数$f(x)$在该区间端点的函数差值。

1. 离散型随机变量的分布函数

设离散型随机变量ξ的分布律如表 13－4 所示。

表 13－4　　离散型随机变量ξ的分布律

ξ	x_1	x_2	…	x_k	…
P	P_1	P_2	…	P_k	…

由分布函数的定义可知，其分布函数为：

$$f(x) = P\{\xi \leqslant x\} = \sum_{x_k \leqslant x} P\{\xi = x_k\} = \sum_{x_k \leqslant x} P_k \tag{13-28}$$

即 $f(x)$ 是 ξ 取小于或等于 x 的所有可能值的概率之和。当 ξ 的取值为 $x_1 < x_2 < \cdots < x_k < \cdots$ 时，其分布函数可以写成分段函数的形式：

$$f(x) = \begin{cases} 0 & x_1 < x_2 \\ p & x_1 \leqslant x < x_2 \\ p_1 + p_2 & x_2 \leqslant x < x_3 \\ \cdots & \end{cases} \tag{13-29}$$

不难看出，这个分段函数的分点就是离散型随机变量 ξ 的各可能取值点。

离散型随机变量 ξ 的分布函数 $f(x)$ 是分段函数，其分界点就是 ξ 的可能取值 x_k，$f(x)$ 的图形是（$-\infty$，$+\infty$）上的一条阶梯曲线，当 x 经过 ξ 的每一可能值 x_k 时，$f(x)$ 就跳跃地变化一次，其跳跃值为 ξ 取 x_k 时的概率 p_k，称 $P\{\xi = x_k\} = p_k$ 为 $f(x)$ 的跃度，$f(x)$ 是右连续的。

2. 连续型随机变量的分布函数

设连续型随机变量 ξ 的概率密度为 $f(x)$，则其分布函数为：

$$f(x) = P\{\xi \leqslant x\} = P\{-\infty < \xi \leqslant x\} = \int_{-\infty}^{x} f(t)\,dt \tag{13-30}$$

即 $f(x)$ 是连续型随机变量 ξ 的概率密度 $f(x)$ 在区间（$-\infty$，x］上的积分。由广义积分的几何意义可知 $f(x)$ 的值可表示为概率密度曲线 $f(x)$ 在（$-\infty$，x］上曲边梯形的面积，如图 13－2 中的阴影所示的面积。

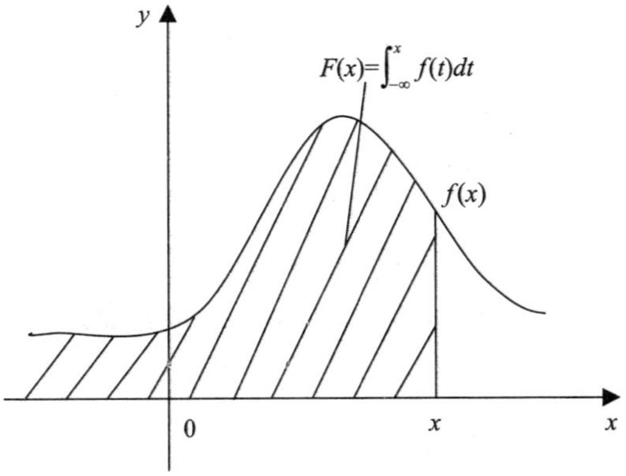

图 13－2　分布函数 $f(x)$

概率密度函数 $f(x)$ 与分布函数 $f(x)$ 都是用来描述连续型随机变量 ξ 的概率分布的，下面来分析它们之间的关系。

由式（13－27）知，连续型随机变量 ξ 在区间（x，$x+\Delta x$］上的概率为：

$$P\{x < \xi \leqslant x + \Delta x\} = F(x + \Delta x) - f(x)$$

式中 x 为任意实数，$\Delta x > 0$ 表示区间长度。则比值：

$$\frac{P\{x<\xi\leqslant x+\Delta x\}}{\Delta x}=\frac{F(x+\Delta x)-f(x)}{\Delta x}$$

称为ξ在区间$(x, x+\Delta x]$上的平均概率密度。若$\Delta x \to 0$时，平均概率密度的极限存在，即：

$$\lim_{\Delta x\to 0}\frac{P\{x<\xi\leqslant x+\Delta x\}}{\Delta x}=\lim_{\Delta x\to 0}\frac{F(x+\Delta x)-f(x)}{\Delta x}=\lim_{\Delta x\to 0}\frac{\Delta F}{\Delta x}=F'(x)$$

则$F'(x)$就是连续型随机变量ξ在点x处的概率密度$f(x)$，即：

$$f(x)=F'(x) \qquad (13-31)$$

式（13－31）表示概率密度$f(x)$是分布函数$f(x)$的导数，分布函数$f(x)$是概率密度$f(x)$的一个原函数，$f(x)$与$f(x)$两者中，由其中的一个可决定另一个。

二、随机变量函数的分布

在实际问题中，有些随机变量的分布很难直接得到，但是与它们有关系的另一些随机变量的分布却容易知道。例如，某工厂生产的同型号球形零件的体积与它的直径之间有函数关系，此零件的直径大小通常用一个随机变量ξ来表示，于是零件的体积$V=\frac{1}{6}\pi\xi^3$。因为ξ是随机变量，所以V也是随机变量。由于零件的直径可以直接测量，故ξ的分布是可以掌握的，我们希望通过ξ的分布求出V的分布。这就要求研究随机变量的函数的分布。设随机变量ξ的取值为x，随机变量η的取值为y，且$y=g(x)$，则称η是随机变量ξ的函数，记作$\eta=g(\xi)$。

对于一个离散型随机变量ξ，若$\eta=g(\xi)$，则η也是一个离散型随机变量，η的分布律可由ξ的分布律得到。

设ξ的分布律如表13－5所示。

表13－5　　ξ的分布律

ξ	x_1	x_2	…	x_k	…
P	P_1	P_2	…	P_k	…

记$y_i=f(x_i)$（$i=1, 2, \cdots$），若$y_1, y_2, \cdots$均不相同，由于$P\{\xi=y_i\}=P\{\xi=x_i\}$（$i=1, 2, \cdots$），则$\eta$的分布律如表13－6所示。

表13－6　　η的分布律

$\eta=g(\xi)$	$y_1=g(x_1)$	$y_2=g(x_2)$	…	$y_k=g(x_k)$	…
P	P_1	P_2	…	P_k	…

若$y_1, y_2, \cdots$有相同的值，则在上表中把相同的值合并，根据概率的可加性将它们的概率相加。

若ξ是连续型随机变量，当$\eta=g(\xi)$时，η也是连续随机变量。与离散型随机变量函数的分布率类似，可以由ξ的概率密度求出η的概率密度，只不过通常情况下要更复杂一些。

为区别不同的随机变量的概率密度和分布函数，把随机变量写在它们右下角，如 $f_\eta(y)$ 和 $F_\eta(y)$ 是 η 的概率密度和分布函数。

三、随机变量的数字特征

随机变量的分布能够完整地表示随机变量的统计规律。但在实际工作中，求随机变量的分布并不都是一件容易的事，而且对有些问题来说，并不需要对随机变量做全面的描述，我们常常只需知道随机变量的某些特征就够了。因此，在对随机变量的研究中用数字来刻画它的某些特征是非常重要的，我们把描述随机变量某些方面特征的数值称为随机变量的数字特征。本章的数字特征主要是随机变量的数学期望和方差。

（一）随机变量的数学期望（均值）

随机变量的数学期望是描述随机变量取值平均大小的一个数字特征。

1. 离散型随机变量的数学期望

（1）加权平均数：例如从一批棉花中抽取 100 根纤维，测量它们的长度用以检查棉花的质量，测量的结果如表 13－7 所示。

表 13－7　　棉花纤维的长度

长度（cm）	3.5	4	4.5	5	5.5
频数	13	20	32	23	12

一般用纤维的平均长度表示这批棉花的质量。

我们采用如下的平均值：

$$\frac{13\times3.5+20\times4+32\times4.5+23\times5+12\times5.5}{100}$$

$$=\frac{13}{100}\times3.5+\frac{20}{100}\times4+\frac{32}{100}\times4.5+\frac{23}{100}\times5+\frac{12}{100}\times5.5$$

$$=4.505\ \text{(cm)}$$

我们称这种平均是以频率为权数的加权平均，其中 13/100、20/100、32/100、23/100、12/100 分别是 3.5、4、4.5、5、5.5 出现的频率。

一般地，对于一组给定的数值 x_1，x_2，…，x_m，知道了它们在 n 次试验中出现的频率分别为 μ_1/n，μ_2/n，…，μ_m/n，则它们以频率为权数的加权平均为：

$$x_1\frac{\mu_1}{n}+x_2\frac{\mu_2}{n}+\cdots+x_m\frac{\mu_m}{n}=\sum_{i=1}^{m}\frac{\mu_i}{n}x_i$$

当试验次数 n 无限增大时，随机变量观测值的频率将逐渐接近它的概率，借助于加权平均数的概念也可以表示随机变量取值的平均，其权数是随机变量 ξ 取值 x_k 时的概率 p_k。

（2）数学期望：设离散型随机变量 ξ 的分布律为：

$$P\{\xi=x_k\}=p_k\quad(k=1,2,\cdots)$$

若级数 $\sum\limits_{k=1}^{\infty}x_kp_k$ 绝对收敛，则称该级数为 ξ 的数学期望，记为 $E(\xi)$，即：

$$E(\xi) = \sum_{k=1}^{\infty} x_k p_k \tag{13-32}$$

这里要求 $\sum_{k=1}^{\infty} x_k p_k$ 绝对收敛，以保证和式 $\sum_{k=1}^{\infty} x_k p_k$ 的值不随和式中各项次序的改变而改变。当 ξ 的可能取值 x_k 是有限个时，$E(\xi) = \sum_{k=1}^{n} x_k p_k$ 。

由定义可知，数学期望是加权平均数这一概念在随机变量中的推广，它反映了随机变量取值的平均水平，其统计意义就是对随机现象进行长期观测或大量重复试验所得数值的理论平均数。

2. 离散型随机变量函数的数学期望

设随机变量 η 是随机变量 ξ 的函数 $\eta = g(\xi)$，ξ 的分布律为：

$$P\{\xi = x_k\} = p_k \quad (k = 1, 2, \cdots)$$

则 η 的数学期望 $E(\eta)$ 为：

$$E(\eta) = \sum_{k=1}^{n} g(x_k) p_k \tag{13-33}$$

3. 连续型随机变量的数学期望

对于连续型随机变量，其概率密度为 $f(x)$，由于 $f(x)$ 的作用与离散型随机变量中的 p_k 类似。

设 ξ 是连续型随机变量，$f(x)$ 是它的概率密度，若存在无穷积分：

$$\int_{-\infty}^{+\infty} |x| f(x) dx$$

则称无穷积分：

$$\int_{-\infty}^{+\infty} x f(x) dx$$

为 ξ 的数学期望（均值），记为 $E(\xi)$，即：

$$E(\xi) = \int_{-\infty}^{+\infty} x f(x) dx \tag{13-34}$$

也就是说，连续型随机变量的数学期望等于概率密度 $f(x)$ 与实数 x 的乘积在 $(-\infty, +\infty)$ 上的无穷积分。

4. 连续型随机变量的函数的数学期望

设随机变量 ξ 的概率密度为 $f(x)$，η 是 ξ 的函数 $\eta = g(\xi)$，若 $E(\eta) = E[g(\xi)]$ 存在，则：

$$E(\eta) = \int_{-\infty}^{+\infty} g(x) f(x) dx \tag{13-35}$$

由式（13－35），可以直接从 ξ 的概率密度计算函数 $\eta = g(\xi)$ 的数学期望，而不必求出 η 概率密度。

5. 数学期望的初等性质

数学期望的以下性质对于离散型随机变量与连续型随机变量都是适用的。

(1) 常数的期望就是这个常数，即 $E(C)=C$。

证明：因为随机变量 ξ 只取一个值 C，即 $P\{\xi=C\}=1$，故由式（13－32）得：

$$E(C)=C\times1=C$$

(2) 常数与随机变量乘积的数学期望等于该常数与随机变量数学期望的乘积，即：

$$E(C\xi)=CE(\xi)$$

证明：若 ξ 是连续型随机变量，$f(x)$ 是它的概率密度，由式（13－35）得：

$$E(C\xi)=\int_{-\infty}^{+\infty}Cxf(x)dx=C\int_{-\infty}^{+\infty}xf(x)dx=CE(\xi)$$

若 ξ 是离散型随机变量，请读者自己证明。

(3) 随机变量线性函数的数学期望等于该随机变量期望的同一线性函数。即：

$$E(a\xi+b)=aE(\xi)+b \quad (a、b\text{ 为常数})$$

证明：设 ξ 是离散型随机变量，其分布律为：

$$P\{\xi=x_k\}=p_k \quad (k=1,2,\cdots)$$

由式（13－33）：

$$E(a\xi+b)=\sum_{k=1}^{\infty}(ax_k+b)p_k=\sum_{k=1}^{\infty}(ax_kp_k+bp_k)$$

$$=\sum_{k=1}^{\infty}ax_kp_k+\sum_{k=1}^{\infty}bp_k=aE(\xi)+b$$

对连续型随机变量 ξ，请读者自己证明。

在性质（3）中，当 $a=1$ 时，有：

$$E(\xi+b)=E(\xi)+b$$

即随机变量 ξ 与常数 b 之和的数学期望等于 ξ 的期望与该常数之和。

（二）随机变量的方差

1. 方差的概念

随机变量的数学期望表示了它取值的平均大小。但是，在实际中有时只知道数学期望是不够的，还需知道随机变量取值离它的数学期望是分散还是集中。

我们看下面的这个例子。

甲、乙两种合成纤维，它们的纤维长度 ξ_1 和 ξ_2 的分布律分别如表 13－8 及表 13－9 所示。

表 13－8　　甲合成纤维的纤维长度

ξ_1	3	3.5	4	4.5	5
P	1/5	1/5	1/5	1/5	1/5

表 13－9　　乙合成纤维的纤维长度

ξ_2	2	3	4	5	6
P	1/5	1/5	1/5	1/5	1/5

由计算可知 $E(\xi_1)=E(\xi_2)=4$，即两种纤维的平均长度相等，仅用数学期望不能比较这两种纤维质量的优劣，但从各自的分布律可以粗略地看到 ξ_1 取值比 ξ_2 更集中于数学期望的附近。为定量表示这种集中程度，我们自然希望用一个数值来表示随机变量取值与其数学期望偏差的大小。显然 $\xi-E(\xi)$ 表示了随机变量 ξ 与数学期望的“偏差”（也称为离差）。由于 ξ 随机取值，所以离差也是个随机变量，而且其值可正、可负。如果对 $\xi-E(\xi)$ 取平均值会因正、负相抵消而反映不出离差的平均大小，但离差的平方 $[\xi-E(\xi)]^2$ 可以消除正、负符号的差别，因此取它的平均值 $E[\xi-E(\xi)]^2$ 来描述 ξ 取值与其数学期望 $E(\xi)$ 离差的平均大小，若 $E[\xi-E(\xi)]^2$ 小，则表示 ξ 取值集中在期望 $E(\xi)$ 周围。反之，若 $E[\xi-E(\xi)]^2$ 大，则表示 ξ 在它的期望周围取值分散。

下面我们给出方差的定义：

设 ξ 是随机变量，若 $E[\xi-E(\xi)]^2$ 存在，则称它为随机变量 ξ 的方差，记为 $Var(\xi)$，即：

$$Var(\xi)=E[\xi-E(\xi)]^2 \tag{13-36}$$

方差的算术根 $\sqrt{Var(\xi)}$ 称为 ξ 的标准差（或均方差）。

根据方差的定义，显然有 $Var(\xi)\geqslant 0$。

随机变量的标准差和数学期望与随机变量本身有相同的计量单位。

若 ξ 是离散型随机变量，其分布律为：

$$P\{\xi=x_k\}=p_k \quad (k=1, 2, \cdots)$$

则由式（13－36）和式（13－33）得：

$$Var(\xi)=E[\xi-E(\xi)]^2=\sum_{k=1}^{\infty}[x_k-E(\xi)]^2p_k \tag{13-37}$$

若 ξ 是连续型随机变量，其概率密度为 $f(x)$，则由式（13－36）和式（13－35）得：

$$Var(\xi)=E[\xi-E(\xi)]^2=\int_{-\infty}^{+\infty}[x-E(\xi)]^2f(x)dx \tag{13-38}$$

在计算时，用下面公式较为简便：

$$Var(\xi)=E(\xi^2)-[E(\xi)]^2 \tag{13-39}$$

即随机变量 ξ 方差等于 ξ^2 的期望减去 ξ 期望的平方。

事实上，由数学期望的初等性质得：

$$\begin{aligned}Var(\xi)&=E[\xi-E(\xi)]^2=E[\xi^2-2\xi E(\xi)-E^2(\xi)]\\&=E(\xi^2)-E(2\xi E(\xi))+E[E^2(\xi)]\\&=E(\xi^2)-2E(\xi)E(\xi)+E^2(\xi)\\&=E(\xi^2)-E^2(\xi)\end{aligned}$$

2. 随机变量方差的初等性质

（1）常数的方差等于零，即：

$$Var(C)=0 \tag{13-40}$$

证明： $Var(C)=E[C-E(C)]^2=E(C-C)=0$

（2）常数与随机变量乘积的方差等于该常数的平方与随机变量方差的乘积，即：

$$Var(C\xi)=C^2Var(\xi) \tag{13-41}$$

证明：

$$\begin{aligned}Var(C\xi)&=E[C\xi-E(C\xi)]^2=E[C\xi-CE(\xi)]^2\\&=E[C(\xi-E(\xi))]^2=E[C^2(\xi-E(\xi))^2]\\&=C^2E[\xi-E(\xi)]^2=C^2Var(\xi)\end{aligned}$$

（3）常数与随机变量和的方差等于该随机变量的方差，即：

$$Var(\xi+C)=Var(\xi) \tag{13-42}$$

证明：

$$\begin{aligned}Var(\xi+C)&=E[\xi+C-E(\xi+C)]^2\\&=E[\xi+C-E(\xi)-C]^2=E[\xi-E(\xi)]^2\\&=Var(\xi)\end{aligned}$$

显然：

$$Var(a\xi+c)=a^2Var(\xi) \tag{13-43}$$

（三）原点矩和中心矩

设 ξ 是随机变量，k 是一正整数，若 $E(\xi^k)$ 存在，则称它是 ξ 的 k 阶原点矩，记为 a_k。若 $E[\xi-E(\xi)]^k$ 存在，则称它是 ξ 的 k 阶中心矩，记为 b_k，即：

$$a_k=E(\xi^k) \tag{13-44}$$

$$b_k=E[\xi-E(\xi)]^k \tag{13-45}$$

原点矩、中心矩也是随机变量的数字特征。

当 $k=1$ 时，ξ 的一阶原点矩 $a_1=E(\xi)$ 就是它的数学期望；当 $k=2$ 时，ξ 二阶中心矩 $b_2=E[\xi-E(\xi)]^2$ 就是它的方差。因为 ξ 的 k 阶原点矩和 k 阶中心矩都是 ξ 函数的数学期望，所以可以用式（13－33）及式（13－35）来计算它们。

四、几种重要的离散型随机变量的分布及数学特征

（一）贝努里分布

只有（或认为只有）两种结果 s（成功）和 f（失败）的试验，叫作贝努里试验。

这里样本空间 $\Omega=\{s,f\}$，其中 s（成功）和 f（失败）只表示符号，并不一定是字面的意义。

显然，其发生概率为：

$$P(\{s\})=\theta \quad P(\{f\})=1-\theta \tag{13-46}$$

随机变量定义为 $X=0$ 或 1，X 是“成功”发生的次数（0 或 1）。

于是，其分布率为：

$$P(X=x)=\theta^x(1-\theta)^{1-x},\ x=0,1,0<\theta<1$$

其数学期望和方程分别为：

$$E(X)=\theta,Var(X)=\theta(1-\theta) \tag{13-47}$$

贝努里变量又叫作指示变量，它的值可用于指示某个特定事件，如 A 是否发生，设 $X=1$ 为 A 发生，0 为 A 不发生，如果 $P(A)=\theta$，那么 X 就具有上述贝努里分布。

（二）二项分布

从随机变量的角度来看，在 n 重贝努里试验中，事件 A 发生的次数是一个离散型随机变量。若用 ξ 表示事件 A 发生的次数，则 ξ 可取 0，$\cdots n$ 共计 $n+1$ 个可能值，其分布律为：

$$P(k)=P\{\xi=k\}=C_n^k p^k q^{n-k}(k=0,1,\cdots,n) \qquad (13-48)$$

其中，$P(A)=p(0<p<1);P(\bar{A})=1-p=q$。

此时，称随机变量 ξ 服从以 n、p 为参数的二项分布，记为：

$$\xi \sim B(n,p)$$

很容易验证式（13－48）满足分布律的两条性质：

（1）因为 $p>0$，$q>0$，所以：

$$P(\xi=k)=C_n^k p^k q^{n-k}>0 \qquad (k=0,1,\cdots,n)$$

（2）因为 $P(\xi=k)=C_n^k p^k q^{n-k}$ 恰好是二项式 $(p+q)^n$ 的展开式中的第 $k+1$ 项，所以：

$$\sum_{k=0}^{n} C_n^k p^k q^{n-k} = (p+q) = 1$$

这也是二项分布名称的由来。

当 $n=1$ 时，二项分布化为 0－1 分布：

$$P(\xi=k)=p^k q^{n-k} \qquad (k=0,1)$$

显然这里的计算量相当大，必须寻求近似计算方法。泊松分布能有效地解决二项分布的近似计算问题。

1. 二项分布的最可能值

二项分布 B（n，p）中有两个参数 n 和 p，对于固定的 n 和 p，ξ 取 k 的概率会随着 k 的增加先增加，直至达到一个最大值，然后再下降。因此使概率 $P\{\xi=k\}$ 取最大值的 k 称为二项分布的最可能值，记为 k_0。

当 $(n+1)p$ 为整数时，最可能值 k_0 有两个：

$$k_0=(n+1)p \text{ 和 } k_0=(n+1)p-1$$

当（$n+1$）p 不是整数时，最可能值为：

$$k_0=[(n+1)p]$$

其中 $[(n+1)p]$ 表示数 $(n+1)p$ 的整数部分［即不超过 $(n+1)p$ 的最大整数］。

2. 二项分布的数学期望与方差

若随机变量 $\xi \sim B$（n，p），则：

$$E(\xi)=np \qquad (13-49)$$

$$Var(\xi)=npq,\text{其中 } q=1-p, \qquad (13-50)$$

证明：

$$E(\xi) = \sum_{k=0}^{n} kC_n^k p^k q^{n-k} = \sum_{k=0}^{n} k \frac{n!}{k!(n-k)!} p^k q^{n-k}$$

$$= \sum_{k=0}^{n} \frac{n(n-1)!}{(k-1)!(n-1-k+1)!} pp^{k-1} q^{n-1-k+1}$$

$$= np \sum_{k=0}^{n} C_{n-1}^{k-1} p^{k-1} q^{n-1-k+1}$$

而，

$$\sum_{k=0}^{n} C_{n-1}^{k-1} p^{k-1} q^{n-1-k+1} = (p+q)^{n-1} = 1$$

所以，

$$E(\xi) = np(p+q)^{n-1} = np$$

用同样方法可以证明：

$$Var(\xi) = npq$$

（三）泊松分布

1. 泊松分布的概念

若随机变量 ξ 的分布律为：

$$P(\xi = k) = \frac{\lambda^k e^{-\lambda}}{k!} \quad (k = 0, 1, 2, \cdots) \tag{13-51}$$

其中，λ 是非负实数，则称 ξ 服从参数为 λ 的泊松分布，记作：

$$\xi \sim \pi(\lambda)$$

可以验证泊松分布满足分布律的两条基本性质：

（1）显然有：

$$P(\xi = k) = \frac{\lambda^k e^{-\lambda}}{k!} \geqslant 0 \quad (k = 0, 1, 2, \cdots)$$

（2）由公式：

$$\sum_{k=0}^{\infty} \frac{\lambda^k}{k!} = e^{\lambda}$$

得：

$$\sum_{k=0}^{\infty} P(\xi = k) = \sum_{k=0}^{\infty} \frac{\lambda^k e^{-\lambda}}{k!} = e^{-\lambda} \sum_{k=0}^{\infty} \frac{\lambda^k}{k!} = e^{-\lambda} e^{\lambda} = 1$$

2. 泊松分布的数学期望与方差

若 $\xi \sim \pi(\lambda)$，则 $E(\xi) = \lambda, Var(\xi) = \lambda$，这是由于：

$$E(\xi) = \sum_{k=0}^{\infty} k \frac{\lambda^k e^{-\lambda}}{k!} = \sum_{k=1}^{\infty} \lambda \frac{\lambda^{k-1} e^{-\lambda}}{(k-1)!}$$

$$E(\xi) = \sum_{k=0}^{\infty} k \frac{\lambda^k e^{-\lambda}}{k!} = \sum_{k=1}^{\infty} \lambda \frac{\lambda^{k-1} e^{-\lambda}}{(k-1)!}$$

$$= \lambda \sum_{k=1}^{\infty} \frac{\lambda^{k-1} e^{-\lambda}}{(k-1)!} = \lambda \times 1 = \lambda \tag{13-52}$$

用同样的方法可得：

$$E(\xi^2) = \lambda^2 + \lambda$$

所以，

$$Var(\xi) = E(\xi^2) - E^2(\xi) = \lambda^2 + \lambda - \lambda^2 = \lambda \tag{13-53}$$

由此可知，泊松分布的数学期望和方差在数值上恰好都等于其分布中的参数 λ。

3. 泊松分布的应用

泊松分布是概率论中最重要的分布设定，它之所以重要是因为它有广泛的实际背景和实际应用。在许多领域中，离散型随机变量的分布律在一定的条件下服从泊松分布。例如：服务系统中，单位时间内到达某服务机构等待服务的人数，一般而言都服从泊松分布。如单位时间内进商店的顾客人数；单位时间内到达车站等汽车的人数；单位时间内电话交换台收到的呼中次数；单位时间内到达医院候诊的患者人数等等。下面提供一个很有意义的统计参数，说明等待服务的人数是如何服从泊松分布的。

对北京某公共汽车站的客流量进行调查，统计了上午 10：30—11：47 每隔 20 秒钟来到的乘客批数（每批可能是一人，也可能是数人同时到来），共得到 231 个记录。我们统计并计算了来到 0 批、1 批、2 批、3 批、4 批及 4 批以上乘客的时间区间的个数（频数），具体如表 13 - 10 所示。

表 13 - 10　　公共汽车客流量统计

来到的批数 k	0	1	2	3	≥4	总计
频数 n_k	100	81	34	9	7	231
频率 $f_k = \frac{n_k}{n}$	0.43	0.35	0.15	0.04	0.03	
概率 $p_i = \frac{\lambda^k e^{-\lambda}}{k!}$	0.42	0.36	0.16	0.05	0.01	

表中的第一、二行是统计数字，频数总计 231 是用下式计算得到的：

$$\frac{77\text{ 分钟} \times 60\text{ 秒/分钟}}{20\text{ 秒}} = 231$$

第三行的频率是用第二行每个数字除以 231 所得。可以发现频率数与 $\lambda = 0.87$ 的泊松分布符合得很好。由于服从泊松分布的随机变量其均值恰等于泊松分布的参数 λ，所以 $\lambda = 0.87$ 可由依频率为权数的加权平均数而近似得到：

$$\sum_{k=0}^{4} \frac{n^k}{n} \times k = \frac{1}{231}(100 \times 0 + 81 \times 1 + 34 \times 2 + 9 \times 3 + 7 \times 4) = \frac{204}{231} \approx 0.87$$

人们在长期实践中发现，不少离散型随机变量都服从泊松分布，它常应用于稀有事件的概率计算，例如某地区发生地震和暴雨的次数等。所谓稀有事件即小概率事件，这种事件在一次试验中发生的概率 p 是很小的，而重复试验的次数 n 很大时它发生的可能性就不再是很小的了，若计算这类事件在 n 次独立重复试验中恰发生 k 次的概率：

$$P_n(k)=C_n^k p^k q^{n-k}$$

由于 n 很大而 p 又很小，给计算带来了困难。泊松分布是二项分布的极限分布。我们略去证明，给出下面的泊松定理：

设 ξ 服从二项分布，即 $\xi\sim B(n,p_n)$，若当 $n\to\infty$ 时，$np_n\to\lambda$（$\lambda>0$，为常数），则有：

$$\lim_{n\to\infty}C_n^k p^k(1-p_n)^{n-k}=\frac{\lambda^k e^{-\lambda}}{k!},\ (k=0,1,2\cdots) \tag{13-54}$$

实际应用中，当 $n\geqslant 10$，$p\leqslant 0.1$ 时可用下面的近似计算公式：

$$P_n(k)=C_n^k p^k q^{n-k}\approx\frac{\lambda^k e^{-\lambda}}{k!} \tag{13-55}$$

公式（13-55）成立的条件是 $\lambda=np$。

泊松定理的价值不仅在于它给出了二项分布的近似计算公式，使二项分布的计算得到了简化，还在于泊松分布有现成的表可查（见附表），免除了对 $\frac{\lambda^k e^{-\lambda}}{k!}$ 的复杂的计算。

（四）超几何分布

1. 超几何分布的概念及其数字特征

设随机变量 ξ 的分布律为：

$$P(\xi=k)=\frac{C_M^k C_{N-M}^{n-k}}{C_N^n}\quad(k=0,1,\cdots,n) \tag{13-56}$$

其中 $0\leqslant n\leqslant N$，$0\leqslant M\leqslant N$，且均为整数，则称 ξ 服从参数为 N、M、n 的超几何分布。

在组合数 C_m^n 中，若 $m<n$ 则规定 $C_m^n=0$。

服从超几何分布的随机变量，其均值和方差分别是：

$$E(\xi)=n\frac{M}{N}$$

$$Var(\xi)=n\frac{N-n}{N-1}\frac{M(N-M)}{N^2}$$

例如，有 N 件同类产品，其中有 M 件次品，从中任意取出 n 件，若用 ξ 表示所取出的 n 件产品中含次品的件数，则 ξ 是离散型随机变量，它的分布律是：

$$P(\xi=k)=\frac{C_M^k C_{N-M}^{n-k}}{C_N^n}\quad(k=0,1,\cdots,n) \tag{13-57}$$

故随机变量 ξ 服从参数为 N、M、n 的超几何分布。

2. 超几何分布与二项分布的关系

在超几何分布中，若 n 是一个固定的正整数，且当 $N\to\infty$ 时，$\frac{M}{N}\to p$，则：

$$\lim_{N\to\infty}\frac{C_M^k C_{N-M}^{n-k}}{C_N^n}=C_n^k p^k(1-p)^{n-k}\quad(k=0,1,\cdots,n) \tag{13-58}$$

证明略。

（五）其他几种离散型随机变量的分布

1. 均匀分布

设随机变量 ξ 的分布律为:

$$P(\xi = x_k) = \frac{1}{n} \quad (k = 0, 1, \cdots, n) \tag{13-59}$$

则称 ξ 服从均匀分布。

特别地，当 $x_k = k$ 时，其均值和方差分别计算如下:

$$E(\xi) = \frac{1 + 2 + \cdots + n}{n} = \frac{\frac{n(n+1)}{2}}{n} = \frac{n+1}{2} \tag{13-60}$$

$$E(\xi^2) = \frac{1^2 + 2^2 + \cdots + n^2}{n} = \frac{\frac{n(n+1)(2n+1)}{6}}{n} = \frac{(n+1)(2n+1)}{6}$$

$$Var(\xi) = \frac{n^2 - 1}{12} \tag{13-61}$$

2. 负二项分布

随机变量 ξ 是某事件第 k 次发生时进行的试验的次数，k 是一个正整数。其分布率为:

$$P(\xi = x) = C_{x-k}^{x-1}\theta^k (1-\theta)^{x-k} \quad x = k, k+1, \cdots, 0 < \theta < 1 \tag{13-62}$$

其中，k 是已知量。

随机变量 ξ 的数学期望和方差分别为:

$$E(\xi) = \frac{k(1-\theta)}{\theta} \tag{13-63}$$

$$Var(\xi) = \frac{k(1-\theta)}{\theta^2} \tag{13-64}$$

负二项分布的另一种形式有时也用到：令 η 为事件第 k 次发生前未发生的试验次数，则:

$$P(\eta = y) = C_{k+y-1}^{y}\theta^k (1-\theta)^y \quad (y = 0, 1, 2, \cdots) \tag{13-65}$$

在此种形式下,

$$E(\eta) = \frac{k(1-\theta)}{\theta}, Var(\eta) = \frac{k(1-\theta)}{\theta^2} \tag{13-66}$$

这两种形式之间的联系如下:

$$\xi = \eta + k$$

五、几种重要的连续型随机变量的分布及数字特征

(一) 指数分布

1. 指数分布的概念

若连续型随机变量 ξ 的密度函数为:

$$f(x) = \begin{cases} \lambda e^{-\lambda x} & x \geq 0 \ (\lambda > 0，为常数) \\ 0 & x < 0 \end{cases} \tag{13-67}$$

则称 ξ 服从参数为 λ 的指数分布，显然：

$$f(x)\ \geqslant 0$$

$$\int_{-\infty}^{+\infty} f(x)\,dx = \int_{0}^{+\infty} \lambda e^{-\lambda x}dx = e^{-\lambda x}\Big|_{0}^{+\infty} = 1$$

所以，式（13－67）满足密度函数的两个性质。

由此可以求得，指数分布的分布函数为：

$$f(x)=\begin{cases}1-e^{-\lambda x} & x\geqslant 0\ (\lambda>0,) \\ 0 & x<0\end{cases} \tag{13-68}$$

2. 指数分布的数学期望和方差

若 ξ 服从参数为 λ 的指数分布，则：

$$E(\xi) = \int_{-\infty}^{+\infty} xf(x)\,dx = \int_{0}^{+\infty} x\lambda e^{-\lambda x}dx = \frac{1}{\lambda}[-\lambda xe^{-\lambda x} - e^{-\lambda x}]\Big|_{0}^{+\infty} = \frac{1}{\lambda} \tag{13-69}$$

由此可知，指数分布中的参数 λ 的倒数是其数学期望。

$$\begin{aligned}E(\xi^2) &= \int_{-\infty}^{+\infty} x^2 f(x)\,dx = \int_{0}^{+\infty} x^2\lambda e^{-\lambda x}dx \\ &= -\int_{0}^{+\infty} x^2 d(e^{-\lambda x}) = [-x^2e^{-\lambda x}]_0^{+\infty} + \int_{0}^{+\infty} 2xe^{-\lambda x}dx \\ &= -\frac{2}{\lambda}\int_{0}^{+\infty} xd(e^{-\lambda x}) = [-\frac{2}{\lambda}xe^{-\lambda x}]_0^{+\infty} + \frac{2}{\lambda}\int_{0}^{+\infty} e^{-\lambda x}dx \\ &= \frac{2}{\lambda}(-\frac{1}{\lambda})e^{-\lambda x}\Big|_{0}^{+\infty} = \frac{2}{\lambda^2}\end{aligned}$$

所以，

$$Var(\xi) = E(\xi^2) - E^2(\xi) = \frac{2}{\lambda^2} - (\frac{1}{\lambda})^2 = \frac{1}{\lambda^2} \tag{13-70}$$

指数分布有着广泛的用途，如生物的寿命、邮电通信等随机服务系统中的服务时间、某些特别事件发生所需等待的时间等等（如活火山从某次喷发到下一次喷发需要等待的时间）。此外指数分布还被广泛用于排队论和可靠性理论。指数分布中的参数 λ 的实际意义是：产品的平均寿命的倒数或平均等候时间的倒数。

（二）正态分布

1. 正态分布的概念

在现实世界中，大多数的随机变量都服从或近似地服从正态分布，例如，产品制造过程中所产生的误差、人群的身高、射击时弹着点对目标的横向偏差与纵向偏差等等。进一步的理论研究表明，一个变量如果受到大量的随机因素的影响，而各个因素所起的作用又都很微小时，这样的变量一般都是服从正态分布的随机变量。正态分布是最常见、最重要的分布，无论在理论研究或实际应用中都具有特别重要的地位。在以后的章节中将对正态分布做比较多的讨论。

设随机变量 ξ 的概率密度为：

$$f(x)=\frac{1}{\sqrt{2\pi}\sigma}e^{-\frac{(x-\mu)^2}{2\sigma^2}}\quad(-\infty<x<+\infty)\tag{13-71}$$

其中，σ、μ 为常数，且 $\sigma>0$，则称 ξ 服从参数为 μ、σ^2 的正态分布，ξ 称为正态变量，记为：

$$\xi\sim N\ (\mu、\sigma^2)$$

正态分布的概率密度 $f(x)$ 的图形称为正态曲线（见图 13－3）。正态曲线呈悬钟形，曲线关于直线 $x=\mu$ 对称；在 $x=\mu\pm\sigma$ 处有拐点；当 $x\to\pm\infty$ 时曲线以直线 $y=0$ 为渐近线；函数 $f(x)$ 在 $x=\mu$ 处达到最大值，当 σ 大时，曲线在 $x=\mu$ 处的峰顶比较低，表示随机变量取值比较分散，σ 越小，曲线的峰顶越高，表明随机变量取值越集中于 $x=\mu$ 的附近。

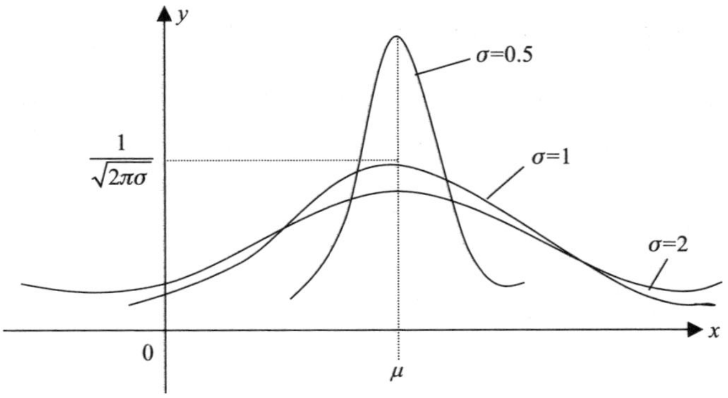

图 13－3　正态曲线

可以验证式（13－71）中的函数 $f(x)$ 有密度函数的两条基本性质。$f(x)\geqslant 0$ 显然成立，利用泊松积分：

$$\int_0^{+\infty}e^{-x^2}dx=\sqrt{\pi}$$

可以得到：

$$\int_{-\infty}^{+\infty}f(x)dx=1$$

由分布函数与密度函数的关系可得到 ξ 的分布函数为：

$$f(x)=\frac{1}{\sqrt{2\pi}\sigma}\int_{-\infty}^{x}e^{-\frac{(t-\mu)^2}{2\sigma^2}}dt\quad(-\infty<x<+\infty)\tag{13-72}$$

其图形如图 13－4 所示。

以 $\mu=0$，$\sigma=1$ 为参数的正态分布 $N(0,1)$ 称为标准正态分布。相应的概率密度及分布函数通常记作 $\varphi(x)$ 及 $\Phi(x)$：

$$\varphi(x)=\frac{1}{\sqrt{2\pi}}e^{-\frac{x^2}{2}}\quad(-\infty<x<+\infty)\tag{13-73}$$

$$\Phi(x)=\frac{1}{\sqrt{2\pi}}\int_{-\infty}^{x}e^{-\frac{t^2}{2}}dt\quad(-\infty<x<+\infty)\tag{13-74}$$

标准正态分布的概率密度 $\varphi(x)$ 除具有一般概率密度的性质外，还有下列性质：

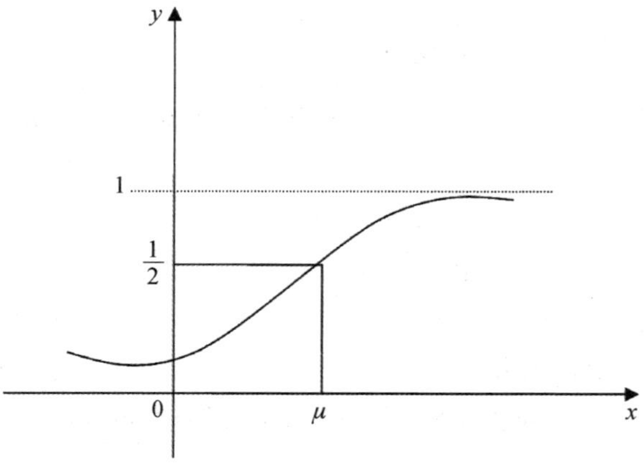

图 13-4 ξ 的分布函数 $f(x)$

（1）$\varphi(x)=\varphi(-x)$，即 $\varphi(x)$ 是偶函数，其图形对称于 y 轴，具体如图 13-5 所示。

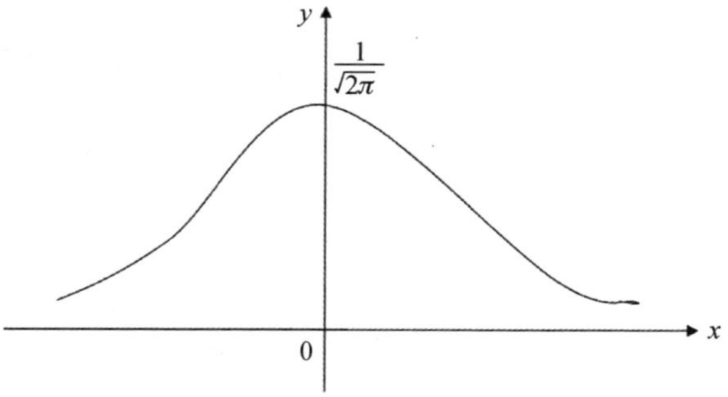

图 13-5 偶函数

（2）$\varphi(x)$ 在 $(-\infty,0)$ 内严格上升，在 $(0,+\infty)$ 内严格下降，在 $x=0$ 处达到极大值：

$$\varphi(0)=\frac{1}{\sqrt{2\pi}}\approx 0.3989$$

（3）$\varphi(x)$ 在 $x=\pm 1$ 处有两个拐点。

（4）标准正态曲线 $\varphi(x)$ 以 x 轴为其水平渐近线。

2. 正态分布的数学期望与方差

若随机变量 $\xi \sim N(\mu,\sigma^2)$，则：

$$E(\xi)=\mu \tag{13-75}$$

$$Var(\xi)=\sigma^2 \tag{13-76}$$

证明：

$$E(\xi)=\int_{-\infty}^{+\infty} xf(x)dx=\int_{-\infty}^{+\infty}\frac{1}{\sqrt{2\pi}\sigma}xe^{-\frac{(x-\mu)^2}{2\sigma^2}}dx$$

$$=\int_{-\infty}^{+\infty}\frac{1}{\sqrt{2\pi}\sigma}xe^{-\frac{(x-\mu)^2}{2\sigma^2}}d(x-\mu)+\mu$$

$$= \int_{-\infty}^{+\infty} \frac{1}{\sqrt{2\pi}\sigma} e^{-\frac{(x-\mu)2}{2\sigma^2}} dx = \frac{1}{\sqrt{2\pi}\sigma} e^{-\frac{(x-\mu)2}{2\sigma^2}} \Big|_{-\infty}^{+\infty} + \mu * 1 = \mu$$

$$Var(\xi) = \int_{-\infty}^{+\infty} (x-\mu)^2 f(x) dx$$

$$= \int_{-\infty}^{+\infty} \frac{2}{\sqrt{2\pi}} (x-\mu)^2 e^{-\frac{(x-\mu)2}{2\sigma^2}} dx$$

$$= \int_{-\infty}^{+\infty} \frac{1}{\sqrt{2\pi}} y^2 e^{-\frac{y^2}{2}} dy \quad (\text{其中 } y = \frac{x-\mu}{\sigma})$$

利用分部积分和泊松积分 $\int_{-\infty}^{+\infty} e^{-\frac{y^2}{2}} dy = \sqrt{2\pi}$ 结果：

$$\text{上式} = \frac{1}{\sqrt{2\pi}} \sigma^2 [-ye^{-\frac{y^2}{2}} \Big|_{-\infty}^{+\infty} + \int_{-\infty}^{+\infty} e^{-\frac{y^2}{2}} dy]$$

$$= \frac{1}{\sqrt{2\pi}} \sigma^2 (0 + \sqrt{2\pi}) = \sigma^2$$

由上述结果知，正态分布密度函数中的两个参数 μ 和 σ^2 分别是正态分布的数学期望和方差。

特别地，若 ξ 服从标准正态分布 $N(0, 1)$，则：

$$E(\xi) = 0 \qquad (13-77)$$

$$Var(\xi) = 1 \qquad (13-78)$$

3. 标准正态分布函数表的用法

正态分布是最常用的分布，现在讨论怎样计算服从正态分布的随机变量在任一区间上取值的概率问题。

标准正态分布函数：

$$\Phi(x) = \int_{-\infty}^{x} \varphi(x) dx = \frac{1}{\sqrt{2\pi}} \int_{-\infty}^{x} e^{-\frac{t^2}{2}} dt$$

表示事件 $\{\xi \leq x\}$ 的概率，其值在几何上表示标准正态曲线 $\varphi(x)$ 与 x 轴围成的开口曲边梯形在 $(-\infty, x]$ 上的面积，如图 13-6 中阴影部分所示。为了方便计算，专家编出了标准正态分布函数值表，见书后附表。

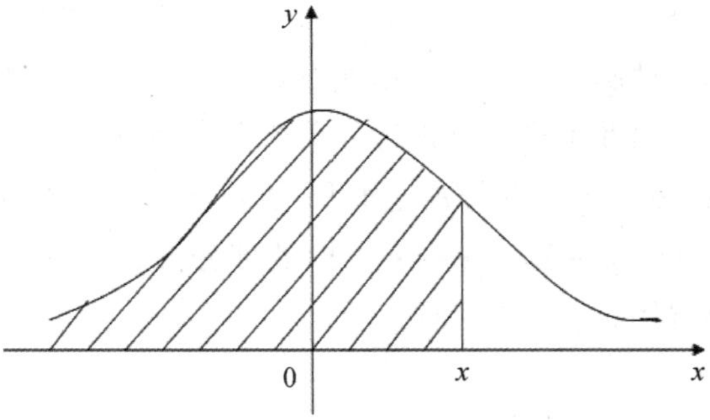

图 13-6　事件 $\{\xi \leq x\}$ 的概率（开口曲边梯形）

当 $x \geqslant 0$ 时，可以利用附表直接查出 $\Phi(x)$ 的值。

当 $x<0$ 时，可根据公式：

$$\Phi(x)=1-\Phi(-x) \tag{13-79}$$

利用附表，先查出 $\Phi(x)$ 的值（$-x>0$），再代入公式（13－79）中算出 $\Phi(x)$ 的值。

对于服从一般正态分布 $N(\mu,\sigma^2)$ 的随机变量，可进行变换后，再查标准状态分布表找出相应的概率，具体如图 13－7 所示。

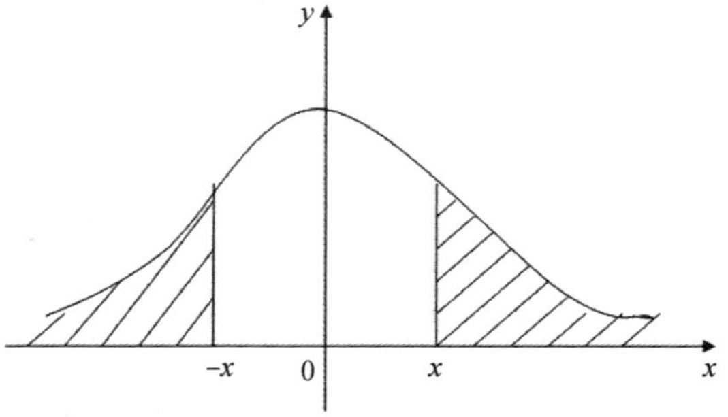

图 13－7

例 13－1

设 $\xi \sim N(\mu,\sigma^2)$，求 ξ 落在下列区间内的概率：

（1）$(\mu-\sigma,\mu+\sigma)$；（2）$(\mu-2\sigma,\mu+2\sigma)$；（3）$(\mu-3\sigma,\mu+3\sigma)$。

解：

（1）
$$\begin{aligned}P\{\mu-\sigma<\xi<\mu+\sigma\}&=F(\mu+\sigma)-F(\mu-\sigma)\\&=\Phi\left(\frac{\mu+\sigma-\mu}{\sigma}\right)-\Phi\left(\frac{\mu-\sigma-\mu}{\sigma}\right)\\&=\Phi(1)-\Phi(-1)=2\Phi(1)-1\\&=2\times0.8413-1=0.6826\end{aligned}$$

（2）
$$\begin{aligned}P\{\mu-2\sigma<\xi<\mu+2\sigma\}&=F(\mu+2\sigma)-F(\mu-2\sigma)\\&=2\Phi(2)-1=2\times0.9773-1=0.9546\end{aligned}$$

（3）
$$\begin{aligned}P\{\mu-3\sigma<\xi<\mu+3\sigma\}&=F(\mu+3\sigma)-F(\mu-3\sigma)\\&=2\Phi(3)-1=2\times0.9987-1=0.9974\end{aligned}$$

由上述结果可知，虽然随机变量 ξ 取值遍及整个数轴，但 ξ 落在区间（$\mu-3\sigma$，$\mu+3\sigma$）内的概率几乎为 1。由此不难理解正态分布的密度函数曲线与 x 轴所围面积为 1。此面积在区间（$\mu-\sigma$，$\mu+\sigma$）内的部分占全面积的 68.3%；在区间（$\mu-2\sigma$，$\mu+2\sigma$）内的部分占 95.5%；在区间（$\mu-3\sigma$，$\mu+3\sigma$）内的部分占 99.7%，这就是重要的"三 σ"原则，它将在管理中经常用到。

（三）伽马分布

伽马分布有 2 个正参数，并具有多种形式，概率密度函数根据不同的参数值有不同的形状，变量的取值范围为 $\{x: x>0\}$。

伽马函数 Γ（α）定义如下：对 $\alpha>0$，

$$\Gamma(\alpha)=\int_0^{\infty} y^{\alpha-1}e^{-y}dy$$

特别地，

$$\Gamma(1)=1$$

$$\Gamma(\alpha)=(\alpha-1)\Gamma(\alpha-1),\quad \alpha>1$$

(如果 α 是整数，$\Gamma(\alpha)=(\alpha-1)_!$)

$$\Gamma(1/2)=2\sqrt{\pi}$$

伽马分布的概率密度函数为：

$$f(x)=\begin{cases}\dfrac{1}{\beta^{\alpha}\Gamma(\alpha)}x^{(\alpha-1)}e^{-x/\beta} & x>0\\ 0 & \text{其他}\end{cases}$$

其中，$\alpha>0$，$\beta>0$

服从伽马分布的随机变量 ξ 其数学期望和方差分别为：

$$E(\xi)=\mu=\alpha\beta,Var(\xi)=\alpha\beta^2$$

指数分布和 χ^2 分布是它的两个特例：

当 $\alpha=1$，$\beta=\theta$ 时，伽马分布的密度函数变为：

$$f(x)=\begin{cases}\dfrac{1}{\theta}e^{-x/\theta} & x>0\\ 0 & \text{其他}\end{cases}$$

此即指数分布；

当 $\alpha=\dfrac{v}{2}$（v 为正整数），$\beta=2$ 时，即为 χ^2 分布。

（四）β 分布

β 分布也具有 2 个正参数和多种分布形式，变量的取值范围为：$\{x:0<x<1\}$

β 分布记为 B（α,β），其概率密度函数为：

$$f_x(x)=\frac{\Gamma(\alpha+\beta)}{\Gamma(\alpha)\Gamma(\beta)}x^{\alpha-1}(1-x)^{\beta-1}\quad 0<x<1$$

由概率密度函数的性质：

$$\int_0^1\frac{\Gamma(\alpha+\beta)}{\Gamma(\alpha)\Gamma(\beta)}x^{\alpha-1}(1-x)^{\beta-1}dx=1$$

得：

$$\int_0^1 x^{\alpha-1}(1-x)^{\beta-1}dx=\frac{\Gamma(\alpha)\Gamma(\beta)}{\Gamma(\alpha+\beta)}$$

可以求得：

$$\mu=\frac{\alpha}{\alpha+\beta}$$

$$\sigma^2=\frac{\alpha\beta}{(\alpha+\beta)^2(\alpha+\beta+1)}$$

在（0，1）间的均匀分布也是β分布的一个特例（$\alpha=\beta=1$）。

（五）对数正态分布

对于随机变量X，如果$Y=\log X$服从正态分布，那么，就称X服从对数正态分布。

对数正态分布的概率密度函数为：

$$f(x) = \frac{1}{x\sigma\sqrt{2\pi}}e^{-\frac{1}{2}(\frac{\log x-\mu}{\sigma})^2}, \quad 0<x<\infty$$

第三节　二维随机向量的分布

一、二维随机向量

在实践中，有些随机试验的结果往往需要同时用两个或两个以上的随机变量来描述。如射击时，若以该目标为原点建立平面直角坐标系，则弹着点的位置需用弹着点与目标的水平距离ξ和垂直距离η来共同描述，记为（ξ，η）。又如研究某地区的气候，通常要同时考虑气温ξ_1、气压ξ_2、风力ξ_3、湿度ξ_4这4个随机变量，记为（ξ_1，ξ_2，ξ_3，ξ_4）。为研究这类随机事件的概率与统计规律，我们引入n维随机向量的概念：

n个随机$\xi_1,\xi_2,\cdots,\xi_n$构成的总体$\xi=$（$\xi_1,\xi_2,\cdots,\xi_n$），称为一个n维随机向量。ξ_i称为ξ的第i个分量（$i=1$，2，…，n）。

特别地，当$n=1$时，一维随机向量就是第十三章中的随机变量。

显然，弹着点的位置（ξ，η）是一个二维随机向量；描述气候的（ξ_1，ξ_2，ξ_3，ξ_4）就是一个四维随机向量。本书着重讨论二维随机向量，它的很多结果可以很容易地推广到$n>2$的情形。

与一维随机变量类似，我们也用分布函数来研究二维随机向量的统计规律。

设（ξ，η）为一个二维随机向量，对任意实数x，y，称二元函数$(x,y)=P\{\xi\leqslant x,\eta\leqslant y\}$为（$\xi$，$\eta$）的联合分布函数或简称为（$\xi$，$\eta$）的分布函数。

（ξ，η）的两个分量ξ与η各自的分布函数分别称为二维随机向量（ξ，η）关于ξ与η的边缘分布函数，记为$F_\xi(x)$和$F_\eta(x)$。

边缘分布函数可由联合分布函数来确定。事实上，

$$F_\xi(x)=P\{\xi\leqslant x,\eta<+\infty\}=F(x,+\infty)=\lim_{y\to+\infty}F(x,y) \qquad (13-80)$$

$$F_\eta(x)=P\{\xi<+\infty,\eta\leqslant y\}=F(+\infty,y)=\lim_{x\to+\infty}F(x,y) \qquad (13-81)$$

在几何上，若把（ξ，η）看成平面上随机点的坐标，则分布函数$F(x,y)$在(x,y)处的函数值就是随机点（ξ，η）落在以点(x,y)为顶点，该点左下方的无穷矩形D内的概率，具体如图13－8所示。

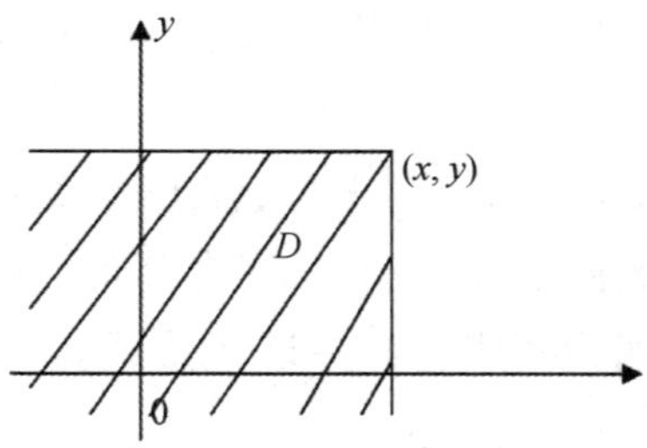

图 13－8　分布函数（x，y）

依上所述，随机点（ξ，η）落在矩形域［$x_1<x\leqslant x_2, y_1<y\leqslant y_2$］（见图 13－9）内的概率为：

$$\begin{aligned} &P\{x_1<\xi\leqslant x_2, y_1<\eta\leqslant y_2\} \\ &=F(x_2,y_2)-F(x_2,y_1)-F(x_1,y_2)+F(x_1,y_1) \end{aligned} \tag{13-82}$$

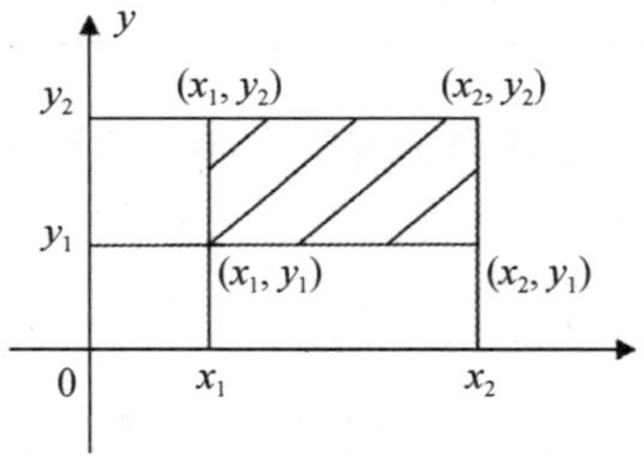

图 13－9　矩形域

二维随机向量（ξ，η）的分布函数 $F(x,y)$ 有以下基本性质：

（1）$F(x,y)$ 是变量 x 或 y 的不减函数。即对于任意固定的 y，当 $x_2>x_1$ 时，$F(x_2,y)\geqslant F(x_1,y)$；对于任意固定的 x，当 $y_2>y_1$ 时，$F(x,y_2)\geqslant F(x,y_1)$。

（2）$0\leqslant F(x,y)\leqslant 1$，且，

对任意固定的 y，　　$F(-\infty,y)=0$

对任意固定的 x，　　$F(x,-\infty)=0$

$$F(-\infty,-\infty)=0,\quad F(+\infty,+\infty)=1$$

（3）$F(x,y)$ 关于 x 和 y 都是右连续的，即：

$$F(x,y)=F(x+0,y), F(x,y)=F(x,y+0)$$

（4）对任意的 $x_1<x_2, y_1<y_2$，有：

$F(x_2,y_2)-F(x_2,y_1)-F(x_1,y_2)+F(x_1,y_1)\geqslant 0$

这一性质由式（13－82）可得。

同一维随机变量一样，我们只讨论离散型和连续型两类二维随机向量。

二、二维离散型随机向量

若二维随机向量（ξ，η）只取有限个或可列无穷多个不同的向量值，则称（ξ，η）为二维离散型随机向量。

设二维随机向量（ξ，η）的所有可能值为$(x_i,y_j)(i,j=1,2,\cdots)$，则（$\xi$，$\eta$）取各个可能值的概率：

$$P\{\xi=x_i,\eta=y_j\}=P_{ij},(i,j=1,2,\cdots)$$

称为（ξ，η）的联合分布律或（ξ，η）的联合分布。

（ξ，η）的联合分布律还可以写成表 13 - 11 的形式。

表 13 - 11　　（ξ，η）的联合分布律

ξ \ η	y_1	y_2	…	y_j	…
x_1	P_{11}	P_{12}	…	P_{1j}	…
x_2	P_{21}	P_{22}	…	P_{2j}	…
…	…	…	…	…	…
x_i	P_{i1}	P_{i2}	…	P_{ij}	…
…	…	…	…	…	…

由概率定义，易知（ξ，η）的联合分布律具有下列性质：

（1）$P_{ij}\geqslant 0$；

（2）$\sum_i\sum_j P_{ij}=1$。$(i,j=1,2,\cdots)$

反之，若数列$P_{ij}(i,j=1,2,\cdots)$具有以下两条性质，则它必可作为某个二维离散型随机向量的分布律。

二维离散型随机向量（ξ，η）的联合分布函数具有形式：

$$F(x,y)=P\{\xi\leqslant x,\eta\leqslant y\}=\sum_{\substack{x_i\leqslant x\\ y_i\leqslant y}}P_{ij}$$

对于离散型随机向量（ξ，η），分量ξ（或η）的分布律称为（ξ，η）关于ξ（或η）的边缘分布律。它可由（ξ，η）的联合分布律求出。

事实上，

$$\begin{aligned}P\{\xi=x_i\}&=P\{\xi=x_i,\eta=y_1\}+P\{\xi=x_i,\eta=y_2\}+\cdots P\{\xi=x_i,\eta=y_j\}+\cdots\\&=\sum_j P_{ij}\quad(i=1,2,\cdots)\end{aligned}$$

由此得到ξ的分布律也即（ξ，η）关于ξ的边缘分布律：

$$P_{i\cdot}=P\{\xi=x_i\}=\sum_j P_{ij}\quad(i=1,2,\cdots)\tag{13-83}$$

它恰为表 13 - 10 中第i行各概率之和。

同样，可得到（ξ，η）关于η的边缘分布律：

$$P_{\cdot j}=P\{\eta=y_j\}=\sum_i P_{ij}\quad(j=1,2,\cdots)\tag{13-84}$$

它恰为表 13 - 10 中第j列各概率之和。

对于（ξ，η）的边缘分布律，显然有性质：

$$P_{i\cdot}\geqslant 0,\ P_{\cdot j}\geqslant 0$$

$$\sum_{i} P_{i\cdot} = 1, \sum_{j} P_{\cdot j} = 1 \quad (i,j = 1,2,\cdots)$$

值得注意的是，对于离散型随机向量（ξ，η），虽然由它的联合分布可以确定它的两个边缘分布，但在一般条件下，由（ξ，η）的两个边缘分布是不能确定（ξ，η）的联合分布的。

这就使我们在研究二维随机向量（ξ，η）的性质时，不仅要考虑两个分量 ξ 与 η 的个别性质，还要考虑它们之间的关系，并且将（ξ，η）作为一个整体来研究。

三、二维连续型随机向量

设二维随机向量（ξ，η）的分布函数为 $F(x,y)$，若存在一非负函数 $f(x,y)$，使得对任意的实数 x，y，有：

$$F(x,y) = \int_{-\infty}^{y}\int_{-\infty}^{x} f(u,v)\,du\,dv$$

则称（ξ，η）为二维连续型随机向量；并称 $f(x,y)$ 为（ξ，η）的联合概率密度或联合密度。

显然，联合概率密度 $f(x,y)$ 具有以下基本性质。

（1）$f(x,y) \geqslant 0$；

（2）$\int_{-\infty}^{+\infty}\int_{-\infty}^{+\infty} f(x,y)\,dx\,dy = F(+\infty, +\infty) = 1$

反之，任一定义在整个实平面上的非负二元函数，如果具有以上两性质，则它必可作为某个二维连续型随机向量的联合概率密度。

设（ξ，η）的联合概率密度为 $f(x,y)$ 关于 ξ 的边缘分布函数为：

$$F_{\xi}(x) = F(x, +\infty) = \int_{-\infty}^{x}\left(\int_{-\infty}^{+\infty} f(u,v)\,dv\right)du$$

同样，（ξ，η）关于 η 的边缘分布函数为：

$$F_{\eta}(x) = F(+\infty, y) = \int_{-\infty}^{x}\left(\int_{-\infty}^{+\infty} f(u,v)\,du\right)dv$$

由连续型随机变量的定义看到：ξ 为连续型随机变量且其概率密度 $f_{\xi}(x)$ 可由联合概率密度表示为：

$$f_{\xi}(x) = \int_{-\infty}^{+\infty} f(x,y)\,dy \qquad (13-85)$$

类似地，η 也为一连续型随机变量且其概率密度为：

$$f_{\eta}(x) = \int_{-\infty}^{+\infty} f(x,y)\,dx \qquad (13-86)$$

我们称 $f_{\xi}(x)$ 和 $f_{\eta}(x)$ 为（ξ，η）关于 ξ 和关于 η 的边缘概率密度。

四、随机变量的独立性

随机变量的独立性同事件的独立性一样，也是概率统计中的一个重要概念。

我们常遇到这类现象：对于两个随机变量，其中任意一个随机变量的取值，对另一个随机变量没有任何影响。例如两个人在相同条件下分别向同一目标射击，各自命中的环数就属于这种情况，为了描述这类现象，我们给出随机变量相互独立的概念：

设 $F(x,y)$ 及 $F_\xi(x)$、$f_\eta(x)$ 分别为随机向量（ξ，η）的联合分布函数与边缘分布函数，若对所有的 (x, y)，有：

$$F(x,y)=F_\xi(x)F_\eta(y)$$

即：

$$P\{\xi\leqslant x,\eta\leqslant y\}=P\{\xi\leqslant x\}P\{\eta\leqslant y\}$$

则称 ξ 与 η 相互独立。

可以证明：

（1）当（ξ，η）为离散型随机向量时，ξ 与 η 相互独立的充要条件为：对（ξ，η）的所有可能值（x_i,y_j），有：

$$P\{\xi=x_i,\eta=y_j\}=P\{\xi=x_i\}P\{\eta=y_j\}\quad(i,j=1,2,\cdots)\tag{13-87}$$

（2）当（ξ，η）为连续型随机向量时，ξ 与 η 相互独立的充要条件为：对于所有 (x, y)，有：

$$f(x,y)=f_\xi(x)f_\eta(y)\tag{13-88}$$

第四节　随机向量的数字特征

同随机变量一样，随机向量的数字特征也是描述其某方面特征的数值。本节除讨论二维随机向量的数学期望和方差外，还将讨论描述两个随机变量相互关系的重要数学特征，即协方差和相关系数。

一、二维随机向量的数学期望

（一）二维随机向量数学期望的概念

设（ξ，η）为二维随机向量，若 $E(\xi)E(\eta)$ 都存在，称向量 $[E(\xi),E(\eta)]$ 为（ξ，η）的数学期望。

它描述了（ξ，η）每个分量数学期望的大小。若（ξ，η）为离散型随机向量，则：

$$E(\xi)=\sum_i x_iP_{i\cdot}=\sum_i\sum_j x_iP_{ij}$$

$$E(\eta)=\sum_j y_jP_{\cdot j}=\sum_j\sum_i y_jP_{ij}\quad(i,j=1,2,\cdots)$$

其中 $P\{\xi=x_i,\eta=y_j\}=P_{ij}$，$P_{i\cdot}$ 与 $P_{\cdot j}$ 分别为（ξ，η）的联合分布律与边缘分布律。

对于二维离散型随机向量的函数 g（ξ，η），则：

$$E[g(\xi,\eta)]=\sum_i\sum_j g(x_i,y_j)P_{ij}\tag{13-89}$$

[这里要求级数 $\sum_i\sum_j g(x_i,y_j)P_{ij}$ 绝对收敛]。

对于二维连续型随机向量的函数 $g\ (\xi,\ \eta)$，则：

$$E[g(\xi,\eta)] = \int_{-\infty}^{+\infty}\int_{-\infty}^{+\infty} g(x,y)f(x,y)\,dxdy \tag{13-90}$$

这里要求积分 $\int_{-\infty}^{+\infty}\int_{-\infty}^{+\infty} g(x,y)f(x,y)\,dxdy$ 存在。

（二）数学期望的性质

数学期望还有如下性质（假设以下叙述中所涉及的随机变量的数学期望均存在）：

1. 设 ξ、η 是任意两个随机变量，则：

$$E(\xi+\eta)=E(\xi)+E(\eta) \tag{13-91}$$

即任意两个随机变量之和的数学期望等于数学期望的和。这一性质也称为数学期望的加法定理。

证明：设（ξ，η）的联合概率密度为 $f(x,y)$，其边缘概率密度分别为 $f_\xi(x)$ 和 $f_\eta(x)$。由式（13－90）：

$$E(\xi+\eta) = \int_{-\infty}^{+\infty}\int_{-\infty}^{+\infty}(x+y)f(x,y)\,dxdy = \int_{-\infty}^{+\infty}\int_{-\infty}^{+\infty}xf(x,y)\,dxdy + \int_{-\infty}^{+\infty}\int_{-\infty}^{+\infty}yf(x,y)\,dxdy$$

$$= \int_{-\infty}^{+\infty}xf_\xi(x)\,dx + \int_{-\infty}^{+\infty}yf_\eta(y)\,dy = E(\xi)+E(\eta)$$

此性质可推广到任意有限个随机变量的情形，即对任意的 $\xi_1,\xi_2,\cdots,\xi_n$，有：

$$E(\xi_1+\xi_2+\cdots+\xi_n)=E(\xi_1)+E(\xi_2)+\cdots+E(\xi_n)$$

2. 若 ξ、η 是相互独立的随机变量，则有：

$$E(\xi\eta)=E(\xi)E(\eta) \tag{13-92}$$

即两个相互独立随机变量乘积的数学期望等于数学期望的乘积。

证明：因为 ξ 与 η 相互独立，由式（13－88）：

$$f(x,y)=f_\xi(x)f_\eta(x)$$

据式（13－90）：

$$E(\xi\eta) = \int_{-\infty}^{+\infty}\int_{-\infty}^{+\infty}xyf(x,y)\,dxdy = \int_{-\infty}^{+\infty}\int_{-\infty}^{+\infty}xyf_\xi(x)f_\eta(y)\,dxdy$$

$$= \int_{-\infty}^{+\infty}xf_\xi(x)\,dx\int_{-\infty}^{+\infty}yf_\eta(y)\,dy = E(\xi)E(\eta)$$

注意：性质 2 只有在 ξ、η 相互独立的条件下才有这个结果。若不是相互独立的，一般不能成立。如 ξ 服从 0—1 分布，则显然有：

$$E(\xi^2)=E(\xi\times\xi)\neq E(\xi)E(\xi)$$

这是因为 ξ 与其自身并不是相互独立的。

二、二维随机向量的方差

（一）二维随机向量方差的概念

设（ξ，η）为二维随机向量，若 $Var(\xi)$、$Var(\eta)$ 都存在，则称（$Var(\xi)$，$Var(\eta)$）

为（ξ，η）的方差。

二维随机向量的方差描述了它的每个分量对于各自数学期望的偏离程度。它也是随机向量的一个重要数学特征。

若（ξ，η）为离散型随机向量，则：

$$Var(\xi) = \sum_i [x_i - E(\xi)]^2 P_{i\cdot} = \sum_i \sum_j [x_i - E(\xi)]^2 P_{ij}$$

$$Var(\eta) = \sum_j [y_j - E(\eta)]^2 P_{\cdot j} = \sum_j \sum_i [y_j - E(\eta)]^2 P_{ij}$$

其中，$P\{\xi = x_i, \eta = y_j\} = P_{ij}$与$P_{i\cdot}$、$P_{\cdot j}$分别为（$\xi$，$\eta$）的联合分布律与边缘分布律。

若（ξ，η）为连续型随机向量，则：

$$Var(\xi) = \int_{-\infty}^{+\infty} [x - E(\xi)]^2 f_\xi(x)dx = \int_{-\infty}^{+\infty}\int_{-\infty}^{+\infty} [x - E(\xi)]^2 f(x,y)dxdy$$

$$Var(\eta) = \int_{-\infty}^{+\infty} [y - E(\eta)]^2 f_\eta(y)dy = \int_{-\infty}^{+\infty}\int_{-\infty}^{+\infty} [y - E(\eta)]^2 f(x,y)dxdy$$

其中，$f(x,y)$与$f_\xi(x)$、$f_\eta(x)$分别为（ξ，η）的联合概率密度与边缘概率密度。

（二）独立随机变量之和的方差

方差除具有第十三章介绍的一些性质外，还有下面的性质（假设涉及的方差都存在）：

若ξ、η独立，则：

$$Var(\xi+\eta) = Var(\xi) + Var(\eta) \tag{13-93}$$

即两个相互独立随机变量之和的方差等于各自方差的和。

证明：

$$\begin{aligned}
Var(\xi+\eta) &= E[(\xi+\eta) - E(\xi+\eta)]^2 = E[\xi+\eta-E(\xi)-E(\eta)]^2 \\
&= E\{[\xi-E(\xi)]+[\eta-E(\eta)]\}^2 \\
&= E\{[\xi-E(\xi)]^2 + 2[\xi-E(\xi)][\eta-E(\eta)] + [\eta-E(\eta)]^2\} \\
&= E[\xi-E(\xi)]^2 + 2E[\xi-E(\xi)][\eta-E(\eta)] + E[\eta-E(\eta)]^2 \\
&= Var(\xi) + 2E[\xi-E(\xi)][\eta-E(\eta)] + Var(\eta)
\end{aligned}$$

因为ξ、η是相互独立的。所以，

$$E(\xi\eta) = E(\xi)E(\eta)$$

于是，

$$\begin{aligned}
E[\xi-E(\xi)][\eta-E(\eta)] &= E(\xi\eta) - E(\xi)E(\eta) - E(\xi)E(\eta) + E(\xi)E(\eta) \\
&= E(\xi)E(\eta) - E(\xi)E(\eta) - E(\xi)E(\eta) + E(\xi)E(\eta) \\
&= 0 \qquad (13-94)
\end{aligned}$$

因而，

$$Var(\xi+\eta) = Var(\xi) + Var(\eta)$$

三、两个随机变量的协方差和相关系数

对于两个随机变量ξ、η而言，虽然它们的数学期望$E(\xi)$、$E(\eta)$与方差$Var(\xi)$、

$Var(\eta)$从不同方面描述了ξ、η各自的特征，但却不能反映ξ与η之间的关系。为此，我们希望找到能够描述两者关系的数字特征。

（一）协方差及其性质

在证明方差问题时，由式（13－94）可知：若ξ、η相互独立，则：

$$E[\xi-E(\xi)][\eta-E(\eta)]=0$$

这表明：若$E[\xi-E(\xi)][\eta-E(\eta)]\neq 0$，则$\xi$与$\eta$不相互独立，而存在着一定关系，从而启发我们引入协方差的概念：

设ξ、η为两个随机变量，若$E[\xi-E(\xi)][\eta-E(\eta)]$存在，则称它为$\xi$、$\eta$的协方差，记为$Cov(\xi,\eta)$，即：

$$Cov(\xi,\eta)=E[\xi-E(\xi)][\eta-E(\eta)]$$

协方差可看作两个随机变量函数的数学期望。

在计算协方差时，常用到下面的计算公式：

$$Cov(\xi,\eta)=E(\xi\eta)-E(\xi)E(\eta) \tag{13-95}$$

特别地，当$\xi=\eta$时，

$$Cov(\xi,\eta)=E(\xi^2)-E^2(\xi)=Var(\xi)$$

所以方差不过是特殊的协方差：

协方差具有如下性质：

（1） $Cov(\xi,\eta)=Cov(\eta,\xi)$ （13－96）

（2） $Cov(a\xi,b\eta)=abCov(\xi,\eta)$ （a,b为任意实数）， （13－97）

（3） $Cov(\xi_1+\xi_2,\eta)=Cov(\xi_1,\eta)+Cov(\xi_2,\eta)$ （13－98）

（二）相关系数

两个随机变量的关系除用协方差表示其特征外，我们更希望用一个数值来描述两个随机变量ξ与η之间的线性相关程度。具体地说，希望ξ与η没有线性相关关系时，其数值为零；ξ与η之间的线性关系越密切，其数值的绝对值越接近1；ξ与η之间存在完全线性关系时，其数值的绝对值为1，可以证明，数值：

$$\frac{Cov(\xi,\eta)}{\sqrt{Var(\xi)}\sqrt{Var(\eta)}}=\frac{E\{[\xi-E(\xi)][\eta-E(\eta)]\}}{\sqrt{Var(\xi)}\sqrt{Var(\eta)}}$$

就具有上述特点，引入相关系数的概念：

设ξ、η是两个随机变量，$0<Var(\xi)<+\infty$，$0<Var(\eta)<+\infty$，称：

$$\frac{Cov(\xi,\eta)}{\sqrt{Var(\xi)}\sqrt{Var(\eta)}}$$

为ξ与η的相关系数，记为$r(\xi,\eta)$（简记为r），即：

$$r(\xi,\eta)=\frac{Cov(\xi,\eta)}{\sqrt{Var(\xi)}\sqrt{Var(\eta)}} \tag{13-99}$$

相关系数r具有以下性质：

（1） $|r|\leqslant 1$；

(2) $|r|=1$ 的充要条件是存在常数 a、b，使 $P\{\eta=a\xi+b\}=1$。

第五节　n 维随机向量

前面我们讨论了二维随机向量的概念和有关性质，作为更一般的 n 维随机向量，可按照二维的情形进行讨论。本节中我们将列举 n 维随机向量的一些基本概念和重要结果，它们是二维随机向量相应概念和结果的推广。

一、n 维随机向量的联合分布和边缘分布

设 $\xi=(\xi_1,\xi_2,\cdots,\xi_n)$ 为一个 n 维随机向量，对任意实数 $x_1,x_2,\cdots,x_n$，称 n 元函数：

$$F(x_1,x_2,\cdots,x_n)=P\{\xi_1\leqslant x_1,\xi_2\leqslant x_2,\cdots,\xi_n\leqslant x_n\}$$

为 ξ 的联合分布函数。

取 ξ_i 中任意多个分量所组成的随机向量，如 $\xi_1,(\xi_2,\xi_2),(\xi_3,\xi_4,\xi_5)$ 等，它们的分布函数都称为 ξ 的边缘分布函数。

如同二维随机向量，对 n 维随机向量，我们只介绍离散与连续两种类型。

若 n 维随机向量 $\xi=(\xi_1,\xi_2,\cdots,\xi_n)$ 只取有限个或可列无穷多个不同的向量值，则称 ξ 为 n 维离散型随机向量。

设 n 维离散型随机向量 $\xi=(\xi_1,\xi_2,\cdots,\xi_n)$ 所取的全部可能值为：

$$(x_{1i_1},x_{2i_2},\cdots,x_{ni_n}),i_1,i_2,\cdots,i_n=1,2,\cdots$$

则称：

$$P\{\xi_1=x_{1i_1},\xi_2=x_{2i_2},\cdots,\xi_n=x_{ni_n}\}=P_{i_1i_2\cdots i_n}\quad(i_1,i_2,\cdots,i_n=1,2,\cdots)$$

为 ξ 的联合分布律。

$\xi=(\xi_1,\xi_2,\cdots,\xi_n)$ 的任意 k 个分量 $(1\leqslant k\leqslant n)$ 所组成的随机向量仍是离散型随机向量，这些随机向量的分布律称为 ξ 的 k 维边缘分布律。由 $\xi=(\xi_1,\xi_2,\cdots,\xi_n)$ 的联合分布律可求出它的全部边缘分布律。

设 $\xi=(\xi_1,\xi_2,\cdots,\xi_n)$ 的联合分布函数为 $F(x_1,x_2,\cdots,x_n)$，若存在一非负函数 $f(x_1,x_2,\cdots,x_n)$，使：

$$F(x_1,x_2,\cdots,x_n)=\int_{-\infty}^{x_n}\cdots\int_{-\infty}^{x_2}\int_{-\infty}^{x_1}f(u_1,u_2,\cdots,u_n)du_1du_2\cdots du_n$$

成立，则称 ξ 为 n 维连续型随机向量，称 $f(x_1,x_2,\cdots,x_n)$ 为 ξ 的联合概率密度。

ξ 的任意 k 个分量所构成随机向量的概率密度称为 ξ 的 k 维边缘概率密度，ξ 的所有边缘概率密度可由它的联合密度表示。

如 $(\xi_1,\ \xi_2)$ 的概率密度即为 ξ 的二维边缘密度，它可表示为：

$$f_{12}(x_1,x_2)=\int_{-\infty}^{+\infty}\cdots\int_{-\infty}^{+\infty}f(x_1,x_2,\cdots,x_n)dx_3dx_4\cdots dx_n$$

二、n 个随机变量的独立性

如同两个随机变量相互独立一样，n 个随机变量相互独立，也可直观地理解为这 n 个随机变量取值相互没有任何影响。一般地，我们如下定义 n 维随机变量的相互独立：

设 $\xi=(\xi_1,\xi_2,\cdots,\xi_n)$ 的联合分布函数为 $F(x_1,x_2,\cdots,x_n)$，ξ_i 的分布函数为 $F_i(x_i)$，如果对任意的实数 $x_1,x_2,\cdots,x_n$，有：

$$F(x_1,x_2,\cdots,x_n)=F_1(x_1)F_2(x_2)\cdots F_n(x_n) \quad (13-100)$$

则称这 n 个随机变量 $\xi_1,\xi_2,\cdots,\xi_n$ 相互独立。

可以证明：如果 $\xi=(\xi_1,\xi_2,\cdots,\xi_n)$ 为离散型随机向量，则 $\xi_1,\xi_2,\cdots,\xi_n$ 相互独立的充要条件是：对 $\xi=(\xi_1,\xi_2,\cdots,\xi_n)$ 的任意一组可能值 $(x_{1i_1},x_{2i_2},\cdots,x_{ni_n}),i_1,i_2,\cdots,i_n=1,2,\cdots$

$$\begin{aligned}&P\{\xi_1=x_{1i_1},\xi_2=x_{2i_2},\cdots,\xi_n=x_{ni_n}\}\\&=P\{\xi_1=x_{1i_1}\}P\{\xi_2=x_{2i_2}\}\cdots P\{\xi_n=x_{ni_n}\}\end{aligned} \quad (13-101)$$

如果 $\xi=(\xi_1,\xi_2,\cdots,\xi_n)$ 为连续型随机向量，则 $\xi_1,\xi_2,\cdots,\xi_n$ 相互独立的充要条件是对一切实 $x_1,x_2,\cdots,x_n$ 有：

$$f(x_1,x_2,\cdots,x_n)=f_1(x_1)f_2(x_2)\cdots f_n(x_n) \quad (13-102)$$

其中，$f(x_1,x_2,\cdots,x_n)$ 为 ξ 的联合概率密度，$f_1(x_i)(i=1,2,\cdots,n)$ 为 ξ_i 的密度。

还可证明：若 $\xi_1,\xi_2,\cdots,\xi_n$ 相互独立，则其中的任意 k 个（$2\leqslant k\leqslant n$）随机变量也相互独立。

n 个相互独立的随机变量的数字特征有如下性质：

若 $\xi_1,\xi_2,\cdots,\xi_n$ 相互独立，则：

$$E(\xi_1,\xi_2,\cdots\xi_n)=E(\xi_1)E(\xi_2)\cdots E(\xi_n) \quad (13-103)$$

$$Var(\xi_1+\xi_2+\cdots+\xi_n)=Var(\xi_1)+Var(\xi_2)+\cdots+Var(\xi_n) \quad (13-104)$$

三、n 维随机向量的数学期望、协方差阵和相关系数阵

设 $\xi=(\xi_1,\xi_2,\cdots,\xi_n)$，若 $E(\xi_i)$ 存在，（$i=1, 2, \cdots, n$），则称常向量 $[E(\xi_1), E(\xi_2),\cdots,E(\xi_n)]$ 为 ξ 的数学期望。

设 $\xi=(\xi_1,\xi_2,\cdots,\xi_n)$，若 $C_{ij}=Cov(\xi_i,\eta_j)$ 都存在，（$i, j=1, 2, \cdots n$），则称矩阵：

$$C=\begin{bmatrix}C_{11}&C_{12}&\cdots&C_{1n}\\C_{21}&C_{22}&\cdots&C_{2n}\\\cdots&\cdots&\cdots&\cdots\\C_{n1}&C_{n2}&\cdots&C_{nn}\end{bmatrix} \quad (13-105)$$

为 ξ 的协方差阵。

协方差阵 C 具有下列性质：

（1）C 是对称矩阵；

（2）C 是非负定矩阵。

设 $\xi=(\xi_1,\xi_2,\cdots,\xi_n)$，若 $r_{ij}=r(\xi_i,\xi_j)$ 都存在（$i, j=1, 2, \cdots n$），则称矩阵：

$$\begin{bmatrix} r_{11} & r_{12} & \cdots & r_{1n} \\ r_{21} & r_{22} & \cdots & r_{2n} \\ \cdots & \cdots & \cdots & \cdots \\ r_{n1} & r_{n2} & \cdots & r_{nn} \end{bmatrix} \tag{13-106}$$

为 ξ 的相关系数阵。

第六节　随机变量的条件分布

本节开始引入随机变量的条件分布的概念。随机变量的条件分布主要用于非独立随机变量的研究中。

一、随机变量关于已给事件的条件分布函数

由事件的条件概率的概念，我们自然地引出随机变量在某事件已发生的条件下的条件分布函数的概念。

（一）条件分布函数与条件密度

假设 $\eta=\eta(\omega)$ 是任一随机变量，B 是任一事件，$P(B)>0$，称：

$$F_{\eta}(y|B)=\frac{P(\{\eta\leqslant y\}\cap B)}{P(B)},\ -\infty<y<\infty \tag{13-107}$$

为在事件 B 已出现的条件下，随机变量 η 的条件分布函数（简称为 η 关于 B 的条件分布函数）；如果存在非负函数 $f_{\eta}(y|B)$，使：

$$F_{\eta}(y|B)=\int_{-\infty}^{y}f_{\eta}(y|B)dy,\quad -\infty<y<\infty$$

则称 $f_{\eta}(y|B)$ 为随机变量 η 关于事件 B 的条件密度，显然，条件分布函数 $F_{\eta}(y|B)$ 和条件分布密度 $f_{\eta}(y|B)$，具有一般（“无条件”）分布函数和概率密度的一切性质。

（二）假设 ξ 和 η 是任意二随机变量，而 C 是任意事件，且 $P\{\omega:\xi(\omega)\in C\}>0$，那么：

$$F_{\eta}(y|\xi\in C)=\frac{P\{\xi\in C,\eta\leqslant y\}}{P\{\xi\in C\}},\quad -\infty<y<\infty$$

是在 $\{\xi\in C\}$ 的条件下，随机变量 η 的条件分布函数。如果 $F_{\xi}(x)$ 是 ξ 的分布函数，$F_{\xi}(x,y)$ 是 ξ 和 η 的联合分布函数，则对于任意实数 $a<b, F_{\xi}(b)-F_{\xi}(a)>0$，有：

$$F_{\eta}(y|a<\xi\leqslant b)=\frac{F_{\xi,\eta}(b,y)-F_{\xi,\eta}(a,y)}{F_{\xi}(b)-F_{\xi}(a)} \tag{13-108}$$

二、一随机变量关于另一随机变量的条件分布函数

假设 ξ 和 η 是二随机变量，$F_{\xi,\eta}(x,y)$ 是它们的联合分布函数，$F_{\xi}(x)$ 是边缘分布函数。我们现在引进在 $\{\xi=x\}$ 的条件下，随机变量 η 的条件分布函数。这时，由于一般

$P\{\xi=x\}>0$ 未必成立，故设法由式（13－108）并通过求极限来定义条件分布函数 $F_\eta(y|\xi=x)$：对于一切 $-\infty<y<\infty$ 和固定的实数 x，如果存在极限：

$$F_\eta(y|\xi=x)=\lim_{\Delta x\to 0}P\{\eta\leqslant y\mid x-\Delta x<\xi\leqslant x+\Delta x\}$$

则称 $F_\eta(y|\xi=x)$ 为在 $\{\xi=x\}$ 的条件下，随机变量 η 的条件分布函数。

如果 ξ 和 η 的联合分布是连续型或离散型的，则 $F_\eta(y|\xi=x)$ 一般有定义，并且有简单的表达式。

（一）条件密度

假设 ξ 和 η 有联合密度 $f_{\xi,\eta}(x,y)$，而 $F_{\xi,\eta}(x,y)$ 是它们的联合分布数。显然，几乎处处有：

$$\frac{\partial F_{\xi,\eta}(x,y)}{\partial x}=\frac{\partial}{\partial x}\int_{-\infty}^{x}\int_{-\infty}^{y}f_{\xi,\eta}(u,v)\,dudv$$

因此，在 $G=\{(x,y):f_\xi(x)>0,-\infty<y<\infty\}$ 上几乎处处有：

$$\begin{aligned}F_\eta(y|\xi=x)&=\lim_{\Delta x\to 0}P\{\eta\leqslant y|x-\Delta x<\xi\leqslant x+\Delta x\}\\&=\lim_{\Delta x\to 0}\frac{\dfrac{1}{2\Delta x}\displaystyle\int_{x-\Delta x}^{x+\Delta x}\int_{-\infty}^{y}f_{\xi,\eta}(u,v)\,dudv}{\dfrac{1}{2\Delta x}\displaystyle\int_{x-\Delta x}^{x+\Delta x}\int_{-\infty}^{\infty}f_{\xi,\eta}(u,v)\,dudv}\\&=\frac{\displaystyle\int_{-\infty}^{y}f_{\xi,\eta}(x,v)\,dv}{\displaystyle\int_{-\infty}^{+\infty}f_{\xi,\eta}(x,v)\,dv}=\int_{-\infty}^{y}\frac{f_{\xi,\eta}(x,v)}{f_\xi(x)}dv\end{aligned}$$

这里，$F_\eta(y|\xi=x)$ 只对于 $(x,\ y)\in G$ 有意义。但是只需稍加修正即可使它对一切 y 和一切满足 $f_\xi(x)>0$ 的 x 有定义。为此，对于任意 $x\in\{x:f_\xi(x)>0\}$，令：

$$f_\eta(y|\xi=x)=\frac{f_{\xi,\eta}(x,y)}{f_\xi(x)},\ -\infty<y<\infty \tag{13－109}$$

$$F_\eta(y|\xi=x)=\int_{-\infty}^{y}f_\eta(y|\xi=x)\,dy,\ -\infty<y<\infty \tag{13－110}$$

对于任意固定的 $x\in\{x:f_\xi(x)>0\}$，$f_\eta(y|\xi=x)$ 是一概率密度，而 $F_\eta(y|\xi=x)$ 是一分布函数。分别称 $f_\eta(y|\xi=x)$ 和 $F_\eta(y|\xi=x)$ 为 η 关于 $\{\xi=x\}$ 的条件密度和条件分布函数。可以类似地定义 ξ 关于 $\{\eta=y\}$ 的条件密度和条件分布函数 $f_\xi(x|\eta=y)$ 和 $F_\xi(x|\eta=y)$。

1. 密度的乘法公式

由条件密度 $f_\xi(x|\eta=y)$ 和 $f_\eta(y|\xi=x)$ 的定义，立即得密度的乘法公式：

$$f_{\xi,\eta}(x,y)=f_\xi(x)f_\eta(y|\xi=x)=f_\eta(y)f_\xi(x|\eta=y) \tag{13－111}$$

它是事件概率的乘法公式 $P(AB)=P(A)P(B\mid A)=P(B)P(A\mid B)$ 的类似形式。

2. 密度的贝叶斯公式

由条件密度的定义和乘法公式（13－111），立即得密度的贝叶斯公式：若 $f_\eta(y)>0$，则：

$$f_{\xi}(x|\eta = y) = \frac{f_{\xi,\eta}(x,y)}{f_{\eta}(y)} = \frac{f_{\eta}(y|\xi = x)f_{\xi}(x)}{\int_{-\infty}^{\infty} f_{\eta}(y|\xi = x)f_{\xi}(u)du} \tag{13-112}$$

此为贝叶斯公式的类似形式。

（二）离散型随机变量的条件分布

假设 ξ 和 η 是离散型随机变量，它们的联合分布 $p_{ij}(i=1,2,\cdots,j=1,2,\cdots)$ 为：

$$p_{ij} = P\{\xi = x_i, \eta = y_i\}, \; p_{ij} > 0$$

$$p_i = P\{\xi = x_i\} = \sum_j p_{ij}$$

对于一切 x_i 和 y_i，有：

$$P\{\eta = y_j | \xi = x_i\} = \frac{P\{\xi = x_i, \eta = y_j\}}{P\{\xi = x_i\}} = \frac{p_{ij}}{p_i} = \frac{p_{ij}}{\sum_j p_{ij}} \tag{13-113}$$

对于一切 $-\infty < y < \infty$，以及 x_i（$i=1$，2，⋯），有：

$$\begin{aligned} F_{\eta}(y|\xi = x_i) &= \frac{P\{\xi = x_i, \eta \leqslant y\}}{P\{\xi = x_i\}} \\ &= \sum_{\{j: y_j \leqslant y\}} P\{\eta = y_j | \xi = x_i\} \\ &= \frac{\sum_{\{j: y_j \leqslant y\}} p_{ij}}{\sum_{\{j\}} p_{ij}} \end{aligned}$$

其中，分子上对一切满足 $y_j \leqslant y$ 的 j 求和，而分母上对一切 i 求和。

三、条件分布的简单性质

（一）独立随机变量之间无条件性

假设 ξ 和 η 独立，那么，$F_{\eta}(y|\xi = x) = F_{\eta}(y)$。特别地，如果 ξ 和 η 是连续型的，则 $f_{\eta}(y|\xi = x) = f_{\eta}(y)$；如果 ξ 和 η 是离散型的，则 $P\{\eta = y_j|\xi = x_i\} = P\{\eta = y_i\}$。

（二）全概率公式

本章第一节中，在引入事件的条件概率的概念之后，证明了全概率公式。现在，我们考虑与随机变量的条件分布相联系的全概率公式，不过仅限于考虑离散型和连续型随机变量的情形。具体来讲，

（1）如果 ξ 和 η 是离散型随机变量，它们的一切可能值的集合分别为 $X = \{x_i\}$ 和 $Y = \{y_i\}$，则对于任意事件 B，有：

$$P\{B\} = \sum_i P\{B | \xi = x_i\} P\{\xi = x_i\} \tag{13-114}$$

其中，

$$P\{B | \xi = x_i\} = \sum_{y_j \in B} P\{\eta = y_j | \xi = x_i\}$$

（2）如果 ξ 和 η 是连续型随机变量，则对于任意事件 B，有：

$$P\{B\} = \int_{-\infty}^{+\infty} P\{B \mid \xi = x_i\} f_{\xi}(x) dx \tag{13-115}$$

其中，

$$P\{B \mid \xi = x_i\} = \int_B f_{\eta}(y \mid \xi = x) dy \tag{13-116}$$

四、随机变量关于事件的条件数学期望

由随机变量在某事件出现的条件下的条件分布，自然地引出随机变量在某事件出现的条件下的条件数学期望。

对于随机变量 ξ，若 $\int_{-\infty}^{+\infty} |x| dF_{\xi}(x \mid B) < \infty$，则称：

$$E(\xi \mid B) = \int_{-\infty}^{+\infty} x dF_{\xi}(x \mid B) \tag{13-117}$$

为 ξ 关于 B 的条件数学期望。

特别地，如果 ξ 有条件密度 $f_{\xi}(x \mid B)$，且

$$\int_{-\infty}^{+\infty} |x| f_{\xi}(x \mid B) dx < \infty$$

则

$$E(\xi \mid B) = \int_{-\infty}^{+\infty} x f_{\xi}(x \mid B) dx \tag{13-118}$$

如果 ξ 是离散型随机变量，它的一切可能值为 $x_1, x_2, \cdots$，而且

$$\sum |x_i| P\{\xi = x_i \mid B\} < \infty$$

则

$$E(\xi \mid B) = \sum_i x_i P\{\xi = x_i \mid B\} \tag{13-119}$$

其次，利用条件数学期望可以定义随机变量 ξ 关于事件 B 的条件方差：

$$D(\xi \mid B) = E\{[\xi - E(\xi \mid B)]^2 \mid B\} \tag{13-120}$$

下面，我们给出全数学期望公式（证明从略）。它在计算数学期望时很有用，并且，全概率公式可以看作它的特殊形式。

假设 H_i（$i=1, 2, \cdots$）是有限或可列个两两不相容的事件，$P(H_i) > 0$，而随机变量 ξ 的数学期望存在且有限。那么：

（1）如果 $\bigcup_i P(H_i) = B$，则：

$$P(B)E(\xi \mid B) = \sum_i E(\xi \mid H_i) P(H_i) \tag{13-121}$$

（2）$\bigcup_i P(H_i) = \Omega$，则：

$$E(\xi) = \sum_i E(\xi \mid H_i) P(H_i) \tag{13-122}$$

·

称式（13－122）为全数学期望公式。

由于对固定的事件 $B[P(B)>0]$，$F_{\xi}(x\mid B)$ 具有（无条件）分布函数的一切性质，可见 $E(\xi\mid B)$ 具有（无条件）数学期望的一切性质。此外，如果 ξ 与 B 独立，则：

$$E(\xi\mid B)=E(\xi) \tag{13-123}$$

因为这时 $F_{\xi}(x\mid B)=F_{\xi}(x)$。

五、一随机变量关于另一随机变量的条件数学期望

假设 ξ 和 η 是同一概率空间上的两个随机变量。现在引进一个随机变量关于另一个随机变量的条件数学期望的概念。为此，首先通过条件分布函数，来定义一随机变量在另一随机变量取给定值的条件下的条件数学期望。

（一）随机变量 η 关于 $\{\xi=x\}$ 的条件数学期望

对于随机变量 η，若 $\int_{-\infty}^{\infty}|y|dF_{\eta}(y\mid\xi=x)<\infty$，称：

$$E(\eta\mid\xi=x)=\int_{-\infty}^{\infty}ydF_{\eta}(y\mid\xi=x) \tag{13-124}$$

为它关于 $\{\xi=x\}$ 的条件数学期望。

特别，如果 ξ 和 η 是连续型随机变量，$f_{\eta}(y\mid\xi=x)$ 是 η 关于 $\{\xi=x\}$ 的条件密度，且：

$$\int_{-\infty}^{\infty}|y|f_{\eta}(y\mid\xi=x)dy<\infty$$

则：

$$E(\eta\mid\xi=x)=\int_{-\infty}^{\infty}yf_{\eta}(y\mid\xi=x)dy \tag{13-125}$$

类似地，定义 ξ 关于 $\{\eta=y\}$ 的条件数学期望 $E(\xi\mid\eta=y)$。

（二）随机变量 η 关于随机变量 ξ 的条件数学期望

$E(\eta\mid\xi=x)=\mu(x)$ 是 x 的函数，因此 $\zeta=\mu(\xi)=E(\eta\mid\xi)$ 是一随机变量，而且它的值和概率分布，完全决定于 ξ 的值和概率分布。现在，我们引进一随机变量关于另一随机变量的条件数学期望，并且研究它作为随机变量所具有的基本性质。这里，仅限于讨论离散型和连续型两种重要情形。

1. 离散型

假设 ξ 和 η 都是离散型随机变量，$E|\eta|<\infty$。令 $\mu=\mu(x)=E(\eta|\xi=x)$，$x\in X$，其中 X 是 ξ 一切可能值的集合。那么，$\zeta=\mu(\xi)=E(\eta|\xi)$ 是离散型随机变量，当 $\xi=x$ 时，它取 $E(\eta|\xi=x)$ 为值，称随机变量 $\zeta=E(\eta|\xi)$ 为 η 关于 ξ 的条件数学期望。

2. 连续型

假设 ξ 和 η 都是连续型随机变量，$E|\eta|<\infty$。令 $\mu(x)=E(\eta|\xi=x)$，则 $\zeta=\mu(\xi)=E(\eta|\xi)$ 是一随机变量，当 $\xi=x$ 时，取 $E(\eta|\xi=x)$ 为值。称随机变量 $\zeta=E(\eta|\xi)$ 为 η 关于 ξ 的条件数学期望。

（三）条件数学期望 $E(\eta|\xi)$ 的性质

（1）$E(\eta|\xi)$ 以概率 1 具有无条件数学期望的一切性质。例如，以概率 1，有：

$$E(c|\xi)=c,\ (c \text{ 是常数});$$
$$E(\lambda\eta|\xi)=\lambda E(\eta|\xi),\ (\lambda \text{ 是常数});$$
$$E(\eta_1+\eta_2|\xi)=E(\eta_1|\xi)+E(\eta_2|\xi)$$
$$E(\eta|\xi)\geqslant 0,\text{若 } \eta\geqslant 0;$$
$$E(\eta_1|\xi)\leqslant E(\eta_2|\xi),\text{若 } \eta_1\leqslant\eta_2;$$
$$E(\eta|\xi)\leqslant E(|\eta||\xi|) \tag{13-126}$$

（2）如果 ξ 和 η 独立，则对于函数 $g(y)$，以概率 1，有：

$$E[g(\eta)|\xi)]=Eg(\eta) \tag{13-127}$$

（3）对于函数 $g(y)$ 和 $h(x)$，以概率 1，有：

$$E[h(\xi)g(\eta)|\xi]=h(\xi)E[g(\eta)|\xi] \tag{13-128}$$

（4）全数学期望公式：对于函数 $g(y)$，有：

$$E\{E[g(\eta)|\xi]\}=E[g(\eta)] \tag{13-129}$$

证明：我们仅就连续型情形证明所列举的性质，对于离散型情形证明方法类似。

令 $\Lambda=\{x:E(\eta|\xi=x)\text{存在且有极限}\}$，由 $E(\eta|\xi=x)$ 的性质，知 $P\{\xi\in\Lambda\}=1$。

（1）由于 $E(\eta|\xi=x)x\in\Lambda$，有无条件数学期望的一切性质，而且 $P\{\xi\in\Lambda\}=1$，故由 $P\{\xi\in\Lambda\}=1$ 的定义知 1 成立。

（2）由于 ξ 和 η 独立，故：

$$\begin{aligned}E[g(\eta)|\xi]&=\int_{-\infty}^{\infty}g(y)f_\eta(y|\xi=x)dy\\&=\int_{-\infty}^{\infty}g(y)f_\eta(y)dy=Eg(\eta)\end{aligned}$$

从而对于任意 $x\in\Lambda$，有：

$$P\{E[g(\eta)|\xi=x]=Eg(\eta)\}=P\{\xi\in\Lambda\}=1$$

（3）易见，对于任意 $x\in\Lambda$，有：

$$E[h(\xi)g(\eta)|\xi=x]=h(\xi)E[g(\eta)|\xi]$$

从而式（13－128）以概率 1 成立。

（4）由于 $P\{\xi\in\Lambda\}=1$，知：

$$\begin{aligned}E\{E[g(\eta)|\xi]\}&=\int_\Lambda E[g(\eta)|\xi=x]f_\xi(x)dx\\&=\int_\Lambda f_\xi(x)dx\int_{-\infty}^{\infty}g(y)f_\eta(y|\xi=x)dx\\&=\int_{-\infty}^{\infty}\int_{-\infty}^{\infty}g(y)f_{\xi,\eta}(x,y)dxdy\\&=\int_{-\infty}^{\infty}g(y)f_\eta(y)dy=Eg(\eta)\end{aligned}$$

第十四章

概率母函数和矩母函数

第一节 母函数

母函数又称生成函数，是某组有规律数据的一个简要的概括性表达式，在任何需要的时候，可以将它展开（为“幂级数”）来生成这组数据。

这样的函数主要用于处理随机变量分布，可以很容易地用来确定随机变量的分布及其各阶矩，可用于说明变量间的关系。此外，可以在探讨随机过程的有关问题中发挥重要作用。

以下是两个母函数的简单例子：

（1）针对数字：

$$\frac{1}{8}、\frac{3}{8}、\frac{3}{8}、\frac{1}{8}$$

依此次序，我们可以构造出一个母函数：

$$\frac{1}{8}+\frac{3}{8}t+\frac{3}{8}t^2+\frac{1}{8}t^3=\frac{1}{8}(1+t)^3 \tag{14-1}$$

或者同样地：

$$\left(\frac{1}{2}+\frac{1}{2}t\right)^3 \tag{14-2}$$

通过式（14－1）或式（14－2）的展开式我们可以得到该多项式的各次项 $t^0(=1)$、$t^1(=t)$、t^2 和 t^3 的系数。

（2）针对数字：

$$\frac{1}{2}、\frac{1}{4}、\frac{1}{8}、\frac{1}{16}\cdots$$

我们可以构造一个母函数：

$$\frac{1}{2}+\frac{1}{4}t+\frac{1}{8}t^2+\frac{1}{16}t^3+\cdots=\frac{1}{2}\left(1+\frac{1}{2}t+\frac{1}{4}t^2+\frac{1}{8}t^3+\cdots\right)$$

$$=\frac{1}{2}\left(1-\frac{1}{2}t\right)^{-1}\left(\text{如果}\left|\frac{t}{2}\right|<1\right) \tag{14-3}$$

通过式（14－3）的展开式我们会得到 t 的不同次方的系数。

第二节　概率母函数

一、概率母函数的概念

概率母函数（PGF）又称概率生产函数，可用于生成概率，即生成与数值 0，1，2，3，…相关联的概率，这个过程是通过计数变量（即：假设有非负整数值的离散变量）完成的。

设 X 为一计数变量，设取值 0，1，2，3…的概率分别是 $p_0, p_1, p_2, p_3, \cdots$，针对上面的概率，我们构造一个母函数 $G(t)$，得：

$$G(t)=p_0+p_1t+p_2t^2+p_3t^3+\cdots$$

也就是：

$$G(t)=P(X=0)+P(X=1)t+P(X=2)t^2+P(X=3)t^3+\cdots \tag{14-4}$$

从中我们可以看出，$G(1)=1$ 和 $G(0)=P(X=0)$。

我们注意到式（14－4）是函数 t^X 的期望值的表达式——它给出了概率母函数的一个定义：

对于一个计数变量 X，如果存在

$$G(t)=E(t^X) \tag{14-5}$$

则称 $G(t)$ 为 X 的概率母函数。

注意：$G(t)$ 至少在 $|t|\leqslant 1$ 时是确实存在的，且概率母函数是唯一的，也就是说，如果当两个计数变量有相同的概率分布时他们才会有相同的概率母函数。

上节例子中的（1）给出了 X 的概率母函数，X 可以代表扔 3 次硬币国徽朝上的次数。

例子中的（2）给出了 X 的概率母函数，其中 X 的含义如下：在一系列独立的贝努里实验中，每次实验成功的概率 $P_{成功}=1/2$，X 代表第一次成功前失败的次数。

二、几个分布的概率母函数

下面我们将为在第十三章提及的部分分布写出其概率母函数。

1. 均匀分布

$$P(X=x)=\frac{1}{k}, x=1,2,3,\cdots,k$$

$$G(t)=E(t^X)=\frac{1}{k}(t+t^2+\cdots+t^k)$$

$$=\frac{t}{k}\ (1+t+\cdots+t^{k-1})$$

$$=\frac{t}{k}\ \frac{(1-t^{k})}{(1-t)}\qquad (t\neq 1)\tag{14-6}$$

2. 二项分布 B（n，θ）（含 $n=1$ 时的贝努里分布）

$$P(X=x)=\begin{bmatrix}n\\x\end{bmatrix}\theta^{x}(1-\theta)^{n-x},x=0,1,2,\cdots,n$$

$$G(t)=\sum_{x=0}^{n}\begin{bmatrix}n\\x\end{bmatrix}(\theta t)^{x}(1-\theta)^{n-x}=[t\theta+(1-\theta)]^{n}\ \text{（二项分布展开式）}\tag{14-7}$$

3. 负二项分布 NB（k，θ）（含 $k=1$ 时的几何分布）

为了计算方便，设 P（未发生） $=1-\theta=\phi$。

$$P(X=x)=\begin{bmatrix}x-1\\k-1\end{bmatrix}\theta^{k}\phi^{x-k},x=k,k+1,k+2,\cdots$$

$$G(t)=\sum_{x=k}^{\infty}\begin{bmatrix}x-1\\k-1\end{bmatrix}t^{x}\theta^{k}\phi^{x-k}=(t\theta)^{k}\sum_{x=k}^{\infty}\begin{bmatrix}x-1\\k-1\end{bmatrix}(t\phi)^{x-k}$$

$$=(t\theta)^{k}(1-t\phi)^{-k}=(\frac{t\theta}{1-t\phi})^{k}\tag{14-8}$$

注意：对于 $|t\phi|<1$，即 $|t|<\frac{1}{\phi}$ 时这个概括是正确的。

4. 泊松分布 Poisson（λ）

$$P(X=x)=\frac{\lambda^{x}\exp(-\lambda)}{x!},x=0,1,2,3,\cdots$$

$$G(t)=e^{-\lambda}\sum_{x=0}^{\infty}\frac{(\lambda t)^{x}}{x!}=\exp(-\lambda)\exp(\lambda t)=e^{\lambda(t-1)}\tag{14-9}$$

三、矩的计算

概率母函数 $G(t)$ 并不是主要用于求矩，但我们可以用 $G(t)$ 来很方便地求出较低的阶矩，我们可以仅仅凭它求出均值 μ 和方差 σ^2（从而得出 σ）。

我们可以将函数 t^X 展开如下（在点 $t=1$ 处用“泰勒展开式”）。

$$t^{X}=1+(t-1)X+\frac{(t-1)^{2}}{2!}X(X-1)+\frac{(t-1)^{3}}{3!}X(X-1)(X-2)+\cdots$$

所以：

$$G(t)=E(t^{X})$$

$$=1+(t-1)E(X)+\frac{(t-1)^{2}}{2!}E[X(X-1)]+\frac{(t-1)^{3}}{3!}E[X(X-1)(X-2)]+\cdots$$

对 t 求微分，然后代入 $t=1$，得：

$$G'(1)=E(x)，\ 即\ \mu=G'(1)$$

求二次微分，然后代入 $t=1$，得到：

$$G''(1)=E[X(X-1)]=E(X^2)-E(X)$$

所以，

$$E(X^2)=G''(1)+G'(1) \tag{14-10}$$

由此可得 σ^2。

综上结论，我们可以得到：

$$\mu=G'(1) \tag{14-11}$$

$$\sigma^2=G''(1)+G'(1)-[G'(1)]^2 \tag{14-12}$$

注意：一个更简单，但比较符合要求的方法是在“期望符号”内求微分如下：

$$G(t)=E(t^X)$$

所以，

$$G'(t)=E(Xt^{X-1})$$

同时，

$$G''(t)=E(X(X-1)t^{X-2})$$

所以，

$$G'(1)=E(x)$$

$$G''(1)=E[X(X-1)] \tag{14-13}$$

我们会用这些结论来证明上面的某些分布的均值和方差的表达式，对于这些分布来说这种方法便很简单，请记住 $G(1)=1$。

1. 二项分布 $B(n,\theta)$

$$G(t)=(\theta t+\phi)^n，\text{其中 } \phi=1-\theta \tag{14-14}$$

$$G'(t)=n\theta(\theta t+\phi)^{n-1}$$

$$G''(t)=n(n-1)\theta^2(\theta t+\phi)^{n-2}$$

$$G'(1)=n\theta$$

$$G''(1)=n(n-1)\theta^2$$

所以，

$$\mu=n\theta$$

$$\sigma^2=n(n-1)\theta^2+n\theta-(n\theta)^2=n\theta-n\theta^2=n\theta\phi$$

2. 几何分布 Geometric (θ)

$$G(t)=\frac{\theta t}{(1-\phi t)}，\text{其中 } \phi=1-\theta \tag{14-15}$$

$$\ln G(t)=\ln\theta+\ln t-\ln(1-\phi t)$$

$$\frac{G'(t)}{G(t)}=\frac{1}{t}+\frac{\phi}{(1-\phi t)}$$

所以，

$$G'(1)=1+\frac{\phi}{\theta}=\frac{1}{\theta}$$

$$\frac{G''(t)}{G(t)}-\left[\frac{G'(t)}{G(t)}\right]^2=\frac{-1}{t^2}+\frac{\phi^2}{(1-\phi t)^2}$$

所以，

$$G''(1)-[G'(1)]^2=-1+\frac{\phi^2}{(1-\phi)^2}=\frac{(1-2\theta)}{\theta^2}$$

所以，

$$\mu=\frac{1}{\theta},\ \sigma^2=\frac{(1-2\theta)}{\theta^2}+\frac{1}{\theta}=\frac{(1-\theta)}{\theta^2}=\frac{\phi}{\theta^2}$$

3. 泊松分布 Poisson（λ）

$$G(t)=\exp(-\lambda)\exp(\lambda t) \tag{14-16}$$

$$G'(t)=xG(t) \quad G'(1)=\lambda$$

$$G''(t)=\lambda G'(t) \quad G''(1)=\lambda^2$$

所以，

$$\mu=\lambda$$

$$\sigma^2=\lambda^2+\lambda-\lambda^2=\lambda$$

例 14－1

为检查某一级别的非寿险业务中已经发生索赔的保单，采用了去年每份保单索赔次数的数据 X，其中 P（$X=x$）与均值为 λ 的泊松分布的概率成正比，但在“$X=0$”的值不存在，该分布被称作截尾泊松分布（truncated Poisson distribution），即：

$$P(X=x)=\frac{k\lambda^x}{x!},x=1,2,3,\cdots$$

求出 X 的概率母函数（求出常数 k）和该分布的均值。

解：

$$G(t)=k(\lambda t+\frac{\lambda^2t^2}{2!}+\frac{\lambda^3t^3}{3!}+\cdots)=k\{\exp(\lambda t)-1\}$$

由 G（1）$=1$，得：

$$k=\frac{1}{\exp(\lambda)-1}$$

且：

$$G(t)=\frac{\exp(\lambda t)-1}{\exp(\lambda)-1}$$

而，

$$G'(t)=k\lambda\exp(\lambda t)$$

所以，

$$\mu=G'(1)=k\lambda\exp(\lambda)=\frac{\lambda}{1-\exp(-\lambda)}$$

注意：

（1）在截尾模型中：

$$P(X=x)=\{1-\exp(-\lambda)\}^{-1}\frac{\lambda^x\exp(-\lambda)}{x!},x=1,2,3,\cdots$$

它比正常的泊松分布模型中相应的概率多了系数（$1-e^{-\lambda-1}$），并且 X 不再取 0 点的值。

（2）截尾泊松分布的均值也比正常的泊松分布的均值 λ 多了系数 $\{1-\exp(-\lambda)\}^{-1}$。

例 14-2

设 X 服从均值为 5 的泊松分布，求 $Y=2X+3$ 的概率母函数。

解：

$$G(t)=\exp[\lambda(t-1)]$$

所以，

$$G_y(t)=t^3\exp[5(t^2-1)]=e^{-5}t^3\exp(5t^2)$$

注意：我们可将 $G_y(t)$ 展开为如下形式：

$$e^{-5}t^3[1+5t^2+\frac{(5t^2)^2}{2!}+\frac{(5t^2)^3}{3!}+\cdots]$$

$$=e^{-5}(t^3+5t^5+\frac{15t^7}{2}+\frac{125t^9}{6}+\cdots)$$

所以，以 $P(Y=9)$ 为例，$P(Y=9)$ 是 t^9 的系数，即：

$$\frac{125e^{-5}}{6}$$

当然，

$$P(Y=9)=P(X=3)=\frac{\exp(-5)5^3}{3!}=\frac{125e^{-5}}{6}$$

例 14-3

设 X 服从 B（n，θ）的二次分布，求 $Y=n-X$ 的概率母函数。

解：

$$G(t)=(\theta t+\phi)^n$$

所以，

$$G_y(t)=t^n(\theta/t+\phi)^n=(\phi t+\theta)^n$$

所以，Y 服从二项分布 $B(n,\phi)$。

注意：Y 表示 n 次实验中失败的次数。

下面的例子说明如何用一系列概率母函数建立一个“极限分布”，我们来考虑一个第十三章中已讨论过的例子，即均值为 $n\theta$ 的二项分布 $B(n,\theta)$，当 $n\to\infty$ 时，其极限分布为一个均值为 λ 的泊松分布。

例 14-4

设 X 是一个二项分布变量 $B(n,\theta)$，设 $n\theta=\lambda$，用 n 和 λ 表示出 X 的概率母函数，并检验当 $n\to\infty$ 时它的极限。

解：在 $G(t)$ 中用 λ/n 代替 θ。

$$G(t)=(\theta t+1-\theta)^n=(\frac{\lambda t}{n}+1-\frac{\lambda}{n})^n=\left[1+\frac{x}{n}\right]^n,\text{其中 } x=\lambda(t-1)$$

随着 $n\to\infty$，函数$\left[1+\frac{x}{n}\right]^n\to e^x$，所以，

$$G(t)\to E[\lambda(t-1)]$$

这就是服从均值为 λ 的泊松分布的随机变量的概率母函数。

第三节 矩母函数

一、矩母函数的概念

从名字中就可得知，一个矩母函数（MGF）可用于生成（离散的或连续的）随机变量的各阶矩。

下面我们给出矩母函数（MGF）的完整的定义：

对于一个随机变量 X，如果其函数 exp（tX）的数学期望 $M(t)=E[\exp(tX)]$存在，则称函数 $M(t)$为随机变量 X 的矩母函数。

将指数函数展开为幂级数形式，并求其数学期望，我们会得到：

$$M(t)=1+tE(X)+\frac{t^2}{2!}E(X^2)+\frac{t^3}{3!}E(X^3)+\cdots \tag{14-17}$$

从中我们看到 X 的第 r 阶矩 $E(X^r)$即矩母函数 MGF 的幂级数展开式中 t^r 的系数。

所以，欲求某一随机变量 X 的矩，可把矩母函数展开成幂级数展开式，并求出 t 的恰当次幂的系数。

另一种方法是对随机变量的矩母函数微分，并设 $t=0$，即求矩母函数在 $t=0$ 处的导数，即可得到该随机变量的矩。这种方法对一、二阶矩是很方便的。

$$M(t)=1+tE(X)+\frac{t^2}{2!}E(X^2)+\frac{t^3}{3!}E(X^3)+\frac{t^4}{4!}E(X^4)+\cdots$$

$$M'(t)=E(X)+tE(X^2)+\frac{t^2}{2!}E(X^3)+\frac{t^3}{3!}E(X^4)+\cdots$$

$$\Rightarrow \qquad M'(0)=E(X) \tag{14-18}$$

$$M''(t)=E(X^2)+tE(X^3)+\frac{t^2}{2!}E(X^4)+\cdots$$

$$\Rightarrow \qquad M''(0)=E(X^2) \tag{14-19}$$

一般地，

$$E(X^r)=M^{(r)}(0) \tag{14-20}$$

所以矩可以通过对矩母函数微分并设 $t=0$ 求得。

注意：如果我们已知一个随机变量 X 的分布，我们至少在理论上可以计算出分布的

所有阶矩，但是，如果已知某随机变量的各阶矩，能否求出其分布呢？

在一般情况下①，我们可以说如果一随机变量的所有阶矩都存在（并要满足一定的收敛条件），那么矩的序列会唯一决定 X 的分布。

进一步来讲，如果我们求出一个矩母函数，就必然有一个唯一的分布与之对应，这使得我们能把一个矩母函数看作一个特定分布时的矩母函数（在矩母函数的分布间有着一一对应关系）。

例 14－5

设 X 为一个随机变量，其概率密度函数为：

$$f(t)=\frac{1}{2}\exp\{-|x|\},-\infty<x<+\infty$$

试推导出 X 的矩母函数，并借此求出 X 的标准差。

解：该随机变量的概率密度函数有两个部分：

当 $x>0$ 时：
$$f(t)=\frac{1}{2}\exp(-x)$$

当 $x<0$ 时：
$$f(t)=\frac{1}{2}\exp(x)$$

所以，

$$2M(t)=\int_{-\infty}^{0}e^{(t+1)x}dx+\int_{0}^{\infty}e^{(t-1)x}dx$$

注意我们要求 $t+1>0$，使得第一个积分是有限的，$t-1<0$ 保证第二个积分是有限的，所以，

$$2M(t)=\frac{1}{t+1}(1-0)+\frac{1}{t-1}(0-1)=\frac{2}{1-t^2},\text{当}-1<t<1$$

所以，

$$M(t)=(1-t^2)^{-1},-1<t<1$$
$$M(t)=1+t^2+t^4+\cdots$$

所以，

$$E(X)=0$$
$$E(X^2)=2$$

所以，

$$\sigma^2=2,\sigma=\sqrt{2}$$

二、概率母函数与矩母函数的关系

对于一个概率母函数为 $G(t)=E(t^X)$ 的随机变量，我们可以求出它的矩母函数 $M(t)=[E(e^{tX})]$，只要用 e^t 代替 $G(t)$ 中的 t 就可以了，即：

---

① 这里的一般情况是指不做数学意义上的精密计算的情况。

$$M(t)=G(e^t) \tag{14-21}$$

如此，我们可以得到如下的几个结果：

1. 二项分布 $B(n,\theta)$

$$M(t)=(\theta e^t+\phi)^n=[1+\theta(e^t-1)]^n \tag{14-22}$$

其中，$\phi=1-\theta$。

2. 负二项分布 $NB(k,\theta)$

$$M(t)=\left[\frac{\theta e^t}{1-\phi e^t}\right]^k \tag{14-23}$$

当 $k=1$ 时，即为几何分布 $g(\theta)$。

3. 泊松分布 Poisson（λ）

$$M(t)=\exp[\lambda(e^t-1)] \tag{14-24}$$

三、几个分布的矩母函数

1. 伽马分布 Gamma（α,β）

求矩母函数，须在 0 到∞间对函数 $e^{tx}f(x)$ 求积分。通过积分变换 $y=(1/\beta-t)x$，我们可以得到：

$$\beta^\alpha\Gamma(\alpha)M(t)=\int_0^\infty\left(\frac{\beta}{1-\beta t}\right)^\alpha y^{\alpha-1}e^{-y}dy=\left(\frac{\beta}{1-\beta t}\right)^\alpha\Gamma(\alpha)$$

所以，

$$M(t)=(1-\beta t)^{-\alpha} \tag{14-25}$$

这样，求 μ 和 σ^2 就是一件很容易的事。

$$M'(t)=\alpha\beta(1-\beta t)^{-\alpha-1}$$

所以，

$$E(X)=M'(0)=\alpha\beta$$

$$M''(t)=\alpha(\alpha+1)\beta^2(1-\beta t)^{-\alpha-2}$$

所以，

$$E(X^2)=M''(0)=\alpha(\alpha+1)\beta^2$$

因此，

$$\mu=\alpha\beta$$

$$\sigma^2=\alpha(\alpha+1)\beta^2-(\alpha\beta)^2=\alpha\beta^2$$

在第十三章我们曾提到指数分布和χ^2 分布是伽马分布的两个特例。

即当 $a=1$，$\beta=\theta$ 时的伽马分布为均值为 θ 的指数分布；

当 $a=v/2$（v 为正整数），$\beta=2$ 时即为参数为 v 的χ^2 分布。

所以均值为 θ 的指数分布的矩母函数为：

$$M(t)=(1-\theta t)^{-1} \tag{14-26}$$

参数为 v 的χ^2 分布的矩母函数是：

$$M(t)=(1-2t)^{-v/2} \tag{14-27}$$

2. 正态分布（μ，σ^2）

根据矩母函数的概念，

$$M(t)=\int_{-\infty}^{+\infty}e^{xt}\frac{1}{\sqrt{2\pi}\sigma}e^{-\frac{1}{2}\left(\frac{x-\mu}{\sigma}\right)^2}dx=\frac{1}{\sqrt{2\pi}\sigma}\int_{-\infty}^{x}e^{-\frac{1}{2\sigma}[-2xt\sigma^2+(x-\sigma)^2]}dt$$

考虑到：

$$-2xt\sigma^2+(x-\mu)^2=[x-(\mu+t\sigma^2)]^2-2\mu t\sigma^2-t^2\sigma^4$$

则有：

$$M(t)=e^{\mu t+\frac{1}{2}t^2\sigma^2}\left\{\frac{1}{\sqrt{2\pi}\sigma}\int_{-\infty}^{+\infty}e^{-\frac{1}{2}\left[\frac{x-(\mu+t\sigma^2)}{\sigma}\right]^2}dx\right\}$$

显然，上式中的后半部分是参数为$\mu+t\sigma^2$和σ的正态分布的密度函数在（$-\infty$，$+\infty$）上的积分，根据密度函数的性质，该积分结果为1，所以，

$$M(t)=e^{\mu t+\frac{1}{2}t^2\sigma^2} \tag{14-28}$$

或写为：

$$M(t)=\exp(\mu t+\frac{1}{2}t^2\sigma^2)$$

展开得：

$$M(t)=1+(\mu t+\frac{1}{2}t^2\sigma^2)+\frac{(\mu t+\frac{1}{2}t^2\sigma^2)^2}{2!}+\cdots \tag{14-29}$$

$E(X)$等于t的系数μ，这就证实了μ的确代表均值，$E(X^2)$等于$\frac{t^2}{2!}$的系数$\mu^2+\sigma^2$。

所以，

$$Var(X)=\mu^2+\sigma^2-\mu^2=\sigma^2$$

这也证实了σ确实代表标准差。

在应用中，需要经常用微分求$E(X)$和$E(X^2)$，注意：

$$\frac{dM(t)}{dt}=(\mu+t\sigma^2)M(t)$$

对于服从标准正态分布的随机变量Z，有：

$$M_Z(t)=\exp(\frac{t^2}{2})=1+\frac{t^2}{2}+\frac{\left(\frac{1}{2}t^2\right)^2}{2!}+\cdots$$

因此，

$$E(Z)=0$$
$$E(Z^2)=1$$
$$E(Z^3)=0$$
$$E(Z^4)=3(t^4/4!\text{ 的系数})$$

由于$X=\sigma Z+\mu$，所以，

$$E[(X-\mu)^3]=0$$
$$E[(X-\mu)^4]=3\sigma^4$$

四、随机变量线性函数的矩母函数

假设 X 的矩母函数为 $M(t)$，$Y=aX+b$，可以通过 X 的矩母函数计算 Y 的矩母函数 $M_Y(t)$，这是因为：

$$M_Y(t)=E(e^{tY})=E[e^{t(aX+b)}]=e^{bt}E(e^{atX})=e^{bt}M(at) \tag{14-30}$$

我们要做的就是在 X 的矩母函数中，用 at 代替 t，并将结果乘以 e^{bt}。

例 14-6

一个保险公司收到的关于某种保单的咨询都要转给专门负责咨询的有关经理，咨询的结果是该经理向部分咨询者卖出了这种保单。设 X 是该经理卖出 3 张保单之前所接待的并且最终未购买保单的咨询者数目；假设每个咨询者与其他人是独立无关的，并且每个咨询者因咨询而最终购买了该保单的概率为 p。试求 X 的矩母函数，并用它求出 X 的均值和方差。

解： 设 Y 表示该经理卖出 3 张保单时接待的咨询者总数，则 Y 服从参数为 3 和 p 的负二项分布 $NB(3,p)$，其矩母函数为：

$$\left(\frac{pe^t}{1-qe^t}\right)^3$$

其中，$q=1-p$。

$X=Y-3$，所以 X 的矩母函数：

$$M(t)=e^{-3t}\left(\frac{pe^t}{1-qe^t}\right)^3=\left(\frac{p}{1-qe^t}\right)^3=p^3(1-qe^t)^{-3}$$

所以，

$$M'(t)=3qp^3e^t(1-qe^t)^{-4}$$

所以，

$$E(X)=M'(0)=\frac{3q}{p}$$
$$M''(t)=3qp^3[e^t(1-qe^t)^{-4}+4qe^{2t}(1-qe^t)^{-5}]$$

所以，

$$E(X^2)=M''(0)=\frac{3q(p+4q)}{p^2}$$

所以，

$$\mu=\frac{3q}{p}$$
$$\sigma^2=\frac{3q(p+4q)}{p^2}-\left(\frac{3q}{p}\right)^2=\frac{3q}{p^2}$$

例 14－7

证明一个正态分布的随机变量的线性函数是一个正态分布的随机变量。

解： 设 X 服从正态分布 $N(\mu,\sigma^2)$，则：

$$M_X(t)=\exp(\mu t+\frac{1}{2}t^2\sigma^2)$$

设 $Y=aX+b$，那么：

$$M_Y(t)=e^{bt}M_X(at)=\exp(bt)\exp(a\mu t+\frac{1}{2}a^2t^2\sigma^2)=\exp[(a\mu+b)t+\frac{1}{2}a^2t^2\sigma^2]$$

它是一个正态随机变量的矩母函数。所以，随机变量 Y 服从正态分布（均值为 $a\mu+b$，方差为 $a^2\sigma^2$，标准差为 $|a|\sigma$）。

下面的两个重要的例子都说明了怎样用一系列矩母函数来建立一个“有限分布”——即在这两个例子中，矩母函数都趋近于一个极限，我们把这个极限作为标准正态分布变量的矩母函数。

例 14－8

设随机变量 X 服从均值为 λ 的泊松分布。证明其标准化后的变量的分布在 $\lambda\to\infty$ 时趋近于一个标准正态分布。

解： 随机变量 X 的均值是 λ，方差是 λ，矩母函数是 $\exp[\lambda(e^t-1)]$。

X 的标准化后的变量为：

$$Z=\frac{X-\lambda}{\sqrt{\lambda}}=\frac{X}{\sqrt{\lambda}}-\sqrt{\lambda}$$

所以，

$$M_Z(t)=\exp(-\sqrt{\lambda}t)\exp[\lambda(e^{t/\sqrt{\lambda}}-1)]$$

$$\begin{aligned}\ln M_Z(t)&=-\sqrt{\lambda}t+\lambda(e^{t/\sqrt{\lambda}}-1)\\&=-\sqrt{\lambda}t+\lambda\left[\frac{t}{\sqrt{\lambda}}+\frac{1}{2}\left(\frac{t}{\sqrt{\lambda}}\right)^2+c_1\left(\frac{t}{\sqrt{\lambda}}\right)^3+c_2\left(\frac{t}{\sqrt{\lambda}}\right)^4+\cdots\right]\\&=\frac{1}{2}t^2+c_1\frac{t^3}{\sqrt{\lambda}}+c_2\frac{t^4}{\sqrt{\lambda}}+\cdots\end{aligned}$$

其中，c_1、c_2 均为常数，是上式中相应的系数。

所以当 $\lambda\to\infty$ 时，

$$\ln M_Z(t)\to\frac{1}{2}t^2$$

也就是：

$$M_Z(t)\to\exp(\frac{1}{2}t^2)$$

这是一个服从标准正态分布变量的矩母函数。

因此当 $\lambda\to\infty$ 时 X 的标准化后的变量趋近于一个标准正态分布。

注意：这一结论意味着，当 λ 充分大时，我们可以用标准正态分布作为 $Z=\frac{X}{\sqrt{\lambda}}-\sqrt{\lambda}$ 的分布的近似值，因为 $X=Z\sqrt{\lambda}+\lambda$，所以我们可以认为：当 λ 足够大时可以把泊松分布 $P(\lambda)$ 近似地看作均值为 λ、方差为 λ 的正态分布。

例 14－9

设 X 是一个服从二项分布 $B(n,\theta)$ 的随机变量，证明当 $n\to\infty$ 时，标准化后变量的分布趋近于标准正态分布。

解： X 的均值是 $n\theta$，方差为 $n\theta(1-\theta)$，矩母函数是 $M(t)=\{\theta e^t+(1-\theta)\}^n$

设 $Y=X-n\theta$，那么：

$$\begin{aligned}M_Y(t)&=e^{-n\theta t}[\theta e^t+(1-\theta)]^n=\{e^{-\theta t}[\theta e^t+(1-\theta)]\}^n\\&=[(1-\theta t+\frac{\theta^2t^2}{2!}-\cdots)(1+\theta t+\frac{\theta t^2}{2!}-\cdots)]^n\\&=[1+\frac{1}{2}\theta(1-\theta)t^2+\text{含 }t^3\text{、}t^4\text{ 的各项}]^n\end{aligned}$$

设 $Z=\frac{Y}{[n\theta(1-\theta)]^{1/2}}$，那么：

$$M_Z(t)=M_Y\left\{\frac{t}{[n\theta(1-\theta)^{1/2}]}\right\}=[1+\frac{\frac{1}{2}t^2}{n}]+\text{含}\left(\frac{t}{\sqrt{n}}\right)^3\text{、}\left(\frac{t}{\sqrt{n}}\right)^4\text{的各项}]^n$$

当 $n\to\infty$ 时，

$$M_Z(t)\to\exp(\frac{1}{2}t^2)$$

因此，当 $n\to\infty$ 时，标准化后的变量趋近于一个标准正态分布。

注意：这一结论意味着对于 n 充分大时，我们可以用一个标准正态分布作为 $Z=\frac{X-n\theta}{[n\theta(1-\theta)]^{1/2}}$ 分布的近似值，反过来意味着我们可以用均值为 $n\theta$、方差为 $n\theta(1-\theta)$ 的正态分布来近似估计二项分布 $B(n,\theta)$。

第四节　独立随机变量的线性组合

在很多种情况下，我们不仅仅要求出线性组合 $Y=a_1X_1+a_2X_2+\cdots+a_nX_n$ 的均值和方差，还要求更多的东西。通常，Y 的母函数是一个更方便的工具。在第三节，我们曾探讨过随机变量线性函数的矩母函数。本节，我们运用以概率母函数和矩函数为主的工具，研究独立随机变量的线性组合的分布。

我们先从研究独立随机变量之和的分布开始。

一、两个变量的和的分布——“卷积”

考虑两个离散随机变量的和，令：

$$Z = X + Y$$

将(X,Y)的联合概率密度函数记为$f(x,y)$，则$P(Z=z)$可以通过$f(x,y)$对所有满足$x+y=z$的(x, y)求和来得到，即：

$$f_Z(z) = \sum_x f(z, z-x)$$

现假设Z和Y为独立变量，则$f(x,y)$为两个边际概率密度函数的乘积，于是，

$$f_Z(z) = \sum_x f_X(x) f_Y(z-x) \qquad (14-31)$$

用数学的语言来说，当一个函数f_Z能被表达为这种形式的和时，则f_Z称为函数f_X和f_Y的卷积，所以，$Z=X+Y$的概率密度函数即为X和Y的（边际）概率密度函数的卷积。

式（14－31）即为离散变量情况下卷积的定义。

假设X和Y是联合概率密度函数为$f(x,y)$的连续型随机变量，则相应表达式为：

$$f_Z(z) = \int_x f_X(x) f_Y(z-x)\,dx \qquad (14-32)$$

式（14－32）为连续变量情况下卷积的定义。

卷积表达式涉及的求和或积分计算常常很麻烦，在实际中，这些表达式的应用有些不便。但是，第十四章引入的母函数，将对此有所贡献。使用基于母函数的相关运算方法一般来说简单得多。我们将在下面一节做进一步探讨。

二、随机变量线性组合的矩

为了方便描述随机变量线性组合的均值和方差，我们令：

$$Y = a_1X_1 + a_2X_2 + \cdots + a_nX_n$$

则：

$$E(Y) = a_1E(X_1) + a_2E(X_2) + \cdots a_nE(X_n)$$

于是，

$$\begin{aligned} Var(Y) &= Cov(Y,Y) = Cov(a_1X_1 + a_2X_2 + \cdots + a_nX_n, a_1X_1 + a_2X_2 + \cdots + a_nX_n) \\ &= \sum a_i^2 Cov(X_i, X_i) + 2\sum\sum a_ia_jCov(X_i, X_j) \qquad (\text{对 } i<j) \end{aligned}$$

在变量$X_1, X_2, \cdots, X_n$均两两不相关的情况下（它们相互独立的情况就更是如此），我们有：

$$Var(Y) = \sum a_i^2 Var(X_i)$$

该结论可以表述为“独立变量的和的方差为方差的和”。

三、独立随机变量线性组合的概率母函数

（一）基本公式

假设X和Z为独立的变量，其概率母函数分别为$G_X(t)$和$G_Z(t)$。令：

$$Y = aX + bZ$$

由于：

$$G_X(t)=E(t^X)$$

则：

$$G_Y(t)=E(t^Y)=E(t^{aX+bZ})=E(t^{aX}t^{bZ})=E(t^{aX})E(t^{bZ})$$

即：

$$G_Y(t)=G_X(t^a)G_Z(t^b) \tag{14-33}$$

在 $Y=X+Z$ 的简单情况下，有：

$$G_Y(t)=G_X(t)G_Z(t) \tag{14-34}$$

即两个独立变量之和的概率母函数为两个概率母函数的乘积。

该结论可扩展到多于两个变量的情况，令：

$$Y=X_1+X_2+\cdots+X_n$$

相互独立，其概率母函数为 $G_i(t)$，则：

$$G_Y(t)=G_1(t)G_2(t)\cdots G_n(t) \tag{14-35}$$

若求和式中的 X_i 由 cX_i 代替，则乘积中的 $G_i(t)$ 由 $G_i(t^c)$ 来代替。

若 X_i 独立同分布，每一 X_i 的概率母函数为 $G(t)$，而 $Y=X_1+X_2+\cdots+X_n$，则：

$$G_Y(t)=[G(t)]^n \tag{14-36}$$

最后这个结论能帮助我们对已学过的一些重要分布的结构有更深刻的理解。

（二）变量间的关系

1. 贝努里分布与二项分布

令 X_i 为独立且服从参数为 θ 的贝努里分布的随机变量，$i=1，2，\cdots，n$。则每一 X_i 具有概率母函数 $G(t)=\theta t+(1-\theta)$。于是 $Y=X_1+X_2+\cdots+X_n$ 的概率母函数为：

$$[\theta t+(1-\theta)]^n$$

显然，这是一服从二项分布 $B(n,\theta)$ 的概率母函数，于是，服从二项分布 $B(n,\theta)$ 的随机变量为 n 个独立且服从参数为 θ 的贝努里分布的随机变量之和。

每一个服从贝努里分布的随机变量的均值为 θ，方差为 $\theta(1-\theta)$，于是二项分布 $B(n,\theta)$ 的均值为 $(n\theta)$，方差为 $n\theta(1-\theta)$。

从实际应用意义上讲，n 次试验中成功的次数为每次试验成功次数之和。

更进一步地，两个独立且服从二项分布的随机变量，其一服从参数为 (n,θ) 的二项分布 $B(n,\theta)$，另一服从参数为 (m,θ) 的二项分布 $B(m,\theta)$，则其和服从参数为 $(n+m,\theta)$ 的二项分布 $B(n+m,\theta)$。

2. 几何分布与负二项分布

令 X_i 为独立且服从参数为 θ 的几何分布的随机变量，$i=1，2，\cdots k$，于是每一 X_i 的概率母函数：

$$G(t)=\frac{\theta t}{1-(1-\theta)t}$$

则 $Y=X_1+X_2+\cdots+X_k$ 的概率母函数为：

$$\left[\frac{\theta t}{1-(1-\theta)t}\right]^k$$

这就是一服从参数为(k,θ)的负二项分布$NB(k,\theta)$的随机变量的概率母函数。即，服从负二项分布$NB(k,\theta)$的随机变量为k个独立且服从参数为θ的几何分布随机变量之和。

每一服从几何分布随机变量的均值为$1/\theta$，方差为$(1-\theta)/\theta^2$，所以负二项分布$NB(k,\theta)$的均值为k/θ，方差为$k(1-\theta)/\theta^2$。

从实际应用意义上讲，共有k次成功的试验，等于第一次成功的试验加上第二成功的试验，……，加上第k次成功的试验。

进一步地，两个独立负二项分布变量，其一服从负二项分布$NB(k,\theta)$，另一服从负二项分布$NB(m,\theta)$，则其和为服从参数为$(k+m,\theta)$的负二项分布$NB(k+m,\theta)$的随机变量。

3. 泊松分布

令X和Z为独立且服从参数为λ和参数为r的泊松分布的变量。于是，X和Z概率母函数分别为：

$$G_X(t)=e^{\lambda(t-1)},\quad G_Z(t)=e^{r(t-1)},$$

并且$X+Z$的概率母函数为：

$$e^{\lambda(t-1)}e^{r(t-1)}=e^{(\lambda+r)(t-1)}$$

这是一个服从参数为$\lambda+r$的泊松分布的随机变量的概率母函数，X的均值等于方差等于λ，Z的均值等于方差等于r。二者之和Y的均值等于方差等于$\lambda+r$。

于是，独立泊松变量之和仍为一泊松变量。

四、独立随机变量线性组合的矩母函数

（一）基本公式

假设X和Z为独立变量，其矩母函数分别为$M_X(t)$和$M_Z(t)$，令$Y=aX+bZ$，

由于：

$$M_X(t)=E(e^{tX})$$

所以，

$$M_Y(t)=E(e^{tY})=E(e^{t(aX+bZ)})=E(e^{taX}e^{tbZ})=E(e^{taX})E(e^{tbZ})$$

即：

$$M_Y(t)=M_X(at)M_Z(bt) \qquad (14-37)$$

在简单求和$Y=X+Z$的情况下，我们有：

$$M_Y(t)=M_X(t)M_Z(t) \qquad (14-38)$$

即两个独立变量之和的矩生成出数为单个变量的矩生成出数的乘积。

该结论可推广到多于两个变量的和的情形——令$Y=X_1+X_2+\cdots+X_n$，这里X_i相互独立，且矩生成函数为$M_i(t)$，则：

$$M_Y(t)=M_1(t)M_2(t)\cdots M_n(t) \qquad (14-39)$$

若和式中X_i由cX_i代替，则乘积中的$M_i(t)$由$M_i(ct)$代替。

此外，若各X_i独立同分布，每一个X_i的矩母函数为$M(t)$，且$Y=X_1+X_2+\cdots+$

X_n，则：

$$M_Y(t)=[M(t)]^n \tag{14-40}$$

（二）变量间的关系

1. 指数分布与伽马分布

令 X_i 为独立且服从参数为 β 的指数分布的随机变量，$i=1, 2, \cdots, k$，则每一 X_i 的矩母函数为：

$$M(t)=(1-\beta t)^{-1}$$

于是，$Y=X_1+X_2+\cdots+X_k$ 的矩母函数为：

$$[(1-\beta t)^{-1}]^k=(1-\beta t)^{-k}$$

它即为服从参数为(k,β)的伽马分布的随机变量的矩母函数。即，服从参数为(k,β)的伽马分布的随机变量为 k 个独立且服从参数为 β 的指数分布的随机变量之和。

每一服从指数分布的随机变量其均值为 β，方差为 β^2，于是服从参数为(k,β)伽马分布的随机变量其均值为 $k\beta$，方差为 $k\beta^2$。

两个独立且服从参数分别为(α,β)和(δ,β)的伽马分布的随机变量，其和为服从参数为$(\alpha+\delta,\beta)$的伽马分布的随机变量。

2. χ^2 分布

从上面结论中（$\beta=2$）推出，两个独立且服从自由度分别为 n 和 m 的 χ^2 分布的随机变量之和为服从自由度为 $n+m$ 的 χ^2 分布的随机变量。

3. 正态分布

令 X 是服从正态分布的随机变量，其均值为 μ_X，标准差为 σ_X，Z 也是服从正态分布的随机变量，其均值为 μ_Z，标准差为 σ_Z。令 X、Z 相互独立，且 $Y=X+Z$。则 X 和 Z 的矩母函数分别为：

$$M_X(t)=e^{(\mu_X t+\frac{1}{2}\sigma_X^2 t^2)}$$

$$M_Z(t)=e^{(\mu_Z t+\frac{1}{2}\sigma_Z^2 t^2)}$$

于是 $Y=X+Z$ 的矩母函数为：

$$M_Y(t)=e^{(\mu_X t+\frac{1}{2}\sigma_X^2 t^2)}e^{(\mu_Z t+\frac{1}{2}\sigma_Z^2 t^2)}=e^{(\mu_X+\mu_Z)+\frac{1}{2}(\sigma_X^2+\sigma_Z^2)t^2}$$

它是一正态变量的矩母函数——均值为 $\mu_Z+\mu_X$，方差为 $\sigma_Z^2+\sigma_X^2$。于是，独立正态变量的和仍为一正态变量。

例 14-10

掷一均匀骰子，求掷 5 次后其总点数为 10 或 11 的概率。

解：令 X_i 为第 i 掷的函数，$i=1, 2, 3, 4, 5$，则 X_i 的概率母函数为：

$$(t^1+t^2+\cdots+t^6)/6=(t/6)(1-t^6)(1-t)^{-1}$$

所以 $Y=X_1+X_2+\cdots+X_5$（Y 为总点数）的概率母函数为：

$$(t/6)^5(1-t^6)^5(1-t)^{-5}$$
$$=(t/6)^5(1-5t^6-\cdots-t^{30})(1+5t+15t^2+35t^3+70t^4+126t^5+210t^6+\cdots)$$

$$P(Y=10)=\left(\frac{1}{6}\right)^5 126$$

$$P(Y=11)=\left(\frac{1}{6}\right)^5 (210-5)=\left(\frac{1}{6}\right)^5 205$$

所以，

$$P(Y=10\text{ 或 }11)=(126+205)\times\left(\frac{1}{6}\right)^5=0.0426$$

例 14 – 11

A 类保单下的索赔数额服从正态分布，均值为 2 500，标准差为 300，*B* 类保单下索赔数额也服从正态分布，均值为 3 000，标准差 400，所有索赔数额都相互独立。

（1）求 *A* 类保单下 4 次索赔的索赔额超过 10 300 的概率。

（2）求 *A* 类保单下 4 次索赔的索赔额超过 *B* 类保单下 3 次索赔的索赔额的概率。

解：（1）由于 *A* 类保单下，第 *i* 次索赔额服从均值为 2 500、方差为 90 000 的正态分布，所以 4 次这样的相互独立的索赔额也服从正态分布，其均值为 $4\times 2\ 500=10\ 000$，方差 $4\times 90\ 000=360\ 000$。

所以，
$$P(Z>10\ 300)=P[z>(10\ 300-10\ 000)/360\ 000^{1/2}]$$
$$=P(z>0.5)=0.308$$

注意：整个索赔额是 4 个独立随机变量之和，比如 $Z_1+Z_2+Z_3+Z_4$，每一 Z_i 的方差为 90 000，所以总索赔额方差为 $4\times 90\ 000=360\ 000$。不变将该随机变量与 $4Z_i$（单个索赔额的 4 倍）混淆起来。$4Z_i$ 的方差为 $16\times 90\ 000=1\ 440\ 000$。

（2）*B* 类保单下，第 *i* 次索赔额服从均值为 3 000、方差为 160 000 的正态分布，于是 3 个这样的独立索赔额 *Y* 也服从正态分布，其均值为 $3\times 3\ 000=9\ 000$，方差 $3\times 160\ 000=380\ 000$。

Z、*Y* 相互独立，所以 $Z-Y$ 服从正态分布，均值为 $10\ 000-9\ 000=1\ 000$，方差 $360\ 000+480\ 000=840\ 000$（注意“+”号）。

所以，
$$P(Z>Y)=P(Z-Y>0)$$
$$=P(z>(0-1\ 000)/840\ 000^{1/2})=P(z>-1.091)=0.862$$

例 14 – 12

一家保险公司在其海上保险业务中承保了 4 个较大的相互独立的风险，保险金额（单位：万元）为：

风险	*A*	*B*	*C*	*D*
保额	80	100	140	120

保险公司估计在下一年度内，每一风险下发生索赔的概率分别为 0.04、0.04、0.02、0.02。若针对某一特定风险的索赔的确发生，则该风险的保险金额将被支付，在针对该风险的下一次索赔将不被接受。

考虑下一年度的该业务量，并假定保险公司的估计是正确的。

（1）计算以下的均值和方差：

①发生的索赔数目；

②发生的总索赔额。

（2）求刚好发生一次索赔的概率。

（3）假定刚好发生一次索赔，计算该次索赔额的均值，并对结果做简单评论。

解： 显然，服从贝努里分布的随机变量能理想地代表索赔数目和总索赔额。

（1）
$$X_A=\begin{cases}1, & \text{若 } A \text{ 风险下产生索赔}\\0, & \text{否则}\end{cases}$$

同样定义 X_B、X_C、X_D。

$$E(X_A)=0.04,\quad Var(X_A)=0.04\times0.96$$

下同。

①索赔数 $N=X_A+X_B+X_C+X_D$，这些变量相互独立。

$$\begin{aligned}E(N)&=E(X_A+X_B+X_C+X_D)\\&=0.04+0.04+0.02+0.02\\&=0.12\end{aligned}$$

$$\begin{aligned}Var(N)&=Var(X_A+X_B+X_C+X_D)\\&=2(0.04\times0.96)+2(0.02\times0.98)\\&=0.116\end{aligned}$$

所以，

$$SD(N)=0.341$$

②总索赔额：

$$C=80X_A+100X_B+140X_C+120X_D$$

有：

$E(C)=80\times0.04+100\times0.04+140\times0.02+120\times0.02=12.4$（万元）

$Var(C)=(80^2+100^2)(0.04\times0.96)+(140^2+120^2)(0.04\times0.98)=1\,296.16$

所以，

$$SD(C)=36.0\text{（万元）}$$

（2） $P(N=1)=2(0.04\times0.96\times0.98^2)+2(0.02\times0.98\times0.96^2)=0.1099$

（3） $P(\text{索赔为 } A \text{ 风险}\mid N=1)=\dfrac{P(A\text{ 且非 }B\text{、非 }C\text{、非 }D)}{P(N=1)}$

$$=(0.04\times0.96\times0.98^2)/0.1099=0.3356$$

类似地，

$$P(\text{索赔为 } B \text{ 风险}\mid N=1)=0.3356$$

所以，
$$P(\text{索赔为 } C \text{ 风险}\mid N=1)=P(\text{索赔为 } D \text{ 风险}\mid N=1)=\frac{1}{2}(1-0.6712)=0.1644$$

所以，$E(\text{索赔额}\mid N=1)=180\times0.3356+260\times0.1644$

$=103.2$（万元）

$E(C)=12.4$ 万元，$P(N=1)$ 仅为 0.11，但一旦一次索赔真的发生，则预计的索赔额高达 103.2 万元。

例 14-13

一组特定类保单下，索赔额（单位为 100 英镑）能由一参数为 $\alpha=0.5$ 和 β（其均值为 $\beta/2$）的伽马变量来模拟，对 20 次索赔的一个随机样本，求在（1）$\beta=2$；（2）$\beta=4$ 的情况下总索赔额的分布的上 5% 点。[已知：当 Y 服从 $\nu=20$ 的 χ^2 分布，$P(Y>31.41)=0.05$]。

解： 令 $Z_1,Z_2,\cdots,Z_{20}$ 为索赔额，它们相互独立，都服从参数 $\alpha=0.5$ 和 β 的伽马分布，于是其和 $S=\sum Z_i$ 服从参数 $\alpha=10$ 和 β 的伽马分布，矩母函数为 $M_S(t)=(1-\beta t)^{-10}$，$Y=2S/\beta$，则 $M_Y(t)=M_S(2t/\beta)=(1-2t)^{-10}$。所以 Y 服从 $\nu=20$ 的 χ^2 分布。

（1）$Y=S$，则 $P(S>31.41)=0.05$，所以 S 的分布的上 5% 点为 31.4 [此时 $E(S)=20$]。

（2）$Y=S/2$，则 $P(S/2>31.41)=0.05$，即 $P(S>62.82)$，所以 S 的分布的上 5% 点为 62.8 [此时，$E(S)=40$]。

例 14-14

回到上面例 14-11 中的 A 类索赔额，假设我们检查 n 个这样的独立索赔额，则 n 多大时，才能保证被检验的 n 次索赔额都在 2 450 和 2 550 之间的概率至少为 0.95？

解： 令 T 为被检验的 n 次索赔额的总和，T 服从均值为 $2\,500n$、方差 $90\,000n$ 的正态分布。

对于均值要在 2 450 和 2 550 之间，则要求 n 的总和要在 $2\,450n$ 和 $2\,550n$ 之间。

于是：

$$P(2\,450n<T<2\,550n)=P(-50n/300\sqrt{n}<z<50n/300\sqrt{n})$$

$$=P(-\sqrt{n}/6<z<\sqrt{n}/6),$$

要使此概率至少为 0.95，则要求 $\sqrt{n}/6$ 至少为 1.96 即 $\sqrt{n}>11.76$ 即 $n>138.3$。

所以我们要求 n 至少为 139，才能保证索赔额均值在 2 450 和 2 550 间概率至少为 0.95。

例 14-15

一张“随机数字”表包括一系列数字，每一数字都为 0，1，2，…9 中的一个，表中每一条目都等可能地为这 10 个数字中的任何一个。

（1）假设这些数字将被检验，直至得到第一个 0，然后又接着检验，直至得到第一个 1，如此重复，直到又得到第一个 0，求所检验过的数字的均值和方差。

（2）若检验数字直到 0 和 1 同时出现，而不管其先后次序，求被检验过的数字的均值、方差。

解：（1）令 X 为得到“0”时检验过的数字个数，Z 服从参数为 1/10 的几何分布，均值为 10，方差为 90，令 Y 为接下来得到“1”时检验过的数字个数，Y 也服从参数为 1/10 的几何分布，均值为 10，方差为 90，X、Y 相互独立，则被检验过的数字总数为 $X+$

Y，其均值为 $10+10=20$，方差为 $90+90=180$。

（2）令 X 为得到一个“0”或一个“1”时检验过的数字个数，X 服从参数为 1/5 的几何分布，其均值为 5，方差为 20，令 Y 为接下来得到其他指定数字对检验过的数字个数，则 Y 服从参数为 1/10 的几何分布，均值为 10，方差为 90。X、Y 相互独立，则总共被检验过的数字个数为 $X+Y$，其均值为 $5+10=15$，方差为 $20+90=110$。

例 14－16

一个保险公司签发了两种不同类型的保单，对两类保单，其产生的索赔数服从参数 α 的泊松分布，并且任一索赔为第 1 种保单的概率为 p，任一索赔为第 2 种保单的概率为 $1-p$，所有索赔均相互独立。可以证明，第 1 种保单产生的索赔数服从参数为 $p\alpha$ 的泊松分布，第 2 种保单产生的索赔数服从参数为 $(1-p)\alpha$ 的泊松分布，而且他们相互独立。

（1）假设第一种保单下产生的索赔数额恒为 C_1，第二种保单下产生的索赔数额恒为 C_2，求单位时间内总索赔数额的均值和方差的表达式。

（2）

（Ⅰ）在时间上任一点开始，求直到有 2 次索赔发生后所经历的时间的均值和方差。

（Ⅱ）假设 $P=i$，从时间上任一点开始，求直到两类保单都有索赔发生所经历的时间的均值和方差。

解：

（1）令 Z_1 为单位时间内第一种保单的索赔数，则 Z_1 服从均值为 $p\alpha$ 的泊松分布，类似地，令 Z_2 为单位时间内第二种保单的索赔数，Z_2 服从均值为 $(1-p)\alpha$ 的泊松分布，Z_1、Z_2 相互独立。

令 Y 为总索赔数额，则 $Y=C_1Z_1+C_2Z_2$。

$$\begin{aligned}E(Y)&=C_1E(Z_1)+C_2E(Z_2)\\&=C_1p\alpha+C_2(1-p)\alpha\\&=\alpha[pC_1+(1-p)C_2]\\Var(Y)&=C_1^2Var(Z_1)+C_2^2Var(Z_2)\\&=C_1^2p\alpha+C_2^2(1-p)\alpha\\&=\alpha[C_1^2p+C_2^2(1-p)]\end{aligned}$$

（2）

（Ⅰ）直到第二次索赔发生所经历的时间服从 $\alpha=2$，$\beta=1/\alpha$ 的伽马分布，于是该段时间的均值为 $2/\alpha$，方差为 $2/\alpha^2$。

（Ⅱ）产生第一次索赔经历的时间服从均值为 $1/\alpha$ 的指数分布，从这一点出发，另一种保单产生的索赔数服从参数为 $2/\alpha$ 的泊松分布，于是另一种保单产生所需的额外时间服从均值为 $2/\alpha$ 的指数分布。

所以，

$$E(\text{时间})=1/\alpha+2/\alpha=3/\alpha$$
$$Var(\text{时间})=(1/\alpha)^2+(2/\alpha)^2=5/\alpha^2$$

第十五章

精算学引论

大数定律和中心极限定理

概率统计是研究随机现象的统计规律性的科学。但随机现象的统计规律性，只有在相同条件下进行大量重复试验才能呈现出来的。例如某事件发生的频率具有稳定性，是指当试验的次数无限增大时，在某种收敛意义下逼近某一常数。这就是所谓“大数定律”。没有这一定律，“概率”这一最基本概念将失去它的客观意义。同样，所谓某一实验可能发生的各种结果的频率分布近似于某一分布（如测量误差的分布近似于正态分布）也是对某种极限意义而言的。没有“中心极限定理”，我们无从解释上述这种现象。

第一节　切比雪夫不等式

我们已经知道，一个随机变量离差平方的数学期望就是它的方差，而方差是用来描述随机变量取值的分散程度的。下面我们来研究随机变量的离差与方差之间的关系。

切比雪夫不等式：设随机变量 ξ 有数学期望 $E(\xi)$ 及方差 $Var(\xi)$，则对于任给的 $\varepsilon>0$，有：

$$P\{|\xi-E(\xi)|\geqslant\varepsilon\}\leqslant\frac{Var(\xi)}{\varepsilon^2} \tag{15-1}$$

或

$$P\{|\xi-E(\xi)|<\varepsilon\}\leqslant 1-\frac{Var(\xi)}{\varepsilon^2} \tag{15-2}$$

证明：我们只就 ξ 是连续型随机变量的情形加以证明。对于离散型随机变量也有同样的结果。

设 ξ 的概率密度为 $f(x)$，连续型随机变量落在某区间的概率等于其概率密度在该区间的积分，所以得：

$$\begin{aligned}P\{|\xi-E(\xi)|\geqslant\xi\} &= \int_{|X-E(\xi)|\geqslant\varepsilon} f(x)\,dx \\ &\leqslant \int_{|X-E(\xi)|\geqslant\varepsilon}\frac{(x-E(\xi))^2}{\varepsilon^2}f(x)\,dx \quad \left(因为\frac{(x-E(\xi))^2}{\varepsilon^2}\geqslant 1\right)\end{aligned}$$

$$\leqslant \frac{1}{\varepsilon^2}\int_{-\infty}^{+\infty}(x-E(\xi))^2 f(x)dx$$

$$=\frac{1}{\varepsilon^2}Var(\xi)$$

切比雪夫不等式给出在随机变量 ξ 的分布未知的情况下，利用 $E(\xi)$ 及 $Var(\xi)$ 对事件 $\{|\xi-E(\xi)|\geqslant\xi\}$ 的概率的估计方法。此外，由切比雪夫不等式易知，方差 $Var(\xi)$ 越小，随机变量 ξ 的取值越集中。在数学期望 $E(\xi)$ 的附近，这进一步说明方差的概率意义——它刻画了随机变量取值的分散程度。

第二节　中心极限定理

正态分布在随机变量的一切可能的分布中，它占有很重要的地位。在某些条件下，即使原来并不服从正态分布的一些独立的随机变量，当随机变量的个数无限增加时，它们的和的分布也趋于正态分布。例如，测量某一物质的长度时，要受到观测人 ξ_1、测量时的使用的度量工具的精度 ξ_2、当时的温度 ξ_3 以及其他随机因素的影响，因此得到的测量值 ξ 是一个随机变量，ξ 可以看成是相互独立的随机变量 $\xi_1,\xi_2,\xi_3\cdots$ 的和，即 $\xi=\sum_{i=1}^{n}\xi_i$，当 n 很大时，每个 ξ_i 在总和中所起的作用是均匀且微小的，当 n 充分大时，总和 $\xi=\sum_{i=1}^{n}\xi_i$ 近似地服从正态分布。在概率论中，我们把研究在什么条件下，大量独立随机变量和的分布以正态分布为极限这一类定理称为中心极限定理。

一般来讲，如果每一项偶然因素对总和的影响是均匀的、微小的，即没有一项起特别突出的作用，那么就可以断定这些大量独立的偶然因素的总和是近似地服从正态分布的。

为了叙述大数定律和中心极限定理，先介绍独立同分布随机变量序列的概念。

若随机变量 $\xi_1,\xi_2,\cdots,\xi_n\cdots(n\geqslant1)$ 相互独立且所有的 ξ_i 都具有相同的分布，则称随机变量序列 $\xi_1,\xi_2,\cdots,\xi_n,\cdots$ 是独立同分布随机变量序列。

一、独立同分布的中心极限定理

设 $\xi_1,\xi_2,\cdots,\xi_n,\cdots$ 是独立同分布随机变量序列，$E(\xi_i)=\mu$，$Var(\xi_i)=\sigma^2\neq0$（$i=1$，2，…，n，…），则随机变量：

$$\eta_n=\frac{\sum_{i=1}^{n}\xi_i-n\mu}{\sqrt{n}\cdot\sigma}=\frac{\frac{1}{n}\sum_{i=1}^{n}\xi_i-\mu}{\frac{1}{n}\sqrt{n}\cdot\sigma}=\frac{\bar{\xi}-\mu}{\sigma/\sqrt{n}}$$

的分布函数 $F_n(x)$，对任意 X 都有：

$$\lim_{n\to\infty}F_n(x)=\lim_{n\to\infty}P\{\eta_n\leqslant x\}$$

$$= \lim_{n\to\infty} P\left\{\frac{\sum_{i=1}^{n}\xi_i - n\mu}{\sqrt{n}\cdot\sigma} \leqslant x\right\}$$

$$= \int_{-\infty}^{x} \frac{1}{\sqrt{2\pi}} e^{-\frac{t^2}{2}} dt \tag{15-3}$$

事实上，容易得出：

$$\eta_n = \frac{\sum_{i=1}^{n}\xi_i - n\mu}{\sqrt{n}\cdot\sigma} = \frac{\frac{1}{n}\sum_{i=1}^{n}\xi_i - \mu}{\frac{1}{n}\sqrt{n}\cdot\sigma} = \frac{\bar{\xi} - \mu}{\sigma/\sqrt{n}}$$

当具有同分布相互独立的随机变量的个数无限增大时，$\eta_n = \dfrac{\sum_{i=1}^{n}\xi_i - n\mu}{\sqrt{n}\cdot\sigma}$ 近似地服从标准正态分布，即 η_n 的极限分布是标准正态分布。

在数理统计中我们将会看到，中心极限定理的是大样本统计推断的理论基础。

二、德莫佛——拉普拉斯定理

独立同分布的中心极限定理的特殊情况，下面介绍在实际中很有用处的二项分布的正态近似定理。

设随机变量 η_n 服从二项分布 $B(n,p)$（$n=1, 2, \cdots, 0<p<1$），则对于任意实数 x，有：

$$\lim_{n\to\infty} P\left\{\frac{\eta_n - np}{\sqrt{npq}} \leqslant x\right\} = \int_{-\infty}^{x} \frac{1}{\sqrt{2\pi}} e^{-\frac{t^2}{2}} dt \tag{15-4}$$

证明： 我们可将 η_n 看成是 n 个相互独立，均服从 0—1 分布的诸随机变量 ξ_1，ξ_2，$\cdots$，ξ_n 之和，即：

$$\eta_n = \xi_1 + \xi_2 + \cdots + \xi_n$$

其中，ξ_i（$i=1, 2, \cdots, n$）的分布律为

$$P\{\varepsilon_i = k\} = p^k q^{1-k} \qquad (k=0, 1)$$

由于：
$$E(\varepsilon_i) = p, Var(\varepsilon_i) = pq \qquad (i=1, 2, \cdots, n)$$

由式（15－3）得：

$$\lim_{n\to\infty} P\left\{\frac{\eta_n - np}{\sqrt{npq}} \leqslant x\right\} = \lim_{n\to\infty} P\left\{\frac{\sum_{i=1}^{n}\varepsilon_i - np}{\sqrt{npq}} \leqslant x\right\}$$

$$= \int_{-\infty}^{x} \frac{1}{\sqrt{2\pi}} e^{-\frac{t^2}{2}} dt$$

式（15－4）说明当 n 充分大小时，由服从二项分布的随机变量 η_n 做出的随机变量 $\dfrac{\eta_n - np}{\sqrt{npq}}$ 近似地服从标准正态分布。

由德莫佛——拉普拉斯定理，对任意有限区间（a，b]，有：

$$\lim_{n\to\infty}P\left\{a < \frac{\eta_n - np}{\sqrt{npq}} \leqslant b\right\} = \int_a^b \frac{1}{\sqrt{2\pi}}e^{-\frac{t^2}{2}}dt$$

因此，当 n 很大时，二项分布可以用标准正态分布来做近似计算。

第三节　大数定律

下面的两个定理，分别反映了随机变量的算术平均及频率的稳定性，它们是大数定律的最简单的形式。研究大数定律，依概率收敛是一个基本概念，现在先介绍依概率收敛的概念。

设 $\eta_1,\eta_2,\cdots,\eta_n\cdots$ 是一个随机变量序列，a 是一个常数，若对于任意正数 ε，有：

$$\lim_{n\to\infty}P\{|\eta_n - a| < \varepsilon\} = 1$$

则称序列 $\eta_1,\eta_2,\cdots,\eta_n\cdots$ 依概率收敛于 a。

定理　设 $\xi_1,\xi_2,\cdots,\xi_n\cdots$，相互独立，且具有相同的有限数学期望和方差：$E(\xi_i)=\mu$，$Var(\xi_i)=\sigma^2$（$i=1$，2，…），则前 n 个随机变量的算术平均为：

$$\eta_n = \frac{1}{n}\sum_{i=1}^{n}\xi_i$$

对于任意的 $\varepsilon>0$ 有：

$$\lim_{n\to\infty}P\{|\eta_n - \mu| < \varepsilon\} = \lim_{n\to\infty}P\left\{\left|\frac{1}{n}\sum_{i=1}^{n}\xi_i - \mu\right| < \varepsilon\right\} = 1$$

证明：由于：

$$E\left(\frac{1}{n}\sum_{i=1}^{n}\xi_i\right) = \frac{1}{n}\sum_{i=1}^{n}E(\xi_i) = \frac{1}{n}n\mu = \mu$$

由切比雪夫不等式可得：

$$P\left\{\left|\frac{1}{n}\sum_{i=1}^{n}\xi_i - \mu\right| < \varepsilon\right\} \geqslant 1 - \frac{\sigma^2/n}{\varepsilon^2}$$

在上式中令 $n\to\infty$，并注意到概率不能大于1，即得：

$$\lim_{n\to\infty}P\left\{\left|\frac{1}{n}\sum_{i=1}^{n}\xi_i - \mu\right| < \varepsilon\right\} = 1$$

此定理说明，在独立同分布的条件下，当 n 很大时，随机变量 $\xi_1,\xi_2,\cdots,\xi_n$ 的算术平均 $\frac{1}{n}\sum_{i=1}^{n}\xi_i$ 接近于 ξ_i 的数学期望 $E(\xi_1)=E(\xi_2)=\cdots=E(\xi_n)=\mu$，这种接近是概率意义下的接近，也就是独立同分布的随机变量的算术平均 $\frac{1}{n}\sum_{i=1}^{n}\xi_i$ 依概率收敛于它的数学期望。

贝努利大数定理：设 n_A 是 n 次独立试验中事件 A 发生的次数，p 是事件 A 在每次试验中发生的概率，则对于任意正数 ε 有：

$$\lim_{n\to\infty}P\left\{\left|\frac{n_A}{n}-P\right|<\varepsilon\right\}=1$$

或

$$\lim_{n\to\infty}P\left\{\left|\frac{n_A}{n}-P\right|\geqslant\varepsilon\right\}=0$$

证明：引入随机变量：

$$\xi_i=\begin{cases}0, & 如果在第\ i\ 次试验中\ A\ 不发生\\1, & 如果在第\ i\ 次试验中\ A\ 发生\end{cases}\qquad(i=1,\ 2,\ \cdots,\ n)$$

且，

$$n_A=\xi_1+\xi_2+\cdots+\xi_n$$

由于 ξ_i 只依赖于第 i 次试验，而各次试验是独立的，于是 $\xi_1,\xi_2,\cdots,\xi_n,\cdots$ 是相互独立的，又由于各 ξ_i 均服从 0—1 分布，故有：

$$E(\xi_i)=p\qquad Var(\xi_i)=p(1-p)\qquad(i=1,\ 2,\ \cdots,\ n)$$

由式（15－5）有：

$$\lim_{n\to\infty}p\left\{\left|\frac{1}{n}(\xi_1+\xi_2+\cdots+\xi_n)-p\right|<\varepsilon\right\}=1$$

即：

$$\lim_{n\to\infty}P\left\{\left|\frac{n_A}{n}-p\right|<\varepsilon\right\}=1$$

此定理表明事件 A 发生的频率 $\frac{n_A}{n}$ 依概率收敛于事件 A 的概率 p。定理以严格的数学形式表达了频率的稳定性，即当 n 很大时，事件 A 发生的频率与概率有较大偏差的可能性很小。这就是概率的统计定义的理论基础。在实际中，当试验次数很大时，便可用事件发生的频率来代替事件的概率。

精算学引论

第十六章 统计推断

统计推断的基本问题可以分为两大类：一类是估计问题，另一类是假设检验问题。本章的第一节将讨论抽样分布；第二节、第三节是参数估计，包括点估计和区间估计；之后是假设检验的主要内容；最后是一元线性回归。

第一节 抽样分布

一、总体和个体

（一）总体和个体

在数理统计中，把研究对象的全体称为总体，把组成总体的每个元素称为个体。总体中所含个体的数目称为总体容量，它可以是有限的，也可以是无限的，分别称为有限总体和无限总体。例如，要考察一批灯泡的寿命，则全体灯泡的寿命构成一个总体。再如，对某物体重量进行称量，若只做有限次称量，得到的是一个有限总体，但若一直称量下去，就可得到一个无限总体。当一个有限总体的容量相当大时，可以把它视为无限总体。

我们关心的不是每个个体的具体实物（如灯泡），而是能够表示总体特征的数量指标（如灯泡的寿命）和分布情况。如果把每个灯泡的寿命记为 X，则 X 是一个随机变量。我们感兴趣的是该随机变量 X 的分布，或至少知道它的期望、方差等数字特征或有关参数。

由于每个总体，也就研究对象的某个数字特征都对应着一个随机变量，因此我们将直接用一个随机变量表示一个总体，若一个总体有两个数量特征，就用两个随机变量分别表示每个数量特征，且视为两个总体。因此，所谓总体就是一个具有特定分布的随机变量，随机变量的分布为总体的分布，对总体的统计推断，就是对随机变量分布情况的推断。

本书用 X、Y 等表示总体。

（二）样本、简单随机样本

为研究总体 X 的特性，最好是对每个个体进行观测或实验。但在实际中，往往是不允许的。比如，对于破坏性试验（如测试灯泡寿命），是不允许逐一对每个个体进行测试的。因此，人们只能从总体中抽出一部分个体进行观测，然后根据这组观测值推断总体的特性，由此引入样本的概念。

在总体 X 中随机抽取的 n 个个体 $X_1, X_2, \cdots, X_n$ 称为总体 X 的样本，样本中个体的数目 n 称为样本容量。在抽取之前，样本 $X_1, X_2, \cdots, X_n$ 是 n 个随机变量，亦可看成 n 维随机向量 $(X_1, X_2, \cdots, X_n)$。在抽取之后，样本 $X_1, X_2, \cdots, X_n$ 的观测值 $x_1, x_2, \cdots, x_n$，不再是随机变量而是一组具体数值，称为样本值。

在总体中，抽取样本的目的，是通过样本值的统计规律，来推断总体 X 的特征。因此，我们自然希望抽取的样本尽可能地具有代表性，能够比较全面地反映总体的特性，并且便于用概率的理论进行推断，这就涉及如何从总体中抽取样本的方法问题。为此，要求从总体中抽取的每个个体都是随机的，并且相互独立抽取。随机抽取样本，使每个 $X_i(i=1,2,\cdots,n)$ 与总体 X 同分布，具有代表性；独立抽取，使 $X_1, X_2, \cdots, X_n$ 相互独立，具有独立性。

因此有：

定义：若取自总体 X 的样本 $X_1, X_2, \cdots, X_n$ 相互独立且与 X 有相同分布，则称 $X_1, X_2, \cdots, X_n$ 为取自总体 X 的简单随机样本，简称样本。

由于我们在本书中所讨论的都是简单随机样本，因此，今后凡提到样本，均指简单随机样本。抽取简单随机样本的方法是：对于无限总体，只要随机抽取即可；对有限总体，采用有放回重复随机抽样，便可得到简单随机样本。对有限总体，由于有放回随机抽样很不方便，因此，当样本容量相对总体容量很小时，也可采用无放回随机抽样，将这样得到的样本也视为简单随机样本。样本容量 n 的大小，反映样本带来总体信息量的多少，当 n 较大时，将样本容量 $n \geqslant 30$ 的样本称为大样本；$n < 30$ 的样本称为小样本。

根据定义，若总体 X 的分布已知，就可求出样本 $X_1, X_2, \cdots, X_n$ 的联合分布。

若总体 X 是连续型随机变量，其概率密度函数为 $f(x)$，则样本 $X_1, X_2, \cdots, X_n$ 的联合密度函数为：

$$f(x_1, x_2, \cdots, x_n) = f(x_1)f(x_2)\cdots f(x_n) = \prod_{i=1}^{n} f(x_i) \tag{16-1}$$

若总体 X 是离散型随机变量，其分布律为 $f(x) = P\{X = x\}$，则样本 $X_1, X_2, \cdots, X_n$ 的联合分布律为：

$$f(x_1, x_2, \cdots, x_n) = f(x_1)f(x_2)\cdots f(x_n) = \prod_{i=1}^{n} f(x_i) \tag{16-2}$$

二、统计量

在总体中抽取样本的目的是利用样本研究和推断总体的特性，当我们抽取样本后，样本所含的关于总体的信息本身往往不能直接反映出总体的特性。例如，估计一批灯泡的平均使用寿命，假设抽取了 5 个样本，样本观测值本身难以直接反映整批灯泡的寿命。而样本的均值 $\bar{x} = \frac{1}{n}\sum_{i=1}^{n} x_i$ 则作为样本的平均使用寿命，可以反映整批灯泡的平均使用寿命。它综合了每个个体 X_i 的信息来反映总体 X 的特性。

由此可知，在统计推断的实际应用中，很少直接利用样本观测值，而更多的是利用根据需要而构造的样本的函数——统计量。

定义：若 $X_1, X_2, \cdots, X_n$ 是取自总体 X 的一个样本，$G = G(X_1, X_2, \cdots, X_n)$ 是样本的连续函数，如果 $G = G(X_1, X_2, \cdots, X_n)$ 中不含未知参数，则称 $G(X_1, X_2, \cdots, X_n)$ 为统计量。

由定义可知，统计量是随机变量。样本的数字特征都是统计量。如果 $x_1, x_2, \cdots, x_n$ 是一组样本观测值，则 $G(x_1, x_2, \cdots, x_n)$ 是统计量 $G(X_1, X_2, \cdots, X_n)$ 的值，称为统计量的观测值。

常用的统计量有：

（1）样本均值：

$$\bar{X} = \frac{1}{n}\sum_{i=1}^{n} X_i \tag{16-3}$$

（2）样本方差：

$$S^2 = \frac{1}{n}\sum_{i=1}^{n} (X_i - \bar{X})^2 \tag{16-4}$$

或

$$S^2 = \frac{1}{n}\sum_{i=1}^{n} (X_i^2 - n\bar{X}^2) \tag{16-5}$$

（3）样本标准差（样本均方差）：

$$S = \sqrt{S^2} = \sqrt{\frac{1}{n}\sum_{i=1}^{n} (X_i - \bar{X})^2} \tag{16-6}$$

（4）样本修正方差：

$$S^{*2} = \frac{1}{n-1}\sum_{i=1}^{n} (X_i - \bar{X})^2 \tag{16-7}$$

更多的情况下使用样本修正方差，而不是样本方差，所以，在不至于发生混淆的情况下，有时 S^{*2} 也记为 S^2，并且常常称之为样本方差。

（5）样本修正标准差（样本修正均方差）：

$$S^* = \sqrt{\frac{n}{n-1}S^2} = \sqrt{\frac{1}{n-1}\sum_{i=1}^{n} (X_i - \bar{X})^2} \tag{16-8}$$

更多的情况下使用样本修正标准差，而不是样本标准差，所以，在不至于发生混淆的情况下，S^* 也记为 S，并且常常称之为样本标准差。

（6）样本 k 阶原点矩：

$$\alpha_k = \frac{1}{n}\sum_{i=1}^{n} X_i^k \quad (k = 1,\ 2,\ \cdots) \tag{16-9}$$

当 $k = 1$ 时，一阶原点矩就是样本均即 $\alpha_1 = \bar{X}$。

（7）样本 k 阶中心短：

$$n_k = \frac{1}{n}\sum_{i=1}^{n}(X_i - \overline{X})^k \qquad (16-10)$$

当 $k=2$ 时，二阶中心矩就是样本方差，即 $b_2 = S^2$。

三、样本均值的分布

以下给出来自正态总体的样本均值分布的几个性质。为了简捷，在此略去了证明过程。

定理　设 $X_1, X_2, \cdots, X_n$ 是 n 个相互独立的随机变量，$X_i \sim N(\mu_i, \sigma_i^2)$（$i=1,2,\cdots,n$），若 $r = \sum_{i=1}^{n} k_i X_i$，则：

$$r \sim N\left(\sum_{i=1}^{n} k_i\mu_i, \sum_{i=1}^{n} k_i^2\sigma_i^2\right) \quad (k_i \text{ 不全为 } 0) \qquad (16-11)$$

推论　若总体 $X \sim N(\mu, \sigma^2)$，$X_1, X_2, \cdots, X_n$ 是取自总体 X 的样本，$\overline{X} = \frac{1}{n}\sum_{i=1}^{n} X_i$，则：

（1）
$$\overline{X} \sim N\left(\mu, \frac{\sigma^2}{n}\right) \qquad (16-12)$$

（2）
$$\frac{\overline{X}-\mu}{\sigma/\sqrt{n}} \sim N(0, 1) \qquad (16-13)$$

推论　设总体 $X \sim N(\mu_1, \sigma_1^2)$，总体 $Y \sim N(\mu_2, \sigma_2^2)$，$X_1$，$X_2$，$\cdots$，$X_n$ 和 Y_1，Y_2，$\cdots$，Y_m 是分别取自总体 X 和 Y 的样本，且两样本相互独立：

$$\overline{X} = \frac{1}{n}\sum_{i=1}^{n} X_i, \overline{Y} = \frac{1}{m}\sum_{i=1}^{m} Y_i$$

则：

$$\overline{X} - \overline{Y} \sim N\left(\mu_1 - \mu_2, \frac{\sigma_1^2}{n} + \frac{\sigma_2^2}{m}\right) \qquad (16-14)$$

正态总体在统计中的地位十分重要，这是因为一方面符合客观实际；另一方面，许多总体近似服从正态分布。因此，在今后讨论中，经常假定总体服从正态分布。

四、χ^2 分布

若随机变量 X 的密度函数为：

$$f(x) = \begin{cases} \dfrac{1}{2^{\frac{n}{2}}\Gamma\left(\frac{n}{2}\right)} e^{-\frac{x}{2}} x^{\frac{n}{2}-1}, & (x>0) \\ 0, & (x \leqslant 0) \end{cases} \qquad (16-15)$$

则称 X 服从自由度为 n 的 χ^2 分布，记 $X \sim \chi^2(n)$。

式中的 $\Gamma\left(\frac{n}{2}\right)$ 是 Γ 函数，其表达式为 $\Gamma(x) = \int_0^{\infty} t^{x-1}e^{-t}dt$。$\Gamma$ 函数有几个很有用的性质：

(1) $\Gamma(x)=(x-1)\Gamma(x-1)$;

(2) $\Gamma(n)=(n-1)!$, $n=1,2,3,\cdots\cdots$;

(3) $\Gamma(1/2)=\sqrt{\pi}$。

$f(x)$的图形如图 16－1 所示。

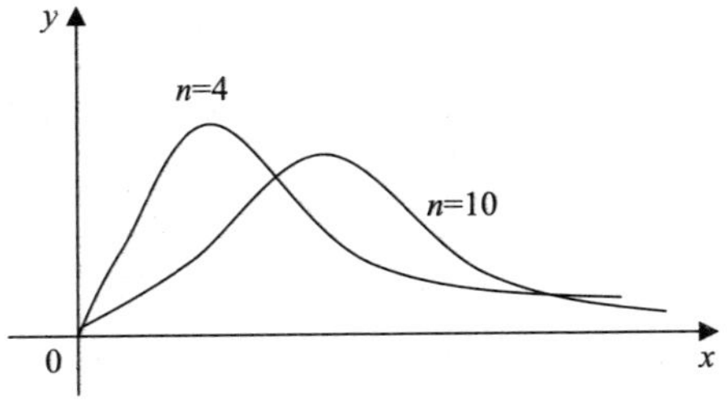

图 16－1　$n=4$ 和 $n=10$ 时的 $f(x)$

$\chi^2(n)$分布有下列性质:

(1) 若 $X\sim\chi^2(n)$, 则:

$$E(X)=n,D(X)=2n \tag{16-16}$$

(2) 若 $X\sim\chi^2(n_1)$, $Y\sim\chi^2(n_2)$, 且 X 与 Y 相互独立, 则:

$$X+Y\sim\chi^2(n_1+n_2) \tag{16-17}$$

(3) 设随机变量 X_1, X_2, $\cdots$, X_n 相互独立, 且 $X_i\sim N(0,1)$ ($i=1$, 2, $\cdots$, n), 则 $\sum_{i=1}^{n}X_i^2$ 服从 n 个自由度的χ^2 的分布, 即:

$$\sum_{i=1}^{n}X_i^2\sim\chi^2(n) \tag{16-18}$$

(4) 总体 $X\sim N$ (μ, σ^2), X_1, X_2, $\cdots$, X_n 是取自总体 X 的样本, 则有:

$$\frac{1}{\sigma^2}\sum_{i=1}^{n}(X_i-\mu)^2\sim\chi^2(n) \tag{16-19}$$

(5) 若总体 $X\sim N$ (μ, σ^2), X_1, X_2, $\cdots$, X_n 是取自总体 X 的样本, 若:

$$\overline{X}=\frac{1}{n}\sum_{i=1}^{n}X_i,\quad S^2=\frac{1}{n}\sum_{i=1}^{n}(X_i-\overline{X})^2$$

则:

$$①\ \frac{(n-1)S^2}{\sigma^2}=\frac{1}{\sigma^2}\sum_{i=1}^{n}(X_i-\overline{X})^2\sim\chi^2(n-1) \tag{16-20}$$

②$\overline{X}$ 与 S^2 相互独立

(证明从略。)

关于χ^2 分布, 还有两点需要说明:

(1) 自由度。所谓自由度, 可以理解为独立取值的变量个数, 在式 (16－18) 中, $\sum_{i=1}^{n}X_i^2$ 服从 n 个自由度的χ^2 分布, 是因为 $\sum_{i=1}^{n}X_i^2$ 中的 n 个变量 X_1, X_2, $\cdots$, X_n 都可以自

由取值，有 n 个独立取值的变量，故 $\sum_{i=1}^{n} X_i^2$ 有 n 个自由度；而在式（16－20）中，$\sum_{i=1}^{n}(X_i-\overline{X})^2$ 只有 $n-1$ 个自由度，这是因为 $\sum_{i=1}^{n}(X_i-\overline{X})^2$ 有 $\sum_{i=1}^{n}(X_i-\overline{X})=0$ 的线性约束，其中 $n-1$ 个 $(X_i-\overline{X})$ 独立取值之后，第 n 个就不能自由取值，因此，独立取值的变量个数是 $n-1$ 个，故 $\sum_{i=1}^{n}(X_i-\overline{X})^2$ 的自由度为 $n-1$。

（2）χ^2 分布的临界值。如果 $P\{\chi^2>\chi_\alpha^2(n)\}=\alpha(0<\alpha<1)$，则称 $\chi_\alpha^2(n)$ 为具有 n 个自由度 χ^2 分布的临界值。$\chi_\alpha^2(n)$ 除与自由度 n 有关外，还与 a 有关。a 是一个概率值（在假设检验中，称其为显著性水平），它表示服从 $\chi^2(n)$ 分布的随机变量取值大于 $\chi_\alpha^2(n)$ 的概率，具体如图 16－2 所示。它是 $\chi_\alpha^2(n)$ 右边密度函数 $f(x)$ 曲线下面阴影部分的面积。

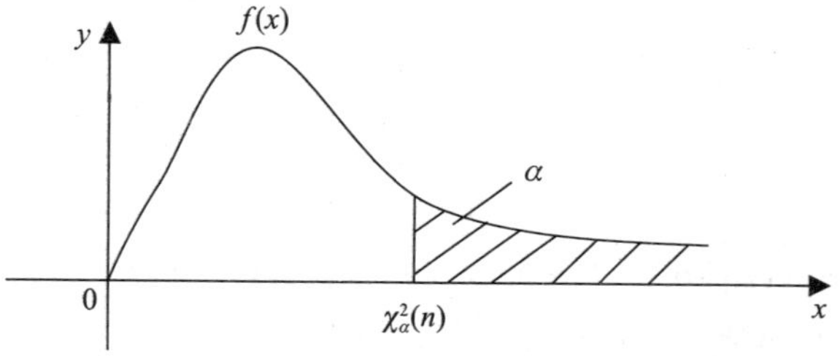

图 16－2　$\chi_\alpha^2(n)$ 密度函数

五、t 分布

定义：若随机变量 X 的密度函数为：

$$f(x)=\frac{\Gamma\left(\frac{n+1}{2}\right)}{\sqrt{n\pi}\,\Gamma\left(\frac{n}{2}\right)}\left(1+\frac{x^2}{n}\right)^{-\frac{n+1}{2}}\quad(-\infty<x<\infty)\qquad(16-21)$$

则称 X 服从自由度为 n 的 t 分布，记为 $X\sim t(n)$。$f(x)$ 的图形关于纵轴对称，具体如图 16－3 所示。

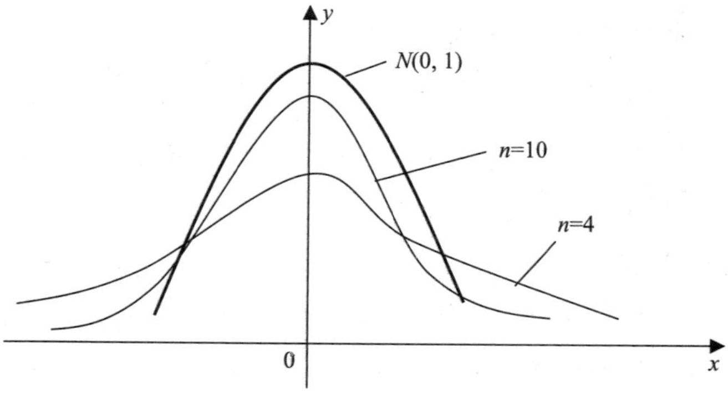

图 16－3　$f(x)$ 图形关于纵轴对称

由图 16－3 可以看出，当 n 较小时，t 分布与正态分布相差较大；当 n 较大时，t 分布与标准正态分布非常接近。可以证明。

$$\lim_{n\to\infty} f(x) = \frac{1}{\sqrt{2\pi}} e^{-\frac{x^2}{2}}$$

因此，当 n 相当大时，t 分布可以近似地看成标准正态分布。

定理 若 $X \sim N(0,1)$，$Y \sim \chi^2(n)$，且 X 与 Y 相互独立，则：

$$T = \frac{X}{\sqrt{Y/n}} \sim t\ (n) \qquad (16-22)$$

推论 若总体 $X \sim N(\mu, \sigma^2)$，$X_1, X_2, \cdots, X_n (n \geqslant 2)$ 是取自总体 X 的样本，

$$\overline{X} = \frac{1}{n}\sum_{i=1}^{n} X_i, S^2 = \frac{1}{n}\sum_{i=1}^{n}(X_i - \overline{X})^2$$

$$T = \frac{\overline{X} - \mu}{S/\sqrt{n-1}}$$

$$= \frac{\overline{X} - \mu}{S*/\sqrt{n}} \sim t(n-1) \qquad (16-23)$$

推论 若总体 $X \sim N(\mu_1, \sigma^2), Y \sim N(\mu_2, \sigma^2), X_1, X_2, \cdots, X_n$ 和 $Y_1, Y_2, \cdots, Y_m (m, n \geqslant 2)$ 分别是取自总体 X 和 Y 的样本，且相互独立，则：

$$\frac{(\overline{X} - \overline{Y}) - (\mu_1 - \mu_2)}{\sqrt{\frac{ns_1^2 + ms_2^2}{m+n-2}} \cdot \sqrt{\frac{1}{m} + \frac{1}{n}}} \sim t(m+n-2) \qquad (16-24)$$

(证明从略。)

在推论中，若 $m = n$，则：

$$T = \frac{(\overline{X} - \overline{Y}) - (\mu_1 - \mu_2)}{\sqrt{\frac{S_1^2 + S_2^2}{n-1}}} \sim t(2n-2)$$

六、F 分布

定义 若随机变量 X 的密度函数为：

$$f(x) = \begin{cases} \dfrac{\Gamma\left(\frac{n_1 + n_2}{2}\right)}{\Gamma\left(\frac{n_1}{2}\right)\Gamma\left(\frac{n_2}{2}\right)} \cdot \left(\dfrac{n_1}{n_2}\right)^{\frac{n_1}{2}} \cdot x^{\frac{n_1}{2}-1}\left(1 + \dfrac{n_1}{2}x\right)^{1-\frac{n_1+n_2}{2}}, & x \geqslant 0 \\ 0, & x < 0 \end{cases} \qquad (16-25)$$

则称 X 服从第一自由度为 n_1、第二自由度为 n_2 的 F 分布，记为 $X \sim F(n_1, n_2)$。

定理 若随机变量 X 与 Y 相互独立，且 $X \sim \chi^2(n_1)$，$Y \sim \chi^2(n_2)$，则：

$$F = \frac{X/n_1}{Y/n_2} \sim F(n_1, n_2) \qquad (16-26)$$

推论 若随机变量 $X \sim F(n_1, n_2)$，则：

$$\frac{1}{X} \sim F(n_2, n_1) \tag{16-27}$$

定理 若总体 $X \sim N(\mu_1, \sigma_1^2)$，$Y \sim N(\mu_2, \sigma_2^2)$，$X_1$，$X_2$，…，$X_{n1}$和 Y_1，Y_2，…，Y_{n2}是分别取自总体 X 和 Y 的样本，且两样本相互独立，则：

$$\frac{(n_2-1)n_1\sigma_2^2S_1^2}{(n_1-1)n_2\sigma_1^2S_2^2} \sim F(n_1-1, n_2-1) \tag{16-28}$$

（证明从略。）

第二节 点估计

设总体 X 的分布函数的形式为已知，但它的一个或多个参数为未知，借助于总体 X 的一个样本来估计总体未知参数的值的问题称为参数的点估计问题。

设总体 X 的分布函数 F（x；θ）的形式为已知，θ 是待估参数。$X_1, X_2, \cdots, X_n$ 是 X 的一个样本，$x_1, x_2, \cdots, x_n$ 是相应的一个样本值。点估计问题就是要构造一个适当的统计量 $\theta(X_1, X_2, \cdots, X_n)$，用它的观察值 $\theta(x_1, x_2, \cdots, x_n)$ 为 θ 的估计量，称 $\theta(x_1, x_2, \cdots, x_n)$ 为 θ 的估计值。在不致混淆的情况下统称估计量和估计值为估计，并都简记为 θ。由于估计量是样本的函数，因此对于不同的样本值，θ 的估计值往往是不相同的。

例如，我们常用样本均值来估计总体均值，矩估计法和极大似然估计法是两种常用的构造估计量的方法。

一、矩估计法

设 X 为连续型随机变量，其概率密度为 $f(x;\theta_1, \theta_2, \cdots, \theta_k)$，或 X 为离散型随机变量，其分布律为 $P\{X=x\} = p(x;\theta_1, \theta_2, \cdots, \theta_k)$，其中 $\theta_1, \theta_2, \cdots, \theta_k$ 为待估参数，$X_1, X_2, \cdots, X_n$ 是来自 X 的样本，假设总体 X 的前 k 阶矩。

$$\mu_l = E(X^l) = \int_{-\infty}^{\infty} x^l f(x;\theta_1, \theta_2, \cdots, \theta_k)\,dx \qquad (X\text{连续型})$$

$$\mu_l = E(X^l) = \sum_{x \in R} x^l p(x;\theta_1, \theta_2, \cdots, \theta_k) \qquad (X\text{离散型})$$

$$l = 1,\ 2,\ \cdots,\ k$$

其中，R_X 是 x 可能取值的范围。

一般来讲，它们是 θ_1，θ_2，…，θ_k 的函数。基于样本矩：

$$A_l = \frac{1}{n}\sum_{i=1}^{n} X_i^l$$

依概率收敛于相应的总体矩 μ_l（$l=1$，2，…，k），样本矩的连续函数依概率收敛于相应的总体矩的连续函数，我们就用样本矩作为相应的总体矩的估计量，而以样本矩的连续函数作为相应的总体矩连续函数的估计量。这种估计方法称为矩估计法。矩估计法的具体做法是：

$$令\quad \mu_l = A_l,\ l = 1,\ 2,\ \cdots,\ k$$

这是一个包含 k 个未知参数 $\theta_1, \theta_2, \cdots, \theta_k$ 的联立方程组，一般来说，我们可以从中解出 $\theta_1, \theta_2, \cdots, \theta_k$，此时，我们就以这个方程组的解 $\theta_1, \theta_2, \cdots, \theta_k$ 分别作为 $\theta_1, \theta_2, \cdots, \theta_k$ 的估计值，这种估计量称为矩估计量。矩估计量的观察值称为矩估计值。

容易发现，总体均值与方差的矩估计量的表达式不因不同的总体分布而异。

例如，$X \sim N\ (\mu,\ \sigma^2)$，$\mu$、$\sigma^2$ 未知，即得 μ、σ^2 和矩估计量为：

$$\hat{\mu} = \overline{X}, \hat{\sigma}^2 = \frac{1}{n}\sum_{i=1}^{n}(X_i - \overline{X})^2$$

二、极大似然估计法

若总体 X 属离散型，其分布律 $P\{X = x\} = p(x;\theta)$，$\theta \in \Theta$ 的形式为已知，θ 为待估参数，Θ 是 θ 可能取值的范围。设 $X_1, X_2, \cdots, X_n$ 是来自 X 的样本，则 $X_1, X_2, \cdots, X_n$ 的联合分布律为：

$$\prod_{i=1}^{n} p(x_i;\theta)$$

又设 x_1，x_2，…，x_n 是相应于样本 X_1，X_2，…，X_n 的一个样本值。易知样本 X_1，X_2，…，X_n 取到观察值 x_1，x_2，…，x_n 的概率，亦即事件 $\{X_1 = x_1,\ X_2 = x_2,\ \cdots,\ X_n = x_n\}$ 发生的概率为：

$$L(\theta) = L(x_1, x_2, \cdots, x_n;\theta) = \prod_{i=1}^{n} p(x_i;\theta), \theta \in \Theta \tag{16-29}$$

这一概率随 θ 的取值而变化，它是 θ 的函数。$L(\theta)$ 称为样本的似然函数。

由费歇（R. A. Fisher）引进的极大似然估计法，就是固定样本观察值 $x_1, x_2, \cdots, x_n$，在 θ 取值的可能范围 Θ 内挑选使概率 $L(x_1, x_2, \cdots, x_n;\theta)$ 达到最大的参数值 $\hat{\theta}$，作为参数 θ 的估计值，即取 $\hat{\theta}$ 使：

$$L(x_1,\ x_2,\ \cdots,\ x_n;\ \hat{\theta}) = \max_{\theta \in \Theta} L(x_1,\ x_2,\ \cdots,\ x_n;\ \theta) \tag{16-30}$$

这样得到的 $\hat{\theta}$ 与样本值 x_1，x_2，…，x_n 有关，常记为 $\hat{\theta}(x_1, x_2, \cdots, x_n)$，称为参数 θ 的极大似然估计值，而相应的统计量 $\hat{\theta}(X_1, X_2, \cdots, X_n)$ 称为参数 θ 的极大似然估计量。

若总体 X 属连续型，其概率密度 $f\ (x;\ \theta)$，$\theta \in \Theta$ 的形式已知，θ 为待估参数，Θ 是 θ 可能取值的范围，设 X_1，X_2，…，X_n 是来自 X 的样本，则 X_1，X_2，…，X_n 的联合密度为：

$$\prod_{i=1}^{n} f(x_i;\theta)$$

设 x_1，x_2，…，x_n 是相应于样本 X_1，X_2，…，X_n 的一个样本值，则随机点（X_1，X_2，…，X_n）落在点（x_1，x_2，…x_n）的邻域（边长分别为 dx_1，dx_2，…，dx_n 的 n 维立方体）内的概率近似地为：

$$\prod_{i=1}^{n} f(x_i;\theta)\,dx_i \qquad (16-31)$$

其值随 θ 的取值而变化。与离散型的情况一样，我们取 θ 的估计值 $\hat{\theta}$ 使概率式（16－31）取到最大值，但因子 $\prod_{i=1}^{n} dx_i$ 不随 θ 而变，故只需考虑以下函数的最大值：

$$L(\theta) = L(x_1,x_2,\cdots,x_n;\theta) = \prod_{i=1}^{n} f(x_i;\theta) \qquad (16-32)$$

这里 $L(\theta)$ 称为样本的似然函数。若：

$$L(x_1,x_2,\cdots,x_n;\hat{\theta}) = \max_{\theta\in\Theta} L(x_1,x_2,\cdots,x_n;\theta)$$

则称 $\hat{\theta}(x_1,x_2,\cdots,x_n)$ 为 θ 的极大似然估计值，称 $\hat{\theta}(X_1,X_2,\cdots,X_n)$ 为 θ 的极大似然估计量。

在很多情形，$p(x;\theta)$ 关于 θ 可微，这时 θ 常可从以下方程解得：

$$\frac{d}{d\theta}L(\theta) = 0 \qquad (16-33)$$

又因 $L(\theta)$ 与 $\ln L(\theta)$ 在同一 θ 处取到极值，因此，θ 的极大似然估计 θ 也可以从以下方程求得：

$$\frac{d}{d\theta}\ln L(\theta) = 0 \qquad (16-34)$$

而从后一方程求解往往比较方便。

极大似然估计法也适用于分布中含多个未知参数 $\theta_1,\theta_2,\cdots,\theta_k$ 的情况。这时，似然函数 L 是这些未知参数的函数。分别令：

$$\frac{\partial}{\partial\theta_i}L = 0, i = 1,2,\cdots,k$$

若令：

$$\frac{\partial}{\partial\theta_i}\ln L = 0, i = 1,2,\cdots,k$$

解上述由 k 个方程组成的方程组，即可得到各未知参数 $\theta_i(i = 1,2,\cdots,k)$ 的极大似然估计值 $\hat{\theta}_i$。

此外，极大似然估计具有下述性质：设 θ 的函数 $u = u(\theta)$，$\theta\in\Theta$ 具有单值反函数，$\theta = \theta(u), u\in U$。又设 $\hat{\theta}$ 是 X 的概率密度函数 $f(x;\theta)$（f 形式已知）中参数 θ 的极大似然估计，则 $\hat{u} = u$（$\hat{\theta}$）是 u（θ）的极大似然估计。

事实上，因为 $\hat{\theta}$ 是 θ 的极大似然估计，于是有：

$$L(x_1,x_2,\cdots,x_n;\hat{\theta}) \max_{\theta\in\Theta} L(x_1,x_2,\cdots,x_n;\theta)$$

其中，x_1，x_2，…，x_n 是 X 的一个样本值。考虑到 $\hat{u}=u(\hat{\theta})$，且有 $\hat{\theta}=\theta(\hat{u})$，上式可写成：

$$L(x_1,x_2,\cdots,x_n;\theta(\hat{u}))=\max_{\theta\in\Theta}L(x_1,x_2,\cdots,x_n;\theta(u))$$

这就证明了 $\hat{u}=u(\hat{\theta})$ 是 $u(\theta)$ 的极大似然估计。

当总体分布中含有多个未知参数时，也具有上述性质。

三、估计量的评选标准

如前所述，对于同一参数，用不同的估计方法求出的估计量可能不相同。而且，很明显，原则上任何统计量都可以作为未知参数的估计量。我们自然会问，采用哪一个估计量好呢？这就涉及用什么样的标准来评估估计量的问题。下面介绍几个常用的标准。

（一）无偏性

估计量是随机变量，对于不同的样本值就会得到不同的估计值。我们的估计值在未知参数真值左右徘徊，而它的数学期望等于未知参数的真值。这就导致无偏性这个标准。

设 X_1，X_2，…，X_n 是总体 X 的一个样本。$\theta\in\Theta$ 是包含在总体 X 的分布中的待估参数，这里 Θ 是 θ 的取值范围。

若估计量 $\hat{\theta}=\hat{\theta}(X_1,X_2,\cdots,X_n)$ 的数学期望 E（$\hat{\theta}$）存在，且对于任意 $\theta\in\Theta$ 有：

$$E(\hat{\theta})=\theta \tag{16-35}$$

则称 $\hat{\theta}$ 是 θ 的无偏估计量。

在科学技术中 $E(\hat{\theta})-\theta$ 称为以 $\hat{\theta}$ 作为 θ 的估计的系统误差。无偏估计的实际意义就是无系统误差。

（二）有效性

现在来比较参数 θ 的两个无偏估计量 $\hat{\theta}_1$ 和 $\hat{\theta}_2$，如果在样本容量 n 相同的情况下，$\hat{\theta}_1$ 的观察值较 $\hat{\theta}_2$ 更密集在真值 θ 的附近，我们就认为 $\hat{\theta}_1$ 较 $\hat{\theta}_2$ 更为理想。由于方差是随机变量取值与其数学期望的偏离程度的度量，所以无偏估计以方差小者为好。这就引出了估计量的有效性这一概念。

设 $\hat{\theta}_1=\hat{\theta}_1(X_1,X_2,\cdots,X_n)$ 与 $\hat{\theta}_2=\hat{\theta}_2(X_1,X_2,\cdots,X_n)$ 都是 θ 的无偏估计量，若有：

$$Var(\hat{\theta}_1)<Var(\hat{\theta}_2)$$

则称 $\hat{\theta}_1$ 较 $\hat{\theta}_2$ 有效。

（三）一致性

前面讲的无偏性与有效性都是在样本容量 n 固定的前提下提出的。我们自然希望随着样本容量的增大，一个估计量的值稳定于待估参数的真值。这样，对估计量又有下述一致性的要求。

设 $\hat{\theta}(X_1,X_2,\cdots,X_n)$ 为参数 θ 的估计量，若对于任意 $\theta\in\Theta$，当 $n\to\infty$ 时 $\hat{\theta}(X_1,X_2,\cdots,X_n)$ 依概率收敛于 θ，则称 $\hat{\theta}$ 为 θ 的一致估计量。

由极大似然估计法得到的估计量，在一定条件下也具有一致性。

我们自然希望一个估计量具有一致性，不过估计量的一致性只有当样本容量相当大时，才能显示出优越性，这在实际中往往难以做到。因此，在实际中往往更多使用无偏性和有效性这两个标准。

第三节　区间估计

对于一个未知量，仅仅得到其近似值常常是不满足的，还需估计误差，即要求确切地知道近似值的精确程度（亦即所求真值所在的范围）。类似地，对于未知参数 θ，我们既要求出它的点估计 $\hat{\theta}$，也希望估计出一个范围，并希望知道这个范围包含参数 θ 真值的可信程度。通常，这种范围以区间的形式给出，同时还给出此区间包含参数 θ 真值的可信程度。这种形式的估计称为区间估计，这里的区间即所谓置信区间。

一、区间估计的概念

现在我们引入置信区间的定义。

设总体 X 的分布函数 $F(x;\theta)$ 含有一个未知参数 θ，对于给定值 α（$0<\alpha<1$），若由样本 $X_1,X_2,\cdots,X_n$ 确定的两个统计量 $\underline{\theta}=\underline{\theta}(X_1,X_2,\cdots,X_n)$ 和 $\overline{\theta}=\overline{\theta}(X_1,X_2,\cdots,X_n)$ 满足：

$$P\{\underline{\theta}(X_1,X_2,\cdots,X_n)<\theta<\overline{\theta}(X_1,X_2,\cdots,X_n)\}=1-\alpha \tag{16-36}$$

则称随机区间（$\underline{\theta}$，$\overline{\theta}$）是 θ 的置信度为 $1-\alpha$ 的置信区间，$\underline{\theta}$ 和 $\overline{\theta}$ 分别称为置信度为 $1-\alpha$ 的双侧置信区间的置信下限和置信上限，$1-\alpha$ 称为置信度。

式（16－36）的意义如下：若反复抽样多次（各次得到的样本的容量相等，都是 n），每个样本值确定一个区间（$\underline{\theta}$，$\overline{\theta}$），每个这样的区间要么包含 θ 的真值，要么不包含 θ 的真值。按贝努利大数定理，在这样多的区间中，包含 θ 真值的约占 $100(1-\alpha)\%$，不包含 θ 真值的约仅占 $100\alpha\%$。例如，若 $\alpha=0.01$，反复抽样 1000 次，则得到的 1000 个区间中不包含 θ 真值的约仅为 10 个，如图 16－4 所示。

例 16－1

设总体 $X\sim N(\mu,\sigma^2)$，σ^2 为已知，μ 为未知，设 $X_1,X_2,\cdots,X_n$ 是来自 X 的样本，求 μ 的置信度为 $1-\alpha$ 的置信区间。

解：我们知道 $\overline{X}$ 是 μ 的无偏估计。且有：

$$\frac{\overline{X}-\mu}{\sigma/\sqrt{n}}\sim N(0,1) \tag{16-37}$$

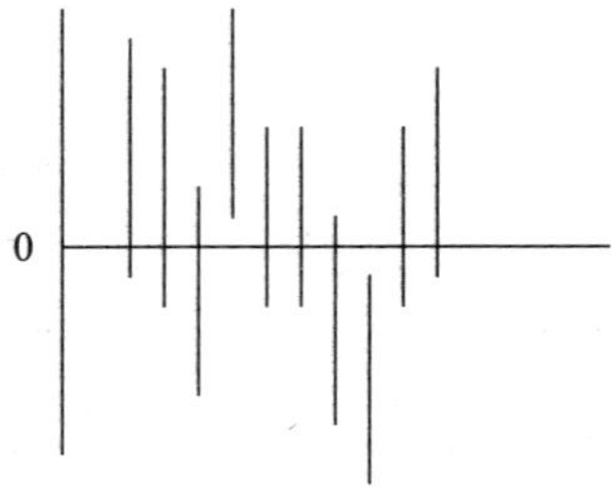

图 16-4 反复抽样

$\dfrac{\overline{X}-\mu}{\sigma/\sqrt{n}}$所服从的分布 $N(0,1)$ 是不依赖于任何未知参数的，按标准正态分布的上 α 分位点的定义，具体如图 16-5 所示。

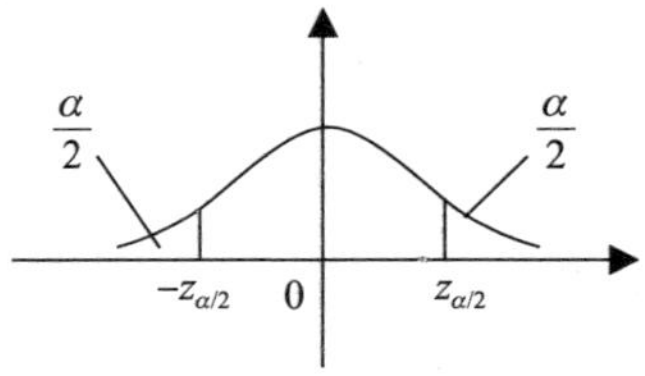

图 16-5 标准正态分布

$$P\left\{\left|\frac{\overline{X}-\mu}{\sigma/\sqrt{n}}\right|<z_{\alpha/2}\right\}=1-\alpha \tag{16-38}$$

即：
$$P\left\{\overline{X}-\frac{\sigma}{\sqrt{n}}z_{\alpha/2}<\mu<\overline{X}+\frac{\sigma}{\sqrt{n}}z_{\alpha/2}\right\}=1-\alpha \tag{16-39}$$

这样，我们就得到了 μ 的一个置信度为 $1-\alpha$ 的置信区间：

$$\left(\overline{X}-\frac{\sigma}{\sqrt{n}}z_{\alpha/2},\overline{X}+\frac{\sigma}{\sqrt{n}}z_{\alpha/2}\right) \tag{16-40}$$

这样的置信区间常写成：

$$\left(\overline{X}\pm\frac{\sigma}{\sqrt{n}}z_{\alpha/2}\right) \tag{16-41}$$

如果取 $\alpha=0.05$，即 $1-\alpha=0.95$，又若 $\sigma=1$，$n=16$，查表得 $z_{\alpha/2}=z_{0.025}=1.96$。于是我们得到一个置信度为 0.95 的置信区间：

$$\left(\overline{X}\pm\frac{1}{\sqrt{16}}\times1.96\right)\quad 即\quad (\overline{X}\pm0.49) \tag{16-42}$$

再者，若由一个样本值算得样本均值的观察值 $\bar{x}=5.20$，则得到一个区间：

$$(5.20\pm0.49)\quad 即\quad (4.71,\ 5.69)$$

注意，这已经不是随机区间了，但我们仍称它为置信度为 0.95 的置信区间，其含义是：若反复抽样多次，每个样本值（$n=16$）按式（16-42）确定一个区间，按上面的解释，在这么多的区间中，包含 μ 的约占 95%，不包含 μ 的约仅占 5%。现在抽样得到区间（4.71，5.69），则该区间属于那些包含 μ 的区间的可信程度为 95%，或“该区间包含 μ”

这一事实的可信程度为95%。

然而，置信度为 $1-\alpha$ 的置信区间并不是唯一的。以例16－1来说，若给定 $\alpha=0.05$，则又有：

$$P\left\{-z_{0.04}<\frac{\overline{X}-\mu}{\sigma/\sqrt{n}}<z_{0.01}\right\}=0.95$$

即：

$$P\left\{\overline{X}-\frac{\sigma}{\sqrt{n}}z_{0.01}<\mu<\overline{X}+\frac{\sigma}{\sqrt{n}}z_{0.04}\right\}=0.95$$

故：

$$\left(\overline{X}-\frac{\sigma}{\sqrt{n}}z_{0.01},\ \overline{X}+\frac{\sigma}{\sqrt{n}}z_{0.04}\right) \tag{16-43}$$

也是 μ 的置信度为0.95的置信区间，我们将它与式（16－40）中令 $\alpha=0.05$ 所得的置信度为0.95的置信区间相比较，可知由式（16－40）所确定的区间的长度为 $2\times\frac{\sigma}{\sqrt{n}}z_{0.025}=3.92\times\frac{\sigma}{\sqrt{n}}$，这一长度要比区间式（16－43）的长度 $\frac{\sigma}{\sqrt{n}}(z_{0.04}+z_{0.01})=4.08\times\frac{\sigma}{\sqrt{n}}$ 短。置信区间短表示估计的精度高。故由式（16－40）给出的区间比式（16－43）更优。易知，像 N（0，1）分布那样其概率密度的图形是单峰且对称的情况，当 n 固定时，以形如式（16－40）那样的区间其长度为最短，我们自然择用它。

在例16－1中，我们以 L 记置信区间式（16－40）的长度，即有：

$$L=\frac{2\sigma}{\sqrt{n}}z_{\alpha/2} \tag{16-44}$$

解出 n，得：

$$n=\left(\frac{2\sigma}{L}z_{\alpha/2}\right)^2 \tag{16-45}$$

我们看到区间长度 L 随 n 的增加而减少（当 α 给定时）。于是我们可以确定样本容量 n，使置信区间具有预先给定的长度。若希望区间长度小，n 就必须取得大。由于 L 与 $\sqrt{n}$ 成反比，例如 n 由100增至400，L 才能减小一半。

二、正态总体均值与方差的区间估计

（一）单个总体 $N(\mu,\sigma^2)$ 的情况

设已给定置信度为 $1-\alpha$，并设 X_1，X_2，…，X_n 为总体 $N(\mu,\sigma^2)$ 的样本，$\overline{X}$、S^2 分别是样本均值和样本方差。

1. 均值 μ 的置信区间

（1）σ^2 为已知，此时由例16－1采用式（16－37）的函数，已得到 μ 的置信度为 $1-\alpha$ 的置信区间为：

$$\left(\overline{X}\pm\frac{\sigma}{\sqrt{n}}z_{\alpha/2}\right) \tag{16-46}$$

（2）σ^2为未知，此时不能使用式（16－46）给出的区间，因其中含未知参数σ。考虑到S^2是σ^2的无偏估计，将式（16－37）中的σ换成$S=\sqrt{S^2}$，则：

$$\frac{\overline{X}-\mu}{S/\sqrt{n}} \sim t(n-1) \tag{16-47}$$

并且右边的分布t（$n-1$）不依赖于任何未知参数，可得（参见图16－6）：

$$P\left\{-t_{\alpha/2}(n-1)<\frac{\overline{X}-\mu}{S/\sqrt{n}}<t_{\alpha/2}(n-1)\right\}=1-\alpha \tag{16-48}$$

即：
$$P\left\{\overline{X}-\frac{S}{\sqrt{n}}t_{\alpha/2}(n-1)<\mu<\overline{X}+\frac{S}{\sqrt{n}}t_{\alpha/2}(n-1)\right\}=1-\alpha$$

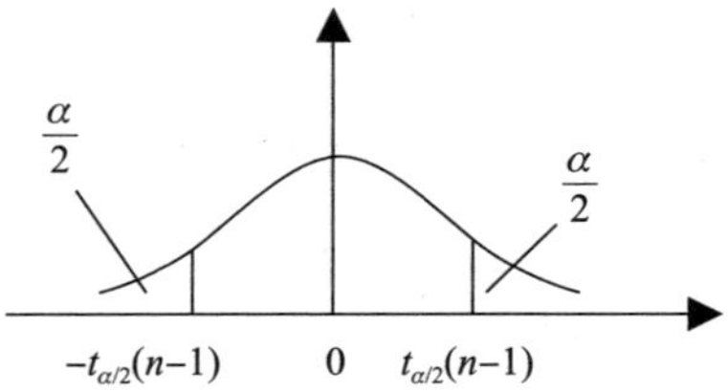

图16－6 $\frac{\overline{X}-\mu}{S/\sqrt{n}} \sim t(n-1)$

于是得μ的置信度为$1-\alpha$的置信区间：

$$\left(\overline{X}\pm\frac{S}{\sqrt{n}}t_{\alpha/2}(n-1)\right) \tag{16-49}$$

在实际问题中，总体方差σ^2未知的情况居多，故式（16－49）较式（16－46）有大的实用价值。

2. 方差σ^2的置信区间

此处，根据实际问题的需要，只介绍μ未知的情况。

σ^2的无偏估计为S^2，则：

$$\frac{(n-1)S^2}{\sigma^2} \sim \chi^2(n-1) \tag{16-50}$$

并且上式右端的分布不依赖于任何未知参数，故有（参见图16－7）：

$$P\left\{\chi^2_{1-\alpha/2}(n-1)<\frac{(n-1)S^2}{\sigma^2}<\chi^2_{\alpha/2}(n-1)\right\}=1-\alpha$$

即：
$$P\left\{\frac{(n-1)S^2}{\chi^2_{\alpha/2}(n-1)}<\sigma^2<\frac{(n-1)S^2}{\chi^2_{1-\alpha/2}(n-1)}\right\}=1-\alpha \tag{16-51}$$

这就是方差σ^2的一个置信度为$1-\alpha$的置信区间：

$$\left(\frac{(n-1)S^2}{\chi^2_{\alpha/2}(n-1)},\ \frac{(n-1)S^2}{\chi^2_{1-\alpha/2}(n-1)}\right) \tag{16-52}$$

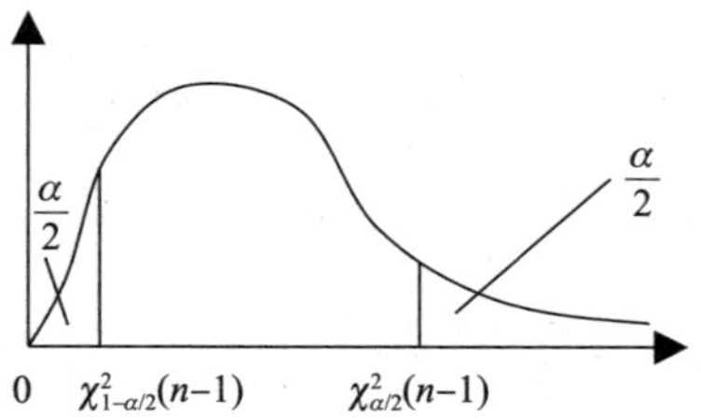

图 16－7　$\frac{(n-1)S^2}{\sigma^2}\sim\chi^2(n-1)$

由式（16－51），还容易得到标准差 σ 的一个置信度为 $1-\alpha$ 的置信区间：

$$\left(\frac{\sqrt{n-1}S}{\sqrt{\chi^2_{\alpha/2}(n-1)}},\ \frac{\sqrt{n-1}S}{\sqrt{\chi^2_{1-\alpha/2}(n-1)}}\right) \tag{16-53}$$

注意，在密度函数不对称时，如 χ^2 分布和 F 分布，习惯上仍取对称的分位点（如图 16－7 中的上分位点 $\chi^2_{1-\alpha/2}$（$n-1$）与 $\chi^2_{\alpha/2}$（$n-1$）来确定置信区间的。但这样确定的置信区间的长度并不最短，因为在这里求最短置信区间的计算过于麻烦，一般是不去求的。

（二）两个总体 N（μ_1，σ_1^2），N（μ_2，σ_2^2）的情况

在实际中常遇到下面的问题：已知产品的某一质量指标服从正态分布，但由于原料、设备条件、操作人员不同，或工艺过程的改变等因素，引起总体均值、总体方差有所改变。我们需要知道这些变化有多大，这就需要考虑两个正态总体均值差或方差比的估计问题。

设已给定置信度为 $1-\alpha$，并设 X_1，X_2，…，X_{n_1} 是来自第一个总体的样本；Y_1，Y_2，…，Y_{n_2} 是来自第二个总体的样本，这两个样本相互独立。且设 $\overline{X}$、$\overline{Y}$ 分别为第一、二个总体的样本均值，S_1^2、S_2^2 分别是第一、二个总体的样本方差。

1. 两个总体均值差 $\mu_1-\mu_2$ 的置信区间

（1）σ_1^2、σ_2^2 均为已知。因 $\overline{X}$、$\overline{Y}$ 分别为 μ_1、μ_2 的无偏估计，故 $\overline{X}-\overline{Y}$ 是 $\mu_1-\mu_2$ 的无偏估计。由 $\overline{X}$、$\overline{Y}$ 的独立性以及 $\overline{X}\sim N(\mu_1, \sigma_1^2/n_1)$，$\overline{Y}\sim N(\mu_2, \sigma_2^2/n_2)$ 得：

$$\overline{X}-\overline{Y}\sim N\left(\mu_1-\mu_2,\ \frac{\sigma_1^2}{n_1}+\frac{\sigma_2^2}{n_2}\right)$$

或

$$\frac{(\overline{X}-\overline{Y})-(\mu_1-\mu_2)}{\sqrt{\frac{\sigma_1^2}{n_1}+\frac{\sigma_2^2}{n_2}}}\sim N(0,\ 1) \tag{16-54}$$

即得 $\mu_1-\mu_2$ 的一个置信度为 $1-\alpha$ 的置信区间：

$$\left(\overline{X}-\overline{Y}\pm z_{\alpha/2}\sqrt{\frac{\sigma_1^2}{n_1}+\frac{\sigma_2^2}{n_2}}\right) \tag{16-55}$$

（2）σ_1^2、σ_2^2 均为未知。此时，只要 n_1、n_2 都很大（实用上一般大于 50 即可），则可用：

$$\left(\overline{X}-\overline{Y}\pm z_{\alpha/2}\sqrt{\frac{S_1^2}{n_1}+\frac{S_2^2}{n_2}}\right) \tag{16-56}$$

作为$\mu_1-\mu_2$置信度为$1-\alpha$为未知。此由前面所述t分布的性质，得：

$$\frac{(\overline{X}-\overline{Y})-(\mu_1-\mu_2)}{S_w\sqrt{\frac{1}{n_1}+\frac{1}{n_2}}}\sim t(n_1+n_2-2) \tag{16-57}$$

从而可得$\mu_1-\mu_2$的一个置信度为$1-\alpha$的置信区间为：

$$\left[\overline{X}-\overline{Y}\pm t_{\alpha/2}(n_1+n_2-2)\ S_w\sqrt{\frac{1}{n_1}+\frac{1}{n_2}}\right] \tag{16-58}$$

此处，
$$S_w=\frac{(n_1-1)\ S_1^2+(n_2-1)\ S_2^2}{n_1+n_2-2},\quad S_w=\sqrt{S_w^2} \tag{16-59}$$

2. 两个总体方差比σ_1^2/σ_2^2的置信区间

我们仅讨论总体均值μ_1、μ_2为未知的情况，由于：

$$(n_1-1)S_1^2/\sigma_1^2\sim\chi^2(n_1-1)$$
$$(n_2-1)S_2^2/\sigma_2^2\sim\chi^2(n_2-1)$$

且由假设知$(n_1-1)S_1^2/\sigma_1^2$与$(n_2-1)S_2^2/\sigma_2^2$相互独立。由F分布的定义，知：

$$\frac{S_1^2/\sigma_1^2}{S_2^2/\delta_2^2}=\frac{\frac{(n_1-1)S_1^2}{\sigma_1^2}/(n_1-1)}{\frac{(n_2-1)S_2^2}{\sigma_2^2}/(n_2-1)}\sim F(n_1-1,n_2-1) \tag{16-60}$$

并且分布$F(n_1-1,\ n_2-1)$不依赖任何未知参数，由此得：

$$P\left\{F_{1-\alpha/2}(n_1-1,\ n_2-1)<\frac{S_1^2/\sigma_1^2}{S_2^2/\sigma_2^2}<F_{\alpha/2}(n_1-1,\ n_2-1)\right\}=1-\alpha$$

即：

$$P\left\{\frac{S_1^2}{S_2^2}\frac{1}{F_{\alpha/2}(n_1-1,\ n_2-1)}<\frac{\sigma_1^2}{\sigma_2^2}<\frac{S_1^2}{S_2^2}\frac{1}{F_{1-\alpha/2}(n_1-1,\ n_2-1)}\right\}=1-\alpha \tag{16-61}$$

于是得σ_1^2/σ_2^2的一个置信度为$1-\alpha$的置信区间为：

$$\left(\frac{S_1^2}{S_2^2}\frac{1}{F_{\alpha/2}(n_1-1,\ n_2-1)},\ \frac{S_1^2}{S_2^2}\frac{1}{F_{1-\alpha/2}(n_1-1,\ n_2-1)}\right) \tag{16-62}$$

三、(0-1) 分布参数的区间估计

设有一容量>50的大样本，它来自（0-1）分布的总体X，X的分布律为：

$$f(x;p)=p^x(1-p)^{1-x},x=0,1 \tag{16-63}$$

其中，p为未知参数。现在来求p的置信度为$1-\alpha$的置信区间。

已知（0-1）分布的均值和方差分别为：

$$\mu=p,\sigma^2=p(1-p)$$

设 X_1，X_2，…，X_n 是一个样本。因样本容量 n 较大，由中心极限定理，知：

$$\frac{\sum_{i=1}^{n} X_i - np}{\sqrt{np(1-p)}} = \frac{n\overline{X} - np}{\sqrt{np(1-p)}} \tag{16-64}$$

近似地服从 N（0，1）分布，于是有：

$$P\left\{-z_{\alpha/2} < \frac{n\overline{X} - np}{\sqrt{np(1-p)}} < z_{\alpha/2}\right\} \tag{16-65}$$

而不等式：

$$-z_{\alpha/2} < \frac{n\overline{X} - np}{\sqrt{np(1-p)}} < z_{\alpha/2} \tag{16-66}$$

等价于：

$$(n + z_{\alpha/2}^2)p^2 - (2n\overline{X} + z_{\alpha/2}^2)p + n\overline{X}^2 < 0 \tag{16-67}$$

即：

$$p_1 = \frac{1}{2a}(-b - \sqrt{b^2 - 4ac}) \tag{16-68}$$

$$p_2 = \frac{1}{2a}(-b + \sqrt{b^2 - 4ac}) \tag{16-69}$$

此处，$a = n + z_{\alpha/2}^2$，$b = -(2n\overline{X} + z_{\alpha/2}^2)$，$c = n\overline{X}^2$。于是由式（16-66）得 p 的近似的、置信度为 $1-\alpha$ 的置信区间为（p_1，p_2）。

四、单侧置信区间

上述讨论中，对于未知参数 θ，我们给出两个统计量 $\underline{\theta}$、$\overline{\theta}$，得到 θ 的双侧置信区间 $(\underline{\theta}, \overline{\theta})$。但在某些实际问题中，例如，对于设备、元件的寿命来说，平均寿命长是我们所希望的，我们关心的是平均寿命 θ 的"下限"；与之相反，在考虑产品的废品率 p 时，我们常关心参数 p 的"上限"，这就引出了单侧置信区间的概念。

对于给定值 α（$0<\alpha<1$），若由样本 X_1，X_2，…，X_n 确定的统计量 $\underline{\theta} = \underline{\theta}(X_1, X_2, \cdots, X_n)$，满足：

$$P\{\theta > \underline{\theta}\} = 1 - \alpha \tag{16-70}$$

称随机区间 $(\underline{\theta}, \infty)$ 是 θ 的置信度为 $1-\alpha$ 的单侧置信区间，$\underline{\theta}$ 称为置信度为 $1-\alpha$ 的单侧置信下限。

又若统计量 $\overline{\theta} = \overline{\theta}(X_1, X_2, \cdots, X_n)$，满足：

$$P\{\theta < \overline{\theta}\} = 1 - \alpha \tag{16-71}$$

也称随机区间 $(-\infty, \overline{\theta})$ 是 θ 的置信度为 $1-\alpha$ 的单侧置信区间，$\overline{\theta}$ 称为置信度为 $1-\alpha$ 的单侧置信上限。

例如，对于正态总体 X；若均值 μ、方差 σ^2 均为未知，设 X_1，X_2，…，X_n 是一个样本，由：

$$\frac{\overline{X}-\mu}{S/\sqrt{n}} \sim t(n-1) \quad (见图 16-8)$$

$$P\left\{\frac{\overline{X}-\mu}{S/\sqrt{n}} < t(n-1)\right\} = 1-\alpha$$

即：

$$P\left\{\mu > \overline{X} - \frac{S}{\sqrt{n}} t_{\alpha}(n-1)\right\} = 1-\alpha$$

于是得到 μ 的一个置信度为 $1-\alpha$ 的单侧置信区间：

$$\left(\overline{X} - \frac{S}{\sqrt{n}} t_{\alpha}(n-1),\ +\infty\right) \tag{16-72}$$

μ 的置信度为 $1-\alpha$ 的单侧置信下限为：

$$\underline{\mu} = \overline{X} - \frac{S}{\sqrt{n}} t_{\alpha}(n-1) \tag{16-73}$$

又由：

$$\frac{(n-1)S^2}{\sigma^2} \sim \chi^2(n-1) \qquad (见图 16-9)$$

$$P\left\{\frac{(n-1)S^2}{\sigma^2} > \chi^2_{1-\alpha}(n-1)\right\} = 1-\alpha$$

$$P\left\{\sigma^2 < \frac{(n-1)S^2}{\chi^2_{1-\alpha}(n-1)}\right\} = 1-\alpha$$

于是得 σ^2 的一个置信度为 $1-\alpha$ 的单侧置信区间：

$$\left[0,\ \frac{(n-1)S^2}{\chi^2_{1-\alpha}(n-1)}\right] \tag{16-74}$$

σ^2 的置信度为 $1-\alpha$ 的单侧置信上限为：

$$\sigma^2 < \frac{(n-1)S^2}{\chi^2_{1-\alpha}(n-1)} \tag{16-75}$$

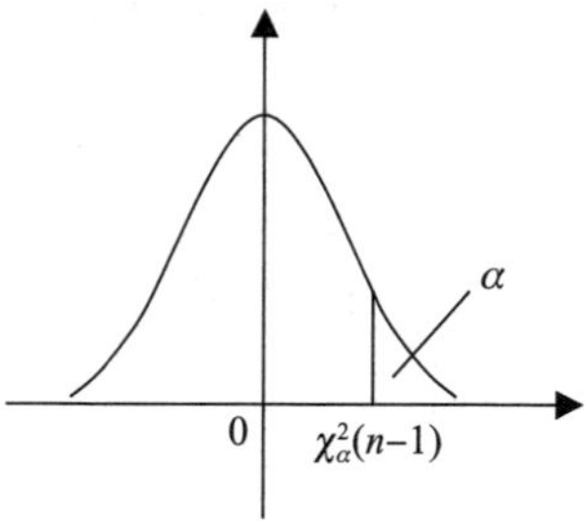

图 16-8 $\frac{\overline{X}-\mu}{S/\sqrt{n}} \sim t(n-1)$

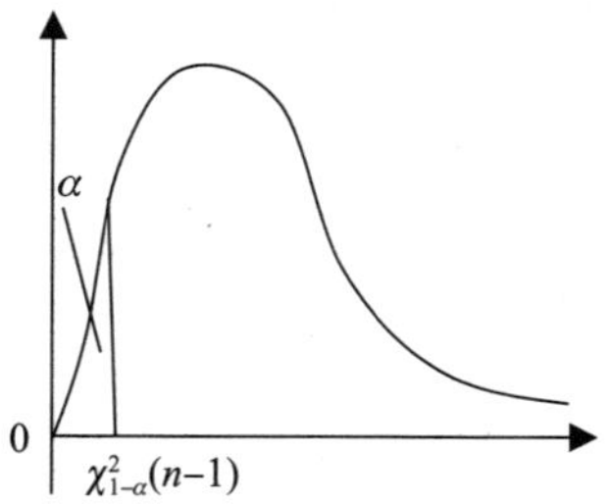

图 16-9 $\frac{(n-1)S^2}{\sigma^2} \sim \chi^2(n-1)$

第四节　正态总体均值和方差的假设检验

一、假设检验

统计推断的另一类重要问题是假设检验问题。在总体的分布函数完全未知或知其形式、但不知其参数的情况，为了推断总体的某些性质，提出某些关于总体的假设。例如，提出总体服从泊松分布的假设，又如，对于正态总体提出数学期望等于μ的假设等。假设检验就是根据样本对所提出的假设作出判断：是接受，还是拒绝。这里，先结合例子来说明假设检验的基本思想和做法。

例 16－2

某车间用一台包装机包装葡萄糖。包得的袋装糖重是一个随机变量，它服从正态分布。当机器正常时，其均值为0.5公斤，标准差为0.015公斤。某日开工后为检验包装机是否正常，随机地提取它所包装的糖9袋，称得净重为（单位：千克）：

0.497　0.506　0.518　0.524　0.498　0.511　0.520　0.515　0.512

问机器是否正常？

解：以μ、σ分别表示这一天袋装糖重总体x[①]的均值和标准差。由于长期实践数据表明标准差比较稳定，我们设$\sigma=0.015$，于是$x\sim N(\mu, 0.015^2)$，这里μ未知。问题是根据样本值来判断$\mu=0.5$还是$\mu\neq0.5$，为此，我们提出假设：

$$H_0: \mu=\mu_0=0.5$$

和

$$H_1: \mu\neq\mu_0$$

这是两个对立的假设。然后，我们给出一个合理的法则，根据这一法则，利用已知样本作出判断是接受假设H_0（即拒绝假设H_1）还是拒绝假设H_0（即接受假设H_1）。如果作出的判断是接受H_0，则$\mu=\mu_0$即认为机器工作是正常的，否则，则认为是不正常的。

由于要检验的假设涉及总体均值μ，故首先想到是否可借助样本均值$\bar{x}$这一统计量来进行判断。我们知道，$\mu=\mu_0$是$\bar{x}$的无偏估计，$\bar{x}$的观察值的大小在一定程度上反映了μ的大小。因此，如果假设H_0为真，则观察值$\bar{x}$与μ_0的偏差$|\bar{x}-\mu_0|$一般不应太大。若$|\bar{x}-\mu_0|$过分大，我们就怀疑假设H_0的正确性而拒绝H_0，并考虑到当H_0为真时，$\dfrac{\bar{x}-\mu_0}{\sigma/\sqrt{n}}\sim N(0, 1)$。而衡量$|\bar{x}-\mu_0|$的大小可归结为衡量$\dfrac{|\bar{x}-\mu_0|}{\sigma/\sqrt{n}}$的大小。基于上面的想法，我们可适当选定一

---

① 自本节开始，一般不区分随机变量及其观察值的记号，都用小写字母记之。

正数 k，使当观察值 $\bar{x}$ 满足 $\frac{|\bar{x}-\mu_0|}{\sigma/\sqrt{n}} \geqslant k$ 时，就拒绝假设 H_0，反之，若 $\frac{|\bar{x}-\mu_0|}{\sigma/\sqrt{n}} < k$，就接受假设 H_0。

然而，由于作出判断的依据是一个样本，当实际上 H_0 为真时仍可能作出拒绝 H_0 的判断（这种可能性是无法消除的），这是一种错误，犯这种错误的概率记为：

P｛拒绝 H_0 | H_0 为真｝，或 P_{μ_0}｛拒绝 H_0｝，或 $P_{\mu \in H_0}$｛拒绝 H_0｝

记号 P_{μ_0}｛·｝表示参数 μ 取 H_0 时事件｛·｝的概率，$P_{\mu \in H_0}$｛·｝表示 μ 取 H_0 规定的值时事件｛·｝的概率。我们无法排除犯这类错误的可能性，因此自然希望将犯这类错误的概率控制在一定限度之内，即给出一个较小的数 α（$0<\alpha<1$），使犯这类错误的概率不超过 α，即使得：

$$P\{\text{拒绝 } H_0 \mid H_0 \text{ 为真}\} \leqslant \alpha \tag{16-76}$$

引入上式后，就能确定 k 了，事实上，因只允许犯这类错误的概率最大为 α，令式（16－76）右端取等号，即令：

$$P_{\mu_0}\left\{\left|\frac{\bar{x}-\mu_0}{\sigma/\sqrt{n}}\right| \geqslant k\right\} = \alpha$$

由于当 H_0 为真时 $\frac{\bar{x}-\mu_0}{\sigma/\sqrt{n}} \sim N(0,\ 1)$，由标准正态分布分位点的定义得：

$$k = z_{\alpha/2}$$

因而，若观察值满足：

$$\left|\frac{\bar{x}-\mu_0}{\sigma/\sqrt{n}}\right| \geqslant k = z_{\alpha/2}$$

则拒绝 H_0，而若：

$$\frac{|\bar{x}-\mu_0|}{\sigma/\sqrt{n}} < k = z_{\alpha/2}$$

则接受 H_0。

例如，在本例中取 $\alpha=0.05$，则有 $k=z_{0.05/2}=z_{0.025}=1.96$，又已知 $n=9$，$\sigma=0.015$，再由样本算得 $\bar{x}=0.511$，即有：

$$\left|\frac{\bar{x}-\mu_0}{\sigma/\sqrt{n}}\right| = 2.2 > 1.96$$

于是拒绝 H_0，认为这天包装机工作不正常。

上例所采用的检验法则是符合实际推断原理的。因通常 α 总是取得较小，一般取 $\alpha=0.01$ 或 0.05。因而若 H_0 为真，即当 $\mu=\mu_0$ 时，$\left\{\left|\frac{\bar{x}-\mu_0}{\sigma/\sqrt{n}}\right| \geqslant z_{\alpha/2}\right\}$ 是一个小概率事件，根据实际推断原理，就可以认为如果 H_0 为真，则由一次试验得到的观察值 $\bar{x}$，满足不等式 $\frac{|\bar{x}-\mu_0|}{\sigma/\sqrt{n}} \geqslant z_{\alpha/2}$ 几乎是不会发生的。现在在一次观察中竟然出现了满足 $\frac{|\bar{x}-\mu_0|}{\sigma/\sqrt{n}} \geqslant z_{\alpha/2}$ 的 $\bar{x}$，

则我们有理由怀疑原来的假设 H_0 的正确性，因而拒绝 H_0。若出现的观察值 $\bar{x}$ 满足 $\frac{|\bar{x}-\mu_0|}{\sigma/\sqrt{n}} < z_{\alpha/2}$，此时没有理由拒绝假设 H_0，因此只能接受假设 H_0。

在上例的做法中，我们看到当样本容量固定时，选定 α 后，数 k 就可以确定，然后按照统计量 $z=\frac{\bar{x}-\mu_0}{\sigma/\sqrt{n}}$ 的绝对值大于等于 k 还是小于 k 来做出决定。数 k 是检验上述假设的一个临界值。如果 $|z|=\left|\frac{\bar{x}-\mu_0}{\sigma/\sqrt{n}}\right| \geqslant k$，则称 $\bar{x}$ 与 μ_0 的差异是显著的，这时拒绝 H_0；反之，如果 $|z|=\left|\frac{\bar{x}-\mu_0}{\sigma/\sqrt{n}}\right| < k$，则称 $\bar{x}$ 与 μ_0 的差异是不显著的，这时接受 H_0。数 α 称为显著性水平，上面关于 $\bar{x}$ 与 μ_0 不无显著差异的判断是显著性水平 α 之下做出的。

统计量 $z=\frac{\bar{x}-\mu_0}{\sigma/\sqrt{n}}$ 称为检验统计量。

前面的检验问题通常叙述成：在显著性水平 α 下检验假设：

$$H_0:\ \mu=\mu_0;\qquad H_1:\ \mu\neq\mu_0 \tag{16-77}$$

也常说成“在显著性水平 α 下，针对 H_1 检验 H_0”。H_0 称为原假设或零假设，H_1 称为备择假设。我们要进行的工作是，根据样本，按上述检验方法作出决定，在 H_0 与 H_1 两者之间接受其一。

当检验统计量取某个区或 C 中的值时，我们拒绝原假设 H_0，则称区域 C 为拒绝域，拒绝域的边界点称为临界点。如在上例中拒绝域为 $|z| \geqslant z_{\alpha/2}$，而 $z=-z_{\alpha/2}$，$z=z_{\alpha/2}$ 为临界点。

由于检验法则是根据样本作出的，总有可能作出错误的判断。如上面所说的那样，在假设 H_0 实际上为真时，我们可能会犯拒绝 H_0 的错误，称这类“弃真”的错误为第Ⅰ类错误。当 H_0 实际上不真时，我们也有可能接受 H_0。称这类“取伪”的错误为第Ⅱ类错误，犯第Ⅱ类错误的概率记为：

$$P\{\text{接受 } H_0 \mid H_0 \text{不真}\}，\text{或 } P_{\mu\in H_1}\{\text{接受 } H_0\}$$

为此，在确定检验法则时，我们应尽可能使犯两类错误的概率都较小。但是，进一步讨论可知，一般来讲，当样本容量固定时，若减少犯一类错误的概率，则犯另一类错误的概率往往增大。若要使犯两类错误的概率都减小，除非增加样本容量。在给定样本容量的情况下，一般来说，我们总是控制犯第Ⅰ类错误的概率，使它小于或等于 α，α 的大小视具体情况而定，通常 α 取 0.1、0.05、0.01、0.005 等值。这种，只对犯第Ⅰ类错误的概率加以控制，而不考虑犯第Ⅱ类错误的检验问题，称为显著性检验问题。

形如式（16－77）中的备择假设 H_1，表示 μ 可能大于 μ_0，也可能小于 μ_0，称为双边备择假设，而称形如式（16－77）的假设检验为双边假设检验。有时，我们只关心总体均值是否增大，例如，试验新工艺以提高材料的强度，这时，所考虑的总体的均值应该越大越好，如果我们能判断在新工艺下总体均值较以往正常生产的大，则可考虑采用新工艺。此时，我们需要检验假设：

$$H_0: \mu = \mu_0, H_1: \mu > \mu_0 \tag{16-78}$$

按通常可以理解的逻辑推断，我们在这里假定——新工艺不可能比旧的更差。形如式（16－78）的假设检验，称为右边检验。类似地，有时我们需要检验假设：

$$H_0: \mu = \mu_0, H_1: \mu < \mu_0 \tag{16-79}$$

形如式（16－79）的假设检验，称为左边检验，右边检验和左边检验统称为单边检验。

下面来讨论单边检验的拒绝域。

设总体 $x \sim N(\mu, \sigma^2)$，σ 为已知，x_1，$x_2 \cdots$，x_n是来自 x 的样本。给定显著性水平 α。我们先来求检验问题的拒绝域：

$$H_0: \mu = \mu_0, H_1: \mu > \mu_0$$

取检验统计量 $z = \frac{\bar{x} - \mu_0}{\sigma/\sqrt{n}}$，当 H_0为真时，z 不应太大，而在 H_1为真时 z 往往偏大，因而拒绝域的形式为：

$$z = \frac{\bar{x} - \mu_0}{\sigma/\sqrt{n}} \geqslant k, \quad k \text{ 待定}$$

因为当 H_0为真时，$\frac{\bar{x} - \mu_0}{\sigma/\sqrt{n}} \sim N(0, 1)$，由：

$$P\{\text{拒绝 } H_0 \mid H_0 \text{为真}\} = P_{\mu_0}\left\{\frac{\bar{x} - \mu_0}{\sigma/\sqrt{n}} \geqslant k\right\} = \alpha$$

得 $k = z_\alpha$，故拒绝域为：

$$z = \frac{\bar{x} - \mu_0}{\sigma/\sqrt{n}} \geqslant z_\alpha \tag{16-80}$$

类似地，左边检验问题：

$$H_0: \mu = \mu_0, H_1: \mu < \mu_0$$

其拒绝域的形式为：

$$z = \frac{\bar{x} - \mu_0}{\sigma/\sqrt{n}} \leqslant k$$

其中，k 由下式确定：

$$P\{\text{拒绝 } H_0 \mid H_0 \text{为真}\} = P_{\mu_0}\left\{\frac{\bar{x} - \mu_0}{\sigma/\sqrt{n}} \leqslant k\right\} = \alpha$$

可得拒绝域为：

$$z = \frac{\bar{x} - \mu_0}{\sigma/\sqrt{n}} \leqslant -z_\alpha \tag{16-81}$$

综上所述，可处理参数的假设检验问题的步骤如下：

（1）根据实际问题的要求，提出原假设 H_0及备择假设 H_1；

（2）给定显著性水平 α 以及样本容量 n；

（3）确定检验统计量以及拒绝域的形式；

（4）按 P｛拒绝 H_0 | H_0为真｝$=\alpha$ 求出拒绝域；

（5）取样，根据样本观察值确定接受还是拒绝 H_0。

下面我们只讨论正态总体参数的假设检验问题。

二、单个总体 $N(\mu,\sigma^2)$ 均值 μ 的检验

（一）σ^2已知，关于 μ 的检验（z 检验）

我们已经知道，针对正态总体 N（μ，σ^2），当 σ^2已知时，关于 $\mu=\mu_0$的3 种假设检验问题式（16－77）、式（16－78）和式（16－79），都可以利用在 H_0为真时服从 N（0，1）分布的统计量 $z=\dfrac{\bar{x}-\mu_0}{\sigma/\sqrt{n}}$ 来确定拒绝域。该检验法称为 z 检验法。

进一步来讲，在例 16－2 中，我们可以将需要检验的问题，更合理地写成以下的形式：

$$H_0:\ \mu\leqslant\mu_0,\ H_1:\ \mu>\mu_0 \tag{16-82}$$

进而求出其显著性水平为 α 的拒绝域。因为 H_0中的 μ 的全部都比 H_1中的 μ 要小，从直观上看，较合理的检验法则应是：若观察值 $\bar{x}$ 与 μ_0 过分大，即 $\bar{x}-\mu_0>k$，则我们拒绝 H_0而接受 H_1，因此，拒绝域的形式为：

$$\bar{x}-\mu_0\geqslant k \qquad (k\text{ 待定})$$

由标准正态分布的分布函数 φ（·）的单调性得到：

$$\begin{aligned}
P\{\text{拒绝 }H_0 \mid H_0\text{ 为真}\} &= P_{\mu\leqslant\mu_0}(\bar{x}-\mu_0\geqslant k)\\
&= P_{\mu\leqslant\mu_0}\left(\frac{\bar{x}-\mu}{\sigma/\sqrt{n}}\geqslant\frac{\mu_0+k-\mu}{\sigma/\sqrt{n}}\right)\\
&=1-\varphi\left[\frac{(\mu_0+k)-\mu}{\sigma/\sqrt{n}}\right]_{\mu\leqslant\mu_0}\\
&=\varphi\left[\frac{\mu-(\mu_0+k)}{\sigma/\sqrt{n}}\right]_{\mu\leqslant\mu_0}\\
&\leqslant\varphi\left[\frac{\mu_0-(\mu_0+k)}{\sigma/\sqrt{n}}\right]=\varphi\left[\frac{-k}{\sigma/\sqrt{n}}\right]
\end{aligned}$$

所以要控制 $P\{\text{拒绝 }H_0 \mid H_0\text{ 为真}\}\leqslant\alpha$，只需令：

$$\varphi\left[\frac{-k}{\sigma/\sqrt{n}}\right]=\alpha$$

即得 $k=(\sigma/\sqrt{n})z_\alpha$，从而得假设检验问题式（16－82）的拒绝域为：

$$\bar{x}-\mu_0\geqslant(\sigma/\sqrt{n})z_\alpha \quad\text{即}\quad \frac{\bar{x}-\mu_0}{\sigma/\sqrt{n}}\geqslant z_\alpha$$

这与上节中得到的检验问题式（16－78）的拒绝域式（16－80）是一致的。

比较正态总体 N（μ，σ^2）在方差 σ^2已知时，对均值 μ 的两种检验问题：

$$H_0:\ \mu=\mu_0,\ H_1:\ \mu>\mu_0$$

和

$$H_0:\ \mu\leqslant\mu_0,\ H_1:\ \mu>\mu_0$$

我们看到尽管两者原假设 H_0的形式不同，实际意义也不一样，但对于相同的显著性水平 α，它们的拒绝域是相同的，因此遇到形如式（16－82）的假设检验问题，可归结为式（16－78）来讨论。对于下面将要讨论的有关正态总体的参数的检验也有类似的结果（见表 16－1）。

（二）σ^2未知，关于 μ 的检验（t 检验）

设总体 $x\sim N$（μ，σ^2），其中 μ、σ^2未知，我们来求检验问题的拒绝域（显著性水平为 α）：

$$H_0:\ \mu=\mu_0,\ H_1:\ \mu\neq\mu_0$$

设 x_1，x_2，…，x_n 是来自总体 x 的样本，由于 σ^2未知，现在不能利用$\dfrac{\bar{x}-\mu_0}{\sigma/\sqrt{n}}$确定拒绝域了。注意到 S^2是 σ^2的无偏估计，我们用 S 来代替 σ，采用：

$$t=\frac{\bar{x}-\mu_0}{\sigma/\sqrt{n}}$$

作为检验统计量。当$|t|=\left|\dfrac{\bar{x}-\mu_0}{S/\sqrt{n}}\right|$过分大时就拒绝 H_0，拒绝域的形式为：

$$|t|=\left|\frac{\bar{x}-\mu_0}{\sigma/\sqrt{n}}\right|\geqslant k$$

根据 t 分布的相关性质，当 H_0为真时，$\dfrac{\bar{x}-\mu_0}{S/\sqrt{n}}\sim t$（$n-1$），故由：

$$P\{\text{拒绝 } H_0 \mid H_0 \text{ 为真}\}=P_{\mu_0}\left\{\left|\frac{\bar{x}-\mu_0}{s/\sqrt{n}}\right|\geqslant k\right\}=\alpha$$

得 $k=t_{\alpha/2}$（$n-1$），即得拒绝域为：

$$|t|=\left|\frac{\bar{x}-\mu_0}{S/\sqrt{n}}\right|\geqslant t_{\alpha/2}(n-1) \qquad (16-83)$$

对于正态总体 N（μ，σ^2），当 σ^2未知时，关于 μ 的单边检验的拒绝域在表 16－1 中给出。上述利用 t 统计量得出的检验法称为 t 检验法。

在实际中，正态总体的方差常为未知，所以我们常用 t 检验法来检验关于正态均值的检验问题。

三、两个正态总体均值差的检验（t 检验）

我们还可以用 t 检验法检验具有相同方差的两正态总体均值差的假设。设 x_1，x_2，…，x_{n_1}是来自正态总体 N（μ_1，σ^2）的样本，y_1，y_2，…，y_{n_2}是来自正态总体 N（μ_2，

表 16－1　　正态总体均值、方差的检验法（显著性水平为 α）

序号	原假设 H_0	检验统计量	H_0 为真时统计量的分布	备择假设 H_1	拒绝域
1	$\mu \leqslant \mu_0$ $\mu \geqslant \mu_0$ $\mu = \mu_0$ （σ^2已知）	$z = \dfrac{\bar{x} - \mu_0}{\sigma/\sqrt{n}}$	$N(0, 1)$	$\mu > \mu_0$ $\mu < \mu_0$ $\mu \neq \mu_0$	$z \geqslant z_\alpha$ $z \leqslant -z_\alpha$ $\lvert z \rvert \geqslant z_{\alpha/2}$
2	$\mu \leqslant \mu_0$ $\mu \geqslant \mu_0$ $\mu = \mu_0$ （σ^2未知）	$t = \dfrac{\bar{x} - \mu_0}{S/\sqrt{n}}$	$t(n-1)$	$\mu > \mu_0$ $\mu < \mu_0$ $\mu \neq \mu_0$	$t \geqslant t_\alpha\ (n-1)$ $t \leqslant -t_\alpha\ (n-1)$ $\lvert t \rvert \geqslant z_{\alpha/2}\ (n-1)$
3	$\mu_1 - \mu_2 \leqslant \delta$ $\mu_1 - \mu_2 \geqslant \delta$ $\mu_1 - \mu_2 = \delta$ （σ_1^2，σ_2^2 已知）	$z = \dfrac{\bar{x} - \bar{y} - \delta}{\sqrt{\dfrac{\sigma_1^2}{n_1} + \dfrac{\sigma_2^2}{n_2}}}$	$N(0, 1)$	$\mu_1 - \mu_2 > \delta$ $\mu_1 - \mu_2 < \delta$ $\mu_1 - \mu_2 \neq \delta$	$z \geqslant z_\alpha$ $z \leqslant -z_\alpha$ $\lvert z \rvert \geqslant z_{\alpha/2}$
4	$\mu_1 - \mu_2 \leqslant \delta$ $\mu_1 - \mu_2 \geqslant \delta$ $\mu_1 - \mu_2 = \delta$ （$\sigma_1^2 = \sigma_2^2 = \sigma^2$未知）	$z = \dfrac{\bar{x} - \bar{y} - \delta}{s_w \sqrt{\dfrac{1}{n_1} + \dfrac{1}{n_2}}}$ $s_w^2 = \dfrac{(n_1-1)s_1^2 + (n_2-1)s_2^2}{n_1 + n_2 - 2}$	$t\ (n_1 + n_2 - 2)$	$\mu_1 - \mu_2 > \delta$ $\mu_1 - \mu_2 < \delta$ $\mu_1 - \mu_2 \neq \delta$	$t \geqslant t_\alpha\ (n_1 + n_2 - 2)$ $t \leqslant -t_\alpha\ (n_1 + n_2 - 2)$ $\lvert t \rvert \geqslant t_{\alpha/2}\ (n_1 + n_2 - 2)$
5	$\sigma^2 \leqslant \sigma_0^2$ $\sigma^2 \geqslant \sigma_0^2$ $\sigma^2 = \sigma_0^2$ （μ 未知）	$\chi^2 = \dfrac{(n-1)s^2}{\sigma_0^2}$	$\chi^2(n-1)$	$\sigma^2 > \sigma_0^2$ $\sigma^2 < \sigma_0^2$ $\sigma^2 \neq \sigma_0^2$	$\chi^2 \geqslant \chi_\alpha^2(n-1)$ $\chi^2 \leqslant \chi_{1-\alpha}^2(n-1)$ $\chi^2 \geqslant \chi_{\alpha/2}^2(n-1)$ $\chi^2 \leqslant \chi_{1-\alpha/2}^2(n-1)$
6	$\sigma_1^2 \leqslant \sigma_2^2$ $\sigma_1^2 \geqslant \sigma_2^2$ $\sigma_1^2 = \sigma_2^2$ μ_1，μ_2未知	$F = \dfrac{s_1^2}{s_2^2}$	$F(n_1 - 1,\ n_2 - 1)$	$\sigma_1^2 > \sigma_2^2$ $\sigma_1^2 < \sigma_2^2$ $\sigma_1^2 \neq \sigma_2^2$	$F \geqslant F_\alpha(n_1 - 1,\ n_2 - 1)$ $F \leqslant F_{1-\alpha}(n_1 - 1,\ n_2 - 1)$ $F \geqslant F_{\alpha/2}(n_1 - 1,\ n_2 - 1)$ $F \leqslant F_{1-\alpha/2}(n_1 - 1,\ n_2 - 1)$

σ^2）的样本，且设两样本独立，又分别记它们的样本均值为 $\bar{x}$、$\bar{y}$，记样本方差为 s_1^2、s_2^2。设 μ_1、μ_2、σ^2 均为未知，要特别引起注意的是，在这里假设两总体的方差相等。现在来求检验问题：

$$H_0: \mu_1-\mu_2=\sigma,\ H_1: \mu_1-\mu_2>\sigma$$

（σ 为已知常数）的拒绝域，取显著性水平为 α。

引用下述 t 统计量作为检验统计量：

$$t=\frac{(\bar{x}-\bar{y})-\sigma}{s_w\sqrt{\frac{1}{n_1}+\frac{1}{n_2}}}$$

其中，

$$s_w^2\ \frac{(n_1-1)s_1^2+(n_2-1)s_2^2}{n_1+n_2-2}$$

根据 t 分布的相关性质，当 H_0 为真时，$t\sim t$（n_1+n_2-2）。与单个总体的 t 检验法相仿，其拒绝域的形式为：

$$t=\frac{(\bar{x}-\bar{y})-\sigma}{s_w\sqrt{\frac{1}{n_1}+\frac{1}{n_2}}}\geqslant k$$

由：

$$P\{\text{拒绝 } H_0 \mid H_0 \text{ 为真}\}\leqslant P_{\mu_1-\mu_2=\sigma}\left\{\frac{(\bar{x}-\bar{y})-\sigma}{s_w\sqrt{\frac{1}{n_1}+\frac{1}{n_2}}}\geqslant k\right\}=\alpha$$

可得 $k=t_\alpha(n_1+n_2-2)$。于是得拒绝域为：

$$t=\frac{(\bar{x}-\bar{y})-\sigma}{s_w\sqrt{\frac{1}{n_1}+\frac{1}{n_2}}}\geqslant t_\alpha(n_1+n_2-2) \qquad (16-84)$$

关于均值差的其他两个检验问题的拒绝域在表 16－1 中已经给出。常用的是 $\sigma=0$ 的情况。

当两个正态总体的方差均为已知时，我们可用 μ 检验法来检验两正态总体均值差的假设问题，具体如表 16－1 所示。

四、单个正态总体方差的假设检验

设总体 $x\sim N$（μ，σ^2），μ、σ^2 均属未知，x_1，x_2，…，x_n 是来自 x 的样本。要求检验假设（显著性水平为 α）的拒绝域：

$$H_0: \sigma^2=\sigma_0^2,\ H_1: \sigma^2\neq\sigma_0^2$$

其中，σ_0^2 为已知常数。

由于 S^2 是 σ^2 的无偏估计，当 H_0 为真时，比值 $\frac{S^2}{\sigma_0^2}$ 一般来说应在 1 附近摆动，而不应

过分大于 1 或过分小于 1，根据χ^2分布的相关性质，当 H_0 为真时：

$$\frac{(n-1)S^2}{\sigma_0^2} \sim \chi^2(n-1)$$

我们取：

$$\chi^2 = \frac{(n-1)S^2}{\sigma_0^2}$$

作为检验统计量，如上所说知道上述检验问题的拒绝域具有以下的形式：

$$\frac{(n-1)S^2}{\sigma_0^2} \leqslant k_1 \quad \text{或} \quad \frac{(n-1)S^2}{\sigma_0^2} \geqslant k_2$$

此处，k_1、k_2的值由下式确定：

$$P\{\text{拒绝 } H_0 \mid H_0 \text{ 为真}\}$$
$$= P_{\sigma_0}^2\left\{\left(\frac{(n-1)S^2}{\sigma_0^2} \leqslant k_1\right) \cup \left(\frac{(n-1)S^2}{\sigma_0^2} \geqslant k_2\right)\right\} = \alpha$$

为计算方便起见，习惯上取：

$$P_{\sigma_0}^2\left\{\frac{(n-1)S^2}{\sigma_0^2} \leqslant k_1\right\} = \frac{\alpha}{2},\ P_{\sigma_0}^2\left\{\frac{(n-1)S^2}{\sigma_0^2} \geqslant k_2\right\} = \frac{\alpha}{2}$$

故得 $k_1 = \chi^2_{1-\alpha/2}(n-1)$，$k_2 = \chi^2_{\alpha/2}(n-1)$。

于是得拒绝域为：

$$\frac{(n-1)S^2}{\sigma_0^2} \leqslant \chi^2_{1-\alpha/2}(n-1) \quad \text{或} \quad \frac{(n-1)S^2}{\sigma_0^2} \geqslant \chi^2_{\alpha/2}(n-1) \tag{16-85}$$

上述检验法称为χ^2 检验法。关于方差 σ^2的单边检验的拒绝域在表 16－1 中给出。

五、两个正态总体方差的假设检验

设 $x_1, x_2, \cdots, x_{n_1}$是来自总体 $N(\mu_1, \sigma_1^2)$的样本，$y_1, y_2, \cdots, y_{n_2}$是来自总体 $N(\mu_2, \sigma_2^2)$的样本，且两样本独立。其样本方差分别为 S_1^2、S_2^2。且设 μ_1、μ_2、σ_1^2、σ_2^2 均为未知。现在需要检验假设：

$$H_0:\ \sigma_1^2 \leqslant \sigma_2^2, \qquad H_1:\ \sigma_1^2 > \sigma_2^2$$

由于 S_1^2、S_2^2 的独立性及$(n_i-1)S_i^2/\sigma_i^2 \sim \chi^2(n_i-1)$，$i=1$，2 得知：

$$\frac{S_1^2/\sigma_1^2}{S_2^2/\sigma_2^2} \sim F(n_1-1,\ n_2-1) \tag{16-86}$$

当 $\sigma_1^2 = \sigma_2^2$ 时，有：

$$\frac{S_1^2}{S_2^2} \sim F(n_1-1, n_2-1)$$

我们取 $F = S_1^2/S_2^2$ 作为检验统计量，当 H_0 为真时 $E(S_1^2) = \sigma_1^2 \leqslant \sigma_2^2 = E(S_2^2)$；而当 H_1 为真时由于 $E(S_1^2) = \sigma_1^2 > \sigma_2^2 = E(S_2^2)$，故 $F = S_1^2/S_2^2$ 有偏大的趋势，因此拒绝域的形式为：

$$\frac{S_1^2}{S_2^2} \geqslant k \tag{16-87}$$

k 由下式确定：

$$P\{拒绝 H_0 \mid H_0 为真\} = P_{\sigma_1^2 \leqslant \sigma_2^2}\left\{\frac{S_1^2}{S_2^2} \geqslant k\right\}$$

即有 $k = F_\alpha(n_1-1, n_2-1)$，于是拒绝域为：

$$\frac{S_1^2}{S_2^2} \geqslant F_\alpha(n_1-1, n_2-1) \tag{16-88}$$

上述检验法称为 F 检验法，关于 σ_1^2、σ_2^2 的另外两个检验问题的拒绝域在表 16－1 中给出。

我们将关于正态总体均值、方差的检验法汇总于表 16－1 中，以便查用。

第五节　分布拟合检验

上述各种检验法都是在总体分布形式已知的前提下进行讨论的。但实践中有时不能预知总体服从什么类型的分布，这时就需要根据样本来检验关于分布的假设。本节介绍 χ^2 检验法和专用于检验分布是否为正态的“偏度、峰度检验法”。

一、χ^2 检验法

这种方法是在总体的分布为未知时，根据样本 x_1，$x_2\cdots$，x_n 来检验关于总体分布的假设：

H_0：总体 x 的分布函数为 $F(x)$　　(16－89)

H_1：总体 x 的分布函数不是 $F(x)$　　(16－90)

注意，若总体 x 为离散型则假设式（16－90）相当于：

H_0：总体 x 的分布律为 $P\{x=t_i\}=P_i$，　$i=1, 2\cdots$　　(16－91)

若总体 x 为边续型，则假设式（16－90）相当于：

H_0：总体 x 的概率密度为 $f(x)$　　(16－92)

在用下述 χ^2 检验假设 H_0 时，若在假设 H_0 下 $F(x)$ 的形式已知，但其参数值未知，这时需要先用极大似然估计法估计参数，然后做检验。

χ^2 检验法的基本思想如下：将随机试验可能结果的全体 Ω 分为 k 个互不相容的事件 $A_1, A_2, \cdots, A_k$（$\sum_{i=1}^{k} A_i = \Omega$，$A_iA_j=\Phi$，$i\neq j$，$i, j=1, 2, \cdots, k$）。于是在假设 H_0 下，我们可以计算 $p_i = P(A_i)$ [或 $\hat{p}_i = \hat{p}(A_i)$]，$i=1, 2, \cdots, k$。在 n 次试验中，事件 A_i 出现的频率 f_i/n 与 p_i 往往有差异，但一般来说，若 H_0 为真，且试验的次数又甚多时，则这种差异不应该很大。基于这种想法，皮尔逊使用：

$$\chi^2 = \sum_{i=1}^{k} \frac{(f_i - np_i)^2}{np_i} \quad \left[\text{或}\chi^2 = \sum_{i=1}^{k} \frac{(f_i - n\hat{p}_i)^2}{n\hat{p}_i}\right] \tag{16-93}$$

作为检验假设 H_0 的统计量，并证明了以下的定理。

定理 若 n 充分大（$n \geqslant 50$），则当 H_0 为真时（不论 H_0 中的分布属什么分布），统计量式（16-93）总是近似地服从自由度为 $k-r-1$ 的 χ^2 分布，其中，r 是被估计的参数的个数。

于是，若在假设 H_0 下算得式（16-93）有：

$$\chi^2 \geqslant \chi^2_\alpha(k-r-1) \tag{16-94}$$

则在显著性水平 α 下拒绝 H_0 否则就接受 H_0。

χ^2 检验法是基于上述定理得到的，所以在使用时必须注意 n 要足够大，以及 np_i 不太小。根据实践，要求样本容量 n 不小于50，以及每一个 np_i 都不小于5，而且 np_i 最好在5以上，否则应适当地合并 A_i，以满足这个要求。

二、偏度、峰度检验

根据中心极限定理的论述知道，正态分布随机变量较广泛地存在于客观世界，因此，当研究一连续型总体时，人们往往先考察它是否服从正态分布。上面介绍的 χ^2 检验法虽然是检验总体分布的较一般的方法，但用它来检验总体的正态性时，犯第Ⅱ类错误的概率往往较大。为此，统计学家们对检验正态总体的种种方法进行了比较，认为正态性检验方法中，总偏度、峰度检验法较为有效。

随机变量 x 的偏度和峰度指的是 x 的标准化变量 $[x-E(x)]/\sqrt{Var(x)}$ 的三阶中心矩和四阶中心矩：

$$v_1 = E\left\{\left[\frac{x-E(x)}{\sqrt{Var(x)}}\right]^3\right\} = \frac{E\{[x-E(x)]^3\}}{[Var(x)]^{3/2}} \tag{16-95}$$

$$v_2 = E\left\{\left[\frac{x-E(x)}{\sqrt{Var(x)}}\right]^4\right\} = \frac{E\{[x-E(x)]^4\}}{[Var(x)]^2} \tag{16-96}$$

在精算领域，偏度又常常称为偏斜系数，它可以很好地描述对称性或者说偏斜程度。

当随机变量 x 服从正态分布时，v_1、v_2 的矩估计分别是：

$$g_1 = B_3/B_2^{3/2}, \qquad g_2 = B_4/B_2^2$$

其中，$B_k(k=2, 3, 4)$ 是样本 k 阶中心矩，并分别称 g_1、g_2 为样本偏度和样本峰度。

若总体 x 为正态度变量，则可证当 n 充分大时，近似地有：

$$g_1 \sim N\left(0, \frac{6(n-2)}{(n+1)(n+3)}\right) \tag{16-97}$$

$$g_2 \sim N\left(3-\frac{6}{n+1}, \frac{24n(n-2)(n-3)}{(n+1)^2(n+3)(n+5)}\right) \tag{16-98}$$

设 x_1，x_2，…，x_n 是来自总体 X 的样本，现在检验假设：

$$H_0: \quad X \text{为正态总体。}$$

即：
$$\sigma_1 = \sqrt{\frac{6(n-2)}{(n+1)(n+3)}}, \quad \sigma_2 = \sqrt{\frac{24n(n-2)(n-3)}{(n+1)^2(n+3)(n+5)}}$$

$\mu_2 = 3 - \frac{6}{n+1}$, $U_1 = g_1/\sigma_1$, $U_2 = (g_2 - \mu_2)/\sigma_2$。

当 H_0 为真且 n 充分大时，近似地有：

$$U_1 \sim N(0,1), \quad U_2 \sim N(0,1)$$

我们知道，样本偏度 g_1、样本峰度 g_2 分别依概率收敛于总体偏度 v_1 和总体峰度 v_2。因此当 H_0 为真且 n 充分大时，一般来说，g_1 与 $v_1 = 0$ 的偏离不应太大，而 g_2 与 $v_2 = 3$ 的偏离不应太大。故从直观来看当 $|\mu_1|$ 或 $|\mu_2|$ 过大时就拒绝 H_0。取显著性水平为 α，H_0 的拒绝域为：

$$|\mu_1| \geqslant k_1, \quad \text{或} \quad |\mu_2| \geqslant k_2 \tag{16-99}$$

其中，k_1，k_2 由以下两式确定：

$$P_{H_0}\{|\mu_1| > k_1\} = \frac{\alpha}{2};\ P_{H_0}\{|\mu_2| > k_2\} = \frac{\alpha}{2}$$

这里记号 $P_{H_0}\{\cdot\}$ 表示当 H_0 为真时事件 $\{\cdot\}$ 的概率，即有 $k_1 = z_{\alpha/4}$，$k_2 = z_{\alpha/4}$。于是得拒绝域为：

$$|\mu_1| \geqslant z_{\alpha/4} \quad \text{或} \quad |\mu_2| \geqslant z_{\alpha/4} \tag{16-100}$$

下面来验证当 n 充分大时上述检验法近似地满足显著性水平为 α 的要求。事实上当 n 充分大时有：

$$P\{\text{拒绝 } H_0 \mid H_0 \text{ 为真}\} = P_{H_0}\{(|\mu_1| \geqslant z_{\alpha/4} \cup |\mu_2| \geqslant z_{\alpha/4})\}$$
$$\leqslant P_{H_0}\{|\mu_1| \geqslant z_{\alpha/4}\} + P_{H_0}\{|\mu_2| \geqslant z_{\alpha/4}\} = \frac{\alpha}{2} + \frac{\alpha}{2} = \alpha$$

偏度、峰度检验法使用时样本容量以大于 100 为宜。

第六节　一元线性回归

一般来讲，变量之间的关系可分为确定性的与非确定性的两种。确定性关系是指变量之间的关系可以用函数关系来表示。另一种非确定性的关系即所谓相关关系。例如人的身高与体重之间存在着关系，一般来说，人高一些，体重要重一些，但同样高度的人，体重往往不相同。气象中的温度与湿度之间的关系也是这样。这是因为我们涉及的变量（如体重、温度）是随机变量，上面所说的变量关系是非确定性的。回归分析是研究相关关系的一种重要工具。

一、一元线性回归概述

设随机变量 y 与 x 之间存在着某种相关关系。这里，x 是可以控制或可以精确观察的变量，如年龄、试验时的温度、施加的压力、电压与时间等。换句话说我们可以随意指定 n 个值 x_1，x_2，…，x_n。因此我们把 x 看成是普通的变量，而不是随机变量。

对于 x 的每一确定值，随机变量 y 有它的分布。若 y 的数学期望存在，则其取值随 x 的取值而定，即 y 的数学期望是 x 的函数，记为 $\mu_{y|x}$ 或 $\mu(x)$；$\mu(x)$ 称为 y 关于 x 的回归。由于 $\mu(x)$ 的大小在一定程度上反映在 x 处随机变量 y 的观察值的大小，因此如果能设法通过一组样本来估计 $\mu(x)$，那么，在一定条件下我们就能解决如下的问题：在给定的置信度下，估计出当 x 取某一定值时，随机变量 y 的取值情况，即所谓预测问题；以及在给定置信度下，控制自变量 x 的取值范围，使 y 在给定的范围内取值，即所谓控制问题。

我们对于 x 的、取定的一组不完全相同的值 x_1，x_2，…，x_n，作独立试验得到 n 对观察结果：

$$(x_1, y_1), (x_2, y_2), \cdots, (x_n, y_n)$$

这 n 对观察结果就是一个容量为 n 的样本。我们首先要解决的问题是如何利用样本来估计 y 关于 x 的回归 $\mu(x)$。为此，首先需要推测 $\mu(x)$ 的形式。在一些问题中，我们可以由专业知识知道 $\mu(x)$ 的形式。否则，我们可将每对观察值 (x_i, y_i) 在直角坐标系中描出它的相应的点，这种图称为散点图。散点图可以帮助我们粗略地看出 $\mu(x)$ 的形式。

设 y 关于 x 的回归为 $\mu(x)$。利用样本来估计 $\mu(x)$ 的问题称为求 y 关于 x 的回归问题。特别地，若 $\mu(x)$ 为线性函数：$\mu(x)=a+bx$，此时估计 $\mu(x)$ 的问题称为求一元线性回归问题。

我们假设对于 x（在某个区间内）的每一个值有：

$$y \sim N(a+bx, \sigma^2)$$

其中，a、b 及 σ^2 都是不依赖于 x 的未知参数。对 y 作这样的正态假设，相当于假设：

$$y=a+bx+\varepsilon, \ \varepsilon \sim N(0, \sigma^2) \tag{16-101}$$

其中，未知参数 a、b 及 σ^2 都不依赖于 x。式（16－101）称为一元线性回归模型。

如果由样本得到式（16－101）中 a、b 的估计 $\hat{a}$、$\hat{b}$，则对于给定的 x，我们取 $\hat{y} \triangleq \hat{a}+\hat{b}x$ 作为 $\mu(x)=a+bx$ 的估计。方程：

$$\hat{y}=\hat{a}+\hat{b}x$$

称为 y 关于 x 的线性回归方程或回归方程，其图形称为回归直线。

二、a、b 的估计

取 x 的 n 个不完全相同的值 $x_1, x_2, \cdots, x_n$ 作独立试验，得到样本 $(x_1, y_1), (x_2, y_2), \cdots, (x_n, y_n)$。由式（16－101）：

$$y_i=a+bx_i+\varepsilon_i, \ \varepsilon_i \sim N(0, \delta^2)，各 \varepsilon_i 相互独立。\tag{16-102}$$

于是，$y_i \sim N(a+bx_i, \sigma^2)$，$i=1, 2, \cdots, n$

且由 $y_1, y_2, \cdots, y_n$ 的独立性，知 $y_1, y_2, \cdots, y_n$ 的联合密度为：

$$
\begin{aligned}
L &= \prod_{i=1}^{n} \frac{1}{\sigma\sqrt{2\pi}} \exp\left[-\frac{1}{2\sigma^2}(y_i - a - bx_i)^2\right] \\
&= \left(\frac{1}{\sigma\sqrt{2\pi}}\right)^n \exp\left[-\frac{1}{2\sigma^2}\sum_{i=1}^{n}(y_i - a - bx_i)^2\right] \qquad (16-103)
\end{aligned}
$$

现用极大似然估计法来估计未知参数 a、b。对于任意一组观察值 $y_1, y_2, \cdots, y_n$，式（16－103）就是样本的似然函数。显然，要 L 取最大值，只要式（16－103）右端方括弧中的平方和部分为最小，即只需以下函数取最小值：

$$
Q(a,b) = \sum_{i=1}^{n}(y_i - a - bx_i)^2 \qquad (16-104)
$$

取 Q 分别关于 a、b 的偏导数，并令它们等于 0：

$$
\left.
\begin{aligned}
\frac{\partial Q}{\partial a} &= -2\sum_{i=1}^{n}(y_i - a - bx_i) = 0 \\
\frac{\partial Q}{\partial b} &= -2\sum_{i=1}^{n}(y_i - a - bx_i)x_i = 0
\end{aligned}
\right\} \qquad (16-105)
$$

得方程组：

$$
\begin{aligned}
na + \left(\sum_{i=1}^{n} x_i\right)b &= \sum_{i=1}^{n} y_i \\
\left(\sum_{i=1}^{n} x_i\right)a + \left(\sum_{i=1}^{n} x_i^2\right)b &= \sum_{i=1}^{n} x_i y_i
\end{aligned} \qquad (16-106)
$$

式（16－106）称为正规方程组。

由于 i 不全相同，正规方程组的系数行列式。

$$
\begin{vmatrix} n & \sum_{i=1}^{n} x_i \\ \sum_{i=1}^{n} x_i & \sum_{i=1}^{n} x_i^2 \end{vmatrix} = n\sum_{i=1}^{n} x_i^2 - \left(\sum_{i=1}^{n} x_i\right)^2 = n\sum_{i=1}^{n}(x_i - \bar{x})^2 \neq 0
$$

故式（16－106）有唯一的一组解。解得 b、a 的极大似然估计为：

$$
\left.
\begin{aligned}
\hat{b} &= \frac{n\sum_{i=1}^{n} x_i y_i - \left(\sum_{i=1}^{n} y_i\right)}{n\sum_{i=1}^{n} x_i^2 - \left(\sum_{i=1}^{n} x_i\right)^2} = \frac{\sum_{i=1}^{n}(x_i - \bar{x})(y_i - \bar{y})}{\sum_{i=1}^{n}(x_i - \bar{x})^2} \\
\hat{a} &= \frac{1}{n}\sum_{i=1}^{n} y_i - \frac{\hat{b}}{n}\sum_{i=1}^{n} x_i = \bar{y} - \hat{b}\bar{x}
\end{aligned}
\right\} \qquad (16-107)
$$

于是，所求的线性回归方程为：

$$
\hat{y} = \hat{a} + \hat{b}x \qquad (16-108)
$$

若将 $\hat{a}=\bar{y}-\hat{b}\bar{x}$ 代入上式，则线性回归方程变为：

$$\hat{y}=\bar{y}+\hat{b}\ (x-\bar{x}) \tag{16-109}$$

式（16－109）表明，对于样本观察值 (x_1, y_1)，(x_2, y_2)，…，(x_n, y_n)，回归直线通过散点图的几何中心 $(\bar{x}, \bar{y})$。

今后我们将视方便程度而使用式（16－107）或式（16－108）。

为了计算上的方便，我们引入下述记号：

$$\left.\begin{aligned} S_{xx} &= \sum_{i=1}^{n}(x_i-\bar{x})^2 = \sum_{i=1}^{n}x_i^2-\frac{1}{n}\Big(\sum_{i=1}^{n}x_i\Big)^2 \\ S_{yy} &= \sum_{i=1}^{n}(y_i-\bar{y})^2 = \sum_{i=1}^{n}y_i^2-\frac{1}{n}\Big(\sum_{i=1}^{n}y_i\Big)^2 \\ S_{xy} &= \sum_{i=1}^{n}(x_i-\bar{x})^2(y_i-\bar{y})^2 = \sum_{i=1}^{n}x_iy_i-\frac{1}{n}\Big(\sum_{i=1}^{n}x_i\Big)\Big(\sum_{i=1}^{n}y_i\Big) \end{aligned}\right\} \tag{16-110}$$

这样，a、b 的估计可写成：

$$\left.\begin{aligned} \hat{b} &= \frac{S_{xy}}{S_{xx}} \\ \hat{a} &= \frac{1}{n}\sum_{i=1}^{n}y_i-\Big(\frac{1}{n}\sum_{i=1}^{n}x_i\Big)\hat{b} \end{aligned}\right] \tag{16-111}$$

三、σ^2的估计

$$\hat{y}_i \triangleq \hat{a}+\hat{b}x_i,\ y-\hat{y}_i$$

称为 x_i处的残差，平方和：

$$Q_e = \sum_{i=1}^{n}(y-\hat{y}_i)^2 = \sum_{i=1}^{n}(y_i-\hat{a}-\hat{b}x_i)^2 \tag{16-112}$$

称为残差平方和。

残差平方和服从分布：

$$\frac{Q_e}{\sigma^2}\sim\chi^2\ (n-2) \tag{16-113}$$

于是：
$$E(Q_e/\sigma^2)=n-2$$

即知：
$$\hat{\sigma}^2=\frac{Q_e}{n-2} \tag{16-114}$$

是 σ^2的无偏估计。

为了便于计算 $\hat{\sigma}^2$，我们将 Q_e 作如下的分解：

$$\begin{aligned} Q_e &= \sum_{i=1}^{n}(y-\hat{y}_i)^2 = \sum_{i=1}^{n}\Big[y_i-\bar{y}-\hat{b}\Big(x_i-\sum_{i=1}^{n}\Big)\Big]^2 \\ &= \sum_{i=1}^{n}(y_i-\bar{y})^2-2b\sum_{i=1}^{n}(x_i-\bar{x})(y_i-\bar{y})+(\hat{b})^2\sum_{i=1}^{n}(x_i-\bar{x})^2 \end{aligned}$$

$$= S_{yy} - 2\hat{b}S_{xy} + (\hat{b})^2 S_{xx}$$

由式（16－111）$\hat{b} = S_{xy}/S_{xx}$，得 Q_e 的一个分解式：

$$Q_e = S_{yy} - \hat{b}S_{xy} \tag{16－115}$$

第十七章

精算学引论

风险模型

第一节 概 述

作为风险管理最重要的工具，保险是通过对风险的分组，对同质风险依照大数法则的原理在被保险人之间进行风险分散。而这里的风险分组，也可以叫作风险分级，主要是按照风险的性质进行的。对于一组同质风险，虽然单一的风险标的物具有极大的不确定性，但是一组同质风险标的构成的集合，其风险总量则有一些更稳定的规律。深入分析这些规律，定量刻画诸多同质风险标的聚合后的风险总额，可为测算风险分散或风险分摊的成本，奠定最根本的基础。

一、预备知识

本章研究的风险模型，主要是针对短期保险合同的风险模型，它是风险理论的核心内容，是非寿险精算的重要基础。

为了更清晰地描述风险模型的核心思想，也为了使其更具有一般性，与实际应用的具体细节相比，我们对模型做了更一般性的抽象，或者说更标准化了。实践中需要针对具体情况，再对模型稍加细化即可。具体细化工作中，可以采用书中提及的方法，也可以用其他方式。

本章所使用的超额损失再保险的概念，都假设在一次单独索赔中，再保险人的赔付责任没有上限。在实际中，再保险人一般会给每次单独索赔中的赔付责任加一个上限。

在熟悉了本卷第十四章矩母函数的概念和性质之后，读者一定记得，对于某随机变量 X，如果其矩母函数存在，记为 $M(t)$，则对任何一个正整数 n 有：

$$\frac{d^n}{dt^n}M(t)\mid_{t=0}=E(X^n) \tag{14-21}$$

由此可以推导出另一个重要的性质：对于 $n=2$ 和 3，有：

$$\frac{d^n}{dt^n}\log M(t)\mid_{t=0}=E[X-E(X)]^n \tag{17-1}$$

（证明过程从略）。

$\log M(t)$称为 X 的累积母函数。我们常常更多地使用式（17－1）而不是式（14－21）。这是因为对一个随机变量来说，我们更感兴趣的是它的中心矩，而不是原点矩；而对于 $n=2$ 和 3，中心矩可由式（17－1）直接给出。

在第十二章及第十六章曾提及，为了考察一个随机变量的对称性或者偏斜程度，我们经常需要计算它的三阶矩，尤其是其偏斜系数。在此，我们重申第十六章偏斜系数（见公式（16－95））的概念如下：随机变量 X 的偏斜系数 $Sk(X)$ 定义为三阶中心矩与标准差立方的比值，即：

$$Sk(X)=\frac{E\{[x-E(x)]^3\}}{[Var(x)]^{3/2}}$$

三阶中心矩的一个重要性质是，如果随机变量的分布是对称的（相对其均值），那么它的三阶中心矩为零，因此其偏斜系数也等于零。

在本章中我们要使用随机变量之和的分布函数。假设 $\{X_i\}_{i=1}^{n}$ 是一系列独立同分布的随机变量，其分布函数为 $F(x)$，那么 $\sum_{i=1}^{n}X_i$ 的分布函数表示为 $F^{n*}(x)$，则：

$$F^{n*}(x)=P(X_1+X_2+\cdots+X_n\leqslant x)$$

在本章中我们要经常运用各种期望的性质，尤其是以下两个结果，对于任何两个随机变量 X、Y，当相应的数学期望和方差存在时，有：

$$E(X)=E[E(X|Y)]$$

$$Var(X)=E[Var(X|Y)]+Var[E(X|Y)]$$

二、基本模型

本章将要探讨的是一种适用于短期保险合同的模型。通常的多数非寿险合同可以看作短期合同，例如汽车保险；也有一些寿险保单，例如团体寿险和一年期保单等，也被视为短期合同。我们所说的短期保险合同的意思是：

——保单持续期限是固定的且期限相对较短，典型的是一年期的；

——保险公司向投保人收取一次保费；

——作为回报，保险人偿付在保险期限内由该保单引起的索赔；

——在保单期末，投保人可续保或不续保，如果续保，投保人应交的保费既可以与上一期所支付的相同，也可以不相同。

——保险人可以分保，即将一部分保费交给再保险人，作为回报，在一旦发生赔付的时候再保险人将根据双方同意的份额补偿保险人在保单期限内的部分赔付费用。

短期保险合同的一个重要特色是仅仅按相应保单在（短）期限内发生的索赔水平确定保费，也就是说，收取的保费恰好与该保单保险期间内的预期索赔额相等。与此不同的保单种类也很多，例如终身人寿保险，一般约定在被保险人一生中每年按一定水平支付年保费；在这种情形下，死亡率随着年龄的增长而增长，这意味着在早期的年份里的保费

（水平）将超过足够弥补在这些年中的预期索赔额，所超过的金额将被作为准备金累积起来，用于在后来的年份里保费本身不足以满足预期索赔费用的情况。

在此要特别明确的是，我们考虑的是弥补一项风险索赔或支出的短期保险合同。我们将风险特指为某险种的一个单独的保单或一组特定的保单，为了术语的简便起见，我们假定合同的期限是一年，虽然6个月或者是任何其他的较短的期限也是完全可以的。随机变量 S 表示保险人在这一年里对这项风险所支付的索赔总额，我们将建立和研究随机变量 S 的模型，包括集合风险模型和个体风险模型。建立集合风险模型的第一步，是将索赔总额 S 表示为一年中的索赔次数（用随机变量 N 表示）和每次的索赔金额的函数表达式。用随机变量 X_i 表示第 i 次索赔的索赔金额，则：

$$S = \sum_{i=1}^{N} X_i$$

这里，如果 N 为0，则总和 S 为零。

对 S 的分解使我们可以分别分析索赔次数和索赔金额。这种做法的一个重要原因是影响索赔次数和索赔金额的因素可能大不相同。以汽车保险为例，某一天中持久的坏天气可能对索赔次数有显著的影响但对个体的索赔金额影响很小或没有影响，从另一角度讲，通货膨胀可以对修理汽车的费用有显著的影响，因此对个体的索赔金额的分布有很大影响，但对索赔次数的影响很小或不产生影响。

我们将要研究的问题是如何由随机变量 N 和 X_i 的各阶矩和分布情况导出 S 的各阶矩和分布情况。我们将在有再保险和无再保险的情况下都这样做；我们还将研究再保险人相应的问题，即求出这项风险中由再保险人在这一年里支付的索赔总额的各阶矩和分布。

三、在基本模型中所做的抽象和概括

前面描述的短期保险模型与实际的保险运作相比包含了一些抽象和概括，其中，一是通常假定 N 和 X_i 的矩和（有时是）分布是确切已知的。而在实践中，它们可能是从一些有关的数据估计出来的，在第五节中，我们将简短地研究一下不确切地知道 N 和 X_i 时的矩和分布的一些结果。

二是我们假设理赔是在导致索赔的事故刚刚发生时就进行的。而在实践中，理赔至少会有短暂的拖延，有些情况会拖延长达数年。尤其是当损失的情况难以确定时更是这样，甚至，有时要由法庭决定。

三是我们探讨的理论模型通常不考虑任何费用，假设保费是用来支付保险金（索赔金额）和额外的利润设计。而在实践中，投保人支付的保费还包括附加的费用。在本模型的具体应用中完全可以用一种很简单的方式把费用考虑其中，我们将在以后的内容中通过一个例子来说明具体做法。

四是我们在此短期模型中暂且忽略利率因素。影响长期保险的一个重要因素是利率。超额保费收入要进行投资以建立准备金。与长期保险相比，短期保险中的利息因素不那么重要。我们通常可以在短期保险模型中忽略利息因素，至少是在初级的模型中忽略利息的影响。

四、符号和假定

在本章的风险模型中，我们做以下两个重要的假定：

（1）随机变量 $\{X_i\}_{i=1}^{n}$ 是独立同分布的；

（2）随机变量 N 独立于 $\{X_i\}_{i=1}^{n}$。

上述假设意味着：

（1）索赔次数不受个体索赔金额的影响。

（2）一定的个体索赔金额不受任何其他个体索赔金额的影响。

（3）在保单的（较短的）期限内，个体索赔额的分布不变。

本书将假定所有的索赔金额都是非负的，因此对于 $x<0$，$P(X_i \leqslant x)=0$。

风险模型中的许多公式都是由 S、N 和 X_i 的矩母函数求出的，为了方便，本书将用 MGF 代表矩母函数，其表达式分别写为 $M_S(t)$、$M_N(t)$ 和 $M_X(t)$，并且假定对于满足 t 大于 0 的某些值上述函数有意义。并不是对于 t 的任意正值一定存在一个非负随机变量的矩母函数，例如，对于 t 的任何正值，帕累托分布和对数分布的矩母函数不存在。当然，不做上述假定，也可以运用矩母函数推出风险模型的有关公式，尽管不像这样容易。

我们用 $G(x)$ 和 $F(x)$ 分别表示 S 和 X_i 的分布函数，即：

$$G(x)=P(S \leqslant x), F(x)=P(X_i \leqslant x)$$

为方便起见，我们经常假设 $F(x)$ 对应的密度函数存在，我们将它表示为 $f(x)$。在该密度函数不存在的情况下，我们便认为 X_i 服从一个离散的或连续与离散混合的分布，像：

$$\int_0^{\infty} xf(x)\,dx$$

这样的表达式，我们可以从上下文中清楚地理解其含义。

本书将用 m_k 表示 X_i 的 k 阶原点矩（$k=1, 2, 3\cdots$），即：

$$m_k = E(X_i^k)$$

第二节　集合风险模型

我们现在考虑由随机变量 S 表示的某风险的索赔总额。索赔总额是个体索赔额的简单加总。本节将涉及的内容是：一、为不确定的索赔次数 N 建立一般的分布模型；二、引入当 N 服从泊松分布时 S 的复合泊松分布，并描述该分布的相关重要结果；三、考察当 N 服从二项分布情况下 S 的复合分布；四、考察当 N 服从负二项分布时 S 的复合分布；五、研究保险人和再保险人分别在成数分保和超额损失再保险中的理赔总额的分布。

一、集合风险模型

第一节中我们已经约定，S 代表 N 个随机变量 X_i 的总和，这里 X_i 表示第 i 次索赔的金

额，因此，

$$S = X_1 + X_2 + \cdots + X_N,$$

且 $N=0$ 时，$S=0$。

要注意，我们研究的是由多个风险单位构成的集合体所产生的索赔次数 N，而不是单个风险单位的索赔次数。比如，一批某型号的被保险机动车辆所产生的索赔次数，而不是一辆汽车产生的索赔次数。这就使我们引入了被称为“集合风险模型”的模型。通过这个模型，我们能够得出 S 的分布函数、均值、方差和矩母函数的一般表达式。

通过研究事件 $\{S \leqslant x\}$，我们能够得出 S 的分布函数 $G(x)$ 的表达式。如果该事件发生，那么，下列事件中的一件，有且只有一件必然发生：

$\{S \leqslant x$ 且 $N=0\}$　（即无索赔）

或　$\{S \leqslant x$ 且 $N=1\}$　（即一次金额 $\leqslant x$）

或　$\{S \leqslant x$ 且 $N=2\}$　（即两次总额 $\leqslant x$）

……

或　$\{S \leqslant x$ 且 $N=r\}$　（即 r 次索赔总额 $\leqslant x$）

依此类推，这些事件是彼此互斥和完备的，因此，

$$\{S \leqslant x\} = \bigcup_{n=0}^{\infty} \{S \leqslant x \text{ 且 } N=n\}$$

并且因此，

$$P\{S \leqslant x\} = \sum_{n=0}^{\infty} P\{S \leqslant x \text{ 且 } N=n\}$$

$$= \sum_{N=0}^{\infty} P\{N=n\} P\{S \leqslant x \mid N=n\}$$

这里注意，如果 $N=n$，那么 S 是 $\{X_i\}_{i=1}^{n}$ 的总和，其中 $\{X_i\}_{i=1}^{n}$ 是随机变量序列，n 是某固定数字。因此，

$$P\{S \leqslant x \mid N=n\} = F^{n*}(x)$$

这里 $F^{n*}(x)$ 是分布函数 $F(x)$ 的 n 重结合式。注意 $F^{1*}(x)$ 就是 $F(x)$。为方便起见，定义 $F^{n*}(x)$ 为：

$$F^{n*}(x) = \begin{cases} 1, & \text{对所有的非负 } x \\ 0, & \text{其他} \end{cases}$$

因此，

$$G(x) = \sum_{n=1}^{\infty} P(N=n) F^{n*}(x) \tag{17-2}$$

式（17-2）是 S 的分布函数的一般表达式。我们没有确定 N 或 X_i 的分布。

注意：当 X_i 是分布于正整数的点上，对于 $x=1$，2，3…，我们很容易计算 $P(S=x)$，因为：

$$P(S=x) = G(x) - G(x-1)$$

$$= \sum_{n=1}^{\infty} P(N=n)\{F^{n*}(x) - F^{n*}(x-1)\}$$

即：

$$P(S=x)=\sum_{n=1}^{\infty}P(N=n)f_x^{n*} \tag{17-3}$$

这里，

$$f_x^{n*}=F^{n*}(x)-F^{n*}(x-1)$$

是 $\sum_{i=1}^{n}X_i$ 的概率密度函数。正如当 X_i是一个连续型变量那样，$P(S=0)=P(N=0)$。

在第三节中，我们将讨论近似地估计 $G(x)$的方法。近似估计的过程中，需要知道 S 的矩。以下我们讨论矩的问题。

我们运用以索赔次数 N 为条件的条件期望有关结论来计算 S 的矩。我们将利用下面的公式求出 $E(S)$：

$$E(S)=E[E(S|N)]$$

当 $N=n$ 时，有：

$$E(S|N=n)=\sum_{i=1}^{n}E(X_i)=nm_1$$

因此，

$$E(S|N)=Nm_1$$

且，

$$E(S)=E(Nm_1)=E(N)m_1 \tag{17-4}$$

式（17-4）说明了一个很自然的规律，即索赔总额的期望是索赔次数的期望与个体索赔额的期望的乘积。

例 17-1

试推导出 $Var(S)$ 的表达式。

解：运用本章初曾提到的等式：

$$Var(S)=E[Var(S|N)]+Var[E(S|N)]$$

由于个体索赔金额是独立的，所以有：

$$Var(S|N=n)=Var\left(\sum_{i=1}^{n}X_i\right)=\sum_{i=1}^{n}Var(X_i)=n(m_2-m_1^2)$$

这样一来，

$$Var(S|N)=N(m_2-m_1^2)$$

因此，

$$Var(S)=E[N(m_2-m_1^2)]+Var(Nm_1)$$

即：

$$Var(S)=E(N)(m_2-m_1^2)+Var(N)m_1^2 \tag{17-5}$$

虽然式（17-5）比 $E(S)$的表达式复杂了一点，但也清晰地告诉我们，S 的方差可用 N 和 X_i的均值和方差表示出来。

运用条件期望的性质也可求出 S 的矩母函数。根据定义，

$$M_S(t)=E[\exp(tS)]$$

因此，

$$M_S(t)=E\{E\ [\exp(tS)\mid N]\} \tag{17-6}$$

而：

$$E[\exp(tS)\mid N=n]=E[\exp(tX_1+tX_2+\cdots+tX_n)]$$

并且由于 $\{X_i\}_{i=1}^n$是相互独立的随机变量，有：

$$E[\exp(tX_1+tX_2+\cdots+tX_n)]=\prod_{i=1}^{n}E[\exp(tX_i)]$$

由于 $\{X_i\}_{i=1}^n$是相同分布的，它们有共同的矩母函数，即 $M_X(t)$，所以：

$$\prod_{i=1}^{n}E[\exp(tX_i)]=\prod_{i=1}^{n}M_X(t)=[M_X(t)]^n$$

因此，

$$E\ [\exp(tS)\mid N]=[M_X(t)]^n \tag{17-7}$$

于是，

$$\begin{aligned}M_S(t)&=E\{[M_X(t)]^N\}=E\{\exp\{N\log[M_X(t)]\}\}\\&=M_N\{\log[M_X(t)]\}\end{aligned} \tag{17-8}$$

这样一来，S 的矩母函数就用 N 和 X_i 的矩母函数表达出来了。和前面的结果一样，我们并没有确定 N 和 X_i 的分布。

式（17-4）、式（17-5）和式（17-8）十分重要。总结起来，即：

$$E(S)=E(N)m_1$$

$$Var(S)=E(N)(m_2-m_1^2)+Var(N)m_1^2$$

$$M_S(t)=M_N\{\log[M_X(t)]\}$$

有种特殊的情况我们很感兴趣，这就是在所有的索赔额都是相同的情况时。例如，一组一年期的定期寿险的组合，每份保险的保险金额相同。假设每次索赔的金额是 B 的概率为1，即：

$$P(X_i=B)=1$$

因此，

$$m_1=B,m_2=B^2$$

这样，S 分布在0、B、$2B$…上。事实上，$S=BN$，因此，

$$P(S\leqslant Bx)=P(N\leqslant x)$$

并且，S 的分布即由 N 的分布而求得。式（17-4）和式（17-5）给出了 S 的均值和方差。但是由于 $S=BN$，我们更容易地得出：

$$E(S)=E(N)B,\ Var(S)=Var(N)B^2$$

S 的分布是典型的复合分布。当 N 服从不同的分布时，S 的分布情况不尽相同。下面，我们将分别探讨当 N 服从泊松分布、二项分布和负二项分布时的情况。

二、复合泊松分布

（一）复合泊松分布索赔总额的数学期望、方差、偏斜系数

我们首先研究当 N 服从均值为 λ 的泊松分布时的索赔总额。N 服从均值为 λ 的泊松分布表示为 $N \sim$ Poisson（λ）或 $N \sim P$（λ）。此种情况，我们称之为 S 服从参数为 λ 和 $F(x)$ 的复合泊松分布。对于 N，我们有如下的结果：

$$E(N)=Var(N)=\lambda,\ M_N(t)=\exp\{\lambda(e^t-1)\}$$

注意书后附表中也列出了这些结果。

我们可以把这些结果和前面的内容结合起来。由式（17－4）得，S 的均值为：

$$E(S)=\lambda m_1 \tag{17-9}$$

由式(17－5)得,S 的方差为：

$$Var(S)=\lambda(m_2-m_1^2)+\lambda m_1^2$$

即：

$$Var(S)=\lambda m_2 \tag{17-10}$$

由式(17－8)得 S 的矩母函数为：

$$M_S(t)=\exp\{\lambda[M_X(t)-1]\} \tag{17-11}$$

我们可以看出均值和方差的结果有非常简单的形式。注意 S 的方差是用 X_i 在 0 点的二阶矩表示的（而不是用 X_i 的方差表示的）。

例 17－2

试证：S 的三阶中心矩为 λm_3。

证明：运用累积母函数，令 $n=3$，即：

$$E[(S-\lambda m_1)^3]=\frac{d^3}{dt^3}\log M_S(t)\big|_{t=0}$$

而：

$$\log M_S(t)=\lambda[M_X(t)-1]$$

所以，

$$\frac{d^3}{dt^3}\log M_S(t)\bigg|_{t=0}=\lambda\frac{d^3}{dt^3}M_X(t)\bigg|_{t=0}=\lambda m_3$$

即：

$$E[(S-\lambda m_1)^3]=\lambda m_3$$

说明：该结果显示出 S 的分布是正偏斜的，由于 m_3 是 X_i 在 0 点的三阶矩，而 X_1 是一个取非负值的随机变量，所以它大于 0。注意 S 的正偏斜：即使 X_i 的分布是负偏斜的，S 的分布也是正偏斜的，偏斜系数是：

$$\frac{\lambda m_3}{(\lambda m_2)^{3/2}}$$

于是，随着 $\lambda\to\infty$，它趋于 0。因此，对于 λ 取较大值时，S 的分布几乎是对称的。

例 17－3

已知：索赔总额 S 服从复合泊松分布，个体索赔额 X_i 服从参数 $\mu=3.91202$，$\sigma=$

1.17741 的对数正态分布 $\log N$ （μ，σ^2）。计算：当泊松分布的参数为（1）100 和（2）10 000 时 S 的均值、方差和偏斜系数。

解：我们需要先求出对数正态分布的前三阶矩，当 X_i 服从参数为 μ 和 σ 的对数正态分布时，即 $Y_i = \log X_i$ 服从参数为 μ 和 σ 的正态分布。由 m_t 的定义，我们有：

$$m_t = E(X_i^t) = E(e^{\log X_i^t}) = E(e^{t\log X_i})$$
$$= E(e^{tY_i}) = M_Y(t) = \exp\left\{\mu t + \frac{1}{2}\delta^2 t^2\right\}$$

于是：

$$m_1 = 100, \qquad m_2 = 40\ 000, \qquad m_3 = 64\ 000\ 000。$$

（1）当 $\lambda = 100$ 时，

$$E(S) = 100\ m_1 = 10^4$$
$$Var(S) = 100\ m_2 = 4 \times 10^6$$
$$E\{[S - E(S)]^3\} = 64 \times 10^8$$

偏斜系数为：

$$\frac{64 \times 10^8}{(4 \times 10^6)^{3/2}} = 0.8$$

（2）当 $\lambda = 10\ 000$ 时，

$$E(S) = 10^6$$
$$Var(S) = 4 \times 10^8$$
$$E\{[S - E(S)]^3\} = 64 \times 10^{10}$$

偏斜系数为：

$$\frac{64 \times 10^{10}}{(4 \times 10^8)^{3/2}} = 0.08$$

我们可以看出 λ 取值的大幅度增长导致了 S 的偏斜系数的大幅度下降。

练习：

索赔总额 S 服从复合泊松分布，个体索赔额 X_i 服从参数 $\mu = 3\ 000$，$\sigma^2 = 1\ 200^2$ 的正态分布 N（μ，σ^2）。计算当泊松分布的参数为 50 000 时 S 的均值和方差。

提示：$m_1 = 3\ 000$；

$1\ 200^2 = m_2 - 3\ 000^2, m_2 = 3\ 000^2 + 1\ 200^2, m_2 = 10\ 440\ 000$；

$E(S) = 50\ 000 m_1 = 1.5 \times 10^8$

$Var(S) = 50\ 000 m_2 = 52.20 \times 10^{10}$

（二）复合泊松分布的可加性

复合泊松分布的一个很有用的性质是多个相互独立的服从复合泊松分布的随机变量，其总和也是一个服从复合泊松分布的随机变量。我们称该性质为复合泊松分布的可加性：

设 S_1，$S_2 \cdots S_n$ 是相互独立的随机变量，S_i 服从参数为 λ 和 $F_i(x)$ 的复合泊松分布。

令 $A = S_1 + S_2 + \cdots + S_n$，则随机变量 A 服从参数为 Λ 和 $F(x)$ 的复合泊松分布，这里：

$$\Lambda = \sum_{i=1}^{n} \lambda_i$$

$$F(x) = \frac{1}{\Lambda}\sum_{i=1}^{n} \lambda_i F_i(x)$$

注解：这个结果说明 A 的泊松分布参数正好是 $\{S_i\}_{i=1}^{n}$ 的泊松分布参数的总和，分布 $F(x)$ 是 $\{F_i\}_{i=1}^{m}$ 的加权平均数，其权数与泊松分布参数成比例。

如果我们把 S_i 看作是一年里由风险 i 产生的索赔总额，那么 A 就是在一年里由 n 个风险所产生的索赔总额。这样一来，一年里这 n 个风险所产生的索赔次数的分布服从参数为 Λ 的泊松分布。也就是说，服从泊松分布的随机变量的总和，也是一个服从泊松分布的随机变量。这一结论是上述结论的一个特例。

要证明该结果，首先应注意到 $F(x)$ 是分布函数的加权平均数，并且它的权数都是正数，其总和为 1。这意味着 $F(x)$ 是一个分布函数并且该分布的矩母函数是：

$$M(t) \int_0^{\infty} \exp\{tx\} \frac{1}{\Lambda}\sum_{i=1}^{n} \lambda_i f_i(t)\,dx$$

其中，$f_i(t)$ 是分布函数 $F_i(x)$ 对应的密度函数。因此，

$$M(t) = \frac{1}{\Lambda}\sum_{i=1}^{n} \lambda_i \int_0^{\infty} \exp\{tx\} f_i(t)\,dx = \frac{1}{\Lambda}\sum_{i=1}^{n} \lambda_i M_i(t) \tag{17-12}$$

其中，$M_i(t)$ 是分布函数 $F_i(x)$ 对应的矩母函数。

令 $M_A(t)$ 表示 A 的矩母函数，则：

$$\begin{aligned} M_A(t) &= E[\exp(tA)] \\ &= E[\exp(tS_1 + tS_2 + \cdots + tS_n)] \end{aligned}$$

根据 $\{S_i\}_{i=1}^{n}$ 的独立性，

$$M_A(t) = \prod_{i=1}^{n} E[\exp(tS_i)]$$

由于 S_i 是服从复合泊松分布的随机变量，它的矩母函数是式（17－11）给出的形式，所以 $E(\exp\{tS_i\} = \exp\{\lambda_i[M_i(t) - 1]\}$

因此：$$M_A(t) = \prod_{i=1}^{n} \exp\{\lambda_i[M_i(t) - 1]\} = \exp\left\{\sum_{i=1}^{n} \lambda_i[M_i(t) - 1]\right\}$$

即：$$M_A(t) = \exp\{\Lambda[M(t) - 1]\} \tag{17-13}$$

其中，

$$\Lambda = \sum_{i=1}^{n} \lambda_i,\ M(t) = \frac{1}{\Lambda}\sum_{i=1}^{n} \lambda_i M_i(t)$$

通过分布函数与矩母函数之间的一对一的关系，式（17－13）告诉我们，随机变量 A 服从参数为 Λ 的复合泊松分布，根据式（17－12），个体索赔额的分布函数为 $F(x)$。

例 17－4

两项由 S_1 和 S_2 表示的风险的索赔总额的分布函数如下：

风险 1：S_1 服从参数为 100 的复合泊松分布且：

$$F_1(x)=1-\exp\{-x/\alpha\}$$

风险 2：S_2服从参数为 200 的复合泊松分布，且：

$$F_2(x)=1-\exp\{-x/\beta\}$$

试求 S_1+S_2的分布函数。

解：设 $A=S_1+S_2$，根据复合泊松分布的可加性，A 服从参数为 300 和 $F(x)$ 的复合泊松分布，其中，

$$F(x)=1-\frac{1}{3}\exp\{-x/\alpha\}-\frac{2}{3}\exp\{-x/\beta\}$$

说明：$F(x)$是混合指数分布一个例子，我们可以按以下方式求解 A 的分布函数。索赔次数分布服从参数为 300 的泊松分布。有 1/3 的可能性个体索赔支付来源于服从参数为 α 的指数分布的随机变量，有 2/3 的可能性个体索赔支付来源于服从参数为 β 的指数分布的随机变量。

复合泊松分布的可加性有一个最直接的用途，这就是当每个 S_i都服从同样的参数 λ 和 $F(x)$的复合泊松分布时，A 就服从参数为 $n\lambda$ 和 $F(x)$的复合泊松分布。

三、复合二项分布

在某些情况下，二项分布是我们在探讨索赔次数 N 时最自然的选择。例如，在一组包含 n 个被保险人的寿险保单下，如果我们假设每个被保险人的死亡率是相同的，并且这些人在死亡率方面是相互独立的，则每年死亡的人数服从二项分布。我们用符号 $N\sim b(n,q)$表示 N 服从该二项分布，其中 q 为每个人在该年的死亡率。我们将常用该分布的如下重要结果：

$$E(N)=nq$$
$$Var(N)=nq(1-q)$$
$$N_N(t)=(qe^t+1-q)^n$$

当 N 服从二项分布时，我们说 S 服从复合二项分布。为 N 选择二项分布，很重要一点，是索赔次数有一个上限 n。

例 17－5

当 $N\sim b(n,q)$时，求出 S 的均值、方差和矩母函数用 n、q、m_1、m_2和 $M_X(t)$表示的表达式。

解：根据式（17－4）和式（17－5），可将均值和方差表示如下：

$$E(S)=nqm_1 \tag{17-14}$$

$$\begin{aligned}Var(S)&=nq(m_2-m_1^2)+nq(1-q)m_1^2\\&=nqm_2-nq^2m_1^2\end{aligned} \tag{17-15}$$

根据式（17－8）求出矩母函数：

$$M_S(t)=[qM_X(t)+1-q]^n$$

三阶中心矩是从累积母函数建立起来的（运用式（17－15））：

$$\frac{d^3}{dt^3}\log M_S(t)=\frac{d^3}{dt^3}n\log[qM_X(t)+p] \qquad 这里\ p=1-q$$

$$=\frac{d^2}{dt^2}\left\{nq\left[\frac{d}{dt}M_X(t)\right]\right\}[qM_X(t)+p]^{-1}$$

$$=\frac{d}{dt}\left\{nq\left[\frac{d^2}{dt^2}M_X(t)\right][qM_X(t)+p]^{-1}-b\left[q\frac{d}{dt}M_X(t)^2\right][qM_X(t)+p]^2\right\}$$

$$=np\frac{d^3}{dt^3}M_X(t)[qM_X(t)+p]^{-1}-3nq^2\frac{d^2}{dt^2}M_X(t)[qM_X(t)+p]^{-2}$$

$$\frac{d}{dt}M_X(t)+2n\left[q\frac{d}{dt}M_X(t)\right]^3[qM_X(t)+p]^{-3}$$

令 $t=0$，得：

$$E[(S-nqm_1)^3]=nqm_3-3nq^2m_2m_1+2nq^3m_1^3 \tag{17-16}$$

由式（17－15）我们可以得出，复合二项分布可能是负偏斜的。对这一事实的最简单的说明是当所有个体索赔额都是 B 时，则：

$$S=BN$$

且：

$$E\{[S-E(S)^3]\}=B^3E\{[N-E(N)]^3\}$$

因此，S 的偏斜系数是 N 的偏斜系数的倍数，如果 $q>0.5$，则 N 的二项分布是负偏斜的。

例 17－6

保险人有一个包含 100 个 1 年期定期寿险的组合，每份定期寿险的保险金额为 5 000 元，保险人假定被保险人的死亡率是相互独立的，每个被保险人的索赔概率为 0.002。

（1）计算该组合索赔总额的均值、方差和偏斜系数。

（2）计算索赔总额超过 5 000 元的概率。

解：（1）由于个体索赔额是一个常量：

$$m_t=5\,000^t$$

根据式（17－16）和式（17－15）：

$$E(S)=100\times0.002\times5\,000=1\,000$$

$$Var(S)=100\times0.002\times0.998\times5\,000^2=4\,990\,000$$

由于 $m_2=m_1^2$，为计算 S 的三阶中心矩，我们考察：

$$m_t=5\,000^t$$

由此得：

$$m_3=m_1m_2=m_1^3=5\,000^3$$

运用式（17－16），我们求出：

$$E[S-E(S)^3]=100\times0.002\times5\,000^3\times(1-3\times0.002+2\times0.002^2)$$
$$=2.48502\times10^{10}$$

偏斜系数等于：

$$\frac{2.48502\times10^{10}}{(4.99\times10^{6})^{3/2}}=2.22935$$

该分布的正偏斜反映出其小额索赔总额的较大概率和大额索赔总额的很小概率。例如，该组合的最大和最小支出分别是 500 000 元和 0 元，这两种支出的概率分别为 0.002^{100} 和 0.998^{100}。

（2）由：

$$\begin{aligned}P\ (S\leqslant5000)\ &=P\ (N\leqslant1)\\&=0.998^{100}+\binom{100}{1}0.998^{99}0.002\\&=0.9826\end{aligned}$$

可得：

$$P\ (S>5\ 000)\ =0.0174$$

关于复合二项分布最后要说明的一点是：它没有与复合泊松分布的可加性相应的结论，但是，如果分别由 m 个相互独立风险产生的索赔总额 S_i 都服从相同的复合二项分布，则：

$$A=S_1+S_2+\cdots+S_m$$

服从复合二项分布。这很容易看出，

因为：$$M_{S_i}(t)=[qM_X(t)+1-q]^n$$

所以：$$M_{A_i}(t)=[qM_X(t)+1-q]^{mn}$$

因此，A 服从复合二项分布，$N\sim b(mn,q)$。

四、复合负二项分布

我们对于索赔次数 N 所服从分布的最后一个选择是负二项分布。我们曾在第十三章提到过负二项分布的概率分布律的两种形式式（13－62）和式（13－65），在此，我们选择的是：

$$P(N=n)=\binom{k+N-1}{n}p^kq^n\qquad n=0,1,2,\cdots$$

该分布的参数是 $k(>0)$ 和 p，这里 $p+q=1$，$0<p<1$。我们用 $NB(k,p)$ 表示该分布，当 $N\sim NB(k,p)$ 时，

$$E(N)=kq/p$$

$$Var(N)=kq/p^2$$

$$M_N(t)=\frac{p^k}{(1-qe^t)^k}$$

在特殊情况 $k=1$ 时，我们得出几何分布。

对于索赔次数 N，负二项分布是在某些情况下用来替代泊松分布的。负二项分布的一个优于泊松分布之处是它的方差超过了它的均值，而泊松分布中这两个数值是相等的。因此，负二项分布可能更适合于样本方差超过样本均值的数据集合，在实践中也经常是这种

情况。后面我们要详细研究导致 N 服从负二分布的情形，当 N 服从负二项分布时，我们说 S 服从复合负二项分布。

当 $N \sim NB(N,p)$ 时，根据式（17－4）、式（17－5）和式（17－8），我们能立即写下 S 的均值，方差和矩母函数的表达式：

$$E(S)=\frac{kq}{p}m_1$$

$$\begin{aligned}Var(S)&=\frac{kq}{p^2}(m_2-m_1^2)+\frac{kq}{p^2}m_1^2\\&=\frac{kq}{p}m_2+\frac{kq^2}{p^2}m_1^2\end{aligned}$$

$$M_S(t)=p^k/\{1-qM_X(t)\}^k$$

与前面一样，我们能从 S 的累积母函数求出 S 的三阶中心矩，如下所示：

$$\begin{aligned}\frac{d}{dt}\log M_S(t)&=\frac{d}{dt}\{k\log p-k\log[1-qM_X(t)]\}\\&=\frac{kq}{1-qM_X(t)}-\frac{d}{dt}M_X(t)\end{aligned}$$

因此，

$$\frac{d^2}{dt^2}\log M_S(t)=kq^2\left[\frac{d}{dt}M_X(t)\right]^2-\frac{1}{[1-qM_X(t)]^2}+\frac{kq}{1-qM_X(t)}\frac{d^2}{dt^2}M_X(t)$$

$$\frac{d^3}{dt^3}\log M_S(t)=3kq^2\left(\frac{d}{dt}M_X(t)\right)\left(\frac{d^2}{dt^2}M_X(t)\right)\frac{1}{[1-qM_X(t)]^2}+\frac{2kq^3}{[1-qM_X(t)]^3}$$

$$\left(\frac{d}{dt}M_X(t)\right)^3+\frac{kq}{1-qM_X(t)}\frac{d^3}{dt^2}M_X(t)$$

在三阶导数中，令 $t=0$，得到：

$$E[S-E(S)]^3=\frac{3kq^2m_1m_2}{p^2}+\frac{2kq^3m_1^3}{p^3}+\frac{kqm_3}{p}\qquad(17-17)$$

参数 k 和 p 是正的，$F(x)$ 的矩也是。因此由式（17－17）可以得出复合负二项分布是正偏斜的。

例 17－7

$\{S_i\}_{i=1}^n$ 是一系列独立的有相同分布的随机变量，每个 S_i 服从参数为 k 和 p 的同样的复合负二项分布，个体索赔有分布函数 $F(x)$。令 $A=S_1+S_2+\cdots+S_N$，试求 A 的分布。

解： S_i 的矩母函数是：

$$M_{S_i}(t)=\left(\frac{p}{1-qM_X(t)}\right)^k,\quad 对于\ i=1,2,\cdots,n$$

根据 $\{S_i\}_{i=1}^n$ 的独立性：

$$M_A(t)=\prod_{i=1}^{n}M_{S_i}(t)=\left(\frac{p}{1-qM_X(t)}\right)^{nk}$$

因此，A 服从参数为 nk 和 p 的复合负二项分布，其个体索赔的分布函数为 $F(x)$。

五、在按比例和超额损失再保险下的索赔总额分布

在自留水平为 α 的按比例分保的情况下，对于发生的每次索赔，保险人支付的比例为 α，$0\leqslant\alpha\leqslant1$，再保险人支付的比例为 $1-\alpha$。也就是说，每当有索赔发生时，保险人和再保险人都要进行支付。因此与再保险人有关的索赔次数的分布一定和与保险人有关的索赔次数的分布相等。保险人支付的个体索赔额是 αX_1，再保险人支付的个体索赔额是 $(1-\alpha)X_1$。

例 17－8

一个风险的年索赔总额服从参数为 100 的复合泊松分布。个体索赔额服从均值为 500 的指数分布，该风险的保险人已经进行了比例分保，自留额为 0.8。求出这种安排下对保险人和再保险人的年索赔总额的分布，并计算这些分布的均值和方差。

解：S_I表示保险人除去净保险的索赔总额，那么 S_I服从泊松参数为 100 的复合泊松分布，对于每一次个体索赔，保险人将支付的是 $Y=0.8X_i$，这里 X_i的分布函数为：

$$F(x)=1-\exp\{-0.002x\},X>0$$

然后，

$$P\{Y\leqslant x\}=P\left\{X_i\leqslant\frac{x}{0.8}\right\}=1-\exp\{-0.0025x\}$$

因此，Y 服从均值为 400 的指数分布。该指数分布在 0 的二阶矩为 320 000，因此，

$$E(S_I)=100\times400=40\ 000$$

$$Var(S_I)=100\times320\ 000=32\times10^6$$

类似地，再保险人的年索赔总额用 S_R表示，它服从参数为 100 的复合泊松分布。个体索赔额服从均值为 100 的指数分布。因此，

$$E(S_R)=100\times400=10\ 000$$

$$Var(S_R)=100\times20\ 000=2\times10^6$$

注意：在本例里，由风险所产生的索赔总额的均值为 $100\times500=50\ 000$，通常：

$$E(S)=E(S_I)+E(S_R)$$

是正确的，因为：

$$S=S_I+S_R$$

但是：

$$Var(S)\neq Var(S_I)+Var(S_R)$$

这在我们的意料之中，因为 S_I 和 S_R 不是互相独立的。

在超额损失分保的情况下，在自留额为 M 时，保险人对第 i 次索赔的赔付金额是：

$$Y_i=\min(X_i,M)$$

再保险人赔付的金额为：

$$Z_i=\max(0,X_i-M)$$

因此，保险人的赔付总额可被表示为：

$$S_I = Y_1 + Y_2 + \cdots + Y_n$$

而再保险人的赔付总额可被表示为：

$$S_R = Z_1 + Z_2 + \cdots + Z_n \tag{17-18}$$

例如，如果 $N \sim P(\lambda)$，S_I 服从泊松参数为 λ 的复合泊松分布，赔付的个体索赔额为 Y_i；类似地，S_R 服从泊松参数为 λ 的复合泊松分布，赔付的个体索赔额为 Z_i，但是，应注意通常情况下的情形，如果 $F(M)>0$，则 Z_i 取 0 值的概率非零［即 $F(M)$］。换句话说，我们把 0 作为再保险人可能的赔付额，从实践上看，S_R 的这种定义是变了形的，保险人知道了 N 的观察值，而再保险人可能只知道在自留额 M 之上的索赔的次数，因为保险人可以只向再保险人通知超过自留额的索赔。

例 17－9

某风险的年索赔总额服从泊松参数为 10 的复合泊松分布，个体索赔额服从（0，2 000）上的均匀分布。保险人为该风险安排了自留额为 1600 的超额损失分保。计算保险人和再保险人的赔付总额的均值和方差。

解：S_I 和 S_R 所表示的概念同上。为计算 $E(S_I)$，需要计算 $E(Y_i)$：

$$E(Y_i) = \int_0^M xf(x)\,dX + MP(X_i > m)$$

这里 $f(x)=0.0005$ 是 U（0，2 000）的密度函数，$M=1\ 600$，这使得：

$$E(Y_i) = \frac{0.0005X^2}{2}\Big|_0^M + 0.2M = 960$$

因此，

$$E(S_I) = 10E(Y_i) = 9\ 600$$

欲求 $Var(S_I)$，须计算 $E(Y_i^2)$：

$$\begin{aligned} E(Y_i^2) &= \int_0^M x^2 f(x)\,dx + M^2P(X_i > M) \\ &= \frac{0.0005}{3}x^3\Big|_0^M + 0.2M^2 \\ &= 11\ 946\ 667 \end{aligned}$$

因此，

$$Var(S_I) = 10E(Y_i^2) = 119\ 466\ 670$$

为求出 $E(S_R)$，注意该风险的预期年索赔总额为 10 000，因此，

$$E(S_R) = 10\ 000 - E(S_I) = 400$$

要求出 $Var(S_R)$，由下式求出 $E(Z_i^2)$：

$$\begin{aligned} E(Z_i^2) &= \int_M^{2000} (x-M)^2 f(x)\,dx \\ &= 0.0005\left(\frac{x^3}{3} - Mx^2 + M^2x\right)\Big|_M^{2000} \\ &= 10\ 666.7 \end{aligned}$$

因此，

$$Var(S_R)=10E(Z_i^2)=106\ 667$$

作为式（17－8）的一个替换公式，我们能用下式表达再保险人的索赔总额：

$$S_R=W_1+W_2+\cdots+W_{N_R} \tag{17-19}$$

这里随机变量 N_R表示再保险人实际进行支付的次数（非零）。

例如，假定在某一特定的年份里，例 17－9 中的风险导致了如下的 8 个索赔额：

403　1490　1948　443　1866　1704　1221　823

则在式（17－18）中 N 的观察值为 8，第 3 次、第 5 次、第 6 次索赔额要求再保险人支付 348、266 和 104。在其他 5 次索赔中，再保险人支付的金额为 0。

在式（17－19）中，N_R的观察值为 3，W_1，W_2和 W_3的观察值分别是 348、266 和 104。注意在每种定义中，S_R的观察值是相同的。

可以证明：当 $W>0$ 时，W_i的密度函数为：

$$P(w)=\frac{f(w+M)}{1-F(M)},\ w>0$$

要确定式（17－19）中给出的 S_R的分布，需要知道 N_R的分布。我们可以按照如下方法求出它，令：

$$N_R=I_1+I_2+\cdots+I_R$$

这里 N 表示由该风险带来的索赔的次数（和通常一样）。I_j是一个指示随机变量，如果在第 j 次索赔时再保险人进行（非零的）赔付，则 I_j的取值为 1；在其他情况下取值为 0。这样一来，N_R即代表了再保险人进行赔付的次数，由于只有 $X_j>M$ 时，I_j才能取值 1，所以，

$$P(I_j=1)=P(X_j>M)=\pi$$

且：

$$P(I_j=0)=1-\pi$$

进一步来讲，I_j有矩母函数：

$$M_I(t)=\pi\exp\{t\}+1-\pi$$

且由式（17－18），N_R有矩母函数：

$$M_{N_R}(t)=M_N[\log M_I(t)]$$

例 17－10

在下列情况下，求出 N_R的分布：

（1）$N\sim P(\lambda)$；

（2）$N\sim b(n,q)$；

（3）$N\sim NB(k,P)$。

解：（1）当 $N\sim P(\lambda)$时，

$$M_N(t)=\exp\{\lambda(e^t-1)\}$$

因此，

$$\begin{aligned}M_{N_R}(t)&=\exp\{\lambda[M_I(t)-1]\}\\&=\exp\{\lambda(\pi e^t-\pi)\}\end{aligned}$$

$$=\exp\{\lambda\pi(e^t-1)\}$$

这是 $P(\lambda\pi)$分布的矩母函数，根据矩母函数的唯一性，可以确定，$N_R\sim P(\lambda\pi)$。

（2）当 $N\sim b(n,q)$时，

$$M_N(t)=(qe^t+1-q)^n$$

且：

$$\begin{aligned}M_{N_R}(t)&=[qM_I(t)+1-q]^n\\&=[q(\pi e^t+1-\pi)+1-q]^n\\&=(q\pi e^t+1-q\pi)^n\end{aligned}$$

因此，根据矩母函数的唯一性 $N_R\sim b(n,q\pi)$。

（3）当 $N\sim NB(k,p)$时，

$$M_N(t)=\left(\frac{p}{1-qe^t}\right)^k$$

且：

$$\begin{aligned}M_{N_R}(t)&=\left[\frac{p}{1-qM_I(t)}\right]^k\\&=\left[\frac{p}{1-q(1-\pi)-q\pi e^t}\right]^k\\&=\left[\frac{p^*}{1-q^*e^t}\right]^k\end{aligned}$$

这里，

$$q^*=\frac{q\pi}{1-q+q\pi}$$

且：

$$p^*=1-q^*$$

因此，根据矩母函数的唯一性，$N_R\sim NB(k,p^*)$。

让我们回到例 17－9 描述的风险，我们已经计算了再保险人索赔总额的均值和方差。根据式（17－19），我们能够看出（运用例 17－10（1）的结果）S_R服从泊松参数为 $0.2\times10=2$ 的复合泊松分布，个体索赔额 W_i有密度函数：

$$P(w)=\frac{f(w+M)}{1-F(M)}$$

即 W_i服从在（0，400）上的均匀分布，所以，

$$E(W_i)=200$$

$$E(W_i^2)=53\ 333.33$$

由此得出：

$$E(S_R)=2\times200=400$$

$$Var(S_R)=2\times53\ 333.33=106\ 667$$

因此，有两种方法确定和计算 S_R的分布的值。

第三节 复合风险模型 $G(x)$ 的计算

$G(x)$ 是集合风险模型中索赔总额的分布函数，本节中我们研究计算或近似计算 $G(x)$ 的方法。在某些情况下，可能非常容易地找出 $G(x)$：例如所有的索赔额都相等，但这些情况下的假设常常都过于严格，从而失去了实际意义。我们将探讨的是更一般情况下计算 $G(x)$ 的递推公式，并探讨通过正态分布近似求出 $G(x)$；最后，我们还将研究通过变形（转换）后的伽玛分布近似求出 $G(x)$。在探讨 $G(x)$ 计算方法的过程中，我们有时假定索赔次数和索赔量都是已知的，有时假定只有这些分布的一、二阶或三阶矩是已知的。

一、$G(x)$ 的递推公式

在探讨 $G(x)$ 的递推公式过程中，我们假定所有的个体索赔额的分布 $F(x)$ 是正整数集合上的离散型分布，也就是说个体索赔额的可能值是 1，2，3，…，从而索赔总额可能是 0，1，2，3……在该假设下，因为个体索赔额 X_i 是离散型随机变量，所以 X_i 的分布函数无密度函数。我们将使用个体索赔额和索赔总额各自概率分布律表示其相应的概率：

$$f_k = P\ (X_i = k) \qquad k = 1,\ 2,\ 3,\ \cdots$$

$$g_k = P\ (S = k) \qquad k = 0,\ 1,\ 2,\ \cdots$$

如果个体索赔额分布不是在正整数集合上的离散型分布（这种情况时有发生），我们可以通过再离散分化的过程用一个离散型的分布来代替这个分布。

我们来看在一个特例中是如何做的。

我们用 $G(x)$ 来表示集合风险模型中索赔总额的分布函数，在该模型中个体索赔额具有指数分布，所以对于 $x \geqslant 0$：

$$F(x) = 1 - \exp\{-\lambda x\} \quad 及 \quad f(x) = \lambda \exp\{-\lambda x\}$$

在此，我们选择一个正数 β，并按如下方式定义一个新的独立同分布的随机变量的序列 $\{X_i\}_{i=1}^{\infty}$：

$$P\left(X_i^* = \frac{k}{\beta}\right) = P\left(\frac{k-1}{\beta} \leqslant X_i < \frac{k}{\beta}\right)$$

$$= \exp\left\{-\frac{k-1}{\beta}\right\} - \exp\left\{-\frac{k}{\beta}\right\} \qquad k = 1,\ 2,\ 3,\ \cdots$$

所以如果 X_i 取 $\frac{k-1}{\beta}$ 和 β 之间的值，X_i^* 就取值 $\frac{k}{\beta}$，我们可以发现 X_i^* 是一个取离散值的随机变量，它的分布近似等于 X_i 的分布；β 的值越大，就越近似。现在定义另一个新的独立同分布的随机变量序列 $\{X_i^{**}\}$：

$$\{X_i^{**}\} = \beta X_i^*$$

所以 $\{X_i^{**}\}$ 是分布在正整数上的 X^* 的再离散分化后的形式（因为这些随机变量都代表索赔额，从而用某种适当的货币单位来测量，另一种表达上述关系的方法是说不考虑货币单位中因素β引起的变动，$\{X_i^{**}\}$ 和 $\{X_i^*\}$ 是一样的。举例来说，如果 $\{X_i^*\}$ 用元表示，β为100，那么 $\{X_i^{**}\}$ 就以分来表示）。现在，令 G^{**} (x) 为我们开始计算的集合风险模型索赔总额的分布函数，其他条件与我们开始时的相同，除了个体索赔额具有 $\{X_i^{**}\}$ 的分布而不是X_i的分布，那么 G^{**} (x) 就满足我们的条件：索赔额应分布在正整数上，并且由于上述原因，对任何x，

$$G(x) \approx G^{**}(x\beta)$$

现在我们再返回到计算 $G(x)$ 的问题。在我们的假设下，这就意味着计算 $k \leqslant x$ 时的 g_k，设：

（1）索赔次数的分布是已知的；

（2）个体索赔额（即f_k）的分布是已知的。

原则上，计算g_k的问题已由式（17－3）解决，即：

$$P(S = x) = \sum_{n=0}^{\infty} P(N = n) f_x^{n*} \tag{17-3}$$

这就像下面的例17－11所描述的：

例17－11

试用式（17－3）推导出将g_k用P（$N=k$）和f_k（$k=1$，2，3，4）表示出来的公式。

解：首先注意，每一个体索赔额最小为1，如果$S=k$，那么索赔次数N不可能大于k。特别地，

$$g_0 = P(S=0) = P(N=0)$$

还应注意到：仍是因为每一索赔额的最小值为1，对任何正整数来说，在式（17－3）中和式的上限应是x而不是无穷大，所以式（17－3）变成：

$$P(S = x) = \sum_{n=0}^{x} P(N = n) f_x^{n*}$$

我们应该验证一下：

$$f_2^{2*} = f_1^2$$
$$f_3^{2*} = 2f_1f_2$$
$$f_4^{2*} = 2f_1f_3 + f_2^2$$
$$f_3^{2*} = f_1^3$$
$$f_4^{3*} = 3f_1^2f_2$$
$$f_4^{4*} = f_1^4$$

以上述公式中的第3个为例。f_x^{2*}是2次索赔额的和为x的概率，由于两次的索赔额为4，所以只有这么几种可能：或者第一次索赔额为1，第2次为3；或者是第一次是3而第二次是1；或者是两次都是2。在此，按式（17－3）可写出：

$g_1 = P(N=1)f_1$

$g_2 = P(N=1)f_2 + P(N=2)f_1^2$

$g_3 = P(N=1)f_3 + P(N=2)2f_1f_2 + P(N=3)f_1^3$

$g_4 = P(N=1)f_4 + P(N=2)(2f_1f_3 + f_2^2) + P(N=3)3f_1^2f_2 + P(N=4)f_1^4$

这里，我们一定要明白它们之间的关系，如 f_2^{2*} 和 f_2^2 的关系，前者是 $(X_1 + X_2)$ 的概率，后者是 $[P(X_1 = 2)]^2$。

注意对于 $r < n$，f_r^{n*} 将为 0，因为 X_i 的最小值为 1，对其他的 r 值可能为 0，这取决于每个 X_i 在可能值中的取值。

在实践中，式（17－3）对于计算 g_k 来说并不是一个有用的起点，因为如果 k 取值很大，即使有计算机的帮助，计算也很困难。因此需要一个更有效的方法，为此，我们探讨计算 $G(x)$ 的递推公式。在表述公式以前，我们需要一个关于索赔次数 N 的分布的假设，我们用 p_r 来表示 $P(N=r)$，并假设存在常数 a 和 b 使得：

$$p_r = \left(a + \frac{b}{r}\right)p_{r-1} \qquad r = 1, 2, 3, \cdots \qquad (17-20)$$

在第二节中所学的 3 种索赔次数分布都满足假设式（17－20），就像在下面例中我们应当表明的那样。

例 17－12

证明：泊松分布、二项分布和负二项分布都满足假设式（17－20），并且找出每种情况下 a，b 的表达式：

证明：（1）泊松分布 $P(\lambda)$：

$$p_r = \exp\{-\lambda\}\frac{\lambda^r}{r!}$$

$$p_{r-1} = \exp\{-\lambda\}\frac{\lambda^{r-1}}{(r-1)!}$$

从而，
$$p_r = \frac{\lambda}{r}p_{r-1}$$

所以，
$$a = 0,\ b = \lambda$$

（2）二项分布 $b(n,q)$：

$$p_r = \frac{n!}{r!\,(n-r)!}q^r\,(1-q)^{n-r}$$

$$p_{r-1} = \frac{n!}{(r-1)!\,(n-r+1)!}q^{r-1}\,(1-q)^{n-r+1}$$

从而，
$$p_r = p_{r-1}\frac{q(n-r+1)}{(1-q)r}$$

所以，
$$a = \frac{-q}{1-q}, b = \frac{(n+1)q}{1-q}$$

（3）负二项分布 $NB(k,p)$：

$$p_r = \frac{(k+r-1)!}{r!\,(k-1)!}p^k(1-p)^r$$

$$p_{r-1} = \frac{(k+r-2)!}{(r-1)!\,(k-1)!}p^k(1-p)^{r-1}$$

所以，
$$p_r = p_{r-1}\frac{k+r-1}{r}$$

所以，
$$q=(1-p),b=(1-p)(k-1)$$

最后，我们来证明：下述递推公式：

$$g_0 = p_0 \qquad (17-21)$$

$$g_r = \sum_{j=1}^{r}\left(a+\frac{b_j}{r}\right)f_j g_{r-j} \qquad r=1,2,\cdots \qquad (17-22)$$

式（17－21）是根据最小索赔额是1的事实，当且仅当没有发生索赔事件时，索赔总额为1。

式（17－22）的证明有点繁琐。为了证明它，我们得使用下列3个公式：对 $n=1，2，\cdots$

$$E[X_1 \mid \sum_{I=1}^{n} X_i = r] = \frac{r}{n} \qquad (17-23)$$

$$E[X_1 \mid \sum_{i=1}^{n} X_i = r] = \sum_{j=1}^{n} jf_j\frac{f_{r-j}^{(n-1)*}}{f_r^{n*}} \qquad (17-24)$$

$$p_n f_r^{n*} = \sum_{j=1}^{r-1}\left(a+\frac{b_j}{r}\right)f_j p_{n-1} f_{r-j}^{(n-1)*} \qquad (17-25)$$

式（17－23）和式（17－24）适用于任何使 f_r^{n*} 不为0的 r 值；式（17－25）适用于 $r=1，2，\cdots$，不论 f_r^{n*} 是否为0。

事实上，式（17－23）具有对称性：X_1，X_2，$\cdots X_n$ 为相同分布的随机变量序列，所以，如果知道它们的和是 r，那么它们中任何一个的期望值就一定是 $\frac{r}{n}$。

式（17－24）的成立也不难理解，注意到 $\frac{f_j f_{r-j}^{(n-1)*}}{f_r^{n*}}$ 是在 $\sum_{j=1}^{n} X_j = r$ 时 $X_1=j$ 的条件概率。（不要忘了我们在式（17－24）中假设 $\sum_{j=1}^{n} X_j = r$ 的概率，即 $f_r^{n*} \neq 0$）当 $\sum_{j=1}^{n} X_j = r$ 时，X_1 的值不可能大于 r，所以式（17－24）的右侧就是在 $\sum_{j=1}^{n} X_j = r$ 时，X_i 的任意取值与 X_i 取该值的概率的乘积的总和，从而这与式（17－24）的左侧相等。

下面我们推导一下式（17－25）。首先注意 $f_r^{n*}=0$ 的情况，此时式（17－25）成立。因为在这种情况下，对 j 的任意值（1，2，…，r），f_j 或者 $f_{r-j}^{(n-1)*}$ 为0，或者二者都为0。

现在假设 $f_r^{n*} \neq 0$，于是：

$$p_n f_r^{n*} = p_{n-1}\left(a+\frac{b}{n}\right)f_r^{n*} \qquad \text{使用式(17－20)}$$

$$= p_{n-1}E\left(a+\frac{bX_1}{r} \mid \sum_{j=1}^{n} X_i = r\right)f_r^{n*} \qquad \text{使用式(17－23)}$$

$$= p_{n-1}\sum_{j=1}^{r}\left(a+\frac{bj}{r}\right)f_j f_{r-j}^{(n-1)*} \qquad \text{使用式(17－24)}$$

$$= p_{n-1}\sum_{j=1}^{r-1}\left(a+\frac{bj}{r}\right)f_j f_{r-j}^{(n-1)*} \qquad (因为 f_0^{(n-1)*}=0)$$

最后我们推导式（17－22），对于 $r=1$，2，…

$$g_r = \sum_{n=1}^{\infty} p_n f_r^{n*} \qquad 使用式(17-3)$$

$$= \sum_{n=1}^{\infty} p_{n-1}\sum_{j=1}^{r}\left(a+\frac{bj}{r}\right)f_j f_{r-j}^{(n-1)*} \qquad 使用式(17-25)$$

$$= \sum_{j=1}^{r}\left(a+\frac{bj}{r}\right)f_j \sum_{n=1}^{\infty} p_{n-1} f_{r-j}^{(n-1)*}$$

$$= \sum_{j=1}^{r}\left(a+\frac{bj}{r}\right)f_j \sum_{n=0}^{\infty} p_n f_{r-j}^{(n-1)*}$$

$$= \sum_{j=1}^{r}\left(a+\frac{bj}{r}\right)f_j g_{r-j} \qquad 使用式(17-3)$$

这样就证明了式（17－22）。

说明：

（1）注意在 N 服从泊松分布的特例中，

$$a=0, \quad b=\lambda$$

于是，公式简化为：

$$g_0 = e^{-\lambda}$$

$$g_r = \frac{\lambda}{r}\sum_{j=1}^{r} j f_j g_{r-j}$$

（2）公式是递推的，也就是说，为了计算给定 r 值时的 g_r，应先用式（17－21）计算 g_0，然后利用式（17－22）计算 g_1，再利用式（17－22）中 g_0 和 g_1 计算 g_2 及其他。

（3）在计算 g_r 分布时，式（17－21）和式（17－22）比第二节中式（17－23）有高得多的效率。在用计算机运算时非常明显。

二、$G(x)$的正态近似

计算 $G(x)$的递推公式虽然是有效的，但也有些缺点。首先，虽然它在计算上比式（17－23）快得多，但是在实际应用中仍需要相当长的时间才能计算出 $G(x)$的值。其次，除非已知或至少能相当精确地估计出 N 和 X_i的分布，否则不能使用该公式。

现在，我们假定关于 S 的全部已知信息或者能有把握估计的信息是 S 的均值和方差，因为许多不同的分布有着相同的均值和方差，所以单从这一信息无法计算 $G(x)$。在这种情况下计算 $G(x)$的一个明显的方法是假设 S 近似地服从正态分布。再正式一些说，就是令 $\Phi(Z)$为标准正态分布的分布函数，也就是均值为0、方差为1 的正态分布的分布函数。

即：

$$\Phi(Z) = \frac{1}{\sqrt{2\pi}}\int_{-\infty}^{z} e^{-\frac{x^2}{2}}dx$$

现在令μ、σ^2代表S的均值与方差。在探讨$G(x)$的正态近似中我们假设：S近似服从正态分布，其均值为μ，方差为σ^2。于是，对于所有的x：

$$G(x)=P(S\leqslant X)$$

$$=P(\frac{S-\mu}{\sigma}\leqslant\frac{x-\mu}{\sigma})\approx\Phi(\frac{x-\mu}{\sigma})$$

我们把这种采用正态分布作为$G(x)$的近似分布的方法称为正态近似。如此分析S的近似分布，其主要原因是：

（1）正态分布的概率值通过查统计表或通过标准的计算机软件包可以容易地获得。

（2）从式（17－21）中可知S是一些独立同分布的随机变量的和。根据中心极限定理，我们可以认为正态分布是一个不太差的选择。N（将求和的随机变量的个数）的（期望）值越大，其近似的精确度就越高。对复合泊松分布来说，λ的值越大，N的期望值越大，S的分布就变得越对称。

例 17－13

S服从复合泊松分布，参数为λ和$F(x)$，$F(x)$是一个帕累托分布的分布函数，其参数为4和3，假设S近似于正态分布，计算使下面各式成立的x值：

（1）$P(S\leqslant x)=0.95$

（2）$P(S\leqslant x)=0.99$

（Ⅰ）$\lambda=10$；　（Ⅱ）$\lambda=50$

解：对一个参数为4和3的帕累托分布来说，查表可知：

$$E(X)=1,\ Var(X)=2,$$

于是：

$$m_1=1,\quad m_2=3$$

（Ⅰ）$\lambda=10$

采用式（17－9）和式（17－10）得，S的均值和方差分别是：

$$\mu=\lambda m_1=10,$$

$\sigma^2=\lambda m_2=30$，即$\sigma=5.447$

因此，

$$P(S\leqslant x)\approx\Phi(\frac{x-10}{5.477})$$

（1）查表可得$\Phi(1.645)=0.95$，所以$\frac{x-10}{5.477}=1.645$

$$P(S\leqslant 19.01)\approx 0.95$$

即：　$x=19.01$

（2）因为：　$\Phi(2.326)=0.99$

所以：

$$P(S\leqslant 22.74)\approx 0.99$$

即：　$x=22.74$

（Ⅱ）$\lambda=50$

现在 S 的均值和方差分别是 50 和 150，按照（Ⅰ）中的步骤，可以得到：

（1）$P(S\leqslant 70.15)\approx 0.95$

（2）$P(S\leqslant 78.49)\approx 0.99$

像正态近似这样简单的方法也必然有它的缺陷。其中之一是：不论 μ 或 σ^2 为何值，正态近似会得出事件 $\{S>0\}$ 有正的、即非零的概率，虽然从式（17－1）和（所有索赔额均为非负值的）假设中我们可知这一概率应当为 0。

另一更重要的缺陷是：正态密度是对称的，即偏斜度为 0，而且它的右侧末端迅速趋向 0。这个末端就像 $\exp\left(\frac{-x^2}{2}\right)$ 一样变化，对许多均匀类型的保险来说，S 的分布有正的偏斜度（参考例 17－2 后的说明），且右侧末端拖得相当长，也就是说，非常高的索赔额具有一个相对高些的概率，对于这些类型的保险，正态近似趋于过低估计，当 x 值很大时的 $P(S>X)$。从保险人角度来看，这一特征不受欢迎，因为大额索赔在经济上非常重要。

我们看一下这两点与例 17－13 的关系。图 17－1 表明了 S 的分布函数，在例 17－13（Ⅰ）中它的参数 $\lambda=10$，通过在离散分化索赔额分布使用递推公式得到的分布函数以及通过正态近似求出的 S 的密度函数，可以发现，S 的密度的极右端要比正态近似的右侧末端平缓得多。图 17－2 显示了 $\lambda=50$ 时相应的密度，在这一情况下，因索赔次数的预期值要大，正态近似就更接近于实际分布，像所预言的那样。例 17－13 中近似求得的 S 的百分点的正确值（“正确”的含义是指在个体索赔额之后用前面的递推公式计算出来的）如下：

（Ⅰ）$\lambda=10$

$$P(S<20.0)=0.95\quad P(S<27.2)=0.99$$

（Ⅱ）$\lambda=50$

$$P(S<71.6)=0.95\quad P(S<83.9)=0.99$$

这些结果与我们在例 17－13 的答案中求得的结果和我们的假设是一致的，即我们假设沿着右侧末端越往前，索赔次数的期望值就越低，正态近似就可能与实际差越大。

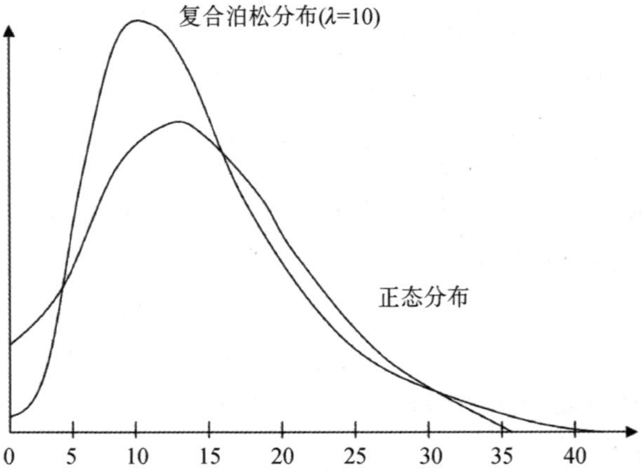

图 17－1　S 的分布函数（$\lambda=10$）

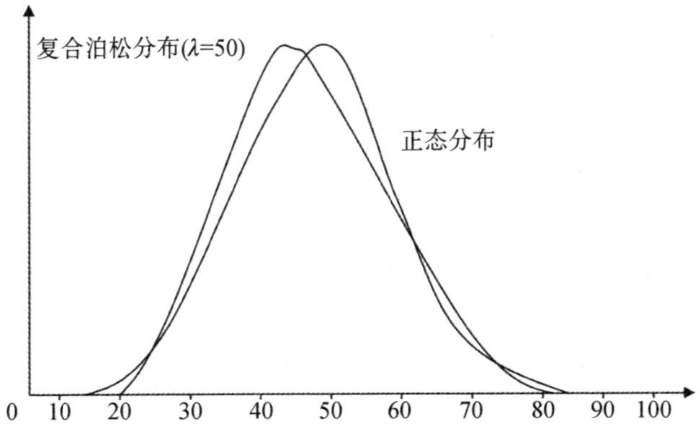

图 17－2　S 的分布函数（λ＝50）

三、G(x)的修正伽马近似

现在假设我们已知或有一定把握能够估计到 S 的一阶、二阶、三阶矩，而不只是前两阶矩。避免至少是过低估算末端概率问题的一个方法是采用修正的伽马分布作为 S 的近似分布，我们称之为修正的伽马近似。令 μ、σ^2、β 分别代表 S 的均值、方差和偏斜系数。在修正的伽马近似方法中，我们假设 S 与随机变量 $k+Y$ 的分布大致相同，k 是一常数，Y 服从伽马分布，参数为 α 和 δ。参数 k、α 和 δ 的选择是使 $k+Y$ 与 S 有着相同的前三阶矩，注意，我们现在采用的随机变量，是一个服从伽马分布的随机变量 Y，经过由一个正的或负的 k 值修正后的随机变量 $k+Y$。修正的伽马分布之所以比正态近似更合适是因为伽马分布的偏斜度为正，就像在许多实际情况下 S 的分布一样。读者可以回想一下我们前面讨论过的 S 的偏斜度。

例 17－14

试证：参数为 α 和 δ 的伽马分布的偏斜系数是 $2/\sqrt{\alpha}$。

证明：对于参数为 α 和 δ 的伽马分布，其密度函数是：

$$f(x)=\frac{\delta^{\alpha}}{\Gamma(\alpha)}x^{\alpha-1}\exp\{-\delta x\}$$

所以在 0 点的三阶矩是：

$$\int_0^{\infty}\frac{\delta^{\alpha}}{\Gamma(\alpha)}x^{\alpha+2}\exp\{-\delta x\}dx$$

比较一下被积函数和一个参数为 $\alpha+3$ 和 δ 的伽马密度函数在（0，$+\infty$）区间积分，而后者的积分值为 1，可得被积函数的积分等于：

$$\frac{\delta^{-3}\Gamma(\alpha+3)}{\Gamma(\alpha)}=\frac{\alpha(\alpha+1)(\alpha+2)}{\delta^{3}}$$

这一分布的均值和方差是 σ/δ 和 α/δ^2 所以三阶矩是：

$$\frac{\alpha(\alpha+1)(\alpha+2)}{\delta^{3}}-\frac{3\left(\dfrac{\alpha}{\delta}\right)\alpha(\alpha+1)}{\delta^{2}}+2\left(\frac{\alpha}{\delta}\right)^{3}=2\frac{\alpha}{\delta^{3}}$$

所以偏斜系数为：

$$\frac{2\alpha/\delta_3}{(\alpha/\delta^2)^{3/2}}=\frac{2}{\sqrt{\alpha}}$$

令 S 和 $k+Y$ 的均值方差和偏斜系数相等，得到如下 3 个公式：

$$\beta=\frac{2}{\sqrt{\alpha}}$$

$$\sigma^2=\frac{\alpha}{\delta^2}$$

$$\mu=k+\frac{\alpha}{\delta}$$

在上述公式中 α、δ 和 k 的值可以通过 β、σ^2 和 μ 的已知值计算出来。

用修正的伽马近似来代替正态近似，是因为这样求 $P(a<k+Y<b)$ 的值比求 $P(a<S<b)$ 的值要容易一些，伽马分布的概率在大多数计算机软件包里即可获得。在一些简单的案例中，还可能通过 χ^2 分布的概率表估计出伽马分布的概率。如果 Y 服从伽马分布 Gamma (α,δ)，并且 2δ 是一整数，那么 $2\delta Y$ 服从 $\chi^2_{2\alpha}$ 分布。这是我们经常用到的一个性质。即使 2α 不是整数，这仍然可以发挥作用。如例 17－15 所示：

例 17－15

同例 17－13，S 服从复合泊松分布，对于泊松参数 λ 的每一个值，计算 S 的修正伽马近似的分布参数，并使用 χ^2 表估计 x 值，使得：

（1）$P(S<x)=0.95$

（2）$P(S<x)=0.99$

解： 第一步计算 m_3，X_i 在 0 点的 3 阶矩，由公式可得：

$$m_3=\int_0^{\infty}4\times3^4x^3(3+x)^{-5}dx$$

重复进行分部积分可得 $m_3=27$：

由例 17－2 可知复合泊松分布的三阶矩是 λm_3，从而它的偏斜系数是 $\frac{\lambda m_3}{(\lambda m_2)^{3/2}}$

（Ⅰ）$\lambda=10$：

修正伽马分布的参数的公式为：

$$1.643=\frac{2}{\sqrt{\alpha}}$$

$$30=\frac{\alpha}{\delta^2}$$

$$10=\frac{\alpha}{\delta}+k$$

由此可验证：

$$\alpha=1.481$$

$$\delta=0.222$$

$$k = 3.333$$

此例中 $2\alpha = 2.962 \approx 3$，所以 $2\delta Y$ 与 χ_3^2 分布近似。

从而：
$$P(S < x) \approx P(3.333 + Y < x)$$
$$= P[0.444Y < 0.444(x - 3.333)]$$
$$= P[\chi_3^2 < 0.444(x - 0.333)]$$

（1）查表得 $P(\chi_3^2 < 7.815) = 0.95$

所以，$0.444(x - 3.333) = 7.815$

即：$x = 20.93$

（2）查表 $P(\chi_3^2 < 11.34) = 0.99$

所以，$P(S < 28.87) \approx 0.99$

即：$x = 28.87$

（Ⅱ）$\lambda = 50$

修正的伽马近似的参数如下：

$$\alpha = 7.407$$

$\delta = 0.222$（为什么与前面一样?）

$$k = 16.67$$

此例中 $2\alpha = 14.814$，所以 $2\delta Y$ 介于 χ_{14}^2 分布与 χ_{15}^2 分布之间，查表可知：

$$F(\chi_{14}^2 < 23.68) = 0.95 \qquad P(\chi_{14}^2 < 29.14) = 0.99$$
$$P(\chi_{15}^2 < 25.00) = 0.95 \qquad P(\chi_{15}^2 < 30.58) = 0.99$$

使用线性差值法：

$$P(2\delta Y < 24.75) \approx 0.95 \qquad P(2\sigma Y < 30.31) \approx 0.99$$
$$24.75 = 0.814 \times 25.00 + (1 - 0.814) \times 23.68$$

因为：$P(S < X) \approx P(2\sigma Y < 2\delta(x - k))$

所以，$P(S < 72.4) \approx 0.95 \qquad P(S < 84.94) \approx 0.99$

比较一下例 17 - 13 中由正态近似和修正的伽马近似估计的 S 的结果和例 17 - 13 的“正确值”，可以发现修正的伽马近似得出的结果更好。这是因为伽马分布的偏斜度为正，和 S 一样并且修正的伽马近似比正态近似需要更多的信息（即需要多一个矩）。图 17 - 3（$\lambda = 10$）和图 17 - 4（$\lambda = 50$）都表明了在例 17 - 13 和例 17 - 15 中研究的 S 和修正的伽马近似的密度。与图 17 - 1 和图 17 - 2 比较可以看到修正的伽马近似更精确，尤其在右侧末端。最后一点应注意的是，修正的伽马近似中，即使 S 分布在区间 $[0, \infty)$，k 有可能为负值。如果 k 为负，$P(S<0)$ 的修正伽马近似为非零值，即使我们知道这个概率的实际值是 0，这是正态近似常有的情况。

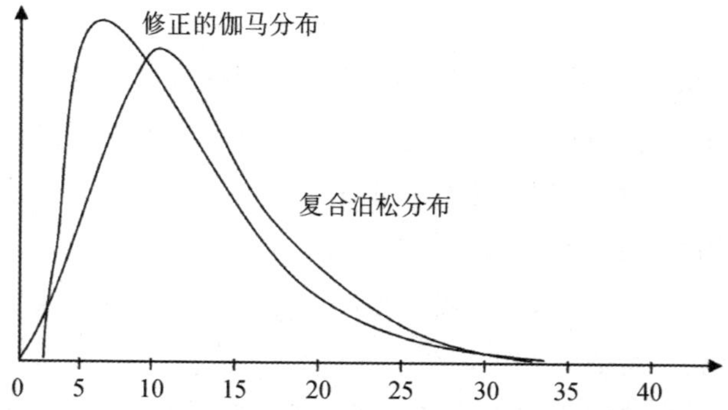

图 17－3 修正的伽马近似的密度（$\lambda=10$）

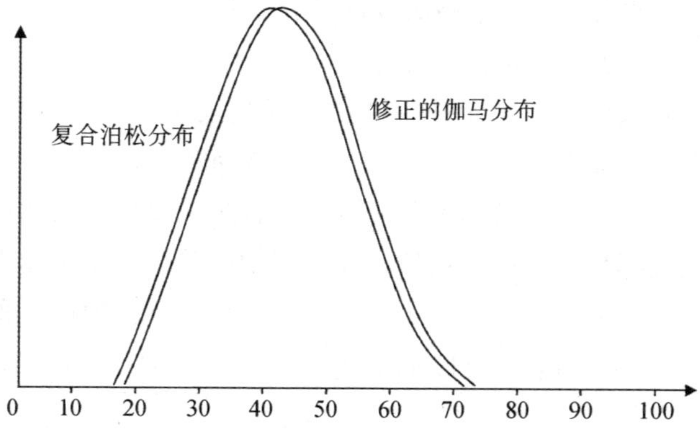

图 17－4 修正的伽马近似的密度（$\lambda=50$）

第四节 个体风险模型

在第二节集合风险模型中我们考虑了由某风险引发的索赔次数和索赔总额，我们还可以把风险看作一系列个体风险的组合。这样，索赔总额模型就是个体风险引发的索赔总和。个体风险又称作个体风险模型。在风险理论的发展过程中，这一方法出现于集合风险模型之前。这个模型并不比第二节中的理论应用了更多的东西。个体风险模型可由集合风险模型近似求出。

一、个体风险模型

这一模型下，我们考虑一个包括固定风险数目的组合，假定：

（1）这些风险是相互独立的；

（2）这些风险的索赔额并不是具有相同分布的随机变量；

（3）风险数目不随保险有效期变动而变动；

与过去一样，我们用 S 代表组合中的索赔总额：

$$S = Y_1 + Y_2 + \cdots + Y_N$$

Y_j代表第 j 个风险的索赔额，N 代表风险数目，某些风险不引发索赔也是可能的，所以 0 也是 $\{Y_i\}_{j=1}^{n}$的可能值。对于每一个风险，我们都做出如下假设：

——第 j 个风险 Y_j的索赔次数不是 0 就是 1　　(17－26)

——第 j 个风险的索赔的概率是 q_j　　(17－27)

如果在第 j 个风险下发生了索赔，我们用随机变量 X_j代表索赔额，令 F_j (x)、μ_j和 σ_j^2 分别代表 X_j的分布函数、均值和方差。

式（17－26）是一个非常严格的假设，它意味着在我们建立的模型中，每一风险的最大索赔为 1，如一年期保险的风险，但许多非寿险的保单就不是这样。例如，在对家庭财产保险中一个保单年度内发生的索赔次数就没有限制。

这个模型与集合风险模型有 3 个重要的区别：

（1）风险组合中的风险数目特定化。在集合风险模型中，无需特定这一数目，也不需假定这在保险有效期里保持不变［甚至不需假定 $N \sim b(n,q)$］。

（2）限定了每一个体风险引发的索赔次数。集合风险模型中没有这种限定。

（3）假设个体风险都是独立的，在集体风险模型中独立的是个体索赔额。

由假设式（17－26）和式（17－27）得出 $N_j \sim b(1,q_j)$，因而 Y_j服从复合二项分布；其个体索赔额分布如 X_j，我们立刻可以根据式（17－14）和式（17－15）得出：

$$E(Y_j) = q_j\mu_j \tag{17-28}$$

$$Var(Y_j) = q_j\delta_j + q_j(1-q)\mu_j^2 \tag{17-29}$$

S 是 n 个独立的服从复合二项分布的随机变量的和，在第二节中我们注意到并没有一个针对这一总和分布的一般结论，只有在一系列服从复合二项分布的随机变量独立同分布的情况下，我们才可说出这一总和的分布。在特定情况下虽然可以计算 S 的分布函数，但过程非常复杂；然而，我们可以很容易地求出 S 的均值和方差。

$$E(S) = E(\sum_{i=1}^{n} Y_i) = \sum_{i=1}^{n} E(Y_i) = \sum_{i=1}^{n} q_i\mu_i \tag{17-30}$$

根据个体风险的相互独立性，可以求出：

$$Var(s) = Var(\sum_{i=1}^{n} Y_i) = \sum_{i=1}^{n} Var(Y_j)$$

$$= \sum_{i=1}^{n} [q_j\sigma_j^2 + q_j(1-q_j)\mu_j^2] \tag{17-31}$$

当 $\{Y_i\}_{j=1}^{n}$是一个独立同分布的随机变量组成的序列时，每一张保单的 q_j、μ_i 和 σ_j^2 都相等，都是 q、μ 和 σ^2，而且 $F_j(x)$也独立于 j，成为 $F(x)$，所以 S 就服从复合二项分布，其二项参数为 n 和 q，个体索赔额的分布函数是 $F(x)$，在这一特例下，我们很容易得出集合风险模型，从式（17－30）和式（17－31）中可以发现：

$$E(S) = nq\mu$$

$$Var(S) = nq\sigma^2 + nq(1-q)\mu^2$$

它们分别与式（17－14）、式（17－15）对应。

例 17－16

某保险公司为一个公司的员工设计了一年期的团体人身保险，当一个员工死亡时，保险公司给该员工支付死亡抚恤金。保险公司把员工分成了 3 个年龄组，并且做出如下的假设：

（1）在任何一组中每个员工的死亡概率都相同；

（2）把一给定年龄组中每一员工的死亡抚恤金看作是随机变量，服从正态分布$N(\mu,\sigma^2)$；

（3）每个员工的死亡率是相互独立的。

表 17－1 提供了每一组员工的人数、死亡的概率和μ、σ^2值，计算一年中索赔总额的均值与方差。

表 17－1　员工人数、死亡概率和μ、σ^2的值

年龄	员工人数	死亡概率	μ	σ^2
25～40	2 500	0. 0007	12 000	3 000
41～50	2 000	0. 0025	15 000	122 400
51～60	1 500	0. 0085	18 000	4 000

解：共有 6 000 人，有 6 000 个个体风险，令 S 代表索赔总额，令 Y_i代表 25～40 年龄组每人的索赔额。由式（17－28）和式（17－29）：

$$E(Y_i)=0.0007\times 12\,000=8.4$$

$$Var(Y_i)=0.0007\times 3\,000+0.0007\times 0.9993\times 12\,000^2$$
$$=1.0073\times 10^5$$

令 Y_i代表 41～50 年龄组每人的索赔额，令 Y_k代表 41～50 年龄组每人的索赔额。计算后得：

$$E(Y_i)=37.5\qquad Var(Y_i)=5.6110\times 10^5$$

$$E(Y_k)=153\qquad Var(Y_k)=27.306\times 10^5$$

现在，Y_i表示 2 500 个独立个人的单个索赔额，所以这些个人的索赔总额的均值与方差分别是 2 500$E(Y_i)$ 和 2 500$Var(Y_i)$。其他两组也经过相同的运算，于是：

$$E(S)=2\,500E(Y_i)+2\,000E(Y_i)+1\times 1\,500E(Y_k)=325\,500$$

$$Var(S)=2\,500(Y_i)+2\,000Var(Y_i)+1\,500Var(Y_k)=54.7\times 10^8$$

二、集合风险模型近似

可以通过复合泊松分布近似求 S 的分布，近似的方法是用 $P(q_i)$ 的分布代替 N_i 的 $b(1,q_i)$分布。如果 q_i很小，这种近似是合理的，这可以通过下表来说明，表 17－2 给出了不同 q_i值的分布下 N_i的一些概率。

表 17－2　　不同 q_i 值的分布下 N_i 的一些概率

	$P(N_j=0)$	$P(N_j=1)$	$P(N_j>1)$
$b(1,0.01)$ $P(0.01)$	0.99 0.99005	0.01 0.00990	0 0.00005
$b(1,0.1)$ $P(0.1)$	0.9 0.90484	0.1 0.09048	0 0.00468
$b(1,0.5)$ $P(0.5)$	0.5 0.60653	0.5 0.30327	0 0.09020

可以看到当 q_j 很“小”如 0.01、0.1 时，两个分布的概率非常接近，但是当 q_j 变“大”时如 $q_j=0.5$，泊松分布的概率与二项分布的概率就有较大的差额了。

我们用 $\tilde{S}$ 的分布近似求 S 的分布，其中，

$$\tilde{S} = \sum_{j=1}^{n} \tilde{Y}_i$$

每一个 $\tilde{Y}_i$ 都服从复合泊松分布，而此泊松分布的泊松参数为 q_j，个体索赔额分布函数为 $F_j(x)$。复合泊松分布具有可加性，即独立的复合泊松随机变量之和，也是一个服从复合泊松分布的随机变量，所以 $\tilde{S}$ 服从复合泊松分布，其泊松参数为 Q，索赔额分布函数为 $F(x)$，在这里：

$$Q = \sum_{j=1}^{n} q_j$$

$$F(x) = \frac{1}{Q}\sum_{j=1}^{n} q_j F_j(x)$$

$F(x)$的均值是：

$$\frac{1}{Q}\sum_{j=1}^{n} q_j\mu_j^2 \tag{17-32}$$

二阶原点矩（我们需要找出 $\tilde{S}$ 的方差）是：

$$\frac{1}{Q}\sum_{j=1}^{n} q_j(\delta_j^2 + \mu_j^2) \tag{17-33}$$

因为 $\tilde{S}$ 是服从复合泊松分布的随机变量：

$$E(\tilde{S}) = \sum_{j=1}^{n} q_j\mu_j^2, Var(\tilde{S}) = \sum_{j=1}^{n} q_j(\delta_j^2 + \mu_j^2)$$

分别将这些表达式与式（17－30）和式（17－31）比较一下。注意：

$$E(\tilde{S}) = E(S)$$

但是，

$$Var(\tilde{S}) = Var(S) + \sum_{j=1}^{n} q_j \mu_j^2$$

所以 S 的近似分布与原分布有相同的均值，但方差要大于原分布，因为每个 N_j 的近似分布的方差都大于其原方差，所以导致了总和方差的增大。

例 17－17

用集合风险模型近似求例 17－16 中的个体风险模型。

解：集合风险模型中的泊松参数是：

$$q = 2\,500 \times 0.0007 + 2\,000 \times 0.0025 + 1\,500 \times 0.0085$$
$$= 19.5$$

通过式（17－32）求出个体索赔额的均值是：

$$\frac{1}{Q}\{2\,500 \times 8.4 + 2\,000 \times 37.5 + 1\,500 \times 153\}$$

从而 $E(S) = 325\,500$（和预期相同）

通过式（17－33），个体索赔额分布的二阶原点矩是：

$$\frac{1}{Q}[2\,500 \times 0.0007 \times 144\,003\,000) + (2\,000 \times 0.0025 \times 225\,003\,500) + 1\,500 \times 0.0085 \times 324\,004\,000]$$

从而 $Var(S) = 5.5081 \times 10^{11}$ 保留 5 位有效数字。

说明：同预料的一样，方差超过了例 17－16 解中的值，但是近似值仅超出了准确值的 0.7%。

三、概率计算

计算个体风险模型的索赔总额的近似值比较容易，在计算机中最易推广实用的近似法是正态近似。但是在计算机的帮助下，使用第三节中推导出的递推公式来计算近似的复合泊松分布也比较简单。

例 17－18

使用正态近似法计算例 17－16 中团体人身保险保单的索赔总额超过 500 000 的概率。

解：假设 S 服从正态分布，其均值为 325 500，方差为 512.32×10^8。于是：

$$P(S > 500\,000) = P(Z > 2.359) \qquad Z \sim N(0,1)$$
$$= 1 - \Phi(2.359)$$
$$= 1 - 0.991$$
$$= 0.009$$

例 17－19

某寿险公司发行了大量的保险金额不同的一年期保险单，表 17－3 列出了每张保单的保险金额、每一保险金额的被保险人人数以及相应的索赔概率。

该公司为保险这个组合收的全部保费为 1 135 000 元。

表 17－3 保单的保险金额被保险人人数和索赔概率

保险金额（元）	被保险人人数	索赔概率
10 000	1 000	0.0040
20 000	1 500	0.0035
100 000	2 500	0.0030

（1）令随机变量 S 代表一年中该组合的全部索赔额。

（a）假设在每一保险金额上的死亡人数服从泊松分布，计算 S 的均值、方差和偏斜系数。

（b）假设 S 服从修正的伽马分布，使用下面的信息估计 S 超过公司所收保费的概率。

$$P(\chi_{60}^2 > 75) \approx 0.1 \quad 及 \ P(\chi_{70}^2 > 75) \approx 0.3$$

（c）假设 S 服从正态分布，计算 S 超过保费的概率。

（2）寿险公司希望为这些保单安排了再保险，自留额限额 M 在 20 000 ~ 100 000 元之间。再保险保费是再保险人所付索赔额预期成本的 130%，令随机变量 $S(M)$ 表示在给定了寿险公司所付索赔总额 M 的情况下再保险公司面对的索赔额。

（a）证明：$E[S(M)] = 145\ 000 + 7.5M$；

（b）推出 $S(M)$ 方差的表达式；

（c）假设 $S(M)$ 服从正态分布，求 M 的值，使得 $S(M)$ 与再保险保费的和超过 1 135 000 元的概率最小。

解：（1）假设每一保险金额下的索赔次数服从泊松分布，其参数等于索赔的预期件数。因此，在这三组保险金额下，索赔总额的分布服从复合泊松分布（个体索赔大小确定的情况下）。根据复合泊松分布的可加性，S 也服从复合泊松分布，其泊松参数为 16.75（即 4 + 5.25 + 7.5），索赔额分布如下：

$$P（索赔额 = 10\ 000） = \frac{4}{16.75}$$

$$P（索赔额 = 20\ 000） = \frac{5.25}{16.75}$$

$$P（索赔额 = 100\ 000） = \frac{7.5}{16.75}$$

（a）以万元为单位计算，上述个体索赔额分布的前三阶原点矩是：

$$\frac{1 \times 4 + 2 \times 5.25 + 10 \times 7.5}{16.75} = \frac{89.5}{16.75}$$

$$\frac{1^2 \times 4 + 2^2 \times 5.25 + 10^2 \times 7.5}{16.75} = \frac{775}{16.75}$$

$$\frac{1^3 \times 4 + 2^3 \times 5.25 + 10^3 \times 7.5}{16.75} = \frac{7546}{16.75}$$

使用式（17－9）、式（17－10）和例 17－2 中的结论，均值、方差和三阶中心矩分别是 89.5×10^4、715×10^8 及 7546×10^{12}，偏斜系数是 0.3498。

(b) 使用例 17-15 中的方法，计算修正的伽马近似分布，其参数为：

$0.3498=\frac{2}{\sqrt{\alpha}}$, $\Rightarrow\alpha=32.69$

$775\times10^{8}=\frac{\alpha}{\delta^{2}}$, $\Rightarrow\delta=0.2054\times(-4)$

$89.5\times10^{4}=\frac{\alpha}{\delta}+k$, $\Rightarrow\delta=-69.70\times4$

使用修正的伽马分布意味着假设 S 近似等于 $Y+k$ 的分布，Y 服从伽马分布 Gamma（32.69，0.2054×10^{-4}）分布，现在利用 $2\delta Y$ 服从 $\chi^2_{2\alpha}$ 分布的事实来计算 $P(S>1\ 135\ 000)$。在这例中，$2\alpha=65.38$ 不是整数。所以必须在 $\chi^2_{2\alpha}$ 和 $\chi^2_{2\alpha}$ 之间用线性差值法。

$$\begin{aligned}P(S>1\ 135\ 000)&\approx P(Y+K>1\ 135\ 000)\\&=P(Y>1\ 832\ 000)\\&=P(\chi^2_{65.38}>75.26)\end{aligned}$$

因为 65.38 大致在 60 和 70 的中间，可用已知的信息得出这一概率大约是 0.2。

(c) 假设 S 服从正态分布，我们用通常的做法计算所求概率：

$$\begin{aligned}P(S>1\ 135\ 000)&=P\left(\frac{S-895\ 000}{\sqrt{775}\times10^{4}}>\frac{1\ 135\ 000-895\ 000}{\sqrt{775}}\times10^{4}\right)\\&=P\left(\frac{S-895\ 000}{\sqrt{775}\times10^{4}}>0.862\right)\\&=0.194\end{aligned}$$

(2) (a) $S(M)$ 服从复合泊松分布，参数为 16.75（与 S 的一样），个体索赔额分布如下：

$$P(\text{索赔额}=10\ 000)=\frac{4}{16.75}$$

$$P(\text{索赔额}=20\ 000)=\frac{5.25}{16.75}$$

$$P(\text{索赔额}=M)=\frac{7.5}{16.75}$$

这与 S 分布的唯一的差别在于现在最高的个体索赔额是 M 而不是 100 000 元。我们按一般的方法计算 $S(M)$ 的矩：

$$\begin{aligned}E[S(M)]&=16.75(10\ 000\times4+20\ 000\times5.25+M\times7.5)/16.75\\&=145\ 000+7.5M\end{aligned}$$

(b)
$$\begin{aligned}Var[S(M)]&=16.75(10\ 000^{2}\times4+20\ 000^{2}\times5.25+M^{2}\times7.5)/16.5\\&=25\times10^{8}+7.5M^{2}\end{aligned}$$

(c) 再保险人所付的索赔总额服从泊松分布参数为 16.75 个体索赔额分布如下：

$P(\text{索赔额}=0)=(4+5.25)/16.75$

$P(\text{索赔额}=100\ 000-M)=7.5/16.75$

再保险保费即：

$$1.3\times16.75\times(0\times9.25+(100\ 000-M)\times7.5/16.75=975\ 000-9.75M$$

求出 M 的值，使：

$$P[S(M)+975\ 000-9.75M>1\ 135\ 000]$$

最小。由于 $S(M)$ 假定为服从正态分布，所以这个概率可以重写为：

$$P\left[\frac{S(M)-145\ 000-7.5M}{\sqrt{25\times10^8+7.5M^2}}>\frac{15\ 000+2.25M}{\sqrt{25\times10^8+7.5M^2}}\right]$$

上述不等式左侧包含 S（的表达式），是一个标准正态随机变量。使概率最小的 M 即为使：

$$\frac{15\ 000-225M}{\sqrt{25\times10^8+7.5M^2}}$$

最大的 M。

我们定义这个表达式为 h（M）。使 h（M）最大化的 M 的值可以通过求 h（M）的导数并使导数等于 0 的方法求出，具体地：

$$\frac{d}{dM}h(M)=\frac{(25\times10^8+7.5M^2)\times2.25-(15\ 000+2.25M)\times7.5M}{(25\times10^8+7.5M^2)^{1.5}}$$

令 $\frac{d}{dM}h(M)=0$，得：

$(25\times10^8+7.5M^2)\times2.25-(15\ 000-2.25M)\times7.5M=0$

$M=50\ 000$

因为只有一个驻点，所以验证 M 确实使 $h(M)$ 达到最大值而不是最小值的最简单的方法，就是计算 $h(50\ 000)$ 和 $h(M)$ 在其他两个 M 点的值是否分别在 50 000 的两侧。例如验证下列 3 个值：

$h(20\ 000)=0.809$

$h(50\ 000)=0.875$

$h(100\ 000)=0.862$

因此，$M=50\ 000$ 确实使 $h(M)$ 最大，从而使 $S(M)$ 与再保险保费之和超过寿险公司保费的概率最小。

说明：

（1）注意我们已经使用了集合风险模型而不是个体风险模型来计算 S 的矩，这样做的原因是：

①使用 S 和 S（M）的复合泊松分布使我们可以用求这些变量矩的简单公式，尤其是三阶矩。②在这个问题里，矩的近似值都接近于确切值（应该已经从例 17－17 中得出这个结论）。如果我们马上用个体风险模型做一遍，很快就会发现结果确实非常实用。

（2）修正的伽马近似和正态近似给出了（Ⅰ）中 S 超过公司保费收入的概率近似值。这是因为：①S 的偏斜系数相当低，0.3478；并且②近似的伽马分布与有相当高的自由度

65.38 的χ^2分布相等。自由度 n 越高，χ_n^2 分布就越接近于正态分布。

（3）（Ⅱ）中最小化的概率对 M 的值不是非常敏感。从表 17－4 中可以看出来：

表 17－4　　M 的值与其对应的概率

M	概率
20 000	0.209
50 000	0.191
100 000	0.194

换句话说，再保险最多可以把概率从 0.194 降到 0.191。但是这不是说再保险的整体作用可以忽略。让我们看一下对寿险公司的预期利润的作用：预期利润＝1 135 000，再保险保费－$E[S(M)]$数据具体如表 17－5 所示。

表 17－5　　M 的值与其对应的预期净利润

M	预期净利润
20 000	60 000
50 000	127 500
100 000	24 000

从这些数据中可以清楚地看出 M 的选择对寿险公司是很重要的。

第五节　参数变动与不确定性

前面已研究的风险模型，其假设是索赔次数和每单笔索赔额的有关参数，如矩或某些分布情况是已知的。具体实践中，我们很可能不知道这些参数，而只能从已有数据中估计它们。我们将探讨在允许相关参数变动的情况下将前面研究的模型予以推广。我们将通过一系列例子做相应的说明。大部分（但不是全部的）例子将考虑索赔次数分布的不确定性，因为比起单笔索赔额的分布，这一分布在精算中更受重视。所有的例子都建立在索赔次数服从泊松分布的基础上，就像我们前面所看到的，这是因为泊松分布比其他索赔次数分布能导出更简单的结论。然而，我们的基本思路也适用于其他索赔次数分布。

一、异质保单组合的变动

让我们考虑一个由几张独立保单组成的组合。第 i 张保单的索赔总额记为随机变量 S_i，其中 S_i服从参数为 λ 和 $F(x)$的复合泊松分布。注意，为了简便，所有保单的单笔索赔额都服从同样的分布 $F(x)$。在本例中我们假设单笔索赔额的分布，即 $F(x)$是已知的，但是泊松分布的参数值即 λ_i是未知的。我们假设这些 λ_i是独立同分布的随机变量。换而言之，我们把$\{\lambda_i\}_{i=1}^{n}$当作服从于一已知分布的独立同分布随机变量的集合。这意味着，如果我们从组合中随机选到一张保单，假设我们不知道该保单的泊松分布参数但我们可以进行概率的描述。例如，“其泊松参数在3~5之间的概率为50%”。我们要明白，从组合中选取的保单的泊松参数是一个固定数字，问题是我们不知道这个数字。

例17-20

假设一保险组合中保单的泊松参数未知，但等于0.1和0.3的可能性相等。

（1）求从组合中随机选取的一张保单的索赔总额的均值和方差（用m_1和m_2表示）。

（2）求组合的索赔总额的均值和方差（以m_1、m_2和n的表达式来表示）。

说明：我们可以把它设想为汽车保险组合的一部分。整个组合中的保单已经按照不同分类因素，如“司机年龄”“汽车型号”甚至“历史索赔经历”的值进行了细分。按这些分类因素，我们考虑的组合中这部分保单在同一个组（在分类因素方面的值相同）。然而，某些因素，例如“驾驶能力”，不易衡量，我们也就不能明确地考虑它们。我们假设组合中这部分的某些被保险人是“好”司机，其余的是“差”司机。对所有司机而言单笔索赔额的分布是相同的，但是“好”司机的索赔次数（平均每年0.1起）少于差司机（平均每年0.3起）。我们假设，通过某些资料数据中得知，这部分的被保险人是“好”司机或“差”司机的可能性相同，我们无法确认某一特定被保险人是“好”司机还是“差”司机。

解：令组合中第i张保单的泊松参数为λ_i，$i=1$，$2\cdots$

我们将$\{\lambda_i\}_{i=1}^{\infty}$视为服从下列分布的独立同分布随机变量：

$$P(\lambda_i=0.1)=0.5$$

$$P(\lambda_i=0.3)=0.5$$

由此我们检查一下是否有：

$$E(\lambda_i)=0.2$$

$$Var(\lambda_i)=0.01$$

（1）我们可以在已知λ_i值的条件下计算S_i的矩。因为$S_i\mid\lambda_i$服从复合泊松分布，我们可用式（17-9）和式（17-10）写出：

$$E(S_i)=E[E(S_i|\lambda_i)]=E(\lambda_i m_1)=0.2m_1$$

$$\begin{aligned}Var(S_i)&=E[Var(S_i|\lambda_i)]+[E(S_i|\lambda_i)]\\&=E(\lambda_i m_2)+Var(\lambda_i m_1)\\&=0.2m_2+0.01\,m_1^2\end{aligned}$$

（2）随机变量$\{S_i\}_{i=1}^{n}$独立且同分布，每一随机变量都服从（1）给出的S_i分布。因此，我们可采用上述（1）中的结论，得出：

$$E\left(\sum_{i=1}^{n}S_i\right)=nE(S_i)=0.2nm_1$$

$$Var\left(\sum_{i=1}^{n}S_i\right)=nVar(S_i)=0.2nm_2+0.01nm_1^2$$

例17-21

假设独立保单的泊松参数服从参数为α和δ的伽马分布gamm（α，δ）分布。求从组合中随机选取的一张保单的索赔次数分布。

解： 令组合中第 i 张保单的索赔次数为 N_i，其泊松参数记为 λ_i。则 N_i 服从参数为 λ_i 的泊松分布。但问题（由假设而来）是，我们不知道 λ_i 值。我们知道的只是 λ_i 服从的分布。这一问题可总结如下：

已知：$N_i | \lambda_i \sim P(\lambda_i)$　且 $\lambda_i \sim G(\alpha, \delta)$，求 N_i 的边际分布。

按通常的办法，对于 $x = 0$，1，2，…

$$P(N_i = x) = \int_0^{\infty} \exp\{-\lambda\} \frac{\lambda^x}{x!} \frac{\delta^{\alpha}}{\Gamma(\alpha)} \lambda^{\alpha-1} \exp\{-\delta\lambda\} d\lambda$$

$$= \frac{\delta^{\alpha}}{\Gamma(\alpha) x!} \int_e^{\infty} \exp\{-\lambda(\delta+1)\} \lambda^{x+\alpha-1} d\lambda$$

通过与具有 gamma 密度函数的被积函数进行比较，得：

$$P(N_i = x) \frac{\delta^{\alpha}}{P(\alpha) x!} \frac{P(x+\alpha)}{(\delta+1)(x+1)^{x+\alpha}}$$

它表明 N_i 的边际分布服从于参数的 α 和 $\frac{\delta}{\delta+1}$ 的负二项分布。

说明：如果我们觉得上述例子似曾相识，那就对了，它同例 17－13 完全一样。注意边际分布的均值是 $\frac{\alpha}{\delta}$，它可视为保险组合中 λ 的均值。注意，边际分布的均值即是 $G(\alpha, \delta)$ 的均值。然而，N_i 边际分布的方差是 $\frac{\alpha\ (\delta+1)^2}{\delta^2}$，大于 $\frac{\alpha}{\delta}$，即泊松参数为 $\frac{\alpha}{\delta}$ 的泊松分布的方差。与泊松分布相比，“额外方差”是组合中某一特定保单的 λ 值不确定的结果。

二、同质保单组合的变动性

我们看一个不同的例子。像以前一样，我们假设有一个 n 张保单组成的组合。一张保单的索赔总额服从参数为 λ 和 $F(x)$ 的复合泊松分布。这些参数对组合中所有的保单而言是相同的。如果我们知道 λ 值，则不同保单的索赔总额相互独立。我们假设，不知道 λ 的值，也许是因为它每年都在变，但我们知道 λ 落在给定值域内的概率。如同在前例中，为了简化我们假设单笔索赔额 $F(x)$ 的矩或分布没有不确定性。我们通过把 λ 看成（服从已知分布的）随机变量来建立 λ 值不确定性的模型。

例 17－22

假设泊松参数 λ 等于 0.1 和 0.3 的概率相等。

（1）计算从组合中随机选取的保单的索赔总额的均值和方差（以 m_1 和 m_2 表示）。

（2）计算整个组合的索赔总额的均值和方差（以 m_1、m_2 和 n 的表达式来表示）。

解： 使用和以前一样的记录符号。令组合中第 i 张保单的索赔总额记为 S_i，我们可将情况总结如下：

随机变量 $\{S_i | \lambda\}_{i=1}^{n}$ 是独立同分布的，每一随机变量服从参数为 λ 和 $F(x)$ 的复合泊松分布。随机变量 λ 服从下列分布：

$$P(\lambda=0.1)=0.5,\quad P(\lambda=0.3)=0.5$$

（1）通过给定 λ 值为条件的条件概率，我们有：

$$E(S_i)=E[E(S_i|\lambda)]=E(\lambda m_1)=0.2m_1$$

$$\begin{aligned}Var(S_i)&=E[Var(S_i|\lambda)]+Var[E(S_i|\lambda)]\\&=E(\lambda m)+Var(\lambda m_1)\\&=0.2m_2+0.01m_1^2\end{aligned}$$

（2）$E(\sum_{i=1}^{n}S_i)=nE(S_1)=0.2nm_1$（因为 $\{S_i\}_{i=1}^{n}$同分布）

$$\begin{aligned}Var(\sum_{i=1}^{n}S_i)&=E\{Var(\sum_{i=1}^{n}S_i\mid\lambda)+Var[E(\sum_{i=1}^{n}S_i\mid\lambda)]\}\\&=E(n\lambda m_2)+Var(n\lambda m_1)\\&=0.2nm_2+0.01nm_1^2\end{aligned}$$

说明：我们应该把上述例题的解答和例 17－20 的解答进行比较。均值在所有情况下都是一样的，只考虑一张保单时方差也一样［如第（1）部分］。当我们考虑多于一张保单时［如第（2）部分］情况就不同了，第二个例子中方差更大一些。弄清两个例子的差别（和相似点）是很重要的，第二个例子适合的实际情况是承保某一特定区域房屋的保单组合。索赔的次数（除其他因素外）依赖于一年中的天气。对所有的保单而言，异常多的风暴将导致高的索赔次数期望值（即高的 λ 值）。

三、索赔次数与索赔额的可变性和参数的不确定性

这一部分内容包括另外两个例子。

第一个是涉及索赔次数和索赔额不确定性的复杂情况。

例 17－23

一家保险公司使用以下假设确定家庭保单的风暴灾害索赔。

假设每年发生的风暴数目 K 服从参数为 λ 的泊松分布，假设第 i 次风暴引起的索赔次数 $N_i(i=1,2,\cdots K)$服从参数为 Θ_i的泊松分布；

假设参数 $\Theta_i(i=1,2,\cdots K)$为独立且同分布的随机变量，$E(\Theta_i)=n,Var(\Theta_i)=s_1^2$；假设第 i 次风暴引起的第 j 起索赔的索赔额 $X_{ij}(j=1,2,\cdots,N_i)$服从参数为 μ_i和 σ 的对数正态分布，σ 已知；

假设平均索赔额 $\Lambda_i=\exp(\mu_i+\sigma^2/2)$ 独立且同分布的随机变量，其均值为 p，方差为 s_2^2；

假设 Θ_i和 Λ_i是独立的。

（1）证明：

$$E[X_{ij}]=p,且\ Var[X_{ij}]=\exp\{\sigma^2\}(p^2+s_2^2)-p^2$$

（2）令 S_i表示第 i 次风暴引起的索赔总额，$S_i|\{\Theta_i,\Lambda_i\}$ 是服从复合泊松分布的随机变量。证明：

$$E[S_i] = np$$

且：
$$Var[S_i] = (p^2 + s_2^2)(n^2 + s_1^2 + n\exp\{\sigma^2\}) - n^2p^2$$

（3）求所有风暴引起的索赔总额的均值和方差的表达式。

说明：注意，因为Λ_i是随机变量，且σ已知，参数μ_i可视为随机变量。不仅仅使用μ_i而引入Λ_i，是因为使用Λ_i会导出简单一些的公式，我们将在解答中看到。

解：

（1）
$$E[X_{ij}] = E[E(X_{ij} | \Lambda_i)] = E(\Lambda_i) = p$$

$$\begin{aligned}Var(X_{ij}) &= E[Var(X_{ij} | \Lambda_i)] + Var[E(X_{ij} | \Lambda_i)] \\ &= E[\Lambda_i^2(\exp\{\sigma^2\} - 1)] + Var(\Lambda_i) \\ &= (p^2 + s_2^2)(\exp\{\sigma^2\} - 1) + s_2^2 \\ &= (p^2 + s_2^2)\exp\{\sigma^2\} - p^2\end{aligned}$$

（2）因为Θ_i和Λ_i是独立的，所以：

$$E[S_i] = E[E(S_i | \Theta_i \cdot \Lambda_i)] = E(\Theta_i \cdot \Lambda_i) = np$$

而$S_i | \{\Theta_i\Lambda_i\}$服从复合泊松分布，故：

$$Var(S_i | \Theta_i \cdot \Lambda_i) = \Theta_i E(X_{ij}^2 | \Lambda_i) = \Theta_i [Var(X_{ij} | \Lambda_i) + E(X_{ij} | \Lambda_i)]$$

且：

$$E[Var(S_i | \Theta_i \cdot \Lambda_i)] = n(p^2 + s_2^2)\exp\{\sigma^2\}$$

另外，

$$\begin{aligned}Var[E(S_i | \Theta_i \cdot \Lambda_i)] &= Var(\Theta_i \cdot \Lambda_i) \\ &= E(\Theta_i^2 \cdot \Lambda_i^2) - n^2p^2 \\ &= (n^2 + s_1^2)(p^2 + s_2^2) - n^2p^2\end{aligned}$$

将最后两个结果放在一起，则：

$$Var(S_i) = (n^2 + s_1^2)(p^2 + s_2^2) - n^2p + n(p^2 + s_2^2)\exp\{\sigma^2\}$$

（3）令R表示所有风暴引起的年度索赔总额的随机变量，则R可以写成：

$$R = \sum_{i=1}^{K} S_i$$

其中，K服从泊松分布，$\{S_i\}$为独立同分布的随机变量。因此，R服从复合泊松分布，且$E(R) = \lambda E(S_i) = \lambda np$：

$$\begin{aligned}Var(R) &= \lambda E(S_i^2) = \lambda[Var(S_i) + E(S_i)^2] \\ &= \lambda(p^2 + s_2^2)(n^2 + s_1^2 + n\exp\{\sigma^2\})\end{aligned}$$

说明：虽然这个例子有些复杂，但它实际是风灾索赔中所使用模型的简化。在真实模型中，Θ_i与Λ_i并非独立，而是正相关的。换言之，就是假设某一特定风暴的较高的索赔次数也意味着较大的平均索赔额。注意以Λ_i而不以μ_i建立模型的优点是在给定Λ_i时，X_{ij}的方差可以写成：

$$Var(X_{ij} | \Lambda_i) = \Lambda_i^2(\exp\{\sigma^2\} - 1)$$

例 17－24

一家保险公司每年都发行一定数量的家庭保单，每张保单的年保费为 80。单张保单的年度索赔总额服从复合泊松分布，泊松参数为 0.4，每笔索赔的数额服从参数为 α 和 λ 的伽马分布 Gamma(α,λ)。处理一笔索赔的费用是不变地分布于 50 至 b（>50）之间的随机变量，费用的数量独立于相关的索赔额。随机变量 S 代表一年内的索赔总额和费用，可以假设 S 近似地服从正态分布。

（1）假设 $\alpha=1$，$\lambda=0.01$，$b=100$。

证明：公司为了至少有 99% 的把握使保费收入超过索赔额和费用，必须一年至少卖出 884 张保单。

（2）现假设 α、λ 和 b 值不能被确切地知道，但可能是以下范围的任意一值。

$$0.95\leqslant\alpha\leqslant1.05;$$
$$0.009\leqslant\lambda\leqslant0.011;$$
$$90\leqslant b\leqslant110$$

考虑最坏可能的 α、λ 和 b 值组合，计算公司为了至少有 99% 的把握使保费收入超过索赔和费用而必须卖出的保单数。

解：令 X_i表示第 i 起索赔的数额，Y_i表示与之相联系的费用。令 N 表示组合的索赔总次数，n 表示组合中的保单数。那么 N 服从参数为 $0.4n$ 的泊松分布，S 可写为：

$$S=\sum_{i=1}^{N}(X_i+Y_i)$$

其中，$\{X_i+Y_i\}_{i=1}^{\infty}$是一系列独立且同分布的随机变量，独立于 N。由此我们可发现 S 服从复合泊松分布，(X_i+Y_i) 代表"第 i 次单笔索赔的数额"。现在我们可写出 S 的矩的下列公式：

$$E(S)=0.4nE(X_i+Y_i)$$
$$Var(S)=0.4nE[(X_i+Y_i)^2]$$

若用 α、λ 和 b 表示，X_i 和 Y_i 的矩为：

$$E(X_i)=\frac{\alpha}{\lambda}$$
$$E(Y_i)=\frac{(b+50)}{2}$$
$$E(Y_i^2)=\frac{b^2+50b+2500}{3}$$
$$E(X_iY_i)=E(X_i)E(Y_i)$$

其中，最后一个关系式由 X_i 和 Y_i 的独立性得出。

（1）现在将：

$$\alpha=1;\ \lambda=0.01;\ b=100$$

代入这些公式，得：

$$E(S)=70n,\quad Var(S)=127.80^2n$$

因此，均值为 $70n$，标准差为 $127.80\sqrt{n}$ 的正态分布为 S 的近似分布。保费收入为 $80n$，我们要找到满足下式的 n 的最小值：

$$P\ (S<80n)\ \geqslant 0.99$$

按正态分布的一般方法标准化 S，则：

$$P\left(\frac{S-70n}{127.80\sqrt{n}}<\frac{80n-70n}{127.80\sqrt{n}}\right)\geqslant 0.99$$

标准正态分布 99% 可能性的上界为 2.236，所以 n 的条件是：

$$\frac{80n-70n}{127.80\sqrt{n}}\geqslant 2.326$$

则：

$$n\geqslant 883.7$$

或

$$n\geqslant 884$$

即得最接近整数值。

（2）对于保险公司而言，α、λ 和 b 值的最坏可能的组合是给予 $E\ (S)$ 和 $Var\ (S)$ 最大可能值的组合。我们令 μ 和 σ 表示单张保单的索赔总额和费用的均值和标准差。μ 和 σ 是 α、λ 和 b 的函数，且：

$$E(S)=n\mu,Var(S)=n\sigma^2$$

按（1）相同的步骤，n 满足条件：

$$\frac{(80-\mu)\sqrt{n}}{\delta}\geqslant 2.326$$

变换为：

$$n\geqslant\left(\frac{2.326\sigma}{80-\mu}\right)^2$$

因此，n 最大值可由 μ 和 σ 的最大值得来（假设 μ 的最大值小于 80）现在记下：

$$\mu=0.4E(X_i+Y_i)$$

$$\sigma^2=0.4E[(X_i+Y_i)^2]$$

从以上给出的 X_i 和 Y_i 的矩值的公式，我们应该能看出当 α、b 最大而 λ 最小时，$\alpha=1.05$，$\lambda=0.009$，$b=110$，μ 和 σ 最大，即这一数值组合使：

$$\mu=78.67 \qquad \sigma=144.14$$

所以 n 至少等于 612.2446 才能使保险公司有至少 99% 的把握使保费收入超过索赔和费用。

说明：例题中的（1）是风险理论中典型的例子，其中假设已知 α、λ 和 b，实际中，这些参数值不会确切地知道而必须进行估计，或者使用已知数据从统计上估计，或者使用更简便些的方法。例题中的（2）用很简单的方法考虑了参数不确定性的后果，这一后果是售出保单数目从 884 增加至 63 546。这一剧烈增加的主要原因是，在参数值的最差组合下，保险公司的利润边际，即保费收入减 $E(S)$，从（1）中的 $10n$ 下降到 $1.33n$。

第十八章

破产分析理论

第一节 基本概念

一、符号

我们已经研究了在一个时段里某风险[①]引起的索赔额和索赔总额。为了深入研究相连的时间段里的索赔案，我们做如下定义：

$N(t)$——在时间区间$[0,t]$上个体索赔的次数，其中，$t\geqslant 0$；

X_i——第 i 次索赔的金额，$i=1,2,3\cdots$；

$S(t)$——在时间区间$[0,t]$上的索赔总额，$t\geqslant 0$。

$\{X_i\}_{i=1}^{\infty}$是一个随机变量序列，$\{N(t)\}_{t\geqslant 0}$和$\{S(t)\}_{t\geqslant 0}$都是随机变量组，其中$t\geqslant 0$；换句话说$\{N(t)\}_{t\geqslant 0}$和$\{S(t)\}_{t\geqslant 0}$为随机过程。

于是：

$$S(t) = \sum_{i=1}^{N(t)} X_i$$

可以认为在$N(t)$为 0 时$S(t)$也为 0，正如上面定义的那样，随机过程$\{S(t)\}_{t\geqslant 0}$指的是某风险的索赔总额。随机变量$N(1)$和$S(1)$分别代表索赔次数和索赔总额，这都是描述第一个时间单位内的索赔情况。这两个随机变量与第十二章中的随机变量 N 和 S 是相对应的。

我们知道，承保这些风险的保险人要从投保人手中收取保费。为了方便，在本章的所有内容中，我们假定保费收入的收取是连续不断的，并且是均衡的。我们定义，c 表示单位时间内的费率，从而$[0,t]$时段时保费总收入可表示为 ct，我们也一直假设 c 为正值。

---

① 在精算语言里，风险（risk）一词常常指一系列保单，在本章里，我们所提到的风险，既可以指单独一张保单，也可指一类保单。

二、余额过程

我们假定在时点 0 上，保险人已有一定金额的资本金，以应付一旦发生的索赔。在此，我们把这部分资本金的金额称为初始余额，用 U 表示。我们将一直假定 $U \geqslant 0$，这种初始余额对保险人来说是必要的，因为未来保费收入本身可能不足以支付未来的赔款。在未来任何时点 $t(t>0)$ 上保险人的资产余额是个随机变量，因为保险人的余额取决于时间 t 之前的索赔情况。我们把时点 t 上的余额表示为 $U(t)$，容易理解，$U(t)$ 有如下形式的公式：

$$U(t) = U + ct - S(t)$$

意思是：时点 t 上保险人的余额等于初始余额加上到时点 t 为止的保费收入再减去到时点 t 为止的索赔总额。应注意，初始余额和保费收入不是随机变量，因为在风险发生前就决定了。上述公式在 $t \geqslant 0$ 时有效，容易理解：$U(0) = U$ 对于给定的任意一个 t 值，$U(t)$ 是一个随机变量，这是因为，$S(t)$ 是一个随机变量。于是 $\{U(t)\}_{t \geqslant 0}$ 是一个随机过程，我们称之为余额过程。

图 18－1 表示时点 T_1、T_2、T_3、T_4 和 T_5 上发生的余额索赔的典型结果，在这些时点上，余额由于索赔而很快减少，在两次索赔之间，余额在每一个单位时间内以均衡费率 c 增长。我们使用的保险人余额的这一模型是对实际业务做了很多简化之后的结果，正如针对其他复杂情况建立的模型一样。一些重要的简化有：我们假设赔案一发生就理赔，假设保险人的余额不获得利息。尽管有这些简化，这一模型仍能让我们对保险运作的实质有深入的理解。

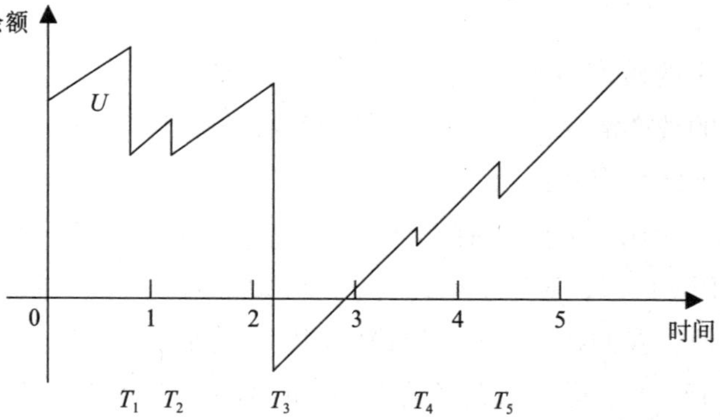

图 18－1 各时点上发生的余额索赔的典型结果

三、连续时间上的破产概率

从图 18－1 可看出，由于索赔的发生，在 T_3 时点上余额减少到小于 0。当余额低于 0 时，保险人的钱不够了，我们说破产发生了。在我们简化的模型中，保险人想控制破产发生的概率，想使其尽可能小，或至少在一定界限之下。我们可以认为，破产就意味着偿付能力的丧失，当然，这不是很精确，因为在实际中，判断一个保险公司是否偿付能力不足是一个很复杂的问题。我们可以从另一个角度来理解“破产”的概念：承保某风险后该业务“破产”的时刻，即指保险公司需要再提供更多的资本以应付该项余额小于0的困境。于是，破产概率是指在未来某一时刻，因索赔引起的余额小于0而导致保险公司不得不额外注入资本金的可能性。

现在让我们更明确如下两个概率：

$\psi(U)=P[U(t)<0$，对任意的 t，$0<t<\infty]$

$\psi(U,t)=P[U(\tau)<0$，对任意的 τ，$0<\tau<t]$

$\psi(U)$是（给定初始余额 U 的情况下）最终破产的概率，而 $\psi(U,t)$是（给定初始余额 U 的情况下）在 t 时间内的破产概率。这两个概率有时候被分别称为在无限时间内的破产概率和在有限时间内的破产概率。这里我们给出这些概率的有关关系式：假设 $0<t_1<t_2<\infty$，且 $0\leqslant U_1\leqslant U_2$，则有：

$$\psi(U_2,t)\leqslant\psi(U_1,t) \tag{18-1}$$

$$\psi(U_2)\leqslant\psi(U_1) \tag{18-2}$$

$$\psi(U,t_1)\leqslant\psi(U,t_2)\leqslant\psi(U) \tag{18-3}$$

$$\lim_{t\to\infty}\psi(U,t)=\psi(U) \tag{18-4}$$

上述公式的意义是容易理解的：初始余额越大，破产就越不可能发生，无论是在一段确定的时间内，还是在无限的时间段内，都是这样，这是前两个公式的含义。第三个公式的含义是，对于给定的初始余额 U，我们检验破产所需的时段越长，发生破产的可能性越大。最后，当 t 足够大时，我们能根据一定时间内的概率推测最终破产的概率。

四、离散时间点上的破产概率

至此，我们考虑的破产概率都是连续时间内的破产概率，实际中，可能（或希望）得到离散时间点上的破产情况，给定一个时间间隔，间隔长度为 h，我们对离散时间点上的破产概率给出如下两个定义：

$\psi_h(U)=P[U(t)<0$，对于 t，有 $t=h, 2h, 3h, \cdots]$

$\psi_h(U,t)=P[U(\tau)<0$，对于 $\tau<t$，有 $\tau=h, 2h, 3h, \cdots, t-h, t]$

注意：为了方便，我们在定义 $\psi_h(U,t)$时假定 t 是 h 的整数倍。

图 18-2 同图 18-1 一样表示破产的发生，所不同的是图 18-2 是在离散时间点上进行考察。

图中的黑点表示整数间隔（如 $h=1$）的时间点上余额的价值，黑点和白点共同表示 $\frac{1}{2}$间隔的时间点上余额的价值。

从图 18-2 可看出，在间隔为 $h=1$ 时，破产未发生；在时间 5 之前，破产未发生；但在间隔为 $h=\frac{1}{2}$的时间点上（$t=2.5$ 时），破产的确发生了。

下面列出了 5 种不同的间断时点的破产概率的关系，我们假设 $0\leqslant U_1\leqslant U_2$并且 $0\leqslant t_1$

$\leqslant t_2 < \infty$。式（18－5）、式（18－6）、式（18－7）及式（18－8）是式（18－1）、式（18－2）、式（18－3）及式（18－4）在间断时点上的表示形式，其解释是相似的。式（18－9）的解释来源于图18－2。

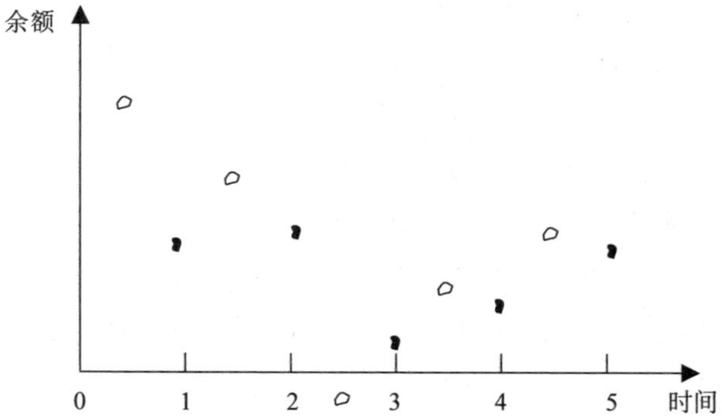

图18－2　离散时间点上的余额的价值

$$\psi_h(U_2,\ t)\leqslant\psi_h(U_1,\ t) \tag{18-5}$$

$$\psi_h(U_2)\leqslant\psi_h(U_1) \tag{18-6}$$

$$\psi_h(U,\ t_1)\leqslant\psi_h(U,\ t_2)\leqslant\psi_h(U) \tag{18-7}$$

$$\lim_{t\to\infty}\psi_h(U,\ t)\leqslant\psi_h(U) \tag{18-8}$$

$$\psi_h(U,\ t)\leqslant\psi(U,\ t) \tag{18-9}$$

直觉地，我们期望下述两关系式是正确的，因为在初始余额及考察时间 t 相同的情况下，通过间断时间点上的破产概率，应该能够按足够的近似水平得到连续时间内的破产概率，同时还需满足对破产的检验足够充分和 h 充分两个小条件：

$$\lim_{h\to0^+}\psi_h(U,\ t)\leqslant\psi(U,\ t) \tag{18-10}$$

$$\lim_{h\to0^+}\psi_h(U)\leqslant\psi(U) \tag{18-11}$$

出于篇幅的考虑，在此略去式（18－10）和式（18－11）的证明。

到目前为止，我们对 $S(t)$ 的分布还未做任何假定，通过一些假定，我们可得到比本节的概括性结论更为详细的结论，这些假定将在下节中给出。

第二节　泊松分布和复合泊松分布

一、泊松过程

在本节中，我们对索赔次数过程 $[N(t)]_{t\geqslant0}$ 及索赔额 $\{X_i\}_{i=1}^{\infty}$ 做了一些假定，既然我们计算时间索赔次数，索赔次数过程 $\{N(t)\}_{t\geqslant0}$ 须满足如下条件：

（1）$N(0)=0$，即在0时点无索赔；

（2）对任何 $t>0$，$N(t)$必须是整数值；

（3）当 $S<t$ 时，$N(s)\leqslant N(t)$，即作为时间变量的函数，索赔额是非递减的；

（4）当 $S<t$ 时，$N(t)-N(s)$表示时段(s,t)上发生的索赔次数。

（Ⅰ）$N(0)=0$，且 $s<t$ 时，$N(s)\leqslant N(t)$；

（Ⅱ）$P\{N(t+h)=r|N(t)=r\}=1-\lambda h+o(h)$

$P\{N(t+h)=r+1|N(t)=r\}=\lambda h+o(h)$

$P\{N(t+h)=r+2|N(t)=r\}=o(h)$

（Ⅲ）当 $s<t$，在时段(s,t)内的索赔次数独立于 s 之前的所有索赔次数。

条件（Ⅱ）表明在很短的时间间隔 h 之内，索赔次数只可能是 0 或 1，注意条件（Ⅱ）还意味着在时间间隔之中，索赔件数与起始时点没有关系。

之所以把满足条件（Ⅰ）到（Ⅲ）的分布称为泊松分布，是因为对于 t 的给定值，随机变量 $N(t)$服从参数为 λt 的泊松分布。证明如下：

给定 $P_n(t)=P[N(t)=n]$，我们证明：

$$P_n(t)=\exp\{-\lambda t\}\frac{(\lambda t)^n}{n!} \tag{18-12}$$

对于给定的 $t>0$ 和 h 的一个很小的正值，我们可以根据时点 t 上的索赔次数写出：

$$\begin{aligned}P_n(t+h)&=p_{n-1}(t)[\lambda h+o(h)]+P_n(t)[1-\lambda h+o(h)]+o(h)\\&=\lambda hP_{n-1}(t)+[1-\lambda h]P_n(t)+o(h)\end{aligned}$$

从而：

$$P_n(t+h)-P_n(t)=\lambda[P_{n-1}(t)-P_n(t)]+o(h)\quad(n=1,2,3\cdots) \tag{18-13}$$

现在以 h 去除式（18－4），并让 h 稳于 0，从而得：

$$\frac{d}{dt}p_n(t)=\lambda[p_{n-1}(t)-p_n(t)] \tag{18-14}$$

当 $n=0$，类似的分析可得出：

$$\frac{d}{dt}p_0(t)=-\lambda p_0(t) \tag{18-15}$$

为求得 $p_n(t)$，我们引入概率母函数 $G(s,t)$：

$$G(s,t)=\sum_{n=0}^{\infty}s^n p_n(t)$$

因而，

$$\frac{d}{dt}G(s,t)=\sum_{n=0}^{\infty}s^n\frac{d}{dt}p_n(t)$$

如果我们以 s^n 乘以式（18－14）并且把 n 所有值代入后加总可得到：

$$\sum_{n=1}^{\infty}s^n\frac{d}{dt}p_n(t)=\lambda\sum_{n=0}^{\infty}s^n p_{n-1}(t)-\lambda\sum_{n=1}^{\infty}s^n p_n(t)$$

现在把上式加上式（18－15）得到：

$$\sum_{n=0}^{\infty}s^n\frac{d}{dt}p_n(t)=\lambda\sum_{n=0}^{\infty}s^n p_{n-1}(t)-\lambda\sum_{n=0}^{\infty}s^n p_n(t)$$

上式可写为：

$$\frac{d}{dt}G(s,t)=\lambda sG(s,t)-\lambda G(s,t)$$

或者类似的：

$$\frac{1}{G(s,t)}\frac{d}{dt}G(s,t)=\lambda(s-1) \tag{18-16}$$

既然式（18－16）的左边是 $\log_e G(s,t)$ 关于 t 的导数，我们可以把式（18－16）化为：

$$\log_e G(s,t)=\lambda t(s-1)+c(s)$$

这里，$c(s)$ 是 s 的函数。

$c(s)$ 可以通过以下的计算来确定：当 $t=0$ 时，$p_0(t)=1$ 并且 $p_n(t)=0(n=1,2,3,\cdots\cdots)$。从而 $G(s,0)=1$ 并且 $\log_e G(s,0)=0=c(s)$。

于是：

$$G(s,t)=\exp\{\lambda t(s-1)\}$$

这是参数为 λt 的泊松分布的概率母函数，因为概率母函数与分布函数存在一一对应关系，所以 $N(t)$ 分布是参数为 λt 的泊松分布。

在研究泊松分布的最后，我们考虑索赔的时间分布。

例 18－1

证明第一次索赔的时间分布是以 λ 为参数的指数分布。

解：我们令随机变量 T_1 表示第一次索赔的时间，然后，对给定的任意 t 值，如 t 时点前无索赔发生，$T_1>t$，从而：

$$P\{T>t\}=P(N(t)=0)=\exp\{-\lambda t\}$$

并且：

$$P(T_1\leqslant t)=1-\exp\{\lambda t\}$$

所以，T_1 服从以 λ 为参数的指数分布。

例 18－2

证明例 18－1 中所用的方法也可用于解决第一次之后的其他索赔时间的分布问题。

解：对于 $i=2, 3, \cdots$，以随机变量 T_i 表示第（$i-1$）次索赔和第 i 次索赔之间的时间长度，并且以 T_1 表示第一次索赔前的时间（正如例 18－1 中），然后：

$$\begin{aligned}P\left\{T_{n+1}>t\mid\sum_{i=1}^{n}T_i=r\right\}&=P\left\{\sum_{i=1}^{n+1}T_i>t+r\mid\sum_{i=1}^{n}T_i=r\right\}\\&=P\{N(t+r)=n\mid N(r)=n\}\\&=P\{N(t+r)-N(r)=0\mid N(r)=n\}\end{aligned}$$

由在本节最初所假设的条件可知：当 $s<t$ 时，在［s，t］内的索赔次数独立于 s 之前的所有索赔次数，所以：

$$P\{N(t+r)-N(r)=0\mid N(r)=n\}=P\{N(t+r)-N(r)=0\}$$

于是：

$$P\{N(t+r)-N(r)=0\}=p\{N(t)=0\}=\exp\{-\lambda t\}$$

这是因为在长度为 r 的时间区间之中的索赔次数与该时间段从何时开始无关，这也是本节初假设的条件。

例 18－3

某一风险的索赔次数服从参数为 λ 的泊松分布，在某一时点 t，$t>0$，下次索赔前的时间分布如何？

解： 以 τ 表示时点 t 以前的最后一次索赔的时间（注意，在时点 t 之前如没有索赔则 $\tau=0$），以 T_τ 和 T_t 分别表示从 τ 和 t 开始到下次索赔的时间，从而 $T_\tau=T_t+t-\tau$，由例 18－2 可知，T_τ 的分布是参数为 λ 的指数分布，于是：

$$\begin{aligned}P(T_t>s)&=P(T_\tau>\tau-t+s\mid T_\tau>\tau-t)\\&=\frac{P(T_\tau>\tau-t+s)}{P(T_\tau>\tau-t)}\\&=\frac{\exp\{-\lambda(\tau-t+s)\}}{\exp\{-\lambda(\tau-t)\}}\\&=\exp\{-\lambda s\}\end{aligned}$$

因而 T_t 还服从参数为 λ 的指数分布，无论上一次索赔是在什么时间发生的（这一结果是由于指数分布所谓的“无记忆性”性而产生的）。

二、复合泊松过程

现在，我们将把描述索赔次数的泊松过程与索赔额的分布结合起来，以得到用于描述本节初定义的索赔总额的复合泊松过程。

我们做下列 3 个重要假设：

——随机变量 $\{X_i\}_{i=1}^{\infty}$ 是独立同分布的。

——对任意的 $t\geqslant 0$，随机变量 $\{X_i\}_{i=1}^{\infty}$ 与 $N(t)$ 相互独立。

——随机过程 $\{N(t)\}_{t\geqslant 0}$ 是泊松过程，其参数记为 λ。

前面我们已说明了，最后一项假设意味着对任何 $t\geqslant 0$，随机变量 $N(t)$ 都服从参数为 λt 的泊松分布，于是，

$$P[N(t)=k]=\exp\{-\lambda t\}\frac{(\lambda t)^k}{k!}\qquad（对\ k=0,1,2,\cdots）$$

有了这些假设，索赔总额过程 $\{S(t)\}_{t\geqslant 0}$ 就可以叫泊松参数为 λ 的复合泊松过程了。在第十二章，我们已讨论了对一个随机变量的泊松参数为 λ 的复合泊松分布，从以上的假设与复合泊松分布的假设的比较中，我们可以看到二者的关系：如果 $\{S(t)\}_{t\geqslant 0}$ 是泊松参数为 λ 的复合泊松过程，那么，对于 t（大于等于 0）的一个固定值，$S(t)$ 服从泊松参数为 λt 的复合泊松分布（注意用语的细微变化：“泊松参数 λ”变成“泊松参数 λt”，同时，“过程”变为“分布”）。

X_i 的共同的分布函数仍将用 $F(x)$ 表示，并且在本章余下的部分中我们假定：

$$F(0)=0$$

以便所有索赔余额均为正值，X_i 的概率密度函数如果存在，将用 $f(x)$ 表示，而且 X_i

的 k 阶矩如果存在，将用 m_k 表示，即：

$$m_k = E(X_i^k), \qquad k = 1,2,3\cdots \tag{18-17}$$

无论 X_i 的共同的矩母函数何时存在，我们都把 r 点的 X_i 的矩母函数记为 $M_X(r)$。对随机变量 $S(t)$ 的分布有一点值得注意（t 是给定），如果 X_i 有连续的分布，那么 $S(t)$ 将有一种混合的分布：在 0 点有一块概率［与 $N(t)=0$ 相对应］，而在 $(0,\infty)$ 上有连续的分布。另一方面，如 X_i 服从正整数集上的离散型分布，$S(t)$ 将分布于非负整数集上。由于对给定的 t 值，$S(t)$ 服从复合泊松分布，所以，过程 $\{S(t)\}_{t\geqslant 0}$ 的均值为 $\lambda t\, m_1$，方差为 $\lambda t\, m_2$，以及矩母函数为：

$$M_S(r) = \exp\{\lambda t[M_X(r) - 1]\}$$

在本章的以后内容中，我们将就保费收入率做如下假设：

$$c > \lambda\, m_1 \tag{18-18}$$

也就是说保险人的保费收入（每一单位时间）大于预计的赔款支出（每一单位时间），有时我们把 c 写为：

$$c = (1+\theta)\,\lambda m_1$$

$\theta\ (>0)$ 是风险保费附加系数。

三、结论

为了方便，我们在此研究将在下一节将用到的一个与 $M_X(r)$ 有关的结论。按前面的约定，$M_X(r)$ 为个体索赔额的矩母函数。

我们假设有某一数 γ（$0<\gamma\leqslant\infty$）使 $M_X(r)$ 对所有 $r<\gamma$ 来说是有限的，并且：

$$\lim_{r\to\gamma^-} M_X(r) = \infty \tag{18-19}$$

（例如：如果 X_i' 有一受特定数值限制的范围，那 γ 将为∞。如 X_i' 服从参数为 α 的指数分布，那 γ 将等同于 α。）

在下一节中我们需要的结论是：

$$\lim_{r\to\gamma^-}[\lambda M_X(r) - cr] = \infty \tag{18-20}$$

如 γ 是定值，式（18－20）可由式（18－19）很快得出。现在来证明 γ 是定值时，式（18－20）成立。首先，我们应注意到存在一个正数，如 ε，使概率 $P(X_i>\varepsilon)>0$，之所以如此是因为索赔金额都为正数，我们把这个概率定义为 π。那么：

$$M_X(r) \geqslant e^{r\varepsilon}\pi$$

因此：

$$\lim_{r\to\infty}[\lambda M_X(r) - cr] \geqslant \lim_{r\to\infty}(\lambda e^{r\varepsilon}\pi - cr) = \infty$$

例 18－4

复合泊松过程 $\{s(t)\}_{t\geqslant 0}$ 的泊松参数为 50，个体索赔额服从参数为 100 和 0.1 的伽玛分布：

（1）求公式（18－19）定义的参数 γ；

（2）计算 $S(1)$ 的均值和方差；

（3）计算 $S(2)$ 的均值和方差；

（4）计算 $S(2)-S(1)$ 的均值和方差。

解：本书的附表中已经给出了伽马分布的均值、方差和矩母函数。对于参数为 100 和 0.1 的伽马分布，其均值、方差、矩母函数分别为：

均值：
$$\frac{100}{0.1}=1000\ (=m_1)$$

方差：
$$\frac{100}{0.1^2}=10000$$

因而，0 点的二阶矩为：

$$10\ 000+1\ 000^2=1\ 010\ 000(=m_2)$$

矩母函数：
$$M_X(r)=\left(\frac{0.1}{0.1-r}\right)^{100}$$

因而，对给定的 t，$S(t)$ 服从泊松参数为 λt 的复合泊松分布，由前面讲述的结论，我们可以得出：

$$E[S(t)]=\lambda t m_1 \tag{18-21}$$

$$Var[S(t)]=\lambda t m_2 \tag{18-22}$$

（1）从以上的论述中可看到，个体索赔额的矩母函数在 $r<0.1$ 时是有限的，因而由式（18－19）可得，γ 为 0.1。

（2）和（3）用式（18－21）和式（18－22）（并注意到 λ 等于 50）：

$$E[S(1)]=50\times1\times1000=50\ 000$$

$$Var[S(1)]=50\times1\times1\ 010\ 000=50\ 500\ 000$$

$$E[S(2)]=50\times2\times1\ 000=100\ 000$$

$$Var[S(2)]=50\times2\times1\ 010\ 000=101\ 000\ 000$$

（4）$S(2)-S(1)$ 的均值可由下面求出：

$$\begin{aligned}E[S(2)-S(1)]&=E[S(2)]-E[S(1)]\\&=100\ 000-50\ 000=50\ 000\end{aligned}$$

然而这一方法无法用来求方差，因为 $S(1)$ 和 $S(2)$ 是不独立的（注意，例如，到时点 1 为止发生的索赔次数 $N(1)$ 影响了 $S(1)$ 和 $S(2)$ 的值），$S(2)$ 和 $S(1)$ 可写成：

$$S(2)-S(1)=\sum_{i=N(1)+1}^{N(2)}X_i$$

其中，
$$N(1)=0,\ 如果\ N(2)=0$$

该公式中的求和是针对时点 1 和时点 2 之间的所有索赔而进行的，而且索赔次数服从参数为 50 的泊松分布，因而，$S(2)-S(1)$ 服从泊松参数为 50 的复合泊松分布，而个体索赔额服从参数为 100 和 0.1 的伽马分布。由式（18－22）：

$$Var[S(2)-S(1)]=50\times1\times1\ 010\ 000=50\ 500\ 000$$

注意：$S(2)-S(1)$同S，有相同的分布，更普遍地，同样可以证明对任何$t\geqslant 0$，$S(t+1)-S(t)$与$S(1)$有相同的分布。

第三节　调整系数和兰德伯格不等式

兰德伯格不等式为非确定时间内破产概率$\psi(U)$提供了一个上限，这是破产分析理论中最著名的结论之一。我们还将在余额过程中引入一个重要参数——调整系数。

一、兰德伯格不等式

兰德伯格不等式即：

$$\psi(U)\leqslant \exp\{-RU\} \tag{18-23}$$

这里U表示保险人的初始余额，R是余额与序列有关的参数，称为调整系数，其数值取决于索赔总额的分布及保费费率，在定义R及给出兰德伯格系数之前，我们将说明这一结论的重要性及调整系数的一些特点。

图18－3给出了在索赔额呈均值为1的指数分布及在保费附加系数为10%时关于U的$\exp\{-RU\}$和$\psi(U)$的曲线。可以看出，在U值很大时，$\psi(U)$很接近上限，可得：

$$\psi(U)\approx \exp\{-RU\} \tag{18-24}$$

在精算中，$\exp\{-RU\}$经常用作$\psi(U)$的近似值。

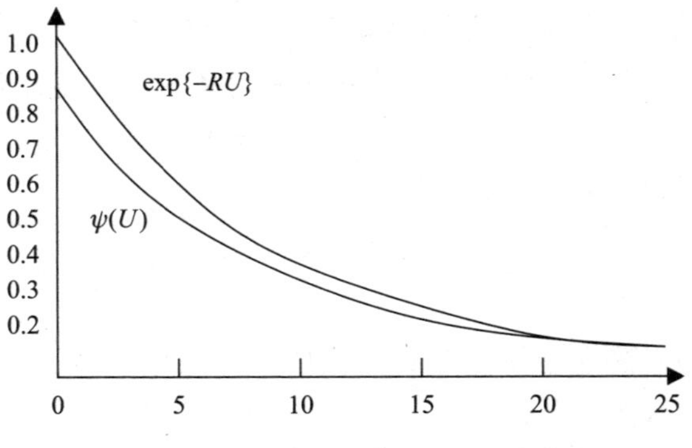

图18－3　exp{－RU}和ψ(U)的曲线

我们可以用R来衡量风险，R值越大，$\psi(U)$的上限越小，因而，R增大时$\psi(U)$减小。R是参数的函数，它影响着破产的概率。我们可以观察到R如何成为这些参数的一个函数，图18－4给出了R作为附加系数θ的一个函数的图象，当：

（1）索赔额服从均值为10的指数分布；

（2）所有索赔额为10（见图18－4）。

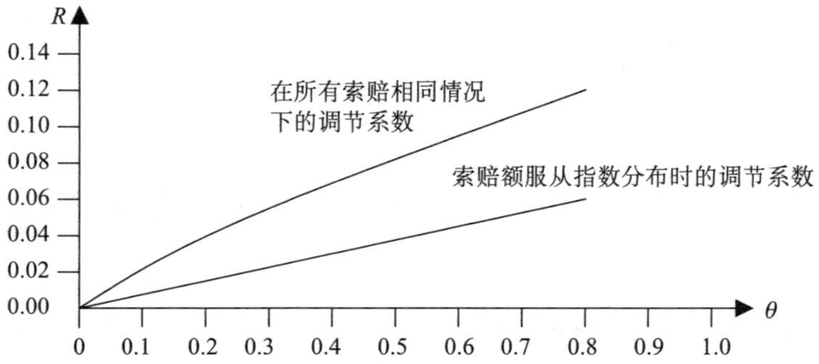

图 18-4

我们注意到在两种情况下，R 是 θ 的增函数，因为我们期望 $\psi(U)$ 是 θ 的减函数，所以这不足为奇，而且既然 $\psi(U)\approx\exp\{-RU\}$，我们任何使 $\psi(U)$ 递减的因素都会使 R 递增。

还注意到在索赔额服从指数分布时 R 的值小于所有索赔额为 10 时 R 的值。这一结论也不足为奇，两种索赔额分布有相同均值，但指数分布有较大的变动性，我们常会把更大的变动性与更大的风险联系起来，因而也应知道指数分布对应的 $\psi(U)$ 有更大的值及较小的 R 值。这个例子说明 R 受保费附加系数及个体索赔额分布的影响，现在我们来定义 R 并且证明，通常来讲，R 囊括了影响余额过程的全部因素。

二、调整系数

余额过程取决于初始余额，取决于索赔总额序列，取决于保费费率。调整系数是与余额过程有关的一个参数，它考虑了以下两个因素：索赔总额和保费收入。这一调整系数是用来衡量余额过程风险的。当索赔总额是复合泊松分布时，调整系数 R 是用泊松参数、个体索赔额的矩母函数和单位时间里的保费收入来定义的。我们定义调整系数 R 为方程：

$$\lambda M_X(r)-\lambda-cr=0 \qquad (18-25)$$

的唯一正根。换一句话来说，R 由方程：

$$\lambda M_X(R)=\lambda+CR \qquad (18-26)$$

确定。

注意等式（18-25）隐含着调整系数的值取决于泊松参数，取决于个体索赔额的分布，取决于保费收入，然而，令 $c=(1+\theta)\lambda m_1$，即：

$$M_X(r)=1+(1+\theta)m_1 r$$

则 R 独立于泊松参数而只取决于附加系数 θ 和个体索赔额的分布，我们将在后面的内容中讨论这一点。

下面我们证明式（18-25）只有唯一正根。

假定 $g(r)=\lambda M_X(r)-\lambda-cr$ 并在区间 $[0,\gamma]$ 上考虑 $g(r)$ 的曲线，注意，$g(0)=0$，并且，在 $r=0$ 点 $g(r)$ 是减函数，因为：

$$\frac{d}{dr}g(r)=\lambda\frac{d}{dr}M_X(r)-c$$

因而，在 $r=0$ 点，$g(r)$ 为 $\lambda m_1 - c$。后者根据式（18－18）的假设小于0。

我们还可证明函数 $g(r)$ 有一个极点，该点是极小点并且 $g(r)$ 的曲线如图18－5所示，因而，有唯一正数 R 满足等式（18－25）。

式（18－25）是 R 的约束方程，就某些形式的 $F(x)$ 而言，可以较容易地求得 R。

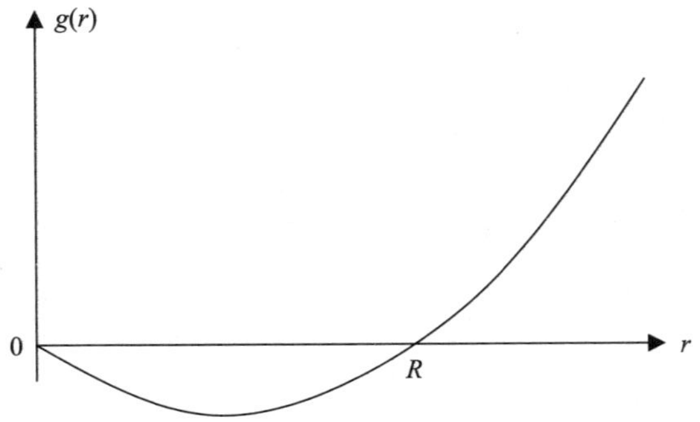

图 18－5

例 18－5

证明当 $F(x)=1-e^{-\alpha x}$ 时 $R=\alpha-\dfrac{\lambda}{c}$。

解：对该分布：

$$M_X(r)=\frac{\alpha}{\alpha-r}$$

所以，

$$\lambda+CR=\frac{\lambda\alpha}{\alpha-R}$$

$$\lambda\alpha-\lambda R+cR\alpha-cR^2=\lambda\alpha$$

$$R^2-\left(\alpha-\frac{\lambda}{c}\right)R=0$$

$$R=\alpha-\frac{\lambda}{c} \tag{18－27}$$

因为 R 是式（18－25）的正根，如我们指定：

$$c=\frac{(1+\theta)\lambda}{\alpha}$$

则：

$$R=\frac{\alpha\theta}{1+\theta}$$

如我们需求出 R 的数值，则很有必要对 R 的值有一定的了解。下面用等式（18－26）来求得 R 的一个简单的上限。

$$\lambda+cR=\lambda M_X(R)=\lambda\int_0^{\infty}e^{Rx}f(x)\,dx$$

$$> \lambda \int_0^\infty \left(1 + Rx + \frac{1}{2}R^2x^2\right) f(x)\,dx$$

$$= \lambda\left(1 + Rm_1 + \frac{1}{2}R^2 m_2\right)$$

从而：

$$(c - \lambda m_1)R > \frac{1}{2}\lambda R^2 m_2$$

即得：

$$R < \frac{2(c - \lambda m_1)}{\lambda m_2} \tag{18-28}$$

从而，当 $c = (1+\theta)\lambda m_1$ 时，

$$R < \frac{2\theta m_1}{m_2}$$

注意如果 R 的值很小，它应该很接近这个上限，因为 e^{Rx} 的近似值是较接近其精确值的。当存在一个个体索赔额的上限时，假如为 M，我们可求得 R 的一个下限。例如，假定个体索赔额均匀地分布于（0，100）上，则 $M = 100$。本结论可用与结论式（18－28）相同的方法证明。我们通过应用不等式：

$$\exp\{Rx\} \leqslant \frac{x}{M}\exp\{RM\} + 1 - \frac{x}{M} \quad 0 \leqslant x \leqslant M \tag{18-29}$$

而求得下限。

例 18－6

证明不等式（18－29）。

解： 不等式可通过 exp ｛RM｝ 的级数展开式得证：

$$\frac{x}{M}\exp\{RM\} + 1 - \frac{x}{M}$$

$$= \frac{x}{M}\sum_{j=0}^{\infty}\frac{(RM)^j}{j!} + 1 - \frac{x}{M}$$

$$= 1 + \sum_{j=1}^{\infty}\frac{R^j M^{j-1} x}{j!}$$

$$\geqslant 1 + \sum_{j=1}^{\infty}\frac{(Rx)^j}{j!} \quad 0 \leqslant x \leqslant M$$

$$= \exp\{Rx\}$$

例 18－7

用不等式（18－29）证明：

$$R > \frac{1}{M}\log\left(\frac{c}{\lambda m_1}\right)$$

其中，个体索赔额为（0，M）上的连续分布。

解： 首先是用于定义 R 的等式：

$$\lambda + cR = \lambda \int_0^M \exp\{Rx\} f(x)\,dx$$

$$\leqslant \lambda \int_0^M \left\{\frac{x}{M}\exp\{RM\} + 1 - \frac{x}{M}\right\} f(x)\,dx$$

$$= \frac{\lambda}{M}\exp\{RM\}m_1 + \lambda - \frac{\lambda}{M}m_1$$

变换后，得到：

$$\frac{c}{\lambda m_1} \leqslant \frac{1}{RM}\{\exp\{RM\} - 1\}$$

$$= 1 + \frac{RM}{2} + \frac{(RM)^2}{3!} + \cdots < \exp\{RM\}$$

从而得到所需的：

$$R > \frac{1}{M}\log\left(\frac{c}{\lambda m_1}\right)$$

例 18－8

试证所有索赔额的均值为 $E(X_i)=10$ 而保费附加系数为 $\theta=10\%$ 时 R 值为 0. 0188。

解：索赔额均值为 10，因而，$c=(1+\theta)\lambda m_1=11\lambda$，同时，$M_X(r)=\exp\{10r\}$，因而式（18－26）变成：

$$\lambda + 11\lambda R = \lambda\exp\{10R\}$$

代入 $R=0.0188$ 即可完成证明。

通过截距 exp $\{Rx\}$ 的扩展，我们可获得 R 的其他近似值，特别是当 R 很小时。见例 18－9。

例 18－9

用近似等式 $\exp\{Rx\}\approx 1 + Rx + \frac{1}{2}(Rx)^2 + \frac{1}{6}(Rx)^3$，求当全部索赔金额的均值为 10 且费率附加系数为 10% 时 R 的近似值。

解：正如在例 18－4 中，确定 R 的等式是：

$$\lambda + 11\lambda R = \lambda\exp\{10R\}$$

用近似值代替 $\exp\{10R\}$ 得到：

$$\lambda + 11\lambda R = \lambda\left(1 + 10R + 50R^2 + \frac{1\,000R^3}{6}\right)$$

从而推得二次方程式：

$$R^2 + 0.3R - 0.006 = 0$$

其正根为 $R=0.0188$。参考例 18－8，可知近似值在千分位是正确的。

也许有的读者可能奇怪，R 为何被叫作调整系数。事实上这仅仅是目前普遍的称法罢了。更早的时候，R 被称作保险人的偿付能力常数。

三、兰德柏格不等式的证明

我们已经熟悉，兰德柏格不等式即：

$$\psi(U) \leqslant \exp\{-RU\},$$

这里，U 是保险人的初始余额，R 是调整系数。现在我们来证明这一结论。

因为我们工作的时间是连续的而且保费收入率是正的，破产只有在索赔时才可能发生，我们定义：${}_n\psi(U)$ 为第 n 次索赔之前或当时的破产概率，于是：

$$\psi(U) = \lim_{n\to\infty} {}_n\psi(U)$$

须证明对全部 n 的值都有：

$${}_n\psi(U) \leqslant \exp\{-RU\}$$

我们将用数学归纳法来证明。假定，对于≥1 的 n 值：

$${}_n\psi(U) \leqslant \exp\{-RU\}$$

我们可以通过考虑第一次索赔的时间和金额来获得关于${}_n\psi(U)$的表达式。假设第一次索赔额发生在时点 t 上，这里 $t>0$，并且这一次索赔金额为 x，如果破产发生于第（$n+1$）次索赔之时或之前，那么以下两事件之一必然发生：

（1）破产发生于第一次索赔，以使 $x>U+ct$，或

（2）破产不在第一次索赔时发生，从而该次赔付后的余额为 $U+ct-x$（$\geqslant 0$）；我们把这赔付后的余额作为新的"初始余额"，在这新的"初始余额"的基础上，破产发生在下面的 n 次索赔中。

因为$\{N(t)\}_{t\geqslant 0}$为泊松过程，第一次索赔的时间服从参数为 λ 的指数分布。因而，我们可认为 $\lambda e^{-\lambda t}dt$ 表示第一次索赔发生在时点 t 的概率，并由此得到：

$${}_{n+1}\psi(U) = \int_0^\infty \lambda e^{-\lambda t}\int_{U+ct}^\infty f(x)dxdt + \int_0^\infty \lambda e^{-\lambda t}\int_0^{U+ct} f(x)\,{}_n\psi(U+ct-x)dxdt$$

其中，第一项代表第一次索赔发生在时点 t 上，并且此次索赔导致破产，即索赔额超过初始余额 U 与到此为止的保费收入之和 ct，在这里我们用到了这样一个性质，就是任意点的索赔额与索赔发生的时间相互独立；第二项代表第一次索赔发生在时点 t 上，索赔额不足以引起破产，破产是在余额为 $U+ct-x$ 之后的 n 次索赔中发生。我们在（0，∞）上对 t 和 x 积分，按 x 的情况将区间分段，对所有可能的第一次索赔时间和所有可能的索赔额积分。

根据我们的假设：

$${}_n\psi(U) \leqslant \exp\{-RU\}$$

所以，

$$\begin{aligned}{}_{n+1}\psi(U) \leqslant & \int_0^\infty \lambda e^{-\lambda t}\int_{U+ct}^\infty f(x)dxdt \\ & + \int_0^\infty \lambda e^{-\lambda t}\int_0^{U+ct} f(x)e^{-R(U+ct-x)}dxdt\end{aligned}$$

注意到当 $x>U+ct$ 时，$e^{-R(U+ct-x)}>1$，有：

$$\int_{U+ct}^\infty f(x)dx \leqslant \int_{U+ct}^\infty e^{-R(U+ct-x)}f(x)dx$$

从而可以把这些积分合并，得到：

$$_{n+1}\psi(U) \leqslant \int_0^\infty \lambda e^{-\lambda t} \int_0^\infty f(x) e^{-R(U+ct-x)} dx dt$$
$$= e^{-RU} \int_0^\infty \lambda e^{-(\lambda+cR)t} \int_0^\infty \frac{e^{-R(U+ct-x)}}{e^{Rx}} f(x) dx dt$$

因为：

$$\lambda M_x(R) = \lambda + cR$$

积分等于1，从而：

$$_{n+1}\psi(U) \leqslant \exp\{-RU\}$$

目前，只要我们证明 $n=1$ 时结论是正确的，就完成了用数学归纳法证明的步骤。

正如上面所示，只有第一次索赔额超过 $U+ct$，这里 t 是第一次索赔额发生的时间，破产才发生在第一次索赔中，从而，应用同样的方法：

$$\psi(U) = \int_0^\infty \lambda e^{-\lambda t} \int_{U+ct}^\infty f(x) dx dt$$
$$\leqslant \int_0^\infty \lambda e^{-\lambda t} \int_{U+ct}^\infty e^{-R(U+ct-x)} f(x) dx$$
$$\leqslant \int_0^\infty \lambda e^{-\lambda t} \int_0^\infty e^{-R(U+ct-x)} f(x) dx$$
$$= e^{-Ru}$$

这就完成了归纳证明。

第四节　变化的参数值对有限和无限时间破产概率的影响

作为破产分析理论，我们应研究有限时间内破产概率是怎样随时间而变化的，也应研究初始余额、保费附加（loading）因素以及泊松参数是怎样影响有限和无限时间上的破产概率。我们通过引用 $\psi(U)$ 的一个结论来开始我们的研究。

一、当 $F(x)$ 服从指数分布时，$\psi(U)$ 的一个公式

当个体索赔数额服从均值为1的指数分布，保费附加系数为 θ 时，要描述 $\psi(U)$ 的公式是十分方便的。公式为：当 $F(x)=1-e^{-x}$ 时，有：

$$\psi(U) = \frac{1}{1+\theta} e^{-\frac{\theta U}{1+\theta}} \qquad (18-30)$$

我们阐述这一结论是为了表明，对于这类特殊的分布，最终破产概率是怎样受参数值的变化影响的。

二、有限时间里的破产概率

到现在为止，我们考虑的都是在有限时间里的破产概率。然而，$\psi(U)$ 并非决定诸如保费附加系数或应有初始余额（对某一业务量）的最佳标准。原因在于，$\psi(U)$ 是假定保

险人按无限期计划范围进行破产分析的。在实践中，假定保险人在有限计划范围里分析破产情况是更合理的。在这种情况下，$\psi(U,t)$，即在时间 t 之前的破产概率，是比 $\psi(U)$ 更好的决定保费附加系数的标准。

现在，我们开始讨论 $\psi(U,t)$。我们将不介绍任何新的理论，也不讨论怎样去获得 $\psi(U,t)$ 的数值。我们将用一系列的数字例子来描述 $\psi(U,t)$ 的特征，在一些情况下也是 $\psi(U)$ 的特征。在这些例子中，我们采用与前面相同的假设。特别地，我们将假定，索赔总额过程为一复合泊松过程。在下面的三、四、五部分中，我们将假设：

——索赔次数的泊松参数为 1。 (18－31)

——个体索赔额的预期值为 1。 (18－32)

——个体索赔服从指数分布。 (18－33)

假设式（18－31）的含义是，我们选择这样的时间单位，使得在一个单位时间内的索赔的预期次数为 1。于是 $\psi(U,500)$ 就是在一定期间内的破产概率（已给定初始余额），在这个期间内，我们预期有 500 次索赔。在这段时期内真正发生的索赔次数服从泊松分布（参数为 500），并能取任何非负整数值。

假设式（18－32）的含义是，我们已选择了货币单位，使其等于一次索赔的预期数额。于是 $\psi(20,500)$ 就是在给定初始余额为一次索赔的期望数额的 20 倍时，破产的概率（在我们预期有 500 次索赔的期间内）。

假设式（18－33）的含义是，采用指数分布作为个体索赔额的分布，这使我们可以运用上一节末和本节初的结论对这些例子计算 $\psi(U)$ 和 $\exp\{-RU\}$。

三、$\psi(U,t)$ 作为 t 的函数

图 18－6 给出了 $0 \leq t \leq 500$ 时，$\psi(15,t)$ 的图形，保费附加系数 θ 为 0.1，所以单位时间的保费收入为 $c=(1+\theta)$，E（索赔额） $=1.1$。图 18－6 中同时还画出了 $\psi(15)$ 和 $\exp(-15R)$。

后两个值在图上是两条平行于时间轴的线，因为它们的值独立于时间。

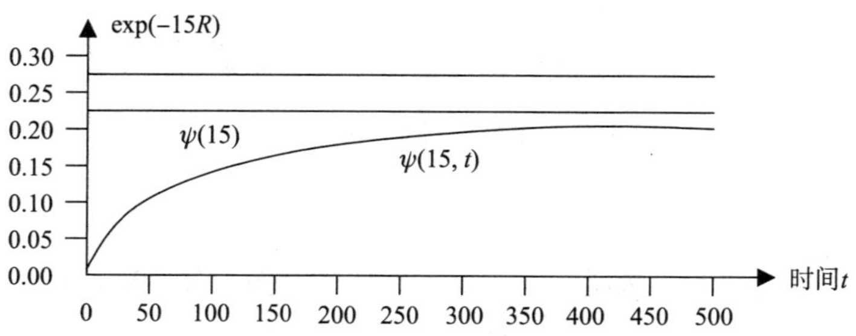

图 18－6 $\psi(15,t)$ $(0 \leq t \leq 500)$

例 18－10

计算上述业务的 $\psi(15)$ 及相应的 R 和 $\exp(-15R)$。

解： 由于个体索赔服从指数分布，因此对 $\psi(U)$ 我们采用式（18－30）。在式（18－30）

中，令 $\theta=0.1$，得：

$$\psi(15)=\frac{1}{1.1}\exp\left(-\frac{0.1}{1.1}15\right)=0.2325$$

R 的值为：

$$R=\frac{0.1}{1.1}=0.0909$$

最后，我们有：

$$\exp\{-15R\}=0.2557$$

对图 18－6，我们应注意到如下特征：

（1）$\psi(15,t)$为 t 的增函数（见第一节）；

（2）对较小的 t 值，$\psi(15,t)$增长得很快［在 t 从 25 增加到 50 时，$\psi(15,t)$的值增长一倍；t 从 50 增加到 100 时，$\psi(15,t)$的值达到 $\psi(15)$］；

（3）对 t 的较大的值，$\psi(15,t)$的值增长得慢一些，并渐近地达到 ψ（15）。

四、作为初始余额的函数的破产概率

在图 18－6 中，保费附加系数为 0.1，对 $U=15$，$\psi(U,t)$的图形如图 18－6 所示。图 18－7 给出了在 $0\leqslant t\leqslant 500$ 及初始余额为 15、20 和 25 时，$\psi(U,t)$的值。

对图 18－7 我们应注意到如下特征：

（1）对 t 的任何值的所有曲线都具有相同的一般形状。

（2）U 的值减小，则 $\psi(U,t)$都减小。

（3）当 t 增加时，三条曲线的每一条都达到一个渐近的极值（在图 18－6 的讨论中，已提到 U 等于 15 的情况），按同样的方法，我们应注意到 $\psi(20)=0.1476$，$\psi(25)=0.0937$。

式（18－2）告诉我们，$\psi(U)$是 U 的一个不增函数。下面将讨论，在个体索赔额服从指数分布的情况下，$\psi(U)$是 U 的一个严格递减的函数。

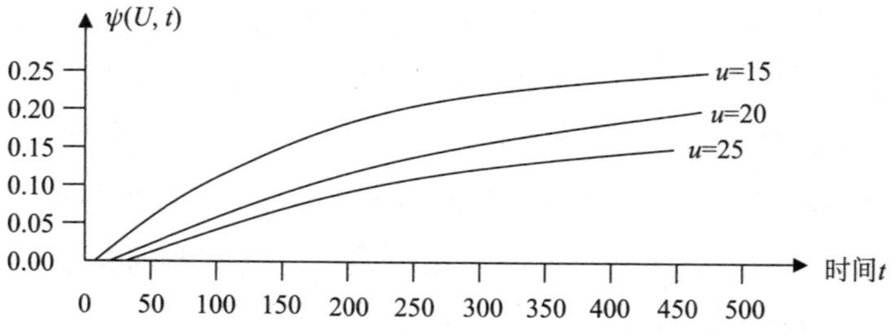

图 18－7　$\psi(U,t)$（$0\leqslant t\leqslant 500$）（$u=15/20/25$）

例 18－11

对式（18－30）进行微分，以证明 $\psi(U)$是 U 的一个递减函数。

解：对 $\psi(U)$的关于 U 的微分为：

$$\frac{d}{dU}\psi(U)=\frac{-\theta}{1+\theta}\psi(U)$$

由于 $\theta>0$，所以上式小于0。于是 $\psi(U)$ 是 U 的一个递减函数。这是一个比式（18 -2）的一般陈述更为精确的表达。

我们直观上就应清楚，$\psi(U,t)$ 应该是 U 的一个递减函数［$\psi(U)$ 只是其一个特例］。U 的增加即代表保险人的余额的增加，而索赔额却无任何相应的增加。所以，U 的增加意味着保险人安全性的增加，也即减少了破产的可能性。

五、作为保费积累的函数的破产概率

图 18 -8 给出了对 $0\leqslant t\leqslant 500$ 以及对 3 个保费附加系数值 $\theta=0.1$、0.2 和 0.3 时的 $\psi(15,t)$ 的值。$\theta=0.1$ 时 $\psi(15,t)$ 的曲线图与图 18 -6 的曲线及图 18 -7 中的相同。对图 18 -8我们应注意的特点是：

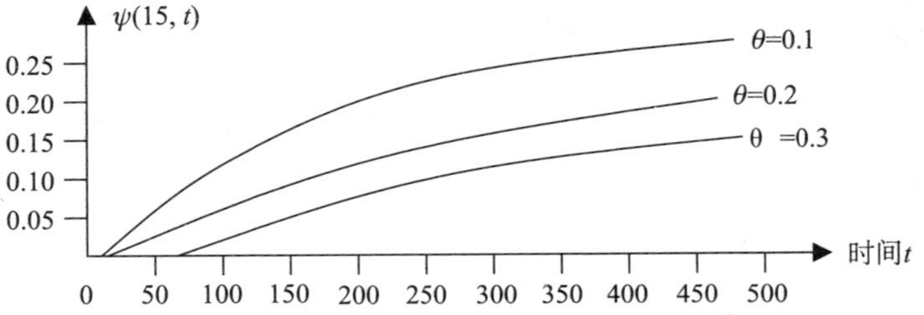

图 18 -8　作为 θ 的函数的 $\psi(15,t)$

（1）$\psi(15,t)$ 的曲线都具有相同的一般形式。

（2）对所有给定的值和 t，增加 θ 值，即使 $\psi(15,t)$ 的值减少；这实际上对 U 的任何值都是成立的，并且也是一个显然的结果，因为 θ 的增加相当于在索赔总额过程不发生改变的情况下保费收入率的增加。

（3）我们可看到，对 $\theta=0.2$ 和 0.3，在 t 大于 150 时，$\psi(15,t)$ 的值或多或少地有一定的稳定性（保持不变）。对 $t_1\leqslant t_2$，$\psi(15,t_2)-\psi(15,t_1)$ 的差表示在 t_1 和 t_2 之间破产发生的概率。于是对 θ 的这些值（0.2 和 0.3），并且对于初始余额的值为 15 及如此的索赔总额过程，若破产终将发生的话，更可能在时间 150 前发生，即，与在第 150 次索赔后发生破产的可能性相比，破产发生在第 150 次索赔发生之前破产的概率更大。我们将在例 18 -12 之后的内容中讨论这一点。

通过一般推理即可清楚，$\psi(U)$ 必须为 θ 的不增函数。例 18 -12 将说明，在个体索赔额服从指数分布的情况下，$\psi(U)$ 是 θ 的一个递减函数。

例 18 -12

对式（18 -30）进行微分，从证明 $\psi(U)$ 是 θ 的递减函数。

解：首先，注意到：

$$\frac{d}{d\theta}\left(\frac{\theta}{1+\theta}\right)=\frac{d}{d\theta}\theta(1+\theta)^{-1}$$
$$=(1+\theta)^{-1}-\theta(1+\theta)^{-2}=(1+\theta)^{-2}$$

于是：

$$\frac{d}{d\theta}\psi(U)=-(1+\theta)^{-1}\psi(U)-U(1+\theta)^{-2}\psi(U)$$

由于 θ、U 和 $\psi(U)$ 都是大于 0 的数，所以很明显上式小于 0，既然对所有的 0 值，该导数小于 0，所以 $\psi(U)$ 是 θ 的递减函数。

图 18－9 给出了当个体索赔额服从均值为 1 的指数分布时，作为 θ 的函数的 $\psi(10)$。

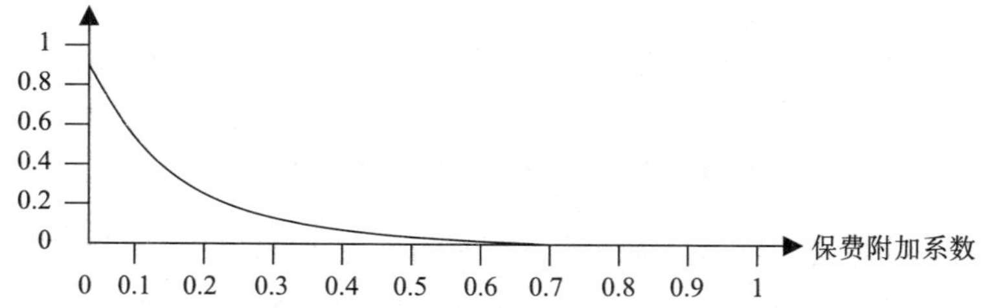

图 18－9　作为 θ 的函数 $\psi(10)$

六、作为泊松参数的函数的破产概率

在此，我们也将作式（18－32）和式（18－33）的假设，但我们将允许泊松参数变化。图18－10给出了对保费附加系数的 3 个值 $\theta=0.1$、0.2 和 0.3，$\psi(15,10)$ 作为 λ 的函数的图形。除了 x 轴坐标外，该图形与图 18－6 是相同的，这可通过考虑以下两种风险得到解释。

第 1 种风险：索赔总额是一泊松参数为 1 和 $F(x)=1-e^{-x}$ 的复合泊松过程，承保这种风险的单位时间的保费收入量 $c=(1+\theta)$。

第 2 种风险：索赔总额仍是复合泊松过程，其泊松参数为 0.5，$F(x)=1-e^{-x}$，承保这种风险的单位时间的保费收入量是 $c=0.5(1+\theta)$。

我们令单位时间为 1 年，可看到这两种风险的唯一区别是，在第 1 种风险下预期的索赔两倍于第 2 种风险下的索赔。这可从两种保费中得到反映。

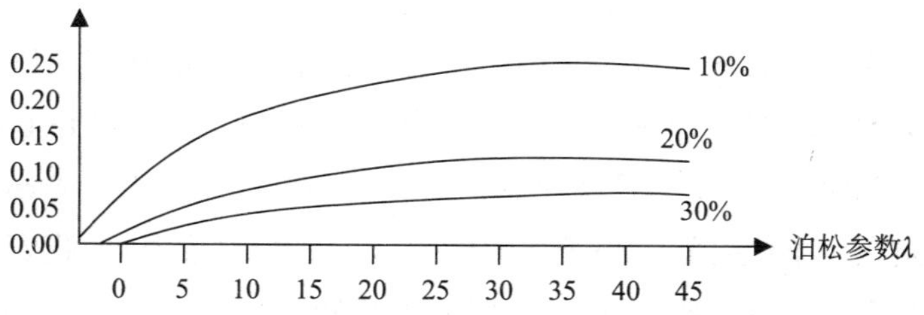

图 18－10　作为 θ 的函数 $\psi(15,10)$

如果时间单位为 2 年，考虑第二种风险，则索赔总额分布和单位时间保费收入与第一种风险的相应参数相同。于是，在无限时间条件下，两种风险的破产概率是相同的。

图 18－11 所示的实线是 $\theta=0.1$ 时，对第一种风险的余额过程的结果。虚线则是时间单位定为两年时，同样的余额过程。这表明，对第一种风险造成最终破产的余额过程的任何结果，同样将对第二种风险造成最终破产。对这两种风险来讲，最终破产的概率是没有什么区别的。只是破产所需的时间（以年为单位）将有所不同。

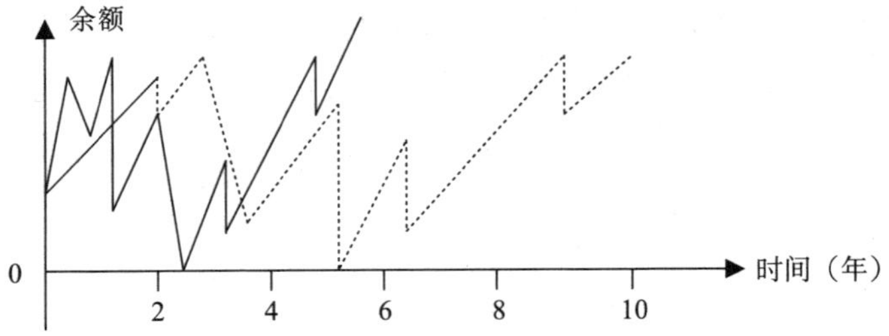

图 18－11　两种风险 F 余额过程的结果

若用年数来衡量时间，对第一种风险，在时间 1 之前破产的概率与对第二种风险在时间 2 之前破产的概率是相同的。这也解释了为什么图 18－6 和图 18－10 所表示的是同一函数。例如，$\lambda=50$ 时 $\psi(15,10)$ 的值（见图 18－10）与 $\lambda=1$ 时 $\psi(15,500)$ 的值（见图 18－6）是相同的。

现在让我们来讨论我们在前面提到的：在 $\theta=0.2$ 和 0.3 时，对大于 150 的 t 的值，$\psi(15,t)$ 的值或多或少地具有一定的稳定性（保持不变）。特别地，我们应注意保费附加系数为 0.2 这种情况。考虑另一索赔总额过程，它与本章所考虑的过程基本相同，只是它的泊松参数是 150 而不是 1，（这个过程实际上与前面的过程一样，发生变化的是我们已改变了时间单位）。我们用 ψ^* 表示第二个过程的破产概率，ψ 代表原来的过程的破产概率（与以前一样）。时间单位的改变意味着对任何 $t\geqslant 0$，$\psi^*(U,t)=\psi(U,150t)$。

但它对最终破产概率毫无影响（在上述关系中令 $t=\infty$），于是：

$$\psi^*(U)=\psi(U)$$

前面提到的稳定性所说的要点的是：

$$\psi(15,150)\approx\psi(15)$$

从上式及以前面两个关系式，我们可知：

$$\psi(15,1)\approx\psi^*(15)$$

用文字表述，这个关系式表示，对第二个过程，初始余额为 15，则在一个单位时间内破产的概率几乎等于（事实上是略小于）最终破产概率。这一结论在相当大的程度上取决于 $\psi^*(15,1)$ 是连续时间的破产概率这一事实。为理解这一点，考虑 $\psi_1{}^*(15,1)$，即第二个过程的余额在一单位时间末小于 0 的概率（即破产的概率）。我们用 $S^*(1)$ 来表示一个单位时间内的索赔总额，假定 $S^*(1)$ 服从正态分布，我们可大致计算出 $\psi_1{}^*(15,1)$。前面我们曾探讨过，个体索赔额服从均值为 1 的指数分布，以及在一个单位时间内索赔次数服从均值为 150 的泊松分布，我们即可得到：

$$E[S^*(1)]=150 \quad 且 \quad Var[S^*(1)]=300$$

使用正态分布表：

$$\begin{aligned}\psi_1(15,1) &= P[S^*(1)>15+1.2\times 150] \\ &= P\{[S^*(1)-150]/17.32>45/17.32\} \\ &= 0.005\end{aligned}$$

从图 18－8 中我们可看到，$\psi(15,150)$的值，也即$\psi(15,1)$的值，大概是 0.07，这与上面所计算的 $\psi_1{}^*(15,1)$ 的近似值是有很大差别的。

最后，我们来探讨式（18－30）的两个推论。当个体索赔额服从均值为 1 的指数分布时，式（18－30）给出了最终破产概率。

第一个推论是，若 $\theta=0$，则不管 U 的值是多少，$\psi(U)=1$。

该结论事实上对 $F(x)$的任何形式都是成立的（这也可以得出，若 $\theta<0$，则 $\psi(U)=1$）。换句话说，若最终破产是不确定的，则保险人必须在收取保费时有一个正的保费附加系数。

第二个推论是，在这一章里我们已假定了的，个人索赔额服从均值为 1 的指数分布。这一均值可用 100 元、10 000 元或 100 000 元等单位来衡量。只要我们正确地指定货币单位，则指数分布的参数可设为 1 而不失一般性。用简单的话来讲，当 U 为 1 元时破产的概率与 U 为 100 分时的破产概率是相同的。我们可以说，当 $F(x)=1-e^{-\alpha x}$时的 $\psi(U)$，与 $F(x)=1-e^{-x}$时的 $\psi(\alpha U)$是相等的。

换句话来讲，若单位时间的期望索赔增加 α 倍，则最终破产概率若要不变的话，初始余额也必须增加 α 倍。

第五节　再保险与破产

一、再保险

一个保险人若想减少某风险的索赔总额的波动性，他可选择再保险。这是为了增加保险人的安全性，减少破产的概率。若一个再保险安排可最大限度地减少破产概率，则我们认为这是最佳的再保险安排。由于要求破产概率的明确解是很困难的，我们将反过来考虑再保险对调整系数的影响。如果我们能找到使调整系数值为最大的再保险安排，则最终破产概率的上限将被压至最低。由于调整系数是风险的衡量尺度，使其最大化不失为一合理的目标。本节我们将考虑比例再保险和超赔再保险对调整系数的影响。

（一）比例再保险

令随机变量 X 表示个体索赔额。在比例再保险的约定下，对发生在再保险合同期限内的每一次索赔，原保险人赔付占索赔额比例为 α，这里 $0\leqslant\alpha\leqslant 1$，而再保险人对每次索赔赔付占索赔额比例为 $1-\alpha$。我们称 α 为自留额比例。原保险人的个体索赔额，除去再保险外，为 $Y=\alpha X$；再保险人承担的赔付额为 $Z=(1-\alpha)X$。

（二）超赔再保险

令随机变量 X 表示个体索赔额。在超赔再保险的约定下，假定每次索赔的自留额用 M 表示。若索赔额低于 M，则原保险人负责赔偿全部索赔，若索赔额为 M 或更多，则原保险人赔偿 M，再保险人负责赔偿超过 M 的那部分索赔。对随机变量 X，我们有：

原保险人赔偿 $Y=\min(X, M)$，及

再保险人赔偿 $Z=\max(0, X-M)$

二、在比例再保险下使调整系数最大化

首先让我们考虑比例再保险对原保险人的调整系数的影响。我们把在支付再保险费之前的单位时间的原保险人保费收入写作 $(1+\theta)\lambda m_1$，这是针对一个服从复合泊松分布的索赔总额期望值所收取的保费，保费附加系数为 θ。我们同时假定，再保险费由：

$$(1+\xi)(1-\alpha)\lambda m_1$$

来计算。由于再保险人赔付支出占索赔总额的比例为 $1-\alpha$，$(1-\alpha)\lambda m_1$ 即表示单位时间内再保险人的期望索赔。于是，ξ 为再保险人所用的保费附加系数。所以原保险人除去再保险外的保费收入为：

$$[(1+\theta)-(1+\xi)(1-\alpha)]\lambda m_1 \tag{18-34}$$

我们同时假设 $\xi \geqslant \theta$。若这一假设不成立，则原保险人有机会将所有的风险转嫁给再保险人，同时还能获取一定利润。例如若 $\theta=0.2$，$\xi=0.1$，则原保险人可收到 $1.2\lambda m_1$ 的保险费。原保险人可将整个风险投保再保险，缴纳 $1.1\lambda m_1$ 再保险费，留下 $0.1\lambda m_1$ 作为利润。

对于原保险人的保费收入，除去再保险，若要为正，则我们要求：

$$1+\theta>(1+\xi)(1-\alpha)$$

即：

$$\alpha>\frac{\xi-\theta}{1+\xi}$$

但是，对原保险人存在一个更重要的约束。原保险人在单位时间里除去再保保费的保费收入净值必须超过单位时间内的预期索赔总额，否则最终破产将不可避免。除去再保险人将支付的索赔额，原保险人在单位时间的预期索赔总额为 $\alpha\lambda m_1$。于是，我们要求：

$$1+\theta-(1+\xi)(1-\alpha)>\alpha$$

或

$$\alpha>1-\frac{\theta}{\xi} \tag{18-35}$$

由于 $\theta \leqslant \xi$ 时 $1-\theta/\xi \geqslant (\xi-\theta)(1+\xi)$，式（18－35）指定了原保险人的最小自留额水平，这也是我们的兴趣所在。若保费附加系数都相等，则 $\alpha=0$。在这种情形下我们有一风险共摊安排，任何自留额水平都是可能的。但若 $\xi>\theta$，则原保险人必须自留一部分风险。

例 18 –13

当 $F(x)=1-e^{-0.1x}$，并且原保险人和再保险人都将 θ 作为保费附加系数时，求作为自留额比例 α 的函数的调整系数。

解：无再保险时原保险人的个人索赔服从参数为 0.1 的指数分布。$m_1=10$。注意到，若 $Y=\alpha X$，则：

$$P\{Y\leqslant y\}=P\{x\leqslant y/\alpha\}=1-\exp(-0.1y/\alpha),$$

于是定义 R 的等式为：

$$\lambda+(1+\theta)\lambda 10\alpha R=\lambda\int_0^{\infty}e^{Rx}(0.1/\alpha)e^{0.1x/\alpha}dx$$

$$\Rightarrow\qquad 1+(1+\theta)10\alpha R=\frac{1}{1-10\alpha R}\qquad(18-36)$$

$$\Rightarrow\qquad R=\frac{\theta}{(1+\theta)10\alpha}\quad 对\ 0<\alpha\leqslant 1\qquad(18-37)$$

从例 18 –5 中也可得到这一结论，在那里个体索赔额也服从指数分布。

在例 18 –13 中我们可看到 R 为 α 的递减函数。这是有道理的，因为自留额越小，原保险人的风险也越小，所以我们就可预期 R 将随 α 增加而减少，破产概率 $\psi(U)$ 将随之增加。

现在我们研究一下 $\xi>\theta$ 时的情况。下面我们假设：

——个体索赔额分布为 $F(x)=1-e^{-0.1x}$；

——原保险人的保费附加系数为 $\theta=0.1$。

首先假设再保险人的保费附加系数为 0.2，于是原保险人在单位时间内的净保费收入为（$12\alpha-1$）λ。公式（18 –35）告诉我们，对每一索赔，原保险人必须自留至少 50%。所以我们将在间隔［0.5，1］内找到能使 R 值最大的 α 的值。确定 R 的式子为：

$$\lambda+(12\alpha-1)\lambda R=\frac{\lambda}{1-10\alpha R}$$

这是由式（18 –36）得出的。于是：

$$R=\frac{2\alpha-1}{10(12\alpha^2-\alpha)}\qquad 0.5<\alpha\leqslant 1\qquad(18-38)$$

因为当保费附加系数相等时，调整系数取决于自留额水平。

例 18 –14

求使式（18 –38）的 R 达到最大值的 α。

解：将 R 对 α 微分，得：

$$\frac{dR}{d\alpha}=\frac{20(12\alpha^2-\alpha)-(2\alpha-1)(24\alpha-1)^{(24\alpha-1)10}}{100(12\alpha^2-\alpha)^2}$$

显然对在［0.5，1］内的 α 值，分母永远是正的，于是对这个函数在：

$$20(12\alpha^2-\alpha)=(2\alpha-1)10(24\alpha-1)$$

时将有一驻点（可能的极值点），即当：

$$24\alpha^2-24\alpha+1=0$$

时，该二次方程的根为0.9564和0.436，所以我们感兴趣的驻点是0.9564。我们可验证以下数值：

α	R
0.5	0
0.9564	0.00911
1.0	0.00909

这表明，在［0.5，1］内，R 在0.9564上有一最大值。

图18－12给出了对 α 大于0.85的区域作为 α 的函数的 R。之所以选择这个范围的 α 值，是为了突出曲线的特征。虚线画出了 $\alpha=1$（即无再保险）对 R 的值。

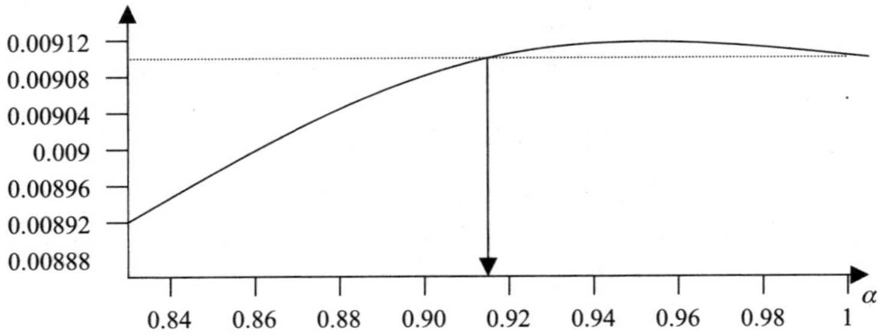

图18－12　作为 α 的函数的 R

从图18－12我们可看出，α 的值有一个范围，$\beta<\alpha<1$，只要自留额水平在这个范围内，调整系数的值就超过 $\alpha=1$ 时调整系数的值。β 的值可以这样计算：在 β 点设定 R 的值，使之等于 $\beta=0.9167$ 时的 R 值即1，然后通过式（18－38）计算 β。图18－12的箭头表示 β 的值。

要使调整系数最大，则最好的自留额水平 $\alpha=0.9564$。但需注意，一种意义下的最优性并不意味着另一种意义下的最优性。例如，若原保险人不投保再保险，则单位时间内的预期利润为 $\theta\lambda m_1$（即 λ，因为 $\theta=0.1$，$m_1=10$）。若原保险人投保了自留额水平为0.9564的再保险，则单位时间内的预期利润为 0.9128λ（即保费收入低于预期索赔额）。

例18－15

试将单位时间内的预期利润用 α 和 λ 表示出来。

解：我们已从式（18－34）计算出，$\theta=0.1$，$\xi=0.2$，$m_1=10$ 时，原保险人的净保费收入是 $(12\alpha-1)\lambda$。原保险人单位时间内的预期索赔是 $10\alpha\lambda$。因此，单位时间内的预期利润是 $(2\alpha-1)\lambda$。

这表明，单位时间内的预期利润是 α 的递增函数，而且，若原保险人要去选择 α 以使单位时间的预期利润最大，则选择应是 $\alpha=1$。该例子说明了一个基本的观点——再保险水平是在安全和利润之间的权衡。

例18－16

当再保险人的保费附加系数为0.3时，求使 R 最大的 α 值。

解：据式（18－34），原保险人的净保费收入是$(13\alpha-2)\lambda$，所以定义 R 的等式即为：

$$\lambda+(13\alpha-2)\lambda R=\frac{\lambda}{1-10\alpha R}$$

可推出：

$$R=\frac{3\alpha-2}{10\alpha(13\alpha-2)} \quad 0.67<\alpha\leqslant 1$$

据式（18－35），原保险人必须对每一索赔留至少 2/3 的自留额，所以我们将在［2/3，1］的范围内求使 R 最大的 α 值，求导可得：

$$\frac{dR}{d\alpha}=\frac{30(13\alpha^2-2\alpha)-(3\alpha-2)10(26\alpha-2)}{100(13\alpha^2-2\alpha)^2}$$

即，当 $39\alpha^2-52\alpha+14=0$ 时，该二次方程式的根为 0.0820 和 1.2514，所以在区间［2/3，1］内没有转变点，在该区间内，作为 α 函数的 R 的值从 $\alpha=2/3$ 时的 0 增长到 $\alpha=1$ 时的 0.00909。因此，使调整系数最大的 α 值是 1。

例 18－16 表明，通过投保再保险来增加调整系数的值并不总是可能的。注意到，当原保险人投保再保险时，即减少了原保险人索赔总额的变动性。我们将变动的减少与调整系数值的增加联系起来。但是，$\xi>\theta$ 时，原保险人的保费附加系数，除去再保险后是递减的（见下面的例 18－17），而且我们可以预计，调整系数的值随着保费附加系数的减少而减少。在例 18－16 中，由保费附加系数的减小所引起的原保险人安全性的减少，它对调整系数的影响比源于再保险的所有 α 值的增加对调整系数的影响要大。

例 18－17

试说明原保险人（再保险后的）净保费附加系数是 α 的增函数（参见式（18－34））。

解：用单位时间内预期索赔去除单位时间内预期的利润可得到保费附加系数。单位时间内预期利润为：

$$[(1+\theta)-(1+\varepsilon)(1-\alpha)]\lambda m_1-\alpha\lambda m_1$$

于是保费附加系数为：

$$\theta'=\frac{[(1+\theta)-(1+\varepsilon)(1-\alpha)-\alpha]}{\alpha}=\varepsilon-\frac{\varepsilon-\theta}{\alpha}$$

现在，由于 $\xi>0$，$\dfrac{d\theta'}{d\alpha}=\dfrac{\varepsilon-\theta}{\alpha^2}$是正的。所以 θ' 为 α 的递增函数。于是，当自留额水平递增时，净保费附加系数也递增。

三、在超赔再保险下使调整系数最大

未来探讨超赔再保险对调整系数的影响，我们做如下假设：

——X 表示一以个体索赔额；

——自留额水平为 M；

——单位时间原保险人保费收入（再保险之前）为（$1+\theta$）λm_1；

——单位时间内再保险保费为$(1+\xi)\lambda E(Z)$，这里 ξ（$\geqslant\theta$）是再保险人保费附加系

数，$Z=\max(0, X-M)$。

原保险人的个体索赔赔付的分布为 $Y=\min(X,M)$，而原保险人的保费收入，除去再保险后，是：

$$C^{*}=(1+\theta)\lambda m-(1+\xi)\lambda E(Z)$$

这使得定义 R 的式子变为：

$$\lambda+C^{*}R=\lambda\left\{\int_{0}^{M}e^{Rx}f(x)dx+e^{RM}[1-F(M)]\right\}$$

这就是公式（18－26）因超赔损失再保险的影响而具有截尾索赔额分布后的结果。为表明这点，考虑 $X\sim U(0,20)$ 的情况，于是对于 $0<x<20$，有 $f(x)=0.05$。因此，对于 $0<M\leqslant 20$：

$$\begin{aligned}E(Z)&=\int_{M}^{20}(x-M)0.05dx\\&=10-M+0.025M^{2}\end{aligned}$$

且：

$$\begin{aligned}M_{Y}(R)&=\int_{0}^{M}e^{Rx}0.05dx+e^{RM}(1-0.05M)\\&=\frac{0.05}{R}(e^{RM}-1)+e^{RM}(1-0.05M)\end{aligned}$$

给定 θ 和 ξ 的值，该方程一定可以解出 R 的值。图 18－13 给出了 $\theta=\xi=0.1$ 时，作为 M 的函数的 R。就像前面一样，当保费附加系数相等时，任何自留额水平都是可能的。R 是 M 的递减函数。在图 18－13 中，M 趋于 0 时，R 趋于∞。

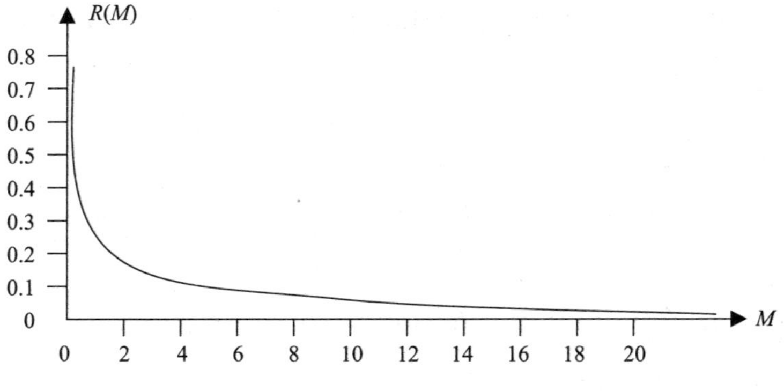

图 18－13　作为 M 的函数的 R（$\theta=\xi=0.1$）

当 $0<\xi$ 时，与前所述原因一样，有一最小自留额水平。例如，$\theta=0.1$，$\xi=0.2$ 时，原保险人的净保费收入为：

$$C^{*}=11\lambda-1.2\lambda(10-M+0.025M^{2})$$

这必将超过无再保险时保险人预期的索赔。

原保险人的期望净索赔为：

$$\lambda E(X)-\lambda E(Z)$$

即：

$$\lambda M-0.025M^2$$

于是，我们要求：

$$-1+1.2M-0.03M^2>M-0.025M^2$$

$$\Rightarrow \quad M^2-40M+200<0$$

$$\Rightarrow \quad 5.8579<M<34.1421$$

因此，最小自留额水平为 5.8579。类似地，我们可得出当 $\xi=0.4$ 时，最小自留额水平为 10。

图 18－14 给出了对如下 θ 和 ξ 的组合，作为 M 的函数的 R：

（1）$\theta=0.1$，$\xi=0.2$；

（2）$\theta=0.1$，$\xi=0.4$。

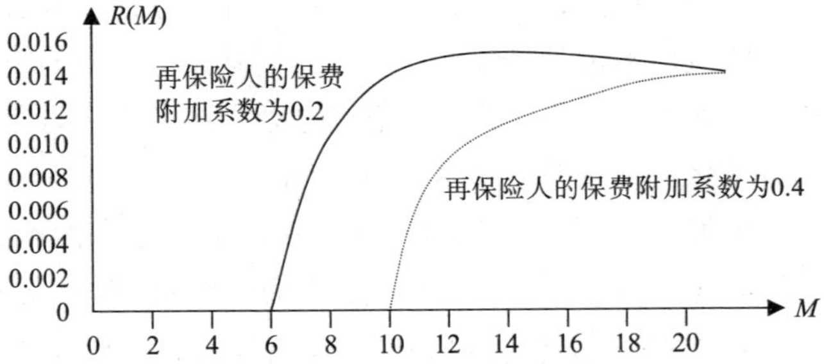

图 18－14　两种 θ 和 ξ 的组合下作为 M 的函数的 R

无再保险，即 $M=20$ 时，原保险人的调整系数为 0.0149，与再保险人的保费附加系数无关。从图 18－14 我们可看出：

对 $\xi=0.2$：

$$R(M)>R(20) \quad 9.6<M<20$$

$$R(M)<R(20) \quad M<9.6$$

对 $\xi=0.4$：

$$R(M)<R(20) \quad M<20$$

因此，对 $\xi=0.2$，只要自留额水平高于 9.6，对原保险人来说可通过投保再保险来增加调整系数的值。但是，$\xi=0.4$ 时，为使调整系数值最大，原保险人应自留所有的风险。在比例再保险的情况下，若保再保险，则单位时间内原保险人的预期利润会减少。

第十九章

贝叶斯统计推断

古典估计方法前面已经讲过了，本章我们将探讨贝叶斯估计的方法。两种方法都涉及给定某特定分布的一个随机样本进行参数估计，但它们是完全不同的统计学方法。

贝叶斯估计方法从根本上不同于古典估计方法之处，在于它认为参数 θ 是一个随机变量。回想前面对古典置信区间的阐述，在那里因为 θ 不是一个随机变量，我们不能说 $P(10.45<\theta<17.26)=0.95$。使用贝叶斯估计方法则不存在这个困难，对概率的表述可以涉及参数 θ 的值。假设 $\underline{X}=(X_1,X_2,\cdots,X_n)$ 是由密度或概率函数 $f(x;\theta)$ 确定的总体的一个随机样本，要求估计 θ。这里，我们探讨一种与矩估计法和极大似然估计法不同的估计方法。

第一节　先验分布和后验分布

由于参数 θ 是一个随机变量，它会有一个分布。关于 θ 的可能值，在收集数据以前，我们可以使用我们已拥有的任何信息。这种信息量化后被表述为 θ 的先验分布。

在收集了适当的数据以后，我们确定 θ 的后验分布，这形成了关于 θ 的论断的基础。

一、符号

因为 θ 是一个随机变量，按照惯例，我们本应该用大写字母 Θ 来表示它，将它的先验密度写作 $f_{\Theta}(\theta)$。然而，为了简单起见，我们将不区分 Θ 和 θ，我们将先验密度用 $f(\theta)$ 简单地表示。注意：我们这里提到了密度，这意味着 θ 是连续的。在大多数情况下如此。即使一个随机变量 X 是离散的，其概率密度或分布函数的参数，也将是一个连续区间上的变量。例如，服从二项分布或泊松分布的随机变量 X 是离散的，其概率密度或分布函数的参数 p 或 λ，分别是连续区间（0，1）或（0，∞）上的变量。

我们用 $f(X\mid\theta)$ 表示总体的概率密度函数，而不使用先前的 $f(x;\theta)$，因为它更清晰地代表给定 θ 时 X 的条件分布。在 $f(\theta)$ 和 $f(X\mid\theta)$ 中使用同样的字母“f”应当不会引起混乱，$f(\cdot)$ 的自变量会明确它代表的是哪个分布。

在实践中，我们常常会有某个参数的先验分布。例如，假设 θ 是一个代表某索赔额分布的均值的参数，我们将使用索赔的一个随机样本估计 θ。在收集样本数据之前，我们至少可能预计 θ 在 500 ~ 1000 元之间。因此，有一种结合这些先验信息的方法是很吸引人的。

在另外一种情况下，我们要估计 θ——在保险开始的 5 年内保单终止的概率。这要通过从 5 年或更多年之间的保单中取样来估计。同样，在收集数据之前，经验告诉我们 θ 大约在 0. 15 +0. 05 和 0. 9 -0. 05 之间。

也有一些情况，在这些情况中确实没有先验的信息，那么我们需要一个“非信息性”的先验分布。例如，如果 θ 是一个二项分布的参数——概率，我们没有任何关于 θ 的先验信息，那么以一个在（0，1）上的均匀分布作为先验分布，看起来就比较合适。

前面提及均值预计在 500 ~ 1000 元之间的索赔额，要量化该情况下的先验信息，须选择合适的先验分布。例如，一个均值为 750、标准差为 100 的正态分布可能就很合适，因为它意味着 $P(500<\theta<1000)=0.988$，而这可能与先验信息相符。然而，有时选择正态分布可能并不是最好的，后面我们将看到，某些时候像贝塔分布、伽玛分布等可能对某些估计目标更有用。因而，先验信息的量化涉及那种分布下的参数选择。

二、后验分布密度

假设 $\underline{X}$ 是由 $f(X\mid\theta)$ 确定的总体的一个随机样本，θ 有先验密度 $f(\theta)$。

我们如何确定 $f(\theta\mid\underline{X})$——给定 X 时 θ 的后验密度？答案主要来自于运用条件密度的基本定义：

$$f(\theta\mid\underline{X})=\frac{f(\theta,\underline{X})}{f(\underline{X})}=\frac{f(\underline{X}\mid\theta)f(\theta)}{f(\underline{X})}$$

注意，有的著作对此问题是以统计值而不是样本值 $\underline{X}$ 写出来的。在实践中，这两种是相等的，就像我们在后面的一些例题中将要看到的那样。

注意 $f(\underline{X})=\int f(\underline{X}\mid\theta)d\theta$，可以看出，这个结果像贝叶斯理论的一个连续型的表示形式。

常常用成正比的方法用来表示后验密度，这样可以略去系数。注意 $f(\underline{X})$ 不涉及 θ，仅仅是用于使之成为密度函数所需的适当常数，我们可以写成：

$$f(\theta\mid\underline{X})\propto f(\underline{X}\mid\theta)f(\theta)$$

这将大大简化求解后验分布的工作量。

注意到 $f(\underline{X}\mid\theta)$ 是样本值的联合密度，因此，后验密度与似然函数和先验密度的乘积成正比。

第二节　简单情况下后验分布的推导

下面是在某些给定先验分布的情况下推导后验分布的几个例子。

例 19－1

根据观察值 X，对二项分布的概率 θ 进行估计。已知 θ 的先验分布为具有参数 α 和 β 的贝塔分布，求 θ 的后验分布的形式。

解：

先验分布：$f(\theta)\propto\theta^{\alpha-1}(1-\theta)^{\beta-1}$，省略常数$\dfrac{\Gamma(\alpha+\beta)}{\Gamma(\alpha)\Gamma(\beta)}$

似然函数：$f(X\mid\theta)\propto\theta^{x}(1-\theta)^{(n-x)}$，省略常数 C_n^x

所以，

$$
\begin{aligned}
f(\theta\mid X)&\propto\theta^{x}(1-\theta)^{(n-x)}\theta^{\alpha-1}(1-\theta)^{\beta-1}\\
&=\theta^{x+\alpha-1}(1-\theta)^{n-x+\beta-1}
\end{aligned}
$$

现在我们可以看出，若不考虑适当的比例常数，这就是一个参数为 $x+\alpha$ 和 $n-x+\beta$ 的贝塔分布的密度函数。因此我们可以得出结论：如果给定 X，θ 的后验分布就是这个贝塔分布。

注意：使用比例的方法比保留全部常数的方法要简单得多。

为什么选择贝塔分布作为先验分布？从某些方面来看，它是所有的标准分布中唯一可能的一般选择。因为 θ 是一个概率，它的范围为（0，1）。像分布在（$-\infty$，∞）上的正态分布或分布在（0，∞）上的伽玛分布都不合适。

实际上，贝塔分布是二项分布情况下的一个自然的选择。它是被称为具有先验分布的一个例子。注意似然函数作为 θ 的函数，它的结构是在（0，1）上的 $\theta^{a}(1-\theta)^{b}$。如果我们以相同的结构作为先验分布，那么后验分布也会有那样的结构。这里的结构是贝塔的先验分布，这就是共轭先验分布的特征。

注意在（0，1）上均匀分布是 $\alpha=1$ 和 $\beta=1$ 时的贝塔分布的一种特殊的情况。这同前面提到的非信息性的情况是对应的。

例 19－2

从正态分布 $N(\mu,\sigma^2)$ 中取一个容量为 n 的随机样本，这里 σ 已知，但 μ 未知，因此必须估计。证明 μ 的共轭先验分布是正态分布。如果先验分布为 $N(\mu_0,\sigma_0{}^2)$，确定后验分布的参数。

解：似然函数为：

$$
\begin{aligned}
f(\underline{X}\mid\mu)&=\prod_{i=1}^{n}\frac{1}{\sqrt{2\pi\sigma}}\exp\left\{-\frac{1}{2\sigma^2}(x_i-\mu)^2\right\}\\
&\propto\prod_{i=1}^{n}\exp\left\{-\frac{1}{2\sigma^2}(x_i-\mu)^2\right\}
\end{aligned}
$$

$$\propto \exp\left\{-\frac{1}{2\sigma^2}(n\mu^2 - 2\mu\sum x_i)\right\}$$

$$\propto \exp\left\{-\frac{n}{2\sigma^2}(\mu - \bar{x})^2\right\}$$

作为 μ 的函数，这个结构是正态分布密度函数的结构。因此共轭先验分布是正态分布。先验分布是：

$$N(\mu_0, \sigma_0{}^2)$$

所以，

$$f(\mu) \propto \exp\left\{-\frac{1}{2\sigma_0^2}(\mu - \mu_0)^2\right\}$$

$$\propto \exp\left\{-\frac{1}{2\sigma_0^2}(\mu^2 - 2\mu_0\mu)\right\}$$

所以，

$$f(\mu \mid \underline{X}) \propto \exp\left\{-\frac{n}{2\sigma^2}(\mu^2 - 2\bar{x}\mu)\right\}\exp\left\{-\frac{1}{2\sigma_0^2}(\mu^2 - 2\mu_0\mu)\right\}$$

$$= \exp\left\{-\frac{1}{2}\left(\frac{n}{\sigma^2} + \frac{1}{\sigma_0^2}\right)\mu^2 + \left(\frac{n\bar{x}}{\sigma^2} + \frac{\mu_0}{\sigma_0^2}\right)\mu\right\}$$

我们在最后处理“常数”R 时，实际上使用了一种比例的方法。

按传统的做法给定 $\underline{X}$ 时 μ 的后验分布是均值为 μ_1、方差为 σ_1^2 的正态分布，这里我们选择一种略为不同的方式（为后面使用方便）表示成：

$$\mu_1 = \frac{\dfrac{\bar{x}}{\sigma^2/n} + \dfrac{\mu_0}{\sigma_0^2}}{\dfrac{1}{\sigma^2/n} + \dfrac{1}{\sigma_0^2}} \quad 和 \quad \sigma_1^2 = \frac{1}{\dfrac{1}{\sigma^2/n} + \dfrac{1}{\sigma_0^2}}$$

现在我们已经看到了二项分布/贝塔分布和正态分布/正态分布的情况。还有一种通常的应用，是泊松分布的情况，它的共轭先验分布是伽玛分布。

第三节 误差函数

获得 θ 的估计，必须明确误差函数。记 $g(\underline{X})$ 为 θ 的估计，则误差函数用于衡量当 $g(\underline{X})$ 作为 θ 的估计时发生的“误差”。希望可以找到这样一个误差函数，当估计完全正确时它为零，也就是 $g(\underline{X}) = \theta$ 时它为零；$g(\underline{X})$ 离 θ 越远，它的值越大。有一个经常使用的误差函数，称为二次平方误差。在实践中还使用另外两个误差函数。

贝叶斯估计就是与后验分布相类似的使预计误差最小的 $g(\underline{X})$。

通常最主要的误差函数是平方误差函数，定义为：

$$L(g(\underline{x}), \theta) = [g(\underline{x}) - \theta]^2$$

它与古典统计中均值的平方误差相类似。

第二个误差函数是绝对误差函数，定义为：

$$L(g(\underline{x}),\theta) = |g(\underline{x}) - \theta|$$

第三个误差函数是“0/1”或“非此即彼”误差函数，定义为：

$$L(g(\underline{x}),\theta) = \begin{cases} 0 & \text{如果 } g(\underline{x}) = \theta \\ 1 & g(\underline{x}) \neq \theta \end{cases}$$

这个函数并不随 $g(\underline{x})$ 离 θ 越远而增长。

下面比较这些函数的图形。要弄清楚哪个曲线代表的是哪个函数，注意它们中的每一个都能与任意常数相乘而不失一般性。

我们现在证明，通过依次将这些误差函数的预计误差最小化，得到的贝叶斯估计分别是后验分布的均值、中位数和众数。每个都能衡量后验分布的位置或大小。

后验分布预计误差（Expected posterior loss）为：

$$EPL = E\{L[g(\underline{x}),\theta]\} = \int L[g(\underline{x}),\theta]f(\theta \mid \underline{x})d\theta$$

例 19－3

证明由平方误差函数得出的贝叶斯估计是后验分布的均值。

解： 为简单起见，我们用 g 代替 $g(\underline{x})$。

因此，

$$EPL = \int (g - \theta)^2 f(\theta \mid \underline{x})d\theta$$

$$\frac{d}{dg}EPL = 2\int (g - \theta)f(\theta \mid \underline{x})d\theta$$

令上式等于 0，可得：

$$g\int f(\theta \mid \underline{x})d\theta = \int \theta f(\theta \mid \underline{x})d\theta$$

而 $\int f(\theta \mid \underline{x})d\theta = 1$ ，所以，

$$g = \int \theta \int f(\theta \mid \underline{x})d\theta = E(\theta \mid \underline{x})$$

很清楚这使得 EPL 最小。因此，贝叶斯估计是后验分布的均值。

例 19－4

证明由绝对误差函数得出的贝叶斯估计是后验分布的中位数。

解： 同样我们用 g 代替 $g(\underline{x})$。

因此， $EPL = \int |g - \theta| f(\theta \mid \underline{x})d\theta$

假设 θ 的范围是$(-\infty,\infty)$，那么：

$$EPL = \int_{-\infty}^{g} (g - \theta)f(\theta \mid \underline{x})d\theta + \int_{-\infty}^{g} (\theta - g)f(\theta \mid \underline{x})d\theta$$

所以，

$$\frac{d}{dg}EPL = \int_{-\infty}^{g} f(\theta \mid \underline{x})\,d\theta - \int_{-\infty}^{g} f(\theta \mid \underline{x})\,d\theta$$

如果我们对它不熟悉，我们可以运用下面的这个结果：

$$\frac{d}{dg}\int_{a(y)}^{b(y)} f(x,y)\,dx = \int_{a(y)}^{b(y)} \frac{\partial}{\partial y} f(x,y)\,dx + b'(y)f[b(y),y] - a'(y)f[a(y),y]$$

令上式等于0，可得：

$$\int_{-\infty}^{g} f(\theta \mid \underline{x})\,d\theta = \int_{g}^{\infty} f(\theta \mid \underline{x})\,d\theta$$

也就是：

$$P(\theta \leqslant g) = P(\theta \geqslant g)$$

这就确定了后验分布的中位数。

例 19－5

证明由“非此即彼”误差函数得出的贝叶斯估计是后验分布的众数。

解：这里我们不能使用微分的方法，取而代之我们使用一种具有极限的自变量的直接方法。

考虑：

$$L(g(\underline{x}),\theta) = \begin{cases} 0 & \text{如果 } g-\varepsilon<\theta<g+\varepsilon \\ 1 & \text{否则} \end{cases}$$

于是，取极限 $\varepsilon \to 0$，这就趋向要求的误差函数。

$$EPL = 1 - \int_{g-\varepsilon}^{g+\varepsilon} f(\theta \mid \underline{x})\,d\theta = 1 - 2\varepsilon \cdot f(\theta \mid \underline{x}) \quad \varepsilon \text{ 极小}$$

当 g 是 $f(\theta|\underline{x})\,d\theta$ 的众数时，上式达到最小。

第二十章

置信度理论

置信度理论是作为一种短期保险合同的费率厘订方法在20世纪20年代发展起来的。随着与某一保险合同索赔有关的信息的更新，该合同的置信度保费将变化。置信度理论可以看作是一种厘订费率的经验方法。同时，它也应用于损失准备金等多个领域。

条件期望值的计算是置信度理论中的重要内容，为此，我们将要运用一些相关的性质或推论：

对任意的随机变量 X、Y 和任意函数 f：

$$E[X]=E[E[X|Y]] \tag{20-1}$$

$$E[f(Y)|Y]=E[f(Y)] \tag{20-2}$$

$$\begin{aligned} E[Xf(Y)] &= E[E[Xf(Y)|Y]] \\ &= E[f(Y)E[X|Y]] \end{aligned} \tag{20-3}$$

式（20-1）是我们熟悉的；式（20-2）是显然的，如果给定 $Y=y$，那么 $f(Y)$ 的值即为 $f(y)$。式（20-3）的前一个等式是式（20-1）的应用；第二个等式与式（20-2）类似，如果给定 $Y=y$，那么 $Xf(Y)$ 的值即为 $Xf(y)$，因此，对于 Y 的任何值，$E[Xf(Y)|Y]$ 等于 $f(Y)E[X|Y]$。

本章将涉及的另一概念是条件独立性。如果，两个随机变量 X_1、X_2 在给定第三个随机变量 Y 的情况下条件独立，那么：

$$E[X_1X_2|Y]=E[X_1|Y]E[X_2|Y] \tag{20-4}$$

这意味着 X_1、X_2 与 Y 有关，但是如果知道 Y 的值，则 X_1，X_2 是独立的，但这并不表示 X_1、X_2 是无条件独立的。无条件独立是指，在为给定 Y 值时，X_1、X_2 相互独立。条件独立的情况下，常常：

$$E[X_1X_2]\neq E[X_1]E[X_2]$$

第一节　基本思想

一、置信度保费公式

置信度保费公式的基本思想是很直观的。

例 20－1

假设某一小镇的地方当局经营10辆公共汽车已有多年。当局准备为这一车队投保明年的意外事故保险。现在需要计算这一保险的纯保费，即明年的预期索赔额。假设过去5年的数据显示，该车队每年平均索赔额为1 600元。此外我们还假设，整个国家的统计数据显示，地方政府每辆公共汽车平均索赔额为250元，也就是说10辆车的索赔总额应为2 500元。当然，2 500元是基于全国的大量统计数据计算的结果，其中许多车辆是在与本镇营运条件非常不同的情况下营运的（例如在繁华的大城市或在偏僻的农村营运）。

确定明年的纯保费，可以采用的方式包括以下两种极端情形：

（1）选择1 600元，因为这是基于针对性较强的本地统计数据做出的选择，而2 500元，其针对性相对不足，较为不合适。

（2）亦可选择2 500元，因为它基于更大量的统计数据推断出的，所以更稳定、更可靠。

在此将要探讨的置信度方法，是对这两种极端情况加权平均，即用下式计算纯保费：

$$Z \times 1\ 600 + (1-Z) \times 2\ 500$$

其中，$0 \leqslant Z \leqslant 1$。$Z$ 称为置信度因子，假设 $Z=0.6$，则纯保费为1 960元。

现在我们用更正式的形式表示上述思想。假设我们要估计因某一风险引起的索赔额的预期值，或者是预期索赔次数。这里的某一风险是指一张保单或一组保单，这些保单通常是短期的，尽管任何短期均可，为简单起见，假设为一年期。

假设：$\overline{X}$ 是纯粹从风险本身估算的下一年度索赔额（或索赔次数）的预期值。

μ 是从辅助数据测算的下一年度索赔额（或索赔次数）的期望值。此处辅助数据是指从相近风险（未必相同）统计出的索赔数据。

则置信保费（或索赔额期望值）为：

$$Z\overline{X} + (1-Z)\mu \tag{20－5}$$

其中，$0 \leqslant Z \leqslant 1$，称为置信度因子。置信度保费公式的吸引力在于其形式简单、合理，易于理解。

二、置信度因子

置信度因子 Z 仅是一权重因子。它的值表示我们在估计下一年度索赔总额或索赔次数时，与 μ 相比较，我们对于 $\overline{X}$ 的置信程度。Z 值越大，我们对 $\overline{X}$ 的置信程度越高。

假设例 20－1 中已有的关于该车队的数据不止 5 年，比如，索赔额期望值仍为 1 600 元，但数据是 10 年而非 5 年的，那么与 2 500 元相比，我们认为 1 600 元的置信度比前面例子中更高。因而 Z 由 0.6 变为 0.75，由此得出置信度保费为 1 825 元。

又假设 1 600 元是由过去 5 年的索赔数据得出，而 2 500 元是由与该镇规模相仿的许多镇子的数据得出，这样 2 500 元的置信程度提高。而 1 600 元的置信程度降低，$Z=0.4$，则置信度保费为 2140 元。

最后，我们假设，2 500 元是由北京和上海这样的大城市统计数据得出，其他条件与例 20－1 相同。在这种情况下，2 500 元的相关性减小，因而 $Z=0.8$ 则置信度保费为 1 780 元。

从以上简单举例中可以看出，总的来讲，置信度因子有以下特点：

风险本身的数据越丰富，置信度因子的值越大； (20－6)

辅助信息的数据越充分，置信度因子的值越小。 (20－7)

此外必须指出，尽管置信度因子 Z 的值反映了风险本身数据的有效性，但其值并不完全取决于风险本身的实际观测数据，即不完全取决于 $\overline{X}$。对于索赔总额或索赔次数的任意一个估计 ϕ，只要在 $\overline{X}$ 和 μ 之间取值，可以写成公式（20－5）的形式，只需：

$$Z=\frac{\phi-\mu}{\overline{X}-\mu} \qquad (20-8)$$

事实上，

$$\begin{aligned}
Z\overline{X}+(1-Z)\mu &= \frac{\phi-\mu}{\overline{X}-\mu}\overline{X}+\left(1-\frac{\phi-\mu}{\overline{X}-\mu}\right)\mu \\
&= \frac{\phi-\mu}{\overline{X}-\mu}\overline{X}+\frac{\overline{X}-\phi}{\overline{X}-\mu}\mu \\
&= \frac{\phi\overline{X}-\phi\mu}{\overline{X}-\mu} \\
&= \phi
\end{aligned}$$

前面介绍了一些重要思想，但也遗留许多重要问题，例如，如何衡量辅助信息的“相关性”？如何计算置信度因子 Z？这是置信度理论试图回答的主要问题。

我们用从两个相似但略有不同的方法探讨置信度因子的计算，一是贝叶斯置信度的方法；二是完全依赖经验的贝叶斯置信度理论，我们把后者称之为经验贝叶斯置信度理论。

第二节　贝叶斯置信度

本节我们用贝叶斯置信度的方法研究置信度因子等问题。我们将探讨两个模型：泊松—伽马模型及正态—正态模型。这两个模型本身很有意义，而且体现了用贝叶斯置信度方法求解的思想，这一方法的优势在于用我们已经掌握的贝叶斯统计方法来解决某些问题。当然，贝叶斯置信度方法也是有其局限性的，我们将在本节末进行总结。

一、泊松—伽马模型

估计某一风险的索赔频率，即下一年索赔次数的期望值。这一问题可以归纳如下：

假设索赔次数服从参数为 λ 的泊松分布，λ 的值未知，但可通过一定的方式估计，例如："λ 在 50 ~ 150 之间的可能性为 50%。"更精确地，在获取任何有关该风险的有效数据前，已知 λ 的值服从伽马分布 Gamma（α，β）。现在，我们又有了过去 n 年该风险的索赔次数的数据。

上述问题完全符合贝叶斯统计的框架，且可进一步抽象为：

随机变量 X 表下一年度某一风险的索赔次数； （20－9）

X 的分布取决于某一固定参数 λ，但 λ 值未知； （20－10）

给定 λ，X 的条件分布为以 λ 为参数的泊松分布； （20－11）

λ 的先验分布为伽马分布 Gamma（α，β）； （20－12）

x_1，x_2，…，x_n 是以前 n 年 X 的观测值（我们以 $\underline{x}$ 表示）。 （20－13）

要解决的问题是在给定数据 $\underline{x}$ 的情况下估计 λ 。我们采用的估计即贝叶斯估计，λ 的估计值为 $E[\lambda|\underline{x}]$。

例 20－2

（1）试证明给定 $\underline{x}$ 时 λ 的后验分布为 Gamma（$\alpha+\sum_{i=1}^{n}x_i$，$\beta+n$）。

（2）将 $E[\lambda|\underline{x}]$用 α、β、$\underline{x}$ 表示出来。

解：（1）给定 $\underline{x}$，则 λ 的后验密度与以下式成比例：

$$\left\{\prod_{i=1}^{n}e^{-\lambda}\frac{\lambda^{x_i}}{x_i!}\right\}\frac{\beta}{\Gamma(\alpha)}e^{-\beta\lambda}(\beta\lambda)^{\alpha-1} \tag{20－14}$$

现在，我们略去一些不含 λ 的项，则 λ 与下式成比例：

$$\exp\{-(\beta+n)\lambda\}\lambda^{A-1} \tag{20－15}$$

其中，

$$A=\alpha+\sum_{i=1}^{n}x_i \tag{20－16}$$

由式（20－15）和式（20－16）可以得出：给定 $\underline{x}$ 时 λ 的后验分布为 Gamma（$\alpha+\sum_{i=1}^{n}x_i$，$\beta+n$）。

（2）$E[\lambda|\underline{x}]$是 Gamma（$\alpha+\sum_{i=1}^{n}x_i$，$\beta+n$）的期望值，因此，

$$E[\lambda|\underline{x}]=(\alpha+\sum_{i=1}^{n}x_i)/(\beta+n) \tag{20－17}$$

我们可能会奇怪，至此尚未提及置信度理论。现在让我们进一步研究式（20－17），索赔次数的均值观测值为 $\sum_{i=1}^{n} x_i/n$ ，而由伽马分布求得的均值为 α/β，式（20－17）可变化为：

$$E[\lambda \mid \underline{x}] = Z\{\sum_{i=1}^{n} x_i/n\} + (1-Z)\ \alpha/\beta \qquad (20-18)$$

其中，

$$Z = n/(\beta + n) \qquad (20-19)$$

现假设没有任何有关风险本身的信息（即 $n=0$），则 $Z=0$，估计 λ 时，有用的信息唯有 λ 的先验分布，其均值为 α/β。

另一方面，假若仅从历史数据估计 λ，其值为 $\sum_{i=1}^{n} x_i/n$ 。注意验证，这是 λ 的极大似然估计；并且它是观测值 $x_1, x_2, \cdots, x_n$ 的线性函数。

Z 值也取决于风险本身的数据 n，以及辅助信息的数据（通过 β 值）。这证明了前面的结论，随着 n 的增加，$\sum_{i=1}^{n} x_i/n$ 的样本误差下降，同时，β 反映了 λ 的分布的变动程度。因而 Z 反映了对 λ 的两种估计的相对可靠程度。

从式（20－18）可以看出，λ 是两个值的加权平均数，这两个值分别是：完全由风险本身数据估计的 λ 值，以及由其他信息估计的 λ 值。这完全是公式（20－5）中的置信度估计。其中置信度因子 Z 不像前一节那样定义含糊，它精确地由公式（20－19）决定。

二、泊松—伽马模型举例

在此，以 λ 值为 150 的情况为例，对泊松—伽马模型做进一步的说明。λ 值为 150，即每年索赔次数服从参数为 150 的泊松分布。在求解过程中，假设 λ 值未知，我们仅知 λ 服从 Gamma（100，1），进而可知该分布期望值为 100，标准差为 10。每年实际索赔次数如下：

年份	索赔次数
1	144
2	144
3	174
4	148
5	151
6	156
7	168
8	147
9	140
10	161

图 20－1 显示各年的置信度因子，图 20－2 说明 λ 的先验分布为 Gamma（100，1）时各年索赔次数的置信估计。下面的例题将显示置信度因子的计算过程。

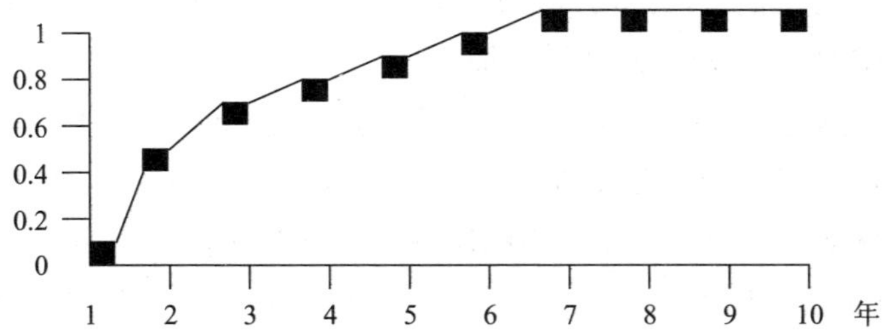

图 20－1　各年的置信度因子

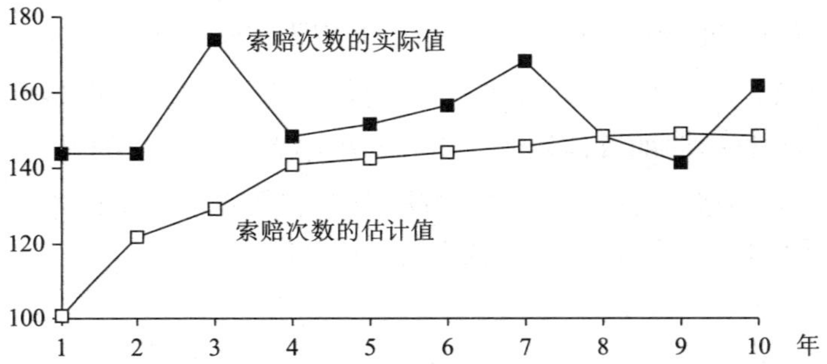

图 20－2　λ 的先验分布为 Gamma（100，1）时各年索赔次数的置信估计

例 20－3

对于 Gamma（100，1），计算：

（1）前 4 年的置信度因子。

（2）第 9 年的预期索赔次数。

解：（1）先验分布为 Gamma（100，1）。

在第 1 年初，因为没有过去的数据，所以置信度因子为 0；

在第 2 年初，$\beta=1$，$n=1$ 为过去的数据，所以，根据式（20－19），$Z=0.5$；

在第 3 年初，$\beta=1$，$n=2$ 为过去的数据，所以，根据式（20－19），$Z=2/3$；

在第 4 年初，$\beta=1$，$n=3$ 为过去的数据，所以，根据式（20－19），$Z=0.75$；

类似地，可以求出各年度的置信度因子，参见图 20－1。

（2）运用式（20－18），用 8 年的数据，由式（20－19）得 $Z=0.889$，$\alpha/\beta=100$，$\sum_{i=1}^{8}X_i/8=154.0$，所以由式（20－18），第 9 年的预期索赔次数为：

$$0.889\times154.0+(1-0.889)\times100=148。$$

通过观察图 20－1 和图 20－2 可以得出下列结论：

首先，由图 20－1 可知置信度因子随时间增大。这与前一节后半部分中的讨论是一致的。随着时间的推移，来自风险本身的数据增加，用来估计该风险索赔次数期望值的数据可靠性越来越大，因而置信度因子的值增大（从数学上说，在本模型中 $Z=n/(\beta+n)$，对于任何$\beta>0$，随着n增大，Z值也增大。)。

其次，由图20-2可知，最初估计值为100，但实际值均在150左右，且在10年无一低于140。图20-2显示估计值随时间增加而增加。直到第8年年末达到实际水平，这一增加是因为权重的增加导致的置信度的增加。

现在假设λ的先验分布为Gamma（500，5）而不是Gamma（100，1）。图20-3、图20-4分别是置信度因子及索赔次数的图示。从图20-3、图20-4可以看出在Gamma（500，5）分布情况下，置信度因子与索赔次数的特征与先验分布为Gamma（100，1）的情况不同，即置信度因子与索赔次数呈上升趋势。两种情况最大的区别在于在先验分布为Gamma（500，5）的情况下，置信度因子增加缓慢，从数学上来讲，这是因为前者比后者有更高的β值。这一特性可以由置信度理论做如下解释：索赔次数的值取决于由λ先验分布得出的期望值，在两种情况下λ的期望值均为100，但是Gamma（500，5）的均方差（$\sqrt{20}=4.472$）小于Gamma（100，1）的均方差（10），可以将均方差的大小解释为我们最初估计索赔次数时的置信程度，均方差越小表示最初值的置信程度越高。于是，上述陈述可变为“均方差越小，λ先验分布所提供信息的相关性越大。”根据这一解释，我们期望一个较小的均方差，以便得到较小的置信度因子。

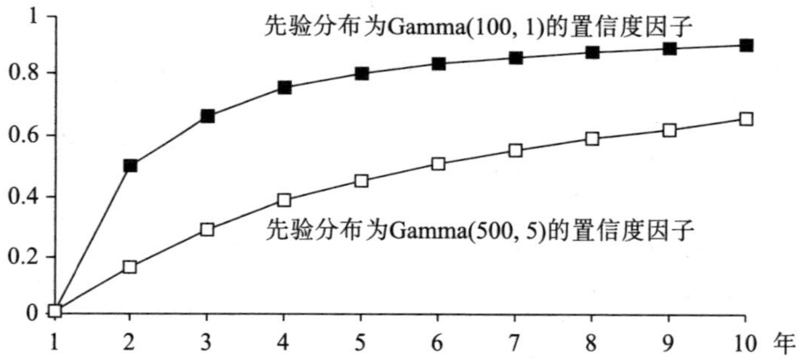

图20-3　置信度因子

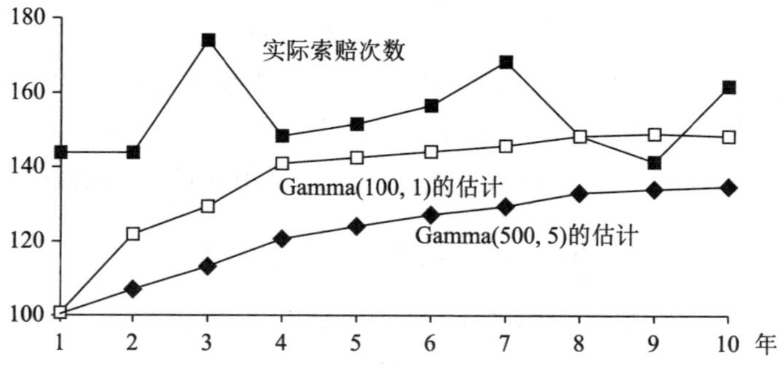

图20-4　实际索赔次数与Gamma估计

最后一点是关于求解下一年索赔次数的预期值。因为X表示下一年的索赔次数，所以有些读者容易简单地以为是求$E[X]$，即$E[X]=E[E[X|\lambda]=E[\lambda]=\alpha/\beta$。

事实上，我们要求的是 $E[X|\underline{x}]$。

为了表示 α/β 不是所求值，我们只需回到图 20－2。若 α/β 是答案，那么每年索赔次数均为 100，这显然是一个很差的估算。

三、正态—正态模型

（一）一般模型

这一模型要解决的问题是估计纯保费，即某一风险的预期索赔额。令随机变量 X 为某一风险下年索赔额，我们做以下假设：

X 的分布取决于一固定但未知的参数 θ； （20－20）

给定 θ 时 X 的条件分布为正态分布 $N(\theta, \sigma_1^2)$； （20－21）

我们把 θ 作为一随机变量，通过通常的贝叶斯统计方法来探讨不确定的 θ 的值； （20－22）

θ 的先验分布为正态分布 $N(\mu, \sigma_2^2)$； （20－23）

已知 μ、σ_1、σ_2 的值； （20－24）

已有 n 个 X 的经验数据 $x_1, x_2, \cdots, x_n$，用 $\underline{x}$ 表示。 （20－25）

如果 θ 值已知，则纯保费为 $E[X|\theta]$，由式（20－21）知 $E[X|\theta]=\theta$。如同在泊松—伽马模型中探讨的一样，我们的问题是，给定 $\underline{x}$，求 $E[X|\theta]$。我们用贝叶斯统计方法求解，则：

$$E[\theta|\underline{x}]=E[E(X|\theta)|\underline{x}]$$

例 20－4

（1）给定 $\underline{x}$，求证 θ 的后验分布为：

$$N\left[\frac{\mu\sigma_1^2+n\sigma_2^2\bar{x}}{\sigma_1^2+n\sigma_2^2}, \frac{\sigma_1^2\sigma_2^2}{\sigma_1^2+n\sigma_2^2}\right]$$

其中，$\bar{x}=\frac{1}{n}\sum_{i=1}^{n}x_i$。

（2）证明 $E[\theta|\underline{x}]$ 可以用置信度估计的形式表示。

解：

（1）给定 $\underline{x}$，θ 的后验分布密度与下值成比例：

$$\prod_{j=1}^{n}\exp\left[-\frac{1}{2}(x_j-\theta)^2/\sigma_1^2\right]\exp\left[-\frac{1}{2}(\theta-\mu)^2/\sigma_2^2\right] \tag{20－26}$$

去掉不含 θ 的项，变为：

$$\exp\left(\frac{\theta n\bar{x}}{\sigma_1^2}-\frac{n\theta^2}{2\sigma_1^2}-\frac{\theta^2}{2\sigma_2^2}+\frac{\theta\mu}{\sigma_2^2}\right)$$

即：

$$\exp\left\{-\frac{(\sigma_1^2+n\sigma_2^2)}{2\sigma_1^2\sigma_2^2}\left[\theta-\left(\frac{\mu\sigma_1^2+\sigma_2^2n\bar{x}}{\sigma_1^2+n\sigma_2^2}\right)\right]^2\right\}$$

此即给定 $\underline{x}$ 时 θ 的后验分布为正态分布，其期望值为：

$$E[\theta|\underline{x}]=\frac{\mu\sigma_1^2+\sigma_2^2n\bar{x}}{\sigma_1^2+n\sigma_2^2}$$

方差为：

$$Var[\theta|\underline{x}]=\frac{\sigma_1^2\sigma_2^2}{\sigma_1^2+n\sigma_2^2}$$

（2）由（1）得：

$$\begin{aligned}E[\theta|\underline{x}]&=\frac{\mu\sigma_1^2+\sigma_2^2n\bar{x}}{\sigma_1^2+n\sigma_2^2}\\&=\frac{\sigma_1^2}{\sigma_1^2+n\sigma_2^2}\mu+\frac{n\sigma_2^2}{\sigma_1^2+n\sigma_2^2}\bar{x}\\&=Z\bar{x}+(1-Z)\mu\end{aligned}\tag{20-27}$$

其中，

$$Z=\frac{n}{n+\sigma_1^2/\sigma_2^2}\tag{20-28}$$

公式（20－27）是 $E[\theta|\underline{x}]$ 的置信度估计，它是下列两个值的加数平均：（1）$\bar{x}$，风险本身的数据；（2）μ，没有风险本身数据时的最佳估计值。

注意：与泊松—伽马模型相同，这里的仅仅基于风险本身数据的估计，是观测值的线性函数。

关于置信度因子 Z，有以下几点应当清楚性质：

（1）Z 总是介于 0 和 1 之间的，即 $0\leqslant Z\leqslant 1$；

（2）Z 是 n 的增函数，它随 n 的增大而增大，这里的 n 即有效观测值或有效信息数据的个数；

（3）Z 是 σ_2 的增函数，它随 σ_2 的增大而增大。

这些性质与泊松—伽马分布模型一致。

（二）正态—正态模型的进一步探讨

前面的一般模型讨论了用贝叶斯统计方法计算正态—正态模型的纯保费。为了研究经验贝叶斯置信理论，我们考虑一种略有不同的方法来研究正态—正态模型。

同样，我们还是研究某一风险每年的索赔总额的期望值。令：

$$X_1,X_2,\cdots,X_n,X_{n+1}$$

为各年索赔总额，并假设：

X_j 的分布取决于某一固定，但未知的参数 θ；（20－29）

X_j 服从参数为 θ 的正态分布 $N(\theta,\sigma_1^2)$；（20－30）

给定 θ，随机变量 $\{X_j\}$ 是独立的；（20－31）

θ 的先验分布为 $N(\mu,\sigma_2^2)$；（20－32）

已知 X_1，X_2，…，X_n 的观测值，欲据此估计第（$n+1$）年的 X 值。（20－33）

所有的假设与一般模型中完全相同，只是运用了略为不同的符号；而一般模型中 X_1，$X_2,\cdots,X_n$ 以 $x_1,x_2,\cdots,x_n$ 表示，因为当时假设 $x_1,x_2,\cdots,x_n$ 为已知的，X_{n+1} 用 X 表示。假设（20－29）、假设（20－30）、假设（20－32）均与一般模型中相同，假设（20－33）也只是 X 符号不同。唯一一个在一般模型中没有的假设是假设（20－31），但一般模型中隐含了假设（20－31），如果没有这一假设，就不可能导出假设（20－26）。

现在我们来看看以上这些假设导出的一些结果。

给定 θ 时，随机变量 $\{X_j\}$ 为独立同分布的。 （20－34）

随机变量 $\{X_j\}$ 的分布是（无条件地）相同的； （20－35）

随机变量 $\{X_j\}$ 不是（无条件）独立的。 （20－36）

式（20－34）是假设（20－30）的直接结果，即给定 θ，每个 X_j 的分布函数为 $N(\theta, \delta_1^2)$。式（20－35）亦是假设（20－31）的结果，可以更正式地将下列公式表示为 X_j 的无条件分布函数：

$$P(X_j \leqslant y) = \int_{-\infty}^{\infty} \frac{1}{\sigma_2 \sqrt{2\pi}} \exp\left\{-\frac{(\theta-\mu)^2}{2\sigma_2^2}\right\} \Phi\left(\frac{y-\theta}{\sigma_1}\right) d\theta$$

其中，$\Phi(\cdot)$ 为标准正态分布的分布函数，$\Phi\left(\frac{y-\theta}{\sigma_1}\right)$ 即 $N(\theta, \sigma_1^2)$，为 $X \mid \theta$ 的分布函数；其余部分为 $N(\mu, \sigma_2^2)$ 的密度函数，即 θ 的密度函数。因此，该表达式即：

$$\int_{-\infty}^{\infty} f_\theta(\theta) F_{X\mid\theta}(y) d\theta$$

表达式对每一个 j 的值均是相同的，所以式（20－35）是成立的。

式（20－36）虽然没有那么显然，但下面的例子可以说明这一点。

例 20－5

设 μ、σ^2 为 θ 的先验分布的数学期望和方差，在给定 θ 的条件下，X_1、X_2 是条件独立的。试将 $E(X_1X_2)$ 表示为 μ、σ^2 的表达式，并证明 X_1、X_2 不是无条件独立的。

解： 根据公式（20－1）和公式（20－4），得：

$$\begin{aligned} E(X_1X_2) &= E[E(X_1X_2 \mid \theta)] \\ &= E[E(X_1 \mid \theta) E(X_2 \mid \theta)] \\ &= E(\theta^2) \qquad [\text{因为 } E(X_1 \mid \theta) = E(X_2 \mid \theta) = \theta] \\ &= \mu^2 + \sigma^2 \end{aligned}$$

上述推导思路将在今后被经常使用。

我们假设 X_1、X_2 是无条件独立的，则：

$$E(X_1X_2) = E(X_1)E(X_2)$$

运用公式：

$$E(X_1) = E[E(X_1 \mid \theta)] = E(\theta) = \mu$$

同样，

$$E(X_2) = \mu$$

所以，

$$E(X_1X_2) = \mu^2 + \sigma^2 \neq E(X_1)E(X_2)$$

这表示 X_1、X_2 不是无条件独立的。X_1、X_2 的关系是：它们的均值来自相同的分布，

但均值 θ 一旦已知，它们之间的关系就被打破；它们只是条件独立的。

四、贝叶斯方法与置信度

在泊松—伽马模型和正态—正态模型中采用的基本方法是一致的，只是变量的概率分布不同。所采用的方法是：

（1）探讨的问题是索赔额或索赔次数的分布，我们的目的是在各种情况下估计分布中的某些参数或特征，如索赔次数或索赔额分布的期望值。

（2）之后我们在贝叶斯统计的思路下做了一些假设，例如，随机变量服从泊松分布，参数未知等等。

（3）以贝叶斯方法求解出特定数值。

（4）这一数值以置信度的方式表达（即以式（20－5）的形式表达）。

上述方法在这两个模型中的运用很成功，计算出了很精确的数据结果，并且导出了计算置信度因子的公式。

但这一方法也有一定的缺陷。

第一个问题是必须用贝叶斯方法，具体而言必须已知先验分布及其参数，例如，尽管式（20－19）提供了一个计算置信度因子的公式，但公式中包含参数 β，我们没有讨论如何选定 β。而 β 的选择体现了我们主观上对数据的置信度的承认程度。人们对这一方法的接受程度是不同的。

第二问题是，即使可用贝叶斯方法求解，但其结果并不一定能表达为置信度表达式。下面的例子可以说明这一点。

例 20－6

已知各年索赔分布服从参数为 θ 的泊松分布，θ 值固定但未知，θ 服从［0，1］上的均匀分布。令：x_1，x_2，…，x_n 为前 n 年索赔次数的观测值，令：

$$\bar{x} = \frac{1}{n}\sum_{i=1}^{n} x_i$$

（1）证明，后验分布的期望值为：

$$\frac{\int_0^1 e^{-n\theta}\theta^{n\bar{x}+1}d\theta}{\int_0^1 e^{-n\theta}\theta^{n\bar{x}}d\theta}$$

（2）令 $a=5$ 计算下列情况下 θ 的后验分布的期望值：

（a）$\bar{x}=0$

（b）$\bar{x}=0.2$

解：（1）θ 的先验分布密度函数为：

$$f(\theta)=1 \qquad 0\leqslant\theta\leqslant 1$$

似然函数为：

$$L(\theta) = \prod_{i=1}^{n}[\exp(-\theta)\theta^{x_i}/x_i!] = \frac{e^{-n\theta}\theta^{\sum_{i=1}^{n}x_i}}{\prod_{i=1}^{n}x_i!}$$

略去与 θ 无关的项，则后验分布有如下的比例关系式：

$$f(\theta \mid x) \propto e^{-n\theta}\theta^{\sum_{i=1}^{n}x_i} = e^{-n\theta}\theta^{n\bar{x}}$$

即后验分布与 $e^{-n\theta}\theta^{n\bar{x}}$ 成比例。

因此，θ 的后验分布的密度函数表达式为：

$$\frac{e^{-n\theta}\theta^{n\bar{x}}}{\int_0^1 e^{-ny}y^{n\bar{x}}dy}$$

则后验分布的期望值为：

$$\frac{\int_0^1 e^{-n\theta}\theta^{n\bar{x}+1}d\theta}{\int_0^1 e^{-n\theta}\theta^{n\bar{x}}d\theta}$$

（2）（a）$n=5$，$\bar{x}=0$。

$$\int_0^1 e^{-5\theta}\theta d\theta = 0.03838$$

$$\int_0^1 e^{-5\theta}d\theta = 0.19865$$

将上述数字代入（1）中的表达式，可得期望值为 0.19320。

（b）$\int_0^1 e^{-5\theta}\theta^2 d\theta = 0.01401$

因此，期望值为 0.01401/0.03838 = 0.36003。

上述计算结果表明 θ 的期望值不能表示为 $Z\bar{x}+(1-Z)\mu$ 的形式。　　（20－37）

其中，μ 为 θ 的期望，即 $\mu=0.5$，置信度因子 Z 并不取决于 $\bar{x}$。为验证这一点，假设 $\bar{x}=0$ 如（2）（a），则期望为 0.19320，以式（20－37）计算出 $Z=0.161360$；另一方面，若 $\bar{x}=0.2$，如（2）（b），则 $Z=0.44990$；即 n 固定时，Z 随 $\bar{x}$ 变化而变化。

例 20－6 显示了用贝叶斯方法并非总能导出可用置信度形式表达的结果。

第三节　经验贝叶斯置信理论：模型 1

贝叶斯置信理论带来了大量不同复杂程度的模型开发。本书中我们只研究其中的两个。本节将研究最简单的一个模型，称之为模型 1。模型 1 能够很好地说明经验贝叶斯置信理论的基本思路。特别是，它说明了经验贝叶斯与置信理论的传统贝叶斯方法之间的相似与不同点。为了方便，我们把经验贝叶斯置信理论缩写为 EBCT。

一、模型 1：说明

我们先来考虑 EBCT 模型 1 的假设。我们还记得前一节中正态—正态模型中的假设，可以把 EBCT 模型看作是正态—正态模型的更普遍的形式。我们感兴趣的问题是估计某一风险的纯保费或可能的索赔频率。用 X_1，X_2，…，X_n 表示该风险在某一时期的索赔总额或索赔次数。更准确地说，我们的问题是，已知 X_1，X_2，…，X_n 的值，估计 X_{n+1}的预期值。我们用 $\underline{X}$ 表示 X_1，X_2，…，X_n。

对于 EBCT 模型 1 我们做如下的假设：

每一 X_j的分布取决于某一参数 θ，其值是确定的（对于所有的 X_j都一样），但未知。（20－38）

给定 θ 时，X_j为独立同分布的。（20－39）

参数 θ 称为风险参数。它可能为一实数，也可能为更一般的数值，如一系列实数。

于是，有如下的结果：

随机变量 $\{X_j\}$ 服从同一分布。（20－40）

但是，X_j并不是无条件独立的。（20－41）

下面定义几个符号，定义 $m(\theta)$ 及 $S^2(\theta)$ 如下：

$$m(\theta)=E(X_j|\theta)$$

$$S^2(\theta)=Var(X_j|\theta)$$

对于 $m(\theta)$及 $S^2(\theta)$ 应注意两点。首先，既然给定 θ，X_j服从同一分布，那么如其符号显示，$m(\theta)$和 $S^2(\theta)$ 都与 j 无关。其次，既然把 θ 当作随机变量，$m(\theta)$与 $S^2(\theta)$ 也都是随机变量。

若已知 θ 值及给定 θ 时 X_j的分布，在未来任何年份的预期索赔总额或预期索赔参数的很明显的估计将为 $m(\theta)$。由于我们假设 θ 未知，因此，我们的问题是就是：

给定 $\underline{X}$ 时估计 $m(\theta)$的值。（20－42）

我们把 EBCT 模型 1 和正态—正态模型之间的相似点总结如下：

（1）两个模型中 θ 的作用相同：都是来刻画模型中的基本分布，如每年度业务的索赔总额分布，参见式（20－29）与式（20－38）。

（2）X_j的无条件分布相同，它们都服从同一分布。参见式（20－35）、式（20－36）、式（20－40）及式（20－41）。

（3）给定 θ 时 X_j的（条件）分布也相同：在两种情况下均条件独立。参见式（20－31）、式（20－34）与式（20－39）。

那么，两个模型间的不同点是什么呢？在本节开头时曾提到 EBCT 模型 1 可看作正态—正态模型的更普遍的形式，其与正态—正态模型的不同之处即更一般化的几点是：

（1）对于 EBCT 模型 1，$E(X_j|\theta)$是 θ 与 $m(\theta)$的某一函数，但对于正态—正态模型它只是 θ。因此：

EBCT 模型中的 $Var[m(\theta)]$相当于正态—正态模型中的 $\delta_2^2[=Var(\theta)]$。

（2）对于 EBCT 模型 1，$Var(X_j|\theta)$是 θ 与 $S^2(\theta)$的函数，但对于正态—正态模型是一常数 δ_1^2。因此：

EBCT 中的 $E[S^2(\theta)]$相当于正态—正态模型中的 $\delta_1^2(=E[Var(X_j|\theta)])$。

（3）正态—正态模型对于给定 θ 时 X_j 及 θ 的分布均做了精确的假设，分别为 $N(\theta,\delta_1^2)$ 和 $N(\mu,\delta_2^2)$。EBCT 模型 1 对这些分布未做假设。

（4）风险参数 θ 对于正态—正态模型分布是实数，但对于 EBCT 模型 1 是个更一般的数值。

二、模型 1：置信保费的推导

前面研究了 EBCT 模型 1 的假设及其与正态—正态模型的相似与不同之处。现在我们开始探讨式（20－42）中提出的问题，即给定 $\underline{X}$ 时估计 $m(\theta)$ 的值。

若用贝叶斯方法解决该问题，给定 $\underline{X}$ 时 $m(\theta)$ 的一个显然的估计是后验分布的均值：

$$E[m(\theta)|\underline{X}] \tag{20-43}$$

这个估计很明显，它是关于 $m(\theta)$ 的贝叶斯估计。式（20－43）作为一个估计的问题在于，它并不总是可以得出用置信保费形式表达的结果，正如例 20－6 中发现的那样。我们想要的是式（20－42）中提出问题的答案，它正是置信公式（20－5）的所需形式。公式（20－5）涉及一个基于风险本身数据的估计（表示为 $\underline{X}$），以及其他数值，Z 和 μ。在泊松—伽马模型和正态—正态模型中，估计 $\underline{X}$ 特别简单，因为它是观测值的线性函数。于是，我们很自然地选取最佳的线性函数进行估计。换而言之，我们假设 $m(\theta)$ 的估计形式为：

$$a_0+a_1X_1+a_2X_2+\cdots+a_nX_n \tag{20-44}$$

其中，a_0，a_1，a_2，…，a_n 是使如上形式的 $m(\theta)$ 的估计值为“最优”估计的常数。对于“最优”的含义，一个合理的标准是选择常数以便 $m(\theta)$ 与其估计值，即式（20－44）的差额平方期望值最小。也就是说，我们可以采用如下的方法估计 $m(\theta)$：

考虑线性函数：

$$a_0+a_1X_1+a_2X_2+\cdots+a_nX_n$$

选取适当的常数 a_0，a_1，a_2，…，a_n 使下式最小：

$$E\{[m(\theta)-a_0-a_1X_1-a_2X_2-\cdots-a_nX_n]^2\} \tag{20-45}$$

为解决该问题，在式（20－45）中分别对 a_0，a_1，a_2，…，a_n 依次求偏导，并令每一导数为 0。为了进一步推导，我们还需要用到如下的几个性质：

（1）$E[X_jm(\theta)]=Var[m(\theta)]+\{E[m(\theta)]\}^2$

（2）$E(X_jX_k)=Var[m(\theta)]+\{E[m(\theta)]\}^2$ 对于 $j\neq k$

（3）$E(X_j^2)=E[S^2(\theta)]+Var[m(\theta)]+(E[m(\theta)])^2$　　（20－46）

我们先来证明这三个性质一些结果，这要用到公式（20－1）与公式（20－3）。

证明：

（1）利用式（20－1）、式（20－3）及 $m(\theta)$ 的定义，有：

$$\begin{aligned}E[X_jm(\theta)]&=E\{E[X_jm(\theta)|\theta]\}\\&=E\{m(\theta)E[X_j|\theta]\}\end{aligned}$$

$$=E[m(\theta)^2]$$
$$=Var[m(\theta)]+\{E[m(\theta)]\}^2$$

（2）利用式（20－1）及给定 θ，X_j 与 X_k（对于 $j\neq k$）独立，有：

$$
\begin{aligned}
E(X_jX_k)&=E[E(X_jX_k|\theta)]\\
&=E[E(X_j|\theta)\cdot E(X_k|\theta)]\\
&=E[m(\theta)m(\theta)]\\
&=Var[m(\theta)]+\{E[m(\theta)]\}^2
\end{aligned}
$$

（3）利用式（20－1）及 $S^2(\theta)$的定义：

$$
\begin{aligned}
E(X_j^2)&=E[E(X_j^2|\theta)]\\
&=E\{[Var(X_j|\theta)]+E[E^2(X_j|\theta)]\}\\
&=E\{S^2(\theta)+E[m(\theta)^2]\}\\
&=E[S^2(\theta)]+Var[m(\theta)]+\{E[m(\theta)]\}^2
\end{aligned}
$$

现在我们在式（20－45）中对 a_0求偏导，并令其为零。即：

$$E[m(\theta)-a_0-\sum_{j=1}^{n}a_jX_j]=0$$

由式（20－40），随机变量 $\{X_j\}$ 服从同一分布，可得：

$$a_0=E[m(\theta)](1-\sum_{j=1}^{n}a_j) \tag{20－47}$$

再对 a_k 求偏导并令其为零，则：

$$a_kE\{X_k[m(\theta)-a_0-\sum_{j=1}^{n}a_jX_j]\}=0$$

即：

$$Var[m(\theta)]+\{E[m(\theta)]\}^2-a_0E[m(\theta)]-\sum_{j=1}^{n}a_j\{Var[m(\theta)]+\{E[m(\theta)]\}^2\}-a_kE[s^2(\theta)]=0$$

移项得：

$$a_kE[s^2(\theta)]=(1-\sum_{j=1}^{n}a_j)\{Var[m(\theta)]+\{E[m(\theta)]\}^2\}-a_0E[m(\theta)] \tag{20－48}$$

当 $k=1,2,3,\cdots,n$ 时，上式成立。也就是说，a_k 不取决于 k 的值，并且，

$$a_1=a_2=\cdots=a_n$$

记 a_1、a_2、…、a_n的值为 Z/n，则：

$$Z=\sum_{j=1}^{n}a_j$$

于是，估计量可以写为：

$$a_0+\sum_{j=1}^{n}a_jX_j=a_0+Z\overline{X} \tag{20－49}$$

其中，
$$\overline{X}=\sum_{j=1}^{n}X_j/n$$

式（20－47）与式（20－48）是目前两个未知量 a_0及 Z 的线性方程，由这两个方程可得：

$$a_0=(1-Z)E[m(\theta)] \tag{20-50}$$

$$Z=\frac{n}{n+E[S^2(\theta)]/Var[m(\theta)]} \tag{20-51}$$

因此，给定 $\overline{X}$ 估计 $m(\theta)$ 这一问题的解为式（20－49）的右边，其中 a_0 与 Z 由式（20－50）及式（20－51）分别给出。于是，给定 $\overline{X}$，由 EBCT 模型 1 估计 $m(\theta)$ 为：

$$(1-Z)E[m(\theta)]+Z\overline{X}$$

其中，
$$\overline{X}=\sum_{j=1}^{n}X_j/n$$

且：
$$Z=\frac{n}{n+E[S^2(\theta)]/Var[m(\theta)]} \tag{20-52}$$

对于以上结果首先且最重要的一点是它是以置信估计形式表达的。换而言之，公式（20－49）右边是公式（20－5）的形式，其中：

$E[m(\theta)]$相当于μ，$\sum_{j=1}^{n}X_j/n$ 即 $\overline{X}$。

第二个应注意的是以上结果与正态—正态模型的结果有相似之处，特别是，置信因子公式，即公式（20－28）与公式（20－51）间的相似之处。公式（20－51）是公式（20－28）的推广，因为，考虑到本节第一部分末的讨论，可以认为 $E[s^2(\theta)]$与 $Var[m(\theta)]$分别是 σ_1^2 与 σ_2^2 的更普遍形式。EBCT 模型与正态—正态模型间的相似点前面已多次强调过了，在这里再出现如此的结果也就不奇怪了。

应注意的最后一点是公式（20－52）给出的置信估计公式涉及 3 个参数，$E[m(\theta)]$、$E[s^2(\theta)]$与 $Var[m(\theta)]$，我们一直把它们作为已知数处理。与贝叶斯置信方法不同，EBCT 模型不对风险参数 θ 的分布做任何假设，但我们仍需知道这 3 个参数的值。由于我们选择式（20－44）中 $a_0,a_1,\cdots,a_n$值的标准是使其与 m（θ）的差额平方的期望值最小，因此，这 3 个参数是与一阶和二阶矩相关，而不是与更高阶矩或其他值相关。估计这些参数的方法在下面的部分进行讨论。

在进入下一部分以前，下面的这个例题可以帮助我们熟悉有关的技巧，并帮助理解前面讲述的思想。

例 20－7

令 $r_0,r_1,\cdots,r_n$为实数，考虑：

$$E\{\{E[m(\theta)\mid \underline{X}]-r_0-\sum_{j=1}^{n}r_jX_j\}^2\} \tag{20-53}$$

（1）证明式（20－53）可写作：

$$E\{[m(\theta)-r_0-\sum_{j=1}^{n}r_jX_j]^2\}-2E[AB]-E[A^2]$$

其中，

$$A=m(\theta)-E[m(\theta)\mid \underline{X}]$$

且：

$$B=E[m(\theta)\mid \underline{X}]-r_0-\sum_{j=1}^{n}r_jX_j$$

（2）证明：$E[AB]=0$。

（3）证明使（20－53）最小的 $r_0,r_1,\cdots,r_n$ 的值是使式（20－45）最小的 $a_0,a_1,\cdots,a_n$ 的值。

证明：（1）显然：

$$E[(m(\theta)-r_0-\sum_{j=1}^{n}r_jX_j)^2]=E[(A+B)^2]$$

展开平方式即得出所需要的形式。

（2）利用公式（20－1）：

$$E(AB)=E[E(AB\mid \underline{X})]$$

现在注意 B 为 $\overline{X}$ 的函数，因此，利用公式（20－3）有：

$$E[E(AB\mid \underline{X})]=E[BE(A\mid \underline{X})]$$

但：

$$\begin{aligned}E(A\mid \underline{X})&=E\{m(\theta)-E[m(\theta)\mid \underline{X}]\mid \underline{X}\}\\&=E[m(\theta)\mid \underline{X}]-E[m(\theta)\mid \underline{X}]=0\end{aligned}$$

再次利用式（20－3）：

$$E\{E[m(\theta)\mid \underline{X}]\mid \underline{X}\}=E[m(\theta)\mid \underline{X}]$$

因此，

$$E[AB]=E[B\times 0]=0$$

故得证。

（3）由（1）及（2）部分的结果，可把式（20－53）写作：

$$E\{[m(\theta)-r_0-\sum_{j=1}^{n}r_jX_j]^2\}-E(A^2)$$

注意 $E[A^2]$ 并非 $r_0,r_1,\cdots,r_n$ 的函数。这意味着使式（20－53）最小的 $r_0,r_1,\cdots,r_n$ 的值是使：

$$E\{[m(\theta)-r_0-\sum_{j=1}^{n}r_jX_j]^2\}$$

最小的值。

而该表达式正是式（20－45）（只是用 r 代表了 a）。这正是（3）所要证明的。

例 20－7 中有意思的一点是若我们去找出 $E[m(\theta)\mid \underline{X}]$ 的最优线性估计，而不是 $m(\theta)$ 的最优线性估计，我们可以得出同一答案。这一点并不奇怪，因为：

（1）本节中“最优”均意味着使差额平方的期望值最小；

（2）$E[m(\theta)|\underline{X}]$是 $\underline{X}$ 的所有函数中 $m(\theta)$ 的最优估计，式（20－52）给出了 $\underline{X}$ 所有线性函数中 $m(\theta)$ 的最优估计。

三、模型1：参数估计

为完成给定 $\underline{X}$ 时对 $m(\theta)$ 的估计，我们将探讨如何估计 $E[m(\theta)]$、$Var[m(\theta)]$ 与 $E[s^2(\theta)]$。为此需假设我们可从其他相似风险中得到数据，这些风险又不同于我们原来的风险。这要求我们更一般地提出问题，再做一些假设并稍微变动一下符号。前面的纯贝叶斯置信度方法与 EBCT 模型的重要区别之一是前者无需数据来估计参数，后者却需要。

现在假设我们有意估计某一特定风险的纯保费或预期索赔参数。该风险是某集合中 N 个风险中的一个。这里的某集合是指以一定方式相关的不同风险的集合，后面还要对此做进一步的说明。简单起见，假设我们考察的特定风险是该集合中的风险号码为 1 的风险，记为风险 1。假设我们已知在过去几年的每一年这 N 个风险各自的索赔总额或索赔频率。用 X_{ij} 表示在第 j 年（$j=1$，2，…，n）风险 i（$i=1$，2，…，N）的索赔总额或索赔次数，这些值具体如表 20－1 所示。

表 20－1　　第 j 年风险 i 的索赔总额或索赔频率

风险号码	年份			
	1	2	……	n
1	X_{11}	X_{12}	……	X_{1n}
2	X_{21}	X_{22}	…	X_{2n}
…	…	…	……	…
…	…	…	……	…
N	X_{N1}	X_{N2}	……	X_{Nn}

表 20－1 中数据表示不同风险的观测值：第一行即风险 1 的数据，即是我们在本节第二部分中表示为 $\underline{X}$ 的一系列观测值。在此我们把那时的 X_1，X_2，…，X_n 表示成了 X_{11}，X_{12}，…，X_{1n}。那时做的两个假设式（20－38）与式（20－39），是关于当时考虑的单一风险的观测值之间相联系的。现在，我们对集合中 N 个风险中的每一个风险做完全同样的假设。这些假设在下面的式（20－54）与式（20－55）中给出：

对于风险 i，$i=1$，2，…，N，每一 X_{ij}（$j=1$，2，…，n）的分布取决于参数 θ_i 的值，其值是确定的（对于每一 j 值均相同）但未知；　　（20－54）

给定 θ_j，$X_{ij}(i=1,2,n)$ 为独立同分布的。　　（20－55）

注意在本节的前两部分中表示为 θ 的风险参数现在表示为 θ_i，这意味着不同风险的风险参数值不同。当然，与本节前两部分中相同，每一给定风险的参数值各年间并不发生改变。这两个假设告诉了我们表中各行的关系，并未告诉我们任何不同行之间的关系，即集合中不同风险间的关系。关于集合中不同风险间关系，我们做如下假设：

对于 $i \neq k$，(θ_i, X_{ij}) 与 (θ_k, X_{km}) 为独立同分布的。 (20-56)

该假设告诉我们表中各行相互独立，该假设的两个直接结果为：

对于 $i \neq k$，X_{ij} 与 X_{km} 为独立同分布的。 (20-57)

风险参数 $\theta_1, \theta_2, \cdots, \theta_N$ 为独立同分布的。 (20-58)

不同风险，即表中各行间的联系是风险参数，$\theta_1, \theta_2, \cdots, \theta_N$ 具有相同的分布。这意味着，若我们以某些方式，知道了 $\theta_1, \theta_2, \cdots, \theta_N$ 的值，那么我们就知道了 θ 的共同分布的一些情况，因此我们就知道了 θ_i 的一些情况，至少知道其所服从的分布的一些情况。

函数 $m(\ )$ 与 $S^2(\ )$ 曾在前面介绍过。以下继续采用这些函数的定义，并将其用到集合中所有风险中，即有：

$$m(\theta_i) = E(X_{ij} \mid \theta_i)$$

$$S^2(\theta_i) = Var(X_{ij} \mid \theta_i)$$

注意，如同本节初，$E(X_{ij} \mid \theta_i)$ 与 $Var(X_j \mid \theta_i)$ 都与 j 无关，因为，给定 θ_i，随机变量 $X_{i1}, \cdots, X_{in}$ 服从同一分布。还应注意，由于 $\theta_1, \theta_2, \cdots, \theta_N$ 服从同一分布，$E[m(\theta_i)]$、$E[S^2(\theta_i)]$ 及 $Var[m(\theta_i)]$ 也与 i 无关。这些正是我们在本节前两部分中称为 $E[m(\theta)]$、$E[s^2(\theta)]$ 与 $Var[m(\theta)]$ 的参数，我们将用这些参数来对集合做出估计。

我们还需一些符号，我们将用 $\overline{X_i}$ 表示：

$$\sum_{j=1}^{n} X_{ij/n}$$

并用 $\overline{X}$ 表示：

$$\sum_{i=1}^{N} \overline{X_i}/N = \left[\sum_{i=1}^{N} \sum_{j=1}^{n} X_{ij}/(Nn)\right]$$

注意现在的 $\overline{X_1}$ 即本节前两部分的 $\overline{X}$。要了解现在的符号与前两部分符号 $\overline{X}$ 意思的不同。我们现在可用这个新符号来重新给出未来年度风险集合中风险 1 的纯保费或索赔次数的置信估计的公式如下：

$$(1-Z)E[m(\theta)] + Z\overline{X_1}$$

其中，
$$\overline{X_1} = \sum_{j=1}^{n} X_{1j}/n \tag{20-59}$$

且：
$$Z = \frac{n}{n + E[S^2(\theta)]/Var[m(\theta)]}$$

要注意的是式（20-59）与式（20-52）是一样的，只是采用了符号 $\overline{X_1}$ 和 X_{1j}，而不是 $\overline{X}$ 与 X_j。

我们现在可以来估计 $E[m(\theta)]$、$E[s^2(\theta)]$ 与 $Var[m(\theta)]$。这些估计将为 $\{\{X_{ij}\}_{j=1}^{n}\}_{i=1}^{N}$ 的函数。

表 20-1 中每一行对应着 θ 的一固定值。记清这一点以及 $m(\theta_i)$ 与 $S^2(\theta_i)$ 的定义，$m(\theta_i)$ 与 $S^2(\theta_i)$ 的明显的估计分别为：

$$\overline{X}_i \quad 及 \quad (n-1)^{-1}\sum_{j=1}^{n}(X_{ij}-\overline{X}_i)^2$$

现在，$E[m(\theta)]$是不同值的θ对应的$m(\theta)$值（在θ分布上）的“平均值”。$E[m(\theta)]$的明显的估计是$m(\theta_i)$（$i=1,2,\cdots,N$）的估计的平均值。换言之，$E[m(\theta)]$的估计是$\overline{X}$。类似地，$E[S^2(\theta)]$是$S^2(\theta)$的“平均值”，因此，其明显的估计是S^2（θ_i）的估计的平均值，即：

$$N^{-1}\sum_{i=1}^{N}(n-1)^{-1}\sum_{j=1}^{n}(X_{ij}-\overline{X}_i)^2$$

刚才对$E[m(\theta)]$及$E[S^2(\theta)]$做的估计是无偏估计。现在来对$Var[m(\theta)]$进行估计。

对于表20－1中每一行，$\overline{X}_i$是m（θ_i），$i=1$，2，$\cdots N$的估计。因此我们可能会以为这些值的修正方差，即：

$$(N-1)^{-1}\sum_{i=1}^{N}(\overline{X}_i-\overline{X})^2$$

是$Var[m(\theta)]$的明显的估计。但是，它是$Var[m(\theta)]$的有偏估计。可证明$Var[m(\theta)]$的无偏估计可按通常的做法由上述表达式除去一修正项来得出（证明从略）。

$Var[m(\theta)]$的无偏估计为：

$$(N-1)^{-1}\sum_{i=1}^{N}(\overline{X}_i-\overline{X})^2-(Nn)^{-1}\sum_{i=1}^{N}(n-1)^{-1}\sum_{j=1}^{n}(X_{ij}-\overline{X}_i)^2$$

我们把这些估计值总结如表20－2所示。

表20－2　　参数和对应的估计值

参数	估　计　值	
$E[m(\theta)]$	$\overline{X}$	(20－60)
$E[S^2(\theta)]$	$N^{-1}\sum_{i=1}^{N}(n-1)^{-1}\sum_{j=1}^{n}(X_{ij}-\overline{X}_i)^2$	(20－61)
$Var[m(\theta)]$	$(N-1)^{-1}\sum_{i=1}^{N}(\overline{X}_i-\overline{X})^2-(Nn)^{-1}\sum_{i=1}^{N}(n-1)^{-1}\sum_{j=1}^{n}(X_{ij}-\overline{X}_i)^2$	(20－62)

应注意的重要的实际的一点是，虽然$Var[m(\theta)]$是非负参数（因为其为方差），式（20－62）给出的估计值却可能为负（式（20－62）是两项之差，每项均为非负，但其差未必）。若在实际中，式（20－62）得出一负值，一般的做法是估计$Var[m(\theta)]$为零。严格来讲，这意味着$Var[m(\theta)]$的估计值为零和式（20－62）所给出的值中的较大者。虽然式（20－62）得出的是$Var[m(\theta)]$的无偏估计，对零和式（20－62）所给出的值的较大者却不能得出无偏估计。然而，这一方法避免了对$Var[m(\theta)]$的显然无意义的估计。

参数$E[S^2(\theta)]$也必须为非负，显然由式（20－61）给出的估计值总是非负，所以式（20－61）无需调整。

例 20－8

（1）令 W_1，…，W_n 为一独立同分布的随机变量序列，其共同的方差为 σ^2。

令：

$$\overline{W} = \sum_{i=1}^{n} W_i/n$$

求证：

$$(n-1)^{-1}\sum_{i=1}^{n}(W_i-\overline{W})^2$$

是 σ^2 的无偏估计。

（2）证明式（20－61）是 $E[S^2(\theta)]$ 的无偏估计。

证明：（1）该部分仅要求证明样本方差是总体方差的无偏估计，这一结果在本书的前面讲过。令 μ 表示 W_i 的均值。此例的关键部分为：

$$E[(W_i-\mu)^2]=\sigma^2 \qquad \text{（定义）}$$

$$E[\overline{W}]=\mu$$

$$E[(\overline{W}-\mu)^2]=\sigma^2/n$$

$$\sum_{i=1}^{n}(W_i-\overline{W})^2 = \sum_{i=1}^{n}[W_i-\mu-(\overline{W}-\mu)]^2$$

$$= \sum_{i=1}^{n}(W_i-\mu)^2 - n(\overline{W}-\mu)^2$$

现在对以上公式的两边同时求数学期望，有：

$$E[\sum_{i=1}^{n}(W_i-\overline{W})^2] = E[\sum_{i=1}^{n}(W_i-\mu)^2] - nE[(\overline{W}-\mu)^2]$$

$$= n\sigma^2 - n\sigma^2/n = (n-1)\sigma^2$$

两边同时除以（$n-1$）即得所求。

（2）给定 θ_i，随机变量 X_{i1}，…，X_{in} 为独立同分布的，其共同方差为 $S^2(\theta_i)=S^2(\theta)$，应用（1）部分结论，有：

$$E[(n-1)^{-1}\sum_{j=1}^{n}(X_{ij}-\overline{X}_i)^2 \mid \theta_i] = S^2(\theta_i)$$

由式（20－1）及该结果有：

$$E[N^{-1}\sum_{i=1}^{N}(n-1)^{-1}\sum_{j=1}^{n}(X_{ij}-\overline{X_i})^2]$$

$$= N^{-1}\sum_{i=1}^{N}E\{E[(n-1)^{-1}\sum_{j=1}^{n}(X_{ij}-\overline{X_i})^2] \mid Q_i\}$$

$$= N^{-1}\sum_{i=1}^{N}E[S^2(\theta_i)]$$

$$= E[S^2(\theta)]$$

即得证。

证明式（20－60）是$E[m(\theta)]$的无偏估计非常容易。证明式（20－62）是$Var[m(\theta)]$的无偏估计类似于例20－8。现在我们用式（20－51）找出EBCT模型1的置信因子。该公式的不同部分有下列定义或解释：

N——关于风险的所有数据值数目；

$E[S^2(\theta)]$——某一风险历年数据值样本方差的平均值，即表20－1各行内的平均样本方差；

$Var[m(\theta)]$——不同风险平均数据值的方差，即表20－1中行之间的变化。

用式（20－51），找出Z。我们可以看出：

（1）Z总是在0～1之间。

（2）Z是n的增函数，这预示着——关于风险自身的数据越多，在计算纯保费或索赔次数的置信估计时，结果越可靠。

（3）Z是$E[S^2(\theta)]$的减函数，这预示着——相对于$Var[m(\theta)]$来说，$E[S^2(\theta)]$的值越大，风险自身得出的数据相对于其他风险的数据越易变，也就是说越不可靠。

（4）Z是$Var[m(\theta)]$的增函数。这意味着，相对于$E[S^2(\theta)]$来讲，$Var[m(\theta)]$的值越大，不同风险之间的变动越厉害，因此其他风险越与所研究之风险有较大的区别，我们对来自其他风险的数据依赖性越差。

这些在前面泊松—伽马模型和正态—正态模型中已有论述。

细心的读者可能已发现了本节中似有矛盾。在第一节中称置信因子与来自该风险的数据不应相关。然而，这些数据已用来估计$Var[m(\theta)]$及$E[S^2(\theta)]$，后者的值又接着用来计算Z。事实上，作为式（20－59）给出的置信因子Z，原则上并不取决于来自该风险的实际数据。麻烦的是，Z的公式涉及两个参数，$Var[m(\theta)]$及$E[S^2(\theta)]$，它们的值未知但在实际中可由风险自身及集合中其他风险的数据估计出。

在通过一个例子结束关于EBCT模型1的研究之前，对该模型的假设还要进一步说明。我们已经假设不管是来自不同风险还是相同的风险，X_{ij}（无条件）服从相同的分布（参见式（20－57））。若X_{ij}来自同一风险i，我们假设其无条件服从同一分布（参见式（20－40）），而在给定θ_i时其条件分布也是相同的（参见式（20－39）与式（20－55））。于是$E(X_{ij}|\theta_i)$和$Var(X_{ij}|\theta_i)$均不取决于j。这是在推导置信估计式（20－59）中唯一要求假设X_{ij}服从同一分布的一步。事实上，我们可以用下列假设代替假设式（20－56）、式（20－57）及式（20－58），仍能推出同样的置信估计：

给定θ_i，对于每一风险$i(i=1,2,\cdots N)$，$X_{ij}(j=1,2,\cdots,n)$是独立的。　　（20－63）

对于$i\neq k$，(θ_i, X_{ij})与(θ_k, X_{kl})独立，且风险参数$\theta_1, \theta_2, \cdots, \theta_N$也具有相同的分布。

（20－64）

对于每一风险$i(i=1,2,\cdots,N)$，$E(X_{ij}|\theta_i)$和$Var(X_{ij}|\theta_i)$均与j无关。　　（20－65）

这里的假设式（20－63）与式（20－64）是式（20－55）与式（20－56）的弱化。假设式（20－65）现在也必须作为一个独立的假设，因为其并非式（20－63）与式（20－64）的结果。

可以证明本节的结果或公式丝毫不因这些更弱的假设而有所改变。我们在前面采用这些较强的假设，是因为它们更易于说明问题。而这里做更弱假设是因为它将帮助我们把EBCT 模型 1 与下一节的 EBCT 模型 2 联系起来。

四、运用 EBCT 模型 1 的例子

我们将通过一数字例子来说明 EBCT 模型 1 的使用，我们也利用这个例子来对 EBCT 模型 1 做一些说明。

例 20 - 9

表 20 - 3 是某保险公司过去 6 个连续年度承保的 5 张工业火险单的索赔总额数据。这些数值已排除了通货膨胀的影响。

表 20 - 3　某保险公司过去 6 个连续年度承保的 5 张工业火险单的索赔总额数据　单位：万元

保单号码	年份					
	1	2	3	4	5	6
1	103	73	32	102	78	87
2	112	138	29	93	104	71
3	135	155	121	123	77	134
4	91	106	109	111	116	81
5	67	133	65	93	118	89

假设我们想计算未来年度第 1 号保单的置信保费。使用 EBCT 模型 1，为此，我们将对上述数据为样本值的随机变量做出些假设。这些假设为式（20 - 54）、式（20 - 55）与式（20 - 56），其中暗含着假设式（20 - 38）与式（20 - 39）。特别是，我们假设对于每一保单索赔总额每年的分布相同（回忆本节第三部分的讨论，我们可将此假设弱化为：每一风险索赔总额的均值与方差每年不发生变化）。一旦通胀的影响消除了，这就可能是一个合理假设，只要保单的相关条件在过去 6 年保持不变（并且在计算下一年应收保费时假设保单的相关条件也不发生变化）。

1 号保单在过去 6 年的平均索赔总额为：

$$(103+73+\cdots+87)/6=79.17$$

根据式（20 - 59），我们知道未来年度纯保费的置信估计为：

$$(1-Z)E[m(\theta)]+Z\times 79.17$$

其中，

$$Z=\frac{6}{6+E[S^2(\theta)]/Var[m(\theta)]}$$

（注意式（20 - 59）中的 n 是数据年份数而非集合中风险数）。接下来只需应用式（20 - 60）、式（20 - 61）与式（20 - 62）到以上数据以估计 $E[m(\theta)]$、$E[S^2(\theta)]$ 及 $Var[m(\theta)]$。

第一步是对 5 张保单中的每一张计算$\overline{X}_i$与$(n-1)^{-1}\sum_{j=1}^{n}(X_{ij}-\overline{X}_i)^2$的值，这些值的计算结果如表 20－4 所示。

表 20－4　　5 张保单各自的$\overline{X}_i$与$(n-1)^{-1}\sum_{j=1}^{n}(X_{ij}-\overline{X}_i)^2$

保单号码	$\overline{X}_i$	$(n-1)^{-1}\sum_{j=1}^{n}(X_{ij}-\overline{X}_i)^2$
1	79. 17	683
2	91. 17	1413
3	125. 00	704
4	102. 33	181
5	94. 17	739

利用式（20－60）与式（20－61）估计$E[m(\theta)]$与$E[S^2(\theta)]$，即$\overline{X}_i$与$(n-1)^{-1}\sum_{j=1}^{n}(X_{ij}-\overline{X}_i)^2$分别平均，因此：

$$E[m(\theta)]\approx(79.17+\cdots+94.17)/5=98.37$$

$$E[S^2(\theta)]\approx(683+\cdots+739)/5=744$$

为了用式（20－62）估计$Var[m(\theta)]$，我们首先需计算$\overline{X}_i$的 5 个值的样本方差；计算后知该值为 291。运用式（20－62）后，有：

$$Var[m(\theta)]\approx291-744/6=167$$

把这些估计值代入置信因子 Z 的公式，有：

$$Z\approx\frac{6}{6+744/167}=0.574$$

因此，风险 1 未来年度的置信保费为：

$$0.426\times98.37+0.574\times79.15=87.35$$

即为 873 500 元。

我们可通过注意到置信因子 Z 的值对于集合中所有保单均相同，这是 EBCT 模型 1 的重要特征。这意味着我们可以非常简单地计算集合中其他一保单的置信保费。例如，保单 2 未来年度的置信保费：

$$0.426\times98.37+0.574\times91.17=94.24\ (\text{万元})$$

分别计算后可得这些保单各年度整个置信保费如表 20－5 所示。

若把这 5 个置信保费加以平均，可看出其为 983 700 元，即为$E[m(\theta)]$的估计，这并非巧合。这些置信保费的平均可写作：

$$\sum_{j=1}^{5}[(1-Z)\times98.37+Z\overline{X}_i]/5$$

表 20-5　保单各年度整个置信保费

保单数目	置信保费
1	873 500 元
2	942 400 元
3	1 136 600 元
4	1 006 400 元
5	959 600 元

因为$E[m(\theta)]$的估计值在此情况下为 98.37 万元，是$\overline{X_i}$的平均值，容易看出该表达式总等于式（20-60）中给出的$E[m(\theta)]$的估计。

通过观察假设式（20-56）中说明的不同风险是如何相关来解释这一结果。更非正式地，我们可以说该集合中的保单“彼此类似”。由此保险人可以合理地对未来年度每一保单收取同一保费。纯保费的明显的估计为 98.37 万元，是 30 个（排除通货膨胀因素后的）原始数据的平均值。然而，以上进行的置信度分析使保险人可对 5 张保单收取不同的纯保费。这些不同的纯保费反映了单个保单的经验数据的价值——X_i的值越大，置信保费越高——而保险人的总保费收入保持不变。

最后，我们探讨一下为什么要对这 5 张保单收取不同的保费。若不同保单索赔总额是独立同分布的，我们应对不同保单收取同一金额的纯保费。任何两张保单索赔经验的明显不同（本例中保单 3 比其他保单的索赔总额高）都可能预示着它们有着不同的分布，因为仅仅由于随机波动不应导致保费不同。这是保险的宗旨——在相同性质风险的集合里，风险除了随机波动之外不应当有什么不同的表现。EBCT 模型 1 的假设暗示着，不同保单的索赔经验不同，它们并不一定服从同一分布，即风险是不同的。保单之间的不同源于其风险参数θ的不同。正是由此我们认为，此例中，保单 1 对应了较好索赔经验，是由于该保单与集合中其他保单存在一些真正的不同。比如在保单 1 承保的大楼中工作的人们对于防火安全比在其他保单承保的大楼中工作的人们更为关心。这一不同在从风险本身得到数据前并不是显然的（参见式（20-57））但我们因此将承认保单间不同的可能性，通过收取不同保费以反映独特的索赔经验，这些经验提供了风险性质不同的证据。

第四节　经验贝叶斯置信度理论：模型 2

本节我们将运用经验贝叶斯技术，建立更复杂、也更实用的一个模型，我们称之为经验贝叶斯置信度理论模型 2，简记为 EBCT 模型 2。步骤与模型 1 一样，首先提出问题并建立假定。问题即估计下一年的纯保费，预期索赔次数；建立的假定与模型 1 稍有不同。之后，将推导出纯保费和预期索赔次数的置信度估计。最后，探讨如何估计参数。

一、EBCT 模型 2：说明

我们的问题是，对于某一给定的风险，估计其下一年度的预期索赔总额，或预期索赔次数。令 Y_1、Y_2……代表给定风险在某些年份的索赔总额或索赔次数。假设，我们已知 Y_1……Y_n，要估计 Y_{n+1}的值。到此为止，与模型 1 的问题是相同的。与 EBCT 模型 1 不同的是，EBCT 模型 2 包括了另外的已知参数——风险量 P_j。P_j值测度第 j 年中的业务量。例如，P_j代表第 j 年承保某风险的保费收入或独立保单的数量。有一点需要注意的是我们假设已知第 $n+1$ 年开始时 P_{n+1}的值。

下面，我们定义一个新的随机变量序列 X_1、X_2…如下：

$$X_j = Y_j/P_j,\ j=1,\ 2,\ \cdots$$

随机变量 X_j表示第 j 年的索赔总额或索赔次数，这里的索赔数据是排除了不同年份的不同业务量因素的影响之后的标准化数据。

在 EBCT 模型 2 中我们做如下假设：

X_j的分布依赖于参数 θ 值，θ 对每个 j 相同但未知；　　(20-66)

给定 θ，X_j是独立的，但不必是相同分布的。　　(20-67)

$E[X_j|\theta]$不依赖于 j。　　(20-68)

$P_jV[X_j|\theta]$不依赖于 j。　　(20-69)

与前一节相同，θ 是风险参数，它可能是一个实数，或更一般的数量，如实数向量。式（20-66）的假设是已知所有置信度理论的标准假设。式（20-67）的假设与式（20-39）对应，但比式（20-39）稍弱。式（20-67）不要求 X_j相同的条件分布（给定 θ），只需条件独立。在 EBCT 模型 2 中，没有关于 X_j的分布是无条件或给定 θ 时同分布的假设。

将上述假设与式（20-63）、式（20-64）、式（20-65）比较，可以发现，如果 P_j等于 1，EBCT 模型 2 则与模型 1 一致。

定义 $m(\theta)$和 $S^2(\theta)$ 为：

$$m(\theta) = E(X_j|\theta)$$

$$S^2(\theta) = P_j Var(X_j|\theta)$$

$m(\theta)$ 的定义与模型 1 相同，$S^2(\theta)$ 则稍有不同。

为说明式（20-68）和式（20-69）的假设，我们来看这样的例子。假设我们考虑的风险是由许多每年不同数量的相互独立的保单构成，第 j 年的数量是 P_j。假设一张保单的索赔总额的均值为 $m(\theta)$，方差为 $S^2(\theta)$，其中 m（　）和 S^2（　）是 θ 的函数，θ 是固定但未知的风险参数。令 X_j表示第 j 年所有有效保单的索赔总额。则有：

$$E(Y_j) = P_j m(\theta)$$

$$Var(Y_j) = P_j S^2(\theta)$$

$$E(X_j) = E[m(\theta)]$$

$$P_j Var(X_j) = E[S^2(\theta)]$$

可以发现，该例满足式（20－68）、式（20－69）的假定。

二、EBCT模型2：置信保费的推导

我们的问题在前一节已经提及了，即给定 Y_1，Y_2……Y_n，估计 Y_{n+1} 的期望值。现在更准确地表述一下，我们要估计的量是（给定 θ 时）Y_{n+1} 的均值，这是由 $P_{n+1}m(\theta)$ 确定的。在我们的模型中 P_{n+1} 作为第 $n+1$ 年初的风险量是已知的，要解决的问题就是估计 $m(\theta)$。已知数据是每年的 Y_j 及相应的 P_j。为方便起见，将这些数据记作 $\underline{X}$。和§3相同，我们选择观测数据 X_1，X_2，……，X_n 的线性函数作为 $m(\theta)$ 的估计。这个线性函数作为 $m(\theta)$ 的最优估计，应与 $m(\theta)$ 的差额平方的期望值最小。有一点需要注意，X_1，X_2，……，X_n 的线性函数也是 Y_1，Y_2……Y_n 的线性函数，因为 Y_j 是 X_j 与常数的乘积。总之，我们的问题是用以下函数估计 $m(\theta)$：

$$a_0 + a_1X_1 + a_2X_2 + \cdots + a_nX_n$$

为此，选择适当的 a_0，a_1，…，a_n，使下式最小：

$$E[E(m(\theta) - a_0 - a_1X_1 - \cdots - a_nX_n)^2] \quad (20-70)$$

在形式上，该问题与模型1一样，尽管 X_j 的定义和一些假设有所不同，但解决问题的方法是相同的：对 a_0，a_1，…，a_n 逐一微分并令每个导数为0。与模型1类似，我们在这里也需要有一些与式（20－46）相似的性质，即：

（1）$E[X_jm(\theta)] = V[m(\theta)] + (E[m(\theta)])^2$

（2）$E[X_jX_k] = V[m(\theta)] + [E[m(\theta)])^2 \quad j \neq k$

（3）$E(X_j^2) = E[S^2(\theta)]/P_j + V[m(\theta)] + (E[m(\theta)])^2 \quad (20-71)$

我们用与式（20－46）类似的证明方法证明这几个性质。

证明：（1）由式（20－1）、式（20－3）和 m（θ）的定义：

$$\begin{aligned}E[X_jm(\theta)] &= E\{E[X_jm(\theta)|\theta]\}\\ &= E\{m(\theta)E[X_j|\theta]\}\\ &= E\{[m(\theta)]^2\}\\ &= Var[m(\theta)] + \{E[m(\theta)]\}^2\end{aligned}$$

（2）我们知道，对于 $j \neq k$，给定 θ 时 X_j 和 X_k 是独立的。由式（20－1）：

$$\begin{aligned}E(X_jX_k) &= E[E(X_jX_k|\theta)]\\ &= E[E(X_j|\theta)E(X_k|\theta)]\\ &= E\{[m(\theta)]^2\} = Var[m(\theta)] + \{E[m(\theta)]\}^2\end{aligned}$$

（3）由式（20－1）和 S^2（θ）的定义：

$$\begin{aligned}E(X_j)^2 &= E[E(X_j^2|\theta)]\\ &= E\{Var(X_j|\theta) + [E(X_j|\theta)]^2\}\\ &= E[S^2(\theta)]/P_j + E\{[m(\theta)]^2\}\\ &= E[S^2(\theta)]/P_j + V[m(\theta)] + \{E[m(\theta)]\}^2\end{aligned}$$

对 a_0 微分：

$$\frac{\partial}{\partial \alpha_0}\{E[m(\theta)-\alpha_0-\alpha_1 X_1-\cdots-\alpha_n X_n]^2\}=0$$

即：

$$E[m(\theta)-\alpha_0-\alpha_1 X_1-\cdots-\alpha_n X_n]=0$$

得：

$$\alpha_0=E[m(\theta)](1-\sum_{j=1}^{n}\alpha_j) \tag{20-72}$$

对 a_k 微分：

$$\frac{\partial}{\partial \alpha_k}\{E[m(\theta)-\alpha_0-\alpha_1 X_1-\cdots-\alpha_n X_n]^2\}=0$$

即：

$$E\{X_k[m(\theta)-\alpha_0-\alpha_1 X_1-\cdots\alpha_n X_n]\}=0$$

整理上式：

$$Var[m(\theta)]+\{E[m(\theta)]\}^2-\alpha_0 E[m(\theta)]$$
$$-\sum_{j=1}^{n}\alpha_j\{Var[m(\theta)]+\{E[m(\theta)]\}^2\}-\alpha_k E[S^2(\theta)]/P_k=0$$

进一步整理，得到：

$$\alpha_k=P_k Var[m(\theta)](1-\sum_{j=1}^{n}\alpha_j)/E[S^2(\theta)] \tag{20-73}$$

两边相加，得：$\sum_{k=1}^{n}\alpha_k=\sum_{j=1}^{n}P_j(1-\sum_{j=1}^{n}\alpha_j)Var[m(\theta)]/E[S^2(\theta)]$

解出 $\sum_{j=1}^{n}\alpha_j$ 并代入式（20－72）、式（20－73）得：

$$\alpha_0=\frac{E[m(\theta)]E[S^2(\theta)]/Var[m(\theta)]}{\sum_{j=1}^{n}P_j+E[S^2(\theta)]/Var[m(\theta)]} \tag{20-74}$$

$$\alpha_k=\frac{P_k}{\sum_{j=1}^{n}P_j+E[S^2(\theta)]/Var[m(\theta)]} \tag{20-75}$$

将 a_0 和 a_k 的值代入表达式：

$$a_0+a_1X_1+a_2X_2+\cdots+a_nX_n$$

结果即为 $m(\theta)$ 的最优线性估计：

$$\frac{E[m(\theta)]E[S^2(\theta)]/Var[m(\theta)]+\sum_{j=1}^{n}Y_j}{\sum_{j=1}^{n}P_j+E[S^2(\theta)]/Var[m(\theta)]}$$

我们将该结果写为如下的形式：

$$Z\overline{X}+(1-Z)E[m(\theta)]$$

其中，

$$\overline{X} = \sum_{j=1}^{n} P_j X_j / \sum_{j=1}^{n} P_j$$

$$Z = \frac{\sum_{j=1}^{n} P_j}{\sum_{j=1}^{n} P_j + E[S^2(\theta)]/Var[m(\theta)]} \tag{20-76}$$

这说明了与模型 1 结果的相同与不同之处。

需要注意有关解的几个方面：

（1）a_k（$k=1, 2, \cdots, n$）的值不一定相同。这意味着模型 2 是不对称的。这是由于模型 2 的数据不对称，每年有不同的风险量。如果 P_k 相等，即数据是对称的，则 a_k 都相等，模型 1 便与模型 2 相同。

（2）如果 P_k 都等于 1，式（20－76）的解与式（20－52）相同。

（3）式（20－76）的解有 3 个参数 $E[m(\theta)]$、$Var[m(\theta)]$ 和 $E[S^2(\theta)]$，下面将探讨这些参数的估计方法。

三、EBCT 模型 2：参数估计

估计模型 2 的参数 $E[m(\theta)]$、$Var[m(\theta)]$ 和 $E[S^2(\theta)]$ 的程序，与模型 1 中采用的程序相同。

假设我们关注的风险是 N 个风险的整体，过去 n 年的每一风险的数据也已经知道，这些数据包括索赔总额或索赔次数的取值和相应的风险量。令随机变量 Y_{ij} 表示第 i 个风险在第 j 年的索赔总额或索赔次数，令 P_{ij} 为相应风险量。对每个 i 和 j，定义 $X_{ij} = Y_{ij}/P_{ij}$，表 20－6 总结了这些数据。

表 20－6　　各年份风险号码对应的 Y_{ij} 和 P_{ij}

风险号码	年份			
	1	2	……	n
1	Y_{11}，P_{11}	Y_{12}，P_{12}	……	Y_{1n}，P_{1n}
2	Y_{21}，P_{21}	Y_{22}，P_{22}	……	Y_{2n}，P_{2n}
⋮	⋮	⋮	……	⋮
⋮	⋮	⋮	……	⋮
N	Y_{N1}，P_{N1}	Y_{N2}，P_{N2}	……	Y_{Nn}，P_{Nn}

为简单起见，假设我们关注的风险是风险 1。这表明在本节前两部分中定义的 Y_j、P_j 和 X_j 分别为 Y_{1j}、P_{1j} 和 X_{1j}。要解决的问题是估计 $X_{1,n+1}$ 的期望值。用式（20－76）给出的公式求解该问题，注意 X_j 和 P_j 现在用 X_{1j} 和 P_{1j} 表示。

其他风险数据仅仅是帮助我们估计参数 $E[m(\theta)]$、$Var[m(\theta)]$ 和 $E[S^2(\theta)]$。

其他风险满足式（20－66）～式（20－69）的假设，这些假设是：

对于风险 i，每个 X_{ij}的分布依赖于参数 θ_i，对于每个 j，它的取值是相同但未知的。(20－77)

给定 θ_i，X_{ij}是独立的（不必须同分布）。(20－78)

存在函数 $m(\ )$使 $m(\theta_i)=E(X_{ij}|\theta_i)$ (20－79)

存在函数 $S^2(\ )$使 $S^2(\theta_i)=P_{ij}Var(X_{ij}|\theta_i)$ (20－80)

这 4 个假设说明集合中的每一风险满足与特定风险相同的假定。下列两个假设表明集合中不同风险的联系。

作为随机变量的风险参数 θ_1，θ_2，…，θ_N是独立同分布的。(20－81)

对于$j\neq k$，（θ_i，X_{ij}）和（θ_k，X_{km}）是独立的。(20－82)

注意，由于 θ_i是同分布的，$E[m(\theta_i)]$、$Var[m(\theta_i)]$和$E[S^2(\theta_i)]$不依赖 i，因而，我们可以将之记为 $E[m(\theta)]$、$Var[m(\theta)]$和$E[S^2(\theta)]$。

我们定义如下几个新的符号：

$$\overline{P_i}=\frac{1}{n}\sum_{j=1}^{n}P_{ij} \tag{20-83}$$

$$\overline{P}=\frac{1}{N}\sum_{i=1}^{N}\overline{P_i} \tag{20-84}$$

$$P^*=(Nn-1)^{-1}\sum_{i=1}^{N}\overline{P_i}(1-\overline{P_i}/\overline{P}) \tag{20-85}$$

$$\overline{X_i}=\sum_{j=1}^{n}P_{ij}X_{ij}/\overline{P_i}=\sum_{j=1}^{n}P_{ij}X_{ij}/\sum_{j=1}^{n}P_{ij} \tag{20-86}$$

$$\overline{X}=\sum_{i=1}^{N}\overline{P_i}\,\overline{X_i}/\overline{P}=\sum_{i=1}^{N}\sum_{j=1}^{n}P_{ij}X_{ij}/\overline{P} \tag{20-87}$$

注意在式（20－76）中的 $\overline{X}$ 现在用$\overline{X_1}$表示，而 $\overline{X}$ 有了不同的定义，还要注意$\overline{X_i}$和 $\overline{X}$ 是 X_{ij}的加权平均，权数是风险量 P_{ij}。

使用新记号，我们可以重新写出纯保费或索赔额的公式：

$$Z\,\overline{X_1}+(1-Z)E[m(\theta)]$$

其中，

$$\overline{X_1}=\sum_{j=1}^{n}P_{1j}X_{1j}/\sum_{j=1}^{n}P_{1j}$$

$$Z=\frac{\sum_{j=1}^{n}P_{1j}}{\sum_{j=1}^{n}P_{1j}+E[S^2(\theta)]/Var[m(\theta)]} \tag{20-88}$$

可以看出，该公式与式（20－76）是相同的，只是用了新的符号表示。

现在我们给出以观测数据$\{\{Y_{ij};P_{ij}\}_{j=1}^{n}\}_{i=1}^{N}$为基础的无偏估计如表 20－7 所示。

对于这些估计，我们应注意：

（1）与 EBCT 模型 1 完全相同。回顾式（20－60）、式（20－61）和式（20－62），

表 20－7　　参数 $E[m(\theta)]$、$E[S^2(\theta)]$ 和 $Var[m(\theta)]$ 的估计

参 数	估　计	
$E[m(\theta)]$	$\overline{X}$	(20－89)
$E[S^2(\theta)]$	$N^{-1}\sum_{i=1}^{N}(n-1)^{-1}\sum_{j=1}^{n}P_{ij}(X_{ij}-\overline{X_i})^2$	(20－90)
$Var[m(\theta)]$	$P^{*-1}\{(Nn-1)^{-1}\sum_{i=1}^{N}\sum_{j=1}^{n}P_{ij}(X_{ij}-\overline{X})^2-N^{-1}\sum_{i=1}^{N}(n-1)^{-1}\sum_{j=1}^{n}P_{ij}(X_{ij}-\overline{X_i})^2\}$	(20－91)

如果 P_{ij} 都等于 1，则两套估计是相同的。

（2）尽管 $Var[m(\theta)]$ 肯定是非负的，但式（20－91）有可能是负的。在这种情况下，我们取 $Var[m(\theta)]$ 的估计为 0。这与模型 1 中讨论的情况类似。

（3）式（20－89）～式（20－91）是无偏估计的。其证明与式（20－60）～式（20－62）一样，但稍微麻烦些。复杂的原因是增加了风险量 P_{ij}，并且没有假定 X_{ij} 是同分布的。

例 20－10

试证：

(1) $E(\overline{X_i}) = E[m(\theta)]$

(2) $E(\overline{X}) = E[m(\theta)]$

(3) $E(X_{ij}^{\ 2}) = P_{ij}^{-1}E[S^2(\theta)] + E[m(\theta)]^2$

(4) $E(\overline{X_i}^{\,2}) = \overline{P_i}^{\,-1}E[S^2(\theta)] + Var[m(\theta)] + E[m(\theta)]^2$

(5) $E[S^2(\theta)] = E[N^{-1}\sum_{i=1}^{N}(n-1)^{-1}\sum_{j=1}^{n}P_{ij}(X_{ij}-\overline{X_i})^2]$

证明：(1)
$$
\begin{aligned}
E(\overline{X_i}) &= E[E(\overline{X_i}\mid\theta_i)]\\
&= E[E(\sum_{j=1}^{n}P_{ij}X_{ij}/\sum_{j=1}^{n}P_{ij}\mid\theta_i)]\\
&= \sum_{j=1}^{n}P_{ij}E[E(X_{ij}\mid\theta_i)]/\sum_{j=1}^{n}P_{ij}\\
&= \sum_{j=1}^{n}P_{ij}E[m(\theta_i)]/\sum_{j=1}^{n}P_{ij}\\
&= E[m(\theta)]
\end{aligned}
$$

其中，由于 θ_i 是同分布，$E[m(\theta_i)]$ 对所有 i 都一样，可以写成 $E[m(\theta)]$。

(2)
$$
\begin{aligned}
E(\overline{X}) &= \sum_{i=1}^{N}\overline{P_i}E(\overline{X_i})/\overline{P}\\
&= \sum_{i=1}^{N}\overline{P_i}E[m(\theta)]/\overline{P} \qquad （根据(i)）\\
&= E[m(\theta)] \qquad （根据 \overline{P} 的定义）
\end{aligned}
$$

这证明式（20－89）是 $E[m(\theta)]$ 的无偏估计。

（3）这部分与式（20－71）的（3）相同，证明也一样（注意式（20－71）中 X_i 和 P_j 现在记为 X_{ij} 和 P_{ij}）。

（4）
$$\begin{aligned}E(\overline{X_i}^2) &= E[E(\overline{X_i}^2 | \theta_i)] \\ &= E\{Var(\overline{X_i} | \theta_i) + [E(\overline{X_i} | \theta_i)]^2\} \\ &= E\{\sum_{j=1}^{n} P_{ij}^2 Var(X_{ij} | \theta_i) \overline{P_i^2} + \{E[m(\theta)]\}^2\} \\ &= E[\sum_{j=1}^{n} P_{ij} S^2(\theta_i) / \overline{P_i^2}] + E\{E\{[m(\theta)]^2\}\} \\ &= \overline{P_i}^{-1} E[S^2(\theta)] + Var[m(\theta)] + \{E[m(\theta)]\}^2\end{aligned}$$

（5）第一步证明：$\sum_{j=1}^{n} P_{ij}(X_{ij} - \overline{X_i})^2 = \sum_{j=1}^{n} P_{ij} X_{ij}^2 - \overline{P_i}\,\overline{X_i^2}$

由此，有：

$$\begin{aligned}&E[N^{-1} \sum_{i=1}^{N} (n-1)^{-1} \sum_{j=1}^{n} P_{ij}(X_{ij} - \overline{X_i})^2] \\ &= N^{-1} \sum_{i=1}^{N} (n-1)^{-1} [\sum_{j=1}^{n} P_{ij} E(X_{ij}^2) - \overline{P_i} E(\overline{X_i^2})] \\ &= N^{-1} \sum_{i=1}^{N} (n-1)^{-1} \sum_{j=1}^{n} \{E[S^2(\theta)] + P_{ij} Var[m(\theta)] + P_{ij}\{E[m(\theta)]\}^2\} \\ &\quad - E[S^2(\theta)] - \overline{P_i} Var[m(\theta)] - \overline{P_i}\{E[m(\theta)]\}^2 \\ &= N^{-1} \sum_{i=1}^{N} (n-1)^{-1} \{(n-1) E[S^2(\theta)]\} \\ &= E[S^2(\theta)]\end{aligned}$$

最后，关于在 EBCT 模型 1 和模型 2 中选择估计的标准问题做两点说明：

（1）在每种情况下，估计的唯一标准是无偏性。这是一个很低的标准，在某些情况下，并不是一个很好的标准。很多论文在探讨经验贝叶斯置信模型的最优估计，但至今为止，我们前面所探讨的模型仍然是最为人们所接受的估计。

（2）在前面的探讨中，我们假定有效数据的年份与集合中每一风险相同。在第三节、第四节中均记作 n，实际中，事情并非如此简单。仅仅是为方便起见才做如此假设。在有关数据的年份与风险不同的情况，要推出与式（20－60）、式（20－61）、式（20－62）、式（20－89）、式（20－90）、式（20－91）相应的公式，并不困难，只是较繁琐，不需要增加新的知识，在此就不做更详细推演了。

四、运用 EBCT 模型 2 的实例

下面，我们通过一个例题总结一下对模型 2 的分析。

例 20－11

保险公司向具有相同车型的 7 家汽车出租公司签发了机动车保单。每家出租公司获得一张承保所有车辆的保单，期限 1 年。表 20－8 是每一家公司过去 5 年中每年的索赔总额

Y（单位是千元）和运营车辆的数目 P。

表 20－8　　　7 家公司过去 5 年中每年的索赔总额 Y 和运营车辆的数目 P

公司编号	年份				
	1	2	3	4	5
	Y，P	Y，P	Y，P	Y，P	Y，P
1	100，80	57，80	20，83	180，85	38，85
2	2，5	2，5	0，5	7，5	1，5
3	4，20	12，20	15，20	0，23	2，26
4	5，10	0，10	1，9	1，9	4，10
5	0，15	3，20	3，25	0，25	2，30
6	6，10	0，11	0，11	0，11	12，12
7	14，30	4，29	43，29	7，30	10，30

首先，我们用 EBCT 模型 2 来计算第一家公司在第二年中纯保费，已知该公司拟在来年运营 87 辆汽车。为使用模型 2，必须假定所有假设都适用。比如，需要假设，对一个特定出租车公司，每年的索赔总额有相同的均值与方差；我们假设，通货膨胀的影响被忽略，或数据已经排除了通货膨胀的影响。在本节的以后内容中，我们假定 EBCT 模型 2 的假设均成立。

第一步是根据以上数据，计算出 X_{ij} 的值，这里，$X_{ij}=Y_{ij}/P_{ij}$，结果如表 20－9 所示：

表 20－9　　　7 家公司过去 5 年中 X_{ij} 的值

公司编号	年份				
	1	2	3	4	5
1	1.2500	0.7125	0.2410	2.1176	0.4471
2	0.4000	0.4000	0.0000	1.4000	0.2000
3	0.2000	0.6000	0.7500	0.0000	0.0769
4	0.5000	0.0000	0.1111	0.1111	0.4000
5	0.0000	0.1500	0.1200	0.0000	0.0667
6	0.6000	0.0000	0.0000	0.0000	1.0000
7	0.4667	0.1379	1.4828	0.2333	0.3233

根据上面这张表中的结果和前一张表中的 P_{ij} 的值，算出下列各值，具体具体如表 20－10 所示。

我们还需要的数据是：

$$\overline{P}=913,\ P^{*}=19.65,\ \overline{X}=0.6079$$

这些数据是按式（20－83）、式（20－84）、式（20－85）、式（20－86）和式（20－87）分别计算的。现在我们可以用式（20－89）、式（20－90）来计算下列各估计量，具体如表 20－11 所示。

表 20－10　　7 家公司的$\overline{P_i}$、$\overline{X_i}$、$\sum_{j=1}^{5} P_{ij}(X_{ij}-\overline{X_i})^2$、$\sum_{j=1}^{5} P_{ij}(X_{ij}-\overline{X})^2$

公司编号	$\overline{P_i}$	$\overline{X_i}$	$\sum_{j=1}^{5} P_{ij}(X_{ij}-\overline{X_i})^2$	$\sum_{j=1}^{5} P_{ij}(X_{ij}-\overline{X})^2$
1	413	0.9564	190.79	240.96
2	25	0.4800	5.84	6.25
3	109	0.3028	9.41	19.56
4	48	0.2292	1.80	8.69
5	115	0.0696	0.39	33.71
6	55	0.3273	9.71	14.04
7	148	0.5270	34.71	35.67

表 20－11　　参数 $E[m(\theta)]$、$E[S^2(\theta)]$、$Var[m(\theta)]$与其估计量

参数	估计量
$E[m(\theta)]$	0.6079
$E[S^2(\theta)]$	$(190.79+\cdots+34.71)/(7\times4)=9.02$
$Var[m(\theta)]$	$[(240.96+\cdots+35.67)/34-9.02]/19.65=0.078$

我们现在已有了用式（20－88）计算第一家公司来年每单位风险量的置信保费的全部数据。置信因子：

$$Z=413/(413+9.02/0.78)=0.7812$$

因此，单位风险量的置信保费是：

$$0.7812\times0.9564+(9.02/0.078)=0.8801$$

已知该公司在来年中运营的车队共有 87 辆车，这意味着保费为：

$$0.8801\times87=76.568$$

即保费为 76.568 元。

进一步计算其他 6 家汽车出租汽车公司来年的置信保费，各公司运营车辆数量如表 20－12 所示。

表 20－12　　其他 6 家公司来年汽车数量

公司编号	来年汽车数量
2	5
3	30
4	10
5	35
6	13
7	30

对所有公司，参数$E[m(\theta)]$、$E[S^2(\theta)]$和$Var[m(\theta)]$的估计是相同的。然而，置信因子对不同公司会有所不同。因为每家公司$\sum_{j=1}^{5} P_{ij}$有不同的值，这与模型1的例子有所不同，在那里，置信因子对每一单位风险是相同的。问题的关键是：置信因子Z应该反映所能提供的数据，数据越多，Z值越大。在模型1的例子中，数据数量等价于数据年份量，因此，置信因子对单位风险是相同的。在模型2中，数据数量用风险量之和来测度，即$\sum_{j=1}^{n} P_{ij}$，观察式（20－76）和式（20－88）会发现，风险量总和越大，置信因子值越大。

计算后，7个公司的置信因子、每辆车保费、来年车辆数每公司保费列入表20－13。

表20－13　　7个公司的置信因子、每辆车保费、来年车辆数、每公司保费

公司编号	置信因子	每辆车保费（单位：千元）	来年车辆数（单位：辆）	每公司保费（单位：元）
1	0.7821	0.8801	87	76 568
2	0.1778	0.5852	5	2 926
3	0.4852	0.4599	30	13 797
4	0.2933	0.4968	10	4 968
5	0.4986	0.3395	35	11 883
6	0.3223	0.5175	13	6 728
7	0.5614	0.5625	30	16 875

第二十一章

无赔款优待

第一节　背景介绍

本章很多地方涉及投保人缴纳保费的水平和被保险人索赔的金额或索赔概率。为了方便读者，本章将不严格区分投保人和被保险人的概念，无论描述保费水平还是索赔问题，统一称为投保人。

保险公司在确定一司机对一份汽车保单的应付保费时，会考虑诸如投保人的年龄、居住区域以及车型等因素，在该司机投保后的第一年，保险公司只会考虑以上的因素。但是，在接下去的年度里，保险公司还会考虑该司机在以前年度实际索赔的次数。

换言之，收取保费取决于索赔记录，这就是经验费率厘定的一例，对于此类费率的厘定，我们在探讨贝叶斯统计推断和置信度理论时已有过深入的讨论。

根据以前年度发生的索赔次数来确定保费，这个原则可以推出两个相类似的费率离定法：无赔款优待法和奖罚金法（bornus – malus systems）。二者的唯一区别在于投保人在后者的情况下可能支付多于基础保费的保费，这就相当于负的折扣率。这在无赔款优待法中是不允许的。现在我们各自给出一个例子，如表 21 – 1 和表 21 – 2 所示，其中，0 档对应的是标准保费（full premium）。

表 21 – 1　　无赔款优待法

无赔款优待档次（种类）	折扣
0	0
1	25%
2	40%

表 21－2　　　　　　　　　　　　　　奖罚金法

奖罚金法档次	保险费（对标准保费的百分数）
－2	140%
－1	120%
0	100%
1	90%
2	80%
3	70%

在上面的无赔款优待法中，1 档中的投保人只交纳标准保费的 75%，而他在下一年度所属的档次则取决于他在该年度的索赔记录。

当然，如果一个投保人的索赔记录情况很糟糕的话，即使是在无赔款优待法下他也有可能要支付多于标准保费的保费。只是，在奖罚金法中，保费的增加是按特定的公式化系统自动生成的，而不是凭空得出的。

虽然本书只探讨无赔款优待法，但是我们可以了解它与奖罚金法的类似之处，投保人在决定是否提出赔偿要求时必须考虑该要求对下面年度里保费的影响，引入无赔款优待法的原因之一在于减少（不鼓励）小额索赔。如果赔款额小于由此引起的保费增加额，投保人是不会提出该索赔的。所以，无赔款优待法应该能够减少保险公司接到的小额索赔的数量，而这又会减少赔偿费，从而抵销了保费收入的减少，更重要的是，它会降低营业费用的支出，对于经营者来说，索赔越少，由于管理费而转嫁于投保人的保费部分就会越少。这样，公司的保费具有更强的竞争力。

总之，保险人在确定每个投保人的应付保费时，应尽量保证与其基本风险的紧密联系。事实上，确定每张保单的相关风险并不容易。保险人通常根据投保人的年龄、居住区域和车型等因素来确定保费，尽管如此，保费仍不能精确刻画（度量）每一份保单的相关风险，人们认为无赔款优待法将有助于考虑以上已纳入考虑范畴的明显因素之外的风险。一个驾驶技术差的司机应该支付较多的保费，因为他很可能属于折扣较少的类别。但我们可以看到，无赔款优待法的实际作用并没有预想的大。

第二节　无赔款优待法的定义

一、折扣档次（种类）

现在我们探讨无赔款优待法的一个标准定义。无赔款优待法有两部分基本内容：折扣档次和档次间移动规则。此外，为了考查无赔款优待法的性质，我们还需知道投保人每年提出索赔的概率。

我们通过下面的例子，分析一下无赔款优待法的运行过程。

例 21－1

假设一个无赔款优待系统，其中有 3 档优惠或折扣比例，具体如表 21－3 所示。

表 21－3　　无赔款优待的 3 个档次

档次	折扣（%）
0	0
1	25
2	40

在 0 档，投保人支付标准保费。标准保费是根据投保人年龄之类的风险因素确定的。为了简单起见，我们假定考虑一批在这些风险因素上类似的投保人，在这种情况下，对于该业务中的全部保单，标准保费是相同的。

在 1 档中，投保人只支付标准保费的 75%，在 2 档时只支付 60% 即可。

如果一个投保人在一年中没有索赔，他将移动到下一个较大的折扣档次（或停在 2 档）。如果他一次或数次提出索赔，他将下降一档次（或停在 0 档）。

至此，我们完成了无赔款优待法的基本内容的描述，该描述兼有折扣档次和各档次之间转换的规则。为了考察该无赔款折扣法的性质，我们还需知道一个投保人每年提出或不提出索赔的概率。我们继续以例 21－1 中的无赔款优待法作为研究对象，在此假定投保人不提出索赔的概率为 0.9。

二、转换矩阵

如果我们用更为数学化的形式来表示无赔款优待法，对它的分析就会简单容易得多。

我们用 π_i 表示处于 i 档的投保人的预期比例，显然，$\pi_0+\pi_1+\pi_2=1$。我们也可以用向量 $\pi=(\pi_0,\ \pi_1,\ \pi_2)$ 来表示在折扣档次中的比例情况。

现在我们可以写出某年处于 i 档的一投保人在下一年移至 j 档的概率。例如，0 档中的某人移至 1 档的概率是 0.9，0 档中的投保人停在 0 档的概率为 0.1，如此类推，用一个转化概率矩阵来表示相应的概率是最方便的。

$$P=\begin{bmatrix} P_{00} & P_{01} & P_{02} \\ P_{10} & P_{11} & P_{12} \\ P_{20} & P_{21} & P_{22} \end{bmatrix}$$

例 21－2

在例 21－1 中，假设每个司机无索赔的概率为 0.9，试写出无赔款优待法的转化矩阵。

解： 转化矩阵为：

$$P=\begin{bmatrix} 0.1 & 0.9 & 0 \\ 0.1 & 0 & 0.9 \\ 0 & 0.1 & 0.9 \end{bmatrix}$$

可以写出任一个无赔款优待法的转化矩阵。

三、投保人的分布

我们可以用转化矩阵来估计每年每一折扣档中投保人的期望数，假定第 1 年所有的保单持有人都从 0 档开始，第 2 年我们可以预计 10% 的投保人仍处于 0 档，同时其他 90% 的称注 1 档，我们可以通过一般推理得之，但我们也可以由 P 推出这个结论，在第 1 年，$\pi_0=1$，而各档比例由向量$\underset{\sim}{\pi}^{(1)}=(1, 0, 0)$给出，第 2 年，各档的期望比例可以由$\underset{\sim}{\pi}^{(1)}$和 P 的乘积向量$\underset{\sim}{\pi}^{(2)}=\underset{\sim}{\pi}^{(1)}P$给出。

例 21 -3

对于例 21 -1 和例 21 -2 的无赔款优待法，试计算在第 2 年、第 3 年中各档投保人的期望比例。

解：

$$\underset{\sim}{\pi}^{(2)}=(1, 0, 0)\begin{bmatrix}0.1 & 0.9 & 0\\0.1 & 0 & 0.9\\0 & 0.1 & 0.9\end{bmatrix}=(0.1, 0.9, 0)$$

$$\underset{\sim}{\pi}^{(3)}=\underset{\sim}{\pi}^{(2)}P=(0.1, 0.9, 0)\begin{bmatrix}0.1 & 0.9 & 0\\0.1 & 0 & 0.9\\0 & 0.1 & 0.9\end{bmatrix}$$

$$=(0.1, 0.09, 0.81)$$

检验后可以看出这些就是我们通过一般推理所能得到的比例。容易发现，用数学公式来计算比例分布比用一般推理容易得多。

注意我们可以经常检验下式是否成立：

$$0.1+0.09+0.81=1$$

该等式应当总是成立的。这可以帮助判断计算的准确性。

第三节　稳定状态分析

一、分布平衡式

当 n 取更大值时，我们可以继续算出$\underset{\sim}{\pi}^{(n)}$，最终我们会发现$\underset{\sim}{\pi}^{(n)}$的变化不是很大，在这种情况下，该无赔款优待法就达到了平衡或者是稳定状态，计算在稳定状态下各档中投保人的比例很有用，而这又很容易得到，因为比例向量将满足：

$$\underset{\sim}{\pi}P=\underset{\sim}{\pi}$$

可以看出，这是必须满足的，因为在稳定状态下各档中的比例不再随年度而变化，所以，

$$\underset{\sim}{\pi}^{(n+1)}=\underset{\sim}{\pi}^{(n)}$$

我们称这个稳定状态向量$\underset{\sim}{\pi}$。

$\underset{\sim}{\pi}^{(n+1)}$可以由$\underset{\sim}{\pi}^{(n)}$推出，因为：

$$\underset{\sim}{\pi}^{(n+1)}\underset{\sim}{=}\underset{\sim}{\pi}^{(n)}P$$

令：

$$\underset{\sim}{\pi}^{(n+1)}=\underset{\sim}{\pi}^{(n)}=\underset{\sim}{\pi}$$

则：

$$\underset{\sim}{\pi}=\underset{\sim}{\pi}P$$

这就是计算$\underset{\sim}{\pi}^{(3)}$的一个可解方程。

例 21－4

为了说明稳定状态是如何确定的，我们通过前面第二节的例子来做说明。在该例中，按我们探讨的规律，$\underset{\sim}{\pi}$ 即下式的解：

$$(\pi_0,\ \pi_1,\ \pi_2)\begin{bmatrix}0.1 & 0.9 & 0\\ 0.1 & 0 & 0.9\\ 0 & 0.1 & 0.9\end{bmatrix}=(\pi_0,\ \pi_1,\ \pi_2)$$

我们可以得到同时成立的 3 个方程：

$$0.1\pi_0+0.1\pi_1=\pi_0 \qquad (21-1)$$

$$0.9\pi_0+0.1\pi_2=\pi_1 \qquad (21-2)$$

$$0.9\pi_1+0.9\pi_2=\pi_2 \qquad (21-3)$$

面对 3 个方程、3 个未知数的情况，很容易理解，我们应该可以解出 π_0、π_1 和 π_2。由方程（21－1），很容易得到：

$$\pi_1=9\pi_0 \qquad (21-4)$$

由方程（21－2），得：

$$\pi_2=10\pi_1-9\pi_0=9\pi_1 \qquad \text{（从方程（21－4）可得）}$$

通过方程（21－3）也可以得出 $\pi_2=9\pi_1$，也就是说，这样是解不出方程的解了。问题在于 3 个方程中只有两个是线性无关的。但我们还知道：

$$\pi_0+\pi_1+\pi_2=1$$

这可以作为我们的第三个方程，由此得：

$$\pi_0+9\pi_0+81\pi_0=1$$

所以，

$$\pi_0=\frac{1}{91}$$

$$\pi_1=\frac{9}{91}$$

$$\pi_2=\frac{81}{91}$$

稳定状态是：

$$(\frac{1}{91}, \frac{9}{91}, \frac{81}{91})$$

在这个业务连续运营若干年后，我们可以预计，约有 89% 的司机会处于最高的折扣档，约有 10% 的处于中等折扣档，约有 1% 将支付标准保费。

二、业务责任的不均匀性

看好无赔款优待法的原因之一是它可以做到自动厘定费率，换言之，提出较少的赔款要求的投保人支出的保费要比提出较多的索赔的投保人要少。这显然是很有意义的。但是，对无赔款优待法做进一步考察之后，我们会看出，实际的运作情况并不是所期望的那样好。

为了说明这个现象，先假定投保人中既有驾驶技术好的司机，也有驾驶技术差的司机，并用例 21－1 中的无赔款优待法作例子。一个驾驶技术好的司机提出一次赔偿要求的概度是 0.1，而一个驾驶技术差的司机则为 0.2。我们已经得出了若干年后各档中我们期望的驾驶技术好的司机的比例分布，对于驾驶技术差的司机的比例分布我们同样可以得到。

例 21－5

证明对于驾驶技术差的司机在稳定状态时的分布为 $(\frac{1}{21}, \frac{4}{21}, \frac{16}{21})$。

解：这个例子是用于比较驾驶技术好的和驾驶技术差的司机支付的平均保费。既然驾驶技术差的司机提出了两倍于驾驶技术好的司机的赔偿要求，我们就会想到他的保费支付也应是后者的二倍之多（根据平均标准，假定对于驾驶技术好的司机和驾驶技术差的司机，他们的索赔规模分布是相同的）。设标准保费为 C，一驾驶技术好的司机支付的平均保费为：

$$\frac{1}{91} \times C \times \frac{9}{91} \times 0.75C + \frac{81}{91} \times 0.6C = 0.619C$$

而驾驶技术差的司机的保费平均支付为：

$$\frac{1}{21} \times C \times \frac{4}{21} \times 0.75C + \frac{16}{21} \times 0.6C = 0.684C$$

这样一来，尽管驾驶技术差的司机可能提出赔偿要求的机率是驾驶技术好的司机的二倍，他们支付的保费却只是略高而已（平均而言）。

以上所述说明，无赔款优待法并不能提供完全行之有效的自动厘定费率法。很显然，保险人在对每张保单依据风险估价时必须考虑所有其他的因素。理想化的情况是保险人希望能够对驾驶技术好和驾驶技术差的司机分门别类并各自收取不同的保费，既然完全依据外生变量对司机分门别类是不可能的，那么期望无赔款优待法可以自动做到该点就是不现实的了，因而保险人应利用其他的资料和信息，采用所有可能的方法和步骤来估价风险（评估风险）以保证保费的公平和竞争力。这将在未来的非寿险精算学习中做进一步的探究。

三、转换概率的计算

以上的 *NCD* 机制很直观。为了适应更为复杂的计算，我们应当更多地运用转换矩阵进行计算。通常假定索赔服从泊松过程。

假设每年的索赔次数服从泊松分布，一个司机索赔 n 次的概率是：

$$\frac{\mu^{n}e^{-\mu}}{n!}$$

μ 是这个投保人每人索赔次数的预期值（数学期望）。例如，设一个司机每次平均索赔 0.5 次，则他不索赔的概率是：

$$e^{-0.5}=0.6065$$

索赔一次的概率是：

$$0.5e^{-0.5}=0.3033$$

索赔超过一次的概率是：

$$1-0.6065-0.3033=0.0902$$

例 21－6

一个承保机动车辆险的保险公司实行无赔款优待制，公司设计了 3 种折扣档次：0%、$X\%$ 和 $2X\%$。公司规定：如果一位司机一年内不索赔，第 2 年他可享受高一级的折扣直至折扣率为 $2X\%$；如果他一年内索赔，则他的折扣率将下降一档次直至 0%。司机在 0% 折扣率下付的基本保费为 C，保险公司为 10 000 名司机承保了多年，5 000 名司机是每年不索赔概率为 0.9 的“好司机”，剩下的是索赔率为 0.8 的“差司机”。（1）计算每个折扣档次中好司机与差司机的人数；（2）如果好司机（作为一个整体）将支付差司机所支付保费的一半，证明 X 将略小于 49%；（3）假如 X 如（2）所计算那样，求可使总保费收入达到每年 1 500 000 元时的 C 值。

解：设 P（不索赔）$=1-q$，P（索赔）$=q$ 转换矩阵为：

$$P=\begin{bmatrix} q & 1-q & 0 \\ q & 0 & 1-q \\ 0 & q & 1-q \end{bmatrix}$$

$$\pi P=\pi$$

（1）给出了下面 3 个等式：

$$q\pi_0+q\pi_1=\pi_0$$

$$(1-q)\pi_0+q\pi_2=\pi_1$$

$$(1-q)\pi_1+(1-q)\pi_2=\pi_2$$

因而，

$$\pi_1=\left(\frac{1-q}{q}\right)\pi_0$$

并且：

$$\pi_2 = \frac{1}{q}\left[\left(\frac{1-q}{q}\right)\pi_0 - (1-q)\pi_0\right] = \pi_0\left(\frac{1-q}{q}\right)^2$$

而：

$$\pi_0 + \pi_1 + \pi_2 = 1$$

即：

$$\pi_0 + \left(\frac{1-q}{q}\right)\pi_0 + \left(\frac{1-q}{q}\right)^2\pi_0 = 1$$

所以，

$$\pi_0 = \frac{q^2}{1-q+q^2}$$

因此，好司机的人数（在 $q=0.1$ 的情况下）在每档中的数学期望值为：

54.9　494.5　4 450.5

对于差司机而言，各档分别为：

238.1　952.4　3 809.5

（2）好司机与差司机分别交付的总保费可由下式计算得出：

$$5\,000C\{\pi_0 + (1-X)\pi_1 + (1-2X)\pi_2\}$$

好司机交的总保费是：

$$55C(91-171X)$$

差司机交的总保费是：

$$238C(21-36X)$$

要使：

$$\frac{238C(21-36X)}{55C(91-171X)} > 2$$

可得：

$$X > 48.9\%$$

所以 X 必须略小于 49%，才可使好司机总共交纳的保费为差司机所交的一半。

（3）总保费为：

$$\begin{aligned}&55C(91-171X)+238C(21-36X)\\&=55\times 7.381C+238\times 3.396C\\&=1\,214.2C\end{aligned}$$

所以，

$$C = \frac{1\,500\,000}{1214.2}$$

第四节 NCD 机制对索赔倾向的影响

一、转换概率的再估计

此前我们都假设，无论在哪一个折扣档次，一个司机索赔的概率都是一样的。实际上，在决定是否索赔时，投保人会考虑到他将缴纳更多的保费。通过比较索赔发生后保费的变化可以看到这种情况。考虑我们在例一中看到的一个司机在 NCD 机制中缴纳全额保费的情况。假设全额保费 100，如果这一年（及以下的年份），他没有索赔，他在未来各年将缴纳的保费分别为 75，60，60……；但如果在这一年索赔（以下年份没有）他在未来各年将缴纳的保费分别为 100，75，60……；他索赔后总共多缴 40 的保费。我们可以计算出在其他折扣档次下的结果：

假设已在 25% 折扣档次缴纳保费：

没有索赔，在未来各年将缴纳的保费分别为：

60，60，60……

索赔一次，在未来各年将缴纳的保费分别为：

100，75，60……

差额为 55。

假设已在 40% 折扣档次缴纳保费：

没有索赔，在未来各年将缴纳的保费分别为：

60，60……

索赔一次，在未来各年将缴纳的保费分别为：

75，60……

差额为 15。

很明显，在不同折扣条件下的投保人索赔的可能性不同。这些差额是通过考查未来几年所得到最大折扣实现的，投保人的眼光未必有这么远。他考虑的未来年数被称作他的“眼界”。我们也许可以认为，无须对保费做任何折扣。这对投保人决定是否索赔有一定影响，但不会改变我们求出的不同的折扣档次间的保费差额。

二、计算转换概率

我们现在应该清楚，投保人肇事的概率并不等同于索赔的概率。如果我们知道索赔数量的分布情况，我们就可以知道一次事故后索赔的概率。

例如，考虑一个折扣率为 25% 的投保人，他只在事故费用大于 55 元时索赔。如果 X 是代表事故费用的随机变量，我们可得：

$$P\text{（索赔事故）}=P(X>55)$$

为求出这个概率，我们必须先假定 X 的分布。两种经常使用的分布分别为对数正态分布和帕累托分布（Pareto）。

X 服从参数 μ 和 σ^2 的对数正态分布，则：

$$\log X \sim N(\mu, \sigma^2)$$

注意：μ 和 σ^2 是 $\log X$ 的均值和方差，而非 X 的均值和方差。我们可以非常直观地得到所需概率：

$$P(X>55) = P(\log X > \log 55) = 1-\Phi\left(\frac{\log 55-\mu}{\sigma}\right)$$

其中，Φ 是标准正态分布函数。

帕累托分布有两个参数 α 和 λ，所需概率是：

$$P(X>55) = \left(\frac{\lambda}{\lambda+55}\right)^{\alpha}$$

一般来讲，事故后索赔的概率为：

对服从对数正态分布者：

$$P(X>x) = 1-\Phi\left(\frac{\log x-\mu}{\sigma}\right)$$

对服从帕累托分布者：

$$P(X>x) = \left(\frac{\lambda}{\lambda+x}\right)^{\alpha}$$

这个概率可以被用于求出投保人索赔的概率，这又是转换矩阵所需的。

$$P(\text{索赔}) = P(\text{索赔} \mid \text{事故})\, P(\text{事故})$$

一般的事故发生概率可由泊松分布求得。

我们将通过下面的例子来说明 *NCD* 机制对投保人索赔倾向的影响。

例 21－7

某保险公司承保机动车辆险，公司实施无赔款优待，优待保费折扣率分别为 0%、25%、60%。每个投保人出险一次的概率为 0.25，而出险两次及两次以上的概率，由于太小可看作 0。一年内若索赔，则下年折扣率下调一级直至 0%，一年内无索赔，则下年折扣率上调一级直至 60%。一次事故后，维修费用（单位：元）符合参数为 $U=5$，$S=2$ 的对数正态分布。0% 折扣下的年保费为 500 元。投保人索赔只有当维修费大于以下 a、b 两项的差额时发生：

（a）索赔维修费的情况下，随后两年续保支付的保费总额。

（b）无索赔情况下，随后两年续保支付的保费总额。

每一种情况下都假定在续保两年内无事故。

（1）计算在每个折扣率下，投保人不索赔时的维修费。

（2）计算在每档折扣率下，投保人事故后索赔的概率。

（3）计算在每档折扣率下，投保人的比率，假定这些比率达到了一个稳定的状态。

解：（1）我们依次考虑 3 个折扣档次：

①对于折扣率为0%的档次：

若索赔，则未来2年保费为500元和375元；若无索赔，则未来2年保费为375元和200元。差额为：

$$875-575=300\text{（元）}$$

②对于折扣率为25%的档次：

若索赔，则未来2年保费为500元和375元；若无索赔，则未来2年保费为200元和200元。差额为475元。

③对于折扣率为60%的档次：

若索赔，保费为375元和200元；若无索赔，保费为200元和200元；差额为175元。

投保人在维修费小于差额时，不会索赔。

（2）P（索赔|事故）$=P$（维修费$>X$）

X为（1）中所求得的数额，假设X为维修费，则X服从对数正态分布：

$$\log X\sim N(\mu,\sigma^2)$$

因而，我们可得到：

$$P(X>x)=P(\log X>\log x)=1-\Phi\left(\frac{\log x-\mu}{\sigma}\right)$$

对每个折扣档次，事故后索赔概率为：

①0%折扣：

$$1-\Phi\left(\frac{\log 300-5}{2}\right)=1-\Phi(0.352)=0.363$$

②25%折扣：

$$1-\Phi\left(\frac{\log 475-5}{2}\right)=1-\Phi(0.582)=0.280$$

③60%折扣：

$$1-\Phi\left(\frac{\log 175-5}{2}\right)=1-\Phi(0.082)=0.467$$

（3）P（索赔）$=P$（索赔|事故）P（事故）

因而，转换矩阵为：

$$P=\begin{bmatrix}0.09075 & 0.90925 & 0\\ 0.07 & 0 & 0.93\\ 0 & 0.11675 & 0.88325\end{bmatrix}$$

$\underline{\pi}P=\pi$的解即是稳定状态。

所以给出下列方程：

$$\pi_0+\pi_1+\pi_2=1$$

即：

$$0.09075\pi_0+0.07\pi_1=\pi_0\qquad(21-5)$$

$$0.90925\pi_0 + 0.11675\pi_2 = \pi_1 \tag{21-6}$$

$$0.93\pi_1 + 0.88325\pi_2 = \pi_2 \tag{21-7}$$

由式（21－5）得：

$$\pi_1 = 12.99\pi_0$$

由式（21－7）得：

$$\pi_2 = 7.966\pi_1 = 103.475\pi_0$$

且：

$$\pi_0 + \pi_1 + \pi_2 = 1$$

$$\pi_0 + 12.99\pi_0 + 103.475\pi_0 = 1$$

$$\pi_0 = 0.0085$$

$$\pi_1 = 0.1106$$

$$\pi_2 = 0.8809$$

第二十二章

递推三角形

第一节　背　　景

一、递推三角形的起源

递推三角形产生于短期的保险业务。通常是一年期的非寿险业务，包括汽车保险、财产损失保险、海上保险和一般责任保险。

对保险公司来讲，在未来的一段时间里一旦出险索赔，则必须予以赔付。把赔付额按保单签署后的年度来分别梳理清楚是很重要的。

保险公司在计算其已获得的盈利的时候需要了解它的赔付总额。然而，要得到准确的赔付总额可能要花好几年时间。有许多原因延误了总赔付的最终确定，下面的例子将具体说明这些原因。

在汽车保险中，当发生车祸时，保险公司会立即接到事故通知及索赔要求。然而，确定车辆损失、诉讼费用和人身伤亡等的最终估算值，可能要持续一段时间。也就是说，最后的赔付要经过一个延迟以后才能发生。

我们再来看责任保险中一个典型的延迟例子，即暴露在石棉中而导致的工伤索赔。保单签署的时候，保险公司接受了风险，危险是未知的。这种危险直到许多年后疾病发作，患者向保险公司提出索赔的时候才能确定。这种情况下索赔延迟发生直至索赔通知之时。现在，保险人通常考虑设置特殊的准备金来应付这些潜在的赔付。

很清楚，尽管保险公司不知道每一年总赔付的精确数据，但它必须尽可能有把握和精确地估计这个数据。我们应该一直清楚所得到的数据只是估计值。财务报表中包含一个准确的数据是必要的，但索赔或赔付的大小无法准确地在事前确定。这就需要有一个适当的估计以便清楚地显示出应提取的隐含着不确定性赔款的准备金。

既然估计保险公司将遇到的赔付总额是如此的必要，我们必须面对如何进行估计的问题。

赔付总额的估计，离不开赔付数据的描述，包括历史数据和估计出的数据。有好几种显示赔付数据的方法，它们分别强调了数据的各个不同方面。本章我们探讨的是在表格中以三角形的形式排列已有的数据，进而推算出未来的预期索赔数据。我们称之为递推三角形。

我们是想得到一个十分接近期望支出的估计值，还是更愿意选择安全性，明确我们得到的数值一定不低于实际发生的支出？显然第二种估计值将比第一种大，并且将反映出计算中的不确定性。这两种估算方式的选择取决于需要数据的人。一个财务人员可能会倾向于第一种估计，然而一个负责风险管理的人则更喜欢第二种。出于税收方面的考虑，保险公司也可能倾向于更高一点的数据（如果税务监察部门允许的话）。

本书探讨许多估计未来赔付总额的技术。我们应当一直清楚，各种估计方法所得到的数据只是未来支出的一个估计值，而不是精确的答案。

二、赔付数据的显示

我们采用的三角形排列方式，是最通行的一种方法。我们把保险公司承保了某项业务的年份叫作承保年度，从承保到发生赔付的年数叫延迟期或延期年度。我们把承保当年即发生的赔付视为第 0 个延期年度发生的赔付。赔付数据被分成承保年度和延期年度两部分。表 22 - 1 所示的三角形数据表是一个赔付数据按年度排列的例子。

表 22 - 1　　各承保年度和各延期年度的累积赔付额

承保年度	各延期年度的累积赔付额				
	0	1	2	3	4
1987	786	1 410	2 216	2 440	2 519
1988	904	1 575	2 515	2 796	
1989	995	1 814	2 880		
1990	1 220	2 142			
1991	1 182				

给出的数据是发生的总赔付的累积额，它们已经在 1991 承保年度末编制出来。我们可以看到对 1991 承保年度只发生了第 0 个延期年度的赔付。而对于 1990 承保年度来讲，则已发生了第 0 个和第 1 个延期年度的赔付，等等。

在确定 1991 年承保保单的未来各年度的赔付累积额的时候，保险公司可以通过和前几年所承保业务的赔付数据做比较来决定。一项业务承保之后，在未来的各延期年度中，其累积赔付额是逐年增长的。如果各年承保的业务其未来累积赔付额以一种近似的方式递增的话，我们就可以认为，1991 承保年度的累积赔付额 4 年后将达到 3788，这个数据是假设 1991 承保年度和 1987 承保年度近似增长而得到的，其具体计算如下：

$$1\ 182 \times \frac{2\ 519}{786} = 3\ 788$$

这未必是"最好"的估计，但是我们可以看出怎样可能通过比较现在和过去的数据来填充表 22 – 1 中右下部分的三角，这是本章的主要研究对象。我们可能已经意识到这只是确定诸准备金过程的一部分。特别地，我们更愿意使用另一种预测未来赔付额的方法。对 1 987 承保年度来讲，到第 4 个延期年度的累积赔付额达到了 2 519，然而，赔付可能以更快的速度增加，因此我们也要为这部分可能的赔付提取一些准备金。因此，需要做一些有关递推三角形模型如何持续的假设，以便对以后年份进一步进行预测。

第二节　运用递推因子进行预测

一、递推模型

估计未来赔付额的基本假设涉及递推模型。最简单的假设是赔付在每个承保年度是以相似的方式出现的，我们可以看到如何用这种假设得到一种预测未来赔付额的方法。观察表 22 – 1 中 1987 承保年度的数据，很容易计算出累积赔付的增长比率，具体如表 22 – 2 所示。

表 22 – 2　　1987 年各延期年度的累积赔付额和增长比率

承保年度	各延期年度的累积赔付额								
	0		1		2		3		4
1 987	786		1 410		2 216		2 440		2 519
		1. 794		1. 572		1. 101		1. 032	

数据是通过求累积赔付额的比率来计算的，因此，

$$1.794 = \frac{1\ 410}{786}$$

$$1.572 = \frac{2\ 216}{1\ 410}$$

等等。

我们可以用这些数据（比率）来计算第 4 个延期年度末的累积赔付额如下：

$$786 \times 1.794 \times 1.572 \times 1.101 \times 1.032 = 2\ 591$$

同样可以使用这些比率为 1991 承保年度计算出第 4 个延期年度的累积赔付额：

$$1\ 182 \times 1.794 \times 1.572 \times 1.101 \times 1.032 = 3\ 788$$

这和我们在上一节中没有使用中间比率得到的答案一致。是否有必要像我们在本节中那样运用所有的比率，或者是否我们可以仍旧用上一节中的简单些的方法？答案是：如果我们想把其他承保年度的信息结合起来的话，我们就必须运用所有这些比率。

我们可以计算出所有承保年度发生的累积赔付的比率。这些比率具体如表 22 – 3 所示。

表 22 -3　　各延期年度的累积赔付额和增长比率

承保年度	各延期年度的累积赔付额								
	0		1		2		3		4
1987	786		1 410		2 216		2 440		2 516
		1.794		1.572		1.101		1.032	
1988	904		1 575		2 515		2 796		
		1.742		1.579		1.112			
1989	995		1 814		2 880				
		1.823		1.588					
1990	1 220		2 142						
		1.756							
1991	1 182								

我们可以看到，1987 ~ 1990 年，对每个承保年度来讲，我们得到的从第 0 个延期年度到第 1 个延期年度的累积赔付的增长比率是不同的。现在并不清楚为 1991 承保年度预测的未来赔付时运用哪一个比率正确的。如果选择一种比较保守的方法来估算的话，最好还是使用最高的比率，也就是 1.823。

不过，某种平均的比率可能更为合适，可以用一个简单的算术平均数：

$$\frac{1.794 + 1.742 + 1.823 + 1.756}{4} = 1.779$$

这么做的缺点是没有考虑到发生更多赔付的年份提供了更多的信息这一因素。因此，赔付越多，我们从比率中得到的确定性就越高。这表明应该使用加权平均法，通常使用的权数是累积赔付额（见表 22 -4）。

表 22 -4　　累积赔付额

承保年度	比率	权数
1987	1.794	786
1988	1.742	904
1989	1.823	995
1990	2.756	1 220

$$\frac{1.794 \times 786 + 1.742 \times 904 + 1.823 + 995 + 1.756 \times 1\ 220}{786 + 904 + 995 + 1\ 220} = 1.777 \qquad (22-1)$$

这种估计表述递推模型比率的方法叫“链梯”技术。下节中将给出这种计算比率的最有效模式。

二、“链梯”技术

用来预测累积赔付额的这种比率通常称为递推因子或连接比率，“链梯”技术因此有时候也就叫作“连接比率”法。我们可以像前面那样，运用加权平均法来计算递推因子，不过计算可以更简单一些。我们再来看看前面已经计算过的从第0个延期年度到第1个延期年度的连接比率。

回想一下按以下方法计算的1987承保年度的比率：

$$1.794=\frac{1\ 410}{786}$$

其他承保年度间的比率也是以类似的方法得到的，因此等式（22－1）的分子可以写作：

$$\frac{1\ 410}{786}\times 786\times\frac{1575}{904}\times 904+\frac{1814}{995}\times 995+\frac{2142}{1220}\times 1\ 220=1\ 410+1\ 575+1\ 814+2\ 142$$

于是，递推因子可以用第0个延期年度和第1个延期年度的累积赔付额求得：

$$\frac{1\ 410+1\ 575+1\ 814+2\ 142}{786+904+995+1\ 220}$$

这种方法的名字是根据这种与延期年度相联的梯形操作得来的。“链梯”技术的递推因子能够通过加总适当时期的数据求得，具体如表22－5所示。

表22－5　各延期年度的累积赔付额（“链梯”技术）

承保年度	各延期年度的累积赔付额				
	0	1	2	3	4
1987	786	1 410	2 216	2 440	2 519
1988	904	1 575	2 515	2 796	
1989	995	1 814	2 880		
1990	1 220	2 142			
1991	1 182				
	$\frac{6\ 941}{3\ 905}$	$\frac{7\ 611}{4\ 799}$	$\frac{5\ 236}{4\ 731}$	$\frac{2\ 519}{2\ 440}$	
	=1.777	=1.586	=1.107	=1.032	

我们以下述第二个和第三个比率的计算来再次说明这些数据是如何计算的：

$$\frac{2\ 216+2\ 515+2\ 880}{1\ 410+1\ 575+1\ 814}=\frac{6\ 711}{4\ 799}=1.586$$

$$\frac{2\ 440+2\ 796}{2\ 216+2\ 515}=\frac{5\ 236}{4\ 731}=1.107$$

注意第一个表达式的分子和第二个表达式的分母都是来自第2个延期年度的数据，不同点只在于所运用的时期数不同。

我们已经计算了每个延期年度的递推因子，现在可以对以后各年度进行预测。

对1991年来讲，累积赔付的预测如下：

$$1\ 182 \times 1.777 = 2\ 100$$

$$1\ 182 \times 1.777 \times 1.586 = 3\ 331$$

$$1\ 182 \times 1.777 \times 1.586 \times 1.107 = 3\ 688$$

$$1\ 182 \times 1.777 \times 1.586 \times 1.107 \times 1.032 = 3\ 806$$

对 1990 年而言，我们将从第 1 个延期年度的 2142 开始并只用到后面 3 个连接率。检查一下我们是否得到了如表 22 –6 所示的累积赔付预测结果。

表 22 –6　　各延期年度的累积赔付额（预测）

承保年度	各延期年度的累积赔付额				
	0	1	2	3	4
1987					
1988					2 885
1989				3 188	3 290
1990			3 397	3 761	3 881
1991		2 100	3 331	3 688	3 806

注意我们不能对第一承保年度进行任何预测，因为预测不能越过最长延期年度来进行。

例 22 –1

运用“链梯”技术就表 22 –7 给出的数据估计累积赔付额：

表 22 –7　　各延期年度的累积赔付额

承保年度	各延期年度的累积赔付额					
	0	1	2	3	4	5
1986	1 215	2 874	2 913	3 814	3 819	3 901
1987	2 842	3 813	4 141	4 630	4 680	
1988	2 204	4 101	4 202	5 050		
1989	3 476	4 814	4 984			
1990	3 974	5 214				
1991	5 847					

公司需要估算出在 1987 ~1991 年间承保的业务在未来 5 年中将发生的赔付额，并为此进行一定的预留。

解：计算出递推因子如下：

1.518、1.041、1.199、1.007、1.021

累积赔付的预测如表 22 –8 所示：

各年的赔付额计可以通过估计的累积赔付的差得到，可计算出累积赔付的差如表 22 –9 所示：

表 22－8　　各延期年度的累积赔付额（“链梯”技术预测）

承保年度	各延期年度的累积赔付额					
	0	1	2	3	4	5
1987						4 778
1988					5 085	5 192
1989				5 976	6 018	6 144
1990			5 428	6 508	6 553	6 691
1991		8 876	9 240	11 078	11 156	11 390

表 22－9　　各延期年度的预计赔付额

承保年度	各延期年度的预计赔付额					
	0	1	2	3	4	5
1987						98
1988					35	107
1989				992	42	126
1990			214	1 080	45	138
1991		3 029	364	1 838	78	234

下列数额应当作为以后 5 年每年的预留金额：

$$3\ 092+214+992+35+98=4\ 368$$

$$364+1\ 080+42+197=1\ 593$$

$$1\ 838+45+126=2\ 009$$

$$78+138=216$$

$$234=234$$

注意：每年要赔付的估计数额是通过加总斜边①上的数值得到的。在 1992 年，公司将要赔付 1991 承保年度的第 1 个延期年度中的索赔，1990 承保年度的第 2 个延期年度中的索赔，依此类推。

三、模型检验

“链梯”技术最初是用来预测累积赔付的递推情况的，然而，它也可以用来检验这种方法是否合理地适用于已经发生的赔付金额。为了说明这一点，我们要看一看表 22－3 中的数据。（我们还有机会检查它是否适于例 22－1 中的数据。）

为了检验“链梯”技术的有效程度，我们将采用 1987～1990 承保年度第 0 个延期年度的赔付额（见表 22－10）。

① 本章中将左下方至右上方的斜线和在其上下并与之平行的其他斜线统称为斜边。

表 22－10　　1987～1990 承保年度第 0 个延期年度的赔付额

1987	768
1988	904
1989	995
1990	1 220

前面计算出的连接比率是 1.777、1.586、1.107 和 1.032，运用这些数据，我们可以得到每一延期年度中累积赔付的预测值。我们特别感兴趣的是将这些数据与表 22－3 中的真实值进行比较。由此，表 22－11 给出了运用“链梯”技术得到的“拟合”值。

表 22－11　　各延期年度的累积赔付额（“链梯”技术拟合）

承保年度	各延期年度的累积赔付额				
	0	1	2	3	4
1987	786	1 397	2 215	2 452	2 531
1988	904	1 606	2 548	2 820	
1989	995	1 768	2 804		
1990	1 220	2 168			

我们现在来比较表 22－3 和表 22－11。当然，如果比较相应年度的索赔累积赔付的增量，即年内索赔额而不是索赔累积额则更好。这是一个更敏感的测试。表 22－12 中给出了各延期年度累积索赔的增量。

表 22－12　　各延期年度的赔付额

承保年度	各延期年度的赔付额					
		0	1	2	3	4
1987	实际值	786	624	806	224	79
	拟合值	786	611	818	237	79
	误差	—	13	－12	－13	0
1988	实际值	904	671	940	281	
	拟合值	904	702	942	272	
	误差	—	－31	－2	9	
1989	实际值	995	819	1 066		
	拟合值	995	773	1 036		
	误差	—	46	30		
1990	实际值	1 220	922			
	拟合值	1 220	948			
	误差	—	－26			

可以认为，没有任何误差大到能够表明模型是不准确的。

四、推导递推因子的其他方法

需要注意的是“链梯”技术方法不是预测赔付额的唯一方法，而且这一方法所给出的也不是“正确”答案，它不过是估测方法。有测算递推因子的其他方法，其中最重要的是现代统计方法，不过其内容超过了本书的范围。根据其他信息也可以调整已计算出的递推因子，PSEUDO—BAYESIAN 方法即为一种最正规的方法，不过这通常只是一种特定的调整。有时有的因素会改变递推因子，比如改变会计方法或赔付管理会影响赔付的速度，这样会使递推因子变化，并且会很灵敏地反映到未来赔付额的预测值上。

五、损失赔付率

一个承保年度中发生的总赔付额除以总保费收入就是损失赔付率。

例如，设表 22 – 1 中给出的 1987 年的总保费收入为 2 454，则每个延期年度的赔付率如表 22 – 13 所示。

表 22 – 13　　每个延期年度的赔付率

延期年度	0	1	2	3	4
赔付率	0. 320	0. 575	0. 903	0. 994	1. 026

保费收入有时用于使每个承保年度“标准化”，这其中的原理是承保年度的数据发生变化应该仅源于承保业务量的变化，考虑这一变化会得到更精确的未来赔付的估计值。赔付次数也可用于将承保年度标准化。

例 22 – 2

用“链梯”技术测算表 22 – 1 给出的三角形中的未来赔付额，各年保费收入给出如表 22 – 14 所示：

表 22 – 14　　各年保费收入

承保年度	保费收入
1987	2 454
1988	2 689
1989	2 714
1990	3 484
1991	3 720

注意要将预测出的赔付率转回为赔付总额。

解：损失赔付率如表 22 – 15 所示：

表 22－15　　各延期年度的损失赔付率

承保年度	各延期年度的损失赔付率				
	0	1	2	3	4
1987	0. 320	0. 575	0. 903	0. 994	1. 026
1988	0. 336	0. 586	0. 935	1. 040	
1989	0. 367	0. 669	1. 061		
1990	0. 350	0. 615			
1991	0. 318				

因此，累积赔付额的比率为：

$$\gamma_4 = \frac{1.026}{0.994} = 1.0332$$

$$\gamma_3 = \frac{1.040 + 0.994}{0.903 + 0.935} = 1.1066$$

$$\gamma_2 = \frac{1.061 + 0.935 + 0.903}{0.575 + 0.586 + 0.669} = 1.5842$$

$$\gamma_1 = \frac{0.615 + 0.669 + 0.586 + 0.575}{0.320 + 0.336 + 0.367 + 0.350} = 1.7808$$

未来损失赔付率为：

1988 年：$1.040 \times 1.0322 = 1.073$

1989 年：第 3 个延期年度：$1.061 \times 1.1066 = 1.174$

第 4 个延期年度：$1.061 \times 1.1066 \times 1.0322 = 1.212$

依此类推，于是，有了表 22－16 所示的结果。

表 22－16　　各延期年度未来损失赔付率

承保年度	各延期年度				
	保费收入	1	2	3	4
1988	2 689				1. 073
1989	2 714			1. 174	1. 212
1990	3 484		0. 974	1. 078	1. 113
1991	3 720	0. 566	0. 897	0. 993	1. 025

为转换成累积赔付额，需将因此得出的损失赔付率乘以保费收入，如表 22－17 所示：

表 22－17　　各延期年度累积赔付额（预计）

承保年度	各延期年度			
	1	2	3	4
1988				2 885
1989			3 186	3 289
1990		3 393	3 756	3 878
1991	2 106	3 337	3 694	3 813

于是，每年赔付额如表 22 - 18 所示：

表 22 - 18　　各延期年度的赔付额（预计）

承保年度	各延期年度			
	1	2	3	4
1988				89
1989			306	103
1990		1 251	363	122
1991	924	1 231	357	119

六、关于“链梯”技术的假设

“链梯”技术是基于每个承保年度都会有相同程度的未来进展情况这一假设。换言之，我们使用了相同的递推因子去反映每个承保年度的未来赔付额。赔付发生的比率的变化只能由递推因子的“手工调整”来体现。

“链梯”技术常常被批评为过分的参数化。我们能很容易地理解过分参数化的效果。我们知道用的参数越少，结果就越光滑。设想让一条曲线通过一组点，我们用 2 个参数的话，会得到一条直线（真是太平滑了!）；我们用 3 个参数的话，会得到一条变化更多的线——而更近似于观测值……如果我们用了与观测中出现的一样多的参数时，这条线会通过每一个观测值，而实际上我们没采用任何近似。

这对于我们做出的预测的稳定性有很大影响。当我们拿到用于预测赔付额三角形的又一年的数据时，我们要更新未来赔付额的预测。如果我们没有采用一个进行了很多近似的方法，那我们可能会做出一个与我们前一个预测相比变化很大的预测，当然，这一变化必须经过调整，也有可能更有利于我们的预测，尽管反映出的数据与实际业务中的真实情况有差异，却产生了相对来说一年比一年更稳定的预测。为了显示一下应用“链梯”技术的不稳定性，我们现在研究一个极端的例子，使用表 22 - 1 中的数据。

例 22 - 3

考虑表 22 - 1 中的数据。1991 承保年度的未来赔付额，第 0 个延期年度中为 1 182，假设这一数字是 2 182 而不是 1 182，重新计算未来赔付额的预测值。换句话来讲，就是用“链梯”技术计算下列三角形，具体如表 22 - 19 所示。

表 22 - 19　　各延期年度的累积赔付额

承保年度	各延期年度的累积赔付额				
	0	1	2	3	4
1987	786	1 410	2 216	2 440	2 519
1988	904	1 575	2 515	2 796	
1989	995	1 814	2 880		
1990	1 220	2 142			
1991	1 182				

解： 表 22 – 1 与表 22 – 19 的唯一差别在最后一行上。这对于应用“链梯”技术算出的任何一个递推因子的结果没有影响。当这些数据用于预测未来赔付额时，只有最后一行受到影响。对于累积赔付额的预测如表 22 – 20 所示：

表 22 – 20　　　　各延期年度累积赔付额预测

承保年度	各延期年度			
	1	2	3	4
1991	3 877	6 150	6 808	7 025

如果我们将这些数据与表 22 – 5 中的最后一行比较一下，我们会注意到它们都变动了同一个比率：$\frac{2\ 182}{1\ 182}$。

这一变化反映在预测值的按比例发生的变化上，未采用近似手段。

最后一个假设是在“链梯”技术用于通货膨胀之时做出的。它假设通货膨胀不会影响到未来赔付额，这是一个不现实的假设，我们在下一节将对此探讨得更深入些。当然，由于投资收入赔款准备金会加大，收入可以抵消通货膨胀的影响。考虑到通货膨胀时最重要的是赔付额的膨胀，因此，即使我们使用一个衡量全面的通货膨胀的标准尺度，而赔付额受通货膨胀的影响很可能是很不同的。例如，一个法庭裁定就可以影响赔付额的大小。

在本节的最后，我们考虑一下“链梯”技术中使用的数学模型。在很大程度上，我们已经将其作为预测赔付额的方法简单介绍了。如果我们想更深入了解这一方法，我们就必须在一个更正式的数学框架中研究它。与其他方法作比较及考虑我们的预测中可能出现的错误是十分有用的，这会有助于我们理解“链梯”技术做出的假设。

假设在第 i 年承保年度的第 j 个延期年度内增加的赔付额可以表示为：U_iS_j。

注意这一符号表示的是新增的赔付额而不是累积的赔付，用递推三角形，这一模型可以写成下列形式，具体如表 22 – 21 所示。

表 22 – 21　　　　各延期年度的损失赔付额（符号表示）

承保年度	各延期年度的损失赔付额				
	0	1	2	3	4
	U_0S_0	U_0S_1	U_0S_2	U_0S_3	U_0S_4
	U_1S_0	U_1S_1	U_1S_2	U_1S_3	
	U_2S_0	U_2S_1	U_2S_2		
	U_3S_0	U_3S_1			
	U_4S_0				

假设 $S_0 + S_1 + S_2 + S_3 + S_4 = 1$。

S_j可以解释为在第 j 个延期年度中发生的赔付占总赔付额（一直统计到观察到的最近一个延期年度）的比率。我们会看到每个承保年度的流量模式被假设成相同的：使用了

相同的一组参数 S_0，S_1，S_2，S_3，S_4。

第三节　针对通货膨胀的调整

一、考虑了通货膨胀调整因素的“链梯”技术

通货膨胀影响到每个日历年度的赔付额和累积赔付额，这体现在递推三角形中的数额。我们再看一下表 22 - 1，容易理解，对应于 1991 年的赔付数据为右下方的斜边上的数据，即 1991 承保年度的第 0 个延期年度的累积赔付额、1990 承保年度的第 1 个延期年度的累积赔付额、1989 承保年度的第 2 个延期年度的累积赔付额、1988 承保年度的第 3 个延期年度的累积赔付额和 1987 承保年度的第 4 个延期年度的累积赔付额，具体如表 22 - 22 所示。

表 22 - 22　　承保年度对应的延期年度

承保年度	延期年度
1991	0
1990	1
1989	2
1988	3
1987	4

同样地，其他日历年度的赔付额或累积赔付额对应于三角形中的其他斜边。当对通货膨胀做调整时，我们要考虑每一年的支付额，而不是累积额。第一步是根据累积总额计算增加的支付总额，即各行之间的差。我们在上一节中做过相同的工作，我们可以将表 22 - 23 与表 22 - 12 比较一下。

表 22 - 23 给出了对应于表 22 - 1 的增长的赔付额。

表 22 - 23　　对应表 22 - 1 的增长的赔付额

承保年度	各延期年度的损失赔付额				
	0	1	2	3	4
1987	786	624	806	224	79
1988	904	671	940	281	
1989	995	819	1 066		
1990	1 220	922			
1991	1 182				

假设年通货膨胀率如表 22 - 24 所示：

表 22 - 24 年通货膨胀率

1988	5.1%
1989	6.4%
1990	7.3%
1991	5.4%

这些比率是在每年 6 月 30 日计算好的。假设赔付均匀地在每一年中发生。我们现在可以计算一个指标来将过去的所有支付额都转化为 1991 年的价格。表 22 - 25 给出了用于调整通货膨胀的指标值：

表 22 - 25 用于调整通货膨胀的指标值

承保年度	各延期年度				
	0	1	2	3	4
1987	1.265	1.203	1.131	1.054	1.000
1988	1.203	1.131	1.054	1.000	
1989	1.131	1.054	1.000		
1990	1.054	1.000			
1991	1.000				

我们现在可以用通货膨胀因子（见表 22 - 25）来调整赔付数据（见表 22 - 23），我们通过简单地逐项相乘来完成。表 22 - 26 给出了经过通货膨胀因子调整的增长的赔付额。

表 22 - 26 经过通货膨胀因子调整的增长的赔付额

承保年度	各延期年度				
	0	1	2	3	4
1987	994	751	912	236	79
1988	1 088	759	991	281	
1989	1 125	863	1 066		
1990	1 286	992			
1991	1 182				

我们现在可以直接地给出一个经过通货膨胀因子调整的累积赔付额表了，对这个我们可以直接应用链梯技术。

例 22 - 4

用“链梯”技术对表 22 - 27 进行未来赔付额的预测。

解：递推因子为：

(1 745 + 1 847 + 1 988 + 2 208)/(994 + 1 088 + 1 125 + 1 286) = 1.733

(2 657 + 2 838 + 3 054)/(1 745 + 1 847 + 1 988) = 1.532

(2 893 + 3 119)/(2 657 + 2 838) = 1.094

表 22 - 27　　各延期年度的累积赔付额

承保年度	各延期年度的累积赔付额				
	0	1	2	3	4
1987	994	1 754	2 657	2 893	2 972
1988	1 088	1 847	2 838	3 119	
1989	1 125	1 988	3 054		
1990	1 286	2 208			
1991	1 182				

2 972/2 893 = 1.027

表 22 - 28 给出了累积赔付额的预测。

表 22 - 28　　累积赔付额的预测

承保年度	各延期年度的累积赔付额			
	1	2	3	4
1988				3 203
1989			3 341	3 431
1990		3 383	3 701	3 801
1991	2 048	3 138	3 433	3 526

二、对未来通货膨胀的调整

表 22 - 28 给出的累积赔付额的预测值并未考虑未来的通货膨胀。为了预测实际支付额，我们将假设未来的通货膨胀水平。再一次，有必要使用赔付额而不是累积赔付额。探讨未来通货膨胀的方法与处理过去的通货膨胀的方法类似。

例 22 - 5

计算表 22 - 28 中的数据，给出累积总额的预测。假设未来通货膨胀率恒为 10%（在 6 月 30 日）。

解： 用于调整未来通货膨胀的因子给出如表 22 - 29 所示。

表 22 - 29　　用于调整未来通货膨胀的因子

承保年度	各延期年度			
	1	2	3	4
1988				1.100
1989			1.100	1.210
1990		1.100	1.210	1.331
1991	1.100	1.210	1.331	1.464

增长的赔付额的预测值（未经通货膨胀调整），具体如表 22 - 30 所示。这些是在表

22－28 中可以找到的。

表 22－30　　增长的赔付额的预测值（未经通货膨胀调整）

承保年度	各延期年度			
	1	2	3	4
1988				84
1989			287	90
1990		1 175	318	100
1991	866	1 090	295	93

现在我们可以把这些预测值和表 22－29 中的通货膨胀因子乘起来，具体如表 22－31 所示。

表 22－31　　预测值和通货膨胀因子相乘

承保年度	各延期年度			
	1	2	3	4
1988				92
1989			316	109
1990		1 293	385	133
1991	953	1 319	393	136

表 22－31 中给出的增长的赔付的预测值，现在可以用来计算累积的链式（Chains）预测值，得出结果具体如表 22－32 所示，可以将之与表 22－6 中的预测值相比较。

表 22－32　　累积的链式预测值

承保年度	各延期年度			
	1	2	3	4
1988				3 211
1989			3 370	3 479
1990		3 501	3 886	4 019
1991	2 135	3 454	3 847	3 983

三、分离技术（The separation technique）

前面，我们用假定的通货膨胀因子来调整数据。通货膨胀因子是一种外生变量，与赔付数据完全不同。然而，由于我们可以使用通货膨胀因子来使赔付数据受通货膨胀的影响更加明确，利用这些数据来进行估计判断将更具实用性。这就是分离技术的目的所在。附加通货膨胀因子的模型结构与“链梯”技术的内涵相同。在上一节中，递增赔付模型被定义为：U_iS_j。

这个模型构成"链梯"技术的基础，当我们加入了通货膨胀因子，我们就可以沿斜边来调整数据，就像下面这样在模型中编入一个参数：

$$U_i S_j \lambda_{i+j}$$

不要忘记这种模型是赔付额模型，而不是累积赔付额模型。

作为递增数据的纯粹的三角形可以被编写成如表 22－33 所示。

表 22－33　　　　作为递增数据的三角形（$U_i S_j \lambda_{i+j}$）

承保年度	各延期年度				
	0	1	2	3	4
1987	$U_0S_0\lambda_0$	$U_0S_1\lambda_0$	$U_0S_2\lambda_0$	$U_0S_3\lambda_0$	$U_0S_4\lambda_0$
1988	$U_1S_0\lambda_1$	$U_1S_1\lambda_1$	$U_1S_2\lambda_1$	$U_1S_3\lambda_1$	$U_1S_4\lambda_1$
1989	$U_2S_0\lambda_2$	$U_2S_1\lambda_2$	$U_2S_2\lambda_2$	$U_2S_3\lambda_2$	$U_2S_4\lambda_2$
1990	$U_3S_0\lambda_3$	$U_3S_1\lambda_3$	$U_3S_2\lambda_3$	$U_3S_3\lambda_3$	$U_3S_4\lambda_3$
1991	$U_4S_0\lambda_4$	$U_4S_1\lambda_4$	$U_4S_2\lambda_4$	$U_4S_3\lambda_4$	$U_4S_4\lambda_4$

当我们在使用通货膨胀因素调整"链梯"技术时，我们假设相应年度的通货膨胀因子为 λ_0，λ_1，λ_2，λ_3，λ_4。分离技术的目的是从数据中估计出这些参数。为了达到这个目的，有必要从模型中去掉另一套参数。要想知道这如何完成，我们可以看没有通货膨胀调整因素的第一个承保年度。模型参数是 U_0S_0，U_0S_1，U_0S_2，U_0S_3，U_0S_4。如果我们将各项求和（注意到这是一个赔付额模型），就可以得到全部赔付额。注意从我们所考虑的这几年数据中只能看到递推至最后一年的赔付额。在这种情况下，全部赔付额是指 4 个延期年度的全部赔付。虽然有很多根据趋势所做的预测不止 4 年，但那是另一个问题。现在将模型中的赔付额求和：

$$U_0S_0 + U_0S_1 + U_0S_2 + U_0S_3 + U_0S_4 = U_0(S_0 + S_1 + S_2 + S_3 + S_4) = U_0$$

这表明 U_0 代表在第一个承保年度业务的未来全部赔款。同样地，U_i 则代表在第 i 个承保年度业务的未来全部赔款。为了估计通货膨胀系数，我们必须将 U_i 从模型中去掉。这就需要做一个简单的假设。我们假设 U_i 是与在第 i 年度发生赔付的次数成比例的。很显然，赔付的发生次数事先是不知道的。然而，对于赔付次数的估计要比对全部赔付额的估计容易。这时，我们假设已经估计出每一年度的赔付次数。

例 22－6

我们再考虑一下表 22－19 中的数据，假设每个承保年度的赔付次数具体如表 22－34 所示：

表 22－34　　　　每承保年度的保费收入

承保年度	保费收入
1987	351
1988	387
1989	405
1990	452
1991	430

每次赔付的平均支付额可以从表 22 –23 的数据里划分这些赔付次灵敏中获得，表 22 –35 给出平均赔付支付。

表 22 –35　　各延期年度平均赔付支付

承保年度	各延期年度				
	0	1	2	3	4
1987	2.239	1.778	2.296	0.638	0.225
1988	2.336	1.734	2.429	0.726	
1989	2.457	2.022	2.632		
1990	2.699	2.040			
1991	2.749				

现在我们探讨如何利用分离技术来估计参数。我们将从观察模型开始，探讨这种估计产生的过程。下面我们将介绍一个简单的算法。

模型可被显示成如表 22 –36 所示。注意我们已经省略了与赔付额和赔付次数有关的常数，因为它在所有条件下都相同，在表 22 –35 的数据中，模型给出了平均赔付数目。

表 22 –36　　平均赔付数目模型

承保年度	各延期年度				
	0	1	2	3	4
1987	$S_0\lambda_0$	$S_1\lambda_1$	$S_2\lambda_2$	$S_3\lambda_3$	$S_4\lambda_4$
1988	$S_0\lambda_1$	$S_1\lambda_2$	$S_2\lambda_3$	$S_3\lambda_4$	
1989	$S_0\lambda_2$	$S_1\lambda_3$	$S_2\lambda_4$		
1990	$S_0\lambda_3$	$S_1\lambda_4$			
1991	$S_0\lambda_4$				

考虑斜边方向的总和及各栏的总和。

斜边方向的总和：

$S_0\lambda_0$

$(S_0+S_1)\lambda_1$

$(S_0+S_1+S_2)\lambda_2$

$(S_0+S_1+S_2+S_3)\lambda_3$

$(S_0+S_1+S_2+S_3+S_4)\lambda_4$

各栏的总和：

$S_0(\lambda_0+\lambda_1+\lambda_2+\lambda_3+\lambda_4)$

$S_1(\lambda_1+\lambda_2+\lambda_3+\lambda_4)$

$S_2(\lambda_2+\lambda_3+\lambda_4)$

$S_3(\lambda_3+\lambda_4)$

$S_4\lambda_4$

由于：$S_0+S_1+S_2+S_3+S_4=1$

我们可以从数据中估计出最后一个斜边方向的总和等于 λ_4。

现在看最后一栏的总和。我们已经估计出 λ_4，所以我们可以利用该数据估计出 S_4。现在再看倒数第二个斜边方向上的总和，有：

$$S_0+S_1+S_2+S_3+S_4=1$$

即：

$$S_0+S_1+S_2+S_3=1-S_4。$$

我们已经估计出 S_4，所以我们可以用数据估计出 λ_3，现在我们可以看下一栏的总和并估计出 S_3……依此类推。下面，我们以例题来说明分离技术的全部过程。

例 22－7

使用分离技术计算例 22－6 中的数据。

解：斜边方向上的总和为：

2.239，

4.114，

6.487，

7.788，

8.372

各栏总和：

12.480，

7.574，

7.357，

1.364，

0.225

从最后一个斜边方向上的总和估计出：

$$\hat{\lambda}_4=8.372$$

这里，^符号用于表示估计值。

从最后一栏总和可以估计出：

$$\hat{S}_4=\frac{0.225}{\hat{\lambda}_4}$$

从倒数第二个斜边方向上的总和可估计出：

$$\hat{\lambda}_3=\frac{7.788}{1-\hat{S}_4}$$

从倒数第二栏总和估计出：

$$\hat{S}_3=\frac{1.364}{8.004+8.372}=0.083$$

……

继续这个过程，注意：$S_0+S_1+S_2=1-S_3-S_4$。

具体计算如下所示：

$$\hat{\lambda}_2=\frac{6.487}{1-0.083-0.027}=7.289$$

$$\hat{S}_2=\frac{7.357}{7.289+8.004+8.372}=0.311$$

$$\hat{\lambda}_1=\frac{4.114}{1-0.083-0.027-0.311}=7.157$$

$$\hat{S}_1=\frac{7.574}{7.157+8.372+7.289+8.004+8.372}=0.246$$

$$\hat{\lambda}_0=\frac{2.239}{1-0.083-0.027-0.311-0.246}=6.724$$

$$\hat{S}_0=\frac{12.480}{6.724+7.157+8.372+7.289+8.004+8.372}=0.332$$

核对一下 $\hat{S}_0+\hat{S}_1+\hat{S}_2+\hat{S}_3+\hat{S}_4=1$ 是很有帮助的。在这个例子中，由于近似计算的原因，相加的结果为0.999。利用计算机采用更精确的计算过程可以更正此结果。就我们的目的来说，我们将接受这种近似计算带来的误差。当然，我们利用这些数字来估计未来赔付时，很小的近似误差是可以接受的。

现在我们可以用估计的参数来预测一个“相应”数值的表。这些赔付数额使用了估计的参数值。表 22－37 中列出了乘以赔付次数前的模型下的相应数值。

表 22－37　　以估计的参数预测的值

承保年度	各延期年度				
	0	1	2	3	4
1987	2.232	1.760	2.267	0.664	0.226
1988	2.376	1.793	2.489	0.695	
1989	2.420	1.969	2.604		
1990	2.657	2.060			
1991	2.780				

就像第一、二、三节中我们所做的那样，我们可以比较表 22－37 和表 22－35，估计一下模型与数据的相符程度。

估计了参数值后，我们现在需要预测一下未来赔付额。换句话说，我们需要根据趋势预测下三角形。不巧的是，我们所估计的参数不足以进行预测。我们需要 λ_5、λ_6、λ_7、λ_8四个值。未来赔付额的三角模型可以如表 22－38 所示。

由于我们没有直接的数据，我们所做的是观察 λ 模型，并尽量根据趋势预测。λ 的估计值可以被转变成为一系列的赔付通货膨胀数据，这些可能更容易递推。

表 22－38　　未来赔付额的三角模型

承保年度	各延期年度				
	0	1	2	3	4
1988					$S_4\lambda_5$
1989				$S_3\lambda_5$	$S_4\lambda_6$
1990			$S_2\lambda_5$	$S_3\lambda_6$	$S_4\lambda_7$
1991		$S_1\lambda_5$	$S_2\lambda_6$	$S_3\lambda_7$	$S_4\lambda_8$

例 22－8

由例 22－7 中导出的参数估计值是：

$$\hat{\lambda}_0=6.724,\ \hat{\lambda}_1=7.157,\ \hat{\lambda}_2=7.289,\ \hat{\lambda}_3=8.004,\ \hat{\lambda}_4=8.372$$

把这些变为年赔付通货膨胀率序列，并扩展此序列来预测到 λ_8。

解：通货膨胀率可以通过相连的参数比率取得（见表 22－39）。

表 22－39　　年赔付通货膨胀率的参数比率

$\hat{\lambda}_0$	6.724	
$\hat{\lambda}_1$	7.157	1.064
$\hat{\lambda}_2$	7.289	1.018
$\hat{\lambda}_3$	8.004	1.098
$\hat{\lambda}_4$	8.372	1.046

这样，赔付通货膨胀率变化范围从 1.8% 到 9.8%，我们假定未来的膨胀率为 5.5%，这大约为上述通货膨胀率的平均值。我们可以根据估计值使用其他通货膨胀率进行估计。通过相连年份乘以 1.055，我们可以得到所需的预测参数如表 22－40 所示：

表 22－40　　预测参数序列

$\hat{\lambda}_4$	8.372
$\hat{\lambda}_5$	8.832
$\hat{\lambda}_6$	9.318
$\hat{\lambda}_7$	9.813
$\hat{\lambda}_8$	10.371

例 22－9

利用例 22－8 中预测的参数推测未来赔付额。

解：表 22－38 中包含了未来赔付额的模型，估计参数值为：

$$\hat{S}_1=0.246$$

$$\hat{S}_2=0.311$$

$$\hat{S}_3 = 0.083$$

$$\hat{S}_4 = 0.027$$

我们还可以用例 22 -8 中的预测值，做出以下估计（见表 22 -41）：

表 22 -41　　预测值预计

承保年度	各延期年度				
	0	1	2	3	4
1988					0. 238
1989				0. 733	0. 252
1990			2. 747	0. 773	0. 265
1991		2. 173	2. 898	0. 816	0. 280

最后，我们可以乘上例 22 -6 中所给的赔付次数获得未来赔付额的预测值（见表 22 -42）。

表 22 -42　　未来赔付额的预测值

承保年度	各延期年度				
	0	1	2	3	4
1988					92
1989				297	102
1990			1 242	349	120
1991		934	1 246	351	120

第三部分　一元生命保险与年金

第二十三章

生存模型

第一节　简单生存模型

一、生存状况与生存模型

通常来讲，我们把寿险公司出售的合同称为寿险保单。按寿险保单的约定，保险人（即寿险公司）将根据被保险人在约定时间内的生存或死亡决定是否给付保险金。

例如，我们考虑一个 30 岁的人购买一份期限为 10 年的生存保险，保额为 10 000 元。也就是说，如果他活到 40 岁，将得到 10 000 元的保险金；如果他在 10 年内死亡，保险公司不会有任何给付。

这种只有在特定事件发生时才给付保险金的情况称作条件支付，其最重要特征就是其发生的不确定性。例如，一个人的未来生存时间即是不确定的。

既然被保险人在未来某个时期的生死是一个不确定性事件，那么对这个不确定性事件的研究就是寿险精算中最重要的工作之一，它决定着保险金的给付与否。

从数学的角度来讲，生存状况是一个简单的过程。这个过程有如下特征：

（1）存在两种状态：生存和死亡。

（2）具体的某一个人——经常称作生命个体——可被划分为生存者或死亡者，也就是说，我们可以说出他们所处的状态。

（3）生命个体将从“生存”状态转移到“死亡”状态，但不能相反。

（4）任何个体的未来生存时间都是未知的，所以我们应从生存或死亡概率的探讨而着手生存状况的研究。

生存模型就是对此过程建立的一个数学模型，用数学公式进行清晰地刻画，从而对死亡率的问题做出了一些解释。下面就是生存模型可以回答的几个问题的例子：

- 一个 45 岁的人在下一年中死亡的概率是多少？
- 假若有 1000 个 45 岁的人，那么他们中有多少人可能在下一年内死亡？
- 如果某个 45 岁的男性公民，在投保了一个 10 年定期的某种人寿保险，那么应该向他收多少保费？

- 一个45岁男性公民将可能继续生存的年数？
- 由许多45岁的男性公民组成的一组人，其死亡概率分布是怎样的？
- 一些特定因素（如一天吸50根烟）对于45岁男性公民的未来生存时间的影响是怎样的？

以上这些问题都是从概率和统计角度阐述的，是根据过去的统计资料所做的估计和预测，因为死亡率不是一个确定的常量。

二、新生婴儿的未来生存时间

一个刚刚出生的个体（0岁），其未来生存时间（或称存活时间）可以作为一个随机变量，我们用 T_0 表示。T_0 代表一个0岁的人未来生存的时间，也就是他的寿命。T_0 经常以年来计量。

我们经常假定 T_0 是一个连续随机变量，T_0 可以取任何比0大的值。

我们用 $P[A]$ 表示事件 A 发生的概率。

我们定义随机变量 T_0 的分布函数 $F_0(t)$ 为：

$$F_0(t)=P[T_0\leqslant t] \qquad (23-1)$$

依定义，$F_0(t)$ 是一个整好0岁的人不晚于 t 岁死亡的概率。

另一个互补性的概率也是经常用的，即一个0岁的人在 t 岁之后死亡的概率，也就是他的未来生存时间超过 t 年的概率，我们记作 $S_0(t)$，称为生存函数或生存分布，即：

$$S_0(t)=P[T_0>t]=1-F_0(t) \qquad (23-2)$$

例如，一个0岁的人在50岁之后死亡的概率为：

$$P[T_0>50]=S_0(50)$$

在60岁之前死亡的概率为：

$$P[T_0\leqslant 60]=F_0(60)$$

50岁到60岁之间死亡的概率为：

$$P[50<T_0\leqslant 60]=F_0(60)-F_0(50)$$

三、年龄为 x 岁 $(x>0)$ 的人的未来生存时间

我们已定义了生存时间分布 $F_0(t)$ 是一个新生个体（定义为0）随机未来生存时间的分布函数，我们考虑一些年龄为 x 岁 $(x>0)$ 的人。我们可以同样的方式将一个年龄已为 x 岁的人的未来生存时间定义为一个随机变量 T_x。

$$T_x=\text{一个 } x \text{ 岁的人将来继续生存的时间}$$

例如，假设我们考虑一个30岁的人，假设他将在52.5岁死亡。那么，对于这个人，T_{30} 的值为22.5。在这里，重要的是意识到 T_x 是一个 x 岁的人将来继续生存的时间，这比知道一个 x 岁的人死亡的年龄更为重要。

随机变量 T_x 的分布函数记作 $F_x(t)$，因此：

$$F_x(t) = P[T_x \leqslant t] \tag{23-3}$$

类似地，我们定义一个 x 岁的人在 t 年之后死亡的概率，也就是其未来生存时间超过 t 年的概率，我们记作 $S_x(t)$，称为生存函数或生存分布，即：

$$S_x(t) = P[T_x > t] = 1 - F_x(t) \tag{23-4}$$

事实上，分布 $F_0(t)$ 和 $F_x(t)$ 之间是有联系的，如果我们知道0 岁的人（即新生个体）的生存时间分布 $F_0(t)$，我们也就能知道所有年龄 $x>0$ 的人的生存时间分布。

为了说明这一问题，让我们再仔细看一下 T_x 的定义。它是一个 x 岁的人将来可继续生存的时间，以他已生存了 x 岁为条件。

回忆一下条件概率的定义。假设两个事件 A 和 B，在 B 已发生条件下的概率是：

$$P[A|B] = \frac{P[AB]}{P[B]}$$

因此，对所有年龄 $x>0$ 的人，假设我们知道 $F_0(t)$，则：

$$\begin{aligned} F_x(t) &= P[T_0 \leqslant x+t | T_0 > x] \\ &= \frac{P[x < T_0 \leqslant x+t]}{P[T_0 > x]} \\ &= \frac{F_0(x+t) - F_0(x)}{1 - F_0(x)} \end{aligned} \tag{23-5}$$

生存函数也有类似的表达式，并且这种表示用得更多。

$$\begin{aligned} S_x(t) &= P[T_0 > x+t | T_0 > x] \\ &= \frac{P[T_0 > x+t]}{P[T_0 > x]} \\ &= \frac{S_0(x+t)}{S_0(x)} \end{aligned} \tag{23-6}$$

这有更引人注意的直观解释。如果我们把它重新写成：

$$S_0(x+t) = S_0(x) \times S_x(t) \tag{23-7}$$

我们可以把上式右边的结果解释为0 岁的人生存到 x 岁的生存概率与一个已经活到 x 岁的人再生存到 $x+t$ 岁的条件概率的乘积。这是一个重要的结果——我们将重复使用它。

容易证明，对于 t，当 $u \geqslant 0$ 时，

$$S_x(t+u) = S_x(t) \times S_{x+t}(u) = S_x(u) \times S_{x+u}(t) \tag{23-8}$$

四、未来生存时间的密度函数

（一）未来一年的生存与死亡概率（p_x 和 q_x）

精算界已设计了一些国际标准符号，包括世界公认的生存和死亡概率符号。

定义：

$$p_x = S_x(1) = P[T_x > 1] \tag{23-9}$$

$$q_x = F_x(1) = P[T_x \leqslant 1] \tag{23-10}$$

显然，p_x 表示一个 x 岁的人在 $x+1$ 岁仍然生存的概率；q_x 表示一个 x 岁的人在未来

一年内死亡的概率。很明显，

$$p_x = 1 - q_x \tag{23-11}$$

q_x 被称作死亡概率，不严格地讲，它用来度量 x 岁到 $x+1$ 岁之间死亡的比率，但不要忽略一个事实——它是用概率来定义的。

这些符号很有用的一个原因是整数年龄的 q_x 的数值常常用表格形式列出。其中有生命偶然事件的概率和其他相关数字的表格称作生命表。本书后的附表中既有英国 12 号（男性）生命表、英国 A1967～1970 生命表等例子。

（二）未来任意期限内的生存与死亡概率

符号 p_x 与 q_x 可以扩展到不只限于 1 年的死亡与生存概率。

定义：

$${}_tp_x = S_x(t) = P[T_x > t] \tag{23-12}$$

$${}_tq_x = F_x(t) = P[T_x \leqslant t] \tag{23-13}$$

即，${}_tp_x$ 表示 x 岁的人在 $x+t$ 岁时仍然生存的概率；${}_tq_x$ 表示 x 岁的人在未来 t 年中死亡的概率。显然，

$${}_tp_x = 1 - {}_tq_x \tag{23-14}$$

注意，p_x 和 q_x 是${}_tp_x$ 和${}_tq_x$ 的特殊形式，

$$p_x = {}_1p_x$$

$$q_x = {}_1q_x$$

回想一下之前的结论：

$$S_x(t+u) = S_x(t) \times S_{x+t}(u) = S_x(u) \times S_{x+u}(t)$$

用精算符号，可以表示为：

$${}_{t+u}p_x = {}_tp_x \times {}_up_{x+t} = {}_up_x \times {}_tp_{x+u} \tag{23-15}$$

容易理解：

$${}_{t+u}q_x = 1 - (1 - {}_uq_x)(1 - {}_tq_{x+u}) \tag{23-16}$$

注意：等式${}_{t+u}q_x = {}_uq_x \times {}_tq_{x+u}$是不成立的，用这结果代替公式（23－16）是错误的。

五、未来生存时间的密度函数

既然未来生存时间是一个随机变量，其密度函数就显得尤为重要。我们用 $f_x(t)$ 表示 T_x 的密度函数，也就是：

$$f_x(t) = \frac{d}{dt}F_x(t) \tag{23-17}$$

第二节　死亡力

一、死亡力的概念

死亡力是从生存模型中获得的最重要的数据，这是生存问题研究中一个基本概念。

死亡力通常被统计学家称为危险率，在本书中，死亡力和危险率的意思是相同的。我们将一个生命在 x 岁（$0\leqslant x\leqslant w$）的人的死亡力记作 μ_x，定义为：

$$\mu_x=\lim_{h\to 0^+}\left\{\frac{1}{h}\times P[T_0\leqslant x+h\mid T_0>x]\right\} \tag{23-18}$$

我们假定式中的极限总是存在的。

这个表达式中的概率是一个条件概率：活到 x 岁的人在一个很少时间间隔 h 内死亡的概率。把这个条件概率以长度为 h 时间单位加以分割（如年龄年），这样当 h 趋于 0 时，整个表达式有意义。括号中的表达式是在一个很小的时间间隔，即每单位时间死亡的概率。

直观地看，从 μ_x 的定义中可以理解，如果 h 很小，μ_x 近似等于：

$$\frac{1}{h}\times P[T_0\leqslant x+h\mid T_0>x]$$

因此，对于很小的 h，$h\mu_x$ 近似看作一个活到 x 岁的人在一个很少的时间间隔，$(x,x+h)$ 死亡的概率。也就是说：

$$h\mu_x\approx {}_hq_x$$

二、关于死亡力的一个重要公式

从以上所给定义，我们可以得到关于死亡力的一个简捷公式：

$$\begin{aligned}\mu_x&=\lim_{h\to 0^+}\left\{\frac{1}{h}\times P[T_0\leqslant x+h\mid T_0>x]\right\}\\&=\lim_{h\to 0^+}\left\{\frac{1}{h}\times\frac{F_0(x+h)-F_0(x)}{1-F_0(x)}\right\}\\&=\frac{1}{1-F_0(x)}\times\frac{d}{dx}F_0(x) \qquad (23-19)\\&=\frac{-1}{S_0(x)}\times\frac{d}{dx}S_0(x) \qquad (23-20)\end{aligned}$$

我们假设 $F_0(t)$、$F_x(t)$、$S_0(t)$、$S_x(t)$ 都是关于 t 的可微函数。

三、死亡力与未来生存时间的分布函数，密度函数之间的关系

死亡力与未来生存时间的分布函数，密度函数之间的关系是生存模型中最为重要的关系，我们可以通过有关的概念和性质得出它们之间的表达式。

根据 $f_x(t)=\frac{d}{dt}F_x(t)$

$$\begin{aligned}f_x(t)&=\frac{d}{dt}P[T_x\leqslant t]\\&=\lim_{h\to 0^+}\frac{1}{h}\times\{P[T_x\leqslant t+h]-P[T_x\leqslant t]\}\\&=\lim_{h\to 0^+}\frac{P[T\leqslant x+t+h\mid T>x]-P[T\leqslant x+t\mid T>x]}{h}\end{aligned}$$

$$= \lim_{h \to 0^+} \frac{P[T \leqslant x+t+h] - P[T \leqslant x] - P[T \leqslant x+t] + P[T \leqslant x]}{S(x) \times h}$$

$$= \lim_{h \to 0^+} \frac{P[T \leqslant x+t+h] - P[T \leqslant x+t]}{S(x) \times h} \qquad (23-21)$$

同时乘以和除以 $S(x+t)$ 得到：

$$f_x(t) = \frac{S(x+t)}{S(x)} \lim_{h \to 0^+} \frac{1}{h} \frac{P[T \leqslant x+t+h] - P[T \leqslant x+t]}{S(x+t)}$$

$$= S_x(t) \times \lim_{h \to 0^+} \frac{1}{h} P[T \leqslant x+t+h \mid T > x+t]$$

$$= S_x(t) \times \mu_{x+t} \qquad (23-22)$$

或者，用精算符号表示，对 0 到 w 间的某一年龄 x：

$$f_x(t) = {}_tp_x \times \mu_{x+t} \qquad 0 \leqslant t \leqslant w-x \qquad (23-23)$$

这是生存模型的最重要的一个结果。

四、两个重要公式

本节的最后，我们探讨一下死亡概率、生存概率与死亡力的两个重要公式。

（一）${}_tq_x$ 的公式

根据密度函数的上述表达式，我们可以很容易地写出从死亡力 μ_{x+t} 的角度来探讨 ${}_tq_x$ 的公式：

$${}_tq_x = F_x(t) = \int_0^t f_x(s)ds = \int_0^1 {}_sp_x \times \mu_{x+s} ds \qquad (23-24)$$

这是一个非常有用的公式。特别地，当 $t=1$ 时，有：

$$q_x = \int_0^1 {}_sp_x \times \mu_{x+s} ds \qquad (23-25)$$

它是一个简单的直观说明：${}_sp_x \times \mu_{x+s} ds$ 是（近似地）一个 x 岁的人生存到 $x+s$ 岁，并在一个很短的时间间隔 ds 里死亡的概率。这个定积分因此是这个人在 x 岁到 $x+1$ 岁之间任意一给定时刻死亡的概率的加总。这些事件当然都是独立的，所以我们把它们的概率加起来得到总的概率 q_x。

（二）${}_tp_x$ 的公式

由公式（23－20），我们有：

$$\mu_s = \frac{-({}_sp_0)'}{{}_sp_0}$$

即：

$$\mu_s = \frac{-d}{ds} \log({}_sp_0)$$

因此，

$$\int_x^{x+t} \mu_s ds = -\int_x^{x+t} \frac{d}{ds} \log({}_sp_0) ds$$

所以，

$$-\int_{x}^{x+t}\mu_s ds = [\log({}_s p_0)]_{x}^{x+t}$$
$$= \log({}_{x+t}p_0) - \log({}_x p_0)$$
$$= \log(\frac{{}_{x+t}p_0}{{}_x p_0})$$
$$= \log({}_t p_x)$$

因此，我们有另一个重要公式：

$${}_t p_x = \exp(-\int_{x}^{x+t}\mu_s ds) \qquad (23-26)$$

第三节 生命期望值

一、完全生命期望值

随机变量 T_x 的数学期望值叫作 x 岁的人的完全生命期望值，又称平均余命，用 $\mathring{e}_x$ 表示，即：

$$\mathring{e}_x = E[T_x]$$
$$= \int_{0}^{w-x} t \times {}_t p_x \mu_{x+t} dt$$
$$= \int_{0}^{w-x} t f_x(t) dt$$
$$= \int_{0}^{w-x} t\left(\frac{-\partial}{\partial t}{}_t p_x\right) dt$$
$$= -(t \times {}_t p_x) \mid_{0}^{w-x} + \int_{0}^{w-x} {}_t p_x dt \qquad (分部积分)$$
$$= \int_{0}^{w-x} {}_t p_x dt \qquad (23-27)$$

平均余命经常被用来衡量总体死亡率高低。例如，通常用新生儿的平均余命来比较不同国家的生活水平和保健水平。

二、简单（整数化）未来生存时间 K_x

以上将 $\mathring{e}_x$ 作为完全生命期望值的原因，是为了把它与另一个量——简单（整数化）生命期望值区分开来。完全生命期望值是未来生存时间的期望值，简单（整数化）生命期望值是简单未来生存时间或称整数化未来生存时间的期望值。我们定义如下：

一个 x 岁的人的简单未来生存时间，是完全未来生存时间的整数部分，或称整数化未来生存时间，用 K_x 表示。

从现在起，我们常常把未来生存时间称为完全未来生存时间，以区别于简单未来生存时间。

显然，简单未来生存时间就是对不足一年的生存时间忽略不计。这是一个有用的概念，因为一些由寿险公司签订的合同仅保证在每年签合同的周年日偿付。例如，一个寿险合同将在死亡那年末给付保险金，或一个年金将在证明被保人还活着的前提下在每年末支付。这些意外事故依赖于简单（整数化）未来生存时间比依赖完全未来生存时间更多，因为我们所感兴趣的是在每年的间隔里，一个生命是处于生存还是死亡状态。之后将看到很多相关的例子。

注意：K_x是一个离散的随机变量，取值为整数 0，1，2，…

从 T_x 的密度函数，我们可得函数 K_x 的概率：

$$\begin{aligned} P[K_x = k] &= P[k \leqslant T_x < k+1] \\ &= F_x(k+1) - F_x(k) \\ &= {}_kp_x - {}_{k+1}p_x \\ &= {}_kp_x - {}_kp_x \times p_{x+k} \\ &= {}_kp_x(1 - p_{x+k}) \\ &= {}_kp_x \times q_{x+k} \end{aligned} \tag{23-28}$$

这是直观的显然事实——它是一个 x 岁的人活到 $x+k$ 岁，然后在下一年内死亡的概率。

三、简单（整数化）生命期望值 e_x

K_x 的数学期望值被叫作简单生命期望值，或者称为整数化生命期望值，记为 e_x。

$$\begin{aligned} e_x &= E[K_x] \\ &= \sum_{k=0}^{\infty} k \times P[K_x = k] \\ &= \sum_{k=0}^{\infty} k \times {}_kp_x \times q_{x+k} \\ &= \sum_{k=1}^{\infty} \sum_{j=k}^{\infty} P[K_x = j] \\ &= \sum_{k=1}^{\infty} P[T_x \geqslant k] \\ &= \sum_{k=1}^{\infty} {}_kp_x \end{aligned} \tag{23-29}$$

注意这里我们假设：

$$P[T_x \leqslant k] = P[T_x < k] = F_x(k)$$

这是一个合理的可做的假设，因为我们在前面已假设 $F_x(t)$是连续的。

简单（整数化）生命期望值这个名字有点误导。e_x 应该更精确地被叫作简单（整数化）未来生存时间的期望值。然而，第一个名字已成习惯，所以一般就接受了这种叫法。不要掉入陷阱，误认 e_x 是 $\mathring{e}_x$ 的整数部分——它不是。事实上，当我们近似地把某个年龄死亡的人的死亡时间看作是均匀分布的时候，有：

$$\mathring{e}_x \approx e_x + \frac{1}{2} \tag{23-30}$$

四、未来生存时间和简单未来生存时间的方差

根据定义，我们容易写出随机变量 T_x 和 K_x 的方差如下：

$$Var[T_x] = \int_0^{w-x} t^2 \times {}_tp_x \mu_{x+t} dt - \mathring{e}_x^2$$

$$Var[K_x] = \sum_{k=0}^{[w-x]} k^2 \times {}_kp_x \times q_{x+k} - e_x^2$$

但这两个公式不能如愿地更加简化。

第二十四章

生命表与疾病率表

第一节 生命表函数

一、生命表的概念

在精算应用中，我们用概率${}_tp_x$、${}_tq_x$ 可以进行许多计算，因此，用某种方法把这些函数列表是很有用的。然而，这将产生一个巨大的表。

生命表（life table）是用一个小表来表达所有有关概率的方法，表中各项内容均为年龄的函数。

生命表（life table）又称死亡表（mortality table），它是根据一定时期的特定国家（或地区）或特定人口群体（如寿险公司的全体被保险人、某企业的全体员工）的有关生存状况统计资料，编制成的统计表。生命表在有关人口的理论研究、某地区或某人口群体的新增人口与全体人口的测算、社会经济政策的制定、寿险公司的保险费以及责任准备金的计算等方面都有着极为重要的作用。

通过生命表可以得到任意年龄的人在任何期限内的生存概率、死亡概率等相关数据。

生命表定义的关键是：

$$
{}_{t+s}p_x = {}_tp_x \times {}_sp_{x+t} = {}_sp_x \times {}_tp_{x+s}
$$

假设已知一个特定的生存模型的所有概率，与这个模型相应的生命表主要是由以下数据构成：l_x、d_x、q_x、$\overset{o}{e}_x$、e_x，等等。在此之前，我们已经定义了 q_x、$\overset{o}{e}_x$、e_x，等等，下面将定义其余的函数。

二、l_x 函数

生命表中最重要也是最基本的数据是 l_x，我们将之设计为表达其他一切相关变量数据的基础。

选择一个开始年龄，它将是表中的最低年龄，我们将最低年龄记为 α。α 的选择经常取决于能够得到的数据，特殊情况下 α 可以是 0，但这不是必需的。任意选择一个正数，

用 l_α表示，称为生命表的基数。例如，在研究养老金领取人的死亡率时，通常不观测小于50岁的人，因此，在代表养老金领取人死亡率的生命表中，50岁可能是 α 的合适选择。

对于 $\alpha \leqslant x \leqslant w$，$l_x$ 被定义为：

$$l_x = l_\alpha \times {}_{x-\alpha}p_\alpha \qquad (24-1)$$

我们假设概率${}_{x-\alpha}p_\alpha$ 已知，显然 $l_w = 0$。

例如，在中国人寿保险业经验生命表中，$\alpha = 0$，$l_\alpha = 1\ 000\ 000$；在英国第12号（男性）生命表中，$\alpha = 0$，$l_\alpha = 100\ 000$；在英国 A1967 ~ 1970 生命表中 $\alpha = 0$，$l_\alpha = 34\ 489.000$。

针对不同的生存模型，常见的生命表的开始年龄 α 为0岁、15岁、18岁、55岁等等，而 l_α 通常为100 000，也有1 000 000或其他数额的情况。

至此，我们知道，

$$\frac{l_{x+t}}{l_\alpha} \times \frac{l_\alpha}{l_x} = \frac{l_{x+t}}{l_x}$$

因此，如果我们知道函数 l_x，对 $\alpha \leqslant x \leqslant w$，我们可以找出任一概率${}_tp_x$ 或${}_tq_x$。

根据前面的内容，我们知道，当 $t > 0$ 时，且 $x \geqslant \alpha$ 时，

$${}_{x+t-\alpha}p_\alpha = {}_{x-\alpha}p_\alpha \times {}_tp_x$$

等式两边同乘以 l_α，根据生命表的定义可得：

$$l_{x+t} = l_x \times {}_tp_x \qquad (24-2)$$

移项后得到一个很重要的公式：

$${}_tp_x = \frac{l_{x+t}}{l_x} \qquad (24-3)$$

这个公式表示，如果知道了函数 l_x（只有一个变量 x，当 $x \geqslant \alpha$ 时），就可以知道这个生存模型，知道满足 $t > 0$ 且 $x \geqslant \alpha$ 的所有的${}_tp_x$，${}_tp_x$ 是一个含有两个变量的函数，从这些可以看出，一个生存模型仅由上面定义的生命表基本函数 l_x 来决定。至少对于大于等于 α 岁的年龄来说如此。因此，生存模型和生命表两个术语常常是同义的。

对于许多生存模型来说，超过某个年龄而继续生存被认为是不可能的，上述这种不可能超过的年龄中的最低者称为极限年龄，用 w 表示。因此，对任意的 x 和 t，当 $t \geqslant 0$ 且 $t \geqslant w - x$时，

$${}_tp_x = 0$$

所以，

$$l_y = 0\text{ ，当 } y \geqslant w \text{ 时}$$

要注意的一个重要问题是，虽然一个生命表确定唯一的一个生存模型，反过来说不一定正确，假如有两个生命表函数 l_x 和 l_x^*，并假设其中一个乘以一个不变的正数等于另外一个，换句话说就是，存在一个不变的正数 k，使得：

$$l_x = k l_x^*$$

则这两个生命表决定同一个生存模型，这是因为：

$$ {}_tp_x = \frac{l_{x+t}}{l_x} = \frac{kl^*_{x+t}}{kl^*_x} = {}_tp^*_x $$

由此，从生存模型想到生命表的定义中，基数 l_α 的选择是任意的，就不会感到奇怪。

容易证明，生命表函数 l_x 对 x 来说是一个非负的且递减的函数。

前面给出了生命表基本函数 l_x 的定义，下面我们将给出一个对生命表的解释。

对于一个由生命表 l_x 确定的生存模型，假设某给定的数字 A 表示其中年龄为 x 岁的人数。于是对每个人而言，生存到 $x+t$ 岁的概率是${}_tp_x$（$=\frac{l_{x+t}}{l_x}$）。因此，活到 $x+t$ 岁的实际人数是一个随机变量，且服从参数为 A 和${}_tp_x$ 的二项分布。因此，活到 $x+t$ 岁的预期人数是 $A\times{}_tp_x=A\frac{l_{x+t}}{l_x}$。在非正式计算中，如果我们让 $A=l_x$，这个预期的生存人数就是 l_{x+t}。

这个解释在实践中是很有用的。在一个给定的生命表（生存模型）中，我们可以把 l_{x+t}当作 l_x 个 x 岁的人中活到 $x+t$ 岁的预期人数。

我们通过这种非正式的计算来得到这个解释的理由是，虽然 A 被假定为一个整数，l_x 却未必是整数，因此，严格来说，A 和 l_x 是不等的，而且这个对 l_x 的解释从数学上来说是不正确的，然而，上述的解释是很有用的，在本章及以后的章节中要用到它。

三、d_x 函数

对一个给定的生命表，函数被定义为：

$$ d_x = l_x - l_{x+1} \qquad (\text{当 } x \geqslant 0 \text{ 时}) \tag{24-4} $$

在上述等式两边同除以 l_x，得到：

$$ \frac{d_x}{l_x} = 1 - p_x = q_x \tag{24-5} $$

这是求 q_x 的一个常用公式。

注意 q_x 是 x 岁的人在 $x+1$ 岁前死亡的概率，我们可以像前一节那样同理给出一个（很不严谨的）解释：

我们可把 d_x 当作服从于一个给定的生命表中 l_x 个 x 岁的人中在 $x+1$ 岁前死亡的预期人数。

容易验证：

$$ l_x = \sum_{k=0}^{\infty} d_{x+k} \tag{24-6} $$

第二节　延期死亡概率和非整数年龄的生命表函数

一、延期死亡概率

这是 q_x 含义的一个推广。通常我们要讨论 x 岁的人在一些给定年龄间死亡的概率。

${}_{n|m}q_x$ 就是一个现在 x 岁的人在 $x+n$ 岁到 $x+n+m$ 岁间死亡的概率。${}_{n|m}q_x$ 读作“延期 n 年的 $m-q-x$”。

像所有精算符号一样，每当一个期间等于 1 年时，我们就把它从公式中省略了，省略的下标就被理解为 1，一个特殊的例子就是符号${}_{n|}q_x$，它的意思与${}_{n|1}q_x$ 相同，${}_{n|}q_x$ 表示一个现年 x 岁的人在第 $x+n$ 岁到 $x+n+1$ 岁间死亡的概率。这是一个经常使用的符号。

对于整数 n，${}_{n|}q_x$ 可以很容易地通过下面公式求出：

$$ {}_{n|}q_x=\frac{d_{x+n}}{l_x} \tag{24-7}$$

容易理解：

$$ {}_{n|m}q_x=\frac{l_{x+n}-l_{x+n+m}}{l_x} \tag{24-8}$$

回想简单未来生存时间 K_x 的定义，我们可以将函数 K_x 表示为延期死亡概率的形式：

$$P[K_x=k]={}_{k|}q_x$$

例 24-1

在某特定的人口群体中，所有年龄的死亡力为 0.025，计算：（1）新生婴儿生存至 5 岁的概率；（2）年龄为 10 岁的人在 12 岁前死亡的概率；（3）年龄为 5 岁的人在 10～12 岁死亡的概率；（4）新生婴儿的完全生命期望；（5）新生婴儿的简单生命期望。

解：（1）$ {}_5p_0=\exp(-\int_0^5 0.025dt)=e^{-0.125}=0.88250$

（2）$ {}_2q_{10}=1-{}_2p_{10}=1-\exp(-\int_0^2 0.025dt)=1-e^{-0.05}=0.04877$

（3）$ {}_{5|2}q_5={}_5p_5\times{}_2q_{10}=e^{-0.125}\times 0.04877=0.04304$

（4）$ \mathring{e}_x=\int_0^{\infty}{}_tp_0dt=\int_0^{\infty}e^{-0.025t}dt=\frac{1}{0.025}=40$

（5）$ e_x=\sum_{k=1}^{\infty}{}_kp_0=\sum_{k=1}^{\infty}e^{-0.025k}=\frac{e^{-0.025k}}{1-e^{-0.025}}=39.5$

二、非整数年龄的生命表函数

像 l_x、p_x 和 μ_x 这样的生命函数只列表给出整数年龄，但有时我们需要计算涉及非整数年龄或期间的概率，例如${}_{25}p_{37.5}$，一般可以通过两种方法进行近似计算。

在这两种情况下，假设能将所求概率中的年限分段，因此，只需近似计算年份即可。例如，可以把${}_3p_{55.5}$写作${}_{0.5}p_{55.5}\times{}_2p_{56}\times{}_{0.5}p_{58}$，中间项可以从生命表中查到，近似计算另外两项，只需考虑年份。

（一）一年内死亡时间均匀分布假设

第一种方法是假设在一年之内死亡时间服从均匀分布，即对整数 x 和 $0\leqslant t\leqslant 1$，函数${}_tp_x\mu_{x+t}$为常数。由于这是年龄为 x 的人的未来生存时间的密度函数。这个假设的意思是说，如果死亡发生在年龄 x 与 $x+1$ 之间，则死亡时间均匀分布在 x 与 $x+1$ 之间。我们称此假设为均匀分布假设。

令 $s=1$，由于，

$$ {}_{s}q_{x} = \int_{0}^{1} {}_{t}p_{x}\mu_{x+t}dt $$

得到：

$$ {}_{t}p_{x} \times \mu_{x+t} = q_{x} \tag{24-9} $$

因此，

$$ {}_{s}q_{x} = \int_{0}^{s} q_{x}dt = s \times q_{x} \tag{24-10} $$

有时，将公式（24－10）作为一年当中的死亡时间均匀分布假设的定义。q_x 可以从生命表中查到，可以用它来近似得到任意的${}_{s}q_{x}$ 或${}_{s}p_{x}(0\leqslant s\leqslant 1)$。

注意在上面的公式中必须是整数年龄 x，只能估计${}_{0.5}p_{58}$，而不能计算${}_{0.5}p_{55.5}$。

利用：

$$ {}_{t}p_{x} = {}_{s}p_{x} \times {}_{t-s}p_{x+s} $$

容易证明：对 $0\leqslant s<t<1$，

$$ {}_{t-s}p_{x+s} = \frac{1-t\times q_{x}}{1-s\times q_{x}} \tag{24-11} $$

令 $s=0.5$，$t=1$，可以用该结论估计出${}_{0.5}p_{55.5}$。

（二）死亡力为常数的假设

第二种近似方法假设死亡力为常数。即对于整数 x 和 $0\leqslant t\leqslant 1$，假设 $\mu_{x+t}=\mu=$ 常数。

由公式：

$$ {}_{t}p_{x} = \exp(-\int_{0}^{t}\mu_{x+s}ds) = e^{-t\mu} $$

可以找出所求的概率。首先查出 μ。

注意到：

$$ p_{x} = e^{-\mu} $$

因此，

$$ \mu = -\log p_{x} $$

p_x 可以从表中查出。

对 $0\leqslant s\leqslant t\leqslant 1$，有：

$$ {}_{t-s}p_{x+s} = \exp(-\int_{s}^{t}\mu_{x+r}dr) = e^{-(t-s)\mu} \tag{24-12} $$

第三节 选择表

一、生命表的种类

生命表一般分为国民生命表（national life table）和经验生命表（experience life table）

两大类。国民生命表是以全体国民或特定地区的人口生存状况统计资料编制成的，而经验表是人寿保险公司依据过去其承保的被保险人实际的生存状况统计资料编制的。由于国民生命表的资料来源于人口普查资料和抽样调查，其对象男女老幼、体质强弱均有；而人寿保险公司的被保险人，则一般要经过体检后合格者才予承保。因此，在同一时期内，国民生命的死亡率一般要高于经验表的死亡率。

国民生命表又可以分为完全生命表（complete life table）和简易生命表（abridged life table）。完全生命表是根据准确的人口普查资料，依年龄分别计算死亡率、生存率、平均余命等生命函数而编制的；简易生命表则采取每年的人口生存状况动态统计资料和人口抽样调查的资料，按年龄段（如5岁或10岁为一段）计算的死亡率、生存率、平均余命等生命函数。

经验生命表又可以分为终极表（ultimate table）、选择表（select table）、总合表（aggregate table）等。

终极表是指剔除了被保险人投保后5~15年的经验数据，根据被保险人最终的死亡率编制的生命表，也就是按照承保选择的影响消失后的死亡率来编制生命表。书后所附的中国人身保险业经验生命表即是终极生命表。

选择表是一种不同于终极表的生命表。在人寿保险的承保过程中，经过体检等选择的被保险人的死亡率等风险低于一般人口的风险，而且最近几年选择的被保险人的死亡率风险低于前些年选择的被保险人的死亡率风险，考虑到这种选择因素的影响之后编制的生命表称为选择表。后面我们将专门探讨选择表。

总合生命表是指不考虑保险契约有效后经过的年数，以整个保险期间为对象，根据不同年龄的被保险人的死亡率数据编制的生命表。

由于根据人寿保险的经验数据编制的生命表不适用于年金保险，寿险公司常常要为年金保险专门编制一份年金生命表。这主要是因为：购买年金保险的人一般都是身体健康的人，尤其在使用趸缴保费方式购买年金保险的情况下，年金受益人的死亡率低于人寿保险的被保险人，而且人寿保险的生命表对估计的死亡率做了高估。死亡率低于人寿保险公司的估测会增加人寿保险的安全系数，但对年金保险的影响却恰恰相反，必然导致寿险公司因年金保险而带来的亏损。也就是说，根据以往经验数据编制的年金生命表是不可靠的，因此，要结合预测的将来较低的死亡率来编制年金生命表。

另外，人寿保险所使用的生命表一般都是静态表，随着社会科技与经济的发展，死亡率逐步降低，要定期地用根据较近经验数据编制的静态表代替原来的静态表。我国在编制了“1990~1993”经验生命表之后，又分别编制了“2000~2003”经验生命表、“2010~2013”经验生命表，并分别替换了之前的生命表。通常，新的生命表会显示较低的死亡率。死亡率的持续降低趋势使人寿保险的死亡保险金给付时间推迟，保险公司可以从其资金运用取得额外利息，并收取额外保险费。然而，死亡时间推迟使年金保险的给付增加。由于经常地编制新的静态表需要大量费用，实际中经常使用年龄倒退法对死亡率进行调整，即使用原来的静态表中较低年龄的死亡率，如使用1~4年的年龄倒退。由于年金保险业务在人寿保险公司的业务中所占的比重越来越大，目前已普遍开始使用结合预测因素的生命表。

二、选择表

前面探讨的死亡率，我们已经实际上假定所有的同年龄的生命具有相同或相似的死亡率。在某些情况下，这是不符合实的。

在通常情况下，保险合同不卖给那些身体状况很差，在不久的将来有很大可能性死亡的人。其原因是被保险人可能知道他们的生存机会比平均水平差得多。

不健康的人和那些知道自己身体不好的人应当不允许以“一般”人相同的价格参加保险。

因此，保险公司在签发保单之前，会采取步骤以确保投保人有合理的身体状况。一般以提问的方式，或要求提交被保险人的医生出具的报告，或安排身体检查，来做到这一点。无论用哪种方法，结果都是那些通过体检获得保险合同的人比平均健康状况要好（“平均”健康包括那些被检测排斥的身体不好的人）。也就是说，在人寿保险的承包过程中，经过体检等选择的被保险人的死亡率等风险低于一般人口的风险，而且最近几年选择的被保险人的死亡率风险低于一般人口的因素会逐渐消失。

为了区别于终极表的数据符号，表达选择表数据的符号都在表示年龄的变量上加一个中括号，以区别于来源终极表的数据。

如${}_tq_{[x]+r}$表示投保时年龄为 x 的人，在已生存至 $x+r$ 岁后，他（或她）在 $x+r+t$ 岁前死亡的概率。

定义：

$${}_tp_{[x]+r}=1-{}_tq_{[x]+r}$$

如果 $t=1$，去掉前缀 t，即：

$$q_{[x]+r}={}_1q_{[x]+r}$$

$$p_{[x]+r}={}_1p_{[x]+r}$$

其他如${}_{n|m}q_x$ 的符号也可以用相同的方法扩展至选择表的数据符号。例如，${}_{n|m}q_{[x]+r}$ 表示投保时年龄为 x 岁的人，生存至 $x+r$ 岁的情况下，在 $x+r+n$ 岁到 $x+r+n+m$ 岁之间死亡的概率。

这里的 r 称为已承包时间、保龄或称持续期，当 $r=0$，我们忽略它，例如${}_tq_{[x]+0}$ 写作${}_tq_{[x]}$。

按前面所提及的，在被保险人投保后，随着时间的推移，其死亡率风险低于一般人口的因素会逐渐消失。我们现在假设承包时对死亡率选择的影响不会持续很久，即假设有一个持续期，即所谓的选择期 s（年），经过这段期间后，死亡率将不再取决于已承保时间，而仅与年龄有关。该假设即：对于选择期 s，有：

$${}_tq_{[x]+s}={}_tq_{[x-1]+s+1}={}_tq_{[x-2]+s+2}={}_tq_{x+s}=\cdots \tag{24-13}$$

对于终极表中的死亡率${}_tq_x$，有：

$${}_tq_x = {}_tq_{[x-r]+r} \text{对所有 } r \geqslant s \quad (24-14)$$

在英国，近几年通常选用的选择期为 1 年、2 年或 5 年，美国通常使用时间较长的选择期。

最后，我们按前面定义 l_x 函数的方式，定义选择表的函数。

我们同样选出最低年龄，记作 α。考虑任意的 $l_{[x]}$。令 r 表示整数持续期，则：

对于 $r<s$，定义：

$$l_{[\alpha]+r} = l_{[\alpha]} \times {}_rp_{[\alpha]}$$

对于 $r \geqslant s$，定义：

$$l_{\alpha+r} = l_{[\alpha]} \times {}_rp_{[\alpha]}$$

这构成了生命表中的终极表部分，及 $l_{[\alpha]}$，$l_{[\alpha]+1}$，…，$l_{[\alpha]+s-1}$。

对于任意整数 $x>\alpha$，我们可以根据：

$${}_rp_{[x]} = \frac{l_{[x]+r}}{l_{[x]}} \quad (24-15)$$

计算出 ${}_rp_{[x]}$ 的概率。因此，用这一关系定义 $l_{[x]+r}$：对任意整数持续期 $r=0$，1，……$s-1$，定义：

$$l_{[x]+r} = \frac{l_{x+s}}{{}_{s-r}p_{[x]+r}}$$

对所有选择表函数，可以用任意持续期 r，而不考虑 $r<s$ 或 $r \geqslant s$。我们可以在有关计算中利用关系式：

$$l_{[x-s]+s} = l_{[x-s-1]+s+1} = \cdots = l_x$$

我们现在定义：

$$d_{[x]+r} = l_{[x]+r} - l_{[x]+r+1} \quad (24-16)$$

由此，对于生命表函数的所有概率公式是用于选择表函数，例如：

$${}_tp_{[x]+r} = \frac{l_{[x]+r+t}}{l_{[x]+r}} \quad (24-17)$$

$$q_{[x]+r} = \frac{d_{[x]+r}}{l_{[x]+r}} \quad (24-18)$$

$${}_{n|m}q_{[x]+r} = \frac{l_{[x]+r+n} - l_{[x]+r+n+m}}{l_{[x]+r}} \quad (24-19)$$

$${}_{n|}q_{[x]+r} = \frac{d_{[x]+r+n}}{l_{[x]+r}} \quad (24-20)$$

$$l_{[x]+r} = d_{[x]+r} + d_{[x]+r+1} + d_{[x]+r+2} + \cdots \quad (24-21)$$

例 24-2

假设（1）整数年龄之间，采用死亡均匀分布假设；

（2）整数年龄之间，采用死亡力为常数的假设。

试依据 AM92 生命表的数据计算：

①${}_{0.5}q_{[56]+1}$；

②$_2p_{56.5}$；

③$\mu_{[57]+0.5}$；

④$_{2|1}q_{56.5}$。

解：（1）由题意，死亡均匀分布，所以有：

$$_tq_x = t \times q_x \qquad (0 \leqslant t \leqslant 1)$$

和

$$\mu_{x+t} = \frac{q_x}{1 - t \times q_x}$$

于是：

①$_{0.5}q_{[56]+1} = 0.5 \times q_{[56]+1}$
$= 0.5 \times 0.005507$
$= 0.0027535$

②$_2p_{56.5} = {}_{0.5}p_{56.5} \times p_{57} \times {}_{0.5}p_{58}$

$$= \frac{p_{56}}{1 - 0.5 \times q_{56}} \times (1 - q_{57}) \times (1 - 0.5 \times q_{58})$$

$= 0.9886953$

③$\mu_{[57]+0.5} = \dfrac{q_{[57]}}{1 - 0.5q_{[57]}} = 0.00417972$

④$_{2|1}q_{56.5} = {}_2p_{56.5} \times q_{58.5}$
$= {}_2p_{56.5} \times (1 - p_{58.5})$

$p_{58.5} = {}_{0.5}p_{58.5} \times {}_{0.5}p_{59}$

$$= \frac{1 - 0.006352}{1 - 0.5 \times 0.006352} \times (1 - 0.5 \times 0.007140)$$

$= 0.993255$

$_{2|1}q_{56.5} = 0.9886953 \times (1 - 0.993255)$
$= 0.0066687$

（2）由死亡力为常数，得：

$$\mu_x = -\log p_x = -\log(1 - q_x)$$

于是，有：

①$\mu_{[56]+1} = -\log p_{[56]+1} = -\log(1 - q_{[56]+1}) = 0.005522219$

所以$_{0.5}q_{[56]+1} = 1 - {}_{0.5}p_{[56]+1}$
$= 1 - e^{-0.5 \times 0.005522219}$
$= 0.002757301$

②$_2p_{56.5} = {}_{0.5}p_{56.5} \times p_{57} \times {}_{0.5}p_{58}$

$\mu_{56} = -\log(1 - q_{56}) = -\log(1 - 0.005025) = 0.0050377$

$\mu_{58} = -\log(1 - q_{58}) = -\log(1 - 0.006352) = 0.0063723$

所以$_2p_{56.5} = e^{-0.5 \times 0.005025} \times (1 - 0.005650) \times e^{-0.5 \times 0.0063723}$

$=0.98869$

③ $\mu_{[57]+0.5} = -\log(1-q_{[57]}) = 0.0041797$

④ ${}_{2|1}q_{56.5} = {}_{2}p_{56.5} \times q_{58.5}$

$=0.98869 \times (1 - e^{-0.5\times0.0063723} \times e^{-0.5\times0.00716561})$

$=0.006669866$

例 24－3

解释下列符号的意义，计算它们的值，假设死亡率来自 AM92 生命表。

（1）${}_{5}p_{[60]}$；

（2）${}_{2}q_{[48]+1}$；

（3）d_{57}；

（4）${}_{3|}q_{52}$。

解：（1）投保时年龄为 60 岁的人生存至 65 岁的概率，其值为：

$$\frac{l_{65}}{l_{[60]}} = 0.952296857$$

（2）投保时年龄为 48 岁，已生存至 49 岁的人，在 51 岁前死亡的概率，其值为：

$$\frac{l_{[48]+1} - l_{51}}{l_{[48]+1}} = 0.00467256$$

（3）年龄为 57 岁的人恰在 57～58 岁之间死亡的人数，表中数据为 53.4902。

（4）年龄为 52 岁的人，在 55～56 岁之间死亡的概率，其值为：

$$\frac{d_{55}}{l_{52}} = 0.004421499$$

第四节　死亡率的简单定律

将 q_x 或 μ_x 表示成为年龄 x 的函数，将会在很多地方显示出其重要作用。有两种简单而实用的表达方式，即：

gompertz 定律：　$\mu_x = B \times C^x$　（24－22）

makeham 定律：　$\mu_x = A + BC^x$　（24－23）

gompertz 定律是一个指数函数，是对于中年和老年的合理假设。makeham 定律包括一个常数项，又解释为意外死亡的调整，不依赖于年龄。

如果已知生命表服从 gompertz 定律，在给定某两个年龄的 μ_x 时，可以确定参数 B 和 C。如果已知生命表服从 makeham 定律，参数 A、B 和 C 也可以通过某三个年龄的 μ_x 值来确定。

我们可以利用：

$${}_{t}p_x = \exp\left(-\int_0^t \mu_{x+s}\,ds\right)$$

求出生命概率${}_tp_x$。

例：在 gompertz 定律情况下，

$$ {}_tp_x = g^{c^x(c^t-1)} $$

其中，

$$ g = \exp\left(\frac{-B}{\log C}\right) $$

在 makeham 定律下，

$$ {}_tp_x = S^t g^{c^x(c^t-1)} $$

其中，

$$ g = \exp\left(\frac{-B}{\log C}\right), S = \exp(-A) $$

第五节　国内外生命表状况简介

一、英国的生命表

英国的保险业历史悠久，生命表的发展也比较完备。其中，标准生命表的编制工作主要由“死亡率连续调查委员会”提供数据。该委员会是英国精算师学会和精算师协会的联合委员会。如 AM80、AM80（5）、AF80、TM80、PML80、PMA80、PFL80、PFA80、IM80、IF80、WL80、WA80、ELT12、ELT14 等等，都是英国的生命表。我们举例简单介绍几个：

（1）英国系列生命表（the English life table）。英格兰和威尔士每 10 年做一次人口调查和分析，调查和分析近 3 年的人口生存状况资料。调查的数据编制成各类生命表和人口变化（趋势）报告。最近一次是 1987 年发布的根据 1980 ~ 1982 年的资料编制的英国系列生命表第 14 号（the English life table No. 14），又称第 14 号生命表，即 ELT14。

（2）年金保险专用生命表 a（55）。这是为计算年金保险而编制的生命表，表中只涉及 60 岁以上的人口生存、死亡概率及死亡力、平均余命、换算函数等数据，包括男性与女性、终极表与选择表。年金保险专用生命表的死亡率低于一般人口，这些数据使年金保险对寿险公司来说，风险更小，安全系数更大。

（3）英国 A1967 ~ 1970 生命表。这是依据 1967 ~ 1970 年的数据编制的生命表。它包括 0 ~ 109 岁的各年龄人口的生存与死亡数据、各生命函数、各换算函数、不同利率下生命保险与生命年金的预期现值等数据，包括终极表和选择表。

二、美国的生命表

美国的寿险公司使用多种生命表，比较著名的有：

（1）1941 年保险监督官标准普通生命表。它是根据 1930 ~ 1940 年期间美国和加拿大一些人寿保险公司的死亡率经验数据编制而成的，它对 1948～1966 年期间签发的保险单仍然适用。在 1941 年 CSO 表之前，曾广泛使用 1868 年公布的美国经验生命表，它是根据纽约相互寿险公司死亡率经验数据编制的。

（2）1958 年保险监督官标准普通生命表。它是由精算师学会和全国保险监督官协会联合编制的，所使用的基本经验数据是 15 家大的寿险公司在 1950～1954 年期间的死亡率经验数据。美国所有州法律都规定使用该表计算最低准备金和现金价值。后来编制的 1980 年 CSO 表已取代了 1958 年 CSO 表。寿险公司可以使用一种生命表计算准备金，使用另一种生命表计算费率，CSO 表是规定计算准备金的生命表，该表设有较大的安全系数。大的人寿保险公司可以依靠自己的精算师编制用于费率计算的生命表。

（3）1965～1970 年终极生命表。该表于 1973 年公布，是根据普通最终死亡率经验数据编制的，供比较和分析死亡率及其变化趋势使用。

（4）简易人寿保险生命表。它是根据简易人寿保险的经验数据编制的，第一种简易人寿保险生命表使用到 1948 年，在 1941 年又编制了新的标准简易人寿保险生命表。从 1968 年 1 月 1 日起生效的保险监督官简易人寿保险生命表是作为计算所有新的简易人寿保险业务最低准备金和退保金的生命表。上述这些生命表都是终极表。

（5）个人年金生命表。仍在使用的四种个人年金生命表：1937 年标准年金生命表、1949 年年金生命表、1955 年美国年金生命表和 1971 年个人年金生命表。

（6）团体生命表。仍在使用的团体生命表有三种：1951 年团体年金表、1960 年保险监督官标准团体生命表和 1971 年团体年金生命表。

三、日本的生命表

日本编制生命表已有很长历史。日本寿险公司最先使用的是根据 1881～1887 年 7 年的人口统计资料编制的。日本第一份比较完善的生命表是由明治、帝国、日本三家人寿保险公司于 1910 年公布的经验生命表。由于第二次世界大战后国民的死亡率状况发生显著变化，日本不断编制了新的生命表，目前日本人寿保险所使用的生命表是根据各家人寿保险公司经验数据编制的“日本全会社表”（1965～1969 年）。

四、中国台湾的生命表

中国台湾在 1968 年以前还没有使用自己的生命表，而是沿用日本第九回生命表。1968 年中国台湾经营寿险业务的公司被要求使用第三回居民生命表来计算保险费和提存责任准备金。此后，中国台湾于 1973 年 2 月 16 日起正式组织人员编制台湾寿险业经验生命表，该项工作于 1974 年 6 月结束，编制了《1974 年台湾寿险业经验生命表》〔1974 Taiwan Standard Ordinary Mortality Table，1969～1972〕，简称 1974TSO 表。后来，又编制完成了台湾寿险业第二回经验生命表，英文简称为 1984TSO 表（1977～1981 年）。

五、中国大陆生命表的编制

在中国大陆恢复寿险业务后的最初 10 多年中，由于没有过去寿险经营的经验数据可以遵循，寿险费率的厘定和责任准备金的计算所用的死亡率只能借助日本全会社第二回生命表，并据此开发了简易人身保险和城镇养老保险等险种。1984 年又引进了日本全会社第三回生命表，并以此表为基础推出了个人养老金业务。但日本经验死亡率水平与大陆被保险人群死亡率水平存在差异，这使中国寿险业不能准确、合理地制定保险费率和提留寿险责任准备金。

1991 年年底，我国寿险长期业务承保人数超过 8000 万人，而 1982 年第 2 次全国人口普查也得到了完整的国民生命表资料，这些数据已形成了很好的编制基础。1992 年下半年，中国人民保险公司受中国人民银行的委托，着手研究编制经验生命表的可行性。1993 年开始设计总体方案、实施步骤和可行性论证，1994 年 8 月底正式在全国范围内开展经验生命表编制的资料收集工作，1995 年 3 月完成数据库的建立和数据检验工作。在借鉴国际经验、充分听取国内有关专家及保险实践工作者等多方面意见的基础上，于同年 7 月底顺利完成“中国人寿保险经验生命表（1990 ~ 1993 年）”的技术编制工作。生命表的从无到有，为人身保险业的发展奠定了基础。

1998 ~ 2003 年，随着人民生活水平、医疗水平的提高，以及保险公司个人保险业务核保制度的实施，寿险业务被保险人群体的死亡率发生了较大的变化；同时，自 2000 年来，各保险公司已积累了大量的保险业务数据资料；而国内各保险公司都自主设计开发或购买了电脑业务系统，提高了数据的质量，行业也积累了较多的死亡率分析经验。2005 年年底，中国编制并颁布了人身保险业经验生命表（2000 ~ 2003 年），俗称“第二套经验生命表”。第二套经验生命表的数据基础主要是行业主要几家保险公司 2000 ~ 2003 年的承保、理赔数据。

随着近十多年中国人身保险业快速发展，人口死亡率出现了新的变化，行业经验数据大量积累，数据分析能力与水平不断提升，行业对修订和编制一套新生命表的呼声越来越高，2014 年 3 月 29 日，原中国保监会正式启动中国人身保险业第三套经验生命表编制项目，于 2016 年 3 月最终编制出 3 大类 6 张表，即保障类业务表、储蓄类业务表和养老类业务表，每类表包括男表、女表各一张。2016 年 4 ~ 7 月，该项目先后通过了国际评审和最终审定。2016 年 12 月，中国精算师协会召开生命表发布会，正式发布了第三套行业经验生命表。中国保监会同步发布生命表使用通知，明确了新生命表将作为责任准备金评估用表、产品定价参考用表和分红险红利分配用表等用途。

与前两套生命表编制相比，第三套生命表项目使用了多项新兴技术和精算方法，探索出一条符合中国国情、适合中国被保险人特征的生命表编制方法，具有诸多亮点和创新点：

一是数据收集维度全面完整。明确了数据收集字段 122 个，数据信息全面、完整，可以编制分地区、分省份的区域生命表，为精细化定价和产品创新提供支持；死亡原因分析详尽，分为 5 个层级、130 项死亡或重疾理赔原因，与世界卫生组织的死亡原因统计分类一致，并将 9 家参与公司其理赔经验数据在相同的分类标准下进行分析，不仅能够满足保险业多方位、精细化需要，还可以为医疗卫生事业发展提供经验数据参考。

二是数据量庞大，在全球范围内首屈一指。本次生命表编制共收集了 9 家主要保险公司（业务规模保费占全行业的 90% 以上）的理赔经验数据，涉及 1022 个产品、3.4 亿张保单、185 万条赔案数据，覆盖 1.8 亿人口。海量的样本数据为行业经验生命表编制打下了坚实的基础。从目前已知的情况来看，编表样本数据量为世界第一。

三是首次使用大数据分析方法，完成死亡原因数据清洗。项目组通过使用关键词搜索、正则表达式等方法，对每条理赔记录中的文字信息进行数据挖掘，完成了全部理赔数据中 95% 的清洗工作，且准确率高于 97%。在技术清洗数据的基础上，项目组还完成了 13 万条理赔数据的人工清洗，确保数据质量达到编表的要求。

四是首次编制出真正意义上的养老表。第二套生命表受制于数据匮乏，养老表为外推而来，并不是根据行业实际发生的基础数据编制而来的。受益于近年来养老保险产品的发展，本次生命表编制中养老类业务表有效数据暴露数达 1 亿，项目组据此编制出了第一张真正意义上的全行业经验养老表，为中国养老保险发展夯实了技术基础。

五是根据产品特性的不同，首次编制出保障类业务表和储蓄类业务表。保障类产品和储蓄类产品死亡率特点不同、差异较大，第二套生命表受条件所限并未做区分，统编为非养老表。第三套生命表基于各个险种的不同特点，分别编制出了保障类业务表和储蓄类业务表，满足了精细化定价和审慎评估的需要。

六是建立了经验数据库，为行业提供全方位的基础数据和参考资料。项目组广泛收集、借鉴境外国家和地区生命表编制做法、技术和经验，并将全球范围内将近 2000 张生命表导入经验数据库，进行汇总分析，供全行业分享和使用，也为下一步开展人口死亡率的国际比较、趋势研究以及技术分享等工作奠定了扎实的基础。

七是通过了国际评审和最终审定，权威性高。为确保第三套生命表的科学严谨和国际水准，项目先后进行了多次论证和评审。2016 年 4 月 22 日，由来自国际精算师协会、北美精算师协会、国内高校等国内外保险精算专家组成的专家组对项目结果进行了国际评审。2016 年 7 月 27 日，由保监会领导担任主任，来自人口、统计、保险等领域权威专家组成的第三套生命表审定委员会对项目进行了最终审定。专家对第三套生命表的最终成果予以高度肯定，一致认为项目团队圆满完成了第三套生命表编制工作，为行业提供了一套具有专业水准、国际水平的生命表。

从实际执行情况来看，第三套经验生命表发布后的一年成效即初步显现。对消费者而言，定期寿险、终身寿险等风险保障类保险产品价格较发布前有了 5% ~10% 的下降，消费者切实得到实惠，购买风险保障类保险产品的动力进一步提升；对保险公司而言，保险产品定价更加精准，风险更加可控，同时可以细分保险市场和客户群体，有针对性地开发产品和提供服务，扩大业务规模；对于监管部门而言，可以推动全行业更加科学合理地提供责任准备金，降低发展风险，同时为风险保障类产品发展奠定了坚实的基础，有利于进一步夯实行业发展基础。

第二十五章 基本生命保险

第一节 生命保险与生命年金

在这一章中，我们将着重讨论寿险公司的几种保险金。保险金是寿险公司的主要负债，将由寿险公司在未来的时间内支付，具体支付时间视被保险人死亡时间而定。通常这些保险根据给付保险金方式的不同分为两大类：

（1）普通人寿保险：如果被保险人在某一期限内死亡或活过某一期限，保险人将向被保险人给付一笔保险金，即一次性给付保险金。

（2）年金保险：在约定期间，当被保险人活着时，保险人在相同间隔的时间上向被保险人多次给付一系列保险金。

本书绪论和第一卷讲过人寿保险、确定年金等概念，为了便于读者更清楚地理解有关的概念而不至于发生混淆，在本卷中，我们把普通人寿保险称为生命保险，把以生存与否为支付前提的年金称为生命年金。

我们现在开始计算，当年实际利率为固定值 i 时，上述生命保险与生命年金的现值。该现值即表示保险公司为了支付上述生命保险和生命年金将来应支出的给付所需的资金，这里我们假设保险公司投资能获得的年实际利率为 i。下面将看到，这个现值并不能精确知道，但可以作为随机变量模型化，我们通过模型来研究这一现值的均值。

我们假定被保险人死亡率和生存概率可以从给定的生命表中得到，并且为了简单起见，我们假定生命表采用终极生命表。

“年龄 x 岁的人”在寿险精算中经常使用，为了方便，通常把它表示为(x)。举例来说，当你看到“(x)死于 n 年内”，即表示“一个年龄为 x 岁的人在 n 年内死亡”。

下面几节，我们探讨几种具有代表性的保险金。

第二节　生存保险及其预期现值

假设(x)投保了保险期间为n年、保额为S元的生存保险（pure endowment），我们知道，如果(x)活到$x+n$岁（保险期末），寿险公司将在期末支付保险金S元（见图25－1）；如果(x)活不到$x+n$岁，寿险公司将不作任何支付（见图25－2）。

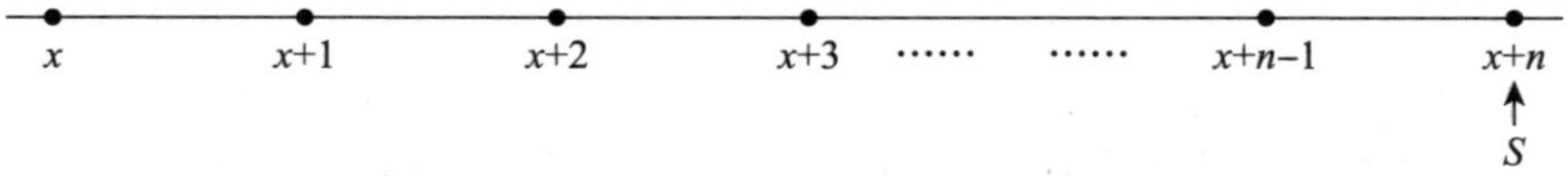

图25－1　活到$x+n$岁寿险公司支付的保险

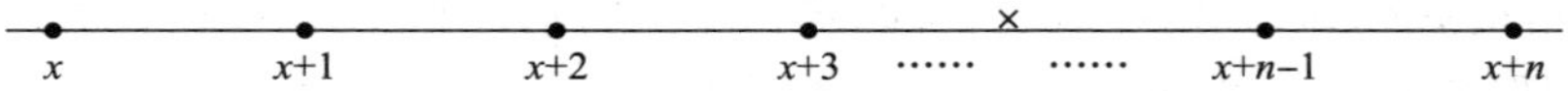

图25－2　活不到$x+n$岁寿险公司不做任何支付

显然，如果(x)活到$x+n$岁，所得到的给付现值为Sv^n（按固定有效利率计算），否则将一无所获。我们可以把得到的给付数额的现值作为随机变量建立模型（见表25－1）。

表25－1　　相关模型

给付的现值	Sv^n	0
P（概率）	${}_np_x$	$1-{}_np_x$

该离散型随机变量的数学期望值的计算如下：

$$Sv^n\times{}_np_x+0\times(1-{}_np_x)=Sv^n\times{}_np_x$$

其方差为：

$$(Sv^n)^2\times{}_np_x+0^2\times(1-{}_np_x)-(Sv^n\times{}_np_x)^2$$
$$=(Sv^n)^2\times{}_np_x\times(1-{}_np_x)$$

当$S=1$时，即为每单位保险金对应的生存保险的给付现值的期望值，称之为生存保险的单位预期现值，用${}_nE_x$表示（假定年龄为x岁、期限为n年），则${}_nE_x$的表达式为：

$$ {}_nE_x=v^n\times{}_np_x \tag{25-1}$$

生存保险的单位预期现值也常常用$A_{x:\overline{n}|}^{\ \ 1}$表示，即：

$$A_{x:\overline{n}|}^{\ \ 1}=v^n\times{}_np_x \tag{25-2}$$

我们注意到，${}_nE_x$的值取决于：（1）被保险人的年龄x；（2）生存保险期限n年；（3）实际年利率i，它决定了v的值；（4）用来建立被保险人生存模型的生命表，它决定了${}_np_x$的值。

例如，考虑一个30岁的人购买一份期限为10年的生存保险，保额为10 000元。也就是说，如果他活到40岁，将得到10 000元的保险金；如果他在10年内死亡，保险公司不会有任何给付。假定死亡率按中国人身保险业经验生命表（2000～2003 年）进行计算，利率为 $i=5\%$。

由题意可得：$x=30$，$n=10$，$S=10\ 000$，$v=1/(1+0.05)=0.95238$，${}_{10}p_{30}=l_{40}/l_{30}=972\ 999/984\ 635=0.988182423$。则对应的单位预期现值为：

$$ {}_{10}E_{30}=0.613913 $$

于是，$S\times{}_{10}E_{30}=9\ 411.25$（元）。

第三节 定期寿险及其预期现值

第二种生命保险是定期寿险（term assurance），又称定期死亡保险。

假设(x)投保了保险期限为 n 年，保险金额为 S 元的定期寿险，即当且仅当被保险人(x)在保险期间内死亡时，即未活过 $x+n$ 岁，寿险公司才给付保险金 S 元。如果被保险人（x）活到保险期末，寿险公司将不作任何支付。

为了清楚起见，我们先假定当被保险人在保险期间内死亡时，保险金于被保险人死亡那年年末支付（以后我们将会讨论于死亡时立即给付保险金的情况）。

为了进一步弄清楚，假定 x 岁的被保险人死于 $x+y$ 岁，图 25－3 和图 25－4 标出了从零时刻起的年数，图 25－3 假定 $y>n$，所以在这种情况下，寿险公司不作任何支付。图 25－4 假定 y 处于第 3 年和第 4 年之间：即(x)死于 $x+3$ 岁和 $x+4$ 岁之间，寿险公司将在 $x+4$ 岁年初（$x+3$ 岁年末）支付保险金。

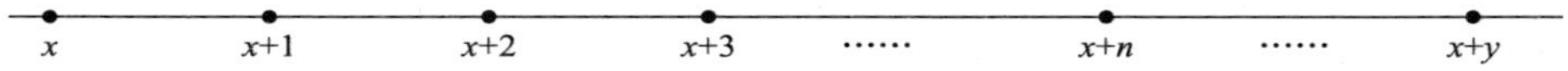

图 25－3　$y>n$ 的情形

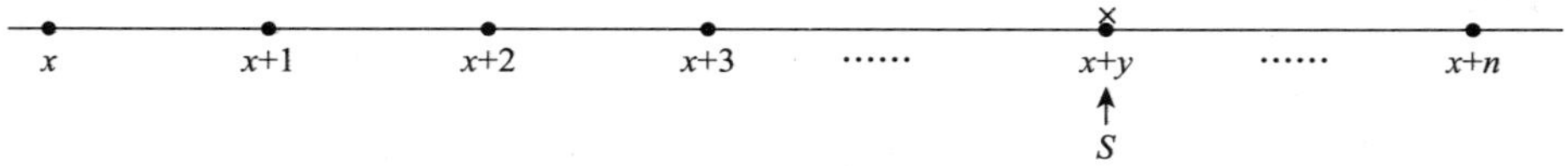

图 25－4　y 处于第 3 年和第 4 年之间

我们已经知道，K_x 表示(x)的未来生存时间的整数部分，即(x)将在未来 K_x 和 K_x+1 年内死亡。在死亡年末给付的定期寿险可以描述为：若 $K_x<n$，则在 K_x+1 时给付 S；若 $K_x\geqslant n$，则没有给付[K_x 表示的(x)死亡之年年初，所以保险金给付在 K_x+1 时，而不在 K_x 时；在图 25－4 中，$K_x=3$，保险金在 4 时候给付]。那么保险金给付现值可以表示如下：

$$ Sv^{K_x+1} $$

因此，这一现值是个离散型随机变量，其可能取值和相应概率如表 25－2 所示。

表 25－2　　保险金给付现值的可能取值和相应概率

给付现值	Sv^1	Sv^2	Sv^3	…	Sv^{n-1}	Sv^n	0	
概率	q_x	${}_{1\mid}q_x$	${}_{2\mid}q_x$	…	${}_{n-2\mid}q_x$	${}_{n-1\mid}q_x$	${}_np_x$	概率总和为 1

现值 $Sv^m(m=1,2,\cdots,n)$ 对应的事件是"(x) 死于 $x+m-1$ 和 $x+m$ 之间"，现值 0 表示 (x) 岁的人活过 $x+n$ 岁，所以无任何保险金给付。

当 $S=1$ 时，即为定期寿险每单位保险金对应的给付预期现值，称之为定期寿险或定期死亡保险的单位预期现值，用 $A^1_{x:\overline{n}|}$ 表示。它与生存保险单位预期现值符号的区别是"1"的位置不同。以上面的现值及其概率（假定 $S=1$），我们可以得到：

$$A^1_{x:\overline{n}|}=\sum_{m=0}^{n-1}{}_{m\mid}q_x\times v^{m+1} \tag{25－3}$$

其方差为：

$$\sum_{m=0}^{n-1}{}_{m\mid}q_x\times v^{2(m+1)}-\left(\sum_{m=0}^{n-1}{}_{m\mid}q_x\times v^{m+1}\right)^2 \tag{25－4}$$

让我们用 V 来代替 v^2，即选取适当的利率 j，使其相应的贴现因子为：

$$V=v^2$$

显然，

$$V=v^2=\left[\frac{1}{(1+i)}\right]^2=\frac{1}{(1+2i+i^2)}$$

这意味着我们可以把 $2i+i^2$ 作为利率，V 作为一个贴现因子，而 i 是计算我们现值的基础利率，公式（25－4）中第一项可以写作：

$$\sum_{m=0}^{n-1}{}_{m\mid}q_x\times V^{m+1}$$

与公式（25－3）相比，我们可以看出，这是定期寿险保险金期望现值的表达式，只是利率为 $2i+i^2$，于是，公式（25－4）可以简化为：

$${}^2A^1_{x:\overline{n}|}-(A^1_{x:\overline{n}|})^2 \tag{25－5}$$

${}^2A^1_{x:\overline{n}|}$ 左上角的"2"不是专门的精算符号，而是表明表达式应按年利率 $j=2i+i^2$ 来计算，而不是基础利率 i。

第四节　两全保险及其预期现值

假设 (x) 投保了保险期限为 n 年，保险金额为 S 元的两全保险，即如果被保险人在保险期间内死亡，寿险公司则在被保险人死亡的这年年末给付 S 元，如果被保险人活过 $x+n$ 岁（保险期末），寿险公司则在保险期末给付 S 元。假定 y 表示被保险人 x 岁后生存的年数，如果 $y>n$，如图 25－5 所示，保险金将在时刻 n 支付；如果 $y<n$，假如 $3<y<4\leqslant n$，如图 25－6 所示，保险金将在 (x) 死亡年年末支付，即在时刻 4 支付（见图 25－6）。

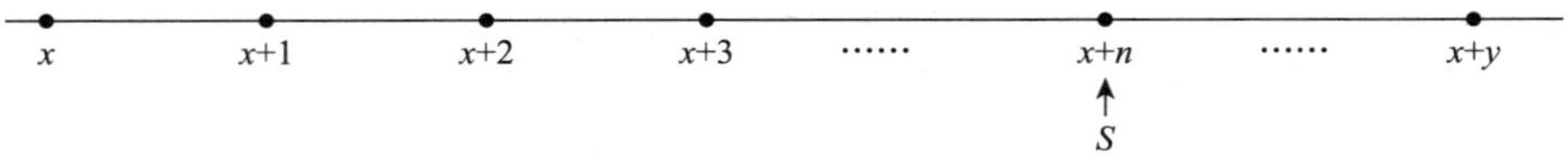

图 25－5　$y>n$ 的情形

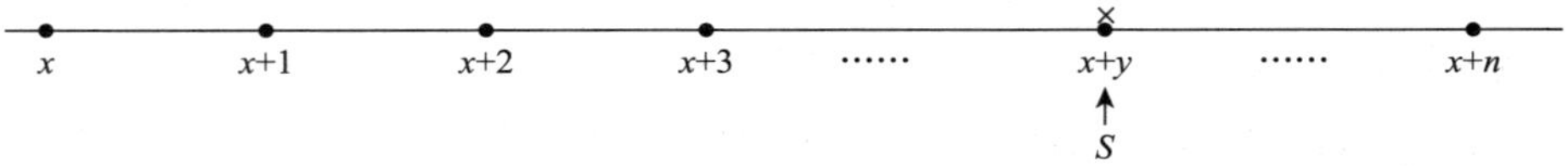

图 25－6　y 处于第 3 年和第 4 年之间

注意图 25－6 在定期寿险中意义与图 25－4 是一致的，但图 25－5 与图 25－3 却不相同，两全保险与定期寿险及生存保险之间的一个重要差异就是，两全保险金肯定会在将来某个时刻支付，唯一不确定的是什么时候支付，而对生存保险和定期寿险，存在着保险金不会支付的可能性。

一个 n 年期的(x)的两全保险给付的现值为：

Sv^{K_x+1}，若 $K_x<n$；

Sv^n，若 $K_x \geqslant n$。

可以写成：

$Sv^{\min(K_x+1,n)}$

因此，这个现值是个离散型的随机变量，其可能的取值及其概率如表 25－3 所示。

表 25－3　两全保险给付现值的可能取值和相应概率

给付现值	Sv^1	Sv^2	Sv^3		Sv^{n-1}	Sv^n	
概率	q_x	$_{1\mid}q_x$	$_{2\mid}q_x$		$_{n-2\mid}q_x$	$_{n-1}p_x$	概率总和为 1

m 对应着(x)死于 $x+m-1$ 和 $x+m$ 之间的事实，现值 Sv^n 表明保险金在时间 n 时支付，这只要求两个不可能同时发生的事件——死或生——任意发生一个即可，或者(x)死于 $x+n-1$ 和 $x+n$ 之间（概率为$_{n-1\mid}q_x$）或者(x)活过 $x+n$（概率为$_np_x$），二者概率之和为$_{n-1}p_x$。

当 $S=1$ 时，即为单位保险金对应的定期两全保险的给付预期现值（期限为 n，年龄为 x），称之为定期两全保险的单位预期现值，用 $A_{x:\overline{n}|}$ 表示（注意没有上标“1”）。我们可以根据给付现值及其概率表得到：

$$A_{x:\overline{n}|}=\sum_{m=0}^{n-2}{}_{m\mid}q_x\times v^{m+1}+v^n\times{}_{n-1}p_x \tag{25-6}$$

由$_{n-1}p_x={}_{n-1\mid}q_x+{}_np_x$，得：

$$A_{x:\overline{n}|}=\sum_{m=0}^{n-1}{}_{m\mid}q_x\times v^{m+1}+v^n\times{}_np_x \tag{25-7}$$

于是，

$$A_{x:\overline{n}|}=A^{1}_{x:\overline{n}|}+A_{x:\overline{n}|}^{\ \ \ 1} \tag{25-8}$$

事实上，对于“在保险期限相同、投保年龄相同的情况下，定期两全保险预期现值是生存保险预期现值和定期寿险预期现值之和”，这是一个显然的事实，因为对于寿险公司，支付相同保额相同年龄、相同期限的生存保险和死亡保险保险金，等于支付相同条件的两全保险保险金，假定 x，y，z 为代表两全保险、死亡保险和生存保险的保险金现值的随机变量，且所有的期限、年龄、保额均相等，则上述描述可以表示为：

$$x=y+z$$

左右两边同时求数学期望，便可得到公式（25－8）。

然而，$V_{(x)}$ 并不等于 $V_{(y)}+V_{(z)}$，因为 y，z 并非独立。如果你知道 y 不等于零，那么 (x) 必然在期限内死亡，即 z 必为零。单位两全保险金现值的方差同样可以由其现值和概率计算出来，其公式为：

$$\sum_{m=0}^{n-1} {}_{m|}q_x \times v^{2(m+1)} + v^{2n} \times {}_np_x - \left(\sum_{m=0}^{n-1} {}_{m|}q_x \times v^{m+1} + v^n \times {}_np_x\right)^2$$

令 $V=v^2$，如定期寿险的形式一样，对定期两全保险，其方差为：

$${}^2A_{x:\overline{n}|} - (A_{x:\overline{n}|})^2$$

这里如公式（25－5）一样，左上方的“2”表明，它应按 $2i+i^2$ 作为利率来计算。

第五节 终身寿险及其预期现值

终身寿险，可以看作是一种特殊的定期寿险，其期限是无限的。假设 (x) 投保了终身寿险，也就是说，从保单生效开始，无论被保险人什么时候死亡，寿险公司都在被保险人死亡的这年年末给付保险金 S 元。这笔保险金的现值可以写作：

$$Sv^{K_x+1}$$

当 $S=1$ 时，即为单位保险金对应的终身寿险的给付预期现值，称之为终身寿险的单位预期现值，用 A_x 表示，其公式可从公式（25－3）中直接得到，只需设 $n=\infty$，即：

$$A_x = \sum_{m=0}^{\infty} {}_{m|}q_x \times v^{m+1} \qquad (25-9)$$

如果所用生命表有限年是 w，那么公式（25－9）中求和公式的上限是 $w-1-x$，因为在 $m \geqslant w-x$ 时 ${}_{m|}q_x=0$。

从另一个角度，终身寿险可以看作一个无限期的两全保险，如果生命表有限年是 w，其期限至少等于 $w-x$，如果有一限定年限 w 在生命表上，那么非常清楚的有：

$$A_x = A_{x:\overline{n}|} = A^1_{x:\overline{n}|}，当\ n \geqslant w-x\ 时 \qquad (25-10)$$

也就是说，如果定期保险或两全保险的期限 n 足够长，以致要活过这个期限是不可能的，那么保险金将在 (x) 的死亡年末支付，就与终身寿险一样。

终身寿险每单位保额现值的方差可以写作：

$$\sum_{m=0}^{\infty} {}_{m|}q_x \times v^{2(m+1)} - \left(\sum_{m=0}^{\infty} {}_{m|}q_x \times v^{m+1}\right)^2 \qquad (25-11)$$

与公式（25－10）一样，在求和公式上有一个无限上界，如果生命表的年龄有上限

为 w 的话，上界可设置为 $w-1-x$。

如前所述，公式（25－11）可以表达为：

$$ {}^2A_x - (A_x)^2 $$

其中，第一项的左上角标“2”表明它以 $2i+i^2$ 为利率而不是 i。

第六节 延期支付的生命保险

延期支付的保险给付是在将来支付的。例如，一个 26 岁的人考虑用保险金支付其退休之后死亡时的丧葬费用，于是他投保了一份延期 34 年的终身寿险。如果人在退休前死亡，其工作期间的丰厚收入就会解决其丧葬费用，如果在退休之后死亡，则保险公司支付的保险金将可以为其举行一个很体面的葬礼。这就是一份终身寿险，但延期了 34 年。

我们可以从生命保险的符号，引申出延期支付的生命保险的符号。我们没有列出所有情况下的符号，读者可以从我们给出的例子中推出其他符号。

${}_{m|}A_x$ 表示 (x) 的延期 m 年的终身寿险，即在 (x) 延期 m 年之后的死亡之年的年末给付 1 元的预期现值。也就是说，如果 (x) 在 m 年（$x+m$ 岁）之后死亡，即在其死亡的这年年末给付 1 元钱；若他在 m 年内（$x+m$ 岁之前）死亡，则没有任何支付。

类似地，${}_{m|}A^1_{x:\overline{n|}}$ 表示 (x) 的延期 m 年的期限为 n 年的定期寿险，即在 (x) 延期 m 年之后的 n 年内的死亡之年的年末给付 1 元钱的预期现值。也就是说，如果 (x) 在 $x+m$ 岁至 $x+m+n$ 岁之间死亡，就在他死亡的这年年末给付这 1 元钱，若他在 m 年内（$x+m$ 岁之前）死亡，或在 $m+n$ 年之后死亡，则没有任何给付。

在这里，我们略去证明过程，只给出延期生命保险预期现值的计算公式，并请读者思考一下为什么有这样的公式：

$$ {}_{m|}A_x = v^m\ {}_mp_x \times A_{x+m} = {}_mE_x \times A_{x+m} \tag{25－12} $$

$$ {}_{m|}A^1_{x:\overline{n|}} = v^m\ {}_mp_x \times A^1_{x+m:\overline{n|}} = {}_mE_x \times A^1_{x+m:\overline{n|}} \tag{25－13} $$

第七节 基本生命保险的数值计算

为了计算各种类型的生命保险和生命年金的预期现值，我们将定义换算函数，这些换算函数可以把很长的计算大大简化。

一、换算函数 D_x

第一个换算函数用 D_x 表示，是为简化生存保险的单位预期现值公式而定义的。考虑 (x) 的 n 年期的生存保险，我们已经知道：

$$ A_{x:\overline{n|}}^{\ \ 1} = v^n{}_np_x $$

即对于某一个生命表，有：

$$A_{x:\overset{\;1}{\overline{n|}}}=v^n\frac{l_{x+n}}{l_x}=\frac{v^{x+n}l_{x+n}}{v^x l_x}$$

考虑到该表达式的分子和分母的形式相同（$v^r\times l_r$，在分子中，$r=x+n$，在分母中 $r=x$），于是定义：

$$D_x=v^x\times l_x \tag{25-14}$$

然后有：

$$A_{x:\overset{\;1}{\overline{n|}}}=\frac{D_{x+n}}{D_x} \tag{25-15}$$

由此，只需关于所有年龄 x 的 D_x 表，就能计算对应于表中的任何年龄和期限的所有生存保险的预期现值。这是一个相当重要的收获。只是有一点应当注意，对于不同的利率，D_x 表是不同的。

二、换算函数 C_x 和 M_x

如果 D_x 仅仅是计算生存保险的捷径，则其计算是不够合算的。事实上，它还揭示了更多的东西。在这里，我们再定义另外两种换算函数 C_x 和 M_x，它可以用来计算死亡保险的预期现值。

考虑（x）的死亡保险，如他在 $x+k$ 岁到 $x+k+1$ 岁之间死亡，保险公司将在 $x+k+1$ 岁时支付保险金 1 元。其中，k 是大于等于 0 的整数。此保险的预期现值是 $v^{k+1}\times{}_{k|}q_x$。我们可以将其表示为：

$$\begin{aligned}v^{k+1}\times{}_{k|}q_x&=v^{k+1}\times{}_kp_x\times q_{x+k}\\&=v^{k+1}\times\frac{l_{x+k}}{l_x}\times q_{x+k}\\&=\frac{v^{x+k+1}d_{x+k}}{v^x l_x}\end{aligned}$$

此表达式的分母即 D_x，而且如果将分子作为另一换算函数 C_x，使用时会更方便。因此，定义：

$$C_x=v^{x+1}\times d_x \tag{25-16}$$

C_x 自身的用途是有限的，但当我们研究其他保险时，它与另一个非常有用的换算函数 M_x 有直接联系。先看一个（x）的终身寿险的例子，即在被保险人死亡之年年末支付单位保险金，其预期现值为：

$$A_x=\sum_{k=0}^{\infty}{}_{k|}q_x\times v^{k+1} \tag{25-17}$$

代入已学过的符号，它可以写成：

$$A_x=\sum_{k=0}^{\infty}\frac{C_{x+k}}{D_x}$$

显然，若定义：

$$M_x = \sum_{k=0}^{\infty} C_{x+k} \tag{25-18}$$

则可以简化上述表达式，于是，

$$A_x = \frac{M_x}{D_x} \tag{25-19}$$

注意这里的 C_x 和 M_x 是指保险金死亡年末支付的情形。如果保险金为死亡立即支付，则对应有$\overline{C_x}$和$\overline{M_x}$。

三、利用 M_x 计算定期的和延期支付的寿险

正如 N_x 可以用来计算延期支付的生命年金，M_x 亦可以用来计算定期的和延期支付的寿险。二者公式十分相似。

根据已学过的内容，很容易导出下面的公式：

$$A^{1}_{x:\overline{n}|} = A_x - {}_{n|}A_x = A_x - v^n {}_{n}p_x A_{x+n} \tag{25-20}$$

作为一个练习，请读者从这一公式入手，证明：

(1)
$$A^{1}_{x:\overline{n}|} = \frac{M_x - M_{x+n}}{D_x} \tag{25-21}$$

(2)
$${}_{n|}A_x = \frac{M_{x+n}}{D_x} \tag{25-22}$$

显然，这也是十分重要的两个公式。

四、利用换算函数计算两全保险

在这里，我们将把两全保险看做一个定期寿险和一个生存保险的组合。于是，可以证明：

$$A_{x:\overline{n}|} = \frac{M_x - M_{x+n} + D_{x+n}}{D_x} \tag{25-23}$$

换算函数的确把很长的计算大大简化了。但它们有一个缺陷，就是对每个不同的利率需要一套独立的换算函数。

第二十六章

基本生命年金

我们到目前为止讨论的都是普通人寿保险，即一次性给付保险金，其给付期取决于投保人死亡年限。本章我们开始探讨生命年金。

在本书第一部分，我们用了很多的篇幅研究确定年金，这是在相同间隔的时间上进行的一系列给付。其中，每年年末或每年年初支付1元的定额确定年金的现值用 $a_{\overline{n}|}$ 或 $\ddot{a}_{\overline{n}|}$ 表示。在这一章，这种思想将扩展到生命年金，其不同之处在于生命年金款项的给付与否，取决于特定的人(x)是否处于生存期间。

我们先考虑每年支付一次、每次1元的生命年金，我们称之为基本生命年金。更为复杂的例子将在本章后面部分加以介绍。

第一节　终身生命年金及其预期现值

考虑在(x)生存期间每年支付一次、每次1元的情况，这种年金叫作终身年金，根据给付时间的不同，有两种表现形式：(1) 第一笔款项是立即给付的；(2) 第一笔款项是一年后给付的。

对于学过 $a_{\overline{n}|}$ 与 $\ddot{a}_{\overline{n}|}$ 的读者来讲，这一特点会很熟悉。在第一种情况，我们讨论期初支付即年初支付的生命年金；在第二种情况，我们讨论期末支付即年末支付的生命年金。例如，假设(x)死于 $x+7$ 岁与 $x+8$ 岁之间，图 26－1 表示的是现在开始支付的期初支付年金（年初支付年金），图 26－2 表示的是期末支付的年金（年末支付的年金）。

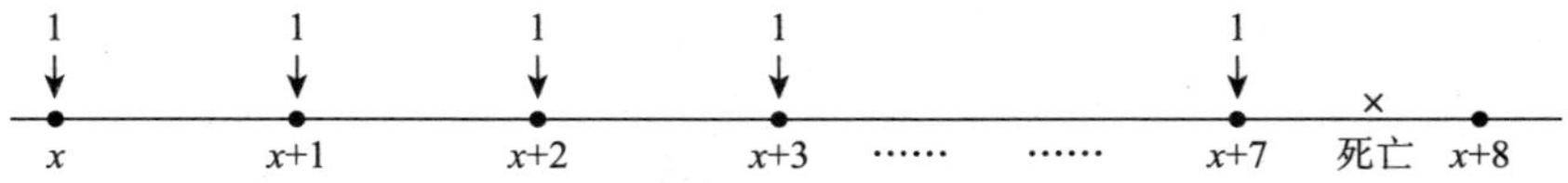

图 26－1　期初支付年金

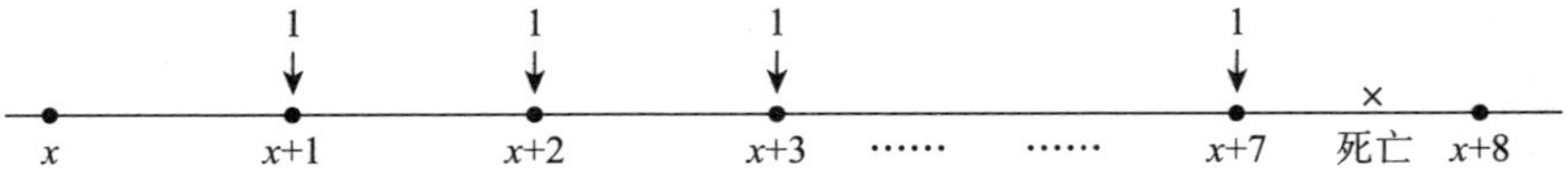

图 26－2 期末支付年金

下面我们为图 26－1 和图 26－2 做两点解释：（1）在两个图中，第 7 年后，都没有给付，因为(x)在第 8 年给付的时候已经不再存活了。（2）两图中唯一的差异就是图 26－1 中 0 点的给付。

(x)的期末支付的终身年金（每年末支付 1 元）的现值是 $a_{\overline{K_x}|}$，这里的 K_x 与以前一样，指(x)的未来生存时间的整数部分。(x)的期初支付的终身年金（每年初支付 1 元）的现值为 $\ddot{a}_{\overline{K_x+1}|}$。这几个随机变量的可能取值及其概率可以用表 26－1 概括。

表 26－1　　相关变量的取值及其概率

K_x	0	1	2	……
概率	q_x	$_{1\|}q_x$	$_{2\|}q_x$	……
$a_{\overline{K_x}\|}$	0	$a_{\overline{1}\|}$	$a_{\overline{2}\|}$	……
$\ddot{a}_{\overline{K_x+1}\|}$	$\ddot{a}_{\overline{1}\|}$	$\ddot{a}_{\overline{2}\|}$	$\ddot{a}_{\overline{3}\|}$	……

$a_{\overline{K_x}|}$ 的期望值用 a_x 表示，一个关于 a_x 的公式可以从表 25－1 得到：

$$a_x = \sum_{m=0}^{\infty} {}_{m|}q_x a_{\overline{m}|} \tag{26－1}$$

$\ddot{a}_{\overline{K_x+1}|}$的期望值用 $\ddot{a}_x$ 表示，一个关于 $\ddot{a}_x$ 的公式可以从表 25－1 得到：

$$\ddot{a}_x = \sum_{m=0}^{\infty} {}_{m|}q_x \ddot{a}_{\overline{m+1}|} \tag{26－2}$$

我们可以通过代数变换，使得公式（26－2）更加有趣。首先，回想一下本书第一部分中的以下公式：

$$\begin{aligned}\ddot{a}_{\overline{n}|} &= 1 + v + v^2 + v^3 + \cdots + v^{n-1} \\ &= (1+i)a_{\overline{n}|} \\ &= \frac{1-v^n}{d}\end{aligned}$$

可以得出：

$$\ddot{a}_{\overline{m+1}|} = \frac{1-v^{m+1}}{d}$$

而，

$${}_{m|}q_x = \frac{l_{x+m} - l_{x+m+1}}{l_x}$$

并且，

$$\sum_{m=0}^{\infty} \frac{l_{x+m} - l_{x+m+1}}{l_x} = \frac{l_x - l_{x+1} + l_{x+1} - l_{x+2} + \cdots}{l_x} = 1$$

在公式（26－2）中代入以上3个公式，得：

$$\begin{aligned}\ddot{a}_x &= \sum_{m=0}^{\infty} {}_{m|}q_x \ddot{a}_{\overline{m+1}|} \\ &= \frac{1}{d}\sum_{m=0}^{\infty}\frac{(1-v^{m+1})(l_{x+m}-l_{x+m+1})}{l_x} \\ &= \frac{1}{d}[1-\sum_{m=0}^{\infty}v^{m+1}\times\frac{l_{x+m}}{l_x}+\sum_{m=0}^{\infty}v^{m+1}\times\frac{l_{x+m+1}}{l_x}]\end{aligned}$$

注意，第二个求和公式可以把从0到∞的和写成一个从1到∞的和，即：

$$\begin{aligned}&= \frac{1}{d}[1-v\sum_{m=0}^{\infty}v^{m}\times\frac{l_{x+m}}{l_x}+\sum_{m=1}^{\infty}v^{m}\times\frac{l_{x+m}}{l_x}] \\ &= \frac{1}{d}[-v\sum_{m=0}^{\infty}v^{m}\times\frac{l_{x+m}}{l_x}+\sum_{m=0}^{\infty}v^{m}\times\frac{l_{x+m}}{l_x}] \\ &= \frac{1}{d}(1-v)\sum_{m=0}^{\infty}v^{m}\times\frac{l_{x+m}}{l_x}\end{aligned}$$

而 $d=(1-v)$，于是，

$$\ddot{a}_x = \sum_{m=0}^{\infty}v^{m}\times\frac{l_{x+m}}{l_x} \tag{26－3}$$

如果在公式（26－1）上做相应的代数变换，可以更容易地推导出：

$$a_{\overline{K_x}|} = \ddot{a}_{\overline{K_x+1}|} \tag{26－4}$$

在公式（26－4）两边同时求数学期望，可以得到重要的关系：

$$a_x = \ddot{a}_x - 1 \tag{26－5}$$

公式（26－5）和公式（26－3）给出 a_x 的如下表示式：

$$a_x = \sum_{m=1}^{\infty}v^{m}\times\frac{l_{x+m}}{l_x} \tag{26－6}$$

第二节　定期生命年金及其预期现值

定期生命年金与终身年金相似，其区别在于定期年金的给付次数有一个上限，即为保险期间，用 n 来表示。例如，考虑(x)的一个每年年末给付1元的5年期定期生命年金。如果(x)在 $x+5$ 岁后某一时刻死亡，那么支付的情形将如图26－3所示。

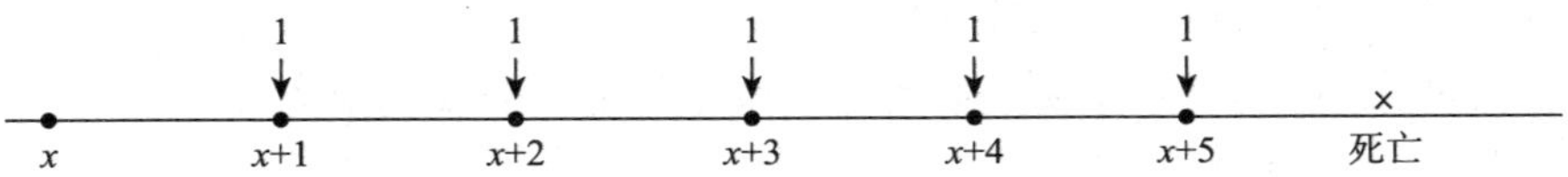

图26－3　在 $x+5$ 岁后死亡的年末支付情形

通过图26－3可以看出，第一笔给付从现在开始一年后发生，这是我们讨论的期末支付的生命年金。我们还可看出，第5年之后就不再有给付了，这是因为5年期的年金，其最大支付期限就是5年。另外，给付是在(x)生存期间发生的。如果(x)在 x+3 岁到 x+4 岁之间死亡，即第3年年末与第4年年末之间死亡，则给付的次数为3次，具体如图26－4所示。

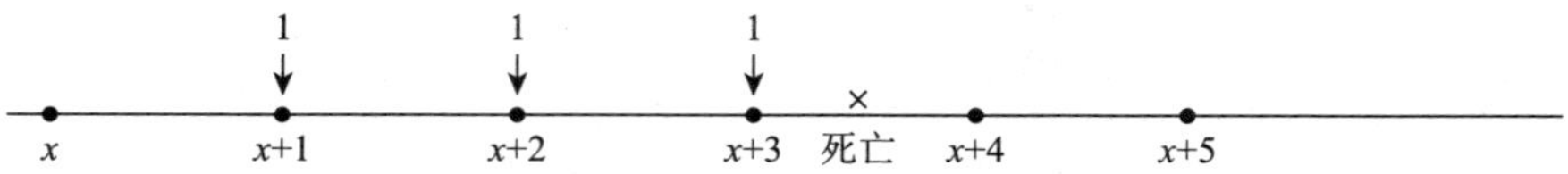

图26－4　在 x+3 岁到 x+4 岁之间死亡的年末支付情形

图26－4区别于图26－3之处是在第四年年末和第五年年末没有发生给付，这是因为(x)在第四年年末的给付发生之前已经死亡了。

现在考虑(x)的5年期的每年年初支付1元的生命年金，支付的情形如图26－5所示。

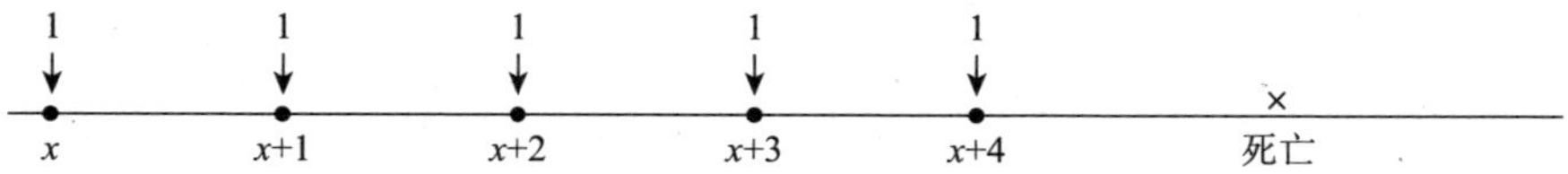

图26－5　年初支付生命年金的情形

与图26－3相比，在图26－5中0年的给付（记住这是一个期初支付的生命年金）和在第5年年末没有给付，即便在(x)存活到5年以后（最大支付期限是5年）。一般来讲，对一个 n 年期的期初支付的生命年金来说，可能的最后一次支付在第 n 年年初，即第 $n-1$ 年年末。假设与图26－4一样，(x)在 x+3 岁到 x+4 岁之间死亡，给付的情形如图26－6所示。

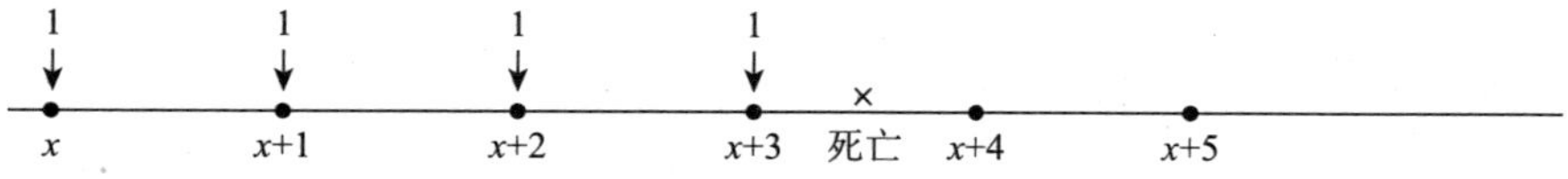

图26－6　在 x+3 岁到 x+4 岁之间死亡的年初支付情形

注意：即使(x)在 x+5 岁前（x+4 岁之后）死亡，即第5年年末之前死亡，仍然会有5次给付发生。

现在我们已经弄清楚了定期生命年金的给付形式。下面我们讨论这些给付的现值及其期望值。

首先考虑(x)的每年年末支付的单位定期生命年金，假设期限为 n 年，给定利率为 i，那么这笔年金的现值为：

$$a_{\overline{\min(K_x,n)}|}$$

这个现值的期望值用 $a_{x:\overline{n}|}$ 来表示。

我们再来考虑(x)的每年年初支付的定期生命年金，假设期限为 n 年，给定利率为 i，那么，这笔年金的现值为：

$$\ddot{a}_{\overline{\min(K_x+1,n)}|}$$

这个现值的期望值用 $\ddot{a}_{x:\overline{n}|}$ 来表示。

K_x 的可能取值和相应的概率及 $a_{\overline{\min(K_x,n)}|}$ 和 $\ddot{a}_{\overline{\min(K_x+1,n)}|}$ 的值如表26－2所示：

表 26－2　　　　　　　　**相关变量的取值及其概率**

K_x	0	1	2	⋯	$n-1$	n	$n+1$	⋯
概率	q_x	${}_{1\mid}q_x$	${}_{2\mid}q_x$	⋯	${}_{n-1\mid}q_x$	${}_{n\mid}q_x$	${}_{n+1\mid}q_x$	⋯
$a_{\overline{\min(K_x,n)}\rceil}$	0	$a_{\overline{1}\rceil}$	$a_{\overline{2}\rceil}$	⋯	$a_{\overline{n-1}\rceil}$	$a_{\overline{n}\rceil}$	$a_{\overline{n+1}\rceil}$	⋯
$\ddot{a}_{\overline{\min(K_x+1,n)}\rceil}$	$\ddot{a}$	$\ddot{a}_{\overline{2}\rceil}$	$\ddot{a}_{\overline{3}\rceil}$	⋯	$\ddot{a}_{\overline{n}\rceil}$	$\ddot{a}_{\overline{n}\rceil}$	$\ddot{a}_{\overline{n}\rceil}$	⋯

min（K_x，n）取 n 值的概率为${}_np_x$，于是从表 26－2 中得到以下公式：

$$a_{x:\overline{n}\rceil} = \sum_{m=1}^{n-1} {}_{m\mid}q_x \times a_{\overline{m}\rceil} + {}_np_x \times a_{\overline{n}\rceil} \tag{26－7}$$

$$\ddot{a}_{x:\overline{n}\rceil} = \sum_{m=0}^{n-2} {}_{m\mid}q_x \times \ddot{a}_{\overline{m+1}\rceil} + {}_{n-1}p_x \times \ddot{a}_{\overline{n}\rceil}$$

或

$$\ddot{a}_{x:\overline{n}\rceil} = \sum_{m=0}^{n-1} {}_{m\mid}q_x \times \ddot{a}_{\overline{m+1}\rceil} + {}_np_x \times \ddot{a}_{\overline{n}\rceil} \tag{26－8}$$

类似于公式（26－3），可以推导出：

$$a_{x:\overline{n}\rceil} = \sum_{m=1}^{n} v^m \times \frac{l_{x+m}}{l_x} \tag{26－9}$$

$$\ddot{a}_{x:\overline{n}\rceil} = \sum_{m=0}^{n-1} v^m \times \frac{l_{x+m}}{l_x} \tag{26－10}$$

在本节的最后，我们探讨一下在某个期限内的死亡期间支付的生命年金。

考虑(x)在未来 n 年内的死亡期间每年年末支付 1 元的年金，具体如图 26－7 所示。

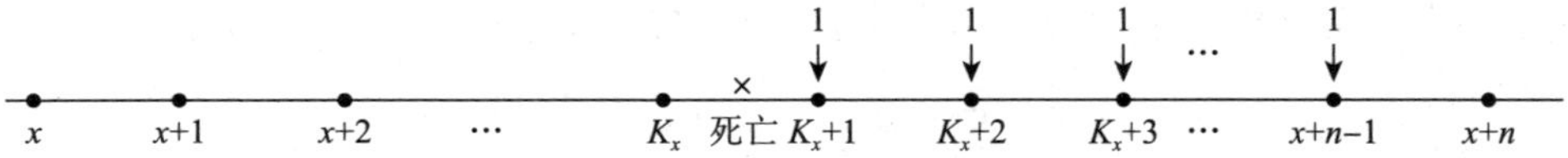

图 26－7　未来 *n* 年内的死亡期间每年年末支付 1 元年金的情形

我们把这种死亡之后每年年末支付的生命年金的预期现值记为 $a_{x\mid\overline{n}\rceil}$，容易理解，

$$a_{x\mid\overline{n}\rceil} = a_{\overline{n}\rceil} - a_{x:\overline{n}\rceil} \tag{26－11}$$

类似地,我们可以定义死亡之后每年年初支付的生命年金预期现值符号为 $\ddot{a}_{x\mid\overline{n}\rceil}$,其表示的年金支付如图 26－8 所示。

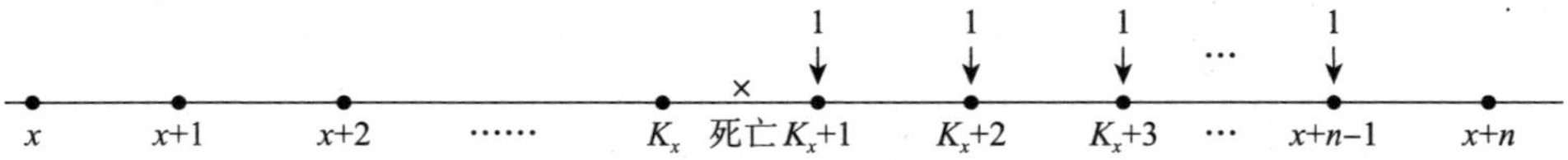

图 26－8　死亡之后每年年初支付的生命年金

显然，

$$\ddot{a}_{x\mid\overline{n}\rceil} = \ddot{a}_{\overline{n}\rceil} - \ddot{a}_{x:\overline{n}\rceil} \tag{26－12}$$

第三节　生命保险与生命年金的预期现值之间的关系

A_x 与 $\ddot{a}_x$ 间的重要关系，以及相应的 $A_{x:\overline{n}|}$ 与 $\ddot{a}_{x:\overline{n}|}$ 间的关系，在预期现值的计算中常常起到重要的作用，在实际工作中被广泛使用。

A_x 与 $\ddot{a}_x$ 间的关系为：

$$A_x = 1 - d\ddot{a}_x \qquad (26-13)$$

其中，$d = 1 - v$，是与利率 i 相应的贴现率。

为了便于读者更好地熟悉和理解相关的内容，我们将用三种方法证明或说明这个公式：(1) 通过研究寿险和生命年金的预期现值；(2) 通过公式的推导；(3) 通过对一般意义的解释及说明。

我们已经知道，$\ddot{a}_x$ 为 $\ddot{a}_{\overline{K_x+1}|}$ 的数学期望值。我们首先从这里开始。

$$\begin{aligned}\ddot{a}_x &= E[\ddot{a}_{\overline{K_x+1}|}]\\ &= E[(1-v^{K_x+1})/d]\\ &= \frac{1}{d}E[1-v^{K_x+1}]\\ &= \frac{1}{d}[1-A_x]\end{aligned}$$

将此公式变形，即得所求公式：

$$A_x = 1 - d\ddot{a}_x$$

这个结果非常重要。下面我们将利用有关 A_x 的公式进行证明：

$$\begin{aligned}A_x &= \sum_{m=0}^{\infty} {}_{m|}q_x \times v^{m+1}\\ &= \sum_{m=0}^{\infty} {}_mp_x \times q_{x+m} \times v^{m+1}\\ &= \sum_{m=0}^{\infty} ({}_mp_x - {}_mp_x \times p_{x+m}) \times v^{m+1}\\ &= \sum_{m=0}^{\infty} ({}_mp_x - {}_{m+1}p_x) v^{m+1}\\ &= 1 - 1 + \sum_{m=0}^{\infty} ({}_mp_x - {}_{m+1}p_x) v^{m+1}\\ &= 1 - \sum_{m=0}^{\infty} {}_mp_x (v^m - v^{m+1})\end{aligned}$$

而 $1 - v = d$，故：

$$\begin{aligned}\text{上式} &= 1 - d\sum_{m=0}^{\infty} {}_mp_x \times v^m\\ &= 1 - d\ddot{a}_x\end{aligned}$$

最后，我们将利用一般推导来解释此公式。

假定(x)投资 1 元购买年利率为 i 的债券，且将于这个人死亡之年年末偿还。

显然，这项投资的预期现值为 1 元，因为它是现在进行的（见图 26－9）。

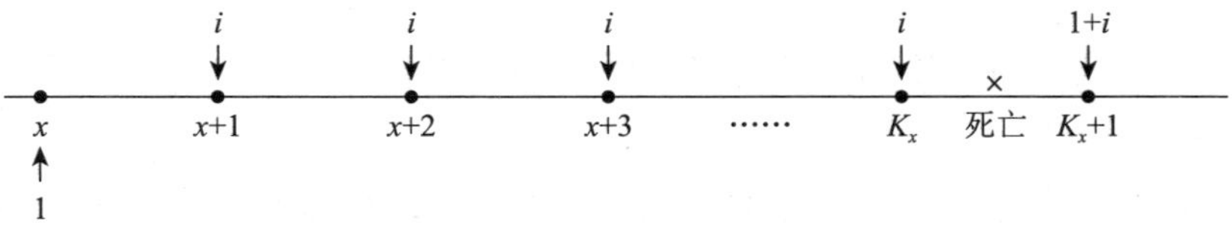

图 26－9　投资 1 元购买年利率为 i 的债券的情形

这笔资本将于(x)死亡之年年末偿还，因此，这项死亡给付的预期现值为 A_x。而价值为 i 的利息将在年末支付，直至并且包括(x)死亡之年。这些利息的预期现值为：

$$i\ (A_x + \ddot{a}_x)\ \ - i$$

用语言解释，即(x)活着时每年年末的 i（即 $i\ddot{a}_x$）加上死亡年年末的 i（即 iA_x）。

这项最初投资的预期现值应与回报的预期现值相同。因此，

$$\begin{aligned} 1 &= A_x + i(A_x + \ddot{a}_x) - i \\ &= (1+i)A_x + i\ddot{a}_x - i \end{aligned}$$

因此，

$$(1+i) = (1+i)A_x + i\ddot{a}_x$$

两边同除以 $1+i$ 得：

$$A_x = 1 - d\ddot{a}_x$$

类似地，可以证明：

$$A_{x:\overline{n}|} = 1 - d\ddot{a}_{x:\overline{n}|} \tag{26－14}$$

第四节　延期支付的生命年金

前一章的延期生命保险是指其保险给付在将来支付的情况，而延期的生命年金也很普遍。其中，最常见的例子就是延期支付的退休年金。例如，一个机构不会同意对现年 25 岁的人提供养老金，而要当其年龄达到 60 岁或 65 岁时开始支付，这种给付仍然是一种年金，但延期了 35 年或 40 年。

我们从生命年金的符号，也可以引申出延期支付的生命年金的符号。与前一章对延期生命保险的探讨一样，我们不列出所有情况下的符号，读者可以根据给出的符号推出其他的符号。下面是两个常用的符号：

${}_{m|}a_x$ 表示(x)的延期 m 年的期末支付的生命年金，即在(x)延期 m 年之后的生存期间，每年年末支付 1 元的生命年金的预期现值。这意味着若(x)活着，则在第 $m+1$ 年年末向其支付第一个 1 元，在第 $m+2$ 年年末支付第二个 1 元，依次类推，持续到死亡。注

意符号中的 x 表示享受年金的人现在的年龄，而不是开始支付年金的年龄。

${}_{m|}\ddot{a}_{x:\overline{n}|}$ 表示(x)的延期 m 年、期限为 n 年的期初支付的生命年金，即在(x)延期 m 年之后的 n 年内的生存期间，每年年初支付 1 元的生命年金的预期现值。也就是说，若 (x) 活着，则在第 $m+1$ 年年初向其支付第一个 1 元，在第 $m+2$ 年年初支付第二个 1 元，依次类推，持续到第 $m+n$ 年的年初，之后便不再支付；若他在 m 年内（$x+m$ 岁之前）死亡，则没有任何支付。

同样，我们略去证明过程，只给出延期的计算公式，并请读者思考一下为什么有这样的公式：

$$ {}_{m|}a_x = v^m\ {}_mp_x \times a_{x+m} = {}_mE_x \times a_{x+m} \tag{26-15} $$

$$ {}_{m|}\ddot{a}_{x:\overline{n}|} = v^m\ {}_mp_x \times \ddot{a}_{x+m:\overline{n}|} = {}_mE_x \times \ddot{a}_{x+m:\overline{n}|} \tag{26-16} $$

第五节　生命年金预期现值的数值计算

为简化生命年金预期现值的计算，我们继续定义恰当的换算函数。

一、换算函数 N_x

考虑(x)的年末支付的终身年金：

$$ a_x = \sum_{m=1}^{\infty} v^m \times l_{x+m}/l_x = \sum_{m=1}^{\infty} v^m \times {}_mp_x $$

求和式中的每一项都是一个生存保险的预期现值，即：

$$ a_x = \sum_{m=1}^{\infty} A_{x:\overline{m}|}^{\ \ 1} \tag{26-17} $$

因此，用换算函数 D_{x+m} 表示，即：

$$ a_x = \sum_{m=1}^{\infty} \frac{D_{x+m}}{D_x} \tag{26-18} $$

于是，我们定义换算函数：

$$ N_x = \sum_{k=0}^{\infty} D_{x+k} \tag{26-19} $$

从而，我们有一个关于 a_x 的简便公式：

$$ a_x = \frac{N_{x+1}}{D_x} \tag{26-20} $$

换算函数 N_x 的用处是：如果我们有在同一利率下的一个 N_x 和 D_x 表，我们就可以计算任何年龄的任何生命年金。

类似地，可以得到：

$$ \ddot{a}_x = \frac{N_x}{D_x} \tag{26-21} $$

对于定期生命年金，通过 $a_{x:\overline{n}|} = a_x - v^n\ {}_np_x a_{x+n}$ 可以得到：

$$a_{x:\overline{n}|} = \frac{N_{x+1} - N_{x+n+1}}{D_x} \tag{26-22}$$

类似地，可以得到：

$$\ddot{a}_{x:\overline{n}|} = \frac{N_x - N_{x+n}}{D_x} \tag{26-23}$$

对于延期的终身年金 ${}_{m|}a_x$，我们也可以很容易地推出用换算函数表示的计算公式：

$${}_{n|}a_x = v^n\ {}_np_x \times a_{x+n} = \frac{D_{x+n}}{D_x}\frac{N_{x+n+1}}{D_{x+n}} = \frac{N_{x+n+1}}{D_x} \tag{26-24}$$

与，

$${}_{n|}\ddot{a}_x = \frac{N_{x+n}}{D_x} \tag{26-25}$$

二、换算函数间的关系

根据寿险与年金间的关系可导出换算函数间的关系。例如，根据：

$$A_x = 1 - d\ddot{a}_x$$

即：

$$\frac{M_x}{D_x} = 1 - d\frac{N_x}{D_x}$$

得：

$$M_x = D_x - dN_x \tag{26-26}$$

类似地，可以得到：

$$C_x = (1-d)D_x - D_{x+1} \tag{26-27}$$

第二十七章 一般年金与保险函数

第一节 每年支付 m 次的生命年金

一、"每年支付 m 次的生命年金"的概念和符号

到目前，我们所考虑的仅仅是每年年初或年末发生一次支付的生命年金。在实际中，生命年金的支付常常是更加频繁。例如，养老金通常是按月支付，即每年支付 12 次。此外，还常常有每季度支付和每半年支付一次的情况，即每年支付 4 次、2 次，等等。对于一份每年中支付 m 次的生命年金，这 m 次支付把一年分成 m 个时间间隔，在每个间隔初支付的年金，我们称为期初支付，在每个间隔末支付的年金，我们称为期末支付。例如，每月月末支付的生命年金称为每年支付 12 次的期末支付生命年金。下面我们定义每年支付 m 次的生命年金的符号——在这里，要特别注意在定义的符号中，有关每年及每月所支付金额的含义。

我们先定义单位终身生命年金的预期现值符号。

考虑一个人从 x 岁开始，在生存期间每年支付 1 元，分 m 次，在期末支付的终身生命年金，我们将其预期现值表示为 $a_x^{(m)}$。右上标"(m)"表示年金在一年内的支付次数。类似地，我们定义其余几个单位生命年金预期现值的符号：

$a_x^{(m)}$ 表示一个人从 x 岁开始，在生存期间每年支付 1 元、分 m 次，在期末支付的终身生命年金在 x 岁时的现值。

$\ddot{a}_x^{(m)}$ 表示一个人从 x 岁开始，在生存期间每年支付 1 元、分 m 次，在期初支付的终身生命年金在 x 岁时的现值。

$a_{x:\overline{n|}}^{(m)}$ 表示一个人从 x 岁开始，在未来 n 年中的生存期间，每年支付 1 元、分 m 次，在期末支付的定期生命年金在 x 岁时的现值。

$\ddot{a}_{x:\overline{n|}}^{(m)}$ 表示一个人从 x 岁开始，在未来 n 年中的生存期间，每年支付 1 元、分 m 次，在期初支付的定期生命年金在 x 岁时的现值。

需要注意的是，这些年金是每年支付 1 元，因此，每次支付 1/m 元。例如，$a_{60}^{(12)}$ 表示一个 60 岁的人在未来生存期间，每月月末领取 1/12 元；$\ddot{a}_{18:\overline{37|}}^{(12)}$ 表示一个 18 岁的人在未来的 37 年间（55 岁之前）的生存期间，每月月初领取 1/12 元。

二、每年分 *m* 次支付的生命年金的计算公式

（一）终身生命年金

我们可以直接写出每年支付 m 次的生命年金的预期现值：

$$\ddot{a}_x^{(m)} = \frac{1}{m}\sum_{k=0}^{\infty}\sum_{j=0}^{m-1} v^{k+\frac{j}{m}} \times {}_{k+\frac{j}{m}}p_x \tag{27-1}$$

注意：因子$\frac{1}{m}$不能缺少，因为符号 $\ddot{a}_x^{(m)}$ 表示每年金额为 1 元的年金的预期现值。

上述表达式中各项为：

$$\text{在 } k+\frac{j}{m}\text{时刻应付的金额，}\frac{1}{m}\text{；}$$

$$\times\text{从 } k+\frac{j}{m}\text{时刻到 0 时刻的贴现因子，} v^{k+\frac{j}{m}}\text{；}$$

$$\times\text{在 } k+\frac{j}{m}\text{时刻进行支付的概率，}{}_{k+\frac{j}{m}}p_x\text{。}$$

生命表函数通常以整数年龄编制，如 $\ddot{a}_x$ 或 $\ddot{a}_{x:\overline{n|}}$ 在制表时，通常也是使用整数的 x 与 n，因此，有必要把一年多次支付年金的预期现值用每年支付一次年金的预期现值表示出来。因此，我们探讨如何用 a_x 或 $\ddot{a}_x$ 来对 $\ddot{a}_x^{(m)}$ 进行近似估算。

在此，我们不加证明地给出数学中的 Woolhouse's 公式：

对于任何适当函数 $f(t)(t\geqslant 0)$，有：

$$\frac{1}{m}\sum_{k=0}^{\infty}\sum_{j=0}^{m-1} f\left(k+\frac{j}{m}\right) = \sum_{k=0}^{\infty} f(k) - \frac{m-1}{2m}f(0) + \frac{m^2-1}{12m}f'(0) - \frac{m^4-1}{720m}f'''(0) + \cdots \tag{27-2}$$

（上述级数收敛且存在导数）。

对函数 $f(t) = v^t \times {}_tp_x$ 应用上述公式，并注意：

$$\frac{\partial}{\partial t}v^t \times {}_tp_x = \frac{\partial}{\partial t}e^{-\delta t} \times {}_tp_x = -(\delta v^t \times {}_tp_x + v^t \times {}_tp_x \times v_{x+t})$$

计算第 m^2 项，有：

$$\ddot{a}_x^{(m)} \approx \ddot{a}_x - \frac{m-1}{2m} - \frac{m^2-1}{12m}(\delta + v_x) \tag{27-3}$$

为简单起见，我们在实际中一般采用：

$$\ddot{a}_x^{(m)} \approx \ddot{a}_x - \frac{m-1}{2m} \tag{27-4}$$

由此，我们可以得到：

$$a_x^{(m)} = \ddot{a}_x^{(m)} - \frac{1}{m}$$

$$\approx \ddot{a}_x - \frac{m+1}{2m}$$

$$\approx a_x + \frac{m-1}{2m} \tag{27-5}$$

例 27－1

计算：

（1）$a_{56}^{(4)}$［死亡率按中国人寿保险业经验生命表（1990～1993）CL3，利率为3%］；

（2）$\ddot{a}_{30}^{(12)}$［死亡率按中国人寿保险业经验生命表（1990～1993）CL3，利率为3%］。

解（在此略去过程给出结果，请读者验证）：

（1）$a_{56}^{(4)}=15.94833$

（2）$\ddot{a}_{30}^{(12)}=24.8055$

（二）定期生命年金

对于年龄为 x 的人，在 n 年期内的生存期间，每年支付 m 次、期初支付的定期生命年金，由于相应的延期年金满足：

$$_{n|}\ddot{a}_x^{(m)} = v^n \times {}_np_x \ddot{a}_{x+n}^{(m)}$$

以及，

$$\ddot{a}_{x:\overline{n|}}^{(m)} = \ddot{a}_x^{(m)} - v^n \times {}_np_x \ddot{a}_{x+n}^{(m)}$$

因此，

$$\ddot{a}_{x:\overline{n|}}^{(m)} \approx \ddot{a}_x - \frac{m-1}{2m} - v^n \times {}_np_x\left(\ddot{a}_{x+n} - \frac{m-1}{2m}\right) \tag{27-6}$$

$$= \ddot{a}_{x:\overline{n|}} - \frac{m-1}{2m}(1 - v^n \times {}_np_x)$$

$$= \ddot{a}_{x:\overline{n|}} - \frac{m-1}{2m}\left(1 - \frac{D_{x+n}}{D_x}\right) \tag{27-7}$$

类似地，

$$a_{x:\overline{n|}}^{(m)} = a_x^{(m)} - v^n \times {}_np_x a_{x+n}^{(m)}$$

$$\approx a_{x:\overline{n|}} - \frac{m-1}{2m}(1 - v^n \times {}_np_x) \tag{27-8}$$

$$= a_{x:\overline{n|}} - \frac{m-1}{2m}\left(1 - \frac{D_{x+n}}{D_x}\right) \tag{27-9}$$

这等同于：

$$\ddot{a}_{x:\overline{n|}}^{(m)} - \frac{1}{m} + \frac{1}{m}v^n \times {}_np_x$$

$$= \ddot{a}_{x:\overline{n|}} - \left(\frac{m-1}{2m} + \frac{1}{m}\right)(1 - v^n \times {}_np_x)$$

$$= \ddot{a}_{x:\overline{n|}} - \frac{m+1}{2m}(1 - v^n \times {}_np_x) \tag{27-10}$$

$$= \ddot{a}_{x:\overline{n|}} - \frac{m+1}{2m}\left(1 - \frac{D_{x+n}}{D_x}\right) \tag{27-11}$$

第二节　递增寿险与年金

最简单的寿险合同只涉及均衡保额的保险或支付标准恒定的年金。然而，年金或保险金也有可能在保险期限内发生变化。本节考虑一些较重要的情况。

一、递增寿险

（一）递增终生寿险

首先，观察每年保险金递增额为1的情况。考虑目前年龄为 x 的人购买一份终身寿险合同。死亡之年年末支付保险金。当死亡发生在合同第 j 年（$j=1,2,\cdots$）时，则在死亡年年末给付 j 元。该合同的现值为（K_x+1）v^{K_x+1}，其预期现值表示为 $(IA)_x$，于是，

$$(IA)_x = E[(K_x+1)v^{K_x+1}]$$

$$= \sum_{k=0}^{\infty}(k+1)v^{k+1}\ {}_{k|}q_x \qquad (27-12)$$

由公式（27－12），有：

$$(IA)_x = \sum_{k=0}^{\infty}\sum_{j=0}^{k} v^{k+1}\ {}_{k|}q_x$$

$$= \sum_{j=0}^{\infty}\sum_{k=j}^{\infty} v^{k+1}\ {}_{k|}q_x$$

$$= \sum_{k=0}^{\infty} {}_{k|}A_x$$

即：

$$(IA)_x = \sum_{k=0}^{\infty} {}_{k|}A_x \qquad (27-13)$$

可以求得该递增保险的方差为：

$$Var[(K_x+1)v^{K_x+1}] = \sum_{k=0}^{\infty}(k+1)^2 v^{2(k+1)} \times {}_{k|}q_x - [(IA)_x]^2$$

该式已不能用其他精算函数表示为更简单的形式了。

（二）递增定期寿险

可以按上述同样方式定义定期 n 年递增寿险，即在 $x+n$ 岁以后死亡，则无保险给付。该递增保险的预期现值表示为 $(IA)^{1}_{x:\overline{n|}}$，容易理解：

$$(IA)^{1}_{x:\overline{n|}} = \sum_{k=0}^{n-1}(k+1)v^{k+1} \times {}_{k|}q_x \qquad (27-14)$$

为了用 $(IA)_x$ 来对 $(IA)^{1}_{x:\overline{n|}}$ 估计，我们做如下推导：

$$(IA)^{1}_{x:\overline{n|}} = \sum_{k=0}^{\infty}(k+1)v^{k+1}\ {}_{k|}q_x - \sum_{k=n}^{\infty}(k+1)v^{k+1}\ {}_{k|}q_x$$

$$= (IA)_x - v^n \times {}_np_x\left[\sum_{k=0}^{\infty} nv^{k+1} \times {}_{k|}q_{x+n} + \sum_{k=0}^{\infty}(k+1)v^{k+1}\,{}_{k|}q_x\right]$$

$$= (IA)_x - v^n \times {}_np_x\left[(IA)_{x+n} + nA_{x+n}\right]$$

$$= (IA)_x - \frac{D_{x+n}}{D_x}(IA)_{x+n} - n \times \frac{D_{x+n}}{D_x} \times A_{x+n} \tag{27-15}$$

（三）递增两全寿险

期限为 n 年的递增两全保险定义为：年龄为 x 的人，如果在第 j 年（$j=1, 2, \cdots, n$）死亡，则在该年末领取 j 元保险金；如果生存至期满（第 n 年末），则在期满时领取 n 元保险金。该递增保险的预期现值表示为 $(IA)_{x:\overline{n|}}$，显然有：

$$(IA)_{x:\overline{n|}} = (IA)^{1}_{x:\overline{n|}} + nv^n \times {}_np_x = (IA)^{1}_{x:\overline{n|}} + nA_{x:\overline{n|}}^{\ \ 1} \tag{27-16}$$

也就是说，递增两全保险是递增定期寿险与保额为 n 的生存保险的组合，因此，其预期现值等于其组成部分的预期现值之和。注意：递增两全保险的方差不能以同样方式得出。

（四）用换算函数计算递增的生命保险

根据公式（27－13），可得：

$$(IA)_x = \sum_{k=0}^{\infty} {}_{k|}A_x = \sum_{k=0}^{\infty}\frac{M_{x+k}}{D_x} = \frac{1}{D_x}\sum_{k=0}^{\infty}M_{x+k}$$

我们定义：

$$R_x = \sum_{k=0}^{\infty} M_{x+k}$$

于是，

$$(IA)_x = \frac{R_x}{D_x} \tag{27-17}$$

类似地，由公式（27－15）、公式（27－16）可得：

$$(IA)^{1}_{x:\overline{n|}} = \frac{R_x - R_{x+n} - nM_{x+n}}{D_x} \tag{27-18}$$

$$(IA)_{x:\overline{n|}} = \frac{R_x - R_{x+n} - nM_{x+n} + nD_{x+n}}{D_x} \tag{27-19}$$

这就构成了常用的一套换算函数。

例如，对于 $(IA)^{1}_{30:\overline{10|}}$，当利率为3%，死亡率按中国人寿保险业经验生命表（1990～1993）CL3 计算时，由书后附表可以查得，$R_{30}=4478484.937$，$R_{40}=3430379.936$。

$M_{40}=102716.735$，$D_{30}=402350.6$，于是，由公式（27－18）可得：

$$(IA)^{1}_{30:\overline{10|}} = 0.0520383$$

类似地，在同一利率及死亡率假设下，有：

$$(IA)_{30:\overline{10}|}=7.41420$$

$$(IA)_{55:\overline{15}|}=6.49904$$

二、递增年金

在探讨了递增保险之后，我们自然会想到递增年金。我们将探讨的递增年金，是以等差数列的节奏递增的，分别为在期初支付或期末支付。我们给出期初支付的递增年金的例子，可以推广到其他类型的年金。

（一）递增的终身年金

我们现考虑期初支付的递增年金。对于一个年龄为 x 岁的人，在其未来生存期间的第 j 年初（$j=1,2,\cdots$）支付金额为 j 的年金。也就是说，在未来生存期间的第 1 年年初支付 1 元，在第 2 年年初支付 2 元，…，直至死亡时结束。这就是我们将探讨的单位递增年金。该递增年金的现值为 $(I\ddot{a})_{\overline{K_x+1}|}$，其预期现值表示为 $(I\ddot{a})_x$，其值为：

$$(I\ddot{a})_x=E[(I\ddot{a})_{\overline{K_x+1}|}]=\sum_{k=0}^{\infty}(I\ddot{a})_{\overline{k+1}|}\,{}_{k|}q_x \qquad (27-20)$$

注意，我们可以把该年金看作一系列期初支付的延期年金的加总，如：

$$(I\ddot{a})_x=\sum_{j=0}^{\infty}{}_{j|}\ddot{a}_x=\sum_{j=0}^{\infty}\sum_{k=j}^{\infty}v^k\times{}_kp_x \qquad (27-21)$$

改变加总的顺序后，有：

$$(I\ddot{a})_x=\sum_{k=0}^{\infty}(k+1)v^k\times{}_kp_x \qquad (27-22)$$

我们还可以把年金看作一系列生存保险的和，显然这是与上述公式类似的结果。

类似地，我们将期末支付的递增终身生命年金预期现值记为 $(Ia)_x$。显然，

$$\begin{aligned}(Ia)_x&=E[(Ia)_{\overline{K_x}|}]\\&=\sum_{k=0}^{\infty}(Ia)_{\overline{k}|}\times{}_{k|}q_x\\&=\sum_{k=1}^{\infty}kv^k\times{}_kp_x\end{aligned} \qquad (27-23)$$

（二）递增定期年金

在 n 年中，每年年初支付的定期递增年金，可以按同样方式定义，只是支付将在至多 n 年后停止。该年金的现值为 $(I\ddot{a})_{\overline{\min[K_x+1,n]}|}$，其预期现值，表示为 $(I\ddot{a})_{x:\overline{n}|}$，容易理解：

$$(I\ddot{a})_{x:\overline{n}|}=E[(I\ddot{a})_{\overline{\min[K_x+1,n]}|}]=\sum_{k=0}^{n-1}(I\ddot{a})_{\overline{K_x+1}|}\times{}_{k|}q_x \qquad (27-24)$$

我们还可以采用前面的形式，将定期递增年金预期现值简单地表示为：

$$(I\ddot{a})_{x:\overline{n}|}=\sum_{k=0}^{n-1}(k+1)v^k\times{}_kp_x \qquad (27-25)$$

以及，

$$(I\ddot{a})_{x:\overline{n}|} = (I\ddot{a})_x - v^n \times {}_np_x \, [\,(I\ddot{a})_{x+n} + n \times \ddot{a}_{x+n}\,]$$
$$= (I\ddot{a})_x - \frac{D_{x+n}}{D_x} \times (I\ddot{a})_{x+n} - n \times \frac{D_{x+n}}{D_x} \times \ddot{a}_{x+n} \qquad (27-26)$$

期末支付的定期递增年金也可以按同样的方式进行定义。我们将期末支付的定期递增年金的预期现值表示为 $(Ia)_x$。显然：

$$(Ia)_{x:\overline{n}|} = \sum_{k=0}^{n-1} (Ia)_{\overline{k}|} \times {}_{k|}q_x + (Ia)_{\overline{n}|} \times {}_np_x$$
$$= \sum_{k=0}^{n-1} k \times v^k \times {}_np_x \qquad (27-27)$$

容易证明下列关系：

$$(I\ddot{a})_x = \ddot{a}_x + (Ia)_x \qquad (27-28)$$
$$(I\ddot{a})_x = v \times p_x \, (Ia)_x + 1 \qquad (27-29)$$
$$(I\ddot{a})_{x:\overline{n}|} = \ddot{a}_{x:\overline{n}|} + (Ia)_{x:\overline{n-1}|} \qquad (27-30)$$
$$(I\ddot{a})_{x:\overline{n}|} = v \times p_x \, (I\ddot{a})_{x+1:\overline{n}|} \qquad (27-31)$$

（三）用换算函数计算递增的生命年金

根据公式（27－23）：

$$(Ia)_x = \sum_{k=1}^{\infty} kv^k \times {}_kp_x$$
$$= \sum_{k=1}^{\infty} \sum_{j=1}^{k} v^k \times {}_kp_x$$
$$= \sum_{j=1}^{\infty} \sum_{k=j}^{\infty} v^k \times {}_kp_x$$
$$= \sum_{j=1}^{\infty} {}_{j-1|}a_x$$
$$= \sum_{j=1}^{\infty} \frac{N_{x+j}}{D_x}$$

于是，定义，

$$S_x = \sum_{k=0}^{\infty} N_{x+k}$$

则有：

$$(Ia)_x = \frac{S_{x+1}}{D_x} \qquad (27-32)$$

类似地，可以推导出：

$$(I\ddot{a})_x = \frac{S_x}{D_x} \qquad (27-33)$$

$$(Ia)_{x:\overline{n}|} = \frac{S_{x+1} - S_{x+n+1} - nN_{x+n+1}}{D_x} \qquad (27-34)$$

$$(I\ddot{a})_{x:\overline{n}|} = \frac{S_x - S_{x+n} - nN_{x+n}}{D_x} \qquad (27-35)$$

三、递增保险与递增年金的关系

现在，我们证明递增保险与递增年金之间的重要关系。我们先从终身递增保险与终身递增年金的关系入手。

$$\begin{aligned}(I\ddot{a})_x &= E\left[(I\ddot{a})_{\overline{K_x+1}|}\right]\\ &= E\left[\frac{\ddot{a}_{\overline{K_x+1}|}-(K_x+1)v^{K_x+1}}{d}\right]\\ &= \frac{1}{d}\left[\ddot{a}_x-(IA)_x\right]\end{aligned}$$

我们可以写成如下的形式：

$$(IA)_x = \ddot{a}_x - d(I\ddot{a})_x \tag{27-36}$$

对于定期合同，

$$\begin{aligned}(I\ddot{a})_{x:\overline{n}|} &= E\left[(I\ddot{a})_{\overline{\min[K_x+1,n]}|}\right]\\ &= E\left[\frac{\ddot{a}_{\overline{\min[K_x+1,n]}|}-\min[K_x+1,n]\,v^{\min[K_x+1,n]}}{d}\right]\\ &= \frac{1}{d}\left[\ddot{a}_{x:\overline{n}|}-(IA)_{x:\overline{n}|}\right]\end{aligned}$$

可以写成：

$$(IA)_{x:\overline{n}|} = \ddot{a}_{x:\overline{n}|} - d(I\ddot{a})_{x:\overline{n}|} \tag{27-37}$$

有时还会遇到递减保险或年金，可以通过基本年金（或保险）减去递增年金（或保险）而很容易地得到。

四、支付额按几何级数增长的保险或年金

支付额按几何级数或者按等比数列的节奏增长的保险或年金，是在实际工作中经常会遇到的情况。最典型的例子是在通货膨胀情况下，与保险或年金有关的费用增长。

我们考虑一个终身寿险合同，年龄为 x 的人在死亡年年末得到保险给付。给付在零时刻为1，每年以公比为 $1+b$ 的等比数列的节奏递增，或者说，以利率为 b 的复利增长水平增长。因此，如果在 j 时刻发生支付的话，支付金额将为 $(1+b)^j$ $(j=1, 2, \cdots)$。其现值为：

$$(1+b)^{K_x+1}v^{K_x+1}$$

既然式中的 $1+b$ 和 v 有相同的指数，我们就考虑把它们合在一起。显然，

$$(1+b)v = \frac{1+b}{1+i} = \frac{1}{\frac{1+i}{1+b}} = \frac{1}{\frac{1+b}{1+b}+\frac{i-b}{1+b}}$$

于是，我们做代换：

$$j = \frac{i-b}{1+b}$$

即：

$$j = \frac{1+i}{1+b} - 1$$

可以发现，该递增保险的现值与利率为j的基本终身寿险（非递增）的预期现值相等。因此，其预期现值为A_x^j，上标j表示利率。

显然，任何一种支付，不管是年金还是保险，只要金额以每年b的复利递增，效果都是一样的，即现值、预期现值及现值的方差与利率为$j = \frac{i-b}{1+b}$的基本年金或保险一样。

第三节　死亡时立即给付的生命保险与连续支付的生命年金

一、死亡时立即支付的生命保险

以上我们假设死亡保险金在死亡之年年末给付，并且集中讨论了每年支付一次的年金，只是略微涉及了多次支付的年金。在实践中，只要索赔单证的有效性得以证明，死亡保险金在死后的很短时间内给付。因此，假设延至死亡年年末给付就显得不够谨慎了，而假设死亡后立即支付保险金才是谨慎的态度。

（一）终身寿险

考虑一份保额为1的终身寿险，在年龄为x的人死亡时立即支付。该保险金的现值为v^{T_x}，因为T_x的密度函数为${}_tp_x\mu_{x+t}$。

因此，v^{T_x}的期望值，即终身寿险给付的单位预期现值为：

$$\begin{aligned}\bar{A}_x &= E(v^{T_x}) \\ &= \int_0^{\infty} v^t \times {}_tp_x \times \mu_{x+t}\,dt \qquad (27-38)\end{aligned}$$

并且，容易推导出，其方差为：

$$Var\ (v^{T_x}) = {}^2\bar{A}_x + (\bar{A}_x)^2$$

其中，上前标“2”为预期现值以利率$(1+i)^2-1$计算。

（二）定期寿险与两全保险

我们可以对死亡时立即给付保险金的定期寿险和两全保险，定义其预期现值及延期寿险的符号和意义。

我们用$\bar{A}^1_{x:\overline{n}|}$、$\bar{A}_{x:\overline{n}|}$分别表示在死亡时立即支付保险金的定期寿险和定期两全保险的单位预期现值。于是，

$$\bar{A}^1_{x:\overline{n}|} = \int_0^{n} v^t \times {}_tp_x \times \mu_{x+t}\,dt \qquad (27-39)$$

$$\bar{A}_{x:\overline{n}|} = \bar{A}^1_{x:\overline{n}|} + A_{x:\overline{n}|}^{\ \ 1} \qquad (27-40)$$

注意公式（27－39）中，仅死亡保险金受支付时间变化的影响，生存保险金并不受其影响。

此外，我们把以下公式的含义及其证明留给读者去考虑：

$$\bar{A}_x = \bar{A}^1_{x:\overline{n}|} + {}_{n|}\bar{A}_x \tag{27-41}$$

$$_{n|}\bar{A}_x = v^n \times {}_np_x \bar{A}_{x+n} \tag{27-42}$$

我们也可以用常见的生命表函数很方便地估算 $\bar{A}_x$、$\bar{A}_{x:\overline{n}|}$ 等。一种简单的近似是将一年中死亡的发生时间看作是服从均匀分布的。也就是说，当死亡发生在 $x+k$ 岁与 $x+k+1$ 岁之间（$k=0, 1, 2, \cdots$）时，就大约地认为死亡平均年龄为 $x+k+\frac{1}{2}$。在该假设下，死亡保险金平均在死亡年末之前6个月支付。因此，其预期现值近似为：

$$\bar{A}_x \approx (1+i)^{1/2} A_x \tag{27-43}$$

$$\bar{A}^1_{x:\overline{n}|} \approx (1+i)^{1/2} A^1_{x:\overline{n}|} \tag{27-44}$$

$$\bar{A}_{x:\overline{n}|} \approx (1+i)^{1/2} A^1_{x:\overline{n}|} + A_{x:\overline{n}|}^{\ \ 1} \tag{27-45}$$

再一次提请注意，两全保险中，仅死亡保险金受支付时间的影响。

另一种近似可以把终身或定期寿险当作一年期延期定期寿险的加总，那么（以终身寿险为例）：

$$\begin{aligned}\bar{A}_x &= {}_{0|}\bar{A}^1_{x:\overline{1}|} + {}_{1|}\bar{A}^1_{x:\overline{1}|} + {}_{2|}\bar{A}^1_{x:\overline{1}|} + \cdots \\ &= \bar{A}^1_{x:\overline{1}|} + vp_x \times \bar{A}^1_{x+1:\overline{1}|} + v^2 \times {}_2p_x \bar{A}^1_{x+2:\overline{1}|} + \cdots\end{aligned} \tag{27-46}$$

而，

$$\bar{A}^1_{x+k:\overline{1}|} = \int_0^1 v^t \times {}_tp_{x+k}\mu_{x+k+t} dt \tag{27-47}$$

我们知道，如果对每整数年龄间使用均匀分布假设，有：

$$_tp_{x+k} \times \mu_{x+k+1} = q_{x+k} \quad (0 \leqslant t < 1)$$

那么，

$$\bar{A}^1_{x+k:\overline{1}|} = q_{x+k}\int_0^1 v^t dt = q_{x+k}\frac{iv}{\delta}$$

因此，

$$\begin{aligned}\bar{A}_x &\approx \frac{i}{\delta}(vq_x + v^2 \times p_x \times q_{x+1} + v^3 \times {}_2p_x \times q_{x+2} + \cdots) \\ &= \frac{i}{\delta}A_x\end{aligned} \tag{27-48}$$

类似地，

$$\bar{A}^1_{x:\overline{n}|} \approx \frac{i}{\delta}A^1_{x:\overline{n}|} \tag{27-49}$$

二、连续支付的生命年金

前面我们探讨了死亡时刻立即支付的生命保险，相应地，连续而非每隔一时段支付一次的年金，也是在实际工作中起重要作用的函数。当然，这在实践中并不存在，但若支付十分频繁，如每周或每天，这一假设也是合理的。实际上，若每周支付，按连续支付的假设进行计算比使用近似 $\ddot{a}_x^{(52)}=\ddot{a}_x-\frac{51}{104}$等更为常见。

（一）连续支付的终身年金

考虑一个年金，假设目前 x 岁的人在生存期间连续领取每年数额为 1 元的年金，该年金的现值为 $\bar{a}_{\overline{T_x}|}$，其预期现值表示为 $\bar{a}_x$，其值为：

$$\bar{a}_x = E[a_{\overline{T_x}|}] = \int_0^{\infty} a_{\overline{t}|}\ {}_tp_x\mu_{x+t}dt$$

注意：

$$a_{\overline{t}|} = \int_0^t e^{-\delta s}ds$$

因此，

$$\frac{d}{dt}\bar{a}_{\overline{t}|} = e^{-\delta t} = v^t$$

联立后，有：

$$\bar{a}_x = [\ddot{a}_{\overline{t}|}\ {}_tp_x]_0^{\infty} + \int_0^{\infty} v_t^{-t}p_x dt$$

根据近似公式 $\ddot{a}_x^{(m)}\approx\ddot{a}_x-\frac{m-1}{2m}$，令 $m\rightarrow\infty$，有：

$$\bar{a}_x\approx\ddot{a}_x-\frac{1}{2} \tag{27-50}$$

（二）连续支付的定期年金

对于连续支付的定期生命年金，根据概念，其预期现值应为：

$$\begin{aligned}\bar{a}_{x:\overline{n}|} &= E[\bar{a}_{\overline{\min[T_x,n]}|}]\\ &= \int_0^n \bar{a}_{\overline{t}|}\ {}_tp_x\mu_{x+t}dt + \bar{a}_{\overline{n}|}\ {}_np_x\\ &= \int_0^n v^t\times{}_tp_xdt\end{aligned}$$

容易理解：

$$\bar{a}_x=\bar{a}_{x:\overline{n}|}+{}_{n|}\bar{a}_x$$

由公式（27-7），令 $m\rightarrow\infty$，有：

$$\begin{aligned}\bar{a}_{x:\overline{n}|} &= \ddot{a}_{x:\overline{n}|}-\frac{1}{2}(1-v^n\times{}_np_x)\\ &= \ddot{a}_{x:\overline{n}|}-\frac{1}{2}(1-\frac{D_{x+n}}{D_x})\end{aligned} \tag{27-51}$$

三、死亡时立即支付的生命保险与连续支付的生命年金之间的关系

死亡时刻立即支付的生命保险与连续支付的生命年金之间的关系。对于终身寿险，有：

$$\bar{a}_x = E[\bar{a}_{\overline{T_x}|}] = E\left[\frac{1-v^{T_x}}{\delta}\right] = \frac{1}{\delta}(1-\bar{A}_x)$$

因此，

$$\bar{A}_x = 1-\delta\,\bar{a}_x \tag{27-52}$$

对于定期寿险，

$$\begin{aligned}\bar{a}_{x:\overline{n}|} &= E[\bar{a}_{\overline{\min[T_x,n]}|}] \\ &= E\left[\frac{1-v^{\min[T_x,n]}}{\delta}\right] \\ &= \frac{1}{\delta}(1-A^1_{x:\overline{n}|})\end{aligned}$$

因此，

$$A^1_{x:\overline{n}|} = 1-\delta\,\bar{a}_{x:\overline{n}|} \tag{27-53}$$

四、死亡时刻立即给付的递增生命保险与连续支付的递增生命年金

（一）死亡时刻立即给付的递增生命保险

1. 死亡时刻立即给付的递增终身寿险的连续递增形式

死亡时刻立即给付的递增终身寿险是指这样一种保险合同：对于当前年龄为 x 岁的人，在其死亡时立即给付 T_x 元。换而言之，保险金额以每年递增 1 元的速度线形增长。该保险金的现值为 $T_x v^{T_x}$，我们称之为连续递增的形式，其预期现值以 $(\bar{I}\bar{A})_x$ 表示，数值为：

$$(\bar{I}\bar{A})_x = E[T_x v^{T_x}] = \int_0^{\infty} t v^t {}_tp_x \mu_{x+t} dt \tag{27-54}$$

其方差为：

$$Var[T_x v^{T_x}] = \int_0^{\infty} t^2 v^{2t}\ {}_tp_x \mu_{x+t} dt - [(\bar{I}\bar{A})_x]^2 \tag{27-55}$$

2. 连续递增形式的定期寿险及两全保险

与终身寿险的情况类似，我们用 $(\bar{I}\bar{A})^1_{x:\overline{n}|}$ 和 $(\bar{I}\bar{A})_{x:\overline{n}|}$ 分别表示如此递增的定期寿险和两全保险的预期现值。可以推导出如下的计算公式：

$$(\bar{I}\bar{A})^1_{x:\overline{n}|} = \int_0^n t v^t \times {}_tp_x \mu_{x+t} dt \tag{27-56}$$

$$(\bar{I}\bar{A})^1_{x:\overline{n}|} = (\bar{I}\bar{A})_x - v^n \times {}_np_x[(\overline{IA})_{x+n} + n\bar{A}_{x+n}] \tag{27-57}$$

$$(\bar{I}\bar{A})_{x:\overline{n}|} = (\bar{I}\bar{A})^1_{x:\overline{n}|} + nA^1_{x:\overline{n}|} \tag{27-58}$$

3. 死亡时刻立即给付的递增生命保险的跳跃递增形式

我们探讨终身寿险的情况。死亡时刻立即给付的递增生命保险的跳跃递增形式是指：保险金额在死亡时刻给付，但不是连续增长，而是在每年年末增长一个单位。这样的终身寿险，如果被保险人的年龄为 x 岁，保额第 1 年为 1 元，以后每年年末增长 1 元。该保险

金的现值为：$(K_x+1)\ v^{T_x}$，其预期现值表示为：$(I\bar{A})_x$（I 上面没有短横），等于：

$$(I\bar{A})_x = E[(K_x+1)v^{T_x}]$$

$$= \sum_{k=0}^{\infty}\int_0^1 (k+1)v^{k+t}\times {}_tp_{x+k}\mu_{x+k+t}dt \qquad (27-59)$$

其方差为：

$$Var[(K_x+1)v^{T_x}] = \sum_{k=0}^{\infty}\int_0^1 (k+1)^2 v^{2(k+t)}\times {}_tp_{x+k}\mu_{x+k+t}dt - [(I\bar{A})_x]^2 \qquad (27-60)$$

对于相应的定期寿险与两全保险的预期现值，我们分别以 $(I\bar{A})^{1}_{x:\overline{n|}}$ 及 $(I\bar{A})_{x:\overline{n|}}$ 表示。

上述概念比较容易理解，我们可以用基本的生命保险函数近似地表示出这些预期现值。对于跳跃递增的情况，有：

$$(I\bar{A}) \doteq (1+i)^{1/2}\ (IA)_x \qquad (27-61)$$

$$(I\bar{A}) \doteq \frac{i}{\delta}\ (IA)_x \qquad (27-62)$$

对于连续递增的情况，最简单的假设是平均起来，发生在整数年龄 $x+k$ 与 $x+k+1$ 之间的死亡平均在 $x+k+\frac{1}{2}$，因此，若 $K_x=k$，应付保额为 $k+\frac{1}{2}$，因此，有：

$$(\bar{I}\bar{A}) = (1+i)^{1/2}\ [\ (IA)_x - \frac{1}{2}A_x] \qquad (27-63)$$

（二）连续支付的递增生命年金

每一种上述的递增保险都对应着一个递增的连续年金。

1. 连续递增的终身生命年金

连续递增的终身生命年金是指，一个年龄为 x 岁的人，在其生存期间以连续递增的方式支付年金。该年金的现值为 $(\bar{I}\bar{a})_{\overline{T_x|}}$，其预期现值表示为 $(\bar{I}\bar{a})_x$，其值为：

$$(\bar{I}\bar{a})_x = E[(\bar{I}\bar{a})_{\overline{T_x|}}]$$

$$= \int_0^{\infty}(\bar{I}\bar{a})_{\overline{t|}}\cdot {}_tp_x\times\mu_{x+t}dt \qquad (27-64)$$

注意到：

$$\frac{d}{dt}\ (\bar{I}\bar{a})_{\overline{t|}} = tv^t$$

联立后，得：

$$(\bar{I}\bar{a})_x = \int_0^{\infty} tv^t\times {}_tp_x dt \qquad (27-65)$$

其方差为：

$$Var[(\bar{I}\bar{a})_{\overline{T_x|}}] = \int_0^{\infty}[(\bar{I}\bar{a})_t]^2_t p_x\times\mu_{x+t}dt - [(\bar{I}\bar{a})_x]^2 \qquad (27-66)$$

2. 跳跃递增的连续生命年金

考虑向年龄为 x 岁的人，在其生存期间连续支付的年金，在 $x+k$ 与 $x+k+1$ 岁之间支付年金额为每年 $k+1$（$k=0$，1，…）元。因此，增长情况为每年末增长 1 元。该年金的现值为 $(I\bar{a})_{\overline{T_x}|}$，其预期现值表示为 $(I\bar{a})_x$，其值为：

$$(I\bar{a})_x = E[(I\bar{a})_{\overline{T_x}|}]$$

$$= \int_0^{\infty} (I\bar{a})_{\overline{t}|}\,{}_tp_x \times \mu_{x+t}dt \qquad (27-67)$$

容易推出：

$$(I\bar{a})_x = \bar{a}_x + {}_1|\bar{a}_x + {}_2|\bar{a}_x + \cdots$$

$$\approx (\ddot{a}_x - 1/2) + v \times p_x(\ddot{a}_{x+1} - 1/2) + v^2 \times {}_2p_x(\ddot{a}_{x+2} - 1/2) + \cdots$$

$$= (I\ddot{a})_x - \frac{1}{2}\ddot{a}_x \qquad (27-68)$$

等同于 $[(Ia)_x + \frac{1}{2}\ddot{a}_x]$。为了对 $(\bar{I}\bar{a})_x$ 估计，可以证明下列近似公式（证明过程略）：

$$(\bar{I}\bar{a})_x \doteq (Ia)_x + \frac{1}{12} \qquad (27-69)$$

最后，我们有：

$$(\bar{I}\bar{a})_{\overline{n}|} = \frac{\bar{a}_{\overline{n}|} - nv^n}{\delta} \qquad (27-70)$$

据此，易于证明：

$$(\bar{I}\bar{A})_x = \bar{a}_x - \delta(\overline{Ia})_x \qquad (27-71)$$

$$(\bar{I}\bar{a})_{x:\overline{n}|} = \bar{a}_{x:\overline{n}|} - \delta(\bar{I}\bar{a})_{x:\overline{n}|} \qquad (27-72)$$

为了用年金的预期现值表示 $(I\bar{A})_x$，代入，

$$(I\bar{A})_x = \bar{A}_x + v \times p_x\bar{A}_{x+1} + v^2 \times {}_2p_x\bar{A}_{x+2} + \cdots$$

$$= (1-\delta\bar{a}_x) + v \times p_x(1-\delta\bar{a}_{x+1}) + v^2 \times {}_2p_x(1-\delta\bar{a}_{x+2}) + \cdots$$

$$= \ddot{a}_x - \delta(I\bar{a})_x \qquad (27-73)$$

类似地，有：

$$(I\bar{A})_{x:\overline{n}|} = \ddot{a}_{x:\overline{n}|} - \delta(I\bar{a})_{x:\overline{n}|} \qquad (27-74)$$

第二十八章

寿险保费的计算原理

第一节 价值方程

我们已经了解了寿险与年金等各种支付形式的预期现值。下一步，就是考虑如何确定寿险保费。在确定保费的过程中，我们要以如下方程为原则：

收入的预期现值 = 支出的预期现值

我们称这个方程为价值方程。

例如，一个公司与投保人签订一份充满不确定因素的保单，可能是定期寿险或两全保险，我们可以用预期现值的价值方程计算出投保人为了得到保险给付应承担的保费。如果投保人在保单生效时一次缴清保费，那么从保险公司的角度来看，方程左边的预期现值就是确定的，一次支付的保费总数恰是将来要给付保险金和费用的预期现值。如果所订的保单为被保险人在一段时间内的生存期间，每年按一定的金额缴纳保费，则由于被保险人生存的不确定性，保险公司收入的现值常常是变化的，这取决于被保险人未来生存时间的长短。同样地，保险金的支出和费用的现值也经常变化，依赖于被保险人未来生存时间的长短。在保单刚开始时，我们不知道一个被保险人生命的长短。因此，我们不知道收入与支出的现值实际会有多大。我们知道的只是被保险人未来生存时间的统计分布情况，因此，只有找到一个恰当的生存模型和利率，我们才可以计算一系列收入与支出的预期现值。这就是说，对于设定的保险给付金额，我们可以找到一个适当的投保人缴费标准，以支付此保险给付金额所需的成本和费用；同样，如果设定了缴纳的保费数额，我们就可以找到适当的保险给付与其对应。

第二节　保费与净保费

一、保费

保险费是投保人购买各种保险而向保险人（保险公司）一次性支付或多次支付的费用，简称保费。投保人缴纳保费的目的是获得保险给付。保险给付可能为下列任何标准形式——终身寿险、定期寿险、两全保险、生存保险、年金或以上情况的组合形式。保费的支付一般有以下几种方式：（1）在保单生效时一次付清保费（趸缴保费）；（2）规定每年支付一定金额，保单生效时第一次支付，以后一直持续到被保险人死亡或达到约定的最大保费额度，常常即为保单约定的缴费期限（每年支付保费保单）；（3）一年多次支付确定的保费，通常每月支付一次，在被保险人死亡或达到约定最大限额时停缴（月保费）。也常常有每星期支付一次保费的情况。保费的第一次支付总是在投保单生效之时。

下面是一些生命保险和年金保单的例子：

- 两全保险，在未来25年若生存至期满时，或在25年中死亡时支付保险金额；保费预先每年年初支付直到保单期满，如果提前死亡，则只支付到死亡时。
- 终身寿险，在死亡时支付保险金额；在未来25年中每月初缴纳保费，如果提前死亡，则缴费在死亡那个时间终止。
- 即期年金，趸缴保费后开始每年领取年金。
- 延付年金，每月初缴纳保费，直到某个期限后停止，并开始领年金。

二、净保险费

净保险费是指在给定的假设死亡率与利率下，为了实现保单中预期的生命保险或年金的给付需缴的金额。在这里，不计公司的营业等费用。净保险费也称纯保费或风险保费。保单中净保费的计算可以从下面的净保费价值方程中得出：

净保费收入的期望现值 = 保险给付支出的期望现值

对趸缴保费的保单，保费收入是确定的。而有些保单，其保费的缴纳不是采用期初趸缴的形式，而是在一段时间里多次缴纳，具体的某笔保费缴纳与否取决于被保险人是否处于生存状态，也就是说，寿险公司的保费收入取决于被保险人的未来生存时间，保费收入的现值和保险给付支出的现值都是随机变量，但保费的大小不是随机变量，是预期现值的函数。为了解这个方程，我们要假定被保险人的死亡率和未来可以实现利率的值。这一系列假设是计算的基础，我们称之为精算计算基础。

三、利润

利润是指保单终止时（死亡或保单到期）保费的价值减去保险给付与费用支出后的

余值，包含保单终止时已产生的利息[①]。利润的现值是一个随机变量，用净保费价值方程求出的净保费意味着预期利润为0，并且不计费用。

我们引入如下符号：

V_1 为净保费收入的现值。对于多次支付保费的保单来讲，它是一个随机变量，但在趸缴保费保单中它是确定的而不是随机的。

V_0 为保险给付支出的现值。这是一个随机变量。

V_{pr}为利润的现值。

于是，

$$V_{pr} = V_1 - V_0$$

当我们用净保费价值方程去解净保费 P 时，我们知道：

$$E(V_1) = E(V_0)$$

因此，

$$E(V_{pr}) = 0$$

注意：在一个具体的保单中，保费不是随机变量，就像保险金额一样，是在保单一开始就确定的。

注意：我们在保险的有关计算中几乎无一例外地都使用现值。这与利息理论中没有不确定性因素的价值方程形成了对比，在那里我们选择现值或终值来列出价值方程都可以。

四、符号

为了便于表达和应用，在研究净保费时，我们约定了以下一系列标准符号：

P_x：对于年龄为 x 岁的人，其保险给付的预期现值为 A_x 时，每年应缴的净保费记为 P_x，即年龄为 x 岁的人投保终身寿险，将来得到每元钱保险给付所应缴的年净保费。

$P_{x:\overline{n}|}$：对于年龄为 x 岁的人，其保险给付的预期现值为 $A_{x:\overline{n}|}$ 时，每年应缴的净保费记为$P_{x:\overline{n}|}$。

$P^1_{x:\overline{n}|}$：对于年龄为 x 岁的人，其保险给付的预期现值为 $A^1_{x:\overline{n}|}$ 时，每年应缴的净保费记为$P^1_{x:\overline{n}|}$。

${}_tP_x$：对于年龄为 x 岁的人，在 t 年内，生存期间缴费的终身寿险，即每元钱的保险给付应缴的年保费记为${}_tP_x$。

${}_tP^{(m)}_{x:\overline{n}|}$：对于年龄为 x 岁的人，保险期限为 n 年的两全保险，在 t 年内的生存期间缴费，每年缴费 m 次，其每元钱的保险给付应缴的年保费记为${}_tP^{(m)}_{x:\overline{n}|}$，即每次缴费 $\frac{1}{m}{}_tP^{(m)}_{x:\overline{n}|}$ 元。

---

① 这是利润的初始定义，在寿险公司的经营中，利润又有新的含义，即在每年年末可将提存了有效保单的准备金之后的余额作为当年利润提取出来，而不是等到保单终止之再计算利润。事实上，有时会在更短的时间间隔末计算其利润。我们将在以后的章节中探讨此概念。

五、净保费价值方程应用举例

（一）普通寿险保单的净保费

我们在前面已经给出了建立价值方程需要的函数。通常来讲，我们可以对给定的保险给付，求应缴纳的保费；有时，我们解价值方程是对给定的保费求保险给付；我们也可以在给出保费、保险给付及保险期间的情况下，解出利率 i；还有时在已给出保费、保额、利率的情况下，求保险期间。

例 28－1

对于(x)的死亡年末支付、保额为 S 元的终身寿险，假定在保险期间内每年初支付净保费 P 元，未来每年实际利率为 i，给出相应的价值方程。

解：保费收入的预期现值就是被保险人在未来生存期间每年支付 P 元的预期现值，而每年初支付 1 元的预期现值为 $\ddot{a}_x$，因此，在利率为 i 的情况下，每年年初支付 P 元的预期现值是 $P\ddot{a}_x$。我们已经知道，终身寿险每单位保险给付的预期现值为 A_x，因此，保险给付为 S 元的预期现值为 SA_x（利率为 i）。由此可得利率为 i 的净保费价值方程：

$$P\ddot{a}_x = SA_x \qquad \text{利率为 } i$$

例 28－2

一个 n 年期的定期两全保险，在被保险人死亡的年末或被保险人生存至保险期末时支付保险金额 S，求价值方程。保险期间内每年初支付保费 P，保单生效时被保险人为 x 岁，假定利率为 i。

解：所求价值方程为：

$$P\,\ddot{a}_{x:\overline{n}|} = SA_{x:\overline{n}|}$$

例 28－3

（1）如果被保险人在保单开始时为 x 岁，实际利率假定为 i，保险金额为 S，在保单有效期内每年年初支付保费额为 P。求下面两种保险保单的净保费价值方程：

①n 年期定期寿险；

②n 年期生存保险。

（2）采用中国人身保险业经验生命表（2000～2003）CL1，计算上面①与②中的 P，已知 $S=10\ 000$，$x=39$，$n=25$，$i=3\%$。

（3）采用中国人身保险业经验生命表（2000～2003）CL1，计算上面①与②中的 S，已知 $P=1\ 000$，$x=20$，$n=20$，$i=3\%$。

解：此处我们略去部分解题过程，给出结果，请读者验证。

（1）所求价值方程为：

①$P\ddot{a}_{x:\overline{n}|} = SA^{1}_{x:\overline{n}|}$

②$P\ddot{a}_{x:\overline{n}|} = Sv^n{}_np_x$

（2）①$P=10\ 000\times\dfrac{A^{1}_{39:\overline{25}|}}{\ddot{a}_{39:\overline{25}|}}=10\ 000\times\dfrac{M_{39}-M_{64}}{N_{39}-N_{64}}=41.33$

②$P=242.68753$

（3）①$S=1\ 000\times\frac{\ddot{a}_{20:\overline{20|}}}{A^{1}_{20:\overline{20|}}}=1\ 000\times\frac{N_{20}-N_{40}}{M_{20}-M_{40}}=1\ 119\ 998.5$

②$S=51\ 605.4$

（二）年金保单的净保费

例 28－4

一个年龄为 x 岁的被保险人，购买了一份每年年末给付 S 元的终身年金保险，趸缴保费 P，求净保费的价值方程。

解： $P=Sa_x$

例 28－5

一个年龄为 x 岁的人购买了一份延期 n 年、年末支付的终身年金保险，每年支付 S 元，在延付期间每年缴固定保费 P，如提前死亡，即停止缴纳保费。求净保费的价值方程。

解： $P\ddot{a}_{x:\overline{n|}}=Sv^n{}_np_x a_{x+n}$

我们不必记住预期现值的每一个公式，只要有基本生命年金（a 型）和生命保险（A 型）函数，我们就可以很容易地按所有保费支付的情况和保险给付的安排，对任何一个简单的保险合同确定其净保费价值方程。重要的是，必须弄清楚前面几章介绍的所有的生命保险与生命年金函数的意义，而且必须知道如何通过生命表函数计算出它们的值。

尽管在上述价值方程的运用中，利润的预期现值为 0，但是利润可能会有许多值，这些值的大小可能是在预期值的上下，也就是说它并不一定等于预期值，于是出于谨慎、保守的设计思想，通常保单利润可能会大于 0。当然，某一保单完全有可能为公司提供小于 0 的利润，也就是亏损。

例 28－6

一个 60 岁的人投保延期年金保险，从 70 岁起每年年末得到 5 000 元的给付，60～70 岁每年年初付一定金额的保费。

已知：利率 4%；死亡率采用英国 AM92 选择表，其中，$\ddot{a}_{[60]:\overline{10|}}=8.0729$，${}_{10}p_{[60]}=0.86947$，${}_{21}p_{[60]}=0.52914$，$a_{70}=9.375$。

（1）求净保费；

（2）在不考虑费用的情况下，计算寿险公司因该保单而赚取利润的概率。

解：（1）由：

$$P\ddot{a}_{[60]:\overline{10|}}=5\ 000v^{10}\times{}_{10}p_{[60]}a_{70}$$

得：

$P=3\ 410.63$（元）

（2）如果被保险人在延期内死亡，或在年金开始支付时间之后的一段时间内死亡，则保单会产生利润。如果活到 70 岁，所缴保费在 70 岁时的值为：

$$3\ 410.63\times\ddot{s}_{\overline{10|}}=42\ 586.3\text{（元）}$$

假设在 70 岁之后又活了 t 年，计算出使不等式 $5\,000a_{\overline{t}|} > 42\,586.3$ 成立的最小整数为 $t = 11$，于是，如果被保险人在 81 岁以前死亡，公司也会获利，81 岁以后投保人的年金支付就超过了保费支付的值，公司损失，公司获利的可能性为：

$$1 - {}_{21}p_{[60]} = 0.47086$$

六、每年多次支付保费的情况

在实际中，按月缴费是非常普遍的，也就是每年支付 12 次保费。尽管按季或半年支付一次的情况也在逐渐增加。按月缴费保单中，缴纳的保费多于相应的按年缴费的保单。这主要有以下两个原因：

（1）与每年年初缴费相比，平均来讲，按月缴费保单的保费收得较晚。按月缴费保单其缴费过程贯穿于整个一年之中，而不是在年初支付，其影响在于保险人对于每一份保费都少收了一定的利息，所以按月缴费的保费额就稍大一些，以补偿少收的利息。

（2）每年年初缴费的保单中，如果被保险人存活至保单的第 t 年，第 t 次保费一定是已支付的，因为是在年初缴费，在按月缴费保单中，被保险人如在年内死亡，一部分保费就没有支付，这是按月缴费的保费额要稍大一点的又一原因。

例 28－7

考虑一份保险金额为 20 000 元的两全保险保单，被保险人现年 40 岁，保险期间为 20 年，保险金在死亡之年年末支付，或在保单期满时支付；保费从现在起开始每月月初支付直至期满或被保险人死亡为止。已知设定年利率为 4%，死亡率采用英国 AM92 选择生命表。计算每月应交纳的净保费。

解：设 P 为所求应缴月保费，则缴纳保费的预期现值为：

$$\begin{aligned} 12P\ddot{a}^{(12)}_{[40]:\overline{20}|} &\approx 12P\left[\ddot{a}_{[40]:\overline{20}|} - \frac{11}{24}\left(1 - \frac{D_{60}}{D_{[40]}}\right)\right] \\ &\approx 12P\ [13.930 - 0.4583\ (1 - 0.43013)] \\ &\approx 164.0257P \end{aligned}$$

而给付的预期现值为：

$$20\,000A_{[40]:\overline{20}|} = 9\,284.6$$

于是，由 $164.0257P = 9\,284.6$，即得：

$$P = 56.6045\ （元）$$

在实际工作中，有时会采用按周缴纳保费的方式，我们从第二十七章中知道：

$$\lim_{m \to +\infty} \ddot{a}^{(m)}_{x:\overline{n}|} = \bar{a}_{x:\overline{n}|}$$

一般我们用函数 $\bar{a}_{x:\overline{n}|}$ 来表示按周支付的保费的价值，而不是 $\ddot{a}^{(52)}_{x:\overline{n}|}$，也就是我们把按周缴费认为是连续性缴费。

例 28－8

一位 50 岁的人打算购买一份终身寿险，每周缴净保费 65 元，在 70 岁之前的生存期间缴纳保费，保险金在死亡后立即支付。按中国人寿保险业经验生命表（2000～2003）

CL1，年利率为 3%。根据保单，应支付的保险金是多少？（提示：每年平均有 52.18 周）

解：在此我们略去计算细节，仅仅给出主要表达式和最终结果，请读者自行验证：

$$65 \times 52.18\bar{a}_{50:\overline{20|}} \approx 65 \times 52.18\left\{\ddot{a}_{50:\overline{20|}} - 0.5\left(1 - \frac{D_{70}}{D_{50}}\right)\right\}$$

$$\approx 48\ 215.35$$

$$\bar{A}_{50} \approx (1+i)^{1/2}A_{50} = 0.44599$$

保险金给付为 108 108.91 元。

例 28－9

对下列保单求净保费：

（1）一份定期寿险保单，被保险人 30 岁，保险期限 10 年，在整个保险期内，生存期间按季支付保费，死亡后立即支付保险金 800 000 元。

（2）一份两全保险保单，被保险人 25 岁，保险期限 25 年，保险金额 300 000 元，死亡后立即支付或者 25 年末支付，在整个保险期间内按月缴费。

（3）一份年金保险保单，被保险人 40 岁，保费在其后 20 年内按周支付，从 60 岁起每年领取 9 000 元的年金。

（1）、（2）采用中国人寿保险业经验生命表（1990～1993）CL1，（3）计算采用中国人寿保险业经验生命表（1990～1993）CL4 计算，年利率为 3%

解：解题过程略，答案为：（1）季度保费为 259.98 元；（2）月保费为 695.33；（3）周保费为 86.31 元。

第三节　费　　用

在前面的推导和采用的净保费价值方程中，我们在计算时没有考虑费用或其他的保单开支。寿险公司出具一份保单，必须保证保单中所包含的全部费用能够从投保人那里收回来。投保人实际支付的保费，被称为毛保费，它与计算出的净保费是不同的，其区别在于要负担费用以及可能的其他开支，如利润等。

一、费用的种类

常见的费用类型有下面几种：

（1）保单费用。它不依赖于保费或保险金额的多少，是固定的费用，例如，保单出立单据、每年更新信息的开支，以及合理的一般办公费用。

（2）保费比例费用，主要包括付给经纪人或出售保单中间人的佣金，习惯上按保费百分比计算。

（3）保险金比例费用，包括税收及其在承保时发生的费用，如体检费用。

在保单订立的最初期，费用较多。这是因为这时要发生所有的承保费用、部门为建立合同的管理费用和最重要的大部分保险中介的佣金。对于一份按年缴费的两全保险保单，一种典型的佣金安排是：在保单开始时支付给保险中介第一笔佣金，为毛保费的50%，即最初的佣金，其后每年支付每笔毛保费的2.5%，即续保佣金。如果保单持有人决定停止缴费，中间人也就停止收到佣金，如果保费支付间隔小于一年，那么最初的佣金费用就可以分散到整个第一年的保费中，或者在保单开始时作为一笔单独的支出。

这些费用通常表现为初始费用、续保费用和理赔费用。初始费用，即在保单开始发生的费用，包括保单费用、保费比例费用和保险金比例费。续保费用，即继续维持保单的费用，包括发保费催单、更新记录，等等，及续保佣金的费用。续保费用一般被假定在未来的支付期间里会上涨。续保费用也包括每份保单费用，保费百分比的费用和（很少的）保险金百分比的费用。理赔费用，应支付保险金时发生的费用。其大小或者与保险金额大小有关，或者是每种类型的保单收取固定的金额。

二、通货膨胀对费用的影响

每份保单的续期费用不会总保持其开始时的水平，一般会上升，因为寿险部门的经营费用会受物价和工资膨胀的影响。佣金占保费率的百分比不会受通货膨胀的影响。而核算每份保单保费的费用成本，需要对未来通货膨胀率做出准确的估计。如果我们假定一个固定的未来年通货膨胀率为 j，也就是每份保单在时刻 0 的续期费用 X，会成为 t 时刻的 $X(1+j)^t$。在 t 时刻的支付发生与否是不确定的，取决于被保险人的生存情况，可能性为 ${}_tp_x$。一般我们对费用在某一利率 i 下的预期现值感兴趣，每份保单续期费用的预期现值就是：

$$X(1+j)^t v_i^t {}_tp_x$$

我们写作：

$$Xv_{i'}^t {}_tp_x$$

其中，

$$i' = \frac{1+i}{1+j} - 1$$

也就是：

$$i' = \frac{i-j}{1+j}$$

三、隐含费用

保险单的毛保费通常是根据保费的预期现值等于保险金和费用的预期现值来计算的，也就是根据假设给定的死亡率、利率和费用，按预期利润为零来计算的。

不管怎样，保险金的支出和保费收入都是随机变动的（保费数额不是任意的，而支付的偶然性取决于被保险人生存与否，所以是随机的），于是寿险公司的实际收入减去支出在某一年可能是正的或负的。公司要保证在每一年支出不能比收入大很多。为此，它必须建立额外的基金来平衡在现金流量上的随机变动性。用最简单的话而言，公司会通过向投保人收取稍多些的保费，即比预期保险金和费用的现值多些，来建立额外基金，这意味着公司不得不在保费方面合并一笔附加费用，或形成一笔额外的利润。通常这种额外利润是不允许的，一般采用调整精算计算基础中某些假设的差异来代替隐含费用。例如，用利率的差异。如果我们使用一个保守估计的利率，也就是在保费计算中一个较低的利率假定（这是有极大可能性的）保费所产生的实际利息，加上保费本身会多于足够支付保险金的数额。

在死亡率和费用的估计方面也会有这样的问题，这样我们将很少看到保费明显地合并了费用的膨胀或理赔费用——这些部分通过其他基本因素的差异而被隐含起来。在极端的情况下，我们可以根本不做任何费用的假定，而是替之以人为的低利率来计算毛保费，这就允许了费用的隐含。

四、毛保费价值方程

对于一个给定的保险金额，一份保单的毛保费可以通过如下的毛保费价值方程而求得：

毛保费的预期现值 = 支出的保险金的预期现值 + 支出的费用的预期现值

即：

收入的预期现值 = 支出的预期现值

这个预期现值方程（通常称为价值方程）用于计算任何保单的保费。这意味着保费计算中的原则是保单的预期利润为零（但是我们知道通常假定上的差异会形成一个隐含的、不确定的、正的利润）。还有其余的利润水平可以使用，我们可以允许带来显而易见的利润的保费为一个特定的利润水平而形成的费用负担。

其他的保费计算原则也是可能的。例如，根据已知道的有关保费收入和保险金支出的随机变动性，我们设计一个可能形成利润的保费。这是一个合理的想法，因为收入与支出的随机变动性。另一种情况是在设计上给予一个明确的特定利润。

五、求解毛保费价值方程举例

例 28 – 10

一个 40 岁的人投保一份保险期间为 20 年的两全保险，保险金额为 15 000 元，在保险期内的死亡之年年末给付或在到期时给付；保费从现在起开始每年年初支付直至期满或被保险人死亡为止。保险公司的初始费用是保额的 0.25% 和保费的 60% 再加上 100 元，续保费用为每次保费的 3%（不包括第一次），理赔或给付时费用预期为 50 元。计算每年应缴纳的保费。采用英国 AM92 选择生命表，利率按每年 4% 计算。

解：我们先找出保费、给付和费用的预期现值。

假定每年的保费为 P，那么保费收入的预期现值为：

$$P\ddot{a}_{[40]:\overline{20|}} = 13.930P$$

考虑费用的预期现值，具体如图 28－1 所示。

0	1	2	3	……	19	20
$0.6P$ $+0.0025S$ $+100$	$0.03P$	$0.03P$	$0.03P$	……	$0.03P$	0

图 28－1　考虑费用的预期现值

将图 28－1 改为图 28－2 更清楚。

0	1	2	3	……	19	20
$0.03P$ $+0.57P$ $+0.0025S$ $+100$	$0.03P$	$0.03P$	$0.03P$	……	$0.03P$	0

图 28－2　考虑费用的预期现值

这里，初始费用中的比例费用被表示为再发生费用（保费的 3%）和非再发生费用（保费的 57%），于是费用的预期现值为：

$$0.03P\ddot{a}_{[40]:\overline{20|}}+0.57P+0.0025\times 15\,000+100+50A_{[40]:\overline{20|}}$$

保险给付的预期现值为：

$$15\,000A_{[40]:\overline{20|}}$$

于是，价值方程为：

$$P\ddot{a}_{[40]:\overline{20|}}=0.03P\ddot{a}_{[40]:\overline{20|}}+0.57P+0.0025\times 15\,000+100+50A_{[40]:\overline{20|}}+15\,000A_{[40]:\overline{20|}}$$

即：

$$0.97P\ddot{a}_{[40]:\overline{20|}}-0.57P=137.5+15\,050A_{[40]:\overline{20|}}$$

所以，

$$P=550.46\ （元）$$

下面的例子包括一个递增的死亡给付，如在合同第一年死亡，那么他或她在第一年年末收到 B，如在第二年死亡，那么当年年末付给 $2B$，……，等等。本书的前面已讨论过在 1，2，3…n 年的死亡给付为 1，2，3…n 的递增生命保险的预期现值，那么就不难接受关于 B、$2B$、$3B$、…、nB 的给付。

例 28－11

在例 28－10 中，假定这个 40 岁的人投保的不是保额为 15 000 元的普通定期两全保险，而是一份保险期间为 20 年的定期递增两全保险，在保险期内的死亡之年年末给付或在到期时给付。若被保险人在第 1 年内死亡，则在第 1 年年末给付 14 100 元保险金；若被保险人在第 2 年内死亡，则在第 2 年末给付 14 200 元保险金；……；若被保险人在第 19 年内死亡，则在第 19 年末给付 15 900 元保险金；若被保险人在第 20 年内死亡，则在第 20 年年末给付 16 000 元保险金；若生存至期满，即生存至第 20 年年末，则亦在第 20 年年末给付 16 000 元。假设初始费用保费的 60% 再加上 140 元，试在其他条件不变的情况下，计算每年年初应缴纳的保费。

解：本题与例 28－10 中所不同的主要是保险给付额。对于本题中这个定期递增两全保险的给付，我们可把它视为一个保额为 14 000 元的定期两全保险和一个自 100 元起递增幅度为 100 元的递增两全保险的组合。于是，其预期现值为：

$$14\ 000A_{[40]:\overline{20|}} + 100\ (IA)_{[40]:\overline{20|}}$$

于是，价值方程为：

$$P\ddot{a}_{[40]:\overline{20|}} = 0.03P\ddot{a}_{[40]:\overline{20|}} + 0.57P + 140 + 50A_{[40]:\overline{20|}} + 14\ 000A_{[40]:\overline{20|}} + 100(IA)_{[40]:\overline{20|}}$$

据此价值方程，即可计算出所求保费的大小。

在这里，我们把最后的计算作为练习留给读者，请读者计算出结果。计算中要用到公式：

$$(IA)_{[40]:\overline{20|}} = \frac{R_{[40]} - R_{60} - 20M_{60} + 20D_{60}}{D_{[40]}}$$

例 28－12

一个 18 岁的男性投保了一份养老金保险，按保单约定，在其 60 岁后可于每月月初领取 1 000 元的保险金，为此，他将于 18～60 岁期间的每月月初缴纳保费。已知保单的初始费用为月保费的 60% 加 10 元，续保费用每月为保费的 10%；采用中国人寿保险经验生命表（2000～2003）CL4，利率按 3% 计算。计算其应缴纳的月保费。

解：设应缴月保费为 P 元。根据题意，保险给付在 60 岁时的预期现值为：

$$1\ 000 \times 12\ddot{a}_{60}^{(12)}$$

应缴保费在 18 岁时的预期现值为：

$$P \times 12\ddot{a}_{18:\overline{42|}}^{(12)}$$

发生的费用在 18 岁时的预期现值为：

$$10\%P \times 12\ddot{a}_{18:\overline{42|}}^{(12)} + 50\%P + 10$$

于是，价值方程为：

$$P \times 12\ddot{a}_{18:\overline{42|}}^{(12)} = 1\ 000 \times 12\ddot{a}_{60}^{(12)} v^{42} \times {}_{42}p_{18} + 10\%P \times 12\ddot{a}_{18:\overline{42|}}^{(12)} + 50\%P + 10$$

或写成：

$$(1 - 10\%)\ P \times 12\ddot{a}_{18:\overline{42|}}^{(12)} - 50\%P - 10 = 1\ 000 \times 12\ddot{a}_{60}^{(12)} \times \frac{D_{60}}{D_{18}}$$

其中，

$$\ddot{a}_{60}^{(12)} \approx \ddot{a}_{60} - \frac{11}{24} = \frac{N_{60}}{D_{60}} - \frac{11}{24} = \frac{2\ 879\ 151}{162\ 354} - \frac{11}{24} = 17.27545$$

$$\ddot{a}_{18:\overline{42|}}^{(12)} \approx \ddot{a}_{18:\overline{42|}} - \frac{11}{24}\ (1 - \frac{D_{60}}{D_{18}}) = \frac{N_{18} - N_{60}}{D_{18}} - \frac{11}{24}\ (1 - \frac{D_{60}}{D_{18}})$$

$$= \frac{17\ 056\ 775 - 2\ 879\ 151}{585\ 017} - \frac{11}{24}\ (1 - \frac{162\ 354}{585\ 017}) = 23.903414$$

解得：

$$P = 223.32582$$

即月缴保费 223.33 元。

第四节　超常风险

一、超常风险的含义

寿险公司在同意承保某被保险人之前，应合理确认被保险人的健康水平符合可承保的标准。如果一个人身体有缺陷或从事危险性高的工作，就表明其比普通人有更大的死亡风险，那么对这些人按标准生命表计收保费，就不能足以平衡支付给被保险人的死亡给付。在这种情况下，保险公司有以下几种处理方法：

（1）为既定的给付水平，征收更高的保费以弥补额外死亡风险带来的费用。

（2）被保险人在保单期内提前死亡，则削减保险金给付。

（3）拒绝对超常风险承保。

大多数保险公司还是愿意对那些有更高死亡危险的人承保，尽管这些人身有缺陷，按一般情况对其承保是不行的。对其承保的最通常做法就是征收更高的保险费。那些被认为有超常死亡危险的被保险人被称为“弱体”。因为以附加保费支付超常死亡率带来的赔付费用。因为这方面的资料数据是有限的，所以很难准确估算超常费用。我们仅仅了解几种特殊情况的超常风险数据和资料，如糖尿病、冠心病等。

削减保险金是两全保险中常用的方法，不论被保险人在保险期内死亡，还是生存至保险期满，保险人都会全额给付保险金。从保险金额中削减的部分可以是固定的扣除额，也可以是数额递减的扣除额（这种情况适于那些随着时间延长、危险是递减的被保险人，如非长期病疾的情况）。如果扣除额是递减的，其应在保单最后一年或保单到期之前减为0；也就是说，全额保险金额应该在最后一年年末支付完毕（如果扣除额在最后一年前减为零），或者在死亡之年年末，而不是在生存到期限满时，仍有削减额。

二、超常风险模型

如果我们要承保超常风险，那么我们就应该采用适当的死亡率模型，通常有以下几种方式：

（1）年龄递增法，是在计算保费时将弱体被保险人的投保年龄提高。例如，对一个40岁的弱体按50岁健康人的水平收费。这就是年龄递增法；按标准中国人寿保险经验生命表（1990～1993）的被保险人（弱体），就应按此生命表增加10年的死亡率计收保费。如果被保险人的危险是临时的，在一段时间之后，年龄递增法停止使用。

（2）增加死亡力，是指在分析、计算超常风险时，将死亡力增加一个固定值。假定年龄为 x 岁的弱体，其死亡力是：

$$\mu'_x = \mu_x + c$$

这里的 μ_x 是正常生命表的死亡力。后面将探讨这种模式。

（3）其他方式。在应用中的其他方式包括用一个固定常数或变化的系数乘以标准生命表的各年龄死亡率。这对计算机而言是很容易的。

面对这些方法，我们所要做的是为那些弱体寻找一个与标准生命表形式相似的（弱体）非标准体生命表。

三、死亡力固定增加的超常风险模式

例 28－13

证明：${}_np'_x v_i^n = {}_np_x v_{i'}^n$

这里 $\mu'_x = \mu_x + c$，并求利息 i'。

解： 已知 ${}_np_x = \exp(-\int_0^n \mu_{x+t}dt)$

因此，

$$\begin{aligned} {}_np'_x &= \exp[-\int_0^n (\mu_{x+t} + c)dt] \\ &= \exp[-\int_0^n \mu_{x+t}dt] \times \exp(-cn) \\ &= {}_np_x \times \exp(-cn) \end{aligned}$$

而 $\delta = \log(1+i)$，得：

$$\begin{aligned} {}_np'_x \times v_i^n &= {}_np_x \times \exp(-cn) \times v_i^n = {}_np_x \times \exp[-(c+\delta)n] \\ &= {}_np_x \times v_{i'}^n \end{aligned}$$

其中，

$$v_{i'}^n = \exp[-(c+\delta)n]$$

解得：

$$i' = \exp(c+\delta) - 1$$

上面要证明的关系式是只针对生存给付的，我们可以通过增加利率的方式确定超常死亡率。它适用于形如${}_np'_x v_i^n$ 的预期现值。如一年支付一次或多次的年金，或者生存保险，或者两全保险的生存给付。它不存在死亡保险金，因为死亡给付的形式不是${}_np'_x v_i^n$，而是${}_{n-1|}q_x v_i^n$。

在这里，为了找到死亡给付值，我们通常用关系式：

$$A'_x = 1 - d\ddot{a}'_x$$

或

$$A'_{x:\overline{n|}} = 1 - d\ddot{a}'_{x:\overline{n|}}$$

其中，d 是根据利息率 i（而不是 i'）算出的贴现率。

例 28－14

一个寿险公司通过对一组弱体（被保险人）的数据整理，确定其定期寿险和两全保险保费收入的增长情况。采用的方法为以下两种：

（1）对小于 60 岁的被保险人的死亡力加以固定值 0.019231，对 60 岁以上的人不增加。

（2）对 50 岁以下的被保险人加 10 岁，50～60 岁之间的增加 5 岁，60 岁以上的人的年龄不做调整。

计算按中国人寿保险经验生命表（1990～1993）CL1 表进行，年利率为 3%。

一个 40 岁的弱体投保 20 年的定期寿险，保险金额是 10 000 元，死亡之年年末支付。假定第一次费用占第一次保险费的 50%，以后各年的费用占保费的 5%，试计算保险公司按以上两种途径年保费收入的增长百分比。

解：首先，我们计算非弱体保险保单下的标准保费 P。

保费的预期现值 - 各项保险费用的预期现值为：

$$0.95P\ddot{a}_{40:\overline{20|}} - 0.45P = 13.64225094P$$

应付保险金的预期现值为：

$$10\,000A^{1}_{40:\overline{20|}} = 10\,000\frac{M_{40} - M_{60}}{D_{40}} = 751.3005$$

因此，

$$P = 55.07159$$

在（1）情况下：令 P' 为特别生命表下的保险费。然后，保费的预期现值减相关费用为：

$$0.95P'\ddot{a}'_{40:\overline{20|}} - 0.45P'$$

而
$$\ddot{a}'_{40:\overline{20|}} = \ddot{a}_{40:\overline{20|}\,i'} = 12.760$$

其中，

$$i' = \{\exp(\log(1.04) + 0.019231)\} - 1 = 0.05$$

因此，保险费现值减去费用的值为 $11.6206P'$。

而保险金的预期现值为：

$$\begin{aligned}10\,000A^{1}_{40:\overline{20|}} &= 10\,000\ (1 - d\ddot{a}'_{40:\overline{20|}} - v^{20}_{4\%\,20}p'_{40}) \\ &= 10\,000\ (1 - 0.04/1.04 \times 12.760 - v^{20}_{5\%\,20}p_{40}) \\ &= 1\,758.521\end{aligned}$$

因此，

$$P' = 151.3281$$

所以保险费收入增长率为 200%。

在（2）的情况下：″表示弱体的有关数据，其计算公式为：

$$\ddot{a}''_{40:\overline{20|}} = \ddot{a}_{50:\overline{10|}} + v^{10}_{10}p''_{40}\ddot{a}_{55:\overline{10|}}$$

其中，

$${}_{10}p''_{40} = {}_{10}p_{50}$$

因此，

$$\ddot{a}''_{40:\overline{20|}} = 14.2714$$

而保险费减费用的预期现值为：

$$0.95 \times 14.2714P'' - 0.45P'' = 13.1078P''$$

保险金的预期现值：

$$10\ 000A''^{1}_{40:\overline{20|}} = 10\ 000\ (A^{1}_{50:\overline{10|}} + v^{10}_{10}p''_{40}A^{1}_{55:\overline{10|}})$$

或为：

$$10\ 000A''^{1}_{40:\overline{20|}} = 10\ 000\ (1 - d\ (\ddot{a}_{50:\overline{10|}} + v^{10}_{10}p''_{40}\ddot{a}_{55:\overline{10|}}) - v^{20}_{20}p''_{40})$$

（其中，${}_{10}p''_{40} = {}_{10}p_{50}$，${}_{10}p''_{50} = {}_{10}p_{55}$）

因此，

$$10\ 000A''^{1}_{40:\overline{20|}} = 1\ 395.28\ （元）$$

从而求得：

$$P'' = 106.45\ （元）$$

这比正常保费增加了93.3%。

例 28－15

一个45岁的弱体投保人申请为自己投保两全保险，保险金额为10 000元，在生存至期满或在期内的死亡之年年末支付保险金，保险期限为20年。在整个保险期间内，每年年初缴纳定额保险费。

保险公司假定被保险人在保险期间的第一个5年适用标准生命表，在第二个5年中适用于正常死亡力增加固定值0.019231的超常风险。在第三个5年中适用于正常死亡力增加0.038100的额外死亡危险。在最后一个5年中服从于有固定死亡力为0.047402的死亡率。假设正常的死亡率按中国人寿保险经验生命表（1990～1993）CL1计算，利率为每年3%。试计算：

（1）计算被保险人每年年初应缴的额外保险费。

（2）作为支付额外保费的另一种方法，保险人准备接受普通保险单下的正常保险，然而，如果被保险人在保单有效期内死亡，要在给付的保险金中扣除一个固定的金额。试计算这个固定的金额是多少？

解：（1）首先计算标准保费 P：

$$P = 10\ 000\frac{A_{45:\overline{20|}}}{\ddot{a}_{45:\overline{20|}}} = 395.997$$

令 P' 为弱体被保险人的保费。则保费的预期现值为：

$$P'\ddot{a}''_{45:\overline{20|}} = P'\ (\ddot{a}'_{45:\overline{5|}} + v^{5} \times {}_{5}p'_{45} \times \ddot{a}'_{50:\overline{5|}} + v^{10} \times {}_{5}p'_{45} \times {}_{5}p'_{50} \times \ddot{a}'_{55:\overline{5|}} + v^{15} \times {}_{5}p'_{45} \times {}_{5}p'_{50} \times {}_{5}p'_{55} \times \ddot{a}'_{60:\overline{5|}})$$

而，

$$\ddot{a}'_{45:\overline{5|}} = \ddot{a}_{45:\overline{5|}} = 4.68415$$

$$v^{5} \times {}_{5}p'_{45} = v^{5} \times {}_{5}p_{45} = \frac{D_{50}}{D_{45}} = = 0.84552$$

$$\ddot{a}'_{50:\overline{5|}3\%} = \ddot{a}'_{50:\overline{5|}i'}$$

其中，

$$i' = \exp(\delta_{3\%} + 0.019231) - 1.0 = 5\%$$

因此，

$$\ddot{a}'_{50:\overline{5}|3\%} = \ddot{a}_{50:\overline{5}|3\%} \ [\ddot{a}_{50} - v^5 \times {}_5p_{50}\ddot{a}_{55}]_{5\%} = 4.49612$$

$$v^5_{3\%} \times {}_5p'_{50} = v^5_{5\%} \times {}_5p_{50} = 0.75871$$

$$\ddot{a}'_{50:\overline{5}|3\%} = \ddot{a}_{50:\overline{5}|i'} = 4.386$$

其中，

$$i' = \exp\ (\delta_{3\%} + 0.038100)\ - 1 = 7\%$$

因此，

$$v^5_{3\%} \times {}_5p'_{55} = v^5_{7\%} \times {}_5p_{55} = 0.68986$$

$$\ddot{a}'_{60:\overline{5}|3\%} = 1 + v \times p'_{60} + v^2 \times {}_2p'_{60} + v^3 \times {}_3p'_{60} + v^4 \times {}_4p'_{60}$$

对于 $0 \leqslant t < 5$，

$$v^t_{3\%} \times {}_tp'_{60} = \exp(-\delta_{3\%} \times t) \times \exp(-\int_0^t \gamma ds)$$

其中，

$$\gamma = 0.047402$$

于是，

$$v^t_{3\%} \times {}_tp'_{60} = \exp[-(\delta_{3\%} + \gamma) \times t] = v^t_j$$

其中，

$$j = \exp(\delta_{3\%} + \gamma) - 1 = 8\%$$

因此，

$$\ddot{a}'_{60:\overline{5}|3\%} = \ddot{a}_{60:\overline{5}|8\%} = 4.31212$$

$$v^5_{3\%} \times {}_5p'_{60} = v^5_{8\%} = 0.68058$$

所以，保费的预期现值为 $13.20767P'$。

给付的预期现值为：

$$10\,000A'_{45:\overline{20}|} = 10\,000\ [1 - d_{3\%} \times \ddot{a}'_{45:\overline{20}|})\ = 6\,153.106$$

得：

$$P' = 465.87$$

所以弱体被保险人应缴的额外保费为 69.87 元。

（2）由（1）知该保险合同的标准年保费为 395.997 元，故保费的预期现值为：

$$P \times \ddot{a}'_{45:\overline{20}|} = 5\,230.198$$

设 D 为扣除额，则保险给付的预期现值为：

$(10\,000 - D)\ A'^{1}_{45:\overline{20}|} + 10\,000A'_{45:\overset{1}{\overline{20}|}}$

$= 10\,000A'_{45:\overline{20}|} - DA'^{1}_{45:\overline{20}|}$

$= 10\,000 \times 0.6153106 - D\ (0.6153106 - v^{20} \times {}_{20}p'_{45})$

$= 6\,153.106 - D\ (0.6153106 - 0.84552 \times 0.75871 \times 0.68986 \times 0.68058)$

$= 6\,153.106 - D \times 0.31016$

由此，得：

$D=2\ 975.59$

第五节　分红保险

一、分红保险的概念

保单持有人与保险公司分享投资利润，这在保险发达国家是常见的。这种保单称为含利润保单或分红保单。事实上，对于一些保险公司，如相互保险公司的所有人就是众多的分红保单持有人。其他的人寿保险公司，如股份保险公司，属于股票持有人，但是股份保险公司的投资利润在分红保单持有人和股东之间分配。

分红保单和不分红保单的主要区别就是对于给定的保费，分红保单所承诺的保险给付是较低的。保险公司希望所收取的保险费在保险期间内通过投资能够积累成更多的金额，除了足以支付较低的保险给付（基本保额）和一些费用外，还可以把公司的期末红利分配给保单持有人。如果保险公司没有额外利润，它可以不宣布分红。但一旦寿险公司宣布对利润分红，即成为保险给付的一部分，就不能再撤回。公司对每年期末红利的确定是财务管理的一个重要部分。

二、单利形式的期末红利

当我们为一个分红保单计算保费时，我们要确定一个未来的红利支付水平。这并不限制公司对不同的期末分红水平的选择权。通常（但不一定）对一个年缴保费的保单而言，第一笔红利加在保单的起始年，并且以后的红利相应地加在随后的每一个保单年的开始。

期末红利可以以单利形式，也可以以复利形式计算。一个以单利计算的红利只适用于保险金额。如果我们设定 b 为固定水平的单利形式的红利，基本保险金额为 S。那么一个保险合同期内死亡的第 1，2，…，t 年支付的保险金额分别是：$S+bS$，$S+2bS$，$S+3bS$，$\cdots S(1+bt)\cdots$，这里假设第一次分到的红利加在保单第一年的初始。

年金保险保单也可以有利润分红。在这种情况下，支付的年金将按保单约定来增加不同水平的红利。这样被保险人就可以获得金额更大的年金。

例 28－16

一家寿险公司为一个 35 岁的人承保年缴保费的分红终身寿险，死亡时给付保险金 15 000 元，保费缴纳期限为 30 年。为了计算被保险人每年应交的保费，公司假定在承保第一年的初始给予一个以 3% 计算的单利形式的期末红利。死亡率假定按中国人寿保险经验生命表（1990～1993）CL1 生命表计算，利率为 3%。初始费用为第一年保费的 60%，续保费用为以后各年（包括第一年）保费的 5%。试计算被保险人每年应缴保费。

解：保费减费用后的预期现值为：

$$P\ddot{a}_{35:\overline{30|}}-0.05P\ddot{a}_{35:\overline{30|}}-0.55P=17.8151P$$

给付的预期现值：

假定按平均水平，死亡发生在各年的中点：

$$15\ 000\ [1.03q_{35}v^{\frac{1}{2}}+1.06_{1|}q_{35}v^{1.5}\times 1.09_{2|}q_{35}v^{2.5}\times 1.12_{3|}q_{35}v^{3.5}+\cdots]$$

$$=15\ 000\bar{A}_{35}+0.03\times 15\ 000\ (I\bar{A})_{35}$$

$$=10\ 101.06$$

因此，

$$P=566.9952939$$

三、复利形式的期末红利

如果保险公司宣布以复利形式计算期末红利，那么到期支付的保险给付总额也包括那些红利再投资而获得的红利。例如，保单开始的保险金额为 S，计算红利的复利水平为 b，假定红利加在保单生效的第 1 年年初，对于一个 n 年的两全保险而言，被保险人将得到的给付有以下两种情况：

死亡给付（期内死亡）：

1	2	$\cdots$	t	$\cdots$	n
$S(1+b)$	$S(1+b)^2$	$\cdots$	$S(1+b)^t$	$\cdots$	$S(1+b)^n$

生存给付（生存到期限满）：

1	2	$\cdots$	t	$\cdots$	n
0	0	$\cdots$	0	$\cdots$	$S\ (1+b)^n$

红利也可以加在每一保单年的年末。这种情况下 n 年的两全保险的保险给付为：

死亡给付：

1	2	$\cdots$	t	$\cdots$	n
S	$S\ (1+b)$	$\cdots$	$S\ (1+b)^{t-1}$	$\cdots$	$S\ (1+b)^{n-1}$

生存给付：

1	2	$\cdots$	t	$\cdots$	n
0	0	$\cdots$	0	$\cdots$	$S\ (1+b)^n$

例 28－17

（1）一家寿险公司对一个 35 岁的人承保期限为 25 年的分红两全保险。保险金额为 15 000 元，在保险期间内的死亡之年年末支付，或在生存到期满时支付。为计算按季度应收的保费，公司设定按 1.92308% 复利计算的期末红利在保险期内每年的年末支付。生命表按 AM92 选择表计算，利率为每年 6%。初始费用为季度保费的 105%，而且续期费用按以后各次保费的 6% 计算。试计算每季度应缴纳的保费。

（2）现假定死亡给付的支付是在被保险人死亡后立即支付，而不是在死亡年年末支付。试重新计算（1）。

（3）现在假设红利在每一保单年的年初支付，而不在年末支付，试重新计算（2）。

解：（1）保费减费用的预期现值为（设 P 为每季度缴纳的保费）：

$$4P\ddot{a}^{(4)}_{[35]:\overline{25}|} - 0.06 \times 4P\ddot{a}^{(4)}_{[35]:\overline{25}|} - 0.99P \quad （利率6\%）$$

$$=48.45P$$

保险给付的预期现值为：

令 $b=0.0192308$

$$15\,000\left(q_{[35]}v + {}_{1|}q_{[35]}v^2(1+b) + {}_{2|}q_{[35]}v^3(1+b)^2 + \cdots + {}_{24|}q_{[35]}v^{25}(1+b)^{24} + {}_{25|}q_{[35]}v^{25}(1+b)^{25}\right)$$

$$=15\,000\left(\frac{A^1_{[35]:\overline{25}|\,i'}}{1+b} + A_{[35]:\overset{\ 1}{\overline{25}|}\,i'}\right)$$

其中，

$$i' = \frac{1+i}{1+b} - 1 = 0.04$$

因此，保险给付额为5 743.63元，

故，

$$P=118.55\text{ 元（每季度）}$$

（2）按平均情况假定死亡发生在一年的中点，则保险给付的预期现值为：

$$15\,000\left(q_{[35]}v^{\frac{1}{2}} + {}_{1|}q_{[35]}v^{1.5}(1+b) + {}_{2|}q_{[35]}v^{2.5}(1+b)^2 + \cdots + {}_{24|}q_{[35]}v^{24.5}(1+b)^{24} + {}_{25}q_{[35]}v^{25}(1+b)^{24.5}\right)$$

$$=15\,000\left[(1+i)^{\frac{1}{2}}\frac{A^1_{[35]:\overline{25}|\,i'}}{1+b} + A_{[35]:\overset{\ 1}{\overline{25}|}\,i'}\right]$$

注意：这里是 $(1+i)^{\frac{1}{2}}$ 而不是 $(1+i')^{\frac{1}{2}}$。

因此，每季度的保险为 $P=118.83$ 元

（3）保险给付的预期现值为：

$$15\,000\left[q_{[35]}v^{\frac{1}{2}}(1+b) + {}_{1|}q_{[35]}v^{1.5}(1+b)^2 + {}_{2|}q_{[35]}v^{2.5}(1+b)^3 + \cdots + {}_{24|}q_{[35]}v^{24.5}(1+b)^{25} + {}_{25|}q_{[35]}v^{25}(1+b)^{25}\right]$$

$$=15\,000\left[(1+i)^{\frac{1}{2}}\ A^1_{[35]:\overline{25}|\,i'} + A_{[35]:\overset{\ 1}{\overline{25}|}\,i'}\right]$$

$$=5\,766.40$$

因此，

$$P=119.2\text{ 元}$$

例 28－18

一份40岁开始的延期年金，从60岁起每半年期末支付一次，红利自一开始就有，按复利2%计入，直至60岁。计算基础为中国人寿保险经验生命表（1990～1993）CL4和利率3%、费率3%。若年金开始前死亡则返还保费（无利息），计算每年1 000元年金应付的年保费。

解：红利在60岁即停止增加，即红利只影响年金，令 P' 为每年1元年金应收的

保费。

$$0.97P'\ddot{a}_{[40]:\overline{20|}} = (1.02)^{20} \times {}_{20|}a_{40}^{(2)} + P'\frac{R_{40} - R_{60} - 20M_{60}}{D_{40}}$$

即：

$0.97P' \times 14.8817$

$= 1.48595 \times 0.498605 \times (6.82309 + 0.25) + P' \times 0.845804$

即：

$$14.4352P' = 5.240467 + 0.845804P'$$

因此，

$$P' = 0.3856$$

所以，1 000 元的年金所应收保费为 386 元。

四、超复利分红（Super - Compound reversionary bonus）

近年来，许多保险公司分配红利时，并不仅仅以保单约定的基本给付额为基础计算红利，而是在过去红利的基础上按复利形式计算出更高的红利。这种分红称之为超复利分红。如果公司规定红利由以下两部分组成：一是在初始给付额的基础上，按利率 a 计算的红利；二是对过去的红利按复利 b 计算的红利，并且规定从保单生效的第一年度开始支付红利。那么在保险期限为 n 年的两全保险合同中，公司承诺支付的保险给付为以下数额（初始保单保险给付额为单位金额）：

年份	保险给付
第一年	$1 + a$
第二年	$1 + a + a + b \times a = 1 + a[1 + (1 + b)]$
第三年	$1 + a + a[1 + (1 + b)](1 + b) = 1 + a \times [1 + (1 + b) + (1 + b)^2]$
………	
第 t 年	$1 + a[1 + (1 + b) + (1 + b)^2 + \cdots + (1 + b)^{t-1}]$

我们知道：

$1 + (1 + b) + (1 + b)^2 + \cdots + (1 + b)^{t-1} = s_{\overline{t|}\ i=b}$

因此，根据保单，在第 t 年死亡时支付的保险给付为：

$1 + as_{\overline{t|}\ i=b}$　　（利率为 b）

请注意：这并不是终值，而是在给定条件下的保险给付。

期满时，将 $1 + as_{\overline{n|}\ i=b}$ 的保险给付。

现在，在我们知道支付保险给付的数额、时间和支付概率的情况下，可以求出保险给付的预期现值。假设一个 x 岁的人投保的一份两全保险，死亡给付于死亡之年年末支付，期满生存给付于期满时支付。则每单位给付额的预期现值为：

$(1 + a)q_x v_i + (1 + as_{\overline{2|}\ i=b})_{1|}q_x v_i^2 + (1 + as_{\overline{3|}\ i=b})_{\overline{2|}}q_x v_i^3 + \cdots + (1 + as_{\overline{n|}\ i=b})_{n-1|}q_x v_i^n + (1 + as_{\overline{n|}\ i=b})_n p_x v_i^n$

例 28－19

证明保限期限为 n 年的两全保险的单位保险给付在超复利分红情况下的预期现值为：

$$A_{x:\overline{n|}\ i}\times\left(1-\frac{a}{b}\right)+\frac{a}{b}A_{x:\overline{n|}\ i'}\qquad \text{这里 } i'=\frac{i-b}{1+b}$$

其中，

$$i'=\frac{1+i}{1+b}-1$$

解： 保险给付的预期现值为：

$$\sum_{t=1}^{n}(1+as_{\overline{t|}\ b})_{t-1|}q_x v_i^t+(1+as_{\overline{n|}\ b})_{n}p_x v_i^n$$

$$=\sum_{t=1}^{n}{}_{t-1|}q_x v_i^t+{}_{n}p_x v_i^n+\sum_{t=1}^{n}a\times s_{\overline{t|}\ b}\times{}_{t-1|}q_x v_i^t+a\left[\frac{(1+b)^n-1}{b}\right]{}_{n}p_x\times v_i^n$$

$$=A_{x:\overline{n|}\ i}+\frac{a}{b}\left(\sum_{t=1}^{n}{}_{t-1|}q_x v_{i'}^t+{}_{n}p_x v_{i'}^n\right)-\frac{a}{b}A_{x:\overline{n|}\ i}$$

$$=A_{x:\overline{n|}\ i}\times\left(1-\frac{a}{b}\right)+\frac{a}{b}A_{x:\overline{n|}\ i'}$$

第二十九章

保单价值与准备金

第一节　不考虑费用的预期保单价值

一、保单价值

通常来讲，一份保单在投保人缴纳了一定时期的保费之后，便具有了现金价值，我们即称之为保单价值。

当保险公司出售人寿保险（一次性支付）或养老金保险时，必须对被保险人做出保证。其保证的性质因保单性质而异——如果投保一次性给付保险金的人寿保险，公司保证在被保险人生存至期满或死亡时一次性支付保险给付；如果投保养老金保险（或年金），公司保证定期有规律的支付一系列年金。

被保险人在买保险或年金时，很少怀疑保险公司的偿付能力，相信在需要时公司必定会履行其义务。这就涉及寿险公司要履行其承诺的义务并具有良好的资信。这种资信不能靠侥幸，而是基于良好的精算管理。精算师用来进行这种精算管理的工具，就是保单价值。

一张保单的保单价值，即该保单的评估值，也就是寿险公司在该保单下的负债评估值。在对保单的负债做出客观、准备的评估的基础上，保险公司可以安排好相应金额的资产作为未来保单理赔或给付保险金的必要准备。

通常来讲，有两种计算保单价值的方式：一种是用预期法计算的保单价值，称为预期保单价值（the prospective policy value）；另一种是用追溯法计算的保单价值，称为追溯保单价值（the retrospective policy value）。

本章我们将分析这两种保单价值。

二、预期保单价值（the prospective policy value）

（一）预期保单价值的概念

我们把寿险保单的预期保单价值定义为：

未来支出的预期现值－未来收入的预期现值

通常来讲，支出是指在生命保险或生命年金形式下的保险给付和将发生的费用，而收入是指被保险人所要缴纳的保费。

这里定义的保单价值，是从未来的收入和支出的视角而言的，所以把它叫作预期保单价值。

先看看不计费用的简单例子。

例 29－1

考虑一位 30 岁男性投保的一份生存保险保单，保险金额为 1 000 元，期限为 3 年，投保时一次性支付保费 800 元。按中国人寿保险业经验生命表（2000～2003）CL1、年利率 5% 计算保单生效后的第一年年末、第二年年末、第三年年末的预期保单价值为多少？(不计费用)

解： 首先要留意“第 n 年年末”。这一专门术语表示保单生效后起恰好过了 n 年的那一时刻。然后，要留意保单在仍然有效时才有计算的价值。如果保单过期，就不会有现金流量，从而也不存在保单价值。

在第一年年末，未来支出的预期现值为 $1\,000A_{31:\overset{\ 1}{\overline{2|}}}=905.28$，这是因为被保险人在第一年年末为 31 岁，只有活到 33 岁才能获得保险金额。因不存在未来收入，905.28 元也就是第一年年末保单价值。

类似地，第二年年末，未来支出的预期现值为 $1\,000A_{32:\overset{\ 1}{\overline{1|}}}=951.43$，这是因为投保人只有从 32 岁生存到 33 岁，才可获得保险金额。同样，因没有未来收入，951.43 元就是保单价值。最后，利用相同的原理，可断定第三年年末保单价值为 1 000 元。

例 29－2

在上一个例题中，被保险人投保时一次缴清保费 800 元，于是对于第一年年末、第二年年末、第三年年末，不存在未来收入。假定改变上述支付保费的方法，投保人选择了每年年初支付 270 元的保费。那么，在第一年年末、第二年年末、第三年年末预期保单价值是多少？

解： 计算未来支出的预期现值的方法同上一例题一致。在确定预期未来收入的现值之前，我们必须先明确每一年年末计算保单价值是恰好在支付保费之前，还是恰好在支付保费之后。为了方便，在本书中，我们假定恰好在新的保费尚未支付之前计算保单价值。这也是通常流行的假定。于是，在第 n 年年末未来收入的预期现值为：$\ddot{a}_{30+n:\overline{3-n|}}$，其中，$n=1, 2, 3$。

因此，

（1）第一年年末预期保单价值为

$1\,000A_{31:\overset{\ 1}{\overline{2|}}}-270\ddot{a}_{31:\overline{2|}}=378.38$（元）；

（2）第二年年末预期保单价值为

$1\,000A_{31:\overset{\ 1}{\overline{1|}}}-270\ddot{a}_{31:\overline{1|}}=681.43$（元）；

（3）第三年年末预期保单价值为 1 000（元）。

（二）保单价值与准备金

事实上，从直观上来看，预期保单价值是寿险公司在允许有未来保费收入的情况下，为应付保单所约定的未来保险给付而通过安全投资来储备的资金金额。

我们常常把保单价值用做衡量寿险公司偿付能力的尺度，这就是保单价值的重要性。在实际中，当计算了公司所有有效的保单价值之后，必须检查公司是否有至少等于全部保单价值的资金。假定有这笔钱，就要设立金额等于保单价值的准备金，并且，除了支付保险给付之外，不能挪做他用。

因此，严格来讲，保单价值是精算师计算出来的一个数，而保单准备金是与保单价值相同金额的，为将来的赔付或返还而储备的款项。这是两个不同的概念。我们在任何时候都可以计算保单价值；而公司是否有能力或有足够的资金来设立相应的准备金是完全不相关的问题。但它们之间的紧密联系，又往往导致文字使用上的错误，常常用“准备金”来表达“价值”。有时读者会遇到“预期保单准备金”，但实际上它指“预期保单价值”。在这一章这种区别不会影响我们分析问题，但我们坚持使用“价值”。

（三）计算保单价值的时机

什么时候计算保单价值呢?

保单价值可以在保单有效期内即保单开出到满期为止的任何一个时刻计算。上述例题，都是在有效期内整数年末计算保单价值，但实际上它不是一般情况。比起每当到达一个整数年后计算，寿险公司更倾向于在一个固定时间计算所有保单价值，这一天我们叫作估价日。因此，只有在满整数年时正好是估价日的情况下，寿险公司才会在整数年末计算所有保单价值。一般来讲，法律会规定估计的频率。例如，在英国法律规定一年估价一次。但事实上公司估计的次数会更多。

（四）预期未来损失现值与预期准备金（the prospetive reserve）

对于一个寿险保单，我们常常要考虑另一个重要的概念——净支出，有时称为损失（loss）。

$$\text{净支出} = \text{未来支出的现值} - \text{未来收入的现值}$$

因为等式右边的两个量是随机变动的，所以净支出也是随机变化的。在保单的起始点上，如果保单是按等价原则定价的，则预期净支出为0。

一旦保单在有效期内已生效一段时间，发生了部分收入和支出，预期的净支出不再是0，而是：

$$E(\text{净支出}) = E(\text{未来支出的现值}) - E(\text{未来收入的现值}) = \text{预期保单价值}$$

这就给了我们另一种角度去看待预期保单价值，即把它看作预期未来净支出。凭直觉可想到，当预计未来支出超过未来收入时，就会有预期的净支出，为了应付这样的净支出，就要求设立准备金，而预期保单价值告诉我们该设立多少准备金。

三、不考虑费用的情况下预期保单价值

（一）估价基础（the valuation basis）

我们已经探讨过保单定价时的一组假定（主要是指利率、死亡率、费用），即寿险保单的定价基础（pricing basis）或保费基础（premium basis）。

当计算保单价值即估价时，也必须（对利息、死亡率、费用）做相似的假定，这一组假设称为估价基础（valuation basis）。按一些国家的规定，其估价基础和保费基础并不一定相同。在以后的章节中，我们将会探讨改变其中一个基础后的结果。

在这一节中，我们将考察在以下两个重要假定条件下，简单保单的预期价值。

（1）保单的估价基础和保费基础相同。

（2）忽略费用。

同样，除非有另外说明，我们假定死亡率按中国人寿保险业经验生命表（2000～2003）CL1 计算，年利率 5%。

（二）生存保险的预期保单价值

例 29－1 和例 29－2 都是关于生存保险的预期保单价值。其中一个是一次性支付保费，另一个是分期支付保费。我们将进一步研究后一种情况。并且将介绍在一些简单保险给付的情况下，保单价值的标准符号。

假设 x 岁的人取得保险给付为 S，期限为 n 的生存保险保单，并每年支付保费 P，则当 t 为整数且 $0 \leqslant t \leqslant n$ 时，在 t 年末预期价值为：

$$SA_{x+t:\overset{\ 1}{\overline{n-t|}}} - P\,\ddot{a}_{x+t:\overline{n-t|}} \tag{29－1}$$

上式中第一部分为保险给付的预期现值，第二部分为保费收入的预期现值。按常规（1）我们计算保单价值是在保单有效期内，第 t 年年末；（2）计算保单价值是在支付保费之前。在定价基础和估计基础相同的情况下，由于 P 满足价值方程：$P\,\ddot{a}_{x:\overline{n|}} = SA_{x:\overset{\ 1}{\overline{n|}}}$

因此，

$$P = S\frac{A_{x:\overset{\ 1}{\overline{n|}}}}{\ddot{a}_{x:\overline{n|}}}$$

于是，保单价值公式（29－1）等价于：

$$S\left(A_{x+t:\overset{\ 1}{\overline{n-t|}}} - A_{x:\overset{\ 1}{\overline{n|}}}\frac{\ddot{a}_{x+t:\overline{n-t|}}}{\ddot{a}_{x:\overline{n|}}}\right) \tag{29－2}$$

即：

$$SA_{x+t:\overset{\ 1}{\overline{n-t|}}} - P\,\ddot{a}_{x+t:\overline{n-t|}} = S\left(A_{x+t:\overset{\ 1}{\overline{n-t|}}} - A_{x:\overset{\ 1}{\overline{n|}}}\frac{\ddot{a}_{x+t:\overline{n-t|}}}{\ddot{a}_{x:\overline{n|}}}\right) \tag{29－3}$$

注意，公式（29－3）只有在保费定价基础和估价基础相同的条件下成立。请读者自己分析如果两个基础不同，哪里会出现问题。

在公式（29－2）中，

$$A_{x+t:\overset{\ 1}{\overline{n-t|}}} - A_{x:\overset{\ 1}{\overline{n|}}}\frac{\ddot{a}_{x+t:\overline{n-t|}}}{\ddot{a}_{x:\overline{n|}}}$$

是保险金额为 1 个单位的生存保险的预期保单价值。我们把它记作 ${}_tV_{x:\overset{\ 1}{\overline{n|}}}$，即 ${}_tV_{x:\overset{\ 1}{\overline{n|}}}$ 是指一个 x 岁人投保了保险金额为单位价值的生存保险，并且在 n 年保险期限内，每年年初

缴保费的情况下，在保单有效期内 t 时刻（第 t 年末，$0 \leqslant t \leqslant n$）的预期保单价值。

“V”象征保险金额为单位价值的预期保单价值。“V”右边的上标和下标描述保险种类，“V”左边的下标表示有效期内估计的时间（第几年年末）。

读者可以验证，对于上述 ${}_tV_{x:\overline{n|}}^{\ \ 1}$，随着 t 的增加，保单价值也在增加。这是因为保单价值与生存到保险期满时的保险给付有密切的关系。随着 t 一年一年地增加，支付这笔保险金额的时间也一年一年靠近给付时刻，于是直接可知为了应付满期时的给付，就应留出更多的款项作为准备金。

（三）定期寿险的预期保单价值

考虑一份定期寿险，保险期限为 n 年，保额为 1 元，被保险人年龄为 x 岁，每年定额支付保费。该保单在保单有效期内 t 时刻（第 t 年年末，其中，t 为整数且 $0 \leqslant t \leqslant n$）的预期保单价值可表示为 ${}_tV_{x:\overline{n|}}^{1}$ 即：

${}_tV_{x:\overline{n|}}^{1}$ 表示 x 岁的人投保的期限为 n 年的定期寿险在 t 年的预期保单价值，其中，保费每年初缴纳。

采用根据与 ${}_tV_{x:\overline{n|}}^{\ \ 1}$ 的计算公式同样的推导方式，可得 ${}_tV_{x:\overline{n|}}^{1}$ 的计算公式。按我们已熟悉的方式，把每单位保额（1 元）所交的保费记为 $P_{x:\overline{n|}}^{1}$，于是，

$$P_{x:\overline{n|}}^{1} = \frac{A_{x:\overline{n|}}^{1}}{\ddot{a}_{x:\overline{n|}}} \tag{29-4}$$

因此，在保单仍有效的情况下，保险给付在第 t 年年末的预期现值为：

$$A_{x+t:\overline{n-t|}}^{1}$$

而未来若干年所缴纳保费的预期现值为（假设保单仍有效）：

$$P_{x:\overline{n|}}^{1}\,\ddot{a}_{x+t:\overline{n-t|}}$$

因此，预期保单价值为：

$${}_tV_{x:\overline{n|}}^{1} = A_{x+t:\overline{n-t|}}^{1} - P_{x:\overline{n|}}^{1}\,\ddot{a}_{x+t:\overline{n-t|}} \tag{29-5}$$

注意，我们再次强调，这个结果建立在估价基础和定价基础一致的基础上。

保单价值的大小变化是有一定规律的。一般是由较小的保单价值开始缓慢地增长，然后慢慢地减少，直至保单期末的 0。显然，到了期末，如果保单仍有效，一定是被保险人仍活着，这就没有可支付的保险给付，也没有新的保费收入。

（四）终身寿险或两全保险的预期保单价值

考虑一份终身寿险，保额为 1 元，被保险人年龄为 x 岁，每年定额支付保费。该保单在保单有效期内 t 时刻（第 t 年年末，其中，t 为整数）的预期保单价值可表示为 ${}_tV_x$，即 ${}_tV_x$ 表示 x 岁的人投保的终身寿险在第 t 年的预期保单值，其中，保费每年初缴纳。

采用根据与 ${}_tV_{x:\overline{n|}}^{1}$ 的计算公式同样的推导方式，可得 ${}_tV_x$ 的计算公式。按我们已熟悉的方式，把每单位保额（1 元）所交的保费记为 P_x，于是，

$$P_x = \frac{A_x}{\ddot{a}_x} \tag{29-6}$$

因此，在保单仍有效的情况下，保险给付在第 t 年年末的预期现值为：

$$A_{x+t}$$

而未来若干年所缴纳保费的预期现值为（假设保单仍有效）：

$$P_x\ddot{a}_{x+t}$$

因此，预期保单价值为：

$$_tV_x = A_{x+t} - P_x\ddot{a}_{x+t} \tag{29-7}$$

可以证明，

$$_tV_x = 1 - \frac{\ddot{a}_{x+t}}{\ddot{a}_x} \tag{29-8}$$

（证明过程略）

例 29－3

对于一份两全保险，假设保险期限为 n 年，保额为 1 元，被保险人年龄为 x 岁，每年定额支付保费。该保单在保单有效期内 t 时刻（第 t 年年末，其中 t 为整数且 $0 \leqslant t \leqslant n$）的预期保单价值记为$_tV_{x:\overline{n}|}$，试求出$_tV_{x:\overline{n}|}$的计算公式。

解：采用根据与$_tV_x$ 同样的推导方式，可以推导出：

$$_tV_{x:\overline{n}|} = A_{x+t:\overline{n-t}|} - P_{x:\overline{n}|}\ddot{a}_{x+t:\overline{n-t}|} \tag{29-9}$$

$$_tV_{x:\overline{n}|} = 1 - \frac{\ddot{a}_{x+t:\overline{n-t}|}}{\ddot{a}_{x:\overline{n}|}} \tag{29-10}$$

我们容易证明：

$$_tV_{x:\overline{n}|} = {_tV}_{x:\overline{n}|}^{1} + {_tV}_{x:\overline{n}|}^{\ \ 1} \tag{29-11}$$

（五）递增风险的准备金

我们以死亡保险为例，研究递增风险的准备金。我们按保单价值的大小提取准备金。假如在整个保单期限内，按均衡标准缴纳保费。由于风险在不断递增，我们需要提存准备金。定期寿险或终身寿险保单下的均衡保费保额意味着不断增加的风险。中年过后，死亡给付的风险大致按指数函数快速增长。例如，一份被保险人为 x 岁的终身寿险保单，保额为 S。假定在整个保单期间内收取均衡保费。在第 k 年的预期给付额为 $S \times {_{k|}q_x}$。我们称之为风险的预期成本，随年龄的增加而增长——这是一个不断增加的风险。不计此刻利息的影响，假如我们对这种风险收取均衡保费，我们希望初期保费收入比预期给付额多，后期比预期给付额少。早期保费收入超过风险成本，因此，我们提存准备金。当保费收入超过风险成本，准备金在利息和保费余额的双重作用下而逐渐增加；后期，风险成本超过保费收入，我们运用准备金补偿风险损失。

例 29－4

考虑一份定期寿险保单，其被保险人为 30 岁，保险期限为 30 年，保额为 10 000 元，于死亡之年年末支付，在保单有效期内每年初缴纳均衡保费，死亡率按英国 AM92 生命表选择表计算，利率为 4%。试求：

（1）在哪一年风险成本首次开始超过保费收入；

（2）如果保单价值从某年开始下降，是从在哪一年开始。

解：（1）保费为：

$$10\ 000 \times \frac{A^{1}_{[30]:\overline{30}|}}{\ddot{a}_{[30]:\overline{30}|}} = 16.01\ （元）$$

在 $x+m$ 和 $x+m+1$（$m>0$）岁间的预期风险成本为：

$$10\ 000 \times {}_{m|}q_{[30]} = 10\ 000 \times \frac{d_{[30]+m}}{l_{[30]}} \qquad (29-12)$$

当 $d_{[30]+m}$ 首次超过 $0.001601 \times l_{[30]} = 15.89$ 时，公式（29－12）第一次超过保费。此时，$m=17$。

（2）在第 m 年年末的保单价值为：

$$10\ 000\,{}_{m}V^{1}_{[30]:\overline{30}|}$$
$$= 10\ 000\ (A^{1}_{[30]+m:\overline{30-m}|} - 0.001601 \times \ddot{a}_{[30]+m:\overline{30-m}|})$$
$$= 10\ 000\left(\frac{M_{[30]+m} - M_{60}}{D_{[30]+m}} - 0.001601 \times \ddot{a}_{[30]+m:\overline{30-m}|}\right)$$

通过反复计算和比较，得：

m	20	21	22
${}_{m}V^{1}_{[30]:\overline{30}|}$	0.02092	0.02097	0.02072

因此，保单价值在 $m=21$ 时开始下降。容易理解，在预期风险成本超过保费之后不久，保单价值达到最大，这是因为准备金获得的利息收入，在 $m=17$ 时，需从准备金中来弥补保费收入的不足，于是准备金开始减少。

（六）递减风险的准备金

如果在风险递增的整个期限内收取均衡保费，保单价值是正的，因为预期风险成本开始低后来高。假如承保一个递减的风险，那么就是另外一种情况——保费收入在一开始可能比预期风险成本低，后来的保费可能高于预期风险成本。于是，我们可能有一个负的保单价值。

例如，一个递减的定期寿险即为递减的风险，通常要求在被保险人死亡的情况下给付归还资本——利息项下的债务。死亡的风险是递增的但是可能没有保额下降那么快，因此，风险的预期成本正在下降。

负的保单价值对寿险公司是一个风险，投保人有可能决定未到期就停缴保费，当然他们失去后来的生命保险的权利。但是寿险公司依靠后来的保费收入去填平早期的风险支出，假如收不到那些保费，就会留下一个负的准备金——净支出。

负的保单价值怎样能被避免呢？一种方法就是为每一张保单留一个最小为零的准备金，即使保单价值为负。这就是准备金和保单价值的不同之处。这也说明假如投保人停缴保费，寿险公司能够弥补净支出。但是这种方法不能把寿险公司从此亏损中挽救出来，更好的方法是在比支付保险给付期限更短的时间里收取更高的保费。例如，在期限为 20 年的递减保险项下还是采用在 20 年每年收取保费的方式，就远不如采用在 10 年内收取更多的保费安全。原因显而易见——我们希望早期保费收入超过预期风险成本，从而增加正的准备金。这就需要缴纳更高的保费，因此，保费缴纳期应适当缩短。在极个别情况下，保费在开始一次交清。

（七）年金保险的预期准备金

年金保险的预期准备金特别简单，因为年金保险一般为趸缴保费或在年金开始之前的一段时间里定期缴纳保费，一旦年金开始就不再有保费收入。唯一的未来现金流量就是保险给付的支出。因此，预期保单价值就是简单的未来保险给付支出的预期现值。我们必须确定计算保单价值的时间是在某一笔年金给付之前还是之后。通常来讲，我们采取如下的方法：

（1）对于年末支付的年金，计算保单价值的时间为支付年金给付以后；

（2）对于年初支付的年金，计算保单价值的时间为支付年金给付之前。

例 29 -5

计算下列年金保险单在第 t 年年末的保单价值：

（1）年龄为 x 岁的被保险人未来每年年末支付的生命年金；

（2）年龄为 x 岁的被保险人未来每年年初支付的生命年金；

（3）年龄为 x 岁的被保险人在 n 年内每月月初支付的定期年金。

解：在此，我们只给出结果，略去计算过程，请读者考虑为什么有如此的结果：

（1）a_{x+t}；

（2）$\ddot{a}_{x+t}$；

（3）$\ddot{a}^{(12)}_{x+t:\overline{n-t}|}$。

（八）其他保单的预期保单价值

不是所有的生命保单均有一个专门符号来表示其保单价值。我们注意到年金保险没有，连续的和递增的保险也没有。通常来讲，我们用来表示在第 t 年年末的预期保单价值的符号为$_tV$（·）的形式。例如，符号$_tV$（$(I\ddot{a})_{x:\overline{n}|}$）表示 n 年期的期初支付的递增年金在第 t 年年末的预期保单价值，等等。

可以证明，

（1）
$$_tV(\bar{A}_x)=\bar{A}_{x+t}-\frac{\bar{A}_{x+t}}{\ddot{a}_x}\ddot{a}_{x+t} \tag{29-13}$$

（2）
$$_tV((IA)^{1}_{x:\overline{n}|})={}_tA^{1}_{x+t:\overline{n-t}|}+(IA)^{1}_{x+t:\overline{n-t}|}-\frac{(IA)^{1}_{x:\overline{n}|}}{\ddot{a}_{x:\overline{n}|}}\ddot{a}_{x+t:\overline{n-t}|} \tag{29-14}$$

（3）
$$_tV^{(12)}_{x:\overline{n}|}=A_{x+t:\overline{n-t}|}-\frac{A_{x:\overline{n}|}}{\ddot{a}^{(12)}_{x:\overline{n}|}}\ddot{a}^{(12)}_{x+t:\overline{n-t}|} \tag{29-15}$$

上述三式，读者可以作为练习，仿照公式（29 -5）推导过程自行证明。

第二节　不计费用的追溯保单价值

一、追溯保单价值

第二种保单价值是追溯保单价值。预期保单价值向未来看，决定寿险部门为了承担将来的义务所必须持有的资金。追溯保单价值向过去追溯，是计算已缴保费的终值减去已支付的利益的终值。

（一）追溯保单价值的概念

追溯保单价值是在寿险保单期间 t 时刻时已收到的保费终值减去已支付的给付和费用的终值。

显然，这是指一份有效保单在估价日的保单价值。

（二）一份保单的追溯保单价值

我们将采用与第一节中同样的假设：

（1）我们假设保单价值的计算基础与保费定价的计算基础是一致的。

（2）忽略费用。

（3）除非特别说明，我们假定死亡率按中国人寿保险业经验生命表（2000～2003）CL1 计算，年利率 5%。

例 29－6

对于一个年龄为 x 岁的被保险人，证明一份保额为 1 元的，每年年初缴纳保费的终身死亡保险保单，在 t 时刻（$0 \leqslant t \leqslant n$）的追溯保单价值是：

$$\frac{A_x}{\ddot{a}_x} \times \frac{N_x - N_{x+t}}{D_{x+t}} - \frac{M_x - M_{x+t}}{D_{x+t}} \tag{29-16}$$

证明：应缴纳保费为$\frac{A_x}{\ddot{a}_x}$。

因此，在 t 时刻，保费的终值是：

$$\frac{A_x}{\ddot{a}_x} \times \ddot{S}_{x:\overline{t}|} = \frac{A_x}{\ddot{a}_x} \times \frac{N_x - N_{x+t}}{D_{x+t}}$$

1 元的保额在死亡之年年末给付，其终值为：

$$\frac{M_x - M_{x+t}}{D_{x+t}}$$

因此，保费收入的终值减去已发生给付的终值等于：

$$\frac{A_x}{\ddot{a}_x} \times \frac{N_x - N_{x+t}}{D_{x+t}} - \frac{M_x - M_{x+t}}{D_{x+t}}$$

类似地，我们可以推导出：

（1）对于一个年龄为 x 岁的被保险人，一份保额为 1 元，每年年初缴纳保费的期限

为 n 年的定期两全保险有效保单在 t 时刻（$0 \leqslant t \leqslant n$）的追溯保单价值为：

$$\frac{A_{x:\overline{n}|}}{\ddot{a}_{x:\overline{n}|}} \times \frac{N_x - N_{x+t}}{D_{x+t}} - \frac{M_x - M_{x+t}}{D_{x+t}}$$

（2）对于一个年龄为 x 岁的被保险人，一份趸缴保费、每年年末支付的年金保险保单在 t 时刻（$0 \leqslant t \leqslant n$）的追溯保单价值为：

$$\frac{N_{x+1}}{D_{x+t}} - \frac{N_{x+1} - N_{x+t+1}}{D_{x+t}} = a_{x+t} \tag{29-17}$$

注意，我们并没有为追溯保单价值专门定义任何符号，它们没有标准的符号。请注意我们仅仅用“V”表示预期保单价值。

二、预期保单价值与追溯保单价值的等价性

我们以年金保险、终身寿险、定期寿险和两全保险为例，探讨预期保单价值与追溯保单价值的等价性。

（一）年金保险

等式（29－17）隐含着一个重要结论，回忆一下例 29－5，每年年末支付 1 元的终身生命年金在 t 时刻的保单价值为 a_{x+t}，因此，在本节的假设条件下，预期保单价值和追溯保单价值是相等的。除了年金保险保单之外，这结论对于普通寿险保单同样适用。

注意，“在本节的假设条件下”是重要的。追溯保单价值并不总是与预期保单价值相等，仅在符合下列条件时才相等：

（1）追溯保单价值的计算基础和预期保单价值的计算基础是一样的；

（2）保单估价与保费定价的计算基础也一样。

（二）终身寿险

假设一份终身寿险的保额为 1 元，保费从 x 岁开始于每年年初缴纳。如果保费定价和计算保单价值采用一样的计算基础，则在 t 时刻的预期保单价值：

$$\begin{aligned} {}_tV_x &= A_{x+t} - P_x \ddot{a}_{x+t} \\ &= \frac{M_{x+t}}{D_{x+t}} - P_x \times \frac{N_{x+t}}{D_{x+t}} \\ &= P_x \times \left(\frac{N_x - N_{x+t}}{D_{x+t}} - \frac{N_x}{D_{x+t}} \right) - \left(\frac{M_x - M_{x+t}}{D_{x+t}} - \frac{M_x}{D_{x+t}} \right) \end{aligned}$$

因为，

$$P_x = \frac{M_x}{N_x}$$

所以，

$$\text{上式} = P_x \times \frac{N_x - N_{x+t}}{D_x} - \frac{M_x - M_{x+t}}{D_{x+t}} \tag{29-18}$$

此即在 t 时刻的追溯保单价值。也就是说，如果保费定价和计算保单价值采用一样的计算基础，则在 t 时刻的追溯保单价值等于在 t 时刻的预期保单价值。

（三）定期寿险

假设一份定期的寿险保单，期限为 n 年，保额为 1 元，保费从 x 岁开始于每年年初缴纳。如果保费定价和计算保单价值采用一样的计算基础，则在 t 时刻（$0 \leqslant t \leqslant n$）的预期保单价值：

$$
\begin{aligned}
{}_tV^1_{x:\overline{n}|} &= A^1_{x+t:\overline{n-t}|} - P^1_{x:\overline{n}|}\ddot{a}_{x+t:\overline{n-t}|} \\
&= \frac{M_{x+t} - M_{x+n}}{D_{x+t}} - P^1_{x:\overline{n}|}\left(\frac{N_{x+t} - N_{x+n}}{D_{x+t}}\right) \\
&= \left(\frac{M_{x+t} - M_{x+n}}{D_{x+t}} + \frac{M_x - M_x}{D_{x+t}}\right) - P^1_{x:\overline{n}|}\left(\frac{N_{x+t} - N_{x+n}}{D_{x+t}} - \frac{N_x - N_x}{D_{x+t}}\right) \\
&= P^1_{x:\overline{n}|} \times \frac{N_x - N_{x+t}}{D_{x+t}} - \frac{M_x - M_{x+t}}{D_{x+t}} + \left(\frac{M_x - M_{x+n}}{D_{x+t}} - P^1_{x:\overline{n}|} \times \frac{N_x - N_{x+n}}{D_{x+t}}\right)
\end{aligned}
$$

而，

$$P^1_{x:\overline{n}|} = \frac{M_x - M_{x+n}}{N_x - N_{x+n}}$$

因此，

$$\text{上式} = P^1_{x:\overline{n}|} \times \left(\frac{N_x - N_{x+t}}{D_{x+t}}\right) - \left(\frac{M_x - M_{x+t}}{D_{x+t}}\right) \tag{29-19}$$

此即在 t 时刻的追溯保单价值。

（四）两全保险

假设一份定期 n 年的两全保险保单，保额为 1 元，保费从 x 岁开始于每年年初缴纳。如果保费定价和计算保单价值采用一样的计算基础，则在 t 时刻的预期保单价值：

$$
\begin{aligned}
{}_tV_{x:\overline{n}|} &= A_{x+t:\overline{n-t}|} - P_{x:\overline{n}|} \times \ddot{a}_{x+t:\overline{n-t}|} \\
&= \frac{M_{x+t} - M_{x+n} + D_{x+n}}{D_{x+t}} - P_{x:\overline{n}|}\left(\frac{N_{x+t} - N_{x+n}}{D_{x+t}}\right) \\
&= \left(\frac{M_{x+t} - M_{x+n} + D_{x+n}}{D_{x+t}} + \frac{M_x - M_x}{D_{x+t}}\right) - P_{x:\overline{n}|}\left(\frac{N_{x+t} - N_{x+n}}{D_{x+t}} - \frac{N_x - N_x}{D_{x+t}}\right) \\
&= P_{x:\overline{n}|} \times \left(\frac{N_x - N_{x+t}}{D_{x+t}}\right) - \left(\frac{M_x - M_{x+t}}{D_{x+t}}\right) - \left(\frac{M_x - M_{x+t} + D_{x+n}}{D_{x+t}} - P_{x:\overline{n}|} \times \frac{N_x - N_{x+t}}{D_{x+t}}\right)
\end{aligned}
$$

而，

$$P_{x:\overline{n}|} = \frac{M_x - M_{x+n} + D_{x+n}}{D_{x+t}}$$

因此，

$$\text{上式} = P_{x:\overline{n}|} \times \left(\frac{N_x - N_{x+t}}{D_{x+t}}\right) - \left(\frac{M_x - M_{x+t}}{D_{x+t}}\right) \tag{29-20}$$

此即在 t 时刻的追溯保单价值。

第三节 考虑费用的保单价值

一、保费保单价值的有关因素

在前面探讨保单价值的过程中，我们做了以下两个重要的假设：计算预期保单价值和追溯保单价值，采用与保费定价相同的计算基础；并且计算中我们忽略了费用。

我们现在将抛开这些假设，来探讨在采用不同于保费定价的计算基础并考虑到费用的情况下保单价值的大小。也就是说，前面提到的预期保单价值与追溯保单价值等价性的前提将不再存在。

我们把符合下列两个假设条件的预期保单价值称为毛保费保单价值：

（1）保费定价的计算基础和保单价值的计算基础并不要求是相同的；

（2）考虑未来将发生的费用。

毛保费保单价值的有关因素：

毛保费保单价值以预期保单价值的定义为基础，定义为：

未来支出的预期现值－未来收入的预期现值

或表示为：

未来净支出的预期现值

在此我们必须注意：

（1）未来的支出不仅包括给付，而且包括发生的费用。

（2）保费定价的计算基础与保单估价的计算基础并不一致。在实务中，我们知道保费的支付是根据保单记录来的，而这将用于计算未来收入的预期现值。我们经常按保费定价的计算基础来计算毛保费，然后，按保单估价的计算基础来计算毛保费保单价值。

这里毛保费保单价值的本质含义是指，在计算保单价值时，要采用恰当的计算基础，最初保单定价时的计算基础可能已经不适用了，而此时按新的计算基础来考虑未来的预期支出和预期收入之差，即未来的预期净支出。

二、计算毛保费保单价值举例

我们以定期寿险为例，处理一个保费定价的计算基础和有效保单估价的计算基础不相同的问题。

例 29－7

某寿险公司计算毛保费保单价值的计算基础如下：

死亡率	中国人寿保险业经验生命表（2000～2003）CL1
利率	5%

初始费用　　　第一次保费的 20% 加 100 元

续保费用　　　第二次缴费起为每次保费 5% 加 20 元

一个 30 岁的人买了一份保险期限为 30 年、保额为 100 000 元的定期寿险保单，保费每年年初支付，在死亡之年年末得到保险金，假定经过计算，寿险公司为其设计的是每年年初缴纳 300 元的保费，计算在第 11 次保费支付之前，该保单的价值。

解：考虑第 11 次保费支付以前的保单价值。因为保费是年初支付的，所以实际上是在第 10 年年末的保单价值。第 10 年年末，这个被保险人已经 40 岁了。于是，保险给付的预期现值是：

$$100\ 000 \times A^{1}_{40:\ \overline{20|}} = 100\ 000 \times \frac{M_{40} - M_{60}}{D_{40}} = 4\ 126.74$$

保费收入的预期现值是：

$$300 \times \ddot{a}_{40:\ \overline{20|}} = 3\ 843.49$$

续保费用的预期现值是：

$$(20 + 0.05 \times 300) \times \ddot{a}_{40:\overline{20|}} = 448.41$$

因此，保单价值是：

$$4\ 126.74 + 448.41 - 3\ 843.49 = 731.66$$

注意，在计算保单价值时，我们不需要考虑初始费用。这是因为我们仅仅考虑未来的收入和支出因素，而对第 10 年年末的时刻来讲，初始费用存在于过去。（这里的初始费用的影响，在保费定价时已体现了。）

类似地，我们当然也能够计算出其他险种的毛保费保单价值，如生存保险、年金保险等等。我们还可以计算更复杂一点的情况，例如，受通货膨胀影响而增长费用的情况等。

第四节　分红保单的保单价值

一、分红保单的估价

分红保单的估价与不带红利的保单的估价所遵循的原则是一样的，只是还涉及一些与红利有关的问题：（1）这些红利已加到了过去的保险给付（即可领取的保险金）中；（2）这些红利可能在将来加到可领取的保险金（即保险给付）中。

保单价值的计算必须把这两种情况均考虑在内。在估价日，我们必须知道有多少红利已经加到保险给付中去了。这不是一种假设，而是一个已知的事实。考虑第一种情况下的保单价值没有问题——估价时只要把保险金额加上已经加入的红利即可。另外，我们不能确定将来会有多少红利可以加入到保险给付中去。这就得靠假定了，正如我们一开始计算保单的价格一样。因此，估值的基础中必须加上一个新的因素——将来可能实现的加到保险给付中的红利的（各种）比率（利率）。在这一节里我们将举例说明分红保单的保单价值的估算。我们先做两点说明：

第一，虽然分红保险在很多地方是很普遍的，但是出于篇幅的考虑，我们只讨论两全保险和终身寿险，并且我们只讨论毛保费保单价值。

第二，我们假设分红的影响仅涉及保险给付，不影响保费和其他费用的计算，我们仍按趸缴保费和原有的费用假设进行。然而，我们假设只要保费一付，即开始产生红利。例如，如果年初支付每年的保费，则该年的红利于年初就加到保险给付中去。

二、按单利计算的将来可得到红利的保单价值

在按单利计算未来红利的情况下，保险金（保险给付）随时间的推移按最初保险金的某个百分比而增长。例如，假设保险金额为 1 000 元，每年可得 5% 的按单利计算的未来红利，那么 t 年后可得的保险给付为：

$$1\ 000(1+0.05\times t)$$

也就是说，按保险金额的 5% 计算的红利将在每年加入到保险给付中去。按单利计算的利率不变的红利加入到保险给付中是一种递增的保险给付，这与我们在第二十八章中所研究的相似。

例 29 -8

20 年前，一家寿险公司向一个年龄 50 岁的人出售了一份分红终身寿险保单。保险金额是 10 000 元，于死亡之年年末支付；保费 325 元于每年年初支付。红利于每年年初开始自然增长并按单利计算。在第 20 年保费已付的那天，应附加的红利为 8 000 元。该寿险按以下依据计算保单价值：

生命表	中国人寿保险业经验生命表（2000 ~ 2003）CL1
利息率	5%
红利（附加）	每年 2.5% （单利）
费用	无

计算在第 21 次保费支付之前的毛保费保单价值。

解：在第 21 次保费支付之前，我们考虑未来的死亡给付，显然，其值为 10 000 + 8 000 元与按 10000 元的 2.5% 的单利逐年递增的红利之和。

因此，死亡给付的预期现值为：

$18\ 000\times A_{70}+250\times(IA)_{70}=11\ 492.36$

未来保费收入的预期现值为：

$325\times\ddot{a}_{70}=3045.07$

于是，保单价值为：

$11\ 492.36-3\ 045.07=8\ 447.29$

三、按复利计算的将来可享有红利的保单价值

随着发展，按单利计算的分红保险逐渐减少，更多的是按复利计算的红利。在按复利

计算未来红利的情况下，红利是随时间的推移，按保险金额以一定比率按复利增长的。例如，假设保险金额为 1000 元，每年应计未来红利为 3%。那么 20 年后按复利计算的应付保险给付为：

$1\ 000\times 1.03^{20}=1\ 806.11$

按复利计算未来红利的保险给付计算方法相当于按一个较低的利率计算保险给付。

举例来讲，有一个保险金额为 S 的终身寿险保单，在估价日，已加入的红利为 B，被保险人的年龄为 y，假设寿险公司计算保单价值所假设的利率为 i，未来红利每年为 b（按复利计算）。如果（死亡）保险给付于被保险人死亡的当年年末支付，那么这笔保险给付在估价日的预期现值为：

$$(S+B)\{(1+b)\nu q_x+(1+b)^2\nu^2_{1|}q_x+(1+b)^3\nu^3_{2|}q_x+\cdots\}=(S+B)A^j_y$$

其中，$1+j=\dfrac{1+i}{1+b}$

如果死亡保险金的给付改为在被保险人死亡时立即支付，那么死亡保险给付的预期现值约为：

$$(S+B)(1+i)^{1/2}A^j_y$$

同样，$1+j=\dfrac{1+i}{1+b}$.

注意，这里死亡保险金的预期现值并不是$(S+B)\overline{A}^j_y$。请注意下面的例子，死亡保险金的预期现值在近似计算中（当 b 较小时）是等于$(S+B)\overline{A}^j_y$ 的。

例 29－9

按月支付保费的分红保单通常在收到每月的保费时，按比例将红利增加到保单中去，也就是说，当收到第一笔保费时，一年红利的 1/12 被加到保单中，收到第二笔保费时，又一个数额为一年红利 1/12 红利被加到保单中，这样到每年年末，一整年的红利都被加到保单中去了。证明在这种情况下，终身寿险的死亡保险金的预期现值约为$(S+B)\overline{A}^j_y$，假设死亡保险金在被保险人死亡时立即支付。

解：我们按平均情况假设死亡发生死亡之年的中点，即已支付了 6 个月的保费。则死亡给付的预期现值为：

$$(S+B)\left\{\left(1+\frac{b}{2}\right)\nu^{0.5}q_x+(1+b)\left(1+\frac{b}{2}\right)\nu^{1.5}_{1|}q_x+(1+b)^2\left(1+\frac{b}{2}\right)\nu^{2.5}_{2|}q_x+\cdots\right\}$$

因为 b 通常很小，所以，

$$\left(1+\frac{b}{2}\right)\approx(1+b)^{1/2}$$

所以有：

$$(S+B)\frac{(1+i)^{1/2}}{(1+b)^{1/2}}A^j_y=(S+B)\overline{A}^j_y$$

例 29 - 10

15 年前，一家寿险公司向一位年龄为 40 岁的人出售了一份带红利的终身寿险保单。保险金额为 20 000 元，于被保险人死亡之年年末支付；保费于每年年初支付，为 350 元。按复利计算未来红利在每年年初开始计入。在前 15 年的保费付清后，累计的红利总额 13 000元。假设寿险公司按以下计算基础计算保单价值。

生命表：　　　　中国人寿保险业经验生命表（2000 ~ 2003）CL1

利率：　　　　　5%

未来红利：　　　每年 1.942%（复利）

费用：　　　　　无

计算第 16 笔保费支付前的按毛保费保单价值。

解：

$(1+j)=\dfrac{1+i}{1+b}=\dfrac{1.05}{1.01942}=1.03$

给付的预期现值为：

$(S+B)A_{55}^{j}=33\ 000\times A_{55}^{3\%}=16\ 431.20$

未来保费收入的预期现值为：

$350\times\ddot{a}_{55}^{5\%}=4\ 915.63$

因此，保单价值为：

$16\ 431.20-4\ 915.63=11\ 515.57$

对于按复利计算未来红利的分红保单，在计算毛保费保单价值时，要注意一个问题：保险给付是按一个较低的利率计算的：

$$j=\frac{1+i}{1+b}-1$$

但保费不是按该利率计算的，它们是按利率 i 计算的。最保险的办法就是先认真地重新建立一个计算预期现值的表达式，而不要一开始就用 A 和 $\ddot{a}$ 的函数。

例 29 - 11

10 年前，一家寿险公司向一位年龄为 40 岁的人出售了一份带红利的两全保单。保险期限为 20 年，保险金额为 5 000 元，于死亡时立即支付或活到期满时支付。保费则于每年年初支付 350 元，按复利计算的未来红利在每年年初开始计入，在第 10 笔保费已付后的红利总额为 2 400 元。假设该寿险公司按以下计算基础计算保单价值：

生命表：中国人寿保险业经验生命表（2000 ~ 2003）CL1

利率：5%

未来红利：每年 1.942%（复利）

费用：无

计算在第 11 笔保费支付前的毛保费保单价值。

解：由 $j=\dfrac{1+i}{1+b}-1$，得 $j=1.03$，死亡给付的预期现值为：

$(S+B)\times(1+i)^{1/2}A^{1}_{50:\,\overline{10}|}=7\,400\times1.05^{1/2}\times A^{1@3\%}_{50:\,\overline{10}|}=331.53$

生存给付的预期现值为：

$7\,400\times(1+b)^{10}\nu^{10}\times{}_{10}p_{50}=6\,324.63$

未来保费收入的预期现值为：

$350\times\ddot{a}^{5\%}_{50:\overline{10}|}=2\,787.08$

因此，毛保费保单价值为：

$331.53+6\,324.63-2\,787.08=3\,869.08$

例 29－12

10 年前，一家寿险公司向一位年龄为 40 岁的人出售了一份分红两全保险保单，保险期限为 25 年，保险金额是 8 000 元，于该人死亡时立即支付或生存到期满时支付。每月保费为 25 元，于月初支付。从每月月初开始，按复利计算的未来一年红利的 1/12 开始计入。在前 10 年保费已付之后，已计入的红利总额为 3 000 元，该寿险公司按以下计算基础计算保单价值：

生命表：中国人寿保险业经验生命表（2000～2003）CL1

利率：5%

未来红利：每年 1.942%（复利）

费用：无

计算在第 121 笔月保费支付前的毛保费保单价值。

解：死亡给付的预期现值为：

$(S+B)\times\bar{A}^{1}_{50:\,\overline{15}|}\approx11\,000\times0.12271=902.46$

生存给付的预期现值为：

$11\,000\times(1+b)^{15}\nu^{15}\times{}_{15}p_{50}=6\,304.27$

未来保费收入的预期现值为：

$12\times25\times\ddot{a}^{(12)@5\%}_{50:\,\overline{15}|}=3\,088.21$

因此，毛保费保单价值为：

$902.46+6\,304.27-3\,088.21=4\,118.52$

第五节　纯保费保单价值

一、纯保费保单价值的概念

纯保费保单价值很容易计算，理解起来需小心一些。我们先看看关于纯保费保单价值的主要思想。

最简单的出发点就是以保费为基础，而不是以价值（估值）为基础。

当我们计算保险费率时，我们试图对将来的利息水平、红利、死亡率和费用做出合理的推测，然后算出合适的保费。虽然实际问题中并不如此简单，但是这样来描述计算过程应该是合理的。

现在假设我们已经计算出一个保险费率，出售了一张保单，若干年后我们必须对这一份保单进行估价。在某些情况下，最明显的方法就是计算毛保费保单价值。我们知道将来每笔保费的数额。我们必须预测将来的利率、红利、死亡率和费用——即计算基础——通过这些计算基础来计算保单价值，然后，建立合理的准备金。

毛保费保单价值的一个显著特征，从其名字可以看出，我们考虑的是将来的每一笔保费的整体（即每笔保费的总额）。也就是说，我们用寿险公司可能从投保人那里收到的所有保费的预期现值来计算。纯保费保单价值的计算方法采取另一种稍微不同的方法，即我们只考虑将来每笔保费的一部分。也就是说，我们计算的预期保费比投保人实际缴纳的要少。

保费是按保单出售时我们对将来的预测来收取的。保单也许是在一段时间以前出售的。这些假定与我们目前的估价有什么样的相关关系？

例如，我们可能认为 10 年前用 5% 的利率是合适的。

我们也许认为 7% 会是一个更好的利率。当然，我们现在不会愿意用 7% 的利率来计算保费，如果我们在保单签发时用 7% 的利率来计算保费，我们就会得到一个不同的保费。因为投保人支付的保费必须足以支付将来给他的保险给付。如果我们认为按 7% 的利率计算保费是充分的，那么表明投保人至少必须支付按此计算出的保费。实际上，我们用 5% 的利率算出的保费要大一些。

因此，纯保费保单价值的计算方法如下：我们选定一个计算保单价值的计算基础，这些计算基础包括对利率和死亡率的假定。用这些假定，不考虑费用，计算支付相应保险给付所应收取的保费，我们称之为纯保费。用此纯保费进行计算并忽略费用的预期保单价值，称为纯保费保单价值。

例 29 - 13

考虑不带红利的终身寿险保单，保险金额为 1 元，被保险人年龄为 50 岁。死亡给付于（被保险人）死亡之年年末支付。假设死亡率按照中国人寿保险业经验生命表（2000 ~2003）CL1 计算，年利率为 5%，计算在以下各时刻的纯保费保单价值：

（1）10（年）

（2）20（年）

（3）30（年）。

解： 第一步是计算纯保费。

$$P_{50} = \frac{A_{50}}{\ddot{a}_{50}} = 0.0177806$$

因此，所求的保单价值为：

（1）$A_{60} - 0.0177806 \times \ddot{a}_{60} = 0.176278164$

（2）$A_{70} - 0.0177806 \times \ddot{a}_{70} = 0.387241246$

（3）$A_{80}-0.0177806\times\ddot{a}_{80}=0.599655395$

二、纯保费保单价值的计算

例 29－14

一个寿险公司出售不带红利的两全保险保单。该公司以中国人寿保险业经验生命表（2000～2003）CL1 为依据。

计算${}_{5}V_{30:\overline{25|}}$，${}_{10}V_{30:\overline{25|}}$，${}_{15}V_{30:\overline{25|}}$，${}_{20}V_{30:\overline{25|}}$

其中，（1）利率为 3%；（2）利率为 5%。

解： 根据

$$ {}_{t}V_{x:\overline{n|}}=1-\frac{\ddot{a}_{x+t:\overline{n-t|}}}{\ddot{a}_{x:\overline{n|}}} $$

得：

保单价值	利率为 3%	利率为 5%
${}_{5}V_{30:\overline{25|}}$	0.145712989	0.11624543
${}_{10}V_{30:\overline{25|}}$	0.313957869	0.263678477
${}_{15}V_{30:\overline{25|}}$	0.50853044	0.45106691
${}_{20}V_{30:\overline{25|}}$	0.734753772	0.690717782

例 29－15

一个寿险公司出售不带红利的定期寿险保单。该公司以中国人寿保险业经验生命表（2000～2003）CL2 为依据。

计算${}_{5}V^{1}_{30:\overline{25|}}$，${}_{10}V^{1}_{30:\overline{25|}}$，${}_{15}V^{1}_{30:\overline{25|}}$，${}_{20}V^{1}_{30:\overline{25|}}$

其中，（1）利率为 3%；（2）利率为 5%。

解：

根据${}_{t}V^{1}_{x:\overline{n|}}=A^{1}_{x+t:\overline{n-t|}}-P^{1}_{x:\overline{n|}}\times\ddot{a}_{x+t:\overline{n-t|}}$

有：

保单价值	利率为 3%	利率为 5%
$P^{1}_{x:\overline{n|}}$	0.000997	0.000903
${}_{5}V^{1}_{30:\overline{25|}}$	0.002993835	0.002692089
${}_{10}V^{1}_{30:\overline{25|}}$	0.005481871	0.005102871
${}_{15}V^{1}_{30:\overline{25|}}$	0.0067356	0.006486384
${}_{20}V^{1}_{30:\overline{25|}}$	0.005850639	0.005831538

例 29－16

某寿险公司为 60 岁的被保险人承保期限为 5 年的不带红利的两全保险（承保的第一年被保险人为 60 岁），保险金额为 1 000 元，死亡保险给付于被保险人死亡之年年末支付，保费于每年年初支付。每年该公司都在 1 月 1 日出售 1 000 份这样的保单，在每年的 1 000 个新成员中，在随后的每一年内各有 10 个人死亡，有 950 个被保险人生存到期满。

该公司计算这些保单是用纯保费保单价值，假定死亡率按中国人寿保险业经验生命表（2000～2003）CL2 计算，利率为5%，在每年的12月31日该公司对这些业务应提存的准备金是多少？

解：

已生效年数	保单价值	有效保单数额	应提存的准备金
1	179. 11	990	177 318. 90
2	367. 81	980	360 453. 80
3	566. 91	970	549 902. 70
4	777. 30	960	746 208. 00
5	1 000. 00	950	950 000. 00

三、保单价值间的关系

（一）在相连年份的纯保费保单价值之间的递推关系

我们现在开始探讨在相连的年份中有效保单的纯保费保单价值之间的重要关系。

我们的出发点是估价计算基础。我们假定这一部分中全用相同的利率和生命表，如果估价计算基础发生变化，这里的结果就不成立了。

某不带红利的终身寿险保单，保险金额为1元，在死亡之年年末支付，保费每年年初缴纳，则：

$$({}_tV_x + P_x) \times (1 + i) = q_{x+t} + p_{x+t} \times {}_{t+1}V_x$$

其中，利率 i、死亡概率 q_{x+t} 和 p_{x+t} 是在估价计算基础上计算的。显然，这个公式所说的是：

对于某有效保单，年初的准备金 ${}_tV_x$，加上在年初缴纳的纯保费 P_x，到年底的终值为 $({}_tV_x + P_x) \times (1 + i)$。这一终值用于支付死亡给付和为生存者提存准备金。

对于死亡者，将于年末支付数额为1元的死亡给付，因为死亡率为 q_{x+t}，所以预期给付为 q_{x+t}。

对于生存者，我们需要在年底提存数额为 ${}_{t+1}V_x$ 的准备金，而生存概率为 p_{x+t}，因此，应提存准备金的预期金额为：

$$p_{x+t} \times {}_{t+1}V_x$$

现在我们证明这一结论，从等式的左边开始，式中各项均按估价计算基础进行计算。

左边 $({}_tV_x + P_x) \times (1 + i) = (A_{x+t} - P_x\ddot{a}_{x+t} + P_x) \times (1 + i)$

而，

$$A_{x+t} = \nu q_{x+t} + \nu p_{x+t}A_{x+t+1}$$

且，

$$P_x - P_x\ddot{a}_{x+t} = P_x(1 - \ddot{a}_{x+t}) = -P_x a_{x+t} = -P_x \times \nu \times p_{x+t} \times \ddot{a}_{x+t+1}$$

因此，

$$({}_tV_x + P_x) \times (1 + i) = q_{x+t} + p_{x+t} \times A_{x+t+1} - P_x \times p_{x+t} \times \ddot{a}_{x+t+1}$$

$$= q_{x+t} + p_{x+t} \times {}_{t+1}V_x \tag{29-21}$$

这一证明很简单，但证明过程中所包含的思想是我们本书中最重要的思想之一。

类似地，我们还可以推导出其他保险的纯保费保单价值之间的递推关系。

例如，对于两全保险，如果 n 和 t 是整数且 $t<n$，则：

$$({}_tV_{x:\overline{n|}} + P_{x:\overline{n|}}) \times (1+i) = q_{x+t} + p_{x+t} \times {}_{t+1}V_{x:\overline{n|}} \tag{29-22}$$

如果该两全保险的死亡给付为死亡时立即支付，则可以根据较早支付死亡给付所产生的利息影响对上式调整，请读者考虑应做何调整。

（二）在相连年份中毛保费保单价值之间的递推关系

前面探讨了在相连年份中净保费保单价值之间的递推关系。同样的递推关系也适用于在相连年份中毛保费保单价值之间。我们略去这一证明过程。我们需要注意的是：

第一，如果保费定价计算基础与估价的计算基础不同，那么保单价值在 0 时通常并不为零。如果我们要从时间 0 开始建立保单价值递推公式，我们必须先计算在时间 0 也许为正也许为负的保单价值。

第二，毛保费保单价值考虑到费用。这种递推关系说明对于一份在 t 时刻有效的保单，年初的收入与这些收入所带来的利息的和，与年底的预期支出相等。现在我们看一下毛保费保单价值。在假定所有的费用发生在保单年度①年初的情况下，年初的收入为：

在 t 时刻的准备金 ${}_tV$ + 在年初缴纳的保费 − 年初发生的费用

至年末，发生的支出为：

如果被保险人在该年内死亡，包括任何理赔费用在内的死亡保险金费用；如果被保险人生存至年末，在年末需要提存准备金的费用（而且在这里我们包括了任何在年底支付的生存给付金）。

因此，我们把毛保费保单价值或毛保费保单准备金之间的递推关系描述如下：

对于任何签发给一个 x 岁的人的保单，

令 ${}_tV$ 表示在 t 时刻的毛保费保单准备金；

令 $P_{x,t}$ 表示在第（$t+1$）个保单年度年初时缴纳的保费，即 $P_{x,0}$ 是 0 时刻应缴纳的保费，$P_{x,1}$ 是 1 时刻缴纳的保费等（保费不必相等）；

令 E_t 表示在第（$t+1$）个保单年度年初发生的费用。

令 S_t 表示如果被保险人在第（$t+1$）个保单年度内死亡所支付的保险金额加上相应的费用——我们将假定保险给付是死亡之年年末支付的，这里按照毛保费估价基础，考虑理赔费用。

于是，一般的递推关系是：

$$({}_tV + P_{x,t} - E_t) \times (1+i) = S_t \times q_{x+t} + p_{x+t} \times {}_{t+1}V \tag{29-23}$$

其中，保费、费用、利率和死亡率都像计算 ${}_tV$ 和 ${}_{t+1}V$ 时的假设一样，如果死亡给付是在年末支付的话，那么我们假定它包括在 ${}_{t+1}V$ 中。

---

① 保单年度即指自保单生效日开始的年度。

例 29 - 17

一个寿险公司向一个 60 岁的人出售了一份期限为 5 年、保险金额为 10 000 元、年缴保费 80 元的定期寿险。死亡给付在死亡之年年末支付，假定按中国人寿保险业经验生命表（2000～2003）CL2 的死亡率和 5% 的利率计算，初始费用为保费的 5% 加上 20 元，续期缴纳保费时发生的费用为保费的 5% 加上 5 元。试求在 0、1、2、3、4 和 5 这 6 个时刻的毛保费保单价值是多少？

解： 在 0 时刻，保单价值为：

$$_0V = 10\,000A^{1}_{60:\overline{5|}} + 15 - (0.95 \times 80 - 5) \times \ddot{a}_{60:\overline{5|}} = 5.51$$

因此，

$$_1V = \frac{1}{p_{60}}[(_0V + 80 - 0.05 \times 80 - 20) \times 1.05 - 10\,000q_{60}]$$

$$_2V = \frac{1}{p_{61}}[(_1V + 80 - 0.05 \times 80 - 5) \times 1.05 - 10\,000q_{61}]$$

类似地，可求出 $_3V$、$_4V$ 和 $_5V$：

时刻	毛保费保单价值
0	5.51
1	6.95
2	17.31
3	20.52
4	15.28
5	0

（三）年金保险保单价值间的递推关系

通常来讲，一旦年金开始支付时寿险公司就没有了未来的保费收入，年金保险保单的相连年份的保单价值之间的关系是简单的。如果没有对于死亡的额外支付，那么不计费用的情况下单位年金的保单价值递推关系为：

$$(1+i)a_{x+t} = 0 \times q_{x+t} + p_{x+t}(1 + a_{x+t+1}) \qquad (29-24)$$

我们可以很容易地看出这相当于我们过去曾探讨过的：

$$a_{x+t} = v \times p_{x+t} \times a_{x+t+1} \qquad (29-25)$$

第六节　死差益

一、利润与亏损

本节我们将探讨有关保单价值间关系的一种应用，这种应用可以计算出寿险保单的“利润”。

寿险公司有关利润的观点是以相连年份的保单价值之间的关系而确定的。就终身寿险保单的保单价值关系来说，有：

$$({}_tV_x + P_x) \times (1 + i) = q_{x+t} + p_{x+t} \times {}_{t+1}V_x$$

这就是说，如果未来的实际情况与假定的计算基础相同，那么在作为第 $t+1$ 年初的 t 时刻的准备金正好足以支付保险给付与当年年末所必须提存的准备金数额。然而，如果未来的实际情况与假定的计算基础不同会怎么样呢？情况将会是这样。在支付了保险给付并提存了当年年末所必需的准备金后，将可能出现盈余或亏损两种情况，这种盈余或亏损就被称为当年的利润值（亏损时为负利润）。

利润可以来自以下几个方面：

（1）如果在初始估算保单价值时，寿险公司假设其资产将每年获利 5%，即利率为 5%，而事实上后来获取了 10% 的利率，这超额部分的利率将带来一笔利润，我们不妨称之为利息收益。

（2）如果在初始估算费用时，估算每年费用为 20 元，结果实际花了 25 元，那么就产生了一笔额外的费用，不妨称之为费用亏损。

（3）如果在初始定价时估算保费为 100 元（纯保费），而后来投保人所缴纳的毛保费为 120 元，这也是产生利润的一个途径。

（4）如果在初始估算时以为该年会有 20 个投保人死亡，而事实上只有 15 个死亡，这又将由此产生因死亡率变动引起的利润或损失，是产生利润还是产生损失要看具体保单而定。

我们接下来将探讨上述获取利润的四种方式中的后几种情况。我们先假定未来实际情况除了在死亡率方面有可能与保单价值估算时所用的死亡率不一样，其他各种情况都与初始假设的计算基础一致。

二、死亡溢出额与死差益

有关利润的计算取决于我们所预期的数值与实际发生的情况之间的比较，我们通常称之为“预期与事实”的比较。

我们再次以终身寿险保单为例，来说明有关的概念和思路。

可以这样推导：

$$\begin{aligned}({}_tV_x + P_x) \times (1 + i) &= q_{x+t} + p_{x+t} \times {}_{t+1}V_x \\ &= q_{x+t} + (1 - q_{x+t}) \times {}_{t+1}V_x \\ &= {}_{t+1}V_x + q_{x+t} \times (1 - {}_{t+1}V_x)\end{aligned}$$

就是说，这年年初的准备金加上那时的保费收入，以 i 的利率存至年末，正好足够用以支付已死亡的被保险人死亡给付和作为年末对所有尚生存的被保险人的准备金。这些都告诉我们实际死亡率将对利润所产生的影响，每一个额外的死亡（也就是未被预期的）将都会使寿险公司多支付 $(1 - {}_{t+1}V_x)$，而每一个额外的生存者将为寿险公司节约 $(1 - {}_{t+1}V_x)$，这些金额根据不同的实际情况或为利润或为损失。而数值 $(1 - {}_{t+1}V_x)$ 本身被称为

“死亡溢出额”（death strain at risk）。

我们可以将其一般化，设想任何保单在 t 年到 $t+1$ 之间的死亡给付总额为 S，而尚生存的被保险人所需的准备金为$_{t+1}V$。我们假定当年没有由于额外的生存者而产生的利润，则死亡溢出额 $S-{}_{t+1}V$，也就是当年年末所要求支付给当年死亡的人的保险金的超额部分。

假设我们目前有 N 个相同的保单 $N\geqslant1$，则死亡溢出额可以用来计算死亡的预期给付额。在投保的第 t 年到 $t+1$ 年，每个人都有一定的死亡并因之索赔的概率 q_{x+t}。因此，预期的死亡人数为 Nq_{x+t}；预期的死亡成本为 $Nq_{x+t}(S-{}_{t+1}V)$，这就称为预期死亡溢出额。

每份保单中的死亡溢出额与总的死亡成本之和实际上就是随机变量。对于 N 个保单中的任一份，它都有两种可能：一种是当被保险人生存时保单价值为0；另一种是当被保险人死亡时保单价值为 $S-{}_{t+1}V$。

若我们把所有 N 个保单的预期死亡溢出额进行简单求和得到预期死亡溢出总额。

假设实际观察到的死亡人数为 n_d，则死亡成本的观测值称为实际死亡溢出额（actual death strain），其数额为：

$$n_d(S-{}_{t+1}V) \tag{29-26}$$

它同时也是所有由于死亡而要求索赔的保单的死亡溢出额的总和。

我们定义在 t 时刻到 $t+1$ 时刻之间的保单年度的死差益（mortality profit）。如果在这一时期内，被保险人的死亡人数与预期的死亡人数正好相等，即为 Nq_{x+t}，那么将没有盈利或亏损，被保险人死亡引起的赔付支出将为：

$$Nq_{x+t}(S-{}_{t+1}V) \tag{29-27}$$

正如原来所预期的一样。

如果在这一时期内，被保险人的死亡人数与预期的死亡人数不同，我们把寿险公司所预期的死亡赔付支出与实际的死亡赔付支出之差称为死差益（mortality profit），即：

死差益 = 预期死亡溢出额 - 实际死亡溢出额

若我们用精算的符号来表达，即：

$$Nq_{x+t}(S-{}_{t+1}V)-n_d(S-{}_{t+1}V)=(Nq_{x+t}-n_d)(S-{}_{t+1}V) \tag{29-28}$$

我们再来看一看这样一个例子，对于一份终身寿险保单，当 S 大于$_{t+1}V$时，即 $S-{}_{t+1}V$ 为正值，如果预期的死亡人数大于实际的死亡人数，即 $Nq_{x+t}-n_d$ 为正值，则由死亡率的差异将会产生一笔利润，我们称之为死差益。若实际投保人死亡人数大于预期的死亡人数，即 $Nq_{x+t}-n_d$ 小于0，即有一个负的死差益，有时我们称之为死差损。

相比之下，我们也许会觉得单个的寿险保单比较清晰，在这种情况下，$N=1$，如果被保险人死亡，则 $n_d=1$，反之，$n_d=0$。

三、终身寿险保单的死差益计算

例 29-18

一家寿险公司于21年前出售了1 000份无分红终身寿险保单，对象是当时50岁的人，每份保单每年年初缴纳保费195元。每份保单保险金额为10 000元。假设采用纯保费保单价值进行估价，死亡率按中国人寿保险业经验生命表（2000～2003）CL1 计算，利率为 5%。在第 20 年年初，有 500 份保单依然有效，在该年中又有 43 位被保险人死亡，因此，现在尚有 457 份有效保单，求该年的死差益是多少？

解：首先计算 21 时刻的保单价值：

$$_{21}V_{50} = 1 - \frac{\ddot{a}_{71}}{\ddot{a}_{50}} = 0.40914$$

因此，年末的准备金为：

$$10\ 000 \times 0.40914 = 4\ 091.4$$

则每份保单的死亡溢出额为：

$$10\ 000 - 4\ 091.4 = 5\ 908.6$$

预期死亡人数为：

$$500 \times q_{70} = 13.6545$$

因此，预期死亡溢出总额为：

$$13.6545 \times 5\ 908.6 = 80\ 678.98$$

而实际死亡溢出总额为：

$$43 \times 5\ 908.6 = 254\ 069.8$$

因此，死差益为：

$$80\ 678.98 - 254\ 069.8 = -173\ 390.82 \text{（元）}$$

类似地，我们可以计算出其他寿险保单的死差益。

四、在年金保险与生存保险保单项下的死差异

我们将分别讨论在年金保险项下的死差益与生存保险项下的死差益。对于寿险保单来讲，其计算死差益的原则是一样的，但具体的方式都是不同的。在死亡保险中，保单以死亡为支付条件，在这种条件下，被保险人死亡的人数越多，赔付越多，由此可能产生亏损；在年金与纯生存保险中以生存为给付条件，期内死亡人数越多，到期给付越少，由此将产生利润。

下面我们先探讨单位终身年金的死亡溢出额表达式。例如，设年金支付额为每年 1 元，每年年末支付。对一个年龄为 $x+t+1$ 岁的被保险人，由于对死亡者支付额为 0，为年末提供的准备金为年末时应付的 1 元和之后的准备金 a_{x+t+1}。因此，死亡溢出额为 $0-(1+a_{x+t+1})$，即：

$$-(1+a_{x+t+1}) = -\ddot{a}_{x+t+1}$$

这里有两点需要注意，该年末的准备金$_{t+1}V$，考虑了在年末时的生存给付，且更重要的是死亡溢出额为负值，这也就意味着额外的死亡会带来死差益。这个结果很容易理解。

对于这种负的死亡溢出额，我们经常用“预期准备金释放”（expected release of reserves）来表示当年金领取人死亡后导致原来为其留作未来年金支付的准备金被“释放”出来，而不用“预期死亡溢出额”或“实际死亡溢出额”来描述。

根据前面同样的方法，我们可求得（$N \geqslant 1$ 时的）年金保险保单的预期死亡溢出额，每份保单每年支付 X 元的年金保险保单的预期死亡溢出额为 $-q_{x+t}N(X\ddot{a}_{x+t+1})$。

实际死亡溢出额为：

$$-n_d \times (X\,\ddot{a}_{x+t+1}) \tag{29-29}$$

死差益为：

$$(n_d - Nq_{x+t}) \times (X\,\ddot{a}_{x+t+1}) \tag{29-30}$$

因此，在年金保险或是生存保险中，每一个死亡都意味着为寿险公司“释放”出一笔相应的准备金，而不是增加支出，当死亡人数超过预期人数时，便产生死差益；相反，当死亡人数少于预期死亡人数时，便产生死差损失。

例 29－19

一个寿险公司于 25 年前卖出 100 张终身年金保单，对象是当时 50 岁的男性，每份年金于每年年末支付 2 000 元，该公司给这些保单估算价值时，用的是中国人寿保险业经验生命表（2000～2003）CL1，利率按 5% 计算。如果所有 100 份年金保险保单在今年初（在 25 时刻）仍然有效，且假设 8 个被保险人将在下一年死亡，试计算该年末的死差益。

解：

死亡溢出额为：

$$-2\ 000 \cdot (1 + a_{76}) = -14\ 762.26$$

预期死亡人数为：

$$100q_{75} = 4.59\ （人）$$

实际死亡人数为 8 人，于是，死差益为：

$$(4.59 - 8) \times (-14\ 762.26) = 50\ 339$$

例 29－20

对于一份一个保额为 1 元的生存保险保单，假设按纯保费保单价值进行估价，试求以下各表达式：（1）死亡溢出额；（2）预期死亡溢出额；（3）实际死亡溢出额；（4）死差益。

解：相连年份的保单价值之间的关系为：

$$\begin{aligned}&({}_tV_{x:\overline{n}|}^{\ 1} + {}_{t+1}V_{x:\overline{n}|}^{\ 1}) \times (1+i)\\&= p_{x+t} \times {}_{t+1}V_{x:\overline{n}|}^{\ 1}\\&= (1 - q_{x+t}) \times {}_{t+1}V_{x:\overline{n}|}^{\ 1}\\&= {}_{t+1}V_{x:\overline{n}|}^{\ 1} - q_{x+t} \times {}_{t+1}V_{x:\overline{n}|}^{\ 1}\end{aligned}$$

即每多一个生存者，寿险公司就额外增加成本 ${}_{t+1}V_{x:\overline{n}|}^{\ 1}$。

（1）由本节前面的内容，$N=1$ 时，死亡溢出额为：

$$-{}_{t+1}V_{x:\overline{n}|}^{\ 1}$$

（2）预期死亡溢出额为：

$$-q_{x+t} \times {}_{t+1}V_{x:\overline{n}|}^{\ 1}$$

（3）实际死亡溢出额为：

$$n_d \times {}_{t+1}V_{x:\overset{1}{\overline{n}|}}$$

其中，若被保险人生存至年末，则 $n_d=0$，若被保险人在年内死亡，则 $n_d=1$。

（4）死差益为：

$$(n_d - q_{x+t}) \times {}_{t+1}V_{x:\overset{1}{\overline{n}|}}$$

第三十章

解约价值与准备金

第一节 解约价值

一、解约价值的含义（surrender values）

许多寿险保单的期限相当长，因此，经常有投保人在保单期满之前想收回保单的价值。现代的保单设计往往使寿险保单同时具有保险的因素与储蓄的因素，或者使保单涉及某种基金，使提前撤回保单的人无法享受基金的利益，因此，让那些中途撤回保单的人得到他们的保单已积累价值是必要的也是合理的，如果对退保的投保人进行的这样的支付被称为退保，这一笔支付称为“解约价值”。有关解约价值的一些基本原则如下：

（1）给退保人的保单解约价值不能超过继续有效的保单的价值或保单将提供的给付的预期现值，当然，不能超过寿险公司从过去的保费收入中获取的收益与已发生费用之差。也就是说，任何人不能因为投保或退保而获得额外收益。

（2）解约保单价值计算尽可能地要公平，应该尽量使退保者感到公平。

然而，以上第一条原则给寿险公司带来了一些问题：承保时沉重的期初费用（主要指期初手续费）使保单的解约价值可能低于投保人所交的保费，甚至还没来得及给所缴保费加计利息。另一个问题是，寿险基金与其他中介投资方式相比，如存款、信托投资等，在其他投资方式的大多数情况下，投资人可以在任何时候撤回资金而只需缴纳很少的罚金。

二、可以支付解约价值的保单

并不是所有的寿险保单都可以在撤回保单时支付一笔保单解约价值。一份普通的定期寿险保单并不享有保单解约价值的权利。这是因为通常这种保险每年的保费收入与支出大体相当，所以只有极少一部分保费可用于投资，这种保险所提存的准备金若是用于支付保单的解约价值就太少了。因此，定期寿险对保单支付解约价值是不可行的。我们通过以下的例子来说明这个问题。

例 30－1

我们假设某寿险公司发行了一种期限为 20 年的定期寿险保单，被保险人当年是 30 岁，保额 20 000 元，当被保人期内死亡时，在其死亡那年年末支付保险金。假设初始费用是首期保费的 60%，续期费用为续期保费的 5%，死亡率按中国人寿保险业经验生命表（2000～2003）CL1 计算，年利率为 5%。由此，我们可以按已探讨过的方式，计算出应缴纳的年保费为 33.58 元。

按保费定价的计算基础，我们可以计算出第一年的支出在年初的预期现值为 36.93 元，这里的支出包括预期给付和第一年费用。于是，第一年初保费收入与该保单第一年支出的预期现值之差为 －3.35 元。

在最后一年年初，若被保险人仍活着，仍按保单定价计算基础计算，可知那年保费收入与预期支出之差为 124.84 元。

在一个两全保险单项下，支付给未退保人的保险金是不确定的，被保险人的生存时间长短决定了针对保单支付保险金的时间，而不是像定期寿险保单那样，根据被保险人的生存时间决定是否进行支付。两全保险的基金也是为了对到期存活的被保人支付而建立起来的，对保单到期时仍生存的被保险人，应支付的保险金额大致等于其保单价值减去退保的有关费用。

终身寿险保单也是必然要支付保险金的，由于被保险人在保险期内随年龄的增加，其死亡率也在增加，所以每年的预期给付也是递增的，但是为了在每年收取均衡保费，必须使前些年的保费高于当时预期给付以弥补后期支出的增加，所以这些保单也具有保单价值且投保人有权在退保时领取解约价值。

相比之下，一个生存保险保单并不涉及必然支付保险给付的问题，但是投保人缴纳的保费将累积到一定的数额，在这种保单项下的解约价值数额，要看被保险人的健康状况。在延期年金中也有类似的要求，若在延期年金的延期内死亡则不予给付，故一个得了重病的人生怕在领取年金前死亡而领不到年金，因此，他想撤回保单以领取其解约价值，这种要求是不能满足的。

三、解约价值与准备金

在前面探讨保单的解约价值时，我们已经表明了保单解约价值的估算应以在解约时刻的保单价值为基础。

事实上，保单价值是解约价值的上限，因为更多的支付将导致大量地撤回保单，而且投保人或被保险人可以在任意时刻退保，所以寿险公司往往处于不利地位。例如，投保人可以在死亡率方面做出不利于寿险公司的选择。例如，在终身寿险保单中，健康人倾向于退保，越来越少的人续保，于是，寿险公司应从退保者收回一笔解约费用。因此，尽管用于支付解约金的准备金会用于支付这些解约金，但是实际支付的还是要低于他们不解约时将获得的要求给付（即保单价值）。

四、解约价值（或称退保金额）的计算

例 30 -2

一个 60 岁的人投保终身寿险，每年初缴纳保费。保额为 10 000 元，在死亡之年年末支付。

保费的计算基础如下：

生命表	中国人寿保险业经验生命表（2000 ~ 2003）CL1
利率	3%
费用	忽略不计

针对任何时刻都有可能退保，我们按以下两者中小者计算退保金：

（1）以保单定价的计算基础计算的保单价值；

（2）首期保费减 50 元和续期各年保费的 90% 按利率 5% 计算的终值。

计算 1、2、3、4 年的退保费。

解：设 P 为每年的保费，则：

$$P \times \ddot{a}_{60} = 10\ 000 \times A_{60}$$

即 $P = 372.51$ 元

对于整数 t，${}_tV$ 表示保单在 t 时刻保费缴纳之前的准备金。

$$\begin{aligned} {}_tV &= 10\ 000A_{60+t} - P \times \ddot{a}_{60+t} \\ &= 10\ 000\left(1 - \frac{\ddot{a}_{60+t}}{\ddot{a}_{60}}\right) \end{aligned}$$

于是，得：

t	${}_tV$	$[P - 250 + 0.75P \times (\ddot{a}_{60:\overline{t}\rceil} - 1) - 10\ 000A^{1}_{60:\overline{t}\rceil}] \times \dfrac{D_{60}}{D_{60+t}}$
1	293. 29	247. 81
2	587. 03	512. 70
3	881. 21	782. 08
4	1 175. 82	1 056. 12

于是，前 4 年的退保费分别为 247. 81 元、512. 70 元、782. 08 元和 1 056. 12 元。

在这个例子中，寿险公司靠采用人为的低利率计算保费来暗中弥补费用。这与保单是否退保无关。如果是的话，保证初始费用被收回是很重要的，于是我们采用更实际的假设基础来计算退保费，把首期保费的 50 元和以后各年保费的 10% 作为费用，由于采用了更为实际的假设基础，我们采用了更实际的每年 5% 的利率假设。

例 30 -3

某寿险公司按中国人寿保险业经验生命表（2000 ~ 2003）CL1、利率 5%、初始费用 3% 计算退保价值。假设退保时的解约价值希望不低于已缴纳总保费的一半。考虑一个 35 岁的人投保的 30 年期的两全保险，若每 100 元保额的毛保费为 2. 4 元，计算其最小的退

保价值的时刻。

解： 退保价值是调整后的准备金，因而毛保费是忽略的。

每 1 000 元保额的退保价值为：

$$1\ 000{}_{t}V_{35:\overline{30|}} - 30(1 - {}_{t}V_{35:\overline{30|}})$$

时刻 5 的退保价值为：

$1\ 000(1 - 14.36528/15.71306) - 30(14.36528/15.7130) = 49.14 - 28.53 = 58.35$

时刻 5（年）之前所支付的保费总额为 120 元，其一半为 60 元。所以这一保证至少 5 年有效。

类似地，可以计算出在时刻 6 的退保价值是 78.51 元，而保费总额的一半为 72 元。

因此，在 6 年后退保，可获高于保费总额一半以上的解约金额。

第二节　缴清保单

一、缴清保单价值的含义

投保人决定停止支付保费时，不一定退保。只要保持原保险期限，仅仅减少保险金额，以补偿未交的保费，保单将继续有效。这种停止缴纳保费，但保单仍有效的保单称为缴清保单，对于保险公司来讲，缴清保单比退保更为有利。因为他们不必在预期的给付之前通过贴现或其他方式筹集提前出现的支付需求，也减少了死亡率方面的逆选择。为此，投保人采用缴清保单可获得比退保更多的收益。

二、可改为缴清保单的险种

对于定期寿险，如果采用均衡保费，则在保险期间的前期，保费收入高于预期死亡给付，也就是说，寿险公司将提存一定数额的准备金。于是，当投保人停止缴纳保费时，其保单价值（准备金）还能够提供一定的保障，只要年龄不太小，期限足够长就会有较大数额的准备金，保障将持续到准备金用完。在这种情况下，显然可以将保单改为缴清保单。

通常来讲，只要缴纳了一定的保费之后，形成了一定数额的准备金，任何普通保单都能改为缴清保单。

延期年金保单也能改为缴清保单，只是年金给付将相应减少。

三、缴清保单的保额计算

保单改为缴清保单，修改后的保单其预期支出不能超过原保单的准备金，这里的支出包括所有的给付、含保单转换所发生费用在内的所有费用。

计算缴清保单保额的方法是对在保单转换日的价值方程求解。该价值方程即原保单的保单价值与新的缴清保单的保单价值相等，即：

［转换前保单的未来给付的预期现值］+［转换前保单的未来费用的预期现值］-［转换前保单的未来保费收入的预期现值］=［转换后保单的未来给付的预期现值］+［转换后保单的未来费用的预期现值］

采用这种保单转换前后要求保单价值相等的方法，使寿险公司在保单转换前后处于相同的形势。

例 30 -4

一个 30 岁的人投保了一份 30 年期的两全保险，保险金额为 10 000 元，保费每年年初缴纳，保险金在死亡之年年末支付，保费按如下计算基础进行计算：

死亡率	英国 AM92 选择表
利率	4%
初始费用	首期保费的 60%
续期费用	续期保费的 5% 。

在要支付第 21 期保费之前，投保人和被保险人决定把保单改为缴清保单，试按以下两种要求，计算保单转换后的保额是多少：

（1）按保费定价的计算基础计算准备金的方式来计算缴清保单的保额。

（2）采用英国 AM92 选择表表、年利率 6%，按纯保费计算基础计算预期准备金。

解：

（1）设保单转换前的保费为 P，则：

$$0.95 \times P\,\ddot{a}_{[30]:\,\overline{30}|} - 0.55P = 10\,000A_{[30]:\,\overline{30}|}$$

由此，得：$P = 194.21$

在要支付第 21 期保费之前，准备金为：

$${}_{20}V = 10\,000A_{[50]:\,\overline{10}|} - 0.95P\,\ddot{a}_{[50]:\,\overline{10}|} = 5\,268.47$$

设缴清保单的保额为 S'，

$$5\,268.47 = S'A_{[50]:\,\overline{10}|}$$

因此，

$$S' = 7\,745.02 \text{ 元}$$

（2）此时，按 6% 的利率计算：

$${}_{20}V = 10\,000\left(1 - \frac{\ddot{a}_{[50]:\,\overline{10}|}}{\ddot{a}_{[30]:\,\overline{30}|}}\right) = 4\,670.64$$

求得 $S''' = 8\,274$

四、计算缴清保单保额的回购法（buy-back mothed）

考虑一个 x 岁的人的保额为 1 元的终身保险，若不计费用，则保费为 $P_x = \dfrac{A_x}{\ddot{a}_x}$。

一个 $x+t$ 岁的人买了一份每年保费为 P_x 的终身保险，保额 $S = P_x\dfrac{\ddot{a}_{x+t}}{A_{x+t}}$，

也就是：

$$S = \frac{P_x}{P_{x+t}}$$

这样，对于一个在 x 岁投保、现已 $x+t$ 岁的人，未来的保费将在给付方面产生的作用为 $S_{x+t} = \frac{P_x}{P_{x+t}}$，也就是说，如果不再缴纳保费，应在其保额中减少 $S_{x+t} = \frac{P_x}{P_{x+t}}$，即已缴纳的保费能够产生的保额为：

$$1 - \frac{P_x}{P_{x+t}}$$

因此，如果一个人决定在 t 时刻停止缴纳保费，则缴清保单的保额为：

$$1 - \frac{P_x}{P_{x+t}} \tag{30-1}$$

我们把这种计算缴清保单保额的方法称为回购法（buy-back method）。这种方法能够根据不同初始保额的比例，相应调整未来保额（即转换后的缴清保单保额）。采用回购法计算和用预期准备金的方法计算可得相同的结论。我们看以下的终身寿险的情况。

对于终身寿险，在 t 时刻的准备金为：

$${}_tV_x = A_{x+t} - P_x\ddot{a}_{x+t}$$

它等于保单转换后的缴清保单的保额 S，我们计算如下：

$$A_{x+t} - P_x\ddot{a}_{x+t} = SA_{x+t}$$

$$A_{x+t} - \frac{A_x}{\ddot{a}_x}\ddot{a}_{x+t} = SA_{x+t}$$

因此，

$$\begin{aligned} S &= 1 - \frac{A_x}{\ddot{a}_x}\frac{\ddot{a}_{x+t}}{A_{x+t}} \\ &= 1 - \frac{P_x}{P_{x+t}} \end{aligned}$$

类似地，我们可以采用回购法计算任何其他的标准寿险保单的缴清保单保额。以两全保险为例，缴清保单保额 S 为：

$$S = 1 - \frac{P_{x:\overline{n|}}}{P_{x+t:\overline{n-t|}}} \tag{30-2}$$

即使在保费定价基础与保单估计基础不一致的情况下，回购法也是适用的。只要相应地调整。

例 30－5

按照例 30－4，采用回购法计算缴清保单的保额，采用英国 AM92 选择表，利率为（1）每年 6%；（2）每年 4%。

解：我们忽略实际保费，采用回购法：

对于初始保额为 10 000 的保单，其缴清保单保额为：

$$10\ 000\left(1-\frac{P_{[30]:\ \overline{30|}}}{P_{50:\ \overline{10|}}}\right)=8\ 274,$$

其中，利率为 6%。显然，该结果与上例中的（2）相同。

当利率为 4% 时，其缴清保单的保额为 7 819 元。

五、计算缴清保额的其他方法

（一）比例法

比例法用于原保单规定了最长的保费支付期的情况，例如，两全保险或限制保费缴纳上限的终身寿险保单，如果原保单的最长保费支付期限是 n 年，实际支付期即保费停止缴纳的时间是 t，原保额为 S，则按比例法，缴清保单保额为 $S\frac{t}{n}$，保额按已缴纳保费年限的比例减少了。这种算法没有理论上的根据，但是运用起来非常简单，在大多数情况下，用这种方法计算的缴清保单保额小于按预期准备金计算的缴清保单保额。

（二）退保金额法

由于方法的选择取决于环境，采用退保金额代替准备金来购买缴清保单保额，这样退保金额与缴清保单就相符了。然而，无论在死亡率还是财务上的考虑，由于投保人对保险公司的逆向选择，缴清保单有时比退保更不利于寿险公司。

第三节　其他保单转换

退保和改为缴清保单仅是在保险期限不变的情况下对保单进行的转换处理。在实际中，我们会遇到其他转换事例，在这种情况下，我们仍然按类似的原则计算转换后保单的保额或保费。

通常的保单转换，除了上述的情况，还包括：（1）降低支付的保费；（2）改变保单期限；（3）改终身保险为两全保险；（4）改分红保单为不分红保单。

所有的这些转换都会产生转换费用；通常来讲，都会对此费用有所体现，或体现在保费上或体现在给付上。

给定一个保单转换的计算基础，计算的基本原则可以由以下公式表示出来：

[转换前保单的未来支出的预期现值] - [转换前保单的未来收入的预期现值] = [转换后保单的未来支出的预期现值] - [转换后保单的未来收入的预期现值]

该公式也可以表达为：

转换前保单的保单价值 = 转换后保单的保单价值

上述公式能被表达成多种形式。我们可以理解为把保单转换时的保单价值作为一次保费，与将来的保费一起购买一份转换后的保单。

例 30 - 6

一个 30 岁的人投保了一份 40 年期的两全保险，保额为 10 000 元，与死亡之年年末支付或到期支付，保费于每年年初缴纳。在缴纳第 25 年的保费之前想把保险期限改为到 65 岁到期。假设保险公司按 A1967 ~ 1970 终极表计算死亡率，利率为 6%，费用为每期保费的 10%。试计算：

（1）如果保额不变，保单转换后的保费是多少。

（2）如果保费不变，保单转换后的保额是多少。

解：设原保单的年保费为 P，则：

$$10\,000 \times A_{30:\overline{40|}} = 0.9P\,\ddot{a}_{30:\overline{40|}}$$

解得：$P = 134.99$

（1）令 P' 表示保单转换后的保费，则：

$$10\,000 \times A_{54:\overline{16|}} - 0.9P\ddot{a}_{54:\overline{16|}} = 10\,000 \times A_{54:\overline{11|}} - 0.9P'\ddot{a}_{54:\overline{11|}}$$

解得：$P' = 294.21$

（2）令 S' 表示保单转换后的保额，则：

$$10\,000 \times A_{54:\overline{16|}} - 0.9P\,\ddot{a}_{54:\overline{16|}} = S' \times A_{54:\overline{11|}} - 0.9P\,\ddot{a}_{54:\overline{11|}}$$

解得：$S' = 8\,134$

第三十一章

利润的形成与刻画

第一节　现金流量模型

这一节中我们将讨论生命保险保单中的现金流量模型，我们将发现，与前面讨论的有关定价和估值的方法相比，本节的方法将给精算人员更为灵活的空间。

前面我们主要考虑预期现值的问题，为了计算费率，我们计算出各项保险给付和保费及费用支出的预期现值并确定保费，使得保费收入的预期现值足够满足各项责任支付和费用支出。为了计算保单价值，我们算出了未来支出的预期现值，以了解为了满足未来支付所必需的准备金。

为了得到保费、保险给付、费用的预期现值，我们引入了精算函数的换算函数。我们没有把精力放在现金流量本身上。例如，如果我们得知两全保险金额是 10 000 元，我们很少会通过计算将来每年预期支出额来估算明显的保险给付的预期现值。在第二十六章中，我们已经一次性做完了这项工作，并且得到了 $A_{x:\,\overline{n|}}$，于是，在实际应用中所要做的就是用 10 000 乘以 $A_{x:\,\overline{n|}}$。

我们不是直接堆砌所有的变量来估算确切的保险给付额的预期现值，而是用我们定义过的精算函数，主要是因为这些精算函数可以节省大量的工作，而且我们可以完全不需要计算机就可以完成相应的工作。事实上这恰恰也是（18 世纪和 19 世纪）发明所有精算函数的原因。在没有电脑的时代，必须使用精算函数。

但是现代精算确实需要计算机，我们不必再在每天的工作中依赖这些精算函数，尽管我们要求精算人员必须了解所有的精算函数。而且实际上，由于计算机尤其是微型个人电脑的使用，越来越多的精算人员转而采用直接以具体的未来现金流量为基础的方法。

一、估计预期的未来现金流量

例 31－1

一个寿险公司向一个年龄为 55 岁的人出售 5 年期的死亡保险保单。保险金额为

100 000元，在死亡当年的年末支付，保费每年年初支付 607.03 元，初始费用为 15 元加上第一年保费的 25%，以后每年的费用为 10 元（须考虑通货膨胀导致费用增值的因素）加上该年年保费的 8%，假定通货膨胀率为 3%，死亡率按英国 AM92 选择表计算，计算该保单的预期未来现金流量。

解：首先我们应列出所有未来现金流量。包括：

（1）保费（收入）；

（2）初始费用（支出）；

（3）续期费用（支出）；

（4）死亡时支付的保险给付（支出）。

在此之前，我们先说明一个在编制现金流量表时将遵守的原则：即我们仅仅对仍然有效的保单估计现金流量。

在这个例子中，对于所有卖出的保单，只有比例为 $p_{[50]}$ 的保单在第二年开始时仍然有效，${}_2p_{[50]}$ 的保单在第三年仍然有效，等等（不用担心有效保单数会出现小数，我们只是讨论预期值所以会出现这种情况）。这就意味着在这个时刻我们可以忽略它，并且按在未来每一年开始时只有 1 张保单有效来计算其现金流量。我们会发现在以后一阶段中我们将死亡率引回到计算中，因此，在每一年开始时每张有效保单在第一年的现金流量是：

（1）保费收入 607.03 元；

（2）初始费用 $15 + 0.25 \times 607.03 = 166.76$（元）；

（3）无续期费用；

（4）预期死亡赔款 $100\,000 \times q_{[55]} = 335.8$（元）。

在第二年及以后各年预期现金流量的计算中，我们必须考虑每张保单续期费用的通货膨胀因素。因此，在第二年开始时，每张有效保单预期现金流量是：

（1）保费收入 607.03 元；

（2）无初始费用；

（3）续期费用 $10 \times 1.03 + 0.08 \times 607.03 = 58.86$（元）；

（4）预期死亡赔款 $100\,000 \times q_{[55]+1} = 490.3$（元）。

继续计算，各年的数据如表 31－1 所示。

表 31－1　　　　　　　　　　**各年的相关数据**

年份	保费收入	费用支出	预期死亡索赔额
1	607.03	166.76	335.8
2	607.03	58.86	490.3
3	607.03	59.17	565.0
4	607.03	59.49	635.2
5	607.03	59.82	714.0

二、年末净现金流量

观察表 31 -1，我们发现每一年预期现金流量各不相同。一方面，保费和费用现金流量有很大区别；另一方面，预期死亡索赔额也不同。前者是在每年年初发生的现金流量，后者是在年末发生的现金流量。很明显，当我们想计算这些现金流量的现值时，这种区别将产生影响。这也是为什么我们在表 31 -1 中没有考虑每一年净现金流量总额的原因。将不同时刻的现金流量相加是错误的。

然而，计算每一年单一净现金流量也是很有用的。例如，在贴现净现金流量的时候，计算每一年的现金流量的现值将比计算每一栏现金流量的现值容易得多。我们可以定义考虑一整年中各项款项的时间价值之后的一个单一的现金流量总额。我们定义年末的净现金流量为当年各现金流量在年末的终值总和。

相反，我们年初的净现金流量定义为当年各现金流量在年初的现值总和。但是在实际应用中，精算人员更习惯使用前一种方式。

使用这个概念，我们需要假设一个可以将年初发生的现金流量换算成年末的利率。换句话来说，我们需要知道寿险公司资产投资所得的回报率。这个概念的含义就是我们认为寿险公司在每年年初支出或收入现金流量，并且在年初净现金流量是正值时投资于适当的资产，或者当年初净现金流量是负值时找到一笔贷款来弥补亏损。

例 31 -2

针对例 31 -1 的同一保单，假设寿险以 4% 的实际利率进行投资，计算在每年年初仍有效的保单在年末的现金流量。

解：同样，最简便的方法是建立现金流量表，具体如表 31 -2 所示。

表 31 -2　　现金流量表

年份	保费收入	费用支出	利息	预期死亡索赔额	预期年末净现金流量总额
1	607.03	166.76	17.61	335.8	122.08
2	607.03	58.86	21.93	490.3	79.8
3	607.03	59.17	21.91	565.0	4.77
4	607.03	59.49	21.90	635.2	-65.76
5	607.03	59.82	21.89	714.0	-144.9

例 31 -3

一家寿险公司出售 4 年期无红利定期两全保险保单给一个 56 岁的人，保险金额为 5 000元，在死亡之年年末支付，或者生存到满 60 岁时支付，保费每年年初付 1 250 元，初始费用 100 元加上第一年保费的 20%，以后续期费用 15 元（考虑到通货膨胀因素），加上第二年以后各年保费的 4%。假设该公司资产投资回报率为 6%。每年通货膨胀率 15%。生命表使用英国 AM92 的选择表，计算在每年年初仍有效的保单在年末的净现金流量。

解：

第一年：

保费收入：1 250 元；

初始费用：$100 + 0.2 \times 1\ 250 = 350$（元）；

续期费用：0；

预期索赔额：$5\ 000 \times q_{[56]} = 18.71$（元）。

第二年：

保费收入：1 250 元；

初始费用：0；

续期费用：$15 \times 1.05 + 0.04 \times 1\ 250 = 65.75$（元）；

预期索赔额：$5\ 000 \times q_{[56]+1} = 27.535$（元）。

依此类推。于是，得：

年份	保费收入	费用支出	利息	预期索赔额	预期年末净现金流量
1	1 250	350.000	54.000	18.71	935.29
2	1 250	65.750	71.055	27.535	1 227.77
3	1 250	66.538	71.088	31.76	1 222.79
4	1 250	67.364	70.958	5 000	-3 746.406

例 31-4

一家寿险公司出售 4 年期定期年金保单给 66 岁的人。年金收益每年 2 000 元，在每年年末支付。保费 7 000 元在购买保险时一次性支付，初始费用为 50 元加上保费的 1%。年金支付时每年支付费用 12 元（考虑通货膨胀），假设该寿险公司资产投资回报率 8%，通货膨胀率 6%，生命表采用英国 AM92 选择表。计算在每年年初仍有效的保单在每年年末的净现金流量。(提示：考虑费用发生的时间)

解：

第一年：

保费收入：7 000 元；

初始费用：$50 + 0.01 \times 7\ 000 = 120$（元）；

预期费用：$12 \times 1.06 \times p_{[66]} = 12.581$（元）；

预期年金支付：$2\ 000 \times p_{[66]} = 1\ 978.08$（元）。

第二年：

保费收入：0 元；

初始费用：0 元；

预期费用：$12 \times 1.06^2 \times p_{[66]+1} = 13.261$（元）；

预期年金支付：$2\ 000 \times p_{[66]+1} = 1\ 967.03$（元）。

依此类推。于是，得：

年份	保费收入	初始费用	利息	预期费用	预期年金支付	预期年末净现金流量总额
1	7 000	120	550.4	12.581	1 978.08	5 439.739
2	0	0	0	13.261	1 967.03	-1 980.291
3	0	0	0	14.008	1 960.17	-1 974.178
4	0	0	0	14.813	1 955.55	-1 970.363

三、终身保险保单的预期现金流量

在这里我们只是简单地提出问题，不具体举例详细计算。计算终身保险的预期现金流量，可以仿照前面的例 31－1 和例 31－2 中定期寿险预期现金流量的计算方法。其中，不会遇到什么新的理论，只是计算量更大了，在实际工作中采用计算机计算是不成问题的。

四、不同类型保单的现金流量模型

例 31－2 和例 31－3、例 31－4，尽管是针对具体保单的例子，但是给出了一个关于定期寿险、两全保险、年金保险的净现金流量的十分合理的典型模型。

图 31－1 给出了例 31－2 中 5 年期定期寿险每年的净预期现金流量。

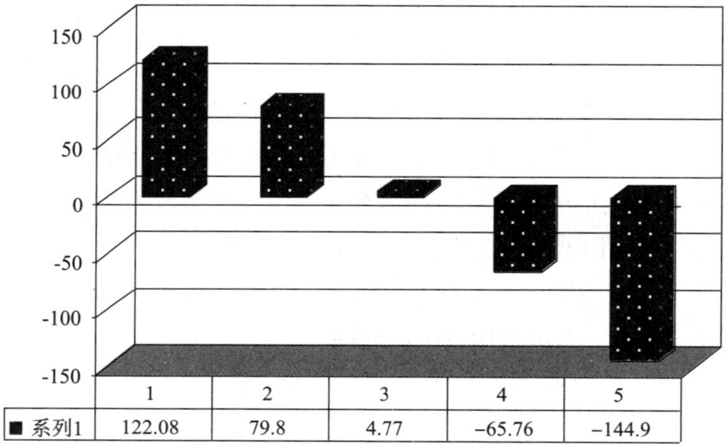

图 31－1　5 年期定期寿险每年的净预期现金流量

应该注意：

（1）净现金流量开始是正值，后来转为负值，原因是保险公司只收取等额的保费，但风险却不断增加，因此在初期保费超过预期死亡保险给付的支出，以后保费就少于预期死亡保险给付的支出。

（2）尽管第一年预期死亡保险给付支出少，但很多保单第一年的净现金流量比第 2 年的少，这是因为初始费用的缘故。

（3）不要忘记将每年年初有效保单的净现金流量计算成年末的终值。

图 31－2 给出了例 31－3 中 4 年期无分红的两全保险的每年年末的净现值流量。

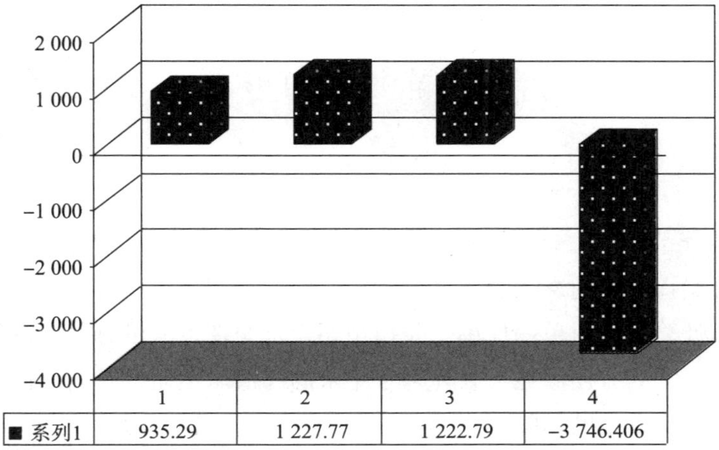

图 31 -2　4 年期无分红的两全保险的每年年末的净现值流量

应该注意：

（1）净现金流量是正值而且至到最后一年都大体相等，这是因为保费收入比费用和预期死亡赔款支付多得多。

（2）然而，初始费用对第一年的净现金流量有重大影响，与第二年相比它们减少了净现金流量值。

（3）由于最后一年生存保险给付的支付，最后一年的净现金流量是负值而且十分大。

（4）不要忘记将每年年初有效保单的净现金流量计算成年末的终值。

图 31 -3 表明了例 31 -4 中 4 年期定期年金中每年年末的预期年末净现金流量。

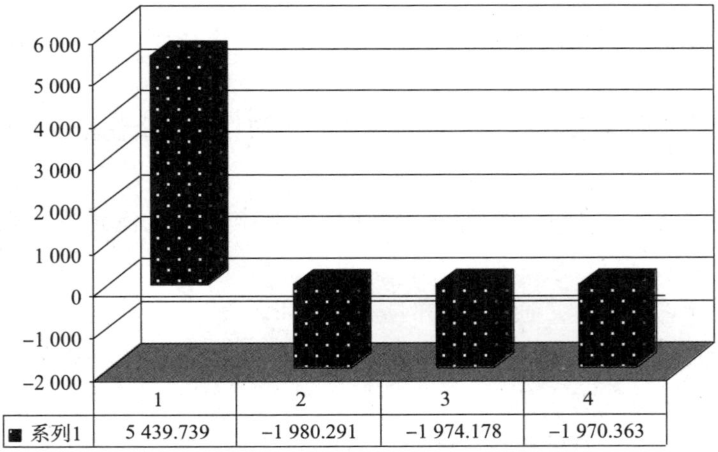

图 31 -3　4 年期定期年金中每年年末的预期年末净现金流量

应该注意：

（1）第一年的净现金流量值是正值而且很大，这明显是由于最初一次性大量的保费。

（2）接下来每年的净现金流量是负值而且基本相等，这些净现金流量表明了年金和费用的支付，因此，这些值只是逐渐变化也不奇怪。

（3）每张在每年年初有效的保单计算在每年年末的净现金流量。

第二节 利润形成

一、利润

本节我们开始探讨普通寿险和年金保险如何产生利润。

前面，我们计算了针对单一保单，公司预期年末净现金流量总额，也就是每年收入与支出之间的差额，并为方便起见，只算每年年末的终值。然而，我们还没有考虑一个很重要的因素——有关准备金的扣除。

从图 31-3 来看，我们可以明白为什么预期现金流量净值不能作为利润来定义。在年金保险保单下，尤其以一次性缴保费为例。在第一年，预期现金流量净值相当大，但以后的几年净现金流量成了负值。原因是以后的几年公司不再有收入。假如我们把第二年的现金流量净值作为利润用光了的话，就无法应付以后几年该保单的支出。在前面，我们知道精算师是通过建立准备金来应付这种危机的。因此，建立准备金是精算师所要做的第一步——作为资金减项首先从现金流量中扣除，只有这样我们才能决定利润或亏损是多少。

因此，考虑到保单的长期性，其每年的利润应该是在做了必要的准备金扣除之后的预期净现金流量，从本章起我们将更准确地刻画它。

二、估值的时机

既然我们必须建立责任准备金，那么我们就必须考虑在什么时间点估算准备金，我们可以选择：

（1）在每年年初计算保单价值；那么也就在年初作为现金流量支出的一部分建立准备金；

（2）在每年年末计算保单价值，同时也在年末作为现金流量支出的一部分建立准备金。

怎样选择是个习惯问题，通常的惯例是选择（2）。

我们通常假设保单价值的计算（相应的也是准备金的建立）是在每年年末进行的，同时也是在缴纳新一期保费之前。

这种方式在第三十章计算保单价值时已应用过，这仅仅是个习惯而已。

我们还需知道，保险公司用于计算保单价值的精算基础。这可能由精算师们来选择，也可能按法规确定。在以后的讨论中我们将假设合适的计算基础。

三、定期寿险和终身寿险的利润

考虑了建立准备金问题之后，我们就该考虑前一节未考虑到的其他现金流量因素：

（1）每年年初我们将建立的准备金作为资产，将在该年获得利息，这利息将作为收入计入现金流量。

（2）在来年年底通过考虑当时的有效保单的保单价值，在该年年底建立新的准备金。这就意味着每年年底的准备金将有所变化。这种变化将产生新的现金流量。如果来年所需的准备金数额增加了，那么该项现金流量显然为负值，否则就为正值。

用代数方法分析利润很容易理解，以下我们先考察一个定期寿险保单（缴纳均衡保费）是如何形成利润的，以及其利润的大小。

我们约定有关符号的意义如下：

n：保单期限；

x：被保险人在投保时的年龄；

S：该保单的保险金额；

P：该保单每年年初交纳的保费；

E_t：在第 t 年年初每个保单所发生的所有费用；

i：寿险公司资产投资所能获得的收益率；

我们假设按生命表的终极表来计算现金流量，并且如同前面的例题中，假定费用都发生在年初。但我们并不假定采用与计算现金流量相同的假设来计算保单价值。

考虑第 t 年年初的有效保单在第 t 年年末形成的盈余（$1\leqslant t\leqslant n$），这些盈余则构成了保单的利润。

（1）第 t 年年初的准备金为：$S_{t-1}V^{1}_{x:\,\overline{n|}}$

在本年末的终值为：$S_{t-1}V^{1}_{x:\,\overline{n|}}(1+i)$

（2）年初净现金流量为：$P-E_t$

至年末其终值为：$(P-E_t)(1+i)$

（3）年末预期死亡索赔额为：$Sq_{[x]+t-1}$

（4）年末被保险人生存时所需提存的准备金期望值为：$Sp_{[x]+t-1\,t}V^{1}_{x:\,\overline{n|}}$

汇总以上各项，年初有效保单在年末的利润期望值为：

$$S_{t-1}V^{1}_{x:\,\overline{n|}}(1+i)+(P-E_t)(1+i)-Sq_{[x]+t-1}-Sp_{[x]+t-1\,t}V^{1}_{x:\,\overline{n|}}$$

$$=S_{t-1}V^{1}_{x:\,\overline{n|}}\,i \qquad ①$$

$$+(P-E_t)(1+i)-Sq_{[x]+t-1} \qquad ②$$

$$-S(p_{[x]+t-1\,t}V^{1}_{x:\,\overline{n|}}-{}_{t-1}V^{1}_{x:\,\overline{n|}}) \qquad ③$$

这是一个很重要的表达式。用①②③标识起来的每一部分都有自己独特的解释：

①是年初所拥有的准备金一年中所获的利息。

②是第一节中的预期年末净现金流量。

③是准备金的改变量——也就是说，年末所须建立的期望准备金少于年初准备金的差额。

注意必须满足${}_0V^{1}_{x:\,\overline{n|}}=0$，上式才成立。

我们称年初有效保单在年末的利润期望值为年末利润。请注意到利润取决于精算计算基础。假设我们应用不同的计算基础，我们所得的利润值将不一样。计算基础的选择是非常重要的。我们将在第三十三章中探讨这一点。

例 31 －5

应用同例 31 －1 和例 31 －2 同样的保单和假设，并按以下精算计算基础计算：

方式　　　纯保费

死亡率　　英国 AM92 终极表

利率　　　4%

计算年初有效的每张保单至年末时利润的期望值。

解：既然我们已从例 31 －2 中知道预期年末现金流量忽略了准备金因素，那么我们还要考虑的信息就是每年年末的期望准备金，也就是：

$100\ 000 \times p_{[55]+t-1\ t}V^{1}_{55:\overline{5}|}$

这里保单价值以利率为 6% 进行计算。生存概率 $p_{[55]+t-1}$ 给出了年末保单仍有效的概率，上式即年末的有效保单的保单价值期望值，因为我们只为那些仍然有效的保单提存准备金。

我们还要注意所采用的生命表。注意保单价值是用终极表死亡率计算的，这是前面约定的精算计算基础所要求的。但生存概率采用选择表，因为我们计算现金流量时作了这种假设。不要误以为在我们用以计算现金流量的计算基础与用于计算准备金的精算计算基础之间必须具有某种联系。

下面是在所有持续时间里的保单价值，根据我们的需要选择使用。（先找出 $P^{1}_{55:\overline{5}|}$ 然后应用保单价值在续期时间里的关系。）

${}_{1}V^{1}_{55:\overline{5}|}=0.001170913$

${}_{2}V^{1}_{55:\overline{5}|}=0.001873007$

${}_{3}V^{1}_{55:\overline{5}|}=0.001998351$

${}_{4}V^{1}_{55:\overline{5}|}=0.00141558$

${}_{5}V^{1}_{55:\overline{5}|}=0$

如此我们可以在表 31 －3 中列出（1）（2）（3）三种现金流量。尽管我们在计算现金流量时保留三位小数，但最后还是只保留一位小数，因为对于准备金的计算来说已经足够了。

表 31 －3　　　　现金流量表

年份	年初有效保单准备金	年初准备金的利息（1）	年末期望准备金	预期准备金改变量（3）	预期年末净现金流量（2）	年末利润
1	0	0	116.70	116.70	122.08	5.38
2	117.09	4.68	186.38	69.29	79.8	15.19
3	187.30	7.49	198.71	11.41	4.77	0.854
4	199.84	7.99	140.66	－59.18	－65.76	1.41
5	141.56	5.66	0	－141.56	－144.9	2.32

由此可见，不考虑准备金时的预期年末净现金流量在第一年年末是相当大的正值，但大部分需要用来建立准备金，因此，事实上该年年末的利润很小。这更加说明在确定什么是利润之前，必须建立准备金。

例 31 –6

按前面对符号 i、x、S、P、E_t、p_t 的定义，针对终身寿险，写出第 t 年年初的有效保单第 t 年年末（$1 \leqslant t \leqslant n$）的利润表达式。假设死亡给付发生在死亡之年年末。保费每年年末缴纳。

解：

表达式为：

$$S_{t-1}V_x(1+i)+(P-E_t)(1+i)-Sq_{[x]+t-1}-Sp_{[x]+t-1\,t}V_x$$

$$=S_{t-1}V_x i \quad ①$$

$$+(P-E_t)(1+i)-Sq_{[x]+t-1} \quad ②$$

$$-S(p_{[x]+t-1\,t}V_x-{}_{t-1}V_x) \quad ③$$

四、生死两全保险的利润

我们已经熟悉，生死两全保险保单与定期寿险的不同之处是被保险人只要活到最后一年，那么不管他在该年年末生死与否都肯定能获得保险给付。从第三十章我们已知道，期满时的保单价值是保险给付额，而不像定期寿险那样最后的保单价值为零。

考虑到上面所介绍的计算年末利润的方式，我们用两全保险保单价值代替定期寿险保单价值，得到以下公式：

$$S_{t-1}V_{x:\,\overline{n}|}\,i \quad ①$$

$$+(P-E_t)(1+i)-Sq_{[x]+t-1} \quad ②$$

$$-S(p_{[x]+t-1\,t}V_{x:\,\overline{n}|}-{}_{t-1}V_{x:\,\overline{n}|}) \quad ③$$

我们应当清楚，按前面定期寿险计算利润的同样思路，以上描述对于（$1 \leqslant t \leqslant n-1$）是正确的，也就是说，除了最后一年有差别，其他各年有关年末利润的计算都与定期寿险的计算公式一致。

最后一年出现了什么情况呢？假如保单在第 n 年年初有效，那么年末保险公司肯定要支付一笔保险金。年末准备金是完全用于支付保险给付的（因为${}_nV_{x:\,\overline{n}|}=1$），并且将来所需的准备金为零，因为以后保单效力终止了。因此，描述第 n 年年末利润的表达式为：

$$S_{n-1}V_{x:\,\overline{n}|}\,i \quad ①$$

$$+(P-E_t)(1+i)-S \quad ②$$

$$-S_{n-1}V_{x:\,\overline{n}|}) \quad ③$$

式中每一项所代表的含义如下：

（1）第一项①以年初所持有准备金在一年中所获的利息收入；

（2）第二项②是本年年末在不考虑准备金因素时得出的预期现金流量净值，可参考例 31. 3 中关于现金流量的例子；

（3）第三项③是年初所持有的准备金。此时寿险公司可将之用于支付约定保险金额。

例 31 -7

利用例 31 -3 中的保单和假设，并且假设精算计算基础如下：

方式　　纯保费（不考虑费用）

死亡率　英国 AM92 终极表

利率　　4%

对于每份年初的有效保单，计算每年年末在提取了准备金后的年末利润。

解：在这里，我们略去解题详细过程，仅仅给出主要数据和最终结果，请读者验证：

${}_1V_{56:\overline{4|}}=0.234$

${}_2V_{56:\overline{4|}}=0.478$

${}_3V_{56:\overline{4|}}=0.733$

${}_4V_{56:\overline{4|}}=1.000$

年份	年初有效保单准备金	年初准备金的利息（1）	年末期望准备金	预期准备金改变量（3）	预期年末净现金流量（2）	年末利润
1	0	0	1 166	1166	935.29	-230.71
2	1 170	70.2	2 377	1 207	1 227.77	90.97
3	2 390	143.4	3 642	1 252	1 222.79	114.19
4	3 665	219.9	0	-3 665	-3 746.406	138.494

五、年金保险的利润

年金保险保单下的利润测算可以采用普通寿险保单下的同样思路。在每份保单年初有效前提下，年末利润的一般描述如下：

年初所持有准备金在年底所获的利息收入 + 预期现金流量年末终值 - 年末预期准备金变动额

为了更好理解利润的测算，我们考虑下面的例题：

例 31 -8

对于各年年初有效的终身年金保险保单，写出各年年末利润的表达式。并解释表达式每一项的意义。假设年金于每年年末支付，按生命表的选择表计算。

解：我们规定有关符号的意义如下：

n：保单期限；

x：被保险人在投保时的年龄；

A：年金的每年支付额；

P：该保单每年年初交纳的保费；

I：初始费用；

E_t：在第 t 年年末每个保单所发生的所有费用；

i：寿险公司资产投资所能获得的收益率。

我们假设按生命表的终极表或总合表来计算现金流量。我们并不假定采用与计算现金流量相同的假设来计算保单价值。

考虑第一年年初的有效保单在第一年年末产生的利润：

（1）第 1 年年初的准备金为 0；

（2）年初净现金流量为：

$$P-I$$

至年末其终值为：

$$(P-I)(1+i)$$

（3）年末预期年金支付额为：

$$Ap_{[x]}$$

（4）年末支付年金将发生的预期费用为：

$$E_1p_{[x]}$$

（5）年末被保险人生存时所需建立的预期准备金为：

$$Ap_{[x]}a_{x+1}$$

汇总以上各项，年末的利润为：

$$(P-I)(1+i)-(A+E_1)p_{[x]}-Ap_{[x]}a_{x+1}$$

现在考虑第 t 年年初的有效保单在第 t 年年末产生的利润（$2\leqslant t\leqslant n$）：

（1）第 t 年年初的准备金为：

$$Aa_{x+t-1}$$

在该年末的终值为：

$$Aa_{x+t-1}(1+i)$$

（2）年初净现金流量为 0；

（3）年末预期年金支付额为：

$$Ap_{[x]+t-1}$$

（4）年末支付年金将发生的预期费用为：

$$E_tp_{[x]+t-1}$$

（5）年末被保险人生存时所需建立的预期准备金为：

$$Ap_{[x]+t-1}a_{x+t}$$

汇总以上各项，年末的利润为：

$$Aa_{x+t-1}(1+i)+(A+E_t)p_{[x]+t-1}-Ap_{[x]+t-1}a_{x+t}$$

我们可以表达为：

$Aa_{x+t-1}i$	准备金的利息
$+\ (A+E_t)\ p_{[x]+t-1}$	+现金流量
$-A\ (p_{[x]+t-1}a_{x+t}-a_{x+t-1})$	−准备金的变化额

例 31 -9

按例 31 -4 中同样的保单和假设条件，并根据下面的精算计算基础：

死亡率英国 AM92 终极表　　利率　6%

费用　无

对于各年年初有效的保单，计算每年年末利润。

解：我们略去解题详细过程，仅仅给出主要数据和最终结果，请读者验证：

$a_{67:\ \overline{3}|} = 2.671$

$a_{68:\ \overline{2}|} = 1.828$

$a_{69:\ \overline{1}|} = 0.940$

$a_{70:\ \overline{0}|} = 0.000$

年份	年初有效保单准备金	年初准备金的利息（1）	年末期望准备金	预期准备金改变量（3）	预期年末净现金流量（2）	年末利润
1	0	0	5 322	5 322	5 439.739	117.739
2	5 342	427.36	3 654	-1 688	-1 980.291	135.069
3	3 656	292.48	1 868	-1 788	-1 974.178	106.302
4	1 880	150.4	0	-1 880	-1 970.363	60.037

第三节　利润预期

一、利润预期（profit signature）的概念

在前面的所有例子中，我们的做法是：计算每一份年初的有效保单在年末的利润，在这一节，我们将利用这种方法计算最初售出的每一份保单在未来各年的利润情况。

我们举例说明有关的概念。假设对于一份被保险人年龄为 x 岁、保险期限为 n 年的保单，我们已经计算了每年年初的有效保单在年末的利润，即年末利润，我们把第 t 年的年末利润记为 PR_t。假设我们已知各年的死亡率数据为 $\{q_{[x]+t}\}_{t=0}^{t=n}$。

这 n 年的年末利润 PR_t 可简写成一个向量（PR_1，PR_2，…，PR_{n-1}，PR_n）。实际上，年末利润的这种向量形式有时也被称为年末利润向量或利润状况（profit profile）。与年末利润向量相对应，我们定义利润预期的概念如下：

利润预期是在保单刚刚售出的时候，预计在未来的保险期间内每年年末利润的期望值所形成的向量。

利润预期是用一系列生存概率和年末利润向量计算而来的。每一年末利润 PR_t 代表一份在 t 年年初时的有效保单至年末将产生的利润的期望值，由此可得每一份刚刚售出的保单的未来利润预期，只需给 PR_t 乘以活到 t 年年初的概率，我们可以以图表的形式描述这

些计算：

年份	利润状况	生存概率	利润预期
1	PR_1	${}_0p_{[x]}$	$PR_1 \times {}_0p_{[x]}$
2	PR_2	${}_1p_{[x]}$	$PR_2 \times {}_1p_{[x]}$
…	…	…	…
n	PR_n	${}_{n-1}p_{[x]}$	$PR_n \times {}_{n-1}p_{[x]}$

例 31－10

利用例 31－5、例 31－7 和例 31－9 的假设和结果，求出三份保单的利润预期。

解：三份保单的利润预期如下：

（1）例 31－5

年份	年末利润	生存因子	利润预期
1	5.38	1	5.38
2	15.19	0.996642005	15.14
3	0.854	0.991755462	0.847
4	1.41	0.986152043	1.395
5	2.32	0.979888011	2.277

（2）例 31－7

年份	年末利润	生存因子	利润预期
1	－230.71	1	－230.71
2	90.97	0.996257995	90.62958981
3	114.19	0.990771599	113.1362089
4	138.494	0.984478225	136.3443273

（3）例 31－9

年份	年末利润	生存因子	利润预期
1	489.3	1	489.3
2	85.9	0.989040003	84.95853626
3	55.6	0.971078055	53.99193986
4	21.6	0.95134181	20.5489831

二、简单保单利润预期的举列

我们将说明例 31－10 中 3 个简单保单的利润预期。尽管这些保单要比实际情况中的要简单得多，但是它们的利润预期仍然显示出一些典型的特征。

图 31－4 给出了例 31－7 中两全保险保单的利润预期

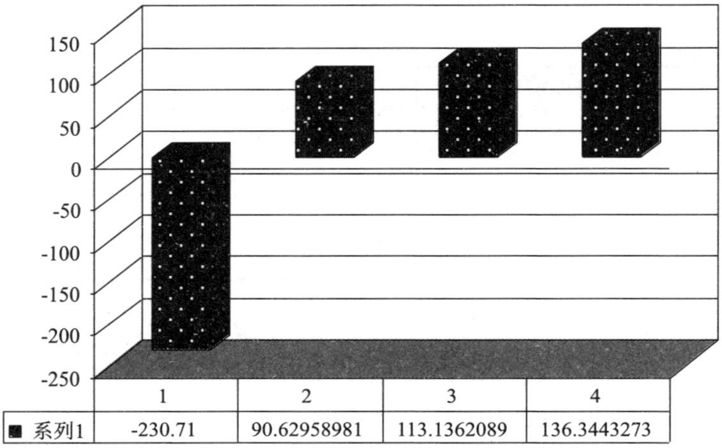

图 31－4　两全保险保单的利润预期

特别注意下列特性：

（1）此例中非常关键的是：第一年是亏损的。这是由于：第一年需要支付高额的初始费用；需在第一年年末建立准备金。同时，费用加准备金的总和超过了收取的保费。相对来讲，预期死亡给付的影响非常小，第一年由于初始费用和准备金而引起的损失称为“新业务负担”。

（2）在第二年和以后的各年份，利润是正值。因此，初始损失是可以弥补的。

这种初始损失以及随之而来的较低利润在均衡保费保单中是非常普遍的。

我们可以看到，一个利润预期的考查告诉了我们大量关于售出一份这样的保单可能会给寿险公司的金融状况造成的影响。在第一年，寿险公司必须有足够的资金来弥补初始损失或新业务负担。换句话来讲，寿险公司需要有卖出这些保单的资本。寿险公司最重要的任务是在其现有资本基础上获得一个合理的回报率，这种情况只有在第二年以后的各年份的利润足够多的条件下才能实现。

图 31－5 给出了几个例子中定期寿险的利润预期。

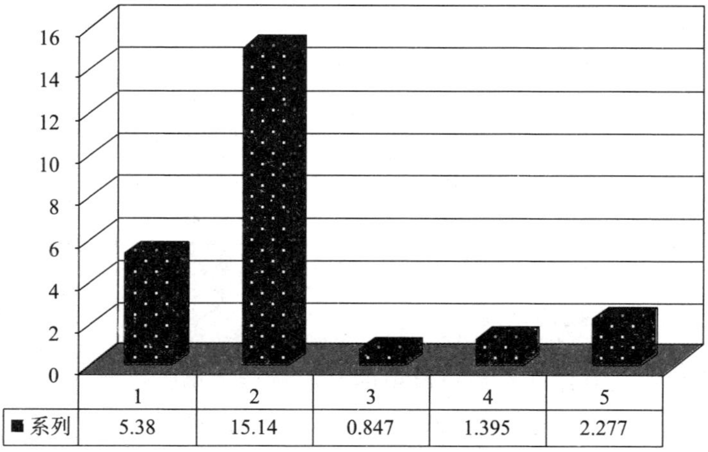

图 31－5　定期寿险的利润预期

为什么图 31 -5 不同于图 31 -4（除了比例不同）？其主要原因在于两全保险有高额准备金，这些准备金将获得高额利息，同时，死亡人数的影响相对小些。定期寿险则相反，准备金少——相对于保险给付而言——并在期末减小至 0。

这些准备金获得较小利息。与两全保险相比较而言，死亡人数的影响大些。简单来讲，两种保单的利润来源不同——利差益和死差益——这就赋予了它们不同的利润预期。

图 31 -6 给出了例子中定期年金保险的利润预期

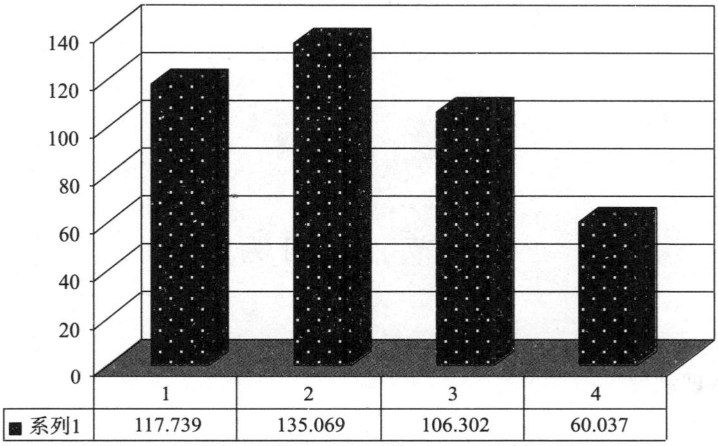

图 31 -6 定期年金保险的利润预期

这张图主要的特点是每年的利润都是正值，在期初一次性支付保费的保单中，这是一个非常普遍的特性。简而言之，公司在第一年就得到其所有（或几乎所有）的收入，因此，毫不奇怪地利润立刻就会产生。然而，利润预期依赖于精算计算基础的选择，因此，不同的精算计算基础会使这张图彻底改变。我们将在第三十三章讨论精算计算基础。

我们同时将会注意到：利润在第一年非常高，在以后的年度中则非常低。这仍然得归因于期初的一次性趸缴保费。这种保单的大部分利润来源于另一个方面，即保费本身。

第三十二章

利润测算

第一节 利润现值

一、风险贴现利率

利润预期显示了未来每年的年末利润（或损失）情况。我们不能简单地通过直接比较不同年份的年末利润来判断利润的大小。我们必须考虑资金的时间价值。因此，自然要对利润预期进行贴现。

我们曾经探讨过预期年末现金流量及其现值，现在要做的是对利润预期做类似的工作。

首要的是选择恰当的贴现率。在计算两全保险的利润预期时，我们已观察到，一个寿险公司投资于寿险业务，承担了保单初始时的亏损，然后作为回报得到了一系列利润。这就告诉我们应使用的贴现率——它应取决于寿险公司投资所要求的回报率。

如果我们注意到寿险公司可以用不同的方式使用其资本，我们就可以更明白地陈述这一问题。假设我们已经计算了寿险公司考虑售出的一份保单的利润预期，并假设此利润预期向量表明有一次初始亏损。如果此寿险公司决定继续出售这种类型的保单，它将不得不利用其部分资本来弥补初始亏损。但它并不一定出售这些保单。它可以出售其他保单，并把出售这种保单所须投入的资金存入银行。简单来说，此公司可以有两种选择：

第一种选择：继续出售这种保单，动用资本金。

第二种选择：不出售这种保单，将资本投入银行生息。

目前，关键的问题是：寿险公司投资于新保单可能会比投资于银行冒更大的风险。这个寿险公司在出售这种新保单时，将会面临如下的风险：

（1）从保单准备金中获取得利息也许要少于公司所希望的，一旦发生保险给付和费用支出，保单准备金的利息会更少。

（2）公司也许会对经营此保单的费用做过低的预计。

（3）如果在保单期限内有几年较高的通货膨胀，费用也许会大大增加。（如20世纪90年代中期超过20%的通货膨胀率）。

（4）死亡率高于或低于公司按生命表或调整后的预期值。这将会减少或增加利润，但关键是增加了不确定性。

（5）投保人有反常的行为，例如，很早就解除保险合同（投保）。虽然不是总会减少利润，但是它确实导致了更多的不确定性。

事实上，寿险公司将面临的风险远远超出上述风险，但这些已足以使我们意识到：一个寿险公司利用其资本去出售更多的保单，也许会比将资金存入银行冒更大的风险。

那么当一个寿险公司（或其他企业）面对两种方案的选择——一个比另一个风险更大时，会如何反应呢？一般来讲，它的反应将是对风险更大的选择要求一个更高的预期回报率。公司将乐于选择风险较大的投资，只要此投资提供了一个更高的收益。

将此应用于贴现率，我们可以说，如果一个寿险公司要运用资本去发售新的保单，它将要求的回报率由两部分组成：

（1）要求的无风险回报率，即投资于无风险项目的收益率；

（2）为补偿投资风险而要求额外预期回报——风险附加保费。

寿险公司要求的回报率总和——无风险回报率 + 风险附加保费——称作风险贴现利率。

所以寿险公司面对相当一笔初始亏损的利润预期时，会要求保单的利润能够带来一个更高的回报率，这个更高的回报率须超过风险较小的项目所带来的回报率。换而言之，在对利润预期继续贴现时，将会使用一个相对较高的风险贴现利率。

当然，寿险公司也许会得出一个结论，即出售这种保单并不比其他利用资金的方式有更大的风险。事先估计一个特定投资的风险大小是非常困难的。因为这样或那样的原因，它将会要求一个与其他投资项目预期一致的回报率。然而，上述内容应给我们一个关键的概念，即与公司利用其资本的其他方式相比较而言，用来贴现利润预期的贴现率应该与（已知的）保单的风险相关联。

二、未来利润现值

利润预期中的未来利润，用风险贴现利率进行贴现之后，经常被称为未来利润现值（present value of future profit），缩写为PVFP。

采用前面已用过的记号，按风险贴现利率 r 计算的未来利润现值为：

$$\sum_{t=1}^{\infty}(1+r)^{-t}PR_t \times {}_{t-1}p_{[x]}$$

例32－1

使用的风险年利率为15%，求出例31－10中3种利润预期的未来利润现值。

解：根据例31－10可得，

（1）例31－5中定期寿险的未来利润现值为18.61元；

（2）例 31 – 7 中两全保险的未来利润现值为 18. 10 元；

（3）例 31 – 9 中年金保险的未来利润现值为 534. 75 元。

我们也许对采用 15% 作为（此题的）风险贴现利率感到迷惑。它看起来要比作为其他目的而使用的利率高得多。然而，在实际中，这是寿险公司使用的非常典型的风险贴现利率。

显然，在这样高的风险贴现利率下，一份长期保单在较晚年份中出现的利润对利润现值的影响较小。

第二节 利润水平

一、利润标准

考虑上一例中的 3 个保单的未来利润现值。我们已经知道：

定期寿险的未来利润现值为 18. 61 元；

两全保险的未来利润现值为 18. 10 元；

年金保险的未来利润现值为 534. 75 元。

根据这一结论，从直观上来看，显然会考虑到尽可能按照年金保险、定期寿险、两全保险的次序将它们售出。

这样做一般来说是正确的，但并非总是这样。在寿险公司选择售出哪一个保单时，未来利润的现值仅是考虑的若干因素之一。

寿险公司的管理者通常有若干方法衡量公司的经营成果，尤其是卖出新保单的经营成果。例如：

（1）通过付给出售保单的业务员的佣金来衡量经营成果，假定寿险公司的佣金标准制定合理，并且为经营公司愿意售出的各种保单提供更高的报酬，则支付佣金越多，公司的经营越成功，通常考虑的是初始经营，因为它是与售出保单直接相关的。然而，这里有一个前提就是寿险公司的佣金标准制定合理，并且公司愿意售出的保单是利润较高的保单。

（2）通过总保费收入衡量经营成果，寿险公司在售出新保单时相互竞争，并且那些成功地提高了其保费收入的公司往往会宣传这一事实。

（3）通过资金循环衡量经营成果，这意味着寿险公司愿意售出能够迅速收回资金的保单，以便再次利用资金，缺少资金来源的新公司更会密切注意资金回收的速度。

（4）通过寿险公司投资的总回报率衡量经营成果。

上述几项内容即利润标准，是将利润标准与寿险公司选择衡量其经营成果相联系的几种方法。

二、作为初始佣金的百分比的利润

我们要讨论的第一个利润标准涉及利润预期与保单初始佣金的关系，我们能得到预期利润的现值，并将其表述为保单项下需付手续费的一定比例。

例 32－2

例 31－3 中的两全保险保单的初始费用是 100 元加上第一年保费的 20%，假定初始佣金是第一年保费的 10%（另外 10% 为市场营销费用），风险贴现利率为 15%，将未来利润现值表述为初始费用的一定比例。

解：因为年保费为 1 250 元，所以初始手续费为 125 元，从例 32－1 可知，在风险贴现利率为 15% 情况下的未来利润现值为 18.10 元，即为初始手续费的 14.48%。

在实践中，寿险公司会选择一个或更多的利润标准以达到其总体目标，然后，调整保单结构直到满足其利润标准。

这种利润标准的一个例子是"在风险贴现利率为 15% 的情况下未来利润现值应为初始佣金的 50%"。于是我们前面做过的两全保单不满足该利润标准，并且在实践中我们会使用更高的保费直到得到一个更满意的答案。

这个过程，即调整保单内容——在这个例中，即调整保费一直到利润水平满足了某个利润标准，我们称此调整保单内容的工作为利润测试。

这是非常重要的，在实践中，大多数国家的寿险公司都用利润测试来决定其应收保费，我们将在后面的章节中研究利润测试本身。

三、利润比例（profit margin）

另一个利润的衡量标准，有时被称作利润比例，即未来利润现值与应收保费现值的比例。"利润比例"的名字来自于在未来应缴保费中都有一定比例的金额，为寿险公司的利润。

例 32－3

在风险贴现利率为 15% 情况下，求出例 31－4 中定期年金保险保单的利润比例。

解：年金的支付基于一次性保费 7 000 元，并且从例 32－1 可知，未来利润现值为 534.75 元，因此，利润比例为保费的 7.6%。

在实践中，同样地，寿险公司会考虑它接受什么样的利润比例，在这个例子中，希望得到 7.6% 的利润比例的寿险公司会得到满足，希望得到 5% 的利润比例的寿险公司则会考虑降低保费以使保单更有竞争力，毕竟对那些卖不掉的保单漫天叫价是没有意义的。

如果我们对有经常性保费收入的保单适用这一利润标准，就别忽略需要对将来保费采取风险贴现利率，并且用死亡率计算现金流量。

例 32－4

在例 31－3 中，假定风险贴现利率为 15%，该两全保险保单的利润比例是多少？

答案是 0.3%，这是很低的。一个用利润比例为利润标准的寿险公司会因此而收取更高的保费。

四、贴现回收期

贴现回收期是一个寿险公司借以判断多快能够收回资金的利润标准，这所是一个与未来利润现值有关的概念。我们定义未来第 k 年以前的未来利润现值为以下表达式的值（$1\leqslant k\leqslant n$）：

$$\sum_{t=1}^{k}(1+r)^{-t}PR_t \times {}_{t-1}p_{[x]} \tag{32-1}$$

这样我们能够定义贴现回收期：贴现回收期是指使公式（32－1）为非负值的第一个时间 k。我们通过以下例子说明贴现回收期的概念。

例 32－5

求例 31－3 中两全保险保单的贴现回收期。

解：让我们在表 32－1 中列出利润预期，然后，计算到时间 1、2、3、4 为止的未来利润现值：

表 32－1　利润预期

年份	利润预期	年末期望利润的现值
1	－230.71	－200.62
2	90.63	68.27
3	113.14	73.70
4	136.34	76.75

因此，贴现回收期为 4 年。

这说明这个两全保单在资金运用上不是特别有效率，公司不得不等待期末直到资金全部收回以便再次利用，比较而言，例 31－9 中的定期年金保单能够迅速产生利润，于是没有资金需求且贴现回收期为 1 年（微小的）——尽可能地短。

第三节　利润测试和准备金

一、利润测试的意义

前述的利润测试，即是通过检验利润预期来决定一个寿险保单的合理保费的过程，包括使用利润标准，在此我们利润测试做几点说明：

（1）利润测试是对一个寿险保单定价的经常途径，像在第二十九章及其前面探讨过的那些精算公式尽管仍旧有用，但是在计算保费时已不像以前那么经常使用。事实上，利润测试可以用来对那些像第二十八章中用精算公式计算起来过于繁杂的保单进行定价。

（2）对实际中的保单进行利润测试，比我们所举的例子会复杂一些，因此，一般需要计算机。

（3）为了简便，我们的书中常使用 1 年作为时间期间，在实践中则常用 1 个月作为一个时间段，分期缴纳的保费通常按月支付，而不是按年支付，于是直接按月计算现金流量无需近似。更为重要的是，未来利润现值对开始几年的现金流量的变动非常敏感，特别是当使用了较高的风险贴现利率，按月计算现金流量便于寿险公司对现金流量有一正确、足够的注意。

（4）有一个重要的问题需要非常注意——我们用来计算预期未来现金流量的定价基础中所有的假设都是估计的，不仅有可能证明这些假设是错误的，而且几乎总能证明它们是无法与实际相一致的。所以我们应当注意，未来的情况与我们的计算基础不同时所产生的影响。原则上来讲，如果我们使用利润测试的话，这件事是很简单的，当我们有一个很满意的保单——如我们找到了一个与利润标准相适应的费率——我们可以用不同的计算基础重复进行利润测试。我们要格外注意利润预期对不同计算基础的敏感程度。为此，我们把这个过程称为敏感性分析。例如，我们会注意一个两全保险的利润对不同利率的敏感程度——我们知道利率对两全保险是很重要的，因为提存的大量准备金所生成的利息额取决于利率；我们也会注意定期寿险下利润对不同的死亡率的敏感程度，因为我们知道死亡率对定期寿险的利润关系重大，利润测试的工作须经过合理的敏感性分析才算完成。

（5）通过使用风险贴现利率及利润标准，公司能够设计符合公司目标的保险产品，即其利润及运用资金方面的指标，服从寿险公司的战略计划和管理。第二十九章的那些传统的精算公式无法揭示寿险公司的资金是否取得了合理的收益率。

二、准备金的现金流量法

在下面的例子中，在一定的定价基础下，计算出了保单价值，进而告诉我们每年应留多少准备金，并且我们将其计入现金流量中。

采用现金流量法计算准备金，而不是用过去探讨的定价公式，是可行的。

例 32 –6

在例 31 –2 中的定期寿险保单预期的净现金流量是：

年份	预期现金流量
1	122.08
2	79.8
3	4.77
4	–65.76
5	–144.9

这是在英国 AM92 选择表死亡率及 4% 利率的计算基础上计算出来的，在上一章，我们假定用净保费来计算保单准备金，而不用给定的计算基础来计算保单价值，如此将产生的问题是，“在我们用来计算现金流量相同的计算基础的情况下需要多少准备金?”我们

可以从上述的现金流量中直接找出答案。

先从最后一年算起，最后一年年末的预期现金流量为 -144.9 元，考虑到保费于年初缴纳，因此，对于每一份年初的有效保单，在年初须提存的准备金为：

$144.9 \times 1.04^{-1} = 139.33$

这里假定年利率为 4%。将结果与例 31 -5 中得到的净保费准备金 141.56 元相对比。

现在考虑第四年，每一张有效保单在第四年年末的预期净现金流量为 -65.76 元。因此，我们需要在第四年年初提存一笔准备金，考虑到利率为 4%，预计该年年末的预期现金流量为 65.76 元，且生存概率为 p_{58}，建立准备金 139.33 元，因此，需要的准备金为：

$(65.76 + p_{58} \times 139.33) \times 1.04 = 212.37$（元）

同样在第三年年初每一张有效保单提存的准备金是：

$(4.77 + p_{57} \times 212.37) \times 1.04 = 224.58$（元）

以及第二年年初的每一张有效保单的准备金是：

$(p_{[55]+1} \times 224.58 - 79.8) \times 1.04 = 149.43$（元）

因此，现金流量模型能用来像确定保费那样确定准备金，尽管如此，但是它在实践中的应用不如利润测试在定价上应用得那么广泛，部分原因是因为大多国家和地方的立法都在传统的定价公式条件下制定了定价基础（最低定价标准），虽然也有特殊类型的保单例外。

例 32 -7

在例 31 -3 的两全保险保单中，利润现金流量模型求出每一有效保单在第 2 年、第 3 年、第 4 年年初的保单准备金，使用的死亡率及利率与用来计算现金流量的相同。

解：由例 31 -3 知，年初的有效保单在年末的预期年末净现金流量总额为：

年份	预期年末净现金流量总额
1	935.29
2	1 227.77
3	1 222.79
4	-3 746.406

其中，采用的精算基础为：利率 6%；死亡率按英国 AM92 选择表。第 4 年年初一份有效保单所需的准备金为：

$3\,746.406 \times 1.06^{-1} = 3\,534.345$（元）

在第 3 年年初我们提存准备金是为了能在年底给生存者提供 3534.345 元的准备金以及在第 3 年年初所需的净现金流量 -1 196.042 元，即我们需要：

$(p_{58} \times 3\,534.345 - 1\,196.042) \times 1.06^{-1} = 2\,166.983$（元）

在第 2 年年初所需的准备金为：

$(p_{[56]+1} \times 2\,166.983 - 1\,221.094) \times 1.06^{-1} = 878.366$（元）

例 32 -8

某寿险公司向年龄为 61 岁的人卖出 4 年期无利润两全保险合同，保险金额为死亡年年末支付6 000元，保费为每年年初支付1 500元，初始费用为80元，加上第一年保费收入25%的初始手续费，续保费用为每年20元（通货膨胀引起的）加上第二年及以后各年保费的2%，假定该公司的投资收益率为7%，通货膨胀率为4%，死亡率依照英国AM92终极生命表，公司依据以下定价基础为合同定价：

方法　　　净保费

死亡率　　英国AM92终极生命表

利率　　　6%

风险折扣率　15%

试求：

（1）利润预期；

（2）以初始手续费的一定比例表示的预期利润的现值；

（3）利润差额；

（4）贴现回收期；

（5）内部收益率。

解：（1）首先我们求出每年年初的每份有效保单的预期年末净现金流量，具体如表32-2所示。

表32-2　　预期年末净现金流量

年份	保费收入	费用支出	利息	预期索赔额	预期年末净现金流量总额
1	1 500	455.0	73.2	54.054	1 064.146
2	1 500	50.8	101.4	60.672	1 489.928
3	1 500	51.6	101.4	68.064	1 481.736
4	1 500	52.5	101.3	6 000	-4 451.2

然后，计算保单准备金：

${}_1V_{61:\overline{4|}} = 0.225566$

${}_2V_{61:\overline{4|}} = 0.466317$

${}_3V_{61:\overline{4|}} = 0.723909$

${}_4V_{61:\overline{4|}} = 1.000$

为计算年末利润，其相关计算结果如表32-3所示。

表32-3　　年末利润

年份	年初有效保单准备金	年初准备金的利息（1）	年末期望准备金	预期准备金改变量（3）	预期年末净现金流量（2）	年末利润
1	0	0	1341.20	1 341.2	1 064.146	-277.054
2	1 353.40	94.74	2 769.61	1 416.21	1 489.928	168.458
3	2 797.90	195.85	4 294.18	1 496.28	1 481.736	181.306
4	4 343.46	304.04	0	-4 343.46	-4 451.2	196.3

根据年末利润计算利润预期：

年份	年末利润	生存因子	利润预期
1	-277.054	1	-277.05
2	168.458	0.990991	166.94
3	181.306	0.980970099	177.86
4	196.3	0.969841974	190.38

（2）未来利润在15%的风险贴现利率下的现值为111.11元。初始费用为第一年保费的25%，也就是375元。所以未来利润现值为初始费用的29.6%。

（3）按15%的风险贴现利率计算出保费收入的现值为：

$$1\,500\times\ddot{a}^{15\%}_{[61]:\overline{4}|}=1\,500\times2.818=4\,227.62\ （元）$$

于是，利润比例为：

$$\frac{未来利润现值}{未来保费现值}\times100\%=2.6\%$$

（4）让我们在下表中列出利润预期，然后计算到时间1、2、3、4为止的未来利润现值：

年份	利润预期	年末期望利润的现值
1	-277.05	-240.92
2	166.94	126.23
3	177.86	116.94
4	190.38	108.85

因此，贴现回收期为3年。

（5）内在收益率为39.8%。

第三十三章

精算学引论

精算基础

第一节　精算基础的内容

一、精算基础的含义

精算基础是指作为精算计算前提的一组设定。这些设定将因使用其目的的不同而变化，但任何基础都将包括一些特定的设定，这些设定与精算计算中相关因素的将来水平有关。

例如，我们的利润测试采用的精算基础有3个关键要素——利息率、死亡率和营业费用。这三要素在未来的数值是未知的，我们必须对它们做出适当的估计。在对每个要素做估计时，我们并不一定打算把这作为我们所期望的数值，而只是想用这个值来进行精算计算。

我们已经接触过两种最重要的精算基础的例子——定价基础和估价基础。我们将探讨隐藏在做出定价基础或估价基础选择后面的原因，我们会看到精算基础的选择可能对保单的利润预期产生的影响。

我们现在来依次探讨精算基础的这3项主要要素。

二、利率

某些保单，像两全保险保单，在其有效期间中，长时间的备有大笔的准备金。显然利率是精算基础中最重要的设定。

利率的设定（就某种意义来说）是对我们将来能得到的利率的估计。我们知道，利率甚至能够在极短的一段时间内剧烈变动，所以要预测未来的利率是困难的。投资于很安全的债券（像国债）可以近乎确定地得到某一未来利率，但这种办法是很少的，并且难以一直奏效。因此，面对未来可实现利率的不确定性，最根本的考虑是，如果我们的设定是错的，将会出现什么问题和多大的问题。

如果我们的设定太高，以致我们将来得到的利息少于我们所假定的，那么很明显我们的利润将低于我们所预计的。如果我们的设定太低，那么我们将获得额外的利息，从而增加我们的利润。因此，假定一个较低的利率是安全的。

通常来讲，我们把一个较高的利率设定称为乐观设定。我们把一个较低的利率设定称为悲观设定或保守设定。居于其间的被称为现实设定。显然，这里绝不是说乐观设定就是好设定。这一术语表明一个过于乐观的精算人员可能会面对难以应付的意料之外的困难。

在为精算基础选择利率时，一般要考虑以下因素：

（1）利率的设定与我们将要把准备金投资于何种资产有关。不同资产得到不同的回报率。

（2）针对我们选择的资产类型，估计一个现实的回报率。

现实设定是我们通常采用的方法。如果我们想使用更安全、更保守的悲观设定，那么还应采取的一步是：

（3）确定我们达不到那个回报率的可能性的大小，然后，把我们的悲观设定降低一点，使达不到目标的可能性小一些。

（4）保险期限是重要的，因为按近期我们可以得到的利率相对久远的将来来说，更具有确定性。

（5）保费的交付方式是重要的。在趸缴保单下，我们立即收到所有的收入，因此，我们完全可以知道将它进行某种投资我们可以得到的利率。在每年缴纳保费或每月缴纳保费的情况下，大部分收入在将来得到，我们不能确定我们能得到什么利率。

（6）一般来讲，将来的收入，无论是来自保费或来自于投资，将不得不以未知的利率去投资，即再投资，因为它与将来可收取的再投资利率有关，所以又增加了总回报率的不确定性。

（7）我们对目前利率水平的看法非常重要。如果我们觉得它们将下降，我们要用一个比目前水平稍低的设定，如果我们觉得它们将上升，我们会用一个比目前水平高一点的设定，但后者有明显的危险，只有在十分肯定地认为目前利率异常低的情况下方可有此举。

当我们说到“目前利率水平”时，我们通常指从固定收益的债券得到的收益。虽然我们也许打算投资于其他资产，但是这些提供了选择精算基础的基准和出发点。

在实际中，投资所得的利率是变动的。在一些情况下，这将表现为一定时期后简单的增加或减少。例如，如果目前利率水平高但预计将来年份会下降，精算基础应将投资收益描述清楚，如：“前6年11%，此后7.5%”，这比说“整个期间的利率为9%”更现实，也更有用。通过传统的精算公式来适应这种变动的设定是很困难的，但是如果我们进行利润测试，这样做造成的麻烦不多。

请注意风险贴现利率，虽然看起来像利率，但是它并不是精算基础的一部分，它是寿险公司的一份报告，用于报告公司有效业务价值或内含价值。

估计的投资所得利率，往往低于用于计算保单有效期所形成的利润的利率——我们已注意到，在前面的例子中，风险贴现率可以非常高。而这样一个设定的最终结果，将取决于保单利润预测的情况。在大多数情况下，寿险业务初始阶段里亏损，随后的年份里盈利，这样的精算基础将会减少利润的期望现值。

三、死亡率

死亡率的设定，与保单种类有关，也与精算基础用于计算的不同目的有关，并随之变动。

这里的核心问题仍然是：错误设定的财务后果是怎样的。我们应当能够理解，对于死亡保险与年金保险来说，答案是不一样的。如果死的人数少于我们所预计的，那么在死亡保险合同下会形成死差益，这有着很直观的意义——死者少于预计数额，则索赔降低，利润也就提高了；反之，则形成死差损，即利润降低。另外，死的人数少于所预计的，这会导致年金保险保单下的死差损，因为那样年金给付高于所预计的。

因此，保守的设定（即尽可能避免损失）是高估死亡保险保单的死亡率以及低估年金保险保单的死亡率。很多国家已为保险业编制了适用于不同险种的多种经验生命表。例如，英国用于两全保险与终身寿险的 A1967 ~ 1970 生命表及 AM92 生命表和用于年金保险的 a（55）生命表，少数未编制各类保单专用生命表而仅仅编制了一份生命表的国家或地区，应考虑针对不同的险种，将生命表做出调整。例如，针对年金保险，可以将开始领取年金之后的死亡率调整得更低一些，方法是将被保险人的年龄降低若干年或将死亡率乘以某个小于 1 的系数。类似地，需要死亡率更高时，可采取增加年龄的方法。

我们强调将标准生命表与各寿险公司所承保的被保险人的死亡率相匹配的问题，因为各公司所承保的对象往往不同，也就有不同的死亡率。我们要确定这些表是否可能在今后低估或高估本公司承保的被保险人的死亡率。

另一个重要因素是今后死亡率的可能变化趋向。自 21 世纪以来，全世界的死亡率已大大降低。对死亡保险来说，这是有利的，但对年金保险则不利。因为随着时间的推移，人们的寿命在延长，也就是说，被保险人领取年金的时间将更长，比当年的生命表所预计的要长。因为这个原因，用于年金保险的生命表应考虑到死亡率的将来发展趋势而进行修正。

四、营业费用

我们在第二十九章已经知道，营业费用有几种不同的方式。它们可能是：

（1）保单费用；

（2）保费比例费用，习惯上按保费百分比计算；

（3）保险金比例费用。

营业费用的设定也将随保单类型的不同而不同。在设定之前，寿险公司必须进行营业费用调查。这要求寿险公司根据保单类型和所采取的业务方式，对某段时期（如上年度）的费用进行分析。例如，对于定期保险，两全保险，终身保险等，也许会有进行体检的费用。不同的保单有不同的平均费用。分析之后，寿险公司明确了各种不同的保单将发生的费用，会确定哪个费用是每张保单都有的，或是与保费、给付有关的。最终将产生一组可以用于精算基础的营业费用。

五、精算基础的意义

我们已经知道，两个主要的精算基础是定价基础和估价基础。我们有时也会看到提及的经验基础。这是一组关于实际结果的设定。例如，我们考查一个保单时，也许想用某一给定的定价基础为其定价，并于此后用某一给定估价基础为其估价，并看看如果实际结果不符合任意一个基础，将产生什么影响。之后，我们会需要一组关于实际结果的设定——经验基础。

我们现在考虑，精算基础的目的会怎样影响精算人员对设定的选择。

定价基础是用于拟定新保单费率的精算基础。有两个主要的且相互对立的因素要考虑：

（1）既然目标是创造利润，我们想依此为保单定价。这将导致较为悲观的设定，以增加保费收入。

（2）另一主要因素是寿险公司面对的市场。定价很低以致不盈利是没有意义的，但将费率定得远远高于同业竞争者同样没有意义，那将会导致保单卖不出去。

于是为定价而使用的基础常常是盈利性与市场竞争能力的折中。这可以产生相对现实的基础。太乐观的基础〔高利率、低死亡率（死亡保险）和低营业费用〕将导致公司的损失，而过分悲观的精算基础会使费率太高，以致对潜在投保人没有吸引力。

下面我们将考虑估价基础。我们估价的目的不止一个：

（1）最重要的目的也许是测算公司的偿付能力。也就是说，资产应至少足够用于建立估价所要求的准备金。精算专业人员与保险监督机构很重视保险公司的偿付能力，要求公司必须有充足的偿付能力。这将导致选择保守的精算基础，即低利率，高营业费用和高死亡率（死亡保险）或低死亡率（年金保险）。使用这种精算基础意味着，如果估价说明公司财务状况良好，当未来到来时，公司具有充分偿债能力的可能性将更大。

（2）另一个进行估价的原因是计算利润。我们已经知道估价在利润测试中的重要性。本章的后面，我们将探讨不同的估价基础对一典型的利润预期所产生的影响。悲观精算基础的效果是延迟利润的生成，乐观基础的效果是加快利润的生成。

所以在这里，相互冲突的因素构成了选择精算基础的依据。基础太乐观，在证明有偿付能力方面，被认为不够可靠；而基础太悲观，它会低估经营成果。

六、精算基础作为对将来的估计

从以上部分来看，精算基础不一定只是用来对将来情况进行直接的预测，也可以用于调整保单内容，以适合保单目标和精算人员的目的。

不过，我们经常在给定其评估目的的情况下，把精算基础看作是对未来的一种估计，根据目的，精算基础可能是乐观的、现实的或悲观的展望。

第二节 定价基础

定价基础最终决定寿险公司销售保单的效益。如果公司保费收取不足，就会造成亏损。

因此，探讨实际情况与定价基础不符的影响，是非常重要的。如果将来实际情况比定价基础中的设定情况好（假定按定价基础设定情况所计算的保费是适应市场销售的），毫无疑问，这会增加公司的利润。然而，如果实际情况较差，公司就会陷入严峻的财务危机。

一、异常幅度

我们可以将实际情况与定价基础不符的情况称为异常。为避免异常现象带来严重的不利影响，精算师会在设定定价基础时考虑异常幅度（contingency margins），即有意将异常幅度作为消极影响的因素考虑在内。在设定定价的精算基础时，异常幅度可以是明确列出的，也可以暗含在其他内容中。

明示的异常幅度是明确加在设定中的，例如，一个精算师实际估计某类定期寿险被保险人的死亡率时，采用中国人寿保险业经验生命表中死亡率的92%，而他在确定费率时就用该经验生命表中死亡率的97%，这样就提高了5%的死亡率做为异常幅度。类似地，假设估计某类终身寿险保单的被保险人的死亡率为该经验生命表中死亡率的99%，可以采用该表中死亡率的96%为定价基础。如此，异常幅度为4%。

暗含的异常损失幅度是指在使用明显保守的假定时，暗含了异常损失因素，故意没有做实际估定。例如，另一个精算师在考虑定期寿险时认为，由于近年来死亡率下降，并有持续下降趋势，采用另一张生命表中死亡率的100%会高估将来的死亡率，这就在做死亡率设定时暗含了异常幅度。这里提到另一张生命表，我们也可以将中国人寿保险业经验生命表中的年龄做几年的调整，例如，将65岁时的死亡率按生命表中60岁时的数据计算，以考虑死亡率的降低。

类似地，假设实际利率比预期利率低时，采用实际利率减1%的利率就明确考虑了异常幅度。也可以按另一个精算师的做法，采用比其预期利率低的利率，这实际上就暗含了异常幅度。同样，变动经营费用水平也可以暗含异常幅度，但如果公司对将来实际情况能够控制，或可以变动某些可能发生的费用，这个幅度也可以少计算一些。

二、异常幅度对费率的影响

在定价基础设定时加入异常幅度会增加保费，比如，假设我们对某无分红终身寿险保单定价是采用的利率为6%，我们计算出在设定中分别加入1%、2%或3%的异常幅度后（换句话说，就是分别用5%、4%、3%的利率）的影响，其中，死亡率选自英国A1967～1970选择表（见表33－1）。

表33－1　　　不同年龄的被保险人应缴费率

定价利率	不同年龄的被保险人应缴费率		
	20岁	40岁	60岁
6%	0.00343	0.01058	0.03526
5%	0.00447	0.01232	0.03760
4%	0.00591	0.01443	0.04021
3%	0.00785	0.01697	0.04311

以在死亡率设定中加入异常幅度为例，假定我们对男性终身寿险保单被保险人的预期死亡率是采用英国AM80选择表中的死亡率，然而，为了暗含异常幅度，我们会采用A1967～1970选择表（用更早年的生命表中的死亡率会偏高）中利率为4%的数据，我们通过下表说明采用两个不同生命表的影响（见表33－2）。

表33－2　　　不同年龄的被保险人应缴费率

定价生命表	不同年龄的被保险人应缴费率		
	20岁	40岁	60岁
英国AM80	0.00545	0.01321	0.03674
英国A1967～1970	0.00591	0.01443	0.04021

三、利润测试敏感性分析

用计算机进行利润测试的最大好处是，精算基础可以变动，利润预期可以重新计算，这就使我们能够又快又简便地对定价基础中的各因素进行敏感性分析。

分析过程中假定其余因素保持不变，改变定价基础中的某一特定因素，变动此因素对保费定价的影响就可以观测出来，如果定价基础中某一因素很小变动，会引起利润预期的较大变动，这就说明此保单对定价基础中的这个因素变动很敏感，在选择该假定时要非常注意，如果需要，应加入异常幅度。反之，如果定价基础中某一特定因素的变动对利润预期影响很小，就说明保单对此因素不敏感，进一步改进定价基础作用不大。

在进行敏感性分析时，我们对设定因素做各种变动的测试，我们通常在利润测试时，先选择一个很接近实际情况的假定。这种敏感性测试有助于我们决定哪里需要加入异常幅度，应加多大合适，因此，我们在假定时先不加入异常幅度。

换句话来讲，通过敏感性分析，测定哪些因素会引起利润预期的较大变动，就知道当设定定价基础时，应重点考虑哪些因素。

假如一旦我们选定了一个利率，我们可以采用比它低1%的利率进行利润测试。如果保单在降低了的利率条件下，仍有可观利润，我们的设定就可以成立，然而，如果敏感性测试反映出保单利润大大下降时，就应当考虑我们原先估计的利率风险太大，应对定价基础做些相应的调整。

四、定价基础对利润预期的影响

定价基础的改变对利润预期的影响是必然的。

如果我们将定价基础中的设定改为较悲观的，而不改变原保单保费，那么利润预期就会减少。

如果我们将定价基础中的设定改为乐观的，而仍不改变原保单保费，那么利润预期必然会增加。

特别需要注意的是，这里改变的是利润预期，它们仅仅是测算出的，将来的实际利润不管我们事先如何假定，都不会受影响。

如果我们将例 32. 8 养老保险保单中的利率 5% 改为 6%，其他假定情况不变，计算后将发现，未来利润现值由 106. 8 元降为 17. 1 元，这说明养老保险保单对利率变动是较为敏感的。如果我们采用 15% 的风险贴现率，未来利润现值将变为 17. 1 元。

五、定价基础对保费的影响

我们可以从两个方面分析定价基础的影响：

（a）给定费率的条件下，定价基础的变动会改变预期利润，即利润预期。

（b）给定利润预期条件下，定价基础的改变会导致保费的改变，提高保费是为了保证寿险公司的赢利，降低保费是为了在市场上更有竞争力。

精算师在给保单计价时，一定都预定几个利润标准，由此可以避免频繁测试保单定价基础的变动所导致的保费变动。

第三节　估价基础

一、定价基础和估价基础的区别

首先我们必须明确的是，估价基础并不影响公司实际利润等经营情况——死亡率、费用、利率等都不受其影响。

我们不能错误地认为估价基础会以某种方式影响公司的财务状况。精算师对寿险公司的估价，是以精算师之见估计公司应提存多少准备金及公司是否有足够资产建立这笔准备金。这些准备金是否充足，只能在将来实际经营中验证，准备金是否充足的问题并不是直接由估价决定的。

估价基础不同于定价基础，这是因为：

第一，估价的目的是为了明确偿付能力，精算师和保险监督部门都希望采用一个保守或悲观的精算基础，这会导致在几个原有估价基础中引入异常幅度。有时也可能不完全这么做，而是通过仔细考虑后采取非保守假定，只在那些敏感性测试发现有必要的因素中加入异常幅度。如此来看，估价基础常常会不同于保费定价基础，尤其在定价基础过于保守时。

第二，估价基础有时由法律规定，或者可能只规定一个最低限额的估价基础（如费用），于是，精算师选择估价基础的余地是受限制的，如果精算师选择定价基础时受到严格限制，则几乎必然导致实际定价基础与估价基础不一致。

第三，以定价为目的的利润测试，只在保单出售前进行，而估价基础很可能因条件的不断变动而不断修订，于是在保单售出几年后，估价基础可能会不同于利润测试所用的定价基础，而且也不同于在初期利润测试时的估价基础，这种情况是很可能发生的。几年后，因其间经济、社会、人口统计变动，这种区别会很大。

二、估价基础对利润预期的影响

定价基础对利润预期的影响是直观的、明显的，而估价基础对利润预期的影响却较不明显。

假如我们将估价基础中的设定改为较悲观的假定，很显然，新的估价基础要求提存更多的准备金，例如，预计我们所得利息下降，或需开支更多费用，或死亡索赔增多，而保费收入不变，很明显我们将需要一个更大的准备金来弥补现金流量的差额。

增加准备金有 3 个方面的影响：

（1）第一年所得利润会减少，因为在第一年年末增加准备金导致支出增加，即会发生一笔较大的亏损；

（2）准备金利息增加；

（3）每一年年末的准备金变动都是不同的——是增或减并不那么直观、明显。

类似地，如果我们将估价基础改为较为乐观的假定时，相反地，我们只需准备较少的准备金。

当精算师估价基础设定更悲观时，我们通常说我们加强了精算基础，因为这样公司增强了偿付能力——即公司必须提存更多的准备金，当我们采用较为乐观的精算基础时，我们通常也说我们削弱了精算基础。

下面这个例子以例 32－8 养老保单为例，反映了增强和削弱某估价基础中的设定利率时的影响。

例 33－1

在例 32－8 的估价基础中利率 5%，假设估价利率发生以下变动，试计算相应保单的利润预期：

（1）利率增强到 4%；

（2）利率削弱为 6%。

解：在这些变动中，保费、费用及索赔所引起的现金流量并不受影响。

在利率4%的情况下，保单准备金为：

$_{1}V_{61:\overline{4|}}=0.230$

$_{2}V_{61:\overline{4|}}=0.472$

$_{3}V_{61:\overline{4|}}=0.728$

$_{4}V_{61:\overline{4|}}=1$

由此，我们计算各年的利润状况，具体如表33－3所示。

表33－3　　各年的利润状况

年份	年初有效保单准备金	年初准备金的利息	年末期望准备金	预期准备金改变量	预期年末净现金流量	年末利润
1	0	0	1 370	1 370	1 074.8	－295.2
2	1 380	96.6	2 802	1 422	1 487.4	162.0
3	2 832	198.2	4 828	1 450	1 431.9	180.1
4	4 368	305.8	0	－4 368	－4 451.2	222.6

年份	利润状况	生存因子	利润预期
1	－295.2	1.00000	－295.2
2	162.0	0.99277	160.8
3	180.1	0.98229	176.9
4	222.6	0.96299	214.4

即各年的利润预期为（－295.2、160.8、176.9、214.4），按15%的风险贴现率计算得，未来利润现值为103.8元。

在利率6%的情况下，保单准备金为：

$_{1}V_{61:\overline{4|}}=0.223$

$_{2}V_{61:\overline{4|}}=0.463$

$_{3}V_{61:\overline{4|}}=0.721$

$_{4}V_{61:\overline{4|}}=1$

由此，我们计算各年的利润状况，具体如表33－4所示。

表33－4　　各年的利润状况

年份	年初有效保单准备金	年初准备金的利息	年末期望准备金	预期准备金改变量	预期年末净现金流量	年末利润
1	0	0	1 328	1 328	1 074.8	－253.2
2	1 380	93.7	2 749	1 411	1 487.4	170.1
3	2 778	194.5	4 241	1 463	1 431.9	163.4
4	4 326	302.8	0	－4 326	－4 451.2	177.6

年份	利润状况	生存因子	利润预期
1	-253.2	1.00000	-253.2
2	170.1	0.99277	168.9
3	163.4	0.98229	160.5
4	177.6	0.96299	171.0

即各年的利润预期为（-253.2、168.9、160.5、171.0），按15%的风险贴现率计算得，未来利润现值为110.8元。

为了便于比较，下面将以15%风险贴现利率，估价利率分别为4%、5%、6%时的利润预期和未来利润现值，具体如表33-5所示。

表33-5　　利润预期和未来利润现值

估价利率	不同年份的利润预期				未来利润现值
	1	2	3	4	
4%	-295.1	160.7	176.9	214.4	103.8
5%	-277.2	165.5	168.5	195.8	106.8
6%	-253.1	168.8	160.5	171.0	110.9

仔细观察这些利润预期，比较前两行数值，估价基础从5%的利率增强到4%时，结果是前两年利润较少，后两年利润较多；比较后两行时，估价基础从5%的利率削弱到6%时，结果是前两年有较高的利润，而后两年利润较少。

通过这个简单的例子，我们可以把这个观测结果推广，即增强估价基础的结果是减小了利润危机，而削弱了估价基础将会增大利润危机。

对此观察结果有一个较为直观的解释：如果要增强估价基础，需要增加准备金，这样在第一年或前几年中利润就会下降，然而，随时间推移，准备金增大，准备金利息将产生重要影响，以后利润又开始增加。

第四部分　复合生命状态模型

第三十四章

单原因减员模型及死亡率的确定

从这一部分开始，我们将对过去学习的较为简单的模型，比如一元生命保险与年金模型，做进一步的抽象和推广，以刻画更一般、更广泛、更复杂的情况。

本部分探讨的主要内容，一方面，将过去探讨的生存与死亡两个状态，扩展为健康、疾病、死亡等多状态；把从生存状态转移到死亡，抽象为从某种状态的减员，如从生存状态的减员；而减员的原因，从单一原因的因死亡而从生存状态减员，推广到因死亡或者因疾病等多种原因从健康状态中减员。另一方面，将单一生命的情况，扩展为多个生命联合生存的情况。

第一节　单原因减员模型

本节我们将探讨单原因减员模型的统计属性。该模型用于单一原因减员的样本总体，也就是说退出或离开样本总体的可能原因只有一个，我们将假定这个减员的原因就是死亡。我们将探讨的模型有两个：一个是二项型单原因减员模型，一个是泊松型单原因减员模型。

在此，我们假定死亡率是不变的。事实上，如果我们研究一个很短时间段里的某类人群总体，他们的死亡率确实是不变的。

一、二项型单原因减员模型

（一）假设

二项型单原因减员模型是一个离散时间模型，在这个模型中，针对我们所探讨的减员事件（即死亡）的发生，做如下假设：

（1）人口总体最初的人数为 P 个，观测期为一年。

（2）在这一年中每一个人死亡的概率是 q。

（3）死亡发生与否是相互独立的。

参数 q 叫作初始死亡率（initial rate mortality）。在此，我们假设 q 对所有的个人都是相同的。

（二）死亡人数的分布

在上述假设的情况下，我们可以找出一个在某一时间段中一个特定人数死亡的概率计算公式。设随机变量 Θ 表示一年中死亡的人数，则死亡人数为 θ 的概率为：

$$P(\Theta=\theta)=C_P^{\theta}q^{\theta}(1-q)^{P-\theta} \tag{34-1}$$

其中，$\theta=0$，1，2，……，P。

上式说明，表示死亡人数的随机变量 Θ 服从参数为（P，q）的二项分布 Binomial（P，q）。

证明：

因为每个人是否死亡是独立的，P 人中某 θ 个人在一年内死亡、其余 $P-\theta$ 个人生存的概率是：

$$q^{\theta}(1-q)^{P-\theta}$$

而在 P 个人中选取 θ 个人的选法有：

$$C_p^{\theta}=P!\ /\theta!\ (P-\theta)!$$

因此，死亡人数为 θ 的概率是：

$$C_P^{\theta}q^{\theta}(1-q)^{P-\theta}$$

例 34－1

10 000 名学校儿童被选中参加一年的医疗研究，如果最初年死亡率是 0.00025，并且死亡的发生是独立的，计算两个或更多的被观测者在观测期间死亡的概率。

解：这是一个初始人口 $P=10\ 000$ 的人口总体，其初始死亡率为常数 $q=0.00025$，假定死亡是独立发生的，因此，适用于二项型模型，死亡人数 Θ 服从参数为（10 000，0.00025）的二项分布。根据二项分布公式：

$$P(\Theta=0)=(1-0.00025)^{10\ 000}=0.0821$$

$$P(\Theta=1)=10\ 000\times0.00025(1-0.00025)^{9999}=0.2052$$

因此，两个或更多人死亡的概率是：

$$1-0.0821-0.2052=0.7127$$

（三）初始死亡率 q 的极大似然估计

在死亡率观测中，我们在观测期内死亡人数的观测值基础上估计 q。一个重要的估计方法就是极大似然估计。

1. 初始死亡率 q 的极大似然估计

以一年中观测到的死亡人数为基础的初始死亡率 q 的极大似然估计是：

$$\hat{q}=\Theta/P \tag{34-2}$$

其中，随机变量 Θ 表示死亡人数。

证明：

如果初始死亡率的实际值是 q，那么记录中恰恰个人死亡的似然函数是：

$$L(q)=(P/q)q^{\theta}(1-q)^{P-\theta}$$

我们通过求其对数的最大值来求其最大值：

$$\log L(q)=\log(P/\theta)+\theta\log q+(P-\theta)\log(1-q)$$

对 q 求偏导数，得：

$$\frac{\partial}{\partial q}\log L(q)=\theta/q-(P-\theta)/(1-q)$$

求使偏导数为 0 的 $\dot{q}$，即：

$$\theta(1-\dot{q})=(P-\theta)\dot{q}$$

即：

$$\theta-\theta\dot{q}=P\dot{q}-\theta\dot{q}$$

得：

$$\dot{q}=\theta/P$$

由于二阶偏导数：

$$\frac{\partial^2}{\partial q^2}\log L(q)=-\theta/q^2-(P-\theta)/(1-q)^2<0$$

所以，当 $q=\dot{q}=\theta/P$ 时，取得最大值。

因此，$\hat{q}=\Theta/P$ 为 q 的极大似然估计，$\dot{q}=\theta/P$ 是 q 的极大似然估计 $\hat{q}$ 的实现值。我们能得到这个估计的均值和方差的公式，也能对其分布做一个近似的描述。

2. 初始死亡率的极大似然估计的性质

（1）$\hat{q}$ 的均值等于 q 的实际值，即 $\hat{q}$ 是 q 的无偏估计。

（2）$\hat{q}$ 的方差是 $q(1-q)/P$（事实上，对 q 的无偏估计量，它是最小可能方差）。

（3）$\hat{q}$ 渐近服从正态分布，即：

$$\hat{q}\sim N[q,q(1-q)/P] \tag{34-3}$$

证明：

观测的死亡人数 θ 服从参数为（P，q）的二项分布，说明其均值为 Pq、方差为 $Pq(1-q)$，因此，

（1）$E(\hat{q})=E(\theta/P)=Pq/P=q$

（2）$Var(\hat{q})=Var(\theta/P)=Pq(1-q)/p^2=q(1-q)/P$

（3）因为 $\hat{q}$ 的均值为 q，方差为 $q(1-q)/P$，所以，我们在样本总体较大的情况下，很容易地选择以 $[q,q(1-q)]$ 为参数的正态分布，即：

$$\hat{q}\sim N[q,q(1-q)/P]$$

这些性质说明 $\hat{q}$ 是一个很直观的估计，其均值等于 q 的实际值，它距离实际值变化范围尽可能的小，通过正态近似我们可以计算其近似概率和置信区间。

在下一节中我们将研究怎样将模型一般化，以探讨这一年中人口的其他变化。我们将用初始历险数（IETR，initial exposed to risk）E 来代替 P。

二、泊松型（固定人口）单原因减员模型

下面我们探讨泊松型单原因减员模型。泊松型模型是连续型时间模型，有两种形式：一种是样本总体的人口总数保持不变的形式，也就是在观测期内死亡的人口能够立即得到补充，这是最简单的形式，我们称之为固定人口形式，我们将首先探讨这种形式；另一种是变动人口形式，我们将在前一种形式之后探讨它。

泊松型模型是一个连续的时间模型，它与瞬间死亡力（instantaneous forces of mortality）和中心死亡率（central mortality rate）（通常称为 m 类比率）有关。

在此，我们假定死亡率是不变的。事实上，如果我们研究一个很短时间段中的一个同类的人口总体，事实的确如此（注意这意味着中心死亡率和死亡力是相同的）。

（一）泊松型模型（固定人口）单原因减员模型的假设

在这种最简单的形式中，我们做如下假设：

（1）在 T 年中人数总是包括 P 个人，人口总是保持不变，死亡的人立刻被替换。

（2）在任何短时间间隔中（t，$t+h$）：

第一，单个死亡发生的概率是 μhP，即：

$$P[\text{在}(t,t+h)\text{期间 1 人死亡}]=\mu hP+o(h)^{*}$$

第二，与仅发生一个死亡的事件相比，发生一个以上死亡的可以忽略，即：

$$P[\text{在}(t,t+h)\text{期间 1 人以上死亡}]=o(h)$$

（3）在各个不同的时间间隔中，死亡的发生是独立的。

参数 μ 在上一卷中称为死亡力，在本卷中有时称为事故率或灾害率。在本节中，我们假设 μ 对所有的人是相同的。

（二）死亡人数的概率分布

为了计算在某一给定期间的特定死亡人数发生的概率，我们可以采用这些假设来导出一个公式。

对于给定期间的死亡人数 θ，T 年期间恰恰发生 θ 人死亡的概率是：

$$(\mu PT)^{\theta}e^{-\mu PT}/\theta! \qquad (34-4)$$

即代表死亡数 θ 的随机变量服从（μPT）泊松分布。

证明：

我们可以把这段时间分成 n 个长度为 h 的短时间段，在每个间隔中，单个死亡事件发生的概率近似于 μhP，没有死亡发生的概率近似于 $1-\mu hP$。

因为我们假设在各时间间隔中这些事件的发生与否是独立的，我们可以认为这种情况是由各个独立的试验组成的，死亡的概率是常量 μhP，所以死亡总数服从（n，μhP）二项分布。

如果让 $h\to 0$，近似值变得精确，二项分布接近泊松分布，这一泊松分布的均值是 $n\times\mu hP=\mu hP$（因为 $nh=T$），因此，死亡数服从（μhP）泊松分布，概率如公式所示。

例 34－2

某大公司总是保持 5 000 名年轻工人的员工规模，一旦有人员离开则立刻补充上，计

算 6 个月内不超过 3 人死亡的概率，假设所有工人的死亡力为 0.0008。

解：固定人数 $P=5\ 000$，死亡力为常数 $\mu=0.0008$，如果假设死亡是独立的，则泊松分布适用，6 个月死亡人数服从泊松分布，其均值为 $0.0008\times5\ 000\times6/12=2$，于是：

$$P(\text{没有死亡})=e^{-2}=0.1353$$

$$P(1\text{ 人死亡})=2e^{-2}=0.2707$$

$$P(2\text{ 人死亡})=2^2/2!\ e^{-2}=0.2707$$

不超过 3 人死亡的概率是：

$0.1353+0.2707+0.2707=0.6767$

（三）灾害率的极大似然估计

我们可以用极大似然估计法，根据观测期观测到的死亡数估计 μ。

1. 灾害率的极大似然估计

基于 T 年中的死亡人数观测值，灾害率 μ 的极大似然估计为：

$$\hat{\mu}=\Theta/PT \tag{34-5}$$

证明：如果灾害率的实际值是 μ，θ 人死亡的似然函数是：

$$L(\mu)=(\mu PT)^{\theta}e^{-\mu PT}/\theta! \tag{34-6}$$

取对数后：

$$\log L(\mu)=\theta(\log\mu+\log PT)-\mu PT-\log\theta!$$

对 q 求偏导数：

$$\frac{\partial}{\partial\mu}\log L(\mu)=\theta/\mu-PT$$

求使偏导数为 0 的 $\dot{\mu}$，得：

$$\dot{\mu}=\theta/PT$$

因为：

$$\frac{\partial^2}{\partial\mu^2}\log L(\mu)=-\theta/\mu^2<0$$

所以，当 $\mu=\dot{\mu}=\theta/PT$ 时取得最大值。因此，$\mu=\Theta/PT$ 为灾害率 μ 的极大似然估计，$\dot{\mu}=\theta/PT$ 是 μ 的极大似然估计 $\hat{\mu}$ 的实现值。

我们可以得到该估计的均值和方差的确切公式，也可以对其分布给出近似的描述。

2. 灾害率的极大似然估计的性质

（1）$\hat{\mu}$ 的均值等于 μ 的实际值，即 $\hat{\mu}$ 是 μ 的无偏估计。

（2）$\hat{\mu}$ 的方差是 μ/PT（事实上，对 μ 的无偏估计量，它是最小可能方差）。

（3）$\hat{\mu}$ 渐近服从正态分布，即：

$$\hat{\mu}\doteq N\left(\mu,\frac{\mu}{PT}\right) \tag{34-7}$$

证明：观测的死亡人数 θ 服从参数为（μPT）的泊松分布，其均值为 μPT、方差为 μPT，因此，

(1) $$E(\hat{\mu})=E\left(\frac{\theta}{PT}\right)=\frac{\mu PT}{PT}=\mu$$

(2) $$Var(\hat{\mu})=Var\left(\frac{\theta}{PT}\right)=\frac{\mu PT}{(PT)^2}=\frac{\mu}{PT}$$

(3) 因为 $\hat{\mu}$ 的均值为 μ，方差为 $q(1-q)/P$，所以我们在样本总体较大的情况下很容易地选择以 $[\mu,\mu/PT]$ 为参数的正态分布为其近似分布，即：

$$\hat{\mu}\dot{\sim}N\left(\mu,\frac{\mu}{PT}\right)$$

这些性质说明 $\hat{\mu}$ 是一个很直观的估计，其均值等于 μ 的实际值，它距离实际值变化范围尽可能得小，通过正态近似我们可以计算其近似概率和置信区间。

在下一节中我们将研究怎样将模型一般化以探讨这一年中人口的其他变化。我们将用中心历险数（CETR，central exposed to risk）E^c 来代替 PT。

三、泊松型（变动人口）单原因减员模型

接下来，我们探讨一种更为普遍的泊松型模型，在这种模型中，观测期内死亡的个人将不被补充，允许个人在观测期内加入或离开被观测群体。

（一）泊松型（变动人口）单原因减员模型的假设

在泊松型（变动人口）单原因减员模型中，我们做以下假设：

(1) 在时刻 t 时由 P_t 人组成的人口总体，在 T 年期限内被追踪观测。

(2) 在任何（t，$t+h$）间隔时间内：

第一，发生一人死亡的概率是 μhP_t，即：

$$P[\text{在}(t,t+h)\text{期间内恰好发生 1 人死亡}]=\mu hP+o(h)$$

第二，与一人死亡相比，发生多于一人死亡的概率可忽略不计，即：

$$P[\text{在}(t,t+h)\text{期间内发生 1 人死亡以上}]=o(h)$$

(3) 不同时间间隔里死亡的发生与否是独立的。

我们再次假定死亡力 μ 对所有人是相同的。

（二）历险数（ETR）

历险数（ETR）是为了衡量我们所观测的样本总体的人口规模而定义的，又称风险暴露数。对于我们在前面探讨的固定人口模型，由于自始至终人口总数不发生变化，也就是说，人口规模一直为初始人口水平，我们把这种情况下的初始人口规模用初始历险数（initial exposed to risk）来描述，其缩写为 IETR，记为 E，我们定义其值为初始人口总数 P。为了使固定人口模型更具有一般性，我们需要引入中心历险数的概念。中心历险数（central exposed to risk）的缩写为 CETR，记为 E^c，它是衡量整个观测期间平均人口规模的指标，其数值定义如下：

$$E^c=\sum(u_i-t_i) \tag{34-8}$$

其中，t_i 和 u_i 分别表示第 i 个被观测个体进入和离开群体的时间（从观测期间开始时

进行计算）。

注意在这一定义中，$(u_i - t_i)$表示第 i 个人接受观测的时间。这是被观测人在历险数中所起的作用。

例 34－3

一团体接受一项为期 4 年的观测，初始人数为 400 人，第一年年末有另外 100 人加入此观测，观测期内 3 人死亡，分别于第一年年中、第二年年末以及观测结束前 3 个月。计算这一人口群体的中心历险数（CETR）。

解：

忽略期间内死亡人数，我们得出：

对最初接受观测的 400 人：$t_i = 0$，$u_i = 4$；

对第一年末加入的 100 人：$t_i = 1$，$u_i = 4$。

然而，对于在观测期内死亡的 3 人来说，$u_i \neq 4$ 而实际上分别为 1/2、2、$3\frac{3}{4}$，即 u_i 被减少了 $3\frac{3}{4}$、2、1/4 年。

因此，中心历险数（人年）是：

$$E^c = \sum (u_i - t_i) = 400(4-0) + 100(4-1) - 3\frac{1}{2} - 2 - 1/4$$
$$= 1\,894.25$$

（三）死亡人数的概率分布

按中心历险数的概念，我们容易得出，前面所研究的以人口数在 T 年内保持在 P 这一固定水平上为条件的简单泊松模型的中心历险数为 PT。这也就是说，运用固定人口模型计算简单泊松模型的公式，可被扩展用于计算变动人口模型，只要我们用 E^c 代替 PT。

于是，对于给定期间内的死亡人数，我们有如下的结论：T 年内 θ 人死亡的概率近似为：

$$\frac{(\mu E^c)^{\theta} e^{-\mu E^c}}{\theta!}, \theta = 0, 1, 2, \cdots$$

即代表死亡人数的随机变量 Θ 服从参数为 μE^c 泊松分布 Poisson（μE^c）。

证明：假定在某段时间观测人数为 n，每人分别于 t_k（$1 \leqslant k \leqslant n$）时刻进入。其中，某些人会生存至观测结束（$u_i = T$），然而其他人会在 uj（$uj < T$）时死亡而离开观测群体。

从上一卷中我们得知第 i 个人存活至观测结束的概率为（从 t_i 开始计算）：

$$\exp\left(-\int_{t_i}^{u_i} \mu dt\right) = e^{-\mu(u_i - t_i)} \tag{34-9}$$

其中，$u_i = T$。第 j 个人于（uj，$uj + h$）期间内死亡的概率为：

$$\exp\left(-\int_{t_i}^{u_i} \mu dt\right) \times \mu h = \mu h e^{-\mu(u_i - t_i)} \tag{34-10}$$

因此，在特定时刻死亡的可能性为：

$$常数 \times \prod_{生存者} e^{-\mu(u_i - t_i)} \times \prod_{死亡者} \mu h e^{-\mu(u_i - t_i)} \tag{34-11}$$

其中，常数为与造成死亡的原因有关的因子。

上式中由于关于生存者和死亡者的式子有相同的指数函数部分，我们可以将这些因子合并为一项关于所有人的式子，并将 h 归入前面的常数，于是可得：

$$常数 \times \prod_{所有人} e^{-\mu(u_i - t_i)} \times \prod_{死亡者} \mu = \exp[-\mu \sum_{所有人}(u_k - t_k)] \times \prod_{死亡者} \mu \tag{34-12}$$

这一和式与历险数的定义完全一致。因此，如果用 θ 代表死亡人数，我们发现似然函数（作为 μ 的函数）为：

$$L(\mu) = 常数 \times e^{-\mu E^c} \times \mu^{\theta} \tag{34-13}$$

我们可以写出以 μE^c 为参数的泊松分布概率函数：

$$p(\theta) = \frac{(\mu E^c)^{\theta} e^{-\mu E^c}}{\theta!} = \frac{(E^c)^{\theta}}{\theta!} \times e^{-\mu E^c} \times \mu^{\theta} \tag{34-14}$$

这与我们刚刚推导出的式子是一致的，其中，综合所有因素的常数不包括 μ，因此，这给出了死亡人数 Θ 的分布。

当死亡人数的期望值较大时，可运用正态近似。

例 34－4

被卷入战争的某小国征召一批健康的年轻人，从 1996 年 1 月 1 日开始在该国军队服役 3 年，在此期间一些人牺牲了。已知整个群体的服役期间为 1 000 万人天，死亡率为 0.02，用正态近似值计算 500 以上士兵死亡的概率。

解： 已知 $\mu = 0.02$，$E^c = 10\ 000\ 000/365 = 27.397$ 年。

因此，死亡人数服从泊松分布，均值：

$$\mu = 0.02 \times 27.397 = 547.95 \text{（近似）}$$

我们可以用一个均值和方差均为 547.95 的正态分布来近似代替这一分布，我们可得出至少 500 人死亡的概率约等于：

$$\begin{aligned} P(\text{死亡人数大于 } 500) &= P\{N(547.95, 547.95) > 499.5\} \\ &= P\{N(0,1) > (499.5 - 547.95)/\sqrt{547.95}\} \\ &= 1 - \Phi(-2.07) \\ &= 0.981 \end{aligned}$$

因此，至少 500 人死亡的概率为 98.1%。

（四）估测灾害发生率

我们可以再采用极大似值估计的方法，以观测期内获得的死亡人数为基础估测 μ。

1. 灾害发生率的极大似值估计

采用与前面的固定人口模型中推导其极大似然估计的相同方法，并把 PT 替换为 μE^c，可以得出，基于 T 年时间里死亡观测值的灾害发生率 μ 的极大似值估计为：

$$\hat{\mu} = \frac{\Theta}{E^c} \tag{34-15}$$

2. 灾害发生率的极大似然估计的性质

灾害发生率的极大似然估计具有如下性质：

（1）$\hat{\mu}$ 的均值等于 μ 的实际值，$\hat{\mu}$ 是 μ 的无偏估计。

（2）$\hat{\mu}$ 的方差是$\frac{\mu}{E^c}$（事实上，对 μ 的无偏估计量，它是最小可能方差）。

（3）$\hat{\mu}$ 渐近服从正态分布，即：

$$\hat{\mu} \sim N\left(\mu, \frac{\mu}{E^c}\right) \tag{34-16}$$

证明过程与固定人口模型证明过程相同，只是须用 μE^c 代替 PT。在此，我们将此过程从略。

四、模型比较

（一）模型参数

我们所见的模型参数总结在下表中：

模型	死亡参数	历险数参数
二项模型	q	E = 初始人口
泊松模型（固定人口）	μ	E^c = 固定人口规模
泊松模型（变动人口）	μ	$E^c = \sum(u_i - t_i)$

这些模型都有一个相似之处，就是它们都包含两个参数：

（1）死亡率参数，二项型模型中初始死亡率和泊松模型中中心死亡率。

（2）历险数参数，二项型模型中初始历险数 ETR 和泊松型模型中中心历险数 CETR。

注意在本节中，我们假设死亡率是固定的。下一节我们将研究如何解决在更一般的情况下，定义在某个时间段的历险数 ETR，也就是当我们把死亡率看作是年龄的函数的情况下，在特定的年龄期间，探讨历险数 ETR。

（二）初始历险数与中心历险数之间的关系

我们可以推导出初始历险数与中心历险数之间的以下关系：

当一人口总体接受为期一年的观测时：

$$E = E^c + \sum_{\text{死亡者}} (1 - d_i) \approx E^c + \frac{1}{2}\theta \tag{34-17}$$

其中，d_i 代表观测期间内死亡的第 i 个人接受观测的总时间（由进入至死亡），θ 代表死亡人数。

证明：

这一人口总体中心历险数的定义为：

$$E^c = \sum (u_i - t_i)$$

将观测期内死亡人数与生存至期末的人分别考虑可以得出：

$$E^c = \sum_{\text{生存者}} (u_i - t_i) + \sum_{\text{死亡者}} (u_i - t_i)$$

$$= \sum_{\text{生存者}}(1-0) + \sum_{\text{死亡者}}(d_i - 0)$$

$$= \sum_{\text{生存者}} 1 + \sum_{\text{死亡者}} d_i$$

我们假定所有个体从开始就属于这一群体，因此，初始历险数即为开始时总人数，即：

$$E = \sum_{\text{生存者}} 1 + \sum_{\text{死亡者}} 1$$

将两式相减可得出：

$$E - E^c = \sum_{\text{死亡者}}(1 - d_i)$$

变形后得出：

$$E = E^c + \sum_{\text{死亡者}}(1 - d_i)$$

因为我们假定在整个观测期内死亡率为常数（保持不变），所以可以认为在观测期内死亡的人其死亡时间是均匀分布在整个期间的，即进入观测期到死亡之日的时间 d_i 的平均值约为半年，此假定导出近似结果：

$$E = E^c + \sum_{\text{死亡者}}(1 - 1/2)$$

$$= E^c + 1/2 \sum_{\text{死亡者}} 1$$

$$\approx E^c + \theta/2$$

通过上面的探讨我们已经理解，单原因减员率可以用离散型二项模型或连续型泊松模型来测算。最简单的泊松模型假定死亡者立即被代替，因此，历险数保持不变。更普遍的模型允许被观测者在观测期内进入或离开，因此，必须用每一个被观测个体的实际被观测时间来计算历险数。

第二节　死亡力的确定

计算死亡率是一项起初看起来很简单的工作。我们需要在特定的观测期间内计算每个年龄段发生的死亡人数，并通过上一节导出的估计量来获得一个 q 型或者 m 型的死亡率。

这看起来就像是我们的全部问题。但事实上，我们还需要解决以下几个问题：

第一个问题是，上一节的模型是以假定死亡率不发生变化为基础的，然而，实际中这些数据会随着年龄的变化而发生变化。

第二个问题是，在我们正在进行观测的人群中，在不同的年龄层次上，有些个体可能会离开这个被观测的群体（在模型中只考虑到了由于死亡才离开的情况）。举例来说，在一个寿险公司的研究考察中，投保人或被保险人可能在观测期间退保，就像在对人口普查进行的调查中，有些人可能会移居到国外，这就意味着不是所有的人都被包括在整个期间的死亡风险中。为了获得准确的数据，我们需要用动态的方法来计算，因此，我们要对上一节中建立的模型做适当的调整。

第三个问题关系到数据问题。寿险公司提供的数据常常不像我们喜欢的那样严格地按年龄分类。这种情况下，为了估计不同年龄的死亡率，我们就要根据死亡率观测区间进行分组。

一、基本模型

（一）给定年龄的历险数

现在探讨在实际中怎样计算初始死亡率。在此，我们先来看一个简单的例子。在这个例子中年龄数据可以根据“上一个生日年龄（age last birthday）”得到，并对在观测中涉及的所有活着的人我们计算其“历险数的精确值”。这里的“上一个生日年龄”，是指在上一个生日时的实际年龄，这是我们将常用的几个年龄定义之一。

我们希望对上一节建立的模型加以适当的调整，以便于我们能够：

（1）计算每一年龄的死亡率；

（2）得到在观测期间进入或离开这个群体的情况解释。

1. 中心历险数 CETR

根据泊松模型，我们假设 μ_x 是在任何年龄都不变的，并且对中心历险数重新定义如下：

对“上一个生日年龄”为 x 岁的人，其中心历险数为：

$$E_x^c = \sum_{i=1}^{N}(u_i - t_i) \qquad (34-18)$$

其中，$x+t_i$ 为年龄介于 x 和 $x+1$ 岁之间的被观测个体 i 开始被观测（或者说进入被观测状态）的精确年龄，$x+u_i$ 为年龄介于 x 和 $x+1$ 岁之间的被观测个体 i 无论由于任何原因停止被观测（或者说退出被观测状态）的精确年龄。

上一个生日年龄为 x 岁的人的中心历险数，是作为年龄为 x 到 $x+1$ 这段时间被观测的时间长度来确定的。

这里包括在观测期内时间不足一年的被观测者，他们是：

（1）在观测期间开始时年龄在 x 岁到 $x+1$ 岁的人（“开始者”）；

（2）在观测结束时年龄在 x 岁到 $x+1$ 岁的人（“结束者”）；

（3）在观测期间死亡的且年龄在 x 岁到 $x+1$ 的人（“新加入者”）；

（4）在观测期间加入的且年龄在 x 岁到 $x+1$ 岁的人；

（5）在观测期间退出且年龄在 x 岁到 $x+1$ 岁的人（“死亡者”）。

2. 初始历险数（IETR）

对初始历险数的计算是相似的，不同的是，期间内死亡的人继续提供历险数，直到他们到达 $x+1$ 岁的年龄，也就是说他们提供了一整年的历险数，而不是一年中的一部分。

注意这如同我们在上一节中遇到的情况，除了在以下情况下死亡的人不能提供一整年的历险数，即：

（1）他们是年龄在 x 岁到 $x+1$ 岁之间的初始者；

（2）他们是年龄在 x 岁到 $x+1$ 岁之间的新加入者。

我们不能计入在观测之前的任何时间。

于是，我们给出以下初始历险数（IETR）的定义：

对上一个生日年龄为 x 岁的人，其中心历险数为：

$$Ex = E_x^c + \sum_{j=1}^{\theta_x}(1-u_j) \tag{34-19}$$

其中，$x+u_j$（$0<u_j\leqslant 1$）是死亡者 j 死亡时的精确年龄，而 θ_x 是在观测期间内年龄在 x 到 $x+1$ 岁的人死亡的人数。由于历险数一般用年来表示，因此，在实际工作中，我们对每个人用天来计算历险数然后除以 365.25。

3. 历险数的计算原则

对于年龄为 x 岁的人，其提供的中心历险数为在不同的时间 A 和 B 之间的差额，这就是我们计算历险数的原则，其中，时间 A 是下列日期中的最后者：

（1）年龄达到 x 岁的日期；

（2）观测开始的日期；

（3）进入观测的日期。

时间 B 是下列日期中的最早者：

（1）年龄达到 $x+1$ 岁的日期；

（2）观测结束的日期；

（3）退出观测的日期。

对于初始历险数，在存在死亡的情况下，时间 B（假设我们现在进行的是死亡率观测）总是年龄达到 $x+1$ 岁时的日期。

（二）历险数的精确计算

根据上述原则，我们可以精确地计算历险数 ETR。

例 34－5

对一个从 1990 年 1 月 1 日到 1992 年 12 月 30 日的死亡率观测，给出下表中的人在各年中提供给历险数 E_X 和 E_x^c 的时间长度，即历险期间长度。假设进入日计入历险数而退出日不计入。

解：

观测期间为 1990 年 1 月 1 日 至 1992 年 12 月 30 日。第一个人在观测期间的起点上年龄处于 31～32 岁之间，即“开始者”。其中心历险期间分别如下表所示。

	出生的日期	加入日期	退出日期	退出原因
A	1958.4.25	1988.8.7	1991.10.30	死亡
B	1958.7.1	1991.9.12	—	—
C	1957.9.4	1992.7.22	1992.12.4	退保

提供给 E_{31}^{c} 的历险期间为1990年1月1日至1990年4月24日；提供给 E_{32}^{C} 的历险期间为1990年4月25日至1991年4月24日；提供给 E_{33}^{c} 的历险期间为1991年4月25日至1991年10月29日。

对于初始历险数，除了此人提供给 E_{33} 的历险期间为1991年4月25日至1992年4月25日外，提供给 E_x 的历险期间均与提供给中心历险数 E_x^c 的历险期间一致。

第二个人进入观测期间时的上一个生日年龄为33岁，因此，提供给 E_{33}^{c} 的历险期间为1991年9月12日至1992年6月30日；提供给 E_{34}^{c} 的历险期间为1992年7月1日至1992年12月31日。

在这种情况下，提供给初始历险数的历险期间与提供给中心历险数的一致。

第三个人进入观测期间时的上一个生日年龄为34岁，因此，提供给 E_{34}^{c} 的历险期间为1992年7月22日至1992年9月3日；提供给的历险期间为1992年9月4日至1992年12月3日。

由于未发生死亡，在这种情况下，提供给初始历险数的历险期间与提供给中心历险数的一致。

在死亡率的观测中，估计的值来自于观测的数据，这些数据通过在有关符号上面加一个圆圈表示出来。例如，初始死亡率和中心死亡率 $\mathring{q}_x$ 和 $\mathring{m}_x$，它们来自于〔被叫作原始数据（crude rate）的〕x 到 $x+1$ 岁这一年的数据。然而，这个圆圈的作用与完全生命期望值及完全年金的符号没有关系。

根据本节最初的结果，我们可以看出，用特定的观测结果，我们可以按下面的式子进行计算：

$$\mathring{q}_x = \frac{\theta_x}{E_x} \text{和} \mathring{m}_x = \frac{\theta_x}{E_x^c} \tag{34-20}$$

这两者的关系也能用以前的方法来描述：

假设死亡是在年龄上均匀发生的，则初始历险数和中心历险数有以下关系：

$$E_X = E_x^c + \frac{1}{2}\theta_x \tag{34-21}$$

这个公式仅仅是对死亡数据成立，对整个总体则不成立。如果是这样的话，一旦我们有了每年年末成员的数量，我们可以按年龄再做细分，用统计方法估计历险数。在本节第三部分中，我们将探讨此方法。

二、年龄定义和死亡率观测区间

（一）死亡率观测区间

如果我们按上一个生日年龄再细分，前面所阐述的这些方法就可以直接应用，然而，寿险公司不可能有这种形式的数据。需要找到一种方法将死亡数据按年龄进行分组并计算历险数，以便获得各个年龄的死亡率。首先需要的是对被观测者的年龄做出明确的标识。我们可以通过死亡率观测区间来实现。

1. 死亡率观测区间的概念

死亡率观测区间是一个人被记录的年龄保持相同的那段时间，例如，一个人按上一个生日计为36岁的时间段。

死亡率观测区间通常都用“年度”来表示。最常用的3种死亡率观测区间是：生理年度（life year）、日历年度和保单年度（policy year）。

2. 生理年度（life year）死亡率观测区间

当生理年度死亡率观测区间这种方式被采用后，个人的年龄记录是参照个人的生长时点来确定的，可以以个人的生日为计时时点来标识其年龄，也可以是其生日之外的其他时点来标识其年龄的改变。

举例来说，观测某群体的人18岁的死亡率时，我们可以将18～19岁之间的一年时间定义为18岁，也可以将17～18岁之间的一年时间定义为18岁，还可以将17.5～18.5岁之间的一年时间定义为18岁，等等。也就是说，可以采用“上一个生日年龄”来定义死亡率观测区间，即“到现在为止的年龄”作为年龄定义，这是最常用的生理年度死亡率观测区间，因为无论何时，只要一个人何时度过一次生日，其年龄就会增长一岁。也可以采用“下一个生日年龄”“最接近的生日年龄”等来作为年龄定义，其中后者是指，年龄标识定义为在一个人的“半岁生日”时增长一岁，即在两个生日中点位置改变年龄，而不是在生日时改变。

3. 日历年度死亡率观测区间

当日历年度的死亡率观测区间被采纳后，一个人的年龄记录是参照日历中规定的时点。年龄随着日历的变化而发生改变。这种变化不必一定发生在1月1日。

举例来讲，年龄定义“此前10月1日的最接近的生日年龄”是指一个日历年度死亡率观测区间，他的年龄标识将在每年的10月1日发生改变。

例如，“在当前日历年度的保单纪念日的下一个生日年龄”。

如果没有特别的说明，我们就可以把日历年度的开始时间理解为1月1日。

4. 保单年度死亡率观测区间

当保单年度死亡率观测区间被采纳后，个人的年龄记录是由相应的保险单生效日期的纪念日来确定的。其年龄标识将在与保单纪念日相关的一个固定日期改变。这个改变不必一定在保单纪念日发生。

例如，“当前保单年度中1月1日的下一个生日年龄”“观测区间进入日的下一个生日年龄加完整的保单年度数”“在最近的保单纪念日的上一个生日年龄”。

死亡率观测区间是通过死亡率观测中用于标识死亡年龄的年龄定义方式来确定的。这种死亡率观测区间就是为了通过特定的年龄定义，明确在哪一个点上年龄发生改变。

例34－6

以下有3个年龄定义：

（1）死亡之日最接近的生日年龄；

（2）死亡之前的1月1日之下一个生日年龄；

(3) 死亡之保单年度的4月1日的上一个生日年龄。

试按上述年龄定义确定下表中的A、B、C在死亡时的年龄。

	出生日期	死亡日期	保单生效日期
甲	1956年3月13日	1992年9月19日	1979年5月12日
乙	1932年4月30日	1992年1月9日	1962年3月1日
丙	1943年11月5日	1991年12月22日	1968年12月1日

解：

	定义（1）	定义（2）	定义（3）
甲	37	36	37
乙	60	60	58
丙	48	48	48

其中，第三个定义的确定有些复杂，具体如下表：

	死亡之保单年度起点	该保单年度的4月1日	该4月1日的上一个生日年龄
甲	1992年12月5日	1993年4月1日	37
乙	1991年3月1日	1991年4月1日	58
丙	1991年12月1日	1992年4月1日	48

（二）与实际年龄有关的年龄定义

我们将获得的死亡率来自于每个死亡率观测区间。用最简单的例子，死亡将通过死亡时的上一个生日年龄来分类。这个死亡率对应于精确年龄x岁，与生命表中q和m的定义有着密切的联系。我们对死亡有着不同的分类，我们必须搞清估计的死亡率适用的年龄。

举例来讲，如果我们采用的年龄定义为"最接近的生日年龄"，一个死于$27\frac{10}{12}$岁的人将被记录为死于28岁，因而，我们用27岁的死亡率观测区间进行估算将不能写成q_{27}。这里计算出的死亡率适用于$27\frac{1}{2}$，因为我们实际观测的死亡数据是在年龄为$27\frac{1}{2}$~$28\frac{1}{2}$岁之间的那一年。

对任何死亡率观测区间，我们都要考察其年龄标识和实际年龄的关系。通常来讲，我们将死亡率适用的年龄明确如下：

来自于标识为"x岁"的死亡率观测区间的死亡率适用的年龄，是在死亡率观测区间的起点上活着的人其实际年龄的平均值$x \pm f$。其中，f为调节系数（分数）。

为了确定一个调节系数f，常常有必要对死亡率观测区间中实际年龄的分布做一个假设。这个假设应该通过对实际的测试来加以检验。在大多数情况下，我们假定这个分布是均匀分布。然而，有时一些特殊的数据非常重要（而不是均匀地起作用），这时这个假定便不再适用。例如，如果一个雇员在 4 月 1 日仅加入了一个养老保险，那么保单纪念日在日历年度中的分布就不是均匀分布。

例 34 –7

对于按“死亡时下一个生日年龄”定义的年龄概念来说死于 x 岁的人们，确定他们死亡时的实际年龄平均值。

解：

第一步是确定死亡率观测区间的类型，也就是确定年龄标识发生变化的时间点。在这个定义中是指被观测者的生日。

第二步是弄清：在一个人的年龄标识变化为 x 的那一瞬间，他们的实际年龄是多少？在这种情况下，由于人们在其第 $x-1$ 个生日时获得年龄标识 x，因此，答案为 $x-1$。

因此，年龄调整要求这里的 $f=-1$，即用这种年龄定义计算出的任何死亡率适应的年龄为 $x-1$。注意，在这个例子中，我们没有强调对生日的分布或保单的纪念日做一定的假设。对于计算人们在死亡率观测区间起始点的平均年龄问题上，画一个时间数轴会显得更加清晰（见图 34 –1）。

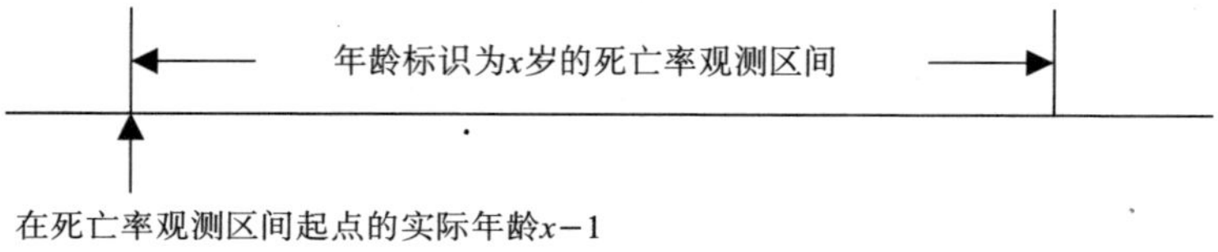

图 34 –1　年龄标识为 x 的死亡率观测区间

例 34 –8

如果年龄是按“死亡所在的日历年度中的生日里所达到的年龄”来定义的，则对按该定义记录为死于 x 岁的人们，确定它们死亡时的实际年龄平均值。

解：

这个年龄是根据“死亡之前的那个 1 月 1 日的下一个生日年龄”来确定的。在死亡率观测区间的起点（即 1 月 1 日）上，标识为 x 岁的人其实际年龄将在 $x-1$ 到 x 岁之间。

因此，如果我们假设生日是均匀地分布在日历年度中，则在死亡率观测区间起点时的平均年龄为 $x-\frac{1}{2}$。具体如图 34 –2（时间数轴）所示。

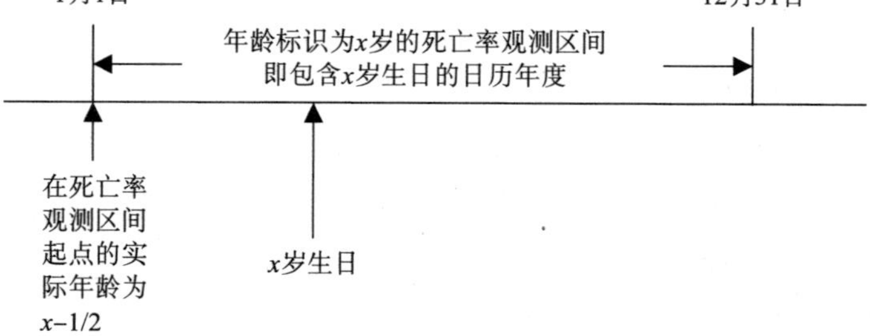

图 34 –2　年龄标识为 x 的死亡率观测区间

例 34 -9

对例 34 -6 中的每个年龄定义，对于年龄为 x 岁的死亡率观测区间，确定：

（1）在死亡率观测区间开始时的可能的实际年龄的最小值和最大值；

（2）在死亡率观测区间开始时的实际年龄平均值。

阐述所做的任何假设。

解：

如果按定义（1）确定年龄标识，即采用死亡之日最接近的生日年龄为年龄标识，则：

（1）在死亡率观测区间起点的实际年龄总是 $x-\frac{1}{2}$；

（2）在死亡率观测区间起点的实际年龄平均值为 $x-\frac{1}{2}$（不需要任何假设）。

如果按定义（2）确定年龄标识，即死亡之前的 1 月 1 日之下一个生日年龄为年龄标识，则：

（1）在死亡率观测区间起点的可能的实际年龄为 $x-1$ 至 x 岁；

（2）在死亡率观测区间起点的实际年龄平均值为 $x-\frac{1}{2}$（假设生日在日历年中服从均匀分布）。

如果按定义（3）确定年龄标识，即采用死亡之保单年度的 4 月 1 日的上一个生日年龄为年龄标识，则：

（1）在死亡率观测区间起点的可能的实际年龄总是 $x-1$ 至 $x+1$ 岁；

（2）在死亡率观测区间起点的实际年龄平均值为 x（这里假设生日在保单年度和日历年度中服从均匀分布，并且保单年度在日历年度中也是服从均匀分布）。

通过以上例子，我们能够看到，我们不得不对在死亡率观测区间初始点的平均年龄做一些假设，在死亡率观测区间的初始点上，不同的人将有不同的实际年龄，（如果我们的假设是正确的，则其平均年龄将是 $x+f$）。然而，在计算历险数和死亡人数时，我们采用术语“达到特有的年龄标识”，而不是采用实际年龄。

三、计算历险数

（一）历险数概念（任意死亡率观测区间上的）

对中心历险数和初始历险数的定义，可以为顺应我们正在应用的死亡率观测区间年龄标识的情况而调整如下：

中心历险数——E_x^c 是指人们在其年龄标识为 x 岁的时间段里处于观测期间的全部时间。

比率$\frac{\theta_x}{E_x^c}$给出了中心死亡率（或者 m^- 型死亡率）$\mathring{m}_{x+f}$的值。

初始历险数——E_x 是指人们在其年龄标识为 x 岁的时间段里在观测期间花去的全部

时间，除了由于因正常死亡（即考虑之内的原因）而退出观测的人将继续提供历险数直到死亡率观测区间结束。

比率$\frac{\theta_x}{E_x}$给出了初始死亡率（或者 q - 型死亡率）$\mathring{q}_{x+f}$的值（按上面的定义，θ_x 表示死亡时年龄标识为 x 的人数）。

（二）一致性原则

当我们计算初始减员率的时候，我们必须遵循下面的一致性原则。

一致性原则是指计算历险数的年龄范围，等同于死亡分组的年龄范围。通俗地说就是，“分子和分母必须一致”。

（三）历险数的精确计算

用精确历险数方法（也称为直接方法）计算历险数的原则与以前规定的原则相同，即一个年龄为 x 人提供的中心历险数即为日期 A 和日期 B 的差额，其中：

时间 A 是下列日期中的最后者：

（1）获得年龄标识 x 岁的日期；

（2）观测开始的日期；

（3）在观测中加入的日期。

时间 B 是下列日期中的最早者：

（1）获得年龄标识 $x+1$ 岁的日期；

（2）观测结束的日期；

（3）退出观测时间（无论任何种原因）。

对于初始历险数，就死亡来说（假设我们正在进行死亡率观测）时间 B 总是先于这 3 个时间。

注意：

（1）计算要考虑进入和离开人口样本总体的所有行为（不只是死亡）。

（2）在死亡率观测中，初始历险数的计算中，死亡者一直持续提供历险数到退出那一年的死亡率观测区间末，（尽管这需要计算超出观测期间的一些日子），但是所有其他减员者仅提供一年的一小部分作为历险数。

（3）对于中心历险数，所有的减员者在退出的那一年提供了一年的一部分为历险数。

（4）增员总是在进入的那一年提供了一年的一部分为历险数，（如果采用的是保单年度死亡率观测区间，则对所以的新进入者来说，这“一部分”事实上即指一整年）。

（5）中心历险数对于考虑之内的退出观测的情况来说是独立（无关）的，而在通常情况下，初始历险数是不同的，它依赖于观测中具体的减员情况。

通常假设一年中有 $365\frac{1}{4}$天，这是为了把以天为单位的历险数改为以年为单位。如果使用计算机进行计算，我们应该保证计算机能够接受各有效日期（包括润年的 2 月 29 日）。

例 34－10

如果观测期是从 1990 年 7 月 1 日至 1993 年 6 月 30 日，那么例 34－6 中的生命个体“乙”在每年对 E_x 和 E_x^c 所做提供的历险数是多少？这里假定死亡分类是采用第一个年龄定义，即按“死亡时最接近的生日年龄”分类。

解：

观测期如图 34－3 所示。

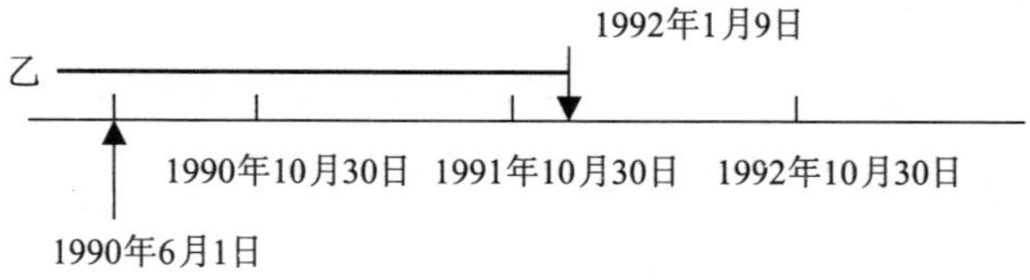

图 34－3　观测期

在观测期内，个体乙的最接近的生日年龄是：

（1）从 1990 年 7 月 1 日到 1990 年 10 月 29 日（121 天）为 68 岁；

（2）从 1990 年 10 月 30 日到 1991 年 10 月 29 日（365 天）为 69 岁；

（3）从 1991 年 10 月 30 日到 1992 年 1 月 9 日（72 天）为 70 岁。

初始历险数：

注意到在死亡之年提供的初始历险数为一整年，乙提供给 E_{68} 的历险数为：

$$\frac{121}{365.25}=0.331$$

提供给 E_{69} 的为 1，提供给 E_{70} 的也是 1。

中心历险数：

注意到在死亡之年提供的中心历险数为一年中的一部分，乙提供给 E_{68}^c 的历险数为：

$$\frac{121}{365.25}=0.331$$

提供给 E_{69}^c 的为 1，提供给 E_{70}^c 的为 $\frac{72}{365.25}=0.197$，并且在其他年龄中对 E_x^c 没有提供历险数。

手工计算历险数的精确值当然有些麻烦，通常在实际工作中我们用计算机来做这项工作。为此，我们总结出如下的近似计算历险数的公式。

（四）统计公式

1. 中心历险数计算公式的积分形式

我们先集中精力探讨中心历险数，因为从理论上来讲，它比初始历险数更容易处理。中心历险数可以表示成对 t（$0\leqslant t\leqslant T$）的积分形式，即：

T 年观测期的中心历险数表达式为：

$$E_x^c=\int_0^T P_x(x)\,dt \tag{34-22}$$

其中，$P_x(t)$表示在年龄标识为 x 的死亡率观测区间中 t 时刻的生存人数，我们可以称之为历险者人数。

在死亡率观测中，无论死亡何时发生，死亡的年龄记录是按照采用的年龄定义进行的，例如，可以按其死亡之日最接近的生日年龄进行记录。

从理想上来讲，我们希望能够知道按最接近的生日年龄计年龄为 x 岁的、把观测期内的每天都计入历险数的人的确切人数，以便计算 $\int_0^T P_x(x)dt$。

然而，在实际情况中这是不可能的，我们可以利用某些日期（比如，每年的 1 月 1 日）的历险者人数的统计记录来估算，这样在统计日期的这些值便在统计观测期的所有历险数工作中起着重要作用。

这个公式可以用来导出下面的中心历险数的统计近似公式，它仅仅要求及时（在统计日）知道在一些特定的点上人口总体中生命个体的数量。

2. 统计公式（1 年的观测期间）

对于生理年度和保单年度的死亡率观测区间：

$$E_x^c \approx \frac{1}{2}P_x(0)+\frac{1}{2}P_x(1)$$

对于日历年度的死亡率观测区间〔这里年龄定义中的标准日（critical date）和统计日期相一致〕：

$$E_x^c \approx \frac{1}{2}P_x(0)+\frac{1}{2}P_{x+1}(1)$$

其中，$P_x(t)$是在时间 t 年龄记录为 x 岁的人数。

证明：

中心历险数由以下公式得出：

$$E_x^c = \int_0^T P_x(x)dt,$$

其表示的是在这一年中年龄标识为 x 岁的人的平均人数。如果我们假设人口总体 $P_x(t)$在观测年期间的变化是线性的，具体如图 34－4（a）所示，我们可以近似算出这个积分作为在年初和年末的年龄为 x 岁的平均人数。

如果年龄标识是用生理年度或保单年度死亡率观测区间来定义的，那么在他们度过生日或保单纪念日的时候，$P_x(t)$将会随着个人的年龄由 x 岁向 $x+1$ 岁的逐渐移动而连续变化着（我们假设生日或保单纪念日会分布在整个日历年度中）。因此，在观测年年初和年末年龄为 x 岁的人数即 $P_x(0)$和 $P_x(1)$。于是得出所求证结果。

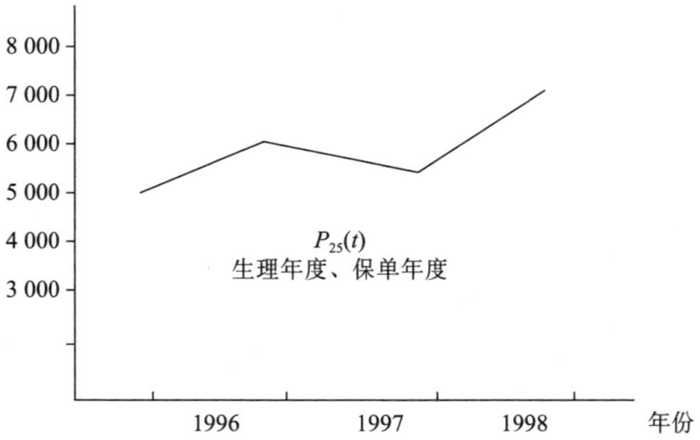

图 34－4（a）　观测年期间的人口总体

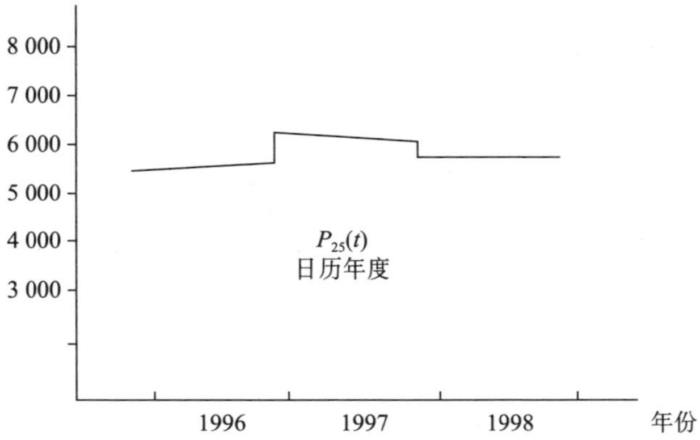

图 34－4（b）　观测年期间的人口总体

如果年龄标识是用日历年度死亡率观测区间来定义的，那么由于当他们通过日历年度中的一些标准日（由年龄定义的方式决定）时，一些生命个体会突然由 x 岁升至 $x+1$ 岁，于是，$P_x(t)$就不是一个连续的函数（见图 34－4（b））。因此，在日历年度中的标准日上，有一定的不连续性。如果这个日期与观测期一致，那么在观测年末年龄为 x 岁的人数将与这一天以后年龄为 $x+1$ 岁的人数一致，因此，在观察年的起始点和终点上年龄为 x 岁的人数分别为 $P_x(0)$和 $P_x(1)$，于是得出所求证结果。（如果标准日期不一致，则须采用更复杂一点的公式。）

3. 统计公式（T 年观测期）

对于观测期长于 1 年的情况，可以在几年的时间段上通过对 1 年期的公式求和来得到统计公式。

对于生理年度和保单年度死亡率观测区间：

$$E_x^c \approx \frac{1}{2}P_x(0) + \frac{1}{2}P_x(T) + \sum_{t=1}^{T-1} P_x(t) \tag{34-23}$$

对于日历年度死亡率观测区间（其中，年龄定义中的标准日与统计时期是一致的）：

$$E_x^c \approx \sum_{t=1}^{T-1} \frac{1}{2}(P_x(t) + P_{x+1}(t+1)) \tag{34-24}$$

其中，$P_x(t)$是在 t 时刻年龄记录为 x 岁的人数。

例 34－11

依据下面的数据材料估计$\mathring{m}_{55}$：

日历年度	上一个生日年龄为 55 岁的人在该年中死亡的人数	1 月 1 日的上一个生日年龄为 55 岁的人口数
1989	523	46 233
1990	462	42 399
1991	477	42 618
1992	—	42 020

解： 死亡率观测区间即生理年度。

假设每年人口变化是线性的，采用统计公式，对于 1989～1991 年的 3 年，中心历险数即：

$$E_c^{55} \approx \frac{1}{2}P_{55}(1989.1.1) + P_{55}(1990.1.1) + P_{55}(1991.1.1) + \frac{1}{2}P_{55}(1992.1.1)$$

$$= \frac{1}{2}(46\ 233) + (42\ 399) + (42\ 618) + \frac{1}{2}(42\ 020)$$

$$= 129\ 143.5$$

相应时期的死亡人数是：

$$\theta_{55} = 523 + 462 + 477 = 1\ 462$$

因此，

$$\mathring{m}_{55} = \theta_{55}/E_c^{55} = 0.01132$$

4. 初始历险数的计算

为了找出初始死亡率，我们需要利用以下关系：

$$E_x \approx E_x^c + \frac{1}{2}\theta_x \tag{34-25}$$

这一关系的前提是：在年龄年中，死亡的发生是均匀分布的。注意这是我们仅有的一次，不得不对死亡时间做假设。（该假设用来求与计算出的死亡率相适的、同生日和保单纪念日有关的年龄。）

原始的初始死亡率可以计算为：

$$q_{x+f} \approx \frac{\theta_x}{m_x} \tag{34-26}$$

注意：前面所给出的中心历险数和初始历险数之间的关系，意味着初始死亡率和中心死亡率之间亦有以下关系：

$$q_x = \frac{m_x}{1 + \frac{1}{2}m_x} \tag{34-27}$$

在某些情况下，由寿险公司所提供的数据，可能是为历险数而做的年龄分类，死亡数据并不完全匹配，在这种情况下，我们需要尽可能谨慎地遵循一致性原则。

例 34－12

在为期一年的死亡率观测中，我们得到以下数据：

θ_x = 死亡时下一个生日年龄为 x 岁的死亡人数

$P_x(0)$ = 在观测开始时上一个生日年龄为 x 岁的生存人数

$P_x(1)$ = 在观测结束时上一个生日年龄为 x 岁的生存人数

中心死亡率 q_{x+f} 是采用以下公式进行估计的：

$$q_{x+f}=\frac{\theta_x}{E_x}$$

其中，E_x 是通过统计公式计算的。

在这种情况下，说明 f 的值，并给出一个计算 E_x 的公式。

解：

死亡分类是按照在生理年度死亡率观测区间起点的实际年龄为 $x-1$ 岁来进行的（不需要假设）。因此，$f=-1$。

对于 E_x，我们需要求在观测年起点和终点上下一个生日年龄为 x 岁的人数。而下一个生日年龄为 x 岁的人即上一个生日年龄为 $x-1$ 岁的人。

因此，

$$E_x=\frac{1}{2}[P_x(0)+P_x(1)]+\frac{1}{2}\theta_x$$

在这类问题中，如果我们有相应的数据，例如，下一个生日年龄和上一个生日年龄，我们就能够精确地把死亡情况与历险数相配合，这是因为这两者之间有直接的联系，也就是说如果我们知道其中之一，就具体地知道了在其他定义下的年龄。然而，我们不愿仅仅有按照最接近的生日年龄记录的死亡数据和按上一个生日年龄统计的历险数，因为如果知道了一个人上一个生日年龄是 x，我们还不能知道他们最接近的生日年龄是 x 还是 $x+1$。

（五）其他减员

前面，我们讨论了死亡作为减员原因的情况，即死亡率作为减员率的情况。当我们计算其他减员率时，相应的原则也同样适用。例如，如果我们针对一项养老金计划考虑其因退保而带来的减员率，退保者提供一整年的历险数，然而，所有其他减员（如退休和死亡）提供的历险数则仅仅为一年中的一部分时间。

下面就是一个所考虑的减员不是因死亡而发生的例子。

例 34－13

精算师进行了一项针对死亡和退保两个减员率的经验观测，用直接法为与 24 岁生日时计入观测期的 X 和 Y 两人，计算每种减员的中心历险数和初始历险数。

其中：

X 于 100 天后退保；

Y 死于 200 天后。

这里的年龄定义采用“上一个生日年龄”。

解：

对中心历险数，每个人提供历险数的实际天数是：

	x	y
退保	100 天	200 天
死亡	100 天	200 天

对初始历险数，每个人都向实际退出原因的那项减员提供了一整年的历险数，而另一项减员的历险数则要按实际天数来计算：

	x	y
退保	365 天	200 天
死亡	100 天	365 天

（六）各年龄死亡率观测区间的比较

用于经验数据观测中的死亡率观测区间是由所考虑的减员原因的记录方式来决定的，例如，在死亡率观测中用于记录死亡年龄的定义决定了选择什么类型的死亡率观测区间。因此，采用正确的定义来确定年龄标识和保龄（duration）是十分重要的。这里的保龄是我们为了便于描述问题而定义一个新的概念，保龄即一个被保险人的已投保时间。我们一般以年为单位度量保龄。

确定死亡率观测区间类型的主要准则，是通过将近似计算所可能产生的误差降至最小的方法而获得尽可能准确的年龄标识和保龄的数据，我们可以通过选择适当的年龄定义和保龄定义，使那些在同一个死亡率观测区间内的人的年龄和保龄具有最小的方差（变化幅度）。

当我们计算选择性死亡率时，可以看到我们在保龄上做了很多考虑。我们将在下一部分讨论这一点。

死亡率观测区间的选择取决于有效数据的形式，如果我们已按年龄将死亡人数分组（例如，从计算机系统中得到的标准输出），那么在观测中必须使用与所采用的年龄定义相适应的死亡率观测区间。另外，如果对每一个减员率，所有相关日期都独立地记录的话，我们就可以使用任何类型的死亡率观测区间。

三种死亡率观测区间各自有不同的优点：

生理年度死亡率观测区间的优点是：由于所有个体通常在死亡率观测区间开始的年龄相同，因而，该死亡率观测区间的初始死亡率直接与 q_{x+f} 对应（其中，f 是对所有人都一样的常数），因此，在年龄这一点上就没有涉及近似法，对于其他类型的死亡率观测区间，我们必须对死亡率观测区间的年龄的分布做一个假设，这就涉及近似因素。

日历年度死亡率观测区间的优点是：所有个体的年龄都可以在年度开始时进行计算（所选择的年度可以与统计日期一致），我们没有必要对于该年度死亡的人的年龄再次计算，因为在整个一年中它们的年龄记录是不变的。也就是说，我们不必对出生日期单列一个数据项，该类型的死亡率观测区间可能需要的数据最少，然而，生日均匀地分布在日历年度中的假设在某些情况下可能无效。

对于选择表死亡率的观测，保单年度死亡率观测区间能够给出最精确的结果。原因是死亡率与保龄的关系是非线性的，尤其在早些年，情况更是如此，因而，保龄的改变对死亡率的影响比年龄的改变所产生的影响要大。所以与年龄相比，在保龄中避免涉入近似计算是更为重要的。当保单年度死亡率观测区间用于保龄的计算时，通常来讲，每个人在死亡率观测区间的起点上有相同的保龄。因此，在保龄计算中，没有涉入近似计算（这一点将在下面再次讨论）。

在我们没有开展选择性死亡率观测时，采用保单年度死亡率观测区间比较方便。这是因为在通常的观测中即使没有记录出生日期，也要记录投保（登记）年龄和投保（登记）日期的，在这种情况下，我们要对保单年度内生日的分布做出假定，当然这可能引起误差。

四、选择性死亡率

（一）死亡率观测区间长度的选择

根据第三部分的内容我们知道，选择表的初始死亡率 $q_{[x]+r}$ 是一个投保时年龄为 x 岁的人死于 $x+r$ 岁和 $x+r+1$ 岁之间的概率。

本节的后面，我们将为编一个新的生命表而确定选择期（select period）。在此，我们先探讨如何估计选择性死亡率。

此前，我们已经定义了保龄的概念，即一个被保险人的已投保时间。

由 $q_{[x]+r}$ 的定义我们可以看出，为了便于估计它，我们希望对投保时 x 岁的人观测其在 $x+r$ 和 $x+r+1$ 岁之间的年龄年中的情况。然而，这是行不通的，因为保单纪念日和生日通常是不一致的。在一般情况下，当生日和保单纪念日不一致又需要估计 $q_{[x]+r}$ 和 $m_{[x]+r}$ 时（这里的 x 和 r 是整数），我们只能采用必要的近似方法。通常的选择有两种：

方法一：

对所有平均年龄为 $x+r=y$ 和精确的已投保时间为 r 的人，观测其下一个已投保时间年度（duration year），也就是其保龄为 $r+1$ 且其平均年龄为 $x+r+1=y+1$ 之前的那一年。例如，我们观测投保时最接近的生日年龄为 x 岁的人，在保龄由 $x+r$ 增加至 $x+r+1$ 那一年的情况。然而，作为对精确年龄 y 时死亡率的估计，其历险数必须相当于对所有人在精确年龄 y 和 $y+1$ 之间进行观测。为此，有必要假设：

（1）生日均匀分布于保单年度；

（2）死亡力在年龄由 $y-\dfrac{1}{2}$ 到 $y+\dfrac{1}{2}$ 的两年期间的变化是线性的。

第一个假设不一定合理，这取决于数据；第二个假设可能对大多数 y 值都能接受，除非当死亡率在很短的年龄范围内变化很大。

方法二：

对那些精确年龄为 $x+r=y$ 和平均保龄为 r 的人观测其下一个年龄年度，也就是其精确年龄为 $x+r+1=y+1$ 和平均保龄 $r+1$ 之前的那一年。例如，我们观测年龄为 y 到

$y+1$ 之间的年龄年度中那些年初最接近的保单纪念日的保龄为 r 的人，也就是我们观测那些在下一年中其最接近第 y 岁生日的保单纪念日所标识的保龄为 r 的人。

为了对精确保龄 r 做出估计（即相当于观测在 r 和 $r+1$ 之间的所有人），需要做出以下假设：

（1）生日均匀分布于保单年度；

（2）死亡力在 $r-\frac{1}{2}$ 到 $r+\frac{1}{2}$ 之间的两年期间的变化是线性的。

与方法一一样，第一个假设不一定合理，这取决于数据；对于第二个假设，由于死亡率在最初几年的变化是很快的，与年龄的影响相比，保龄的影响更大，所以它成立的可能性更小。因此，涉及保单年度的方法 1 是较好的选择。

还有其他一些原因表明方法二并不令人满意。例如，对保龄 0 的人其死亡率的估计，要求从最接近的保单纪念日的保龄为 0 的那些人的生日起开始观测。然而，不会有人在其生日时以小于 0 的实际保龄提供历险数，结果是在死亡率观测区间的起始点的平均保龄将大约为 $\frac{1}{4}$ 而非 0。采用这种方法，在保龄为 0 时观测到的死亡率，很可能是对真实死亡率的一个有偏估计，即使我们不考虑由于非线性而引起的偏差。

如果在测度保龄时采用日历年度，也会有类似的问题。

因而，对于利用保龄进行分析，仅仅选用保单年度死亡率观测区间是非常必要的。

以下我们将限于仅仅采用保单年度死亡率观测区间作为保龄的度量来讨论估计方法。

（二）年龄和保龄的保单年度死亡率观测区间

保龄为 r 的保单纪念日称为保单纪念日 r，它事实上即是第 r 个保单周年日。对于保单纪念日 r 和 $r+1$ 之间被观测的人，可以按照在保单纪念日 r 的年龄 y 来定义其年龄标识。在此，可以采用"当前年龄（current age）"标准对被观测者分组，称为当前年龄法。

或者采用另一种方法，如果 $y=x+r$，那么具有标识"y，r"的人在投保时全都具有年龄标识 $y-r$（$=x$）。因而，死亡率观测区间"x，r"可定义为一个开始于保单纪念日的保单年度，这里被观测者的精确的保龄标识为 r，投保时的年龄标识为 x。在此，可以采用"投保年龄（entry age）"标准对被观测者分组，称为投保年龄法。

"当前年龄"分组法和"投保年龄"分组法构成两种估计选择性死亡率的不同方法。下面从考察精确保龄为 r 和 $r+1$ 之间的人开始探讨这两种方法。

1. 当前年龄法（current age method）

将在保单纪念日 r 的年龄记为 y，对于在保单纪念日 r 和 $r+1$ 之间的人，如果按照在保单纪念日 r 的年龄 y 来定义其年龄标识，则称之为当前年龄分组法，它事实上是用死亡之年年初的平均年龄进行相关计算的。

（1）引例。

例 34－14

如果在选择性死亡率观测中，死亡记录采用的年龄定义和保龄定义为："死亡之前保单纪念日的最接近的生日年龄和死亡之前保单纪念日的保龄"，试确定与标识为"年龄 y，保龄 r"的死亡率观测区间的死亡率相对应的年龄和保龄。

解：

年龄和保龄标识都在保单纪念日发生改变。因此，对二者都采用保单年度死亡率观测区间。在死亡率观测区间的起点，平均实际年龄是 y（假设生日均匀分布在保单年度）且平均实际保龄为 r。

把选择性死亡率用投保时的年龄和保龄来表示。如果在保单纪念日 r 其平均实际年龄为 y，他一定是在 $y-r$ 时投保的。

因此，对于标识为"年龄 y，保龄 y"的死亡率观测区间，原始死亡率即在年龄为 $[y-r]+r$ 时死亡率的估计，也就是我们将通过采用初始历险数或中心历险数来估计 $q_{[y-r]+r}$ 或 $m_{[y-r]+r}$。

例 34－15

如果采用的年龄定义改为："死亡之前的保单纪念日的下一个生日年龄"，那么，与死亡率观测区间标识为"年龄 y，保龄 r"的死亡率相对应的年龄和保龄是什么？

解：

在该死亡率观测区间的起点上，当前平均年龄为 $y-\frac{1}{2}$，因此，该死亡率为年龄 $[y-r-\frac{1}{2}]+r$ 时死亡率的估计。

（2）死亡的分组（保单年度死亡率观测区间，当前年龄法）。

对于年龄和保龄采用保单年度死亡率观测区间的当前年龄法，死亡的情况将按以下方式分组：$\theta_{y,r}$ = 在死亡前的保单纪念日其年龄标识为 y 并且死亡之前保单纪念日的保龄为 r 的死者人数。

（3）历险数（保单年度死亡率观测区间，当前年龄法）。

中心历险数和初始历险数的定义如下：

定义：

$$E_{y,r}^{c} = \sum_{i=1}^{N} E_{y,r,i}^{c}$$

其中，

$$E_{y,r,i}^{c} = u_i - t_i$$

$[y-r+f_i]+r+t_i$ 表示第 i 个被观测者在 $[y-r+f_i]+r$ 和 $[y-r+f_i]+r+1$ 之间开始受观测的精确年龄；

$[y-r+f_i]+r+u_i$ 表示第 i 个被观测者在 $[y-r+f_i]+r$ 和 $[y-r+f_i]+r+1$ 之间停止受观测的精确年龄；

$y+f_i$ 表示第 i 个被观测者在保单纪念日 r 的精确年龄；

$0 \leqslant t_i \leqslant u_i \leqslant 1$，$f_i$ 的可能值范围取决于所采用的年龄定义。

于是，

$$E_{y,r} = E^c_{y,r} + \sum_{j=1}^{\theta_{y,r}} (1 - u_j)$$

其中，$\theta_{y,r}$表示在死亡之前的保单纪念日的年龄标识为y、死亡之前保单纪念日的保龄为r的死亡人数；

$[y-r+f_i]+r+u_j$ 表示第j人死亡时的精确年龄。

于是，

$$\mathring{q}_{[y-r]+r} = \frac{\theta_{y,r}}{E_{y,r}}$$

$$\mathring{m}_{[y-r]+r} = \frac{\theta_{y,r}}{E^c_{y,r}}$$

其中，f是所有f_i的平均值。

例如，当在前一个保单纪念日的年龄标识为“最接近的生日年龄”、生日均匀分布于保单年度时，$f=0$。因此，$\mathring{q}_{[y-r]+r}$和$\mathring{m}_{[y-r]+r}$分别为$q_{[y-r]+r}$和$m_{[y-r]+r}$的估计。

于是，我们将通过$\frac{\theta_{y,r}}{E_{y,r}}$和$\frac{\theta_{y,r}}{E^c_{y,r}}$，来分别估计$q_{[y-r]+r}$和$m_{[y-r]+r}$，其中，$f$是所有$f_i$的平均值 。

例 34 －16

为了分析选择性死亡率而从 1997 年 1 月 1 日到 1999 年 1 月 1 日进行观测。死亡分组按照“死亡前的保单纪念日的上一个生日年龄”和“死亡之前的保单纪念日时的保龄”进行。对于在 1997 年的保单纪念日，按上一个生日年龄标识为 35 岁的人，我们已有的信息是：

投保日期：1995 年 4 月 1 日；　　死亡日期：1998 年 7 月 1 日

指出这个人提供给历险数$E^c_{y,r}$什么样的y和r的值，并给出每种情况历险期间。

解：

具体如图 34 －5 所示。

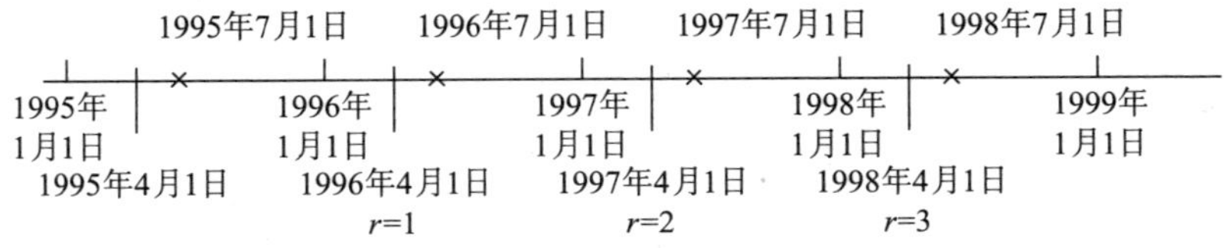

图 34 －5　观测期间

在 1997 年 1 月 1 日这个人的上一个保单纪念日的保龄为 1 年，在保单纪念日 1 的年龄为 34 岁。因此，他在下述各年龄和保龄中提供给中心历险数的是：

$E^c_{34,1}$从 1997 年 1 月 1 日到 1997 年 3 月 31 日

$E^c_{34,2}$从 1997 年 4 月 1 日到 1998 年 3 月 31 日

$E^c_{34,3}$从 1998 年 4 月 1 日到 1998 年 7 月 1 日

注意：对初始历险数的情况，历险期间是基本一样的，不同的仅仅是对$E^c_{34,3}$的历险

数是一整年。

如前所述，我们可以采用统计公式来计算历险数。

2. 投保年龄法（entry age method）

（1）死亡的分组（保单年度死亡率观测区间，投保年龄法）。

如果 $y = x + r$，那么具有标识为"y，r"的人在投保时的年龄标识都是 $y - r$（即 x）。因此，对于在投保时年龄标识为 x 岁的人，死亡率观测区间"x，r"可以定义为在其精确保龄为 r 的保单纪念日开始的保单年度。这就涉及按"投保时年龄"的分组。例如，所给的数据是根据投保时最接近的生日年龄和死亡之前的保单纪念日保龄来分组的。

从方法上来看，这没有什么实质上的不同，但表示历险数和死亡人数的符号中将用 x 和 r 表示而不再用 y 和 r。

因此，与以前给的定义相对应，对于年龄和保龄采用保单年度死亡率观测区间的投保年龄法，死亡的情况将按如下方式分组：

$\theta_{x,r}$表示投保时年龄标识为 x 岁、死亡之前的保单纪念日的保龄为 r 的死亡人数。

（2）历险数（保单年度死亡率观测区间，投保年龄法）。

定义：

$$E^c_{x,r} = \sum_{i=1}^{N} E^c_{x,r,i}$$

其中，

$$E^c_{x,r,i} = u_i - t_i$$

$[x+f_i]+r+t_i$ 表示第 i 个被观测者在$[x+f_i]+r$ 和$[x+f_i]+r+1$ 之间开始受观测的精确年龄；

$[x+f_i]+r+u_i$ 表示第 i 个被观测者在$[x+f_i]+r$ 和$[x+f_i]+r+1$ 之间停止受观测的精确年龄；

$x+f_i$ 表示第 i 个被观测者在保单纪念日 r 的精确年龄；

$0 \leqslant t_i \leqslant u_i \leqslant 1$，$f_i$ 的可能值范围取决于所采用的年龄定义。

于是，

$$E_{x,r} = E^c_{x,r} + \sum_{j=1}^{\theta_{x,r}} (1 - u_i)$$

其中，$\theta_{x,r}$表示在死亡之前的保单纪念日的年龄标识为 x、死亡之前保单纪念日的保龄为 r 的死亡人数，而且$[x+f_i]+r+u_i$ 表示第 j 人死亡时的精确年龄。

于是，

$$\mathring{q}_{[x-r]+r} = \frac{\theta_{x,r}}{E_{x,r}}$$

$$\mathring{m}_{[x-r]+r} = \frac{\theta_{x,r}}{E^c_{x,r}}$$

其中，f 是所有 f_i 的平均值。

例如，当在前一个保单纪念日的年龄标识为"最接近的生日年龄"、生日均匀分布于保单年度时，$f=0$ 。因此，$\mathring{q}_{[x-r]+r}$和$\mathring{m}_{[x-r]+r}$分别为$q_{[x-r]+r}$和$m_{[x-r]+r}$的估计。f是所有f_i的平均值。

例 34－17

如果采用投保年龄的方法来表达例34.16，那么提供的数据和用于历险数的符号有什么不同?

解:

死亡将按照投保时的上一个生日年龄和死亡之前的保龄进行分组。投保时的上一个生日年龄将给出（即这种情况下的33)。

所得出的历险期间是分别提供给历险数$E^c_{33,1}$、$E^c_{33,2}$和$E^c_{33,3}$的。

如果采用统计法，我们将定义$P_{x,r}(t)$为在97.1.1$+t$时，其投保时的上一个生日年龄为x岁、在前一个保单纪念日的保龄为r的人数。

3. 其他保龄标识方法的保单年度死亡率观测区间

到现在为止，我们只是研究了“上一个保单纪念日的保龄”。然而，保龄可以有其他分类方法，例如，根据“最接近的保单纪念日的保龄”或者“下一个保单纪念日的保龄”对保单年度进行分类。

投保年龄法与上述方法的唯一不同是保龄标识r与不同的死亡率观测区间相关。因此，我们将观测在保龄为$r+h$和$r+h+1$之间的人，$r+h$是在死亡率观测区间开始时的精确保龄。(由于我们仅仅采用保单年度死亡率观测区间，即所有的人在死亡率观测区间起点的精确保龄为$r+h$，我们不需计算其平均值。)

例 34－18

死亡分类按照“投保时的上一个生日年龄和死亡时最接近的保单纪念日的保龄”进行。确定用$\theta_{x,r}$计算的死亡率所对应的年龄。

解:

投保时的平均年龄为$x+\frac{1}{2}$，保单年度死亡率观测区间结束于保龄为$r-\frac{1}{2}$时，所估计的死亡率相对应的年龄为$[x+\frac{1}{2}]+r-\frac{1}{2}$（除了死亡率所对应的年龄为$[x+\frac{1}{2}]$时有$r=0$之外)。我们可使用在此之前导出的理论来处理当前年龄法适用的、年龄定义与保龄定义相一致的任何情况。

例 34－19

死亡分类按照“前一个保单纪念日的上一个生日年龄和在下一个保单纪念日的保龄”进行。确定用$\theta_{x,r}$计算的死亡率所对应的年龄。

解:

这一定义意味着一个死亡率观测区间开始于上一个生日年龄为y岁的保单纪念日，截止于下一个保单纪念日，其精确保龄为r。

因此，$f=\frac{1}{2}$，假定生日均匀分布在保单年度，$h=-1$。

即：死亡率适用的年龄为$[y-r+\frac{1}{2}]+r-1$。具体如图 34－6 所示。

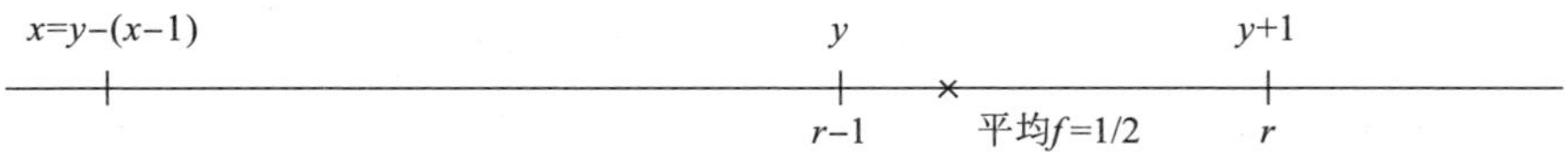

图 34－6　死亡率观测区间

（三）不一致的死亡率观测区间

在前面的探讨中，我们假定数据分为不同的年龄组是根据保单年度死亡率观测区间进行的，因此，年龄标识和保龄标识是在同一个时间发生改变。然而，数据的分组可能是按其他年龄定义的死亡率观测区间进行的（保龄仍然假定是按保单年度死亡率观测区间分组）。这种情况称为“不一致（non－coincident）的死亡率观测区间”，只能在当前年龄法中出现，这是因为在投保年龄法中我们已知投保年龄，即精确保龄为0 时的年龄。

例如，死亡可以根据“死亡时的上一个生日年龄”和“死亡之前保单纪念日的保龄”进行分类。在这种情况下，我们采用了生理年度死亡率观测区间，于是死亡率观测区间不再一致，除非保单纪念日与生日重合。

本书不再进一步探讨在不一致死亡率观测区间的情况下，如何计算生命个体的精确历险数，仅仅研究一下统计法。

1. 中心历险数

被观测者在其年龄标识为 y 和保龄标识为 r 的时间段（即年龄的死亡率观测区间和保龄的死亡率观测区间的公共部分）提供中心历险数。因此，（如前面提及的可以近似计算的）统计公式如下：

$$E^c_{y,r}=\int_0^T P_{y,r}(t)\,dt$$

其中，$P_{y,r}(t)$表示在精确时间 t 时具有年龄标识 y 和保龄标识 r 的人数。

例 34－20

在 1997 年日历年度中，进行死亡率观测，按“死亡之前的 1 月 1 日的上一个生日年龄”和“死亡之前保单纪念日的保龄”将死亡数据进行分组。已知有关统计数据如下：

$P_{y,r}(0)$＝观测期初上一个生日年龄为 y 岁、上一个保单纪念日的保龄为 r 的人数

$P_{y,r}(1)$＝观测期末上一个生日年龄为 y 岁、上一个保单纪念日的保龄为 r 的人数

对按年龄 y 和保龄 r 进行的死亡分组，写出用于估计中心历险数的统计公式。

解：

我们对年龄采用日历年度死亡率观测区间，对保龄采用保单年度死亡率观测区间，于是统计公式为：

$$E^c_{y,r}=\frac{1}{2}[P_{y,r}(0)+P_{y+1,r}(1)]$$

这里我们假设 $P_{y,r}(t)$ 在统计日之间的变化是线性的。

2. 初始历险数

为了探讨初始历险数的表达式，我们需要针对年龄和保龄两个不同的死亡率观测区间如何相互影响做一个假设。

例 34 – 21

假设在死亡率观测中，按照“死亡时的上一个生日年龄”和“死亡之前保单纪念日的保龄”进行死亡分组。一个男性在观测期间度过了第五个保单纪念日。如果他要对 $E^c_{36.5}$ 提供历险数，试将这个人第 36 个生日的可能时间段用保单纪念日描述出来。

解：

这个人的“上一个保单纪念日的保龄为 5”的期间和“上一个生日年龄为 36”的期间一定有重合的部分。这就是说，其 36 岁生日既有可能在第五个保单纪念日之前，又有可能在第五个保单纪念日之后。这就意味着其 36 岁生日一定在第四个保单纪念日和第六个保单纪念日之间。

通常情况下我们可以认为，在所有的标识为“y，r”的人（根据定义，都要向 $E^c_{y,r}$ 提供历险数）中，年龄的死亡率观测区间之起点位于保龄标识达到 $r-1$ 之日和达到 $r+1$ 之日之间的某一点。假设年龄标识的变化日是均匀分布在两个保单年度中，那么平均起来讲，两个死亡率观测区间可以假定为一致的。

在这个假设的基础上，初始历险数的计算和死亡率对应的年龄，与死亡率观测区间一致的情况完全相同。

（四）选择期的确定

选择性死亡率模型用于估计和预测相互独立的一些人的死亡率，但这里的死亡率与通常的终极表死亡力不同，它既依据他们的年龄，又依据其保龄。例如，

$q_{[y-t]+t}$ = 一个当前年龄为 y 和当前保龄为 t 的人在下一个年龄年（和期间年）内死亡的概率。

然而，在实际中这种选择性死亡率模型对更晚的保龄的应用，其实已经没有必要下大气力搞清，在更晚的保龄期间内保龄对死亡率的影响可以忽略。这是因为：

（1）在这些更晚的保龄期间内，由于随机误差，原始死亡率的微小不同不能从有限的样本中分辨出来。

（2）在精算应用中，对于更晚的保龄期间内，精确的选择性死亡率模型的应用和终极性（ultimate）模型（即由终极表描述的模型）的应用之间的区别是忽略的，这是因为由于体检等原因使得刚刚投保的被保险人有更健康的身体，或者说有不同与一般人的死亡率，而多年以后，这种影响便逐渐消失了。

因此，任何选择性死亡率模型的关键参数是选择期，为了方便，选择期通常定义为一个整数 s 年。按照模型，对所有 $t \geqslant s$，$q_{[y-t]+t}$ 是一个常数 q_y，也就是说，对所有 $t \geqslant s$，死亡概率不再受保龄的影响。这里的 q_y 是在精确年龄为 y 时的终极性死亡率。

对于选择期的确定，其统计基础是选择适当的 s，以便在保龄超过 s 以后，死亡率与

终极性死亡率一致。这里的终极性死亡率是从包括所有保龄长于 s 的综合数据中估计出来的。因此，在有限的样本中，s 即保龄超过此期限之后其死亡率与终极表死亡率不再有统计意义上的区别的最小期限。

例如，$s=2$，即：

$q_{[x]+2}=q_{x+2}, q_{[x]+3}=q_{x+3}, q_{[x]+4}=q_{x+4}, \cdots\cdots$

$q_{[y-2]+2}=q_y, q_{[y-3]+3}=q_y, q_{[y-4]+4}=q_y, \cdots\cdots$

对于任何生命表，在确定选择期时，应考虑的因素包括以下几个方面：

（1）合适的选择表其数据的有效性；

（2）统计意义上的合理性；

（3）为实用方便性而考虑的尽可能短的选择期；

（4）采用比统计意义上恰当的选择期更短的期限在财务上的价值；

（5）与其他标准生命表保持一致，例如，与过去发行的同类生命表一致，与当前其他类型的生命表一致。

通常生命表的选择期为 1 年、2 年和 5 年。然而，在某些特殊情况下选择期会持续 10 年或 15 年。

第三十五章

精算学引论

修匀及其检验

由一项死亡调查而得出的最初的死亡率，并不是最后公布出来的供精算工作者使用的死亡率，它还必须经过一道叫作“修匀”的过程。

本章我们将探讨如何进行“修匀”，以及如何应用统计检验来确定一套给定的“修匀”后的死亡率是否是合适的。

第一节 修匀的含义

我们将探讨以下几种修匀方法：(1) 图形修匀；(2) 参照标准表修匀；(3) 通过公式修匀。

一、修匀的意义

(一) 修匀的需要

经过适当的调整，标准生命表可以用来提供对某一群体未来死亡率的评估，事实上，它是对其未来真实死亡率期望值的评估。

要使上述成为可能，就必须一遍一遍地公布标准生命表，并且这些生命表必须如实反映出制表时所采用数据的实际死亡率。虽然得出的原始死亡率完全能够反映实际的情形，但是把它们直接用来估计未来死亡率的期望值是不合适的，因为实际中相关随机变量的不规则波动中的某些非常规原因带来的较大偏差，也会在利用上述方法对死亡率的预测中显现出来。根据定义，期望值是在一个绝对没有随机偏差的总体中观测到的死亡率，而且所观测的是无穷多人的极限情况，当然这只是理论上的假设。因而，在实际中，有必要在给定观测到的原始死亡率的基础上，利用曲线拟合步骤，得出在这些情况下真正死亡率的最佳估计值。这个过程就叫作“修匀”。

(二) 修匀的理论基础

通过经验观测，我们可以得到某个年龄范围的减员率 q_x、m_x 或 μ_x 的原始观测值，每项指标都是从有限的样本中取得的（即历险数），现在让我们暂时假定“修匀”过程的目的就是为了得到每一个年龄段的人的真实减员率。我们假定所用样本有足够的一致性。修匀过程所依赖的前提就是假定死亡率是年龄的函数，没有这一假定条件，修匀过程就无从进行。

我们假定实际的减员率随年龄平滑地变化。年龄自身是连续变量，而且对减员率具有明显的影响，例如，死亡率。我们可以期望年龄的影响是逐渐变化的，（可能某些年龄段有例外，这取决于所涉及的减员的性质）。

现在考虑随着年龄变化的原始死亡率（比如说叫 $\dot{q}_x$）。假设实际死亡率随年龄 x 而变化，则每一个独立观测值可看作是估计量的实现值（realised value）：

$$\hat{q}_x = q_x + \hat{u}_x \tag{35-1}$$

即：

$$\mathring{q}_x = q_x + \mathring{u}_x \tag{35-2}$$

其中，q_x 是实际减员率，$\hat{u}_x$ 是年龄为 x 时的随机偏差（期望是 0，方差是$\frac{p_x \cdot q_x}{E_x}$，这里采用了通常的符号），其实现值为$\mathring{u}_x$，因而，$q_x$ 将随年龄平滑渐进。然而，随机误差会使原始死亡率随年龄的变化不那么均匀，不过要是样本容量不太小的话，变化趋势还是可以看出来的。

现在假定使用更大的样本，每个年龄段都可以被重复观测，（如更大的历险数）。所有统计观测经验都表明这将减少误差 $\hat{u}_x$（即减少方差）。$\dot{q}_x$ 随年纪的渐变将更为均匀，实际上就更接过于 q_x 的变化，$\mathring{q}_x$ 随年龄的变化趋势也更加明显。如果每个年龄段的样本容量都可以被无限扩大，$\hat{u}_x$ 的方差将减为 0，在每个年龄上 $\dot{q}_x = q_x$，换句话来说，$\mathring{q}_x$ 将代表真实的死亡率，而且会随年龄平滑变动，那就没有不均匀的变动了（如果完全平滑变动的假设成立的话）。

然而，实际上，在现实世界中，关于经验样本大小有严重局限性，因为经验本身就囿于一有限生命群体。虽然把同类群体的多个样本组合并起来成为一个更大的变动样本是有可能的，但是这种可能性也是有限的，而且这样做也带来潜在的缺陷，因为合并使差异性大大增加了，带来了潜在的偏差。一个同样的局限使得历险数增加了，因为这样做把过程期延伸到了更远的过去，而这也可能因为时间选择效应（time select）而使差异性增大。事实上，既然死亡率随时间而变化，选择过长的观测期会使我们得出的结论不可靠，因为它们代表的是不同时期死亡率的平均值。

解决的办法就是“修匀”处理，如果减员率是像假设的那样随年龄而变化的，则 q_x 一定是年龄的函数，记作 $f(x)$。现在虽然 q_x 值还不知道，但是 q_x 与 $\hat{q}_x$ 的统计关系是已知的，这就是：$f(x)$ 是关于年龄的平滑变动的连续函数，修匀过程就是要建立一个 $f(x)$ 的模型，这一模型符合以下标准：

（1）函数推导值 q_x 与观测值 $\dot{q}_x$ 之间的差异可以完全用随机误差解释。

（2）函数推导值 q_x 随年龄平滑变化。

第一个标准通常指的是：“数据的保真性”“数据的客观性”或“拟合优度”，第二个标准简单说就是“平滑性”。这两个概念对于理解“修匀”具有特别重要的意义。

这一过程有效地减少了“曲线拟合”中可能发生的问题。拟合曲线就是函数 $f(x)$，曲线上的点代表的数据为原始观测值 $\dot{q}_x$。

正如 $\hat{q}_x$ 的统计属性，暗示着误差 $\dot{\mu}_x$ 可能等于正的或负的，那么函数 $f(x)$ 预期在以 $\dot{q}_x$ 为中心的某一点。然后，修匀者加上平滑性要求，通过限制曲线 $f(x)$ 使之显现出足够的平滑性。由于有了这种限制，选择函数 $f(x)$ 可以满足这两种标准。应用一些统计上的优化方法时，也采用一些其他的标准以便得到唯一的结果，或者粗略地用图形法，或者更精细地用数学公式拟合。

没有任何方法可以预先保证得出的函数能够满足所要求的标准，举例来说，不论优化过程多么先进，如果对 $f(x)$ 曲线的平滑性要求太高，那么 $\dot{q}_x$ 的分布就不随机了。

因此，总是有必要对所有的修匀结果进行检测，以保证其同时满足“客观性”和“平滑性”。如果其中一项或两项条件都不能得到恰当地满足，就应该改选另一个 $f(x)$ 的模型，直到同时满足两项标准为止。就算是第一次检验就能得出合适的结果，也还是应该多检验几个 $f(x)$ 模型来看看之前的模型有没有可以改进的地方。对平滑性和客观性的检验在第三节做进一步地探讨。

为了清晰和方便，以下用符号来表示修匀过的死亡率。在此，定义或重申下列符号：

q_x：x 岁时实际死亡率（即其真实值）；

$\hat{q}_x$：q_x 的极大似然估计（估计量）；

$\mathring{q}_x$：q_x（原始死亡率）的极大似然估计值（观察值、实现值）；

$\check{q}_x$：对 q_x 的修匀后的死亡率（估计值）；

当然 $\check{q}_x$ 即为 $f(x)$ 在精确年龄为 x 岁的值。

（三）固有粗略性

固有粗略性又叫内在粗略性，指的是实际死亡率在整个年龄段上不完全平滑变化时的情形，在这种情况下最平滑的曲线并不满足客观性要求，因为它并不代表实际死亡率，（我们有时遇到的“意外波峰”就是固有粗略性的一个例子）。

修匀的目的是只把不规则项（或说干扰项）造成的不均匀消除，我们并不想消除由于死亡率自身的特点所造成的不均匀。

当固有粗略性存在时，在找到符合客观性的 $f(x)$ 以前，可以通过识别其粗略程度，以加速修匀过程。

有时候，特别是当数据建立在小样本基础上的情况下，我们并不清楚这种不规则性是否或在多大程度上是由于固有粗略性造成的，还是完全是由于随机误差所造成的，这就意味着最初找到的 $f(x)$ 并不容易鉴定。在这种情况下，我们需要考察和参照其他相似的经验数据，如果对类似生命范畴的其他观测也显示在相应的年龄段存在固有粗略性，那么在当前的研究中也很可能存在，于是在对 $f(x)$ 的选择中也要考虑到这种“重要例外”。

现在，我们简单总结一下前面的探讨。

原始死亡率$\mathring{q}_x=\dfrac{\theta_x}{E_x}$，提供了对一个特定年龄的实际死亡率的估计值（观测值），然而，既然我们相信实际死亡率会随年龄平滑变动，我们可以使用由其他相邻年龄上死亡率的观测数据改进我们的估计。这种改进由某一年龄段的原始死亡率得出的估计值的过程就叫作“修匀”。

修匀的目的就是：(1) 为一个特定的目的提供一套合适的均匀变化的死亡率；(2) 消除干扰项的影响；(3) 使用相邻年龄的信息；(4) 保证与其他相关生命表的一致性。

图 35－1 给出了原始死亡率与修匀后的死亡率之间的关系，实际死亡率非常靠近修匀的死亡率。

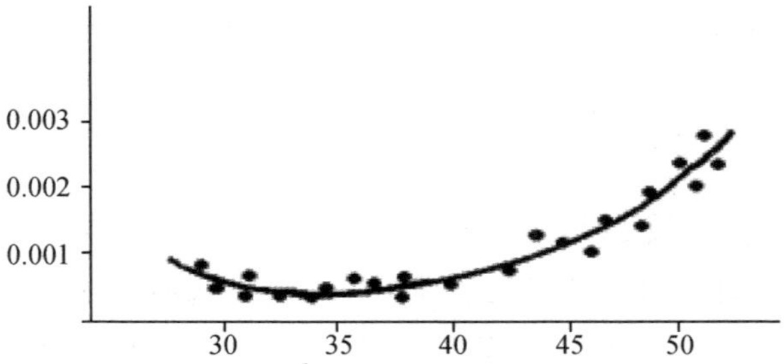

图 35－1　原始死亡率与修匀后死亡率之间的关系

在下一部分我们将探讨“修匀”的 3 种方法，每一种方法都是先对于实际死亡率模式做出一种假设，然后从这种假设入手，用数字技巧来“确定”该模型中修匀后的死亡率。

二、修匀中的问题

（一）平滑性

“修匀”代表了平滑过程，就是说通过对极大似然估计 $\dot{q}_x$ 的平滑化，以得到实际死亡率 q_x 的最佳估计值，如果固有粗略性存在的话，那就要做太多的平滑工作，那就是数据可能被“修匀过度”。

在这种情况下，修匀后的死亡率会在某个年龄区段上显出非常平滑的变化，但却并不很接近原始数据。图 35－1 中修匀 A 的图非常平滑，但却在较低的年龄区段对原始死亡率估计过头，而在较高的年龄的区段又估计过低。

与修匀过度相对的是“修匀不足”，这里指的是对曲线修匀得不够平滑的情况，这会得到一条不平滑的曲线，但更客观而后者可产生令人惊奇的小标准差，例如，产生绝对值小于 1 的均方差（关于这一点会在第三节详细说明）。

在这种情况下，修匀后的死亡率会十分接近原始死亡率，但也会在某年龄段显出不规则的变化。图 35－2 中修匀 B 的图（与修匀 A 使用相同数据），与原始数据贴得很近，但却不规则地摆动。很明显，平滑性与客观性是相互对立的，如果一项修匀结果的平滑性越好，则其客观性越差（如标准差会变大），反之亦然，这两项标准之间的调合程度随修匀目的的不同而变动。例如，对于保险人使用的经验生命表来讲，修匀过度是正确的，这与国民生命表是不同的，对国民生命表，需要一定程度的“修匀不足”。

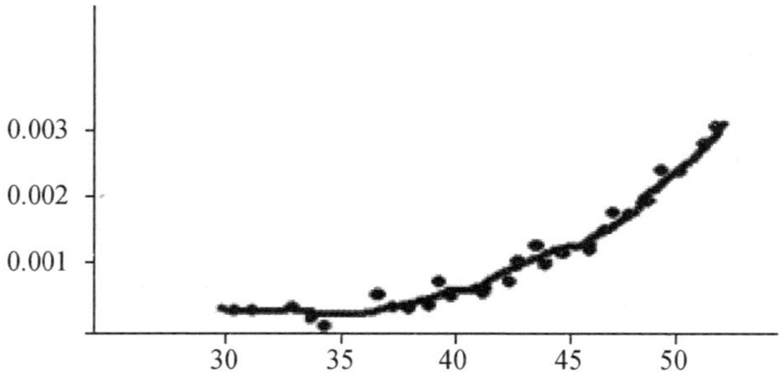

图 35－2　原始死亡率与修匀后死亡率之间的关系

一项良好的修匀必须在两个极端之间取得平衡，死亡率应该平滑变化，同时又应该贴近原始数据。

在编制一张新的标准生命表时，经常会遇到许多操作中的困难，它们包括：

（1）当生命表要求不同年龄上的死亡率时，可能并没有现成的死亡率观测值；

（2）如果完全忠于数据可能会使算出的死亡率难以接受，这可能是由于表中数据不协调或者与其他已存在的或将要编出的生命表不太一致。

上述两个难题存在于任何一个修匀中而非只在编制标准生命表时出现，下面我们会更深入地讨论这一问题。

（二）数据不充分

原始死亡率$\mathring{q}_x=\dfrac{\theta_x}{E_x}$的标准差约为$\dfrac{\sqrt{\theta_x}}{E_x}$。相对误差约为$\dfrac{\sqrt{\theta_x}}{E_x}\div\dfrac{\theta_x}{E_x}=\dfrac{1}{\sqrt{\theta_x}}$。因此，如果某一特定的年龄的死亡人数不多的话，在这个年龄上的原始死亡率的误差百分率是相当高的，这就在对边缘年龄的死亡率观测中产生了种种问题，在低年龄组（但并不是幼年组）死亡率很低，所以死亡人数也很少。在高龄组死亡人数很少，因为很少有人能活到这个年龄。

另一个问题产生于经验死亡率的调查，这种情况下要么某种保单的销量相对较小，要么被保险人倾向于集中在某个年龄段。举例来说，个人定期死亡保险的销量很小，15 岁的年龄人也很少会买年金保险，由于这些原因而缺少数据，意味着原始死亡率不太可靠，在修匀程度上要把这种情型考虑在内而减少这些年龄段的权重数。

（三）数据与年龄的关系不清晰

如果只有很少的数据或者根本没有数据，可以采用趋势推算、数据分组、参考其他生命表等方法，得到不同年龄的死亡率。

1. 趋势推算法

如果与年龄相关的死亡率观测值不够精确，以至于我们怀疑其可靠性，我们就忽略这些数据，并将函数$f(x)$与该年龄前的数据拟合，用拟合之后的$f(x)$来产生修匀后的高龄段的死亡率，尽管可能没有可以使用这个年龄段的原始数据。然而，在此情况下，为使这些得到的死亡率能够合理，检验（核查）是非常重要的。

2. 数据分组

另一个的近似方法就是把年龄相近的人群数据合并起来增加估计的精确度，与图形法显示的完全相同（这种方法将在下一节探讨）。

3. 参考其他标准生命表

在低年龄组（比如，18 岁以下）死亡率相当低，因此，使用不直接与之相关的死亡率所造成的财务上的误差是很轻微的。对一张经验生命表来说，一个典型的解决办法就是使在这些年龄上的死亡率与最近公布的国民标准生命表的死亡率相同，也可以采用其他模拟办法。

当考虑年金领取者在 60 岁以下的死亡率时，则需要格外注意，因为这些死亡率很高。一般的办法就是在这些年龄上同另一张标准生命表保持一致。

（四）一致性

当我们编制成一张标准生命表时，把它与别的生命表相比较以保持其一致是很重要的。

例如，一张新的保险生命表可以与下列表比较：

（1）新的国民生命表；

（2）新的年金生命表；

（3）以前的经验生命表。

把得出的死亡率同新近的国民生命表进行比较，并且能够解释它们主要的差异是很有益处的。如果对某一特征无法进行合理地解释，这一特征就值是怀疑，检查用趋势推算法算出的部分是否与所期望的相一致是非常重要的。

得出的标准生命表应该与当前不同类别群体的生命表相对照，也应该与以前相同类别的人群的标准生命表相对照，看看是否一致。

对于生命表的选择，其内在的一致性是重要的考虑方面。对每一个保龄分别修匀其会造成各种不一致的选择性死亡率数据，这是很正常的。例如，临近的年龄段的数据常有互相重叠的情况，发布的生命表上的死亡率应该是随时间连续变动的。

当不一致发生时，可能不得不做一些调整，不论采用什么方法，应该注意所公布的数据整体上还是应当具有相当的平滑性的，这种表才能发挥有效作用。作为一种检验，重要的是确认测算表中数据的函数是合理的。在调整数据时，为了保证平滑性而略去一些次要的东西可能是必需的。

第二节 修匀的方法

修匀的一般方法基本相同，我们可以概括为以下几点：

（1）选择函数 $f(x)$ 的形式，也就是选定一个实际减员率的模型。选择的基本点就是通过修匀达到光滑的程度。

（2）用模型 $f(x)$ 拟合原始值。

（3）检验修匀的平滑性（如有必要）和对数据的客观性。

（4）用不同的函数重复（1）至（3）步。所选的最佳修匀结果将是平滑性与客观性兼顾的。

一、图形修匀及其利弊

（一）图形修匀

简单地说，就是用手描出一光滑曲线，因而，$f(x)$ 的模型是主观的。这是一种近似描绘（曲线）通过观测数据以达到最可能的修匀目标。因此，曲线应该画得尽可能光滑。但是有些数据是由于其本身固有的粗略性而显得不规则，应该接受。曲线应该是通过观测值群体的中间值（以便满足客观性要求）。为了满足数据的要求，应该通过观测值群而尽可能地把曲线画得光滑一些。然后，按通常的方法检验平滑性和客观性。

各种各样的图形修匀技术可以帮助制做出一条光滑曲线。在进行修匀之前，可以将数据进行分组，以帮助确定实际的基准死亡率值的范围。

1. 数据分组

如数据不充足（即在每个年龄有较少的历险数），在每个年龄的原始值将显示出较大比例的随机误差，那么将很难确定真正的死亡率应处于什么地方，即难以决定曲线准确地画法。因而，有必要将数据分组合并，以便分组后所得比率更光滑。为了达到这一目的，通常有必要分成不均等大小的组，用以下方法决定：

（1）画出一条曲线草图，通过原始值，或多或少在值的中央经过，我们称之为指导曲线；

（2）把数据分组（大小可能在 3 ~5 个年龄之间）使指导曲线之上的点和曲线之下的点平衡。最终的目标就是根据指导曲线的位置得出平均死亡率。

分组后的死亡率可以计算如下：

$$\mathring{q}_x = \frac{\sum_{x=x_1}^{x_2} \theta_x}{\sum_{x=x_1}^{x_2} E_x} \tag{35-3}$$

其中，

$$\bar{x} = \frac{\sum_{x=x_1}^{x_2} x}{x_1 + x_2 - 1} = \text{平均年龄} \tag{35-4}$$

或，

$$\bar{x} = \frac{\sum_{x=x_1}^{x_2} x \cdot E_x}{\sum_{x=x_1}^{x_2} E_x} = \text{加权平均年龄} \tag{35-5}$$

分组的范围是从 x_1 到 x_2。用“平均年龄”即$\bar{x}$通常就足够准确。

接着描出相连的值（$\bar{x}$，$\mathring{q}_x$），假设经适当分组后，这些点的波动比未分组的数据相对地小了，也就光滑得多。

现在画出最终曲线，尽可能平滑地拟合出分组值，这比未分组的做起来要容易得多。

由于对一些年龄的死亡率值进行了分组，将会有一些损失。曲线弯曲的变化速度相对要迅速一些，因此，分组要注意保护一些细节，进行分组时要非常注意那些有特色的数据不要丢失。

客观性检验应用在修匀值和原始分组数据之间，而不是在分组后的数据之间进行。

在检验客观性时（如方差和检验），也应分析再分组数据，不要与修匀中数据所用的分组一样（除非是完全巧合的情况）。

2. 置信区间的采用

我们可以计算出（未修匀的）原始死亡率约 95% 的置信区间，如果用线段将置信区间的上限（最高限额）连接起来，把下限也连接起来，我们将得到一条“置信走廊”，有 95% 的置信可能使实际的基本死亡率处于其间。这条走廊在画曲线时，可用作指导，也可作为曲线合适与否的即刻显示器。一般情况下，平均每 20 个年龄中应有大约 1 以上的点落在“置信走廊”之外。

近似的置信区间可以表示为$\mathring{q}_x \pm \frac{2\sqrt{\theta_x}}{E_x}$，每个值在 $\dot{q}_x$ 的上下波动。这里的$\frac{\sqrt{\theta_x}}{E_x}$即标准差，是根据二项分布计算后得出的。实际死亡率落在这一置信走廊之外的概率只有 5%。

依靠上一部分中讲述的分组值，画置信区间是不恰当的，因为 $\hat{q}_{\bar{x}}$不是真正的随机变量。

前面描述的死亡率分组，是在总曲线的上下找平衡点。$\mathring{q}_x$ 因此代表一个调整后的、我们不知道其分布的随机变量。

然而，若需要，可以用等区间年龄组（不用参考数据分类）计算分组值。于是没有随机性的损失 $\dot{q}_{\bar{x}}$代表他们自己观测到的死亡率。可计算置信区间，可有效地检验修匀曲曲线的客观性。当然，等区间年龄分组法是有缺点的，主要缺点就是常常将在绘制曲线中提供的帮助不明显。

3. 检验和手工修匀

检验图形修匀的平滑性是很重要的。原始值直接修匀时，修匀者有一个明显的倾向就是过于忠实地接近数据点，当然这是以牺牲平滑性为代价的，即修匀不足。有时修匀者也可能会画一条过于平滑的曲线。这些错误可以用光滑性检验分析。

“光滑性检验”首先要列出前两阶或前三阶差分。一个接受的光滑度暗示着二阶差分一般来说很小并随年龄有规则地变化，手工修匀的过程涉及手工调整修匀值以便得到一条更光滑的随年龄变化的曲线。

只有在初始修匀值已相当平滑，已满足客观性时手工修饰才有用。在别的情况下最好的建议就是完全另画曲线，试着得到更光滑的曲线 。当然也有必要检验修匀值的客观性。

我们将具体操作方法归纳为以下几点：

第一步，绘制原始死亡率。原始死亡率$\mathring{q}_x$，或者其他的函数如 $\log \mathring{q}_x$ 都是可以在坐标图上绘制的。

第二步，标明置信度。这将为由原始死亡率绘制修匀死亡率提供思路。这一步可以找出在曲线上下波动的最低点与最高点的平衡位置。

第三步，绘图。找出合适的点后进行绘图。这条曲线应该尽可能地接近于那些点，大约可以画出 1 ~ 20 个点。这条线绘出的应该是光滑的。

第四步，读值。从直角作标图上读值，在一张图仅可以读出 2 个或 3 个合适的数字。

第五步，检验。采用统计检验测试数据的光滑性和客观性。

第六步，必要时重新绘制。如果检验缺乏光滑度和必要的客观性，应该重新绘制新图。

第七步，手工优化。一旦适当的客观性和合理的光滑性实现了，在读出了某些值后，采用手工方式进行优化，以得到一个标准化的图形。通常来讲，需要把不必要的点删去。

（二）图形法的利弊

在不要求精度时，或者没有与经验足够相似的生命表，无法顺利地用标准表来修匀时，图形法可以发挥作用。但如果按照高度平滑和高度客观的标准来要求，手工图形法就不合适。然而，大多数情况下这种方法确实能够得到足够的结果，且有很大的灵活性。其优缺点总结如下：

1. 优点

（1）只要数据不是太不充分（即样本量不太小），便能得到相当满意的结果。

（2）曲线的形状［即函数 $f(x)$］是完全相适的。

（3）在解释数据中有修匀者本人做判断的机会。例如，修匀者能够根据自己的知识及类似群体的经验来决定观测到的规则性是否真实。

（4）通过置信区间可以将数据较多的年龄赋予较大的权数。

2. 缺点

（1）要求技巧、知识、经验和耐心。

（2）不可能规定客观标准而得到唯一的修匀值，给定同样的数据，n 个修匀者会得出 n 种不同的修匀结果，所有的也许都满足平滑性和客观性的通常标准。差别反映了多个修匀者解释数据上的主观看法。

（3）修匀的主观性导致偏见，例如，真实值的变化会由于某些内在不规范性错误预期而解释出错误结果。

（4）很难得到高度平滑结果。

（5）由于以上（2）、（3）、（4），不适合通过修匀得到标准表。

（6）根据差别的大小，也许有必要分别对两个或两个以上的年龄段进行修匀，年龄区间因此需要重选以实现连续性。

（7）数据不充分时不适用，例如，不适用于针对选择表数据的观测。

（8）需要掌握其他生命表的知识。

图形法在实际例中是有意义的，在实际中并不要求绝对精确。图形法可以得出反映实践目的的结果，而且具有一定的弹性。

二、数学公式修匀及其利弊

（一）数学公式修匀

用数学公式修匀涉及到选择适当的数学模型$f(x)$，即：

$$\check{q}=f(x,a,b,c,\cdots)$$

其中，a，b，c，…是常数（模型参数）。所选函数通过选择适当的参数值后，使$\check{q}$随年龄而发生的变化与实际值能够准确地对应。

参数值的选择（即模型的参数化）可以很容易根据设定的统计标准由计算机完成。其具体方法如下：

第一步，选择一个修匀公式，并对参数值做初步假设。

为q_x或μ_x，或者如$\log\left(\frac{q_x}{p_x}\right)$的函数选择一个合适的数学公式，例如，下面的几个公式便是一般来说较为适用的公式，用于死亡率的修匀：

$$\check{q}_x=\frac{A+BC^X}{1+DC^X} \tag{35-6}$$

$$\check{\mu}_x=A+BC^X \tag{35-7}$$

$$\log\left(\frac{\check{q}_x}{\check{p}_x}\right)=a_0+a_1x+a_2x^2 \tag{35-8}$$

如果选用的公式不包括足够的参数，图形将不够弯曲，无法足够地贴近原始死亡率；如果常数太多，则弯曲度又太大，结果可能导致修匀过度。

第二步，考察所选用公式的客观性。考察的方法是，计算出相应公式的估计值，即由公式推导出的$\check{q}_x$值与观测值$\dot{q}_x$的差额，通过统计方法研究公式计算结果与实际观测值的总的离差情况（例如，考察χ^2值）。

第三步，重复使用不同的值和参数a、b、c…

第四步，选择符合要求的参数值（例如，使χ^2达到最小的参数值）。

第五步，函数$f(x,a,b,c,\cdots)$中a、b、c的值，能够被用来满足$\check{q}_x$值的要求。通常的方法是计算出使χ^2达到最小值的参数。

其他两种方法是“最小二乘法”和“极大似然估计法”。

现将通常用计算机计算时采用的一般方法总结如下：

1. 最小χ^2法

选择参数值，使χ^2统计量达到最小值。这里的χ^2统计量为：

$$\chi^2=\sum_x\frac{(\theta_x-E_x\check{q}_x)^2}{E_x\check{q}_x\check{p}_x} \tag{35-9}$$

2. 极大似然估计法

极大似然估计法即选取适当的参数使观测到的死亡人数发生的概率最大。

假设从观测的某一历险 E_x 中得到了某一死亡数据 θ_x。如果 $\check{q}_x$ 是从函数 $f(x,a,b,c,\cdots)$ 中推导出的各年龄的估计值，则与参数 a、b、c 有关的似然函数为：

$$L = \prod_x \binom{E_x}{\theta_x} (\check{q}_x)^{\theta_x} (\check{p}_x)^{E_x-\theta_x} \tag{35-10}$$

显然 a、b、c，…的极大似然估计值是那些使 L 最大的值，也就是使下式最大的值：

$$\log L = \sum_x [\theta_x \log \check{q}_x + (E_x - \theta_x) \log \check{p}_x] \tag{35-11}$$

通过求出各参数的一阶偏导数并令其等于 0，即可解出所求的极大似然估计。

3. 最小二乘法

在这种方法中，我们选择适当的参数值 a、b、c、…使 q_x 和 $f(x,a,b,c,\cdots)$ 之差的加权平方和最小，也就是使下面的表达式达到最小：

$$S = \sum_x w_x (\mathring{q}_x - \check{q}_x)^2 \tag{35-12}$$

其中，$\check{q}_x$ 是通过函数计算出的结果，w_x 是加在 x 年龄的权数，其值为：

$$w_x = \frac{E_x}{\mathring{q}_x \mathring{p}_x} \tag{35-13}$$

或

$$w_x = \frac{E_x}{q_x^s p_x^s} \tag{35-14}$$

公式（35－12）可以写成以下形式：

$$S = \sum_x w_x [\mathring{q}_x - f(x,a,b,c,\cdots)]^2 \tag{35-15}$$

在各年龄取得多个估计值的相对可信度根据置信度最高的年龄集中程度而考虑。我们可以通过与各年龄的方差成反比例的权数来实现这一点。所以我们采用公式：

$$w_x = \frac{E_x}{q_x p_x} \tag{35-16}$$

由于 q_x 和 p_x 是未知的，我们采用相应的近似值 $\dot{q}_x$ 和 $\dot{p}_x$，或从某一适当的标准表中取出的值 q_x^s 和 p_x^s，于是，有公式（35－13）和公式（35－14）。

因而，我们求使下表达式达到最小的参数：

$$S = \sum_x \frac{E_x}{\mathring{q}_x \mathring{p}_x} [\mathring{q}_x - f(x,a,b,c,\cdots)]^2 \tag{35-17}$$

或

$$S = \frac{E_x}{q_x^s p_x^s} [\mathring{q}_x - f(x,a,b,c,\cdots)]^2 \tag{35-18}$$

令 S 关于各参数的一阶偏微分为 0，并解出方程组，得到参数 a、b、c，…。如果 $f(x,a,b,c,\cdots)$ 为线性的，这些方程是线性的，可以手工算出；如果 $f(x,a,b,c,\cdots)$ 为非线性函数，则出现非线性方程，这就涉及到数值计算技巧，一般通过计算机求解。

一旦解出 a、b、c、…，我们即可得到计算出的各年龄 x 的修匀值$\check{q}_x$。然而，由于在加权中使用了 q_x 和 p_x 的非精确的值，所以我们要重复这一过程以改进拟合优度，以使下式达到最小：

$$S = \sum_x \frac{E_x}{\check{q}_x \check{p}_x}[\mathring{q}_x - f(x,a,b,c,\cdots)]^2 \tag{35-19}$$

其中，$\check{p}_x$ 和$\check{q}_x$ 是从初次优化中得到的。重复这一过程，每次计算中得到$\check{p}_x$ 和$\check{q}_x$ 的值，直至$\check{q}_x$ 和$\check{p}_x$ 不再有进一步的变化。通常来讲，只要很少几次这样的过程。

最小二乘法所得到的结果，与前面的最小χ^2 法的结果相同。

例 35－1

如果假定 q_x 为 x 的多项式函数，用极大似然估计如何决定最合适的参数值？

解：我们确定多项式系数的原则，是使下列似然函数取得最大值的解：

$$L = \prod_x C_{E_x}^{\theta_x}(\check{q}_x)^{\theta_x}(\check{p}_x)^{E_x-\theta_x}$$

也就是使下列对数函数取得最大值〔因为对数函数 log（·）是一个增函数〕：

$$\log L = \sum_x [\theta_x \log \check{q}_x + (E_x - \theta_x)\check{p}_x + 常数] \tag{35-20}$$

因为不影响求极值的结果，我们忽略其中的常数（包括二项分布常数）。

（二）检验修匀

如果函数结构适当，没有用太多的参数，函数将自动平滑，这是与图形法相比的重要优点。尽管为了拟合曲线我们采用了一些优化过程，但是客观性检验还是应按通常的方式进行。任一优化函数对数据的客观性，依函数的性质不同而不同。因而有必要用不同的函数$f(x)$ 重复修匀，直至平滑性和客观性都充分地符合了修匀的标准。在其他数据不变的情况下，减少$f(x)$ 的参数数目，可以增加平滑性。

（三）利弊

数学公式法得到极其精确的结果，良好的平滑性，等等。统计优化方法消除了拟合过程中的任何主观性，唯一保留主观性的一项内容就是所用公式的选择。这些性质以及这种修匀独立于其他经验，使这种方法适用于编制标准生命表。

这种方法的主要问题在于死亡率与许多不同的影响因素有关。在漫长的人生中这种影响是千变万化的，用一个简单的数学公式一定会有非常大的局限性。没有一个简单的函数能够产生满意的拟合，至少在整个年龄范围，不同类的数据也使得找到一个能与实际数据良好匹配的函数更加困难。

1. 优点

（1）假定选择了一合理的公式，则会自动得到一个平滑的修匀结果。

（2）基于某些公式的死亡率有某些有用的性质。

（3）当拟合曲线时，能够对达到每个观测值的相对置信度做定量分析。

（4）把同样的公式拟合给不同的经验数据，对他们用模型参数进行比较，这些参数会给我们带来直观的解释。

2. 缺点

（1）若数据特别不充分，就不可能成功地用这种方法。

（2）如上所述，很难用一简单曲线拟合现代死亡率数据。

（3）对不同类型的数据是不可能用一简单曲线成功地拟合。

三、参照标准生命表修匀

（一）一般方法

1. 基本原理

参照标准生命表进行修匀的基本原理是：如果某类人群的死亡率特征足够类似，可以形成某一特殊类型人群的生命表，那么这类人的实际死亡率应与其标准生命表有十分类似的特征，即使二者的死亡率水平总体上有区别，但是仍可预期整个死亡率随年龄的变化是相似的，因而认为函数$f(q_x^s)$的几乎所有的复杂特性可由 q_x^s 本身提供。因此，像诸如$\frac{\dot{q}_x}{q_x^s}$和年龄的数学关系是一个很简单的关系。

用这种方法完成修匀的一种常用方式是修匀比率：

$$\frac{\mathring{q}_x}{q_x^s} = \dot{r}_x \qquad (35-21)$$

采用函数$\check{r}_x = f(x)$ 来估计这一比率。函数$f(x)$ 可用图形法或者用简单的数学公式拟合。$\check{q}_x$ 的修匀值可从下式中得到：

$$\check{q}_x = \check{r}_x q_x^s \qquad (35-22)$$

2. 修匀步骤

参照标准生命表进行修匀的具体步骤如下：

第一步：选取标准表。

只有当标准表与经验数据十分相似时，才能得到与初始值匹配的结果。因此，选择的主要标准是选一个与被修匀的死亡率经验观测值十分相似的生命表。因而，应考虑的因素包括：

（1）选取的标准生命表是属于什么样人口群体的，这个人口群体应足够类似于被修匀的群体，相关因素包括性别、保单种类、职业、地理区域等。

（2）选取的标准生命表是什么时期的，这段时期和观测日之间，死亡率已发生了怎样的变化。

（3）是否标准生命表的一些特征也很可能在观察经验中出现。

（4）标准表的可信度怎样？其来源是否具有一定的声誉。

（5）标准表是否覆盖了所要求的年龄范围。

（6）若进行的是选择表数据观测，标准表是否是一个合适的选择表形式，比如是否有一个适当的选择期长度，标准表所指的选择的特征和强度是否类似于此经验观测的选择。

（7）在标准表或实际经验中选择性减员的影响预期是否一致。

（8）标准表和实际死亡率的区别是否能够通过选择一合适的函数 $f(q_x^s)$ 成功地考虑进去。

确定是否适合修匀的标准生命表的主要原则，在于其形状（即死亡率随时间的变化）与真实经验死亡率的形状是否相似。

第二步：选择合适的函数。

一般过程是选定函数 $f(q_x^s)$ 去表示实际死亡率数据 q_x。一个简单而又合适的等式（包括未知参数）应能反映出经验死亡率 q_x 与标准表数据 q_x^s 的关系。例如，我们通常假定如下的关系式：

（1）　$$\check{q}_x = aq_x^s + b \qquad (35-23)$$

（2）　$$\check{\mu}_x = a^{\mu_x^s} + b \qquad (35-24)$$

（3）　$$\check{\mu}_x = \mu_{x+n+k}^s \qquad (35-25)$$

（4）　$$\check{q}_x / q_x^s = ax + b \qquad (35-26)$$

（5）　$$\check{q}_x = f\ (q_x^{s_1},\ q_x^{s_2}) \qquad (35-27)$$

例如，$\check{q}_x = a^{q_x^{s_1}} + b^{q_x^{s_2}} + c$。

在等式（35－27）中，涉及 s_1 和 s_2 两个标准生命表。

第三步：确定参数值。

上述两步完成之后，应确定等式的参数值。参数值的确定方法可以用图形法或前面已提到的优化技巧。

第四步：计算修匀值。

通过上述假设的与标准生命表有关的等式，可以计算出修匀值。

已经提到的图形或数学公式都可适用函数 $f(q_x^s)$。相对其他方法而言，函数可以简单化，正是因为该函数仅仅表述了它与标准生命表 q_x^s 对应的曲线关系，而死亡率的复杂特征由标准生命表来阐述或表达。因此，该函数容易图形化，而且又易于数学计算。

（二）利弊

参照标准生命表进行修匀，在许多实际情况中是得到一组修匀值的很简单的方式。这一过程常常涉及将经验调查结果与标准生命表进行比较。由于标准生命表已经表述了大量的死亡率特征，修匀公式（因而修匀过程本身）与别的方法比较起来更简化。由于只有几个参数，拟合出最终结果所需要提供的信息量也比别的方法少。

不过，对标准生命表的依赖经常带来一些困难：实际经验的特点也许与任何标准生命表显示的特征显著不同。在这种情况下无法得到满足客观性的数据结果，至少不对修匀值做进一步的调整是不能得到的。这也使得这种方法不适宜于制作标准生命表。换句话来讲，参照标准生命表进行修匀，不太可能在制作新的标准生命表时保证足够的客观性。我们把采用这种方法的利弊总结如下：

1. 优点

（1）被修匀的函数形式简单意味着过程易于操作。

（2）比其他方法需较少的数据，虽然因为数据不足，但是其结果可信性有所缺乏。

（3）假定所选标准生命表是平滑的，并且修匀表是用数学函数拟合出的，那么修匀值自然平滑。

（4）通过选择标准生命表方式，曲线形态的前期预测可以考虑进去。

（5）能用于编制选择表数据，只要选取适当的选择表。

（6）容易处理所有的年龄范围。

2. 缺点

（1）标准生命表的很多特点也将在修匀值中显示出来，这或许不是我们进行修匀所期望的。

（2）寻找符合经验特征的标准生命表常常是困难的。

（3）倘若缺少足够类似的标准生命表，修匀结果的客观性则不充分。

第三节　修匀检验

现在，我们开始探讨如何检验所做的修匀是否正确，以及如何将实际的经验观测数据与预期的进行比较。我们将要做的检验主要是考察修匀的客观性和平滑性。

一、统计检验的目的

（一）实际值与期望值的比较

将实际经验与预期经验做对比，可用于以下目的：

（1）确定针对过去经验所做假设的正确性；

（2）时刻控制实验次数的改变；

（3）为未来减员率导出恰当的假设。

目前使用的死亡率因下列原因可能并不正确：

（1）由于现有数据是以往的，死亡率可能会发生改变；

（2）现有数据可能是基于并不充分的数据或其他类型的生命群体；

（3）公司业务程序变更会引起投保群体阶层的变化，进而死亡率也不同了。

一个确定现有死亡率精算基础是否恰当的方法是，按现有死亡率精算基础将推算出的死亡人数与实际的死亡人数做对比。该方法也适用于在寿险保单精算基础中假设的其他减员率。

（二）修匀检验

可以根据 N 个处于 x 岁与 $x+1$ 岁之间的生命个体的观测数据来计算 $\dot{q}_x$，即 x 岁的原始的初始死亡率。这是实际死亡率 q_x 的估计 $\hat{q}_x$ 的实现值。实际死亡率可以认为是 x 岁的人在下一年死亡的概率。

$\dot{q}_x$ 是由观测一人口总体中年龄处于 x 和 $x+1$ 之间的生存者人数而计算出来的，即这种观测的死亡频率经常作为一种对群体中年龄为 x 岁的死亡率。然而，这仅在提供的 x 岁的死亡率与所有观测的生命都一致时才是正确的。

（三）数据

在此，我们举例说明修匀 A 和修匀 B。这些修匀的数据如表 35－1 所示，表中左边为原始数据，中间为修匀后的数据，右边为用于修匀检验的一些值。

表 35－1　　　修匀 A 和修匀 B 的数据

修匀 A

x	E_x	θ_x（A）	$\mathring{q}_x$	q_x	E_xq_x（E）	$\frac{(A-E)^2}{E}$	$E_xq_xp_x$	z
30	70 000	39	0.000557	0.000387	27.09	5.24	27.08	2.29
31	66 672	43	0.000645	0.000428	28.54	7.33	28.53	2.71
32	68 375	34	0.000497	0.000473	32.34	0.09	32.32	0.29
33	65 420	31	0.000474	0.000523	34.21	0.30	34.19	−0.55
34	61 779	23	0.000372	0.000579	35.77	4.56	35.75	−2.14
35	66 091	50	0.000757	0.000640	42.30	1.40	42.27	1.18
36	68 514	48	0.000701	0.000707	48.44	0.00	48.41	−0.06
37	69 560	43	0.000618	0.000782	54.40	2.39	54.36	−1.55
38	65 000	48	0.000738	0.000864	56.16	1.19	56.11	−1.09
39	66 279	47	0.000709	0.000955	63.30	4.20	63.24	−2.05
40	67 300	62	0.000921	0.001056	71.07	1.16	70.99	−1.08
41	65 368	63	0.000964	0.001167	76.28	2.31	76.19	−1.52
42	65 391	84	0.001285	0.001290	84.35	0.00	84.24	−0.04
43	62 917	86	0.001367	0.001426	89.72	0.15	89.59	−0.39
44	66 537	120	0.001804	0.001576	104.86	2.19	104.69	1.48
45	62 302	121	0.001942	0.001742	108.53	1.43	108.34	1.20
46	62 145	122	0.001963	0.001926	119.69	0.04	119.46	0.21
47	63 856	162	0.002537	0.002129	135.95	4.99	135.66	2.24
48	61 097	151	0.002471	0.002353	143.76	0.36	143.42	0.60
49	61 110	184	0.003011	0.002600	158.89	3.97	158.48	1.99
合计		1 561			1 516.65	43.30	1 513.32	

修匀 B

x	E_x	θ_x（A）	$\mathring{q}_x$	q_x	E_xq_x（E）	$\frac{(A-E)^2}{E}$	$E_xq_xp_x$	z
30	70 000	39	0.000557	0.000460	32.20	1.44	32.19	1.20
31	66 672	43	0.000645	0.000508	33.87	2.46	33.85	1.57
32	68 375	34	0.000497	0.000548	37.47	0.32	37.45	−0.57
33	65 420	31	0.000474	0.000578	37.81	1.23	37.79	−1.11

续表

x	E_x	θ_x (A)	$\mathring{q}_x$	q_x	E_xq_x (E)	$\frac{(A-E)^2}{E}$	$E_xq_xp_x$	z
34	61 779	23	0.000372	0.000600	37.07	5.34	37.05	-2.31
35	66 091	50	0.000757	0.000616	40.71	2.12	40.68	1.46
36	68 514	48	0.000701	0.000632	43.30	0.51	43.27	0.71
37	69 560	43	0.000618	0.000654	45.49	0.14	45.46	-0.37
38	65 000	48	0.000738	0.000693	45.04	0.19	45.01	0.44
39	66 279	47	0.000709	0.000761	50.44	0.23	50.40	-0.48
40	67 300	62	0.000921	0.000867	58.35	0.23	58.30	0.48
41	65 368	63	0.000964	0.001018	66.54	0.19	66.47	-0.43
42	65 391	84	0.001285	0.001215	79.45	0.26	79.35	0.51
43	62 917	86	0.001367	0.001494	94.00	0.68	93.86	-0.83
44	66 537	120	0.001804	0.001701	113.18	0.41	112.99	0.64
45	62 302	121	0.001942	0.001945	121.18	0.00	120.94	-0.02
46	62 145	122	0.001963	0.002155	133.92	1.06	133.63	-1.03
47	63 856	162	0.002537	0.002332	148.91	1.15	148.56	1.07
48	61 097	151	0.002471	0.002545	155.49	0.13	155.09	-0.36
49	61 110	184	0.003011	0.003002	183.45	0.00	182.90	0.04
合计		1 561		1 557.87	18.09	1 555.24		

（四）个体标准差（individual standardised deviation，ISDS）

为检验修匀结果，我们有时需计算每一年龄的个体标准差。

一个年龄为 x 岁的人的个体标准差为：

$$z = \frac{\theta_x - E_x \cdot q_x}{\sqrt{E_x \cdot q_x p_x}} \tag{35-28}$$

如果采用二项型模型，死亡人数将可以表示为二项分布，即：

$$\theta_x \sim B(E_x, q_x)$$

因此，死亡人数的均值为 q_xE_x，方差为 $q_xE_xp_x$。如果已有的死亡人数期望值足够大，我们可以采用正态分布近似代替二项分布。这就意味着，通过将死亡人数减去死亡人数的均值再除以其标准差而得到的这个个体标准差，近似服从于标准正态分布 $N(0,1)$。

如果在下面的情况下二项型模型不成立时，则这个正态近似将不成立：

（1）同一年龄组的人们其死亡概率 q_x 不为常数，而是变化的。这在非同质的人口被分到了同一组时，例如，将同一年龄的男人和女人分到了同一组时，发生这种情况；当我们把很宽的年龄范围分到同一组时，也会发生这种情况。

（2）每一年龄组的生命个体的死亡率相互独立的。这在有较多的同一个被保险人的多份寿险保单时会发生，即某被保险人的保单多于其他的被保险人，这将使方差增加。

个体标准差在近似计算中，经常用 $E_x q_x$ 近似代替 $E_x q_x p_x$。这个近似值对于低死亡率是正确的，因为 p_x 是接近于 1。

（五）统计假设

在修匀检验中，我们一般把统计假设 H_0 定为：年龄为 x 岁时的实际（真实）死亡率即修匀后的结果。

二、χ^2 检验

（一）目的

检验在每一年龄发生的死亡人数是否与真实的死亡率或死亡率公式相一致。χ^2 检验将表明拟合优度。

（二）基本原理

χ^2 检验适用于每一年龄或一年龄段的死亡者或生存者的人数。

χ^2 检验的统计数值高则表明被检验数值和预测数值之间存在较大差异，即修匀结果的适用性不理想。

（三）假设

（1）每一相同年龄人口的死亡率特征相同，并且各生命个体之间是独立的。

（2）死亡人数的期望值对于χ^2 近似计算来说是足够大的。

（四）自由度

由于修匀后的死亡率$\overset{\vee}{q}_x$ 是由观测值 $\dot{q}_x$ 推导出的，这就使得其客观性的检验复杂了。这不像将实际值与独立的死亡率期望值 q_x^e 相比较那么简单。

为生成期望的死亡率而进行的修匀，使 $\hat{q}_x - \overset{\vee}{q}_x$ 的分布的自由度减少了，而且减少的数额等于被估计参数的个数。在 H_0 成立的情况下，观测的离差 $\hat{q}_x - \overset{\vee}{q}_x$ 在分布上有更强的约束，也就是有更小的方差。

自由度的减少应体现于χ^2 检验中，尽管我们的计算不过是近似的。也就是说：

$$\chi^2 = \sum_x z^2 = \sum_x \frac{(\hat{\theta}_x - E_x \overset{\vee}{q}_x)^2}{E_x \overset{\vee}{q}_x \overset{\vee}{p}_x} \tag{35-29}$$

服从自由度为 $n-r$ 的χ^2 分布，其中，n 为数据点的个数，r 是修匀过程中加于分布上的约束数目。

其他的每一个参数检验都因修匀而受到不同程度的影响。特别是累积离差和序列相关检验取决于在 H_0 成立时年龄与年龄之间离差的独立性假设。由于$\overset{\vee}{q}_x$ 对 θ_x 值的依赖，修匀后经验数据的离差$(\theta_x - E_x \overset{\vee}{q}_x)$不能如实地反映真相。但在一般的要求中可以使用这些检验，其影响我们尚能接受。

为了使用χ^2 检验，我们需要确定在修匀过程中失去的自由度。这将根据我们所采用的修匀方法的不同确定不同的自由度。

（1）数学公式修匀。自由度丢失的数目即估计中采用的数学公式中参数的个数。

（2）图形修匀法。约束的数目与数据的质量有关。

如果我们有较好的经验数据，即由很大的样本数据估计死亡率，各年龄的原始死亡率非常清晰地展现出来，在修匀过程中能够画出的合理的备选择曲线很少。

与此相反，如果我们只有很少的经验数据，即从一个很小的样本数据估计死亡率，原始死亡率分布的点又参差不齐，这将很难在其中间精准地确定真实死亡率。也就是说，修匀者有很大的自由度。

使用图形修匀法时，丢失的自由度总数难以估计。数据越好，估计得越精细，这意味着有更多的参数。数据很少时会画出粗实而平滑的曲线，描述的情况很简略。

下面的原则可以用于确定自由度：

1. 数据较好时

每10个左右的年龄，因曲线的位置（高度）、斜率、曲率而各丢失一个自由度。因此，对于每10个左右的年龄段上的修匀，失去2~3自由度。

2. 数据较差时

一个光滑的修匀不比一个二次函数更复杂。因此，因曲线的位置（高度）、斜率、曲率而各丢失一个自由度。所以对于所有年龄上的修匀，失去2~3自由度。

这两个例子说明，一般情况下，图形修匀附加了最大的约束值和最小的约束值。我们应针对具体的修匀，参照数据对曲线的最终形状和位置的影响范围，在这些限度内估计出约束的数目。

3. 参照标准生命表修匀

用于以数学公式或图形拟合标准生命表的函数，将决定修匀带来的约束数目的最小值。例如，如果 $f(x)=q_x^s(a+bx)$，则我们失去两个自由度。然而，由于我们参照了观测数据来选择的标准生命表，我们选择的是最接近观测数据的生命表，我们将为此失去更多的自由度。我们选择的生命表越是与经验观测数据接近，我们就丢失越多的自由度。

约束数目的具体确定很难，但是看起来约束数目少于同类数据的图形修匀法中的约束数目。

（五）χ^2 检验步骤

第一步，计算。

$$\chi^2=\sum_x\frac{(\hat{\theta}_x-E_x\check{q}_x)^2}{E_x\check{q}_x\check{p}_x} \tag{35-30}$$

第二步，确定自由度近似数值。

第三步，比较 χ^2 统计量的观测值与 χ^2 分布表中的数据。

为了推断的准确，我们计算 χ^2 统计量不仅包括各年龄的死亡者，而且还要包括各年龄的生存者，也就是每一年龄的生、死两者都要计入。即：

$$\chi^2=\sum\frac{(\text{实际值}-\text{期望值})^2}{\text{期望值}}$$

$$= \sum_i \frac{(\theta_x - E_x q_x)^2}{E_x q_x} + \sum_i \frac{(E_x - \theta_x - E_x q_x)^2}{E_x q_x} \tag{35-31}$$

（六）结论

如果χ^2统计量大于95%的临界点，这说明拟合不好或修匀过度。

如果χ^2统计量小于2.5%的临界点，这说明修匀不足。

（七）χ^2检验的利弊

χ^2检验对于检验拟合优度来说，是一个很好的检验，但它忽略了以下内容：

（1）一小部分特别大的方差被大量的小方差平衡了。

（2）整个年龄段大量的正或负的积累离差。

（3）正与负的离差失调。

（4）同为正或同为负的离差过度波动，也就是同一方向偏差过多的现象。

例 35－2

对修匀 A 进行χ^2检验。

解：实际计算后，得：

$$\chi^2 = \sum_x \frac{(\theta_x - E_x q_x)^2}{E_x q_x}$$
$$= 5.24 + 7.33 + \cdots + 3.97 = 43.30$$

共有20个年龄，修匀后的死亡率是通过对两个参数估计后计算出的，所以自由度应为20－2＝18。

由χ^2_{18}分布表，大于95%的临界点为28.87，这个χ^2_{18}检验值超过了它。（实际上，它超过37.16，大于99.5%的临界点）。

因此，修匀后的数据与观测数据拟合情况较差。

三、个体标准离差的分布检验

（一）目的

检验个体死亡人数与按修匀而假设的死亡率构成的二项型模型是否相符，这是用来检验拟合优度的，这个检验可以显示出修匀不足和修匀过度的问题。

这个检验表明了χ^2检验的第一个缺点，也就是说χ^2检验不能发现一个过大的离差。

（二）基本原理

这个检验是考察标准离差的分布。如果记录的死亡人数服从二项分布，即$\theta_x \sim B(E_x, q_x)$，则这些标准离差近似服从标准正态分布$N(0,1)$。如果修匀结果不能很好地拟合标准正态分布，则修匀有误。

（三）假设

在所有年龄中正态分布可以作为二项分布很好的近似。

（四）步骤

第一步，计算标准离差，对于每一年龄或年龄段计算$\frac{\theta_x - E_x \cdot q_x}{\sqrt{E_x \cdot q_x p_x}}$。

第二步，累加标准离差在下列各区间的个数：

$(-\infty,-3)$、$(-3,-2)$、$(-2,-1)$、$(-1,0)$、$(0,1)$、$(1,2)$、$(2,3)$、$(3,+\infty)$

第三步，比较这些数字与当标准离差服从 $N(0,1)$ 分布时应落入上述区间的个数。如果有足够多的年龄组（如 20），则可以运用 χ^2 检验。

如果只有较少的年龄组，则必须依靠我们的观察，考虑是否具有正态分布的下列特征：

1. 总体形状

考察这些数值与落入相应区间的概率是否相符：

范围	概率
$(-\infty, -3)$	0%
$(-3, -2)$	2%
$(-2, -1)$	14%
$(-1, 0)$	34%
$(0, 1)$	34%
$(1, 2)$	14%
$(2, 3)$	2%
$(3, +\infty)$	0%

2. 尾部数据

不应有标准离差落入（-3，3）范围之外。在每个方向上超出这一范围的概率只有 0.1%，因此，我们不应期望在范围外得到任何值。

3. 绝对离差

大约一半标准离差在（$-2/3$，$2/3$）之间，如果有较多的值落在尾部，则表明修匀过度或非同质人口。

4. 对称性

应有大约相同个数的正的标准离差和负的标准离差（因为分布的对称性）。

（五）结论

如果标准差没有显示出服从标准正态分布，则表明观测死亡率不符合按修匀而假设的死亡率构成的二项型模型。

（六）利弊

考察标准离差的分布情况是一个很好的检验，可以查出修匀过程中可能出现的很多问题。

例 35－3

通过分析标准离差分布情况对修匀 A 进行检验。

解：

（1）表 35－2 中实际值和期望值范围在（$-2/3$，$2/3$）之间只有 7 个值，因此，只有很小一部分在中心分布，而且有太多的在两翼，这可以表明是修匀过度或部分被保险人的保单多于一般情况。

（2）数据很好地满足对称性（10 个正的和 10 个负的）。因此，这不能对修匀做出判断。

（3）将数据分为 4 组，合并（$-\infty$，-1）的值，以及合并（1，∞）的值，可以提供一个 χ^2 统计量：

$$\chi^2=(6-3.2)2/3.2+(4-6.8)2/6.8+(3-6.8)2/6.8+(7-3.2)2/3.2=10.24$$

这超出了 7.815，大于具有 3 个自由度的卡方统计量 95% 的临界值，因此，该标准离差不服从标准正态分布。

表 35－2　　　　数据计算

范围	实际值	期望值
（$-\infty$，-3）	—	0.0
（-3，-2）	2	0.4
（-2，-1）	4	2.8
（-1，0）	4	6.8
（0，1）	3	6.8
（1，2）	4	2.8
（2，3）	3	0.4
（3，$+\infty$）	—	0.0

四、离差符号检验

（一）目的

为了检验修匀的偏斜问题，即修匀后的死亡率是否过高或过低。

这个检验可以表明 χ^2 检验的第三个缺点，也就是不能查出离差的正负之间是否平衡。

（二）基本原理

如果修匀后的死亡率不比原始死亡率过高或过低，我们可以大致认为修匀后的死亡率一半高于原始死亡率，一半低于原始死亡率。因此，如果有 n 个年龄组，高于（或低于）的数量应服从 B（n，1/2）分布。

（三）假设

无。

（四）步骤

第一步，数出有多少修匀后的死亡率高于或低于原始死亡率。可以：

（1）通过在图形上比较原始死亡率和修匀后的死亡率曲线。

（2）通过比较 q_x 和 $\dot{q}_x=\dfrac{\theta_x}{E_x}$ 的值。

（3）通过观测具体标准离差符号。

将离差取正值的个数和取负值的个数中的较大者记为 M。

第二步，按服从 $B(n,1/2)$ 分布的性质计算出离差取 M 个正值或 M 个负值的概率。

如果 n 很小，概率值可以通过将二项分布的概率分布率：

$$P(X=x)=C_n^x\left(\frac{1}{2}\right)^n$$

求和便可以准确地求出。

如果 n 很大，可以使用正态分布进行近似估计。这要计算：

$$Z=\frac{\left(X\pm\frac{1}{2}\right)-\frac{n}{2}}{\sqrt{\frac{n}{4}}}$$

其中，$X\pm1/2$ 表示在中心附近的正值或负值的个数。

因为是双向检验，所以必须以分布的两方面的所有可能性为基础。例如，我们只能拒绝 H_0 在 5% 水平，即正值或负值多于较高的 97.5% 或少于较低的 2.5% 的概率分布为临界点。

（五）结论

如果检验表明正值或负值过多，这就表明修匀后的死亡率过高或过低。

（六）利弊

仅仅考察离差的符号，不能了解离差的大小情况。

例 35－4

从修匀 A 和修匀 B 的离差符号检验中可以得出什么结论？

解：当我们看标准偏差的分布时，两个修匀有 10 个正值和 10 负值。因此，这个检验没有通过对修匀的否定意见。

五、序列相关

序列相关检验是指，分析相近年龄偏差之间的关系，并考察到其本身的大小。

这个检验将显示出 χ^2 检验的第四个缺陷，也就是没能查出同一方向偏差过多的现象。

（一）目的

清楚地发现有些修匀过度的情况。

（二）基本原理

如果所做的修匀既不是修匀不足，又不是修匀过度的，我们可认为相连年龄的个体标准差应表现出独立的性质。

然而，如果修匀过度，修匀后的曲线会在相对较长的时期内趋向于在原始死亡率曲线的同一侧。

尽管死亡数量是随机变化的，但是我们也认为相连年龄的数据有一定的相似性，也就是说他们是正相关的。

（相反，如果修匀不足，修匀后的曲线将与原始死亡率曲线频繁交叉，并且相连年龄的数据是波动的，也就是说他们是负相关的。然而，通常我们把这个检验作为单侧检验，仅仅检验修匀过度的情况，因为修匀不足将用平滑检验来测试。)

如果已然是相关了，我们就认为相邻年龄影响最强。考虑：

$$\frac{1}{N-1}\sum(Z_x-\overline{Z})(Z_{x+1}-\overline{Z})$$

其中，Z_x 是年龄为 x 的个体标准偏差。这代表着在 Z_x 中从 N 个年龄的所有平均值 $\overline{Z}$ 得到的叉积（间隔为 1 年）的平均值。为了转化为更有用的方法，我们可以将它除以 $\frac{1}{N}\sum(Z_x-\overline{Z})^2$ ，这是 Z_x 的方差估计。

这一比率给出了连续相关的系数 r_1，r_1 可在 $-1\sim1$ 之间取值，即 $-1\leqslant r_1\leqslant1$。一个正值表明 Z_x 的附近值趋于有相似值，而一个负值则表明趋于有相反值。

以上给出的公式实际上是一个大约值，样本相关系数在理论上应这样计算：

$$\hat{r}_{zz}=\frac{\sum_{i=1}^{N-1}\left(\hat{z}_i-\frac{1}{N-1}\sum_{s=1}^{N-1}\hat{z}_s\right)\left(\hat{z}_{i+1}-\frac{1}{N-1}\sum_{s=1}^{N-1}\hat{z}_{s+1}\right)}{\sqrt{\sum_{i=1}^{N-1}\left(\hat{z}_i-\frac{1}{N-1}\sum_{i=1}^{N-1}\hat{z}_s\right)^2\sum_{i=1}^{N-1}\left(\hat{z}_i-\frac{1}{N-1}\sum_{s=1}^{N-1}\hat{z}_{s+1}\right)^2}} \tag{35-32}$$

对于大的 N 来说，理论值与近似值之间的偏差可以忽略。然而，近似公式对 N 为小值时可能不适合。在实践中它广泛被接受，但它的局限性应特别牢记。如果测验被用于真实数据，N 值小时（例如，小于 20）就应使用精确公式。

如果 Z_x 的相邻值是独立的，r_1 的方差大约为 $1/N$，N 为年龄值（或年龄组值）。所以被 $\sqrt{N}$ 乘应给一个从标准正常偏差而来的值。这个值叫作 T 比率。

（三）假设

二次项分布的正常近似值为所有年龄提供一个好的近似值。

（四）步骤

第一步，为各个年龄或年龄组计算标准差 Z_x。

第二步，用公式计算连续相关系数：

$$r_1=\frac{\frac{1}{N-1}\sum_{x=x_{\min}}^{x_{\max}-1}(z_x-\bar{z})(z_{x+1}-\bar{z})}{\frac{1}{N}\sum_{x=x_{\min}}^{x_{\max}-1}(z_x-\bar{z})^2} \tag{35-33}$$

其中，$\bar{z}=\frac{1}{N}\sum_{x=x_{\min}}^{x_{\max}-1}z_x$ 是 N 个年龄或年龄组的所有 Z_1 的平均值，$x_{\min}$ 为最小年龄（组），$x_{\max}$ 为最大年龄（组）。

用我们所知的 r_1 必须从 $-1\leqslant r_1\leqslant1$ 范围中取值的事实，来检验我们的计算是否合理。

第三步，被 $\sqrt{N}$ 乘来找出 T 比率 t_1，并且将 T_1 与标准正常偏差百分点比较。

知道下列 r_1 的近似值，对于 N 的最大值仍然可以接受：

$$r_1 = \frac{\sum_{x=x_{\min}}^{x_{\max}-1}(z_x - \bar{z})(z_{x+1} - \bar{z})}{\sum_{x=x_{\min}}^{x_{\max}-1}(z_x - \bar{z})^2} \tag{35-34}$$

（五）结论

如果 T 比率为正值，则表明该死亡率是修匀过度的。死亡率并不与原始数据接近，也就是说没有足够的客观性，并且可能一直太高于或太低于表的某些部分。

（六）利弊

连续相关检验是一个参数检验，也就是它考虑了实际数值。然而，离差符号检验和离差符号群检验为非参数检验，因为它们只考虑了“有多少”。

因为连续相关检验考虑到了离差的数值，所以在年龄范围中一部分的相关与另一部分相反相关互相抵消是可能的。这就意味着离差符号检验和离差符号群检验通常更有力，也就是如果遇到修匀过度的情况，这种检验更可能查出来。

例 35－5

计算修匀 A 的连续相关系数和 T 比率，并解释我们的结果。

解：个体个别标准偏差平均数为：

$$\bar{z} = 1/20\sum_{x=30}^{49} z_x = 1/20(2.29 + 2.71 + \cdots + 1.99) = 0.19$$

离差平方的平均值为：$\frac{1}{N}\sum_{x=30}^{49}(z_x - \bar{z})^2 = 2.1345$

而：$\frac{1}{N-1}\sum_{x=30}^{49}(z_x - \bar{z})(z_{x+1} - \bar{z}) = 0.9416$

$r_1 = 0.9416/2.1345 = 0.4411$，乘以年龄个数（即 20）的平方根后，可以得到 T 比率：

$$t_1 = \sqrt{20} \times 0.4411 = 1.97$$

这个 T 比率是正的，意味着该死亡率修匀过度。t_1 值刚好在正态分布的上 $2\frac{1}{2}\%$ 点。

六、累积离差

（一）目的

为了检验在假设死亡率即修匀结果的情况下，是否所有死亡人数修匀后与假设的二项模型一致。这个检验可以检测整个的拟合优度。拟合得不好的地方可能是由于非同质性数据或重复数据的原因。它也有 χ^2 检验的第二个缺陷，也就是不能在部分或整个年龄范围有大量的正值离差或负值离差的情况下实现检验目的。

（二）基本原理

如果记录的死亡人数按假设服从二项分布，即 $\theta_x \sim B(E_x, q_x)$，采用正态分布近似，则意味着死亡人数的实际值和期望值之差近似服从正态分布，即近似地有：

$$\theta_x - E_x q_x \sim N(0, E_x q_x p_x) \tag{35-35}$$

因此，在整个年龄范围内求和后，有：

$$\sum(\theta_x - E_x q_x) \sim N(0, \sum E_x q_x p_x) \tag{35-36}$$

即：

$$z = \frac{\sum(\theta_x - E_x \cdot q_x)}{\sqrt{\sum E_x \cdot q_x p_x}} \sim N(0,1) \tag{35-37}$$

（三）假设

正态分布可以在所有的年龄上为二项分布提供可靠的近似值。

（四）步骤

第一步，决定检验哪一个年龄范围。可能是生命表所有年龄范围的死亡率，也可能只是从财务角度考虑最重要的年龄范围。应注意的是，如果在看过数据的形状或模式后再选年龄范围，检验就无效了。例如，如果我们在表中的一部分标上点，并且决定只对那部分表应用累积离差检验，结果将是无意义的。

第二步，在所选年龄范围内计算和式 $\sum(\theta_x - E_x q_x)$ 和 $\sum E_x q_x p_x$。

第三步，计算 $z = \frac{\sum(\theta_x - E_x \cdot q_x)}{\sqrt{\sum E_x \cdot q_x p_x}}$，并由标准正态分布表查出相应的概率值。

（五）结论

如果计算的 z 的绝对值很大，则表明：

修匀后的死亡率是偏斜的（若 z 为正值则太低，若 z 为负值则太高）；或者在所考虑的年龄范围内方差高于二项分布所预测的。

（六）利弊

累积离差检验只能检测在所考虑年龄范围的特点。这是因为在一个年龄范围内较大的正离差可以与另一个范围中较大的负离差相抵消。

七、离差符号群检验

（一）目的

对修匀过度进行检验。

（二）基本原理

我们把临近的具有相同符号的离差称为同符号离差群。例如，修匀 A 中的几个同符号离差群分别为如下几行：

2.29，2.71，0.29；

-0.55，-2.14；

1.18；

-0.06，-1.55，-1.09，-2.05，-1.08，-1.52，-0.04，-0.39；

1.48，1.20，0.21，2.24，0.60，1.99。

检验同符号离差群的数目，并将其与随机设定的正负号得出的结果相比较。

如果修匀后的死亡率是修匀过度的，则其离差将不会非常频繁地改变正负号，并且符号改变的次数要少于期望的次数。如果修匀后的死亡率是修匀不足的，则其离差将会频繁地改变正负号，并且改变的次数多于期望的次数。

（三）假设

无

（四）步骤

第一步，确定每一年龄的离差符号。

第二步，合计同符号离差群的个数（它等同于符号变化次数加 1）。

第三步，统计出观测中最大的同符号离差群的离差个数，我们将通过计算其发生的概率进行检验。

我们的检验是建立在如下的统计基础上：n_+个正号的离差和n_-个负号的离差是随机设定的。

令R_+表示正号的同符号离差群中离差的个数，则R_+的均值为：

$$\frac{n_+(n_-+1)}{n_++n_-} \tag{35-38}$$

方差为：

$$\frac{(n_+\times n_-)^2}{(n_++n_-)^3} \tag{35-39}$$

如果和n_-不是都很小，则R_+近似地服从具有上述均值和方差的正态分布。因此，我们可以通过标准正态分布表得出检验所需的概率值。因为R_+只取整数，所以应采用 1/2 的连续性校正来进行修正。

（五）结论

如果检验中零假设的概率太小，则表示修匀过度。修匀后的死亡率没有保证充分的客观性，未能比较接近原始数据，并且连续地具有相同符号的离差在某部分年龄段上过多或过少。

（六）利弊

根据我们将选择考虑的是正号或负号，检验可能会导致的不同结果。

例 35－6

采用离差符号群检验对修匀 A 是否修匀过度进行检验。

解：

从表中可知，有 3 个正的同符号离差群和两个负的同符号离差群。假设正的同符号离差群中的离差个数近似服从正态分布，其均值为：

$$10(10+1)/(10+10)=5.5$$

方差为：

$$(10\cdot 10)^2/(10+10)^3=1.25$$

我们应用 1/2 的连续性校正，于是，

$$\frac{3.5-5.5}{\sqrt{1.25}}=-1.79$$

近似服从标准正态分布。

计算后得出其概率值为 3.7%，因此，我们可以在 5% 的水平上拒绝这个假设，并且得出修匀过度的判断。

第三十六章 复合状态模型和多原因减员模型

第一节 复合状态模型

一、简单状态模型

在第三十六章我们曾探讨过简单生存模型，那时我们从数学的角度，把生存状况抽象为一个简单的过程。在这种简单生存模型中，生命个体在状态之间的转换情况只有一种，即从生存状态向死亡状态转换，我们通常把这种简单生存模型称做简单状态模型或单原因减员模型，它可以用图 36 - 1 来描述。

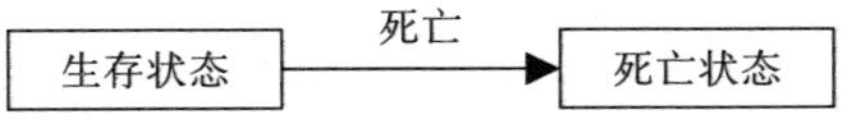

图 36 - 1 简单状态模型

二、复合状态模型

我们可以把上述模型进一步扩展为复合状态模型，使可能的状态转换不止一个。图 36 - 2 描述了一个包含疾病状态的模型。这里可能的状态共有 3 个，分别为“健康”“疾病”和“死亡”。无论何时，每个人都可能在“健康”“疾病”“死亡”三种状态中的一种，每个人都可能沿箭头所示方向由一种状态转换到另一种状态。也就是说，生命个体可以由健康状态转换到疾病状态或死亡状态，也可以由疾病状态转换到健康状态或死亡状态，但无法由死亡状态转换到任何其他状态。

复合状态模型是针对生命个体在任何时间点可能处于的状态和状态间可能的转换而定义的，如果在一个模型中可能的状态转换不止一个，则称此模型为复合状态模型。上述疾病模型即为复合状态模型的一种，也是最重要的一种复合状态模型。

在疾病模型中，我们已经注意到，生命个体可以由健康状态或者由疾病状态转换到其

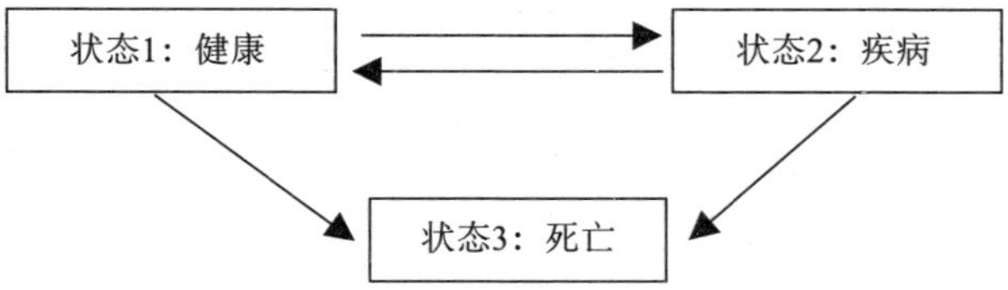

图 36－2　复合状态模型

他状态，但无法由死亡状态转换到任何其他状态。于是，我们把生命状态划分为“可转换”状态和“吸收性”状态。

“可转换”状态是指生命个体随时都有可能转换到其他状态的一种生命状态。例如，在疾病模型中的健康状态和疾病状态，它们都可能转换到其他状态。“吸收性”状态是指一旦进入就不能离开的生命状态。例如，在疾病模型中的死亡状态，任何生命个体无法从死亡状态转换到其他任何状态。

三、复合状态模型的一般形式

现在，考虑一般的模型，它有 n 个可能的状态和一个重要的时间变量 x。

我们在一个连续的时间区间上和有限的生命状态中探讨生命状态 $\{S(x);0\leqslant x\leqslant\infty\}$，这是一个随机过程。既然我们希望时间或年龄在其范围内是连续地变化，那么我们考虑的模型即为连续时间的随机过程。既然只有 n 个可能的状态，这个过程就是一个有限状态的空间，从数学的意义上我们称之为状态空间。因此，对任何 x，$S(x)$ 的可能值一定是 1，2，3，…，n。在此，我们用“$S(x)=1$”表示“在时刻 x 处于状态 1”，用“$S(x)=2$”表示“在时刻 x 处于状态 2”，…，用“$S(x)=n$”表示“在时刻 x 处于状态 n”，我们现在考虑以下的条件概率：

$$P\{S(x+t)=b\,|\,S(x)=a\}$$

其中，a，$b=1$，2，…，n。

上述概率，即在生命个体 x 岁时处于状态 a 的条件下，在 $x+t$ 岁时处于状态 b 的概率，我们用 ${}_tp_x^{ab}$ 来表示这一概率。这里 ${}_tp_x^{ab}$ 不仅依赖于我们关心的时间区间的长度 t，而且依赖于时间区间的出发点 x。

我们假设该随机过程为马尔可夫链。也就是说，对于一个年龄为 x 岁的生命个体，其在 $x+t$ 岁时所处的状态仅仅依赖于其在 x 岁时的状态，而与在 x 岁之前所处的状态无关。

在一般的模型中，假定状态 n 是“吸收”的，则可以用数学方式描述为：

$${}_tp_x^{nb}=0 \tag{36-1}$$

其中，x，$t\geqslant 0$，$b=1$，2，…$n-1$。

在复合状态模型中，假设生命个体在时间 x 处于一个特定的状态，不失一般性，我们假定它处于状态 1；在时间 $x+t$，生命个体一定处于状态空间中的任一种状态。运用全概率定律，对所有的 x，$t\geqslant 0$ 有：

$$\sum_{b=1}^{n}{}_tp_x^{1b}=1$$

可以一般化为：

$$\sum_{b=1}^{n} {}_tp_x^{ab} = 1(\text{对所有的 } x, t \geqslant 0) \tag{36-2}$$

第二节　转换力与转换概率

一、转换力

我们来定义转换力。

假设出现在定义中的极限都存在，对 $x \geqslant 0$，我们定义由状态 a 向状态 b（$a \neq b$）的转换力为：

$$\mu_x^{ab} = \lim_{t \to 0}\left[\frac{{}_tp_x^{ab}}{t}\right] \tag{36-3}$$

其中，$a \neq b$。

函数 μ_x^{ab} 是 x 的连续函数，它们对应于一般生命表中的死亡力。这些定义能被转化为以下的等价形式：

$${}_tp_x^{ab} = t \cdot \mu_x^{ab} + o(t) \quad (\text{对固定的 } x \geqslant 0) \tag{36-4}$$

其中，$o(t)$ 为 t 的高阶无穷小量，即：

$$\lim_{t \to 0} \frac{o(t)}{t} = 0$$

对任何固定的 $x \geqslant 0$，在短（t 较小）时间区间 $(x, x+t)$ 内从状态 a 到状态 b 间进行多次转换的概率是 $o(t)$。因此，我们粗略地把 μ_x^{ab} 解释成“在时间 x”，从状态 a 转换到状态 b 的单位时间的即时概率。注意：与死亡力 μ_x 相同，μ_x^{ab} 也可能超过 1。

二、状态持续概率

状态持续概率又称未转换概率，就是生命个体继续保留在原状态而未发生任何转换的概率。用概率表达式描述，即对任何 x，$t \geqslant 0$，和 $a = 1, 2, \cdots, n$，有：

$$P[S(x+u) = a, \text{对所有的 } u \in [0, t] \mid S(x) = a] \tag{36-5}$$

我们用符号 ${}_tP_x^{\overline{ab}}$ 表示这种概率。因此，${}_tp_x^{\overline{11}}$ 表示在 x 时处于状态 1 的生命个体，在时间区间 $[x, x+t]$ 内一直处于状态 1 的概率。注意式子中“对任何 x，$t \geqslant 0$”的意思是说不包括由状态 1 转换到其他状态后又转换回状态 1 的情况。

我们令 x，$t \geqslant 0$ 为定值，对于很小的 $h > 0$（趋于 0^+），我们可以根据马尔可夫过程的性质推出以下表达式：

$${}_{t+h}p_x^{\overline{11}} = {}_tp_x^{\overline{11}}\ {}_hp_{x+t}^{\overline{11}} \tag{36-6}$$

当 h 很小时，在时间区间 $[x+t, x+t+h]$ 内进行两次或多次转换的概率是 $o(h)$，因此，根据全概率公式，在 $[x+t, x+t+h]$ 上有：

$$1 = {}_h p_{x+t}^{\overline{11}} + {}_h p_{x+t}^{12} + {}_h p_{x+t}^{13} + \cdots + {}_h p_{x+t}^{1n} + o(h) \tag{36-7}$$

注意${}_h p_{x+t}^{11}$被${}_h p_{x+t}^{\overline{11}}$替代，因为在很小的时间区间内这两个概率相等，它们的区别是：${}_h p_{x+t}^{11}$包括在$[x+t, x+t+h]$间从状态1转换出去又回到状态1的概率。由公式(36-4)：

$${}_h p_{x+t}^{1b} = h \cdot \mu_{x+t}^{1b} + o(h)$$

其中，$b=2$，3，…n

得：

$${}_h p_{x+t}^{\overline{11}} = 1 - h \cdot \sum_{b=2}^{n} \mu_{x+t}^{1b} + o(h)$$

因此，

$${}_{t+h} p_x^{\overline{11}} = {}_t p_x^{\overline{11}} \left[1 - h \cdot \sum_{b=2}^{n} \mu_{x+t}^{1b} + o(h)\right]$$

即：

$$\frac{{}_{t+h} p_x^{\overline{11}} - {}_t p_x^{\overline{11}}}{h} = -\left(\sum_{b=2}^{n} \mu_{x+t}^{1b}\right) {}_t p_x^{\overline{11}} + \frac{o(h)}{h}$$

令$h \to 0^+$，我们得到偏微分方程：

$$\frac{\partial\, {}_t p_x^{\overline{11}}}{\partial t} = -\left(\sum_{b=2}^{n} \mu_{x+t}^{1b}\right) {}_t p_x^{\overline{11}}$$

且满足边界条件：当$t=0$时，${}_t p_x^{\overline{11}} = 1$。

该微分方程的解为：

$${}_t p_x^{\overline{11}} = \exp\left\{-\int_0^t \sum_{b=2}^{n} \mu_{x+u}^{1b} du\right\} \tag{36-8}$$

三、估计转换力

我们假设$\{S(x); 0 \leq x < \infty\}$为连续时间上的有限状态空间。“$S(x)=1$”表示“生命个体在$x$岁时处于状态1”，这些状态可以是指婚姻状态或养老金体系中不同类别的成员。假设我们有一个观察区间。我们观察在这个区间内状态间的转换次数和转换内容（例如，由状态1转换到状态2）。

假设每个个体代表一个独立的现实过程$\{S(x); 0 < x < \infty\}$，x是个体的年龄。

假设我们可以观察到个体的每个转换。

选定一个足够小的区间，比如（x_1，x_2），我们可以假设转换力u_x^{ij}分别等于常数μ^{ij}（对i，$j=1$，2…，n；$i \neq j$）。

我们假设被观察的生命个体的确定年龄在x_1和x_2之间。

考虑在复合状态模型中某特定的生命个体的状态，假设他在时间t_1时开始被观察，并处于某一状态。

我们假设该特定的生命个体在时间t_1处于状态1。

在时间t_1+t_2转换到状态2。

在时间 $t_1+t_2+t_3$ 转换到状态 3。

在时间 $t_1+t_2+t_3+t_4$ 转换到状态 1。

然后，因为某种原因在时间 $t_1+t_2+t_3+t_4+t_5$ 离开我们的观察。

假设该生命个体在观察期的状态不受观察期以前状态的影响，也不影响观察期以后的状态。

有了这个进一步的假设，我们可以写出：

$$_{t_2}p_{x_1}^{\overline{11}}\cdot\mu_{x_1+t_2}^{12}\cdot{}_{t_3}p_{x_1+t_2}^{\overline{22}}\cdot\mu_{x_1+t_2+t_3}^{23}\cdot{}_{t_4}P_{x_1+t_2+t_3}^{\overline{33}}\cdot\mu_{x_1+t_2+t_3+t_4}^{31}\cdot{}_{t_5}p_{x_1+t_2+t_3+t_4}^{\overline{11}}=\exp\{-t_2\cdot(\sum_{b=2}^{n}\mu^{1b})\}\mu^{12}\cdot$$

$$\exp\{-t_3\cdot(\sum_{\substack{b=1\\b\neq2}}^{n}\mu^{2b})\}\mu^{23}\cdot\exp\{-t_4\cdot(\sum_{\substack{b=1\\b\neq3}}^{n}\mu^{36})\}\mu^{31}\cdot\exp\{-t_5\cdot(\sum_{b=2}^{n}\mu^{1b})\}\qquad(36-9)$$

假设在观察期里，有 N 个生命个体的年龄处于（x_1，x_2）。

定义 W_i 为所有的观察期内，在定义的年龄范围内的个体停留在状态 i 的时间。在前面的例子中个体在状态 1 的停留时间为 t_2+t_5，因此，其 W_1 值为 t_2+t_5。类似地，W_2、W_3 分别为 t_3、t_4。

定义 N_{ij} 为从状态 i 到状态 j（$i\neq j$）的所有转换次数，在前面的例子中 N_{12} 为 1，N_{23} 为 1，N_{31} 为 1。

因此，似然函数可以写成：

$$L=\exp\{-W_1\sum_{b=2}^{n}\mu^{1b}\}\exp\{-W_2\sum_{\substack{b=1\\b\neq2}}^{n}\mu^{2b}\}\cdots\cdot\exp\{-W_n(\sum_{b=1}^{n-1}\mu^{nb})\}(\mu^{12})^{N_{12}}\cdot$$

$$(\mu^{13})^{N_{13}}\cdots\cdot(\mu^{n1})^{N_{n1}}\cdots(\mu^{nn-1})^{N_{nn-1}}\qquad(36-10)$$

公式（36－10）可以看作是死亡力似然函数表达式的推广。

考虑 $\log_e L$ 和它对各个转换力的偏导数，很直接地得出，μ^{ij}的极大似然估计为：

$$\hat{\mu}^{ij}=N_{ij}/W_i\qquad(36-11)$$

其中，i，$j=1$，2，$\cdots n$，$i\neq j$

我们注意到，每一个估计都是两个随机值的比值：转换的次数和在特定状态的停留时间。

如果一个特定随机试验的 N_{ij}和 W_i 的值为 n_{ij}和 w_i，我们可以认为极大似然估计值为：

$$\dot{\mu}^{ij}=n_{ij}/w_i\quad 其中,i,j=1,2,\cdots n,并且\ i\neq j\qquad(36-12)$$

我们可以用$\dot{\mu}^{ij}$作为μ_x^{ij} 的估计值，这里 $x=\frac{1}{2}(x_1+x_2)$。

在公式（36－11）中的 W_i 是状态 i 的“等待时间”，对应于讨论一般生命表中的 μ_x 和 m_x 用到的 E_x^C。

对小样本，极大似然估计 $\hat{\mu}^{ij}$不太容易确定，但是当处于各状态的等待时间很长时，即中心风险暴露单位很大的时候，在合理的假设下，可以证明：

（1）此估计为无偏估计，即当 $N\to\infty$ 时，$E(\hat{\mu}^{ij})=\mu^{ij}$。

（2）此估计为方差最小的估计。

（3）此估计服从正态分布。

（4）此估计的方差能被估计为 n/w^2

例如，对大样本来说，$\hat{\mu}^{ij}$的方差为 $n_{ij}/w_i^{\,2}$，$\hat{\mu}^{ij}$服从均值为 μ^{ij}、方差为 $\mu^{ij}/W_i^{\,2}$ 的正态分布。

（5）$\hat{\mu}^{ij}$是相互独立的。

四、多原因减员模型

（一）模型的描述

我们将用一般多状态模型的框架描述多原因减员模型。

假设有 $m+1$ 个状态，用0，1，2，…，m 表示。

我们把“$S(x)=0$”解释为“生命个体在时间 x 时处于状态 0”，状态 0 可以认为是代表所讨论的一组人的状态。

转换到状态 1，2，…，m 代表不同的减员原因，即以不同的方式退出状态 0，因此，我们有一个 m 种减员原因的减员模型。

如图 36－3 所示，箭头代表状态间可允许的转换。很明显，可能的转换只是从状态 0 到其他状态。在状态 1，2，…，m 间不可能发生转换，也不可能重新进入状态 0。为方便起见，状态 0 代表生存状态。

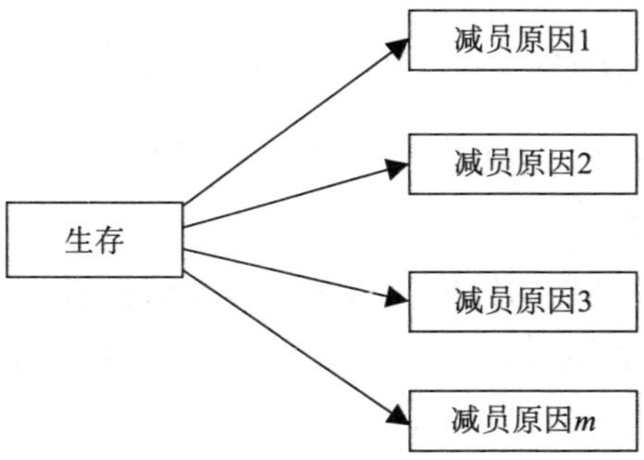

图 36－3　m 种减员原因的多原因减员模型

一旦个体进入状态 1，2，…，m，他就不能离开，因此，状态 1，2，…，m 是“吸收”的。

从状态 0 到状态 b 通常被描述成 b 类型的减少或通过 b 的方式离开。

这暗含的意思是：在状态 0 的生命个体组成一个闭合的群体，没有新进入的成员，并且一旦离开状态 0，就不再进入。

现在考虑转换的条件概率：

$$ {}_tp_x^{ab}=P\{S(x+t)=b\,|\,S(x)=a\} $$

显然，$a=0$。

在两状态间的转换力定义为：

$$ \mu_x^{ab}=\lim_{t\to 0^+}({}_tp_x^{ab}/t)\quad a=0,b=1,2,\cdots,m $$

假设转换力 μ_x^{0b} 的值已经通过实验估计出来了。μ_x^{0b} 也称为产生于减员原因 b 的减员力（$b=1$，2，…，m）。

我们将推导用转换力表示的转换概率${}_tp_x^{ab}$ 的表达式。因为多原因减员模型的模式，我们注意${}_tp_x^{00}$ 等于复合状态模型中的${}_tp_x^{\overline{00}}$。因此，

$$ {}_tp_x^{00} = \exp\{-\int_0^t \sum_{b=1}^m \mu_{x+u}{}^{0b} du\} \tag{36-13}$$

（二）转换概率或减员概率

我们现在开始研究从状态 0 转换到状态 1，2，…，m 中任何一个的转换概率的表达式。不失一般性，我们选择研究向状态 1 转换的概率。考虑在时间 t 内从状态 0 到状态 1 的转换概率。即：

$$ {}_tp_x^{01} = P\{S(x+t)=1 \mid S(x)=0\} \tag{36-14}$$

对于给定的 x，$t \geqslant 0$，令 $h>0$，且足够小，考虑：

$$ {}_{t+h}p_x^{01} = P\{S(x+t+h)=1 \mid S(x)=0\} $$

把年龄区间$[x,x+t+h]$分为两个不重叠的部分：$[x,x+t]$和$[x+t,x+t+h]$，那么，

$$ P\{S(x+t+h)=1 \mid S(x)=0\} $$

$$ = \sum_k P\{S(x+t+h)=1, S(x+t)=k \mid S(x)=0\} $$

$$ = \sum_k P\{S(x+t+h)=1 \mid S(x+t)=k, S(x)=0\} \cdot P\{S(x+t)=k \mid S(x)=0\} $$

在此我们利用了 $P(A\cap B \mid C)=P(A \mid B\cap C)\cdot P(B \mid C)$，所以，

上式 $= \sum_k P\{S(x+t+h)=1 \mid S(x+t)=k\} \cdot P\{S(x+t)=k \mid S(x)=0\}$

（根据马尔可夫过程的性质。）

给出多原因减员模型的可能的转换，可选取的 k 值只有 0 和 1。我们注意到：

$$ P\{S(x+t+h)=1 \mid S(x+t)=1\}=1 $$

因此，我们得到：

$$ P\{S(x+t+h)=1 \mid S(x)=0\} $$

$$ = P\{S(x+t+h)=1 \mid S(x+t)=0\} \cdot P\{S(x+t)=0 \mid S(x)=0\} + $$

$$ 1 \cdot P\{S(x+t)=1 \mid S(x)=0\} $$

即：

$$ {}_{t+h}p_x^{01} = {}_tp_x^{00}\,{}_hp_{x+t}^{01} + {}_tp_x^{01} \tag{36-15}$$

μ_{x+t}^{01}的定义能被解释为：

$$ {}_hp_{x+t}^{01} = h \cdot \mu_{x+t}^{01} + o(h) $$

所以，

$$ {}_{t+h}p_x^{01} = {}_tp_x^{00} \cdot h \cdot \mu_{x+t}^{01} + {}_tp_x^{01} + o(h) $$

因此，

$$ \frac{{}_{t+h}p_x^{01} - {}_tp_x^{01}}{h} = {}_tp_x^{00} \cdot \mu_{x+t}^{01} + \frac{o(h)}{h} $$

让 $h \to 0^+$，我们得到微分方程：

$$\frac{\partial}{\partial t} {}_tp_x^{01} = {}_tp_x^{00} \cdot \mu_{x+t}^{01} \tag{36-16}$$

考虑到边际条件：当 $t=0$ 时，${}_tp_x^{01}=0$

此方程的解为：

$$ {}_tp_x^{01} = \int_0^t {}_uP_x^{00} \mu_{x+u}^{01} du \tag{36-17}$$

因此，更一般地，对 $b=1$，2，…，m，有：

$$ {}_tp_x^{0b} = \int_0^t {}_uP_x^{00} \mu_{x+u}^{0b} du \tag{36-18}$$

（三）多原因减员模型的符号

为了在描述上所方便，我们定义几个标准符号，这不同于我们在前面使用的符号。

标准的符号表示为：

$$ {}_t(ap)_x = {}_tp_x^{00} \tag{36-19}$$

$$(a\mu)_{x+t}^j = \mu_{x+t}^{0j} \quad j=1,2,\cdots,m \tag{36-20}$$

$$ {}_t(aq)_x^j = {}_tp_x^{0j} \quad j=1,2,\cdots,m \tag{36-21}$$

$$(a\mu)_{x+t} = \sum_{j=1}^m \mu_{x+t}^{0j} \tag{36-22}$$

等式左边的符号来自于标准符号，右边的来自前面所引入的符号。

我们把$(a\mu)_{x+t}$看作是总减员力。

按上述符号，由公式（36－13），${}_tp_x^{00}$ 可以表示为：

$$ {}_t(ap)_x = \exp\{-\int_0^t (a\mu)_{x+u} du\} \tag{36-23}$$

${}_tp_x^{01}$ 的表达式变为：

$$\frac{\partial}{\partial t} {}_t(aq)_x^1 = {}_t(ap)_x (a\mu)_{x+t}^1$$

并且，

$$ {}_t(aq)_x^1 = \int_0^t {}_u(ap)_x (a\mu)_{x+u}^1 du \tag{36-24}$$

对其他减员原因 $j=2$，3，…，m，也有类似的表达式。

把所有的 m 种减员原因合起来，可得：

$$\frac{\partial}{\partial t} \sum_{j=1}^m {}_t(aq)_x^j = {}_t(ap)_x \sum_{j=1}^m (a\mu)_{x+t}^j$$

而且，

$$\sum_{j=1}^m {}_t(ap)_x^j = \int_0^t {}_u(ap)_x \sum_{j=1}^m (a\mu)_{x+u}^j du$$

记：

$$ {}_t(aq)_x = \sum_{j=1}^{m} {}_t(aq)_x^j \tag{36-25} $$

则可以简单地表示为：

$$ \frac{\partial}{\partial t}\,{}_t(aq)_x = {}_t(ap)_x(a\mu)_{x+t} \tag{36-26} $$

$$ {}_t(aq)_x = \int_0^t {}_u(ap)_x(a\mu)_{x+u}du \tag{36-27} $$

其中，

$$ {}_t(ap)_x + {}_t(aq)_x = 1 $$

由${}_t(aq)_x$定义知：

$$ {}_t(aq)_x = P\{S(x+t) \neq 0 \mid S(x)=0\} \tag{36-28} $$

也就是在 x 岁时在状态 0 的某生命个体（x），在 $x+t$ 岁时不在状态 0 的概率。因此，生命个体（x）一定在年龄区间（x，$x+t$）内因某一种减员原因离开状态 0。

第三节　死亡、疾病模型

一、模型的描述

在死亡、疾病模型中，只有 3 种状态。状态的种类和可能的状态转换如图 36－2 所示。

我们把"$S(x)=i$"解释为"保单持有者在 x 岁时处于状态 i"（$i=1$，2，3）。

为了方便，我们用更具体的符号表示多状态模型中的转换力：

$\sigma_x = \mu_x^{12}$（"sigma x"）表示一个年龄为 x 岁的人从健康状态到疾病状态的转换力。

$\mu_x = \mu_x^{13}$（"mu x"）表示一个年龄为 x 岁的人从健康状态到死亡状态的转换力。

$\rho_x = \mu_x^{21}$（"rho x"）表示一个年龄为 x 岁的人从疾病状态到健康状态的康复力。

$v_x = \mu_x^{23}$（"nu x"）表示一个年龄为 x 岁的人从疾病状态到死亡状态的死亡力。

考虑到离开状态 2 的转换力与在状态 2 里持续的时间有关会更现实一些。因此，转换力被表示为 $\rho_{x,z}$ 和 $v_{x,z}$，即：

$\rho_{x,z}$（"rho x，z"）表示一个在疾病状态已持续 z 年的年龄为 x 岁的人转换到健康状态的康复力。

$v_{x,z}$（"nu x，z"）表示一个在疾病状态已持续 z 年的年龄为 x 岁的人转换到死亡状态的死亡力。

这里 z 是到现在已持续处于疾病状态的时间。然而，在我们的模型中，我们假设转换力不依赖于 z。这是为了简化问题。

对于一般的 n 种状态的复合状态模型，我们用 μ_x^{ik} 表示一个 x 岁的人从状态 i 到状态 k

的转换力。

因此，用新的符号，我们有了以下定义：

$$\sigma_x = \lim_{t\to 0^+}\left[\frac{{}_tp_x^{12}}{t}\right] \tag{36-29}$$

$$\rho_x = \lim_{t\to 0^+}\left[\frac{{}_tp_x^{21}}{t}\right] \tag{36-30}$$

$$\mu_x = \lim_{t\to 0^+}\left[\frac{{}_tp_x^{13}}{t}\right] \tag{36-31}$$

$$v_x = \lim_{t\to 0^+}\left[\frac{{}_tp_x^{23}}{t}\right] \tag{36-32}$$

这些定义有如下的等价形式，我们以 σ_x 为例：

对定值 $x\geqslant 0$，我们有：

$$ {}_tp_x^{12} = t\cdot\sigma_x + o(t) \tag{36-33}$$

我们假设通过观测已经估计出了 σ_x、ρ_x、μ_x、v_x 的值：

进一步来讲，我们定义以下两个表明状态和持续时间的函数和 $Z(x)$：

$Y(x)$表示一个 x 岁的人所处状态（在疾病模型中，他可能被认为是状态 1、2、3 中的一种）。

$Z(x)$表示一个 x 岁的人在现有状态下已经持续的时间，它可以取小于 x 的任意一个正值。

二、转换概率

我们将推导在死亡、疾病模型中的转换概率${}_tp_x^{11}$，${}_tp_x^{12}$，${}_tp_x^{13}$，${}_tp_x^{22}$，${}_tp_x^{21}$，${}_tp_x^{23}$。

既然状态 3 是吸收的，则对所有 x，$t\geqslant 0$ 和 $b=1$，2，有：

$$ {}_tp_x^{3b}=0,\text{并且}\,{}_tp_x^{33}=1 \tag{36-34}$$

我们得到的表达式是以微分方程表示。

先考虑${}_tp_x^{11}$，令 x，$t\geqslant 0$ 为定值，$h>0$ 为"很小值"。

对于：

$$ {}_{t+h}p_x^{11} = P\{S(x+t+h)=1\,|\,S(x)=1\}$$

把年龄区间$[x,x+t+h]$分为两个不重叠的部分：$[x,x+t]$和$[x+t,x+t+h]$，那么，

$$
\begin{aligned}
&P\{S(x+t+h)=1\,|\,S(x)=1\}\\
&=\sum_k P\{S(x+t+h)=1,S(x+t)=k\,|\,S(x)=1\}\\
&=\sum_k P\{S(x+t+h)=1\,|\,S(x+t)=k,S(x)=1\}\cdot P\{S(x+t)=k\,|\,S(x)=1\}\\
&=\sum_k P\{S(x+t+h)=1\,|\,S(x+t)=k\}\cdot P\{S(x+t)=k\,|\,S(x)=1\}
\end{aligned}
\tag{36-35}
$$

（这里我们利用了等式 $P(A\cap B\,|\,C)=P(A\,|\,B\cap C)\cdot P(B\,|\,C)$和马尔可夫过程的性质。）

由死亡、疾病模型中可能的转换我们知，k 的值只能为 1 或 2。

因此，

$P\{S(x+t+h)=1|S(x)=1\}$

$=P\{S(x+t+h)=1|S(x+t)=1\}\cdot P\{S(x+t)=1|S(x)=1\}$

$\quad +P\{S(x+t+h)=1|S(x+t)=2\}\cdot P\{S(x+t)=2|S(x)=1\}$

也就是：

$$_{t+h}p_x^{11}={}_hp_{x+t}^{11}\cdot{}_tp_x^{11}+{}_tp_x^{12}\cdot{}_hp_{x+t}^{21}$$

在区间$[x+t,x+t+h]$上，由公式（36－2），得：

$$1={}_hp_{x+t}^{11}+{}_hp_{x+t}^{12}+{}_hp_{x+t}^{13}$$

σ_x、ρ_x 和 μ_x 的定义能解释为：

$$_hp_{x+t}^{12}=h\cdot\sigma_{x+t}+o(h) \tag{36－36}$$

$$_hp_{x+t}^{13}=h\cdot\mu_{x+t}+o(h) \tag{36－37}$$

$$_hp_{x+t}^{21}=h\cdot\rho_{x+t}+o(h) \tag{36－38}$$

因此，

$$_hp_{x+t}^{11}=1-h\cdot(\sigma_{x+t}+\mu_{x+t})+o(h)$$

把$_hp_{x+t}^{11}$和$_hp_{x+t}^{21}$代入上式，可得：

$$_{t+h}p_x^{11}={}_tp_x^{11}[1-h\cdot(\sigma_{x+t}+\mu_{x+t})]+h\cdot\rho_{x+t}\cdot{}_tp_x^{12}+o(h)$$

因此，

$$\frac{_{t+h}p_x^{11}-{}_tp_x^{11}}{h}=-{}_tp_x^{11}(\sigma_{x+t}+\mu_{x+t})+\rho_{x+t}\cdot{}_tp_x^{12}+\frac{o(h)}{h}$$

让 $h\to0^+$ 得微分方程：

$$\frac{\partial}{\partial t}{}_tp_x^{11}=-{}_tp_x^{11}(\sigma_{x+t}+\mu_{x+t})+{}_tp_x^{12}\cdot\rho_{x+t} \tag{36－39}$$

对$_tp_x^{12}$，$_tp_x^{21}$，$_tp_x^{22}$ 有相似的等式：

$$\frac{\partial}{\partial t}{}_tp_x^{12}=-{}_tp_x^{12}(\rho_{x+t}+v_{x+t})+{}_tp_x^{11}\cdot\sigma_{x+t} \tag{36－40}$$

$$\frac{\partial}{\partial t}{}_tp_x^{21}=-{}_tp_x^{21}(\sigma_{x+t}+\mu_{x+t})+{}_tp_x^{22}\cdot\rho_{x+t} \tag{36－41}$$

$$\frac{\partial}{\partial t}{}_tp_x^{22}=-{}_tp_x^{22}(\rho_{x+t}+v_{x+t})+{}_tp_x^{21}\cdot\sigma_{x+t} \tag{36－42}$$

现在考虑$_tp_x^{13}$，令 x，$t\geqslant0$ 为定值，$h>0$ 很小。

对于：

$$_{t+h}p_x^{13}=P\{S(x+t+h)=3|S(x)=1\}$$

我们把年龄区间$[x,x+t+h]$分为两个不重叠的部分：$[x,x+t]$和$[x+t,x+t+h]$，那么由以上推导所用的方法可得：

$P\{S(x+t+h)=3|S(x)=1\}$

$=\sum\limits_k P\{S(x+t+h)=3,S(x+t)=k|S(x)=1\}$

$$= \sum_k P\{S(x+t+h)=3|S(x+t)=k\} \cdot P\{S(x+t)=k|S(x)=1\}$$

其中，这里 k 的值为 1，2，3。

注意：当 $k=3$ 时 $P\{S(x+t+h)=3|S(x+t)=3\}=1$

因此，代入转换概率的符号并把上式展开得：

$$_{t+h}p_x^{13} = {}_hp_{x+t}^{13} \cdot {}_tp_x^{11} + {}_hp_{x+t}^{23} \cdot {}_tp_x^{12} + {}_tp_x^{13}$$

μ_{x+t} 和 v_{x+t} 的定义可以被解释为：

$$_hp_{x+t}^{13} = h \cdot \mu_{x+t} + o(h)$$

$$_hp_{x+t}^{23} = h \cdot v_{x+t} + o(h)$$

因此，可得：

$$_{t+h}p_x^{13} = h \cdot \mu_{x+t} {}_tp_x^{11} + h \cdot v_{x+t} {}_tp_x^{12} + {}_tp_x^{13} + o(h)$$

或者

$$\frac{_{t+h}p_x^{13} - {}_tp_x^{13}}{h} = \mu_{x+t} \cdot {}_tp_x^{11} + v_{x+t} \cdot {}_tp_x^{12} + \frac{o(h)}{h}$$

让 $h \to 0^+$，我们得到微分方程：

$$\frac{\partial}{\partial t} {}_tp_x^{13} = {}_tP_x^{11} \cdot \mu_{x+t} + {}_tP_x^{12} \cdot v_{x+t} \tag{36-43}$$

对 $_tp_x^{23}$ 有相似的方程：

$$\frac{\partial}{\partial t} {}_tp_x^{23} = {}_tP_x^{21} \cdot \mu_{x+t} + {}_tP_x^{22} \cdot v_{x+t} \tag{36-44}$$

三、死亡、疾病模型的特殊符号

（一）状态标识

前面我们把健康、疾病、死亡 3 种状态如上标记为 1、2、3。为了方便，我们可以用字母 H、S、D 来表示这 3 种状态。具体来讲，我们以 H 表示健康状态，以 S 表示疾病状态，以 D 表示死亡状态。

例如，我们可以采用以下符号表示相应的概念：

（1）用 $_tp_x^{HH}$：一个 x 岁时健康的人在 $x+t$ 岁时处于健康状态的概率（注意：这个人在 x 到 $x+t$ 岁之间，可能曾经患病）。

（2）用 $_5p_{30}^{HD}$：一个 30 岁时健康的人在 5 年内死亡的概率。

（3）用 $P_{30,2}^{SD}$：一个 30 岁的人已经患病 2 年，在 1 年内死亡的概率。

（4）用 $_5p_{30}^{DS}$：一个 30 岁的已经死亡的人在 5 年内患病的概率，当然，其值为零。

（5）用 $_tp_x^{DD}$：一个 x 岁的已经死亡的人在 t 年内处于死亡状态的概率。该概率值显然为 1。

（二）转换力

采用新的状态标识符号，我们把相应的关系式可以表示为以下形式：

$$\sigma_x = \lim_{t \to 0^+} \frac{{}_tp_x^{HS}}{t} \qquad {}_tp_x^{HS} = t \cdot \sigma_x + o(t)$$

$$\mu_x = \lim_{t \to 0^+} \frac{{}_tp_x^{HD}}{t} \qquad {}_tp_x^{HD} = t \cdot \mu_x + o(t)$$

$$\rho_{x,z} = \lim_{t \to 0^+} \frac{{}_tp_{x,z}^{SH}}{t} \qquad {}_tp_{x,z}^{SH} = t \cdot \rho_{x,z} + o(t)$$

$$v_{x,z} = \lim_{t \to 0^+} \frac{{}_tp_{x,z}^{SD}}{t} \qquad {}_tp_{x,z}^{SD} = t \cdot v_{x,z} + o(t)$$

例 36－1

如果${}_tp_{50}^{HS}=0.01t+0.0001t^2$（$0\leqslant t\leqslant 50$），求 σ_{50}。

解：利用公式得：

$$\sigma_{50} = \lim_{t \to 0^+} \frac{{}_tp_{50}^{HS}}{t} = \lim_{t \to 0^+}(0.01+0.0001t) = 0.01$$

例 36－2

如果 $\sigma_x=0.001x-0.001$ 并且 $\mu_x=0.0005x-0.001$，$30\leqslant x\leqslant 35$，试求${}_5p_{30}^{\overline{HH}}$。

解：根据公式得：

$$\begin{aligned} {}_5p_{30}^{\overline{HH}} &= \exp\left[-\int_0^5(\sigma_{30+t}+\mu_{30+t})dt\right] \\ &= \exp\left[-\int_{30}^{35}(\sigma_x+\mu_x)dx\right] \\ &= \exp\left[-\int_{30}^{35}(0.001x-0.01+0.0005x-0.001)dx\right] \\ &= \exp\left[-\int_{30}^{35}(0.00105x-0.011)\ dx\right] \\ &= \exp\left[(-0.000525x^2+0.11x)\Big|_{30}^{35}\right] = e^{-0.1155} = 0.891 \end{aligned}$$

第三十七章

多原因减员表

第一节　多原因减员表

我们考虑一组具有多个独立的可能减员原因的人口总体，假设减员是在连续的时间区间上发生的。该人口总体是一个封闭的群体，只有因各个原因的减员而离开该总体的情况，没有新的加入者，并且当某个生命个体因某减员原因而离开总体后便不会再回到该总体。

我们引入以下符号：

$(al)_x$：一组人口中达到年龄 x 的人数，该人口组减员的原因有 m 个。　(37 - 1)

$(ad)_x$：x 至 $x+1$ 岁中，因为所有减员原因而引起的减员人口总数。　(37 - 2)

$(ad)_x^k$：x 至 $x+1$ 岁中，因为减员原因 k 而引起的减员人口数。　(37 - 3)

则有：

$$(ad)_x = \sum_{k=1}^{m} (ad)_x^k \tag{37-4}$$

$$(al)_{x+1} = (al)_x - (ad)_x \tag{37-5}$$

因此，

$$(al)_x = \sum_{t=0}^{\infty} (ad)_{x+1} \tag{37-6}$$

$(aq)_x$ 是一个生命个体在 x 岁这一年中（$x+1$ 岁之前）发生减员（不考虑具体的减员原因）而离开群体的概率。显然：

$$(aq)_x = \frac{(ad)_x}{(al)_x} \tag{37-7}$$

$(aq)_x^k$ 是一个体在 x 岁一年中，因为减员原因 k 而减员离开群体的概率。显然：

$$(aq)_x^k = \frac{(ad)_x^k}{(al)_x} \tag{37-8}$$

容易理解：

$$(aq)_x = \sum_{k=1}^{m} (aq)_x^k \tag{37-9}$$

$(ap)_x$ 是生命个体（x）留在群体一年以上的概率，即：

$$(ap)_x = 1 - (aq)_x = \frac{(al)_{x+1}}{(al)_x} \tag{37-10}$$

类似地，

$$_n(ap)_x = \frac{(al)_{x+n}}{(al)_x} = 1 - {}_n(aq)_x \tag{37-11}$$

如对所有 x、k、$(aq)_x^k$ 的值均已知，则可以很容易地编制出表格形式的$(al)_x$ 和 $(ad)_x^k$ 的值，即完整的“多原因减员表”。如果任意假定一个基数，即最小年龄 α 的$(al)_x$ 值，则可利用公式（37－8）、公式（37－4）、公式（37－5）分别得到相连各年龄的$(ad)_x^k$、$(ad)_x$ 和$(al)_x$ 的值。

于是我们定义年龄为 x 的生命个体的总减员力为：

$$(a\mu)_x = \lim_{h\to 0} = \left(\frac{_h(aq)_x}{h}\right) = -\frac{1}{(al)_x}\frac{d}{dx}(al)_x \tag{37-12}$$

即：

$$(a\mu)_x = -\frac{d}{dx}\log_e(al)_x \tag{37-13}$$

在数学上，$(a\mu)_x$ 是与单原因减员模型中的死亡力的相同类型的函数。

对公式（37－12）积分，得到：

$$(al)_x = \int_0^{\infty} (a\mu)_{x+t}(al)_{x+t}dt \tag{37-14}$$

对公式（37－13）积分，得到：

$$_n(ap)_x = \exp\{-\int_0^n (a\mu)_{x+t}dt\} \tag{37-15}$$

因此，

$$(al)_{x+n} = (al)_x\exp\{-\int_0^n (a\mu)_{x+t}dt\} \tag{37-16}$$

考虑到$(ad)_x = (al) - (al)_{x+1}$以及公式（37－14），我们可以得到：

$$(ad)_x = \int_0^1 (al)_{x+1}(a\mu)_{x+t}dt \tag{37-17}$$

及

$$(aq)_x = \frac{(ad)_x}{(al)_x} = \int_0^1 {}_t(ap)_x(a\mu)_{x+t}dt \tag{37-18}$$

及

$$_n(aq)_x = \frac{(al)_x - (al)_{x+n}}{(al)_x} = \int_0^n {}_t(ap)_x(a\mu)_{x+t}dt \tag{37-19}$$

为了针对 m 个减员原因分别定义一个相应的减员力，我们引入新的函数如下：

$$(al)_x^k = \sum_{t=0}^{\infty}(ad)_{x+t}^k \tag{37-20}$$

我们注意到$(al)_x^k$代表年龄为 x 的生命个体总数$(al)_x$中，最终由于原因 k 而减员的数量$(ad)_x^k$，具体如表 37－1 所示，我们可以将群体$(al)_x$划分为不同的组，划分的依据为减员的年龄 $x+t$，或依据减员原因 k，或同时依据 $x+t$ 和 k。

表 37－1　　对年龄 x 的个体群$(al)_x$的分析

减员时的年龄	减员原因 k					总和
	1	2	3	……	m	
X	$(ad)_x^1$	$(ad)_x^2$	$(ad)_x^3$	……	$(ad)_x^m$	$(ad)_x$
$X+1$	$(ad)_{x+1}^1$	$(ad)_{x+1}^2$	$(ad)_{x+1}^3$	……	$(ad)_{x+1}^m$	$(ad)_{x+1}$
$X+2$	$(ad)_{x+2}^1$	$(ad)_{x+2}^2$	$(ad)_{x+2}^3$	……	$(ad)_{x+2}^m$	$(ad)_{x+2}$
⋮	⋮	⋮	⋮		⋮	⋮
总和	$(al)_x^1$	$(al)_x^2$	$(al)_x^3$	……	$(al)_x^m$	$(al)_x$

显然，由公式（37－20），得：

$$\begin{aligned}\sum_{k=1}^{m}(al)_x^k &= \sum_{k=1}^{m}\sum_{t=0}^{\infty}(ad)_{x+t}^k \\ &= \sum_{t=0}^{\infty}\sum_{k=1}^{m}(ad)_{x+t}^k \\ &= \sum_{t=0}^{\infty}(ad)_{x+t} \\ &= (al)_x\end{aligned} \tag{37-21}$$

这正是我们所希望的结果。所以对固定的 x 的$(al)_x^k$集合，提供了一种在年龄 x 划分$(al)_x$的方法，表 37－1 说明了这种代数上的区分。

函数$(al)_x^k$在实际中很少碰到，但在理论上，对帮助我们分析$(al)_x$以及定义原因 k 的减员力，具有重要意义。

现在我们希望对每一个减员原因 k 引入减员力$(a\mu)_x^k$。显然：

$$(al)_x^k = \int_0^{\infty}(al)_{x+t}(a\mu)_{x+t}^k dt \tag{37-22}$$

对 x 进行微分，得：

$$(a\mu)_x^k = -\frac{1}{(al)_x}\frac{d}{dx}(al)_x^k \tag{37-23}$$

此处分母$(al)_x$而不是$(al)_x^k$。

公式（37－12）对所有 k 值求和，得到：

$$\sum_{k=1}^{m}(a\mu)_x^k = -\frac{1}{(al)_x}\frac{d}{dx}\left[\sum_{k=1}^{m}(al)_x^k\right] = (a\mu)_x \tag{37-24}$$

由公式（37－10）和公式（37－12），我们通过起始为 x、$x+1$ 的公式（37－22）的相减得到：

$$(ad)_x^k = (al)_x^k - (al)_{x+1}^k = \int_0^1 (al)_{x+t}(a\mu)_{x+t}^k dt \tag{37-25}$$

则有：

$$(aq)_x^k = \frac{(al)_x^k - (al)_{x+1}^k}{(al)_x} = \int_0^1 {}_t(ap)_{x+t}(a\mu)_{x+t}^k dt \tag{37-26}$$

及

$$_n(aq)_x^k = \frac{(al)_x^k - (al)_{x+n}^k}{(al)_x} = \int_0^n {}_t(ap)_x(a\mu)_{x+t}^k dt \tag{37-27}$$

减员概率$(aq)^k$，与其他减员（由原因 1，…，$k-1$，$k+1$，…m）是不独立的。

数学上，可由公式（37-15）和公式（37-26）得出：

$$(aq)_x^k = \int_0^1 \exp\left(-\int_0^t (a\mu)_{x+s}ds\right)\cdot(a\mu)_{x+t}^k dt \tag{37-28}$$

此外，$(aq)_x^k$ 明显依赖于$(a\mu)^i$ 的所有集合 $i=1$，2，…，m。

因此，由不同减员原因引起的减员概率互相依赖。由于它们依赖于其他原因的减员出现，这些减员概率经常被称为相关或不独立的概率。

函数$(a\mu)_x^k$ 是一个瞬时减员率，不以任何时间间隔为基础，因此，不受其他同时存在的减员原因的影响，相对于$(aq)_x^k$ 的函数，这些函数被视为是彼此独立的函数。

第二节　中心减员率

在年龄 x 由所有原因所引起的中心减员率定义为：

$$(am)_x = \frac{\int_0^1 (al)_{x+t}(a\mu)_{x+t}dt}{\int_0^1 (al)_{x+t}dt} = \frac{(ad)_x}{(aL)_x} \tag{37-29}$$

其中，

$$(aL)_x = \int_0^1 (al)_{x+t}dt \tag{37-30}$$

在年龄 x 由原因 k 引起的中心减员率定义为：

$$(am)_x^k = \frac{(ad)_x^k}{(aL)_x} = \frac{\int_0^1 (al)_{x+t}(a\mu)_{x+t}^k dt}{\int_0^1 (al)_{x+t}dt} \tag{37-31}$$

这里利用了公式（37-25）。

显然有：

$$(am)_x = \sum_{k=1}^{m} (am)_x^k \tag{37-32}$$

为了从多原因减员表中估计出$(am)_x^k$，常常假设在各年中减员总额服从均匀分布，即：

$$(al)_{x+t} = (al)_x - t(ad)_x \quad 0 < t < 1$$

在此假设下：

$$(aL)_x = \int_0^1 [(al)_x - t(ad)_x] dt = (al)_x - \frac{1}{2}(ad)_x \tag{37-33}$$

因此，

$$(am)_x^k = \frac{(ad)_x^k}{(al)_x - \frac{1}{2}(ad)_x} = \frac{(aq)_x^k}{1 - \frac{1}{2}(aq)_x} \tag{37-34}$$

而且有：

$$(aq)_x^k = \frac{(ad)_x^k}{(al)_x} = \frac{(ad)_x^k}{(aL)_x + \frac{1}{2}(ad)_x} = \frac{(am)_x^k}{1 + \frac{1}{2}(am)_x} \tag{37-35}$$

因此得到：

$$(aq)_x = \frac{(am)_x}{1 + \frac{1}{2}(am)_x} \tag{37-36}$$

及

$$(ap)_x = 1 - (aq)_x = \frac{1 - \frac{1}{2}(am)_x}{1 + \frac{1}{2}(am)_x} \tag{37-37}$$

如果最初均匀分布的假设只是近似为真的情况下，以上得到的结论也是近似的，而不是确切的结果，我们所做的减员均匀分布的假设，可以用另外的方法阐述，注意$(al)_{x+t}$ $(a\mu)_{x+t}$可被认为是无限小时间间隔（$x+t$，$x+t+dt$）上的减员总数，由公式（37-17）可知，如果假设成立，$(ad)_x$是一个常量的积分，该常量在（0，1）上任一点都等于$(al)_{x+t}(a\mu)_{x+t}$，取$t=1/2$，则有：

$$(ad)_x = \int_0^1 (al)_{x+t}(a\mu)_{x+t} dt = (al)_{x+\frac{1}{2}}(a\mu)_{x+\frac{1}{2}} \tag{37-38}$$

及

$$(aL)_x = (al)_x - \frac{1}{2}(ad)_x = (al)_{x+\frac{1}{2}} \tag{37-39}$$

因此，

$$(am)_x = \frac{(al)_{x+\frac{1}{2}}(a\mu)_{x+\frac{1}{2}}}{(al)_{x+\frac{1}{2}}} = (a\mu)_{x+\frac{1}{2}} \tag{37-40}$$

此外，如果进一步假设由原因 k 引起的减员在（x，$x+1$）一年中均匀分布，同样的结论可以得出：

$$(am)_x^k = \frac{(ad)_x^k}{(aL)_x} = \frac{(al)_{x+\frac{1}{2}}(a\mu)_{x+\frac{1}{2}}^k}{(al)_{x+\frac{1}{2}}} = (a\mu)_{x+\frac{1}{2}}^k \tag{37-41}$$

该结论在实际应用中具有重要意义。

第三节 相关的单原因减员表

一、独立减员率

对于多原因减员表中的每一个减员原因，可以定义一个单原因减员模型，来说明独立于其他原因时此减员原因的作用过程。每一个单原因减员模型，由一个像生命表一样的单原因减员表表示，这样的一个单原因减员模型，描述只由一种原因引起的一组人口中的减员。

在实际情况中，很少有机会观测只有单一减员原因的一组人口，例如，某组寿险数据中，设想一组人口只有退保情况而没有死亡发生，或者只有死亡发生而没有退保或其他原因减员的发生，可能是不现实的，然而，正如我们将要看到的，这一概念在理论上和实际中都非常有用。

与减员原因 k 相关联的单原因减员表，我们将引入记号 l_x^k、μ_x^k 等，如令 l_x^k 为基数，我们将有：

$$l_x^k = l^k\exp(-\int_0^x \mu_y^k dy) \tag{37-42}$$

$$p_x^k = \frac{l_{x+1}}{l_x^k} \tag{37-43}$$

及

$$q_x^k = 1 - p_x^k \tag{37-44}$$

对单原因减员表，函数 q_x^k 既是减员的年率，又是一个生命个体发生减员的概率，而在多原因减员表的讨论中，我们将把“概率”的位置留给如$(aq)_x^k$ 等的概率函数，相应$(aq)_x^k$ 经常被认为是不独立的减员率，q_x^k 通常指一个独立的减员率。在此我们将要寻找一个给定的多原因减员表与 m 个相关联的单原因减员表之间的关系，我们不可能找到准确的关系式，由给定的$(aq)^k$ 函数可能确定唯一函数 q^k，或给定 q^k 函数，确定唯一函数$(aq)^k$。在推导有关的关系式以前，我们必须再做一些假定。

为方便下面的推导，我们假定，对每一个 k，

$$(a\mu)_x^k = \mu_x^k \tag{37-45}$$

由公式（37－15），有：

$$
\begin{aligned}
{}_n(ap)_x &= \exp\{-\int_0^n \sum_{k=1}^m a\mu_{x+t}^k dt\} \\
&= \exp\{-\int_0^n \sum_{k=1}^m \mu_{x+t}^k dt\} \qquad (37-46)
\end{aligned}
$$

由公式（37－45），可得：

$$
\begin{aligned}
{}_n(ap)_x &= \prod_{k=1}^m \exp\{-\int_0^n \mu_{x+t}^k dt\} \\
&= \prod_{k=1}^m {}_n(p)_x^k \qquad (37-47)
\end{aligned}
$$

此结果为精确值，而且不需要任何假设。

二、独立减员率的估计

有几种方法，可以由一个给定的多原因减员表中估计出独立的减员率，每种方法也可以用来由给定的一组独立的减员率构造一个多原因减员表。

（一）方法1：平均历险数假设

在单原因减员表中，以生命表为例，乘积 $d_x = l_x q_x$ 是在一年中死亡的人口总数。然而，在单原因减员表中，乘积 $(al)_x q_x^k$ 将大于在多原因减员表中显示的 $(ad)_x^k$ 值，这是因为在这一年中，$(al)_x$ 中有些人因为其他的某种原因而离开该人口总体，他们对减员原因 k 的风险暴露时间不是完整的一年，在这一年，由于其他的减员原因而离开的人口总数是 $(ad)_x - (ad)_x^k$，表示为 $(ad)_x^{(-k)}$。

如果假设这些人在退出前（由于其他原因作用结果）对原因 k 的暴露时间平均近似为半年，暴露数相当于减少 $\frac{1}{2}(ad)_x^{(-k)}$。

因此，为了得到在多原因减员表中显示的减员量 $(ad)_x^k$ 的近似值，独立的减员率 q_x^k 应乘以 $(al)_x - \frac{1}{2}(ad)_x^{(-k)}$，即平均的暴露时间，因此，我们有：

$$
q_x^k[(al)_x - \frac{1}{2}(ad)_x^{(-k)}] \approx (ad)_x^k
$$

即：

$$
q_x^k \approx \frac{(ad)_x^k}{(al)_x - \frac{1}{2}(ad)_x^{(-k)}} \qquad (37-48)
$$

或

$$
q_x^k \approx \frac{(aq)_x^k}{1 - \frac{1}{2}(aq)_x^{(-k)}} \qquad (37-49)
$$

此处利用了：

$$
(aq)_x^{(-k)} = (aq)_x - (ad)_x^k
$$

这些公式有时写作以下的线性形式：

$$q_x^k \approx (aq)_x\left[1 + \frac{1}{2}(aq)_x^{(-k)} + \cdots\right] \tag{37-50}$$

这是利用了二项展开式理论，并假设$(aq)_x^{(-k)}$同“1”相比不是很大的情况下得出的结果。

对 k 以外的所有减员之和重复进行公式（37－49）的讨论，显然会有：

$$q_x^{(-k)} \approx \frac{(aq)_x^{(-k)}}{1 - \frac{1}{2}(aq)_x^k} \tag{37-51}$$

替换公式（37－49）中的$(aq)_x^{(-k)}$，关于 $q_x^{(-k)}$ 的结果（一阶近似地），公式（37－49）即变成：

$$q_x^k = \frac{(aq)_x^k}{1 - \frac{1}{2}\frac{(aq)_x^{(-k)}}{1 - \frac{1}{2}(aq)_x^k}} = (aq)_x^k \frac{\left[1 - \frac{1}{2}(aq)_x^k\right]}{1 - \frac{1}{2}(aq)_x} \tag{37-52}$$

实际例子中，经常采用公式（37－49）和公式（37－52）来估计 q_x^k。

（二）方法 2：中心力相等

$$(am)_x^k = \frac{\int_0^1 (al)_{x+t}(a\mu)_{x+t}^k dt}{\int_0^1 (al)_{x+t} dt} = (a\mu)_{x+\frac{1}{2}}^k \tag{37-41}$$

给出了以下两个假设：

（1）多原因减员表中总减员在（x，$x+1$）这一年中均匀分布。

（2）多原因减员表中由于原因 k 的减员在（x，$x+1$）这一年中均匀分布。

而且，在减员由于 k 的单原因减员表中，也有：

$$m_x^k = \frac{d_x^k}{l_x^k} = \frac{\int_0^1 l_{x+t}^k \mu_{x+t}^k dt}{\int_0^1 l_{x+t}^k dt} = \mu_{x+\frac{1}{2}}^k \tag{37-53}$$

假设此单原因减员表中，减员在（x，$x+1$）上均匀分布（相应中生命表中 $m_x = \mu_{x+\frac{1}{2}}$）。

因此，利用假设：

$$(a\mu)_x^k = \mu_x^k$$

在所有的年龄上，由公式（37－41）和公式（37－53），有：

$$(am)_x^k = m_x^k \tag{37-54}$$

这是在以上 3 个假设都成立的条件下才具有的性质。

因此，我们有了一个$(am)_x^k$、m_x^k 之间的直接关系式，为了得到 q_x^k 和$(a\mu)_x^k$ 之间的关系式，我们重新回到单一减员原因 k 中的减员在（x，$x+1$）间均匀分布的假设，类似于生命表，我们注意到在此假设下有：

$$q_x^k = \frac{m_x^k}{1+\frac{1}{2}m_x^k} \tag{37-55}$$

于是，给定公式（37－54），我们有：

$$q_x^k = \frac{(a\mu)_x^k}{1+\frac{1}{2}(a\mu)_x^k} \tag{37-56}$$

注意如果各个假设只是近似成立，则我们推出的结论也只是近似的，而不是精确的。

（三）方法3：常数力假设

现在我们将考虑对每个减员，在每个年龄，其减员力为常数的假设，这意味着：对 $0\leqslant t<1$；$k=1$，…，m，有：

$$\mu_{x+t}^k = \mu_x^k$$

及

$$(a\mu)_{x+t} = (a\mu)_x$$

并因此，利用前面的假设，$(a\mu)_x^k=\mu_x^k$，则有：

$$(aq)_x^k = \int_0^1 {}_t(ap)_x(a\mu)_{x+t}^k dt$$

由公式（37－24），有：

$$= \int_0^1 {}_t(ap)_x \cdot \mu_{x+t}^k dt$$

$$= \mu_x^k \int_0^1 {}_t(ap)_x dt \tag{37-57}$$

类似地，有：

$$(aq)_x = (a\mu)_x \int_0^1 {}_t(ap)_x dt \tag{37-58}$$

并且

$$(aq)_x^k = \frac{\mu_x^k}{(a\mu)_x} \cdot (aq)_x \tag{37-59}$$

从公式（37－15）中，我们由假设得到：

$$(ap)_x = \exp\{-\int_0^1 (a\mu)_{x+t}dt\} = \exp\{-(a\mu)_x\} \tag{37-60}$$

类似地，由减员原因 k 对应的单原因减员表，我们得到：

$$p_x^k = \exp\{-\mu_x^k\} \tag{37-61}$$

因此，替换公式（37－59）式中的 $(a\mu)_x$ 和 μ_x^k，我们得到：

$$(aq)_x^k = \frac{\log(p_x^k)}{\log(ap)_x} \cdot (aq)_x \tag{37-62}$$

可以重新写为：

$$q_x^k = 1 - [1 - (aq)_x]^{\frac{(aq)_x^k}{(aq)_x}} \tag{37-63}$$

如最初的假设只是近似成立，则以上的结果〔公式（37－59）、公式（37－62）、公式（37－63）〕也只是近似结果。

（四）方法4：多原因减员表中减员均匀分布

在此，我们假设多原因减员表中每一减员分别在相应的那一年龄上是均匀分布的，所以我们假设：

$$_t(aq)_x^k = t \cdot (aq)_x^k \quad 0 \leqslant t \leqslant 1 \tag{37-64}$$

上式等价于：

$$(al)_{x+t}^k = (al)_x^k - t \cdot (ad)_x^k \quad 0 \leqslant t \leqslant 1 \tag{37-65}$$

也即等于：

$$(a\mu)_{x+t}^k {}_t(ap)_x = (aq)_x^k \quad 0 \leqslant t \leqslant 1 \tag{37-66}$$

即在等式（37－65）中对 t 求导。

若这些结果对每一个 k（$k=1, 2, \cdots, m$）成立，对每一个 k 值的公式（37－65）求和，我们得到：

$$(al)_{x+t} = (al)_x - t(ad)_x$$

因此有：

$$_t(ap)_x = 1 - t \cdot (aq)_x \tag{37-67}$$

由公式（37－66）和公式（37－67），按减员原因 k 的减员力之间相等的假设，可以写成：

$$(a\mu)_{x+t}^k = \frac{(aq)_x^k}{1 - t(aq)_x} \tag{37-68}$$

或

$$\mu_{x+t}^k = \frac{(aq)_x^k}{1 - t(aq)_x} \tag{37-69}$$

由上式，可以推出以下等式：

$$q_x^k = 1 - [1 - (aq)_x]^{\frac{(aq)_x^k}{(aq)_x}} \tag{37-70}$$

该式与常数死亡力的假设下推出的等式（37－63）一致。

如果扩展公式（37－63）右侧，利用二项式定理，并假设 $(aq)_x$ 相对于 1 较小，可得：

$$1 - \left\{1 - (aq)_x \cdot \frac{(aq)_x^k}{(aq)_x} + \frac{(aq)_x^k}{(aq)_x}\left[\frac{(aq)_x^k}{(aq)_x} - 1\right] \frac{[(aq)_x]^2}{2} + \cdots\right\}$$

$$= (aq)_x^k - \frac{1}{2}(aq)_x^k[(aq)_x^k - (aq)_x] + \cdots$$

即：

$$q_x^k = (aq)_x^k\left\{1 + \frac{1}{2}[(aq)_x - (aq)_x^k] + \cdots\right\} \tag{37-71}$$

该式等价于由方法1所得结论公式（37－50）的扩展形式，因此，我们可以看到方法1得到的结果与方法3、方法4得到的结果是近似的。

方法5是在单原因减员表中假设减员均匀分布。这种方法可以用来在给定相关单原因减员表的条件下构造一个多原因减员表，也可用来在给定多原因减员表时估计单原因减员函数，我们将在下一节开始专门讨论它。

第四节　构造多原因减员表

给定相应的一组单原因减员表，可利用已描述过的方法4构造一个多原因减员表，在每种情况下做适当假设，这对方法4很容易做到，方法1还需一些此处未讨论的调整，但是最常用的方法是方法5，这种方法我们作为构造多减员模型的工具。方法5可以很容易用来估计相互独立的减员率。

一、方法5：在单原因减员表假设减员均匀分布

公式（37－26）给出：

$$(aq)_x^k = \int_0^1 {}_t(ap)_x (a\mu)_{x+t}^k dt = \int_0^1 \left(\prod_{j=1}^m {}_tp_x^j\right)\mu_{x+t}^k dt \qquad (37-72)$$

在此应用了公式（37－45）和公式（37－47）。

为了表示方便，我们取$k=1$。

如假设每个减员表上的减员在$(x,\ x+1)$上均匀分布，重复生命表得到的标准结果，则$0\leqslant t\leqslant 1$，有：

$${}_tp_x^1\mu_{x+t}^k = 常数 = q_x^1$$

对$0\leqslant t\leqslant 1$和任一减员j，有：

$${}_tp_x^j = 1 - t\cdot q_x^j$$

对公式（37－72）应用以上二式，我们得到：

$$\begin{aligned}(aq)_x^1 &= \int_0^1 \left(\prod_{j=2}^m {}_tp_x^j\right){}_tp_x^1\mu_{x+t}^1 dt \\ &= q_x^1\int_0^1 (1 - t\cdot q_x^2)(1 - t\cdot q_x^3)\cdots(1 - t\cdot q_x^m)dt \\ &= q_x^1\int_0^1 (1 - t\cdot \sum q_x^i + i^2\sum q_x^i q_x^j - \cdots)dt\end{aligned}$$

此外，对除1以外的所有减员求和，积分之后有：

$$(aq)_x^1 = q_x^1\left(1 - \frac{1}{2}\sum q_x^i + \frac{1}{3}\sum q_x^i q_x^j - \cdots\right) \qquad (37-73)$$

类似可对其他减员均有相应结论。

若假设真实成立，则公式（37－73）为真实值，否则，只能是近似值。

二、减员异常

我们考虑两个减员的情况，以及分别给定两个单原因减员表的信息，构造一个二原因减员表。因减员原因1而发生的减员，在其单原因减员表的每一年中的发生时间都是均匀分布的，例如：

$$ {}_tp_x^1 p_{x+t}^1 = 常数 = q_x^1 \quad 0 \leqslant t \leqslant 1 \tag{37-74}$$

因减员原因2而发生的减员，在其单原因减员表中，确切发生于 $x+k$，$0<k<1$，这意味着：

$$ {}_tp_x^2 = 1 \quad 0 \leqslant t \leqslant k $$

如图37－1所示。

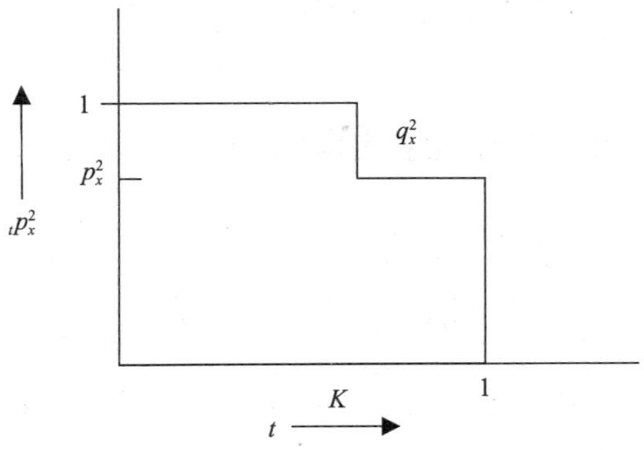

图37－1 作为 t 的函数 ${}_tp_x^2$

由公式（37－26），我们有：

$$\begin{aligned}(aq)_x^1 &= \int_0^1 {}_t(ap)_x \cdot \mu_{x+t}^1 dt \\ &= \int_0^1 {}_tp_x^1 \cdot {}_tp_x^2 \cdot \mu_{x+t}^1 dt\end{aligned} \tag{37-75}$$

由公式（37－74），有：

$$\begin{aligned}(aq)_x^1 &= q_x^1 \int_0^1 \cdot {}_tp_x^2 \cdot dt \\ &= q_x^1 [\int_0^k {}_tp_x^2 dt + \int_k^1 \cdot {}_tp_x^2 \cdot dt] \\ &= q_x^1 [k \cdot 1 + (1-k) \cdot (1-q_x^2)] \\ &= q_x^1 [1-(1-k)q_x^2]\end{aligned}$$

由公式（37－47），有：

$$(aq)_x^1 + (aq)_x^2 = (aq)_x = 1-(1-q_x^1)(1-q_x^2)$$

我们相减得到关于$(aq)_x^2$的等式：

$$(aq)_x^2 = q_x^2[1 - kq_x^1] \quad (37-76)$$

值得注意的是$k=0$或1时，公式（35－38）和公式（37－76）的特殊形式。（此时，因减员原因2而发生的减员集中发生在年初或年末，例如，在生日时退休。）

对$k=0$，我们有：

$$(aq)_x^1 = q_x^1(1 - q_x^2)$$

$$(aq)_x^2 = q_x^2$$

对$k=1$，我们有：

$$(aq)_x^1 = q_x^1$$

$$(aq)_x^2 = q_x^2(1 - q_x^1)$$

这些结论，可以很容易地推导出来。

三、多原因减员表中独立性的讨论

我们已经看到，在考查一个多原因减员表，及其与它相应的m个单原因减员表之间的关系时，已有：

$$_n(aq)_x = \prod_{k=1}^{m} {}_np_x^k \quad (37-47)$$

这是由下式而来的结论：

$$(a\mu)_x^k = \mu_x^k \quad (37-45)$$

公式（37－47）提醒我们注意，概率论中的乘法法则成立的前提要求即${}_np_x^k$必须是相互独立的。

很显然，我们已从统计学的角度假设减员是相互独立的。

但这在实践中有时是不合适的，也就是说我们关于统计独立性的假设有时不再成立。

我们举一个例子。设想一个很大的单位为其员工建立了养老基金，并且假设超过某一指定年龄后，到达正常退休年龄前，除因病退休后，没有自愿退出的，我们很快会发现，患病的养老金领取者被观测到的死亡率将高于一个反映领取年金者与交纳年金者混合构成的单原因减员表的死亡率（特别在退休后的前几年）。因此，就所考虑的死亡来说，因病离开的成员不是随机的，而且死亡减员与因病退休减员是不独立的。实际上，降低留在年金组织中的成员的死亡率是有可能的。因为某些人因病而离开了年金组织。

在实际情况下，大多数减员表都有可能出现减员的不独立性，这意味着前几节中所推导的关系式可能不成立，我们必须注意到这种局限性。

由统计独立性假设所带来的错误，同其他因素的影响相比是比较小的。

精算学引论

第三十八章 联合生命

到目前为止，所探讨的生命模型只包括了一个生命，常常称为一元生命模型。现在我们开始探讨多于一个生命的情形。本章的探讨将以两个生命的情形为主。

第一节 联合生命状态及其概率

一、联合生存状态与联合生存概率

对于一个生命个体的终身寿险 A_x，我们考虑的是被保险人是否处于生存状态，当投保人生存，不支付保险金，而被保险人死亡，则支付保险金。我们将其单位给付的预期现值用 A_x 表示。而对于 $a_{x:\overline{n}|}$ 表示的生命年金，我们考察的状态是“被保险人（x）生存且 $t\leqslant n$（即被保险人在保险期内的某时刻处于生存状态）”或“被保险人（x）死亡且 $t\leqslant n$（即被保险人在保险期内的某时刻处于死亡状态）”。

其中，“x”表示一种状态，即年龄为 x 岁的被保险人（x）处于生存状态，“$\overline{n}|$”表示保单有效年少于 n 年的状态。

现在我们探讨联合生存状态。

联合生命状态是我们将要探讨的多个生命的生命状态。我们把所考虑的一组生命都处于生存状态的情况看作联合生存状态。具体来讲，我们用“x_1，x_2，…，x_m”表示 m 个被保险人的年龄分别为 x_1，x_2，…，x_m，并且他们在这些相应的年龄上处于生存状态。也就是说，x_i 表示这一组人的第 i 个成员的年龄，我们说这一组人处于生存状态是指其中所有成员都处于生存状态。m 个被保险人中出现第一个死亡的人，即标志着这组人生存状态的结束。我们把联合生存状态 $x_1x_2\cdots x_m$ 未来处于生存状态的时间，即这组人结束生存状态前的持续生存的时间称为联合生存状态的未来生存时间，用 T 表示。那么：

$$T_{x_1x_2\cdots x_m}=\min\{T_{x_1},T_{x_2},\cdots,T_{x_m}\} \tag{38-1}$$

其中，T_x 表示被保险人（x）的未来生存时间，就像简单生存模型中的 T_x 一样，T 是一个随机变量，与 T 相关的函数和与 T_x 相关的函数没有什么内在区别，因此，一元生命的生存概率与保险金之间的所有相关关系可以在联合生存状态中应用，例如，我们定义：

${}_tp_{x_1x_2\cdots x_m}$ = 联合生存状态 $x_1x_2\cdots x_m$ 继续处于生存状态 t 年以上的概率 = m 个被保险人 $x_1x_2\cdots x_m$ 全部生存 t 年以上的概率。

其中，我们假设被保险人的生存与否是相互独立的，即：

$$ {}_tp_{x_1x_2\cdots x_m} = {}_tp_{x_1}\,{}_tp_{x_2}\cdots {}_tp_{x_m} \tag{38-2} $$

类似地，$p_{x_1x_2\cdots x_m}$表示联合生存状态 $x_1x_2\cdots x_m$ 结束之年年末支付 1 元保险金的预期现值（联合生存状态结束之年指第一次发生被保险人死亡的那一年）。

本书主要将联合生存理论用于两个被保险人的情况，所有的结果都适用于包括两个被保险人以上的情况。于是，我们定义两个生命个体组成的联合生存状态的未来生存时间为：

$$ T_{xy} = \min\{T_x, T_y\} \tag{38-3} $$

那么 T 的累积分布函数如下：

$$ \begin{aligned} F_{T_{xy}}(t) &= P(T_{xy} \leqslant t) = P(\min\{T_x, T_y) \leqslant t) \\ &= 1 - P(T_x > t \text{ 且 } T_y > t) \end{aligned} \tag{38-4} $$

因为我们假设 T_x、T_y 是相互独立的，所以：

$$ \begin{aligned} F_{T_{xy}}(t) &= 1 - P(T_x > t)\cdot P(T_y > t) \\ &= 1 - {}_tp_x\,{}_tp_y \end{aligned} \tag{38-5} $$

于是，密度函数为：

$$ \begin{aligned} f_{T_{xy}} &= \frac{d}{dt}(1 - {}_tp_x\,{}_tp_y) \\ &= -{}_tp_x(-{}_tp_y\mu_{y+t}) - {}_tp_y(-{}_tp_x\mu_{x+t}) \\ &= {}_tp_x\,{}_tp_y(\mu_{x+t} + \mu_{y+t}) \end{aligned} \tag{38-6} $$

现在，我们定义：

$$ l_{xy} = l_x l_y \tag{38-7} $$

$$ d_{xy} = l_{xy} - l_{x+1:y+1} \tag{38-8} $$

那么联合生存状态 xy 生存 1 年以上的概率 p_{xy} 为：

$$ p_{xy} = l_{x+1:y+1}/l_{xy} = \frac{l_{x+1}}{l_x}\cdot\frac{l_{y+1}}{l_y} = p_x p_y \tag{38-9} $$

联合生命状态 xy 在 1 年内结束的概率 q_{xy} 为：

$$ q_{xy} = \frac{d_{xy}}{l_{xy}} = \frac{l_{xy} - l_{x+1:y+1}}{l_{xy}} = 1 - p_x p_y \tag{38-10} $$

这是在一年里被保险人（x）、（y）至少有一人死亡的概率。

我们定义联合生命状态 xy 的结束力 μ_{xy} 为：

$$ \begin{aligned} \mu_{x+t:y+t} &= -\frac{1}{l_{x+t:y+t}}\cdot\frac{d}{dt}\cdot l_{x+t:y+t} \\ &= -\frac{d}{dt}\log_e l_{x+t:y+t} \\ &= -\frac{d}{dt}\log_e l_{x+t}l_{y+t} \end{aligned} $$

$$= -\frac{d}{dt}(\log_e l_{x+t} + \log_e l_{y+t})$$

$$= -\mu_{x+t} + \mu_{y+t} \tag{38-11}$$

由此可得：

$$f_{T_{xy}}(t) = {}_tp_{xy}\mu_{x+t:y+t} \tag{38-12}$$

显然，这与我们在一元生存模型中探讨过的下式是相对应的：

$$f(t) = {}_tp_x\mu_{x+t}$$

一般来讲，我们有：

$$\mu_{x_1+t:x_2+t:\cdots x_m+t} = \mu_{x_1+t} + \cdots + \mu_{x_m+t} \tag{38-13}$$

即联合生存状态的结束力是每一被保险人死亡力之和（假设他们的未来生存时间相互独立）。为了在离散情况下计算保险预期现值，我们需要联合生存状态在区间$[t,t+1]$结束生存状态的概率。对于两个被保险人，我们有：

$$P(t < T_{xy} \leqslant t+1) = P(T_{xy} \leqslant t+1) - P(T_{xy} \leqslant t)$$

$$= {}_tp_{xy} - {}_{t+1}p_{xy} \tag{38-14}$$

$$= {}_tp_{xy} \cdot q_{x+t:y+t} \tag{38-15}$$

同样，在 t 年之后的一年中（即 t 至 $t+1$ 年里）联合生存状态 xy 结束的概率为：

$${}_{t|}q_{xy} = {}_tp_{xy} \cdot q_{x+t:y+t} \tag{38-16}$$

二、最后生存者状态

另一种常用的状态称为最后生存者状态，是指初始人口组中至少有一人仍处于生存状态，最后一人死亡则状态结束。用$\overline{x_1x_2\cdots x_m}$表示最后生存者状态，其中，$x_i$ 表示第 i 个被保险人的年龄，m 为初始人口组的人数。

随机变量 T 表示最后生存者状态在未来所持续的时间，即该状态结束前的时间。即：

$$T_{\overline{x_1x_2\cdots x_M}} = \max\{T_{x_1}, T_{x_2}, \cdots T_{x_m}\} \tag{38-17}$$

若考虑只有两个被保险人的情况，$T_{\overline{xy}}$的概率分布为：

$$F_{T_{\overline{xy}}}(t) = P(T_{\overline{xy}} \leqslant t) = P(\max\{T_x, T_y\} \leqslant t)$$

$$= P(T_x \leqslant t \text{ 且 } T_y \leqslant t) \tag{38-18}$$

由于假设被保险人相互独立，则：

$$F_{T_{\overline{xy}}}(t) = P(T_x \leqslant t) \cdot P(T_y < t)$$

$$= (1 - {}_tp_x)(1 - {}_tp_y)$$

$$= 1 - {}_tp_x - {}_tp_y + {}_tp_{xy} \tag{38-19}$$

其密度函数推导为：

$$F_{T_{\overline{xy}}}(t) = \frac{d}{dt}[1 - {}_tp_x - {}_tp_y + {}_tp_{xy}]$$

$$= {}_tp_xu_{x+t} + {}_tp_yu_{y+t} - {}_tp_{xy}(u_{x+t} + u_{y+t})$$

$$= f_{T_x}(t) + f_{T_y}(t) - f_{T_{xy}}(t) \tag{38-20}$$

注意，在此我们定义${}_tp_{\overline{xy}}$为在时间 t 里被保险人（x）或（y）至少有一个处于生存状态的概率。也就是说，两者都生存，或者只有（x）生存，或是只有（y）生存。

因此，

$$\begin{aligned}{}_tp_{\overline{xy}} &= {}_tp_{xy} + {}_tp_x(1 - {}_tp_y) + {}_tp_y(1 - {}_tp_x)\\ &= {}_tp_x + {}_tp_y - {}_tp_{xy}\end{aligned} \tag{38-21}$$

t 年内最后生存者状态结束的概率定义为：

$$\begin{aligned}{}_tq_{\overline{xy}} &= 1 - {}_tp_{\overline{xy}}\\ &= 1 - ({}_tp_x + {}_tp_y - {}_tp_{xy})\\ &= (1 - {}_tp_x) + (1 - {}_tp_y) - (1 - {}_tp_{xy})\\ &= {}_tq_x + {}_tq_y - {}_tq_{xy}\end{aligned} \tag{38-22}$$

注意：

$${}_tq_{\overline{xy}} = (1 - {}_tp_x)(1 - {}_tp_y) \tag{38-23}$$

即 t 时间被保险人（x）和（y）都已离开生存状态的概率。

类似地，t 年后的一年之间最后生存者状态结束的概率为：

$${}_{t|}q_{\overline{xy}} = {}_tp_{\overline{xy}} - {}_{t+1}p_{\overline{xy}} \tag{38-24}$$

$$= ({}_tp_x - {}_{t+1}p_x) + ({}_tp_y - {}_{t+1}p_y) - ({}_tp_{xy} - {}_{t+1}p_{xy})$$

$$= {}_{t|}q_x + {}_{t|}q_y - {}_{t|}q_{xy} \tag{38-25}$$

于是，就像密度函数，最后生存状态可以用一元生存状态和联合生存状态表示出。因为，

$$\begin{aligned}T_{xy} + T_{\overline{xy}} &= \min\{T_x, T_y\} + \max\{T_x, T_y\}\\ &= T_x + T_y\end{aligned} \tag{38-26}$$

所以，

$$T_{\overline{xy}} = T_x + T_y - T_{xy} \tag{38-27}$$

注意这个结果适合任意状态的被保险人 x 和 y，但不适用于只有一个被保险人的情况。

例 38－1

已知：${}_nq_x = 0.3$，${}_nq_y = 0.5$，试计算${}_nq_{xy}$和${}_nq_{\overline{xy}}$。

解：

$${}_nq_{xy} = 1 - 0.7 \times 0.5 = 0.65$$

$${}_nq_{\overline{xy}} = {}_nq_x {}_nq_y = 0.15$$

例 38－2

为一个 65 岁的男人和他 60 岁的妻子，计算在第 20 年年末各死亡结果的概率。已知：男性：${}_{20}p_{65} = 0.2453$，女性：${}_{20}p_{60} = 0.5874$。

解：

男性情况为：

$${}_{20}p_{65} = 0.2453$$

$${}_{20}q_{65} = 1 - 0.2453 = 0.7547$$

女性情况为：

$$ {}_{20}p_{60}=0.5874 $$

$$ {}_{20}q_{60}=1-0.5874=0.4126 $$

因此，双方都活着的概率为：

$$ 0.2453\times0.5874=0.1441\quad 14.41\% $$

只有丈夫活着的概率为：

$$ 0.2453\times0.4126=0.1012\quad 10.12\% $$

只有妻子活着的概率为：

$$ 0.7547\times0.5874=0.4433\quad 44.33\% $$

双方都死亡的概率为：

$$ 0.7547\times0.4126=0.3114\quad 31.14\% $$

例 38－3

如果

$$ K_{xy}=\min(K_x,K_y),K_{\overline{xy}}=\max(K_x,K_y) \tag{38-28} $$

求 $P(K_{xy}=k)$ 和 $P(K_{\overline{xy}}=k)$。

解：因为 K_{xy} 为整数，所以，

$$ \begin{aligned} P(K_{xy}=k)&=P(T_{xy}<k+1)-P(T_{xy}\leqslant k)\\ &=1-{}_{k+1}p_{xy}-(1-{}_kp_{xy}) \end{aligned} $$

（注意，这个结果还可以写为 $P(K_{xy}=k)={}_kp_{xy}\cdot q_{x+k:y+k}$。）

类似地，可以推导出：

$$ P(K_{\overline{xy}}=k)={}_kp_{\overline{xy}}-{}_{k+1}p_{\overline{xy}} \tag{38-29} $$

三、死亡顺序

在寿险的精算分析中，有时会涉及被保险人（x）和（y）的死亡顺序问题。为此，我们引入以下的符号和概念：

（1）${}_nq_{xy}^{1}$ 表示 n 年里被保险人（x）死于（y）之前的概率，1 这里不强调被保险人（y）的死亡时间，只要他是死亡（x）之后，并且，

$$ {}_nq_{xy}^{1}=\int_0^n {}_tp_{xy}\cdot\mu_{x+t}dt \tag{38-30} $$

（2）${}_nq_{xy}^{2}$ 表示 n 年里被保险人（x）死于（y）之后的概率，当然（y）在 n 年里死亡，并且，

$$ {}_nq_{xy}^{2}=\int_0^n(1-{}_tp_y)\,{}_tp_x u_{x+t}dt \tag{38-31} $$

注意：

$$ {}_nq_{xy}^{2}={}_nq_x-{}_nq_{xy}^{1} \tag{38-32} $$

即在 n 年时间里被保险人（x）死于（y）之后的概率与被保险人（x）在 n 年时间不死于（y）之前是相同的，当 $n=\infty$ 时，被保险人（x）和（y）若有相同的年龄，则有相

同的死亡率：

$$_{\infty}q_{xx}^{1} = {}_{\infty}q_{xx}^{2} = \frac{1}{2} \tag{38-33}$$

第二节 联合生命保险与年金函数

一、基本联合生命保险与年金函数

与本书的一元生命保险和生命年金函数完全类似，我们可以定义相应的联合生命保险及其联合生命年金的符号、概念及意义，探讨其计算方法。我们先定义基本的联合生命保险和联合生命年金。

由于多数符号和概念与一元生命保险以及年金类似，在此，我们只定义部分符号和概念，其余的符号和概念可以比照已定义的来确定。

（一）联合生存状态生命保险单位预期现值

对于年龄分别为 x 岁和 y 岁的两个人，在其联合生存状态结束之年年末支付 1 元保险金的情况，我们定义：

$$A_{xy} = E[v^{\min(K_x,K_y)+1}] \tag{38-34}$$

即：

$$\begin{aligned} A_{xy} &= E[v^{\min(K_x,K_y)+1}] \\ &= \sum_{t=0}^{\infty} v^{t+1} \cdot {}_{t|}q_{xy} \qquad (38-35) \\ &= \sum_{t=0}^{\infty} v^{t+1} \frac{d_{x+t:y+t}}{l_{xy}} \qquad (38-36) \end{aligned}$$

或

$$A_{xy} = \sum_{t=0}^{\infty} v^{t+1} \cdot {}_tp_{xy} \cdot q_{x+t:y+t} \tag{38-37}$$

显然，A_{xy}表示年龄分别为 x 岁和 y 岁的两个人，在其联合生存状态结束之年年末支付 1 元保险金的预期现值。

类似地，我们可以定义 $A_{xy:\,\overline{n|}}$：

$A_{xy:\,\overline{n|}}$ 表示如果联合生存状态 xy 在 n 年之内结束，则在结束之年年末支付 1 元保险金的预期现值。于是，

$$\begin{aligned} A_{xy:\overline{n|}} &= \sum_{t=0}^{n-1} v^{t+1} \cdot {}_{t|}q_{xy} + v^n {}_np_y \qquad (38-38) \\ &= \sum_{t=0}^{n-1} v^{t+1} \cdot \frac{d_{x+t:y+t}}{l_{xy}} + v^n \cdot \frac{l_{x+n:y+n}}{l_{xy}} \qquad (38-39) \end{aligned}$$

或

$$A_{xy:\overline{n}|} = \sum_{t=0}^{n-1} v_t^{t+1} p_{xy} q_{x+t:y+t} + v_n^n p_y \quad (38-40)$$

$$= \sum_{t=0}^{n-1} v^{t+1} \frac{d_{x+t:y+t}}{l_{xy}} + v^n \frac{l_{x+n:y+n}}{l_{xy}} \quad (38-41)$$

（二）联合生存状态生命年金单位预期现值

对于年龄分别为 x 岁和 y 岁的两个人，在其处于联合生存状态中的每年年末支付 1 元年金的情况，我们定义：

$$a_{xy} = E[a_{\overline{\min(K_x,K_y)}|}]$$

即：

$$a_{xy} = E[a_{\overline{\min(K_x,K_y)}|}] = \sum_{t=0}^{\infty} v_t^t p_{xy} \quad (38-42)$$

类似地，我们也可以定义 $\ddot{a}_{xy}$（略）。

容易理解：

$$\ddot{a}_{xy} = a_{xy} + 1 \quad (38-43)$$

（三）最后生存者状态生命保险

类似地，对于年龄分别为 x 岁和 y 岁的两个人，在其最后生存状态结束之年年末支付 1 元保险金的情况，令随机变量 K 代表状态$\overline{xy}$未来生存时间，即：

$$K = \max(K_x, K_y)$$

定义：

$$A_{\overline{xy}} = E[v^{\max(K_x,K_y)+1}] = E[v^{K+1}] \quad (38-44)$$

即：

$$A_{\overline{xy}} = E[v^{\max(K_x,K_y)+1}] = E(v^{K+1})$$

$$= \sum_{K=0}^{\infty} v^{K+1} \cdot {}_{k|} q_{\overline{xy}} \quad (38-45)$$

$$= \sum_{K=0}^{\infty} v^{K+1} ({}_k p_{\overline{xy}} - {}_{k+1} p_{\overline{xy}}) \quad (38-46)$$

显然 $A_{\overline{xy}}$表示年龄分别为 x 岁和 y 岁的两个人，在其最后生存状态结束之年年末支付 1 元保险金的预期现值。

根据定义，容易推导出：

$$A_{\overline{xy}} = E[v^{\max(K_x,K_y)+1}] = E[v^{K+1}]$$

$$= \sum_{k=0}^{\infty} v^{k+1} \cdot {}_k q_{\overline{xy}}$$

$$= \sum_{k=0}^{\infty} v^{k+1} ({}_{k|} q_x + {}_{k|} q_y - {}_{k|} q_{xy})$$

$$= A_x + A_y - A_{xy} \quad (38-47)$$

（四）最后生存者状态年金单位预期现值

对于年龄分别为 x 岁和 y 岁的两个人，在其处于最后生存者状态中的每年年末支付 1 元年金的情况，我们定义：

$$a_{\overline{xy}} = E[a_{\overline{\min(K_x,K_y)}|}] \qquad (38-48)$$

即：

$$\begin{aligned} a_{\overline{xy}} &= E[a_{\overline{\min(K_x,K_y)}|}] \\ &= \sum_{t=0}^{\infty} v^t {}_tp_{\overline{xy}} \end{aligned} \qquad (38-49)$$

类似地，我们也可以定义 $\ddot{a}_{\overline{xy}}$（略）。

容易理解：

$$\ddot{a}_{\overline{xy}} = a_{\overline{xy}} + 1 \qquad (38-50)$$

根据定义，容易推导出：

$$\begin{aligned} \ddot{a}_{\overline{xy}} &= \sum_{t=1}^{\infty} v^t {}_tp_{\overline{xy}} \\ &= \sum_{t=1}^{\infty} v^t ({}_tp_x + {}_tp_y - {}_tp_x {}_tp_y) \\ &= a_x + a_y - a_{xy} \end{aligned} \qquad (38-51)$$

类似地，我们还可以很容易地证明下面的结论：

$$P(K_{\overline{xy}} = k) = P(K_x = k) + P(K_Y = k) - P(K_{\overline{xy}} = k) \qquad (38-52)$$

证明过程略。

例 38－4

计算 $a_{\overline{60:60}}$，其中，利率为 4%，$\ddot{a}_{60} = 12.551$，$\ddot{a}_{60:60} = 9.943$。

解：

$$a_{60} = \ddot{a}_{60} - 1 = 12.551 - 1 = 11.551$$

$$a_{60:60} = \ddot{a}_{60:60} - 1 = 9.943 - 1 = 8.943$$

因此，

$$\begin{aligned} a_{\overline{60:60}} &= a_{60} + a_{60} - a_{60:60} \\ &= 11.551 + 11.551 - 8.943 \\ &= 14.159 \end{aligned}$$

例 38－5

一项年金在（x）与（y）都生存时每年年初给付 1，而当（x）与（y）仅有一人生存时每年年初给付 2/3。设 K（x）、K（y）相互独立，求以下表达式：（1）年金的现值；（2）年金的精算现值。

解：

（1）该项年金可以看做每年年初给付 2/3 的最后生存年金和每年年初给付 1/3 的联合生存年金之组合，因此，有现值：

$$z = \frac{2}{3}\ddot{a}_{\overline{k(\overline{xy})+1}|} + \frac{1}{3}\ddot{a}_{\overline{k(xy)+1}|}$$

（2）求期望，便得该年金的精算现值：

$$E[z]=\frac{2}{3}\ddot{a}_{\overline{xy}}+\frac{1}{3}\ddot{a}_{xy}$$

将 $\ddot{a}_{\overline{xy}}=\ddot{a}_x+\ddot{a}_y-\ddot{a}_{xy}$ 代入得：

$$E[z]=\frac{2}{3}\ddot{a}_x+\frac{2}{3}\ddot{a}_y-\frac{1}{3}\ddot{a}_{xy}$$

二、一般联合生命保险与年金函数

除了基本联合生命保险函数和年金函数之外，还有一些更一般的情况，并且这些更一般的联合生命保险和年金函数与基本联合生命保险函数和年金函数的关系，也与一元生命保险和年金的情况类似。

(一) 每年支付 m 次的联合生存年金函数和最后生存者年金函数

与一个被保险人的情况一样，年金的支付常常会比一年支付一次更为频繁。于是我们定义每年支付 m 次的年金函数符号。

联合生命与一元生命有着类似的规律，我们可以采用类似的符号来表示有关每年支付 m 次的联合生存年金单位预期现值。例如，我们用 $\ddot{a}_{xy}^{(m)}$ 表示年龄分别为 x 岁和 y 岁的人，在其联合生存状态中每年支付 m 次，每次支付$\frac{1}{m}$元，并于期初支付的联合生命年金，其单位预期现值。

具体来讲，即 $\ddot{a}_{xy}^{(12)}$ 表示在其联合生存状态期间每月初支付$\frac{1}{12}$元的联合生命年金的单位预期现值。

类似于一元生命年金，我们有：

$$\ddot{a}_{xy}^{(m)}\approx\ddot{a}_{xy}-\frac{m-1}{2m} \tag{38-53}$$

$$a_{xy}^{(m)}\approx a_{xy}+\frac{m-1}{2m} \tag{38-54}$$

当 $m=12$ 时，即：

$$\ddot{a}_{xy}^{(12)}\approx\ddot{a}_{xy}-\frac{11}{24} \tag{38-55}$$

同样，我们可以引入最后生存者状态年金的单位预期现值：

$$\begin{aligned}a_{\overline{xy}}^{(m)}&=a_x^{(m)}+a_y^{(m)}-a_{xy}^{(m)}\\&\approx[a_x+\frac{m-1}{2m}]+[a_y+\frac{m-1}{2m}]+[a_{xy}+\frac{m-1}{2m}]\\&=a_x+a_y-a_{xy}+\frac{m-1}{2m}\\&=a_{\overline{xy}}+\frac{m-1}{2m}\end{aligned} \tag{38-56}$$

(二) 连续型的保险与年金函数

1. 联合生存状态结束时立即支付保险金的生命保险

前面探讨的生命保险都是在生存状态结束之年年末支付保险金的情况。对于在联合生存状态结束时立即支付保险金的情况，我们用 $A_{\overline{xy}}$ 表示其单位预期现值，我们定义：

$$\bar{A}_{xy} = E[v^{\min(T_x,T_y)}] = E[v^{T_{xy}}] \tag{38-57}$$

即：

$$\bar{A}_{xy} = E[v^{\min(T_x,T_y)}] = E[v^{T_{xy}}]$$
$$= \int_0^{\infty} v^t {}_tp_{xy}(\mu_{x+t} + \mu_{y+t})dt \tag{38-58}$$

2. 最后生存状态结束时立即支付保险金的生命保险

对于在最后生存状态结束时立即支付保险金的情况，我们用 $\overline{A_{\overline{xy}}}$ 表示其单位预期现值，我们定义：

$$\bar{A}_{\overline{xy}} = E[v^{\max(T_x,T_y)}] = E[v^{T_{\overline{xy}}}] \tag{38-59}$$

即：

$$\bar{A}_{\overline{xy}} = E[v^{\max(T_x,T_y)}] = E[v^{T_{\overline{xy}}}]$$
$$= \int_0^{\infty} v^t({}_tq_{x\,t}p_y\mu_{x+t} - {}_tq_{y\,t}p_x\mu_{y+t})dt$$

或

$$\bar{A}_{\overline{xy}} = E[v^{T_{\overline{xy}}}] = \int_0^{\infty} v^t f(t)dt$$
$$= \int_0^{\infty} v^t[f_x(t) + f_y(t) - f_{xy}(t)]dt \tag{38-60}$$
$$= \bar{A}_x + \bar{A}_y - \bar{A}_{xy} \tag{38-61}$$

3. 连续支付的联合生存状态年金

我们用 $\bar{a}_{xy}$ 表示在联合生存状态期间连续支付的年金的单位预期现值，我们定义：

$$\bar{a}_{xy} = E[\bar{a}_{\overline{\min(K_x,K_y)}|}] \tag{38-62}$$

容易理解：

$$\bar{a}_{xy} = E[\bar{a}_{\overline{\min(K_x,K_y)}|}] = \int_0^{\infty} v^t {}_tp_{xy}dt \tag{38-63}$$

4. 连续支付的最后生存状态年金

我们用 $\bar{a}_{\overline{xy}}$ 表示在最后生存状态期间连续支付的年金的单位预期现值，我们定义：

$$\bar{a}_{\overline{xy}} = E[\bar{a}_{\overline{\min(K_x,K_y)}|}] \tag{38-64}$$

即：

$$\bar{a}_{\overline{xy}} = E[\bar{a}_{\overline{\min(K_x,K_y)}|}]$$
$$= \int_0^{\infty} v^t \cdot {}_tp_{\overline{xy}}dt \tag{38-65}$$

可以证明：

$$\bar{a}_{\overline{xy}} = \bar{a}_x + \bar{a}_y - \bar{a}_{xy} \tag{38-66}$$

5. 连续型的保险和年金与非连续型保险和年金之间的关系

容易理解：

$$\bar{a}_{xy} \approx a_{xy} + \frac{1}{2} \tag{38-67}$$

$$\bar{A}_{xy} \approx \left(1 + \frac{i}{2}\right) A_{xy} \tag{38-68}$$

$$\bar{a}_{\overline{xy}} \approx a_{\overline{xy}} + \frac{1}{2} \tag{38-69}$$

$$\bar{A}_{\overline{xy}} \approx \left(1 + \frac{i}{2}\right) A_{\overline{xy}} \tag{38-70}$$

事实上，年金函数间的关系可以在每年支付 m 次的年金表达式中令 m 趋于∞而获得，保险函数间的关系是通过假设死亡在一年中的发生时间服从均匀分布，即平均地认为死亡发生在每年的年中而得到的，所以他们一般来说，比相应的年末支付要早半年，通过乘以因子 $(1+i)^{1/2}$ 来体现利息方面的影响，它比 $\left(1+\frac{i}{2}\right)$ 更接近实际，但后者也是在实际工作中有时使用的因子。

（三）顺序结束生存状态的生命保险

1. 死亡之年年末给付

对于被保险人（x）死于（y）之前的情况，在（x）死亡之年年末时支付保险金的保险，我们定义：

$$A_{\overset{1}{x}y} = E[u(T_x, T_y)] \tag{38-71}$$

其中，

$$u(T_x, T_y) = \begin{cases} v^{T_x} & \text{假如 } T_x \leqslant T_y \\ 0 & \text{假如 } T_x > T_y \end{cases} \tag{38-72}$$

其中，$K_x = [T_x]$，即 T_x 的整数部分。

于是，$A_{\overset{1}{x}y}$ 表示下述生命保险的单位给付的预期现值：

若被保险人（x）死于（y）之前，则在（x）死亡之年年末支付 1 元保险金；若被保险人（x）死于（y）之后，则没有任何给付。

于是：

$$\begin{aligned} A_{\overset{1}{x}y} &= E[u(T_x, T_y)] \\ &= \sum_{t=0}^{\infty} v^{t+1} \cdot {}_t p_{xy} \cdot q^{1}_{x+t:y+t} && (38-73) \\ &= \sum_{t=0}^{\infty} v^{t+1} \cdot {}_t p_{xy} \cdot \int_0^1 {}_s p_{x+t:y+t}\, u_{x+s+t}\, ds && (38-74) \end{aligned}$$

2. 死亡时立即给付

对于被保险人（x）死于（y）之前的情况，在（x）死亡时立即支付保险金的保险，我们定义：

$$\bar{A}_{xy}^{1} = E[v(T_x, T_y)] \tag{38-75}$$

其中，

$$v(T_x, T_y) = \begin{cases} v^{T_x} & \text{假如 } T_x \leqslant T_y \\ 0 & \text{假如 } T_x > T_y \end{cases} \quad v^{T_x} \tag{38-76}$$

于是，$\bar{A}_{xy}^{1}$表示下述生命保险的单位给付的预期现值：

若被保险人（x）死于（y）之前，则在（x）死亡时立即支付1元保险金；若被保险人（x）死于（y）之后，则没有任何给付。于是，

$$\begin{aligned} \bar{A}_{xy}^{1} &= E[v(T_x, T_y)] \\ &= \int_0^\infty v^t \cdot {}_tp_{xy} \cdot \mu_{x+t} dt \end{aligned} \tag{38-77}$$

类似地，我们用$\bar{A}_{xy:\,\overline{n}|}^{2}$所表示的联合生命保险的单位预期现值是指这样的保险：如果被保险人（x）死于（y）之后，则在（x）死亡之时立即给付保险金。于是，

$$\begin{aligned} \bar{A}_{xy:\,\overline{n}|}^{2} &= \int_0^\infty v^t (1 - {}_tp_y)\, {}_tp_x \mu_{x+t} dt \\ &= \bar{A}_{x:\,\overline{n}|}^{1} - \bar{A}_{xy:\,\overline{n}|}^{1} \end{aligned} \tag{38-78}$$

容易理解：

$$\bar{A}_{xy}^{1} \approx (1 + \frac{i}{2}) A_{xy}^{1} \tag{38-79}$$

例 38－6

给定相同生命表和利率的情况下，已知$A_x = 0.4$，$A_{xx} = 0.6$，求A_{xx}^{2}的值。

解：

$$\begin{aligned} A_{xx}^{2} + A_{xx}^{\;2} &= A_{\overline{xx}} = A_x + A_x - A_{xx} = 0.2 \\ A_{xx}^{2} &= \frac{1}{2} A_{\overline{xx}} = 0.1 \end{aligned} \tag{38-80}$$

（四）遗生年金的单位预期现值

1. 每年支付一次的遗生年金

考虑一个很普通的简单例子：在一项被保险人分别为（x）和（y）的联合生命年金中，按约定，如果（x）死于（y）之前，则在（x）死后的每年年末向（y）支付1元的年金，直至（y）死亡为止。我们将这一年金的单位预期现值记为$a_{x|y}$。于是，

$$\begin{aligned} a_{x|y} &= E[\max(a_{\overline{K_y}|} - a_{\overline{K_x}|}, 0)] \\ &= \sum_{t=0}^{\infty} v^t \cdot {}_tq_x \cdot {}_tp_y \end{aligned} \tag{38-81}$$

$$= \sum_{t=0}^{\infty} v^t (1 - {}_tp_x)\, {}_tp_y = a_y - a_{xy} \tag{38-82}$$

也就是说，支付期为被保险人（x）死亡，（y）仍活着的这段时间。

2. 连续支付的遗生年金

在一项被保险人分别为（x）和（y）的联合生命年金中，按约定，如果（x）死于（y）之前，则在（x）死后的每年向（y）支付 1 元的年金，并且该年金是连续支付的，直至（y）死亡为止。我们将这一年金的单位预期现值记为$\bar{a}_{x|y}$。于是，

$$\bar{a}_{x|y} = E[\max(\bar{a}_{\overline{K_y}|} - \bar{a}_{\overline{K_x}|}, 0)] = \int_0^{\infty} v^t \cdot {}_tq_x \cdot {}_tp_y dt \tag{38-83}$$

也就是说，支付期为被保险人（x）死亡，（y）仍活着的这段时间。

遗生年金的单位预期现值也可以直接通过年金支付时间计算出来。

我们考虑在被保险人（x）死亡之后连续支付给（y）的年金，则其现值为：

$$\begin{cases} Z = T_x | \bar{a}_{\overline{K_y - K_x}|} & T_x \leqslant T_y \\ 0 & T_x \geqslant T_y \end{cases} \tag{38-84}$$

其中，T_x、T_y 是随机变量，表示投保人（x）、（y）的未来生存时间。

假设它们相互独立：

$$\begin{aligned} \bar{a}_{x|y} &= E(Z) \\ &= \int_0^{\infty}\int_t^{\infty} {}_t|\ \bar{a}_{\overline{s-t}|} \cdot {}_sp_y \mu_{y+s}\, {}_tp_x \mu_{x+t} ds dt \\ &= \int_0^{\infty} v^t {}_tp_y [\int_t^{\infty} \bar{a}_{\overline{s-t}|} \cdot {}_{s-t}p_{y+t} \mu_{y+s} ds]\, {}_tp_x \mu_{x+t} dt \\ &= \int_0^{\infty} v^t\ \bar{a}_{y+t} \mu_{x+t}\, {}_tp_{xy} dt \end{aligned} \tag{38-85}$$

另一方面，既然 $T_x - T_{xy}$是一个随意变量，当（y）在（x）之后死亡时，该随机变量为0；当 $T_y > T_x$ 时该随机变量为 $T_y - T_x$，则有：

$$\bar{a}_{x|y} = E(\bar{a}_{\overline{T_y}|} - \bar{a}_{\overline{T_{xy}}|}) \tag{38-86}$$

$$= E(\bar{a}_{\overline{T_y}|}) - E(\bar{a}_{\overline{T_{xy}}|})$$

$$= \bar{a}_y - \bar{a}_{xy} \tag{38-87}$$

遗生年金有一个重要特点，就是我们认为终身遗生年金支付频率的变化不影响其单位预期现值，也就是说，每年支付次数超过 1 次的情况与每年支付 1 次的计算相同。如：

$$a_{x|y}^{(12)} = a_y^{(12)} - a_{xy}^{(12)} \tag{38-88}$$

$$\approx (a_y + \frac{11}{24}) - (a_{xy} + \frac{11}{24})$$

$$= a_y - a_{xy} = a_{x|y} \tag{38-89}$$

但对于定期的遗生年金，则支付频率就很重要了，例如：

$$a_{x|y:\overline{n}|}^{(12)} = a_{y:\overline{n}|}^{(12)} - a_{xy:\overline{n}|}^{(12)} \quad (38-90)$$

$$\approx a_{y:\overline{n}|} + \frac{11}{24}\left[1 - \frac{D_{y+n}}{D_y}\right] - \left[a_{xy:\overline{n}|} + \frac{11}{24}\left(1 - \frac{D_{x+n:y+n}}{D_{xy}}\right)\right] \quad (38-91)$$

$$\neq a_{x|y:\overline{n}|}$$

例 38－7

计算 $a_{65|60}$，（1）假如（65）是男的，（60）是女的；（2）假如（65）是女的，（60）是男的；已知利率为 6%，$a_{60}^{f} = 10.996$，$a_{65:60}^{m\ \ f} = 7.544$；$a_{60}^{m} = 9.813$，$a_{65:60}^{f\ \ m} = 7.862$，其中，上标 m 表示男性数据，上标 f 表示女性数据。

解：

（1）$a_{65|60}^{m\ \ f} = a_{60}^{f} - a_{65:60}^{m\ \ f} = 10.996 - 7.544 = 3.452$

（2）$a_{65|60}^{f\ \ m} = a_{60}^{m} - a_{65:60}^{f\ \ m} = 9.813 - 7.862 = 1.951$

可以证明：

$$a_{x|y} = a_{\overline{xy}} - a_y \quad (38-92)$$

三、保险函数与年金函数之间的关系

与一元生命保险和年金的关系式类似，我们有：

$$A_{xy} = 1 - d\,\ddot{a}_{xy} \quad (38-93)$$

$$\overline{A}_{xy} = 1 - \delta\,\overline{a}_{xy} \quad (38-94)$$

证明：

$$\ddot{a}_{\overline{n}|} = \frac{1 - v^n}{d}$$

因此，

$$v^n = 1 - d\,\ddot{a}_{\overline{n}|}$$

用 $K_{xy} + 1$ 替换 n，其中 $K_{xy} = \min(K_x, K_y)$，则有：

$$v^{K_{xy}+1} = 1 - d\,\ddot{a}_{\overline{K_{xy}+1}|}$$

等式两边求数学期望，得：

$$A_{xy} = 1 - d \cdot \ddot{a}_{xy}$$

同理，

$$\overline{A}_{xy} = 1 - \delta\,\overline{a}_{xy}$$

同样，其他保险与年金关系式也可以推导出来。

例如：

$$A_{\overline{xy}} = 1 - d \cdot \ddot{a}_{\overline{xy}} \quad (38-95)$$

然而，对于 A_{xx}^{1}，若用 $\ddot{a}_{xx}$ 表示，则其结果为：

$$A_{xx}^{1} = \frac{1}{2}A_{xx} = \frac{1}{2}(1 - d\,\ddot{a}_{xy}) \quad (38-96)$$

例如：给定相同生命表和利率的情况下，已知 $A_x = 0.4$，$A_{xx} = 0.6$，求 A_{xx}^{2} 的值。

$$A_{xx}^{2} + A_{xx}^{\ 2} = A_{\overline{xx}} = A_x + A_x - A_{xx} = 0.2$$

$$A_{xx}^{2} = \frac{1}{2}A_{\overline{xx}} = 0.1$$

四、联合生命年金和保险的计算与换算函数

（一）换算函数

为计算定期联合生命保险和年金的预期现值，我们需将换算函数 D_x 的定义扩展到联合生命状态。这是非常有用的，我们将其定义如下：

$$D_{x_1x_2\cdots x_n} = v^{\frac{1}{n}(x_1+x_2+\cdots+x_n)} l_{x_1x_2\cdots x_n} \tag{38-97}$$

（二）联合生存年金与换算函数

联合生存状态定期年金的单位预期现值可以用以下形式的公式计算：

$$a_{xy:\overline{n}|} = a_{xy} - \frac{D_{x+n:y+n}}{D_{xy}} a_{x+n:y+n} \tag{38-98}$$

且

$$\ddot{a}_{xy:\overline{n}|} = \ddot{a}_{xy} - \ddot{a}_{x+n:y+n} \frac{D_{x+n:y+n}}{D_{xy}} \tag{38-99}$$

及

$$\bar{a}_{xy:\overline{n}|} = \bar{a}_{xy} - \frac{D_{x+n:y+n}}{D_{xy}} \bar{a}_{x+n:y+n} \tag{38-100}$$

事实上，以第二个公式为例：

$$\begin{aligned}
\bar{a}_{xy:\overline{n}|} &= \int_0^n v^t \cdot {}_tp_{xy}dt \\
&= \int_0^\infty v^t \cdot {}_tp_{xy}dt - \int_n^\infty v^t \cdot {}_tp_{xy}dt = \bar{a}_{xy} - \int_0^\infty v^{s+n}p_{xy}ds \\
&= \bar{a}_{xy} - v^n \cdot {}_np_{xy}\int_0^\infty v^s \cdot {}_sp_{x+n:y+n}ds \\
&= \bar{a}_{xy} - \frac{D_{x+n:y+n}}{D_{xy}} \bar{a}_{x+n:y+n}
\end{aligned}$$

另外两个公式也可以用同样的方法推导出来。

（三）联合生命保险与换算函数

与联合生存年金类似，联合生命保险的单位预期现值也可以用换算函数表示，以两全保险为例，有：

$$A_{xy:\overline{n}|} = A_{xy} - \frac{D_{x+n:y+n}}{D_{xy}} A_{x+n:y+n} + \frac{D_{x+n:y+n}}{D_{xy}} \tag{38-101}$$

第三节　保险费计算

定义了上述关于联合生命状态的保险和年金概念与符号之后，我们就可以采用与一元生命保险与年金类似的方法，研究涉及联合生命状态的险种保费及利润分析。首先研究保费的计算。

一、基本保费计算

通过价值方程，可以为涉及联合生命状态的保单计算费率。

例 38－8

一对现年 40 岁的夫妻投保了一份人寿保险单，按保单约定，在夫妻二人出现第一个死亡的这年年末将获得 150 000 元保险金。试计算该保单每年年初的应缴保费，假设保费在两人都活着的时候一直支付，精算基础如下：

死亡率：采用 A1967/70 选择表（已知当利率为 4% 时，$\ddot{a}_{[40]:[40]}=17.074$）；

利率：4%；

初始费用：年保费的 75%；

续期费用：每年保费的 5%。

解：设年保费为 P，则价值方程为：

保费预期现值＝保险给付预期现值＋所发生费用的预期现值

因此，

$$P\,\ddot{a}_{[40]:[40]}=150\ 000A_{[40]:[40]}+0.75P+0.05P(\ddot{a}_{[40]:[40]}-1)$$

已知 $\ddot{a}_{[40]:[40]}=17.074$，根据保险与年金的关系式，即：

$$\begin{aligned}A_{[40]:[40]}&=1-d\ddot{a}_{[40]:[40]}\\&=1-\frac{0.04}{1.04}\times 17.074=0.34331\end{aligned}$$

所以保费价值方程为：

$$\begin{aligned}17.0747P&=150\ 000\times 0.34331+0.75P+0.05\times 16.074P\\&=51\ 496.5+1.554P\end{aligned}$$

因此，

$$P=51\ 496.5/15.52=3\ 318.073$$

所以，应缴保费为 3 318.08 元。

例 38－9

按一份养老年金保单的约定，从一个 65 岁的男人在一个 62 岁女人之前死亡的次年开始，每年提供 35 000 元养老金。在两人都活着的时候每年年初缴纳保费，试计算应缴保费。假设精算基础如下：

死亡率：采用 a（55）终极表并且年龄降低 2 年的数据；

利率：6%；

费用：忽略。

已知：依 a（55）终极表，$a_{60}=10.996$，$a_{63:60}=7.949$。

解：设年保费为 P，则价值方程为：

$$P\ddot{a}_{63:60}=35\ 000\ddot{a}_{63|60}$$

由已知：$a_{63:60}=7.949$，$a_{60}=10.996$，得：

$$\ddot{a}_{63:60}=a_{63:60}+1=8.949$$

$$a_{63|60}=a_{60}-a_{63:60}=10.996-7.949=3.047$$

因此，

$$8.949P=35\ 000\times 3.047$$

故：

$$P=106\ 645/8.949=11\ 916.974$$

所以，年保费为 11 916.98 元。

例 38－10

某生死两全保险的被保险人为两个 30 岁的人，保险期限为 25 年。按保单约定，在保单期满时支付保险金，或当两人在保险期内死亡时，在第二人死亡之年年末支付保险金，保险金为 60 000 元；保费一直缴纳直至支付保险金。试计算每年应缴保费。假设精算基础为：

死亡率：A1967～70 终极表；

利率：4%；

初始费用：300 元加保费的 6%；

续期费用：保费的 6%。

已知：依 A1967～70 终极表，当利率为 4% 时，$\ddot{a}_{30:\overline{25|}}=16.029$，$\ddot{a}_{30:30:\overline{25|}}=15.817$。

解：设每年保费为 P，则价值方程为：

保费预期现值＝保险给付预期现值＋所发生费用的预期现值

即：

$$P\ddot{a}_{\overline{30:30}:\overline{25|}}=60\ 000A_{\overline{30:30}:\overline{25|}}+300+0.06P\ddot{a}_{\overline{30:30}:\overline{25|}}$$

而

$$\ddot{a}_{\overline{30:30}:\overline{25|}}=\ddot{a}_{30:\overline{25|}}+\ddot{a}_{30:\overline{25|}}-\ddot{a}_{\overline{30:30}:\overline{25|}}$$

$\ddot{a}_{\overline{30:30}:\overline{25|}}=15.817$ 且 $\ddot{a}_{30:\overline{25|}}=16.029$

因此，

$$\ddot{a}_{\overline{30:30}:\overline{25|}}=16.241$$

$$A_{\overline{30:30}:\overline{25|}}=1-d\,\ddot{a}_{\overline{30:30}:\overline{25|}}$$

$$=1-\frac{0.04}{1.04}\times 16.241=0.37535$$

所以保费等式变成：

$$16.241P = 60\ 000 \times 0.37535 + 300 + 0.06 \times 16.241P$$

因此，

$$P = 22\ 821/15.26654 = 1\ 494.838$$

即保费为 1 494.84 元。

例 38 －11

设（28）与（32）购买一个保额为 50 000 元的联合生死两全保险，保险金在第一人死亡的保单年末给付或在人到 35 年后仍生存时给付。由以下所给条件计算其趸缴纯保费。

设生命表在 20 岁以后的寿命分布服从 Gompertz 假设，并且 $\mu_X = 0.00015\ (1.08)^x$，$x \geqslant 20$；$A_{39:\overline{35|}} = 0.21452$，$A_{40:\overline{35|}} = 0.22314$。

解： 由 $(1.08)^w = (1.08)^{28} + (1.08)^{32}$，解得：

$$w = 39.15979$$

$A_{w:\overline{35|}}$ 可由线性插值计算：

$$\begin{aligned} A_{w:\overline{35|}} &= ([w] + 1 - w)A_{[w]:\overline{35|}} + (w - [w])A_{[w]+1:\overline{35|}} \\ &= 0.84021A_{39:\overline{35|}} + 0.15979A_{40:\overline{35|}} \\ &= (0.84021)(0.21452) + (0.15979)(0.22314) \\ &= 0.21590 \end{aligned}$$

所求趸缴保费记为 $50\ 000A_{(28:32):\overline{35|}}$，那么，

$$\begin{aligned} 50\ 000A_{(28:32):\overline{35|}} &= 50\ 000A_{w:\overline{35|}} \\ &= 10\ 795\ （元） \end{aligned}$$

二、准备金计算

类似地，我们可以采用与一元生命保险与年金类似的方法，计算涉及联合生命状态的寿险准备金。

例 38 －12

考虑例 38 －8 的保单，如果两者都存活到 50 岁，按原例中的假设，试计算保单准备金。

解： 预期准备金：

$${}_{10}V = 150\ 000A_{50:50} + 0.05P\ \ddot{a}_{50:50} - P\ \ddot{a}_{50:50}$$

查表得：

$$\begin{aligned} \ddot{a}_{50:50} &= 13.667 \\ A_{50:50} &= 1 - d\ \ddot{a}_{50:50} \\ &= 1 - \frac{0.04}{1.04} \times 13.667 = 0.47435 \end{aligned}$$

所以准备金为：

$$\begin{aligned} {}_{10}V &= 150\ 000 \times 0.47435 - 0.95 \times 13.667 \times 3\ 318.073 \\ &= 28\ 071.80149\ （元） \end{aligned}$$

第三十九章

疾病保险

健康保险主要包括医疗保险和疾病保险。医疗保险又称医疗费用保险，即当发生医疗费用时，保险公司依据保险合同的约定予以补偿。而疾病保险则是指当被保险人患有某种疾病时，即可得到保险公司的给付，以度过因疾病原因失去经济收入的时期。本章主要探讨疾病保险的费率和准备金计算的基本原理。

疾病保险常常被视为长期业务，但它通常不同于基本的人寿保险而表现出意外险或非寿险的一些特征。例如，疾病在某种程度上不像死亡那样是一个必然的问题，被保险人需向保险人证明（提交医生的检验报告）他们确实患有某种疾病，并且这种疾病属于承保范围，如此，方可获得保险金。同时，疾病不像死亡那样是一种最终结果，多数情况下被保险人都会康复，并将会因疾病提出索赔要求。

影响健康的因素很多，例如，职业和地理位置。然而，如同死亡率，我们认为影响一个人健康的重要风险因素有两个，即年龄和性别；并且一般来讲，年老的人比年轻人患有疾病的风险会更高一些；与死亡率不同的是，女性比男性患病的概率要高一些。

第一节　疾病给付

一、疾病保险的特征

疾病保险合同是以被保险人患有疾病为给付条件的保险合同，当被保险人患病时，保险人按保险合同的约定，向被保险人提供一定的保险金。这种疾病保险一般会涉及疾病与被保险人工作能力的关系，例如，我们常常会设计被保险人因病而暂时失去或永久失去工作能力为给付条件的保单。

疾病保险通常以“长期丧失能力保险”或“永久健康保险”的方式出现。疾病保险通常以团体保险为主，但有时也会有个人险种。

在世界上大多数国家，疾病保险的给付常常是每周一次，但近年来按月给付也开始变得越来越普遍。

为了避免道德风险和逆向选择，疾病保险通常设有等待期、延长期和康复期。

（一）等待期（waiting period）

出于制约逆向选择和防止道德风险的考虑，保险合同通常会有条款约定，刚刚投保的被保险人不可以向保险人提出索赔。一般约定，被保险人在疾病保险保单生效后的一定时期之后患有疾病，方可向保险人提出索赔要求。通常来讲，我们称此不可提出索赔的时期为等待期。也就是说，被保险人若在等待期内患病并提出索赔，保险人则不予支付保险金。设立等待期的做法，使被保险人在缴纳了一定时期的保费之后，方可在患病情况下提出索赔。等待期一般是 26 周。

（二）延长期（deferred period）

绝大多数保单在被保险人患病的最初几个星期里不会提供疾病保险金给付。这样做，一部分原因是被保险人并不是在刚刚患病的时期就需要大量的疾病保险金给付，另一部分原因是此时尚不能判断所患疾病是否会在很短的时间内康复。设立延长期即指在被保险人患有疾病的最初一定时期，保险人不支付保险金，而被保险人患病超过延长期后疾病保险金才会支付。根据疾病种类的不同，典型的延长期一般为 4 周、13 周或 26 周。

（三）康复期（off period）

许多保单提供疾病保险给付会持续一个时期，也可能是无限期的，在这些情况下，被保险人应缴保费在特定的持续期内通常是上升的，或者说在此持续期内的给付水平是下降的。索赔人可能试图报告他们已康复，以便恢复到他们在健康状态下应缴保费的水平。为了防止这种情况下被保险人的逆向选择（道德风险），通常会设立一个较高缴费标准或较低给付水平的期限（通常为 13 周）。这个低给付水平持续期从被保险人的角度有许多优点，例如，将两份很近的疾病索赔变成一份连续的索赔，这便意味着被保险人无需一个延长期即可得到保险给付。

二、基本疾病函数

（一）疾病力

疾病力 $\bar{z}_x$ 是一个年龄恰好为 x 的人患病（按保险责任约定的疾病）的概率，这个概率可以分成若干期间，例如，$\bar{z}_x$ 为以下几项内容的总和：

$\bar{z}_x^{13}$，即 x 岁的人已患病且未超过 13 周的概率。

$\bar{z}_x^{13|13}$，即 x 岁的人已患病 13～26 周的概率。

$\bar{z}_x^{26|all}$，即 x 岁的人已患病且病期超过 26 周的概率。

这些期间有时用月份来描述而非用周（星期）描述。

“疾病力”也许是一个容易令人迷惑的用语，我们不能把它与“利息力”和“死亡力”进行简单地类比，因为与“利息力”或“死亡力”中的意思不同。实际上，它只是一种状态的概率，而非一种转换的危险率。

我们通常用：

$$ {}_tp_x\bar{z}_{x+t} \tag{39-1}$$

来衡量一个年龄为 x 的人在其 $x+t$ 岁时生存并且患病的概率。

（二）疾病率

与死亡率的概念一样，我们采用两种函数描述疾病率：一种是初始疾病率（initial rate of sickness），可称为"q"型比率，即患病人数与 x 岁时总人数的比率；另一种是中心疾病率（central rate of sickness），可称为"m"型比率，即患病人数与上一个生日为 x 岁的人数的比率。对于疾病函数，因为疾病是一种持续状态，这些比率通常表示为每年患病平均周数的形式。这里的患病平均周数，我们一般通过计算患病周数的数学期望值来得出，并将此数学期望值称为预期患病周数。

1. 初始疾病率

初始疾病率 s_x 是指现在恰为 x 岁的人在未来一年中的预期患病周数，也就是总患病周数与年初生存人数的比率，即：

$$s_x = \frac{52.18}{l_x}\int_0^1 l_{x+t}\bar{z}_{x+t}dt \tag{39-2}$$

$$= 52.18\int_0^1 {}_tp_x \cdot \bar{z}_{x+t}dt \tag{39-3}$$

与过去的意义相同，这里的 l_x 即来自生命表的数据，表示年龄 x 岁时的生存人数，52.18 为一年中的平均周数，即 365.25 ÷ 7 得出的结果。

2. 中心疾病率

中心疾病率 z_x 是现在年龄为 x 到 $x+1$ 岁之间的人在未来一年中的预期患病周数，也就是在患病周数与一年中平均人数的比率，即：

$$z_x = 52.18 \cdot \frac{\int_0^1 l_{x+t}\bar{z}_{x+t}dt}{\int_0^1 l_{x+t}dt} \tag{39-4}$$

与 $\bar{z}_x$ 类似，s_x 和 z_x 都可以分别用 s_x^{13}、$s_x^{13|13}$、$s_x^{13|all}$ 和 z_x^{13}、$z_x^{13|13}$、$z_x^{13|all}$ 等分为各个不同的持续期。

（三）疾病函数之间的关系

一般来讲，我们采用疾病函数间以下近似关系：

$$s_x \approx 52.18 \cdot {}_{1/2}p_x\bar{z}_{x+1/2} \tag{39-5}$$

$$z_x \approx 52.18 \cdot \bar{z}_{x+1/2} \tag{39-6}$$

事实上，既然函数 l_x 和 $\bar{z}_x$ 均随年龄而变化，我们可以用其的中值得出近似值，因此，

$$s_x \approx 52.18 \cdot \frac{l_{x+1/2} \cdot \bar{z}_{x+1/2}}{l_x} = 52.18 \cdot {}_{1/2}p_x\bar{z}_{x+1/2}$$

$$z_x \approx 52.18 \cdot \frac{l_{x+1/2} \cdot \bar{z}_{x+1/2}}{l_{x+1/2}} = 52.18 \cdot \bar{z}_{x+1/2}$$

在本书后附有一张 MU1893 ~97 经验疾病率表，表中的已生效期为 3 个月、6 个月、

12 个月和 24 个月。

表中的疾病率为中心疾病率（central rate of sickness），即 z 函数。前五列的函数即：

（1）z_x^{13}（前 3 个月）；

（2）$z_x^{13|13}$（第二个 3 个月）；

（3）$z_x^{26|26}$（第二个 6 个月）；

（4）$z_x^{52|52}$（第二个 12 个月）；

（5）$z_x^{104|all}$（二年之后）。

最后一列为 z_x，是其他列之和。

这张表源于 Lodges of the Manchester Unity of Oddfellows 提供的 1893～97 年数据，大约依据 500000 张保单（尽管里面可能包括某些人物加倍的保单数据）。其数据为男女混合的结果，其中，绝大多数的被保险人都是男人。表中数据依据疾病率最低的职业组：A（农民）、H（乡下的其他职业）、J（都市居民）。表中假设康复期为 1 年。该表的精算分析是由发明疾病给付计算曼联法的 AW 瓦特逊完成的。

虽然这张表源于一百多年前的数据，但它具有一些至今看来仍很有意义的优点。它建立在大量的被保险人数据的基础上，并按已患病时间和给定的职业组来分类排列。

今天看来它已过时，主要原因是表中的病例包括伤寒。但一些保险人仍在使用该表修改后的形式，例如，使用最健康职业团体（A、H 和 J）的疾病率乘以 30%。

本书中讲述相关计算所用的疾病率数据，主要来自于书后所附的这张 MU1893～97 表。

三、疾病期间单位给付的预期现值和疾病换算函数

初始疾病率 s_x 和中心疾病率 z_x 描述了年龄为 x 岁的人在未来一年中的预期患病周数。进而可以据此探讨疾病给付的预期现值，包括未来一年中患病期间每周单位给付的预期现值和未来各年中患病期间每周单位给付的预期现值。

本书前面章节探讨生命保险与年金的时候，为了简化计算，采用了一些换算函数。现在，我们同样面临相同的问题，也将采用类似的方法定义换算函数。下面我们给出复利条件下的换算函数的表达式及其意义。

定义：

$$H_x = 52.18\int_0^1 v^{x+t} l_{x+t} \bar{z}_{x+t} dt \qquad (39-7)$$

换算函数（39－7）用于计算从 x 岁至 $x+1$ 岁的疾病保险给付的预期现值。

$$H_x^{m|n} = 52.18\int_0^1 v^{x+t} l_{x+t} \bar{z}_{x+t}^{m|n} dt \qquad (39-8)$$

换算函数（39－8）用于计算从 x 岁至 $x+1$ 岁的疾病保险给付的预期现值，但限于 m 与 $m+n$ 之间的持续期。

$$K_x = 52.18\int_0^{\infty} v^{x+t} l_{x+t} \bar{z}_{x+t} dt$$
$$= H_x + H_{x+1} + H_{x+2} + \cdots \qquad (39-9)$$

换算函数（39－9）用于计算 x 岁以后的疾病保险给付的预期现值。

$$K_x^{m|n} = 52.18\int_0^{\infty} v^{x+t} l_{x+t} \bar{z}_{x+t}^{m|n} dt$$
$$= H_x^{m|n} + H_{x+1}^{m|n} + H_{x+2}^{m|n} + \cdots \qquad (39-10)$$

换算函数（39－10）用于计算 x 岁以后的疾病保险给付的预期现值，但限于 m 至 $m+n$ 之间的持续期。

例 39－1

假设疾病率采用 MU1893～97 表数据，根据表中数据求出 K_{30} 与 H_{30}、K_{25} 与 H_{25} 的值，其中，利率取 4%。

解： 表中没有直接给出 K_x 的 K_{30} 值，值可以通过累加表中已列出的数据得到：

$$K_{30} = K_{30}^{13} + K_{30}^{13|13} + K_{30}^{26|26} + K_{30}^{52|52} + K_{30}^{104|ALL}$$
$$= 550\ 684 + 156\ 458 + 103\ 548 + 186\ 765 + 727\ 273$$
$$= 1\ 784\ 728$$

同样方法，我们可求得：

$$K_{31} = 1\ 758\ 296$$

于是：

$$H_{30} = K_{30} - K_{31} = 1\ 784\ 728 - 1\ 758\ 296 = 26\ 432$$

同理：

$$K_{25} = K_{25}^{13} + K_{25}^{13|13} + K_{25}^{26|26} + K_{25}^{52|52} + K_{25}^{104|ALL}$$
$$= 654\ 200 + 170\ 270 + 173\ 284 + 193\ 048 + 735\ 214$$
$$= 1\ 926\ 016$$
$$K_{26} = 1\ 896\ 264$$
$$H_{25} = K_{25} - K_{26} = 1\ 926\ 016 - 1\ 896\ 264 = 29\ 752$$

与生命年金一样，如果疾病保险的支付是每周一次，我们就近似地按连续支付来计算。

定义了上述换算函数并且明确了它们之间的关系，可以进而得出疾病期间每周给付保险金的预期现值。以下几个例题可以说明具体的计算方法。

例 39－2

一个恰好 40 岁的人已投保多年，现在身体健康。假设在任何疾病期都有每周数额为 500 元的疾病给付，试计算此疾病给付的预期现值。假设疾病率采用 MU1893～97 表数据，死亡率按 ELT12 计算，利率取 4%。

解： 这是一份终身的疾病保险，在未来任何疾病持续期均有疾病给付，所以其预期现值为：

$$\begin{aligned}
\text{EPV} &= 500 \times 52.18\int_0^{\infty} v^t \frac{l_{40+t}}{l_{40}}\bar{z}_{40+t}dt \\
&= 500 \times \frac{52.18\int_0^{\infty} v^{40+t} l_{40+t}\bar{z}_{40+t}dt}{v^{40}l_{40}} \\
&= 500\frac{K_{40}}{D_{40}}
\end{aligned}$$

根据附表求出 K_{40}，即：

$$\begin{aligned}
K_{40} &= K_{40}^{13} + K_{40}^{13|13} + K_{40}^{26|26} + K_{40}^{52|52} + K_{40}^{104|ALL} \\
&= 385\ 490 + 130\ 449 + \cdots + 700\ 172 = 1\ 532\ 767
\end{aligned}$$

所以预期现值为：

$$EPV = 500 \times \frac{1\ 532\ 767}{19\ 535} = 39\ 231.0\ （元）$$

例 39－3

在例 39－2 中，如果约定被保险人生存至 65 岁之后，就不再有疾病保险金给付，则该疾病给付的预期现值为多少？

解：这是一份 25 年期的定期保险单。65 岁以后的疾病给付为：

$$EPV_{65岁以后} = 500 \times 52.18\int_{25}^{\infty} v^t \frac{l_{40+t}}{l_{40}}\bar{z}_{40+t}dt$$

做积分变换 $t = s + 25$，得：

$$\begin{aligned}
EPV_{65岁以后} &= 500 \times 52.18\int_0^{\infty} v^{25+s} \cdot \frac{l_{65+s}}{l_{40}}\bar{z}_{65+s}ds \\
&= 500 \times \frac{52.18\int_0^{\infty} v^{65+s} l_{65+s}\bar{z}_{65+s}ds}{v^{40}l_{40}} \\
&= 500 \times \frac{K_{65}}{D_{40}}
\end{aligned}$$

根据附表求出 K_{65}，即：

$$\begin{aligned}
K_{65} &= K_{65}^{13} + K_{65}^{13|13} + K_{65}^{26|26} + K_{65}^{52|52} + K_{65}^{104|ALL} \\
&= 87\ 520 + 49\ 143.5 + 68\ 526.0 + 99\ 768.8 + 476\ 949 \\
&= 781\ 907.7
\end{aligned}$$

所以 65 岁以后的疾病给付预期现值为：

$$EPV_{65岁以后} = 500 \times \frac{781\ 907.7}{19\ 535} = 20\ 012.5$$

于是，65 岁以前的疾病给付预期现值为：

$$\begin{aligned}
EPV_{65岁以前} &= EPV_{全部年龄} - EPV_{65岁以后} \\
&= 39\ 231.0 - 20\ 012.5 = 19\ 218.5
\end{aligned}$$

从上述两个例题可以总结出，终身疾病保险（不考虑等待期和延长期）在疾病期间每周单位给付预期现值为：

$$\frac{K_x}{D_x}$$

n 年期定期疾病保险（不考虑等待期和延长期）在疾病期间每周单位给付预期现值为：

$$\frac{K_x - K_{x+n}}{D_x}$$

第二节　保费和准备金

与过去探讨过的一元生命保险一样，疾病保险费的计算也是根据价值方程来算的。

一、等待期和延长期

如果为一个刚刚投保的人计算其疾病给付的预期现值，从理论上来讲，我们应该注意到，在等待期和延长期结束之前是没有任何疾病给付的。于是，应当对前一节所述的表达式做一些调整。

对一个刚刚投保的年龄为 x 岁的人来讲，在等待期 w 年和延长期 d 年结束之后，并且在第 n 年以前，如果每周的疾病给付为 1 元，则其预期现值近似为：

$$\frac{K_{x+w+d}^{d|all} - K_{x+n}^{d|all}}{D_x} \qquad (39-11)$$

事实上，疾病给付直到等待期和延长期结束后才会发生，因此，所求的预期现值近似为：

$$52.18\int_{w+d}^{n} v^t \frac{l_{x+t}}{l_x}\bar{z}_{x+t}^{d|all}dt$$

做积分变换 $t=s+w+d$，则：

$$52.18\int_{0}^{n-w-d} v^{w+d+s} \frac{l_{x+w+d+s}}{l_x}\bar{z}_{x+w+d+s}^{d|all}ds$$

$$=52.18\int_{0}^{n-w-d} v^{x+w+d+s} \frac{l_{x+w+d+s}}{l_x}\bar{z}_{x+w+d+s}^{d|all}ds/v^x$$

$$=\frac{K_{x+w+d}^{d|all} - K_{x+n}^{d|all}}{D_x}$$

对于非整数年龄的 x，可以采用线性插值法求出 K 的值。

以上只是对真实值提供了一个近似的解，因为疾病函数是建立在某一段时间区域上平均疾病率的基础上，它们并不是在时间区域上的一个精确的连续变动的函数。在下面的例子之后，我们会说明这种方法的不精确之处。

例 39－4

一个刚刚投保的年龄恰好为 40 岁的人，假定他目前身体健康，如果等待期为 1 年，试计算其 65 岁前的疾病给付的预期现值，其中：

（1）延长期为 1 年；

（2）在 52 周之内的疾病给付每周 450 元，超过此期限后如果仍然生病，则疾病给付降为每周 180 元。

解：疾病给付是在等待期和延长期结束以后才开始，因此，每周 450 元的疾病给付是在 42 岁之后才可能开始，每周 180 元的疾病给付是在疾病持续到 43 岁后才可能开始的，因此，其预期现值近似为：

$$450\,\frac{K_{42}^{52|52}-K_{65}^{52|52}}{D_{40}}+180\,\frac{K_{43}^{104|all}-K_{65}^{104|all}}{D_{40}}$$

$$=450\times\frac{168\ 987-99\ 768.8}{19\ 535}+180\times\frac{687\ 280-476\ 949}{19\ 535}$$

$$=3\ 532.52\text{（元）}$$

为了说明修正后的公式不精确，我们可以考察例 39－4 中被保险人的情况。假如此人在 40.5 岁时生病且一直病了 3 年，则疾病给付在 42 岁开始每周 450 元。然而，对于被保险人，这实际指生病后的 1.5～2.5 年间的生病期，而非公式中的 1～2 年，由于超过 2 年的疾病只可以得到每周 180 元的给付，所以上述公式低估了给付责任。

实际上来讲，这种计算每周 180 元的方法，也是不精确的，因为其中包含了超过 2 年的整个疾病期。如果当初保单只售给 40 岁时健康的人，这个 43 岁的被保险人一般不会经历 4 年的疾病。

由于不精确之处为数值上的较小差额，在实际中也就忽略了这种修正的影响。当然，这大大简化了我们的计算。

例 39－5

某被保险人现年 30 岁，欲考虑一份 60 岁之前的疾病保险，希望在患病 3 月后就以每周 600 元的给付水平领取保险金。试在以下情况下计算其预期给付现值：

（1）假设这是一个目前健康的被保险人，并已度过了等待期。

（2）假设这是一个新投保的被保险人，等待期为 6 个月（不超过延长期）。

（3）按 30 岁的换算函数 K 值进行计算，即忽略等待期和延长期。

解：

（1）因为这是一个目前健康的被保险人，并且已经过了等待期，所以最早的可能给付是开始于延长期刚刚结束的时候，即 $30\frac{1}{4}$岁时。于是，预期给付现值为：

$$600\times\frac{K_{30.25}^{13|all}-K_{60}^{13|all}}{D_{30}}$$

将附表中的 K 函数后 4 列求和，得：

$$K_{30}^{13|all}=K_{30}^{13|13}+K_{30}^{26|26}+K_{30}^{52|52}+K_{30}^{104|ALL}$$

$$=156\ 458+163\ 548+186\ 765+727\ 273$$

$$=1\ 234\ 044$$

$$K_{31}^{13|all}=K_{31}^{13|13}+K_{31}^{26|26}+K_{31}^{52|52}+K_{31}^{104|ALL}$$

$$=153\ 867+161\ 647+185\ 383+725\ 401$$

$$=1\ 226\ 298$$

$$K_{60}^{13|all}=K_{60}^{13|13}+K_{60}^{26|26}+K_{60}^{52|52}+K_{60}^{104|ALL}$$

$$=68\ 315.0+89\ 992.7+124\ 022+552\ 353$$

$$=834\ 682.7$$

从而，可用线性插值法求得 30.25 岁的 K 函数值：

$$K_{30.25}^{13|all}\approx\frac{3}{4}\cdot K_{30}^{13|all}+\frac{1}{4}K_{31}^{13|all}$$

$$=1\ 128\ 394$$

于是：

$$600\times\frac{K_{30.25}^{13|all}-K_{60}^{13|all}}{D_{30}}$$

$$=600\times\frac{1\ 128\ 394-834\ 682.7}{29\ 372}$$

$$=5\ 999.826\text{（元）}$$

（2）这是一个刚刚投保的人，也就是一个健康的被保险人，因此，最早的可能给付开始于延长期的结束时，当然，是在等待期已过的延长期之后，即 $30\frac{3}{4}$。于是，有：

$$K_{30.75}^{13|all}\approx\frac{1}{4}\cdot K_{30}^{13|all}+\frac{3}{4}\cdot K_{31}^{13|all}$$

$$=1\ 228\ 234.5$$

可得预期给付现值为：

$$600\times\frac{K_{30.75}^{13|all}-K_{60}^{13|all}}{D_{30}}$$

$$=600\times\frac{1\ 228\ 234.5-834\ 682.7}{29\ 372}=8\ 040\text{（元）}$$

（3）忽略等待期和延长期，其预期给付现值为：

$$600\times\frac{K_{30}^{13|all}-K_{60}^{13|all}}{D_{30}}$$

$$=600\times\frac{1\ 234\ 044-834\ 682.7}{29\ 372}$$

$$=8\ 157.6\text{（元）}$$

一般来讲，对早期年龄的额外调整使计算复杂化，但是相对于最终结果来讲，其误差是很小的。

二、保费

疾病保险的保费通常在保险期间内每周或每月支付一次。疾病保险的计算通常假定一年有 52. 18 周，保险金给付按周支付的情况一般近似地按照连续支付的情况来计算。多数保单规定在患病期间不再缴纳保费，这意味着我们在列出价值方程的时候，要考虑到一份数额与保费相同的额外的保险给付。

例 39 -6

一份疾病保险单规定经过 6 个月的等待期后，在患病 26 个星期后每星期给付 200 元直到 65 岁时停止。保费是在整个期间内按周支付，但当开始支付疾病给付时便不再缴纳保费。试为一个年龄恰好为 40 岁的健康状况良好的人计算保费。其中：

疾病率采用附表 MU1893 ~97 数据；

死亡率按 ELT12 计算；

利率为 4%；

费用：500 元的初始费用，及全部保费和给付的 5%，全部保费包括患病期间未缴纳的保费。

解： 显然，价值方程为：

保费预期现值 = 保险给付预期现值 + 所发生费用的预期现值

假设每周缴纳保费额为 P，则保费的预期现值（忽略患病期间未缴纳部分）为：

$$52.18P\ \bar{a}_{40:\overline{25}|}=52.18\frac{\bar{N}_{40}-\bar{N}_{65}}{D_{40}}P$$

$$=52.18\times\frac{338\ 786-47\ 723.0}{19\ 535}P$$

$$=777.46P$$

疾病基本给付的预期现值为：

$$200\times\frac{K_{41}^{26|all}-K_{65}^{26|all}}{D_{40}}$$

$$=200\times\frac{1\ 009\ 058-645\ 243.8}{19\ 535}$$

$$=3\ 724$$

疾病期未缴纳的保费的预期现值为：

$$P\frac{K_{41}^{26|all}-K_{65}^{26|all}}{D_{40}}=18.62P$$

所发生费用的预期现值为：

$$500+0.05\times52.18P\ \bar{a}_{40:\overline{25}|}+0.05\times200\frac{K_{41}^{26|all}-K_{65}^{26|all}}{D_{40}}$$

$$=500+0.05\times777.46P+0.05\times200\times18.62$$

$$=500+38.87P+186.20$$

于是，价值方程变为：

$$777.46P = 3\ 724 + 18.62P + 500 + 38.87P + 186.20$$

得出：

$$P = 6.12$$

即保费为每周 6.12 元。

三、准备金

从理论上来讲，在寿险公司计算疾病保险合同准备金的时候，应该考虑此时是否正在支付疾病给付。而且，由于正在支付的疾病给付数额取决于疾病的已持续期，对于一个已患病的被保险人，其保单准备金的计算应考虑到疾病给付的实际数额。然而，在实践中，这样做并没有得出有很大区别的结果，寿险公司一般就不因为被保险人的疾病状况不同而采用不同的计算准备金的方式。

容易理解，预期准备金的计算是将未来疾病给付（计算假定被保险人目前是健康的）和费用的预期现值减去未来保费收入的预期现值。

例 39－7

计算前例中保单 10 年后的准备金（假定该合同当时未发生疾病给付的要求）。计算准备金采用与计算保费相同的精算基础。

解：

预期准备金 ＝ 未来给付和费用的预期现值－未来保费的预期现值

未来保费的预期现值（忽略疾病期间未缴纳的部分）为：

$$52.18P\bar{a}_{50:\overline{15|}} = 52.18\frac{\bar{N}_{50} - \bar{N}_{65}}{D_{50}}P$$

$$= 52.18 \times 6.12 \times \frac{179\ 605 - 47\ 723.0}{19\ 535}$$

$$= 3\ 322$$

未来疾病保险基本给付的预期现值（忽略任何年龄调整）为：

$$200\frac{K_{50}^{26|all} - K_{65}^{26|all}}{D_{50}}$$

$$= 200 \times \frac{924\ 563 - 645\ 243.8}{12\ 676}$$

$$= 4\ 408$$

未来因疾病而未缴纳保费的预期现值为：

$$P\frac{K_{50}^{26|all} - K_{65}^{26|all}}{D_{50}} = 22.04 \times 6.12 = 134$$

未来费用的预期现值为：

$$0.05 \times 52.18P\bar{a}_{50:\overline{15|}} + 0.05 \times 200\frac{K_{50}^{26|all} - K_{65}^{26|all}}{D_{50}}$$

$$= 0.05 \times 52.18 \times 6.12 \times 10.404 + 0.05 \times 4\ 408$$
$$= 386$$

于是，预期准备金为：

$${}_{10}V = 4\ 408 + 134 + 386 - 3\ 322 = 1\ 606\ （元）$$

第三节 计算保费和准备金的三种方法评述

一、曼联法（Manchester Unity）

曼联法即我们在计算中使用过的以生命个体在给定年龄和持续期内患病的概率为前提的计算方法。

这种方法容易建立，并且在一些国家（例如，英国）容易被理解，也容易应用。与后面探讨的方法相比，其计算较简单，无需计算机；适用于具备标准表数据的情况；不必对表进行调整。然而，也存在以下一些缺点：

（1）现有的疾病率表的数据不够详细，也就不可能精确地计算某些期限的疾病率（例如，按附表就无法精确地计算第9周的疾病率）。特别是超过一定年限后的期间里无法精确计算其疾病率。

（2）为了在后期获得准确的疾病率，有必要分析一组对充分地索赔来说其生效时间足够长的保单。但曼联法的观测不能分析其历险数。例如，计算年龄为 x 岁、已承保时间为“2年以上”的疾病历险数，应包括所有 x 岁的成员，而不是排除了那些已持单时间不足两年的人。如果某寿险公司的已持单时间的组合不同于估价基础，则可能会因此低估疾病给付水平。这种情况特别影响一个寿险公司去承保这种业务。对未来索赔额的估计也会因保单组合的变换而与实际不符。

（3）在等待期和延长期的关系方面也存在着问题。使用曼联法无法区分疾病给付的时间长度与实际疾病期间长度（例39－4后的评论解释了这种观点）。

（4）我们用于计算疾病给付的函数假定的给付水平是不变的，而许多保单提供的给付是随时间的推移而增加的（例如，按零售物价指数递增的疾病给付），因此，不可能直接用于定价。

（5）计算疾病给付的函数不能直接用于计算对目前已患病的被保险人应提存的准备金。（即被保险人将收到的给付）。

二、疾病发生率—年金方法

疾病发生率—年金方法，一般适用于风险保费的计算，这里的风险保费即索赔频率乘以平均的索赔额。

例如，如果一群汽车驾驶员平均5年索赔一次（即索赔频率为$\frac{1}{5}$），每次的平均索赔额为 7 500 元，则一个保险人可以计算这一群体的风险保费为：

$$\frac{1}{5}\times 7\ 500=1\ 500\text{（元）}$$

使用这种方法计算疾病给付，我们需要以下数据：

（1）索赔频率或疾病发生率，定义为上一个生日年龄为 x 岁的人的发病初始比率。

（2）平均索赔成本，也就是年金因子 $\bar{a}^{i}_{x+t+1/2}$，代表按给定的利率计算，一个典型的疾病给付的预期现值，这里要考虑到死亡和康复。表 39 –1 给出了一些典型疾病发生率和年金因子，其中，延长期为 13 周。

表 39 –1　　　　典型疾病的发生率和年金

年龄	疾病发生率	年金因子
35	0. 03	3. 0
45	0. 05	3. 5
55	0. 010	4. 5
65	0. 025	4. 0

例 39 –8

求出使用疾病发生率—年金方法计算一个 40 岁的人在 25 年期限内疾病保险金支出的现值公式。给付水平为每年 5 000 元，每年利率为复利 5%。

解：所求的预期现值为：

$$\sum_{t=0}^{24} 5\ 000\ (1.05)^{t+1/2} v^{t+1/2}\ \frac{l_{40+t+1/2}}{l_{40}} i_{40+t} \bar{a}^{i}_{x+t+1/2:\overline{25-t-1/2}|}$$

在这里，年金因子 $\bar{a}^{i}_{x+t+1/2:\overline{25-t-1/2}|}$（考虑到利息增加，将使用调整率计算）代表当一个人在 $40+t+\frac{1}{2}$岁时患病并继续处于疾病状态（且活着）时每年（初始的）1 元的单位年金的现值，但限定最多赔偿到 $25-t-\frac{1}{2}$年。

疾病发生率—年金方法可以估计递增的疾病给付，也可以计算已患病的被保险人的准备金。但这种方法用起来比较复杂，也不如曼联法容易被人理解。并且，像英国等国家虽然已在该领域开展了一些工作，但尚未建立以此为基础的标准疾病率表。

三、复合状态模型

回忆一下第三十六章第一节探讨的作为复合状态模型的疾病—死亡模型。图 39 –1 清楚地显示了“健康”“疾病” 和 “死亡” 之间可能的转换。

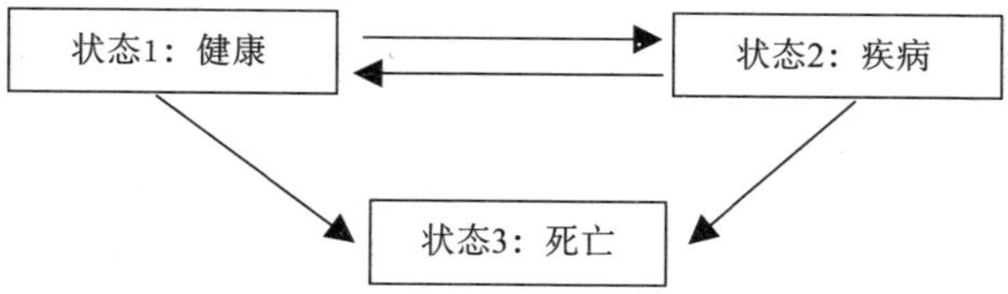

图 39－1　复合状态模型

在这种复合状态模型中，计算保费和准备金时，可以通过计算被保险人在给定的未来期间内患病的概率，并按适当的利率计算相应的现值。其结果即为未来任意一年的保险给付的现值总和。

复合状态模型是最常见的模型，也是最复杂的。然而，它引出了曼联法和疾病发生率—年金方法下的疾病函数。

复合状态模型在理论上是最“精确”的方式，能评价任何形式的疾病给付。在此模型下，可以建立既适用于曼联法又适用于疾病发生率—年金方法的疾病给付函数。然而，它是三种方法中最复杂的，也最难理解的。并且其疾病率表需要在每种特别情形下做出调整。

第四十章

复合生命保险利润测算

第一节 发生成本及其现值

一、单原因减员模型的发生成本及其现值

（一）发生成本

我们可以将未来支付的预期现值和终值表示为如下的形式，

在离散情况下为：$\sum F(t)P(t)I(t)$

在连续情况下为：$\int F(t)P(t)I(t)$

其中，$F(t)$表示在时间 t 时的支付额；$P(t)$表示在时间 t 时完成支付的概率；$I(t)$表示当前或者累计价值在时间 t 时的复利函数；而发生成本则为 $F(t)\cdot P(t)$。

我们在基本的单原因减员模型中的团体保单引入“发生成本”的概念。假定现有一组非分红保单，每份保单的期限均为 n 年，被保险人年龄相同，保单签发日为同一天，时间自保单签发之日起计算，每份保单每年的保费在第 t 年时为 P_t（实际上支付于 $t-1$ 年时进行），$t=1$，2，$\cdots n$。每份保单在第 t 年初的费用为 e_t。

每份保单可提供的给付如下：

（1）如果被保险人（x）于第 t 年中死亡（$t=1$，2，$3\cdots$），在第 t 年末应支付的死亡收益 D_t。

（2）如果被保险人（x）于第 t 年年末时仍活着，那么在第 t 年末应支付的年存收益 S_t。

假定，保险给付中发生的所有开支，均分别包括在 D_t 或者 S_t 中。

假定，第 t 年末的利率为 i_t。

假定，适用于被保险人的生命表是已知的。

这种表述是十分常见的，它允许利率、保费和给付可随着 t 的变化而改变。现在我们

再来考虑第 t 年的情况。

对于在第 t 年初时仍然有效的保单来说，第 t 年的预期现金流量包括：

P_t：该年度开始时收到的年度保费；

$-e_t$：该年度开始时产生的年度开支；

$i_t(P_t-e_t)$：年度利息；

$-D_t\cdot q_{x+t-1}$：该年末支付的预期死亡给付（及相应开支）的成本；

$-S_t\cdot p_{x+t-1}$：该年末支付的预期生存给付（相应开支）的成本。

如果将第 t 年初每份有效保单在第 t 年末的预期现金流量记为 CF_t，那么：

$$CF_t=P_t-e_t+i_t(P_t-e_t)-D_t\cdot q_{x+t-1}-S_t\cdot p_{x+t-1} \qquad (40-1)$$

其中，$t=1$，2，3，$\cdots n$。

这就是在第 t 年初有效的保单在第 t 年末的预期金额。

如果将最初签发的每份保单在第 t 年末的预期现金流量记为 EC_t，那么：

$$EC_{t=t-1}p_x\cdot CF_t$$

（二）现值与固定利率

现假定 i_t 为特定的固定利率 i。那么，在签发日，每份保单的价值方程为：

$$\sum_{t=1}^{n}P_t\cdot v^{t-1}\cdot{}_{t-1}p_x=\sum_{t=1}^{n}[D_t\cdot v^t\cdot{}_{t-1|}q_x+S_t\cdot v^t\cdot{}_tp_x+e_t\cdot v^{t-1}\cdot{}_{t-1}p_x]$$
$$=\sum_{t=1}^{n}[D_t\cdot v^t\cdot{}_{t-1}p_x\cdot q_{x+t-1}+S_t\cdot v^t\cdot{}_tp_x+e_t\cdot v^{t-1}\cdot{}_{t-1}p_x]$$

即：

$$\sum_{t=1}^{n}v^t\cdot{}_{t-1}p_x[P_t(1+i)-D_tq_{x+t-1}-S_tp_{x+t-1}-e_t(1+i)]=0 \qquad (40-2)$$

即：

$$\sum_{t=1}^{n}v^t\cdot{}_{t-1}p_xCF_t=0 \qquad (40-3)$$

即：

$$\sum_{t=1}^{n}v^tEC_t=0 \qquad (40-4)$$

因此，习惯上将保单的价值方程简单地表述为“预期发生成本等于零”。

关于现金流量和发生成本的研究，最初看起来可能是较为复杂的方程，但它却能对那些按照传统方法不易分析清楚的复杂保单设计进行审查。

传统的方程要求对价值方程中的各个要素分别进行赋值，也就是说我们要同时考虑等式的每一构成部分在保单有效期中的所有年份的投入。相反，采用现金流量或发生成本的方法，我们只需去考虑方程涉及的不同部分在每个年份（或时间段）里的金额在同一时刻的预期现值或终值。

在实际工作中，我们常常会遇到变动的现金流量。下面，我们以由于通货膨胀影响使费用递增的情况为例，探讨一下变动的现金流量的情况：

如果费用为：

初始费用：$e_1=I$；

续期费用：$e_t=e(1+j)^{t-1}$，j 为通货膨胀率，$t=2$，3，…n；

那么，在 $t=1$ 的情况下，预期的发生成本为 I；

在 $t=2$，3，…，n 的情况下，预期发生成本为${}_{t-1}p_x e(1+j)^{t-1}$；

在固定利率的情况下，发生成本的预期现值为：

$$\begin{aligned} & I+\sum_{t=2}^{n} v^{t-1}\cdot {}_{t-1}p_x e(1+j)^{t-1} \\ & = I+e\sum_{t=2}^{n} w^{t-1}\cdot {}_{t-1}p_x \\ & = I+ea'_{x:\overline{n-1}|} \end{aligned} \tag{40-5}$$

其中，$w=v(1+j)=(1+j)/(1+i)=1/(1+k)$，$a'$则是在固定利率 $k=(i-j)/(1+j)$下计算的年金现值符号。

二、多原因减员模型：发生成本和现值

（一）发生成本

这里我们采用前面所使用的非分红保单组进行分析，在此，我们增加了第三种给付，即如果被保险人（x）在第 t 年中退保，则由此产生退保收益或称解约收益 W_t（$t=1$，2，3，…n）与前面一样，我们假定 W_t 包括了由这些给付而产生的费用。

假定与被保险人有关的双原因减员模型是已知的，现在来看一下第 t 年的情况：

就一份于第 t 年初时有效的保单来说，第 t 年预期的净现金流量如下：

P_t：于年初收到的该年度保费。

$-e_t$：于年初发生的该年度费用。

$i_t(P_t-e_t)$：该年度利息。

$-D_t(aq)^d_{x+t-1}$：在该年年末的死亡给付（及相应开支）的预期成本。

$-S_t(ap)_{x+t-1}$：在该年年末支付的生存给付（及相应开支）的预期成本。

$-W_t(aq)^w_{x+t-1}$：在该年年末支付的退保给付（及相应开支）的预期成本。

那么，每份于第 t 年初时有效的保单的预期现金流量为 CF_t。CF_t 可以定义为：

$$CF_t=P_t-e_t+i_t(P_t-e_t)-D_t(aq)^d_{x+t-1}-W_t(aq)^w_{x+t-1}-S_t(ap)_{x+t-1} \tag{40-6}$$

其中，$t=1$，2，3…n，

如果每份保单最初签发时预期的第 t 年发生成本（或现金流量）记为 EC_t，那么：

$$EC_t={}_{t-1}(ap)_x CF_t \tag{40-7}$$

该等式也可用于 m 种原因减员模型的案例中，这里相应的给付则为 B^j_t，$j=1$，2，3，…m。

例如，等式（40－6）就可以写成：

$$CF_t=P_t-e_t+i_t(P_t-e_t)-\sum_{j=1}^{n} B^j_t(aq)^j_{x+t-1}-S_t(ap)_{x+t-1} \tag{40-8}$$

（二）现值及固定利率

与前面一样，我们现假定 $i_t = i$，即采用固定利率 i。

在签发合同之日时，价值方程为：

$$\sum_{t=1}^{n} P_t v^{t-1} \cdot {}_{t-1}(ap)_x$$
$$= \sum_{t=1}^{n} [D_t v^t \cdot {}_{t-1}(ap)_x (aq)^d_{x+t-1} + W_t v^t_{t-1}(ap)_x (aq)^w_{x+t-1} + S_t v^t_t (ap)_x + e_t v^{t-1} \cdot {}_{t-1}(ap)_x]$$
$$= \sum_{t=1}^{n} {}_{t-1}(ap)_x [D_t v^t (aq)^d_{x+t-1} + W_e v^t (aq)^w_{x+t-1} + S_t v^t (ap)_{x+t-1} + e_t v^{t-1}] \quad (40-9)$$

该等式亦可写成：

$$\sum_{t=1}^{n} v^t \cdot {}_{t-1}(ap)_x [P_t(1+i) - D_t(aq)^d_{x+t-1} - W_t(aq)^w_{x+t-1} - S_t(ap)_{x+t-1} - e_t(1+i)] = 0$$

根据等式（40－6）和等式（40－7）中对 CF_t 和 EC_t 的定义，该等式可写成：

$$\sum_{t=1}^{n} v^t \cdot {}_{t-1}(ap)_x CF_t = 0 \quad (40-10)$$

即：

$$\sum_{t=1}^{n} EC_t = 0 \quad (40-11)$$

因此，一个常规的价值方程就可以简单地描述为：

“预期发生成本的现值等于零”。

三、多重状态模型：发生成本及其现值

在多重状态下考虑设计发生成本模型时，我们应着重注意用于表示健康、患疾和死亡3种状态间转换的三重状态模式，该模式在疾病和永久性健康保单中有着十分重要的应用。

（一）发生成本

使用一个简单的例子就可以揭示运用于多重状态模型的发生成本的概念含义。假定有一组非分红 PHI 保单，每份保单的期限均为 n 年，并于同日签发给年龄同为 x 的被保险人，时间自签发之日起计算，每份保单都有一份零延长期。我们采用这一现实生活中并不存在的例证，目的只是为了简化我们的说明。

每份保单在第 t 年的年度保费为 P_t（实际上支付是在自时间 $t-1$ 时进行的）$t=1, 2, \cdots n$。如果被保险人在时间 $t-1$ 时，即在第 t 年初患病，则无需继续缴纳保费。

为简单起见，假定费用已从保费中扣除，或者在适当的情形下加在了索赔支付中了，但要注意，在不考虑保费收益的情形下，这种假定是不合理的、错误的。

每份保单所提供的给付如下：

（1）如果被保险人（x）在第 t 年间死亡，则在该年年末支付的死亡给付为 D_t。

（2）如果被保险人（x）在第 t 年间仍生存，并处于生病状态，则在该年年末支付收

入给付 B_t。

此时，应设定在签发保险单前，被保险人是健康的，这里可采用前面介绍过的死亡—生病模型及相应的概念（状态 1 = 活着且健康，状态 2 = 活着但患病，状态 3 = 死亡），我们可以看出，从状态 1 或者状态 2 向状态 3 的转变过程中，A 项的给付是可得的。

如果在特定的时间点上，x 处于状态 2，那么 B 项的给付（即放弃保费的给付）是可得的。因此，A 项给付是保险给付的主要构成，而 B 项给付则是年金给付的主要构成。但应注意的是，在签发保单时，被保险人（x）是处于状态 1 的。

假定在第 t 年可得的利率为 i_t。

现在让我们来考察一下第 t 年的情况：

一份在第 t 年开始时有效的保单，在持单人健康的情况下，〔即于时间 $t-1$ 时处于状态 1〕，第 t 年预期的现金流量（收入少于支出）包括：

P_t：每年初收到的该年度保费。

$i_t \cdot P_t$：该年度利息。

$-D_t \cdot p_{x+t-1}^{13}$：该年年末可得的死亡给付的预期成本。

$-B_t \cdot p_{x+t-1}^{12}$：该年年末可得的疾病给付的预期成本。

如果被保险人于第 t 年初处于疾病状态（即在时间 $t-1$ 时处于疾病状态），那么第 t 年度预期的现金流量应包括：

$-D_t \cdot p_{x+t-1}^{23}$：该年年末可得的死亡给付的预期成本。

$-B_t \cdot p_{x+t-1}^{22}$：该年年末可得的疾病给付的预期成本。

在被保险人生病的情况下，由于不再交纳保费，故没有其他的收入。

因此，就一份于第 t 年初有效的保单而言，它在第 t 年的预期现金流出 CF_t 为：

$$CF_t = P_t(1+i_t) - D_t \cdot p_{x+t-1}^{13} - B_t \cdot p_{x+t-1}^{12}\text{[设}(x)\text{在设年初处于状态 1 情况下]}$$

或者

$$CF_t = -D_t \cdot p_{x+t-1}^{23} - B_t \cdot p_{x+t-1}^{22}\text{[设}(x)\text{在年初处状态 2 情况下]} \qquad (40-12)$$

其中，$t=1, 2, 3, \cdots n$。

如果将每份保单于签发之日时预期的第 t 年发生成本记为 EC_t，那么

$$EC_t = {}_{t-1}p_x^{11}\{P_t(1+i_t) - D_t p_{x+t-1}^{13} - B_t p_{x+t-1}^{12}\} + {}_{t-1}p_x^{12}\{-D_t p_{x+t-1}^{23} - B_t p_{x+t-1}^{22}\} \qquad (40-13)$$

这里我们假设被保险人（x）于签发保单时处于健康状态。

（二）现值及固定利率

我们现在回到的前章节中的所讨论的简单保单合同，及其相应的死亡/疾病模型上，并设定 i_t 为固定利率 i。

在签发保单时，当时被保险人年龄为 x，并处于状态 1，其价值方程为：

$$\text{保费现值} = \text{死亡给付现值} + \text{生病给付现值} \qquad (40-14)$$

在等式（40－14）中，当且只有当被保险人 x 是处于状态 1 时，在时间 $t-1$ 时才会有保费 P_t 的支付，因而，我们可得：

$$保费现值 = \sum_{t=1}^{n} P_t v^{t-1} {}_{t-1}p_x^{11} \tag{40-15}$$

当（x）于时间 $t-1$ 时活着，但却在时间 $t-1$ 和时间 t 之间死亡时才会有在时间 $t-1$ 时的死亡给付获得，因而，我们可得：

$$死亡给付现值 = \sum_{t=1}^{n} D_t v^t ({}_{t-1}p_x^{11} p_{x+t-1}^{13} + {}_{t-1}p_x^{12} p_{x+t-1}^{23}) \tag{40-16}$$

现在我们就可以得到下列结果：

$P[S(x+t)=3 \mid S(x)=1]$

$= \sum_{t=1}^{3} P[S(x+t)=3 \mid S(x+t-1)=k] \times P[S(x+t-1)=k \mid S(x)=1]$

即：

$$p_t^{13} = {}_{t-1}p_x^{11} p_{x+t-1}^{13} + {}_{t-1}p_x^{12} p_{x+t-1}^{23} + {}_{t-1}p_x^{13} p_{x+t-1}^{33}$$

很自然地，由于在一种吸收性状态下，

$$p_{x+t-1}^{33} = 1$$

那么：

$$p_t^{13} - {}_{t-1}p_x^{13} = {}_{t-1}p_x^{11} p_{x+t-1}^{13} + {}_{t-1}p_x^{12} p_{x+t-1}^{23} \tag{40-17}$$

从等式（40－17）中代换至等式（40－16）中，就可得到：

$$死亡给付的现值 = \sum_{t=1}^{n} D_t v^t ({}_tp_x^{13} - {}_{t-1}p_x^{13}) \tag{40-18}$$

由于当 x 在时间 t 时活着并处于状态 2，因而，疾病给付（PHI 给付）在时间 t 时是可得的。我们由此可得到：

$$疾病给付现值 = \sum_{t=1}^{n} B_t v^t {}_tp_x^{12} \tag{40-19}$$

因此，等式（40－14）也就变成了：

$$\sum_{t=1}^{n} P_t \cdot v^{t-1} \cdot {}_{t-1}p_x^{11} = \sum_{t=1}^{n} D_t v^t ({}_tp_x^{13} - {}_{t-1}p_x^{13}) + \sum_{t=1}^{n} B_t v^t {}_tp_x^{12} \tag{40-20}$$

我们可将 ${}_tp_x^{12}$ 分解为：

$P[S(x+t)=2 \mid S(x)=1]$

$= \sum_{t=1}^{3} P[S(x+t)=2 \mid S(x+t-1)=k] \times P[S(x+t-1)=k \mid S(x)=1]$

注意在 $k=3$ 时，保费总额为零，即：

$$p_x^{12} = {}_{t-1}p_x^{11} p_{x+t-1}^{12} + {}_{t-1}p_x^{12} p_{x+t-1}^{22} \tag{40-21}$$

因此，公式（40－20）又可改写为：

$$\sum_{t=1}^{n} v^t [P_t(1+i) {}_{t-1}p_x^{11} - D_t({}_tp_x^{13} - {}_{t-1}p_x^{13}) - B_t \cdot {}_tp_x^{12}] = 0$$

在根据等式（40－16）表述死亡收益的现值时，可以用等式（40－20）中的 ${}_{t-1}p_x^{12}$ 进行替换，因而，可以得到：

$$\sum_{t=1}^{n} v^t \{ {}_{t-1}p_x^{11} [P_t(1+i) - D_t p_{x+t-1}^{13} - B_t p_{x+t-1}^{12}] + {}_{t-1}p_x^{12} (-D_t p_{x+t-1}^{23} - B_t p_{x+t-1}^{22}) \} = 0 \tag{40-22}$$

即：

$$\sum_{t=1}^{n} v^t EC_t = 0 \tag{40-23}$$

在这里，EC_t 的定义如等式（40－13）所示。

因此，我们就获得了保费支付的现值的等式，以及死亡给付、疾病给付的现值等式；而传统的价值方程也就可以写成“预期现金流量现值等于零”。

第二节　常规保单的利润测算

利润检测通过保单预期出现的现金流量来分析保险合同，为了做到这一点，通常在设计保单时，就将可能出现的利润考虑进去。

一、考虑到准备金的现金流量

使用传统的方法计算保费，并没有充分地考虑到提取准备金的事实，而准备金的规模会明显地影响每年的现金流量和利润。

现在我们推导一下考虑到准备金的现金流量公式。考虑精确年龄为 x 岁的 N 个人，每个人都购买到同样的保单，假设所有的 N 个人的死亡率和使用的保费计算基础也都相同。让${}_tV$代表 t 时刻的每一张有效保单的准备金，再假设保险费用、利息率、死亡率都同保费计算基础完全相同，那么在时间 t 时，寿险公司为这 N 个人的总准备金将是 $N \cdot {}_tP_x \cdot {}_tV$。建立准备金的基金来自于保单持有者已交保费（减去开支），如果准备金不足，寿险公司将必须筹措其他资金。

我们假设，必需的资金都是可以筹措到的，那么在第 t 个保险年份，我们可以计算出这 N 个人中的生存者（即有效保单）的现金流量。过去我们提到，准备金是在死亡给付和生存给付支付后提存的，于是年末终值为：

$$N \cdot {}_{t-1}p_x ({}_{t-1}V_x + P_t - e_t)(1+i_t) - N \cdot {}_{t-1|}q_x D_t - N \cdot {}_{t-1}p_x \cdot p_{x+t-1} S_t \tag{40-24}$$

由于全部给付和费用都已从这个净现金流量中扣除，这部分资金就是为生存者在年末提存的准备金，任何超额数量都将作为利润。于是，这些保单的被保险人生存到 $x+t-1$ 岁时，利润将是：

$$N \cdot {}_{t-1}p_x ({}_{t-1}V_x + P_t - e_t)(1+i_t) - N \cdot {}_{t-1|}q_x D_t - N \cdot {}_{t-1}p_x \cdot p_{x+t-1} (S_t + {}_tV) \tag{40-25}$$

如果保单持有者活到第 $t-1$ 个保单年，那么在下一年的预期利润用 PRO_t 表示就是：

$$PRO_t = ({}_{t-1}V + P_t - e_t)(1 + i_t) - q_{x+t-1}D_t - p_{x+t-1}(S_t + {}_tV) \qquad (40-26)$$

注意：$PRO_t = CF_t + {}_{t-1}V(1 + i_t) - p_{x+t-1\,t}V = CF_t + {}_{t-1}Vi_t - (IR)_t \qquad (40-27)$

其中，$(IR)_t$ 是考虑到在 $t-1$ 与 t 年间生存概率之后所需准备金的增加额。在考虑过已付保险给付、费用、准备金及其利息后，如果新出现的净现金流量大于年末的准备金增加额，那么新得到的一系列 $\{PRO_t\}$，$t=1$，2，3，…，n，就叫作保单的利润向量。与一元生命保险与年金一样，我们把这种现金流量的分析方法就叫作利润测试。它将未来不同的可能事件都考虑在内，例如，高通货膨胀率导致的费用的增加，或更高的死亡率，更糟的投资收益，目的是在针对各种不利的情况下，利润状况也能被测试出来。

另一种重要的利润计算法是计算最初售出的每张保单在每一年的利润，这被叫作利润预期（profit signature），即 $\{{}_{t-1}p_x \cdot PRO_t\}$，$t=1$，2，…$n$，它是利润乘以被保险人活到相应年份年初的概率。

计算利润向量和利润预期的计算基础不必和保费计算基础完全一样，如果相同，利润形成量的现值将是零。

现在，我们将要证明的是：在提存了准备金之后的现金流量，同时要注意的是，准备金的计算基础也不影响这个结果，利润预期的现值是：

$$\begin{aligned}\sum_{t=1}^{n} v^t_{t-1}p_x \cdot (PRO)_t &= \sum_{t=1}^{n} v^t \cdot {}_{t-1}p_x[(CF)_t + {}_{t-1}V(1+i_t) - {}_tV \cdot p_{x+t-1}] \\ &= \sum_{t=1}^{n} v^{t-1} \cdot {}_{t-1}p_x \cdot {}_{t-1}V - \sum_{t=1}^{n} v^t \cdot {}_tp_x \cdot {}_tV \\ &= {}_0V - v^n \cdot {}_np_x \cdot {}_nV = 0 \qquad (40-28)\end{aligned}$$

其中，${}_0V = {}_nV = 0$

注意，${}_nV = 0$ 是因为我们假设准备金是在全部保险给付，包括死亡给付和生存给付支付后建立的。$\sum_{t=1}^{n} v^t \cdot {}_{t-1}p_x \cdot CF_t = 0$，是由保费计算决定的。

不管准备金的计量基础是什么，利润预期的现值为0。因为不论是现金流量的产生还是贴现都使用相同的利息率，资金由保险人持有不影响保单的利润水平。然而每一年的现金流量的大小取决于提存准备金的水平。准备金的计算基础影响到利润的大小。

更低的利息率会导致更高的准备金需要建立，所以保单的先前几年，现金流量会减少，保单的后几年，更高的准备金赚取的利息会增加现金流量，因而，出现的现金流量会更高。这样以来，更慎谨的准备金会延迟利润出现。

二、利润的度量

通过利润预期的折现值计算，我们看到至少3种利息率。

i_c：用于计算每年所发生的现金流量和利润；

i_r：用于准备金的计算基础；

i_d：用于对利润预期贴现的利率，即风险贴现率。

有一些不同的方法度量保险合同的利润，通常有3种方法：

（一）净现值

净现值是指用风险贴现率 i_d 贴现利润预期后得到的现值，其值为：

$$NPV = \sum_{t=1}^{n} (1 + i_d)^{-t}_{t-1}p_x(PRO)_t \tag{40-29}$$

净现值常表示为第一年保费的百分比。

（二）利润占比

利润占比是相对保费而言的，具体险种的利润占比是相对该险种的保费大小而言的，而总利润占比是相对总保费规模来说的。它是指利润预期的现值除以期望保费的现值后所得的比值，这里，利润预期和期望保费都采用相同的风险贴现率 i_d 来计算。利润占比可表示为：

$$\frac{\sum_{t=1}^{n} (1 + i_d)^{-t} \cdot {}_{t-1}p_x(PRO)_t}{\sum_{t=1}^{n} (1 + i_d)^{-(t-1)} \cdot {}_{t-1}p_x P_t} \tag{40-30}$$

在计算利润占比时，通常设想 $i_d = i_c$，因为利润占比并不依赖准备金计算基础，这使得利润占比对利润的度量不如净现值法更灵敏。

（三）内在收益率

内在收益率是指使得利润预期的现值为 0 的风险贴现率，即使下式成立的 i_d：

$$\sum_{i=1}^{n} (1 + i_d)^{-t} \cdot {}_{t-1}p_x(PRO)_t = 0 \tag{40-31}$$

方程很可能没有唯一的解，在这种情况下，内在回报率不好确定；甚至也有可能方程无解。

第三节　投资连接保险利润测算

一、投资基金单位连接保单（unit－linked）与常规保单的区别

寿险保单从广义上分为两类：常规保单和基金单位保单。

对于常规保单，其基本给付额直接表现为货币形式，如一个不含利润的保单，其保险金额可以确定为在死亡之年年末支付 20 万元。对于分红保单，将会有额外的红利给付。对于已约定分红水平的保险单，寿险公司将承担投资风险，因为指定的总保额（除去间接分红）必须全额支付，即使投资回报低于期望值也不例外。

基金单位保单的保险合同却是不同的。在此，我们先介绍一下汉语地区曾用过的名字。通常来讲，有以下几种说法：基金寿险、投资寿险、投资储蓄性寿险、单位连系性寿险、单位依附寿险、单位联动单，等等。

在基金单位保单情况下，给付数额以“基金单位”计算。每一“基金单位”代表“一揽子”投资组合，通常是一定数额的公司股份。投保人缴纳的保费除了其中一部分被扣除以应付费用和其他成本之外，余下的投资于寿险公司经营的投资资产组合。例如，一张保险单可以为在指定的日期仍生存的被保险人提供给付，给付数额取决于该保单下每一“基金单位”的价值。

“基金单位”通常指一个寿险公司的投资基金。这基金可能包括固定利息的基金或债券，社团实体基金，公司债券，欧洲货币基金，远东基金等等和其他债券。“基金单位”一般能因取得收入（即利息和分红收入）和资产增值而增值。在有些年份内基金单位也可能会贬值。

在许多情况下，基金单位保单的给付可能是货币和基金单位的组合，并且死亡给付可能高于基金单位的终值。

在基金单位保单下，投保人承担投资风险，因为保单拥有的是基金单位的价值。

二、基金单位保单的管理

（一）分配比例

基金单位保单下，保费中的主要部分用于购买“基金单位”，以便随后“出售”时收取保险金。通常情况下，对基金单位保单缴纳的是均衡保费，其中，投资于基金单位的保费称为分配保费，分配保费的百分比称为分配比例。在保单条款内注明的分配比例，每年可能并不相同。这一分配比例第一年可能为70%，以后各年可能为95%。也就是说，通常第一年的分配百分比较低，随后，将接近甚至大于100%。第一年比例较低是因为初始费用高于续期费用。

（二）费用

未用于购买基金单位的那部分保费用于支付管理费用和各种手续等预期支出和利润目标。通常的费用主要在以下几个方面：

1. 买卖差价

保单成本通常包括一个买卖差价。也就是保险费以一个价格买进基金单位，但以另外一个较低的价格卖出以提供给付。例如，一个5%的买卖价差，指卖价为买价的95%。

买卖差价是从寿险公司的角度来看的。寿险公司在一定的价格下卖出基金单位，然后用现金购回，即以较高价格“出售”基金单位，以较低价格“购回”。

2. 管理费用

保单一般也载明一定比例的管理费用。这一费用比例将在一定时期扣除。为了查询的方便，管理费用通常在年末扣减，在实际中也有每月扣减的情况。

3. 保单费用

这可能每年从保险费收入中以固定数额扣除。

4. 资本基金单位和累积基金单位

为了补偿较高的初始费用，一些保单列出了两种不同的基金单位，即可以有两种类型的基金单位，第一种类型称为资本基金单位或者初始基金单位，其管理费用高于第二种类型，第二种类型称为累积基金单位。多数情况下，第一年或开始几年的保费将投资于资本基金单位，随后的保费将投资于累积基金单位。

这两种单位基金投资很相似。

现在考虑一个简单的例子：

假设一个基金单位保单的期限为 n 年，第 t 年缴纳的保费为 P_t，a_t 为第 t 年的分配百分比，分配保费 $a_t \cdot P_t$ 将投资于基金单位基金中，买卖差价为 β（例如 $\beta = 0.05$），所以只有 $a_tP_t(1-\beta)$ 是投保人为获得基金单位的给付基金而进行的投资。这也意味着 $a_t \cdot P_t \cdot \beta$ 要被提取出来划入“费用基金”，只有 $a_tP_t(1-\beta)$ 被真正用于投资。为了简化计算，我们假设基金单位保单的所有支出都发生在年末。

假设死亡给付的最低死亡保险金额为 S，但如果死亡时，基金单位的购回价格高于 S，则支付基金单位的购回价值，而生存给付总是购回价格。

假设管理费用也是在年末扣除，并且是在任何给付支付前扣除。因而，管理费用可以用基金单位基金在年末数额的百分比计算，我们用 m_t 表示管理费用的百分比。令 F_t 表示年末的基金单位基金的购回值，这里扣除了管理费用；令 u_t 代表第 t 年基金单位基金投资获得的利率，基金单位基金在第 t 年时是：

$$F_t = [F_{t-1} + a_tP_t(1-\beta)](1+u_t)(1-m_t) \tag{40-32}$$

换句话来讲，第 t 年年末的基金价值为当年初的有效基金和年初保费收入，在考虑了分配比例和买卖差价带来的扣除之后，计算出的终值并扣除管理费。

现在再考虑“费用基金”的现金流量。

基金收入：

（1）直接来自于保费（即除了分配保费之外的保费部分）。

（2）直接来自于基金单位基金（即 $a_t \cdot P_t \cdot \beta$）和管理费 C_t。其中，

$$C_t = [F_{t-1} + a_tP_t(1-\beta)](1+u_t) \cdot m_t \tag{40-33}$$

费用基金的支出是公司管理费用，以及死亡给付的最低死亡保险金额支出。

因为费用基金的投资不同于基金单位基金的投资，因而所获取的利率也不一定和基金单位基金相同，令 i_s 代表费用基金的利率，则第 t 年费用基金的现金流量为：

$$(SCF)_t = [P_t(1-a_t) + a_t \cdot P_t \cdot \beta - e_t](1+i_s) + C_t - D_tq_{x+t-1} \tag{40-34}$$

$$D_t = \max\{S - F_t, 0\} \tag{40-35}$$

寿险公司必须支付基金单位购回值与最低死亡保险金额的最大者，所以如果死亡发生，购回值小于最低死亡保险金额，费用基金必须支付差额（S - 基金单位购回值），即 $S - F_t$。

$(SCF)_t$ 是关于在第 t 年年初的有效保单在第 t 年年末的费用基金的净现金流量，也即费用基金的利润，如果是一大组相同的新保单，那么每张保单在 t 年年末的期望现金流量为：

$$\{{}_{t-1}p_x \cdot (SCF)_t\} \tag{40-36}$$

其中，$t=1, 2, 3, \cdots, n$。

对于某些 t 值，$(SCF)_t$ 可能小于零，如果是这样的话，那么有必要通过其他渠道筹措资本。这是不谨慎的，也是我们不希望看到的情况，当第一年以后，期望现金流量是负值时，寿险公司将在费用基金里建立费用准备金，准备金将影响费用基金在每年的现金流量，这一点和常规的保单相似，然而，准备金计算却更复杂。

（三）费用准备金的计算

容易理解，一旦保单建立，保单就应该能收支平衡或收略大于支，不能产生负的现金流量，负的现金流量将需要公司用额外资产去填补。因此，为了防止这样的事件发生，费用基金必须建立准备金。

在常规保单里，有很多不同的计算准备金的方法，但一般认为，准备金应该是未来的预期支出与预期收入的差额。与此相同，费用基金的准备金也是按同样的思路去计算。

正如常规保单一样，在基金单位保单中，须谨慎地提存准备金，否则，寿险公司就会在某一年处于损失风险之中，而又不能应付损失。基金单位保单的准备金又叫作现金准备金。

如果 ${}_tV$ 是保单开始后的第 t 年的准备金，考虑出现在费用基金里的现金流量。在第 t 年的现金流量为：

$$(SCF)_t + {}_{t-1}V(1+i_s) - p_{x+t-1} \cdot {}_tV = (PRO)_t \qquad (40-37)$$

设想现金流量为负值的最后一年是第 m 年，由于从这一年起以后的现金流量都是正值，所以从这一年起以后就没有必要建立准备金了，即 ${}_tV=0$（当 $t \geqslant m$ 时）。然而，为谨慎起见，${}_{m-1}V$ 必须在第 $m-1$ 年末建立起来，以确保第 m 年的现金流量不会为负值，于是第 m 年的现金流量将是：

$$(SCF)_m + {}_{m-1}V(1+i_s) = (PRO)_m \qquad (40-38)$$

最小的可接受的 $(PRO)_m$ 是0，因此：

$${}_{m-1}V = -\frac{(SCF)_m}{1+i_s} \qquad (40-39)$$

注意：由于 $(SCF)_m < 0$，所以 ${}_{m-1}V > 0$。我们按 $(PRO)_t = 0$ 为条件提存准备金。建立准备金所需资金如果来自保单则是理想的选择，这也就是说，必须从前几年的现金流量中来建立准备金。所以第 $m-1$ 年的现金流量调整为：

$$(SCF)'_{m-1} = (SCF)_{m-1} - p_{x+m-2} \cdot {}_{m-1}V \qquad (40-40)$$

这是因为准备金是为那些活过第 $m-1$ 年的被保险人准备的。

如果 $(SCF)'_{m-1} < 0$，我们再一次重复上述过程，就是说进一步调整这一年的现金流量。在年初加进一个准备金，使得 $(PRO)'_{m-1}$ 等于零，以得出准备金的数值。

$$(PRO)'_{m-1} = (SCF)'_{m-1} + {}_{m-2}V(1+i_s) = 0 \qquad (40-41)$$

因此，

$${}_{m-2}V = -\frac{(SCF)'_{m-1}}{1+i_s} \qquad (40-42)$$

这就是在 $m-1$ 年年初所需准备金。再调整 $m-2$ 年的现金流量：

$$(SCF)'_{m-2}=(SCF)_{m-2}-p_{x+m-3}\cdot {}_{m-3}V$$

如果是负值，再重复上述过程。

如果在调整后并考虑到未来的现金准备金后，那一年的现金流量是正值，那么这一过程可以停止了。

如果在这些过程后再往前逐年检测，又出现了负的现金流量，那么新一轮的调整又将开始。唯一可以是负的现金流量的年份只能是第一年，因为在第一年可以在保单的外范围里筹措资金。

注意，$(SCF)_1$ 是负值，相当于在保单第一年年末的一个资本注入，我们通常并不这么做。由于利润测试的计算通常每月一次，甚至是每星期一次，而不是每年一次，因此，我们可以设想准备金在保单期开始就建立。

很明显，建立准备金的费用将影响利润的出现，这一点和常规保单是一样的。因为利润的预期现值使用了一个比计算现金流量利率 i_s 更大的一个利率 i_d，即风险贴现率，新建立准备金的成本会减少保单利润。

需要进一步考虑的是准备金的精算基础。公司也许会在一个基础上计算现金准备金，在另外一个基础上计算预期利润。如果准备金基础比产生现金流量的基础更保守，这将进一步影响合同利润。

第四节　非寿险保单的利润检测

非寿险通常是一年期或更短，在这种情况下，每张保单的利润出现仅仅是一年的结果，现金流量模型在描述每张保单的利润时也不是特别有用。然而，当考虑到一大群同样的保单时，保单的平均期限也许更长。因为一些保单持有者当合同到期时会就同一保险人进行续保，这样就有可能像通常的寿险保单那样对非寿险进行利润检测。并且某些类型的保单，其索赔期可连续持续许多年，这时，利润检测就明显地显示了它的作用。

在举例之前，首先讨论寿险和非寿险保险保单的两个重要区别：

第一，寿险保单的保险金额是已知的，一般情况下，给付额是已知的，但是非寿险的赔付金额是非常不确定的，所以要对预期索赔金额作出估计。

第二，寿险保单的索赔或给付次数不会超过一次，但是非寿险却可以有很多次，因而要对索赔频率作出估计。

非寿险的保险期限，为了利润检测的目的，将依赖于设想的保单终止率，索赔频率在本质上相当于死亡率，终止率也可以和退保率相比较。

举例说明：

考虑一个一年期的医疗费用保险，这种类型的保单一般是被保险人总在一个保险公司投保，而是总是要续保的，经验表明，只有20%的被保险人在投保一年之际会终止保险，不再续保。被保险人的索赔频率是两年一次，即索赔频率是每年50%，平均赔付额是5 000元。

基于上述设想，给定保费水平，使用和通常的寿险保单相似的方法和利息率，一个简单的利润检测便可以进行了。

完全可以把索赔频率和索赔额的分布也考虑在计算里，只是计算更为复杂一些。

设想保险人使用下列精算计算基础：

初始费用750元；

续期费用150元；

保险基金利率6%；

通货膨胀率5%；

索赔在保单年的年末进行。

给定保费2 750元，将现值折现使用的风险折现率为8%，计算后可得如下的利润检验结果：

利润检测

年份	保费	费用	利息	索赔	期望现金流量	生存概率	初始的ECF
(1)	(2)	(3)	(4)	(5)	(6)	(7)	(8)
t	P_t	e_t	$i(P-e)$	Sq_{x+t-1}	(2) - (3) + (4) - (5)	${}_{t-1}p_x$	(6) × (7)
1	2 750	750	120	2 500	-380	1.00	-380
2	2 750	157.5	155.6	2 500	248.1	0.8	198.4
3	2 750	165.4	155.1	2 500	239.7	0.6	143.8
4	2 750	173.6	154.6	2 500	230.9	0.4	92.4
5	2 750	182.3	154.1	2 500	221.7	0.2	44.3
						NPV	30.5
						IRR	0.129137

附录一　对利息力的解释

对于某一由时刻t_0开始的终值函数$a(t_0,t)$，常常需要考察其在t时刻瞬间获得利息的能力，而这种能力可以理解为与此终值函数相应的利率在t时刻的强度。

考虑由时刻t_0开始的终值函数$a(t_0,t)$所代表的t时刻的本金，从t时刻计算，经过h时间段后，其所获得的利息为$a(t_0,t+h)-a(t_0,t)$。则与之相应的$[t_0,t+h]$时间段上，单位本金所获得的利息即$\frac{a(t_0,t+h)-a(t_0,t)}{a(t_0,t)}$，从而该时间段上的利率为$\frac{a(t_0,t+h)-a(t_0,t)}{a(t_0,t)}/h$。由此，当$h\to 0^+$时，就可以得到$t$时刻的瞬间的利率强度。以$\delta(t)$记之，则：

$$
\begin{aligned}
\delta(t) &= \lim_{h\to 0^+}\left[\frac{a(t_0,t+h)-a(t_0,t)}{a(t_0,t)}/h\right] \\
&= \lim_{h\to 0^+}\left[\frac{a(t_0,t+h)-a(t_0,t)}{h}/a(t_0,t)\right] \\
&= \frac{1}{a(t_0,t)}\cdot\frac{da(t_0,t)}{dt} \\
&= \frac{d\log a(t_0,t)}{dt}
\end{aligned}
$$

称$\delta(t)$为终值函数$a(t_0,t)$在t时刻的利息力（force of interest）。利息力$\delta(t)$表达了终值函数$a(t_0,t)$在t时刻的瞬间利率强度。

特别地，当$t_0=t$时，由于$a(t_0,t)=a(t,t)=1$，则上式可简化为：

$$\delta(t)=\lim_{h\to 0^+}\left[\frac{a(t,t+h)-1}{h}\right]$$

从而$\delta(t)$可以由$[t,t+h]$上的名义利率$i_h(t)$表示，即：

$\delta(t) = \lim_{h \to 0^+} i_h(t)$

根据上述公式，若$\delta(t)$和$a(t_0, t)$是在$[t_0, t]$上对t的连续函数，则对于任意的t_1，$t_2 \in [t_0,\ t]$，有：

$$
\begin{aligned}
\int_{t_1}^{t_2} \delta(t)\,dt &= [\log a(t_0, t)]_{t_1}^{t_2} \\
&= \log [a(t_0, t_2)/a(t_0, t_1)] \\
&= \log\{[a(t_1, t_0)a(t_0, t_2)]/[a(t_1, t_0)a(t_0, t_1)]\} \\
&= \log [a(t_1, t_2)]
\end{aligned}
$$

则：

$$
a(t_1, t_2) = \exp\left[\int_{t_1}^{t_2} \delta(t)\,dt\right]
$$

附录二 我国重大疾病发生率表[①]

重大疾病保险于1983年在南非问世，1986年后，陆续引入英国、加拿大、澳大利亚、东南亚等国家和地区，并得到了迅速发展。1995年，我国大陆引入重大疾病保险，现已发展成为人身保险市场上重要的保障型产品。

重大疾病保险就是以疾病为给付保险金条件的疾病保险。即只要被保险人罹患保险条款中列出的某种疾病，无论是否发生医疗费用或发生多少费用，都可获得保险公司的定额补偿。

重大疾病保险所保障的"重大疾病"通常具有以下3个基本特征：一是"病情严重"，会在较长一段时间内严重影响到患者及其家庭的正常工作与生活；二是"治疗花费巨大"，此类疾病需要进行较为复杂的药物或手术治疗，需要支付昂贵的医疗费用；三是不易治愈会持续较长一段时间，甚至是永久性的。重大疾病保险给付的保险金主要有两方面的用途：一是为被保险人支付因疾病或手术治疗所花费的高额医疗费用；二是为被保险人患病后提供经济保障，尽可能避免被保险人的家庭在经济上陷入困境。

中国保险行业协会2007年颁布了《重大疾病保险的疾病定义使用规范》。该规范要求：保险期间主要为成年人（十八周岁以上）阶段的重大疾病保险，产品保障的疾病范围应当包括规范内的恶性肿瘤、急性心肌梗塞、脑中风后遗症、冠状动脉搭桥术（或称冠状动脉旁路移植术）、重大器官移植术或造血干细胞移植术、终末期肾病（或称慢性肾功能衰竭尿毒症期）；除此六种疾病外，对于标准定义范围以内的其他疾病种类，保险公司可以选择使用；同时，上述疾病应当使用规范的疾病名称和疾病定义。标准定义一共给出了25个重大疾病名称和定义。

目前，商业重大疾病保险已涵盖超过30种常见重大疾病，为提高人民群众抵御重大疾病风险能力，完善我国多层次的医疗保障体系发挥了重要作用。

一、我国重大疾病发生率表的编制

2013年以前，我国没有统一的重大疾病发生率表，重大疾病保险定价和法定准备金评估工作多依赖国外再保险公司提供的数据，与我国受保人群的实际情况可能存在一定的差异，制约了重大疾病保险的发展。一方面，保险市场各个重疾产品的定价水平不一，不利于受保人选择产品；另一方面，保险公司的法定准备金评估标准不一，不利于提取充足的准备金以应对未来的赔付，对受保人而言存在较大风险。

2011年，在中国保监会的指导下，中国精算师协会汇集行业技术力量，成立了经验分析办公室，国内6家大型寿险公司和1家最大的再保险公司共同参与。同年9月，经验

① 该内容主要引自《中国人身保险业重大疾病经验发生率表（2006～2010）编制报告》，部分内容做了编辑处理。

分析办公室启动了中国人身保险业重大疾病经验发生率表编制项目，简称为重疾表项目。

经验分析办公室于 2011 年 9 月，开始筹划重大疾病发生率表编制工作，2012 年 4 月开始相关工作，历经研究方案、数据收集、发生率表编制、专家做论证等过程。2013 年 6 月，重疾表项目通过了专家组的评审。2013 年 11 月由国家保险监管部门正式发布。

二、我国重大疾病发生率表的特点

重疾表项目数据收集由国内人身保险业 6 家大型公司参与，具体包括：中国人寿保险股份有限公司、中国平安人寿保险股份有限公司、中国太平洋人寿保险股份有限公司、新华人寿保险股份有限公司、泰康人寿保险股份有限公司和友邦保险有限公司上海分公司。本次编表收集的重疾保单数约占行业总保单数的 93%。

重疾表项目数据的观察期为 2006 年 1 月 1 日至 2010 年 12 月 31 日，共 5 个观察年度。

重疾表项目的数据收集范围为观察期内经历过有效状态的所有包含重大疾病责任的长期险保单。包括：观察期前承保，在观察期开始时处于有效状态的保单；观察期前承保，在观察期开始时处于失效状态，但在观察期内复效的保单；观察期内生效的保单。

该重疾表项目主要编制完成了 4 张主表，即包含 6 种重大疾病和 25 种重大疾病的重大疾病经验发生率表，以及相应的因重疾死亡比例表（K 值表）。重疾表项目还编制了 3 张参考表，即恶性肿瘤、急性心肌梗塞、脑中风后遗症 3 个主要病种的单病种发生率参考表。

6 种重大疾病为标准定义规定的重大疾病产品必保的 6 种重大疾病，包括恶性肿瘤、急性心肌梗塞、脑中风后遗症、重大器官移植术或造血干细胞移植术、冠状动脉搭桥术（或称冠状动脉旁路移植术）和终末期肾病（或称慢性肾功能衰竭尿毒症期）。

25 种重大疾病为标准定义规定的 25 种重大疾病。

三、6 种重大疾病行业重疾表编表方法

行业重疾表的编制首先完成包含 6 种重大疾病的 0 ~ 105 岁发生率表（以下简称“6 病种表”）的编制以及恶性肿瘤、急性心肌梗塞和脑中风后遗症 3 种重大疾病分病种的 0 ~ 65 岁发生率表。编制的具体步骤分为粗发生率计算（0 ~ 65 岁）、风险附加、趋势调整、数据修匀、高年龄段重疾发生率外推、评估用表调整等 6 个步骤。

（一）粗发生率计算（0 ~ 65 岁）

以参与编表的数据为基础，计算分病种分年龄分性别的 0 ~ 65 岁粗发生率，得到 $i_x^{(0)}$，即：

$$i_x^{(0)} = \frac{\theta_x}{E_x}$$

（二）风险附加

考虑到粗发生率的随机波动风险，根据粗发生率 $i_x^{(0)}$ 及相应的暴露数，计算 95% 置信度下的分年龄分性别粗发生率置信区间。因绝大部分年龄的置信区间上限小于 50% 的粗

发生率，为使风险附加水平更合理，我们采用置信区间上限与50%的粗发生率 ix（0）的较小值作为风险附加因子，得到 $i_x^{(1)}$，即：

$$i_x^{(1)}=i_x^{(0)}+\min\left(1.96\times\sqrt{\frac{i_x^{(0)}(1-i_x^{(0)})}{E_x^{'}}},0.5\times i_x^{(0)}\right)$$

（三）趋势调整

此次行业重疾表编制的观察期为2006年1月1日至2010年12月31日。基于此观察期的经验数据计算得到的粗发生率 $i_x^{(0)}$ 反映了观察期平均时点（2008年6月30日）的重大疾病发生率水平。从平均观察时点到编表完成时点，每一病种发生率在这6年间的变化，通过趋势调整反映，得到 $i_x^{(2)}$。各病种趋势调整因子具体如表1所示。

表1　　各病种趋势因子表

重疾病种	男性	女性
恶性肿瘤	0% ~1.5%	1% ~2.5%
急性心肌梗塞	0% ~5%	0% ~5%
脑中风后遗症	0% ~3%	0% ~2%
重大器官移植术或造血干细胞移植术	1%	1%
冠状动脉搭桥术	0% ~1%	0% ~1%
终末期肾病	0% ~1.5%	0% ~1.5%

（四）数据修匀

关于死亡率和重疾发生率等发生率表的修匀，有3种普遍采用的修匀方法，分别为移动平均修匀、Whittaker、样条（Cubic Splines）方法。选择修匀方法主要关注两个方面，即拟合度和光滑度。拟合度反映了使用的原始发生率信息量的大小，使用越多的原始信息，修匀的结果越接近原始发生率，修匀模型的拟合效果越好。我们可以通过适应性（fitness）这个指标来进行衡量，即修匀结果与原始数据的离差平方和。光滑度考察的是模型的曲线平滑性效果，即发生率随年龄的变化呈现平滑的变化，增长或降低的速率存在平稳的变化。

根据测试，样条法和 Whittaker 法的拟合效果较好（适应性统计量较低）、曲线更平滑。在实务操作中，我们采用样条方法对趋势调整后的发生率进行修匀。

将0~65岁分病种发生率按年龄加总，再采用样条方法进行修匀，得到 $i_x^{(3)}$ 表。

同时，对于0~65岁恶性肿瘤、急性心肌梗塞、脑中风后遗症发生率，采用样条方法进行修匀，得到单一病种修匀后的发生率。此3张表为3种重大疾病分年龄分性别的0~65岁发生率表，即此次编制的3张参考表。

（五）65岁以上重疾发生率外推

此次编表数据在65岁以上的样本量比较缺乏，高年龄段重疾发生率的确定主要参考相关文献中关于一般人口重大疾病发生率及其发展趋势的研究结果，并根据疾病定义和受保人群特点进行适当调整，得到6病种发生率参考表（简称“参考表”）。

对比 $i_x^{(3)}$ 表和参考表的重疾发生率，我们认为可以选择参考表在65岁以上年龄段的曲线趋势对 $i_x^{(3)}$ 表高年龄段进行外推。具体操作方法是：通过56～65岁年龄段 $i_x^{(3)}$ 表与参考表发生率的比值分析，我们选择 $i_x^{(3)}$ 表的65岁男性、女性发生率与参考表对应发生率的比值作为65岁以上 $i_x^{(3)}$ 表与参考表的比值最佳估计，使用参考表与该比值的乘积作为 $i_x^{(3)}$ 表65岁以上的重疾发生率，最终得到0～105岁的6病种重疾发生率 $i_x^{(4)}$ 表。

（六）评估用表调整

此次编制的行业重疾表将主要作为重大疾病产品法定准备金评估基础表。重疾产品的保险期间较长，未来若干年的重疾发生率存在一定的不确定性。从法定准备金评估角度考虑，根据谨慎性原则，对于0～105岁 $i_x^{(4)}$ 表增加适当安全系数，得到 $i_x^{(5)}$ 表。此次行业重疾表设定的安全系数为15%。

$i_x^{(5)}$ 表即为此次编制的第一张主表——6病种表。

（七）K值

K值的计算数据范围为发生重疾理赔后保单继续有效的提前给付型产品。具体编制过程为：

第1步，计算0～65岁分性别5岁组经验K值水平，记为k(0)表。

第2步，根据5岁组k(0)表按指数分布进行内插值，得到0～65岁分性别分年龄K值，记为k(1)表。

第3步，参考相关文献中关于一般人口死亡原因的研究结果，并根据受保人群特点进行适当调整，得到65岁以上年龄K值结果。

第4步，参考 $i_x^{(4)}$ 表的方法，对k(1)表的高年龄段进行外推，得到0～105岁的分性别分年龄K值，记为k(2)表。

k(2)表为此次编制的第二张主表——包含6种重大疾病的0～105岁因重疾死亡比例表（以下简称“6病种K值表”）。

四、25种重大疾病行业重疾表编表方法

在6病种表和6病种K值表的基础上，完成包含25种重大疾病的0～105岁发生率表（以下简称“25病种表”）和因重疾死亡比例表（以下简称“25病种K值表”）的编制。主要分为两部分内容：

（一）60岁以前重疾发生率及K值

编制25病种重大疾病发生率表的数据范围为承保全部25种重大疾病的产品的经验数据。首先计算分性别分10岁年龄组的7～25病种重大疾病赔案占6病种重大疾病赔案的比例。将此比例应用到6病种表结果上，得到0～60岁25种重大疾病经验发生率表（见表2）。

表 2　　7～25 病种与 6 病种发生率比例表（0～60 岁）

年龄	男	女
0～9	70%	70%
10～19	30%	40%
20～29	30%	20%
30～39	15%	10%
40～49	15%	10%
50～59	10%	10%

编制25 病种 K 值表的数据范围为承保全部25 种重大疾病且发生重疾理赔后保单继续有效的产品的经验数据。运用同样方法，得到 25 种重大疾病 0～60 岁 K 值结果（见表3）。

表 3　　7～25 病种与 6 病种 K 值比例表（0～60 岁）

年龄	男	女
0～9	30%	30%
10～19	15%	15%
20～29	10%	10%
30～39	10%	5%
40～49	10%	5%
50～59	5%	5%

（二）60 岁以上重疾发生率及 K 值

60 岁以上的 7～25 病种重大疾病发生率中，严重帕金森病和严重阿尔茨海默病的发生率显著高于其他疾病的发生率。因此，60 岁以上的 25 病种表发生率及 K 值主要参考上述两种老年病的发生率确定。

此次编表数据观察到的 7 个严重帕金森病赔案和 58 个严重阿尔茨海默病赔案，理赔经验非常有限。这两种老年病高年龄段发生率及其 K 值的确定主要参考相关文献的研究成果，并根据疾病定义、趋势分析和受保人群特点进行适当调整，得到 7～25 病种发生率参考表（简称“参考表 2”）。

由于两种老年病的参考文献使用了一些其他市场经验，为使结论更接近我国市场的重疾发生率，项目组结合国内一些老年人口的抽样调查数据和第六次全国人口普查数据中的相关老年健康状况数据，进行了修正调整，具体方法是：

根据两种老年病的标准定义，进行保险理赔时均要求被保险人自主生活能力完全丧失，无法独立完成六项基本日常生活活动中的三项或三项以上。这个理赔标准与长期护理保险的定义吻合。由此，我们根据抽样调查和普查数据中关于老年人自理能力调查数据，推导得到两种老年病不能自理的发生率，即 7～25 病种发生率参考表 3（简称“参考表3）。综合比较参考表 2 和 3，我们选择不同年龄、性别间二者的平均值，并进行适当的修匀，得到了两种老年病的人口发生率参考表。

根据两种老年病的发生率参考表与6病种发生率参考表的比例，同时考虑两种老年病以外的病种在老年阶段的发生率较低，而各病种之间存在一定的相关性和重合性（例如患脑中风后遗症后又患阿尔茨海默病），我们通过适当调整计算分性别分年龄的7～25病种重大疾病发生率占6病种重大疾病发生率的比例。然后，将此比例应用到6病种表结果上，得到60岁以上25病种重大疾病经验发生率表。

此结论为本次编制的第三张主表——25病种表。具体如表4所示。

表4　　7～25病种与6病种发生率比例表（60岁以上）

年龄	男	女
60～69	6%	6%
70～79	15%	20%
80～89	30%	50%
90～99	50%	70%
100+	45%	65%

采用相同的逻辑和方法，我们计算出分性别分年龄的7～25病种因重疾死亡比例占6病种因重疾死亡比例的比值，据此计算60岁以上25病种因重疾死亡比例表，即本次编制的第四张主表——25病种K值表。具体如表5所示。

表5　　7～25病种与6病种K值比例表（60岁以上）

年龄	男	女
60～69	6%	6%
70～79	15%	15%
80～89	30%	45%
90～99	50%	70%
100+	40%	60%

附录三　常见随机变量分布

一、常见的离散型随机变量的分布

1. 离散型均匀分布（Uniform distribution（discrete））

参数：　a，b，h，其中，$a<b$，$h>0$，$b-a$ 为 h 的倍数；

分布率：　$P(X=x)=\dfrac{h}{b-a+h},x=a,a+h,a+2h,\cdots,b-h,b$

数学期望：　$E(X)=\dfrac{a+b}{2}$

方差：　$Var(X)=\dfrac{1}{12}(b-a)(b-a+2h)$

概率母函数：　$G(t)=\dfrac{h}{b-a+h}\cdot\dfrac{t^{b+h}-t^{a}}{t^{h}-1}$

矩母函数：　$M(t)=\dfrac{h}{b-a+h}\cdot\dfrac{e^{(b+h)t}-e^{at}}{e^{ht}-1}$

对于均匀分布的简单形式：

$$P(X=x)=\frac{1}{k},x=1,2,3,\cdots,k$$

即 $a=1$，$b=k$，$h=1$ 的情况，此时，

数学期望：　$E(X)=\dfrac{k+1}{2}$

方差：　$Var(X)=\dfrac{1}{12}(k^2-1)$

概率母函数：　$G(t)=\dfrac{t}{k}\cdot\dfrac{(1-t^k)}{(1-t)},(t\neq1)$

矩母函数：　$M(t)=\dfrac{1}{k}\cdot\dfrac{(e^{kt}-1)e^{t}}{e^{t}-1}$

2. 贝努里分布（Bernoulli distribution）

参数：　θ，其中，$0<\theta<1$；

分布率：　$P(X=x)=\theta^x(1-\theta)^{1-x},x=0,1,0<\theta<1$

数学期望：　$E(X)=\theta$

方差：　$Var(X)=\theta(1-\theta)$

概率母函数：　$G(t)=1-\theta+\theta t$

矩母函数：　$M(t)=1-\theta+\theta e^{t}$

3. 二项分布（Binomial distribution），记 $X\sim B$（n，p）

参数：　　　n，p，其中，n 为正整数，$0<p<1$，$q=1-p$；

分布率：　　$P(X=x)=C_n^x p^x q^{n-x}, x=0,1,\cdots,n$

数学期望：　$E(X)=np$

方差：　　　$Var(X)=npq$

概率母函数：$G(t)=(q+pt)^n$

矩母函数：　$M(t)=(q+pe^t)^n$

偏斜系数：　$Sk(X)=\dfrac{q-p}{\sqrt{npq}}$

最可能值：　当 $(n+1)p$ 为整数时，最可能值 k_0 有两个：

$$k_0=(n+1)p \text{ 和 } k_0=(n+1)p-1$$

当 $(n+1)p$ 不是整数时，最可能值为

$$k_0=[(n+1)p]$$

其中 $[(n+1)p]$ 表示数 $(n+1)p$ 的整数部分（即不超过 $(n+1)p$ 的最大整数）。

4. 负二项分布（Negative binomial distribution），记 $X\sim NB(n, p)$

参数：　　　k，p，其中，k 为已知正整数，$0<p<1$，$q=1-p$；

分布率：　　$P(X=x)=C_{k-1}^{x-1}p^k q^{x-k}$，$x=k,k+1,k+2,\cdots$

数学期望：　$E(X)=\dfrac{k}{p}$

方差：　　　$Var(X)=\dfrac{kq}{p^2}$

概率母函数：$G(t)=(\dfrac{pt}{1-qt})^k$

矩母函数：　$M(t)=(\dfrac{pe^t}{1-qe^t})^k$

偏斜系数：　$Sk(X)=\dfrac{2-p}{\sqrt{kp}}$

5. 几何分布（Geometric distribution）

参数：　　　p，$0<p<1, q=1-p$；

分布率：　　$P(X=x)=pq^{x-1}, x=1,2,3,\cdots$

数学期望：　$E(X)=\dfrac{1}{p}$

方差：　　　$Var(X)=\dfrac{q}{p^2}$

概率母函数：$G(t)=\dfrac{pt}{1-qt}$

矩母函数：　$M(t)=\dfrac{pe^t}{1-qe^t}$

偏斜系数：　$Sk(X)=\dfrac{2-p}{\sqrt{p}}$

6. 泊松分布（Poisson distribution），记为 $X \sim Poi(\lambda)$ 或 $X \sim Poisson(\lambda)$

参数：　　λ，其中，$\lambda > 0$；

分布率：　　$P(X=x) = \dfrac{\lambda^x e^{-\lambda}}{x!}, x=0,1,2,\cdots$

数学期望：　　$E(X) = \lambda$

方差：　　$Var(X) = \lambda$

概率母函数：　　$G(t) = e^{\lambda(t-1)}$

矩母函数：　　$M(t) = e^{\lambda(e^t-1)}$

偏斜系数：　　$Sk(X) = \dfrac{1}{\sqrt{\lambda}}$

7. 超几何分布（Hypergeometric distribution）

参数：　　N，M，n，其中，$0 \leqslant n \leqslant N$，$0 \leqslant M \leqslant N$，且均为整数；当 $m < n$，规定 $C_m^n = 0$

分布率：　　$P(X=x) = \dfrac{C_M^x C_{N-M}^{n-x}}{C_N^n}, x=0,1,2,\cdots,n$

数学期望：　　$E(X) = n\dfrac{M}{N}$

方差：　　$Var(X) = n\dfrac{N-n}{N-1}\dfrac{M(N-M)}{N^2}$

特别地，若 n 是一个固定的正整数，且当 $N \to \infty$ 时，$\dfrac{M}{N} \to p$，则

$$\lim_{N\to\infty}\frac{C_M^x C_{N-M}^{n-x}}{C_N^n} = C_n^x p^x (1-p)^{n-x} \quad (x=0,1,\cdots,n)$$

二、常见的连续型随机变量的分布

1. 标准正态分布（Standard normal distribution），记作 $X \sim N(0, 1)$

参数：　　无；

概率密度函数：　　$f(x) = \dfrac{1}{\sqrt{2\pi}} e^{-\frac{x^2}{2}}, (-\infty < x < +\infty)$

数学期望：　　$E(X) = 0$

方差：　　$Var(X) = 1$

矩母函数：　　$M(t) = e^{\frac{1}{2}t^2}$

2. 正态分布（Normal distribution），记作 $X \sim N(\mu, \sigma^2)$

参数：　　μ，σ^2，其中，$\sigma > 0$；

概率密度函数：　　$f(x) = \dfrac{1}{\sqrt{2\pi}\sigma} e^{-\frac{(x-\mu)^2}{2\sigma^2}}, (-\infty < x < +\infty)$

数学期望：　　$E(X) = \mu$

方差：　　$Var(X) = \sigma^2$

矩母函数：　　$M(t) = e^{\mu t + \frac{1}{2}t^2\sigma^2}$

3. 指数分布（Exponential distribution），记为 $X \sim E(\lambda)$

参数：　　λ，其中，$\lambda > 0$；

概率密度函数：　　$f(x) = \lambda e^{-\lambda x}$，$x > 0$

分布函数：　　$F(x) = 1 - e^{-\lambda x}$

数学期望：　　$E(X) = \dfrac{1}{\lambda}$

方差：　　$Var(X) = \dfrac{1}{\lambda^2}$

矩母函数：　　$M(t) = \left(1 + \dfrac{t}{\lambda}\right)^{-1}$

高阶矩：　　$E(X^r) = \dfrac{\Gamma(1+r)}{\lambda^r}$，$r = 1, 2, 3, \cdots$

偏斜系数：　　$Sk(X) = 2$

4. 伽马分布（Gamma distribution），记为 X ~ Gamma（α，β）

（1）形式1：

参数：　　α，β，其中，$\alpha > 0$，$\beta > 0$；

概率密度函数：　　$f(x) = \begin{cases} \dfrac{1}{\beta^{\alpha}\Gamma(\alpha)} x^{(\alpha-1)} e^{-x/\beta}, & x > 0 \\ 0, & 其他 \end{cases}$

其中，$\Gamma(\alpha) = \int_0^{\infty} y^{\alpha-1} e^{-y} dy$，下同

数学期望：　　$E(X) = \alpha\beta$

方差：　　$Var(X) = \alpha\beta^2$

矩母函数：　　$M(t) = (1 - \beta t)^{-\alpha}$

高阶矩：　　$E(X^r) = \dfrac{\Gamma(\alpha + r)}{\Gamma(\alpha)}\beta^r$，$r = 1, 2, 3, \cdots$

偏斜系数：　　$Sk(X) = \dfrac{2}{\sqrt{\alpha}}$

（2）形式2：

参数：　　α，λ，其中，$\alpha > 0$，$\lambda > 0$；

概率密度函数：　　$f(x) = \begin{cases} \dfrac{\lambda^{\alpha}}{\Gamma(\alpha)} x^{(\alpha-1)} e^{-\lambda x}, & x > 0 \\ 0, & 其他 \end{cases}$

分布函数：当 2α 为整数时，$2\lambda X \sim \chi^2_{2\alpha}$

数学期望：　　$E(X) = \dfrac{\alpha}{\lambda}$

方差：　　$Var(X)=\frac{\alpha}{\lambda^2}$

矩母函数：　　$M(t)=(1-\beta t)^{-\alpha}$

高阶矩：　　$E(X^r)=\frac{\Gamma(\alpha+r)}{\Gamma(\alpha)\lambda^r}$，$r=1, 2, 3, \cdots$

偏斜系数：　　$Sk(X)=\frac{2}{\sqrt{\alpha}}$

（3）指数分布和χ^2分布是伽马分布的两个特例。

当$\alpha=1$，$\beta=\theta$时的伽马分布为均值为θ的指数分布；

当$\alpha=v/2$（v为正整数），$\beta=2$时即为参数为v的χ^2分布。

5. χ^2分布（Chi - square distribution）（卡方分布），记为$X\sim\chi^2$（v）

伽马分布 Gamma（α，β）当$\alpha=v/2$（v为正整数），$\beta=2$时的特殊形式，即参数为v的χ^2分布。

6. 均匀分布（Uniform distribution），记为 X ~ U（a，b）

参数：　　a，b，其中，$a<b$；

概率密度函数：　　$f(x)=\frac{1}{b-a}$，$a<x<b$

分布函数：　　$F(x)=\frac{x-a}{b-a}$

数学期望：　　$E(X)=\frac{a+b}{2}$

方差：　　$Var(X)=\frac{1}{12}(b-a)^2$

高阶矩：　　$E(X^r)=\frac{1}{b-a}\cdot\frac{1}{r+1}(b^{r+1}-a^{r+1})$，$r=1, 2, 3, \cdots$

矩母函数：　　$M(t)=\frac{1}{b-a}\cdot\frac{1}{t}(e^{bt}-e^{at})$

7. β分布（Beta distribution），记为 X ~ B（α，β）

参数：　　α，β，其中，$\alpha>0$，$\beta>0$；

概率密度函数：　　$f(x)=\frac{\Gamma(\alpha+\beta)}{\Gamma(\alpha)\Gamma(\beta)}x^{\alpha-1}(1-x)^{\beta-1}$，$0<x<1$

数学期望：　　$E(X)=\frac{\alpha}{\alpha+\beta}$

方差：　　$Var(X)=\frac{\alpha\beta}{(\alpha+\beta)^2(\alpha+\beta+1)}$

高阶矩：　　$E(X^r)=\frac{\Gamma(\alpha+\beta)\Gamma(\alpha+r)}{\Gamma(\alpha)\Gamma(\alpha+\beta+r)}$，$r=1, 2, 3, \cdots$

偏斜系数：　　$Sk(X)=\frac{2(\beta-\alpha)}{(\alpha+\beta+2)}\sqrt{\frac{\alpha+\beta+1}{\alpha\beta}}$

8. 对数正态分布（Log－normal distribution），记为 $X \sim LN(\mu, \sigma^2)$

参数：　μ，σ^2，其中，$\sigma > 0$；

概率密度函数：　$f(x) = \frac{1}{\sqrt{2\pi}\sigma}\frac{1}{x}e^{-\frac{(\log x-\mu)^2}{2\sigma^2}}$，$x > 0$

数学期望：　$E(X) = e^{\mu + \frac{1}{2}\sigma^2}$

方差：　$Var(X) = e^{2\mu + \sigma^2}(e^{\sigma^2} - 1)$

高阶矩：　$E(X^r) = e^{\mu \cdot r + \frac{1}{2}r^2\sigma^2}$，$r = 1, 2, 3, \cdots$

偏斜系数：　$Sk(X) = (e^{\sigma^2} + 2)\sqrt{e^{\sigma^2} - 1}$

9. 帕累托分布（Pareto distribution）

参数：　α，λ，其中，$\alpha > 0$，$\lambda > 0$；

概率密度函数：　$f(x) = \frac{\alpha\lambda^\alpha}{(\lambda + x)^{\alpha+1}}$，$x > 0$

分布函数：　$F(x) = 1 - \left(\frac{\lambda}{\lambda + x}\right)^\alpha$

数学期望：　$E(X) = \frac{\lambda}{\alpha - 1}, \alpha > 1$

方差：　$Var(X) = \frac{\alpha\lambda^2}{(\alpha-1)^2(\alpha-2)}$，$\alpha > 2$

高阶矩：　$E(X^r) = \frac{\Gamma(\alpha - r)\Gamma(1 + r)}{\Gamma(\alpha)}\lambda^r$，$r = 1, 2, 3, \cdots, r < \alpha$

偏斜系数：　$Sk(X) = \frac{2(\alpha+1)}{(\alpha-3)}\sqrt{\frac{\alpha-2}{\alpha}}$，$\alpha > 3$

10. 广义帕累托分布（Generalized Pareto distribution）

参数：　α，λ，k，其中，$\alpha > 0$，$\lambda > 0$，$k > 0$；

概率密度函数：　$f(x) = \frac{\Gamma(\alpha + k)\lambda^\alpha x^{k-1}}{\Gamma(\alpha)\Gamma(k)(\lambda + x)^{\alpha+k}}$，$x > 0$

数学期望：　$E(X) = \frac{k\lambda}{\alpha - 1}$，$\alpha > 1$

方差：　$Var(X) = \frac{k(k + \alpha - 1)\lambda^2}{(\alpha-1)^2(\alpha-2)}$，$\alpha > 2$

高阶矩：　$E(X^r) = \frac{\Gamma(\alpha - r)\Gamma(k + r)}{\Gamma(\alpha)\Gamma(k)}\lambda^r$，$r = 1, 2, 3, \cdots, r < \alpha$

11. 韦伯分布（Weibull distribution）

参数：　c，γ，其中，$c > 0$，$\gamma > 0$；

概率密度函数：　$f(x) = c\gamma x^{\gamma-1}e^{-cx^\gamma}$，$x > 0$

分布函数：　$F(x) = 1 - e^{-cx^\gamma}$

高阶矩：　$E(X^r) = \Gamma(1 + \frac{r}{\gamma})\frac{1}{c^{r/\gamma}}$，$r = 1, 2, 3, \cdots$

12. 波尔分布（Burr distribution）

参数：　　α，λ，γ，其中，$\alpha>0$，$\lambda>0$，$\gamma>0$；

概率密度函数：　$f(x)=\dfrac{\alpha\gamma\lambda^{\alpha}x^{\gamma-1}}{(\lambda+x^{\gamma})^{\alpha+1}}$，$x>0$

分布函数：　　$F(x)=1-\left(\dfrac{\lambda}{\lambda+x^{\gamma}}\right)^{\alpha}$

高阶矩：　　$E(X^{r})=\Gamma(\alpha-\dfrac{r}{\gamma})\Gamma(1+\dfrac{r}{\gamma})\dfrac{\lambda^{r/\gamma}}{\Gamma(\alpha)}$，$r=1, 2, 3, \cdots$，$r<\alpha\gamma$

附录四　概率分布表

附表 1　　　　二项分布表

$$P\{X \leqslant x\} = \sum_{k=0}^{x} \binom{n}{k} p^k (1-p)^{n-k}$$

n	x	p												
		0.001	0.002	0.003	0.005	0.01	0.02	0.03	0.05	0.10	0.15	0.20	0.25	0.30
2	0	0.9980	0.9960	0.9940	0.9900	0.9801	0.9604	0.9409	0.9025	0.8100	0.7225	0.6400	0.5625	0.4900
2	1	1.0000	1.0000	1.0000	1.0000	0.9999	0.9996	0.9991	0.9975	0.9900	0.9775	0.9600	0.9375	0.9100
3	0	0.9970	0.9940	0.9910	0.9851	0.9703	0.9412	0.9127	0.8574	0.7290	0.6141	0.5120	0.4219	0.3430
3	1	1.0000	1.0000	1.0000	0.9999	0.9997	0.9988	0.9974	0.9928	0.9720	0.9393	0.8960	0.8438	0.7840
3	2				1.0000	1.0000	1.0000	1.0000	0.9999	0.9990	0.9966	0.9920	0.9844	0.9730
4	0	0.9960	0.9920	0.9881	0.9801	0.9606	0.9224	0.8853	0.8145	0.6561	0.5220	0.4096	0.3164	0.2401
4	1	1.0000	1.0000	0.9999	0.9999	0.9994	0.9977	0.9948	0.9860	0.9477	0.8905	0.8192	0.7383	0.6517
4	2			1.0000	1.0000	1.0000	1.0000	0.9999	0.9995	0.9963	0.9880	0.9728	0.9492	0.9163
4	3							1.0000	1.0000	0.9999	0.9995	0.9984	0.9961	0.9919
5	0	0.9950	0.9900	0.9851	0.9752	0.9510	0.9039	0.8587	0.7738	0.5905	0.4437	0.3277	0.2373	0.1681
5	1	1.0000	1.0000	0.9999	0.9998	0.9990	0.9962	0.9915	0.9774	0.9185	0.8352	0.7373	0.6328	0.5282
5	2			1.0000	1.0000	1.0000	0.9999	0.9997	0.9988	0.9914	0.9734	0.9421	0.8965	0.8369
5	3						1.0000	1.0000	1.0000	0.9995	0.9978	0.9933	0.9844	0.9692
5	4									1.0000	0.9999	0.9997	0.9990	0.9976
6	0	0.9940	0.9881	0.9821	0.9704	0.9415	0.8858	0.8330	0.7351	0.5314	0.3771	0.2621	0.1780	0.1176
6	1	1.0000	0.9999	0.9999	0.9996	0.9985	0.9943	0.9875	0.9672	0.8857	0.7765	0.6554	0.5339	0.4202
6	2		1.0000	1.0000	1.0000	1.0000	0.9998	0.9995	0.9978	0.9842	0.9527	0.9011	0.8306	0.7443
6	3						1.0000	1.0000	0.9999	0.9987	0.9941	0.9830	0.9624	0.9295
6	4								1.0000	0.9999	0.9996	0.9984	0.9954	0.9891
6	5									1.0000	1.0000	0.9999	0.9998	0.9993
7	0	0.9930	0.9861	0.9792	0.9655	0.9321	0.8681	0.8080	0.6983	0.4783	0.3206	0.2097	0.1335	0.0824
7	1	1.0000	0.9999	0.9998	0.9995	0.9980	0.9921	0.9829	0.9556	0.8503	0.7166	0.5767	0.4449	0.3294
7	2		1.0000	1.0000	1.0000	1.0000	0.9997	0.9991	0.9962	0.9743	0.9262	0.8520	0.7564	0.6471
7	3						1.0000	1.0000	0.9998	0.9973	0.9879	0.9667	0.9294	0.8740
7	4								1.0000	0.9998	0.9988	0.9953	0.9871	0.9712
7	5									1.0000	0.9999	0.9996	0.9987	0.9962

续表

n	x	p												
		0.001	0.002	0.003	0.005	0.01	0.02	0.03	0.05	0.10	0.15	0.20	0.25	0.30
7	6										1.0000	1.0000	0.9999	0.9998
8	0	0.9920	0.9841	0.9763	0.9607	0.9227	0.8508	0.7837	0.6634	0.4305	0.2725	0.1678	0.1001	0.0576
8	1	1.0000	0.9999	0.9998	0.9993	0.9973	0.9897	0.9777	0.9428	0.8131	0.6572	0.5033	0.3671	0.2553
8	2		1.0000	1.0000	1.0000	0.9999	0.9996	0.9987	0.9942	0.9619	0.8948	0.7969	0.6785	0.5518
8	3					1.0000	1.0000	0.9999	0.9996	0.9950	0.9786	0.9437	0.8862	0.8059
8	4							1.0000	1.0000	0.9996	0.9971	0.9896	0.9727	0.9420
8	5									1.0000	0.9998	0.9988	0.9958	0.9887
8	6										1.0000	0.9999	0.9996	0.9987
8	7											1.0000	1.0000	0.9999
9	0	0.9910	0.9821	0.9733	0.9559	0.9135	0.8337	0.7602	0.6302	0.3874	0.2316	0.1342	0.0751	0.0404
9	1	1.0000	0.9999	0.9997	0.9991	0.9966	0.9869	0.9718	0.9288	0.7748	0.5995	0.4362	0.3003	0.1960
9	2		1.0000	1.0000	1.0000	0.9999	0.9994	0.9980	0.9916	0.9470	0.8591	0.7382	0.6007	0.4628
9	3					1.0000	1.0000	0.9999	0.9994	0.9917	0.9661	0.9144	0.8343	0.7297
9	4							1.0000	1.0000	0.9991	0.9944	0.9804	0.9511	0.9012
9	5									0.9999	0.9994	0.9969	0.9900	0.9747
9	6									1.0000	1.0000	0.9997	0.9987	0.9957
9	7											1.0000	0.9999	0.9996
9	8												1.0000	1.0000
10	0	0.9900	0.9802	0.9704	0.9511	0.9044	0.8171	0.7374	0.5987	0.3487	0.1969	0.1074	0.0563	0.0282
10	1	1.0000	0.9998	0.9996	0.9989	0.9957	0.9838	0.9655	0.9139	0.7361	0.5443	0.3758	0.2440	0.1493
10	2		1.0000	1.0000	1.0000	0.9999	0.9991	0.9972	0.9885	0.9298	0.8202	0.6778	0.5256	0.3828
10	3					1.0000	1.0000	0.9999	0.9990	0.9872	0.9500	0.8791	0.7759	0.6496
10	4							1.0000	0.9999	0.9984	0.9901	0.9672	0.9219	0.8497
10	5								1.0000	0.9999	0.9986	0.9936	0.9803	0.9527
10	6									1.0000	0.9999	0.9991	0.9965	0.9894
10	7										1.0000	0.9999	0.9996	0.9984
10	8											1.0000	1.0000	0.9999
10	9													1.0000
11	0	0.9891	0.9782	0.9675	0.9464	0.8953	0.8007	0.7153	0.5688	0.3138	0.1673	0.0859	0.0422	0.0198
11	1	0.9999	0.9998	0.9995	0.9987	0.9948	0.9805	0.9587	0.8981	0.6974	0.4922	0.3221	0.1971	0.1130
11	2	1.0000	1.0000	1.0000	1.0000	0.9998	0.9988	0.9963	0.9848	0.9104	0.7788	0.6174	0.4552	0.3127
11	3					1.0000	1.0000	0.9998	0.9984	0.9815	0.9306	0.8389	0.7133	0.5696
11	4							1.0000	0.9999	0.9972	0.9841	0.9496	0.8854	0.7897
11	5								1.0000	0.9997	0.9973	0.9883	0.9657	0.9218

续表

n	x	p												
		0.001	0.002	0.003	0.005	0.01	0.02	0.03	0.05	0.10	0.15	0.20	0.25	0.30
11	6									1.0000	0.9997	0.9980	0.9924	0.9784
11	7										1.0000	0.9998	0.9988	0.9957
11	8											1.0000	0.9999	0.9994
11	9												1.0000	1.0000
12	0	0.9881	0.9763	0.9646	0.9416	0.8864	0.7847	0.6938	0.5404	0.2824	0.1422	0.0687	0.0317	0.0138
12	1	0.9999	0.9997	0.9994	0.9984	0.9938	0.9769	0.9514	0.8816	0.6590	0.4435	0.2749	0.1584	0.0850
12	2	1.0000	1.0000	1.0000	1.0000	0.9998	0.9985	0.9952	0.9804	0.8891	0.7358	0.5583	0.3907	0.2528
12	3					1.0000	0.9999	0.9997	0.9978	0.9744	0.9078	0.7946	0.6488	0.4925
12	4						1.0000	1.0000	0.9998	0.9957	0.9761	0.9274	0.8424	0.7237
12	5								1.0000	0.9995	0.9954	0.9806	0.9456	0.8822
12	6									0.9999	0.9993	0.9961	0.9857	0.9614
12	7									1.0000	0.9999	0.9994	0.9972	0.9905
12	8										1.0000	0.9999	0.9996	0.9983
12	9											1.0000	1.0000	0.9998
12	10													1.0000
13	0	0.9871	0.9743	0.9617	0.9369	0.8775	0.7690	0.6730	0.5133	0.2542	0.1209	0.0550	0.0238	0.0097
13	1	0.9999	0.9997	0.9993	0.9981	0.9928	0.9730	0.9436	0.8646	0.6213	0.3983	0.2336	0.1267	0.0637
13	2	1.0000	1.0000	1.0000	1.0000	0.9997	0.9980	0.9938	0.9755	0.8661	0.6920	0.5017	0.3326	0.2025
13	3					1.0000	0.9999	0.9995	0.9969	0.9658	0.8820	0.7473	0.5843	0.4206
13	4						1.0000	1.0000	0.9997	0.9935	0.9658	0.9009	0.7940	0.6543
13	5								1.0000	0.9991	0.9925	0.9700	0.9198	0.8346
13	6									0.9999	0.9987	0.9930	0.9757	0.9376
13	7									1.0000	0.9998	0.9988	0.9944	0.9818
13	8										1.0000	0.9998	0.9990	0.9960
13	9											1.0000	0.9999	0.9993
13	10												1.0000	0.9999
13	11													1.0000
14	0	0.9861	0.9724	0.9588	0.9322	0.8687	0.7536	0.6528	0.4877	0.2288	0.1028	0.0440	0.0178	0.0068
14	1	0.9999	0.9996	0.9992	0.9978	0.9916	0.9690	0.9355	0.8470	0.5846	0.3567	0.1979	0.1010	0.0475
14	2	1.0000	1.0000	1.0000	1.0000	0.9997	0.9975	0.9923	0.9699	0.8416	0.6479	0.4481	0.2811	0.1608
14	3					1.0000	0.9999	0.9994	0.9958	0.9559	0.8535	0.6982	0.5213	0.3552
14	4						1.0000	1.0000	0.9996	0.9908	0.9533	0.8702	0.7415	0.5842
14	5								1.0000	0.9985	0.9885	0.9561	0.8883	0.7805
14	6									0.9998	0.9978	0.9884	0.9617	0.9067

续表

n	x	p: 0.001	0.002	0.003	0.005	0.01	0.02	0.03	0.05	0.10	0.15	0.20	0.25	0.30
14	7									1.0000	0.9997	0.9976	0.9897	0.9685
14	8										1.0000	0.9996	0.9978	0.9917
14	9											1.0000	0.9997	0.9983
14	10												1.0000	0.9998
14	11													1.0000
15	0	0.9851	0.9704	0.9559	0.9276	0.8601	0.7386	0.6333	0.4633	0.2059	0.0874	0.0352	0.0134	0.0047
15	1	0.9999	0.9996	0.9991	0.9975	0.9904	0.9647	0.9270	0.8290	0.5490	0.3186	0.1671	0.0802	0.0353
15	2	1.0000	1.0000	1.0000	0.9999	0.9996	0.9970	0.9906	0.9638	0.8159	0.6042	0.3980	0.2361	0.1268
15	3				1.0000	1.0000	0.9998	0.9992	0.9945	0.9444	0.8227	0.6482	0.4613	0.2969
15	4						1.0000	0.9999	0.9994	0.9873	0.9383	0.8358	0.6865	0.5155
15	5							1.0000	0.9999	0.9978	0.9832	0.9389	0.8516	0.7216
15	6								1.0000	0.9997	0.9964	0.9819	0.9434	0.8689
15	7									1.0000	0.9994	0.9958	0.9827	0.9500
15	8										0.9999	0.9992	0.9958	0.9848
15	9										1.0000	0.9999	0.9992	0.9963
15	10											1.0000	0.9999	0.9993
15	11												1.0000	0.9999
15	12													1.0000
16	0	0.9841	0.9685	0.9531	0.9229	0.8515	0.7238	0.6143	0.4401	0.1853	0.0743	0.0281	0.0100	0.0033
16	1	0.9999	0.9995	0.9989	0.9971	0.9891	0.9601	0.9182	0.8108	0.5147	0.2839	0.1407	0.0635	0.0261
16	2	1.0000	1.0000	1.0000	0.9999	0.9995	0.9963	0.9887	0.9571	0.7892	0.5614	0.3518	0.1971	0.0994
16	3				1.0000	1.0000	0.9998	0.9989	0.9930	0.9316	0.7899	0.5981	0.4050	0.2459
16	4						1.0000	0.9999	0.9991	0.9830	0.9209	0.7982	0.6302	0.4499
16	5							1.0000	0.9999	0.9967	0.9765	0.9183	0.8103	0.6598
16	6								1.0000	0.9995	0.9944	0.9733	0.9204	0.8247
16	7									0.9999	0.9989	0.9930	0.9729	0.9256
16	8									1.0000	0.9998	0.9985	0.9925	0.9743
16	9										1.0000	0.9998	0.9984	0.9929
16	10											1.0000	0.9997	0.9984
16	11												1.0000	0.9997
16	12													1.0000
17	0	0.9831	0.9665	0.9502	0.9183	0.8429	0.7093	0.5958	0.4181	0.1668	0.0631	0.0225	0.0075	0.0023
17	1	0.9999	0.9995	0.9988	0.9968	0.9877	0.9554	0.9091	0.7922	0.4818	0.2525	0.1182	0.0501	0.0193
17	2	1.0000	1.0000	1.0000	0.9999	0.9994	0.9956	0.9866	0.9497	0.7618	0.5198	0.3096	0.1637	0.0774

续表

n	x	p												
		0.001	0.002	0.003	0.005	0.01	0.02	0.03	0.05	0.10	0.15	0.20	0.25	0.30
17	3				1.0000	1.0000	0.9997	0.9986	0.9912	0.9174	0.7556	0.5489	0.3530	0.2019
17	4						1.0000	0.9999	0.9988	0.9779	0.9013	0.7582	0.5739	0.3887
17	5							1.0000	0.9999	0.9953	0.9681	0.8943	0.7653	0.5968
17	6								1.0000	0.9992	0.9917	0.9623	0.8929	0.7752
17	7									0.9999	0.9983	0.9891	0.9598	0.8954
17	8									1.0000	0.9997	0.9974	0.9876	0.9597
17	9										1.0000	0.9995	0.9969	0.9873
17	10										1.0000	0.9999	0.9994	0.9968
17	11											1.0000	0.9999	0.9993
17	12												1.0000	0.9999
17	13													1.0000
18	0	0.9822	0.9646	0.9474	0.9137	0.8345	0.6951	0.5780	0.3972	0.1501	0.0536	0.0180	0.0056	0.0016
18	1	0.9998	0.9994	0.9987	0.9964	0.9862	0.9505	0.8997	0.7735	0.4503	0.2241	0.0991	0.0395	0.0142
18	2	1.0000	1.0000	1.0000	0.9999	0.9993	0.9948	0.9843	0.9419	0.7338	0.4797	0.2713	0.1353	0.0600
18	3				1.0000	1.0000	0.9996	0.9982	0.9891	0.9018	0.7202	0.5010	0.3057	0.1646
18	4						1.0000	0.9998	0.9985	0.9718	0.8794	0.7164	0.5187	0.3327
18	5							1.0000	0.9998	0.9936	0.9581	0.8671	0.7175	0.5344
18	6								1.0000	0.9988	0.9882	0.9487	0.8610	0.7217
18	7									0.9998	0.9973	0.9837	0.9431	0.8593
18	8									1.0000	0.9995	0.9957	0.9807	0.9404
18	9										0.9999	0.9991	0.9946	0.9790
18	10										1.0000	0.9998	0.9988	0.9939
18	11											1.0000	0.9998	0.9986
18	12												1.0000	0.9997
18	13													1.0000
19	0	0.9812	0.9627	0.9445	0.9092	0.8262	0.6812	0.5606	0.3774	0.1351	0.0456	0.0144	0.0042	0.0011
19	1	0.9998	0.9993	0.9985	0.9960	0.9847	0.9454	0.8900	0.7547	0.4203	0.1985	0.0829	0.0310	0.0104
19	2	1.0000	1.0000	1.0000	0.9999	0.9991	0.9939	0.9817	0.9335	0.7054	0.4413	0.2369	0.1113	0.0462
19	3				1.0000	1.0000	0.9995	0.9978	0.9868	0.8850	0.6841	0.4551	0.2631	0.1332
19	4						1.0000	0.9998	0.9980	0.9648	0.8556	0.6733	0.4654	0.2822
19	5							1.0000	0.9998	0.9914	0.9463	0.8369	0.6678	0.4739
19	6								1.0000	0.9983	0.9837	0.9324	0.8251	0.6655
19	7									0.9997	0.9959	0.9767	0.9225	0.8180
19	8									1.0000	0.9992	0.9933	0.9713	0.9161

续表

n	x	p: 0.001	0.002	0.003	0.005	0.01	0.02	0.03	0.05	0.10	0.15	0.20	0.25	0.30
19	9										0.9999	0.9984	0.9911	0.9674
19	10										1.0000	0.9997	0.9977	0.9895
19	11											1.0000	0.9995	0.9972
19	12												0.9999	0.9994
19	13												1.0000	0.9999
19	14													1.0000
20	0	0.9802	0.9608	0.9417	0.9046	0.8179	0.6676	0.5438	0.3585	0.1216	0.0388	0.0115	0.0032	0.0008
20	1	0.9998	0.9993	0.9984	0.9955	0.9831	0.9401	0.8802	0.7358	0.3917	0.1756	0.0692	0.0243	0.0076
20	2	1.0000	1.0000	1.0000	0.9999	0.9990	0.9929	0.9790	0.9245	0.6769	0.4049	0.2061	0.0913	0.0355
20	3				1.0000	1.0000	0.9994	0.9973	0.9841	0.8670	0.6477	0.4114	0.2252	0.1071
20	4						1.0000	0.9997	0.9974	0.9568	0.8298	0.6296	0.4148	0.2375
20	5							1.0000	0.9997	0.9887	0.9327	0.8042	0.6172	0.4164
20	6								1.0000	0.9976	0.9781	0.9133	0.7858	0.6080
20	7									0.9996	0.9941	0.9679	0.8982	0.7723
20	8									0.9999	0.9987	0.9900	0.9591	0.8867
20	9									1.0000	0.9998	0.9974	0.9861	0.9520
20	10										1.0000	0.9994	0.9961	0.9829
20	11											0.9999	0.9991	0.9949
20	12											1.0000	0.9998	0.9987
20	13												1.0000	0.9997
20	14													1.0000
25	0	0.9753	0.9512	0.9276	0.8822	0.7778	0.6035	0.4670	0.2774	0.0718	0.0172	0.0038	0.0008	0.0001
25	1	0.9997	0.9988	0.9974	0.9931	0.9742	0.9114	0.8280	0.6424	0.2712	0.0931	0.0274	0.0070	0.0016
25	2	1.0000	1.0000	0.9999	0.9997	0.9980	0.9868	0.9620	0.8729	0.5371	0.2537	0.0982	0.0321	0.0090
25	3			1.0000	1.0000	0.9999	0.9986	0.9938	0.9659	0.7636	0.4711	0.2340	0.0962	0.0332
25	4					1.0000	0.9999	0.9992	0.9928	0.9020	0.6821	0.4207	0.2137	0.0905
25	5						1.0000	0.9999	0.9988	0.9666	0.8385	0.6167	0.3783	0.1935
25	6							1.0000	0.9998	0.9905	0.9305	0.7800	0.5611	0.3407
25	7								1.0000	0.9977	0.9745	0.8909	0.7265	0.5118
25	8									0.9995	0.9920	0.9532	0.8506	0.6769
25	9									0.9999	0.9979	0.9827	0.9287	0.8106
25	10									1.0000	0.9995	0.9944	0.9703	0.9022
25	11										0.9999	0.9985	0.9893	0.9558
25	12										1.0000	0.9996	0.9966	0.9825

续表

n	x	p												
		0.001	0.002	0.003	0.005	0.01	0.02	0.03	0.05	0.10	0.15	0.20	0.25	0.30
25	13											0.9999	0.9991	0.9940
25	14											1.0000	0.9998	0.9982
25	15												1.0000	0.9995
25	16													0.9999
25	17													1.0000
30	0	0.9704	0.9417	0.9138	0.8604	0.7397	0.5455	0.4010	0.2146	0.0424	0.0076	0.0012	0.0002	0.0000
30	1	0.9996	0.9983	0.9963	0.9901	0.9639	0.8795	0.7731	0.5535	0.1837	0.0480	0.0105	0.0020	0.0003
30	2	1.0000	1.0000	0.9999	0.9995	0.9967	0.9783	0.9399	0.8122	0.4114	0.1514	0.0442	0.0106	0.0021
30	3			1.0000	1.0000	0.9998	0.9971	0.9881	0.9392	0.6474	0.3217	0.1227	0.0374	0.0093
30	4					1.0000	0.9997	0.9982	0.9844	0.8245	0.5245	0.2552	0.0979	0.0302
30	5						1.0000	0.9998	0.9967	0.9268	0.7106	0.4275	0.2026	0.0766
30	6							1.0000	0.9994	0.9742	0.8474	0.6070	0.3481	0.1595
30	7								0.9999	0.9922	0.9302	0.7608	0.5143	0.2814
30	8								1.0000	0.9980	0.9722	0.8713	0.6736	0.4315
30	9									0.9995	0.9903	0.9389	0.8034	0.5888
30	10									0.9999	0.9971	0.9744	0.8943	0.7304
30	11									1.0000	0.9992	0.9905	0.9493	0.8407
30	12										0.9998	0.9969	0.9784	0.9155
30	13										1.0000	0.9991	0.9918	0.9599
30	14											0.9998	0.9973	0.9831
30	15											0.9999	0.9992	0.9936
30	16											1.0000	0.9998	0.9979
30	17												0.9999	0.9994
30	18												1.0000	0.9998
30	19													1.0000

附表 2 **泊松分布表**

$$1 - F(x-1) = \sum_{k=x}^{\infty} \frac{\lambda^k}{k!} e^{-\lambda}$$

x	$\lambda=0.1$	$\lambda=0.2$	$\lambda=0.3$	$\lambda=0.4$	$\lambda=0.5$	$\lambda=0.6$	$\lambda=0.7$
0	1.000000	1.000000	1.000000	1.000000	1.000000	1.000000	1.000000
1	0.095163	0.181269	0.259182	0.329680	0.393469	0.451188	0.503415
2	0.004679	0.017523	0.036936	0.061552	0.090204	0.121901	0.155805
3	0.000155	0.001148	0.003599	0.007926	0.014388	0.023115	0.034142
4	0.000004	0.000057	0.000266	0.000776	0.001752	0.003358	0.005753
5	0.000000	0.000002	0.000016	0.000061	0.000172	0.000394	0.000786
6	0.000000	0.000000	0.000001	0.000004	0.000014	0.000039	0.000090
7	0.000000	0.000000	0.000000	0.000000	0.000001	0.000003	0.000009
8	0.000000	0.000000	0.000000	0.000000	0.000000	0.000000	0.000001

x	$\lambda=0.8$	$\lambda=0.9$	$\lambda=1.0$	$\lambda=1.2$	$\lambda=1.4$	$\lambda=1.6$	$\lambda=1.8$
0	1.000000	1.000000	1.000000	1.000000	1.000000	1.000000	1.000000
1	0.550671	0.593430	0.632121	0.698806	0.753403	0.798103	0.834701
2	0.191208	0.227518	0.264241	0.337373	0.408167	0.475069	0.537163
3	0.047423	0.062857	0.080301	0.120513	0.166502	0.216642	0.269379
4	0.009080	0.013459	0.018988	0.033769	0.053725	0.078813	0.108708
5	0.001411	0.002344	0.003660	0.007746	0.014253	0.023682	0.036407
6	0.000184	0.000343	0.000594	0.001500	0.003201	0.006040	0.010378
7	0.000021	0.000043	0.000083	0.000251	0.000622	0.001336	0.002569
8	0.000002	0.000005	0.000010	0.000037	0.000107	0.000260	0.000562
9	0.000000	0.000000	0.000001	0.000005	0.000016	0.000045	0.000110
10	0.000000	0.000000	0.000000	0.000001	0.000002	0.000007	0.000019
11	0.000000	0.000000	0.000000	0.000000	0.000000	0.000001	0.000003

x	$\lambda=2.0$	$\lambda=2.5$	$\lambda=3.0$	$\lambda=3.5$	$\lambda=4.0$	$\lambda=4.5$	$\lambda=5.0$
0	1.000000	1.000000	1.000000	1.000000	1.000000	1.000000	1.000000
1	0.864665	0.917915	0.950213	0.969803	0.981684	0.988891	0.993262
2	0.593994	0.712703	0.800852	0.864112	0.908422	0.938901	0.959572
3	0.323324	0.456187	0.576810	0.679153	0.761897	0.826422	0.875348
4	0.142877	0.242424	0.352768	0.463367	0.566530	0.657704	0.734974
5	0.052653	0.108822	0.184737	0.274555	0.371163	0.467896	0.559507
6	0.016564	0.042021	0.083918	0.142386	0.214870	0.297070	0.384039
7	0.004534	0.014187	0.033509	0.065288	0.110674	0.168949	0.237817
8	0.001097	0.004247	0.011905	0.026739	0.051134	0.086586	0.133372
9	0.000237	0.001140	0.003803	0.009874	0.021363	0.040257	0.068094
10	0.000046	0.000277	0.001102	0.003315	0.008132	0.017093	0.031828
11	0.000008	0.000062	0.000292	0.001019	0.002840	0.006669	0.013695
12	0.000001	0.000013	0.000071	0.000289	0.000915	0.002404	0.005453
13	0.000000	0.000002	0.000016	0.000076	0.000274	0.000805	0.002019
14	0.000000	0.000000	0.000003	0.000019	0.000076	0.000252	0.000698
15	0.000000	0.000000	0.000001	0.000004	0.000020	0.000074	0.000226
16	0.000000	0.000000	0.000000	0.000001	0.000005	0.000020	0.000069
17	0.000000	0.000000	0.000000	0.000000	0.000001	0.000005	0.000020
18	0.000000	0.000000	0.000000	0.000000	0.000000	0.000001	0.000005
19	0.000000	0.000000	0.000000	0.000000	0.000000	0.000000	0.000001

附表 3

标准正态分布表

$$\Phi(x) = \int_{\infty}^{x} \frac{1}{\sqrt{2\pi}} e^{t^2/2} \mathrm{d}t$$

x	0	1	2	3	4	5	6	7	8	9
0.0	0.5000	0.5040	0.5080	0.5120	0.5160	0.5199	0.5239	0.5279	0.5319	0.5359
0.1	0.5398	0.5438	0.5478	0.5517	0.5557	0.5596	0.5636	0.5675	0.5714	0.5753
0.2	0.5793	0.5832	0.5871	0.5910	0.5948	0.5987	0.6026	0.6064	0.6103	0.6141
0.3	0.6179	0.6217	0.6255	0.6293	0.6331	0.6368	0.6406	0.6443	0.6480	0.6517
0.4	0.6554	0.6591	0.6628	0.6664	0.6700	0.6736	0.6772	0.6808	0.6844	0.6879
0.5	0.6915	0.6950	0.6985	0.7019	0.7054	0.7088	0.7123	0.7157	0.7190	0.7224
0.6	0.7257	0.7291	0.7324	0.7357	0.7389	0.7422	0.7454	0.7486	0.7517	0.7549
0.7	0.7580	0.7611	0.7642	0.7673	0.7704	0.7734	0.7764	0.7794	0.7823	0.7852
0.8	0.7881	0.7910	0.7939	0.7967	0.7995	0.8023	0.8051	0.8078	0.8106	0.8133
0.9	0.8159	0.8186	0.8212	0.8238	0.8264	0.8289	0.8315	0.8340	0.8365	0.8389
1.0	0.8413	0.8438	0.8461	0.8485	0.8508	0.8531	0.8554	0.8577	0.8599	0.8621
1.1	0.8643	0.8665	0.8686	0.8708	0.8729	0.8749	0.8770	0.8790	0.8810	0.8830
1.2	0.8849	0.8869	0.8888	0.8907	0.8925	0.8944	0.8962	0.8980	0.8997	0.9015
1.3	0.9032	0.9049	0.9066	0.9082	0.9099	0.9115	0.9131	0.9147	0.9162	0.9177
1.4	0.9192	0.9207	0.9222	0.9236	0.9251	0.9265	0.9279	0.9292	0.9306	0.9319
1.5	0.9332	0.9345	0.9357	0.9370	0.9382	0.9394	0.9406	0.9418	0.9429	0.9441
1.6	0.9452	0.9463	0.9474	0.9484	0.9495	0.9505	0.9515	0.9525	0.9535	0.9545
1.7	0.9554	0.9564	0.9573	0.9582	0.9591	0.9599	0.9608	0.9616	0.9625	0.9633
1.8	0.9641	0.9649	0.9656	0.9664	0.9671	0.9678	0.9686	0.9693	0.9699	0.9706
1.9	0.9713	0.9719	0.9726	0.9732	0.9738	0.9744	0.9750	0.9756	0.9761	0.9767
2.0	0.9772	0.9778	0.9783	0.9788	0.9793	0.9798	0.9803	0.9808	0.9812	0.9817
2.1	0.9821	0.9826	0.9830	0.9834	0.9838	0.9842	0.9846	0.9850	0.9854	0.9857
2.2	0.9861	0.9864	0.9868	0.9871	0.9875	0.9878	0.9881	0.9884	0.9887	0.9890
2.3	0.9893	0.9896	0.9898	0.9901	0.9904	0.9906	0.9909	0.9911	0.9913	0.9916
2.4	0.9918	0.9920	0.9922	0.9925	0.9927	0.9929	0.9931	0.9932	0.9934	0.9936
2.5	0.9938	0.9940	0.9941	0.9943	0.9945	0.9946	0.9948	0.9949	0.9951	0.9952
2.6	0.9953	0.9955	0.9956	0.9957	0.9959	0.9960	0.9961	0.9962	0.9963	0.9964
2.7	0.9965	0.9966	0.9967	0.9968	0.9969	0.9970	0.9971	0.9972	0.9973	0.9974
2.8	0.9974	0.9975	0.9976	0.9977	0.9977	0.9978	0.9979	0.9979	0.9980	0.9981
2.9	0.9981	0.9982	0.9982	0.9983	0.9984	0.9984	0.9985	0.9985	0.9986	0.9986
3.0	0.9987	0.9990	0.9993	0.9995	0.9997	0.9998	0.9998	0.9999	0.9999	1.0000

注：表中末行为函数值 Φ（3.0），Φ（3.1），…，Φ（3.9）。

附表 4　　t 分布表

$P\{t(n)>t_\alpha(n)\}$

n	$\alpha=0.25$	$\alpha=0.1$	$\alpha=0.05$	$\alpha=0.025$	$\alpha=0.01$	$\alpha=0.005$
1	1.0000	3.0777	6.3138	12.7062	31.8205	63.6567
2	0.8165	1.8856	2.9200	4.3027	6.9646	9.9248
3	0.7649	1.6377	2.3534	3.1824	4.5407	5.8409
4	0.7407	1.5332	2.1318	2.7764	3.7469	4.6041
5	0.7267	1.4759	2.0150	2.5706	3.3649	4.0321
6	0.7176	1.4398	1.9432	2.4469	3.1427	3.7074
7	0.7111	1.4149	1.8946	2.3646	2.9980	3.4995
8	0.7064	1.3968	1.8595	2.3060	2.8965	3.3554
9	0.7027	1.3830	1.8331	2.2622	2.8214	3.2498
10	0.6998	1.3722	1.8125	2.2281	2.7638	3.1693
11	0.6974	1.3634	1.7959	2.2010	2.7181	3.1058
12	0.6955	1.3562	1.7823	2.1788	2.6810	3.0545
13	0.6938	1.3502	1.7709	2.1604	2.6503	3.0123
14	0.6924	1.3450	1.7613	2.1448	2.6245	2.9768
15	0.6912	1.3406	1.7531	2.1314	2.6025	2.9467
16	0.6901	1.3368	1.7459	2.1199	2.5835	2.9208
17	0.6892	1.3334	1.7396	2.1098	2.5669	2.8982
18	0.6884	1.3304	1.7341	2.1009	2.5524	2.8784
19	0.6876	1.3277	1.7291	2.0930	2.5395	2.8609
20	0.6870	1.3253	1.7247	2.0860	2.5280	2.8453
21	0.6864	1.3232	1.7207	2.0796	2.5176	2.8314
22	0.6858	1.3212	1.7171	2.0739	2.5083	2.8188
23	0.6853	1.3195	1.7139	2.0687	2.4999	2.8073
24	0.6848	1.3178	1.7109	2.0639	2.4922	2.7969
25	0.6844	1.3163	1.7081	2.0595	2.4851	2.7874
26	0.6840	1.3150	1.7056	2.0555	2.4786	2.7787
27	0.6837	1.3137	1.7033	2.0518	2.4727	2.7707
28	0.6834	1.3125	1.7011	2.0484	2.4671	2.7633
29	0.6830	1.3114	1.6991	2.0452	2.4620	2.7564
30	0.6828	1.3104	1.6973	2.0423	2.4573	2.7500
31	0.6825	1.3095	1.6955	2.0395	2.4528	2.7440
32	0.6822	1.3086	1.6939	2.0369	2.4487	2.7385
33	0.6820	1.3077	1.6924	2.0345	2.4448	2.7333
34	0.6818	1.3070	1.6909	2.0322	2.4411	2.7284
35	0.6816	1.3062	1.6896	2.0301	2.4377	2.7238
36	0.6814	1.3055	1.6883	2.0281	2.4345	2.7195
37	0.6812	1.3049	1.6871	2.0262	2.4314	2.7154
38	0.6810	1.3042	1.6860	2.0244	2.4286	2.7116
39	0.6808	1.3036	1.6849	2.0227	2.4258	2.7079
40	0.6807	1.3031	1.6839	2.0211	2.4233	2.7045
41	0.6805	1.3025	1.6829	2.0195	2.4208	2.7012
42	0.6804	1.3020	1.6820	2.0181	2.4185	2.6981
43	0.6802	1.3016	1.6811	2.0167	2.4163	2.6951
44	0.6801	1.3011	1.6802	2.0154	2.4141	2.6923
45	0.6800	1.3006	1.6794	2.0141	2.4121	2.6896

附表 5　　　　χ^2 分布表

$P\{\chi^2(n) > \chi_\alpha^2(n)\} = \alpha$

n	α = 0.995	α = 0.99	α = 0.975	α = 0.95	α = 0.90	α = 0.75
1	0.0000	0.0002	0.0010	0.0039	0.0158	0.1015
2	0.0100	0.0201	0.0506	0.1026	0.2107	0.5754
3	0.0717	0.1148	0.2158	0.3518	0.5844	1.2125
4	0.2070	0.2971	0.4844	0.7107	1.0636	1.9226
5	0.4118	0.5543	0.8312	1.1455	1.6103	2.6746
6	0.6757	0.8721	1.2373	1.6354	2.2041	3.4546
7	0.9893	1.2390	1.6899	2.1673	2.8331	4.2549
8	1.3444	1.6465	2.1797	2.7326	3.4895	5.0706
9	1.7349	2.0879	2.7004	3.3251	4.1682	5.8988
10	2.1558	2.5582	3.2470	3.9403	4.8652	6.7372
11	2.6032	3.0535	3.8157	4.5748	5.5778	7.5841
12	3.0738	3.5706	4.4038	5.2260	6.3038	8.4384
13	3.5650	4.1069	5.0087	5.8919	7.0415	9.2991
14	4.0747	4.6604	5.6287	6.5706	7.7895	10.1653
15	4.6009	5.2294	6.2621	7.2609	8.5468	11.0365
16	5.1422	5.8122	6.9077	7.9616	9.3122	11.9122
17	5.6973	6.4077	7.5642	8.6718	10.0852	12.7919
18	6.2648	7.0149	8.2307	9.3904	10.8649	13.6753
19	6.8439	7.6327	8.9065	10.1170	11.6509	14.5620
20	7.4338	8.2604	9.5908	10.8508	12.4426	15.4518
21	8.0336	8.8972	10.2829	11.5913	13.2396	16.3444
22	8.6427	9.5425	10.9823	12.3380	14.0415	17.2396
23	9.2604	10.1957	11.6885	13.0905	14.8480	18.1373
24	9.8862	10.8563	12.4011	13.8484	15.6587	19.0373
25	10.5196	11.5240	13.1197	14.6114	16.4734	19.9393
26	11.1602	12.1982	13.8439	15.3792	17.2919	20.8434
27	11.8077	12.8785	14.5734	16.1514	18.1139	21.7494
28	12.4613	13.5647	15.3079	16.9279	18.9392	22.6572
29	13.1211	14.2564	16.0471	17.7084	19.7677	23.5666
30	13.7867	14.9535	16.7908	18.4927	20.5992	24.4776
31	14.4577	15.6555	17.5387	19.2806	21.4336	25.3901
32	15.1340	16.3622	18.2908	20.0719	22.2706	26.3041
33	15.8152	17.0735	19.0467	20.8665	23.1102	27.2194
34	16.5013	17.7891	19.8062	21.6643	23.9522	28.1361
35	17.1917	18.5089	20.5694	22.4650	24.7966	29.0540
36	17.8868	19.2326	21.3359	23.2686	25.6433	29.9730
37	18.5859	19.9603	22.1056	24.0749	26.4921	30.8933
38	19.2888	20.6914	22.8785	24.8839	27.3430	31.8146
39	19.9958	21.4261	23.6543	25.6954	28.1958	32.7369
40	20.7066	22.1642	24.4331	26.5093	29.0505	33.6603
41	21.4208	22.9056	25.2145	27.3256	29.9071	34.5846
42	22.1384	23.6501	25.9987	28.1440	30.7654	35.5099
43	22.8596	24.3976	26.7854	28.9647	31.6255	36.4361
44	23.5836	25.1480	27.5745	29.7875	32.4871	37.3631
45	24.3110	25.9012	28.3662	30.6123	33.3504	38.2910

续表

n	$\alpha=0.25$	$\alpha=0.1$	$\alpha=0.05$	$\alpha=0.025$	$\alpha=0.01$	$\alpha=0.005$
1	1.3233	2.7055	3.8415	5.0239	6.6349	7.8794
2	2.7726	4.6052	5.9915	7.3778	9.2104	10.5965
3	4.1083	6.2514	7.8147	9.3484	11.3449	12.8381
4	5.3853	7.7794	9.4877	11.1433	13.2767	14.8602
5	6.6257	9.2363	11.0705	12.8325	15.0863	16.7496
6	7.8408	10.6446	12.5916	14.4494	16.8119	18.5475
7	9.0371	12.0170	14.0671	16.0128	18.4753	20.2777
8	10.2189	13.3616	15.5073	17.5345	20.0902	21.9549
9	11.3887	14.6837	16.9190	19.0228	21.6660	23.5893
10	12.5489	15.9872	18.3070	20.4832	23.2093	25.1881
11	13.7007	17.2750	19.6752	21.9200	24.7250	26.7569
12	14.8454	18.5493	21.0261	23.3367	26.2170	28.2997
13	15.9839	19.8119	22.3620	24.7356	27.6882	29.8193
14	17.1169	21.0641	23.6848	26.1189	29.1412	31.3194
15	18.2451	22.3071	24.9958	27.4884	30.5780	32.8015
16	19.3689	23.5418	26.2962	28.8453	31.9999	34.2671
17	20.4887	24.7690	27.5871	30.1910	33.4087	35.7184
18	21.6049	25.9894	28.8693	31.5264	34.8052	37.1564
19	22.7178	27.2036	30.1435	32.8523	36.1908	38.5821
20	23.8277	28.4120	31.4104	34.1696	37.5663	39.9969
21	24.9348	29.6151	32.6706	35.4789	38.9322	41.4009
22	26.0393	30.8133	33.9245	36.7807	40.2894	42.7957
23	27.1413	32.0069	35.1725	38.0756	41.6383	44.1814
24	28.2412	33.1962	36.4150	39.3641	42.9798	45.5584
25	29.3388	34.3816	37.6525	40.6465	44.3140	46.9280
26	30.4346	35.5632	38.8851	41.9231	45.6416	48.2898
27	31.5284	36.7412	40.1133	43.1945	46.9628	49.6450
28	32.6205	37.9159	41.3372	44.4608	48.2782	50.9936
29	33.7109	39.0875	42.5569	45.7223	49.5878	52.3355
30	34.7997	40.2560	43.7730	46.9792	50.8922	53.6719
31	35.8871	41.4217	44.9853	48.2319	52.1914	55.0025
32	36.9730	42.5847	46.1942	49.4804	53.4857	56.3280
33	38.0575	43.7452	47.3999	50.7251	54.7754	57.6483
34	39.1408	44.9032	48.6024	51.9660	56.0609	58.9637
35	40.2228	46.0588	49.8018	53.2033	57.3420	60.2746
36	41.3036	47.2122	50.9985	54.4373	58.6192	61.5811
37	42.3833	48.3634	52.1923	55.6680	59.8926	62.8832
38	43.4619	49.5126	53.3835	56.8955	61.1620	64.1812
39	44.5395	50.6598	54.5722	58.1201	62.4281	65.4753
40	45.6160	51.8050	55.7585	59.3417	63.6908	66.7660
41	46.6916	52.9485	56.9424	60.5606	64.9500	68.0526
42	47.7662	54.0902	58.1240	61.7767	66.2063	69.3360
43	48.8400	55.2302	59.3035	62.9903	67.4593	70.6157
44	49.9129	56.3685	60.4809	64.2014	68.7096	71.8923
45	50.9849	57.5053	61.6562	65.4101	69.9569	73.1660

附录五　复利年金表

复利年金表

利率：$i=2\%$

n	$(1+i)^n$	v^n	$a_{\overline{n}\rceil}$	$\ddot{a}_{\overline{n}\rceil}$	$a_{\overline{n}\rceil}^{(12)}$	$\ddot{a}_{\overline{n}\rceil}^{(12)}$	$s_{\overline{n}\rceil}$	$1/a_{\overline{n}\rceil}$	$1/s_{\overline{n}\rceil}$	n
1	1.02	0.980392157	0.980392157	1	0.989346953	0.99098094	1	1.02	1	1
2	1.0404	0.961168781	1.941560938	1.98039215	1.959294945	1.96253088	2.02	0.515049505	0.49504950	2
3	1.061208	0.942322335	2.883883273	2.94156093	2.91022435	2.915030822	3.0604	0.346754673	0.32675467	3
4	1.08243216	0.923845426	3.807728699	3.88388327	3.84250808	3.848854295	4.121608	0.262623753	0.24262375	4
5	1.10408080	0.90573081	4.713459509	4.80772869	4.756511737	4.764367503	5.20404016	0.212158394	0.19215839	5
6	1.12616241	0.887971382	5.601430891	5.71345950	5.652593754	5.661929472	6.30812096	0.178525812	0.15852581	6
7	1.14868566	0.870560179	6.471991069	6.60143089	6.531105535	6.541892187	7.43428338	0.154511956	0.13451195	7
8	1.17165938	0.853490371	7.32548144	7.47199106	7.392391595	7.40460073	8.58296905	0.136509799	0.11650979	8
9	1.19509256	0.836755266	8.162236706	8.32548144	8.236789692	8.25039342	9.75462843	0.122515437	0.10251543	9
10	1.21899442	0.8203483	8.982585006	9.16223670	9.064630965	9.07960194	10.949721	0.111326528	0.09132652	10
11	1.24337430	0.804263039	9.786848045	9.98258500	9.876240055	9.892551469	12.1687154	0.102177943	0.08217794	11
12	1.26824179	0.788493176	10.57534122	10.7868480	10.67193524	10.68956081	13.4120897	0.094559597	0.07455959	12
13	1.29360663	0.773032525	11.34837375	11.5753412	11.45202856	11.47094252	14.6803315	0.088118353	0.06811835	13
14	1.31947876	0.757875025	12.10624877	12.3483737	12.21682594	12.23700302	15.9739381	0.08260197	0.06260197	14
15	1.34586833	0.74301473	12.8492635	13.1062487	12.96662728	12.98804272	17.2934169	0.077825472	0.05782547	15
16	1.37278570	0.728445814	13.57770931	13.8492635	13.70172664	13.72435616	18.6392852	0.073650126	0.05365012	16
17	1.40024141	0.714162562	14.29187188	14.5777093	14.42241229	14.44623207	20.0120709	0.069969841	0.04996984	17
18	1.42824624	0.700159375	14.99203125	15.2918718	15.12896684	15.15395356	21.4123123	0.066702102	0.04670210	18
19	1.45681117	0.68643076	15.67846201	15.9920312	15.82166739	15.84779816	22.8405586	0.063781766	0.04378176	19
20	1.48594739	0.672971333	16.35143334	16.6784620	16.50078557	16.52803795	24.2973698	0.061156718	0.04115671	20
21	1.51566634	0.659775817	17.01120916	17.3514333	17.1665877	17.19493972	25.7833171	0.058784769	0.03878476	21
22	1.54597967	0.646839036	17.6580482	18.0112091	17.8193349	17.84876498	27.2989835	0.056631401	0.03663140	22
23	1.57689926	0.634155918	18.29220412	18.6580482	18.45928313	18.48977013	28.8449632	0.054668098	0.03466809	23
24	1.60843724	0.621721488	18.9139256	19.2922041	19.08668335	19.11820656	30.4218624	0.052871097	0.03287109	24
25	1.64060599	0.609530871	19.52345647	19.9139256	19.70178161	19.7343207	32.0302997	0.051220438	0.03122043	25
26	1.67341811	0.597579285	20.12103576	20.5234564	20.30481912	20.33835418	33.6709057	0.049699231	0.02969923	26

n	$(1+i)^n$	v^n	$a_{\overline{n}\vert}$	$\ddot{a}_{\overline{n}\vert}$	$a_{\overline{n}\vert}^{(12)}$	$\ddot{a}_{\overline{n}\vert}^{(12)}$	$s_{\overline{n}\vert}$	$1/a_{\overline{n}\vert}$	$1/s_{\overline{n}\vert}$	n
27	1.70688647	0.585862044	20.7068978	21.1210357	20.89603236	20.93054386	35.3443238	0.048293086	0.02829308	27
28	1.74102420	0.574374553	21.28127236	21.7068978	21.47565319	21.51112198	37.0512103	0.046989672	0.02698967	28
29	1.77584469	0.563112307	21.84438466	22.2812723	22.04390891	22.08031621	38.7922345	0.045778355	0.02577835	29
30	1.81136158	0.552070889	22.39645555	22.8443846	22.60102235	22.63834978	40.5680792	0.044649922	0.02464992	30
31	1.84758881	0.54124597	22.93770152	23.3964555	23.147212	23.1854415	42.3794407	0.043596347	0.02359634	31
32	1.88454059	0.530633304	23.46833482	23.9377015	23.68269205	23.72180594	44.2270296	0.042610607	0.02261060	32
33	1.92223140	0.520228729	23.98856355	24.4683348	24.20767249	24.24765343	46.1115702	0.041686531	0.02168653	33
34	1.96067603	0.510028166	24.49859172	24.9885635	24.7223592	24.76319019	48.0338016	0.040818673	0.02081867	34
35	1.99988955	0.500027613	24.99861933	25.4985917	25.22695401	25.26861838	49.9944776	0.040002209	0.02000220	35
36	2.03988734	0.49022315	25.48884248	25.9986193	25.72165481	25.76413621	51.9943671	0.039232853	0.01923285	36
37	2.08068509	0.480610932	25.96945341	26.4888424	26.20665559	26.24993801	54.0342545	0.038506779	0.01850677	37
38	2.12229879	0.471187188	26.4406406	26.9694534	26.68214655	26.72621428	56.1149396	0.037820566	0.01782056	38
39	2.16474476	0.461948223	26.90258883	27.4406406	27.14831416	27.19315181	58.2372384	0.037171144	0.01717114	39
40	2.20803966	0.452890415	27.35547924	27.9025888	27.60534123	27.65093369	60.4019831	0.036555748	0.01655574	40
41	2.25220045	0.444010211	27.79948945	28.3554792	28.05340698	28.09973946	62.6100228	0.035971884	0.01597188	41
42	2.29724446	0.435304128	28.23479358	28.7994894	28.49268713	28.53974512	64.8622233	0.035417295	0.01541729	42
43	2.34318935	0.426768753	28.66156233	29.2347935	28.92335394	28.97112321	67.1594677	0.034889933	0.01488993	43
44	2.39005314	0.418400739	29.07996307	29.6615623	29.34557631	29.39404291	69.5026571	0.034387939	0.01438793	44
45	2.43785420	0.410196803	29.49015987	30.0799630	29.7595198	29.80867007	71.8927102	0.033909616	0.01390961	45
46	2.48661128	0.402153728	29.8923136	30.4901598	30.16534676	30.21516728	74.3305644	0.033453416	0.01345341	46
47	2.53634351	0.394268361	30.28658196	30.8923136	30.56321632	30.61369396	76.8171757	0.033017922	0.01301792	47
48	2.58707038	0.386537609	30.67311957	31.2865819	30.95328452	31.00440639	79.3535192	0.032601836	0.01260183	48
49	2.63881179	0.37895844	31.05207801	31.6731195	31.33570433	31.38745779	81.9405896	0.032203964	0.01220396	49
50	2.69158802	0.371527882	31.42360589	32.0520780	31.71062571	31.76299838	84.5794014	0.03182321	0.01182321	50
51	2.74541979	0.364243022	31.78784892	32.4236058	32.07819568	32.13117543	87.2709894	0.031458561	0.01145856	51
52	2.80032818	0.357101002	32.14494992	32.7878489	32.43855841	32.49213332	90.0164092	0.031109086	0.01110908	52
53	2.85633474	0.350099021	32.49504894	33.1449499	32.7918552	32.84601361	92.8167374	0.030773919	0.01077391	53
54	2.91346144	0.343234335	32.83828327	33.4950489	33.1382246	33.19295507	95.6730722	0.030452262	0.01045226	54
55	2.97173067	0.33650425	33.17478752	33.8382832	33.47780244	33.53309375	98.5865336	0.030143373	0.01014337	55
56	3.03116528	0.329906127	33.50469365	34.1747875	33.81072189	33.86656305	101.558264	0.029846564	0.00984656	56
57	3.09178859	0.323437379	33.82813103	34.5046936	34.13711351	34.19349373	104.589429	0.029561196	0.00956119	57
58	3.15362436	0.31709547	34.1452265	34.8281310	34.4571053	34.51401401	107.681218	0.029286671	0.00928667	58
59	3.21669685	0.310877912	34.45610441	35.1452265	34.77082274	34.82824958	110.834842	0.029022434	0.00902243	59
60	3.28103078	0.304782266	34.76088668	35.4561044	35.07838885	35.13632366	114.051539	0.028767966	0.00876796	60

n	$(1+i)^n$	v^n	$a_{\overline{n}\rceil}$	$\ddot{a}_{\overline{n}\rceil}$	$a_{\overline{n}\rceil}^{(12)}$	$\ddot{a}_{\overline{n}\rceil}^{(12)}$	$s_{\overline{n}\rceil}$	$1/a_{\overline{n}\rceil}$	$1/s_{\overline{n}\rceil}$	n
62	3. 41358443	0. 2929472	35. 35264002	36. 0596928	35. 67554721	35. 73446827	120. 679221	0. 028286431	0. 00828643	62
64	3. 55149324	0. 281571703	35. 92141486	36. 6398431	36. 24951717	36. 3093862	127. 574662	0. 027838547	0. 00783854	64
66	3. 69497357	0. 27063793	36. 46810348	37. 1974655	36. 80119919	36. 86197936	134. 748678	0. 027421223	0. 00742122	66
68	3. 84425050	0. 26012873	36. 99356351	37. 7334347	37. 33145872	37. 39311466	142. 212525	0. 027031729	0. 00703172	68
70	3. 99955822	0. 250027614	37. 49861929	38. 2485916	37. 84112762	37. 90362532	149. 977911	0. 026667649	0. 00666764	70
72	4. 16114037	0. 240318737	37. 98406314	38. 7437444	38. 33100546	38. 39431223	158. 057018	0. 026326831	0. 00632683	72
74	4. 32925044	0. 230986868	38. 45065662	39. 2196697	38. 80186075	38. 86594518	166. 462522	0. 026007358	0. 00600735	74
76	4. 50415216	0. 222017366	38. 8991317	39. 6771143	39. 25443215	39. 31926404	175. 207608	0. 025707515	0. 00570751	76
78	4. 68611991	0. 213396161	39. 33019194	40. 1167957	39. 68942965	39. 75497997	184. 305995	0. 025425759	0. 00542575	78
80	4. 87543915	0. 205109728	39. 74451359	40. 5394038	40. 10753567	40. 17377653	193. 771957	0. 025160705	0. 00516070	80
82	5. 07240689	0. 197145067	40. 14274663	40. 9456015	40. 50940613	40. 57631071	203. 620344	0. 024911101	0. 00491110	82
84	5. 27733213	0. 189489684	40. 52551579	41. 3360261	40. 89567146	40. 96321399	213. 866606	0. 024675812	0. 00467581	84
86	5. 49053635	0. 182131569	40. 89342156	41. 7112899	41. 26693764	41. 33509335	224. 526817	0. 024453811	0. 00445381	86
88	5. 71235402	0. 175059178	41. 2470411	42. 0719819	41. 6237871	41. 69253217	235. 617701	0. 024244163	0. 00424416	88
90	5. 94313312	0. 168261417	41. 58692916	42. 4186677	41. 96677967	42. 03609122	247. 156656	0. 024046017	0. 00404601	90
95	6. 56169919	0. 152399549	42. 38002254	43. 2276229	42. 76711707	42. 83775044	278. 084959	0. 023596023	0. 00359602	95
100	7. 24464611	0. 138032967	43. 09835164	43. 9603186	43. 49200732	43. 5638379	312. 232305	0. 023202744	0. 00320274	100

附：相关常数值

$i^{(2)}$	$i^{(4)}$	$i^{(12)}$	δ
0. 01990098	0. 019851726	0. 019818976	0. 01980262

d	$d^{(2)}$	$d^{(4)}$	$d^{(12)}$
0. 019607843	0. 01970491	0. 01975369	0. 01978629

$(1+i)^{1/2}$	$(1+i)^{1/4}$	$(1+i)^{1/12}$
1. 00995049	1. 004962932	1. 001651581

v	$v^{1/2}$	$v^{1/4}$	$v^{1/12}$
0. 980392157	0. 99014754	0. 995061577	0. 99835114

$i/i^{(2)}$	$i/i^{(4)}$	$i/i^{(12)}$	i/δ
1. 00497524	1. 007469059	1. 009133892	1. 00996699

$i/d^{(2)}$	$i/d^{(4)}$	$i/d^{(12)}$
1. 01497524	1. 012469059	1. 01080055

复利年金表

利率：$i=3\%$

n	$(1+i)^n$	v^n	$a_{\overline{n}\rvert}$	$\ddot{a}_{\overline{n}\rvert}$	$a_{\overline{n}\rvert}^{(12)}$	$\ddot{a}_{\overline{n}\rvert}^{(12)}$	$s_{\overline{n}\rvert}$	$1/a_{\overline{n}\rvert}$	$1/s_{\overline{n}\rvert}$	n
1	1.03	0.970873786	0.970873786	1	0.984152056	0.98657924	1	1.03	1	1
2	1.0609	0.942595909	1.913469696	1.97087378	1.939639488	1.944423162	2.03	0.522610837	0.49261083	2
3	1.092727	0.915141659	2.828611355	2.91346969	2.86729719	2.874368718	3.0909	0.353530363	0.32353036	3
4	1.12550881	0.888487048	3.717098403	3.82861135	3.767935735	3.777228481	4.183627	0.269027045	0.23902704	4
5	1.15927407	0.862608784	4.579707187	4.71709840	4.642342089	4.653791357	5.30913581	0.218354571	0.18835457	5
6	1.19405229	0.837484257	5.417191444	5.57970718	5.491280298	5.504823276	6.46840988	0.1845975	0.1545975	6
7	1.22987386	0.813091511	6.230282955	6.41719144	6.315492151	6.331067858	7.66246218	0.160506354	0.13050635	7
8	1.26677008	0.789409234	7.01969219	7.23028295	7.115697833	7.133247063	8.89233604	0.142456389	0.11245638	8
9	1.30477318	0.766416732	7.786108922	8.01969219	7.892596553	7.912061826	10.1591061	0.128433857	0.09843385	9
10	1.34391637	0.744093915	8.530202837	8.78610892	8.646867156	8.668192663	11.4638793	0.117230507	0.08723050	10
11	1.38423387	0.722421277	9.252624113	9.53020283	9.379168712	9.402300272	12.8077956	0.108077448	0.07807744	11
12	1.42576088	0.70137988	9.954003994	10.2526241	10.0901411	10.11502611	14.1920295	0.100462085	0.07046208	12
13	1.46853371	0.68095134	10.63495533	10.9540039	10.78040555	10.80699294	15.6177904	0.094029544	0.06402954	13
14	1.51258972	0.661117806	11.29607314	11.6349553	11.45056521	11.47880539	17.0863241	0.088526339	0.05852633	14
15	1.55796741	0.641861947	11.93793509	12.2960731	12.10120566	12.13105049	18.5989138	0.08376658	0.05376658	15
16	1.60470643	0.623166939	12.56110203	12.9379350	12.73289541	12.76429817	20.1568813	0.079610849	0.04961084	16
17	1.65284763	0.605016446	13.16611847	13.5611020	13.34618643	13.37910173	21.7615877	0.075952529	0.04595252	17
18	1.70243306	0.587394608	13.75351308	14.1661184	13.94161461	13.9759984	23.4144353	0.072708696	0.04270869	18
19	1.75350605	0.570286027	14.32379911	14.7535130	14.51970022	14.55550972	25.1168684	0.069813881	0.03981388	19
20	1.80611123	0.553675754	14.87747486	15.3237991	15.08094839	15.11814208	26.8703744	0.067215708	0.03721570	20
21	1.86029457	0.537549276	15.41502414	15.8774748	15.62584952	15.66438708	28.6764857	0.064871776	0.03487177	21
22	1.91610340	0.521892501	15.93691664	16.4150241	16.15487975	16.19472204	30.5367803	0.062747395	0.03274739	22
23	1.97358651	0.506691748	16.44360839	16.9369166	16.66850132	16.70961034	32.4528837	0.060813903	0.03081390	23
24	2.03279410	0.491933736	16.93554212	17.4436083	17.16716305	17.2095019	34.4264702	0.059047416	0.02904741	24
25	2.09377793	0.477605569	17.41314769	17.9355421	17.65130065	17.69483352	36.4592643	0.057427871	0.02742787	25
26	2.15659126	0.463694727	17.87684242	18.4131476	18.12133715	18.16602926	38.5530422	0.05593829	0.02593829	26
27	2.22128900	0.450189056	18.32703147	18.8768424	18.57768327	18.62350085	40.7096335	0.05456421	0.02456421	27
28	2.28792767	0.437076753	18.76410823	19.3270314	19.02073775	19.06764802	42.9309225	0.053293233	0.02329323	28
29	2.35656550	0.424346362	19.18845459	19.7641082	19.45088774	19.49885888	45.2188502	0.052114671	0.02211467	29

n	$(1+i)^n$	v^n	$a_{\overline{n}\mid}$	$\ddot{a}_{\overline{n}\mid}$	$a_{\overline{n}\mid}^{(12)}$	$\ddot{a}_{\overline{n}\mid}^{(12)}$	$s_{\overline{n}\mid}$	$1/a_{\overline{n}\mid}$	$1/s_{\overline{n}\mid}$	n
30	2.42726247	0.41198676	19.60044135	20.1884545	19.86850908	19.91751019	47.5754157	0.051019259	0.02101925	30
31	2.50008034	0.399987145	20.00042849	20.6004413	20.2739667	20.32396777	50.0026781	0.049998929	0.01999892	31
32	2.57508275	0.388337034	20.38876553	21.0004284	20.66761487	20.71858678	52.5027585	0.049046618	0.01904661	32
33	2.65233523	0.377026247	20.76579178	21.3887655	21.04979756	21.10171204	55.0778412	0.048156122	0.01815612	33
34	2.73190529	0.3660449	21.13183668	21.7657917	21.42084872	21.47367831	57.7301765	0.047321963	0.01732196	34
35	2.81386245	0.355383398	21.48722007	22.1318366	21.78109256	21.83481061	60.4620818	0.046539292	0.01653929	35
36	2.89827832	0.345032425	21.8322525	22.4872200	22.13084386	22.18542449	63.2759442	0.045803794	0.01580379	36
37	2.98522667	0.334982937	22.16723544	22.8322525	22.47040823	22.52582632	66.1742225	0.045111624	0.01511162	37
38	3.07478347	0.325226152	22.49246159	23.1672354	22.80008238	22.85631353	69.1594492	0.04445934	0.01445934	38
39	3.16702698	0.315753546	22.80821513	23.4924615	23.12015436	23.1771749	72.2342327	0.043843852	0.01384385	39
40	3.26203779	0.306556841	23.11477197	23.8082151	23.43090386	23.48869079	75.4012597	0.043262378	0.01326237	40
41	3.35989892	0.297628001	23.41239997	24.1147719	23.73260241	23.79113341	78.6632975	0.042712409	0.01271240	41
42	3.46069589	0.288959224	23.7013592	24.4123999	24.02551362	24.08476701	82.0231964	0.042191673	0.01219167	42
43	3.56451677	0.280542936	23.98190213	24.7013592	24.30989343	24.36984819	85.4838923	0.04169811	0.01169811	43
44	3.67145227	0.272371782	24.25427392	24.9819021	24.58599034	24.64662602	89.0484091	0.041229847	0.01122984	44
45	3.78159584	0.264438624	24.51871254	25.2542739	24.85404559	24.91534237	92.7198613	0.040785176	0.01078517	45
46	3.89504371	0.256736528	24.77544907	25.5187125	25.1142934	25.17623203	96.5014572	0.040362538	0.01036253	46
47	4.01189502	0.249258765	25.02470783	25.7754490	25.36696118	25.42952295	100.396500	0.039960506	0.00996050	47
48	4.13225187	0.241998801	25.26670664	26.0247078	25.61226971	25.67543648	104.408396	0.039577774	0.00957777	48
49	4.25621943	0.234950292	25.50165693	26.2667066	25.85043333	25.91418747	108.540647	0.039213138	0.00921313	49
50	4.38390601	0.22810708	25.72976401	26.5016569	26.08166014	26.14598455	112.796867	0.038865494	0.00886549	50
51	4.51542319	0.221463184	25.95122719	26.7297640	26.30615219	26.37103026	117.180773	0.038533823	0.00853382	51
52	4.65088589	0.2150128	26.16623999	26.9512271	26.52410564	26.58952124	121.696196	0.038217184	0.00821718	52
53	4.79041247	0.208750292	26.37499028	27.1662399	26.73571093	26.80164841	126.347082	0.037914706	0.00791470	53
54	4.93412484	0.202670186	26.57766047	27.3749902	26.94115296	27.00759711	131.137494	0.037625584	0.00762558	54
55	5.08214859	0.196767171	26.77442764	27.5776604	27.14061124	27.20754731	136.071619	0.037349071	0.00734907	55
56	5.23461304	0.191036088	26.96546373	27.7744276	27.33426005	27.40167371	141.153768	0.037084473	0.00708447	56
57	5.39165144	0.18547193	27.15093566	27.9654637	27.52226861	27.59014595	146.388381	0.036831143	0.00683114	57
58	5.55340098	0.180069835	27.33100549	28.1509356	27.70480119	27.77312871	151.780032	0.036588482	0.00658848	58
59	5.72000301	0.174825083	27.50583058	28.3310054	27.88201729	27.95078187	157.333433	0.036355928	0.00635592	59

n	$(1+i)^n$	v^n	$a_{\overline{n}\rvert}$	$\ddot{a}_{\overline{n}\rvert}$	$a_{\overline{n}\rvert}^{(12)}$	$\ddot{a}_{\overline{n}\rvert}^{(12)}$	$s_{\overline{n}\rvert}$	$1/a_{\overline{n}\rvert}$	$1/s_{\overline{n}\rvert}$	n
60	5.89160310	0.16973309	27.67556367	28.5058305	28.05407176	28.12326067	163.053436	0.036132959	0.00613295	60
62	6.25040173	0.159989716	28.00034279	28.8403530	28.38329276	28.45329362	175.013391	0.035713848	0.00571384	62
64	6.63105119	0.150805652	28.30647826	29.1556726	28.69361513	28.76438133	187.701706	0.035327602	0.00532760	64
66	7.03488221	0.142148791	28.59504031	29.4528915	28.98612373	29.05761133	201.162740	0.0349711	0.0049711	66
68	7.46330654	0.133988869	28.86703771	29.7330488	29.26184114	29.33400873	215.443551	0.034641587	0.00464158	68
70	7.91782191	0.126297359	29.12342135	29.9971239	29.52173124	29.59453979	230.594063	0.034336625	0.00433662	70
72	8.40001726	0.119047374	29.36508752	30.2460401	29.76670258	29.8401153	246.667242	0.034054045	0.00405404	72
74	8.91157831	0.112213568	29.59288107	30.4806675	29.99761157	30.07159378	263.719277	0.033791911	0.00379191	74
76	9.45429343	0.10577205	29.80759833	30.7018262	30.21526544	30.28978444	281.809781	0.033548493	0.00354849	76
78	10.0300599	0.099700302	30.00998994	30.9102896	30.42042509	30.49545006	301.001996	0.033322237	0.00332223	78
80	10.6408905	0.093977097	30.20076345	31.1067863	30.61380773	30.68930964	321.363018	0.033111746	0.00311174	80
82	11.2889207	0.088582427	30.38058577	31.2920033	30.79608942	30.87204088	342.964026	0.032915758	0.00291575	82
84	11.9764160	0.083497433	30.55008556	31.4665881	30.96790739	31.0442826	365.880535	0.032733133	0.00273313	84
86	12.7057798	0.078704339	30.70985537	31.6311510	31.12986231	31.20663695	390.192660	0.032562837	0.00256283	86
88	13.4795618	0.074186388	30.86045374	31.7862673	31.28252035	31.35967149	415.985393	0.032403931	0.00240393	88
90	14.3004671	0.069927786	31.00240714	31.9324793	31.4264152	31.50392122	443.348903	0.03225556	0.00225556	90
95	16.5781607	0.060320322	31.32265592	32.2623356	31.7510439	31.82935054	519.272025	0.031925773	0.00192577	95
100	19.2186319	0.05203284	31.59890534	32.5468725	32.03107147	32.11006874	607.287732	0.031646666	0.00164666	100

附：相关常数值

$i^{(2)}$	$i^{(4)}$	$i^{(12)}$	δ
0.02977831	0.029668287	0.029595237	0.02955880

d	$d^{(2)}$	$d^{(4)}$	$d^{(12)}$
0.029126214	0.02934144	0.029449855	0.02952242

$(1+i)^{1/2}$	$(1+i)^{1/4}$	$(1+i)^{1/12}$
1.01488915	1.007417072	1.00246627

v	$v^{1/2}$	$v^{1/4}$	$v^{1/12}$
0.970873786	0.98532927	0.992637536	0.99753979

$i/i^{(2)}$	$i/i^{(4)}$	$i/i^{(12)}$	i/δ
1.00744457	1.011180723	1.013676617	1.01492610

$i/d^{(2)}$	$i/d^{(4)}$	$i/d^{(12)}$
1.02244457	1.018680723	1.01617661

复利年金表

利率：$i=4\%$

n	$(1+i)^n$	v^n	$a_{\overline{n}\rceil}$	$\ddot{a}_{\overline{n}\rceil}$	$a_{\overline{n}\rceil}^{(12)}$	$\ddot{a}_{\overline{n}\rceil}^{(12)}$	$s_{\overline{n}\rceil}$	$1/a_{\overline{n}\rceil}$	$1/s_{\overline{n}\rceil}$	n
1	1.04	0.961538462	0.961538462	1	0.979041835	0.982246964	1	1.04	1	1
2	1.0816	0.924556213	1.886094675	1.96153846	1.920428216	1.926715198	2.04	0.530196078	0.49019607	2
3	1.124864	0.888996359	2.775091033	2.88609467	2.825607427	2.834857731	3.1216	0.360348539	0.32034853	3
4	1.16985856	0.854804191	3.629895224	3.77509103	3.695972054	3.708071705	4.246464	0.275490045	0.23549004	4
5	1.21665290	0.821927107	4.451822331	4.62989522	4.532861118	4.547700526	5.41632256	0.224627113	0.18462711	5
6	1.26531901	0.790314526	5.242136857	5.45182233	5.337562141	5.355035931	6.63297546	0.190761903	0.15076190	6
7	1.31593177	0.759917813	6.00205467	6.24213685	6.111313125	6.131319974	7.89829448	0.166609612	0.12660961	7
8	1.36856905	0.730690205	6.732744875	7.00205467	6.855304456	6.877746939	9.21422626	0.148527832	0.10852783	8
9	1.42331181	0.702586736	7.435331611	7.73274487	7.570680735	7.595465174	10.5827953	0.134492993	0.09449299	9
10	1.48024428	0.675564169	8.110895779	8.43533161	8.258542543	8.285578862	12.0061071	0.123290944	0.08329094	10
11	1.53945405	0.649580932	8.760476711	9.11089577	8.919948126	8.949149715	13.4863514	0.114149039	0.07414903	11
12	1.60103221	0.62459705	9.38507376	9.76047671	9.555915034	9.587198613	15.0258054	0.106552173	0.06655217	12
13	1.66507350	0.600574086	9.985647847	10.3850737	10.16742168	10.20070717	16.6268376	0.100143728	0.06014372	13
14	1.73167644	0.577475083	10.56312293	10.9856478	10.75540883	10.79061924	18.2919111	0.094668973	0.05466897	14
15	1.80094350	0.555264503	11.11838743	11.5631229	11.3207811	11.35784239	20.0235876	0.0899411	0.0499411	15
16	1.87298124	0.533908176	11.65229561	12.1183874	11.86440827	11.90324926	21.8245311	0.085819999	0.04581999	16
17	1.94790049	0.513373246	12.16566885	12.6522956	12.38712671	12.42767894	23.6975123	0.082198522	0.04219852	17
18	2.02581651	0.493628121	12.65929697	13.1656688	12.8897406	12.93193826	25.6454128	0.078993328	0.03899332	18
19	2.10684917	0.474642424	13.1339394	13.6592969	13.37302318	13.41680298	27.6712294	0.076138618	0.03613861	19
20	2.19112314	0.456386946	13.59032634	14.1339394	13.83771797	13.88301906	29.7780785	0.07358175	0.03358175	20
21	2.27876806	0.438833602	14.02915995	14.5903263	14.28453988	14.33130375	31.9692017	0.071280105	0.03128010	21
22	2.36991879	0.421955387	14.45111533	15.0291599	14.71417634	14.76234672	34.2479697	0.069198811	0.02919881	22
23	2.46471554	0.405726333	14.85684167	15.4511153	15.12728832	15.17681112	36.6178885	0.067309057	0.02730905	23
24	2.56330416	0.390121474	15.24696314	15.8568416	15.52451137	15.57533458	39.0826041	0.065586831	0.02558683	24
25	2.66583633	0.375116802	15.62207994	16.2469631	15.90645661	15.95853021	41.6459082	0.064011963	0.02401196	25
26	2.77246978	0.360689233	15.98276918	16.6220799	16.27371166	16.32698755	44.3117446	0.06256738	0.02256738	26
27	2.88336857	0.34681657	16.32958575	16.9827691	16.62684151	16.68127346	47.0842144	0.061238541	0.02123854	27
28	2.99870331	0.333477471	16.66306322	17.3295857	16.96638944	17.02193298	49.9675829	0.060012975	0.02001297	28
29	3.11865145	0.320651415	16.98371463	17.6630632	17.29287783	17.34949021	52.9662863	0.058879934	0.01887993	29

n	$(1+i)^n$	v^n	$a_{\overline{n}\mid}$	$\ddot{a}_{\overline{n}\mid}$	$a_{\overline{n}\mid}^{(12)}$	$\ddot{a}_{\overline{n}\mid}^{(12)}$	$s_{\overline{n}\mid}$	$1/a_{\overline{n}\mid}$	$1/s_{\overline{n}\mid}$	n
30	3.24339751	0.308318668	17.2920333	17.9837146	17.60680898	17.66444909	56.0849377	0.057830099	0.01783009	30
31	3.37313341	0.296460258	17.58849356	18.2920333	17.90866586	17.96729417	59.3283352	0.056855352	0.01685535	31
32	3.50805874	0.28505794	17.8735515	18.5884935	18.19891285	18.25849136	62.7014686	0.05594859	0.01594859	32
33	3.64838109	0.274094173	18.14764567	18.8735515	18.4779965	18.53848865	66.2095274	0.055103566	0.01510356	33
34	3.79431634	0.26355209	18.41119776	19.1476456	18.74634616	18.80771682	69.8579085	0.054314772	0.01431477	34
35	3.94608899	0.253415471	18.66461323	19.4111977	19.00437468	19.06659006	73.6522248	0.053577322	0.01357732	35
36	4.10393255	0.243668722	18.90828195	19.6646132	19.25247903	19.31550664	77.5983138	0.052886878	0.01288687	36
37	4.26808985	0.234296848	19.1425788	19.9082819	19.4910409	19.5548495	81.7022464	0.052239566	0.01223956	37
38	4.43881345	0.225285431	19.36786423	20.1425788	19.72042732	19.78498687	85.9703362	0.051631919	0.01163191	38
39	4.61636598	0.216620606	19.58448484	20.3678642	19.94099118	20.0062728	90.4091497	0.051060827	0.01106082	39
40	4.80102062	0.208289045	19.79277388	20.5844848	20.15307182	20.21904773	95.0255157	0.050523489	0.01052348	40
41	4.99306145	0.200277928	19.99305181	20.7927738	20.35699551	20.42363901	99.8265363	0.050017377	0.01001737	41
42	5.19278391	0.19257493	20.18562674	20.9930518	20.55307598	20.6203614	104.819597	0.049540201	0.00954020	42
43	5.40049526	0.185168202	20.37079494	21.1856267	20.74161489	20.80951754	110.012381	0.049089886	0.00908988	43
44	5.61651507	0.178046348	20.54884129	21.3707949	20.92290231	20.99139844	115.412877	0.048664544	0.00866454	44
45	5.84117568	0.171198412	20.7200397	21.5488412	21.09721713	21.16628393	121.029392	0.048262456	0.00826245	45
46	6.07482270	0.164613858	20.88465356	21.7200397	21.26482754	21.33444305	126.870567	0.047882049	0.00788204	46
47	6.31781561	0.158282555	21.04293612	21.8846535	21.42599139	21.49613451	132.945390	0.047521885	0.00752188	47
48	6.57052824	0.152194765	21.19513088	22.0429361	21.58095663	21.65160707	139.263206	0.047180648	0.00718064	48
49	6.83334937	0.14634112	21.341472	22.1951308	21.72996168	21.80109992	145.833734	0.046857124	0.00685712	49
50	7.10668334	0.140712615	21.48218462	22.341472	21.87323575	21.94484304	152.667083	0.0465502	0.0065502	50
51	7.39095068	0.135300592	21.61748521	22.4821846	22.01099929	22.08305758	159.773767	0.04625885	0.00625885	51
52	7.68658870	0.130096723	21.74758193	22.6174852	22.14346423	22.21595617	167.164717	0.045982124	0.00598212	52
53	7.99405225	0.125093003	21.87267493	22.7475819	22.27083437	22.34374328	174.851306	0.045719145	0.00571914	53
54	8.31381434	0.120281733	21.99295667	22.8726749	22.39330565	22.4666155	182.845358	0.045469102	0.00546910	54
55	8.64636692	0.115655513	22.10861218	22.9929566	22.5110665	22.58476187	191.159173	0.045231243	0.00523124	55
56	8.99222159	0.111207224	22.2198194	23.1086121	22.62429808	22.69836415	199.805539	0.045004866	0.00500486	56
57	9.35191046	0.106930023	22.32674943	23.2198194	22.73317461	22.80759711	208.797761	0.044789323	0.00478932	57
58	9.72598687	0.10281733	22.42956676	23.3267494	22.83786357	22.9126288	218.149672	0.044584009	0.00458400	58
59	10.1150263	0.098862817	22.52842957	23.4295667	22.93852604	23.01362081	227.875658	0.044388358	0.00438835	59

n	$(1+i)^n$	v^n	$a_{\overline{n}\mid}$	$\ddot{a}_{\overline{n}\mid}$	$a_{\overline{n}\mid}^{(12)}$	$\ddot{a}_{\overline{n}\mid}^{(12)}$	$s_{\overline{n}\mid}$	$1/a_{\overline{n}\mid}$	$1/s_{\overline{n}\mid}$	n
60	10.5196274	0.095060401	22.62348997	23.5284295	23.03531687	23.11072851	237.990685	0.044201845	0.00420184	60
62	11.378029	0.087888684	22.80278289	23.7148942	23.21787355	23.29388283	259.450725	0.043854296	0.00385429	62
64	12.3064761	0.081258029	22.96854927	23.8872912	23.38665746	23.46321929	282.661904	0.043537795	0.00353779	64
66	13.3106846	0.075127616	23.12180961	24.0466819	23.54270767	23.61978037	307.767115	0.04324921	0.00324921	66
68	14.3968364	0.069459704	23.2635074	24.1940477	23.68698487	23.76452989	334.920912	0.04298578	0.00298578	68
70	15.5716183	0.064219401	23.39451498	24.3302955	23.82037724	23.89835896	364.290458	0.042745062	0.00274506	70
72	16.8422624	0.059374446	23.51563885	24.4562644	23.94370599	24.02209145	396.056560	0.042524892	0.00252489	72
74	18.2165910	0.054895013	23.62762468	24.5727296	24.05773035	24.1364891	430.414775	0.04232334	0.00232334	74
76	19.7030648	0.050753525	23.73116187	24.6804083	24.16315228	24.24225616	467.576621	0.042138687	0.00213868	76
78	21.3108349	0.046924487	23.82688782	24.7799633	24.26062079	24.34004374	507.770873	0.041969392	0.00196939	78
80	23.0497990	0.043384326	23.91539185	24.8720075	24.35073589	24.43045387	551.244976	0.041814075	0.00181407	80
82	24.9306626	0.040111248	23.99721879	24.9571075	24.43405238	24.51404311	598.266566	0.041671496	0.00167149	82
84	26.9650047	0.037085104	24.07287241	25.0357873	24.51108315	24.59132606	649.125118	0.041540535	0.00154053	84
86	29.1653491	0.034287263	24.14281842	25.1085311	24.58230243	24.66277849	704.133728	0.041420185	0.00142018	86
88	31.5452416	0.031700502	24.20748745	25.1757869	24.64814866	24.72884028	763.631040	0.041309533	0.00130953	88
90	34.1193333	0.029308896	24.26727759	25.2379687	24.7090272	24.78991812	827.983333	0.041207754	0.00120775	90
95	41.5113859	0.024089776	24.39775559	25.3736658	24.84188035	24.92320621	1012.78464	0.040987377	9.87377E-04	95
100	50.5049481	0.01980004	24.504999	25.4851989	24.95107596	25.03275929	1237.62370	0.040808	8.08000E-04	100

附：相关常数值

$i^{(2)}$	$i^{(4)}$	$i^{(12)}$	δ
0.03960780	0.039413626	0.039284877	0.03922071

d	$d^{(2)}$	$d^{(4)}$	$d^{(12)}$
0.038461538	0.03883864	0.039029057	0.03915668

$(1+i)^{1/2}$	$(1+i)^{1/4}$	$(1+i)^{1/12}$
1.01980390	1.009853407	1.00327374

v	$v^{1/2}$	$v^{1/4}$	$v^{1/12}$
0.961538462	0.98058067	0.990242736	0.99673694

$i/i^{(2)}$	$i/i^{(4)}$	$i/i^{(12)}$	i/δ
1.00990195	1.014877439	1.018203509	1.01986926

$i/d^{(2)}$	$i/d^{(4)}$	$i/d^{(12)}$
1.02990195	1.024877439	1.02153684

复利年金表

利率：$i=5\%$

n	$(1+i)^n$	v^n	$a_{\overline{n}\|}$	$\ddot{a}_{\overline{n}\|}$	$a_{\overline{n}\|}^{(12)}$	$\ddot{a}_{\overline{n}\|}^{(12)}$	$s_{\overline{n}\|}$	$1/a_{\overline{n}\|}$	$1/s_{\overline{n}\|}$	n
1	1.05	0.952380952	0.952380952	1	0.97401409	0.977982344	1	1.05	1	1
2	1.1025	0.907029478	1.859410431	1.95238095	1.901646556	1.909394099	2.05	0.537804878	0.48780487	2
3	1.157625	0.863837599	2.723248029	2.85941043	2.785106048	2.796452915	3.1525	0.367208565	0.31720856	3
4	1.21550625	0.822702475	3.545950504	3.72324802	3.62649604	3.641270834	4.310125	0.282011833	0.23201183	4
5	1.27628156	0.783526166	4.329476671	4.54595050	4.427819842	4.445859328	5.52563125	0.230974798	0.18097479	5
6	1.34009564	0.746215397	5.075692067	5.32947667	5.190985368	5.212134085	6.80191281	0.197017468	0.14701746	6
7	1.40710042	0.71068133	5.786373397	6.07569206	5.917809678	5.941919567	8.14200845	0.172819818	0.12281981	7
8	1.47745544	0.676839362	6.463212759	6.78637339	6.610023307	6.63695336	9.54910887	0.154721814	0.10472181	8
9	1.55132821	0.644608916	7.107821676	7.46321275	7.269274382	7.298890305	11.0265643	0.14069008	0.09069008	9
10	1.62889462	0.613913254	7.721734929	8.10782167	7.897132548	7.929306444	12.5778925	0.129504575	0.07950457	10
11	1.71033935	0.584679289	8.306414218	8.72173492	8.495092707	8.529702766	14.2067871	0.120388891	0.07038889	11
12	1.79585632	0.556837418	8.863251636	9.30641421	9.064578573	9.101508788	15.9171265	0.11282541	0.06282541	12
13	1.88564914	0.530321351	9.393572987	9.86325163	9.606946064	9.646085951	17.7129828	0.106455765	0.05645576	13
14	1.97993159	0.505067953	9.89864094	10.3935729	10.12348653	10.16473087	19.5986319	0.101023969	0.05102396	14
15	2.07892817	0.481017098	10.37965804	10.8986409	10.61542983	10.65867841	21.5785635	0.096342288	0.04634228	15
16	2.18287458	0.458111522	10.83776956	11.3796580	11.08394726	11.12910464	23.6574917	0.092269908	0.04226990	16
17	2.29201831	0.436296688	11.27406625	11.8377695	11.53015434	11.57712962	25.8403663	0.088699142	0.03869914	17
18	2.40661923	0.415520655	11.6895869	12.2740662	11.95511346	12.00382007	28.1323846	0.085546222	0.03554622	18
19	2.52695019	0.395733957	12.08532086	12.6895869	12.35983644	12.41019194	30.5390039	0.08274501	0.03274501	19
20	2.65329770	0.376889483	12.46221034	13.0853208	12.74528688	12.79721276	33.0659541	0.080242587	0.03024258	20
21	2.78596259	0.358942365	12.82115271	13.4622103	13.11238255	13.16580402	35.7192518	0.077996107	0.02799610	21
22	2.92526072	0.341849871	13.16300258	13.8211527	13.46199747	13.51684332	38.5052144	0.075970509	0.02597050	22
23	3.07152375	0.325571306	13.48857388	14.1630025	13.79496406	13.85116645	41.4304751	0.074136822	0.02413682	23
24	3.22509994	0.31006791	13.79864179	14.4885738	14.1120751	14.16956944	44.5019988	0.072470901	0.02247090	24
25	3.38635494	0.295302772	14.09394457	14.7986417	14.41408562	14.47281038	47.7270988	0.070952457	0.02095245	25
26	3.55567268	0.281240735	14.3751853	15.0939445	14.70171468	14.76161128	51.1134537	0.069564321	0.01956432	26
27	3.73345632	0.267848319	14.64303362	15.3751853	14.97564711	15.03665975	54.6691264	0.06829186	0.01829186	27
28	3.92012913	0.255093637	14.89812726	15.6430336	15.23653515	15.29861068	58.4025827	0.06712253	0.01712253	28
29	4.11613559	0.242946321	15.14107358	15.8981272	15.48499995	15.54808775	62.3227119	0.066045515	0.01604551	29

n	$(1+i)^n$	v^n	$a_{\overline{n}\rceil}$	$\ddot{a}_{\overline{n}\rceil}$	$a_{\overline{n}\rceil}^{(12)}$	$\ddot{a}_{\overline{n}\rceil}^{(12)}$	$s_{\overline{n}\rceil}$	$1/a_{\overline{n}\rceil}$	$1/s_{\overline{n}\rceil}$	n
30	4.32194237	0.231377449	15.37245103	16.1410735	15.72163309	15.78568497	66.4388475	0.065051435	0.01505143	30
31	4.53803949	0.220359475	15.5928105	16.3724510	15.94699798	16.01196803	70.7607898	0.06413212	0.01413212	31
32	4.76494146	0.209866167	15.80267667	16.5928105	16.16163122	16.2274757	75.2988293	0.063280419	0.01328041	32
33	5.00318854	0.19987254	16.00254921	16.8026766	16.36604382	16.43272111	80.0637708	0.062490044	0.01249004	33
34	5.25334796	0.1903548	16.19290401	17.0025492	16.56072249	16.62819292	85.0669593	0.061755445	0.01175544	34
35	5.51601536	0.181290285	16.37419429	17.1929040	16.74613075	16.81435655	90.3203073	0.061071707	0.01107170	35
36	5.79181613	0.172657415	16.54685171	17.3741942	16.92271004	16.99165525	95.8363227	0.060434457	0.01043445	36
37	6.08140694	0.164435633	16.71128734	17.5468517	17.09088079	17.16051116	101.628138	0.059839794	0.00983979	37
38	6.38547729	0.156605365	16.86789271	17.7112873	17.25104342	17.3213263	107.709545	0.059284228	0.00928422	38
39	6.70475115	0.149147966	17.01704067	17.8678927	17.40357925	17.47448358	114.095023	0.058764624	0.00876462	39
40	7.03998871	0.142045682	17.15908635	18.0170406	17.54885147	17.62034766	120.799774	0.058278161	0.00827816	40
41	7.39198814	0.135281602	17.29436796	18.1590863	17.68720596	17.75926583	127.839763	0.057822292	0.00782229	41
42	7.76158755	0.128839621	17.42320758	18.2943679	17.81897215	17.89156885	135.231751	0.057394713	0.00739471	42
43	8.14966693	0.122704401	17.54591198	18.4232075	17.94446376	18.01757172	142.993338	0.056993333	0.00699333	43
44	8.55715028	0.116861334	17.66277331	18.5459119	18.06397957	18.13757446	151.143005	0.056616251	0.00661625	44
45	8.98500779	0.111296509	17.77406982	18.6627733	18.17780416	18.25186278	159.700155	0.056261735	0.00626173	45
46	9.43425818	0.105996675	17.8800665	18.7740698	18.28620853	18.3607088	168.685163	0.055928204	0.00592820	46
47	9.90597109	0.100949214	17.98101571	18.8800665	18.38945078	18.46437168	178.119421	0.055614211	0.00561421	47
48	10.4012696	0.096142109	18.07715782	18.9810157	18.48777674	18.56309823	188.025392	0.055318431	0.00531843	48
49	10.9213331	0.091563913	18.16872173	19.0771578	18.58142051	18.65712351	198.426662	0.055039645	0.00503964	49
50	11.4673997	0.087203727	18.25592546	19.1687217	18.67060505	18.74667141	209.347995	0.054776735	0.00477673	50
51	12.0407697	0.083051169	18.33897663	19.2559254	18.75554271	18.83195511	220.815395	0.05452867	0.00452867	51
52	12.6428082	0.079096351	18.41807298	19.3389766	18.83643572	18.91317769	232.856165	0.054294497	0.00429449	52
53	13.2749486	0.075329858	18.49340284	19.4180729	18.91347668	18.99053252	245.498973	0.054073337	0.00407333	53
54	13.9386961	0.071742722	18.56514556	19.4934028	18.98684902	19.06420379	258.773922	0.053864377	0.00386437	54
55	14.6356309	0.068326402	18.63347196	19.5651455	19.05672744	19.13436691	272.712618	0.053666864	0.00366686	55
56	15.3674124	0.065072764	18.69854473	19.6334719	19.12327832	19.20118892	287.348249	0.053480098	0.00348009	56
57	16.1357830	0.061974061	18.76051879	19.6985447	19.18666011	19.26482894	302.715661	0.05330343	0.00330343	57
58	16.9425722	0.059022915	18.8195417	19.7605187	19.24702372	19.32543847	318.851444	0.053136257	0.00313625	58
59	17.7897008	0.0562123	18.875754	19.8195417	19.30451287	19.38316184	335.794017	0.052978016	0.00297801	59

n	$(1+i)^n$	v^n	$a_{\overline{n}\mid}$	$\ddot{a}_{\overline{n}\mid}$	$a_{\overline{n}\mid}^{(12)}$	$\ddot{a}_{\overline{n}\mid}^{(12)}$	$s_{\overline{n}\mid}$	$1/a_{\overline{n}\mid}$	$1/s_{\overline{n}\mid}$	n
60	18. 6791858	0. 053535524	18. 92928953	19. 875754	19. 35926444	19. 43813648	353. 583717	0. 052828185	0. 00282818	60
62	20. 5938024	0. 048558298	19. 02883404	19. 9802757	19. 46107008	19. 54035689	391. 876049	0. 052551827	0. 00255182	62
64	22. 7046672	0. 044043808	19. 11912384	20. 0750800	19. 5534108	19. 63307382	434. 093344	0. 052303652	0. 00230365	64
66	25. 0318955	0. 039949032	19. 20101936	20. 1610703	19. 63716656	19. 71717081	480. 637911	0. 052080568	0. 00208056	66
68	27. 5976648	0. 03623495	19. 27530101	20. 2390660	19. 7131355	19. 79344925	531. 953297	0. 051879864	0. 00187986	68
70	30. 4264255	0. 032866168	19. 34267665	20. 3098104	19. 78204157	19. 86263605	588. 528510	0. 051699153	0. 00169915	70
72	33. 5451341	0. 029810583	19. 40378834	20. 3739777	19. 8445414	19. 92539052	650. 902683	0. 051536328	0. 00153632	72
74	36. 9835104	0. 027039077	19. 45921845	20. 4321793	19. 90123059	19. 98231067	719. 670208	0. 051389525	0. 00138952	74
76	40. 7743202	0. 02452524	19. 50949519	20. 4849699	19. 95264936	20. 03393893	795. 486404	0. 051257093	0. 00125709	76
78	44. 9536880	0. 022245116	19. 55509768	20. 5328525	19. 9992877	20. 08076727	879. 073760	0. 051137561	0. 00113756	78
80	49. 5614410	0. 020176976	19. 59646048	20. 5762835	20. 04159005	20. 12324197	971. 228821	0. 051029623	0. 00102962	80
82	54. 6414887	0. 018301112	19. 63397776	20. 6156766	20. 07995953	20. 16176777	1072. 82977	0. 050932114	9. 32114E -04	82
84	60. 2422413	0. 016599648	19. 66800704	20. 6514073	20. 11476177	20. 1967118	1184. 84482	0. 050843992	8. 43992E -04	84
86	66. 4170711	0. 01505637	19. 6988726	20. 6838162	20. 14632843	20. 22840707	1308. 34142	0. 050764326	7. 64326E -04	86
88	73. 2248209	0. 013656571	19. 72686857	20. 713212	20. 17496033	20. 25715561	1444. 49641	0. 050692283	6. 92283E -04	88
90	80. 7303650	0. 012386913	19. 75226174	20. 7398748	20. 2009303	20. 28323139	1594. 60730	0. 050627114	6. 27114E -04	90
95	103. 034676	0. 00970547	19. 80589059	20. 7961851	20. 25577732	20. 33830186	2040. 69352	0. 050490029	4. 90029E -04	95
100	131. 501257	0. 00760449	19. 8479102	20. 8403057	20. 29875139	20. 38145102	2610. 02515	0. 050383138	3. 83138E -04	100

附：相关常数值

$i^{(2)}$	$i^{(4)}$	$i^{(12)}$	δ
0. 04939015	0. 049088938	0. 048889485	0. 04879016

d	$d^{(2)}$	$d^{(4)}$	$d^{(12)}$
0. 047619048	0. 04819985	0. 04849381	0. 04869111

$(1+i)^{1/2}$	$(1+i)^{1/4}$	$(1+i)^{1/12}$
1. 02469507	1. 012272234	1. 004074124

v	$v^{1/2}$	$v^{1/4}$	$v^{1/12}$
0. 952380952	0. 97590007	0. 987876547	0. 99594240

$i/i^{(2)}$	$i/i^{(4)}$	$i/i^{(12)}$	i/δ
1. 01234753	1. 018559421	1. 022714794	1. 02479671

$i/d^{(2)}$	$i/d^{(4)}$	$i/d^{(12)}$
1. 03734753	1. 031059421	1. 02688146

附录六　中国人身保险业经验生命表（2000～2003年）

CL1（2000～2003年）：中国人身保险业经验生命表（2000～2003年）非养老金业务男表

利率：3%

年龄	q_x	l_x	C_x	D_x	M_x	N_x	R_x	S_x
0	0.000722	1000000	700.971	1000000	114683	30395890	7807196	775545183
1	0.000603	999278	567.975	970173	113982	29395890	7692513	745149293
2	0.000499	998675	456.051	941347	113414	28425717	7578531	715753402
3	0.000416	998177	368.937	913473	112958	27484370	7465117	687327685
4	0.000358	997762	308.123	886498	112589	26570897	7352159	659843315
5	0.000323	997405	269.805	860370	112281	25684398	7239570	633272418
6	0.000309	997082	250.512	835041	112011	24824028	7127290	607588020
7	0.000308	996774	242.354	810469	111760	23988987	7015279	582763992
8	0.000311	996467	237.514	786621	111518	23178518	6903518	558775005
9	0.000312	996157	231.265	763472	111281	22391898	6792000	535596486
10	0.000312	995847	224.459	741003	111049	21628426	6680720	513204588
11	0.000312	995536	217.854	719196	110825	20887423	6569670	491576162
12	0.000313	995225	212.12	698031	110607	20168226	6458846	470688739
13	0.00032	994914	210.482	677488	110395	19470195	6348239	450520513
14	0.000336	994595	214.5	657545	110184	18792707	6237844	431050318
15	0.000364	994261	225.531	638179	109970	18135163	6127659	412257611
16	0.000404	993899	242.935	619365	109744	17496984	6017689	394122448
17	0.000455	993498	265.527	601083	109501	16877619	5907945	376625464
18	0.000513	993046	290.522	583310	109236	16276536	5798444	359747845
19	0.000572	992536	314.339	566030	108945	15693226	5689208	343471309
20	0.000621	991969	331.137	549229	108631	15127197	5580262	327778083
21	0.000661	991353	341.988	532901	108300	14577968	5471631	312650886
22	0.000692	990697	347.369	517038	107958	14045067	5363331	298072918
23	0.000716	990012	348.706	501631	107611	13528029	5255374	284027851
24	0.000738	989303	348.702	486671	107262	13026399	5147763	270499822
25	0.000759	988573	347.923	472148	106913	12539727	5040501	257473423
26	0.000779	987823	346.427	458048	106565	12067579	4933588	244933696
27	0.000795	987053	342.977	444360	106219	11609531	4827023	232866117
28	0.000815	986268	341.093	431075	105876	11165171	4720804	221256586
29	0.000842	985464	341.851	418178	105535	10734096	4614928	210091415

续表

年龄	q_x	l_x	C_x	D_x	M_x	N_x	R_x	S_x
30	0.000881	984635	346.974	405656	105193	10315917	4509394	199357319
31	0.000932	983767	356.055	393494	104846	9910261	4404201	189041402
32	0.000994	982850	368.337	381677	104490	9516767	4299355	179131141
33	0.001055	981873	379.177	370192	104121	9135089	4194865	169614374
34	0.001121	980838	390.751	359031	103742	8764897	4090743	160479285
35	0.001194	979738	403.621	348183	103352	8405867	3987001	151714387
36	0.001275	978568	417.95	337638	102948	8057684	3883650	143308521
37	0.001367	977321	434.501	327386	102530	7720046	3780702	135250836
38	0.001472	975985	453.627	317416	102095	7392661	3678172	127530790
39	0.001589	974548	474.721	307717	101642	7075245	3576076	120138129
40	0.001715	972999	496.65	298280	101167	6767528	3474434	113062884
41	0.001845	971331	517.845	289095	100670	6469248	3373267	106295356
42	0.001978	969539	538.01	280157	100153	6180153	3272597	99826108
43	0.002113	967621	556.887	271459	99614.6	5899996	3172444	93645955
44	0.002255	965576	575.782	262996	99057.8	5628537	3072829	87745959
45	0.002413	963399	596.831	254760	98482	5365541	2973772	82117422
46	0.002595	961074	621.648	246743	97885.1	5110781	2875290	76751880
47	0.002805	958580	650.691	238935	97263.5	4864038	2777405	71641099
48	0.003042	955891	683.194	231325	96612.8	4625104	2680141	66777061
49	0.003299	952984	717.144	223904	95929.6	4393779	2583528	62151957
50	0.00357	949840	750.966	216665	95212.5	4169876	2487599	57758177
51	0.003847	946449	782.859	209604	94461.5	3953210	2392386	53588302
52	0.004132	942808	813.225	202716	93678.6	3743607	2297925	49635091
53	0.004434	938912	843.744	195998	92865.4	3540891	2204246	45891484
54	0.004778	934749	878.808	189446	92021.7	3344893	2111381	42350593
55	0.005203	930283	924.665	183049	91142.9	3155447	2019359	39005700
56	0.005744	925442	985.921	176793	90218.2	2972398	1928216	35850253
57	0.006427	920127	1064.87	170658	89232.3	2795605	1837998	32877854
58	0.00726	914213	1160.35	164622	88167.4	2624948	1748766	30082249
59	0.008229	907576	1267.64	158667	87007.1	2460325	1660598	27457302
60	0.009313	900107	1381.38	152778	85739.4	2301658	1573591	24996976
61	0.01049	891725	1496.57	146947	84358	2148880	1487852	22695318
62	0.011747	882371	1610.03	141170	82861.5	2001934	1403494	20546437
63	0.013091	872005	1721.51	135448	81251.4	1860763	1320632	18544504
64	0.014542	860590	1832.32	129782	79529.9	1725315	1239381	16683740
65	0.016134	848075	1945	124169	77697.6	1595533	1159851	14958425
66	0.017905	834392	2061.82	118608	75752.6	1471364	1082153	13362892
67	0.019886	819453	2183.43	113091	73690.8	1352756	1006401	11891528
68	0.022103	803157	2309.31	107614	71507.4	1239664	932709.9	10538773
69	0.024571	785405	2437.31	102170	69198	1132050	861202.5	9299108.2

续表

年 龄	q_x	l_x	C_x	D_x	M_x	N_x	R_x	S_x
70	0.027309	766107	2565.38	96757.2	66760.7	1029880	792004.5	8167057.9
71	0.03034	745185	2691.53	91373.7	64195.4	933122.7	725243.7	7137177.9
72	0.033684	722576	2813.13	86020.8	61503.8	841749	661048.4	6204055.2
73	0.037371	698237	2928.08	80702.2	58690.7	755728.2	599544.6	5362306.2
74	0.04143	672143	3033.78	75423.6	55762.6	675026	540853.9	4606578
75	0.045902	644296	3128.15	70193	52728.8	599602.5	485091.3	3931552
76	0.050829	614722	3208.66	65020.4	49600.7	529409.5	432362.4	3331949.5
77	0.056262	583476	3272.91	59917.9	46392	464389.1	382761.8	2802540
78	0.062257	550648	3318.35	54899.8	43119.1	404471.2	336369.7	2338150.8
79	0.068871	516367	3342.08	49982.4	39800.8	349571.4	293250.6	1933679.6
80	0.076187	480804	3342.21	45184.6	36458.7	299589	253449.9	1584108.2
81	0.084224	444173	3313.87	40526.3	33116.5	254404.4	216991.2	1284519.2
82	0.093071	406763	3255.86	36032.1	29802.6	213878.1	183874.8	1030114.8
83	0.1028	368905	3166.51	31726.7	26546.7	177846.1	154072.2	816236.71
84	0.113489	330982	3045.04	27636.1	23380.2	146119.3	127525.4	638390.65
85	0.125221	293419	2891.77	23786.1	20335.2	118483.2	104145.2	492271.3
86	0.13808	256677	2708.19	20201.6	17443.4	94697.09	83810.05	373788.07
87	0.152157	221235	2497.29	16905	14735.2	74495.52	66366.65	279090.99
88	0.167543	187572	2263.51	13915.3	12237.9	57590.53	51631.44	204595.47
89	0.184333	156146	2012.72	11246.5	9974.41	43675.21	39393.52	147004.94
90	0.202621	127363	1752.03	8906.22	7961.69	32428.71	29419.1	103329.73
91	0.2225	101557	1489.41	6894.79	6209.67	23522.49	21457.41	70901.02
92	0.244059	78960.3	1233.22	5204.56	4720.26	16627.7	15247.75	47378.53
93	0.267383	59689.3	991.588	3819.75	3487.04	11423.14	10527.49	30750.828
94	0.292544	43729.4	771.664	2716.91	2495.45	7603.394	7040.451	19327.686
95	0.319604	30936.6	579.044	1866.11	1723.78	4886.488	4545.004	11724.292
96	0.348606	21049.2	417.214	1232.71	1144.74	3020.381	2821.221	6837.804
97	0.379572	13711.3	287.293	779.593	727.525	1787.67	1676.483	3817.4233
98	0.412495	8506.87	188.063	469.593	440.232	1008.077	948.9581	2029.7535
99	0.447334	4997.83	116.33	267.853	252.169	538.4838	508.7262	1021.6764
100	0.48401	2762.13	67.5366	143.722	135.839	270.6309	256.5574	483.19258
101	0.522397	1425.23	36.5165	71.9989	68.3025	126.9094	120.7183	212.56166
102	0.562317	680.695	18.2263	33.3853	31.786	54.91051	52.41578	85.65225
103	0.603539	297.929	8.31278	14.1866	13.5596	21.52518	20.62979	30.74174
104	0.64577	118.117	3.42359	5.46061	5.24687	7.338586	7.070143	9.21656
105	1	41.8406	1.82328	1.87797	1.82328	1.877974	1.823275	1.8779736

CL2（2000～2003 年）：中国人身保险业经验生命表（2000～2003 年）非养老金业务女表

利率：3%

年龄	q_x	l_x	C_x	D_x	M_x	N_x	R_x	S_x
0	0.000661	1000000	641.748	1000000	99268.1	30925130	7320224	810435115
1	0.000536	999339	504.897	970232	98626.3	29925130	7220956	779509985
2	0.000424	998803	387.556	941468	98121.4	28954898	7122329	749584855
3	0.000333	998380	295.387	913659	97733.9	28013430	7024208	720629957
4	0.000267	998047	229.867	886752	97438.5	27099771	6926474	692616527
5	0.000224	997781	187.18	860695	97208.6	26213019	6829036	665516756
6	0.000201	997557	163.032	835439	97021.4	25352324	6731827	639303737
7	0.000189	997357	148.804	810942	96858.4	24516885	6634805	613951413
8	0.000181	997168	138.329	787174	96709.6	23705943	6537947	589434528
9	0.000175	996988	129.824	764108	96571.3	22918769	6441238	565728585
10	0.000169	996813	121.7	741723	96441.4	22154661	6344666	542809816
11	0.000165	996645	115.339	719998	96319.7	21412938	6248225	520655155
12	0.000165	996481	111.962	698911	96204.4	20692941	6151905	499242217
13	0.000169	996316	111.317	678443	96092.4	19994029	6055701	478549276
14	0.000179	996148	114.451	658571	95981.1	19315586	5959608	458555247
15	0.000192	995969	119.166	639275	95866.7	18657015	5863627	439239661
16	0.000208	995778	125.312	620536	95747.5	18017740	5767760	420582646
17	0.000226	995571	132.163	602337	95622.2	17397204	5672013	402564905
18	0.000245	995346	139.07	584661	95490	16794867	5576391	385167701
19	0.000264	995102	145.454	567493	95351	16210207	5480901	368372833
20	0.000283	994840	151.341	550819	95205.5	15642714	5385550	352162627
21	0.0003	994558	155.716	534624	95054.2	15091895	5290344	336519913
22	0.000315	994260	158.692	518897	94898.4	14557271	5195290	321428018
23	0.000328	993946	160.377	503624	94739.8	14038375	5100392	306870747
24	0.000338	993620	160.401	488795	94579.4	13534750	5005652	292832372
25	0.000347	993285	159.822	474398	94419	13045955	4911073	279297622
26	0.000355	992940	158.689	460421	94259.2	12571556	4816654	266251667
27	0.000362	992587	157.049	446852	94100.5	12111135	4722394	253680111
28	0.000372	992228	156.63	433680	93943.4	11664284	4628294	241568975
29	0.000386	991859	157.732	420892	93786.8	11230604	4534351	229904692
30	0.000406	991476	161.011	408475	93629.1	10809712	4440564	218674088
31	0.000432	991074	166.264	396417	93468	10401237	4346935	207864376
32	0.000465	990645	173.677	384704	93301.8	10004820	4253467	197463139
33	0.000496	990185	179.776	373326	93128.1	9620115.9	4160165	187458319
34	0.000528	989694	185.709	362272	92948.3	9246790.2	4067037	177838203
35	0.000563	989171	192.15	351535	92762.6	8884517.9	3974088	168591413

续表

年 龄	q_x	l_x	C_x	D_x	M_x	N_x	R_x	S_x
36	0.000601	988614	199.033	341104	92570.5	8532982.9	3881326	159706895
37	0.000646	988020	207.579	330970	92371.4	8191879	3788755	151173912
38	0.000699	987382	217.927	321122	92163.9	7860909.1	3696384	142982033
39	0.000761	986692	230.185	311551	91945.9	7539786.8	3604220	135121124
40	0.000828	985941	242.971	302247	91715.7	7228235.4	3512274	127581337
41	0.000897	985124	255.341	293201	91472.8	6925988.5	3420558	120353102
42	0.000966	984241	266.734	284405	91217.4	6632787.9	3329086	113427113
43	0.001033	983290	276.659	275855	90950.7	6348382.5	3237868	106794325
44	0.001103	982274	286.506	267544	90674	6072527.5	3146917	100445943
45	0.001181	981191	297.503	259465	90387.5	5804983.7	3056243	94373415
46	0.001274	980032	311.215	251610	90090	5545519	2965856	88568432
47	0.001389	978783	329.005	243970	89778.8	5293909	2875766	83022913
48	0.001527	977424	350.669	236535	89449.8	5049938.6	2785987	77729004
49	0.00169	975931	376.222	229295	89099.1	4813403.2	2696537	72679065
50	0.001873	974282	404.133	222241	88722.9	4584107.9	2607438	67865662
51	0.002074	972457	433.654	215363	88318.8	4361867.2	2518715	63281554
52	0.002295	970440	464.92	208657	87885.1	4146503.8	2430396	58919687
53	0.002546	968213	499.596	202115	87420.2	3937846.7	2342511	54773183
54	0.002836	965748	538.918	195728	86920.6	3735731.9	2255091	50835336
55	0.003178	963009	584.655	189489	86381.7	3540003.6	2168170	47099605
56	0.003577	959949	636.862	183385	85797	3350515	2081789	43559601
57	0.004036	956515	695.159	177407	85160.2	3167130.1	1995992	40209086
58	0.004556	952655	758.792	171544	84465	2989723.4	1910831	37041956
59	0.005133	948314	826.209	165789	83706.2	2818179.1	1826366	34052233
60	0.005768	943447	896.751	160134	82880	2652389.9	1742660	31234053
61	0.006465	938005	970.21	154573	81983.3	2492255.9	1659780	28581663
62	0.007235	931941	1047.33	149101	81013.1	2337682.6	1577797	26089408
63	0.008094	925198	1129.32	143711	79965.7	2188581.7	1496784	23751725
64	0.009059	917709	1217.21	138396	78836.4	2044870.9	1416818	21563143
65	0.010148	909396	1311.83	133148	77619.2	1906475.1	1337982	19518272
66	0.011376	900167	1413.25	127958	76307.4	1773327.5	1260363	17611797
67	0.01276	889927	1521.51	122818	74894.1	1645369.8	1184055	15838470
68	0.014316	878572	1636.18	117719	73372.6	1522552.3	1109161	14193100
69	0.016066	865994	1757.18	112654	71736.4	1404833.5	1035788	12670548
70	0.018033	852081	1884.11	107616	69979.3	1292179.5	964052	11265714
71	0.020241	836715	2016.18	102597	68095.2	1184564	894073	9973534.8
72	0.022715	819779	2152.25	97592.6	66079	1081966.9	825978	8788970.9

续表

年龄	q_x	l_x	C_x	D_x	M_x	N_x	R_x	S_x
73	0.025479	801158	2290.58	92597.8	63926.7	984374.37	759899	7707003.9
74	0.028561	780745	2429.35	87610.2	61636.1	891776.54	695972	6722629.5
75	0.031989	758446	2566.24	82629.1	59206.8	804166.32	634336	5830853
76	0.035796	734185	2698.82	77656.2	56640.6	721537.21	575129	5026686.7
77	0.040026	707904	2824.96	72695.6	53941.7	643881.01	518488	4305149.5
78	0.044726	679569	2942.07	67753.2	51116.8	571185.45	464547	3661268.5
79	0.049954	649175	3047.57	62837.8	48174.7	503432.2	413430	3090083
80	0.055774	616746	3138.5	57960	45127.1	440594.42	365255	2586650.8
81	0.062253	582347	3211.37	53133.3	41988.6	382634.44	320128	2146056.4
82	0.069494	546095	3263.81	48374.4	38777.3	329501.12	278139	1763421.9
83	0.077511	508144	3288.69	43701.6	35513.4	281126.74	239362	1433920.8
84	0.086415	468758	3283.77	39140	32224.8	237425.13	203849	1152794.1
85	0.096294	428250	3245.6	34716.3	28941	198285.08	171624	915368.96
86	0.107243	387012	3171.43	30459.5	25695.4	163568.81	142683	717083.87
87	0.119364	345508	3059.53	26400.9	22524	133109.29	116987	553515.06
88	0.132763	304266	2909.5	22572.4	19464.4	106708.37	94463.5	420405.77
89	0.147553	263871	2722.64	19005.5	16554.9	84135.942	74999.1	313697.4
90	0.16385	224936	2502.18	15729.3	13832.3	65130.462	58444.2	229561.46
91	0.181775	188080	2253.48	12769	11330.1	49401.175	44611.9	164431
92	0.201447	153892	1983.88	10143.6	9076.63	36632.201	33281.8	115029.82
93	0.222987	122891	1702.55	7864.26	7092.75	26488.616	24205.2	78397.619
94	0.246507	95487.9	1419.85	5932.65	5390.2	18624.353	17112.4	51909.003
95	0.272115	71949.4	1146.59	4340.01	3970.35	12691.698	11722.2	33284.651
96	0.299903	52370.9	893.018	3067.02	2823.77	8351.684	7751.89	20592.953
97	0.329942	36664.7	667.787	2084.67	1930.75	5284.6638	4928.12	12241.269
98	0.362281	24567.5	477.003	1356.17	1262.96	3199.9923	2997.37	6956.6057
99	0.396933	15667.2	323.582	839.663	785.959	1843.8264	1734.41	3756.6134
100	0.433869	9448.34	207.088	491.624	462.377	1004.1636	948.451	1912.787
101	0.473008	5349	124.092	270.217	255.289	512.5394	486.075	908.62337
102	0.514211	2818.88	69.0214	138.255	131.197	242.3222	230.786	396.08397
103	0.557269	1369.38	35.2791	65.2064	62.1753	104.06754	99.589	153.76177
104	0.601896	606.268	16.3786	28.0281	26.8962	38.861141	37.4137	49.694229
105	1	241.358	10.5176	10.8331	10.5176	10.833088	10.5176	10.833088

CL3（2000～2003年）：中国人身保险业经验生命表（2000～2003年）养老金业务男表

利率：3%

年龄	q_x	l_x	C_x	D_x	M_x	N_x	R_x	S_x
0	0.000627	1000000	608.738	1000000	105089	30725273	7446635	799233220
1	0.000525	999373	494.553	970265	104480	29725273	7341546	768507947
2	0.000434	998848	396.714	941510	103986	28755007	7237065	738782675
3	0.000362	998415	321.122	913691	103589	27813497	7133080	710027667
4	0.000311	998053	267.749	886758	103268	26899806	7029490	682214170
5	0.000281	997743	234.802	860662	103000	26013049	6926222	655314364
6	0.000269	997463	218.167	835359	102765	25152387	6823222	629301316
7	0.000268	997194	210.968	810810	102547	24317027	6720457	604148929
8	0.00027	996927	206.297	786983	102336	23506217	6617909	579831901
9	0.000271	996658	200.976	763855	102130	22719234	6515573	556325684
10	0.000272	996388	195.789	741406	101929	21955378	6413443	533606450
11	0.000271	996117	189.336	719616	101733	21213972	6311514	511651072
12	0.000272	995847	184.45	698467	101544	20494356	6209781	490437100
13	0.000278	995576	182.978	677939	101359	19795889	6108237	469942743
14	0.000292	995299	186.543	658010	101177	19117951	6006877	450146854
15	0.000316	995009	195.938	638658	100990	18459941	5905701	431028903
16	0.000351	994694	211.234	619861	100794	17821282	5804711	412568963
17	0.000396	994345	231.293	601595	100583	17201422	5703917	394747680
18	0.000446	993951	252.809	583842	100352	16599827	5603334	377546258
19	0.000497	993508	273.39	566584	100099	16015985	5502982	360946431
20	0.00054	993014	288.249	549808	99825.3	15449402	5402884	344930446
21	0.000575	992478	297.831	533506	99537.1	14899594	5303058	329481044
22	0.000601	991907	302.057	517669	99239.2	14366088	5203521	314581451
23	0.000623	991311	303.812	502289	98937.2	13848419	5104282	300215363
24	0.000643	990694	304.242	487356	98633.4	13346130	5005345	286366944
25	0.00066	990057	302.995	472857	98329.1	12858774	4906712	273020814
26	0.000676	989403	301.103	458781	98026.1	12385918	4808382	260162040
27	0.000693	988734	299.482	445117	97725	11927137	4710356	247776122
28	0.000712	988049	298.524	431853	97425.5	11482019	4612631	235848986
29	0.000734	987346	298.572	418977	97127	11050166	4515206	224366967
30	0.000759	986621	299.528	406475	96828.4	10631189	4418079	213316801
31	0.000788	985872	301.686	394336	96528.9	10224715	4321250	202685611
32	0.00082	985095	304.554	382549	96227.2	9830379	4224721	192460896
33	0.000855	984287	308.051	371102	95922.7	9447830	4128494	182630518
34	0.000893	983446	312.104	359985	95614.6	9076728	4032572	173182688
35	0.000936	982568	317.321	349188	95302.5	8716742	3936957	164105960

续表

年龄	q_x	l_x	C_x	D_x	M_x	N_x	R_x	S_x
36	0.000985	981648	323.903	338700	94985.2	8367554	3841654	155389218
37	0.001043	980681	332.658	328511	94661.3	8028854	3746669	147021664
38	0.001111	979658	343.666	318610	94328.6	7700342	3652008	138992811
39	0.001189	978570	356.685	308987	93985	7381732	3557679	131292468
40	0.001275	977406	370.902	299631	93628.3	7072745	3463694	123910737
41	0.001366	976160	385.308	290533	93257.4	6773114	3370066	116837992
42	0.001461	974827	399.555	281685	92872.1	6482582	3276809	110064877
43	0.00156	973402	413.599	273081	92472.5	6200897	3183937	103582296
44	0.001665	971884	427.911	264714	92058.9	5927815	3091464	97381399.1
45	0.001783	970266	444.15	256576	91631	5663102	2999405	91453583.6
46	0.001918	968536	463.036	248658	91186.9	5406526	2907774	85790481.8
47	0.002055	966678	480.736	240953	90723.8	5157868	2816587	80383955.8
48	0.002238	964692	507.253	233454	90243.1	4916915	2725863	75226088.3
49	0.002446	962533	537.045	226147	89735.8	4683460	2635620	70309173.7
50	0.002666	960178	566.909	219023	89198.8	4457313	2545885	65625713.4
51	0.00288	957618	592.993	212077	88631.9	4238290	2456686	61168400.3
52	0.003085	954860	614.925	205307	88038.9	4026212	2368054	56930110.7
53	0.0033	951915	636.652	198712	87424	3820905	2280015	52903898.3
54	0.003545	948773	661.807	192288	86787.3	3622193	2192591	49082993.1
55	0.003838	945410	693.171	186026	86125.5	3429905	2105804	45460800.4
56	0.004207	941781	734.854	179914	85432.3	3243879	2019678	42030895.7
57	0.004676	937819	789.65	173939	84697.5	3063965	1934246	38787016.7
58	0.005275	933434	860.815	168083	83907.8	2890026	1849548	35723051.9
59	0.006039	928510	951.74	162327	83047	2721942	1765641	32833026.3
60	0.006989	922903	1062.92	156647	82095.3	2559615	1682594	30111084
61	0.007867	916453	1153.48	151022	81032.4	2402968	1600498	27551468.6
62	0.008725	909243	1232.25	145470	79878.9	2251946	1519466	25148500.4
63	0.009677	901310	1315.32	140000	78646.6	2106477	1439587	22896554
64	0.010731	892588	1402.4	134607	77331.3	1966477	1360940	20790077
65	0.0119	883010	1493.67	129284	75928.9	1831869	1283609	18823600.4
66	0.013229	872502	1592.94	124025	74435.2	1702585	1207680	16991731.1
67	0.014705	860959	1696.35	118820	72842.3	1578560	1133245	15289146.1
68	0.016344	848299	1803.59	113663	71145.9	1459740	1060403	13710586.1
69	0.018164	834434	1914.25	108548	69342.3	1346078	989256.8	12250846
70	0.020184	819278	2027.66	103473	67428.1	1237529	919914.4	10904768.4
71	0.022425	802741	2143.03	98431.2	65400.4	1134056	852486.4	9667239.38
72	0.024911	784740	2259.43	93421.2	63257.4	1035625	787085.9	8533182.94

续表

年龄	q_x	l_x	C_x	D_x	M_x	N_x	R_x	S_x
73	0. 027668	765191	2375. 71	88440. 8	60998	942204	723828. 5	7497557. 7
74	0. 030647	744020	2484. 17	83489. 1	58622. 3	853763. 2	662830. 6	6555353. 7
75	0. 033939	721218	2589. 03	78573. 3	56138. 1	770274. 1	604208. 3	5701590. 49
76	0. 037577	696741	2688. 6	73695. 7	53549. 1	691700. 8	548070. 2	4931316. 43
77	0. 041594	670559	2780. 77	68860. 6	50860. 5	618005. 1	494521. 2	4239615. 62
78	0. 046028	642668	2863. 31	64074. 2	48079. 7	549144. 5	443660. 7	3621610. 5
79	0. 05092	613087	2933. 81	59344. 6	45216. 4	485070. 3	395581	3072465. 99
80	0. 056312	581869	2989. 58	54682. 3	42282. 6	425725. 7	350364. 6	2587395. 66
81	0. 062253	549103	3028. 04	50100. 1	39293	371043. 3	308082. 1	2161669. 99
82	0. 068791	514919	3046. 36	45612. 8	36264. 9	320943. 3	268789. 1	1790626. 65
83	0. 075983	479498	3042. 12	41237. 9	33218. 6	275330. 5	232524. 1	1469683. 39
84	0. 083883	443064	3012. 84	36994. 7	30176. 5	234092. 5	199305. 6	1194352. 94
85	0. 092554	405898	2956. 73	32904. 3	27163. 6	197097. 8	169129. 1	960260. 404
86	0. 102059	368331	2872. 44	28989. 2	24206. 9	164193. 5	141965. 5	763162. 567
87	0. 112464	330739	2759. 46	25272. 4	21334. 5	135204. 3	117758. 6	598969. 07
88	0. 123836	293543	2618. 22	21776. 9	18575	109931. 8	96424. 1	463764. 81
89	0. 136246	257192	2450. 37	18524. 4	15956. 8	88154. 91	77849. 09	353832. 998
90	0. 149763	222151	2258. 73	15534. 5	13506. 4	69630. 5	61892. 31	265678. 089
91	0. 164456	188881	2047. 45	12823. 3	11247. 7	54096. 01	48385. 89	196047. 585
92	0. 180392	157818	1821. 85	10402. 4	9200. 25	41272. 71	37138. 2	141951. 575
93	0. 197631	129349	1588. 25	8277. 53	7378. 4	30870. 34	27937. 95	100678. 868
94	0. 216228	103786	1353. 67	6448. 19	5790. 15	22592. 81	20559. 55	69808. 5235
95	0. 236229	81344. 2	1125. 35	4906. 71	4436. 48	16144. 62	14769. 4	47215. 7129
96	0. 257666	62128. 4	910. 199	3638. 45	3311. 13	11237. 91	10332. 93	31071. 0931
97	0. 280553	46120	714. 26	2622. 28	2400. 93	7599. 46	7021. 795	19833. 1833
98	0. 304887	33180. 9	542. 178	1831. 64	1686. 67	4977. 184	4620. 862	12233. 7228
99	0. 330638	23064. 5	396. 802	1236. 11	1144. 5	3145. 544	2934. 189	7256. 53881
100	0. 357746	15438. 5	279. 01	803. 308	747. 693	1909. 431	1789. 693	4110. 99445
101	0. 386119	9915. 43	187. 774	500. 901	468. 684	1106. 123	1042	2201. 56326
102	0. 415626	6086. 89	120. 466	298. 537	280. 909	605. 2225	573. 3165	1095. 44
103	0. 446094	3557. 02	73. 357	169. 376	160. 444	306. 6852	292. 407	490. 217465
104	0. 477308	1970. 26	42. 2097	91. 0859	87. 0866	137. 3091	131. 9635	183. 53224
105	1	1029. 84	44. 8769	46. 2232	44. 8769	46. 22317	44. 87687	46. 2231729

CL4（2000～2003年）：中国人身保险业经验生命表（2000～2003年）养老金业务女表

利率：3%

年龄	q_x	l_x	C_x	D_x	M_x	N_x	R_x	S_x
0	0.000575	1000000	558.252	1E+06	91503.9	31191700	6992760	830830251
1	0.000466	999425	438.997	970316	90945.6	30191700	6901256	799638552
2	0.000369	998959.3	337.336	941615	90506.6	29221384	6810311	769446852
3	0.00029	998590.7	257.298	913852	90169.3	28279769	6719804	740225468
4	0.000232	998301.1	199.785	886978	89912	27365917	6629635	711945699
5	0.000195	998069.5	162.994	860943	89712.2	26478940	6539723	684579782
6	0.000175	997874.8	141.989	835704	89549.2	25617996	6450010	658100842
7	0.000164	997700.2	129.165	811222	89407.2	24782292	6360461	632482846
8	0.000158	997536.6	120.796	787465	89278.1	23971070	6271054	607700555
9	0.000152	997379	112.806	764408	89157.3	23183605	6181776	583729485
10	0.000147	997227.4	105.901	742031	89044.5	22419198	6092619	560545879
11	0.000143	997080.8	100.005	720312	88938.6	21677167	6003574	538126682
12	0.000143	996938.2	97.0779	699232	88838.6	20956854	5914635	516449515
13	0.000147	996795.6	96.8729	678769	88741.5	20257622	5825797	495492660
14	0.000156	996649.1	99.7949	658902	88644.6	19578853	5737055	475235038
15	0.000167	996493.6	103.704	639611	88544.8	18919950	5648411	455656186
16	0.000181	996327.2	109.106	620878	88441.1	18280339	5559866	436736236
17	0.000196	996146.9	114.686	602685	88332	17659461	5471425	418455897
18	0.000213	995951.6	120.979	585017	88217.3	17056775	5383093	400796436
19	0.00023	995739.5	126.803	567856	88096.4	16471759	5294875	383739661
20	0.000246	995510.5	131.643	551190	87969.6	15903902	5206779	367267902
21	0.000261	995265.6	135.569	535004	87837.9	15352712	5118810	351363999
22	0.000274	995005.8	138.14	519286	87702.3	14817708	5030972	336011287
23	0.000285	994733.2	139.463	504023	87564.2	14298422	4943269	321193579
24	0.000293	994449.7	139.162	489203	87424.7	13794399	4855705	306895157
25	0.000301	994158.3	138.757	474816	87285.6	13305196	4768280	293100757
26	0.000308	993859.1	137.807	460847	87146.8	12830380	4680995	279795562
27	0.000316	993553	137.226	447287	87009	12369533	4593848	266965182
28	0.000325	993239	136.98	434122	86871.8	11922246	4506839	254595649
29	0.000337	992916.2	137.856	421340	86734.8	11488125	4419967	242673402
30	0.000351	992581.6	139.354	408930	86596.9	11066784	4333232	231185278
31	0.000366	992233.2	141.027	396881	86457.6	10657854	4246635	220118494
32	0.000384	991870	143.601	385180	86316.6	10260973	4160178	209460640
33	0.000402	991489.1	145.898	373817	86173	9875793	4073861	199199667
34	0.000421	991090.6	148.283	362784	86027.1	9501976	3987688	189323873
35	0.000441	990673.3	150.74	352069	85878.8	9139192	3901661	179821897

续表

年 龄	q_x	l_x	C_x	D_x	M_x	N_x	R_x	S_x
36	0.000464	990236.4	153.915	341664	85728	8787123	3815783	170682705
37	0.000493	989777	158.697	331558	85574.1	8445460	3730054	161895582
38	0.000528	989289	164.932	321743	85415.4	8113901	3644480	153450122
39	0.000569	988766.7	172.471	312207	85250.5	7792159	3559065	145336221
40	0.000615	988204.1	180.882	302941	85078	7479952	3473814	137544062
41	0.000664	987596.3	189.489	293936	84897.1	7177011	3388736	130064110
42	0.000714	986940.5	197.692	285186	84707.7	6883075	3303839	122887098
43	0.000763	986235.9	204.959	276682	84510	6597890	3219132	116004023
44	0.000815	985483.4	212.389	268418	84305	6321208	3134622	109406134
45	0.000873	984680.2	220.697	260387	84092.6	6052790	3050317	103084926
46	0.000942	983820.6	231.003	252583	83871.9	5792403	2966224	97032135.6
47	0.001014	982893.8	241.189	244995	83640.9	5539820	2882352	91239732.9
48	0.001123	981897.2	259.073	237618	83399.7	5294825	2798711	85699912.9
49	0.001251	980794.5	279.881	230438	83140.7	5057207	2715311	80405087.8
50	0.001393	979567.5	302.195	223446	82860.8	4826769	2632171	75347880.7
51	0.001548	978203	325.585	216636	82558.6	4603323	2549310	70521111.5
52	0.001714	976688.7	349.457	210001	82233	4386687	2466751	65917788.5
53	0.001893	975014.7	374.069	203535	81883.5	4176686	2384518	61531101.6
54	0.002093	973169	400.784	197232	81509.5	3973152	2302635	57354415.1
55	0.002318	971132.1	430.038	191087	81108.7	3775919	2221125	53381263.3
56	0.002607	968881	468.479	185091	80678.6	3584833	2140017	49605343.9
57	0.002979	966355.2	518.38	179232	80210.2	3399741	2059338	46020511.3
58	0.00341	963476.4	574.38	173493	79691.8	3220510	1979128	42620770
59	0.003816	960190.9	621.917	167865	79117.4	3047017	1899436	39400260.5
60	0.004272	956526.9	673.376	162354	78495.5	2879151	1820319	36353244
61	0.004781	952440.6	728.532	156952	77822.1	2716797	1741823	33474092.9
62	0.005351	947887	787.855	151652	77093.6	2559845	1664001	30757296.1
63	0.005988	942814.8	851.385	146447	76305.7	2408193	1586908	28197451.4
64	0.006701	937169.2	919.471	141330	75454.3	2261745	1510602	25789258.9
65	0.007499	930889.3	992.304	136295	74534.9	2120415	1435147	23527513.7
66	0.008408	923908.5	1072.08	131332	73542.6	1984120	1360613	21407098.9
67	0.009438	916140.3	1158.54	126435	72470.5	1852788	1287070	19422978.6
68	0.010592	907493.8	1250.41	121594	71311.9	1726353	1214600	17570190.7
69	0.011886	897881.6	1347.87	116802	70061.5	1604759	1143288	15843838.1
70	0.013337	887209.4	1450.91	112052	68713.7	1487957	1073226	14239079.5
71	0.014964	875376.7	1559.42	107338	67262.8	1375904	1004512	12751123
72	0.016787	862277.5	1673.03	102652	65703.3	1268567	937250	11375218.7

续表

年龄	q_x	l_x	C_x	D_x	M_x	N_x	R_x	S_x
73	0. 018829	847802. 5	1791. 3	97989	64030. 3	1165915	871546	10106652. 1
74	0. 021117	831839. 2	1913. 73	93344	62239	1067926	807516	8940737. 27
75	0. 023702	814273. 3	2041. 39	88711	60325. 3	974582. 2	745277	7872811. 47
76	0. 026491	794973. 4	2162. 64	84086	58283. 9	885871	684952	6898229. 31
77	0. 029602	773913. 7	2284. 07	79474	56121. 3	801785	626668	6012358. 33
78	0. 03307	751004. 3	2404. 01	74875	53837. 2	722310. 8	570547	5210573. 31
79	0. 036935	726168. 6	2520. 56	70291	51433. 2	647435. 5	516709	4488262. 5
80	0. 041241	699347. 6	2631. 52	65723	48912. 6	577144. 9	465276	3840827. 05
81	0. 046033	670505. 8	2734. 13	61177	46281. 1	511422. 3	416364	3263682. 11
82	0. 051365	639640. 4	2825. 62	56661	43547	450245. 4	370082	2752259. 83
83	0. 057291	606785. 3	2902. 65	52185	40721. 3	393584. 5	326536	2302014. 42
84	0. 063872	572021. 9	2961. 82	47762	37818. 7	341399. 5	285814	1908429. 92
85	0. 071174	535485. 7	2999. 63	43409	34856. 9	293637. 2	247996	1567030. 37
86	0. 079267	497373. 1	3012. 56	39145	31857. 2	250227. 8	213139	1273393. 19
87	0. 088225	457947. 8	2997. 31	34993	28844. 7	211082. 4	181281	1023165. 41
88	0. 098129	417545. 4	2951. 13	30976	25847. 4	176089. 7	152437	812083. 048
89	0. 109061	376572	2871. 89	27123	22896. 2	145113. 5	126589	635993. 385
90	0. 121107	335502. 7	2758. 53	23461	20024. 3	117990. 6	103693	490879. 904
91	0. 134355	294871	2611. 33	20019	17265. 8	94529. 68	83668. 8	372889. 259
92	0. 148896	255253. 6	2432. 16	16825	14654. 5	74510. 58	66403	278359. 576
93	0. 164816	217247. 4	2224. 61	13902	12222. 3	57685. 88	51748. 5	203848. 995
94	0. 182201	181441. 5	1994. 12	11273	9997. 7	43783. 39	39526. 2	146163. 111
95	0. 201129	148382. 7	1747. 77	8950. 5	8003. 59	32510. 44	29528. 5	102379. 717
96	0. 221667	118538. 6	1494	6942	6255. 82	23559. 95	21524. 9	69869. 2719
97	0. 24387	92262. 53	1242. 04	5245. 8	4761. 82	16617. 92	15269. 1	46309. 3193
98	0. 267773	69762. 47	1001. 16	3851	3519. 78	11372. 09	10507. 3	29691. 3944
99	0. 293385	51081. 96	779. 8	2737. 7	2518. 62	7521. 088	6987. 52	18319. 3037
100	0. 320685	36095. 28	584. 749	1878. 1	1738. 82	4783. 41	4468. 9	10798. 2155
101	0. 349615	24520. 07	420. 45	1238. 7	1154. 07	2905. 271	2730. 08	6014. 805
102	0. 380069	15947. 48	288. 616	782. 16	733. 618	1666. 583	1576. 01	3109. 53443
103	0. 411894	9886. 339	188. 256	470. 76	445. 002	884. 4233	842. 396	1442. 95184
104	0. 444879	5814. 215	116. 098	268. 79	256. 746	413. 6613	397. 394	558. 528566
105	1	3227. 593	140. 648	144. 87	140. 648	144. 8672	140. 648	144. 867233

CL1（2000～2003年）：中国人身保险业经验生命表（2000～2003年）非养老金业务男表

利率：5%

年龄	q_x	l_x	$\overline{C}_x$	D_x	$\overline{M}_x$	N_x	$\overline{R}_x$	S_x
0	0.000722	1000000	704.6	1000000	35099.5	20280675	1990352	385104097
1	0.000603	999278	560.041	951693	34394.9	19280675	1955253	364823421
2	0.000499	998675	441.115	905828	33834.8	18328982	1920858	345542746
3	0.000416	998177	350.057	862263	33393.7	17423154	1887023	327213764
4	0.000358	997762	286.786	820861	33043.6	16560891	1853629	309790610
5	0.000323	997405	246.339	781493	32756.9	15740030	1820586	293229719
6	0.000309	997082	224.367	744038	32510.5	14958537	1787829	277489689
7	0.000308	996774	212.926	708389	32286.1	14214499	1755318	262531152
8	0.000311	996467	204.698	674448	32073.2	13506110	1723032	248316653
9	0.000312	996157	195.517	642132	31868.5	12831662	1690959	234810543
10	0.000312	995847	186.148	611363	31673	12189530	1659091	221978882
11	0.000312	995536	177.229	582069	31486.9	11578166	1627418	209789352
12	0.000313	995225	169.278	554179	31309.6	10996097	1595931	198211186
13	0.00032	994914	164.771	527624	31140.4	10441918	1564621	187215089
14	0.000336	994595	164.718	502338	30975.6	9914294	1533481	176773171
15	0.000364	994261	169.89	478257	30810.9	9411955.7	1502505	166858877
16	0.000404	993899	179.515	455317	30641	8933699	1471694	157446922
17	0.000455	993498	192.471	433460	30461.5	8478382.3	1441053	148513223
18	0.000513	993046	206.578	412631	30269	8044922.4	1410592	140034840
19	0.000572	992536	219.256	392780	30062.4	7632291.4	1380323	131989918
20	0.000621	991969	226.573	373863	29843.2	7239511	1350260	124357627
21	0.000661	991353	229.541	355838	29616.6	6865648.5	1320417	117118115
22	0.000692	990697	228.711	338670	29387	6509810	1290801	110252467
23	0.000716	990012	225.219	322319	29158.3	6171140.2	1261414	103742657
24	0.000738	989303	220.927	306751	28933.1	5848820.8	1232255	97571516.8
25	0.000759	988573	216.234	291928	28712.2	5542069.7	1203322	91722696
26	0.000779	987823	211.203	277816	28495.9	5250141.4	1174610	86180626.3
27	0.000795	987053	205.117	264380	28284.7	4972325.5	1146114	80930484.9
28	0.000815	986268	200.105	251591	28079.6	4707945	1117829	75958159.5
29	0.000842	985464	196.729	239415	27879.5	4456354.2	1089750	71250214.5
30	0.000881	984635	195.874	227822	27682.8	4216939.2	1061870	66793860.3
31	0.000932	983767	197.172	216782	27486.9	3989117	1034187	62576921
32	0.000994	982850	200.088	206267	27289.7	3772334.5	1006700	58587804.1
33	0.001055	981873	202.054	196250	27089.7	3566067.5	979410.7	54815469.6
34	0.001121	980838	204.255	186707	26887.6	3369817.9	952321.1	51249402.1
35	0.001194	979738	206.964	177617	26683.4	3183110.8	925433.5	47879584.1

续表

年龄	q_x	l_x	$\overline{C}_x$	D_x	$\overline{M}_x$	N_x	$\overline{R}_x$	S_x
36	0.001275	978568	210.229	168957	26476.4	3005493.8	898750.1	44696473.3
37	0.001367	977321	214.391	160706	26266.2	2836536.7	872273.7	41690979.5
38	0.001472	975985	219.565	152844	26051.8	2675830.4	846007.6	38854442.8
39	0.001589	974548	225.398	145352	25832.2	2522986	819955.8	36178612.4
40	0.001715	972999	231.318	138210	25606.8	2377634.2	794123.6	33655626.4
41	0.001845	971331	236.596	131403	25375.5	2239423.8	768516.8	31277992.2
42	0.001978	969539	241.127	124915	25138.9	2108020.6	743141.3	29038568.4
43	0.002113	967621	244.833	118731	24897.8	1983105.7	718002.4	26930547.8
44	0.002255	965576	248.319	112839	24652.9	1864374.3	693104.7	24947442.1
45	0.002413	963399	252.494	107223	24404.6	1751535.8	668451.7	23083067.8
46	0.002595	961074	257.983	101871	24152.1	1644312.9	644047.1	21331532
47	0.002805	958580	264.892	96767.9	23894.1	1542442.2	619895	19687219.1
48	0.003042	955891	272.827	91901.4	23629.2	1445674.3	596000.9	18144776.9
49	0.003299	952984	280.93	87258.9	23356.4	1353772.9	572371.6	16699102.7
50	0.00357	949840	288.575	82829.6	23075.5	1266514	549015.2	15345329.8
51	0.003847	946449	295.101	78603.7	22786.9	1183684.4	525939.7	14078815.8
52	0.004132	942808	300.708	74572.7	22491.8	1105080.7	503152.8	12895131.4
53	0.004434	938912	306.051	70728.1	22191.1	1030508.1	480661	11790050.7
54	0.004778	934749	312.697	67061.4	21885.1	959779.97	458469.9	10759542.6
55	0.005203	930283	322.747	63562.9	21572.4	892718.53	436584.8	9799762.67
56	0.005744	925442	337.574	60221.1	21249.6	829155.66	415012.5	8907044.13
57	0.006427	920127	357.661	57024	20912	768934.57	393762.9	8077888.47
58	0.00726	914213	382.305	53959.5	20554.4	711910.58	372850.8	7308953.9
59	0.008229	907576	409.701	51016.9	20172.1	657951.06	352296.5	6597043.32
60	0.009313	900107	437.957	48187.7	19762.4	606934.13	332124.4	5939092.26
61	0.01049	891725	465.441	45465.7	19324.4	558746.41	312362	5332158.13
62	0.011747	882371	491.187	42846.4	18859	513280.75	293037.6	4773411.72
63	0.013091	872005	515.195	40326.8	18367.8	470434.34	274178.6	4260130.97
64	0.014542	860590	537.911	37903.7	17852.6	430107.58	255810.9	3789696.63
65	0.016134	848075	560.115	35573.8	17314.7	392203.92	237958.3	3359589.05
66	0.017905	834392	582.447	33333.2	16754.6	356630.15	220643.6	2967385.13
67	0.019886	819453	605.053	31177.5	16172.1	323296.99	203889	2610754.97
68	0.022103	803157	627.747	29102.4	15567.1	292119.52	187716.9	2287457.99
69	0.024571	785405	649.92	27103.9	14939.3	263017.17	172149.9	1995338.47
70	0.027309	766107	671.042	25179	14289.4	235913.27	157210.5	1732321.29
71	0.03034	745185	690.629	23325.1	13618.4	210734.28	142921.1	1496408.03
72	0.033684	722576	708.081	21540.4	12927.7	187409.16	129302.8	1285673.75

续表

年龄	q_x	l_x	$\overline{C}_x$	D_x	$\overline{M}_x$	N_x	$\overline{R}_x$	S_x
73	0.037371	698237	722.976	19823.7	12219.6	165868.75	116375.1	1098264.59
74	0.04143	672143	734.808	18174.1	11496.7	146045.09	104155.4	932395.838
75	0.045902	644296	743.233	16591.6	10761.9	127870.96	92658.76	786350.752
76	0.050829	614722	747.84	15076.2	10018.6	111279.37	81896.9	658479.792
77	0.056262	583476	748.286	13628.5	9270.79	96203.172	71878.27	547200.425
78	0.062257	550648	744.222	12249.2	8522.5	82574.707	62607.48	450997.253
79	0.068871	516367	735.267	10939.7	7778.28	70325.47	54084.98	368422.546
80	0.076187	480804	721.291	9701.17	7043.01	59385.815	46306.7	298097.076
81	0.084224	444173	701.552	8535.3	6321.72	49684.644	39263.69	238711.261
82	0.093071	406763	676.143	7444.21	5620.17	41149.342	32941.97	189026.616
83	0.1028	368905	645.062	6429.88	4944.02	33705.127	27321.81	147877.274
84	0.113489	330982	608.502	5494.18	4298.96	27275.247	22377.78	114172.147
85	0.125221	293419	566.866	4638.71	3690.46	21781.068	18078.82	86896.8996
86	0.13808	256677	520.766	3864.62	3123.6	17142.353	14388.36	65115.8317
87	0.152157	221235	471.066	3172.37	2602.83	13277.734	11264.76	47973.4785
88	0.167543	187572	418.834	2561.6	2131.76	10105.36	8661.934	34695.7445
89	0.184333	156146	365.335	2030.87	1712.93	7543.7647	6530.171	24590.3845
90	0.202621	127363	311.958	1577.64	1347.59	5512.8905	4817.242	17046.6198
91	0.2225	101557	260.146	1198.07	1035.64	3935.2552	3469.648	11533.7293
92	0.244059	78960.3	211.297	887.142	775.489	2737.1854	2434.013	7598.47413
93	0.267383	59689.3	166.66	638.692	564.192	1850.0433	1658.524	4861.28872
94	0.292544	43729.4	127.226	445.635	397.532	1211.3508	1094.331	3011.24545
95	0.319604	30936.6	93.6499	300.255	270.306	765.71555	696.7991	1799.89467
96	0.348606	21049.2	66.1915	194.564	176.656	465.46097	426.4928	1034.17912
97	0.379572	13711.3	44.7112	120.703	110.465	270.89715	249.8364	568.718146
98	0.412495	8506.87	28.7106	71.3212	65.7537	150.19457	139.3715	297.820997
99	0.447334	4997.83	17.4212	39.9062	37.0431	78.873371	73.61772	147.626426
100	0.48401	2762.13	9.92142	21.0046	19.6219	38.967122	36.57461	68.7530549
101	0.522397	1425.23	5.26226	10.3221	9.70048	17.962525	16.95271	29.7859327
102	0.562317	680.695	2.5765	4.69509	4.43822	7.640466	7.252225	11.8234076
103	0.603539	297.929	1.15272	1.95711	1.86172	2.9453742	2.814004	4.18294154
104	0.64577	118.117	0.4657	0.73897	0.70899	0.9882677	0.952286	1.23756733
105	1	41.8406	0.24329	0.2493	0.24329	0.2492997	0.243292	0.24929966

CL2（2000～2003年）：中国人身保险业经验生命表（2000～2003年）非养老金业务女表

利率：5%

年龄	q_x	l_x	$\overline{C}_x$	D_x	$\overline{M}_x$	N_x	$\overline{R}_x$	S_x
0	0. 000661	1000000	645. 07	1000000	27078. 7	20445053	1698740	394532290
1	0. 000536	999339	497. 844	951751	26433. 6	19445053	1671661	374087238
2	0. 000424	998803	374. 863	905944	25935. 7	18493301	1645228	354642185
3	0. 000333	998380	280. 271	862438	25560. 9	17587357	1619292	336148884
4	0. 000267	998047	213. 949	821096	25280. 6	16724919	1593731	318561527
5	0. 000224	997781	170. 9	781787	25066. 7	15903823	1568451	301836608
6	0. 000201	997557	146. 017	744393	24895. 8	15122035	1543384	285932785
7	0. 000189	997357	130. 735	708803	24749. 7	14377643	1518488	270810750
8	0. 000181	997168	119. 217	674923	24619	13668840	1493738	256433107
9	0. 000175	996988	109. 756	642667	24499. 8	12993917	1469119	242764267
10	0. 000169	996813	100. 928	611957	24390	12351250	1444620	229770350
11	0. 000165	996645	93. 8312	582718	24289. 1	11739293	1420230	217419100
12	0. 000165	996481	89. 3483	554878	24195. 3	11156575	1395941	205679808
13	0. 000169	996316	87. 1422	528368	24105. 9	10601697	1371745	194523233
14	0. 000179	996148	87. 8885	503122	24018. 8	10073330	1347639	183921535
15	0. 000192	995969	89. 7663	479078	23930. 9	9570207. 3	1323621	173848206
16	0. 000208	995778	92. 5982	456177	23841. 1	9091129	1299690	164277998
17	0. 000226	995571	95. 8005	434364	23748. 5	8634951. 5	1275848	155186869
18	0. 000245	995346	98. 8868	413587	23652. 7	8200587. 2	1252100	146551918
19	0. 000264	995102	101. 457	393796	23553. 8	7787000. 3	1228447	138351331
20	0. 000283	994840	103. 552	374945	23452. 4	7393204. 6	1204893	130564330
21	0. 0003	994558	104. 516	356989	23348. 8	7018260	1181441	123171126
22	0. 000315	994260	104. 484	339888	23244. 3	6661271	1158092	116152866
23	0. 000328	993946	103. 583	323600	23139. 8	6321383. 5	1134848	109491595
24	0. 000338	993620	101. 625	308090	23036. 3	5997783. 1	1111708	103170211
25	0. 000347	993285	99. 329	293320	22934. 6	5689693. 3	1088672	97172428. 1
26	0. 000355	992940	96. 7464	279255	22835. 3	5396373. 6	1065737	91482734. 8
27	0. 000362	992587	93. 9229	265863	22738. 6	5117118. 4	1042902	86086361. 3
28	0. 000372	992228	91. 8881	253111	22644. 6	4851255. 6	1020163	80969242. 8
29	0. 000386	991859	90. 7722	240968	22552. 7	4598144. 5	997518. 6	76117987. 3
30	0. 000406	991476	90. 8939	229405	22462	4357176	974965. 8	71519842. 8
31	0. 000432	991074	92. 0718	218392	22371. 1	4127770. 8	952503. 8	67162666. 8
32	0. 000465	990645	94. 345	207903	22279	3909378. 3	930132. 8	63034896
33	0. 000496	990185	95. 798	197911	22184. 7	3701475. 4	907853. 8	59125517. 6
34	0. 000528	989694	97. 0742	188393	22088. 9	3503564. 6	885669. 1	55424042. 2
35	0. 000563	989171	98. 528	179327	21991. 8	3315171. 7	863580. 2	51920477. 6

续表

年龄	q_x	l_x	$\overline{C}_x$	D_x	$\overline{M}_x$	N_x	$\overline{R}_x$	S_x
36	0.000601	988614	100.113	170692	21893.3	3135844.6	841588.4	48605305.9
37	0.000646	988020	102.423	162466	21793.2	2965153	819695.2	45469461.3
38	0.000699	987382	105.481	154629	21690.7	2802687.3	797902	42504308.3
39	0.000761	986692	109.292	147163	21585.2	2648058	776211.3	39701621
40	0.000828	985941	113.166	140049	21476	2500895	754626	37053563
41	0.000897	985124	116.662	133269	21362.8	2360846.4	733150.1	34552668
42	0.000966	984241	119.546	126809	21246.1	2227577.2	711787.3	32191821.6
43	0.001033	983290	121.632	120654	21126.6	2100768	690541.2	29964244.4
44	0.001103	982274	123.562	114790	21004.9	1980114	669414.6	27863476.5
45	0.001181	981191	125.861	109203	20881.4	1865324.1	648409.6	25883362.5
46	0.001274	980032	129.154	103880	20755.5	1756121	627528.3	24018038.4
47	0.001389	978783	133.936	98807.4	20626.4	1652240.9	606772.7	22261917.4
48	0.001527	977424	140.036	93971.6	20492.4	1553433.4	586146.4	20609676.6
49	0.00169	975931	147.379	89360.1	20352.4	1459461.9	565653.9	19056243.1
50	0.001873	974282	155.297	84961	20205	1370101.8	545301.5	17596781.3
51	0.002074	972457	163.467	80763.7	20049.7	1285140.7	525096.5	16226679.5
52	0.002295	970440	171.915	76758.3	19886.3	1204377	505046.8	14941538.8
53	0.002546	968213	181.218	72935.4	19714.3	1127618.7	485160.5	13737161.7
54	0.002836	965748	191.758	69285.4	19533.1	1054683.4	465446.2	12609543
55	0.003178	963009	204.07	65799	19341.4	985397.99	445913.1	11554859.6
56	0.003577	959949	218.058	62466.5	19137.3	919599.03	426571.7	10569461.6
57	0.004036	956515	233.485	59279.1	18919.2	857132.51	407434.4	9649862.59
58	0.004556	952655	250.003	56228.4	18685.8	797853.39	388515.1	8792730.08
59	0.005133	948314	267.03	53306.9	18435.8	741624.95	369829.4	7994876.69
60	0.005768	943447	284.309	50507.9	18168.7	688318.02	351393.6	7253251.74
61	0.006465	938005	301.739	47825.3	17884.4	637810.12	333224.9	6564933.72
62	0.007235	931941	319.518	45253.4	17582.7	589984.81	315340.5	5927123.6
63	0.008094	925198	337.969	42786.7	17263.2	544731.36	297757.8	5337138.8
64	0.009059	917709	357.335	40419.4	16925.2	501944.66	280494.7	4792407.44
65	0.010148	909396	377.776	38146	16567.9	461525.24	263569.5	4290462.78
66	0.011376	900167	399.231	35960.8	16190.1	423379.28	247001.6	3828937.54
67	0.01276	889927	421.626	33858.8	15790.8	387418.47	230811.6	3405558.26
68	0.014316	878572	444.766	31835	15369.2	353559.68	215020.7	3018139.8
69	0.016066	865994	468.561	29885	14924.5	321724.69	199651.5	2664580.12
70	0.018033	852081	492.837	28004.6	14455.9	291839.69	184727.1	2342855.43
71	0.020241	836715	517.338	26190.1	13963.1	263835.06	170271.2	2051015.74
72	0.022715	819779	541.733	24438.1	13445.7	237644.94	156308.1	1787180.69

续表

年龄	q_x	l_x	$\overline{C}_x$	D_x	$\overline{M}_x$	N_x	$\overline{R}_x$	S_x
73	0. 025479	801158	565. 571	22745. 7	12904	213206. 84	142862. 4	1549535. 75
74	0. 028561	780745	588. 41	21110. 6	12338. 4	190461. 13	129958. 4	1336328. 91
75	0. 031989	758446	609. 724	19531. 1	11750	169350. 5	117620	1145867. 78
76	0. 035796	734185	629. 011	18006. 1	11140. 3	149819. 36	105870	976517. 277
77	0. 040026	707904	645. 871	16534. 8	10511. 3	131813. 31	94729. 72	826697. 912
78	0. 044726	679569	659. 833	15117. 1	9865. 39	115278. 54	84218. 46	694884. 6
79	0. 049954	649175	670. 475	13753. 3	9205. 56	100161. 45	74353. 06	579606. 057
80	0. 055774	616746	677. 329	12444. 1	8535. 09	86408. 148	65147. 5	479444. 607
81	0. 062253	582347	679. 852	11190. 5	7857. 76	73964. 082	56612. 42	393036. 459
82	0. 069494	546095	677. 794	9994. 14	7177. 91	62773. 596	48754. 66	319072. 376
83	0. 077511	508144	669. 952	8856. 77	6500. 11	52779. 459	41576. 75	256298. 78
84	0. 086415	468758	656. 208	7781. 21	5830. 16	43922. 692	35076. 64	203519. 322
85	0. 096294	428250	636. 226	6770. 28	5173. 95	36141. 482	29246. 48	159596. 63
86	0. 107243	387012	609. 844	5826. 99	4537. 73	29371. 2	24072. 53	123455. 148
87	0. 119364	345508	577. 122	4954. 37	3927. 88	23544. 205	19534. 8	94083. 9481
88	0. 132763	304266	538. 367	4155. 24	3350. 76	18589. 833	15606. 92	70539. 7432
89	0. 147553	263871	494. 194	3431. 98	2812. 39	14434. 597	12256. 16	51949. 9103
90	0. 16385	224936	445. 527	2786. 26	2318. 2	11002. 621	9443. 771	37515. 3137
91	0. 181775	188080	393. 601	2218. 8	1872. 67	8216. 3561	7125. 573	26512. 6932
92	0. 201447	153892	339. 912	1729. 02	1479. 07	5997. 5609	5252. 901	18296. 3371
93	0. 222987	122891	286. 154	1314. 97	1139. 16	4268. 5383	3773. 831	12298. 7762
94	0. 246507	95487. 9	234. 093	973. 092	853. 004	2953. 5705	2634. 674	8030. 23795
95	0. 272115	71949. 4	185. 439	698. 303	618. 91	1980. 478	1781. 67	5076. 66746
96	0. 299903	52370. 9	141. 678	484. 08	433. 471	1282. 1749	1162. 76	3096. 18941
97	0. 329942	36664. 7	103. 927	322. 765	291. 793	798. 09446	729. 2886	1814. 01456
98	0. 362281	24567. 5	72. 8216	205. 973	187. 865	475. 32948	437. 4959	1015. 9201
99	0. 396933	15667. 2	48. 4587	125. 098	115. 044	269. 35685	249. 6305	540. 590623
100	0. 433869	9448. 34	30. 4221	71. 8498	66. 5851	144. 25908	134. 5867	271. 233775
101	0. 473008	5349	17. 8825	38. 7395	36. 1629	72. 409233	68. 00165	126. 974697
102	0. 514211	2818. 88	9. 75697	19. 4432	18. 2805	33. 669782	31. 83874	54. 5654633
103	0. 557269	1369. 38	4. 89212	8. 99553	8. 52349	14. 226562	13. 55828	20. 8956816
104	0. 601896	606. 268	2. 22794	3. 79295	3. 63137	5. 2310354	5. 034796	6. 66912003
105	1	241. 358	1. 40343	1. 43808	1. 40343	1. 4380846	1. 403427	1. 43808464

CL3（2000～2003年）：中国人身保险业经验生命表（2000～2003年）养老金业务男表

利率：5%

年龄	q_x	l_x	$\overline{C}_x$	D_x	$\overline{M}_x$	N_x	$\overline{R}_x$	S_x
0	0.000627	1000000	611.889	1000000	30678.8	20371271	1801196	390883171
1	0.000525	999373	487.644	951784	30066.9	19371271	1770517	370511899
2	0.000434	998848	383.721	905985	29579.3	18419488	1740450	351140628
3	0.000362	998415	304.689	862468	29195.6	17513503	1710871	332721141
4	0.000311	998053	249.208	821101	28890.9	16651034	1681675	315207638
5	0.000281	997743	214.38	781758	28641.7	15829933	1652784	298556603
6	0.000269	997463	195.397	744322	28427.3	15048176	1624143	282726670
7	0.000268	997194	185.351	708687	28231.9	14303854	1595715	267678494
8	0.00027	996927	177.794	674759	28046.5	13595166	1567483	253374641
9	0.000271	996658	169.909	642455	27868.7	12920407	1539437	239779475
10	0.000272	996388	162.371	611696	27698.8	12277952	1511568	226859068
11	0.000271	996117	154.029	582409	27536.5	11666257	1483869	214581116
12	0.000272	995847	147.196	554525	27382.4	11083848	1456333	202914859
13	0.000278	995576	143.24	527975	27235.2	10529323	1428950	191831011
14	0.000292	995299	143.249	502694	27092	10001348	1401715	181301689
15	0.000316	995009	147.598	478616	26948.7	9498653.9	1374623	171300341
16	0.000351	994694	156.089	455681	26801.2	9020037.8	1347674	161801687
17	0.000396	994345	167.656	433829	26645.1	8564356.9	1320873	152781649
18	0.000446	993951	179.762	413007	26477.4	8130527.5	1294228	144217292
19	0.000497	993508	190.694	393165	26297.6	7717520.2	1267751	136086765
20	0.00054	993014	197.228	374257	26106.9	7324355.4	1241453	128369245
21	0.000575	992478	199.903	356242	25909.7	6950098.8	1215346	121044889
22	0.000601	991907	198.878	339083	25709.8	6593856.4	1189436	114094790
23	0.000623	991311	196.223	322742	25510.9	6254773	1163727	107500934
24	0.000643	990694	192.758	307182	25314.7	5932030.6	1138216	101246161
25	0.00066	990057	188.311	292366	25122	5624848.3	1112901	95314130.3
26	0.000676	989403	183.571	278260	24933.6	5332481.8	1087779	89689282.1
27	0.000693	988734	179.105	264831	24750.1	5054221.4	1062845	84356800.2
28	0.000712	988049	175.131	252045	24571	4789390.6	1038095	79302578.8
29	0.000734	987346	171.823	239872	24395.8	4537345.5	1013524	74513188.3
30	0.000759	986621	169.09	228282	24224	4297473.6	989129	69975842.7
31	0.000788	985872	167.064	217246	24054.9	4069191.7	964904	65678369.1
32	0.00082	985095	165.44	206738	23887.9	3851945.5	940850	61609177.4
33	0.000855	984287	164.152	196732	23722.4	3645207.4	916962	57757231.9
34	0.000893	983446	163.144	187204	23558.3	3448475.3	893239	54112024.5
35	0.000936	982568	162.711	178130	23395.1	3261271.7	869681	50663549.2

续表

年龄	q_x	l_x	$\overline{C}_x$	D_x	$\overline{M}_x$	N_x	$\overline{R}_x$	S_x
36	0.000985	981648	162.923	169489	23232.4	3083141.8	846286	47402277.5
37	0.001043	980681	164.14	161259	23069.5	2913653	823053	44319135.7
38	0.001111	979658	166.341	153420	22905.4	2752394.1	799984	41405482.8
39	0.001189	978570	169.354	145952	22739	2598974.3	777079	38653088.7
40	0.001275	977406	172.75	138836	22569.7	2453022.7	754340	36054114.4
41	0.001366	976160	176.042	132056	22396.9	2314186.3	731770	33601091.7
42	0.001461	974827	179.074	125596	22220.9	2182129.8	709373	31286905.4
43	0.00156	973402	181.837	119441	22041.8	2056533.5	687152	29104775.6
44	0.001665	971884	184.546	113576	21860	1937092.8	665110	27048242
45	0.001783	970266	187.901	107987	21675.4	1823517.1	643250	25111149.3
46	0.001918	968536	192.159	102662	21487.5	1715530	621575	23287632.1
47	0.002055	966678	195.705	97585.4	21295.3	1612868.4	600087	21572102.2
48	0.002238	964692	202.566	92747.5	21099.6	1515283	578792	19959233.8
49	0.002446	962533	210.379	88133.2	20897.1	1422535.5	557693	18443950.8
50	0.002666	960178	217.847	83731.1	20686.7	1334402.3	536795	17021415.3
51	0.00288	957618	223.53	79531.3	20468.9	1250671.2	516109	15687013
52	0.003085	954860	227.382	75526	20245.3	1171139.8	495640	14436341.8
53	0.0033	951915	230.932	71707.6	20017.9	1095613.9	475395	13265202
54	0.003545	948773	235.484	68067.6	19787	1023906.3	455377	12169588.1
55	0.003838	945410	241.946	64596.5	19551.5	955838.68	435590	11145681.8
56	0.004207	941781	251.61	61284.3	19309.6	891242.22	416038	10189843.2
57	0.004676	937819	265.222	58120.5	19058	829957.9	396729	9298600.94
58	0.005275	933434	283.617	55094	18792.7	771837.43	377671	8468643.03
59	0.006039	928510	307.602	52193.7	18509.1	716743.42	358878	7696805.61
60	0.006989	922903	336.991	49408.1	18201.5	664549.72	340369	6980062.19
61	0.007867	916453	358.738	46726.5	17864.5	615141.63	322167	6315512.46
62	0.008725	909243	375.936	44151.3	17505.8	568415.17	304303	5700370.83
63	0.009677	901310	393.636	41682	17129.9	524263.87	286797	5131955.67
64	0.010731	892588	411.701	39313	16736.2	482581.89	269667	4607691.8
65	0.0119	883010	430.143	37039.1	16324.5	443268.92	252931	4125109.9
66	0.013229	872502	449.992	34855.6	15894.4	406229.77	236606	3681840.98
67	0.014705	860959	470.078	32756.7	15444.4	371374.17	220712	3275611.21
68	0.016344	848299	490.276	30738.1	14974.3	338617.5	205267	2904237.05
69	0.018164	834434	510.443	28795.9	14484	307879.43	190293	2565619.54
70	0.020184	819278	530.387	26926.5	13973.6	279083.53	175809	2257740.11
71	0.022425	802741	549.887	25126.7	13443.2	252157.01	161835	1978656.58
72	0.024911	784740	568.713	23393.6	12893.3	227030.31	148392	1726499.57

续表

年龄	q_x	l_x	$\overline{C}_x$	D_x	$\overline{M}_x$	N_x	$\overline{R}_x$	S_x
73	0. 027668	765191	586. 59	21724. 6	12324. 6	203636. 75	135499	1499469. 26
74	0. 030647	744020	601. 686	20117. 6	11738	181912. 18	123174	1295832. 51
75	0. 033939	721218	615. 139	18572. 4	11136. 3	161794. 57	111436	1113920. 33
76	0. 037577	696741	626. 631	17087. 7	10521. 2	143222. 12	100300	952125. 763
77	0. 041594	670559	635. 766	15662. 5	9894. 56	126134. 38	89778. 8	808903. 647
78	0. 046028	642668	642. 168	14296. 2	9258. 79	110471. 88	79884. 3	682769. 262
79	0. 05092	613087	645. 448	12988. 8	8616. 63	96175. 66	70625. 5	572297. 378
80	0. 056312	581869	645. 19	11740. 4	7971. 18	83186. 901	62008. 8	476121. 718
81	0. 062253	549103	641. 041	10551. 6	7325. 99	71446. 547	54037. 7	392934. 817
82	0. 068791	514919	632. 636	9423. 6	6684. 95	60894. 898	46711. 7	321488. 27
83	0. 075983	479498	619. 721	8357. 47	6052. 31	51471. 301	40026. 7	260593. 372
84	0. 083883	443064	602. 067	7354. 7	5432. 59	43113. 836	33974. 4	209122. 07
85	0. 092554	405898	579. 599	6416. 92	4830. 52	35759. 132	28541. 8	166008. 234
86	0. 102059	368331	552. 351	5545. 73	4250. 92	29342. 208	23711. 3	130249. 102
87	0. 112464	330739	520. 518	4742. 6	3698. 57	23796. 483	19460. 4	100906. 894
88	0. 123836	293543	484. 469	4008. 79	3178. 06	19053. 879	15761. 8	77110. 4112
89	0. 136246	257192	444. 773	3345. 1	2693. 59	15045. 086	12583. 8	58056. 5326
90	0. 149763	222151	402. 18	2751. 76	2248. 81	11699. 982	9890. 17	43011. 4463
91	0. 164456	188881	357. 615	2228. 24	1846. 63	8948. 2229	7641. 36	31311. 4642
92	0. 180392	157818	312. 15	1773. 13	1489. 02	6719. 9872	5794. 72	22363. 2413
93	0. 197631	129349	266. 943	1384. 07	1176. 87	4946. 8549	4305. 71	15643. 2541
94	0. 216228	103786	223. 183	1057. 65	909. 925	3562. 7849	3128. 84	10696. 3992
95	0. 236229	81344. 2	182. 004	789. 484	686. 742	2505. 1327	2218. 91	7133. 61434
96	0. 257666	62128. 4	144. 404	574. 271	504. 738	1715. 6487	1532. 17	4628. 48167
97	0. 280553	46120	111. 16	406. 001	360. 334	1141. 3773	1027. 43	2912. 83299
98	0. 304887	33180. 9	82. 7715	278. 187	249. 174	735. 37612	667. 098	1771. 45573
99	0. 330638	23064. 5	59. 4239	184. 163	166. 403	457. 18917	417. 924	1036. 07961
100	0. 357746	15438. 5	40. 9878	117. 402	106. 979	273. 02597	251. 521	578. 890435
101	0. 386119	9915. 43	27. 0594	71. 8112	65. 9909	155. 6242	144. 543	305. 864469
102	0. 415626	6086. 89	17. 0292	41. 9843	38. 9315	83. 813009	78. 5518	150. 240267
103	0. 446094	3557. 02	10. 1723	23. 3662	21. 9022	41. 828697	39. 6203	66. 4272589
104	0. 477308	1970. 26	5. 74169	12. 3264	11. 7299	18. 462469	17. 7181	24. 5985618
105	1	1029. 84	5. 98821	6. 13609	5. 98821	6. 1360932	5. 98821	6. 13609316

CL4（2000～2003年）：中国人身保险业经验生命表（2000～2003年）养老金业务女表

利率：5%

年龄	q_x	l_x	$\overline{C}_x$	D_x	$\overline{M}_x$	N_x	$\overline{R}_x$	S_x
0	0.00058	1000000	561.143	1000000	23804.4	20512155	1544064	399111358
1	0.00047	999425	432.865	951833	23243.2	19512155	1520260	378599203
2	0.00037	998959	326.288	906086	22810.4	18560322	1497017	359087047
3	0.00029	998591	244.131	862620	22484.1	17654237	1474206	340526725
4	0.00023	998301	185.951	821305	22240	16791616	1451722	322872489
5	0.0002	998069	148.818	782014	22054	15970312	1429482	306080872
6	0.00018	997875	127.17	744630	21905.2	15188298	1407428	290110561
7	0.00016	997700	113.481	709047	21778	14443669	1385523	274922262
8	0.00016	997537	104.106	675172	21664.5	13734622	1363745	260478594
9	0.00015	997379	95.3686	642919	21560.4	13059450	1342081	246743972
10	0.00015	997227	87.8262	612211	21465.1	12416530	1320520	233684523
11	0.00014	997081	81.356	582972	21377.2	11804319	1299055	221267992
12	0.00014	996938	77.4708	555132	21295.9	11221347	1277678	209463673
13	0.00015	996796	75.8347	528622	21218.4	10666214	1256382	198242327
14	0.00016	996649	76.6341	503376	21142.6	10137592	1235164	187576112
15	0.00017	996494	78.119	479330	21065.9	9634217	1214021	177438520
16	0.00018	996327	80.6227	456429	20987.8	9154886	1192955	167804303
17	0.0002	996147	83.1317	434616	20907.2	8698457	1171967	158649417
18	0.00021	995952	86.0232	413838	20824.1	8263842	1151060	149950960
19	0.00023	995739	88.4468	394048	20738	7850003	1130236	141687118
20	0.00025	995510	90.0742	375197	20649.6	7455955	1109498	133837115
21	0.00026	995266	90.9933	357243	20559.5	7080758	1088848	126381160
22	0.00027	995006	90.953	340143	20468.5	6723515	1068289	119300402
23	0.00029	994733	90.0747	323857	20377.6	6383372	1047820	112576887
24	0.00029	994450	88.1683	308347	20287.5	6059516	1027443	106193515
25	0.0003	994158	86.2373	293578	20199.3	5751169	1007155	100134000
26	0.00031	993859	84.0154	279514	20113.1	5457591	986956	94382830.9
27	0.00032	993553	82.0677	266121	20029.1	5178077	966843	88925240
28	0.00033	993239	80.3604	253369	19947	4911956	946814	83747162.6
29	0.00034	992916	79.3338	241225	19866.6	4658587	926867	78835206.8
30	0.00035	992582	78.6683	229661	19787.3	4417362	907000	74176619.9
31	0.00037	992233	78.0966	218648	19708.6	4187701	887213	69759258.3
32	0.00038	991870	78.007	208160	19630.6	3969053	867504	65571557.7
33	0.0004	991489	77.745	198171	19552.5	3760893	847874	61602505.2
34	0.00042	991091	77.5112	188659	19474.8	3562721	828321	57841612.5
35	0.00044	990673	77.2946	179599	19397.3	3374062	808846	54278891.4

续表

年龄	q_x	l_x	$\overline{C}_x$	D_x	$\overline{M}_x$	N_x	$\overline{R}_x$	S_x
36	0.00046	990236	77.419	170972	19320	3194463	789449	50904829
37	0.00049	989777	78.3043	162755	19242.6	3023491	770129	47710366.2
38	0.00053	989289	79.8305	154928	19164.3	2860737	750886	44686874.9
39	0.00057	988767	81.8896	147473	19084.4	2705809	731722	41826138.3
40	0.00062	988204	84.2471	140370	19002.5	2558336	712638	39120329.7
41	0.00066	987596	86.5748	133604	18918.3	2417966	693635	36561993.6
42	0.00071	986941	88.6021	127157	18831.7	2284362	674717	34144027.6
43	0.00076	986236	90.1095	121015	18743.1	2157205	655885	31859665.2
44	0.00082	985483	91.5974	115165	18653	2036190	637142	29702459.9
45	0.00087	984680	93.3676	109591	18561.4	1921025	618489	27666270
46	0.00094	983821	95.866	104282	18468.1	1811433	599928	25745245.1
47	0.00101	982894	98.1867	99222.4	18372.2	1707152	581460	23933811.6
48	0.00112	981897	103.458	94401.7	18274	1607929	563087	22226659.8
49	0.00125	980794	109.639	89805.4	18170.5	1513528	544813	20618730.4
50	0.00139	979568	116.125	85421.9	18060.9	1423722	526643	19105202.6
51	0.00155	978203	122.73	81240.9	17944.8	1338300	508582	17681480.3
52	0.00171	976689	129.22	77252.5	17822	1257060	490637	16343179.8
53	0.00189	975015	135.686	73447.7	17692.8	1179807	472815	15086120.3
54	0.00209	973169	142.607	69817.8	17557.1	1106359	455122	13906313.3
55	0.00232	971132	150.102	66354	17414.5	1036542	437565	12799954
56	0.00261	968881	160.404	63047.8	17264.4	970187.5	420151	11763412.5
57	0.00298	966355	174.11	59889	17104	907139.8	402886	10793224.9
58	0.00341	963476	189.244	56867.2	16929.9	847250.8	385782	9886085.14
59	0.00382	960191	201.003	53974.5	16740.7	790383.6	368852	9038834.31
60	0.00427	956527	213.489	51208.2	16539.7	736409.1	352112	8248450.67
61	0.00478	952441	226.576	48561.3	16326.2	685200.9	335572	7512041.58
62	0.00535	947887	240.359	46027.8	16099.6	636639.6	319246	6826840.64
63	0.00599	942815	254.793	43601.4	15859.2	590611.8	303146	6190201.05
64	0.0067	937169	269.928	41276.5	15604.5	547010.4	287287	5599589.24
65	0.0075	930889	285.761	39047.5	15334.5	505733.9	271682	5052578.83
66	0.00841	923909	302.854	36909.3	15048.8	466686.4	256348	4546844.93
67	0.00944	916140	321.044	34856.1	14745.9	429777.1	241299	4080158.56
68	0.01059	907494	339.903	32883	14424.9	394921	226553	3650381.44
69	0.01189	897882	359.417	30985.4	14085	362038	212128	3255460.44
70	0.01334	887209	379.524	29159.2	13725.5	331052.6	198043	2893422.42
71	0.01496	875377	400.136	27400.3	13346	301893.4	184318	2562369.83
72	0.01679	862278	421.11	25705	12945.9	274493.2	170972	2260476.41

续表

年龄	q_x	l_x	$\overline{C}_x$	D_x	$\overline{M}_x$	N_x	$\overline{R}_x$	S_x
73	0.01883	847802	442.291	24070	12524.8	248788.2	158026	1985983.25
74	0.02112	831839	463.52	22492.2	12082.5	224718.2	145501	1737195.09
75	0.0237	814273	485.024	20968.8	11619	202226	133419	1512476.92
76	0.02649	794973	504.045	19496.9	11133.9	181257.2	121800	1310250.91
77	0.0296	773914	522.207	18076.6	10629.9	161760.3	110666	1128993.66
78	0.03307	751004	539.159	16706.2	10107.7	143683.7	100036	967233.325
79	0.03694	726169	554.532	15384.5	9568.53	126977.6	89928.2	823549.579
80	0.04124	699348	567.915	14110.7	9014	111593.1	80359.7	696572.01
81	0.04603	670506	578.821	12884.6	8446.08	97482.37	71345.7	584978.922
82	0.05137	639640	586.794	11706.1	7867.26	84597.82	62899.6	487496.553
83	0.05729	606785	591.31	10576	7280.47	72891.69	55032.3	402898.736
84	0.06387	572022	591.871	9495.36	6689.16	62315.64	47751.8	330007.049
85	0.07117	535486	588.009	8465.59	6097.29	52820.28	41062.7	267691.404
86	0.07927	497373	579.296	7488.63	5509.28	44354.69	34965.4	214871.122
87	0.08823	457948	565.385	6566.7	4929.98	36866.05	29456.1	170516.435
88	0.09813	417545	546.07	5702.24	4364.6	30299.36	24526.1	133650.381
89	0.10906	376572	521.285	4897.79	3818.53	24597.12	20161.5	103351.024
90	0.12111	335503	491.172	4155.84	3297.24	19699.33	16343	78753.9043
91	0.13436	294871	456.105	3478.61	2806.07	15543.48	13045.8	59054.5785
92	0.1489	255254	416.72	2867.85	2349.97	12064.87	10239.7	43511.0958
93	0.16482	217247	373.899	2324.61	1933.25	9197.022	7889.72	31446.2238
94	0.1822	181442	328.775	1849.02	1559.35	6872.415	5956.48	22249.2015
95	0.20113	148383	282.67	1440.12	1230.57	5023.39	4397.13	15376.787
96	0.22167	118539	237.025	1095.69	947.901	3583.267	3166.56	10353.3965
97	0.24387	92262.5	193.298	812.201	710.877	2487.578	2218.66	6770.12997
98	0.26777	69762.5	152.842	584.885	517.579	1675.377	1507.78	4282.55215
99	0.29339	51082	116.78	407.875	364.737	1090.492	990.205	2607.175
100	0.32069	36095.3	85.9022	274.486	247.956	682.6172	625.468	1516.6829
101	0.34962	24520.1	60.5896	177.583	162.054	408.131	377.512	834.065671
102	0.38007	15947.5	40.7992	109.998	101.465	230.5476	215.458	425.934641
103	0.41189	9886.34	26.1053	64.9438	60.6654	120.5499	113.993	195.38703
104	0.44488	5814.22	15.7925	36.3751	34.5601	55.60611	53.3276	74.8371267
105	1	3227.59	18.7676	19.231	18.7676	19.23102	18.7676	19.2310216

附录七　中国人身保险业经验生命表 CL1（1990～1993 年）

CL1（1990～1993 年）：中国人寿保险经验生命表（1990～1993 年）非养老金业务男表

利率：3%

年龄	l_x	C_x	D_x	M_x	N_x	R_x	S_x
0	1000000	2948. 54	1000000	131006	29835464	8063320	747510277
1	996963	2026. 58	967925	128057	28835464	7932314	717674813
2	994813	1466. 97	937707	126031	27867538	7804256	688839349
3	993210	1103. 5	908928	124564	26929832	7678226	660971811
4	991968	855. 708	881351	123460	26020904	7553662	634041979
5	990976	680. 875	854825	122605	25139553	7430201	608021076
6	990163	555. 342	829246	121924	24284729	7307597	582881522
7	989480	463. 383	804538	121368	23455483	7185673	558596794
8	988893	393. 938	780641	120905	22650945	7064305	535141311
9	988379	344. 515	757510	120511	21870304	6943400	512490367
10	987916	312. 086	735102	120167	21112793	6822889	490620063
11	987484	298. 788	713379	119854	20377691	6702722	469507270
12	987058	307. 79	692303	119556	19664312	6582868	449129579
13	986606	336. 509	671831	119248	18972009	6463312	429465267
14	986097	381. 908	651926	118911	18300178	6344064	410493258
15	985502	433. 724	632556	118529	17648252	6225153	392193080
16	984806	483. 408	613699	118096	17015696	6106623	374544828
17	984007	524. 543	595340	117612	16401997	5988527	357529132
18	983114	549. 756	577476	117088	15806657	5870915	341127135
19	982150	559. 213	560106	116538	15229181	5753827	325320478
20	981140	553. 138	543233	115979	14669075	5637289	310091297
21	980111	535. 984	526858	115426	14125841	5521310	295422222
22	979084	511. 252	510977	114890	13598983	5405885	281296381
23	978075	482. 587	495583	114378	13088007	5290995	267697398
24	977094	453. 725	480666	113896	12592424	5176616	254609392
25	976144	427. 527	466212	113442	12111759	5062721	242016968
26	975222	406. 071	452205	113015	11645547	4949278	229905209
27	974320	389. 872	438628	112609	11193341	4836264	218259662
28	973428	378. 941	425463	112219	10754713	4723655	207066321
29	972535	374. 084	412692	111840	10329250	4611437	196311608
30	971627	373. 988	400297	111466	9916558. 8	4499597	185982357
31	970692	379. 794	388264	111092	9516261. 3	4388131	176065799

续表

年龄	l_x	C_x	D_x	M_x	N_x	R_x	S_x
32	969714	389. 091	376576	110712	9127997	4277040	166549537
33	968682	402. 649	365219	110323	8751421. 1	4166328	157421540
34	967582	420. 063	354178	109920	8386202. 6	4056005	148670119
35	966400	440. 606	343443	109500	8032024. 1	3946085	140283917
36	965123	464. 286	332999	109059	7688581. 6	3836585	132251892
37	963737	490. 441	322835	108595	7355582. 9	3727525	124563311
38	962229	519. 73	312942	108105	7032747. 4	3618930	117207728
39	960583	551. 189	303307	107585	6719805. 4	3510825	110174980
40	958785	585. 137	293922	107034	6416497. 9	3403240	103455175
41	956819	622. 129	284776	106449	6122575. 8	3296207	97038677
42	954666	661. 52	275860	105827	5837799. 7	3189758	90916101
43	952308	703. 809	267163	105165	5561940. 1	3083931	85078302
44	949724	748. 626	258678	104461	5294776. 9	2978766	79516362
45	946893	796. 397	250395	103713	5036098. 8	2874305	74221585
46	943791	846. 981	242306	102916	4785703. 8	2770593	69185486
47	940393	900. 962	234401	102069	4543398. 1	2667676	64399782
48	936670	957. 657	226673	101168	4308996. 9	2565607	59856384
49	932594	1017. 59	219113	100211	4082323. 9	2464439	55547387
50	928133	1081. 18	211714	99193	3863210. 7	2364228	51465063
51	923251	1148. 17	204466	98111. 8	3651497	2265035	47601852
52	917911	1218. 27	197363	96963. 7	3447030. 9	2166923	43950355
53	912075	1292. 23	190396	95745. 4	3249668. 3	2069960	40503325
54	905699	1369. 7	183558	94453. 2	3059272. 3	1974214	37253656
55	898738	1450. 73	176842	93083. 5	2875714. 1	1879761	34194384
56	891144	1535. 15	170241	91632. 7	2698872	1786678	31318670
57	882867	1623. 15	163747	90097. 6	2528631. 4	1695045	28619798
58	873853	1714. 33	157355	88474. 4	2364884. 3	1604947	26091166
59	864047	1808. 68	151057	86760. 1	2207529. 7	1516473	23726282
60	853391	1905. 95	144849	84951. 4	2056472. 7	1429713	21518752
61	841825	2005. 79	138724	83045. 5	1911624	1344761	19462280
62	829288	2107. 52	132678	81039. 7	1772900. 1	1261716	17550656
63	815720	2210. 81	126706	78932. 2	1640222. 6	1180676	15777756
64	801060	2315. 23	120804	76721. 4	1513516. 9	1101744	14137533
65	785247	2419. 66	114971	74406. 1	1392712. 5	1025023	12624016
66	768225	2523. 21	109202	71986. 5	1277742	950616. 6	11231304
67	749942	2625. 24	103498	69463. 3	1168539. 7	878630. 2	9953561. 7
68	730349	2723. 88	97858. 6	66838	1065041. 3	809166. 9	8785021. 9
69	709410	2818. 45	92284. 5	64114. 1	967182. 69	742328. 9	7719980. 6

续表

年龄	l_x	C_x	D_x	M_x	N_x	R_x	S_x
70	687094	2907.05	86778.2	61295.7	874898.18	678214.7	6752797.9
71	663386	2987.97	81343.6	58388.6	788120.02	616919.1	5877899.7
72	638287	3059.63	75986.4	55400.7	706776.43	558530.4	5089779.7
73	611815	3120.1	70713.6	52341	630790.04	503129.8	4383003.3
74	584010	3167.15	65533.8	49220.9	560076.48	450788.7	3752213.2
75	554939	3199.08	60457.9	46053.8	494542.63	401567.8	3192136.8
76	524694	3213.72	55498	42854.7	434084.69	355514	2697594.1
77	493399	3209.15	50667.8	39641	378586.72	312659.3	2263509.5
78	461211	3183.83	45982.9	36431.8	327918.93	273018.3	1884922.7
79	428319	3136.3	41459.7	33248	281936.06	236586.4	1557003.8
80	394946	3065.48	37115.9	30111.7	240476.32	203338.4	1275067.7
81	361348	2970.88	32969.4	27046.2	203360.44	173226.7	1034591.4
82	327810	2852.61	29038.2	24075.4	170391.08	146180.5	831230.98
83	294641	2711.58	25339.8	21222.7	141352.88	122105.1	660839.89
84	262166	2549.27	21890.2	18511.2	116013.06	100882.4	519487.01
85	230719	2368.21	18703.3	15961.9	94122.87	82371.2	403473.96
86	200629	2171.55	15790.4	13593.7	75419.526	66409.3	309351.09
87	172210	1963.34	13158.9	11422.1	59629.154	52815.61	233931.56
88	145745	1748.21	10812.3	9458.79	46470.247	41393.48	174302.41
89	121473	1530.93	8749.17	7710.59	35657.951	31934.68	127832.16
90	99580	1316.95	6963.41	6179.66	26908.783	24224.1	92174.207
91	80182	1111.11	5443.64	4862.71	19945.375	18044.44	65265.424
92	63325	918.055	4173.98	3751.6	14501.734	13181.73	45320.049
93	48979	741.707	3134.35	2833.55	10327.752	9430.132	30818.315
94	37041	584.926	2301.35	2091.84	7193.3987	6596.586	20490.563
95	27344	449.533	1649.4	1506.91	4892.0439	4504.748	13297.164
96	19668	335.915	1151.83	1057.38	3242.645	2997.836	8405.1202
97	13760	243.715	782.362	721.464	2090.8196	1940.456	5162.4752
98	9345	171.339	515.859	477.749	1308.4578	1218.992	3071.6556
99	6148	116.397	329.495	306.409	792.59852	741.2432	1763.1977
100	3911	76.3317	203.5	190.012	463.10368	434.8338	970.5992
101	2400	48.1631	121.242	113.68	259.60325	244.8218	507.49551
102	1418	29.1895	69.5471	65.5172	138.36168	131.1415	247.89227
103	805	16.9666	38.332	36.3277	68.814532	65.62432	109.53059
104	438	9.42564	20.249	19.3611	30.482509	29.2966	40.716058
105	228	9.93548	10.2335	9.93548	10.233549	9.935484	10.233549

CL1（1990～1993年）：中国人寿保险经验生命表（1990～1993年）非养老金业务男表

利率：5%

年龄	l_x	$\overline{C}_x$	D_x	$\overline{M}_x$	N_x	$\overline{R}_x$	S_x
0	1000000	2963.81	1000000	47136.6	20033987	2187412	375885125
1	996963	1998.27	949489	44172.8	19033987	2140276	355851137
2	994813	1418.93	902325	42174.5	18084499	2096103	336817150
3	993210	1047.03	857972	40755.6	17182174	2053928	318732651
4	991968	796.452	816095	39708.6	16324202	2013173	301550477
5	990976	621.655	776456	38912.1	15508107	1973464	285226275
6	990163	497.382	738875	38290.4	14731652	1934552	269718168
7	989480	407.116	703205	37793.1	13992777	1896262	254986516
8	988893	339.511	669322	37385.9	13289572	1858469	240993739
9	988379	291.261	637118	37046.4	12620250	1821083	227704167
10	987916	258.819	606495	36755.2	11983132	1784036	215083917
11	987484	243.071	577361	36496.4	11376638	1747281	203100785
12	987058	245.625	549631	36253.3	10799276	1710785	191724147
13	986606	263.428	523218	36007.7	10249645	1674531	180924871
14	986097	293.273	498046	35744.2	9726427.1	1638524	170675226
15	985502	326.72	474043	35451	9228381.1	1602779	160948799
16	984806	357.21	451151	35124.2	8754337.8	1567328	151720418
17	984007	380.223	429319	34767	8303186.8	1532204	142966080
18	983114	390.908	408504	34386.8	7873867.8	1497437	134662893
19	982150	390.059	388670	33995.9	7465363.6	1463050	126789026
20	981140	378.473	369781	33605.8	7076693.5	1429054	119323662
21	980111	359.75	351803	33227.4	6706912.2	1395449	112246968
22	979084	336.614	334700	32867.6	6355108.8	1362221	105540056
23	978075	311.688	318433	32531	6020409.1	1329354	99184947
24	977094	287.466	302965	32219.3	5701975.9	1296823	93164538
25	976144	265.707	288258	31931.9	5399010.4	1264603	87462563
26	975222	247.565	274272	31666.1	5110752.4	1232671	82063552
27	974320	233.163	260970	31418.6	4836480.2	1201005	76952800
28	973428	222.309	248315	31185.4	4575510.3	1169587	72116319
29	972535	215.279	236274	30963.1	4327195	1138401	67540809
30	971627	211.124	224813	30747.8	4090921.2	1107438	63213614
31	970692	210.318	213901	30536.7	3866108.6	1076690	59122693
32	969714	211.362	203510	30326.4	3652207.4	1046154	55256585
33	968682	214.561	193613	30115	3448697.2	1015827	51604377
34	967582	219.577	184184	29900.5	3255084.3	985712.3	48155680

续表

年龄	l_x	$\overline{C}_x$	D_x	$\overline{M}_x$	N_x	$\overline{R}_x$	S_x
35	966400	225. 928	175199	29680. 9	3070900. 4	955811. 8	44900596
36	965123	233. 536	166636	29455	2895701. 5	926131	41829695
37	963737	241. 993	158473	29221. 4	2729065. 9	896676	38933994
38	962229	251. 56	150690	28979. 4	2570593. 2	867454. 6	36204928
39	960583	261. 705	143269	28727. 9	2419902. 9	838475. 1	33634335
40	958785	272. 532	136191	28466. 2	2276633. 9	809747. 3	31214432
41	956819	284. 242	129440	28193. 6	2140442. 7	781281. 1	28937798
42	954666	296. 482	122999	27909. 4	2011002. 7	753087. 5	26797355
43	952308	309. 427	116852	27612. 9	1888003. 9	725178. 1	24786352
44	949724	322. 861	110986	27303. 5	1771151. 5	697565. 2	22898349
45	946893	336. 921	105386	26980. 6	1660165. 5	670261. 7	21127197
46	943791	351. 496	100039	26643. 7	1554779. 6	643281. 1	19467032
47	940393	366. 776	94931. 9	26292. 2	1454740. 9	616637. 4	17912252
48	936670	382. 431	90053. 4	25925. 4	1359808. 9	590345. 2	16457511
49	932594	398. 623	85392	25543	1269755. 5	564419. 8	15097702
50	928133	415. 469	80936. 7	25144. 4	1184363. 5	538876. 8	13827947
51	923251	432. 805	76677. 1	24728. 9	1103426. 9	513732. 4	12643583
52	917911	450. 482	72603. 4	24296. 1	1026749. 8	489003. 5	11540156
53	912075	468. 728	68706. 5	23845. 6	954146. 4	464707. 4	10513406
54	905699	487. 366	64977. 3	23376. 9	885439. 92	440861. 8	9559260. 1
55	898738	506. 366	61407. 5	22889. 5	820462. 61	417484. 9	8673820. 1
56	891144	525. 627	57989. 2	22383. 2	759055. 08	394595. 4	7853357. 5
57	882867	545. 171	54714. 9	21857. 5	701065. 87	372212. 2	7094302. 5
58	873853	564. 83	51577. 4	21312. 4	646351. 02	350354. 7	6393236. 6
59	864047	584. 562	48570. 1	20747. 5	594773. 67	329042. 3	5746885. 6
60	853391	604. 269	45686. 7	20163	546203. 6	308294. 8	5152111. 9
61	841825	623. 809	42921. 5	19558. 7	500516. 87	288131. 9	4605908. 3
62	829288	642. 961	40268. 8	18934. 9	457595. 4	268573. 2	4105391. 4
63	815720	661. 627	37723. 8	18291. 9	417326. 58	249638. 3	3647796
64	801060	679. 68	35281. 7	17630. 3	379602. 8	231346. 4	3230469. 4
65	785247	696. 805	32938. 4	16950. 6	344321. 07	213716. 1	2850866. 6
66	768225	712. 786	30689. 8	16253. 8	311382. 71	196765. 4	2506545. 6
67	749942	727. 484	28532. 8	15541	280692. 87	180511. 6	2195162. 9
68	730349	740. 438	26464. 2	14813. 5	252160. 05	164970. 6	1914470
69	709410	751. 554	24481. 4	14073. 1	225695. 89	150157. 1	1662309. 9
70	687094	760. 413	22582. 1	13321. 6	201214. 53	136083. 9	1436614

续表

年龄	l_x	$\overline{C}_x$	D_x	$\overline{M}_x$	N_x	$\overline{R}_x$	S_x
71	663386	766.693	20764.7	12561.1	178632.38	122762.4	1235399.5
72	638287	770.127	19027.7	11794.4	157867.66	110201.3	1056767.1
73	611815	770.388	17370.1	11024.3	138839.95	98406.81	898899.47
74	584010	767.109	15791.1	10253.9	121469.89	87382.5	760059.52
75	554939	760.084	14290.5	9486.82	105678.8	77128.57	638589.63
76	524694	749.02	12868.2	8726.74	91388.29	67641.75	532910.82
77	493399	733.708	11524.5	7977.72	78520.044	58915.01	441522.53
78	461211	714.053	10259.7	7244.01	66995.54	50937.29	363002.49
79	428319	689.995	9074.29	6529.96	56735.848	43693.28	296006.95
80	394946	661.569	7968.82	5839.96	47661.557	37163.33	239271.1
81	361348	628.94	6943.72	5178.39	39692.741	31323.37	191609.55
82	327810	592.4	5999.29	4549.45	32749.017	26144.98	151916.8
83	294641	552.386	5135.48	3957.05	26749.729	21595.52	119167.79
84	262166	509.429	4351.86	3404.67	21614.246	17638.47	92418.058
85	230719	464.234	3647.48	2895.24	17262.382	14233.81	70803.812
86	200629	417.575	3020.74	2431	13614.902	11338.57	53541.43
87	172210	370.346	2469.39	2013.43	10594.158	8907.566	39926.527
88	145745	323.484	1990.38	1643.08	8124.7697	6894.138	29332.37
89	121473	277.884	1579.91	1319.6	6134.3927	5251.057	21207.6
90	99580	234.491	1233.49	1041.71	4554.4835	3931.46	15073.207
91	80182	194.07	945.912	807.223	3320.9947	2889.746	10518.724
92	63325	157.297	711.475	613.153	2375.0828	2082.522	7197.729
93	48979	124.661	524.089	455.856	1663.6078	1469.37	4822.6461
94	37041	96.4381	377.475	331.194	1139.5187	1013.514	3159.0384
95	27344	72.7038	265.386	234.756	762.04337	682.3196	2019.5196
96	19668	53.2934	181.797	162.052	496.65699	447.5634	1257.4763
97	13760	37.9292	121.131	108.759	314.85966	285.511	760.81929
98	9345	26.1575	78.348	70.8298	193.72835	176.7519	445.95963
99	6148	17.4313	49.09	44.6723	115.38033	105.922	252.23128
100	3911	11.2135	29.7412	27.241	66.290309	61.24971	136.85094
101	2400	6.94061	17.3817	16.0275	36.549149	34.00873	70.560635
102	1418	4.12627	9.78065	9.08691	19.167457	17.98121	34.011486
103	805	2.35274	5.28808	4.96064	9.3868069	8.8943	14.844029
104	438	1.28215	2.74023	2.6079	4.0987262	3.933659	5.4572224
105	228	1.32576	1.3585	1.32576	1.3584963	1.325757	1.3584963

附录八　中国人身保险业经验生命表（2010～2013 年）

年龄	非养老类业务一表		非养老类业务二表		养老类业务表	
	男（CL1）	女（CL2）	男（CL3）	女（CL4）	男（CL5）	女（CL6）
0	0. 000867	0. 000620	0. 000620	0. 000455	0. 000566	0. 000453
1	0. 000615	0. 000456	0. 000465	0. 000324	0. 000386	0. 000289
2	0. 000445	0. 000337	0. 000353	0. 000236	0. 000268	0. 000184
3	0. 000339	0. 000256	0. 000278	0. 000180	0. 000196	0. 000124
4	0. 000280	0. 000203	0. 000229	0. 000149	0. 000158	0. 000095
5	0. 000251	0. 000170	0. 000200	0. 000131	0. 000141	0. 000084
6	0. 000237	0. 000149	0. 000182	0. 000119	0. 000132	0. 000078
7	0. 000233	0. 000137	0. 000172	0. 000110	0. 000129	0. 000074
8	0. 000238	0. 000133	0. 000171	0. 000105	0. 000131	0. 000072
9	0. 000250	0. 000136	0. 000177	0. 000103	0. 000137	0. 000072
10	0. 000269	0. 000145	0. 000187	0. 000103	0. 000146	0. 000074
11	0. 000293	0. 000157	0. 000202	0. 000105	0. 000157	0. 000077
12	0. 000319	0. 000172	0. 000220	0. 000109	0. 000170	0. 000080
13	0. 000347	0. 000189	0. 000240	0. 000115	0. 000184	0. 000085
14	0. 000375	0. 000206	0. 000261	0. 000121	0. 000197	0. 000090
15	0. 000402	0. 000221	0. 000280	0. 000128	0. 000208	0. 000095
16	0. 000427	0. 000234	0. 000298	0. 000135	0. 000219	0. 000100
17	0. 000449	0. 000245	0. 000315	0. 000141	0. 000227	0. 000105
18	0. 000469	0. 000255	0. 000331	0. 000149	0. 000235	0. 000110
19	0. 000489	0. 000262	0. 000346	0. 000156	0. 000241	0. 000115
20	0. 000508	0. 000269	0. 000361	0. 000163	0. 000248	0. 000120
21	0. 000527	0. 000274	0. 000376	0. 000170	0. 000256	0. 000125
22	0. 000547	0. 000279	0. 000392	0. 000178	0. 000264	0. 000129
23	0. 000568	0. 000284	0. 000409	0. 000185	0. 000273	0. 000134
24	0. 000591	0. 000289	0. 000428	0. 000192	0. 000284	0. 000139
25	0. 000615	0. 000294	0. 000448	0. 000200	0. 000297	0. 000144
26	0. 000644	0. 000300	0. 000471	0. 000208	0. 000314	0. 000149
27	0. 000675	0. 000307	0. 000497	0. 000216	0. 000333	0. 000154
28	0. 000711	0. 000316	0. 000526	0. 000225	0. 000354	0. 000160
29	0. 000751	0. 000327	0. 000558	0. 000235	0. 000379	0. 000167

续表

年龄	非养老类业务一表		非养老类业务二表		养老类业务表	
	男（CL1）	女（CL2）	男（CL3）	女（CL4）	男（CL5）	女（CL6）
30	0.000797	0.000340	0.000595	0.000247	0.000407	0.000175
31	0.000847	0.000356	0.000635	0.000261	0.000438	0.000186
32	0.000903	0.000374	0.000681	0.000277	0.000472	0.000198
33	0.000966	0.000397	0.000732	0.000297	0.000509	0.000213
34	0.001035	0.000423	0.000788	0.000319	0.000549	0.000231
35	0.001111	0.000454	0.000850	0.000346	0.000592	0.000253
36	0.001196	0.000489	0.000919	0.000376	0.000639	0.000277
37	0.001290	0.000530	0.000995	0.000411	0.000690	0.000305
38	0.001395	0.000577	0.001078	0.000450	0.000746	0.000337
39	0.001515	0.000631	0.001170	0.000494	0.000808	0.000372
40	0.001651	0.000692	0.001270	0.000542	0.000878	0.000410
41	0.001804	0.000762	0.001380	0.000595	0.000955	0.000450
42	0.001978	0.000841	0.001500	0.000653	0.001041	0.000494
43	0.002173	0.000929	0.001631	0.000715	0.001138	0.000540
44	0.002393	0.001028	0.001774	0.000783	0.001245	0.000589
45	0.002639	0.001137	0.001929	0.000857	0.001364	0.000640
46	0.002913	0.001259	0.002096	0.000935	0.001496	0.000693
47	0.003213	0.001392	0.002277	0.001020	0.001641	0.000750
48	0.003538	0.001537	0.002472	0.001112	0.001798	0.000811
49	0.003884	0.001692	0.002682	0.001212	0.001967	0.000877
50	0.004249	0.001859	0.002908	0.001321	0.002148	0.000950
51	0.004633	0.002037	0.003150	0.001439	0.002340	0.001031
52	0.005032	0.002226	0.003409	0.001568	0.002544	0.001120
53	0.005445	0.002424	0.003686	0.001709	0.002759	0.001219
54	0.005869	0.002634	0.003982	0.001861	0.002985	0.001329
55	0.006302	0.002853	0.004297	0.002027	0.003221	0.001450
56	0.006747	0.003085	0.004636	0.002208	0.003469	0.001585
57	0.007227	0.003342	0.004999	0.002403	0.003731	0.001736
58	0.007770	0.003638	0.005389	0.002613	0.004014	0.001905
59	0.008403	0.003990	0.005807	0.002840	0.004323	0.002097
60	0.009161	0.004414	0.006258	0.003088	0.004660	0.002315
61	0.010065	0.004923	0.006742	0.003366	0.005034	0.002561
62	0.011129	0.005529	0.007261	0.003684	0.005448	0.002836
63	0.012360	0.006244	0.007815	0.004055	0.005909	0.003137
64	0.013771	0.007078	0.008405	0.004495	0.006422	0.003468
65	0.015379	0.008045	0.009039	0.005016	0.006988	0.003835
66	0.017212	0.009165	0.009738	0.005626	0.007610	0.004254
67	0.019304	0.010460	0.010538	0.006326	0.008292	0.004740
68	0.021691	0.011955	0.011496	0.007115	0.009046	0.005302

续表

年龄	非养老类业务一表		非养老类业务二表		养老类业务表	
	男（CL1）	女（CL2）	男（CL3）	女（CL4）	男（CL5）	女（CL6）
69	0.024411	0.013674	0.012686	0.008000	0.009897	0.005943
70	0.027495	0.015643	0.014192	0.009007	0.010888	0.006660
71	0.030965	0.017887	0.016106	0.010185	0.012080	0.007460
72	0.034832	0.020432	0.018517	0.011606	0.013550	0.008369
73	0.039105	0.023303	0.021510	0.013353	0.015387	0.009436
74	0.043796	0.026528	0.025151	0.015508	0.017686	0.010730
75	0.048921	0.030137	0.029490	0.018134	0.020539	0.012332
76	0.054506	0.034165	0.034545	0.021268	0.024017	0.014315
77	0.060586	0.038653	0.040310	0.024916	0.028162	0.016734
78	0.067202	0.043648	0.046747	0.029062	0.032978	0.019619
79	0.074400	0.049205	0.053801	0.033674	0.038437	0.022971
80	0.082220	0.055385	0.061403	0.038718	0.044492	0.026770
81	0.090700	0.062254	0.069485	0.044160	0.051086	0.030989
82	0.099868	0.069880	0.077987	0.049977	0.058173	0.035598
83	0.109754	0.078320	0.086872	0.056157	0.065722	0.040576
84	0.120388	0.087611	0.096130	0.062695	0.073729	0.045915
85	0.131817	0.097754	0.105786	0.069596	0.082223	0.051616
86	0.144105	0.108704	0.115900	0.076863	0.091239	0.057646
87	0.157334	0.120371	0.126569	0.084501	0.100900	0.064084
88	0.171609	0.132638	0.137917	0.092504	0.111321	0.070942
89	0.187046	0.145395	0.150089	0.100864	0.122608	0.078241
90	0.203765	0.158572	0.163239	0.109567	0.134870	0.086003
91	0.221873	0.172172	0.177519	0.118605	0.148212	0.094249
92	0.241451	0.186294	0.193067	0.127985	0.162742	0.103002
93	0.262539	0.201129	0.209999	0.137743	0.178566	0.112281
94	0.285129	0.216940	0.228394	0.147962	0.195793	0.122109
95	0.309160	0.234026	0.248299	0.158777	0.214499	0.132540
96	0.334529	0.252673	0.269718	0.170380	0.234650	0.143757
97	0.361101	0.273112	0.292621	0.183020	0.256180	0.155979
98	0.388727	0.295478	0.316951	0.196986	0.279025	0.169421
99	0.417257	0.319794	0.342628	0.212604	0.303120	0.184301
100	0.446544	0.345975	0.369561	0.230215	0.328401	0.200836
101	0.476447	0.373856	0.397652	0.250172	0.354803	0.219242
102	0.506830	0.403221	0.426801	0.272831	0.382261	0.239737
103	0.537558	0.433833	0.456906	0.298551	0.410710	0.262537
104	0.568497	0.465447	0.487867	0.327687	0.440086	0.287859
105	1.000000	1.000000	1.000000	1.000000	1.000000	1.000000

附录九 英国 AM92 生命表

英国 AM92 生命表

x	$l_{[x]}$	$l_{[x-1]+1}$	l_x	$d_{[x]}$	$d_{[x-1]+1}$	d_x	x
17	9997.8091		10000.0000	4.2691		6.0000	17
18	9991.8904	9993.5400	9994.0000	4.2565	5.4765	5.9364	18
19	9986.0351	9987.6338	9988.0636	4.2441	5.4333	5.8630	19
20	9980.2432	9981.7911	9982.2006	4.2416	5.4001	5.8096	20
21	9974.5046	9976.0016	9976.3909	4.2392	5.3671	5.7564	21
22	9968.8391	9970.2654	9970.6346	4.2567	5.3341	5.7032	22
23	9963.1967	9964.5824	9964.9313	4.2742	5.3211	5.6700	23
24	9957.5775	9958.9225	9959.2613	4.2917	5.3081	5.6469	24
25	9951.9913	9953.2858	9953.6144	4.3291	5.3051	5.6337	25
26	9946.3982	9947.6622	9947.9807	4.3764	5.3220	5.6405	26
27	9940.7984	9942.0218	9942.3402	4.4435	5.3488	5.6671	27
28	9935.1818	9936.3549	9936.6730	4.5205	5.3855	5.7037	28
29	9929.5088	9930.6613	9930.9694	4.6172	5.4519	5.7600	29
30	9923.7497	9924.8916	9925.2094	4.7237	5.5381	5.8559	30
31	9917.9145	9919.0260	9919.3535	4.8598	5.6439	5.9715	31
32	9911.9538	9913.0547	9913.3821	5.0254	5.7892	6.1166	32
33	9905.8282	9906.9285	9907.2655	5.2204	5.9640	6.3010	33
34	9899.4984	9900.6078	9900.9645	5.4447	6.1780	6.5346	34
35	9892.9151	9894.0536	9894.4299	5.7082	6.4410	6.8173	35
36	9886.0395	9887.2069	9887.6126	6.0107	6.7530	7.1586	36
37	9878.8128	9880.0288	9880.4540	6.3620	7.1334	7.5585	37
38	9871.1665	9872.4508	9872.8954	6.7617	7.5820	8.0267	38
39	9863.0227	9864.4047	9864.8688	7.2296	8.1184	8.5824	39
40	9854.3036	9855.7931	9856.2863	7.7652	8.7421	9.2353	40
41	9844.9025	9846.5384	9847.0510	8.3780	9.4724	9.9849	41
42	9834.7030	9836.5245	9837.0661	9.0676	10.3185	10.8601	42
43	9823.5994	9825.6354	9826.2060	9.8531	11.2995	11.8701	43
44	9811.4473	9813.7463	9814.3359	10.7533	12.4340	13.0236	44
45	9798.0837	9800.6939	9801.3123	11.7675	13.7406	14.3589	45
46	9783.3371	9786.3162	9786.9534	12.9140	15.2373	15.8744	46
47	9766.9983	9770.4231	9771.0789	14.2110	16.9517	17.6075	47
48	9748.8603	9752.7874	9753.4714	15.6664	18.9009	19.5850	48
49	9728.6499	9733.1938	9733.8865	17.2975	21.1210	21.8136	49
50	9706.0977	9711.3524	9712.0728	19.1307	23.6374	24.3579	50
51	9680.8990	9686.9669	9687.7149	21.1915	26.4648	27.2128	51
52	9652.6965	9659.7075	9660.5021	23.4850	29.6553	30.4499	52
53	9621.1006	9629.2115	9630.0522	26.0443	33.2400	34.0808	53
54	9585.6916	9595.0563	9595.9715	28.8913	37.2384	38.1536	54
55	9545.9929	9556.8003	9557.8179	32.0554	41.6963	42.7139	55
56	9501.4839	9513.9375	9515.1040	35.5546	46.6468	47.8134	56
57	9451.5938	9465.9293	9467.2906	39.4226	52.1289	53.4902	57
58	9395.6971	9412.1712	9413.8004	43.6806	58.1672	59.7965	58
59	9333.1284	9352.0165	9354.0040	48.3643	64.8001	66.7876	59
60	9263.1422	9284.7641	9287.2164	53.4854	72.0498	74.5020	60
61	9184.9687	9209.6568	9212.7143	59.0869	79.9398	82.9973	61
62	9097.7405	9125.8818	9129.7170	65.1762	88.4846	92.3197	62
63	9000.5884	9032.5642	9037.3973	71.7707	97.6872	102.5202	63
64	8892.5741	8928.8177	8934.8771	78.8860	107.5565	113.6159	64
65	8772.7359	8813.6881	8821.2612	86.5343	118.0682	125.6412	65
66	8640.0481	8686.2016	8695.6199	94.6949	129.1899	138.6082	66
67	8493.5187	8545.3532	8557.0118	103.3576	140.8616	152.5202	67
68	8332.1396	8390.1611	8404.4916	112.5005	153.0281	167.3586	68
69	8154.9318	8219.6390	8237.1329	122.0712	165.5846	183.0785	69

英国 AM92 生命表

x	$l_{[x]}$	$l_{[x-1]+1}$	l_x	$d_{[x]}$	$d_{[x-1]+1}$	d_x	x
70	7960. 9776	8032. 8606	8054. 0544	132. 0089	178. 4098	199. 6036	70
71	7749. 4659	7828. 9686	7854. 4508	142. 2259	191. 3478	216. 8300	71
72	7519. 7027	7607. 2400	7637. 6208	152. 6199	204. 2316	234. 6124	72
73	7271. 1461	7367. 0828	7403. 0084	163. 0409	216. 8427	252. 7683	73
74	7003. 5216	7108. 1052	7150. 2401	173. 3372	228. 9379	271. 0728	74
75	6716. 8231	6830. 1844	6879. 1673	183. 3223	240. 2586	289. 2415	75
76	6411. 3459	6533. 5008	6589. 9258	192. 7699	250. 5206	306. 9456	76
77	6087. 8084	6218. 5759	6282. 9803	201. 4456	259. 4079	323. 8122	77
78	5747. 3624	5886. 3628	5959. 1680	209. 0833	266. 6051	339. 4104	78
79	5391. 6400	5538. 2791	5619. 7577	215. 4176	271. 8187	353. 2973	79
80	5022. 7931	5176. 2224	5266. 4604	220. 1641	274. 7435	364. 9815	80
81	4643. 5129	4802. 6290	4901. 4789	223. 0604	275. 1330	373. 9828	81
82	4257. 0056	4420. 4525	4527. 4960	223. 8589	272. 7817	379. 8252	82
83	3866. 9884	4033. 1467	4147. 6708	222. 3557	267. 5468	382. 0710	83
84	3477. 5929	3644. 6327	3765. 5998	218. 4067	259. 3849	380. 3519	84
85	3093. 2863	3259. 1862	3385. 2479	211. 9396	248. 3467	374. 4084	85
86	2718. 7128	2881. 3467	3010. 8395	202. 9818	234. 6050	364. 0978	86
87	2358. 5299	2515. 7310	2646. 7416	191. 6494	218. 4334	349. 4440	87
88	2017. 2298	2166. 8805	2297. 2976	178. 1839	200. 2306	330. 6478	88
89	1698. 9089	1839. 0458	1966. 6499	162. 9288	180. 4913	308. 0954	89
90	1407. 0550	1535. 9801	1658. 5545	146. 3197	159. 7895	282. 3639	90
91		1260. 7354	1376. 1906		138. 7464	254. 2017	91
92			1121. 9889			224. 4864	92
93			897. 5025			194. 1783	93
94			703. 3242			164. 2600	94
95			539. 0643			135. 6620	95
96			403. 4023			109. 1962	96
97			294. 2061			85. 5001	97
98			208. 7060			64. 9940	98
99			143. 7120			47. 8644	99
100			95. 8476			34. 0743	100
101			61. 7733			23. 3937	101
102			38. 3796			15. 4512	102
103			22. 9284			9. 7925	103
104			13. 1359			5. 9391	104
105			7. 1968			3. 4373	105
106			3. 7596			1. 8927	106
107			1. 8669			. 9885	107
108			0. 8784			. 4881	108
109			0. 3903			. 2271	109
110			0. 1632			. 0992	110
111			0. 0640			. 0405	111
112			0. 0234			. 0154	112
113			0. 0080			. 0055	113
114			0. 0025			. 0018	114
115			0. 0007			. 0005	115
116			0. 0002			. 0001	116
117			0. 0000			. 0000	117
118			0. 0000			. 0000	118
119			0. 0000			. 0000	119
120			0. 0000			. 0000	120

英国 AM92 生命表

x	$q_{[x]}$	$q_{[x-1]+1}$	q_x	$\mu_{[x]}$	$\mu_{[x-1]+1}$	μ_x	x
17	.000427		.000600	0.000367		0.000603	17
18	.000426	.000548	.000594	0.000367	0.000488	0.000597	18
19	.000425	.000544	.000587	0.000367	0.000485	0.000591	19
20	.000425	.000541	.000582	0.000369	0.000483	0.000585	20
21	.000425	.000538	.000577	0.000370	0.000482	0.000580	21
22	.000427	.000535	.000572	0.000374	0.000480	0.000574	22
23	.000429	.000534	.000569	0.000377	0.000481	0.000570	23
24	.000431	.000533	.000567	0.000380	0.000481	0.000568	24
25	.000435	.000533	.000566	0.000385	0.000482	0.000566	25
26	.000440	.000535	.000567	0.000391	0.000485	0.000566	26
27	.000447	.000538	.000570	0.000400	0.000489	0.000568	27
28	.000455	.000542	.000574	0.000408	0.000495	0.000572	28
29	.000465	.000549	.000580	0.000419	0.000502	0.000577	29
30	.000476	.000558	.000590	0.000430	0.000512	0.000585	30
31	.000490	.000569	.000602	0.000443	0.000523	0.000596	31
32	.000507	.000584	.000617	0.000460	0.000537	0.000609	32
33	.000527	.000602	.000636	0.000479	0.000555	0.000626	33
34	.000550	.000624	.000660	0.000500	0.000576	0.000647	34
35	.000577	.000651	.000689	0.000524	0.000601	0.000674	35
36	.000608	.000683	.000724	0.000551	0.000630	0.000706	36
37	.000644	.000722	.000765	0.000582	0.000665	0.000744	37
38	.000685	.000768	.000813	0.000616	0.000706	0.000788	38
39	.000733	.000823	.000870	0.000656	0.000754	0.000840	39
40	.000788	.000887	.000937	0.000701	0.000810	0.000902	40
41	.000851	.000962	.001014	0.000752	0.000875	0.000974	41
42	.000922	.001049	.001104	0.000808	0.000950	0.001057	42
43	.001003	.001150	.001208	0.000871	0.001037	0.001154	43
44	.001096	.001267	.001327	0.000943	0.001136	0.001265	44
45	.001201	.001402	.001465	0.001023	0.001250	0.001394	45
46	.001320	.001557	.001622	0.001113	0.001380	0.001541	46
47	.001455	.001735	.001802	0.001214	0.001529	0.001709	47
48	.001607	.001938	.002008	0.001326	0.001698	0.001902	48
49	.001778	.002170	.002241	0.001451	0.001890	0.002122	49
50	.001971	.002434	.002508	0.001592	0.002108	0.002372	50
51	.002189	.002732	.002809	0.001750	0.002354	0.002656	51
52	.002433	.003070	.003152	0.001925	0.002633	0.002978	52
53	.002707	.003452	.003539	0.002122	0.002947	0.003343	53
54	.003014	.003881	.003976	0.002342	0.003300	0.003756	54
55	.003358	.004363	.004469	0.002588	0.003696	0.004221	55
56	.003742	.004903	.005025	0.002862	0.004139	0.004747	56
57	.004171	.005507	.005650	0.003170	0.004636	0.005340	57
58	.004649	.006180	.006352	0.003513	0.005189	0.006005	58
59	.005182	.006929	.007140	0.003898	0.005806	0.006754	59
60	.005774	.007760	.008022	0.004327	0.006493	0.007593	60
61	.006433	.008680	.009009	0.004809	0.007254	0.008533	61
62	.007164	.009696	.010112	0.005348	0.008099	0.009586	62
63	.007974	.010815	.011344	0.005949	0.009032	0.010763	63
64	.008871	.012046	.012716	0.006623	0.010063	0.012078	64
65	.009864	.013396	.014243	0.007377	0.011199	0.013544	65
66	.010960	.014873	.015940	0.008220	0.012449	0.015176	66
67	.012169	.016484	.017824	0.009162	0.013821	0.016993	67
68	.013502	.018239	.019913	0.010216	0.015326	0.019012	68
69	.014969	.020145	.022226	0.011393	0.016972	0.021255	69

英国 AM92 生命表

x	$q_{[x]}$	$q_{[x-1]+1}$	q_x	$\mu_{[x]}$	$\mu_{[x-1]+1}$	μ_x	x
70	. 016582	. 022210	. 024783	0. 012709	0. 018771	0. 023741	70
71	. 018353	. 024441	. 027606	0. 014178	0. 020733	0. 026496	71
72	. 020296	. 026847	. 030718	0. 015819	0. 022869	0. 029543	72
73	. 022423	. 029434	. 034144	0. 017648	0. 025190	0. 032912	73
74	. 024750	. 032208	. 037911	0. 019687	0. 027708	0. 036631	74
75	. 027293	. 035176	. 042046	0. 021959	0. 030436	0. 040732	75
76	. 030067	. 038344	. 046578	0. 024487	0. 033385	0. 045251	76
77	. 033090	. 041715	. 051538	0. 027300	0. 036569	0. 050223	77
78	. 036379	. 045292	. 056956	0. 030423	0. 040000	0. 055689	78
79	. 039954	. 049080	. 062867	0. 033892	0. 043691	0. 061689	79
80	. 043833	. 053078	. 069303	0. 037737	0. 047656	0. 068271	80
81	. 048037	. 057288	. 076300	0. 041996	0. 051909	0. 075481	81
82	. 052586	. 061709	. 083893	0. 046709	0. 056462	0. 083372	82
83	. 057501	. 066337	. 092117	0. 051916	0. 061329	0. 091999	83
84	. 062804	. 071169	. 101007	0. 057665	0. 066524	0. 101417	84
85	. 068516	. 076199	. 110600	0. 064000	0. 072061	0. 111691	85
86	. 074661	. 081422	. 120929	0. 070978	0. 077952	0. 122884	86
87	. 081258	. 086827	. 132028	0. 078646	0. 084213	0. 135066	87
88	. 088331	. 092405	. 143929	0. 087067	0. 090853	0. 148309	88
89	. 095902	. 098144	. 156660	0. 096302	0. 097889	0. 162691	89
90	. 103990	. 104031	. 170247	0. 106409	0. 105333	0. 178289	90
91		. 110052	. 184714		0. 113198	0. 195190	91
92			. 200079			0. 213482	92
93			. 216354			0. 233257	93
94			. 233548			0. 254610	94
95			. 251662			0. 277645	95
96			. 270688			0. 302462	96
97			. 290613			0. 329170	97
98			. 311414			0. 357882	98
99			. 333058			0. 388711	99
100			. 355505			0. 421777	100
101			. 378702			0. 457202	101
102			. 402588			0. 495111	102
103			. 427090			0. 535631	103
104			. 452127			0. 578890	104
105			. 477608			0. 625023	105
106			. 503432			0. 674162	106
107			. 529493			0. 726443	107
108			. 555674			0. 782002	108
109			. 581857			0. 840973	109
110			. 607918			0. 903494	110
111			. 633731			0. 969700	111
112			. 659171			1. 039723	112
113			. 684114			1. 113695	113
114			. 708442			1. 191744	114
115			. 732042			1. 274000	115
116			. 754809			1. 360581	116
117			. 776648			1. 451603	117
118			. 797477			1. 547178	118
119			. 817225			1. 647417	119
120			1. 000000			2. 000000	120

英国 AM92 生命表

4%

x	$D_{[x]}$	$D_{[x-1]+1}$	D_x	$N_{[x]}$	$N_{[x-1]+1}$	N_x	x
17	5132.61		5133.73	119958.58		119959.94	17
18	4932.28	4933.09	4933.32	114824.96	114825.98	114826.20	18
19	4739.80	4740.55	4740.76	109891.73	109892.68	109892.88	19
20	4554.85	4555.56	4555.75	105151.06	105151.94	105152.13	20
21	4377.15	4377.80	4377.98	100595.40	100596.21	100596.38	21
22	4206.41	4207.01	4207.16	96217.50	96218.25	96218.40	22
23	4042.33	4042.89	4043.04	92010.40	92011.10	92011.24	23
24	3884.66	3885.19	3885.32	87967.43	87968.07	87968.21	24
25	3733.16	3733.64	3733.77	84082.16	84082.76	84082.88	25
26	3587.56	3588.01	3588.13	80348.43	80349.00	80349.12	26
27	3447.63	3448.06	3448.17	76760.35	76760.88	76760.99	27
28	3313.16	3313.55	3313.66	73312.22	73312.71	73312.82	28
29	3183.91	3184.28	3184.38	69998.60	69999.06	69999.16	29
30	3059.68	3060.03	3060.13	66814.23	66814.68	66814.78	30
31	2940.27	2940.60	2940.69	63754.13	63754.56	63754.65	31
32	2825.48	2825.79	2825.89	60813.46	60813.87	60813.96	32
33	2715.13	2715.43	2715.52	57987.58	57987.98	57988.07	33
34	2609.03	2609.33	2609.42	55272.07	55272.45	55272.55	34
35	2507.02	2507.31	2507.40	52662.65	52663.03	52663.13	35
36	2408.92	2409.20	2409.30	50155.24	50155.63	50155.73	36
37	2314.57	2314.86	2314.96	47745.94	47746.33	47746.43	37
38	2223.83	2224.12	2224.22	45430.98	45431.37	45431.47	38
39	2136.53	2136.83	2136.93	43206.74	43207.15	43207.25	39
40	2052.54	2052.85	2052.96	41069.80	41070.21	41070.31	40
41	1971.72	1972.04	1972.15	39016.82	39017.25	39017.36	41
42	1893.92	1894.27	1894.37	37044.65	37045.10	37045.21	42
43	1819.02	1819.40	1819.50	35150.25	35150.73	35150.84	43
44	1746.89	1747.30	1747.41	33330.72	33331.23	33331.34	44
45	1677.42	1677.86	1677.97	31583.27	31583.82	31583.93	45
46	1610.47	1610.96	1611.07	29905.26	29905.86	29905.96	46
47	1545.95	1546.49	1546.59	28294.14	28294.79	28294.89	47
48	1483.73	1484.32	1484.43	26747.50	26748.20	26748.30	48
49	1423.70	1424.37	1424.47	25263.01	25263.77	25263.87	49
50	1365.77	1366.51	1366.61	23838.46	23839.30	23839.41	50
51	1309.83	1310.65	1310.75	22471.77	22472.69	22472.79	51
52	1255.78	1256.70	1256.80	21160.92	21161.94	21162.04	52
53	1203.53	1204.55	1204.65	19904.01	19905.14	19905.24	53
54	1152.98	1154.11	1154.22	18699.23	18700.48	18700.59	54
55	1104.05	1105.30	1105.41	17544.87	17546.25	17546.37	55
56	1056.63	1058.02	1058.15	16439.29	16440.82	16440.95	56
57	1010.66	1012.19	1012.34	15380.96	15382.66	15382.81	57
58	966.04	967.73	967.90	14368.41	14370.30	14370.47	58
59	922.70	924.57	924.76	13400.27	13402.37	13402.57	59
60	880.56	882.61	882.85	12475.24	12477.57	12477.80	60
61	839.55	841.80	842.08	11592.08	11594.68	11594.96	61
62	799.59	802.06	802.40	10749.66	10752.54	10752.88	62
63	760.62	763.33	763.74	9946.87	9950.07	9950.48	63
64	722.59	725.54	726.03	9182.71	9186.25	9186.74	64
65	685.44	688.64	689.23	8456.21	8460.12	8460.71	65
66	649.11	652.57	653.28	7766.46	7770.77	7771.48	66
67	613.56	617.30	618.14	7112.62	7117.36	7118.20	67
68	578.75	582.78	583.77	6493.86	6499.06	6500.06	68
69	544.65	548.97	550.14	5909.43	5915.12	5916.29	69

英国 AM92 生命表

4%

x	$D_{[x]}$	$D_{[x-1]+1}$	D_x	$N_{[x]}$	$N_{[x-1]+1}$	N_x	x
70	511.25	515.87	517.23	5358.59	5364.78	5366.14	70
71	478.53	483.43	485.01	4840.63	4847.34	4848.92	71
72	446.48	451.68	453.48	4354.86	4362.10	4363.91	72
73	415.12	420.59	422.64	3900.59	3908.38	3910.43	73
74	384.46	390.20	392.51	3477.14	3485.47	3487.78	74
75	354.54	360.52	363.11	3083.84	3092.69	3095.27	75
76	325.40	331.60	334.46	2719.96	2729.30	2732.16	76
77	297.09	303.48	306.62	2384.76	2394.56	2397.70	77
78	269.69	276.21	279.63	2077.47	2087.67	2091.08	78
79	243.27	249.89	253.56	1797.25	1807.78	1811.45	79
80	217.91	224.57	228.48	1543.20	1553.98	1557.89	80
81	193.71	200.35	204.47	1314.35	1325.29	1329.41	81
82	170.75	177.31	181.60	1109.67	1120.65	1124.94	82
83	149.14	155.55	159.97	928.03	938.92	943.34	83
84	128.97	135.16	139.65	768.19	778.88	783.37	84
85	110.30	116.22	120.71	628.87	639.22	643.72	85
86	93.22	98.79	103.23	508.67	518.57	523.01	86
87	77.76	82.94	87.26	406.14	415.45	419.77	87
88	63.95	68.69	72.83	319.75	328.38	332.51	88
89	51.78	56.06	59.95	247.93	255.80	259.69	89
90	41.24	45.02	48.61	189.12	196.15	199.74	90
91		35.53	38.78		147.88	151.13	91
92			30.40			112.35	92
93			23.38			81.95	93
94			17.62			58.56	94
95			12.99			40.94	95
96			9.34			27.95	96
97			6.55			18.61	97
98			4.47			12.06	98
99			2.96			7.59	99
100			1.90			4.63	100
101			1.18			2.73	101
102			.70			1.55	102
103			.40			.85	103
104			.22			.45	104
105			.12			.23	105
106			.06			.11	106
107			.03			.05	107
108			.01			.02	108
109			.01			.01	109
110			.00			.00	110

英国 AM92 生命表

x	$C_{[x]}$	$C_{[x-1]+1}$	C_x	$M_{[x]}$	$M_{[x-1]+1}$	M_x	x
17	2.11		2.96	518.82		519.89	17
18	2.02	2.60	2.82	515.93	516.71	516.93	18
19	1.94	2.48	2.68	513.19	513.91	514.11	19
20	1.86	2.37	2.55	510.58	511.25	511.43	20
21	1.79	2.26	2.43	508.09	508.72	508.88	21
22	1.73	2.16	2.31	505.73	506.31	506.46	22
23	1.67	2.08	2.21	503.47	504.01	504.14	23
24	1.61	1.99	2.12	501.30	501.80	501.93	24
25	1.56	1.91	2.03	499.23	499.69	499.81	25
26	1.52	1.85	1.96	497.23	497.67	497.78	26
27	1.48	1.78	1.89	495.31	495.72	495.82	27
28	1.45	1.73	1.83	493.46	493.83	493.93	28
29	1.42	1.68	1.78	491.66	492.01	492.10	29
30	1.40	1.64	1.74	489.90	490.23	490.33	30
31	1.39	1.61	1.70	488.19	488.50	488.59	31
32	1.38	1.59	1.68	486.50	486.80	486.89	32
33	1.38	1.57	1.66	484.84	485.12	485.21	33
34	1.38	1.57	1.66	483.18	483.46	483.55	34
35	1.39	1.57	1.66	481.53	481.80	481.90	35
36	1.41	1.58	1.68	479.87	480.14	480.24	36
37	1.43	1.61	1.70	478.19	478.46	478.56	37
38	1.46	1.64	1.74	476.48	476.76	476.86	38
39	1.51	1.69	1.79	474.74	475.02	475.12	39
40	1.56	1.75	1.85	472.94	473.23	473.33	40
41	1.61	1.82	1.92	471.07	471.38	471.48	41
42	1.68	1.91	2.01	469.12	469.46	469.56	42
43	1.75	2.01	2.11	467.09	467.44	467.55	43
44	1.84	2.13	2.23	464.94	465.33	465.43	44
45	1.94	2.26	2.36	462.68	463.10	463.20	45
46	2.04	2.41	2.51	460.27	460.74	460.84	46
47	2.16	2.58	2.68	457.71	458.23	458.33	47
48	2.29	2.77	2.87	454.98	455.55	455.65	48
49	2.43	2.97	3.07	452.05	452.68	452.78	49
50	2.59	3.20	3.30	448.91	449.61	449.71	50
51	2.76	3.44	3.54	445.53	446.32	446.42	51
52	2.94	3.71	3.81	441.90	442.78	442.88	52
53	3.13	4.00	4.10	437.99	438.96	439.07	53
54	3.34	4.31	4.41	433.78	434.86	434.97	54
55	3.56	4.64	4.75	429.24	430.44	430.55	55
56	3.80	4.99	5.11	424.35	425.68	425.80	56
57	4.05	5.36	5.50	419.08	420.55	420.69	57
58	4.32	5.75	5.91	413.41	415.03	415.19	58
59	4.60	6.16	6.35	407.30	409.09	409.28	59
60	4.89	6.59	6.81	400.74	402.71	402.93	60
61	5.19	7.03	7.29	393.70	395.85	396.12	61
62	5.51	7.48	7.80	386.14	388.50	388.83	62
63	5.83	7.94	8.33	378.05	380.63	381.02	63
64	6.16	8.40	8.88	369.41	372.22	372.69	64
65	6.50	8.87	9.44	360.20	363.25	363.82	65
66	6.84	9.33	10.01	350.40	353.70	354.38	66
67	7.18	9.78	10.59	339.99	343.56	344.37	67
68	7.51	10.22	11.18	328.98	332.81	333.77	68
69	7.84	10.63	11.76	317.37	321.47	322.59	69

英国 AM92 生命表

x	$C_{[x]}$	$C_{[x-1]+1}$	C_x	$M_{[x]}$	$M_{[x-1]+1}$	M_x	x
70	8.15	11.02	12.33	305.15	309.53	310.84	70
71	8.44	11.36	12.87	292.35	297.00	298.51	71
72	8.71	11.66	13.39	278.98	283.90	285.64	72
73	8.95	11.90	13.88	265.09	270.27	272.24	73
74	9.15	12.08	14.31	250.72	256.14	258.37	74
75	9.30	12.19	14.68	235.93	241.57	244.06	75
76	9.41	12.23	14.98	220.78	226.63	229.38	76
77	9.45	12.17	15.19	205.37	211.38	214.40	77
78	9.43	12.03	15.31	189.79	195.92	199.20	78
79	9.35	11.79	15.33	174.14	180.36	183.89	79
80	9.18	11.46	15.23	158.56	164.80	168.56	80
81	8.95	11.04	15.00	143.16	149.37	153.34	81
82	8.63	10.52	14.65	128.07	134.21	138.34	82
83	8.25	9.92	14.17	113.45	119.44	123.69	83
84	7.79	9.25	13.56	99.42	105.20	109.52	84
85	7.27	8.52	12.84	86.12	91.63	95.96	85
86	6.69	7.73	12.00	73.65	78.85	83.12	86
87	6.08	6.92	11.08	62.14	66.96	71.11	87
88	5.43	6.10	10.08	51.65	56.06	60.04	88
89	4.78	5.29	9.03	42.25	46.22	49.96	89
90	4.12	4.50	7.96	33.97	37.47	40.93	90
91		3.76	6.89		29.84	32.97	91
92			5.85			26.08	92
93			4.86			20.23	93
94			3.96			15.37	94
95			3.14			11.41	95
96			2.43			8.27	96
97			1.83			5.84	97
98			1.34			4.01	98
99			.95			2.67	99
100			.65			1.72	100
101			.43			1.07	101
102			.27			.64	102
103			.17			.37	103
104			.10			.21	104
105			.05			.11	105
106			.03			.05	106
107			.01			.03	107
108			.01			.01	108
109			.00			.01	109
110			.00			.00	110

附录十 中国人身保险业重大疾病经验发生率表（2006～2010年）

6病种经验发生率男表（CI1）

年龄	ix	kx	年龄	ix	kx	年龄	ix	kx
0	0.000350	2.00%	35	0.001218	32.52%	70	0.034692	60.61%
1	0.000312	8.47%	36	0.001351	34.28%	71	0.036997	59.56%
2	0.000276	10.91%	37	0.001508	36.18%	72	0.039483	58.41%
3	0.000244	11.94%	38	0.001691	38.21%	73	0.041442	57.17%
4	0.000229	12.57%	39	0.001905	40.31%	74	0.043501	55.86%
5	0.000223	13.10%	40	0.002151	42.43%	75	0.045666	54.47%
6	0.000217	13.92%	41	0.002434	44.49%	76	0.047943	53.02%
7	0.000213	14.97%	42	0.002757	46.44%	77	0.050338	51.54%
8	0.000210	15.78%	43	0.003123	48.23%	78	0.052172	50.04%
9	0.000209	16.73%	44	0.003535	49.86%	79	0.054090	48.57%
10	0.000210	17.66%	45	0.003997	51.36%	80	0.056377	47.14%
11	0.000212	18.53%	46	0.004512	52.80%	81	0.058783	45.78%
12	0.000217	19.30%	47	0.005084	54.23%	82	0.061314	44.50%
13	0.000224	19.92%	48	0.005715	55.68%	83	0.063460	43.32%
14	0.000232	20.36%	49	0.006406	57.15%	84	0.065722	42.23%
15	0.000244	20.58%	50	0.007155	58.57%	85	0.068104	41.21%
16	0.000257	20.52%	51	0.007960	59.91%	86	0.070612	40.25%
17	0.000274	20.15%	52	0.008818	61.13%	87	0.073252	39.31%
18	0.000293	19.52%	53	0.009726	62.23%	88	0.076030	38.37%
19	0.000315	18.75%	54	0.010681	63.16%	89	0.078952	37.40%
20	0.000340	18.01%	55	0.011682	63.90%	90	0.081576	36.40%
21	0.000368	17.53%	56	0.012725	64.42%	91	0.084315	35.37%
22	0.000399	17.49%	57	0.013809	64.71%	92	0.087175	34.31%
23	0.000434	17.98%	58	0.014930	64.80%	93	0.090160	33.26%
24	0.000472	18.96%	59	0.016086	64.73%	94	0.093276	31.87%
25	0.000514	20.26%	60	0.017274	64.58%	95	0.096528	30.19%
26	0.000560	21.68%	61	0.018492	64.39%	96	0.099922	28.65%
27	0.000610	23.04%	62	0.019737	64.24%	97	0.103466	27.25%
28	0.000663	24.23%	63	0.021006	64.13%	98	0.107164	25.97%
29	0.000721	25.25%	64	0.022298	64.02%	99	0.111026	24.81%
30	0.000783	26.18%	65	0.023845	63.84%	100	0.114981	23.75%
31	0.000850	27.15%	66	0.025712	63.51%	101	0.119140	22.80%
32	0.000924	28.23%	67	0.027942	63.02%	102	0.123482	21.95%
33	0.001007	29.48%	68	0.029876	62.36%	103	0.128017	21.20%
34	0.001104	30.92%	69	0.031957	61.55%	104	0.132753	20.55%
						105	0.137700	13.77%

6 病种经验发生率女表（CI2）

年龄	ix	kx	年龄	ix	kx	年龄	ix	kx
0	0.000479	2.00%	35	0.001454	41.55%	70	0.022095	55.10%
1	0.000383	15.16%	36	0.001612	43.13%	71	0.023621	54.31%
2	0.000314	16.21%	37	0.001785	44.82%	72	0.025271	53.49%
3	0.000263	17.33%	38	0.001974	46.63%	73	0.026600	52.60%
4	0.000222	18.54%	39	0.002180	48.51%	74	0.028010	51.56%
5	0.000195	19.82%	40	0.002403	50.40%	75	0.029505	50.35%
6	0.000182	21.20%	41	0.002644	52.20%	76	0.031093	48.95%
7	0.000175	22.71%	42	0.002905	53.84%	77	0.032755	47.38%
8	0.000180	23.98%	43	0.003185	55.29%	78	0.033889	45.68%
9	0.000192	25.37%	44	0.003485	56.53%	79	0.035080	43.92%
10	0.000210	26.58%	45	0.003807	57.60%	80	0.036505	42.18%
11	0.000231	27.52%	46	0.004149	58.55%	81	0.037997	40.52%
12	0.000252	28.09%	47	0.004485	59.42%	82	0.039569	39.00%
13	0.000271	28.27%	48	0.004807	60.27%	83	0.041026	37.63%
14	0.000288	28.08%	49	0.005124	61.07%	84	0.042558	36.38%
15	0.000304	27.59%	50	0.005442	61.83%	85	0.044169	35.18%
16	0.000319	26.89%	51	0.005770	62.51%	86	0.045862	34.01%
17	0.000334	26.07%	52	0.006117	63.12%	87	0.047640	32.83%
18	0.000349	25.24%	53	0.006489	63.67%	88	0.049314	31.64%
19	0.000366	24.48%	54	0.006895	64.12%	89	0.051065	30.43%
20	0.000385	23.89%	55	0.007343	64.45%	90	0.052629	29.20%
21	0.000407	23.59%	56	0.007840	64.63%	91	0.054253	27.96%
22	0.000433	23.68%	57	0.008395	64.63%	92	0.055939	26.73%
23	0.000463	24.21%	58	0.009016	64.48%	93	0.057687	25.54%
24	0.000499	25.16%	59	0.009711	64.16%	94	0.059501	24.13%
25	0.000540	26.42%	60	0.010487	63.70%	95	0.061381	22.55%
26	0.000589	27.89%	61	0.011353	63.13%	96	0.063331	21.11%
27	0.000644	29.43%	62	0.012316	62.45%	97	0.065353	19.80%
28	0.000709	30.99%	63	0.013385	61.66%	98	0.067449	18.61%
29	0.000782	32.52%	64	0.014567	60.77%	99	0.069623	17.53%
30	0.000865	34.04%	65	0.015871	59.78%	100	0.071820	16.54%
31	0.000958	35.55%	66	0.016887	58.75%	101	0.074126	15.66%
32	0.001063	37.06%	67	0.018082	57.73%	102	0.076516	14.87%
33	0.001180	38.55%	68	0.019389	56.78%	103	0.078995	14.17%
34	0.001310	40.04%	69	0.020791	55.91%	104	0.081565	13.54%
						105	0.084200	8.42%

25 病种经验发生率男表（CI3）

年龄	ix	kx	年龄	ix	kx	年龄	ix	kx
0	0.000595	2.60%	35	0.001396	35.78%	70	0.038500	67.25%
1	0.000530	11.01%	36	0.001550	37.71%	71	0.041480	66.67%
2	0.000469	14.18%	37	0.001732	39.80%	72	0.044662	65.92%
3	0.000420	15.63%	38	0.001945	42.03%	73	0.047245	65.03%
4	0.000393	16.42%	39	0.002190	44.34%	74	0.049972	64.06%
5	0.000378	17.03%	40	0.002474	46.67%	75	0.052903	63.05%
6	0.000359	17.87%	41	0.002800	48.95%	76	0.056087	62.01%
7	0.000344	18.98%	42	0.003172	51.11%	77	0.059566	60.99%
8	0.000331	19.76%	43	0.003595	53.10%	78	0.062548	60.01%
9	0.000319	20.64%	44	0.004070	54.91%	79	0.065766	59.06%
10	0.000310	21.48%	45	0.004600	56.54%	80	0.069520	58.14%
11	0.000303	22.21%	46	0.005183	58.01%	81	0.073459	57.21%
12	0.000301	22.82%	47	0.005817	59.34%	82	0.077563	56.29%
13	0.000302	23.30%	48	0.006502	60.57%	83	0.081201	55.43%
14	0.000307	23.62%	49	0.007235	61.69%	84	0.085051	54.65%
15	0.000318	23.72%	50	0.008018	62.70%	85	0.089178	53.97%
16	0.000334	23.54%	51	0.008854	63.64%	86	0.093649	53.38%
17	0.000354	23.02%	52	0.009753	64.54%	87	0.098518	52.87%
18	0.000379	22.18%	53	0.010719	65.42%	88	0.103839	52.41%
19	0.000408	21.16%	54	0.011752	66.25%	89	0.109632	51.94%
20	0.000441	20.18%	55	0.012842	66.98%	90	0.115226	51.42%
21	0.000478	19.50%	56	0.013971	67.55%	91	0.121086	50.79%
22	0.000519	19.33%	57	0.015120	67.95%	92	0.127085	50.04%
23	0.000565	19.80%	58	0.016274	68.16%	93	0.133086	49.13%
24	0.000616	20.84%	59	0.017430	68.22%	94	0.138967	47.49%
25	0.000670	22.26%	60	0.018591	68.16%	95	0.144605	45.23%
26	0.000726	23.83%	61	0.019770	68.06%	96	0.149921	43.00%
27	0.000782	25.33%	62	0.020984	67.97%	97	0.155199	40.88%
28	0.000838	26.65%	63	0.022254	67.95%	98	0.159675	38.70%
29	0.000893	27.78%	64	0.023600	67.97%	99	0.164318	36.72%
30	0.000949	28.80%	65	0.025290	68.02%	100	0.169022	34.91%
31	0.001009	29.86%	66	0.027409	68.04%	101	0.173944	33.29%
32	0.001078	31.05%	67	0.030020	68.01%	102	0.179050	31.83%
33	0.001162	32.43%	68	0.032422	67.90%	103	0.184345	30.53%
34	0.001267	34.01%	69	0.035071	67.66%	104	0.189837	29.39%
						105	0.195500	19.55%

25 病种经验发生率女表（CI4）

年龄	ix	kx	年龄	ix	kx	年龄	ix	kx
0	0.000815	2.60%	35	0.001596	43.58%	70	0.025119	61.09%
1	0.000651	19.70%	36	0.001770	45.24%	71	0.027204	60.70%
2	0.000533	21.07%	37	0.001962	47.04%	72	0.029458	60.25%
3	0.000448	22.53%	38	0.002171	48.95%	73	0.031386	59.76%
4	0.000377	24.10%	39	0.002398	50.94%	74	0.033501	59.24%
5	0.000332	25.77%	40	0.002643	52.92%	75	0.035859	58.71%
6	0.000304	27.20%	41	0.002909	54.81%	76	0.038512	58.16%
7	0.000286	28.80%	42	0.003195	56.54%	77	0.041472	57.58%
8	0.000289	30.02%	43	0.003503	58.06%	78	0.043977	56.97%
9	0.000301	31.32%	44	0.003834	59.36%	79	0.046729	56.29%
10	0.000322	32.32%	45	0.004188	60.48%	80	0.049920	55.55%
11	0.000346	32.97%	46	0.004564	61.47%	81	0.053258	54.75%
12	0.000369	33.22%	47	0.004933	62.40%	82	0.056702	53.91%
13	0.000390	33.07%	48	0.005288	63.28%	83	0.059933	53.08%
14	0.000408	32.57%	49	0.005636	64.13%	84	0.063221	52.24%
15	0.000424	31.80%	50	0.005986	64.92%	85	0.066581	51.38%
16	0.000438	30.85%	51	0.006348	65.63%	86	0.070056	50.46%
17	0.000451	29.78%	52	0.006731	66.28%	87	0.073705	49.50%
18	0.000465	28.67%	53	0.007143	66.84%	88	0.077300	48.52%
19	0.000480	27.62%	54	0.007592	67.31%	89	0.081165	47.51%
20	0.000496	26.77%	55	0.008081	67.64%	90	0.084876	46.45%
21	0.000515	26.24%	56	0.008616	67.84%	91	0.088764	45.31%
22	0.000538	26.20%	57	0.009197	67.90%	92	0.092736	44.06%
23	0.000568	26.69%	58	0.009830	67.83%	93	0.096689	42.66%
24	0.000605	27.69%	59	0.010520	67.61%	94	0.100547	40.78%
25	0.000651	29.05%	60	0.011280	67.24%	95	0.104229	38.29%
26	0.000704	30.61%	61	0.012127	66.72%	96	0.107687	35.90%
27	0.000764	32.19%	62	0.013086	66.08%	97	0.111101	33.66%
28	0.000831	33.70%	63	0.014186	65.33%	98	0.113990	31.45%
29	0.000905	35.10%	64	0.015460	64.52%	99	0.116966	29.46%
30	0.000987	36.44%	65	0.016933	63.70%	100	0.119940	27.63%
31	0.001078	37.77%	66	0.018181	62.94%	101	0.123049	26.00%
32	0.001182	39.12%	67	0.019700	62.30%	102	0.125869	24.47%
33	0.001302	40.53%	68	0.021419	61.82%	103	0.128762	23.10%
34	0.001439	42.01%	69	0.023306	61.45%	104	0.131727	21.88%
						105	0.134800	13.48%

附录十一 MU1893～97 经验疾病率表

MU1893～97 经验疾病率表

职业：A，H，J

死亡率采用英国 E1T12 生命表　　利率：4%

年龄 x	D_x	K_x^{13}	$K_x^{13/13}$	$K_x^{26/26}$	$K_x^{52/52}$	$K_x^{104/all}$	年龄 x
	疾病给付换算函数						
16	51621	934156	194925	186421	198447	738483	16
17	49597	892859	192496	185561	198447	738483	17
18	47642	854158	190065	184588	198447	738483	18
19	45758	818386	187543	183467	198260	738483	19
20	43947	785554	184896	182167	197857	738483	20
21	42206	755486	182096	180659	197297	738311	21
22	40535	727768	179159	178963	196511	737939	22
23	38931	701901	176179	177135	195477	737303	23
24	37394	677477	173202	175227	194294	736387	24
25	35919	654200	170270	173284	193048	735214	25
26	34503	631912	167383	171312	191816	733841	26
27	33143	610502	164541	169351	190598	732319	27
28	31836	589870	161780	167401	189363	730727	28
29	30580	569959	159096	165466	188084	729041	29
30	29372	550684	156458	163548	186765	727273	30
31	28210	531998	153867	161647	185383	725401	31
32	27092	513859	151295	159767	183945	723410	32
33	26016	496253	148746	157908	182485	721233	33
34	24982	479168	146196	156047	181082	718861	34
35	23986	462592	143625	154161	179711	716291	35
36	23028	446490	141039	152257	178347	713517	36
37	22105	430783	138444	150317	176948	710538	37
38	21216	415425	135823	148345	175475	707354	38
39	20360	400332	133162	146350	173937	703903	39

续表

			疾病给付换算函数				
年龄 x	D_x	K_x^{13}	$K_x^{13/13}$	$K_x^{26/26}$	$K_x^{52/52}$	$K_x^{104/all}$	年龄 x
40	19535	385490	130449	144315	172341	700172	40
41	18740	370869	127712	142229	170676	696153	41
42	17973	356477	124940	140099	168987	691839	42
43	17232	342342	122141	137917	167262	687280	43
44	16516	328488	119340	135672	165490	682505	44
45	15824	314921	116527	133392	163679	677524	45
46	15155	301631	113707	131100	161820	672335	46
47	14507	288594	110889	128786	159907	666951	47
48	13878	275764	108037	126444	157949	661331	48
49	13269	263113	105118	124055	155940	655413	49
50	12676	250633	102109	121604	153851	649108	50
51	12100	238319	99023. 9	119052	151658	642282	51
52	11539	226180	95856. 3	116392	149342	634824	52
53	10992	214228	92611. 9	113610	146875	626668	63
54	10458	202473	89297. 8	110692	144258	617777	54
55	9936. 7	190909	85932. 6	107633	141453	608201	55
56	9427. 3	179533	82514. 8	104419	138452	598025	56
57	8929. 4	168353	79045. 3	101041	135221	587332	57
58	8442. 7	157391	75527. 4	97505. 6	131746	576170	58
59	7967. 2	146659	71958. 2	93821. 5	128013	564536	59
60	7502. 5	136170	68315. 0	89992. 7	124022	552353	60
61	7049. 0	125918	64604. 3	86012. 7	119765	539475	61
62	6606. 8	115908	60814. 7	81868. 1	115225	525702	62
63	6176. 2	106155	56967. 0	77560. 2	110374	510797	63
64	5757. 6	96685. 4	53070. 6	73102. 9	105212	494579	64
65	5351. 3	87520. 4	49143. 5	68526. 0	99768. 8	476949	65
66	4957. 7	78680. 3	45220. 9	63855. 9	94067. 8	457903	66
67	4577. 4	70198. 6	41311. 4	59102. 6	88136. 8	437512	67
68	4210. 7	62109. 0	37435. 8	54269. 0	81958. 7	415875	68
69	3858. 0	54471. 9	33623. 2	49375. 3	75519. 8	393060	69
70	3519. 6	47356. 1	29904. 9	44461. 7	68868. 8	369131	70

续表

年龄 x	疾病给付换算函数						年龄 x
	D_x	K_x^{13}	$K_x^{13/13}$	$K_x^{26/26}$	$K_x^{52/52}$	$K_x^{104/all}$	
71	3195. 8	40815. 2	26332. 2	39596. 3	62096. 1	344166	71
72	2887. 1	34878. 1	22956. 1	34869. 8	55331. 8	318294	72
73	2593. 6	29542. 4	19812. 8	30359. 0	48680. 7	291770	73
74	2315. 9	24780. 1	16921. 0	26124. 4	42317. 8	264830	74
75	2054. 0	20558. 6	14288. 1	22206. 7	36296. 0	237846	75
76	1808. 4	16848. 7	11916. 5	18622. 3	30683. 7	211190	76
77	1579. 5	13628. 4	9804. 08	15381. 6	25549. 1	185263	77
78	1367. 4	10871. 5	7947. 48	12499. 5	20954. 8	160426	78
79	1172. 5	8554. 97	6339. 66	9972. 18	16916. 2	137023	79
80	994. 93	6643. 24	4975. 23	7833. 95	13430. 8	115290	80
81	834. 73	5091. 68	3842. 65	6066. 48	10486. 0	95445. 5	81
82	691. 80	3851. 37	2922. 15	4643. 75	8048. 87	77651. 5	82
83	565. 84	2871. 03	2192. 09	3521. 92	6078. 75	62044. 7	83
84	456. 37	2105. 89	1626. 29	2649. 45	4523. 95	48687. 3	84
85	362. 61	1517. 86	1194. 27	1974. 61	3325. 78	37530. 2	85
86	283. 61	1076. 82	869. 22	1455. 37	2417. 51	28424. 0	86
87	218. 17	756. 18	627. 11	1058. 97	1739. 86	21141. 4	87
88	164. 95	530. 71	448. 01	760. 13	1241. 61	15424. 2	88
89	122. 50	375. 78	317. 22	538. 22	879. 14	11019. 7	89
90	89. 310	261. 61	220. 84	374. 70	612. 05	7717. 90	90
91	63. 896	179. 03	151. 13	256. 43	418. 85	5296. 46	91
92	44. 849	120. 42	101. 65	172. 48	281. 72	3562. 44	92
93	30. 878	79. 60	67. 20	114. 01	186. 23	2354. 93	93
94	20. 854	51. 72	43. 66	74. 08	121. 00	1530. 03	94
95	13. 817	33. 03	27. 88	47. 31	77. 28	977. 20	95
96	8. 9827	20. 74	17. 51	29. 71	48. 53	613. 65	96
97	5. 7331	12. 81	10. 81	18. 35	29. 97	379. 00	97
98	3. 5940	7. 78	6. 57	11. 15	18. 21	230. 28	98
99	2. 2141	4. 65	3. 93	6. 67	10. 89	137. 67	99
100	1. 3414	2. 74	2. 31	3. 92	6. 40	80. 98	100

MU1893～97 经验疾病率表

职业：A，H，J

疾病率（每年患病周数）

年龄	最初三个月	第二个三个月	第二个六个月	第二个十二个月	两年以后	整个未来生存期间	年龄
16	.816	.048	.017	.000	.000	.881	16
17	.796	.050	.020	.000	.000	.866	17
18	.766	.054	.024	.004	.000	.848	18
19	.732	.059	.029	.009	.000	.829	19
20	.698	.065	.035	.013	.004	.815	20
21	.670	.071	.041	.019	.009	.810	21
22	.651	.075	.046	.026	.016	.814	22
23	.640	.078	.050	.031	.024	.823	23
24	.635	.080	.053	.034	.032	.834	24
25	.633	.082	.056	.035	.039	.845	25
26	.633	.084	.058	.036	.045	.856	26
27	.635	.085	.060	.038	.049	.867	27
28	.638	.086	.062	.041	.054	.881	28
29	.643	.088	.064	.044	.059	.898	29
30	.649	.090	.066	.048	.065	.918	30
31	.656	.093	.068	.052	.072	.941	31
32	.663	.096	.070	.055	.082	.966	32
33	.670	.100	.073	.055	.093	.991	33
34	.677	.105	.077	.056	.105	1.020	34
35	.685	.110	.081	.058	.118	1.052	35
36	.696	.115	.086	.062	.132	1.091	36
37	.709	.121	.091	.068	.147	1.136	37
38	.726	.128	.096	.074	.166	1.190	38
39	.744	.136	.102	.080	.187	1.249	39
40	.764	.143	.109	.087	.210	1.313	40
41	.784	.151	.116	.092	.235	1.378	41
42	.803	.159	.124	.098	.259	1.443	42
43	.821	.166	.133	.105	.283	1.508	43

续表

年龄	最初三个月	第二个三个月	第二个六个月	第二个十二个月	两年以后	整个未来生存期间	年龄
44	.839	.174	.141	.112	.308	1.574	44
45	.858	.182	.148	.120	.335	1.643	45
46	.879	.190	.156	.129	.363	1.717	46
47	.904	.201	.165	.138	.396	1.804	47
48	.932	.215	.176	.148	.436	1.907	48
49	.962	.232	.189	.161	.486	2.030	49
50	.994	.249	.206	.177	.551	2.177	50
51	1.027	.268	.225	.196	.631	2.347	51
52	1.061	.288	.247	.219	.724	2.539	52
53	1.096	.309	.272	.244	.829	2.750	53
54	1.134	.330	.300	.275	.939	2.978	54
55	1.175	.353	.332	.310	1.051	3.221	55
56	1.218	.378	.368	.352	1.165	3.481	56
57	1.262	.405	.407	.400	1.285	3.759	57
58	1.308	.435	.449	.455	1.418	4.065	58
59	1.356	.471	.495	.516	1.575	4.413	59
60	1.409	.510	.547	.585	1.770	4.821	60
61	1.466	.555	.607	.665	2.017	5.310	61
62	1.526	.602	.674	.759	2.332	5.893	62
63	1.587	.653	.747	.865	2.718	6.570	63
64	1.650	.707	.824	.980	3.174	7.335	64
65	1.715	.761	.906	1.106	3.695	8.183	65
66	1.779	.820	.997	1.244	4.277	9.117	66
67	1.841	.882	1.100	1.406	4.924	10.153	67
68	1.893	.945	1.213	1.596	5.655	11.302	68
69	1.929	1.008	1.332	1.803	6.487	12.559	69
70	1.948	1.064	1.449	2.017	7.435	13.913	70
71	1.952	1.110	1.554	2.224	8.506	15.346	71
72	1.947	1.147	1.646	2.427	9.679	16.846	72

续表

年龄	最初三个月	第二个三个月	第二个六个月	第二个十二个月	两年以后	整个未来生存期间	年龄
73	1. 940	1. 178	1. 725	2. 592	10. 974	18. 409	73
74	1. 932	1. 205	1. 793	2. 756	12. 350	20. 036	74
75	1. 921	1. 228	1. 856	2. 906	13. 802	21. 713	75
76	1. 901	1. 247	1. 913	3. 031	15. 305	23. 397	76
77	1. 871	1. 260	1. 956	3. 118	16. 856	25. 061	77
78	1. 824	1. 266	1. 990	3. 180	18. 428	26. 688	78
79	1. 764	1. 259	1. 973	3. 216	20. 053	28. 265	79
80	1. 696	1. 238	1. 932	3. 219	21. 692	29. 777	80
81	1. 625	1. 206	1. 864	3. 193	23. 313	31. 201	81
82	1. 559	1. 161	1. 784	3. 133	24. 819	32. 456	82
83	1. 497	1. 107	1. 707	3. 042	26. 134	33. 487	83
84	1. 436	1. 055	1. 648	2. 926	27. 246	34. 311	84
85	1. 365	1. 006	1. 607	2. 811	28. 183	34. 972	85
86	1. 278	. 965	1. 580	2. 701	29. 027	35. 551	86
87	1. 177	. 935	1. 560	2. 601	29. 846	36. 119	87
88	1. 078	. 910	1. 544	2. 522	30. 645	36. 699	88
89	1. 078	. 910	1. 544	2. 522	31. 177	37. 231	89
90	1. 078	. 910	1. 544	2. 522	31. 610	37. 664	90
91	1. 078	. 910	1. 544	2. 522	31. 891	37. 945	91
92	1. 078	. 910	1. 544	2. 522	31. 891	37. 945	92
93	1. 078	. 910	1. 544	2. 522	31. 891	37. 945	93
94	1. 078	. 910	1. 544	2. 522	31. 891	37. 945	94
95	1. 078	. 910	1. 544	2. 522	31. 891	37. 945	95
96	1. 078	. 910	1. 544	2. 522	31. 891	37. 945	96
97	1. 078	. 910	1. 544	2. 522	31. 891	37. 945	97
98	1. 078	. 910	1. 544	2. 522	31. 891	37. 945	98
99	1. 078	. 910	1. 544	2. 522	31. 891	37. 945	99
100	1. 078	. 910	1. 544	2. 522	31. 891	37. 945	100

MU1893～97 经验疾病率表

职业：A，H，J　　　　利率：4%

年龄	未来生存期间疾病给付中每周单位给付的预期现值 最初三个月	第二个三个月	第二个六个月	第二个十二个月	两年以后	整个未来生存期间	年龄
16	18.096	3.776	3.611	3.844	14.306	43.633	16
17	18.002	3.881	3.741	4.002	14.890	44.516	17
18	17.929	3.989	3.874	4.165	15.501	45.458	18
19	17.885	4.099	4.010	4.333	16.139	46.466	19
20	17.875	4.207	4.145	4.502	16.804	47.533	20
21	17.900	4.314	4.280	4.675	17.493	48.662	21
22	17.954	4.420	4.415	4.848	18.205	49.842	22
23	18.029	4.525	4.550	5.021	18.939	51.064	23
24	18.117	4.632	4.686	5.196	19.693	52.324	24
25	18.213	4.740	4.824	5.375	20.469	53.621	25
26	18.315	4.851	4.965	5.559	21.269	54.959	26
27	18.420	4.965	5.110	5.751	22.096	56.342	27
28	18.528	5.082	5.258	5.948	22.953	57.769	28
29	18.638	5.203	5.411	6.151	23.840	59.243	29
30	18.749	5.327	5.568	6.359	24.761	60.764	30
31	18.858	5.454	5.730	6.572	25.714	62.328	31
32	18.967	5.584	5.897	6.790	26.702	63.940	32
33	19.075	5.717	6.070	7.014	27.723	65.599	33
34	19.181	5.852	6.246	7.248	28.775	67.302	34
35	19.286	5.988	6.427	7.492	29.863	69.056	35
36	19.389	6.125	6.612	7.745	30.985	70.856	36
37	19.488	6.263	6.800	8.005	32.144	72.700	37
38	19.581	6.402	6.992	8.271	33.341	74.587	38
39	19.663	6.540	7.188	8.543	34.573	76.507	39
40	19.733	6.678	7.388	8.822	35.842	78.463	40
41	19.790	6.815	7.590	9.108	37.148	80.451	41
42	19.834	6.952	7.795	9.402	38.493	82.476	42
43	19.867	7.088	8.004	9.706	39.884	84.549	43

续表

年龄	最初三个月	第二个三个月	第二个六个月	第二个十二个月	两年以后	整个未来生存期间	年龄
	未来生存期间疾病给付中每周单位给付的预期现值						
44	19. 889	7. 226	8. 215	10. 020	41. 324	86. 674	44
45	19. 901	7. 364	8. 430	10. 344	42. 816	88. 855	45
46	19. 903	7. 503	8. 651	10. 678	44. 364	91. 099	46
47	19. 893	7. 644	8. 878	11. 023	45. 974	93. 412	47
48	19. 871	7. 785	9. 111	11. 381	47. 653	95. 801	48
49	19. 829	7. 922	9. 349	11. 752	49. 394	98. 246	49
50	19. 772	8. 055	9. 593	12. 137	51. 208	100. 765	50
51	19. 696	8. 184	9. 839	12. 534	53. 081	103. 334	51
52	19. 601	8. 307	10. 087	12. 942	55. 016	105. 953	52
53	19. 489	8. 425	10. 336	13. 362	57. 011	108. 623	53
54	19. 361	8. 539	10. 584	13. 744	59. 072	111. 300	54
55	19. 213	8. 648	10. 832	14. 235	61. 208	114. 136	55
56	19. 044	8. 753	11. 076	14. 686	63. 436	116. 995	56
57	18. 854	8. 852	11. 316	15. 143	65. 775	119. 940	57
58	18. 642	8. 946	11. 549	15. 605	68. 245	122. 987	58
59	18. 408	9. 032	11. 776	16. 068	70. 858	126. 142	59
60	18. 150	9. 106	11. 995	16. 531	73. 623	129. 405	60
61	17. 863	9. 165	12. 202	16. 990	76. 532	132. 772	61
62	17. 544	9. 209	12. 391	17. 440	79. 570	136. 154	62
63	17. 188	9. 224	12. 558	17. 871	82. 704	139. 545	63
64	16. 793	9. 217	12. 697	18. 274	85. 900	142. 881	64
65	16. 355	9. 183	12. 805	18. 644	89. 127	146. 114	65
66	15. 870	9. 121	12. 880	18. 974	92. 362	149. 207	66
67	15. 336	9. 025	12. 912	19. 255	95. 581	152. 109	67
68	14. 750	8. 891	12. 888	19. 464	98. 766	154. 759	68
69	14. 119	8. 715	12. 798	19. 575	101. 882	157. 089	69
70	13. 455	8. 497	12. 633	19. 567	104. 879	159. 031	70
71	12. 772	8. 240	12. 390	19. 431	107. 693	160. 526	71

续表

年龄	未来生存期间疾病给付中每周单位给付的预期现值						年龄
	最初三个月	第二个三个月	第二个六个月	第二个十二个月	两年以后	整个未来生存期间	
72	12.081	7.951	12.078	19.165	110.247	161.522	72
73	11.390	7.639	11.705	18.770	112.496	162.000	73
74	10.700	7.306	11.280	18.273	114.353	161.912	74
75	10.009	6.956	10.811	17.671	115.797	161.244	75
76	9.317	6.590	10.298	16.967	116.783	159.955	76
77	8.628	6.207	9.738	16.175	117.292	158.040	77
78	7.950	5.812	9.141	15.325	117.322	155.550	78
79	7.296	5.407	8.505	14.427	116.864	152.499	79
80	6.677	5.001	7.882	13.499	115.878	148.937	80
81	6.100	4.603	7.268	12.562	114.343	144.876	81
82	5.567	4.224	6.713	11.635	112.245	140.384	82
83	5.074	3.874	6.224	10.743	109.650	135.565	83
84	4.614	3.564	5.805	9.913	106.684	130.580	84
85	4.186	3.294	5.446	9.172	103.500	125.598	85
86	3.797	3.065	5.132	8.524	100.222	120.740	86
87	3.466	2.874	4.854	7.975	96.903	116.072	87
88	3.217	2.716	4.608	7.527	93.508	111.576	88
89	3.068	2.540	4.394	7.177	89.957	107.136	89
90	2.929	2.473	4.196	6.853	86.417	102.868	90
91	2.802	2.365	4.013	6.555	82.892	98.627	91
92	2.685	2.266	3.846	6.282	79.432	94.511	92
93	2.578	2.176	3.692	6.031	76.266	90.743	93
94	2.480	2.094	3.552	5.802	73.369	87.297	94
95	2.391	2.018	3.424	5.593	70.724	84.150	95
96	2.309	1.949	3.307	5.403	68.315	81.283	96
97	2.234	1.886	3.201	5.228	66.107	78.656	97
98	2.165	1.828	3.102	5.067	64.074	76.236	98
99	2.100	1.775	3.013	4.918	62.179	73.985	99
100	2.043	1.722	2.922	4.771	60.370	71.828	100